U0920650

2010

上海工业年鉴

SHANGHAI
INDUSTRIAL YEARBOOK

上海市经济和信息化委员会编

上 海 社 会 科 学 院 出 版 社

上海工业年鉴
编辑委员会

编辑说明

为适应机构改革和职能转变的需要，自2010年起，由上海市经济和信息化委员会主编的《上海工业商业年鉴》停止出版，编纂出版《上海工业年鉴》。《上海工业年鉴》是一部全面系统反映上海工业发展、经济运行、技术进步和各种所有制工业企业发展情况的资料性工具书。

2010年版《上海工业年鉴》反映的是2009年上海工业经济发展情况，设置11个栏目：(1) 特载，刊有市领导及市经济和信息化委领导关于上海产业经济发展的重要讲话和文章；(2) 综述，概述了2009年上海工业发展的特点；(3) 专题，记述了全市工业经济运行、高新技术产业发展、电子信息产业、生产性服务业、创意产业、都市产业、工业投资、技术进步、能源节约、环保治理、对外经济合作、国防科技工业、国资国企改革以及中小企业等方面的发展情况；(4) 区县工业，反映了2009年各区县工业的发展情况；(5) 企业简介，介绍了宝钢集团有限公司、上海汽车工业（集团）总公司、上海石油化工股份有限公司等30多户大中型工业企业2009年的发展情况；(6) 上市股份公司，介绍了2009年上海工业类上市股份公司的资产运作、股本结构以及全年主要经济指标；(7) 行业协会简介，介绍了80多个工业行业协会2009年的工作；(8) 大事记；(9) 经济法规，刊载了2009年上海市颁布的有关工业的主要经济法规；(10) 统计资料，刊载了2009年上海工业经济发展的重要统计数据；(11) 企业形象，以彩色版面展示了150多户各类企业形象。

《上海工业年鉴》编辑委员会

2010年7月

2009 年中国国际工业博览会在上海新国际博览中心隆重开幕

2009 年工博会金奖颁奖

上海市推进高新技术产业化工作会议隆重召开

第六届中国产业国际竞争力论坛

60周年成就展在京举行

现代制药加大新品药研发、生产力度

年青人成为张江、金桥软件开发生力军

上海贝尔为信息化发展提供有力的设备保障

450吨三相三摇臂双极串联电渣重熔炉投产

我国第一台 1.65 万吨自由锻造油压机达到国际先进水平

世界领先水平的 250 吨 /630 吨米锻造操作机投入使用

第六代 3000 米深水
半潜式钻井平台下坞

上海外高桥造船有限公司
第 100 艘巨轮交付使用

洋山港直航两岸船舶骤增

60周年成就展大飞机项目引入注目

第二架ARJ21支线飞机顺利升空

ARJ 21新支线飞机在上海飞机厂总装车间总装

上汽集团全新荣威汽车生产线

上海柴油机天然气发动机畅销国内外市场

碳五分离装置在上海石化建成

宝钢名列世界五百强企业第220位

有色行业加快生产高附加值产品升级以满足市场急需

上海加快新材料基地建设

第三届国际光伏大会在上海隆重举行

上海市北工业园区构建产业链前后端产业联盟

上海建成国际节能环保园

中华老字号博览会隆重举行

上海产多品种复合饲料走俏市场

LED 节能灯被广泛用于城市设施

（本栏图片由蔡钧等提供）

世界首创的“另能耗脱硫”系统正式投运

上海纺织博物馆开馆

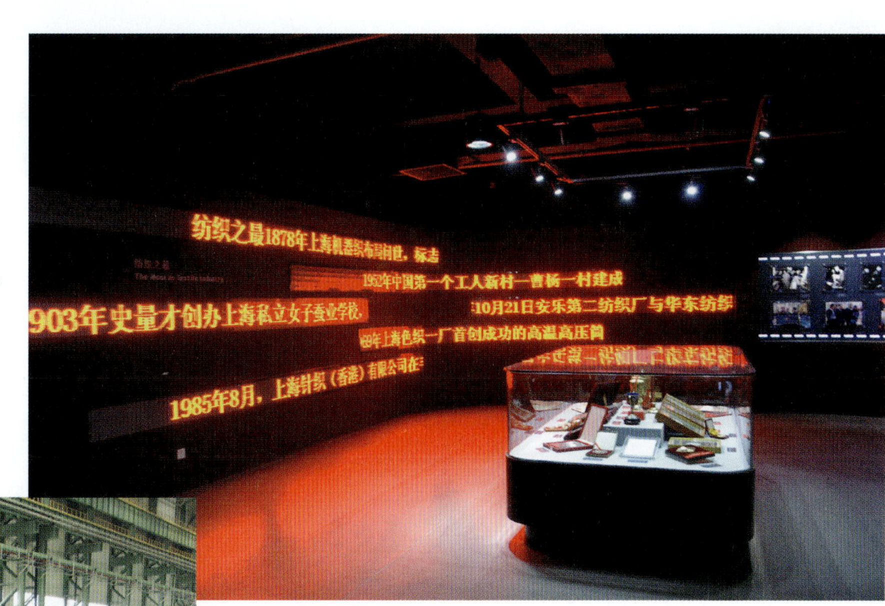

上海电气临港风机生产基地新貌

上海世博会中国馆、主题馆太阳能站

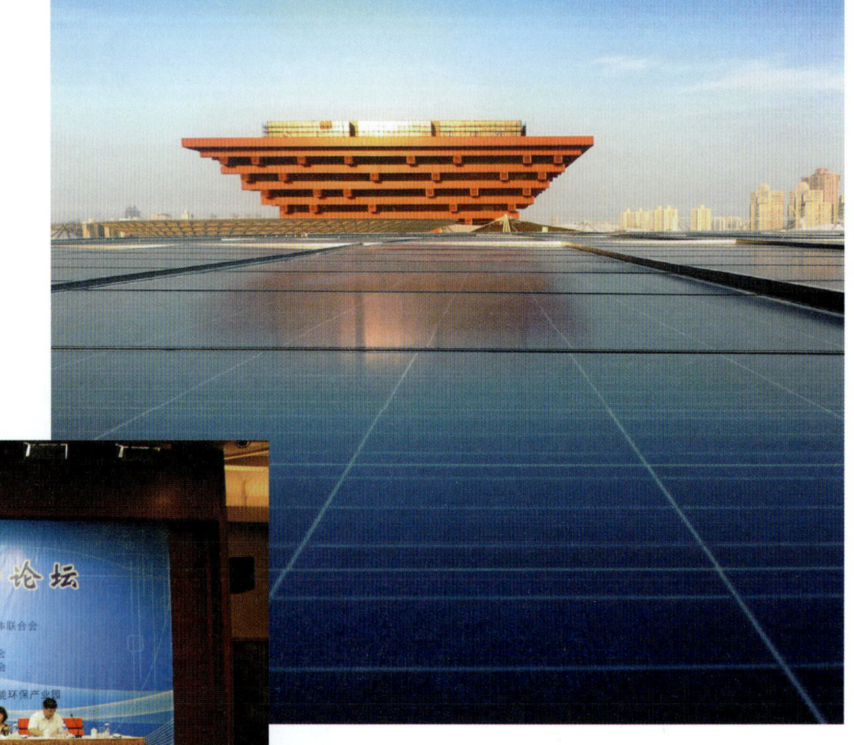

上海节能减排创新论坛隆重举行

东海大桥风电场

目 录

特 载

综 述

专 题

区县工业

企业简介

上市股份公司

行业协会简介

大事记

经济法规

统计资料

特载

综述
专题
区县工业
企业简介
上市股份公司
行业协会简介
大事记
经济法规
统计资料
企业形象

振奋精神 全力以赴
齐心协力推进高新技术产业化
——在全市推进高新技术产业化工作会议上的讲话

俞正声

（2009 年 5 月 31 日）

刚才，韩正同志代表市委、市政府部署了高新技术产业化工作，市政府专门形成了《关于加快推进高新技术产业化的实施意见》，市经济信息化委印发了《上海推进新能源高新技术产业化行动方案》，希望大家结合各部门的工作，很好地研究落实。

高新技术产业化是今后一个阶段要抓的一件大事。当前，上海明确下一步要聚焦“六大举措”和“三个关注”(简称 6+3)，六大举措其中之一就是大力推进高新技术产业化。中央要求上海加快发展先进制造业和现代服务业，市九次党代会提出“二三产业融合发展，逐步形成以服务经济为主的产业结构”，这里都明确讲了先进制造业发展的问题。当前，上海经济发展遇到很多困难，中央要求把调整产业结构、转变经济发展方式作为克服当前困难的主攻方向。上海调整经济结构、转变发展方式在二产方面就是大力推动高新技术产业化。上海肯定要发展先进制造业，关键在于怎么发展，先进制造业内容很多，我们不可能面面俱到。根据上海情况，提出重点抓好高新技术产业化，具体就是九个重点领域。在这里，我再强调五个方面：

一、必须面向未来

上海发展先进制造业，要着眼于世界经济的发展趋势、中国经济现状和上海的实际。上海的实际就是能源、资源承载力有限，先进制造业的发展要根据上海的实际有所选择，有所取舍。劳动密集型产业、钢铁工业、石油化工工业不能说不是先进制造业。但上海的能源、资源和承载力决定了不能更多地发展劳动密集型、能源消耗型的先进制造业。前些天，市委常委学习会上听了国家气象局局长郑国光同志讲课，他说上海单位土地的二氧化碳排放量全国第一，并高于全国平均水平好几倍，这说明高耗能的工业太多了。上海单位 GDP 的二氧化碳排放量排名全国第四、第五，也说明上海工业结构较好。上海要选择重点发展的高新技术产业，不得不舍弃一些在现有承载力上无法做的领域。如钢铁工业再扩能、石油化工大规模扩能、汽车厂再建很多等比较难，这是上海的实际。

世界经济的发展趋势和中国的实际是什么？一般制造业，包括一些先进制造业的产能都是过剩的。在钢铁工业领域，大家都讲板带比（做板材、做带材的占比）低，现在中国这个状况改变了。过去我们常说淘汰落后产能，现在先进产能也有过剩的时候。很多的专家估计，即使当前的国际金融危机过去了，消费能力也不可能回到以前的水平，汽车、住房等高档消费品的消费能力在相当长一段时间恢复不到前年或是去年上半年的水平。

当前，很多国家都在寻找新的经济增长点，如美国经济刺激方案，着眼于新能源、绿色经济，希望这些产业的发展带动未来经济的增长。同时，世界上对气候变暖、二氧化碳排放增多担忧越来越多，气候变暖达到一定程度将给世界带来灾难。当前，中国的碳排放量已经超过了美国，人均数量已经超过了世界平均水平。郑国光同志讲到，欧洲准备把碳排放量减少 20%，美国也准备相应减少。但按照目前的趋势，中国的增量会超过他们减少的总量，这样下去中国很可能成为世界的众矢之的。世界的发展趋势之一就是以减少碳的排放为目标的新能源革命。中国在 30 年的改革开放中，取得了很大的成就，可在若干领域里的发展水平离世界差距很大，飞机基本上是从美国、欧洲买来的；船舶建造的总量很大，但高附加值的船舶占比很少，船用电子设备国产占比很低；计算机生产量很大，但主要芯片都靠进口。中国一方面产能过剩，一方面很多东西又开发不出来。所以，世界面临产业结构调整，中国既面临应对产能过剩、世界绿色革命带来的产业结构调整要求，也面临自身产业发展缺失，这就是中国和世界的差距。

当前，我们必须把眼界放宽到未来，不怕现在指标低一点，关键是在结构调整上迈出新步子。根据国内外和上海的实际，着眼于未来产业的选择。一方面面临着国际上经济结构调整的压力，特别是碳排放的压力；一方面产能过剩，这是国内的趋势，这种产能过剩短期内依靠国际上需求的恢复是困难的。国家把重大装备的生产立足国内，产生新的国内市场需求。上海要在民用飞机、重大装备等领域下决心推进高新技术产业，这样着眼未来就有基础。

要重视应用基础的研究，注重产业链的开发。如锂电池有很多材料，在某种意义上材料决定锂电池的生产，材料的研究要布局，要注意产业链的开发，某一个产品在市场上不能只搞一个部分。电动车整车当然关键，但是电池、电控、电机这都是关键，产业链的开发是必须着眼的，必须考虑整个产业链的开发才能考虑产业的长远发展。必须增强自主研发能力。着眼未来有一个简单做法，就是与外资企业合资，但最重要是自己要有力量。上海跟深圳在某些方面是有差距的，华为、中兴，现在又诞生了比亚迪。解放以前，上海是冒险家的乐园，现在深圳是科技创业者的乐园，上海跟深圳比有差距。上海国有企业多，着眼未来、着眼长远想的少，我们国有企业很大很强，外资外企来的很多，想跟我们合作的很多，我们就产生一些依赖。怎样使一些草根企业家成长起来？上海缺乏草根企业家成长的条件和环境，所以，必须着眼未来，加强自主研发能力。

要对高新技术产业发展的一些重大技术性问题慎做行政决断。高新技术产业化争论很多，如太阳能光伏电池，有人觉得薄膜好，有人认为薄膜根本没有大的用处，主流市场没有薄膜。有一个从美国回来的专家提出用聚光的办法产生热能，说是比太阳能电池效率高很多。这些情况要慎做行政决断，鼓励各方面实践探索，才能选择出未来产业。面向未来，用长远的眼光确定当前高新技术产业化的重要性和采取措施的正确性。

二、必须面向市场

高新技术产业化必须面向市场，我们要的不是科技成果，要的不是鉴定报告，要的是在全国甚至世界领先的、能够形成生产批量的、能促进就业和增加税收的产业。要发展产业就必须面向市场，高新技术产业化必须考虑市场，未来市场需求是我们研究高新技术产业化重点领域和方向的依据。面向市场又要求我们：一是面向市场确定主攻方向。有的产品很好，没有太大的市场，有的也要支持，它是做应用基础研究的。如“光源”提供了一个很好装备，但不在高新技术产业化里面。高新技术产业化九个领域都是能抢占未来市场的产业，有的东西，如新能源目前的价格和市场的需求还有差距，各方面的专家虽然在某些技术问题上有争论，但都一致认为新能源未来市场价格是能够达到甚至低于现在煤电价格，更何况煤电价格将来势必要提高。煤电污染太重，二氧化碳迟早要收集，收集的结果就是要付出价格的代价。所以要着眼于未来市场的产品，面向市场首先要看未来市场需求。二是用市场优胜劣汰的机制有选择地扶持。我们要承认优胜劣汰，有些方面注意力是专一的，如大飞机、核电，要全心全意支持。有的方面，如 IT 产业、IT 服务业、新能源、生物医药等产业，我们要引进市场，进行优胜劣汰。

好苗早浇水，平等对待市场主体，使一批优秀的本地企业成长起来，使一批外地企业能到上海发展壮大，使一些本地和外地企业通过嫁接能够壮大。三是用好金融等市场资金。高新技术产业化发展的资金肯定是市场主体拿出来。市政府拿出100亿元（不包括大飞机项目），但在高新技术产业化里起不了决定性作用，更多的还是要靠市场资金，要靠金融创新。高新技术产业化光靠100亿元政府投入是绝对不行的，关键靠项目主体单位的投入。如果没有金融创新，没有大量金融支持，高新技术产业化是很难上去的。面向市场必须有金融作为资金提供的主体。政府要给金融支持创造条件，如财政扶持政策、各种贴息政策，包括财政资金返还等。

三、必须改革体制机制

上海在某些技术领域全国领先，如磷酸铁锂电池、光伏电池等全国领先，但是产业化不如外地。有的产业上海投钱不少，如TFT产业，但却比不过天马公司，上海是5代线，天马公司是4.5代线，所有制都是国有，为什么上海的就不行，为什么海信、长虹都是国有却发展得不错。所以必须注重体制机制的改革，没有体制机制改革，高新技术产业化是上不去的。体制机制改革应区别情况、分类指导，如电气集团现在大量资金投入发展重大装备制造，更多的是规范治理结构，是怎么调动技术人才的积极性；有的企业需要研究怎么引进多元投资主体，怎么使企业的自主性更强；有的产业要研究怎么更好发挥民营经济的作用，在有的领域里甚至民营经济可能要起主导作用，如信息服务业。不管采取怎样的体制，我想有两条是非常重要的：一是要调动科技人员的积极性。高新技术产业有一些是投资密集型，有一些是智力密集型，不管哪一种，科技人员都是第一位的。要爱护这些科技人员。有些科技人员可能会犯这样那样的错误，要帮助、珍惜他们，一个优秀的科技人员成长是不容易的。要打破常规给科技人员合理的、适当的待遇。在对待科技人员的问题上，涉及企业、科研院所、大专院校的运行机制，能不能对从事高新技术产业化的优秀科技人员采取特殊的政策。中央搞了一个“千人计划”，实际上就是采取特殊政策。总讲平均主义是一辈子上不去的，一方面分配差距有不合理性，行业之间、地区之间有不合理性。另一方面企业内部要警惕平均主义倾向，否则高新技术产业是上不去的。二是完善法人治理结构。不管是民营企业、国有企业，还是合资企业等，要有合理的法人治理结构，没有这条，企业是不能持久的。尽可能使企业变成多元持股的公司，互相制约，这是改革体制机制中的重要一环。三是创新管理方式。高新技术产业化有领导小组、工作小组、办公室，涉及到多部门、多单位，办公室关键要做好九个领域的产业化工作，主要任务是全程跟踪服务。对于重点项目，企业有什么困难要及时指导、及时协调，及时向领导反应，及时加以处理，帮助他们解决困难。所以，必须要有专门的队伍长期跟踪，改变一些过去的管理方式和方法。

四、必须发挥多种积极性

一是要发挥市区两级政府的积极性。市里的工作方案涉及很多区，如新能源在浦东、闵行；民用航空在浦东、闵行、宝山；重大装备在浦东、闵行、松江；生物医药在浦东、徐汇、奉贤；电子信息制造业在浦东、徐汇、闵行；新能源汽车在浦东、嘉定、金山；海洋工程装备在浦东、长兴岛；新材料在金山、奉贤、宝山；软件和信息服务业在浦东、徐汇。市里建立专项资金，最后扶持企业发展要靠区里，市里定的政策落实要靠区里，企业诉求的解决也要靠区里。二是发挥各种所有制企业的积极性。包括国有、民营、外资企业。三是调动市内企业和市外企业的积极性。以开放的思维，把市外的优秀企业引进来，甚至采取把上海企业嫁接给人家的方式。过去叫“筑巢引凤”，修了一个巢，把环境搞好引凤来。还有就是“引凤改巢”，人家鸟来把我的巢改好。四是内资、外资的积极性。五是企业、科研单位和大专院校的积极性。六是大中小企业的积极性。高新技术产业，特别是软件和信息服务业、新能源领域，中小企业的作用往往比大企业作用更大，它们机制灵活、反应迅速。

五、必须解放思想、不避风险

要正确看待四对关系：一是投资失误和失职渎职的关系。高新技术产业的发展，很多属于未知领域，看不准的很多，要允许投资失误，只要程序上符合规定。在高新技术产业发展过程中，投资失误往往难以避免。过多强调避免投资失误，高新技术产业发展是很困难的。二是激励分配政策和缩小分配差距的关系。分配的激励政策不等于不公平，一个企业内部对技术人员的扶持政策，相当长的时期分配政策的差距是存在的。金融行业和其他行业差距是很难避免的，金融行业的分配肯定比其他行业高一些。我们现在要做的是行政任命的主要负责人要限制薪水。从事高新技术产业，更应该在激励机制上下工夫，创造新机制，这样，高新技术产业才能够蓬勃发展。三是对外开放和自主创新能力的关系。高新技术产业化不是不要对外开放，如电动汽车发展中，某个零部件的合资由企业自主决策。只是希望企业不要变成懒人，要通过合资合作形成自己的创新能力。没有对外开放、对外合作不可能有现在汽车工业自主创新的局面。所以，新一轮高新技术产业化过程中，还是要注意对外开放，但要吸取过去的教训，关键是要形成自己的创新能力。四是国有企业重组和国有企业控制力、影响力的关系。要提高先进制造业的水平，必然要对国有企业进行重组，国内谁强谁来合作，来上海发展，使我们的水平上去。不排斥民营企业控股国有企业的可能性。把一部分困难企业交出去，其他企业得以轻装上阵，可以发展得更好。

高新技术产业化是市里一个重大决策，某种程度上决定着上海未来的发展，希望同志们齐心协力，共同把这项工作做好。

坚定不移推进产业结构调整
为全市保增长作出更大贡献
——在市经济信息化委调研时的讲话

韩　正

（2009 年 4 月 28 日）

今天，我和宝俊同志等一起到市经济信息化委开展调研。刚才，王坚同志全面介绍了市经济信息化委的工作，潘志纯同志对科学发展观的学习实践活动、党建工作、干部队伍建设作了补充汇报。

最近，我一直在考虑上海工业的发展。我知道市经济信息化委的工作压力很大。压力大，不是指工业经济负增长，而是指从总体上看，目前上海工业发展所面临的挑战、困难和未来发展要解决的课题。这恐怕是浦东开发开放以来很特殊的时期。因为浦东开发开放之初，上海还是以工业为主推动经济发展，和全国工业发展水平相比，上海的优势十分明显。那时候，上海的轻纺工业在走下坡路，其他工业如钢铁、汽车、石化工业实力很强。所以，这一轮发展确实面临很多新课题。市经济信息化委作为行业主管部门要非常清醒，坚定不移地发展上海制造业，尤其要突出发展先进制造业。

从上海经济结构看，并不是以牺牲制造业来提高服务业比重，而是先进制造业稳步发展和现代服务业快速发展并举，在这个发展过程中，要逐步优化经济结构，这是坚定不移的发展方向。在整个经济结构调整中，制造业要加大结构调整力度，包括产业结构、企业结构、布局结构的调整，要整体推进结构优化。要考虑作为全国的经济中心城市，有很多指标体系要体现国家战略和服务国家战略，但是，有一个重要指标，就是有一定的经济总量。如果上海的经济总量不能在全国排在前列，中心城市的服务功能很难体现。我很担心经济运行中出现的新情况，因为只用上海指标来分析经济运行，很难得出全面的结论。如从全国第一季度的经济运行分析，货币投放量和信贷规模进一步扩张和经济下滑压力进一步加大并存的现状再维持几个季度，上海这个大都市首先是经济上不去，物价要出问题。如果经济出问题，就业也会有问题。

从大的方面看，就业矛盾现在没有充分显现，如果兄弟省市问题显现，反过来会影响大城市，这个连锁反应会带来很多社会问题。从上海工业来看，去年四季度碰到一些问题，同时加大了结构调整力度。我感到市经济信息化委的党政领导班子能够平稳完成机构改革任务，想出很多应对举措来解决当前面临的问题。我觉得，整个市经济信息化委的精神状态是好的，市委、市政府对市经济信息化委的工作是满意的。由于你们在机构改革中带了一个好头，现在没有涉及这次机构改革的委办局也在压缩编制，各级领导干部都非常顾全大局。这段时间，在研究应对国际金融危机过程中，市经济信息化委的反应是迅速的，工作效率也很高，对一些敏感问题应对也能够站在全局的角度分析，为市委、市政府应对各种挑战，提出了很多有价值的意见和建议。

下面，我针对刚才汇报的内容谈几点想法，供大家参考：

一、关于结构调整

市经济信息化委的工作和国资委的工作是密切相关的。市经济信息化委的工作是产业规划、行业管理、运行保障，还要推动技术进步、“两化融合”。从上海来看，服务业的基础是信息化，没有信息化，现代服务业根本发展不起来。所以，除“两化融合”外，市经济信息化委一个重要职能是推进国民经济信息化水平的全面提高。在北京，我和工信部李毅中部长交流工作，他谈到感谢上海市开了一个好头，希望上海搞好机构改革后，全国向上海学习。我讲了两点意见：一是上海的煤电油运日常监管必须在市经济信息化委；二是信息化不仅为工业化服务，还要为整个国民经济的提升服务。服务业到最后要以三个基本要素作为基础，一是信息化，二是金融服务，三是专业服务业门槛准入。有了这三个要素，加上人才支撑，服务业就会发展起来。从当前情况看，市经济信息化委很重要的任务就是推进技术进步，这将是今后一个时期，特别是“十二五”时期的重中之重。推进高新技术产业化，政府主管部门要加强对全社会资源的统筹和组织，不是企业内部的技术改造。从国资委的角度看，要进行国资国企的改革重组，这两个是配套的。市经济信息化委千万不能只关注国资国企，而要面向全行业、全社会、全领域开展工作。

二、形成几点共识

一是上海工业要为保增长作贡献。保增长是当前经济工作的首要任务，也是贯穿二季度工作的主线。工业系统是重点。因此，市经济信息化委必须把指标承担下来，也就是“四负五平六增”，环比一月好于一月，两季度能够接近持平。这关系到今年上海的经济发展指标要不要调整。目前，长三角地区的兄弟省市没有调整发展目标。所以，上海服务业必须是两位数以上的增长，而且是12%以上，而工业上半年不能负，下半年争取有所贡献，上海今年的发展目标才能不调整。这样，上海工业不仅保持在全国应有的地位，也为上海全局作出贡献。

现在，中央研究班子和智囊班子的一些主要领导指出，上海的外向度太高，外资企业占相当比例，服务业集聚了270家外资银行，这是全国所有地方都不可比的，只有上海走出困境，中国经济才算复苏。中央把上海看作一个晴雨表，因为这一轮金融危机主要是国外跨国公司、大企业，500强的跨国公司在上海落户的有400多家。市经济信息化委从现在开始，要分析工业走势，采取有力措施，确保目标实现。工业系统的各级领导干部，特别是企业领导干部要有奋斗目标，形成一种广泛的共识，政府部门要加大服务，加大破解难题的力度，确保两季度目标的实现。

二是立足长远开展工作。主要从三个角度去推进：

1\. 进一步发展优势产业。扎扎实实把市委、市政府确定的高新技术产业化项目组织好。高新技术产业化就是进一步发展上海的优势，我们应当在这方面进一步加大工作力度。

2\. 均势产业要实现开放。把上海目前处于均势的产业开放，吸引全国龙头企业在这一领域来沪发展。合作可以采取多种形式，可以合资，有的甚至让他们控股，有的可以交给他们发展经营。如果上海没有能力、没有技术团队，就让全国其他省市的好企业在上海发展成全国一流的企业。市经济信息化委要提出一批可以在全国做强做大的产业、企业和产品，在全国处于第一团队，迅速提升发展均势产业。

3\. 劣势产业要加快淘汰。今年，提出调整淘汰500项落后产能，这是底线。市经济信息化委要力争600～700项。

总之，优势产业靠高新科技产业，均势产业靠开放引进，劣势产业要加大淘汰力度。

三是大力发展临港、漕泾、长兴岛等重要的产业基地。这三个重要产业基地建设都由宝俊同志负责推进，代表市委、市政府加强统筹协调。现在临港基地建设领导小组由杨雄同志负责，漕泾化工区由我本人负责。实际上，这几大制造业产业基地一定要联动发展，还要和宝山、闵行等老工业基地联动发展。临港基地和金桥出口加工区要联动发展，洋山保税港和外高桥保税区要联动发展，必须在体制、机制，包括资源统筹、组织保障上有大的举措。

四是大力推进“两化融合”。上海信息化水平要提高，信息产业要加快发展。市经济信息化委的职能不能仅仅局限在信息制造业这一块，信息产业很大一块体现在服务于各行各业。信息产业既是制造业，也是服务业，要加强两方面的统筹。

希望市经济信息化委进一步加大挖掘人才、培养人才、培育团队的力度。国家层面有个“千人计划”，引进的标准相当于教授级，国家给100万元安家费。上海要加大力度，加强人才和团队的引进，高新技术产业化主要是靠人才和团队。

上海产业要逆势飞扬 率先走出低谷
——在市政府工作会议上的讲话

艾宝俊

（2009年2月2日）

2009年是近年来本市工业经济形势最为严峻的一年。根据研判和预期，总体上经济运行将呈现“前低中平后高”的走势，从1月份前20日经济运行情况看，全市工业总产值累计完成1053亿元，同比下降22%。工业增速下降的趋势尚未得到根本改变，仍处于下降通道中，其中，占工业总量43%的电子信息、机械两个行业下降速率加快（电子行业受外需下降的影响增速回落，机械行业的滞后效应开始显现），对工业增长影响较大。但也有一些重点行业出现好转的迹象，如钢铁行业连续4周主要产品价格微幅上升；汽车行业加快产品结构调整，1月份产量和产值比上年12月份均有两位数增长；石化行业主要产品价格比上月略有增长，原油加工量环比有所增长，化工区停产装置逐步复产。估算整个1月份工业总产值同比下降24%左右，比原先预计减少2个百分点。

从全年产业发展的环境看，结构调整的力度会有所加大，但调整难度有所提高；经济基本面没有根本改变，但仍然面临下行压力；就业问题和利益调整的矛盾已引起各方高度重视，但平衡各方利益的办法有限；中央扩内需和实施产业振兴规划以及本市若干改革措施、加强市场秩序管理等工作到位，使我们有信心渡过这次危机，率先走出低谷。

下面，我从三个方面向大家通报服务企业全力保增长和产业结构调整等方面的工作和措施。

一、全力以赴确保产业平稳增长

市委九届六次全会和刚刚结束的“两会”对确保产业平稳增长提出了明确要求。1月9日，市政府专门召开“服务企业全力保增长工作会议”进行部署。当前环境下，做好服务企业全力保增长面临诸多困难和不确定因素，当务之急是尽快扭转工业增速下滑的势头。我们要积极抓住国家出台一系列扶持政策的机遇，全力以赴抓落实，及时研究推出新举措。

（一）加强经济运行安全应急保障

抓好第一季度开局工作，为全市经济平稳较快增长发挥应有作用。一是加强经济运行监测预测。重点锁定市场、出口、价格、效益、库存和应收款、亏损面和亏损额等六个监测要素，建立日、周、旬、月报制度。日报反映煤电油气库存和运行突发情况，周报反映价格与用电等情况，旬报反映产业运行情况，月报反映各区县、重点行业和企业运行状况及主要问题和突出矛盾，紧密跟踪产业运行情况。二是进一步完善产业运行安全应急工作机制。发挥各部门、各区县的作用，统筹协调产业、企业运行中出现的重大问题。在市场拓展、资金信贷、出口风险防范、稳定就业、企业减负、生产要素保障等方面加强协同，千方百计帮助企业渡过难关。调动区县和企业集团的积极性，抢抓机遇，迎难而上，全力以赴保增长。本着能快则快的原则，加大力度支持有条件、有潜力、有市场的企业，保持增长势头。对解决劳动就业较多的行业，要共渡难关，克服瓶颈，保证重点企业正常生产和就业稳定。

（二）加大资金、能源等生产要素协调力度

要加强产业部门与金融部门、商业银行的沟通协调，重点解决企业运行中应急资金缺口，帮助产品有市场、有质量、有效益的企业缓解资金周转困难。要把年产值 10 亿元以上的 238 户工业企业和 1100 户成长型中小企业作为服务的重点对象，采用鼓励储备、贴息、缓交部分税费等方式，缓解能源企业资金压力。进一步加大能源供应协调力度，继续协调国家有关部委和能源供应、运输企业，确保煤炭、燃气、成品油等供应平稳。

（三）加大政府采购力度

在政府采购、世博园区基础设施建设以及重大技术装备等方面，重点推进城市轨道交通、磁悬浮装备、盾构等大型工程机械，以及城市公交车和专用车辆等，帮助企业做好认定、资质等方面工作。支持本市通信设备制造企业参与信息基础设施建设和改造工程，支持重大技术装备首台业绩突破，对新能源汽车、核电、轨道交通、特大型锻压件等首台（套）产品给予财政补贴。

（四）支持企业大力拓展国内外市场

推动一批彩电、手机等领域的本市芯片设计和生产企业，列入国家“家电下乡”计划，与家电生产企业对接，开发符合农村消费需求的芯片产品。推动本市大型企业集团确定一批专业化配套企业，促进大集团与重点配套中小企业的紧密合作，鼓励工业区加强区域内和区域间的企业对接。积极争取中央外贸发展基金支持，加快机电产品出口退税等政策落地，支持有自主品牌、核心技术的产品和大型机械设备以及有竞争力的劳动密集型产品出口，协调解决出口企业信用保险、出口信贷等问题。

二、加大产业结构调整力度

以提高产业国际竞争力为目标，科学谋划产业未来的发展，按照“优势加快发展、均势相对稳定、劣势坚决淘汰”的要求，大力推进先进制造业提升能级，加快现代服务业重点领域发展壮大。

一方面，继续巩固提升电子信息、汽车、钢铁、海洋工程装备等支柱产业，壮大航空、航天、生物医药等战略产业，振兴发展核电等清洁高效发电设备、轨道交通等装备产业，大力发展新能源、新材料等新兴产业。加快商务、融资租赁、专业维修、节能环保、科技研发等生产性服务业重点领域发展，支持制造业集团剥离研发、物流、IT 等服务功能，对制造业集团剥离的生产性服务业企业，以及集团内部进行的生产性服务业重组给予支持，形成一批有国际影响力的总集成总承包服务供应商。推动国家“信息化与工业化融合先行试验区”建设，加快相关配套政策的落地，大力发展信息服务业，用信息技术带动提升重点产业发展，着力抓好“2+2”工作落实。一是对接国家重点产业振兴规划。继续加强跟踪沟通，力争在钢铁、汽车、造船、石化、装备制造、电子信息、能源、纺织、轻工等重点领域，推动一批重点项目列入国家规划。有关企业集团要抓紧准备，主动配合市有关部门，加大与国家有关部委的沟通联系，全力争取国家有关部门的支持。同时，支持一部分周期短、见效快的服务业发展，特别是贸易企业、创意时尚产业、商务服务等，有利于快速形成市场亮点，带来积极变化，以改变人们心理预期，提振对经济发展的信心，营造经济复苏繁荣的氛围。二是对接国家科技重大专项。在已启动大型飞机、核电等 16 个国家重大专项中，上海已经承担了多项重要任务。下一步要对已明确承担的专项加强配套支持，加大推进力度。还在申请的专项，加强与国家层面的对口联系，争取得到支持。依托国家重大专项，加快提升产业自主创新能力，力争在重点领域取得新突破。三是加大技术改造投入。通过技术改造，提高技术水平，增强企业抗风险能力。在已经排出 500 多个在建或拟建技改储备项目、总投资 700 多亿元的基础上，继续跟踪国家技术改造专项进展，对列入国家专项的项目给予 1∶1 配套支持。同时，对本市其他重点技改项目给予贴息支持。四是推进高技术产业化发展。聚焦民用航空、集成电路、生物医药、新能源汽车、交通电子与轨道装备等10个重点领域，启动50个重点项目，预计总投资400多亿元，年内完成投资140亿元。进一步完善工作推进机制，落实责任主体。

另一方面，按照国家和本市禁止类产业目录的规定，聚焦重点区域和重点行业，加快淘汰能耗高、污染重、危险大、占地多、效益低的落后产能，为优势产业发展腾出空间。从调整项目看，要“保六争七”，确保全年完成600项，力争完成700项；节约标煤“保九十、争一百”，即确保90万吨，力争100万吨。从时间节点看，按照“早启动，早推进，早完成”的原则，3月份启动第一批200项；5月份启动第二批200项；7月份启动第三批300项；四季度补缺并筹划2010年调整工作。从重点行业看，高能耗、高污染行业，落后的基础工艺，以及列入全市第四轮环保整治三年行动计划但整治无望的项目，坚决淘汰，坚决避免和遏制高耗能、高排放行业以及能力明显过剩的制造业产能出现新一轮扩张。对外环线以内和黄浦江水源保护区域内82家危险化学品企业，本着“有所为，有所不为”的原则，实施关停并转，逐步调整淘汰。从重点区域看，以中心城区和近郊区域为主，加强外环以内，特别是世博会邻近区域、黄浦江上游水源保护区域、杭州湾北岸线重点整治区域的调整。今年，重点调整奉贤塘外和化工分区、金山第二化工区、宝山大场地区、南汇滨海、老港地区、浦东合庆地区等。

三、加大服务企业力度

服务企业是保增长的重要前提。俞正声书记多次强调，要千方百计帮助企业渡过难关。韩正市长在1月9日召开的全市服务企业全力保增长工作会议上，亲自点击开通了“中国上海”门户网站上的“企业呼声直通车”。下一步着重做好以下工作：

（一）畅通服务企业的渠道

“企业呼声直通车”开通以来企业反映积极，加快了信息沟通速度，拉近了与企业的距离，缩短了解决问题的时间。要用好网上办事平台资源，加强对企业在产业发展、税收、规划、土地、环保、进出口、劳动用工、技术创新、品牌建设等方面政策的宣传，及时反映企业诉求，帮助企业渡过难关。

（二）加大政策落实力度

市委、市政府明确的支持政策，要制订实施细则，抓紧推动落地，跟踪实施效果，特别是落实好财政和税收支持政策，统筹用好各类扶持资金。要围绕保增长做好服务企业工作，加大协调力度，完善工作措施。

（三）切实减轻企业负担

进一步发挥市减负办的作用，加大对不合理收费、重复收费与频繁认证的清查力度。按照《财政部、国家发展改革委关于公布取消和停止征收100项行政事业性收费项目的通知》，督查本市涉及64个项目的取消和停征情况，落实本市取消和停止征收148项行政事业性收费项目政策。研究制定对困难企业、停产待产企业的税费减免或缓征等问题。

（四）加强对企业的分类指导和服务

从资金、人才引进、项目申报等方面，及时帮助国有企业集团解决经营和发展的问题，增强发展信心。完善服务央企的沟通协调机制和服务工作制度，积极为央企在沪发展提供支持。帮助中小企业拓展融资渠道，争取中央财政资金支持，实施“中小企业百千万成长工程”，推进中小企业改制上市，推动“专精特优”中小企业发展。研究制定成长型中小企业特别信贷保证计划，加大小额贷款公司的支持力度，防范资金风险。

（五）进一步推动国资国企改革

深化市属国有企业改革，抓住当前推进产业组织结构调整的有利时机，推动企业兼并重组，通过重组购并，带动各类所有制企业共同发展。推动企业在全球范围，通过引进人才、技术转让、项目合作、兼并重组等获得先进技术，不断提高产业能级和水平。

（六）进一步规范市场秩序

防止恶意拖欠给企业尤其是中小企业带来新的困难。加大对假冒伪劣产品的打击力度，纯净市场环境，支持名牌产品发展。加强信用建设，发挥信用体系对经济建设、企业发展和社会管理的促进作用。

把握机遇　应对挑战
推进上海工业持续发展
——上海工业上半年运行情况和下一步工作打算

艾宝俊

（2009 年 8 月 14 日）

今年以来，面对全球经济衰退、国内经济结构调整以及自身经济转型等因素，上海工业贯彻落实党中央、国务院决策部署，抓住国家和本市扩内需、保增长、调结构等政策机遇，采取一系列针对性措施，把国际金融危机的影响降到最小程度，二季度工业运行好于一季度，上半年好于年初预期。

一、上海工业运行特点

上半年，上海规模以上工业完成总产值 10555 亿元、工业增加值 2324 亿元，可比下降 5.5% 和 5.1%，呈现出“运行趋稳、质量转好、投资止滑、价格回升”的特点。

（一）工业增速开始上行

工业增加值逐月回升，1 ～ 2 月下降 12.4%；3、4 月份分别下降 5.6%、4.9%；5 月份略降 0.4%，基本持平；6 月份增长 2.1%，连续 7 个月下降后首次增长，7 月份增长 1.8%。

（二）工业经济运行质量继续转好

上半年，全市实现工业利润 513 亿元，同比下降 29.7%，降幅比一季度减少 19.3 个百分点，利润总额居全国第 6 位（工业总产值居全国第 9 位）；工业累计产销率 98.77%，高于全国 2.77 个百分点；工业完成税收 867.2 亿元，同比增长 3.3%，占全市税收比重 36.2%，比去年同期提高 3.3 个百分点（全口径税收，包括国税、地税，主要是中央企业税收增加明显，如燃油税改革使上海石化、高桥石化两大炼厂上交税收同比大幅增加）。

（三）各类所有制经济同步恢复

上半年，国有、集体、股份制、股份合作、外资和其他经济分别可比下降 0.1%、7%、3.4%、18%、6.9% 和 6.1%，降幅分别比一季度缩小 4.3、5.1、2.2、1.7、5.6、5.3 个百分点。中央、地方、区县工业稳步回升。

国有及国有控股经济运行较好，上半年，总产值降幅比全市工业小 1.1 个百分点，实现利润降幅比全市工业小 4.1 个百分点；完成总产值和实现利润占全市工业比重，由 2008 年的 37%、34% 提高到今年上半年的 39%、54%。

（四）工业投资止住下滑势头

上半年，本市工业投资完成 546.5 亿元，同比微增 0.6%。其中，中央工业投资增长较快，如烟草集团的中华专线、上海石化的 60 万吨 / 年芳烃联合装置、上海电力股份的漕泾两台 100 万千瓦机组等项目相继建设；六大支柱产业完成投资 267.8 亿元，同比下降 11.1%。

（五）主要行业和区县各有升降

上半年，本市 13 个主要行业中，船舶、汽车、医药、烟草、建材 5 个行业可比增长，如船舶行业主要受新投产项目带动，可比增长 12.7%；汽车行业因国家刺激小排量汽车消费政策带动，可比增长 5.6%。下降一位数的有电力、电子、有色、机械、纺织、轻工 6 个行业，主要受出口下降、投资不足、结构调整和产业对外转移等因素影响。下降两位数的有石化、冶金 2 个行业，石化行业受化工区停产检修影响，可比下降 10.1%；冶金行业因主要产品价格下降和受国际市场影响较大，可比下降 22.2%。本市汽车、电子、医药行业增幅与全国相当；钢铁、石化、轻工、纺织等行业反差较大，全国增长、本市下降，其中钢铁与全国比相差 25 个百分点，石化、轻工、纺织等相差 15 个百分点。

上半年，区县工业总产值 6459 亿元，占全市工业的 61.2%，可比下降 4.9%，降幅比全市平均水平小 0.6 个百分点；静安、黄浦、闵行、闸北、奉贤 5 个区实现可比增长，普陀、宝山、虹口等 14 个区县出现不同程度下降。

（六）信息服务业和重点生产性服务业企业保持稳定

上半年，信息服务业实现营业收入 1024 亿元，同比增长 14.6%；大集团总集成总承包完成营业收入 254 亿元，其中海外业务约占 30%；以设备租赁、投资管理、印刷包装等为主的专业服务业实现营业收入和利润总额同比增长 5.1%、81.9%；设计创意产业 54.1 亿元，与上年基本持平，实现利润 11.4 亿元，同比增长 118.6%。

（七）主要工业产品价格有所回升

今年以来，国际市场主要工业产品价格从去年 12 月底的“低谷”开始回升。如铜，去年 2 月份最高价达 6.89 万元／吨，12 月底跌至 2.26 万元／吨，目前回升至 4 万元／吨以上；原油，去年 6 月份最高 145 美元／桶，今年 2 月跌至 41 美元／桶，目前回升至 60 ～ 70 美元／桶；乙烯，去年 7 月最高 1650 美元／吨，10 月跌至 400 美元／吨，目前回升至 1000 美元／吨以上；铝、钢材、甲醇、丙烯酸等基本回升到去年 9 月左右的价格水平；中高级轿车（帕萨特）、液晶屏、笔记本电脑、柜式空调等消费类产品价格也有所回升。

二季度以来，上海工业经济虽然出现企稳好转迹象，但是基础还不稳固。根据下半年预测，本市工业将呈现“低位企稳、逐季回升”的态势，预计三季度工业总产值环比增长 1% ～ 2%，四季度环比增长 10% 左右，全年增长 2% 左右；从国际市场需求看，尚无明显好转迹象，预计下半年出口难有起色；从主要行业看，预计汽车行业将保持两季度增长势头，电子、钢铁行业将逐渐好转，其他行业有升有降。

从现状看，今后几年上海工业将由快速增长转入平稳增长时期。主要原因：

（一）产业结构调整和工业对外转移

上海近几年大力推进产业结构调整，加快调整淘汰落后产能，为优势产业腾出发展空间；2007 年、2008 年分别实施结构调整项目 571 个、522 个，节约标煤 148 万吨、130 万吨，涉及工业总产值 262 亿元、202 亿元。今年拟聚焦奉贤、金山等 3 ～ 5 个重点区域，重点调整高能耗、高污染行业、四大基础工艺和危化生产、储存企业，已落实调整项目 600 多项，涉及工业总产值 221 亿元，年节约标煤 90 万～ 100 万吨。同时，经过多年发展，本市主要行业产能接近饱和（如钢铁产业已接近规划 2500 万吨；船舶规划 1200 万吨，今年将达 1000 万吨；本地汽车产量规划 150 万辆，已达 120 万辆）。一些企业集团加快向兄弟省市梯度转移，近几年上海工业每年对外投资 200 亿元以上，减少产值超过 300 亿元，如华谊集团在外地投资建设年产 10 万吨烧碱、40 万吨 PVC 等项目，上汽集团在柳州、烟台、沈阳等地建立生产基地。预计今年本市主要企业集团在全国各地投资超过 200 亿元。对外投资虽然对本市 GDP 贡献不大，但对企业盈利和增加本市税收起到积极作用，同时也拓宽了本市企业的发展空间和市场容量，提升了影响力和竞争力。

（二）出口下降对工业增长形成较大影响

上海工业外向度上半年达到28%，高于山东、江苏、浙江等地区，其中电子行业78%、机械行业23%、轻工行业22%，工业出口特别是电子行业出口受到的冲击最大，上半年，全市规模以上工业企业停产261户，集装箱制造业基本处于停产状态。同时，上海工业总量的60%来自外资企业（80%面向国际市场），外资企业受到全球金融危机影响比国有、民营企业更大。上半年，本市工业完成出口交货值2922亿元，同比下降16.9%，同期工业生产可比下降5.5%，出口对工业增长的影响最大。

（三）工业投资难有较大增长

1996～2008年，上海工业的投入产出比平均为1:1.95，剔除电子计算机行业后为1:1.69（有色、烟草等行业超过1:3，建材、石化等行业在1:2～1:3之间，汽车、船舶等行业在1:1～1:2之间，纺织、冶金行业低于1:1）。受国际金融危机及价格下跌因素的影响，今年和今后几年投入产出比为1:1.4左右。按照1400亿～1500亿元的工业投资测算，工业总产值年度增量2000亿元左右，剔除因结构调整和对外投资造成的500亿元存量削减，实际增量1500亿元，按2008年2.56万亿元的基数计算，增幅为6%左右；如工业年均增长8%～10%，工业投资每年要达到1800亿～2100亿元。这几年工业吸引外资占全市比重仅为1/4左右，同时工业大项目今后几年相对较少；今年上半年新建项目完成投资289.3亿元，同比下降10.8%，已开工建设的10亿元以上项目数量同比下降21.2%；六大支柱产业完成投资267.8亿元，同比下降11.1%，今后几年工业投资难有大的增长。

同时，上海以服务经济为主的战略定位，制造业大集团加快转型，使生产性服务业加速发展，一定程度上影响了工业和服务业之间的比重关系。

二、推动工业持续增长的工作举措

面对世界金融危机冲击以及世界产业格局变化的挑战，在投资拉动和资源能源受限的条件下，上海工业发展不能再注重总量规模和增长速度，在能快则快的前提下，应更加关注运行质量，更加重视持续发展能力；不能只注重走出眼前困难的策略性选择，应更加关注在金融危机结束后全球产业形成新格局中的定位。

（一）全力推进高新技术产业化

5月31日已召开全市推进高新技术产业化工作会议，俞正声书记、韩正市长提出了工作要求。市政府已下发《关于加快推进上海高新技术产业化的实施意见》，明确了新能源、民用航空制造业、生物医药、电子信息制造业、新能源汽车、先进重大装备、海洋工程装备、新材料、软件和信息服务业等9个重点领域，并已形成各领域的行动方案和今年工作计划。下一步，一是加快项目启动，9个领域第一批共受理和评审了577个项目，总投资1337亿元，今年先行启动159个，总投资1033亿元，年内可完成投资进度340亿元，并启动第二、三批项目的申报工作，形成滚动机制。二是建设一批产业化基地，结合全市高新技术产业总体布局要求，开展市高新技术产业化基地的授牌，强化集聚效应，以推进嘉定新能源汽车零部件产业基地建设，下一步加快推进浦东、松江、闵行、金山、宝山等在民用航空制造、新能源、重大装备、新材料等方面的基地建设。三是聚焦政策落实，将全市在财税、规划、土地、科技等方面已有的鼓励支持政策，面向高新技术产业化进行叠加和聚焦，特别对明确要启动的项目实施主体和配套单位重点倾斜、优先支持；同时抓紧制定适应各领域特点、有针对性的专项政策。争取到2012年，9个领域累计形成1.1万亿元规模，比2008年增加4500亿元左右。

（二）主动落实国家相关战略部署

一是实施本市重点产业调整振兴规划。对接国家重点产业调整振兴规划，结合上海的产业优势和特色，已制定汽车、电子信息、装备、船舶、钢铁（有色金属）、石化、轻纺、物流 8 个产业调整振兴的实施意见，将陆续发布实施。其中，汽车产业已出台老旧汽车淘汰更新补贴政策；装备制造业将出台使用国产首台（套）设备风险补贴政策；钢铁产业将推进高端材料研制，提高独有和领先产品的比例，满足先进制造业发展需要。二是加大技术改造推进力度。市政府已转发有关实施意见，明确了今后几年的工作思路、目标及重点。上海向国家上报了重点产业振兴和技术改造资金支持的两批 65 个项目（总投资 206 亿元），其中 35 个已获批准，将确保 9 月底前开工建设；近期还将下达本市今年首批技改项目。推进华虹 909 工程、大飞机、长兴岛二期等一批带动作用强的重大项目，争取全年完成技改投资 700 亿元左右，年新增工业产值 1200 亿元左右。三是争取承接国家重大科技专项。在国家 16 个重大专项中，上海已承担了大型飞机中"大型客机"项目任务，并组织本市企业参与了"核高基"（核心电子器件、高端通用芯片和基础软件产品）、新一代宽带无线移动通信网、高档数控机床与基础制造技术，以及核电（大型先进压水堆及高温气冷堆核电站）等 4 个专项的首轮答辩，将进一步加强资金、政策等方面的配套，以承担国家重大专项为契机，在一些关键技术领域取得突破和领先优势。

（三）持续推进产业结构调整和优化升级

一是确保完成全年结构调整目标。全市已召开结构调整工作会议，把任务分解到各区县和部分企业集团。上半年启动 312 个调整项目，完成了全年目标的一半以上，可年节约标煤 30 万吨。下一步，将继续围绕水泥等高污染、高能耗、高危险行业，铸造、锻造、电镀、热处理等四大工艺以及世博园区临近区域，分两批实施结构调整项目，确保全年完成调整淘汰 600 项、节约标煤 90 万～ 100 万吨。二是积极开展"腾笼换鸟"，为优势产业发展腾出空间。根据全年结构调整的目标，今年各区县预计可腾出土地约 776.6 公顷，建筑面积 630 万平米。对于因结构调整或因企业主动外迁腾出的空余土地，将推动各区县主要用于高新技术产业化重点领域发展，加强招商引资，大力引进处于产业链中高端环节、能源消耗低的市内外优秀企业，提升产业层次，提高土地产出效率。

（四）加快生产性服务业等发展

当前，在全市工业增长面临压力和挑战的形势下，生产性服务业等加快复苏，起到了提振信心的作用，成为调结构、保增长的重要方面。下一步，生产性服务业重点抓功能区建设，在上半年授牌 19 家生产性服务业功能区基础上，将继续强化载体建设，通过考评、统筹管理等方式，推动功能区逐步完善服务、孵化、开放、集聚功能，并在全市建立专业化、社会化服务体系和统计监测体系等。同时，加快发展信息服务、文化及创意等产业发展。信息服务业将发布一个促进其发展的政策性意见，进一步优化发展环境，文化及创意产业将继续推进申报联合国"创意城市网络"工作，使这些产业成为现代服务业发展的重要力量，并为制造业发展提供支撑。

（五）不断推进工业布局优化

当前正在布局"4+4"产业基地，即在原有微电子、汽车、石化和精品钢材四大产业基地基础上，发展临港装备、长兴岛造船、航空航天、生物医药产业基地。在此基础上，围绕高新技术产业化、浦东新区区划调整和虹桥综合交通枢纽建设，进一步优化产业布局，在更大范围内调配资源，形成适应上海城市特点的产业布局体系，完善和优化产业链，重点推进若干个产业集群。将通过三项举措，积极推进开发区资源整合，一是规划引导，在推动工业区制订完善产业规划时，与城市总体规划、土地利用规划衔接，二是科学管理，开展对产业项目用地的前后期评估，把集约利用作为重要依据；三是政策创新，推进国家级开发区延伸发展，在回购存量用地、品牌开发区整合新增用地等方面，有关部门将抓紧研究制订政策措施，给予支持推动。

此外，还将加快推进本市中小企业发展。加强与高新技术产业化、"两化"融合等重点工作结合，为中小企业创造对接机会，提供合作平台；加强服务体系建设，在支持中小企业创新、专业咨询等方面提供更好的公共服务；加强政策支持，使现有政策能延伸到中小企业，并针对融资、市场开拓等难题，积极推进中小板、创业板上市和中期票据的融资。

三、关于上海工业持续发展的几点思考

面对当前国际金融危机的挑战，上海工业应着眼于危机后全球产业可能重新洗牌的机遇与挑战，尽快确立以高新技术产业化带动先进制造业新一轮的内涵发展、提升发展和高端发展，不断推进产业结构调整、转型、升级，形成新的增长点和制高点。为此，我们已组织有关研究机构开展上海工业持续发展的战略研究，深入思考以下几个问题：

（一）工业持续发展与二、三产业相互促进的关系

保持工业的一定规模和质量是上海经济持续、协调发展的重要基础，二、三产业发展是相互促进的。工业持续发展是服务业加快发展的重要支撑，同样，服务业快速发展将有力推动工业的持续发展。从工业自身发展看，按照“十一五”规划，到2010年，全市工业总产值达到2.5万亿～2.7万亿元，2008年已超过下限目标，达到2.56万亿元。今后几年，通过大力推进高新技术产业化，逐步形成新的增长点，到2020年，预计工业总量达到4万亿～4.5万亿元，进入一个相对稳定阶段。从二、三产业比重看，市第九次党代会确定了形成服务经济为主产业结构，力争到2012年三产比重达55%的目标，今年上半年服务业增速较快，比重已达57%，随着工业恢复性增长，预计这一比重还将在一定范围内波动。但从长期看，工业将从快速增长转入平稳增长，按今后几年工业增加值年均增长6%计算（个别年份仍可实现两位数增长），而服务业将继续保持相对较快的增长，今后一段时期，二产占GDP比重将稳定在40%左右。

（二）工业持续发展与资源环境容量的关系

上海资源利用水平在全国名列前茅，单位GDP的排放和能耗都是最低的，但由于地域空间有限，结构调整压力较大。能源、资源和承载力决定了上海工业必须发展技术含量高、附加值高、资源消耗低的高新技术产业。最近，市有关部门按照“两规合一”要求对全市用地情况进行了梳理，目前，全市建设用地2860平方公里，工业及仓储用地952平方公里，扣除仓储、批而未用以及绿化等配套用地，全市实际建成现状工业用地约为697平方公里（其中，位于规划产业区块外393平方公里，包括城镇建设区范围内约为195平方公里，今后将用于发展生产性服务业和城镇商业；位于城镇建设区外约198平方公里，将推进土地复垦）。工业占全市建设用地25%，而创造GDP占全市40%左右，税收占36%以上，说明集约化水平较高，效益明显。此次共梳理出104个产业区块，包括产业基地、公告开发区、集中城镇工业地块三大类，规划工业用地面积约790平方公里，剔除道路、绿化等，到2012年，剩余规划实际可用工业用地约160平方公里，平均每年可新增10～15平方公里。目前，全市工业用地单位面积产出约35亿元／平方公里（市级以上工业区58亿元／平方公里），通过“提高单位产出”、“提高土地容积率”、“加大二次开发力度”、“加快腾笼换鸟”等方法，将单位用地产出提高到50～60亿元／平方公里水平，理论上可达到4～4.5万亿元产出。

（三）工业持续发展与政策导向的关系

强有力的政策支持是上海工业实现持续发展的重要因素，工业发展要适应上海率先形成服务经济为主产业结构的趋势，有针对性地聚焦政策支持。从中央对上海的定位看，上海要加快推进“四个中心”建设，率先形成服务经济为主的产业结构。工业发展要服从服务国家战略，积极争取国家重大项目落户，发挥工业基础优势，优化提升产业能级，大力发展先进制造业、高新技术产业和生产性服务业，鼓励企业向产业链“微笑曲线”两端的高

附加值环节发展。从区域联动发展看，浙江、江苏、安徽等周边兄弟省市都出台优惠政策，以加快工业发展。上海要坚持“引进来”与“走出去”相结合的导向，利用长三角以及长江流域（如苏北、安徽等）腹地广阔、商务成本较低的优势，依托产业链延伸，开发区对接，实现互补共赢发展。从上海自身发展看，市委、市政府非常重视产业政策导向作用，将继续在产业发展、非公经济、现代服务业以及人才、土地、财税等方面实施政策突破，并鼓励支持区县发挥自身区位特点和基础条件，制定和实施具有区域特点的产业支持政策。

（四）工业持续发展与发展调整中提升的关系

从 20 世纪 90 年代以来，上海工业经历了“调整中发展”、“发展中调整”，已进入“发展调整中提升”阶段，将围绕上海实现“四个率先”、建设“四个中心”和率先形成服务经济为主产业结构的战略目标，更加突出国家战略的落实，大力实施高新技术产业化。争取国家重大专项落户，推进 9 个重点领域取得突破，成为国家战略实施的载体，成为全市经济发展的支撑。更加突出扩大对外开放，坚持“引进来”与“走出去”并重。鼓励中央企业、地方国有企业、外地企业、民营企业和外资企业等各类所有制企业到上海发展，推进地方国有资本的开放性、市场化重组，推动有条件的企业集团整体上市或核心业务资产上市，继续推动均势企业与国内外优势企业的重组联合。更加突出转变经济发展方式，提升产业能级和优化结构。提升发展电子信息、装备、汽车、钢铁、石化以及轻工、纺织等产业，提高核心竞争力和产品附加值；培育发展船舶与海洋工程、航空、航天、新能源、新材料、生物医药等产业，抢占产业高端，壮大产业规模；突破发展与制造业密切相关的生产性服务业及信息服务业、文化及创意产业等高端服务业，形成产业新的增长点。更加突出增强产业创新能力，提搞产业核心竞争力。加大自主创新力度，构筑产业创新体系，瞄准国际领先水平，在一些领域跻身国际同行业的第一阵营，代表国家与世界先进水平对话。

（五）工业持续发展与提高工业增加值增长水平的关系

从横向看，上海工业主要以加工工业为主体，工业增加值率大约为 23%，低于 27% 的全国平均水平，更低于以资源加工为主的地区。从纵向看，上海工业近十多年来加工贸易比重不断上升，由于加工贸易附加值较低，如电子行业增加值率只有 19%（其中计算机组装只有 9%），在做大工业规模的同时工业增加值率呈现下降态势。今后上海工业在持续发展中，必须加快发展技术含量高、附加值高、盈利能力强的行业，使工业增加值的增长速度快于工业产值增长速度。对一些附加值低、盈利能力弱的行业和企业进行调整，眼前会减少总产值规模，但是从长远来看，对提高增加值率是有利的。同时，在拓展国际国内市场方面要实现“两个转变”，即工业出口要从加工贸易逐步向一般贸易转变，单一的产品制造和供应企业要逐步向总集成总承包商转变。

当前，上海工业发展正处于关键时期，国际金融危机的挑战还在持续，上海工业自身转型升级的要求更加迫切。在市委、市政府正确领导下，在全市各方面的有力支持下，上海工业一定能够克服眼前困难，化挑战为机遇，实现发展调整中提升的目标。

全力推进各项工作 确保完成各项任务
努力保持产业发展良好势头
——在市经济信息化“两委”工作会议上的讲话

潘志纯

（2009 年 7 月 17 日）

一、围绕中心，为完成全年目标任务提供强有力的思想、组织和作风保证

（一）正确分析经济形势，攻坚克难保发展

尽管 2009 年上半年工业生产还是负的，尽管这个数据横向比还不是那么好看，但这是在非常困难的情况下完成的，是在上海特有的经济结构下完成的，是非常不容易的。不仅实现了市领导提出“四负五平六增”的要求，而且在市委、市政府的领导下，对全市制造业进行大的布局，明确了高新技术产业化九个重点领域的项目、政策和对策，成为今后产业结构调整的具体抓手，积聚了发展后劲。

市委全会指出，下半年经济发展的任务仍然很艰巨。我们要保持清醒冷静，把碰到的困难和问题分析透。一是出口和产能过剩问题。上海工业外向度较高，工业企业中专门从事出口的占 20%，从事出口配套的占 30%。如果外需不足，内需一时难以消化，而且下半年这个趋势还看不到好转的迹象。关于产能过剩问题，实际上反映了制造业的内部结构。前两年我国加入 WTO 后，外需大幅增加，把产能过剩问题掩盖了；国际金融危机爆发以后，我国产能过剩的矛盾就暴露出来。二是两个投资过低。首先是工业投资增幅过低，增幅与兄弟省市比差距较大，没有投入，就没有产出。其次是社会资本投入过低，政府投资是有限的，如果不带动社会资本，很难有大的起色。三是部分区县发展工业的积极性不高。黄菊同志曾提出“繁华繁荣看市区，水平实力看郊区”，把郊区定位发展先进制造业。但部分区县发展工业的积极性不高，影响工业的发展。所以要加强市、区联动，没有区县这个大平台，郊区要成为制造业的主战场难度较大。

下半年，我们要以更加振奋的精神状态，采取更有针对性的措施，把“以创新应对挑战，以发展坚定信心，以提高夯实基础”作为全委的工作要求，围绕市委、市政府提出的目标，奋力拼搏。

（二）扎实推进高新技术产业化，落实落地不停顿

推进高新技术产业化，从当前来看，关系到上海发展的速度；从长远来看，关系到上海发展的可持续性和今后工业发展的前景，只能成功不能失败，必须坚定不移地抓紧抓好。

一是加大投入。要研究怎样用少量的政府资金带动更多的社会资本投入。二是项目落地是关键。下半年乃至今后一个时期要主动与区县、企业一起推进项目落地。如果没有一批项目落地，各种思路、要求都是空的。三是加强与区县、大企业尤其是央企联动、联手。四是建立激励考核机制。首先是建立委内激励考核机制，现已形成初步方案，下一步要在党政班子联席会上讨论。接着是研究更大范围的激励机制，上海如果在这方面没有大的突破，项目肯定竞争不过兄弟省市。

（三）服务企业，积极主动不折扣

服务企业，促进企业与上海经济共同发展是经济信息化委的一项主要职责。这次学习实践科学发展观活动，有许多宣传内容都表扬了经信委的服务企业工作，这是我们的亮点，也是三委合并后的一个好的开端。下半年，在服务企业中，要继续努力，坚持好的做法，做到少干预、多服务，不添乱、多帮忙，不设路障、多设路标。机关党委还可以在委内处室中开展服务企业竞赛，看哪个处室联系的面更广，沉的更深，下面反馈的效果更好。

二、以改革创新精神加强党的建设

党的建设是推进各项建设的政治保证和组织保障。调整产业结构、推进高新技术产业的发展、做好世博的安保等都离不开各级党组织的坚强领导，都需要广大党员干部积极探索、努力实践。这次市委全会强调，加强党的建设是推进各项事业顺利发展的根本保证。将在秋季召开的党的十七届四中全会也着重研究加强党的自身建设问题。我们党长期执政面临市场经济、对外开放、多元文化和利益格局调整的考验，出现了很多新情况、新问题需要研究解决。

（一）着力抓班子和干部队伍建设

一是干部的挂职交流。现在干部处在推进，各处室反响很好，领导班子都很支持。主要是丰富干部的经历，经历越丰富，阅历就越丰富，就更有利于推进工作，希望人手紧的处室忍一忍，只要有利于干部的发展，就一定要舍得。挂职交流一定要推，一定要成为经信委的亮点。二是公开选拔总工程师。公开选拔总工程师是服务服从于高新技术产业化这个中心工作的一个组织举措。对外招聘要做到“公开、公平、公正”，希望符合条件的同志们积极踊跃参加。三是对一些处室人员要进行充实、完善和调整。四是推选处级后备干部。五是处长论坛要坚持下去，既推动处室的工作又促进融合。

（二）着力抓好基层的基础工作

一是充分认识基层基础工作的重要性。新疆事件以及其他事件实际上暴露了基层基础工作的薄弱，这是短期看不出来的，但积累到一定程度就会爆发。二是基层基础工作一定要平时抓，出了事情再抓就来不及了。三是对经济系统的基层基础状况、新情况、新问题等环节，要做一些调查研究，为贯彻落实十七届四中全会精神作准备。

三、切实加强内部的教育管理

经信委掌握全市一部分项目和政府资金，很容易成为方方面面拉拢的重点对象，一旦放松警惕，一个干部倒下去，不仅个人失去自由，丧失了前程，还会伤害亲人，给家庭带来不幸，影响单位的发展，败坏所在单位的形象。这是组织所不愿意看到的。

我们要以反面案例作为教训，平时多拉拉袖子，提醒提醒。要算三本账，一要算政治账。干部成长无论是个人还是组织，都付出了很多心血，很不容易，要珍惜前程，把心思用在干好工作上，回报党和人民的培育之恩。二要算自由账。自由是幸福的底线，如果失去了自由，即便有万贯资产又有什么意义。三要算亲情账。一旦出了问题，家庭破裂、妻离子散，还奢谈什么幸福。要慎交朋友，尤其是那些希望从自己手中批项目、拿资金的人，好的时候哥俩好，一旦出了问题，什么结果都可能出现。要严守廉洁自律的底线，绝不能做违法乱纪的事情；要从严管理干部，确保整个机关不出问题。

四、强化责任，做好各项季节性工作

一年一度的高温酷暑已来临，要继续按照市委、市政府的要求把相关工作做好，一要切实关心职工群众生产生活问题，做好高温慰问工作。二要全力以赴做好电力“迎峰度夏”工作，确保本市能源供应的平稳有序。三要加强预测、预报和检查，积极主动做好防台防汛工作。四要牢固树立安全第一的思想，切实加强安全生产工作。五要积极做好防控甲型H1N1流感药品生产的保障工作。

做好季节性工作，关键是各部门要严格责任，健全和完善分级责任体系，做到“横向到边、纵向到底”。要严格管理，落实制度和措施，加强对重点单位、重点区域、重点环节的监管，加强信息的沟通，强化应急处置。

下半年，各方面的工作量很大，时间更紧，任务更重，我们各部门一定要认真贯彻九届市委八次全会精神，以更足的干劲、更快的节奏、更实的作风全力推进各项工作，确保完成年初确定的各项任务。

应对困难挑战　坚定发展信心
为全市保增长作出应有贡献
——在服务企业全力保增长工作会议上的讲话

王　坚

（2009 年 1 月 9 日）

新年伊始，市政府召开会议部署服务企业全力保增长工作，韩正市长、艾宝俊副市长亲自出席，提出工作要求，充分体现了市领导对产业发展的重视和期望，这必将激励我们认真贯彻落实中央经济工作会议和九届市委六次全会精神，坚定信心，迎难而上，努力保持全市产业平稳较快增长势头，为全市经济社会发展贡献应有力量。

一、攻坚克难保增长

去年 9 月份以来特别是四季度，受国内外市场急剧萎缩等影响，全市工业生产开始下滑，各区县、企业及时应对，努力扭转下滑势头，预计全年工业总产值增长 9.3% 左右、工业增加值增长 8.1% 左右。中央经济工作会议以来，国家发改委、工信部等接连召开重要会议，出台了许多针对性举措，俞正声书记在九届市委六次全会上指出确保经济平稳较快发展是当前工作的首要任务，要千方百计保增长。韩正市长要求工业战线认真落实，树立信心，克难攻坚。在当前国际金融危机冲击进一步显现、工业生产面临更大压力、下滑惯性仍将持续的情况下，我们一定按照市委、市政府要求，把千方百计保增长作为首要任务，对有条件、有潜力的行业、企业，做到能快则快，保持增长势头；对增长压力较大的行业、企业，帮助克服困难，主动向上发展，争取一季度完成工业产值 5000 亿元，降幅控制在 15% 左右，确保全年走出“前低后高”态势，完成预期的调控目标。

对产业部门来讲，“保增长”重点是保支柱产业，保重点企业，保产业关联度大、就业面广的行业。拟采取三方面措施：

一是加大资金、能源等生产要素的协调力度。在资金协调上，通过建立产业运行安全应急专项资金，加强与金融部门沟通协调，建立应急扶持对接平台，在摸清重点行业和企业资金紧张的情况下，协调解决重点行业和企业运行过程中的应急资金缺口，帮助产品有市场、有质量、有效益的企业解决流动资金应急困难，保证重点企业正常生产经营和社会就业稳定。目前，初步确定了首批年产值 10 亿元以上的 238 户工业企业和 1100 户成长型的中小企业作为重点服务对象。在能源供应上，加大支持和协调力度，确保煤电油运正常供应。当前，发电企业面临连续亏损的困难局面，电煤供应又出现新的情况，我们将继续加大支持力度，采用奖励储备、贴息、缓交部分税费等方式，协调流动资金的正常供应，缓解能源企业资金压力。继续协调中石化、中石油、中海油等企业，确保重点行业和企业燃气、成品油的供应需求。同时加强与国家部委以及运输、财税、海关、港口等部门的协调，保证产业和城市运行安全。

二是支持企业大力拓展国内外市场。我们已与市建交委建立定期沟通协调机制，重点解决本市生产企业和用户单位之间的产品采购问题，首批推进城市轨道交通及磁悬浮装备，包括城市轨道交通 A 型车和 B 型车、信号系统、控制系统、低速磁悬浮等；大型工程机械，包括地铁土压平衡盾构、大直径泥水平衡盾构等；城市公交车和专用车辆，包括出租车、大客车、消防车、环卫车、垃圾车等。市建交委将对上海本地企业在认定、资质方面给予倾斜，推动本地生产企业进入招投标市场。下一步，对世博会场馆、本市基础设施建设和扩大内需等工程，以及国有企业投资、技改项目，拟优先采购本市装备；支持通信设备制造企业参与信息基础设施建设和改造；推动一批芯片设计生产企业与家电生产企业进行对接，开发符合农村消费品需求的芯片产品等。

三是加强经济运行监测和预测。围绕本市工业增速下行压力加大、主要行业和企业生产经营困难加剧等突出问题，加大经济运行协调和监测。建立日、周、旬、月报制度，及时把握发展趋势，锁定市场、出口、价格、效益、库存和应收款、亏损面和亏损额等六个监测要素。日报主要反映煤电油气的库存情况，周报主要反映价格与用电等情况，旬报主要反映产业运行情况，月报主要反映各区县、重点行业和企业运行状况以及面临的主要问题和突出矛盾，确保产业始终处于受控状态。扩大监控预测范围，突出电子、机械、轻工、石化、冶金、汽车、船舶、烟草、电力、纺织等10个重点产业；覆盖1000户重点企业，其中我委直接负责200户，20个集团负责400户，19个区县负责400户；关注100个重点产品；跟踪松江、闵行、浦东、南汇、嘉定、金桥、漕河泾、化工区、临港、张江等10个重点区域。当前，重点对一季度经济形势变化加强跟踪分析和监控预测的力度，深入重点企业和工业园区调研，摸清具体情况，把握发展趋势，全力扭转产业经济下滑势头。

二、真心实意扶企业

市领导对当前企业面临的困难非常关注。市委专门组织了6个调研组听取企业意见，俞正声书记批示关键是件件有回音，为此应将调研报告分解到部门，限时督办。韩正市长在我委《关于全国工业和信息化工作会议情况》的专报上批示要千方百计帮助支持企业渡难关，帮企业就是保增长、保就业、保民生。宝俊同志直接推动建立市推进政策落实服务企业工作机制。我们将按照市领导的要求，承担好支持企业发展的各项工作，做到真心实意扶企业。

一是落实减轻企业负担的各项工作。认真贯彻落实中央和市委、市政府应对当前形势做出的进一步减轻企业负担的政策措施，积极发挥市减负办的作用，加大对不合理收费、重复收费与频繁认证的清查力度，从严、从实、从快清理乱收费、乱罚款、乱摊派；按照《关于公布取消和停止征收100项行政事业性收费项目的通知》，落实督查涉及本市64个项目的取消和停征情况，为企业发展创造良好的外部环境；同时，会同有关部门抓紧研究对困难企业、停产停业企业的税费减免或缓征等相关问题。

二是建立服务沟通联系企业的畅通渠道。根据市领导要求，“中国上海”门户网站开通“企业呼声直通车”，具体工作由我委会同市发改委、商务委、建交委、国资委等17个部门和19个区县共同参与，等会儿将请韩正市长亲自点击开通。作为企业与政府互动的载体，一方面，企业通过“直通车”，可以了解政府在产业发展、税收、规划、土地、环保、进出口、劳动用工、技术创新、品牌建设等方面的政策，成为企业咨询和提供政策建议的窗口；另一方面，企业可通过“直通车”反映诉求，我委将会同市相关部门和区县根据职责分工解决相关问题，凡是我委能解决的问题将尽快处理，最迟在14个工作日内答复处理结果。需要其他部门或区县解决的，最迟在1个月内答复处理结果。

三是做好对不同类型企业的分类支持服务。会同市国资委做好对市属国有大集团的支持服务，会同市发改委做好本市符合条件的企业纳入国家重点产业振兴规划和技术改造支持项目。在服务央企方面，完善与央企的沟通协调机制和服务工作制度，积极为央企在沪发展提供必要的土地、资金、人才、技术支持，在项目建设、规划编制、用地指标、资金安排、能源供应等方面给予必要的帮助。在促进中小企业发展方面，统筹用好各类中小企业扶持资金，帮助中小企业拓展融资渠道，缓解资金压力；继续推进实施“中小企业成长工程”，推动“专精特优”中小企业发展；加强中小企业公共服务平台和创业基地建设，以及大企业集团重点配套中小企业培育；以贴息等资助方式，支持中小企业拓展市场、技术改造、结构调整、科技创新、品牌建设等，提升市场竞争力。

三、刻不容缓抓落实

作为本市政府机构改革中新组建的部门，市经济信息化委将认真落实市政府即将批复的“三定”方案，深化职能转变，切实承担起“产业发展、运行保障、技术创新、信息化建设、服务企业”等工作职责，继续联合兄弟委办，依托区县力量，发挥行业协会等中介组织的积极性，做到政策落实、项目落实、责任落实，帮助企业渡过难关。

一是政策落实。根据市委、市政府相关文件和会议精神，我们汇总了“产业政策落实进展情况”，将2008年本市政策分解成40条。目前，已落实政策26条，正在落实的政策5条，处在研究阶段的政策9条。下一步，要积极向企业宣传，推动政策落地，跟踪实施效果，让更多的企业享受到优惠政策，得到政策支持；对正在落实和研究的政策，要推动政策落实，加大与相关部门沟通，尽快出台细化政策，尽快发挥政策效应。同时，根据产业和企业的经营困难，及时会同相关部门，加大专题协调力度，解决企业在土地、税收、资金、人才引进、资格认定、市场准入等方面的困难。

二是项目落实。为支持重点行业发展和企业渡过难关，国家和本市都启动了一批专项措施，我们将会同有关责任主体，抓紧落实有关项目。如加快落实国家重大专项和重点产业振兴计划，推进大型飞机、核高基、核电等重大专项，同时在本市重点发展的钢铁、汽车、造船、石化、纺织、轻工、装备制造、电子信息等领域，尽快筛选出一批重点发展领域和项目，争取纳入国家振兴规划，使上海产业在规划及有关配套支持中占有更大份额。加快企业技术改造和高技术产业化工作推进力度。计划连续3年，每年500项，滚动实施重点企业产业升级技术改造项目。

三是责任落实。根据九届市委六次全会和即将召开的十一届人大二次会议上《政府工作报告》对今年产业工作的要求，进一步明确责任，充分利用各区县、各部门的力量和资源，发挥行业协会的桥梁和纽带作用，形成市区联手、部门合作、协会参与的工作局面，从资金、人才引进、项目申报等方面及时帮助解决企业经营和发展的问题，增强企业发展的信心和决心。当前，要把全年及一季度目标落实到各区县和大集团，组织好节假日的生产，减缓经济下行压力，防止更大的下滑。

迎难而上 勇担重任
努力推进高新技术产业化
——在市经济信息化“两委”全体干部会议上的讲话

王 坚

（2009年6月2日）

今天，在这里召开市经济信息化两委机关全体干部会议，主要是传达学习和贯彻落实5月31日全市推进高新技术产业化工作会议精神，俞正声书记、韩正市长在会上的重要讲话，以及市政府下发的高新技术产业化《实施意见》的主要内容。刚才，金兴明同志对两位市领导的讲话和《实施意见》的内容作了传达和介绍。今天的会议也是一次动员会，发动全体干部围绕高新技术产业化工作的全面推进，进一步统一思想，凝聚力量，推进落实。这还是一次工作部署会，根据全市的总体要求，进一步分解任务，明确责任。通过今天的会议，我们要做到层层传递责任，层层传递要求，层层传递压力。市委、市政府主要领导要求经信委把责任、要求和任务传递到每一位同志。

一、深入认识推进高新技术产业化的重要性、艰巨性和长期性

市委、市政府领导高度关注并亲自推动高新技术产业化工作，不仅把它作为应对当前国际金融危机，确保经济平稳较快发展的重要举措，更把它作为推动全市产业结构调整、突破发展瓶颈制约、赢得危机后新一轮产业发展主动权的长远之计。就我委来讲，当前保持经济增长是顺势而为，加大高新技术产业化推进就是逆势飞扬。俞正声书记、韩正市长以及有关市领导多次调研和听取专题汇报，提出了明确的工作要求。在前天会议上，俞正声书记强调，加快推进高新技术产业化是未来几年上海在战胜国际金融危机的过程中取得胜利的关键；是今后一个阶段上海要抓的大事，抓先进制造业，关键就是抓高新技术产业化，在推进中做到“五个必须”，即必须面向未来，必须面向市场，必须改革体制机制，必须发挥多个积极性，必须解放思想、不避风险；要求经信委要做到“四个及时”，即及时知道、及时指导、及时协调、及时报告。韩正市长指出，高新技术产业化是应对当前国际金融危机、实现上海发展转型的关键举措，把尽快推进高新技术产业化作为全市工作的重中之中，要举全市之力，顺势而为，提高上海产业的国际竞争力和可持续发展能力，要从五个方面狠抓工作落实（明确目标，全力推进；抓住关键，聚焦突破；分类支持，务求实效；全面开放，依托主体；加强领导，配套推进），要完善创新政策，加强政府服务，营造良好环境，确保工作的有力、有序、有效推进。

市委、市政府主要领导的重要讲话为全市范围内推进高新技术产业化做了一次全面动员和部署，讲清了发展形势、工作定位、工作策略和工作责任，对各部门、各区县和有关企业的责任落实提出了明确要求。在会上，宣布了市委、市政府推进高新技术产业化成立的专门的领导小组和工作小组，市委、市政府明确俞正声同志亲自对口新能源，韩正同志亲自联系大飞机和重大先进装备，殷一璀同志亲自联系生物医药，杨雄同志亲自联系电子信息制造、软件和信息服务业。杨雄同志、艾宝俊同志和沈晓明同志牵头成立了专门的工作小组，接下来要按照要

求，定期召开例会，讨论推进工作内容和相关项目的落实。我们深深感到，市委、市政府领导比我们的心情更迫切，比我们调研得更深入，也比我们做的工作更细致。我委明确承担了 9 个领域中的 8 个领域，在市委常委会上，市委主要领导明确告诉经信委，“你们把任务领回去了，也把责任背回去了”。作为全市产业发展的主管部门，我们一定要不辱使命，勇担重任，自我加压，狠抓落实，以只争朝夕的劲头，不折不扣地完成好市委、市政府交付的全市产业发展的艰巨任务。

（一）把握重要性，树立不进则退、时不我待的决心

去年以来，市委把推进科技创新、增强发展能力列为重大调研课题。结合调研工作，我们根据市委、市政府的要求，结合上海发展的实际，围绕加快推进本市高新技术产业化，开展了大量深入的研究、方案制订及汇报工作等准备：一是形成了基本的工作思路，经研究和充分听取各方面意见，明确了体现国家战略要求、符合上海产业实际的 9 个重点领域，总体方案获得了市委、市政府原则同意；二是细化了工作方案，总体思路明确后，从今年 3 月起，按照市委、市政府的要求，我委在两个月内完成了负责的 8 个领域工作和行动方案，并分别向市政府有关市领导作了专题汇报，其中新能源和新能源汽车的工作方案已经得到市委、市政府的批准；三是建立了机制，分全市、各领域、委内、社会服务平台等四个层面，建立了分层负责、相互衔接的推进机制以及专家决策、例会、信息沟通等配套制度；四是受理了第一批项目，4 月初向社会发布项目指南和公告后，已经受理了 9 个领域申报的项目 577 项，总投资超过 1000 亿元。在大家的努力下，总的实施意见已获市政府批准，需要推进的项目已基本明确，这方面工作正在比较扎实有序的推进，得到了市领导的肯定。尤其是今年 3 月以来，我们在市委、市政府的领导下，在委党政班子的共同参与下，委内干部和相关处长发扬了以事业为重、以集体为荣、以工作为先的奉献精神。当前，市委、市政府把推进高新技术产业化放到了更加突出的战略位置，需要我们更加深入地把握其重要性，在前一阶段工作的基础上，对下一步的工作重心和举措作些调整：工作阶段要从方案制订进入启动实施，作为责任部门，我们要从认认真真做方案，转到扎扎实实抓推进，按节点组织实施和大力推进；工作重点要从规划目标载体到推动项目落地，抓紧启动首批项目，优化产业化环境；工作机制要从部分处室为主到全委合力推动，打破部门界限，集聚全委一切力量，顺利完成市委、市政府交给的任务。

（二）认清艰巨性，要有迎难而上、承担风险的勇气

在全市大会上，市领导对上海多年来发展高新技术产业过程中存在的不足及其原因都作了深刻分析。从认认真真做方案，到扎扎实实抓推进，这个转变过程的难度很大。我们既要进一步振奋精神，同时也要做好充分的思想准备，要看一看推进中可能会遇到什么问题。从兄弟省市来看，在高新技术产业化的一些领域发展势头很猛，部分领域无论在总量规模还是技术水平上，都已经领先上海。就上海的实际而言，目前，9 个重点领域的发展方向和目标都已明确，但现在的工作基础距离这些目标还有一定的差距。从工作手段来看，我们的推进手段比较传统，市场手段和经济手段用得比较少，调动区县和实施主体积极性的有效办法也不多。长期以来我们在推进项目中形成的一些不正确的想法可能会对我们推进工作造成影响等。对全体干部来说，这几个月，我们完成了市委、市政府交给我们第一阶段的任务，把方案做出来了，是不容易的，精神是可嘉的。但是我们深深地体会到，我们的底气还不足，要真正掌握各领域的发展趋势和产业化规律，还需要不断学习，不断摸索，不断实践。必须充分估计可能遇到的种种困难，聚焦重点领域、关键瓶颈和机制障碍，想方设法化解难题，实现突破。

（三）认识长期性，做好长期作战、持续推进的准备

高新技术产业化是涉及相关委办局和多个责任主体的一项系统工程，既是攻克前沿技术的“攻坚战”，也是抢占新一轮产业发展制高点的“持久战”。一方面，目前存在的薄弱环节是多年积累的结构性矛盾所导致，不是一朝一夕可以解决的（俞书记在会上分析了部分领域存在不足的原因，如受到体制机制束缚、一些国企自主研发的主动性不够、对与外资合作有依赖性等等）。另一方面，与“短、平、快”项目相比，高新技术的研发和应用具有明显的高风险、高投入特点，初期的产出效应并不明显。因此，我们要克服急功近利的心态，杜绝浅尝辄止的工作态度，避免采用“运动式”的推进方法，持之以恒，一抓到底。特别是要通过加强政策引导、建立长效机制等工作，发挥各种所有制主体的积极性，发挥各个区县、实施主体、产业基地的积极性，为持续推动高新技术产业化营造有利的环境，并通过这项工作，提高我们对产业化发展的研判、规划、引导和推进能力。

二、贯彻落实市委、市政府会议要求，全力以赴推进高新技术产业化

在提高认识、统一思想的基础上，更重要的是行动起来，变压力为动力，化挑战为机遇，要做到“三个全、四个性、五个化”，切实做好四方面工作推进落实。

“三个全”就是全身心投入，要心无旁骛，不受干扰，集中精力，一心一意做好高新技术产业化工作；全过程跟踪，无论是项目、技术、市场、产业链，还是主要载体、实施主体等，整个产业化过程和产业化涉及的范围，都要做好跟踪落实工作；全方位推进，要从规划、政策、资金、机制、配套保障等方面做好深化推进工作。

“四个性”就是主动性，工作要不等不靠，积极创造条件，主动出击；创造性，要敢于解放思想，不受条条框框的限制，要勇于突破瓶颈和难题，要大胆创新发展；坚韧性，遇到难题绝不退缩，遇到困难决不畏惧，尤其要防止绕着走；操作性，工作举措不要泛泛而谈，不能停留在纸面上，而是各项举措能够落地、便于操作。

“五个化”就是项目要深化，要弄清项目瓶颈、实际需求和具体目标，做好协调服务，确保项目落地、开工和有序推进；政策要细化，既要落实好共性政策，也要对每个领域制定针对性、有特色、能操作的具体支持政策，要体现量体裁衣；进度要量化，要形成月度、季度和年度具体的推进工作计划；考核要强化，对工作落实情况要做阶段性评估，与绩效考核、年终评比等相结合，既有奖励也给压力；措施要具体化，每项措施要分解落实到具体对象，能够对产业化形成现实的推动力。

围绕“三个全、四个性、五个化”，下一步要抓好四方面工作的推进落实：

一是要加强学习，吃透《实施意见》的主要内容。前阶段，由我委负责的8个重点领域都形成了工作方案或行动方案，对各领域的技术发展、产业趋势、龙头企业、专家队伍以及兄弟省市情况等做了一次全面梳理。同时，在市委、市政府的直接关心下，凝聚全委智慧，形成了《关于加快推进上海高新技术产业化的实施意见》，并由市政府印发全市。我们要扎实推进工作的深入开展，一定要加强对各领域知识的学习，深化对产业化发展规律的认识，提高项目推进等方面能力。对两委全体同志来讲，首先要吃透《实施意见》的主要内容，要了解目标，高新技术产业化到2012年总产值要达到11000亿元，比2008年增加4500亿元左右，每个重点领域都有具体的投入产出目标，此外还要把握结构调整、带动效应方面的目标；要熟悉高新技术产业化重点领域，在对接国家重点产业调整振兴规划、国务院推进上海建设“两个中心”意见、国家高技术产业化“十一五”发展规划，以及全市重点产业支持目录的基础上，对已经明确的9个重点领域要熟悉；要把握产业化方向，除了解9个重点领域外，还要把握每个领域的重点发展方向、趋势；要掌握各项措施，真正把《实施意见》的精神学习好、理解透、贯彻到位。

二是要全委动员、全力以赴、全面落实。主要考虑抓好6个环节：

1. 全面发动。5月31日全市大会，市委、市政府在全市进行面上发动；6月1日下午，两委党政联席会议学习领会会议精神，统一思想；今天是对两委所有同志进行思想发动；希望会后，各处室要结合实际，层层发动和动员，把每个干部的思想和行动落实到具体的推进工作上来。

2. 任务分解。要把各个领域提出的主要目标、重点领域、推进要求和具体措施，逐条逐项做好分解落实。共有三个层面：第一层面是市委、市政府发了两个贯彻意见，市委发的是科技创新，市政府发的是《实施意见》；第二层面是8个方面的行动方案，现在两个已经通过了，接下来这周和下周，市委、市政府主要领导连续听取其他6个行动方案的汇报；第三个层面是今年的工作计划，要把目标、领域、项目、要求具体化。我委对8个重点领域都明确了牵头的分管领导、责任部门和负责人，其中新能源由尚玉英同志牵头，责任部门是新能源办公室，负责人是董亲翔同志；民用航空制造业由金兴明同志牵头，责任部门是航空产业处，负责人是柳靖国同志；先进重大装备由尚玉英同志牵头，责任部门是装备产业处，负责人是冯同建同志；电子信息制造业由邵志清同志牵头，责任部门是电子信息产业处，负责人是徐绍敏同志；新能源汽车由我来牵头，责任部门是新能源汽车办公室，负责人是马静同志；海洋工程装备由张华芳同志牵头，责任部门是高新工程处，负责人是韦平同志；新材料由周敏浩同志牵头，责任部门是重化产业处，负责人是耿鸿民同志；软件和信息服务业由邵志清、刘健同志牵头，责任部门是软件和信息服务业处、信息基础设施管理处，负责人是朱宗尧、张建明同志。

3. 落实责任。现在8个领域明确了太阳能、风能、煤基多联产IGCC、航空发动机、核电、火电、输配电等26个重点发展方向，每个方向都明确了联络员跟踪协调。

4. 制定计划。各领域都要制定今年的具体推进计划，形成重点工作按月、按季推进进度表。行动方案批准后，6月底前，8个领域工作计划都要制定出来。同时，要考虑制定招商引资、项目推进、基地建设、中小企业对接等一系列专项计划。

5. 完善制度。委内建立“绿色通道”的机制，使高新技术产业化工作在全委通行无阻。同时建立工作例会制度，市高新技术产业化促进中心也要建立相应的工作制度。

6. 形成合力。各领域的责任处室要相互支持，密切配合，牵头处室要做好统筹、协调等工作，配合处室要主动承担更多的任务；办公室、党委宣传处、技术进步处等要加大舆论宣传的力度，营造产业化工作氛围；人事教育处、办公室、研究室等要做好创造学习条件、加强后勤保障、开展前瞻性研究等工作；市高新技术产业化促进中心要加快人员落实、责任到位，承担好相关工作。

三是要以推进重点项目为抓手，确保高新技术产业化工作落到实处。要围绕项目明确工作计划，围绕项目突破各种瓶颈，围绕项目来支持实施主体，围绕项目明确政策举措。最近，我们相关部门和各个领域的同志作了梳理，又提出了134个、1114亿元规模的重点项目。

围绕这些项目落地，要及时了解、及时跟踪、及时协调和及时报告。在项目推进的过程中，要主动关注产业链对接，关注产业基地的对接，关注中小企业的对接。

四是要集聚全社会力量，形成长效工作机制。要完成高新技术产业化的任务，仅仅依靠自身坚持不懈地努力还是不够的，要充分依靠兄弟委办、各区县和实施主体的作用。我们更多的是协调、服务和保障，一定要树立大局观念，坚持联合委办、依托区县、服务企业。要进一步加强与市发改委、科委、国资委、金融办、财政局等合作，争取这些部门的积极参与、支持和配合，共同研究重点领域的支持政策、资金投入和投融资方案；要依靠区县，引导各区县和产业基地营造招商引资环境，加强规划布局、配套政策、基础设施、企业贷款融资、项目建设以及公共平台等方面的保障和服务；要服务企业，要熟悉项目实施主体，依托全市服务企业推进政策落实平台，不管大中小、不论所有制、不分市内外，对各类企业一视同仁，提供良好服务，要主动上门、主动服务、主动保障，进一步发挥好企业的主体作用；同时要依靠专家，目前每个领域都形成了专家组名单。

充分依靠全社会共同推进的过程中，要逐步完善和形成一些必要的工作机制，一是协同推进机制，根据《实施意见》的要求，全市成立了领导小组和工作小组，重大问题要及时提交高新技术产业化工作小组专题协调。二是信息的沟通机制，继续做好产业经济快报、高新技术产业动态的编制，建立必要的信息报送平台和渠道，把节点任务、工作进展、项目推进等情况在第一时间上报，需要市委领导决策、协调的，及时提供信息；要建立相关部门、各区县、重点企业的信息员联系制度。三是监督检查机制。最近，市委专门成立了督查组，督查全市重要工作的落实情况，并将高新技术产业化作为今年的督查工作重点。我们要紧紧依靠市委督查组，积极配合，及时反映情况，主动接受督查，推动各部门、各区县、各单位落实高新技术产业化工作。

三、围绕年初确定的重点工作任务，确保完成既定目标

在全力抓好高新技术产业化工作的同时，我们还要切实抓好二季度已经明确的各项重点工作，主要包括：

一是服务企业全力保增长。5月份要力争持平，6月份要争取增长，为全市的经济增长作出应有的贡献。

二是推进“两化融合”试验区建设。力争6月份向市政府常务会议作专题汇报。

三是加快结构调整工作。一方面大力发展高新技术产业化，一方面加快淘汰劣势企业，这是服务社会经济的重要内容，必须坚定不移，咬紧牙关向前走。

四是做好申报创意城市工作。这是全市经济结构调整的一件大事，市政府常务会议已经明确上海要申报联合国创意产业城市，我们要集中精力，争取按照时间节点把它做好。

五是扎实推进节能降耗工作。6月份召开节能宣传周系列活动，把相关工作落到实处。

六是涉及季节性的保障工作。包括信息安全、“迎峰度夏”、城市能源供应等。

贯彻九届市委八次全会精神
推进产业快速发展和优化升级
——在市经济信息化“两委”工作会议上的讲话

王　坚

（2009 年 7 月 17 日）

7 月 13 ～ 14 日召开了九届市委八次全会，俞正声书记、韩正市长作了重要讲话。结合传达贯彻市委全会精神和市领导的工作要求，两委机关干部一定要增强使命感、责任感和紧迫感，要集中精力抓项目、抓投资，尤其要抓好外来优势企业重组上海企业的工作。上海下一步的经济发展取决于服务业的发展，取决于制造业的升级，取决于城乡建设的步伐。下面，我结合学习贯彻市委全会精神，总结上半年工作和部署下半年任务，从四方面与大家作个沟通。

一、上半年主要工作回顾

今年以来，在市委、市政府的领导下，按照国家工信部希望上海在行政管理、技术改造、发展生产性服务业、TD-SCDMA 自主创新重大项目示范基地、国家 16 个重大技术专项的试点、发展新型工业园区等方面发挥示范作用，以及韩正市长 4 月 30 日在我委调研时提出的要求，加强与兄弟部门合作，会同各区县、集团企业积极应对国际金融危机的挑战，适应机构改革带来的变化，按照年初提出的攻坚克难保增长、真心诚意扶企业、坚定不移调结构、刻不容缓抓落实的要求，做好各项工作，为全市实现“四个确保”的目标发挥了应有的作用。

（一）上半年主要经济指标和重点工作推进取得的进展

今年是浦东开发开放以来上海经济发展最困难的一年，一季度全市经济延续去年四季度下行态势，国内生产总值增长较大幅度低于全国平均水平，外贸、工业生产、财政收入等指标大幅回落，是上海多年来所没有的。在困难和挑战面前，我们围绕“四个确保”，两委上下共同努力，克难前行，两季度以来产业运行出现积极变化，二季度明显好于一季度，上半年经济形势明显好于预期，取得了来之不易的成绩。

1. 基本实现了工业预期目标。上半年实现工业增加值 2324 亿元，可比下降 5.1%；从工业增加值增幅看，1 ～ 2 月下降 12.4%，3、4、5 月份分别下降 5.6%、4.9% 和 0.4%，6 月份增长 2.1%，基本达到了韩正市长提出的“四负五平六增”要求。可喜的是，工业运行质量提高，1 ～ 5 月，全市工业产销率 98.12%，高于全国 0.87 个百分点；应收账款下降 1.3%，而全国增长 8.0%；流动资金平均余额比去年增长 2%，基本达到工业预期目标，体现二季度明显好于一季度。

2. 高新技术产业化进展顺利。全市召开推进高新技术产业化工作大会，市委、市政府主要领导作了工作部署，市政府下发了《关于加快推进上海高新技术产业化的实施意见》；完成了 8 个重点领域的行动方案和今年工作计划，其中新能源和新能源汽车行动方案已获市委、市政府批准；第一批项目受理公告和指南向社会发布后，受理了 577 个项目，总投资 1337 亿元，其中今年先行启动 139 个，总投资 1033 亿元。

3. 工业投资止住下滑势头。今年新增的前两批国家重点产业振兴和技术改造重大项目资金中，本市地方企业获得国家 5.2 亿元的资金支持，其中第一批已下达的 38 个项目，总投资达到 106 亿元，第二批上报的 27 个项目，总投资 100 亿元左右。加快推进企业技术改造，市政府转发了我委加快推进本市技术改造工作的实施意见。加快推进去年四季度和今年一季度新开工项目，其中列入去年四季度新开工项目已有 120 多个开工，开工率接近 50%。上半年完成工业投资 547 亿元，增长 0.6%，扭转了前几个月下滑的势头。

4. 服务业重点领域加快发展。上半年，我委推进的几个服务业重点领域对全市的服务业增长作出了很大贡献，其中信息服务业上半年实现经营收入 1024 亿元，同比增长 14.6%。生产性服务业召开了功能区建设工作会议，对认定的第一批 19 个生产性服务业功能区进行授牌，初步形成功能区支持政策框架。

5. 产业结构调整和节能降耗工作有序开展。召开了全市产业结构调整工作会议，与各区县、部分企业集团签订目标责任书，上半年启动 312 个调整项目，占全年结构调整目标的一半以上，可年节约标煤 30 万吨。开展了节能宣传周活动，市能效中心向社会开放，市科学节能展示馆开馆试运行，确定了第一批 101 个节能技改项目，基本实现上半年工业节能降耗目标。这项工作涉及产业结构调整和发展方式转变，中央和国务院都很关心产能过剩的问题，下一步可能会继续加大结构调整的力度。

（二）重点工作推进的主要做法

1. 以学习实践科学发展观的成果指导和推动重点工作。根据学习实践活动查找出来的问题，两委按照近期、年内和中长期三类，拟定产业发展、经济转型、加快融合、职能转变等 4 方面 28 条整改举措，明确整改项目、整改目标、时限要求、整改措施和整改责任。对整改的具体内容明确了责任处室、配合处室和时间节点，做到有布置、有落实、有检查。到 6 月底，近期整改任务大部分已落实，年内整改任务近一半已完成，中长期整改任务全面启动。经过努力，两委在学习实践活动中提出的“突破发展、调整发展、融合发展、集约发展、开放发展”得到了较好的体现，指导和推动了产业发展。同时，还精心组织了系统第二批 103 家单位学习实践活动。

2. 通过机构改革保证了重点工作的落实。按照市委、市政府的要求，根据“先易后难、先综合后业务、先加法后优化”的原则，稳妥推进机构改革工作，确保了“两委”机关干部 3 月 5 日前基本上岗到位。截至 5 月底，市民办和社保卡中心移向公安局。3 月份以来，一些新成立的处室积极探索工作渠道，形成工作思路，如央企服务处和生产性服务业处等部门从基础工作抓起，逐步找到了工作抓手，组织推进了相关重点工作；一些合并的处室加快磨合，形成工作合力；一些名称和职能基本未变的处室在原来工作基础上，按照新职责赋予的要求，积极探索新的工作方法。上半年特别是二季度以来，大家齐心协力，始终做到了“工作不断、思想不乱”，确保了各项重点工作的有序推进。两委的综合性处室和服务性处室甘当“绿叶”，做好配角，也发挥了保障作用。

3. 通过建立机制、完善方案等手段落实重点工作。在建立工作推进机制方面，如围绕党风廉政建设，党委制定了《关于实行党风廉政建设责任制的实施细则》、《党政领导党风廉政建设责任分工》等 5 项制度，由分管领导与各处室签定年度党风廉政建设责任书，形成“一级抓一级，层层抓落实”的工作机制。围绕高新技术产业化推进，形成了委内工作机制，对 8 个重点领域都明确了分管领导、责任部门和联络员，建立了每周工作例会制度等。

在不断完善工作方案方面，如结合直属单位管理，对原三委 48 家直属单位情况进行梳理和汇总分析，提出可能划转事业单位的实施意见、直属单位新的管理办法建议等。结合干部队伍建设，根据高新技术产业化需要，制定并启动 2009 年干部挂职锻炼方案等。

在加大工作推进方面，围绕先进制造业发展，一批重大项目得到了有力推进。围绕信息基础设施建设，推进了 3G 网络建设。市政府与中国电信、中国移动、中国联通分别签署了战略合作框架协议，明确了近 700 亿元的投资总额。

4. 形成合力做好服务企业保增长工作。 上半年，宝俊副市长先后两次召开工业保增长会议，分解目标、落实责任。两委领导和各处室分头联系238户年产值10亿元以上重点企业，共编发《产业经济快报》100期。在服务企业方面，建立健全服务企业机制，开通企业呼声直通车。推动全市服务企业工作，协调26个部门共同落实和解决市委调研组材料中提出的204家企业反映的问题。加强与央企需求对接，加强对重点中小企业运行动态的跟踪和协调的服务。加强应急协调，帮助企业化解困难。

这些成绩的取得是市委、市政府正确领导的结果，是“两委”机关干部顾全大局、团结一心、奋力拼搏的结果，在此，我代表“两委”班子对大家的辛勤努力表示感谢!

在下半年的工作中，以下几点是需要进一步完善和加强的。第一，始终围绕市委、市政府和委内工作的重点，进一步加强工作意识和安排。全委的工作始终要围绕上海经济社会发展这个中心，委内各个处室、各个部门的工作始终围绕全委的重点工作，这方面的意识和工作安排要进一步地加强。第二，扎实工作，抓住时效性和有效性。真正做到扎扎实实把情况了解清楚，必须要深入到第一线。围绕工作的时效性和有效性，要重视时间节点，时间节点反映了工作时效性和有效性。第三，努力转变政府职能，更多地从体制、机制方面运用法律市场的手段来解决问题。第四，机构改革后的制度、队伍建设要从严要求和管理。随着机构改革的不断深入，我们要从制度建设和管理方面加大对项目的管理，加大对资金的管理，要加大对队伍的管理力度。

二、深刻领会市委全会要求，形成以项目为抓手的工作机制

在九届市委八次全会上，俞正声书记、韩正市长对加快推进高新技术产业化等重大项目建设提出了明确的要求。俞正声书记强调，高新技术产业化是决定上海城市影响力和带动力的重大问题，也是上海制造业向高端发展的必然选择。推进过程中要把握“三个必须”，即必须重视发挥企业的主体作用，必须重视调动市场的金融资源，必须重视招商引资、筑巢引凤。重大项目建设是推动经济社会发展的重要载体和抓手，离开重大项目的支撑，保增长、扩内需、调结构都只能是空中楼阁。一定要把这些重大项目摆在非常突出的位置，落实责任、落实路线图、落实时间节点。韩正市长把“以加快推进高新技术产业为抓手，积极发展先进制造业”、“加快推进重大项目建设”等工作列入全市下半年十方面重点工作中。强调高新技术产业化要开放运作，与引进企业、项目和人才，与推进企业技术改造结合起来，注重提高自主创新能力，重视在加快产业化上下功夫。

学习领会九届市委八次全会精神，下半年，我委要以项目为抓手、产业化为目标、节点为考核、企业为主体、创新为驱动，把重大项目的落实和推进作为全委工作的主线，通过抓项目推动产业快速发展，实现产业结构的优化升级。围绕以项目为抓手，下半年要在以下9方面形成合力，加快突破：

1. 全委形成共识。 抓项目不仅是工业项目，也有高新技术产业化项目，还有“两化融合”项目、基础设施建设项目、软件和信息服务项目等。项目是高新技术产业化主要载体，抓高新技术产业化就是要抓项目。要在委内形成人人为抓项目、促投资、献计出力的氛围，要统一思想，提高认识。在具体工作中要明确责任、进度和路线，把全委的工作中心、工作机制（包括考核机制）和高新技术产业化的推进，转到以项目为抓手的中心上。

2. 尽快形成项目路线图。 把重大项目内容一项一项分解，一步一步展开，一件一件推进，抓紧形成“三张表”。项目表，每一项重点工作都要分解成一个个具体项目，按照项目轻重缓急进行梳理，做到一目了然。分工表，明确推进主体、牵头部门、责任人、配合部门和支撑条件，特别重大的项目请市领导亲自联系；重大项目明确一名委领导负责；其他项目均落实到处室，处长直接负责；每一个项目要明确一名同志具体联系，把责任落实

到人，做到可操作、可考核、可评估。进度表，细化工作进度，倒排时间节点，把每个项目的重要节点细化到半年度、季度和月度，定期对照检查，确保每个阶段性目标如期完成。

3. **大力招商引资**。要通过招商引资引进技术资源，把国内外优秀企业引进来，在上海发展壮大。要联手区县完善推进机制，明确区县、开发园区、重点项目的分管领导、责任部门和联络员，建立畅通的项目信息报送渠道，及时上报招商引资进展情况。要对开发区内各类企业的招商工作分门别类地加以指导。

4. **突出企业主体**。这在整个投资和项目中非常关键。鼓励各类企业参与高新技术产业化等各类项目，既要支持本市企业申请承担项目，又要创造环境，吸引中央企业、民营企业、外地企业、外资企业参与，并引导中小企业增强科技创新和产业化配套能力。对中央企业，重点发挥央企主力军作用，加强与央企战略规划部门的对接等。对外资企业，重点引进核心技术，加大引进消化吸收的力度。

5. **发挥区县作用**。一方面做到压力传递，把市领导对高新技术产业化工作的部署和要求层层分解落实，传递到区县；帮助区县做好本区域高新技术产业化行动方案的制定，协调解决难点问题，做好项目的跟踪落实。另一方面引入竞争，发挥区县的主动性和创造性；鼓励各区县发挥自身区位优势和政策资源，结合全市高新技术产业总体布局，制定本区域具有特色的支持政策，在环境建设方面形成互相赶超的氛围。

6. **主动联合委办**。主动加强与兄弟部门的合作，如与市财政局、税务局共同研究制定 9 个重点领域的财税支持政策；会同市金融办共同推进金融资本参与高新技术产业化，在已推荐第一批先行推进项目的基础上，研究金融资本对接产业资本和加大重点领域投入的措施；会同市发改委研究重点领域产业规划和布局，抓紧出台新能源、新能源汽车、生物医药、软件和信息服务业的优惠政策；会同市统计局研究对接各重点领域的统计口径和指标；会同市教委、市科委研究在推进共性技术研发、产学研平台建设方面的举措；会同市规土局研究重点项目建设用地审批的具体做法。

7. **用好社会资本**。创新专项资金投入方式，尽可能吸引各类社会资金参与，放大财政资金的使用效应。要通过鼓励和支持民间资本为大产业、大项目配套，挖掘潜力，激发活力，增添产业发展动力。要研究以资本及注入作为主要投入方式，吸引更多的社会资本共同参与高新技术产业化。

8. **完善推进机制**。一是完善联络员机制。建立市级有关部门、区县、集团组成的外部联络员网络，以及委内各推进处室的内部联络员网络，及时传递信息，加强协调服务，抓紧政策落实，及时解决项目推进中的具体问题。二是强化考核机制。配合市委督查组做好对各部门、各区县落实高新技术产业化推进工作的考评；要对承担各领域推进职责的责任处室、责任人和联络员进行考核，干部处、人事教育处、机关党委要抓紧完善《高新技术产业化八大领域转向工作机关考核方案》。

9. **努力完成今年投资目标**。重点是三类项目，一是高新技术产业化项目，明确专人抓紧推进第一批 159 个先期实施的项目，筹划好第二、第三批项目，形成滚动机制。二是重大产业项目，咬住全年产业投资 1418 亿元目标不放松，争取华虹 909 改造升级、中船长兴基地二期、中石化 1200 万吨炼油等重大项目早日获批开工，继续跟踪和推进去年四季度和今年一季度新开工项目，力争三季度开工建设。三是技术改造项目，下发《资金管理办法》，梳理各区县和集团申报的 2009 年度重点技改项目，近期下达第一批计划，确保完成全年技改投资 500 亿元以上的目标。

三、按照市委、市政府要求，全力推进下半年各项重点工作

关于下半年的重点工作，党委工作 6 个方面 31 条已经发给大家，行政三季度的 8 个方面 25 项重点工作也已

经明确。年初，我们布置了全年12项重点工作，大部分都已经启动。请各处室对照要求，做好分工落实、组织推进。这里再强调五项重点工作。

一是切实做好保增长的各项工作。要非常清醒地认识到产业发展的快慢对全市的影响很大，所以要切实做好保增长的各项工作，分解目标，落实责任。要加强运行的监测、监控和预测，协调解决瓶颈问题，加强银企对接、供需对接、产业链对接、工贸对接，力争做到三季度不能负增长。同时，做好电力“迎峰度夏”等工作，确保本市电力机组在夏季高温期间稳发满发，积极争取市外来电，确保本市能源供应平稳。

二是继续做好服务企业工作。认真总结上半年服务企业好的做法，继续发挥“企业呼声直通车及电话热线”和“市推进政策落地服务企业办公室”的作用，及时发现并协调解决企业的诉求和建议。形成央企服务工作长效机制，逐步完善工作联系网络，建立央企工作联络员队伍、央企服务基本信息库等，做好与重点园区的对接，加强对中小企业的服务。

三是加快推动服务业重点领域发展。从环境营造、政策创新等角度加大对我委负责推动的服务业领域的支持力度。生产性服务业，重点抓功能区建设，加强对功能区建设的管理和引导，提升产业集聚功能；同时，完善统计指标体系，加强运行监测，并抓紧启动一批总集成总承包项目，使之成为下半年这一产业快速增长的新动力。信息服务业，重点抓政策落实。市委、市政府形成的政策明确高新技术产业化除了生物医药，还包括信息服务业、新能源和新能源汽车。年内要形成《促进本市信息服务业发展的若干意见》、《关于促进上海网络视听产业发展的若干政策意见》，以及支持企业上市融资和兼并重组的专项政策，优化政策环境，使信息服务业成功为本市服务业发展新的亮点；同时，跟踪国家重大科技专项基础软件领域的发展情况。创意产业，重点抓好申报“创意城市网络”，并推进环同济设计产业带、创意集聚区人才实训基地、上海国际时尚中心以及2009上海国际创意产业活动周等工作。

四是加快淘汰落后产能，做好节能降耗工作。坚决淘汰落后生产能力，启动第二、三批调整项目，确保完成全年调整淘汰600项“高污染、高能耗、高风险”落后产能的目标。要加大节能项目推进力度，转变发展方式，这可能是下一步上海结构调整中非常重要的问题。

五是着力推进信息化建设，抓好“两化融合”。“两化融合”也是工信部全年的重点工作之一，要加大推进，聚焦航空、钢铁、石化等10个重点产业，推进软件振兴、中小企业信息化应用推广等10个工程，同时抓好3G建设，抓紧筹备全市推进3G网络建设和应用工作会议，加大与基站建设同步，拓展网络应用试点，提高3G的覆盖范围，加强政策的支持力度。

四、切实加强机关党的工作，为完成下半年各项任务提供有力保障

贯彻落实九届市委八次全会精神，要求我们把工作重点真正转到以项目为抓手上来，全力以赴抓推进，不折不扣抓落实，切切实实抓成效。根据下半年工作特点以及机关实际情况，这里提出四点要求，概括为“两加快、两加强”：

一是加强作风建设。要坚持科学发展，加强政风建设，结合科学发展观整改工作，做好学习实践活动创新经验总结、先进典型宣传和长效机制研究。要提振信心保增长，服务企业促发展，把下半年抓投资、抓项目和重点工作与我们的作风建设有机地结合起来。要按照全市纠风工作的要求，抓好政务公开，提高行政效率。要强化廉洁自律，推进廉政建设，深化推进“讲党性、重品行、作表率”主题教育活动，落实党风廉政建设责任制要求，尤其是处长，政治上要做到“自重、自省、自警、自励”，不能放松对自己的要求。要提倡一级带着一级干、一级

做给一级看，做好勤学好问的表率、知难而进的表率、服务企业的表率、联系群众的表率、廉洁奉公的表率。

二是加快转变职能。要按照机构改革后新的职能要求，发挥大部门制的优势，强化统筹和综合协调，尤其要提高服务意识，完善工作手段，转变政府职能。要主动做好服务，立足于求实效，多倾听企业的呼声，建立和完善服务承诺、一次性告知、限时办结等制度，切实服务好央企、中小企业等各种所有制企业，形成长效机制。要优化工作手段，除必要的行政手段外，要加强行政手段和市场机制的结合，更多发挥经济、市场、法律等手段的作用。要更多考虑如何形成机制，用法律手段不断健全整体环境。要规范审批事项，加强对行政审批事项的管理，减少流转环节，缩短审批时间，提高行政效率，推行行政审批责任制，做到公开、公平、公正审批。

三是加快形成制度。要着力提高工作效率，把及时贯彻市委、市政府和“两委”重大决策放在首位，凡是市委、市政府明确的重点工作涉及我委的要件件有落实、件件要有回应，做到快事快办、急事急办、要事抓紧办。同时，要着力建立工作秩序，完善内部运行、财务管理，宣传培训等方面的制度，建立完善与各委办局、区县、外省市相关机构以及国家部委的沟通联系和协调机制。要着力完善保密机制，本月初，国家保密局和市保密局对两委的检查总体评价是好的，没有发现重大信息安全问题，但仍存在非涉密电脑存储涉密信息等问题，下一步要提高保密意识，突出重点部门、重点岗位，及时做好整改，建立考核和奖惩制度，尤其是各重要部门和涉及投资的一些部门重申加强保密工作。

四是加强队伍建设。要加强思想政治建设，加大干部的培养力度，加大对中青年干部的培养，促进后备干部的培养考察，推进机关与企业干部的挂职交流。要加强学习，深入调研，结合学习性机关的建设，落实“每月推荐一本书、每两月一次青年干部论坛、每季度一次处长论坛、每半年一次推进会”活动。要加强团结，形成合力。两委各处室都要围绕中心，服务大局，克服办公场地尚未集中等因素，在工作中互相补台，加快磨合，深化融合。此外，机关党委系统工会要组织开展好干部的体检、补充医疗保险和关爱干部职工的工作，进一步凝聚干部，为机关建设和重点工作作出贡献。

要完成市委、市政府交办的任务，时间紧、任务重，需要我们以时不我待、毫不松懈的精神，全力以赴抓好推进落实，确保第一年的产业发展工作开好局、起好步，努力做出经得起实践检验的工作成绩，迎接建国60周年大庆。

2010·上海工业年鉴

SHANGHAI
INDUSTRIAL
YEARBOOK

2009 年上海工业发展综述

王 坚

一、2009 年上海产业发展情况

2009 年是进入新世纪以来上海产业发展最为困难的一年，也是全市产业和信息化系统完成机构改革，按照新机构、新体制正常运行的第一年，更是在逆境中奋进、经受严峻考验的一年。上海产业部门面对国际金融危机影响和自身产业转型的挑战，在国家“保增长、扩内需、调结构”政策的推动下，按照市委、市政府“四个确保”的要求，在各委办局、区县、企业集团的支持配合下，深入实践科学发展观，坚持一手抓服务企业保增长，一手抓完善政策度危机；一手抓落实国家战略不动摇，一手抓提高经济效益不松懈；一手抓高新技术产业化占高端，一手抓淘汰落后产能调结构。克服了外需萎缩、投资乏力、产业波幅加大、结构调整压力增大等困难，较好地完成了全年各项任务。

（一）国家战略得到较好落实

积极承担国家科技重大专项，全力实施大型客机、核高基、核电等 5 个民口专项和载人航天等 5 个军口专项任务。大客总装基地、商用发动机等项目已落户上海；核电、核高基、新一代宽带无线移动通信网、高档数控机床与基础制造技术等 4 个专项取得新进展。落实国家重点产业调整振兴规划，市政府发布了汽车、电子信息、装备等 8 个产业调整振兴规划《实施方案》。推进 118 个国家重点技改项目建设，涉及投资 242 亿元。其中，由国家支持的重点产业振兴和技改资金 8.5 亿元。推进国家“两化融合”试验区建设，根据市政府召开的“两化融合”推进工作会议要求，下发本市“两化融合”实施意见和三年行动计划，推进“1010 工程”，即建立 4 个研究中心和 10 个重点实验室，形成“两化融合”评估指标体系。创建国家新型工业化示范基地，临港装备、上海化工区、民用航空、长兴造船与海洋工程装备等 4 个产业基地被工业和信息化部授予新型工业化示范基地。此外，协调解决能源供应、土地、试验生产条件等问题，确保了国家“高新工程”准点实施。

（二）工业经济运行企稳回升

工业基本扭转下降局面。6 月份开始扭转连续 6 个月的负增长，全年完成规模以上工业总产值 23873 亿元，可比增长 3.2%；完成工业增加值 5152 亿元，增长 3%；六大支柱产业完成总产值 15346 亿元，占工业比重 65% 左右；区县完成 14200 亿元。工业运行质量不断提高。工业利润从 7 月份开始回升，全年完成 1406 亿元，增长 43.8%。其中，汽车、电力、轻工、医药等行业利润增幅较高。工业产销率累计达到 99%，高于全国平均水平。推进质量管理和品牌战略，开展了对本市工业企业产品质量的排摸、跟踪和评估。能源保障稳定有序，确保 12 天以上全市煤炭安全库存；较好地完成了电力迎峰度夏、迎峰度冬以及沪Ⅳ标准成品油置换任务，煤电油气供应总体平稳，能源消费逐月回升。

（三）高新技术产业化取得阶段性成果

自 5 月 31 日市委、市政府召开高新技术产业化推进大会后，抓紧制定并由市政府下发了“上海推进高新技术产业化实施意见”；成立市高新技术产业化领导小组及办公室，组建市高新技术产业化促进中心，负责推进高新技术产业化工作。营造合力推进的工作环境，建立 8 个由市领导挂帅的市高新技术产业化推进工作组，对外加强部门沟通，对接区县，鼓励企业项目向产业化基地集聚；委内落实分管领导、责任处室和 26 个联络员。会同或配合有关部门制定下发9个重点领域行动方案、《上海市自主创新和高新技术产业发展重大项目专项资金管理办法》以及生物医药、新能源、新能源汽车、软件和信息服务业专项扶持政策。建立41个高新技术产业化基地。召开8个重点领域对接会，加强与外资、中小企业和科研院所等对接。实施委机关高新技术产业化专项考核工作。将智能电网、物联网作为新的产业化方向加以研究。先行启动实施重点项目，第一批受理577个项目，涉及投资1337.5亿元；先行启动209项，涉及投资532亿元。其中市级资金计划安排16.4亿元，全年已下达3.37亿元；委内专项资金安排140项，计划支持资金22亿元，全年已下达6亿元以上。第二批受理132个项目，涉及总投资134亿元。跟踪2～3.6兆瓦大型风机、商用飞机航空电子、荣威750BSG混合动力轿车等100个重点项目，全年9个重点领域高新技术产业规模达到7365亿元，增长13%以上。

（四）工业投资继续保持适度规模

全年完成1420亿元，与上年基本持平，其中技术改造投资700亿元，占50%左右。推进重点产业投资和技改工作，落实市政府发布的《关于加快推进本市技术改造工作的实施意见》和《上海市重点技术改造专项资金管理办法》，安排10亿元财政技改专项，实施改进产品质量和促进产品升级换代、提高能源综合利用等5类重点技改项目。全年共实施232项重点技改项目（含118项国家技改项目），涉及投资567亿元，其中市级技改项目114项，涉及投资325亿元。建成赛科乙烯扩建、宝钢1422热轧等一批技改项目。在建中华专线、电气特高压设备制造等一批技改项目。新开工高桥石化润滑油改造、长兴岛船舶配套基地等一批技改项目。加强与央企对接，分管市领导带队先后走访国家部委和20余家央企总部，形成44个重点跟踪项目，其中，23个项目投资总规模432亿元。如总投资118亿元的中电投IGCC项目已报国家发展改革委，总投资4.5亿元的车用锂电池生产线已签约，普天等集团与市政府签订战略框架协议。此外，确定了一批拟重组的国有企业名单，配合有关部门重点推进6家国企市场化重组。

（五）服务业重点领域保持较快增长

软件和信息服务业，启动国产基础软件应用试点和示范项目，形成基础软件、工业软件、数字出版、软件正版化等工作方案，全年实现营业收入2100亿元，同比增长20%。其中软件业实现1200亿元，增长20%。创意产业，申报加入联合国“创意城市网络”，成功举办2009上海国际创意产业活动周，推进环同济设计创意产业集聚区等项目建设，全市81个集聚区已覆盖14个区，入驻企业超过4000户，吸引就业8万余人，全年创意产业完成增加值1200亿元，增长15%以上。生产性服务业，完成19个生产性服务业功能区授牌。从三季度起，重点监测的770家生产性服务业企业回升明显，总集成总承包、商务服务、金融服务、研发设计等行业稳步增长，全年生产性服务业营业收入3350亿元，增长5%以上。

（六）服务企业工作形成高效机制

建立“企业呼声直通车”，推动有关部门做好政策解读和落实配套，集中宣传产业、科技、财税、劳动、人才等政策，全年共收集企业呼声201项，办结率达85%。构建服务体系，成立了市推进政策落地服务企业办公室，形成各区县、街道、镇三级服务体系。为做好服务企业工作，委内组成10个调研小组，逐一走访年产值超过10亿元的238户重点企业，共收集意见185项，已解决80%。加大对在沪央企的服务力度，初步形成政策解读、与区县及园区对接、构建服务联系网络、加强基础工作等央企服务举措，梳理和协调解决了一批央企反映的问题。促进非公经济和中小企业发展，加强对重点非公和中小企业运行的动态跟踪，推进“中小企业百千万成长工程”；推动中小企业改制上市培育，全年共有8户上市或过会；推进闵行区中小企业集合中期票据试点和黄浦区发行“老字号企业集合债券”，成立“上海五星联盟”，打造中小企业技术创新和股权融资平台，解决非公和中小企业“融资难”。

（七）推动淘汰落后产能和工业节能降耗工作

淘汰落后产能方面，落实各区县、集团企业的目标责任，全年完成846个调整项目，减少产值296亿元，分流安置职工7.5万人，节约标煤102万吨。实施了嘉定马陆、金山第二工业区和南汇滨海等3个调整专项。工业节能降耗方面，完成市节能减排领导小组提出的全年30项重点工作，实施节能技改项目270个，合同能源管理项目71个，共节约标煤62.5万吨；完成144户企业共1180项清洁生产方案审核，工业固体废弃物利用率超过96%；推广高效照明灯具890万只、高效空调25.3万台，节约标煤20万吨；节能服务业营业收入比上年增长约40%。全年规模以上工业增加值能耗下降5%。

同时，在行业管理、工业区管理、法制建设、合作交流、人事教育等方面的工作都取得了积极成效。主要做法：一是坚持长远发展与近期工作相结合，一方面密切跟踪国际金融危机后产业发展新趋势，加快推进高新技术产业化工作，既制订三年行动方案，又形成重点领域实施意见和“1+4”政策，以及每个季度的工作计划；另一方面采取有力措施推动六大支柱产业内涵发展，深化结构调整，对工业投资建立全市三年滚动计划项目库，明确当年工业投资目标和重点项目内容。二是坚持落实国家战略与促进自身发展相结合，在落实国家战略中推进本市有基础、有优势的产业加快发展，如根据国家10个重点产业调整振兴规划的要求，结合上海产业发展实际，将轻工与纺织合并、有色并入钢铁，出台了8个产业调整振兴实施方案；“两化融合”工作，根据国家部署要求，制订实施具有本市特点的“1010”工程及具体计划，取得了初步成效。三是坚持面上推进与点上突破相结合，如服务企业工作，既做到服务各种所有制企业，又根据上海实际，加大对在沪央企及非公和中小企业的服务力度；开发区工作，既面上推进104个产业区块发展，又聚焦4个国家新型工业化示范基地重点突破。

二、2010年工作的发展环境、指导思想和主要目标

2010年是上海产业应对国际金融危机、加快结构调整和转型升级的关键一年，也是实施“十一五”规划的最后一年。在国内外经济走出危机、初现复苏的背景下，上海产业工作面临的发展环境总体趋好，同时也面临许多不确定因素，需要准确把握和积极应对。

（一）发展环境

1. 从国际看，世界经济出现复苏迹象，当前，全球贸易量和投资呈现恢复性增长，主要经济体环比均出现正增长，将有利于电子、机械、轻工等外向度较高的行业企稳回升。全球产业布局调整带来新的发展机遇，将有利于我国抓住时机推进结构调整、发展新兴产业，抢占新一轮产业发展制高点。信息技术发展催生一批新的产业增长点，移动宽带、云计算、智能电网、物联网等加快发展，将为信息产业提供更多的发展机遇。

同时，世界经济复苏基础脆弱，主要经济体增长乏力、失业率居高不下等问题尚未改善，外需不足、国际能源资源价格波动等对国内产业发展的影响还将持续。贸易保护主义抬头，针对我国的国际贸易纠纷和反倾销调查增多，人民币升值压力骤增。新兴产业竞争激烈，美国等主要经济体实施以重振制造业为核心的“再工业化”，加快在新能源、新材料等领域布局，发展低碳经济。信息安全在国家安全战略中的地位不断提升，要求我国抓紧构筑以自主技术为基础的信息安全保障体系。

2. 从国内看，经济回升向好的基础逐步巩固，保持工业平稳较快发展具备有利环境。宏观经济政策保持连续性和稳定性，国家将继续实施积极的财政政策和适度宽松的货币政策，鼓励民间投资，不断扩大消费，非公和中小企业发展环境进一步改善。产业发展面临新的机遇，国家在深入实施重点产业调整振兴规划的同时，出台战略

性新兴产业规划，支持信息网络、先进制造业、生产性服务业、新能源、新材料等发展；加大并购重组力度，推动央企、民企参与国企开放性、市场化重组。3G 进入规模化商用阶段，将带动设备、信息服务等相关产业发展，拓展基于互联网的信息化应用。

同时，扩大国内市场需求存在制约，政府投资的拉动效应将减弱，民间投资不足以支撑，外需恢复尚需时日。工业发展方式亟待转变，过度依赖出口、能源资源消耗过高等问题仍未解决；钢铁、水泥等行业产能过剩，风电、多晶硅等新兴产业竞争激烈，工业发展亟需向创新驱动、内生增长的模式转变。

3. 从上海看，产业结构调整和优化升级步伐加快，调整振兴重点产业、高新技术产业化、技术改造等将带来部分产业增量，并推动全市产业持续提升发展。"两化融合"工作深入开展，将加快二三产业融合，提升传统产业信息化水平。世博会效应逐步显现，在拉动产业发展的同时，将促进信息通信网络能级、信息化应用水平的提升。信息服务业等成为发展新亮点，以软件、互联网服务业为重点的信息服务业、创意产业等发展迅速，对产业发展的带动作用不断增强。

同时，外需萎缩短期内难有根本改变，国际贸易保护可能成为常态，本市工业外向度较高，受到影响较大。工业投资难有大的增长，由于存量土地、能源资源等有限，部分行业和企业等加快向外省市梯度转移，工业投资仍将在 1400 亿元左右徘徊。高新技术产业化形成产能尚需时日，民用航空、新能源等产业处于培育阶段，社会资本进入并形成产业规模需要过程。产业结构调整压力加大，需要综合平衡产值、职工安置、社会稳定等因素。产业发展环境亟需改善，需要更加关注非公经济和中小企业发展，引导全社会共同营造环境，增强产业发展活力。

（二）指导思想

2010 年，上海产业工作将全面贯彻党的十七大、十七届三中、四中全会和中央经济工作会议，以及九届市委十次全会、市经济工作会议精神，按照市委、市政府提出的"五个确保"要求，以调结构、转方式、促发展为主线，以高新技术产业化为核心，以确保产业平稳较快发展为目标，以"两化融合"为突破，以创新工作机制为保障，促进发展方式从资源要素投入为主向创新驱动、资源节约和环境友好转变。通过加快发展、坚持开放、深化改革、项目推进、优化政策，推动开放发展、融合发展、持续发展、提升发展、创新发展。要突出"五个着力，五个体现"：

着力推进高新技术产业化，大力培育战略性新兴产业，推进技术创新，鼓励开放发展，实现聚焦突破，提高技术和规模优势，体现产业发展制高点和新的增长点。

着力推进支柱产业持续发展，加大技术改造和服务企业力度，推动大企业集团跨地区发展，保持总量规模和质量效益，体现结构优化、能级提升和高端发展。

着力推进信息化建设和信息服务业、生产性服务业及创意产业等服务业重点领域发展，深化"两化"融合，促进制造业服务化，提升信息化水平，强化信息安全，体现服务经济为主的产业结构。

着力推进非公经济和中小企业发展，深化改革、完善环境和优化政策，促进成长型、创新型、科技型非公和中小企业发展，加强专业配套，体现发展活力和动力。

着力推进调整淘汰落后产能和工业节能、降耗、减排，腾出发展空间、合理规划布局，促进低碳产业发展，体现资源节约集约利用与和谐发展。

（三）主要目标

2010 年，上海产业工作的总体目标是"四个快于"，即努力实现高新技术产业增长快于全市工业增长，工业增加值增长快于工业总产值增长，工业利税增长快于工业增加值增长，信息服务业增长快于全市服务业增长。

具体目标是：

总量规模：完成工业总产值 24700 亿元，可比增长 4% 以上；工业增加值 5500 亿元，可比增长 5% 以上。

质量效益：实现工业利润增长 10% 左右；工业利税增速保持 9% 左右，快于工业增加值增速。工业产销率全年累计达到 98% 以上。

结构优化：高新技术产业化 9 个重点领域产业规模达到 8430 亿元，增长 14% 以上；6 大支柱产业工业总产值占全市规模以上工业的 65% 以上；工业投资保持平稳，技改投资比重占 50% 以上。

服务经济：软件和信息服务业实现经营收入 2500 亿元，增长 20%；生产性服务业经营收入 3800 亿元，增长 15% 左右；创意产业增加值 1400 亿元，增长 15% 以上。

集约发展：调整淘汰落后产能项目 600 ～ 700 项左右，节约标煤 80 万吨以上；万元工业增加值能耗进一步下降。104 个产业区块单位面积产出提高 1 亿～ 2 亿元，达到 59 亿～ 60 亿元／平方公里，产值增速快于全市工业 2 个百分点。

市政府实事项目：推广高效节能灯 1200 万只。

三、2010 年上海产业工作主要任务

（一）确保产业平稳较快发展，提高增长质量和效益

稳速度、求高度，扩总量、求质量，在稳定增长、能快则快的同时，更加注重产业内涵发展和高端发展。在扩大规模总量的同时，更加注重提高质量和效益水平。

加强经济运行监测。完善“日监测、周监控、旬跟踪、月分析”的机制，分行业、市场、区域、阶段等进行趋势研究，加强对重点行业、原材料产品和本市 21 个重点监控产品、各区县和重点开发区的运行走势进行监测。关注利润、产销率等反映内涵发展的运行指标，关注要素产出效益、资本增值率、成本费用利润率、全员劳动生产率等指标。

完善服务企业工作机制。发挥“推进政策落实服务企业办公室”和产业运行安全应急协调机制的作用，继续联系 238 户年产值超过 10 亿元的企业，健全区县服务企业月度例会和“企业呼声直通车”制度，加大对在沪中央企业的服务力度。

加强能源资源协调保障。确保世博能源资源供应，建立能源监测、石油市场管理、应急物资生产企业监测等系统和网络，完善煤、成品油供应应急预案和日报制度，建立成品油战略储备体系，完善煤炭储备应急机制。

推动重点产业内涵发展。继续推动支柱产业保持竞争优势。电子信息产业重点推动国家科技重大专项落地，推进华虹“909 升级改造”工程，装备行业重点推进核电、先进重大装备等发展，石化产业重点推进炼化一体化等项目和基地建设，钢铁产业重点推进宝钢精品钢基地建设，汽车产业重点发展自主品牌汽车、新能源汽车和汽车电子。

（二）大力推进高新技术产业化，培育发展战略性新兴产业

做好主动衔接服务国家战略、重点项目推进、政策分解落实、推动社会积极参与等工作。

跟踪推进重点项目。继续挖掘一批有产业化潜力的项目。聚焦 97 个重点项目，建立“绿色通道”优先支持，推进大型客机总装基地等一批项目启动实施；4.5 代 AM-OLED 中试线等一批项目重点突破；荣威混合动力轿车等一批项目建成投产。

加强产业化基地建设。明确产业化目标、建设任务、规模要求，建立考核机制；改善招商引资环境。继续培

育和扶持一批新的产业化基地。

加强专业对接。推进产业链对接，推进重点领域对接，发挥新材料、电子信息制造业、软件与信息服务业等对其他领域的基础和带动作用。

培育战略性新兴产业。制定实施推进智能电网和物联网产业发展三年行动方案。对节能环保材料、新医药等低碳绿色产业的跟踪研究。

推动市场运作。发挥高新技术产业创投基金带动作用，推进重点项目主体单位投融资试点，鼓励银行、担保机构提供专项贷款授信额度、专项担保等服务。

完善产业化环境。推动“1+4”专项政策、9个重点领域行动方案深化实施，协同区县和高新技术产业化基地细化落实政策；发布2010年度《高新技术产业化项目指南》。筹办高新技术产业化常年展。

（三）深入贯彻落实国家战略，提升产业创新能力

围绕落实国家调整振兴重点产业、实施科技重大专项等战略，不断提升产业的引进消化吸收再创新、集成创新、原始创新能力。

落实国家重点产业调整振兴规划。落实本市8个重点产业调整振兴《实施方案》，明确推进举措和进度要求，开展工作评估、总结推广。以实施国家科技重大专项为契机，以加强技术改造等为长期任务，推动本市装备制造业做大做强。

做好国家科技重大专项落地工作。推动大型飞机、高档数控机床等重大专项的关键技术研发和成果转化。

支持推动企业技术创新。聚焦高新技术产业化重点领域，深入开展产学研平台建设，加强产学研联动。推动企业技术创新体系建设，加强专利和知识产权保护。

加强质量管理和品牌建设。落实加强工业产品质量的政策措施，开展面向中小企业的“质量巡诊”活动。

推进军民结合、寓军于民。建立军民两用技术研发、双向转移和产业化的服务体系。

（四）大力发展服务业重点领域，促进服务经济发展

围绕信息服务业等重点领域，集聚政策、人才、科技、资本等资源，努力创造需求，优化发展环境，争取在产业规模、机制创新等方面走在全国前列。

信息服务业。软件业加快发展汽车电子、轨道交通等领域嵌入式软件和工业软件，促进基础软件应用，互联网服务业发展网络游戏、网络视听、NGB增值服务、金融信息服务、数字出版产业等。电信和广电服务业发展TD-SCDMA等3G应用服务等。优化发展环境，推动落实《关于鼓励信息服务业发展的若干政策》，制定《上海互联网产业振兴发展计划》。培育重点企业，推动国家级项目落地。

创意产业。抓住加入联合国“创意城市网络”机遇，凸显“设计之都”内涵，重点发展工业设计、时尚设计、软件动漫设计等6个领域。提升创意产业集聚区功能，集聚区总数达到100家，引进10家顶级设计机构、10位著名设计大师。

生产性服务业。加快发展总集成总承包、检验检测、市场交易、融资租赁等制造业专业服务。加快发展制造业物流，培育社会化、专业化第三方物流龙头企业，推动30个左右生产性服务业功能区建设。

时尚产业。编制《上海时尚产业发展三年行动计划》，明确发展方向、建设目标和产业政策。

（五）不断促进非公经济和中小企业发展，增强产业发展活力

贯彻落实《国务院关于进一步促进中小企业发展的若干意见》，出台本市实施意见，重点关注非公企业、初创微小型、无上级主管部门、创新型、科技型和新兴产业中小企业，营造发展环境，推动政策落地。

完善服务工作体系和机制。推动成立全市促进中小企业发展的组织推进机构，联合兄弟委办和区县，加强对非公和中小企业的协调服务。

支持非公和中小企业参与全市重点工作。支持非公和中小企业参与智能电网、物联网等产业化工作，发展“两化融合”催生的新兴业态，参与国际金融中心、国际航运中心、国际贸易中心等建设，参与航运、港口及关联产业、商品对接。

培育发展创新型、科技型中小企业。鼓励非公和中小企业承接高校和科研院所科技成果。组织非公和中小企业参与高新技术产业化对接活动。

加大政策支持力度。扩大中小企业发展专项资金规模，推动技术改造、节能减排等专项资金提高支持非公和中小企业的比例。3 年内争取 100 户非公和中小企业上市。开展中小企业产权交易市场、信托融资等试点。

（六）加强技术改造和基地园区建设，推进项目落地和产业投资

以技术改造为抓手，依托基地园区，支持和引进低碳、绿色、引领作用大的项目，推动制造业内涵发展。

加大产业投资力度。实施一批重点技术改造项目。全年推进 200 项，涉及投资 500 亿元左右，实施 5 类重点技改项目，推动上海华谊 6 万吨丙烯酸、百万千瓦级核电堆内构件和控制棒等项目建成投产。加快一批“引强选优”项目建设，加强央企对接。

加强投资项目管理。发布本市工业投资三年滚动计划，形成投资项目管理长效机制。建立重点项目协调推进机制，加强项目储备。

提高工业用地集约利用水平。推进企业向 104 个产业区块集中集聚，开展 10 家左右园区联动发展试点。推进城镇建设区内 195 平方公里存量用地功能转型提升，实施 100 项左右腾笼换鸟项目，推进城镇建设区外 198 平方公里存量土地复垦，加快调整淘汰劣势企业。

深入推进产业基地建设。继续争创国家新型工业化示范基地，加快建设临港装备、长兴造船、航空航天、生物医药以及微电子、国际汽车城、上海化工区、精品钢材等产业基地。临港和化工区争取新增投资各 100 亿元，长兴和航空航天基地各 50 亿元，新增产出 400 亿元，市级以上工业区新增项目投资强度达到 35 亿～ 40 亿元／平方公里。

加大招商引资和开放发展力度。市区联手优化招商引资环境，引进专业化、产业链和引领性等项目，吸引国内外优势企业、地区总部来沪发展。

（七）坚持调整淘汰落后产能，抓好工业节能降耗减排

坚持不懈推进调整淘汰落后产能，工业节能降耗减排等工作，加快推动产业结构调整。

推进调整淘汰落后产能。推动调整领域从“两高一低”转到“三高一低”，调整重点从一家一户企业转到对部分行业、落后工艺和重点区域的专项调整。考核方式从关注能耗降低转到综合考核节能、减排和城市安全。确保完成调整淘汰项目 600 ～ 700 项，减少工业产值约 250 亿元，重点调整区域：主要是中心城区和近郊，推进黄浦江上游水源保护区、太湖流域环境治理区、杭州湾北岸线等区域，推进嘉定南翔、宝山大场、奉贤及金山的零星化工生产点等 5 ～ 6 个调整专项。重点调整行业：水泥、零星化工、纺织印染、四大工艺和危险化学品。

加强工业节能降耗减排。创新管理机制，建成市能效监控平台，开展覆盖各区县、104 个产业区块、重点用能单位的能效监测。开展 12 个重点用能行业 75 个产品对标活动，实施节能技改、清洁生产与资源综合利用等项目，开展“千万节能灯进家庭”活动，实施 200 个合同能源管理项目，培育 15 家合同能源管理公司、5 家节能审核机构，节能服务业营业收入达 180 亿元。

（八）加快推进“两化融合”，提升产业发展能级

围绕“1010”工程，以重点项目、专项工程为抓手，从区域、行业、企业、产品等层面大力推进，完善配套环境。

加快推进重点项目。跟踪“两化融合”首批重点项目建设，推动大型客机全球协同研制、自主品牌汽车柔性制造等项目实现突破。

加快实施专项工程。示范园区引导工程，在临港产业园区推进“数字工厂”建设，电子商务扶持引导工程，实施中小企业电子商务“双推”对接试点工程。

加强基础配套工作。发布“两化融合”发展评估指标体系，加强“两化融合”宣传。

加强产学研用联动。启动区县“两化融合”试点。

（九）积极做好世博会筹办工作，保障世博会顺利举行

按照全市统一部署和部门职责，全面开展世博安保群防群治工作，完成本系统世博安保目标和任务。

确保城市运行安全。做好世博安保群防群治工作方案中相关目标的防范工作。确保重点目标部位。

确保产业安全。严格加强危险化学品和易燃易爆物品的管控。加强电力系统基本情况排摸，完善应急预案，确保电力保障系统稳定运行。加强应急物资生产储备管理，加强本市重点能源单位监管，确保世博期间能源供应和生产安全。

确保信息通信安全。完成世博园区信息基础设施建设、信息架空线入地和网站无障碍标准化改造。落实世博信息安全专项规划，加强信息安全保障协调，落实等级保护、风险评估等信息安全管理制度。

配合做好世博园区应用示范等工作。推进世博园区太阳能应用和智能电网示范应用、LED 照明工程应用等项目，推进 1000 辆新能源汽车示范应用、世博园区内 TD-LTE 网络建设及应用演示试点。

（十）启动“十二五”规划编制，谋划持续发展思路

有序推进“十二五”规则编制。组织评估本市产业“十一五”规划实施情况。

立足组织编制工业、信息化、社会诚信体系 3 个总体规划，提出“十二五”期间的发展思路、主要目标、发展重点和政策措施。开展重点产业、“两化融合”、高新技术产业化等一批专项规划编制。

加强与各类规划相衔接。做好工业与国家、本市总体规划的衔接，争取将有关工作纳入国家工业规划，以及本市国民经济和社会发展总体规划。指导区县开展产业、信息化、基地园区等“十二五”规划编制工作。

（十一）加强队伍能力建设，切实转变政府职能

以政府职能转变为核心，努力建设“服务政府、责任政府、法治政府、廉洁政府”，切实提高行政效率和管理服务水平。

加强队伍建设。深化干部人事制度改革，做好干部交流、挂职锻炼等工作。探索年度考核与专项考核相结合的干部考核机制。加大人才选拔、引进和培养力度。

加快管理创新。加强依法行政，综合运用法律、规划、财税等手段，推动产业结构调整和经济发展方式转变。继续推进行政审批制度改革和下属单位企业划转，促进政企分开、政事分开、政社分开。完善提高服务企业的效率和水平。

完善工作机制。完善内部职责，理清工作界面，进一步明确权责，加强分工协作。加强对财政资金支持的项目管理和资金管理，主动联合委办、依托区县，加强直属单位管理，指导行业协会工作。

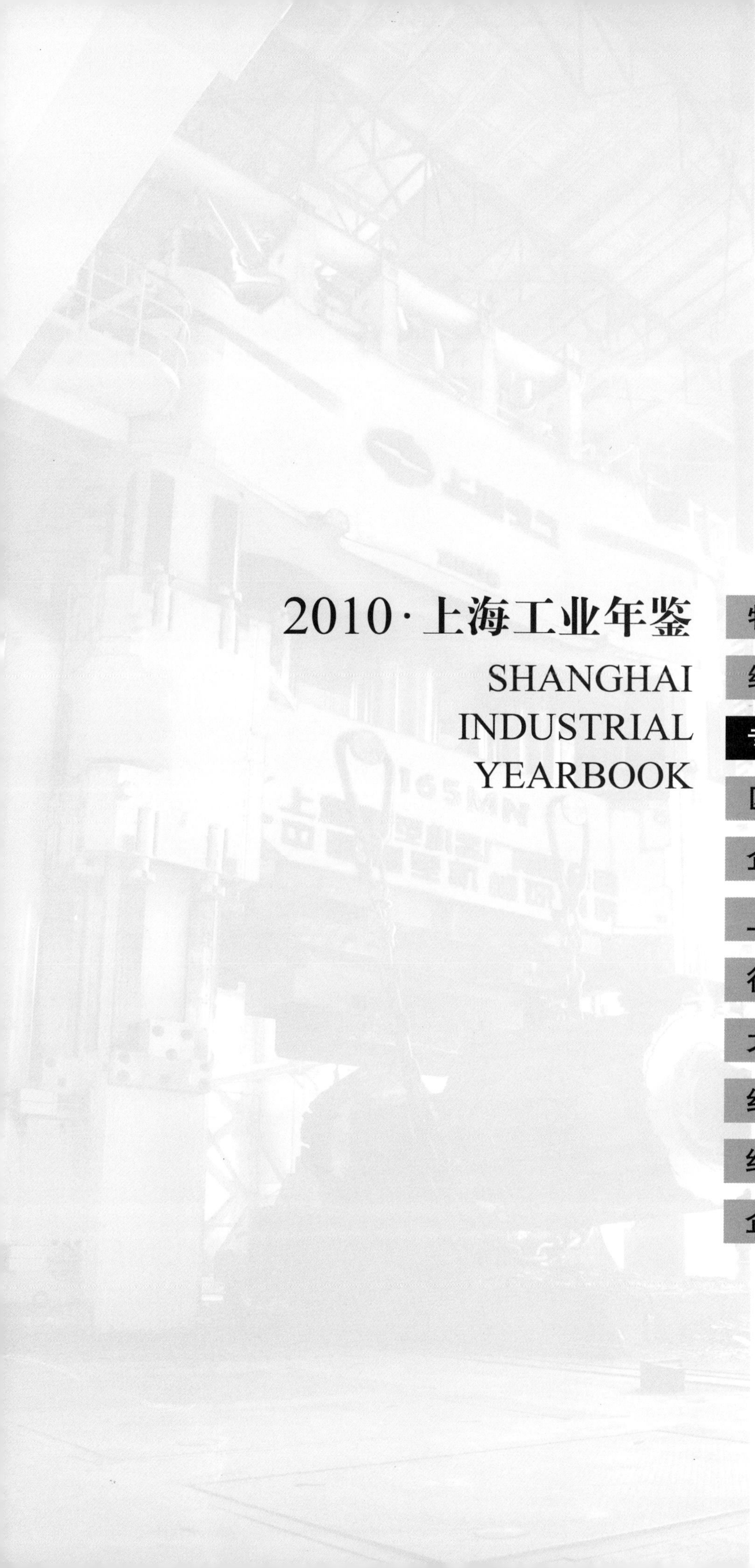

2010·上海工业年鉴

SHANGHAI
INDUSTRIAL
YEARBOOK

工业经济运行情况

2009 年，面对复杂多变的国内外经济形势，全市经济和信息化系统围绕市委、市政府“四个确保”的要求，抓住国家和本市一系列扩内需、促出口的政策机遇，坚定信心，克服困难，采取了一系列针对性措施，产业运行总体稳定，好于预期。

一、全年产业经济运行特点

本市工业经济呈现“运行企稳、效益回升、投资适度、出口萎缩”的态势，服务业领域体现“融合发展、信息服务业领先”的特征。

1. 工业经济运行企稳并呈现增长态势。本市规模以上工业完成增加值 5152 亿元，与上年可比增长 3.0%，总产值 23873 亿元，增长 3.2%。从工业增加值的月度走势看，1 ~ 2 月下降 12.4%,3 月起降幅逐月收窄，5 月基本持平，6 月实现了国际金融危机后 7 个月以来的首次月度增长，进入三季度后，增加值月度增幅不断提高，7 ~ 9 月分别增长 1.8%、2.1% 和 9.3%，10 ~ 12 月连续三个月实现两位数增长，并于 10 月实现累计持平，告别负增长，工业生产呈现增长态势。从中央、市属和区县看，中央工业下降 1.9%，市属和区县工业增长 4.6% 和 1.6%。从不同所有制经济看，三资企业工业总产值可比增长 4.2%，股份制经济增长 1.0%，国有经济增长 5.0%。从六大支柱产业看，共完成工业总产值 15346 亿元，增长 7.3%，高于全市工业 4.1 个百分点，具体呈现“四升二降”格局，汽车、生物医药、电子信息和成套设备制造分别增长 40.9%、10.4%、6.7% 和 1.0%，精品钢材和石化分别下降 2.4% 和 1.5%。

2. 工业运行质量保持较高水平，利润大幅回升。全市工业实现利润 1406 亿元，增长 43.8%。其中，7 月工业利润实现了 15 个月以来首次增长，开始快速回升，三季度大幅增长 80%，四季度增长 34.4 倍。从中央、市属和区县看，市属工业于 8 月率先实现累计增长，全年实现利润 391 亿元，增长 66.5%；中央工业自 10 月起实现累计增长，全年实现利润 306 亿元，增长 1.4 倍；区县工业从 11 月起实现累计增长，全年实现利润 704 亿元，增长 15.3%。从轻重工业看，轻工业自 8 月起率先实现累计增长，增幅逐月扩大，全年实现利润 449 亿元，增长 22.8%；重工业自 10 月起实现累计增长，受石化和汽车拉动回升速度较快，11 月起增幅反超轻工业，全年实现利润 956 亿元，增长 56.4%。从主要行业看，13 个主要行业中，电子行业亏损 12.5 亿元，其余 12 个行业盈利，其中石化行业盈利 118.1 亿元（上年同期亏损 74.1 亿元）；电力、有色、汽车、轻工、纺织、医药行业增长较快，分别增长 3.3 倍、1.9 倍、1.1 倍、41.9%、27.3% 和 26.7%；机械、建材行业平稳增长，分别增长 7.6% 和 4.9%；船舶、钢铁、烟草行业分别下降 35.9%、10.4%、4.6%。从产销衔接看，工业产销率 99.04%，比上年提高 0.5 个百分点，比全国平均水平高 3.04 个百分点，继续保持高位运行。从亏损面看，全市工业亏损面 23.5%，比 11 月末下降 4.3 个百分点，13 个主要行业中除电力行业基本持平外，其他行业亏损面均有明显下降，建材、有色、纺织、机械、轻工等 5 个行业亏损面下降快于全市平均水平，分别下降 7.5 个、5.8 个、5.4 个、4.4 个和 4.4 个百分点。

3. 服务业重点领域成为产业发展的亮点。信息服务业实现经营收入 2100 亿元，增长 20% 左右，增速快于全市第三产业的平均增速。生产性服务业实现营业收入 3000 亿元，基本与上年持平，总体来看，重点监测企业回升态势明显，营业收入和利润增长较为稳定。创意产业是上海重要的新兴产业之一，完成增加值 1200 亿元，增长 15% 左右。该产业目前已成为转变经济发展方式和优化产业结构的重要载体，共有创意产业集聚区总数达到 90 个以上，入驻企业超过 4000 家，从业人员 8 万余人，累计吸引了近 70 亿元社会资本，涌现了环同济设计创意产业集聚区、空间 188、张江文化科技创意产业基地等税收过亿元的创意产业集聚区。

4. 出口下行态势初步遏止，外需依然低迷。本市工业完成出口交货值 6682 亿元，下降 11.7%，出口形势依然严峻。从月度走势看，上半年出口大幅下降，进入三季度后加速下滑态势有所遏止，11 月实现了 12 个月以来的首次月度增长，12 月保持了小幅增长的态势。从主要行业看，12 个主要行业（电力行业出口为零）中，仅船舶和烟草实现小幅增长，分别增长了 1.9% 和 0.8%，电子、医药、纺织降幅在 10% 以内，其余 7 个行业降幅在 10% 以上，其中钢铁、建材、有色、汽车降幅在 20% 以上。

5. 工业投资继续保持适度规模。全年累计完成工业投资 1420 亿元，增长 0.2%。一是技术改造投资比重上升，完成技改投资 711.2 亿元，增长 5.9%，占全市工业固定资产投资的比重达 50%，比上年上升 2.7 个百分点。二是民间投资比重上升，完成民间投资 350.8 亿元，增长 15.7%，占全部工业投资的比重比上年上升 3.3 个百分点。三是六大支柱产业投资不平衡，共完成 626.4 亿元，下降 22.6%，占全市工业投资的 44.1%。六大支柱产业呈“二升四降”格局，其中汽车和生物医药业仍保持快速增长，分别完成投资98.6亿元和30.2亿元，同比增长14.9%和83.8%。电子信息、精品钢材、石油化工和成套设备等分别下降45.4%、39.7%、11.0%和9.4%。

6. 能源供应平稳有序，确保了城市和产业运行安全。本市全年煤电油气供应总体平稳，能源消费总体下降，但降幅逐月缩小，供需基本平衡。

7. 万元工业增加值能耗进一步下降。全年工业用能总量为5330万吨标煤左右，比上年减少66万吨标煤左右，下降1.2%左右，比年度控制目标减少50万吨标煤。

二、主要工业行业运行情况

1. 汽车行业实现工业总产值2566亿元，增长40.5%；出口交货值119亿元，下降24.3%；利润340亿元，增长1.1倍。在国家取消养路费、降低购置税和汽车下乡等政策作用下，该行业自二季度起开始加速增长，成为拉动全市工业增长的主要力量，7月起除9月增长57.4%以外，其余月份增幅均超过70%，12月产值达292亿元，增长1.3倍，创历史新高。从轿车产量看，全市生产轿车122.4万辆，增长55.5%，其中排量1.0～1.6升增长80.3%，排量1.6～2.0升增长32.2%，排量2.0～2.5升增长56.4%，排量2.5～3.0升增长1.9倍。

2. 石化行业实现工业总产值2585亿元，与上年持平；出口交货值206亿元，下降16.6%；利润118亿元（去年受成品油价格倒挂影响亏损74亿元）。经历了上半年生产较大下滑后，随着原油价格震荡走高，化工产品价格总体走强，三季度赛科完成扩产并稳定生产，化工区企业全面复产，行业开工率不断提升，带动行业产值增速大幅回升，全行业于8月实现了11个月以来的首次月度增长，此后保持了高速增长，并于12月实现累计持平。

3. 电子行业实现工业总产值4843亿元，增长8.8%；出口交货值3741亿元，下降6.6%；亏损12.5亿元（上年盈利49.7亿元）。电子计算机制造业自3月起生产率先恢复，9月出口实现2009年以来首次增长，在其带动下全行业当月实现了2009年以来的首次累计增长，扭转了持续下降的局面。集成电路制造业上半年降幅较大，进入四季度后开始恢复性增长，但该行业总体仍较困难，全年累计亏损50.9亿元，比上年增亏45亿元。

4. 机械行业实现工业总产值4574亿元，下降4.1%；出口交货值971亿元，下降17.5%；利润386亿元，增长7.6%。该行业因生产周期较长，国际金融危机和国家刺激政策产生影响均比较滞后。上半年以来外需不振、出口下滑影响开始显现，该行业生产下降较为明显，进入三季度后投资拉动效应逐渐显现，月度降幅逐步缩小，12月实现了13个月以来的首次月度增长，并实现了累计利润由降转增。从分行业情况看，动力设备、起重机械、电线电缆等行业实现小幅增长，输配电设备等行业略有下降，集装箱制造、金属工具制造等行业降幅较大。

5. 钢铁行业实现工业总产值1284亿元，下降2.4%；出口交货值93亿元，下降49.2%；利润55亿元，下降10.4%。该行业上半年产值降幅较大，其中1～4月降幅均在20%以上，受汽车、家电增长拉动，7月实现12个月以来的首次月度增长，并连续6个月增长，累计降幅不断收窄。从钢材产量看，全年钢材产量2181万吨，下降0.3%，基本恢复到金融危机前水平。

6. 轻工行业实现工业总产值3660亿元，下降4.6%；出口交货值784亿元，下降19.8%；利润240亿元，增长41.9%。从分行业情况看，37个子行业中，11个子行业实现产值增长，26个下降；27个子行业利润增长，9个下降，1个亏损。从主要子行业生产情况看，合计产值规模占轻工行业的20%以上的家电、塑料制品行业9月起开始回升，全年累计降幅分别为3.0%和8.3%，分别比上半年收窄8.7个和15.3个百分点；工艺品、食品、日用化学品和农副食品加工业实现累计增长，分别增长4.5%、2.6%、1.3%和0.1%；饮料、皮革、家具、印刷行业小幅下降，分别下降6.3%、4.3%、0.9%、0.6%；照明器具和电池制造行业降幅较大，分别下降19.0%和16.6%。

7. 船舶行业实现工业总产值516亿元，增长0.4%；出口交货值399亿元，增长1.9%；利润31亿元，下降35.9%。从其他行业看，医药实现工业总产值352亿元，增长17.1%；利润47亿元，增长26.7%。烟草产值413亿元，增长11.2%；利润118亿元，下降4.6%。建材产值361亿元，增长7.6%；利润15亿元，增长4.9%。电力产值1253亿元，增长1.6%；利润39亿元，增长3.3倍。纺织产值809亿元，下降5.1%；利润40亿元，增长27.3%。有色产值322亿元，下降5.7%；利润6亿元，增长1.9倍。

三、区县工业运行情况

从规模以上属地口径看，区县工业完成工业总产值14742亿元，增长1.6%。

1. 区县工业生产实现由降转增。区县工业生产自9月起开始月度增长，累计降幅逐月收窄，并于12月实现累计由降转增。但由于区县工业的外向度接近40%，比全市工业平均水平高10.2个百分点，受国际市场影响较大，故回升速度慢于全市水平，增速仍低于全市工业平均水平7.6个百分点。

2. 产销衔接水平较好。全年区县工业产销率为98.70%，比上年提高0.76个百分点。其中，普陀、徐汇、虹口、卢湾、静安等区的工业产销率高于100%。

3. 出口下滑势头得到初步遏止。区县工业11月出口交货值同比增长5.0%，为连续12个月以来的首次月度增长，12月增幅进一步扩大，增长10.1%。全年累计完成出口交货值5626亿元，下降10.5%，占全市工业出口的比重超过84%，降幅高于全市工业平均水平1.2个百分点。

4．7个区实现累计增长。奉贤、闵行、浦东、松江、徐汇、闸北、黄浦7个区实现增长。

（王志佳）

服务企业保增长情况

2009年，面对国际金融危机冲击和自身发展转型的考验，市经信委坚决贯彻市委、市政府“攻坚克难保增长、真心实意扶企业、刻不容缓抓落实”的工作要求，进一步增强服务企业的自觉性和紧迫感，全心全意帮企业，脚踏实地解难题，千方百计做好服务企业工作，努力促进本市产业平稳发展和经济发展方式转变。

一、基本工作情况

市经信委牵头建立了上海市推进政策落实服务企业机制，坚持“联合委办、依托区县、协调督办”等行之有效的做法，积极推动各部门、各区县做好服务企业工作，在全市范围内形成了服务企业的制度基础、思想基础、工作基础。到年底，服务企业工作取得了实质性的新突破、新进展，市推进政策落实服务企业办公室、企业呼声直通车及办理程序得到了市领导及各部门、各区县的认可，26个部门、18个区县之间的服务企业渠道得到畅通，初步形成了全市服务企业的工作格局。在推进工作中，着重把握了“三个明确”：

1．明确工作思路。市经信委形成了“三抓三推动”的工作思路，努力使服务工作常态化，形成长效机制。1～5月着重“抓网络，推动面上工作”，建立了全市各部门、区县、街镇以及委内的服务企业工作网络，以市推进政策落实服务企业办公室名义召开了全市服务企业例会8次，印发了工作简报，推动服务企业工作的横向交流，形成全市服务企业一盘棋的格局。6月以后，着重“抓协调，推动解决个性问题”，通过企业呼声直通车督办单，协调部门、区县解决企业问题；“抓课题，推动研究共性问题”，通过几个部门联合成立研究小组，共同研究相关问题，深化服务企业工作。例如，市经信委、市国税局、上海海关、上海出入境检验检疫局及相关企业成立课题组，研究解决加快出口退税、缩短二手设备进口流程问题。

2．明确工作方法。首先，加强调研，了解诉求。集中听取企业在项目审批、土地、融资、户籍、财税、进出口等8个方面的诉求与建议，充分了解企业的实际困难与具体问题。其次，加大协调，解决问题。根据企业问题性质，市经信委及时联系相关部门，共召开协调会达90多次，协调解决了市场对接、银企对接、项目立项、企业用工等问题。再次，狠抓督办，强化落实。企业呼声直通车开通后，根据本市产业运行安全应急协调机制，建立了企业呼声督办制度，通过《企业呼声处理督办单》分发给相关部门处理，并要求在15个工作日反馈处理意见。

3．明确工作体系。各部门、各区县明确服务企业的分管领导与责任处室，编制《上海市服务企业工作通讯录》，明确基层的企业服务人员350多名。市经信委、市发改委、市商务委、市建交委、市科委等26个部门都建立健全服务企业的内部机制，落实了相关责任。如市经信委形成既分工又合作的工作推进体系，经济运行处着重推进服务企业的面上工作，协调相关部门落实、完善政策，办理企业呼声；央企服务处着重服务在沪央企；市中小企业办着重化解中小企业遇到的困难与问题；各专业处室着重根据自身职能，为企业做好服务工作。

二、主要工作成效

（一）充分发挥综合协调作用，稳步推进各部门、各区县开展服务企业工作

积极发挥“市推动政策落实服务企业办公室”的作用，通过服务企业工作会议和上门拜访等形式，及时通报全市产业经济发展情况，反映企业的困难和诉求，努力推动各部门、各区县重视服务企业工作。

1．主动沟通，争取各部门对产业经济的支持。按照“靠前服务、主动沟通”的理念，市经信委与26个部门70多个处室建立工作关系，基本上将服务企业的理念和重要性传递给所有重要部门及重要处室。各部门非常重视产业经济发展，在应对国际金融危机期间相继出台80多个支持产业经济的政策举措。在稳定就业方面，市人保局制定实施稳定就业的3项特别计划和引进海外高层次人才等6项服务企业的举措，全年认定420家特殊困难企业，发放岗位补贴和社会保险费补贴近8000万元，直接帮助稳定就业岗位11多万个；帮助成功创业16043人，发放小额开业贷款担保7690万元，贴息1086万元；帮助62名海外高层次人才入选国家“千人计划”，通过“3100”工程和“雏鹰归巢计划”集聚海外高层次人才9948人，通过“上海市浦江人才计划”资助250人(团队)4409万元。在鼓励企业自主创新方面，市科委等部门出台了“自主创新产品认定管理办法”、“关于开展上海市科技

特派员试点工作的意见”等15项“服务企业、全力保增长”的政策措施，全年认定高新技术企业500余家、技术先进型服务企业76家、自主创新产品560项（经认定后可以进入政府采购的目录），支持科技小巨人、国家重要科技计划项目、上海市地方匹配资金项目等科技3项经费项目3600余项，向59家企业派遣科技特派员，有效地支持了本市各种所有制企业的健康发展。在解决融资困难方面，市金融办等部门出台《关于本市加大对科技型中小企业金融服务和支持的实施意见》、《关于本市促进知识产权质押融资工作的实施意见》等政策举措，努力化解企业融资困难。在稳定外需、扩大内需方面，市商务委、市财政局等部门推出家电下乡、老旧汽车淘汰更新、保持对外贸易稳定增长等5种政策举措，上海海关推出《支持扩大内需促进经济增长20项具体措施》。在减轻企业负担方面，市质量技监局推出进一步服务企业的12条措施，免收食品卫生许可证工本费、上海市名牌申报费用。市发展改革委牵头开展对行业协会、律师事务所等7类市场中介组织收费行为进行专项治理，年内取消和停征行政事业性收费43项，取消或降低重箱查验开箱费、查验包干收费等上海口岸部分港口收费项目。

2．化危为机，努力形成长效机制。国际金融危机虽然对本市产业经济造成前所未有的冲击，但也给产业部门带来争取支持的机遇。市经信委积极与税务、海关、检验检疫等部门沟通，探索建立双方长期合作机制。市国税局、地税局和中国信保上海分公司与市经信委分别建立上海经税协作机制和上海经保协作机制。市经信委与上海海关、上海出入境检验检疫局的协作机制正在进一步推进之中。

3．加强联系，推动区县服务企业工作。松江区开展企业服务年活动，提出降低企业成本、鼓励自主创新等10条服务企业意见。嘉定区多次搭建企业对接平台，促进100多家企业之间的对接，并与区内所有银行进行合作，效果非常显著。闵行区印发5万份文件，在13个镇举办16场讲座，宣传科技创新和成果产业化政策；举办“推进银企合作签约仪式和咨询”活动，对企业贷款给予担保费补贴。浦东新区外高桥保税区每年出2000万元专项经费，给予成长型企业贷款贴息支持，张江功能区建立“创新创业企业融资担保服务平台”。宝山区建立由区经委牵头，区府办、发改委、商务委、科委、劳动和社会保障局等部门参与的服务企业组织机制，并开展“信息助企GET行动”，100家企业和1000家企业分别享受电信特惠套餐和实惠套餐。松江区将环境影响书审批从60个工作日缩短至12个，环评报告表审批由30个工作日缩短至7个，环评申报登记审批由15个工作日改为当场办结。

（二）着力推动政策落实落地，增强产业经济发展的动力和活力

市经信委通过企业呼声直通车，汇编解读《金融危机以来上海产业经济政策》，集中宣传产业、财税、科技、就业等5方面扶持政策，推动相关部门在政策落实方面做好解读和配套工作，在政策完善方面解决政策与实际需求脱节、新老政策脱节的问题，在政策研究方面围绕谋划新一轮的产业发展，加强综合性、前瞻性政策措施的研究和储备。

1．落实产业政策。各部门积极配合市推进政策落实服务企业办公室加快各项实施细则的出台力度。市财政局、市地税局配套出台《关于本市担保机构代偿损失实施补偿的暂行办法》、《上海市鼓励跨国公司地区总部发展专项资金使用和管理试行办法》、《关于本市会展业营业税征收问题的通知》等10种实施细则，兑现《关于推进经济发展方式转变和产业结构调整的若干政策意见》。市科委、市地税局落实企业研发费加计扣除政策，认定全市研发项目4848个，享受政策的企业数量达到1858家，税前加计扣除总额为121.6亿元。市金融办等部门为落实《关于本市完善贷款担保体系进一步做好中小企业融资服务工作的若干意见》，启动试运行小企业信贷网络服务平台，推动上海各大银行建立中小企业金融服务专营机构，成立了注册资本6.5亿元的上海市再担保公司。市外汇管理局进一步落实长三角异地付汇年度一次性集中备案试点政策。至年末，上海市赴苏、浙付汇企业约25家，苏、浙两地来沪付汇的企业约354家，有效降低了企业成本。

2．促进政策调整和完善。各部门重视政策评估工作，调整完善以往的政策。市外汇管理局及时请示外管总局，调整和完善贸易收结汇核查制度，在上海先行先试外商直接投资和境外投资的简约化管理（例如取消企业境外投资资金来源审查），进一步推动贸易便利化（例如100万美元以下的业务当天办结），解决了企业大量的疑难问题。市商务委协调相关部门，帮助落户青浦出口加工区的惠普发动机维修公司获得境内外飞机发动机维修业务的许可，解决了决定企业生死存亡的关键难题。市金融办制定《关于促进本市小额贷款公司发展的若干意见》，对以前发布的《关于本市开展小额贷款公司试点工作的实施办法》文件进行完善和改进，放开区县试点小额贷款公司的数量限制，并取消增资扩股的时间要求。市交通港口局完善并有序实施公交线网三年优化实施方案，加快推进工业园区公交配套，并将轮渡、三岛交通纳入公共交通体系。

3．加强政策前瞻性研究。针对一些企业反映的问题涉及多个部门或者是受国家政策制约而难以解决的情况。各部门开展专题调研，切实推动政策研究。市外汇管理局在总局的支持和指导下，研究股权投资管理企业及外资创业投资企业资本金外汇管理和境内居民个人海外移民投资业务等试点方案，试点开展中资企业外汇质押人民币贷款业务。上海出入境检验检疫局开展研究缩短重点企业的二手设备进口流程。

（三）紧紧围绕应对国际金融危机、确保产业经济平稳运行的大局，务实做好重点企业的服务工作

一季度，市经信委10个服务企业调研组通过发放调查表、走访、座谈等形式，集中调研238家年产值10亿元以上重点企业，汇总形成了185项企业诉求与建议，其中解决121项、正在研究的38项、无法解决的25项。之后，又着重跟踪落实38项“正在研究”事项的办理情况。到年底，38项诉求中有28项已经解决了，10项暂时无法解决。

1．积极协调，推动项目落实落地。市经信委加强对相关问题的协调和督办，促进相关项目落实落地。会同市发改委，支持石洞口二厂二期扩建的两台66万机组项目的融资、出线、新机电量、电价核定，办理经营许可手续等，目前，两台机组已经试运行；向外高桥第三发电厂通报“国家优质工程金奖”的申报要求，该厂已获得国家2009年度奖项。针对日立电器、中芯国际公司的融资支持和补贴诉求，分别落实研发设备和高新技术产业化的相关补贴。根据松下等离子显示器关于技术改造项目资金支持的申请，进行了审批和资金落实。对上海石化的碳纤维项目作为新材料重点项目予以支持，目前，中石化已完成1500吨／年PAN基碳纤维装置项目可行性研究报告的审核。

2．着眼全局，改善企业经营环境。本市多家电厂发电机组脱硫设备运行后，产生的大量石膏无销路，市经信委商建材集团水泥公司推动脱硫石膏和电厂粉煤灰的循环利用和环保，市发改委等部门开展课题研究，制定补贴措施。会同华东电监局，全面谋划世博会期间上海的电力安全和安保工作。经过经济运行处协调，市公安局继续加强崇明岛、长兴岛警力投放，解决中船江南重工股份有限公司长兴岛基地建设的后顾之忧。会同市建设交通委，研商中国石化下属企业持有中国石化批复的相关文件即可在市建设交通委办理备案手续事宜，对上海石化的重点项目给予报建支持；企业反映的优化废旧金属进口环节的检疫程序等问题，经协调由出入境检验检疫局纳入年度计划。

3．主动服务，解决企业实际困难。正泰电气高压避雷器、绝缘子等产品已通过国家认证，因无首台业绩未能投放市场，市经信委组织供需对接会予以协调；会同市发改委，支持特高压工程建设，以及加强500千伏交流受电通道、联变和热点地区电网的项目建设，向家坝到上海的800KV特高压直流输电系统已于去年底投运。关于崇明三岛电厂建设，关键是做好现有电厂的关停和新电网和电源建设及人员安置工作，杨雄常务副市长、艾宝俊副市长专门开会进行研究。对外高桥电厂反映集装箱卡车拥堵问题、港电路纳入市政道路管辖的问题，转请市建设交通委协调解决。对吴泾二厂提出4公里航道测量和疏浚维护费用实行分摊、管理协调划归市港口管理局的问题，建议市发改委继续加强协调。对美特斯邦威公司建议支持民营企业获得中高端地段店铺的问题，协调联系市商务委、静安区经委等部门给予关心。此外，经与市财政局联系后，向企业解释了企业人员安置费用的税前列支问题。

（四）以办理企业呼声为切入点，不断优化和完善产业经济发展环境

通过企业呼声直通车（http://eve.sheitc.gov.cn）收到企业诉求和建议200多项，办结率达到85%。4月，企业直通车网站进行改版，增加工作约请、调研申请等政企对话功能。12月，直通车网站拓展到“中小企业网”上。市经信委相关处室根据企业呼声分别到相关企业进行调研，在服务企业过程中，相关案例在《解放日报》、《文汇报》、《东方早报》、《上海商报》、《中国电子报》等媒体作了报道。

1．加强政银企对接。与中国银行上海分行研究建立金融与产业合作机制，中国银行同意给予3年80亿元的流动资金贷款额度。协调上海银行、中国银行，解决中芯国际1亿元流动资金贷款，将先进半导体的中行贷款利率由Libor+550点降低到330点、交行贷款利率的基准利率上浮10%降低到上浮5%。协调中国银行，解决展唐科技的贷款问题。开展金山、虹口等区企业与银行的对接活动。先后召开10多次会议，组织中国银行和多家融资租赁公司与德朗能等高新技术产业化企业进行对接活动。推动解决金融担保公司注册问题。

2．保障企业正常生产。协调苏州市经贸委，解决通用汽车在苏州的供应商天然气停供问题，保障通用汽车正常生产。协调市环保局、张江园区，解决张江热力公司锅炉房改造项目立项问题。协调嘉定区解决CNT电池生产厂房问题。与电力处协调解决上海嘉杰精密铸造公司等9家企业的用电问题。协调市财政局，支付抗震救灾物资采购的尾款。

3．协调解决生产配套问题。协调市外国专家局，解决嘉日钢板国外专家的就业资格延期问题。协调市水务局，解决华明高压电气公司用水问题。协调市建设交通委，解决松江区沪杭高速沿线企业的绿化问题。协调市人保局，解决三一科技的建立博士后工作站问题。协调市地税局，解决多家企业的税控机问题。协调市供水管理处，解决自来水用户开具增值税发票的问题。

4．帮助企业拓展市场。组织电力企业和输配电生产企业、纺织企业和汽车企业的供需对接活动。协调市国资委、市绿化市容局、国盛集团及世博指挥部，支持亚明灯泡厂承接世博会照明项目。帮助上海振欣等企业入围2010年的国家节能灯补贴名录。

除此以外，还解决或答复技术创新、经营场所租赁、清洁生产等一大批其他问题或咨询。

（王志佳）

高新技术产业化推进情况

2009年，面对国际金融危机影响和自身产业转型的挑战，上海把推进高新技术产业化作为转变经济发展方式、培育战略性新兴产业、积极抢占产业高端的重要举措。5月31日，市委、市政府召开全市推进高新技术产业化工作会议，发布《关于加快推进上海高新技术产业化的实施意见》（以下简称“实施意见”），标志着这项工作从方案制定转入全面启动实施阶段。8月召开的九届市委八次全会把推进高新技术产业化列入全市重点任务之一，强调以重大项目建设作为推动经济社会发展的重要载体和抓手。

在市委、市政府的领导下，全市各项目承担主体、各区县、各部门等积极参与，以产业化为目标，以重大项目为抓手，以产业化基地为载体，加快推进高新技术产业化建设，取得了阶段性成效。

一、聚焦国家战略高端发展

上海加快推进高新技术产业化是对接国家战略、赢得金融危机后时期发展先机的重要举措。按照国家发展9大战略性新兴产业的指导方针，上海将推进高新技术产业化作为发展战略性新兴产业的主要抓手，密切跟踪高新技术产业发展的新趋势，强化培育力度，推进规划布局、项目集聚、平台建设和试点应用，努力体现先发效应。

二、聚焦重点领域加速发展

按照《实施意见》的要求，全市集聚科技、产业、金融、人才等各方面资源，引导各类创新要素，聚焦新能源、民用航空制造业、先进重大装备、生物医药、电子信息制造业、新能源汽车、海洋工程装备、新材料、软件和信息服务业等重点领域。各重点领域全年产业规模达到7365亿元，比上年增长13%以上，高于全市工业产值增速。

三、聚焦重点项目有序推进

在国家各部委的关心下，上海在国家科技重大专项、重点技术改造项目、国家级示范基地和国家级研发平台等方面得到进一步支持。在国家下达给上海的100多个国家级重点技术改造项目中，70%以上的项目属于高新技术产业化领域。

全市各重点领域第一批共受理577个项目，涉及总投资1337.5亿元；先行启动209个项目，涉及总投资532亿元。其中财力资金计划安排28.4亿元，年内已下达9.37亿元。列入第一批年度计划的项目已相继启动实施，后续申报受理的第二批项目已超过100个。

非公和中小企业积极发挥推进高新技术产业化的生力军作用。一批非公和中小企业承担着新材料、软件和信息服务业、生物医药、新能源汽车等领域的重点项目推进任务。市经济信息化委、市工商联和有关区县、开发区，先后举办10场高新技术产业化重点领域的专业化对接活动，推动项目主体企业、中小企业以及高等院校、科研院所等进行项目合作和技术攻关。

四、聚焦产业基地加快建设

按照《实施意见》的规划布局，全市初步明确41个高新技术产业化基地，其中14个已制定产业规划和专项扶持政策。产业规模在500亿元以上的有浦东新区和徐汇区的软件和信息服务业基地等。

嘉定区新能源汽车及关键零部件基地重点发展混合动力汽车、纯电动汽车以及“电池、电机、电控”，已有10多家关键零部件企业落户。闵行区浦江高科技园大力发展光伏产业，已有尚德电力、阿海珐、中欧新能源等项目落户。奉贤区新材料产业基地重点发展金属新材料、有机和无机新材料、复合新材料等。这些产业化基地逐步形成产业链项目的集聚和配套能力。

在推进高新技术产业化过程中，积极打造国家级产业基地，工业和信息化部批准上海临港装备、民用航空、漕泾化工区、长兴船舶及海洋工程装备4家基地入选首批国家新型工业化产业示范基地。

五、工作体系逐步完善

在市级层面建立由市主要领导挂帅的市高新技术产业化推进领导小组和工作小组，工作小组办公室设置在市经济信息化委，承担日常工作，以加强部门沟通，对接区县，鼓励企业项目向基地集聚。

此外，成立市高新技术产业化促进中心，将其作为市政府面向全社会服务并推进高新技术产业化的平台，承担高新技术产业化的信息发布、政策咨询、项目受理、技术服务，以及配套对接、平台聚焦、绩效评估等工作。

各区县结合自身优势条件，加大政策聚焦和工作推进力度。在资金支持方面，闵行区提出从2009年起每年安排5亿元，宝山区每年安排1.5亿元，徐汇区计划到2012年安排10亿元，金山区安排5亿元，青浦区安排6亿元，嘉定区设立不少于10亿元的新能源汽车产业发展专项扶持资金等。在政策支持方面，徐汇区明确软件和信息服务业、电子信息制造业、生物医药三个重点领域，加大政策扶持力度。松江区建设智能电网产业基地，发挥龙头企业带动作用。金山区、宝山区、杨浦区在海洋工程装备、新材料、软件和信息服务业等领域制定针对性支持政策。

六、制定发布具体政策

根据《实施意见》的要求，在分析 9 个领域产业现状的基础上，分领域编制印发推进高新技术产业化的行动方案（2009 ～ 2012 年）。制定《上海市自主创新和高新技术产业发展重大项目专项资金管理办法》，以及新能源、新能源汽车、生物医药等多个重点领域的专项政策，以营造良好的政策环境。

其中，新能源专项政策共 14 条，将智能电网纳入新能源范围，明确首台（套）、鼓励技术创新、税收优惠、吸引企业总部、支持应用项目建设等支持政策。新能源汽车专项政策共 21 条，明确技术研发和产业化资金支持、项目建设、政府采购、贷款贴息、产业基地、检测服务和金融、人才支持等方面政策。

附件：高新技术产业化行动方案

（聂 听）

附件 1：上海推进新能源高新技术产业化行动方案（2009 ～ 2012 年）

新能源产业是衡量一个国家和地区高新技术发展水平的重要依据，也是新一轮国际竞争的战略制高点。世界发达国家和地区把发展新能源作为顺应科技潮流、应对金融危机的重要举措。我国把开发利用新能源、推进新能源产业化作为实施能源战略、促进经济社会可持续发展的重要抓手，加快发展核电、风电、新能源汽车、太阳能等新兴产业，积极迎接新能源产业革命。

加快推进新能源高新技术产业化是上海贯彻落实科学发展观、实现经济社会可持续发展以及推进“四个率先”、建设“四个中心”和现代化国际大都市的重要内容，是落实国家战略、转变经济发展方式以及主动衔接国家重点产业调整振兴规划、促进产业结构优化升级的重要举措。上海要把握历史机遇，加速新能源高新技术产业化步伐。

根据国家战略要求和上海产业发展的实际，以及《关于加快推进上海高新技术产业化的实施意见》，先行聚焦启动核电、风电、IGCC、新能源汽车、太阳能等高新技术产业化发展重点。为进一步明确本市推进新能源高新技术产业化的战略思路、目标任务、产业布局和主要举措，引导新能源产业持续发展，提升产业能级和整体竞争力，特制定《上海推进新能源高新技术产业化行动方案（2009 ～ 2012 年)》。

一、上海推进新能源高新技术产业化的战略思路

（一）指导思想

按照“集聚产业，纵横并重；依托基地，政策扶持；面向市场，鼓励竞争”的总体要求，聚焦重点领域、重点企业和重点区域，加强招商引资、项目建设和基础研发，加快形成新能源产业集群，促进产业链上下游的纵向配套和横向发展，鼓励适应市场需求的新能源技术和产品的应用推广。

（二）基本原则

坚持服务国家战略与发挥自身优势相结合，落实国家能源战略、重点产业调整振兴规划、重大科技专项的要求，立足本市新能源高新技术产业化重点领域，加快重大项目的落地建设。

坚持技术创新与产业集聚相结合，集聚一批新能源骨干企业和核心零部件企业，加强国外先进技术的引进吸收和自主研发突破，加快提升产业发展能级。

坚持整机带动与关键零部件突破相结合，加快推动整机（整车）的产业化、市场化，带动产业链关键零部件的专业化配套和国产化。

坚持政府推动与市场主导相结合，各级政府着力营造良好的产业发展综合环境，同时充分发挥企业、研发机构、创业者等各方面的作用。

（三）主要目标

力争到 2012 年，新能源产业重点领域总产值达到 1100 亿元，占全市工业总产值的比重从目前的不到 1% 提高到 3%，其中核电、风电和 IGCC500 亿元，新能源汽车 300 亿元，太阳能 300 亿元；新能源汽车产业初具规模，技术水平国内领先；核电加快提高成套能力，市场占有率达到国内第一；风电和 IGCC 关键设备设计、制造和系统集成能力国内领先；太阳能产业在薄膜太阳能电池、核心装备研发制造等方面达到国内领先、国际先进水平。

二、上海推进新能源高新技术产业化的发展重点和产业布局

聚焦核电、风电、IGCC、新能源汽车和太阳能产业等发展重点，推动新能源产业成为支撑上海新一轮发展的重要引擎；聚焦嘉定等新能源汽车及关键零部件产业化以及浦东、闵行等新能源高新技术产业化核心产业基地，着力把上海建设成为国家新能源研发创新、装备制造、总部集聚和示范应用的重要基地。

（一）核电、风电和 IGCC

发展思路：

核电突破关键瓶颈，实现成套能力，扩大市场份额，保持国内领先；风电坚持市场导向，推进产业自主创新，实现大型海上风机产业化；IGCC以示范工程为载体，实现装备突破，在国内率先形成设计、制造和成套能力。

发展重点：

——核电重点发展核岛主设备、常规岛主设备、关键辅助设备、核电站数字化仪控系统等，攻克大型铸锻件、主泵等关键瓶颈，形成核岛、常规岛及控制系统的设备成套能力；消化吸收AP1000第三代核电技术与争取二代改进型核电市场份额并重，堆内构件和控制棒驱动机构形成年产8～10套能力，百万千瓦级反应堆压力容器、蒸汽发生器形成年产4～6套能力。到2012年，核电装备产值达到150亿元，国内市场占有率争取达到40%，初步构筑起以核电成套设备制造为主体，兼有核电设计、服务和出口的产业集群，形成设备成套和系统设计能力，在扩大国内市场的基础上争取进入国际市场，保持全国领先。充分发挥上海电气、上海发电设备成套设计研究院、上海阿波罗机械制造公司等单位的作用，同时加快吸引国内外先进企业到上海发展。

——风电重点发展大型海上风机、陆上风机和关键零部件等，培育2兆瓦以上大型风机齿轮箱、叶片、发电机、变频器／主控、主轴承／偏航轴承／变桨轴承、液压系统等关键部件配套产业链，大型风机关键零部件国产化率达到65%。到2012年，风电产业产值达到300亿元，实现2兆瓦以上风机系列化（产能2000台）、3兆瓦以上海上风机产业化（产能80台）。充分发挥上海电气、上海振华港机、上海玻璃钢研究所、万德风力等单位的作用，同时加快吸引国内外先进企业到上海发展。

——IGCC重点发展IGCC燃气轮机、气化炉、电站系统集成等，建设IGCC示范工程，加快开发低热值燃气轮机燃烧室、大型电站系统集成等技术，在国内率先形成IGCC燃气轮机和气化炉制造、电站系统集成能力。到2012年，IGCC国产化率达到80%以上。充分发挥上海电气、上海发电设备成套院、华东理工大学、上海交大等单位的作用，同时加快吸引国内外先进企业到上海发展。

产业布局：

核电建设以浦东（临港）、闵行等为主的产业基地，浦东（临港）基地主要开展核岛和常规岛主设备的研发和总装；闵行基地主要开展核级锻件的研制，同时建设宝钢核材料供应基地。风电以浦东（临港）等为主，建设大型风电机组关键设备产业化研发制造基地。IGCC以闵行等为主，建设燃气轮机、气化炉等关键设备产业化制造基地。

（二）新能源汽车

发展思路：

以油电混合动力汽车和高性能纯电动汽车为主攻方向，以电池、电机、电控等关键零部件为突破口，同步支持燃料电池汽车降低成本、提高性能，加快抢占技术制高点和市场增长点，加快形成国内领先、具有国际竞争能力的自主产业体系和产业集群。

发展重点：

——整车重点发展油电混合动力汽车和高性能纯电动汽车，主攻采用一体式启动发电机（ISG）／皮带式启动发电机（BSG）中混技术路线、充电式（Plug-in）强混技术路线的油电混合动力汽车，以及运用磷酸铁锂等动力电池驱动的纯电动汽车等。到2012年，混合动力汽车弱混、中混、强混全系列实现产业化，充电式（Plug-in）混合动力轿车、纯电动轿车批量上市；纯电动商用车形成公交客车、中型客车、环卫车、工程车等产品细分序列；新能源汽车产业初具规模，整车产值达到200亿元左右。充分发挥上海汽车、上海华普等整车企业作用，同时加快吸引国内外先进企业到上海发展。

——关键零部件：电池重点发展磷酸铁锂等动力电池，形成电池关键材料、电芯、单体及模块、组堆及管理系统（BMS）等集成能力。电机重点发展大功率车用永磁电机及其控制系统，形成驱动电机关键材料、电机设计及控制系统、驱动电机成套化系列化等的产业化能力，以及电驱变速箱（EDU）、双离合器自动变速箱（DCT）相应的配套能力。电控重点发展动力系统控制、电子控制模块（ECU）、电力电子、电动转向、电动空调等，加快形成自主研发的全方位配套能力。到2012年，形成电池、电机、电控的自主化产业配套体系，具备十万套级配套能力，新能源汽车零部件产值达到100亿元。充分发挥上汽集团、上海雷博、上海电驱动公司、上燃动力等企业的作用，同时加快吸引国内外先进企业到上海发展。

产业布局：

以嘉定为主建设新能源汽车及关键零部件产业基地，形成研发、制造、检测、试验、示范运行和服务等综合性功能；以浦东新区（金桥、临港）、金山等为主，加快建设新能源乘用车产业基地；加快建设闵行、松江、浦东新区等新能源商用车产业基地。

（三）太阳能

发展思路：

通过重点发展薄膜太阳能电池、支持发展高效晶体硅太阳能电池、突破发展薄膜太阳能电池核心装备，提升技术水平和产业能级；优化产业布局，促进产业集群发展；力争太阳能电池核心工艺技术水平和装备制造能力国内领先，成为全国太阳能产业的重要基地。同时，跟踪培育纳米晶、染料敏化、有机电池等下一代太阳能电池技术，关注支持新型光热发电系统的开发。

发展重点：

——薄膜太阳能电池重点发展非晶硅薄膜电池、高效叠层硅薄膜电池，推动非晶硅薄膜电池生产工艺技术攻关，加快开发多结硅薄膜太阳能电池等技术，支持“卷对卷”柔性硅基薄膜太阳能电池和化合物薄膜太阳能电池中试开发和生产线建设。到 2012 年，薄膜太阳能电池产能达到 500 兆瓦，硅基薄膜电池量产光电转换效率提高到 10%，铜铟镓硒（CIGS）和碲化镉（CdTe）薄膜电池量产光电转换效率提高到 13%，组件成本降低到每瓦 1 美元以下。

——高效晶体硅太阳能电池重点发展高效晶体硅太阳能电池技术和产品，不断开发、引进和应用新技术，提高晶体硅太阳能电池的光电转换效率，扩大生产规模和市场占有率。到 2012 年，高效晶体硅太阳能电池产能达到 1000 兆瓦，高效晶体硅电池量产光电转换效率提高到 18%（多晶）和 20%（单晶），厚度为 150 微米左右。

——薄膜太阳能电池核心装备重点发展硅基薄膜太阳能电池和化合物薄膜太阳能电池核心装备，研发制造等离子体辅助化学气相沉积（PECVD）等硅基薄膜太阳能电池以及铜铟镓硒（CIGS）、碲化镉（CdTe）等化合物薄膜太阳能电池核心装备，不断提高工艺和装备技术水平。到 2012 年，薄膜太阳能电池核心装备技术指标达到同期国际先进水平，制造成本明显低于同期国际水平，具备较强的市场竞争力。

充分发挥尚德、中电电气、晶澳、神舟新能源、空间电源所、超日、交大泰阳、曙海、纽升、亚升通等单位的作用，同时加快吸引国内外先进企业到上海发展。

产业布局：

重点建设以闵行为核心的太阳能产业基地，支持闵行浦江高科技园等以生产薄膜太阳能电池为主，兼顾发展高效晶体硅电池，建设成为太阳能产业研发制造集聚地；支持浦东张江高科技园区等建设薄膜太阳能电池核心装备研发制造基地；支持松江、奉贤等建设一批太阳能特色园区。

三、上海推进新能源高新技术产业化的主要举措

（一）落实国家战略要求，明确产业发展方向

围绕落实国家重点产业调整振兴规划、开发新能源等战略要求，抓紧制定本市贯彻国家新能源产业振兴发展规划的实施意见，以及本市新能源产业发展的专项规划；加快落实涉及核电、风电、IGCC、新能源汽车、太阳能产业发展的各项措施，积极承担国家新能源汽车、核电等重大项目；争取国家有关部门支持，建设 IGCC 示范工程，申报国家太阳能工程中心，建设上海核电、风电、新能源汽车等产业基地和太阳能等特色产业园区。

（二）加强产业基地建设，促进产业集聚发展

发挥产业基地的示范、带动和辐射作用，制定新能源产业基地专项扶持核电、风电、IGCC、新能源汽车、太阳能等产业发展的配套政策；完善产业基地基础设施配套建设，引进一批国内外龙头企业，做强一批有一定优势的重点企业，培育一批有发展潜力、成长性好的创新型企业；发挥区县在招商引资、项目落地等方面的作用，加快在产业基地形成重点产业领域的集群发展态势。

（三）加大政策扶持力度，支持企业加快发展

落实浦东综合配套改革的先行先试政策，比照本市集成电路产业、高新技术企业等方面的政策，支持新能源企业的发展；新能源高新技术产业化重点项目纳入“绿色通道”，在项目用地、厂房建设及租赁、基础设施配套等方面予以支持，给予企业首台（套）装备和风险补贴支持；吸引企业总部、研发中心等落户，对新引进的总部型企业给予享受本市鼓励总部经济发展的支持政策；对生产性设备允许加速折旧，所购软件可按固定资产或无形资产核算，折旧或摊销年限可适当缩短；鼓励新能源汽车进入租赁市场，并给予相关政策支持；与国家有关部门共同研究太阳能发电上网电价政策，培育和扩大先进太阳能发电产品的应用市场。

（四）设立产业发展专项资金，加强配套支持

设立本市支持新能源高新技术产业化专项资金，主要用于研制补贴、技术改造项目贴息、示范工程以及引进重点项目支持；对纳入国家重点产业调整振兴规划以及重大技术改造和新能源研发支持范围的项目，由市、区政府给予资金配套支持；对新能源高新技术产业化项目的研发费用，按 150% 税前加计扣除；对新引进的重点项目，其固定资产投资贷款由市、区政府给予相应的贷款贴息支持；对太阳能建筑一体化、太阳能发电新产品示范应用等项目，给予补贴支持。

（五）加强技术支撑体系建设，推动产业创新发展

加强基础研究和产学研融合，组织开展联合攻关，充分发挥专家队伍作用，加快消化吸收和突破第三代 AP1000 核电、动力电池正极材料、碳／玻璃纤维复合材料叶片、IGCC 低热值燃气轮机燃烧室等关键技术和关键材料；加快推进新能源汽车工程中心、上海机动车检测中心、风电工程技术开发中心、燃气轮机工程技术中心等公共服务平台建设，增强共性技术攻关和研发服务能力；支持组建本市太阳能等产业联盟；组织制定纯电动汽车、太阳能建筑一体化（BIPV）等相关技术标准。

（六）加强产业链建设，带动产业持续发展

发布本市新能源高新技术产业化指南，每年启动、开工、推进和竣工一批产业化重点项目，分批推进和跟踪实施混合动力汽车、纯电动汽车和关键零部件、IGCC 示范工程、太阳能成套设备和关键零部件等产业链上下游重点项目；明确项目实施主体，各区县、产业基地和实施主体等制定具体的项目实施计划和行动方案，加快项目投产达产，形成新的经济增长点；组织一批“专精特新”中小企业，加强与新能源高新技术产业化重点项目的对接与配套。

（七）加大政府采购力度，发挥应用示范效应

加大政府对新能源产品的采购力度，逐年提高采购比

例，争取2012年政府和公共机构新能源汽车新购比例占30%以上，新能源公交客车新购比例占30%以上；鼓励和支持出租、电力、环卫、邮政等公共服务行业应用新能源汽车，争取2012年形成3000辆左右新能源汽车的应用规模；通过降低购车成本等方式，鼓励中混以上的混合动力汽车和纯电动汽车的市场消费；制定本市电动汽车基础设施布局规划，支持相关企业建设充电站，到2012年形成支持2000辆左右电动汽车的基础设施体系；率先在政府部门、学校等公共建筑开展太阳能应用示范，每年实施一批大规模的应用示范项目；鼓励全社会积极投资太阳能发电项目，推动崇明生态岛建设及"平改坡"等方面的太阳能发电应用，特别是对到本市投资设厂的企业在其建筑物上建设太阳能发电项目给予补贴；在世博会推广1000辆以上新能源汽车、4.7兆瓦太阳能发电，形成示范带动效应。

（八）推动机制体制创新，形成开放发展格局

通过政策引导，吸引企业资金、金融资本、社会资本和风险投资等加大投入；拓展投融资渠道，支持有条件的企业在国内外上市融资；营造平等竞争、共同发展的良好氛围，鼓励国有、民营、外资等多种所有制企业参与推动本市新能源高新技术产业化；深化机制体制创新，支持新能源企业的重组、兼并和战略合作。

（九）加快引进培养人才，形成高端人才集聚优势

对新能源高新技术产业化领域引入的国内外行业领军人物和技术团队，加快落实本市人才政策；优先推荐新能源领域的领军人才进入国家"千人计划"；支持本市高等院校加强新能源汽车、太阳能等学科建设，通过设立奖学金等方式，培养一批优秀人才，形成人才梯队；对在新能源领域作出突出贡献的领军人物和优秀人才给予奖励。

（十）完善推进机制，合力推进新能源产业发展

形成全市统筹协调的工作推进体系，由市委、市政府主要领导对口联系重点领域，分管市领导牵头，市政府相关部门、有关区县、主要企业、科研院所、高校、开发区等共同推进；制定本市推进新能源产业化工作计划，明确目标，落实责任，加强考核评估；加强市区联手、部门合作，相关委办局、区县、企业集团等在相关重点领域建立联合工作组，共同解决工作推进中的重大问题，形成全市联动推进的局面。

附件2：上海市生物医药产业发展行动计划（2009～2012年）

为落实市委、市政府推动上海高新技术产业发展的战略部署，进一步促进生物医药产业发展，特制定《上海市生物医药产业发展行动计划（2009～2012年）》。

一、上海生物医药产业的发展现状

近年来，上海生物医药产业保持了年均15%的增幅，产业规模呈现平稳增长态势。全市纳入统计的生物医药生产企业410家，2008年，全行业实现经济总量1034.6亿元，增长15.8%。其中：制造业工业总产值为437.3亿元，增长15.6%；医药商业销售收入为547.3亿元，增长14.9%；外包服务业收入为50亿元，增长28.2%。在制造业领域，化学制药工业总产值占44.7%，医疗器械占19.4%，生物制品占10.2%，中药占8.1%，其他占17.6%。初步形成了内资、民营、外资企业共同推进的良好局面，培育了头孢曲松钠、痰热清和麝香保心丸等45个年销售额超过亿元的拳头产品，以及益赛普、丹参多酚酸盐等一批创新产品，成为生物医药产业新的经济增长点。

同时，上海生物医药创新体系不断完善，形成了由10多所高校、30多家专业研究机构、30多个研发中心（含外资）、30多家新药临床研究基地、200多家研发型企业组成的生物医药创新网络。全市生命科学和生物医药领域有近80位两院院士。十五期间，上海在《科学》、《自然》和《细胞》等国际顶尖刊物上发表的论文约占全国总数的50%。2003～2006年，上海累计获得国家一类新药生产和临床批文48个。

二、上海生物医药产业发展的机遇与挑战

（一）发展机遇

全球生物医药市场规模近年来持续增长，2009年，全球医药市场规模将超过8200亿美元。我国医药市场潜力巨大，随着新医改方案的实施，将带来1000多亿元的新增医保支付能力，预计在今后5年内，我国药品需求量将以15%～20%的速度发展，这为生物医药产业提供了较大的发展空间。同时，随着基因组学、蛋白质组学、生物芯片、干细胞与组织工程等一系列技术的突破，加快了生物技术在医药领域的应用。经济和科技全球化加快了生物医药产业在全球范围内转移的步伐，上海在承接国际产业转移和服务外包方面具有区位、人才和先发优势，为上海生物医药产业发展提供了新契机。

（二）面临的挑战

随着全球金融危机向实体经济蔓延，造成市场资金紧张，影响了企业规模扩大和新产品投产。且国外制药巨头受市场不景气的影响，采购中国原料药将会减少，跨国公司的兼并

收购加快，一定程度上影响了其在华业务的重组和发展，这给外向度较高的上海生物医药产业带来了挑战。同时，上海的土地、商务和劳动力成本较高，客观上要求上海的生物医药产业发展必须集聚资源，突出重点，发挥优势，坚持创新集聚和高水平的发展。

三、加快推进上海生物医药产业发展的基本思路、主要原则和发展目标

（一）基本思路

1．坚持生产制造、商业和服务外包“三业并举”，重点发展生产制造业，积极做大医药商业，着力培育服务外包业。

2．对接国家重大专项，以促进创新成果产业化为核心，突破一批具有重大支撑和引领作用的关键技术，实现重点领域跨越发展。

3．发挥市场优化配置资源的基础性作用和政府对生物医药产业的政策引导作用，加快机制创新和优化重组，营造良好的产业发展环境。

（二）主要原则

1．明确企业主体，聚焦重点突破口。坚持以企业为责任主体，充分发挥企业主体的积极性，实施生物医药产业转化和产业化项目，实现重点突破。

2．立足自主创新，提升产业竞争力。以市场需求为导向，选择本市优势产品，集聚优势条件重点攻坚，破解产业化关键技术瓶颈，提升产业竞争力。

3．加强市区联动，引导产业集聚发展。通过市区联动，引导各类创新要素向产业基地集聚。积极引进和培育生物医药龙头企业，发挥其在产业发展中的带动作用。

4．强化机制创新，推进产学研深度融合。鼓励企业通过联合、兼并、参股和控股等手段，提升市场竞争力；构建以企业为主体的技术创新体系，着力推动“产学研”的深度融合，建立新型产学研技术创新体系。

（三）产业发展目标

1．总体目标：到 2012 年底，使上海生物医药产业实现“3211”的发展目标，把上海初步建成国内生物医药的创新产品制造中心、商业中心和研发中心，使行业经济总量达到 2000 亿元，扶持 100 家年产值超过 2 亿元的创新型企业，打造 100 个销售额超过亿元、科技含量高的拳头产品。

2．具体目标

（1）经济目标：到 2012 年底，全市生物医药产业经济总量在 2008 年基础上增长 98%，其中：制造业工业总产值达到 850 亿元，年均增长 18%；服务外包收入达到 150 亿元，在 2008 年基础上增长两倍，年均增长 32%；医药商业销售收入突破 1000 亿元。

（2）企业发展目标：继续保持外资、合资企业 25% 的年增长速度，上海医药（集团）公司 2012 年实现销售收入超过 450 亿元。在制造业领域，培育 5 家产值超过 30 亿元的企业，17 家产值超过 10 亿元的企业，48 家产值超过 2 亿元的企业。在医药商业领域，形成 2 家销售收入超过 200 亿元的企业，8 家销售收入超过 20 亿元的企业，15 家销售收入超过 5 亿元的企业。在服务外包领域，培育 1 家收入超过 40 亿元的企业，9 家收入超过 2 亿元的企业。

（3）重点产品目标：到 2012 年，力争有 100 个产品年销售额超过 1 亿元。新产品产值占工业总产值的比重达到 35% 以上，成为全国生物医药创新产品制造基地之一。

（4）创新目标：持续保持上海生物医药创新能力在全国的领先地位，研发投入达到销售收入的 3.5% 以上，2009 ～ 2012 年累计获国家创新药物生产批文 30 个，开发国内首创医疗器械产品 20 个。

四、上海生物医药产业基地布局

以现有的上海国家生物产业基地规划为基础，结合各区县的产业基础和发展空间，充分发挥市区二级政府的积极性，在浦东张江－周康、闵行和徐汇建设生物医药研发、临床服务外包和产业基地，在奉贤、金山、青浦建设生物医药产业基地，形成 6 个产业基地构成的优势互补、错位发展、各具特色的生物医药产业布局。

（一）浦东张江－周康研发核心区和产业基地

浦东张江－周康研发核心区和产业基地位于张江（含张江东区）生物医药基地和周康上海国际医学园区内，可用面积分别为 0.44 平方公里和 1.5 平方公里，共计 1.94 平方公里。产业基地将重点发展生物制品、药物新制剂、高端医疗器械的创新研发、生产和服务外包，形成具有国际水准、亚太一流的研发中心和创新产品制造集聚区。到 2012 年，预计实现工业总产值 250 亿元，服务外包业收入 50 亿元；创新产品数量占全市 30% 以上，创新成果本地转化率 50% 以上。

（二）闵行研发和产业基地

闵行研发和产业基地位于紫竹科学园区、莘庄工业区向阳园区和漕河泾开发区（浦江分区）内，可用面积分别为 0.2 平方公里、0.67 平方公里、1.0 平方公里，共计 1.87 平方公里。产业基地将重点发展生物制品、药物制剂、医疗器械、动物疫苗的研发和生产制造。到 2012 年，预计实现工业总产值 150 亿元，成为生物医药高端产品制造基地，全国最大的动物疫苗研发与生产基地。

（三）徐汇临床外包服务和产业基地

徐汇临床外包服务和产业基地位于徐汇枫林生命科学园区和漕河泾开发区内，在漕河泾开发区可用面积约 0.4 平方公里。产业基地将重点发展临床研究、服务外包（CRO）、技术服务，以及生物制品、诊断试剂和医疗器械制造业，力争建成符合国际新药临床研究标准的示范区和创新产品制造基地，成为国内生命科学研究水平最高的地区之一。到2012年，预计实现工业总产值65亿元，服务外包收入50亿元。

（四）奉贤产业基地

奉贤产业基地位于奉贤经济开发区和星火开发区内，可用面积分别为2.55平方公里和0.3平方公里，共计2.85平方公里。产业基地将重点发展药物制剂、现代中药、生物制品和高端化学原料药制造业，到2012年，预计实现工业总产值100亿元，成为上海高端化学原料药和现代中药的重要生产基地。

（五）金山产业基地

金山产业基地位于金山工业园区和金山第二工业区内，可用面积为5.78平方公里。产业基地将重点发展高端化学原料药、药物制剂、医疗器械、医用包装材料制造业。到2012年，预计实现工业总产值100亿元，成为上海高端化学原料药与医疗器械重要生产基地。

（六）青浦产业基地

青浦产业基地位于青浦工业园区内，可用面积约3平方公里。产业基地将重点发展现代中药、药物制剂、保健品、医药包装材料制造业。到2012年，预计实现工业总产值超过50亿元，成为上海现代中药和保健品的重要生产基地。

五、加快推进上海生物医药产业发展的重点任务

（一）重点发展生物医药制造业

发展思路：大力发展高端化学药物、生物制品和现代中药，选择发展低污染、低能耗和高附加值配套原料药和医用材料。积极推进医疗器械、诊断试剂产业发展。

发展重点：

（1）化学药物：重点推进化学药物新产品和新制剂的产业化，大力发展心脑血管、肿瘤和糖尿病治疗的新型药物，选择发展头孢类、培南类抗生素和抗艾滋病原料药。力争使抗艾滋病原料药达到全球市场的三分之一，使头孢类抗生素药物工业产值占全国的五分之一。到2012年，实现工业总产值320亿元。

（2）生物制品：重点推进肝炎、霍乱等传染病疫苗的产业化，力争使疫苗工业总产值达到全国产值的三分之一；大力发展抗肿瘤、抗类风关等抗体药物，力争使抗体药物产值占全国50%以上；推动血液制品的技术改造和产能提升，加快重组蛋白药物的国际认证。到2012年，实现工业总产值100亿元。

（3）现代中药：大力发展心脑血管治疗和清热解毒等现代中药，积极推进传统中药产品的二次开发，研制生产一批名老中医验方中药，积极扶持优质饮片发展，使心脑血管治疗中药的产值达到全国产值的五分之一。到2012年，实现工业总产值70亿元。

（4）医疗器械：重点推进药物支架、胰岛素泵等一批填补国内空白产品的产业化，大力发展诊断试剂及配套仪器、分子影像融合CT、数字式一体化手术室，做大CT/X光机、B超等医学影像设备，选择发展血液净化和创伤修复材料，推动人工骨材料的应用。力争心脑血管支架、肝炎和艾滋病的诊断试剂、CT/X光机等医学影像设备的工业总产值占全国总产值的三分之一。到2012年，实现工业总产值240亿元。

（二）积极做大医药商业

发展思路：重点推动医药批发业的整合重组，建立立足长三角，面向全国的大型医药分销体系；发展大型医药零售连锁业，推动城镇社区和农村地区的医药供应网络建设；发展医药新型流通业态，加快医药物流配送体系和电子商务发展，使上海成为国内最大的医药商业集散地。

发展重点：

依托现有医药商业龙头企业，加快建设全国范围的医药分销流通网络体系。吸引一批具有一定规模的销售公司总部进入上海，开展工商强强联合，建立生产企业与销售企业间的新型产销合作模式，推动药品零售连锁业的发展。大力发展电子商务、连锁经营、物流配送等现代流通业态，构建跨地区信息资源网络体系、零售连锁网以及与现代物流配送要求相适应的信息化系统，加快医药商业企业整合重组。到2012年，实现商业销售收入突破1000亿元。

（三）着力培育生物医药服务外包业

发展思路：发挥上海技术、区位和人才等综合优势，积极吸引和大力培育各种生物医药研发和服务机构，重点发展化学和生物外包及临床研究CRO服务，推动服务外包向高端化发展，引导企业承接国际药品代工，使上海生物医药服务外包继续走在全国前列。

发展重点：

依托一批已具有技术、人才和较好硬件设施的企业，紧密与跨国制药公司的联系，做大生物医药临床前服务外包的规模。同时，加快上海医药临床研究中心建设，逐步提升新药临床研究水平，推动发展潜力大、市场前景好的临床研究CRO服务发展。鼓励企业积极承接国际间产业转移与药品代工服务，使上海逐步融入国际生物医药研发链和产业链。到2012年，实现服务外包收入达到150亿元。

（四）不断增强自主创新能力

发展思路：聚焦国家战略和产业需求，坚持“仿创结合、以创为主”的发展策略，以市场需求为导向，对接“重大新药创制”和“肝炎、艾滋病等重大传染病防治”国家重大专项，不断增强上海生物医药自主创新能力和科研成果产业化能力，使上海生物医药科技创新能力继续在全国保持领先地位。

发展重点：

以国家专项实施为契机，加速提升上海在生物医药领域中的原创能力和产业化转化能力；围绕生命科学、生物技术、医疗器械、创新药物和中药现代化等创新前沿和关键技术，加强基础和应用研究，前瞻布局一批生物医药重大科研项目；积极推动建立以企业为主体的自主创新技术服务体系，继续推进生物医药创新和工程化技术平台建设与完善，为企业产业发展提供技术支撑；加快生物医药领军人才、创新人才的引进与培养，打造一支专业化的人才队伍，支撑上海生物医药产业的快速发展。

六、重点支持企业发展

（一）积极吸引和支持内外资企业发展

通过完善政府服务和土地、税收、市场等优惠政策，吸引国内外生物医药企业来沪发展，支持在沪外资、民营等企业进一步发展。

（二）加快推进国有大企业发展

推动和支持上海医药（集团）公司等国有大企业加快资源整合和产品结构调整，不断提升市场营销能力和创新能力。完善药物生产基地、物流基地和营销网络，推进新产品产业化、重大产品二次开发和药物制剂的国际化。到 2012 年，上海医药（集团）公司力争实现年销售收入超过 450 亿元。

（三）加速做大重点企业

聚焦支持一批目前产值在 5 亿元以上的企业，支持其生产基地的扩建、新产品产业化，做大产业规模。到 2012 年，力争实现每个企业的年工业总产值达到 10 亿元以上。

（四）大力扶持骨干企业

重点培育一批研发能力强、拥有创新产品的骨干企业，支持企业做强创新产品，形成品牌优势。到 2012 年，力争实现每个企业的年工业总产值达到 5 亿元以上。

（五）继续跟踪高科技中小企业发展

积极关注若干有技术特色、机制灵活的高科技中小企业的发展，重点扶持企业特色产品的生产。到 2012 年，力争实现每个企业的年工业总产值达到 2 亿元以上。

（六）做大做强医药商业企业

重点扶持目前年销售额在 80 亿元以上的医药商业企业，积极支持目前年销售额在 5 亿元以上的医药销售公司，鼓励商业企业扩大本地市场，进军国内市场，开拓国际市场。到 2012 年，力争实现 2 个企业年销售额突破 200 亿元，9 个企业年销售额达到 20 亿～ 50 亿元。

（七）鼓励服务外包企业发展

聚焦支持目前年服务外包收入超亿元的服务外包企业融入生物医药全球研发链。到 2012 年，力争实现 5 个企业服务外包收入超过 10 亿元。

七、积极推动重点项目建设

按照“市场有需求、企业有需要、产业能带动”的原则，通过政府资金和政策支持，实施一批具有较强带动作用的生物医药高新技术产业化项目，推进生物医药新产品产业化与重大产品技术改造，做大一批品牌产品，培育一批新产品，为产业发展奠定坚实基础。

（一）创新成果的本地产业化项目

针对麻疹腮腺炎风疹联合疫苗、两性霉素 B 脂质体、盐酸多柔比星脂质体等已经获得生产批文的新产品，重组抗乳腺癌单抗药物、乙脑疫苗和血液净化透析器等处于生产报批或三期临床阶段的创新成果，支持企业牵头实施产业化，加快创新成果转化与产品产业化步伐。

（二）重点产品的工艺创新与改进项目

针对数字 X 光机、手术器械、生化诊断试剂和仪器等医疗器械，珍菊降压片、胆宁片等现代中药，齐多夫定、头孢替安等化学原料药，传染病疫苗、血制品等生物制品，通过技术改造、工艺创新、二次开发等措施，提升工业装备技术水平，提高产品质量和产能。

（三）生产、物流基地改扩建项目

针对目前产能受到限制、生产条件不符合国内外 GMP 规范的企业，通过区域规划、政府支持等措施，推动生产基地异地扩建、中央工厂建设和 GSP 基地改造等项目，提升管理水平，实现规模化和集约化生产。

八、保障措施

（一）资金支持，推动生物医药产业发展

1．对于以科技创新成果产业化为主、投资额 1000 万元以上的建设项目，可按照不超过实际投资的 10% 支持项目开展关键技术的应用研究。鼓励产业基地所在区政府设立生物医药产业专项资金，对获得市级资金扶持的企业，给予相应支持。

2．通过市自主创新和高新技术产业发展重大项目专项资金的注入，引导社会资本投资建设生物医药产业的重大项目；设立市级生物医药创业投资基金，改善上海生物医药产业的资本环境。

3．鼓励国内外生物医药企业在上海设立地区总部，并按《上海市鼓励跨国公司设立地区总部的规定》给予资助与奖励。鼓励外资研发中心的技术成果在本地进行产业化，鼓励外商投资企业对国有企业和民营企业转让技术。鼓励内资企业来沪投资发展生物医药产业，并按照有关规定给予支持。引导总部在上海的医药企业集团在上海设立营销业务运营总部，开展医药产业投融资业务。

（二）政策扶持，营造产业发展的良好环境

1．完善鼓励企业创新的价格管理政策。对于本市生产的生物医药创新产品，由市政府相关职能部门认定，采取支持性价格政策，并逐步试行药物经济性评价办法定价。对国家定价目录内的生物医药创新产品，加快初审和上报国家价格主管部门的进度，允许企业在国家审核结果下达前暂按本市申报价格执行；对地方价格管理范围内的生物医药创新产品，由生产企业报市价格主管部门，优先公布最高零售价格；医疗机构药品集中采购时，将创新药品与其他药品实行分类评审，按创新药品的质量及服务进行评标；对临床紧缺的廉价经典药品，按照本市临床紧缺药品生产供应协调工作制度要求，区别情况予以价格疏导或调整，鼓励企业生产，保证市场正常供应。

2．完善鼓励企业创新的市场政策。

（1）对于企业生产的拥有专利技术的新药和医疗器械或经国家和本市认定的新产品，优先列入《上海市自主创新产品目录》。鼓励财政性资金支持的医疗机构，优先采购列入《上海市自主创新产品目录》的生物医药产品。

（2）对于企业生产的生物医药自主创新产品，由市政府有关职能部门推荐，经联合审定后，优先纳入《上海市城镇职工基本医疗保险和工伤保险目录》。

（3）在上海基本药物补充目录制定时，在补充目录遴选、招标、选择配送等方面鼓励和支持生物医药企业的发展。

（三）市区联动，促进产业向园区集聚

1．市区融合建立产学研相结合、优势互补的产业基地，将6个产业基地全部纳入国家生物产业基地、国家科技兴贸创新基地范畴，享受相关政策支持。市区联手建立项目审批“便利通道”、跟踪联系制度，提供“一门式”便利服务。

2．市区配合在高新技术企业认定、科技小巨人培育、高新技术成果转化、人才引进和培养、产品注册及临床应用等方面，给予落户企业相应帮助。各产业基地相应制定鼓励生物医药产业发展的政策举措，对进驻园区的企业给予土地、资金等方面的支持；对带项目、带资金、带团队来园区创办企业的创业人才、高级经营管理人才和技术经纪人才给予奖励；对技术改造、节能减排给予项目补贴。

（四）持续创新，夯实产业发展基础

1．鼓励企业开展产学研联合攻关，对企业的重大技术创新需求给予项目支持，推进重大产品工艺优化与质量提升。支持本市国内外生物医药企业建立国家级、市级工程（技术）中心和中试孵化基地，增强企业转化国内外科技创新成果的能力。

2．优先推荐本市生物医药企业申报和承担国家与地方各类科技项目，鼓励以本地企业牵头，联合高校和科研院所，加快推进生物医药新产品产业化与重大产品技术改造，做大一批品牌产品，培育一批新产品。

（五）推动体制机制创新，形成开放发展格局

1．鼓励本土生物医药企业收购、兼并国内外拥有核心技术的研发机构，兼并、重组国内外发展势头良好的企业，做大做强。营造各方参与、平等竞争、共同发展的良好氛围，鼓励国有、民营、外资等多种所有制企业参与推动生物医药创新成果产业化。

2．深化机制体制创新，推动国有大企业进一步转换经营机制，通过战略重组，吸引国内外生物医药企业来沪发展，通过无形资产作价等方式，与国内外生物医药企业融合发展。

（六）强化服务，加大产业推进工作力度

1．由市科委牵头成立市生物医药产业推进工作小组，市政府相关委办局共同参与，协调产业推进工作中的有关事项。

2．依托上海新药研究开发中心、上海市中医药科技产业促进中心，开展生物医药产业的政策、技术和信息咨询，提供“一门式”服务，推进产学研的深度融合。

附件3：上海推进先进重大装备高新技术产业化行动方案（2009～2012年）

装备制造业是为国民经济各行业和国防建设提供技术装备的战略性、基础性产业。上海加快发展先进重大装备，是贯彻落实科学发展观、主动衔接国家重点产业调整和振兴规划的重要举措，对加快转变经济发展方式、促进产业结构优化升级，以及加快实现“四个率先”、建设“四个中心”和现代化国际大都市具有重要意义。

根据国家振兴装备制造业战略要求和上海产业发展的实际，以及《关于加快推进上海高新技术产业化的实施意见》，在国务院明确的振兴装备制造业16个重点领域中，将核电、风电、IGCC等纳入新能源领域，微电子装备纳入电子信息制造业领域，自动化控制系统和仪器仪表贯穿在各重点领域中，民用航空制造业、海洋工程装备单独作为重点领域之一。本行动方案主要以火电、输配电、轨道交通、大型铸锻件等为重点，进一步明确本市推进先进重大装备高新技术产业化的战略思路、目标任务、产业布局和主要举措，推动先进重大装备高端发展，提升上海装备制造业的核心竞争力。

一、上海推进先进重大装备领域高新技术产业化的总体思路和主要目标

（一）总体思路

按照“着眼未来，占领高端；面向市场，做大规模；突

破关键，开放发展”的总体思路，把握先进重大装备未来发展趋势，坚持高端引领与扩大规模相结合、重点突破与整体提升相结合、消化吸收与自主创新相结合、市场推动与政府引导相结合，立足先进重大装备自主化，聚焦重点领域、重点企业和重点区域，增强先进重大装备产业纵向配套和横向发展能力，提升上海先进重大装备核心竞争力。

（二）主要目标

总体目标：到 2012 年，本市先进重大装备重点领域总产值达到 1200 亿元，在我国振兴装备制造业中发挥更重要作用。其中：

火电形成系列化、自主化、高端化，做强 EPC 业务，带动极端制造能力和自动化仪控水平的提升，保持和扩大上海在火电领域的技术和市场领先优势。

输配电突破特高压瓶颈环节，加快高压、超高压产品系列化高端化发展，加快智能电网设备研发和产业化，培育新的增长点。

轨道交通坚持自主开发与开放发展相结合，以轨道交通车辆为核心，实现车体和转向架等关键零部件制造能力的战略突破，形成系统集成、车辆制造、零部件配套、施工安装、车辆维修等完整产业链。

大型铸锻件突破工艺、材料和制造制约，攻克并掌握一批关键技术，形成国内领先的大型铸锻件自主制造能力。

二、上海推进先进重大装备领域高新技术产业化的发展重点和产业布局

聚焦国家和本市装备制造业发展重点，推动上海先进重大装备向极端化、集成化、信息化方向发展；聚焦临港和闵行等产业基地，把临港建设成为国家级装备产业基地。

（一）火电

1．发展思路

贯彻国家“优化发展火电”方针，以高参数、大容量、高效率的超超临界机组建设项目为依托，研制开发具有自主知识产权的新产品，形成系列化、自主化、高端化发展；做强 EPC 业务，带动极端制造能力、火电自动化控制系统的突破；加强在煤清洁高效燃烧技术方面的产学研合作，为产业发展提供技术支撑；继续保持上海国内领先、全球最大火电设备制造基地的地位。

2．发展重点

——加快开发大容量、高参数、高效率的系列化机组。以成熟的 1000 兆瓦超超临界技术为基础，开发具有自主知识产权的 1200 兆瓦超超临界机组，达到国内最大容量、国际同类机组热效率最高水平；开发 800 兆瓦超（超）机组，填补国内市场空白、满足国内外市场需求；开发具备超大容量抽汽功能的 1000 兆瓦超超临界抽汽型机组，用于海水淡化、城市集中供热及工业用汽等领域。

——自主研制优势特色设备。发挥上海技术特色和优势，开发超临界褐煤塔式锅炉、超临界循环流化床锅炉、660 兆瓦级双水内冷发电机、1000 兆瓦火电机组锅炉主给水泵、高温高压调节阀等设备。

——突破自主化发展的关键瓶颈。围绕大型汽轮机低压转子和末级长叶片等瓶颈环节，加快研制开发进度，提升发电设备极端制造能力，满足国内市场需求；围绕控制系统及自动化仪表，加快 1000 兆瓦超超临界火电控制系统的开发，尽早实现首台业绩，并逐步形成 800 兆瓦、1200 兆瓦控制系统研制能力。

3．产业布局

以闵行、临港基地为核心，形成上海火电装备产业的研发、设计、制造集聚区。

（二）输配电

1．发展思路

聚焦瓶颈环节和重点领域，突破掌握特高压交流／直流输配电技术，带动产业跨越式发展；变压器、电抗器、组合开关设备等主要领域形成高端产品系列化；加快智能电网设备研发和产业化，培育新的增长点；形成若干龙头企业和一批有优势的特色企业，争取进入国内一流行列。

2．发展重点

——突破特高压领域技术瓶颈。围绕特高压交／直流变压器、电抗器、互感器、导线及电缆等主要产品，通过引进消化吸收及自主开发，研发制造特高压 1000 千伏交流变压器、电抗器，以及 ±800 千伏特高压直流变压器、平波电抗器，特高压输电用线缆等产品；积极争取国家特高压工程项目。

——高压、超高压领域加快向高端化、系列化发展。在变压器、开关设备、断路器、电抗器、互感器、导线及电缆等主要设备方面，加快自主创新，提升产品档次；通过引进或自主研制，发展 500 千伏变压器、750 千伏变压器，500 千伏并联电抗器等产品；通过自主研制或引进消化，掌握 500 千伏、750 千伏组合开关设备（GIS）技术并产业化，开发国内领先的 126/145 千伏、252 千伏小型化组合开关设备（GIS），做大市场规模。

——加快智能电网设备研发和产业化。按照国家建设“坚强智能电网”总体规划，围绕电网信息化、数字化、自动化和互动化的发展要求，通过自主开发或引进消化吸收，加快数字化变电站、电力储能、电能质量监测和治理、分布式电源接入系统、用户端智能配电网、智能电器及电表等的研发和产业化；推进信息技术、通讯技术在智能电网中的应用；加快高温超导等智能电网新技术的研究和储备。

3．产业布局

推进浦东、闵行、松江、奉贤、青浦、金山等区县发展特色输配电产业。

（三）轨道交通

1．发展思路

坚持自主开发与开放发展相结合，以A型地铁车辆为核心，实现车体和转向架等关键零部件制造能力突破，带动信号系统、综合监控系统、牵引系统、屏蔽门、售检票系统、施工机械、维修服务等产业共同发展，形成完整的产业链。

2．发展重点

——推进A型地铁车辆和关键零部件产业化。在国产化A型地铁样车基础上，开展A型地铁车辆车体研发，研制出符合用户需求的车辆并形成产业化，并加快建设整车和车体、转向架制造基地。

——加快推进盾构掘进机系列化。在6.34米软土地铁盾构产业化和11.22米泥水平衡盾构首台业绩突破基础上，支持开展硬岩、砂石层、卵石层、沙层和软土等各种不同地层中的工作机理研究，扩大盾构机的地层适应性能力，加快研制11米级大直径复合盾构、15米级超大直径泥水平衡盾构和复合盾构，形成泥水、土压、复合、硬岩盾构系列化。

——突破轨道交通信号系统和综合监控系统的核心技术。突破车载自动控制（ATC）系统核心技术，形成产业化能力，提供完整的基于通信的列车信号系统技术集成能力；开发核心软件平台，掌握综合监控系统集成的核心技术。

3．产业布局

重点建设以闵行、宝山等为核心的轨道交通车辆及关键零部件、维修服务产业基地，以及浦东盾构产业基地。

（四）大型铸锻件

1．发展思路

围绕核电、大型半组合船用曲轴、大型火电及核电常规岛、冶金轧钢设备等四类大型铸锻件开展关键技术攻关，打破国外技术垄断，形成自主制造能力，实现大型锻造钢锭从200吨到500吨级、电渣重熔钢锭从200吨到450吨的跨越，提升上海重大装备产业国际竞争能力。

2．发展重点

——加快大型铸锻件研制。核电核岛方面，完成CPR1000蒸汽发生器管板研制，AP1000带支管嘴主管道锻件研制，AP1000压力容器一体化顶盖研制；大型半组合船用曲轴方面，完成70—98机下注钢锭的研制；大型火电及核电常规岛方面，完成超超临界高、中压转子研制，完成超超临界汽轮机大型缸体研制，完成1000MW超超临界火电低压转子研制，完成AP1000核电常规岛汽轮机低压转子研制。同时完成冶金轧钢设备大型铸锻件研制任务。

——攻克并掌握一批大型铸锻件关键技术。攻克特大型双真空钢锭冶铸、电渣锭重熔、锻造压实与成形、热处理、复杂锻件成形模具设计、复杂锻件机加工等一批关键技术，形成一批企业标准和完整的工艺技术文件。

——提高机械加工制造能力。加大机械加工制造能力技术改造力度。鼓励专用、特种加工设备的研制。

3．产业布局

重点建设闵行大型铸锻件产业基地。同时，根据国家装备制造业发展重点，结合上海实际，加快推进冶金成套设备、化工装备、煤炭综合采掘设备、港口机械、工程机械、中高档数控机床、印刷包装机械、高速电梯、新型纺织机械、先进激光切割设备、大型环保及资源综合利用设备、数字化医疗设备、仪器仪表及控制系统、关键基础部件等高新技术产业化步伐。

三、上海推进先进重大装备高新技术产业化的主要举措

（一）聚集国家战略，明确产业发展方向。按照国家装备制造业调整和振兴规划明确的发展重点和主要任务，抓紧制定本市贯彻国家装备制造业调整和振兴规划的实施意见；抓住钢铁、汽车、船舶、电子信息等重点产业调整和振兴规划明确的装备领域重点项目，提升先进重大装备整体实力；进一步明确火电、输配电、轨道交通、大型铸锻件、仪器仪表及控制系统等发展重点，实施先进重大装备自主化。

（二）推进产业基地建设，促进先进重大装备集聚发展。加大装备产业基地开发建设和招商引资力度，发挥产业基地的示范、带动和辐射作用。临港基地要完善基础设施配套建设，积极引进国内外重大装备制造项目、装备企业研发总部、国家工程实验室和工程研究中心落户，加快先进重大装备的集群发展，争创国家级装备产业基地。闵行基地要继续提升发展内涵和能级，加大技术改造力度，走内涵式发展道路，不断提升和壮大超超临界火电、输配电、轨道交通、关键部件等先进重大装备水平。有关区县要在招商引资、项目落地等方面发挥作用，在输配电、仪器仪表和自动化控制系统、基础件等领域形成特色产业基地。

（三）依托重点建设工程，突破重大装备首台（套）业绩。建立企业、政府、社会各方共同争取重大技术装备依托工程项目的协调机制，为企业争取国家和本市重点工程任务提供必要的支持。实施使用国产首台（套）重大技术装备的风险补偿机制，鼓励用户单位、制造企业和保险公司共同开展首台（套）先进重大装备保险业务，对本市用户单位首次订购或使用首台（套）重大技术装备给予一定比例的风险补贴。

（四）推进自主创新和技术改造，提高先进重大装备自主化水平。围绕先进重大装备重点发展领域，鼓励企业开展重大装备和关键配套项目的研制攻关和技术改造。对列入重大技术装备研制专项的，由市企业自主创新专项资金给予研发资助；对纳入国家重点产业调整振兴规划和技术改造投资计划以及市级重点技术改造计划的装备项目，按有关规定给予支持。鼓励区县重点加大对中小装备制造企业自主创新和技术改造的支持力度。

（五）提高配套产品制造水平，夯实产业发展基础。支持企业围绕先进重大装备重点领域开展大型及精密轴承、高强度紧固件、高精度齿轮传动装置、液压气动元件及密封系统、大型精密模具等基础件产品研制，提高机械基础件制造水平。对火电、轨道交通等自动化控制系统研制给予支持，带动智能控制器、传感器、变送器、关键精密测试仪器等仪器仪表产业发展。重点推进大型铸锻件、特大型叶片、关键泵阀等关键配套产品的研制，突破制约先进重大装备发展的瓶颈。

（六）推进机制体制创新，形成开放发展新格局。按照市场化运作、开放性重组的思路，支持装备制造企业创新体制机制，通过政府政策引导，吸引企业资金、金融资本、社会资本和风险投资等加大投入；拓展投融资渠道，鼓励有条件的企业在国内外上市融资。营造平等竞争、共同发展的良好氛围，加大招商引资力度，鼓励引进一批龙头性、总成式、整机型重大技术装备项目和国内外优势企业落户，共同推进先进重大装备发展；吸引国内外优势企业参与输配电、仪器仪表、自动化控制系统、数控机床、机械基础件等领域的重组和整合，盘活产业资源。支持有条件的企业并购国内外具备研发实力、核心技术及关键能力的企业。

（七）加快引进培养领军人才和团队，形成高端人才集聚优势。支持企业引进先进重大装备领域的领军人才和技术团队，积极落实本市各项人才政策；优先推荐先进重大装备领域的领军人才进入国家“千人计划”，落实相关政策；支持上海高等院校加强相关学科建设，培养一批优秀人才，形成人才梯队。

（八）积极拓展海外市场，延伸发展生产性服务业。鼓励相关企业或机构组建集系统设计、系统集成和工程总承包于一体的大型工程公司和系统成套公司，提高火电、输配电、轨道交通等先进重大装备的总承包总集成能力。推进装备制造企业拓展海外工程承包业务，鼓励金融机构增加出口信贷资金投放，支持企业承揽海外总承包（EPC）工程，带动成套设备和施工机械出口。对承接海外工程项目的企业，按照本市有关规定给予支持。

附件 4：上海推进民用航空制造业高新技术产业化行动方案（2009 ～ 2012 年）

航空工业是国家战略性产业，是国家综合实力的重要体现。实施大型飞机重大专项，是党中央、国务院做出的重大战略决策，也是上海优化产业结构、转变经济增长方式的重大历史机遇，对于提高自主创新能力，满足快速增长的航空市场需要，具有极为重要的意义。

航空工业产业链长、辐射面宽、联带效应强，能引领新型材料、现代制造、先进动力、电子信息、自动控制等领域关键技术的群体突破，对科学技术和国民经济的发展具有巨大的带动作用。日本曾对 500 余项技术扩散案例分析后，发现 60% 的技术源于航空工业。据波音公司测算，民用飞机销售额每增长 1%，对国民经济增长的拉动为 0.714%。

根据国家战略要求和上海产业基础情况，遵循《关于加快推进上海高新技术产业化的实施意见》，为进一步明确本市推进民用航空制造业高新技术产业化的总体思路、主要目标、产业布局和相关举措，围绕支线飞机和大型客机的研发、制造与服务，形成配套产业链，建设国家级民用航空产业基地，特制定《上海推进民用航空制造业高新技术产业化行动方案（2009 ～ 2012 年）》

一、上海推进民用航空制造业领域高新技术产业化的总体思路和主要目标

（一）总体思路

按照国家有关推进上海加快发展现代服务业和先进制造业的总体要求，以市场需求为导向，以自主创新为动力，以重大项目为抓手，充分发挥资源集聚的优势，广泛开展国内外合作，鼓励上海各种所有制中小企业参与专业化配套，推进“12345”建设。即：

——围绕一个建设目标：将上海建设成国家级民用航空产业基地；

——打造两大发展平台：大型客机和支线飞机；

——突出三大核心功能：研发设计、制造试验和客户服务；

——聚焦四个重点领域：民用飞机，商用飞机发动机，机载系统、设备、材料及零部件，相关服务业（航空金融、租赁、物流等）；

——形成五个产业区域：浦东张江南区、浦东机场南端、闵行紫竹、宝山大场、浦东临港。

（二）主要目标

1．至 2012 年，形成产业规模 200 亿元。

（1）建成大型客机总装基地，完成大型客机研发中心一期建设，形成 ARJ21-700 支线飞机年产 30 架的总装能力；

（2）完成商用飞机发动机研发中心建设，启动商用飞机发动机装试基地建设；

（3）完成航空电子研发中心建设，部分航空电子系统、设备和机内外照明系统、分布式智能配电系统完成适航验

证、转包生产；

（4）形成与ARJ21-700支线飞机批产交付相适应的客户服务能力；

（5）完成民用航空配套产业基地一期建设，引进配套企业20家左右；

（6）初步形成航空配套材料与特种零部件研究、设计、试制能力；

（7）初步培育飞机维修、航空物流、航空租赁、航空金融等相关服务业。

2．至2025年，形成产业规模2000亿元。

（1）大型客机总装基地形成230架份的总装试飞能力。其中，C919（150座级单通道）大型客机150架、C929（250座级双通道）大型客机30架、ARJ21系列支线飞机50架；

（2）完成商用飞机发动机总装、试车、试验配套基地建设，形成批量生产能力；

（3）实现航空电子系统、设备和机内外照明系统、分布式智能配电系统的批量生产；

（4）形成大型客机、商用飞机发动机、航空电子批量生产相适应的客户服务能力；

（5）建成20平方公里规模的上海国家民用航空配套产业基地，形成相应的产业配套能力；

（6）形成航空特种材料批量生产能力；

（7）具备民机改装、维修、租赁、物流等相应能力。

二、上海推进民用航空制造业领域高新技术产业化的发展重点和产业布局

按照国家战略决策和市委、市政府有关要求，依托上海民用航空制造业的核心主体，做好服务保障工作；鼓励和引导上海本地相关企业，积极对接民用航空重大项目，构建民用航空产业链；聚焦国内外先进技术与优质资源，做好招商引资，加快民用航空重点配套项目落户上海的进程。

（一）发展重点

1．加快上海国家民用航空产业基地建设。在现有上海发展民用航空产业规划布局基础上，根据新一轮民用航空产业发展的基本思路，以大型客机和商用飞机发动机的设计、研发和生产为重点，以航空电子、航空材料、机载设备的设计、研制和生产为支撑，进一步增强上海国家民用航空产业基地建设实力。

2．推进民用航空产业重大项目实施。积极协调上海民用航空制造业核心主体完善民用航空重大项目规划布局，推进大型客机总装基地、研发中心、客服中心和商用飞机发动机、航空电子等重大项目顺利实施，做好大型客机、商用飞机发动机等民用航空产业重大项目的服务保障。

3．促进民用航空配套产业发展。一是吸引国内外航空配套企业来沪发展；二是支持本市现有航空骨干企业做大做强；三是推进上海一批有条件的企业集团，在特殊合金、碳纤维、发动机叶片、机内外涂料、飞机轮胎、阻燃材料等配套方面重点突破；四是推进航空租赁、物流、金融等航空服务业的协同发展。

4．开展民用航空产业招商引资。围绕上海民用航空产业链的构成，依托临港等产业园区，一是根据大型客机制造商确定的潜在供应商，有针对性做好招商工作；二是深化上海市与相关集团公司达成的战略合作框架协议，共同推进民用航空配套项目向产业基地集聚；三是鼓励国内现有航空企事业单位在上海民用航空配套产业基地集约发展；四是吸引国际航空企业在上海建设相关配套产业，并鼓励其与国内企业合作进行成熟航空产品的特色生产或服务；五是完善上海民用航空产业扶持政策，吸引国内外各类金融机构参与上海民用航空产业的发展。

（二）产业布局

根据本市建设国家级航空产业基地的规划布局，上海民用航空制造业重点建设应遵循园区专业化集聚、资源合理化配置、产业集约化衔接、发展梯度化推进的原则，聚焦“一个基地”、建设“五个区域”。

1．一个基地

将上海总体打造成国家级民用航空产业基地。

2．五个区域

（1）浦东张江南区：大型客机（含支线飞机）设计研发中心。主要承担大型客机、支线飞机的设计、试验、预研、关键技术攻关和工程发展工作。

（2）浦东机场南端：大型客机总装制造中心。主要承担支线飞机、大型客机的大部件装配、全机对接、系统安装与调试、全机功能试验、试飞以及交付工作。同时，具有飞机维修、改装等功能。

（3）闵行紫竹：一是民用飞机客户服务中心。主要为支线飞机和大型客机提供客户培训、改装训练、航材支援、工程技术服务、市场与客户支援、网络与数字化客户服务等；二是商用飞机发动机研发中心。主要承担商用飞机发动机的设计、预研、技术攻关、仿真试验、技术交流、工程发展和客户服务等；三是航空电子研发中心。主要承担支线飞机和大型客机所需航空电子系统产品的研发、制造、集成、测试、试验和交付等。

（4）宝山大场：支线飞机总装制造与试飞。承担ARJ21系列支线飞机批量生产、试飞与交付。

（5）浦东临港：民用航空配套产业基地。承担商用飞机发动机装试，布局关键零部件研发生产、航空新材料、机载设备、环控、维修改装和航空服务等产业，形成以商用飞机发动机及关键零部件生产制造为核心，航空维修、航空物流、航空教育培训、航空配套工业和服务业等相关的民用航空装备产业集群。

三、上海推进民用航空制造业领域高新技术产业化的主要举措

（一）聚焦产业发展，健全推进机制

围绕推进上海民用航空制造业集聚发展的主要目标，发挥国际化大都市的综合优势，紧密对接国家有关部委，充分依托大型飞机重大专项在上海的实施主体，借助在大型客机总装制造基地周边就近发展配套和航空工业“民机战略东移”的有利条件，集聚各方优质资源，健全市级与区县、主体与配套、企业与院校等间有效协调、各司其职、共同推进的工作机制，积极做好服务保障。

（二）集聚优势条件，支持企业创新

在民用航空项目，特别是重大、关键项目程序上，健全“绿色通道”，确保项目准点实施；在税收优惠上，落实国家及本市已明确的支持大型客机发展的相关优惠政策；将上海已向国家承诺筹措的 100 亿元航空产业发展资金，聚焦民用航空制造业重大项目，积极支持国家批准实施项目和大型客机配套项目以及国内外民用航空企业在本市的集聚发展。

（三）加快引进培育，健全人才队伍

加快推进上海高校民用航空产业相关专业学科建设，加大与国内外著名航空院校合作共建，依托高校、科研院所加快培养和储备一批航空专业人才；在“上海重点领域人才开发目录”修编中，将上海民用航空产业紧缺人才优先纳入，集聚和吸纳国内外一流航空专业人才。对民用航空重大项目引进紧缺人才，享受大型客机项目同等待遇。

支持在大型客机总装基地、研发中心等区域周边，酌情配套建设一定数量的产业人才公寓。

（四）围绕主线对接，增强发展后劲

适时举行上海民用航空制造业高新技术产业化配套专题对接会，加快推进中小企业对接民用航空高新技术产业专业化配套的进程。围绕大型客机、商用飞机发动机、航空电子、机载系统／设备等研制计划，积极做好研究院所、高等院校、重点单位、配套企业与承担民用航空重大项目主体企业的协调与对接，构建民用航空产业产学研平台。

附件 5：上海推进海洋工程装备高新技术产业化行动方案（2009 ~ 2012 年）

海洋油气开发关系到国家能源安全、经济安全，已成为世界能源开发的主要领域。海洋油气开发对海洋工程装备提出了新的要求，相关技术已列为世界十大高新技术之一，是当代高新技术和工业水平的制高点。海洋工程装备作为上海高新技术产业化的九大重点推进领域之一，其振兴与发展将会对上海地区船舶与海洋工程装备产业应对金融危机、完成结构调整、实现转型升级作出贡献。

一、上海推进海洋工程装备领域高新技术产业化的总体思路和主要目标

（一）总体思路

以大型海洋油气开采装备、海洋工程作业船和辅助船、关键系统和配套设备为核心，以现有的船舶产业优势为依托、产业结构调整为契机，以政策扶持、加强研发、技改投入、引进优势企业为手段，坚持国家战略与地方特色相结合、自主开发与消化吸收相结合、首套突破与市场推广相结合、政府引导与企业主体相结合，全面提高海洋工程装备研发、建造和管理能力，带动产业链发展与完善，实现产业升级，建设国内一流、国际上有重要影响的海洋工程装备产业基地。

（二）主要目标

实现主流移动式海洋钻井平台、主流海洋工程作业船和辅助船等海洋工程装备代表产品的首台业绩，突破大功率中压柴油发电机组、动力定位系统等关键系统和配套设备的成套设计制造瓶颈。以提高前期方案设计能力和工程总包能力为核心，在 2008 年全市 60 亿元海洋工程装备产值基础上，到 2012 年，海洋油气开采装备、海洋工程作业船和辅助船、海洋工程关键系统和配套设备等三大板块形成 300 亿元产业化能力。重点建设外高桥、长兴岛、临港等海洋工程总装和配套基地，使上海成长为国内最具实力、有一定国际竞争力的海洋工程装备研发、设计、总成、总包基地。

二、上海推进海洋工程装备领域高新技术产业化的发展重点和产业布局

以大型海洋油气开采装备、海洋工程作业船和辅助船、关键系统和配套设备为重点发展方向，聚焦长兴岛、外高桥、临港等海洋工程装备总装及配套基地建设，推动海洋工程装备产业加速发展。

（一）大型海洋油气开采装备

1．发展思路

与国外专业设计公司联合开展前期方案设计，强化半潜式钻井平台、自升式钻井平台、浮式生产储油船（FPSO）的详细设计和生产设计能力，突破首台业绩，逐步实现自主开发设计、总包建造大型海洋油气开采装备能力。

2．发展重点

——半潜式钻井平台、FPSO。突破3000米深水半潜式钻井平台设计和建造技术瓶颈，完成首台业绩；寻求国外技术合作，突破FPSO上部模块的设计和建造瓶颈，形成15万～30万吨系列FPSO自主设计、自主建造的工程总承包能力。2012年实现半潜式平台完全自主设计和2座平台和1艘FPSO的年工程总包生产能力。

——自升式钻井平台。突破400英尺水深新型自升式平台总体设计、桩腿及悬臂结构研究等关键技术，尽快形成市场业绩。2012年实现新型自升式平台完全自主设计和2座平台的年工程总包生产能力。

——深水钻井船。加大对适应3000米水深工作环境的高端钻井船整船开发力度，突破系统集成、动力定位、钻井设备等关键系统的总体设计、系统安装和总装调试技术，具备整船总包能力和2艘船的年生产能力。

——大洋钻探船。支持深化完善大洋钻探船项目实施方案，攻克设计和建造关键技术，争取在上海建立中国大洋钻探基地，提升我国大洋考察与钻探能力。

3．产业布局

大型海洋油气开采装备产业主要布局在以外高桥、临港、崇明（长兴）海洋工程装备基地为主的产业基地。

（二）海洋工程作业船和辅助船

1．发展思路

以起重铺管船、特大型海上浮吊、海上风电设备安装船、高性能物探船等主力船型为重点，实现自主设计和批量建造能力，抢占技术制高点。

2．发展重点

——起重铺管船。重点支持建造装备具有自主知识产权成套设备的起重铺管船；通过深水起重铺管船详细设计，具备自主设计能力。2010年交付3艘商品船，形成批量建造能力。

——特大型海上浮吊。重点支持设计建造系列化大型海上回转浮吊。2012年形成设计、建造、整船装备集成等完整的研制体系和产业化能力。

——风电设备安装船。重点解决高强钢大模数齿条和作业平台桩腿固定系统等核心技术难题。2012年达到4～5艘年生产能力，实现关键系统国产化突破，达到国内领先水平。

——高性能物探船。积极争取承接12缆物探船设计和建造任务，突破物探设备的系统集成和总装调试技术。2011年交付1艘，具备系列化设计与产业化建造能力。

3．产业布局

海洋工程作业船和辅助船产业主要布局在崇明（长兴）海洋工程装备产业基地。

（三）关键系统和配套设备

1．发展思路

集中力量对高附加值的海洋工程装备关键系统和配套设备进行攻关，重点主攻大功率中压柴油发电机组、动力定位系统、深水锚泊定位设备、自升式平台升降系统等。提升系统成套和模块化能力，实现关键配套设备领域的突破，实现关键设备系统自主研发和产业化能力，达到国内领先。

2．发展重点

——大功率中压柴油发电机组。重点突破大功率中压发电机组成套设计制造关键技术，掌握模块设计和成套生产技术，实现国产大功率中压发电机组在海工装备上的应用突破，形成5～10套年生产能力。

——动力定位系统。突破控制技术和试验验证技术瓶颈，到2012年开发出具有自主知识产权的动力定位控制系统，并实现与自主研发的大功率推进器的集成应用，满足国内深水海洋装备的配套需求。

——深水锚泊定位设备。该设备是集定位控制、液压驱动、机械传动和高负载支持为一体的综合系统。重点突破深水定位锚泊系统和单点系泊关键技术瓶颈，形成自主研发和产业化生产能力，实现首台业绩。

——自升式平台升降系统。该系统是自升式钻井平台、风电设备安装船等装备的核心技术。重点突破新一代双速升降系统核心技术，打破国外技术垄断，形成自主研发和年产2～3套配套能力。

——油气钻采和生产设备。目前上海缺乏实施主体，要积极吸引国内有实力的油气钻采设备生产企业到上海发展海上油气钻采和生产装备。

3．产业布局

海洋工程装备关键系统和配套设备产业主要布局在以临港、崇明（长兴）海洋工程装备基地为主的产业基地和闵行、金山等有关区县。

（四）共性设计和制造技术研究

1．发展思路

针对目前我国海洋工程装备的研发能力和技术水平远不能适应我国海洋油气开发向深水进军的现实需要，加大对深水海洋工程装备共性设计和制造技术的系统研究力度，重点研究设计开发、制造、工程管理和安全可靠性评估等关键共性技术。

2．发展重点

——海洋工程装备设计开发基础技术研究。重点围绕深水海洋工程装备开发，通过总体设计研究、水动力性能分析、模型试验技术研究、减振降噪分析研究、系统集成设计研究等，掌握先进的设计理念和方法、工具，提升研发能力和创新能力。

——海洋工程装备共性建造技术研究。针对深水化、大型化等趋势，开展总体建造方案优化、巨型总段制造、模块化建造、特殊防腐技术等共性建造技术研究，提高建造质量和效率。

——海洋工程装备工程管理技术研究。引进消化国际主流的海洋工程装备项目管理思路、操作方法和相关软件，依托海洋工程装备建造项目，建立现代海洋工程装备管理模式、方法和体系，掌握项目总承包管理技术。

——海洋工程装备安全可靠性评估方法研究。针对海洋工程装备开发、设计、制造、运输安全、服役到退役的全生命周期，开展安全可靠性和风险评估分析方法研究，建立系统实用的评估技术体系，支持海洋工程装备产业的健康发展。

三、上海推进海洋工程装备高新技术产业化的主要举措

（一）落实国家战略要求，明确产业发展定位。落实国家《船舶工业调整和振兴规划》战略要求，抓紧制定本市贯彻国家《船舶工业调整和振兴规划》的实施意见和本市海洋工程装备产业发展规划；将船舶及海洋工程装备产业列为上海支柱产业给予重点支持。

（二）加快产业基地建设，吸引企业入户发展。围绕海洋工程装备高新技术产业化发展需求，完善、优化各区县和临港、长兴等产业基地的招商管理办法和项目指南，加大长兴岛和临港海洋工程装备配套基地对国内外海工装备优势项目的招商力度；鼓励、支持央企集团和国内外海工装备优势企业进军海工配套设备领域，促进产业集聚发展。

（三）加强政企沟通，建立合作关系。加强与相关央企集团、海工装备优势企业以及国内主要海工装备用户的沟通联系，建立战略合作关系，共商海工发展大计。

（四）鼓励产业投资，加大地方支持力度。对本市海洋工程装备产业化研制项目、技术改造项目、示范工程以及重点引进项目给予地方配套支持；对纳入国家《海洋工程装备科研项目指南》和承担国家重大专项的项目给予地方资金配套支持；对重点引进项目固定资产投资和技术改造项目，给予相应贷款贴息支持。

（五）鼓励技术创新和研发，加大首台业绩支持。大力支持技术创新和自主研发，鼓励重大海洋工程装备首台业绩突破，对实现首台突破的研制和建造单位给予研制补贴。

（六）引进培养专业人才，构筑海工人才高地。对引进海洋工程装备创新型研发设计、开拓型经营管理和高级技能人才给予政策倾斜；鼓励大专院校发挥教学资源优势，与企业需求相结合，强化专业人才培训，提高职工队伍素质，为推进本市船舶及海洋工程装备产业持续快速发展提供人才支撑。

附件 6：上海推进电子信息制造业高新技术产业化行动方案（2009 ～ 2012 年）

电子信息产业是国民经济的战略性、基础性和先导性支柱产业，加快推进电子信息制造业高新技术产业化是进一步贯彻落实科学发展观、实现经济社会可持续发展的重要举措，是对接国家电子信息产业调整和振兴规划、实施国家科技重大专项的重要抓手。

根据国家优先发展信息产业的战略要求和上海产业发展的实际，以及《关于加快推进上海高新技术产业化的实施意见》，先行聚焦集成电路、通信和网络设备、新型显示等高新技术产业化发展重点。同时，继续支持电子计算机、信息家电、电子专用设备等电子信息制造业其他方向的研发及生产。为进一步明确本市推进电子信息制造业高新技术产业化的战略思路、目标任务、产业布局和主要举措，引导电子信息制造业持续发展，提升产业能级和整体竞争力，特制定《上海推进电子信息制造业高新技术产业化行动方案（2009 ～ 2012 年）》。

一、上海推进电子信息制造业领域高新技术产业化的总体思路和主要目标

（一）总体思路

衔接国家电子信息产业调整和振兴规划及国家科技重大专项，按照“聚焦重点、提升能级、协调发展”的总体要求，聚焦集成电路、通信和网络设备、新型显示 3 个产业方向，推进重点项目，优化产业结构；加强自主创新，通过产学研协同推进，突破发展瓶颈，提升产业技术能级；完善产业发展环境，促进产业链协调发展，提高产业核心竞争力。

（二）主要目标

到 2012 年，本市集成电路、通信和网络设备、新型显示产业规模达到 2500 亿元，其中集成电路 800 亿元、通信制造 1200 亿元、新型显示 500 亿元；集成电路产业保持国内领先，技术水平跟上国际先进；通信和网络设备产业完善产业体系，提升整体竞争能力；新型显示产业培育新的增长点，实现规模化发展。

二、上海推进电子信息制造业领域高新技术产业化的发展重点和产业布局

聚焦集成电路、通信和网络设备、新型显示等发展重点，推动电子信息制造业成为支撑上海新一轮发展的重要引擎；聚焦以“一带二区（即浦东微电子产业带和徐汇漕河泾、松江微电子产业集聚区）”为重点的国家微电子产业基

地，以浦东金桥、张江和徐汇漕河泾等为重点的通信制造业集聚区，以及以浦东张江、闵行区、松江区等为重点的新型显示产业基地，发挥产业集聚效应。

（一）集成电路

1．发展思路

继续坚持以设计和制造为自主发展重点，加大在设计和制造方面的投入力度；继续创造良好的投资环境，鼓励外资（包括台资）投资封装业，建立与本市集成电路产业链相适应、互动发展的封装产业；继续支持集成电路设备和材料业发展，在产业化、商品化方面形成一定突破。

2．发展重点

——在集成电路芯片制造方面，加快企业间的兼并重组，形成龙头企业集团，走特色化、差异化专业代工道路，并在工艺技术水平和工艺服务方面基本满足国内集成电路设计公司要求。加快推进新建12英寸生产线计划，扩展产能，到2012年，本市集成电路芯片制造规模达到250亿元；加快技术引进和自主开发，将制造工艺技术水平提升到65～45纳米，跟上国际主流水平，继续保持国内领先；加快形成特色工艺代工模式，尤其要在汽车电子芯片生产方面取得突破，加速形成汽车电子产业链，实现模块（子系统）设计、芯片设计和制造的本土化，使本市汽车电子产业处于国内领先地位。

——在集成电路芯片设计方面，继续实施设计和整机联动项目，支持设计企业互相合作，以芯片套片形式加快形成本市产业集群优势。在设计能力方面，大力发展片上系统（SoC）技术，领先企业达到65～45纳米的国际主流水平；继续重点扶持移动通信芯片、数字电视芯片等本市优势领域企业，抓住3G通信推广、有线电视数字化平移、国家直播星等市场机会，促进企业间合作，推进产业集群发展。到2012年，设计业销售规模达到100亿元，培育5家以上年销售收入超10亿元的设计企业。

——在集成电路设备和材料方面，争取介质刻蚀机、无应力抛光设备、高端硅基材料和超纯试剂等形成突破，到2012年形成约100亿元的产业规模。

——继续推进公共服务平台建设，提高技术研发和服务水平。重点支持国家级集成电路研发中心与制造企业、设计企业等的合作，通过共性工艺技术开发、工艺知识产权（IP）库建设及测试技术开发等方式，缩小制造能力和设计能力之间的差距，并进一步降低企业研发成本，提升企业竞争力。

3．产业布局

继续发展以张江为核心区、金桥及外高桥为扩展区的浦东集成电路产业带和徐汇漕河泾、松江集成电路产业区，加强国家级集成电路产业基地和紫竹集成电路设计园区建设。

（二）通信和网络设备

1．发展思路

服从国家战略要求，加强自主创新，积极承接国家科技重大专项，完善TD-SCDMA产业链，提升产业核心竞争力；以3G系统设备、各类智能信息终端和关键芯片、下一代广电网络建设为重点，技术水平达到国际先进，形成一批具有自主知识产权专利产品的龙头企业。

2．发展重点

——在3G通信方面，重点发展TD-SCDMA技术，进一步加强网络设备、终端和关键芯片的开发及产业化力度。TD网络系统设备方面，针对增强型关键设备和业务平台进行技术开发、产品研制，实现大规模生产和商用。TD长期演进（TD-LTE）系统、终端及芯片方面，积极组织本市相关企业参与世博园区TD-LTE试验区（演示区）建设，进一步研究并攻克TD-LTE关键技术和各类预商用设备，实现TD-LTE系统设备、终端芯片的规模化商用。到2012年，3G网络设备产业规模突破120亿元，TD-LTE预商用设备形成100亿市场规模。

——在智能信息终端方面，重点发展增强型第三代移动通信终端设备，手机支付方面，鼓励企业优势互补，联合开发，形成非接触式核心芯片、手机设计制造、移动运营等完整产业链。到2012年，显著提高自主创新能力，打造数家国内知名的终端品牌厂商，形成150亿元产业规模。

——通过下一代广电网（NGB）上海示范网建设，带动关键设备的产业化进程。结合本市有线电视数字化整体平移工作，加快以高性能宽带信息网（3Tnet）技术为创新点的下一代广电网上海示范网建设，加快数字电视广播网络的覆盖；加快推进T比特光传输、光交换、路由及机顶盒等关键设备本地化配套，带动相关设备和产品的产业化进程。

——在NGN（下一代网络）方面，积极推动支持IPv6规范的G比特无源光网络（GPON）和以太网无源光网络（EPON）的光线路终端（OLT）、光网络单元（ONU）等产品的研发和产业化；重点支持骨干企业推进基于分布式多核技术的IPv6高端路由器、电信级以太网交换机、基于万兆高性能IPv4/IPv6下一代互联网关等关键产品的研发和产业化；推动固定、移动融合的多媒体子系统（IMS）设备的产业化。

——在公共服务平台建设方面，加快建立3G移动通信终端研发检测公共服务平台，涵盖下一代终端研发、相关标准和规范等制定工作，加速上海通信终端产业发展。

3．产业布局

重点建设浦东金桥、张江地区、徐汇漕河泾等通信制造企业集聚区。加快网络交换设备、移动通信设备的研发和制造，加快以3G芯片研发为主的通信产品芯片及移动通信终端设备的研发、设计和制造。

（三）新型显示

1．发展思路

创新体制机制，建立以“引进消化吸收再创新”为特征的发展模式，在薄膜晶体管液晶平板显示器（TFT-LCD）、发光二极管（LED）等领域形成完善的产业链体系，突破有机发光二极管（OLED）、硅基液晶（LCOS）产业链核心环节。

2．发展重点

——在 TFT-LCD 方面，创新体制机制，加强队伍建设，为高世代线建设创造条件。加快引进人才、技术、设备，通过合资合作、并购等方式推动面板及配套产业发展。加强自主创新，推进 TFT-LCD 关键技术、工艺及材料的研发，支持“TFT-LCD 关键材料及技术国家工程实验室”项目，建设 TFT-LCD 公共研发平台，进行核心技术开发、工艺试验、材料国产化验证；推动 TFT-LCD 配套产业发展，重点支持平板显示用关键驱动 IC 等配套产品的研发及产业化项目，推动适用于液晶电视及 OLED 终端驱动 IC 的研发及产业化。

——在 OLED 方面，加快推进工艺技术研发。重点推进全国首条 4.5 代有源驱动有机发光二极管（AM-OLED）中试线建设。以产学研合作方式，加快 OLED 技术的产业化进程；扶持一批成套工艺与装备企业创业与创新。

——在 LCOS 方面，推动芯片和模组产业化进程，同时通过海外收购引进核心技术，争取将 LCOS 产业培育成为本市电子信息产业新的增长点。推进 LCOS 微显示面板准晶圆级液晶封装产业化项目，建设 LCOS 面板晶圆与液晶封装集成化加工线，2011 年达到年产 13500 片晶圆的生产能力。

——在 LED 方面，加大研发投入，增强自主研发能力，在半导体发光器件的设备、材料（包括外延、荧光粉）、芯片、封装模块、应用设计技术和产业化能力方面实现突破。重点推动 100 流明 / 瓦以上大功率高亮度 LED 产品技术开发和产业化。通过技术引进，推进 120 流明 / 瓦及以上功率型 LED 产业化量产技术开发项目，建设外延材料、芯片生产线，2011 年高亮度大功率外延片达到 70 万片 / 年、芯片达到 56.6 亿粒 / 年的生产能力；推动 LED 照明灯生产线项目，达到年产 20 万套 LED 照明灯生产能力。推动 LED 在背光照明、汽车灯具、道路照明灯具等应用方面的研发和产业化。推动世博主要场馆的 LED 照明示范项目。结合国家“十城万盏”工作推进 LED 节能照明推广和普及。

3．产业布局

以闵行、浦东为主建设 TFT-LCD 面板及关键配件产业基地；以浦东为主建设 OLED、LCOS、PDP 产业基地；以浦东、松江、嘉定、普陀等为主建设 LED 产业基地。

三、上海推进电子信息制造业高新技术产业化的主要举措

（一）落实国家战略要求，明确产业发展方向

围绕落实国家电子信息产业调整和振兴规划，抓紧制定本市电子信息产业调整和振兴规划的实施意见；积极承担“核心电子器件、高端通用芯片和基础软件产品”、“极大规模集成电路制造装备和成套工艺”及“新一代宽带无线移动通信网”等国家科技重大专项，提升本市产业自主创新能力。

（二）加强产业基地建设，促进产业集聚发展

继续推进和强化国家电子信息产业基地、国家微电子产业基地、国家集成电路园区、国家平板显示基地等国家级产业基地（园区）建设，鼓励各基地（园区）加大配套建设力度，扶持重点企业发展；鼓励新建企业和引进企业进一步向基地（园区）集中，实现产业集聚发展。

（三）加大政策扶持力度，支持企业加快发展

根据国家鼓励软件产业和集成电路产业发展的相关政策，结合本市实际情况，研究制定实施细则。充分利用浦东新区综合配套改革机遇，在浦东新区进行集成电路产业政策试点工作。进一步落实国家对 TFT-LCD、OLED 等新型显示生产企业进口设备、配套进口材料的税收优惠政策。加快落实经认定的高新技术企业进口研发用设备、手机测试平台进口设备减免关税的政策。

（四）鼓励企业兼并重组，支持企业做大做强

支持体制机制创新，突破产业发展瓶颈。支持和鼓励本市有实力的企业并购国内外具有成长价值、符合自身发展战略的研发机构或生产企业；充分发挥优势企业的引领作用，支持企业通过购并、兼并等方式，加快发展，迅速做大做强，增强国际竞争力。

（五）加大政府采购力度，发挥应用示范效应

加大对集成电路设备首台（套）的支持力度，对符合条件的项目按照本市有关规定予以支持；TD 的终端产品（如上网本和无线数据卡等）经市科委认定为自主创新产品的，将纳入上海市政府采购自主创新产品目录，实施政府优先采购；在世博园区，开展 TD-LTE 应用示范建设；对世博会、“十城万盏”等活动中的 LED 照明示范应用、LED 节能灯具产品的推广给予补贴。

（六）明确产业发展主体，充分发挥各方作用

针对产业发展难点、瓶颈，每年发布高新技术产业化指南，推进重点项目建设，明确项目实施主体，落实相关责任；充分发挥各级政府、企业、基地（园区）、高校、科研机构和社会中介等方面的作用，支持各种形式的合作。

（七）加强产学研合作，支持前沿技术攻关

进一步加强本市高校、科研机构和企业的合作，支持电子信息前沿技术、尤其是新型显示技术的攻关，为产业化发展做好技术储备。

附件7：上海推进新材料高新技术产业化行动方案（2009～2012年）

新材料产业被发达国家认为是最具发展潜力并对未来发展有着巨大影响的高新技术产业之一，世界各国都非常重视新材料的发展，上海是我国重要的基础原材料工业基地和新材料研发制造基地之一，具有加快推进新材料高新技术产业化的基础条件，根据国家战略的要求和上海产业发展的实际，先行聚焦特种钢、高分子材料、电子材料、新能源材料等高新技术产业化发展重点。

一、上海推进新材料高新技术产业化的总体思路和主要目标

（一）总体思路

按照“聚焦重点、形成规模、突破瓶颈、抢占高端”的总体要求，聚焦重点领域、重点区域、重点企业、重点研究院所，支持鼓励新材料应用推广，抢占高端应用领域，促进产业链配套延伸。重点发展基础性、关键性的新材料，技术有所突破、市场需求量大的新材料，国家战略需要和尖端科技事业用新材料。着眼于重大项目，支持中小企业朝着“专、精、特、新”方向发展，鼓励承担高新技术产业化项目或为主体企业进行专业化配套的企业。具体是“四个注重、三个形成”。

注重产业链延伸：立足上海精品钢材、石化精细化工等产业基础，加快向下游和高端发展，不断发展合成材料等高附加值产品；注重支柱产业配套：加快发展为汽车、电站、船舶等支柱产业配套的关键材料，完善技术、品种，打通瓶颈制约；注重战略性产业支撑：加快为航空、航天、核电等国家战略产业配套碳纤维、钛合金等新材料，使新材料的发展与战略产业发展同步；注重可持续发展和节能环保：主要支持以物理加工方式或以后加工为主，其他加工为辅的，少排放、可持续发展的项目。形成规模和领先优势：重点支持技术比较成熟，能形成突破、可以替代进口；形成明确的项目和明确的实施主体：优先支持技术来源明确、技术基本成熟、产业化目标清晰，主体企业积极性高，并已具备立项启动条件的项目；形成新材料领域的产业集群：重点加强招商引资、加快项目建设、开展研究开发、突破技术难关的项目。

（二）主要目标

到2012年，实现新材料领域工业总产值1600亿元，达到同比2008年总产值翻一番的目标。在关键和重点材料方面，如特种钢、碳纤维、芳砜纶等高分子材料，大尺寸硅片等电子材料，实现150亿～200亿元产业规模，主要产品达到国际先进水平，保持国内领先。

二、上海推进新材料高新技术产业化的发展重点和产业布局

（一）特种钢

1．发展重点

特种钢是汽车、核电、船舶、航空航天等产业发展的基础材料，重点突破钛及钛合金冷床炉熔炼工艺、板坯立式连铸工艺、精密合金热轧板表面抗氧化处理工艺、钛合金热轧板平整工艺、热轧板热处理工艺、纯钛冷轧带真空处理工艺等近30项工艺技术，实现稳定批量生产钛及钛合金、镍基合金、不锈及特殊不锈、耐磨、耐热、低磁、工（模具）钢板／卷和钢液薄带连铸连轧成套工艺与装备技术等，进一步提高特种钢的板管比，扩大应用规模和市场。

2．产业布局

宝山区打造金属材料基地，主要以精品钢、特种钢和高性能等有色金属合金为发展重点。

（二）高分子材料

1．发展重点

高性能高分子材料是机械、能源、电子、航空、航天等产业发展急需突破的关键材料。重点支持碳纤维、芳砜纶、本体法ABS和特种功能性膜等产业化，并发展下游应用产品。一是在碳纤维方面，加快突破PAN基碳纤维成原丝生产工艺，硫氰酸钠（NaSCN）为溶剂、湿法纺丝的工艺以及纤维预氧和碳化工艺，分别达到年产3000吨原丝、1500吨碳纤维和500吨原丝、200吨碳纤维生产能力，并向T700、T800以上的高端产品发展；二是在芳砜纶方面，实现千吨级芳砜纶生产线的稳定运行，发展F级和H级芳砜纶耐高温绝缘纸等，形成以芳砜纶为核心的系列耐高温产品产业化，并向下游产品延伸；三是在本体法ABS方面，形成年产本体ABS20万吨的能力，并进一步开发本体ABS树脂共混、改性材料，做大做强；四是在特种功能性膜方面，重点发展选择性交换、吸附、络合、达到浓缩、分离、提纯、催化等特殊功能性膜和智能温控节能玻璃膜。

2．产业布局

杭州湾北岸（上海化工区、金山区、奉贤区、青浦区）打造石化及精细化工基地，主要以精细化工、聚合材料、表面活性材料等为主。

（三）电子材料

发展重点

主要是发展为国家集成电路专项（02专项）配套的硅片

等原材料，实现我国Ø8英寸SOI晶片的规模化生产和Ø8英寸外延产品产业化，建成国际先进水平和国内唯一的Ø8英寸SOI晶片产业化基地。在此基础上进一步研发新一代SOI制备工艺，包括等离子体注入技术。主要应用于CPU、汽车电子、大屏幕显示等方面。

（四）新能源材料

发展重点

结合新能源领域的重点项目，做好关键材料的攻关：一是在风电材料方面，重点发展2～3兆瓦级复合材料叶片设计和制造等，在上海形成上游以碳纤维、环氧树脂、粘接剂等原料为主，中游以叶片等关键零部件为主，下游以风力发电机为主的整个风电产业链；二是在电池材料方面，积极吸引国内外优势企业投资，开发具有国际先进水平和自主知识产权的动力磷酸铁锂离子正极材料及动力电池，建立电池产业化生产线，开发出具有国际先进水平、低成本的可快速充放电磷酸铁锂动力蓄电池，燃料电池配套材料、质子交换膜、碳布、动力电池的隔膜和高性能PP膜等，以解决目前阻碍混合动力车及纯电动汽车快速发展的电池缺陷问题。

（五）稀土永磁材料

发展重点

稀土永磁材料具有永磁性能，在电子设备、核工业专用材料等高新技术领域和汽车等国民经济支持产业中都起着巨大的不可替代的作用，重点支持以稀土永磁材料应用于稀土永磁风力发电机，稀土永磁空调压缩机等高效电机，开发硬盘驱动器主轴电机和汽车电机用的稀土粘结永磁器件，核能开发专用特种稀土永磁材料及其产品。

三、上海推进新材料高新技术产业化的主要举措

紧紧抓住落实国家重点产业调整和振兴规划的战略机遇，坚持引进和消化吸收相结合，立足于自主创新，形成自主品牌和产业链配套。通过高新技术产业化重点项目的实施，全面提升上海新材料产业的核心竞争力。为此，重点采取以下举措：

（一）骨干企业扶持政策

结合落实国家重点产业调整和振兴规划和国家支持企业加强技术改造的要求：帮助并鼓励重点骨干企业申报国家项目，对于获得国家支持的地方按规定给予配套；完善服务企业机制，优化审批流程，建立“绿色通道”制度，对列入本市高新技术产业化的重大项目，在项目用地、规划、环保及市场对接等方面给予支持；鼓励并支持骨干企业申报本市高新技术产业化项目，项目完成后，经认定为高新技术企业的，可按国家的规定，享受高新技术企业认定的优惠政策。

（二）中小企业支持政策

支持新材料领域的中小企业承担高新技术产业化项目，培育“专、精、特、新”的中小企业开展专业化配套，积极支持中小企业参与新材料领域的新产品中试，鼓励企业参与制定新材料产品标准、行业标准和国家标准，对符合条件的项目，将按照本市有关规定给予支持。支持企业新材料产品的推广运用，鼓励一批具有自主知识产权、自主核心技术的中小企业通过上市途径发展壮大。

（三）综合性配套政策

1．制定发布新材料高新技术产业化目录。在推进重点项目的同时，进一步明确重点领域，向社会发布产业化鼓励目录，引导企业参与攻关，并作为今后新材料领域享受有关政策的依据。

2．开展新材料重点攻关。根据上海高新材料产业发展的需求，针对新材料发展的技术瓶颈，每年提出一定数量的新材料项目，面向国内外企业、大专院校、研究院所，进行公开招标攻关项目，符合上海产业化落地条件的项目，在投资、用地、人员等方面给予明确的扶持。

3．加大专业化招商引资力度。支持重点园区出台针对性扶持政策，营造良好投资环境，加大招商引资力度，举办展览会，加强国际国内合作，支持国际知名企业、中央企业和外地企业将新材料产业化项目落户上海。

4．支持新材料研发成果的市场拓展。促进产业链上下游对接，对于具有自主知识产权的新材料领域研发重大成果首次进入市场的，给予保险、补贴等支持，推进设计院所、招标公司及应用单位对新材料的应用加以推荐和优先使用。

5．对新材料领域项目建设和人才引进给予支持。对新材料领域重点项目纳入本市产业投资“绿色通道”，在项目审批、用地、规划、建设审图、施工招投标等方面给予支持。支持引入国内外优秀的行业领军人物和技术团队，优先解决本市户籍、子女入学等问题。

6．加强新材料技术支持体系建设。建立新材料领域专家库，发挥专家在专业咨询、科学评审和规划决策等方面的作用。整合产学研各方资源，建立技术支撑体系，对共性技术研发给予一定支持。

附件8：上海推进软件和信息服务业高新技术产业化行动方案（2009～2012年）

软件和信息服务业是以信息技术为主要支撑手段的现代服务业，具有高增长、高效益、低消耗、低污染等特点，产业关联度高，对生产和消费的拉动作用大，是现代服务业中发展速度最快、技术创新最活跃、增值效益较大的产业门类。加快发展软件和信息服务业，有利于推动信息技术应用，提高传统产业的发展水平和经济效益；有利于促进“两化融合”，转变经济发展方式；有利于推进上海“两个中心”建设，不断增强城市综合竞争力。

根据国家战略要求和社会产业发展实际，以及市政府《关于加快推进上海高新技术产业化的实施意见》，特制定《上海推进软件和信息服务业高新技术产业化行动方案（2009～2012年）》。

一、上海推进软件和信息服务业领域高新技术产业化的总体思路和主要目标

（一）总体思路

着眼产业链建设，面向市场，依托企业，加快发展信息技术服务产业，培育发展数字内容服务产业，优化提升信息传输服务产业，鼓励各类商业模式和服务业态的探索和创新，促进软件和信息服务业与其他产业的互动融合发展。

（二）主要目标

建设10个特色明显的软件和信息服务业产业基地，培育20家国内一流、具备跨国经营能力的重点企业，打造10个著名软件和信息服务商及知名品牌，使上海成为具有一定国际影响力的软件和信息服务业集聚地。到2012年，上海软件和信息服务业总收入达到3600亿元，占全市国内生产总值的比重力争达到6%，从业人员超过40万人。

二、上海推进软件和信息服务业领域高新技术产业化的发展重点

（一）软件产业

1．发展思路

面向汽车电子、轨道交通、终端设备领域，大力发展嵌入式软件和信息服务；聚焦“两化融合”，加快工业软件的研发和应用；推进基础软件的研发和产业化应用，初步实现具有自主知识产权的基础软件和嵌入式软件产品链，形成面向重点行业的完整软件产品体系；依托人才和产业优势，发展高端信息服务外包，提升软件产业能级，形成全面支撑上海经济和社会发展的服务能力，成为现代服务业的新亮点。到2012年，上海软件产业经营收入达1800亿元，软件出口额25亿美元，从业人员超过25万人，培育5家年营业收入超50亿元的软件企业。

2．发展重点

鼓励软件研发企业和设备制造企业联合，打通研发和应用关键环节，在汽车电子、智能手机、轨道交通、终端设备等领域研发具有自主知识产权的核心嵌入式软件平台，提升终端设备能级。重点研发汽车电子嵌入式软件和车载智能终端设备，并拓展各类车载信息服务。研发轨道交通领域各类终端设备和系统的嵌入式软件，提升上海轨道交通装备的制造和集成能力。结合现有优势产业，在智能监控、石化加油设备、便携计算设备、有源RFID设备等领域形成嵌入式软件的产业化和规模化应用。

鼓励软件研发企业和工业企业联合攻关，打造一批具有行业特色和专业特点的工业软件，促进传统工业实现设计研发数字化、制造装备智能化、生产过程自动化和经营管理网络化，全面实现产业优化升级。聚焦航空、钢铁、汽车、船舶、石化等传统优势产业，在飞机研发设计、钢铁生产自动控制、汽车车身数字化制造、船舶数字化制造、石化安全生产监控领域研发工业软件产品。建设面向装备制造领域的工业软件智能测试系统，提升工业软件的研发水平，提高装备制造业的配套能力，促进工业软件与装备制造业融合。依托科研院所和高等院校，加强工业软件科研项目的研发孵化，集聚发展一批具有国内外领先水平的工业软件设计研发企业。

按照“坚持发展高端，积极拓展离岸，重点聚集总部”的原则，大力发展业务流程外包（BPO）和知识流程外包(KPO)，推动上海成为外包服务提供商中国总部的汇集地，促进高端软件外包、数字媒体外包和金融信息服务外包等业务集聚。重点加强国家软件出口基地（三期）和信息服务外包公共支撑平台建设。继续保持对日外包市场优势地位，积极拓展欧美外包市场，鼓励具有自主知识产权的软件产品出口，形成上海对外贸易新的增长点。

围绕国家基础软件重大专项，结合上海产业优势，发展具有自主知识产权的操作系统、数据库、中间件和办公软件，形成具有国际竞争力的基础软件产品，每年实施5～8个基于国产基础软件的示范项目，推动国产基础软件在医疗卫生、教育、社区服务、电子政务等行业的规模应用。建立国产基础软件应用示范区，在区域信息化建设中全面应用国产基础软件。发挥市级财政单位信息化项目预算审核作用，结合软件正版化专项资金，逐步提高国产基础软件在市级机

关电子政务领域的应用比例。

发挥上海软件企业在城市信息化建设方面的特色优势，支持软件企业间协作，形成面向社会保障、医疗卫生、电子政务、智能交通、教育文化、社区、应急指挥、公共安全、农业等重点行业的完整软件产品和整体解决方案，鼓励多种形式的系统维护服务和运营模式，打造和培育面向行业应用的骨干软件与服务企业。

（二）网络游戏产业

1．发展思路

通过鼓励自主研发和支持原创出口，培育网络游戏产业新的经营模式和服务业态；有效协调、处理发展和监管的关系，不断完善产业发展环境；充分发挥行业组织的积极作用，大力开展行业自律建设。巩固提升上海在网络游戏领域的优势，使上海成为全国乃至国际网络游戏资源的集聚地。到 2012 年，上海网络游戏销售收入达到 160 亿元，占全国市场份额的 50%，培育 3 家以上年经营收入 30 亿元以上的企业，10 家年经营收入超 1 亿元的企业。

2．发展重点

鼓励研发体现中华民族传统特色、具有自主知识产权的网络游戏，大力支持原创民族网络游戏产品出口，显著提高行业自主创新能力。以单机版游戏和 3G 网络游戏为重点，支持手机游戏研发。

完善网络游戏研发公共技术支撑体系，建立网络游戏公共测试服务平台、游戏公共数据库等，有效降低网络游戏研发成本。

鼓励行业大型企业通过兼并收购等渠道逐步做大做强，向综合性游戏开发商发展。支持中小型企业通过探索尝试别具特色的业务内容和经营模式，逐步做精做专。

支持举办具有积极意义的行业活动，鼓励引进知名活动品牌，逐步打造具有全国乃至国际号召力的行业活动品牌。

（三）网络视听产业

1．发展思路

以扶持龙头企业为主要抓手，推动视频分享、视频直播（点播）及视频门户等主要业态共同发展并不断培育新兴业态，完善网络视听公共服务体系建设，加强对网络视听产业发展的政策支持，促进形成全国网络视听资源汇集地和网络视听企业集聚地。到 2012 年，上海网络视听企业总数超过 100 家，其中，年经营收入超 3 亿元企业不少于 3 家，上市企业不少于 2 家。

2．发展重点

鼓励网络视听企业通过上市、兼并重组等方式扩大发展规模；支持企业探索新的业务形态和经营模式。

加快在上海建设国家级电信视讯中心和移动视频产品创新基地，带动内容创作、视频技术开发、新媒体研发等网络视听产业链发展。

大力发展基于 3G、下一代广播电视网（NGB）和中国移动多媒体广播（CMMB）等新传输方式的内容产业链。加快开发无线视频、有线视频和各种终端多媒体等业务，依托电信运营商和信息服务提供商，开发 3G、NGB 和 CMMB 网络增值业务和应用服务系统，带动应用产业链的发展。

积极推动内容制作、行业通用软件和关键技术研发及公共服务平台建设等，形成完整的网络视听产业链，带动其他相关产业共同发展。

（四）数字出版产业

1．发展思路

在引进国际数字出版最新技术的基础上，提高数字出版领域的自主创新能力；推动数字出版产品与互联网终端、手持终端结合，促进数字出版与传统出版融合发展。到 2012 年，国际数字出版技术在上海得到广泛应用，培养 10 家在国内具有影响力的数字出版内容提供商、技术提供商，打造具有特色的数字出版产业园区，形成贯穿数字内容制作、出版、印刷、传输发行和消费的产业链。

2．发展重点

推动数字出版产业公共服务平台建设，整合行业资源，有效降低创新创业成本。

支持建立大型数字出版数据库，通过对传统出版内容的数据处理、整合、分类及管理和应用，实现内容资源的充分共享和利用最大化。

以项目驱动为主要抓手，鼓励数字出版企业研发原创内容产品，创新商业经营模式。

借鉴国外数字阅读终端推广模式，整合上海数字阅读终端研发与生产企业、国家数字出版基地资源、3G 移动运营及互动娱乐企业等，在上海建立完整的数字阅读器产业链。

（五）电子商务

1．发展思路

以世博会召开为契机，紧密结合上海“两个中心”建设，制定落实相关扶持政策；聚焦重点产业，做大做强第三方电子商务平台，增强上海经济的区域辐射与引领能力。到 2012 年，上海电子商务年交易额达到 4300 亿元，形成 8 ～ 10 家在国内市场具有行业领先优势的第三方电子商务平台企业。

2．发展重点

贯彻实施《上海市促进电子商务发展规定》，加快制定并落实促进电子商务发展的实施意见。

争取通过专项资金、融资担保等政策突破，聚焦先进制造业、现代服务业的重点领域，推动面向行业、区域、中小企业的第三方电子商务平台发展。

加快推进信用、认证、标准、支付和现代物流等电子商务支撑体系建设，优化应用发展环境。

完善电子商务投诉调解、法律服务等服务机制建设。深入开展电子商务进社区、进校园推广实践活动，进一步提高公众对电子商务的认知，加强电子商务人才培养。

（六）金融信息服务业

1．发展思路

提高金融领域应用软件的研发水平，增强行业自主创新能力；加快建设、维护金融信息专业数据库，形成数据互联互通、信息资源共享的运作机制；开发和完善各类金融信息服务系统；加快发展金融资讯服务商，提升金融资讯服务能力。到2012年，形成3～5家在国内市场占据优势地位、初步具备国际竞争力的金融信息服务企业。

2．发展重点

巩固在银行卡领域国内市场的优势地位。进一步完善银行卡业务领域应用系统，发挥跨行交易清算系统在银行卡产业中的核心、枢纽作用，不断扩大POS系统的应用范围和领域。

推动金融领域应用软件研发。以证券和保险领域应用软件为切入点，重点加快研发面向证券和保险机构客户的实时交易及信息服务软件，力争使上海在证券交易、个人服务等细分领域应用软件的全国市场占有率超过80%。

支持金融信息服务机构和平台加快发展和建设。有效提高互联网技术在金融数据服务中的应用水平，面向不同细分领域和客户，支持金融信息服务的模式创新、业务拓展和市场竞争力的提高。

（七）航运信息服务业

1．发展思路

借鉴国际航运中心发展经验，培育航运信息服务市场；依托行业骨干企业，提升航运领域应用软件研发水平；加强航运信息服务业相关平台建设，促进航运服务业实体业态与网络信息平台共同发展。到2012年，上海航运信息服务业的发展规模和水平在全国处于领先地位，成为全球航运信息服务业较发达的城市之一，全市规模以上航运信息服务企业达到50家以上。

2．发展重点

优化上海口岸物流通关环境。提高信息技术在电子通关、政府监管、电子支付、物流信息等方面的应用水平，形成一批专业信息服务系统，不断提高口岸通关效率。

强化电子标签技术在航运领域的应用。形成以电子标签技术为支撑的物流集成解决方案。完成适用于物流供应链管理的电子标签装备技术开发，逐步实现产品产业化、规模化。

提升航运领域应用软件研发水平。鼓励研发实力较强的软件企业参与本市大型航运软件开发项目。

加快推动航运信息服务业相关平台建设。建立航运综合信息共享平台，形成港口、航运、物流、监管等信息共享和应用体系，推动长三角、长江流域航运市场联动发展。建立以港口为核心的公共信息服务平台，实现各单位之间信息的交换和共享。建立面向航运产业链中小企业客户的公共信息服务平台。推动平台与国际、国内相关平台的对接，实现信息资源的互联互通。

（八）信息基础设施

1．发展思路

以电信运营商全业务发展和3G建设为契机，推动电信网与互联网、广播电视网在技术和服务上的融合，推进电信网络向IP化、宽带化、无线化、智能化发展，促进电信业务重心由传统电信服务向综合信息服务转变；通过提升信息基础设施能级，提高业务管理水平，改善信息通信服务能力，不断降低通信资费和商务成本，带动电信运营、设备制造、内容提供等相关产业协同发展。到2012年，上海信息通信业务收入超过600亿元，在本市登陆的国际海光缆通信容量超过9T，全市基本具备光纤到户能力，城市化地区接入带宽能力达20M～100M，无线宽带网络覆盖全市，IDC机架总能力超过2万。

2．发展重点

改善国际通信条件，提高上海信息通信枢纽地位。做好中美跨太平洋直达系统（TPE）、亚太二号（APCN2）等海光缆优化工作，启动建设新亚太光缆（APG），使在上海登陆的国际海光缆系统容量占全国的50%以上，使本市具备覆盖全球五大洲的海陆国际光缆网络。

提升网络带宽，提高网络多业务综合承载能力。继续提高上海的互联网国际出口带宽；大力提高城域网至骨干网出口带宽，出口带宽在国内城市中率先达到T级别；在用户接入端加速开展“光进铜退”工作。

促进3G网络建设，构建以3G+WIFI为主的多层次、广覆盖、多热点无线宽带网络。加快TD-SCDMA、CDMA2000、WCDMA等3G网络建设，有效提升三种制式3G网络的信号覆盖和系统容量。在商业区、交通枢纽、行政中心和公共活动中心等区域加快新建WIFI无线热点，逐步与3G网络共同构成无缝覆盖的无线宽带网络。以世博会为契机，率先推进TD-LTE试验网建设，形成新一代宽带移动通信产业的先发优势。统筹平衡，编制完成《上海市公用移动通信基站站址布局专项规划》。

加强功能型服务设施建设，大力拓展网络增值业务。加快建设提供存储、转发、灾备等互联网业务的高等级互联网数据中心（IDC）。在上海建设全国电信呼叫中心，提供一站式外包服务，满足金融、航运等现代服务业需求。加快超级计算中心建设，不断完善高性能计算公共服务平台功能。

提升服务质量和水平，不断改善信息通信服务环境。面向对国际互联网有特殊需求的企业、机构，建设互联网精品网，提高服务质量和访问速度。针对生产性服务业、服务外包等行业用户，提供差异化服务和优惠资费套餐等，为现代服务业提供基础信息通信支撑。针对社会公众，改善资费套餐结构，提高营业厅服务和响应速度，提升服务品质，为广大市民提供用得起、用得好的电信服务。

三、上海推进软件和信息服务业领域高新技术产业化的主要举措

（一）加强统筹规划，形成产业发展合力

按照《国务院关于加快发展服务业的若干意见》精神，抓紧制定本市促进信息服务业发展的意见。将市软件产业联席会议调整为市软件和信息服务业联席会议，成员单位包括市经济信息化委、市发展改革委、市商务委、市教委、市科委、市财政局、市建设交通委、市文广影视局、市税务局、市质量技监局、市新闻出版局、市知识产权局、市交通港口局、市旅游局、市金融办、市通信管理局等部门，负责全市信息服务业发展的规划计划，制定相关政策，协调推进重大项目实施。

（二）聚焦重点领域，加强产业引导和培育

本市设立的自主创新和高新技术产业发展重大项目专项资金、服务业引导资金、软件和集成电路产业发展专项资金、文化产业发展专项资金、信息化发展专项资金等，聚焦支持信息服务业发展，重点支持重大项目研发、技术成果转让和产业化；支持产业关键共性技术、服务产品的开发及产业化；支持产业基地、园区和公共技术服务平台建设；支持国家和市级重大项目建设；支持品牌培育、商业模式创新、标准研究制定等产业环境建设。

（三）加强行业共性技术研究，提高产业自主创新能力

面向大规模信息服务需求，建立以企业为主体，市场为导向，产学研用相结合的技术创新体系，支持企业在云计算、虚拟化、高性能计算、海量数据存储和管理、系统安全等前沿技术领域开展创新型研究，突破远程信息服务、信息获取等关键技术，探索信息服务新模式。支持公共技术服务平台建设，有效减低企业研发成本，推动产业技术升级，提升产业自主创新水平。

（四）加快产业基地和产业园区建设，促进产业集聚发展

以浦东综合配套改革为契机，加快国家软件产业基地、国家软件出口基地建设。在国家认可的开发区内加快建设网络游戏、网络视听、数字出版、电子商务等相关产业基地。有条件的区县建设具有特色的信息服务业专业园区。鼓励电信运营企业为园区提供优质低价的电信网络服务。支持园区为入驻企业提供机房、培训中心等公共基础设施服务。

（五）支持企业上市融资，鼓励企业做大做强

出台支持企业上市融资的专项政策，对符合条件的企业在境内外上市融资，按照筹备上市进程，在改制、申报和上市发行三个阶段，分别给予资金补贴。出台支持企业兼并重组专项政策，支持企业通过兼并、收购、重组等方式进行产业链上下游整合，对完成兼并重组非关联企业，年销售额达到一定规模的企业，给予相应的资金补贴，对符合国家规定的可享受软件企业相关税收优惠政策。

（六）加强公共服务体系建设，支撑、服务产业发展

坚持“政府引导、企业主体、市场运作”原则，依托产业基地、产业园区、中介机构和龙头企业，建设一批面向行业的公共技术服务平台。建立完善信息服务业统计和评估体系，建立健全信息服务业发展监测、预警、预测制度，密切跟踪、及时反映国内外信息服务业发展最新动态与趋势。

（七）构建信息服务业多元化投融资体系，形成良性发展机制

建立健全以政府投入为导向、企业投入为主体、社会投入和外资投入为重要渠道，与市场经济及国际惯例接轨的多元化投融资体系，鼓励民间资本、社会资本和外资投入信息服务业领域。完善风险投资机制，鼓励股权投资基金和风险投资基金加大对信息服务业的投资力度。鼓励金融机构创新体制机制、拓宽服务领域，加大对信息服务业的金融支持。积极推动具备条件的企业上市。

（八）加快标准体系建设和知识产权保护，规范产业发展软环境

鼓励企业参与信息服务业领域相关国家标准乃至国际标准的制定、修订；加快面向产业链和核心产品的标准体系研究，支持企业建立以技术标准为主体、管理标准和工作标准相协调的标准体系。引导企业加大知识产权投入，申请国内外专利；鼓励企业依法组建知识产权保护联盟，提高知识产权保护能力和水平；鼓励企业在国内外注册商标、创建品牌；鼓励企业登记软件和其他各类作品的著作权；加大知识产权保护执法力度，严厉打击各种侵权、盗版、制假、贩假等违法行为。

（九）加强信息服务业招商引资和国际交流，拓展提升软件和信息服务业新业态、新领域

按照政府推动、市场运作的方式，搭建信息服务业招商引资和国际合作交流平台。加大引进世界 500 强企业中的信息服务业企业力度，鼓励企业将总部、地区总部、采购中心、研发中心、数据中心、呼叫中心等落户上海。支持本市企业走向国际市场，进行境外战略性投资，或在境外建立国际营销渠道。不断提升上海动漫产业等数字内容相关产业的发展水平，积极培育和拓展即时通信、社交网络、博客、对等网络等新兴信息服务业业务在上海的发展，促进形成产业规模。

（十）实施国产基础软件和工业软件振兴计划

在电子政务建设中应采购国产基础软件，逐步实现国产基础软件的替代应用。支持构建上海国产软件应用推进联盟，建设一批具有典型带动作用的示范项目。构建产学研用相结合的工业软件联盟，支持钢铁、石化、船舶、汽车、轨道交通、电站设备、航空航天等领域的工业软件研发设计和应用实施，促进信息化与工业化融合。

软件和信息服务业高新技术产业化涉及领域覆盖面广，新技术不断涌现，商业模式快速演化，产业链日趋延长，本行动方案未及详述的产业，只要符合上海高新技术产业化的战略方向，都将作为发展重点。

支柱产业发展情况

2009 年，六大支柱工业产业主要经济指标增幅均好于全市工业平均水平，恢复情况较好：完成工业总产值 15346.24 亿元，增长 7.3%，增幅同比回落 0.6 个百分点；实现主营业务收入 16373.97 亿元，增长 0.6%，增幅回落 7.6 个百分点；实现利润总额 854.85 亿元，增长 67.7%；上缴税金总额 581.66 亿元，增长 58.8%。

2009 年上海市工业六个支柱行业的情况

产业	工业总产值（亿元）	增长(%)	比重(%)	主营业务收入（亿元）	增长(%)	比重(%)
六个支柱行业合计	15346.24	7.3	100	16373.97	0.6	100
电子信息产品制造业	5579.99	6.7	36.4	5773.29	−3.1	35.3
汽车制造业	2548.92	40.9	16.6	3120.71	39.9	19.1
石油化工及精细化工制造业	2417.02	−1.5	15.7	2438.72	−13.2	14.9
精品钢材制造业	1283.82	−2.4	8.4	1470.63	−22.4	9.0
成套设备制造业	3017.80	1.0	19.7	3062.89	4.6	18.7
生物医药制造及医疗器械业	498.68	10.4	3.2	507.74	11.1	3.1

一、电子信息产品制造业止跌回暖，经济效益下滑

电子信息产品制造业全年完成工业总产值达 5579.99 亿元，增长 6.7%，增幅下降 5.2 个百分点；完成出口交货值 3927.69 亿元，下降 7.4%；两个指标均为 2001 年来最低。工业总产值占全市工业的 23.4%，下降 1.9 个百分点，比重连续两年下滑。从分月情况看，生产、出口呈现前低后高逐步止跌回暖的走势：一季度同比大幅下降，二、三季度降幅缓慢收窄，四季度回升加快。从效益来看，完成主营业务收入 5773.29 亿元，下降 3.1%；实现利润总额 33.92 亿元，下降 65.2%，降幅扩大 30.7 个百分点；成本费用利润率 0.6%，下降 1 个百分点。

二、汽车制造业率先走出国际金融危机的阴影，再创历史新高

在良好的市场环境下，各汽车生产企业产能利用率达到 120% 左右，汽车产量快速增长。全年生产各类汽车 125.03 万辆，增长 55%，再创历史新高。完成工业总产值 2548.92 亿元，增长 40.9%，增速高出全市工业平均水平 37.7 个百分点，对全市工业增长的贡献率高达 94.5%，拉动增长 3.1 个百分点。完成销售产值 2514.13 亿元，增长 36.7%；产销率 98.6%。实现利润总额占全市工业利润总额的 24%，比上年提高 8 个百分点；上缴税金占 17.4%，提高 5 个百分点。实现利润、上缴税金所占比重均居上海各行业之首，支柱作用显著提高。

上汽集团卫冕全国汽车销售冠军，全年推出 31 款车型，是国内新品上市最多的企业。整车销量达到 270.55 万辆，全国市场占有率 19.6%。先后研制成功 10 多款涵盖纯电动、超级电容、燃料电池、混合动力等各种动力源的新能源汽车，并按计划生产近千辆新能源汽车，服务于 2010 年上海世博会。

三、石油化工及精细化工制造业总量略有下降效益扭亏为盈

石油化工及精细化工制造业工业总产值 8 年来首次出现负增长。完成工业总产值 2417.02 亿元，下降 1.5%；实现主营业务收入 2438.72 亿元，下降 13.2%；完成销售产值 2414.14 亿元，下降 12.2%；产销率为 99.9%。

行业盈利情况有所改善，逐月利润总额基本保持平稳快速增长，全年实现利润总额 127.07 亿元。

由于国际市场持续低迷状态，严重制约了石油化工及精细化工制造业的对外发展。完成出口交货值 165.33 亿元，下降 16%。除了 11 月和 12 月因上年基数较低表现出较高的增幅外，其他各月均为负增长，在 −20% 上下波动。

四、精品钢材制造业有回升态势

精品钢材制造业经历了生产大幅度下降，然后逐渐企稳回升的走势。全年完成工业总产值 1283.82 亿元，下降 2.4%，降幅比上年收窄 5.5 个百分点；占全市规模以上工业总产值的 5.4%，比重同比下降 1.4 个百分点。产销率为 99.4%，提高 0.4 个百分点。实现主营业务收入 1470.63 亿元，下降 22.4%；实现利润总额 54.96 亿元，下降 10.4%；上缴税金总额 41.32 亿元，下降 43.4%；完成出口交货值 92.65 亿元，下降 49.2%，降幅高出工业销售产值（下降 21.3%）27.9 个百分点；出口外向度仅为 7.3%，比上年下降 3.9 个百分点。

产业结构调整初显成效，行业集中度提高。年末，共有各类型精品钢材制造企业 133 家，比上年减少 29 家。精品钢材制造业行业前四位企业共完成工业总产值 1146.99 亿元，占全市该行业工业总产值的 89.3%，比重比上年提高 2.2 个百分点。

五、成套设备制造业持续稳步回升

成套设备制造业继续保持增长，增速放缓。全年完成工业总产值 12515.37 亿元，增长 8.4%，是自 2001 年以来的最低。完成利润总额 726.71 亿元，增长 22.6%，呈现出恢复性增长态势。在外需大幅减少、国际贸易保护势力抬头等因素共同影响下，完成出口交货值 5102.55 亿元，下降 8.5%。2009 年，上海位居全国成套设备制造业年产值第四位，产值总量占全国的比重为 7.9%。

六、生物医药制造及医疗器械业总体规模扩大，经济效益和发展速度偏慢

生物医药制造及医疗器械业全年完成工业总产值 447.87 亿元，增长 10.4%；增幅比上年提高 0.9 个百分点，高出全市规模以上工业 7.2 个百分点，增幅在 6 个重点发展工业中位列第二。2009 年，上海市生物医药制造及医疗器械业全年实现主营业务收入 505.74 亿元，比上年增长 11.1%；利润总额 61.96 亿元，增长 28.4%；上缴税金 26.57 亿元，增长 12.3；主营业务收入利润率 12.2%，比上年提高 0.6 个百分点；每百元资产上缴税金 4.53，提高 19.0%。

（刘　平）

产业基地建设情况

2009 年，本市六大产业基地建设得到继续推进，实现工业总产值 15500 亿元，比上年增长 7.3%，占全市工业总产值的 62%；实现利润 740 亿元，增长 7.2% 左右。

一、微电子产业基地

上海微电子产业基地以芯片制造与设计为重点，带动芯片封装测试、微电子研发、设备制造、原材料和其他配套产业发展。微电子产业基地的空间布局包括核心区和扩展区，核心区是以张江高科技园区为重点、以金桥出口加工区和外高桥保税区为延伸的浦东微电子产业带。扩展区包括漕河泾新兴技术开发区、松江科技园区和出口加工区、青浦工业园区、国家集成电路设计上海产业化基地和紫竹科学园区等。

电子信息制造业企稳并呈现增长态势。全年实现总产值 5580 亿元，可比价增长 6.7%；实现利润 44 亿元，下降 61%。在国际经济复苏预期增强的刺激下，作为高度外向型产业，电子信息制造业生产从低谷回升，年末单月产值已超过 600 亿元，创出历史新高。年末当月出口交货值增长超过 15%，全年实现出口交货值 3928 亿元。重点产品强劲增长，继续保持领先优势，消费电子产品继续引领整个行业，笔记本电脑产量达到 6800 万部，增长 29%。

浦东微电子产业带是我国集成电路产业规模最大、体系最完整、技术最先进、最具发展潜力的集成电路产业发展区域。

张江高科技园区，截至年末，进驻企业近 1600 家，共有 200 多家国内外知名集成电路企业在园区发展，总投资园区集成电路产值达到 111 亿元。园区企业凭着创新技术，在手机基带、射频、传感、功放、多媒体、蓝牙等方面快速占领传统美资企业市场，在多数领域占有超过 10% 的市场份额。园区经营总收入继续攀升，达到 970 亿元左右。形成十大具有自主创新核心能力的高科技战略产业平台，即集成电路制造与装备平台，移动终端产品集成平台，多元化多模式显示终端，生物医药研发、产业化，物联网基础设施技术，商用飞机设计研发，数字内容与互联网技术，金融后台服务平台，低碳技术、高端价值链，现代农业示范推广平台等。

漕河泾开发区，建设总面积达 178 万平方米，区内企业多以高新技术微电子设计、软件和设计研发为主。开发区汇聚中外高科技企业 1200 多家，其中外商投资企业 500 多家，已经形成信息、新材料、生物医药、航空航天等主导高科技产业群，并正培育形成汽车研发配套、环保新能源两大潜力产业亮点。开发区先后开展了现代服务业集聚区、知识产品集散中心、产业转移促进中心（商务部上海基地）、浦江创新创业园、大学生创业创新园等产业发展基地、服务中心及科技孵化基地的建设，并被认定为首批中国服务外包示范基地，被评为首批上海市品牌园区和上海市知识产权试点园区。

松江工业区，全年实现工业总产值 2139 亿元，出口创汇 258.6 亿美元，税收超 30 亿元。经过产业结构的不断优化，工业区已形成电子信息、现代装备、精细化工、新材料、生物医药等主导产业。至年末，园区落户企业总数已达

85家，总投资21亿美元，注册资本8.6亿美元，其中70家企业已经建成投产。进区外资项目已达454家，总投资超过87亿美元，其世界500强企业有40多家。

青浦工业园区，总规划面积56.2平方公里，核心区域以集成电路产业及关联产业为主。完成税收收入近5亿元，同比翻番。年末，园区产业项目投资集体签约及开工，西氏医药、美瑞实业、元泰集团等13个国内外项目签约落户，安信伟光、九州通医药等18个重大项目集中开工。项目涉及精密机械、电气装备、生物医药、现代物流、新材料等行业，总投资超过28亿元。年内，园区热电节能减排标准化示范区揭牌。

二、石油与化工产业基地

上海石油化工和精细化工制造业经历了上半年生产较大下滑后，随着原油价格回升，化工产品价格总体走强，行业开工率不断提升，产值增速大幅回升。全年实现工业总产值2585亿元，可比持平；出口交货值206亿元，下降16.6%；利润118亿元（上年受成品油价格倒挂影响，亏损74亿元）。

上海化学工业区全年发展基本平稳，三季度化工区企业全面复产，90%以上的装置都达到满负荷，生产经济运行实现“V”型反转。完成销售收入449亿元，下降12.9%；完成工业总产值434亿元，下降13.2%；批准投资项目31个，总投资10.9亿美元，下降71%；合同外资2.4亿美元，下降67%；区内企业整体实现扭亏为盈，园区税收约25亿元，比上年略增；固定资产投资继续保持高位，完成固定资产投资94亿元，增长4.3%；化工区海关进出口货物233.4万吨，增长30%。截至年末，化工区共注册成立企业53家，累计批准项目总投资149亿美元，累计完成固定资产投资792亿元。

重大项目推进有力。赛科公司109万吨乙烯扩建项目基本完成并稳定生产，中石化集团投资25亿美元的1200万吨／年炼油项目申请报告已上报国家发改委；中国电力投资集团公司总投资约100亿元人民币的IGCC煤基多联产项目已开展项目选址、技术选型、市场调研等工作；陶氏化学公司环氧一体化项目、赢创公司MMA增资项目均获得国家发改委核准批复；西班牙西萨化工公司苯酚丙酮项目申请报告已完成评估，并正式进入国家发改委核准程序；赢创公司MATCH项目正式投产，三菱瓦斯PC项目和华谊ABS项目先后开工；陶氏化学、英威达等努力推进项目前期工作。

此外，上海石化年产100万吨重整项目于9月投产，该项目总投资达29.7亿元，是中国石化集团公司重点建设项目，由连续重整、芳烃抽提、歧化、异构化、吸附分离、二甲苯分馏、氢提纯变压吸附单元等7套装置组成。高桥石化建成投产的主要项目20万吨／年苯酚丙酮、10万吨／年丁苯橡胶、20万吨／年ABS、新建12万吨／年双酚－A等具有规模、技术优势的先进化工装置项目稳定运营。华谊集团焦化公司完成老装置拆除任务，安徽无为基地一期工程11月底全面开工，聚合物公司年产20万吨本体ABS工厂一期工程年底在上海化学工业区启动建设。

三、汽车产业基地

在国家有关汽车产业政策的支持和内需拉动下，上海汽车制造业实现工业产值2549亿元，增长41%；实现利润291亿元，增长82%。

（一）上海国际汽车城

国际汽车城经济保持健康、快速发展。汽车城原规划面积68平方公里，安亭、黄渡两镇合并后，面积扩大为90平方公里，加上在紧邻汽车城的外冈镇规划建设的汽车城产业园9.5平方公里，作为上海市的能源汽车核心零部件产业基地，国际汽车城总面积为100平方公里。全年汽车城规模以上企业实现工业总产值1154亿元，增长25.8%，实现利润95.5亿元，增长115%；实现增加值319亿元，增长32%。其中，工业实现增加值287亿元，增长36%；工业实现税收25.1亿元，增长11.6%。汽车整车和零部件行业共实现产值957亿元，增长38%，占汽车城规模以上工业企业总产值的83%；实现利润84亿元，增长125%，占汽车城规模以上工业企业利润的88%。

招商引资受国际金融危机影响明显，全年引进外资项目27个，比上年减少13%；合同外资0.6亿美元，下降71%；实际到位资金1亿美元，下降22%；外贸出口10.2亿美元，下降23%。内资项目规模扩大、私营项目数大幅增长，引进内资项目20个，注册资本4.1亿元，增长5%；引进私营项目1300余个，注册资本9.2亿元，增长60%以上。固定资产投资总额达59.5亿元，增长49%。第二产业固定资产投资35.6亿元，增长57%；基础设施投资4亿元，增长5.3倍，为汽车城今后几年持续增长打下的坚实基础。

在汽车研发方面，国家机动车检测检验中心（上海）、地面交通工具风洞实验室和新能源汽车工程中心三大汽车研发公共服务平台形成了从整车到关键零部件研发、从传统汽车到新能源汽车的研发和检测检验能力，为整车企业、零部件企业提供服务。同济大学嘉定校区汽车学院也为汽车研发提供了源源不断的智力和人力支持。年末，汽车研发企业数量达到26家，其中整车研发企业2家。

（二）上汽集团主要生产情况

上海汽车全年整车销量为272万辆，增长57%，继续保持行业领先地位。其中，乘用车销售160万辆，增长57%；商用车销售112万辆，增长58%。具体企业中，上海大众销售整车72.8万辆，增长48.6%；上海通用实现销售72.7万辆，增长58.7%；上汽通用五菱销售106.5万辆，增长63.7%。上海汽车自主品牌销量大幅增长，年销售达9万辆，增长153%，整车制造部分已实现盈利。

四、精品钢材产业基地

2009年，国内钢铁市场结构性过剩矛盾突出，下游行业消费增速趋缓，钢铁出口受全球经济复苏程度影响，存在较大阻力。以宝钢为龙头的上海精品钢材产业全年销售钢材2345万吨，营业总收入1457亿元。

宝钢股份中厚板分公司年产厚板125万吨，创投产以来最好水平。实现月产量首破12万吨，合同完成率100%。特钢事业部聚焦七类关键产品（航空航天、能源、汽车交通三个关键领域；模具钢、轴承钢、冷轧辊／芯棒及不锈钢线材四大专业化产品），并以产销研的组织方式实施推进。汽车板产销量突破330万吨，创历史新高，并已具备超高强汽车板大生产能力，实现了新的跨越。

重大工程项目进展顺利。宝钢股份国内第一条高强钢专用生产线年初热负荷试车建成投产；4号无取向硅钢机组提前年达产；直属厂部五冷轧连退、1号和2号热镀锌机组上半年相继实现月达标，UOE年中轧制量创机组投产以来最高水平；热轧厂在2050、1580热轧产线生产节奏放缓的情况下，1880热轧产线年度生产品种超规格过1000个，高等级产品占八成以上；年底，宝钢首条自主集成2030新增连退机组投产；宝钢中厚板国内第二座COREX—C3000在顺利封顶，计划于2010年完工。梅钢公司上半年4号高炉、4号烧结相继投产，1号连铸机改造和1号石灰窑大修等配套技改项目也同时完成，1420冷轧项目酸轧机组于6月顺利实现热负荷试车，年底，梅钢冷轧工程正式投产，350万吨碳钢生产能力全面形成，热轧板卷、连铸坯、生铁年产量分别达到303万吨、300万吨、317万吨。八一钢铁新高线和中厚板工程7月投产，宝钢湛江龙腾球团项目于9月热试车成功。年底，宝钢股份最大的沪外项目烟宝钢管工程一期进入试生产阶段。此外，佛山宝钢制罐厂、宝钢南通线材制品公司奠基。

在新品研发方面，开发不锈钢新品逾12万吨，主要集中在汽车焊管用不锈钢、轨道高强度不锈钢、家电制品用不锈钢、建筑结构用不锈钢、化工能源用不锈钢和BN系列不锈钢等六大领域。全年，共有16个新产品完成工业设计输出，6个新产品实现转产，16个产品形成质量良好、工艺稳定的批量生产能力。高强钢研发每周有新品，陆续研制出抗菌不锈钢产品、通过东风日产总部认证的超高强钢，具备全系列钢级HFW管线管制造能力。无取向硅钢高级别B35A210产品批量供货，自主集成建设的取向硅钢机组全线达产达标。在研发领域不断与各种机构合作，如与西安交大共建研发中心推进热喷涂技术，与保定天威集团携手推进大型变压器应用硅钢国产化。新研发的海洋平台用齿条钢A517Q、特厚调质钢B610CF、核反应堆堆内构件用12Cr2Mo1R等一批高端产品已先后用于世界首座第四代核电站、三峡工程等国内重大工程项目。宝钢股份2007～2012技术创新规划实施三年来，全面推动宝钢技术创新的发展，取得了良好的绩效指标：R&D投入率始终保持在1%以上，重点项目实施率达到85%；三年取得科研效益累计达到37亿元，专利申请累计2400多件，其中，发明专利占40%。

在与上下游企业合作方面，进一步扩大竞争优势。如与中国商飞公司、上海电气建立战略合作关系，签订钢材供货框架协议；在集装箱用板、船板、不锈钢等领域与马士基集团签订战略合作协议；在家电企业上下游供应链体系上，与美的、格兰仕签订战略合作协议；在汽车用钢方面，与泛亚汽车技术中心签订冷镦钢盘条供货协议，与重庆长安汽车集团签署战略合作协议；与全球领先的滚动轴承、密封件、机电一体化、润滑系统产品及解决方案和服务的供应商斯凯孚（SKF）签订战略合作伙伴协议；与特钢生产商美国阿勒格尼公司加强特钢制造合作；与印度FACOR集团签订长期铬铁购销协议。在船用钢方面，升级与中海油的钢材供需关系为长期战略合作关系，与中国航油签订用钢协议。此外，在融资和运输领域，宝钢分别与中国农行建立银企合作伙伴关系，与上海铁路局构建路企战略合作关系。在资源开发合作管理方面，宝钢集团成功与Aquila资源公司进行股权合作，持有后者15%的股权，作为国际化战略的一步，为钢铁原料供应提供了一定的资源保障。宝钢、杭钢重组宁波钢铁公司，宁波钢铁基地的建设进入新的发展阶段。6月，宝钢与中船、中海运携手打造华南造船基地。龙穴造船公司由中船、宝钢、中海运分别出资60%、30%和10%组建，旨在携手打造华南地区最大的造船基地。7月，宝钢与沈阳市政府签订合作框架协议，加快宝钢沈阳钢材加工配送有限公司二期项目建设步伐，推进宝钢在沈阳建设东北地区轻钢结构住宅工业化项目。9月，宝钢与厦门火炬高新技术产业开发区签订用地协议，建设面向光电企业的钢材加工配送中心。

在市场拓展和供货方面，宝钢股份全年参与国内重大工程及其他工程类项目160余个，供料合同订货总量达106万吨。努力占领桥梁、场馆、高层建筑和能源等多个市场领域，在西气东输二线、世博工程、亚运工程、洋山深水港等一系列标志性建设项目的钢材供应方面占得先机。国外市场方面，全年在海外市场销售钢材170万吨，销售量名列国内同行第一。宝钢分别获印度国家石油公司石油钻杆订单，中非乍得项目原油输送钢管订单，HFW焊管中标肯尼亚管道扩容工程。在意大利、韩国、印度等国家和地区获得7座大型高炉冷却壁订单。精品钢品种上，宝钢电池钢在南方销量大增，软磁材料产销售也逆势走强。宝钢与中广核、东方电气签署核电设备的关键材料690U型管供货协议，UOE管线管中标广东天然气管网一期工程，镍基合金油套管在龙岗气田成功下井，为我国首座世界第四代核电站提供最核心部件高温气冷堆堆内构件用钢。热轧厂完成X80管线钢全年13

万吨合同，超高强1000MPa级热镀锌板用于通用汽车，为大型专用车成功研发热轧高强钢；宝钢精密钢管厂首批优化内螺纹管交付东锅60万千瓦超超临界机组；宝钢股份厚板厂首批660吨国内最厚的E40高强度TMCP船板发往江南长兴重工；汽车钢方面具备批量生产140吨框架车能力；首批大飞机用棒材提前交付第一批TC4钛合金热轧棒付。

五、船舶与海洋工程产业基地

上海三大造船基地全年指标及市场份额情况是：造船完工量857万载重吨，增长24%，占全国完工量的20.2%；新承接船舶订单290万载重吨，下降62.6%，占全国的11.1%；手持船舶订单3400万载重吨，下降15%，占全国的18.1%。工业总产值481亿元，占全国8.8%；出口交货值287亿元，占全国11.3%。全市船舶及海洋工程（包括港口机械等）装备行业预计完成经济总量900亿元左，利润预计下降30%左右。

重点企业方面，上海外高桥造船有限公司继续保持中国单一船厂造船完工量第一的位置；沪东中华造船（集团）有限公司作为全国唯一具有LNG船建造能力的造船企业，首批5艘LNG船已全部交付使用，标志着中国造船业已全面掌握LNG船建造的核心技术。4月，上海船厂船舶有限公司为美国船东建造的第二艘深水钻井船船体顺利出坞，这是上海船厂在海洋工程装备领域新的尝试，为今后承接钻井船总承包任务打下基础；上海船厂承接中海油公司12缆深水物探船“海洋石油720”号建造合同，海洋工程作业船舶是中海油公司深水油气开发重大科技项目的综合配套项目，计划于2011年4月交付使用。我国海洋工程装备制造领域的标志性项目——3000米深水半潜式钻井平台4月在上海外高桥造船有限公司入坞，开始进入搭载总装阶段，这是我国首次自主设计建造的当今世界上最先进的第六代海洋深水钻井平台。由振华重工为中海油建造的1200吨大型综合起重铺管船“海洋石油202”号于7月正式交付使用；西班牙ADHK公司向振华重工采购22亿美元海工重型装备项目，是目前上海市最大的海工装备项目。

中船长兴岛基地建设项目顺利推进。9月，上海江南长兴重工有限责任公司举行首制船建成命名仪式。至此，中船长兴造船基地一期工程三条生产线都实现交船，进入完全正常运行。中船长兴二期工程项目计划建设4座30万吨以上级大型船坞及码头、工场等相应生产设施，占地553.8公顷，总投资约170亿元，主要产品为大型LNG船、大型集装箱船等高技术、高附加值船舶及FPSO、海洋平台等海洋工程装备，建成后年产能可达350万载重吨，规划年产值为400亿元。该项目年初已正式上报国家发改委核准，中船集团已做好准备争取尽早开工建设。

六、装备产业基地

上海装备制造业以临港装备产业基地为主，积极开拓市场，扩大产品销售，完成工业总产值3108亿元，增长15%；实现利润180亿元，与上年基本持平。

上海装备产业的主战场临港产业区，经过5年多的开发建设，构筑了比较完善的基础设施体系，初步形成了清洁高效发电和输变电设备、大型船舶关键件、海洋工程装备、自主品牌汽车整车和零部件、民用航空配套产业等产业集群，对外影响力日渐增强，具有承接国际装备制造业高端化、产业链完整化趋势的新优势。

全年实现地区增加值197.4亿元，增长20.8%，其中，第二产业完成增加值108.8亿元，增长110%。完成全社会固定资产投资203亿元，增长18%，其中，工业投资62亿元，增长33%。累计完成工业总产值249.6亿元，同比翻番。其中，上海汽车完成产值62亿元，上海电气风电产值37亿元，分列前两位。中船三井、吉田拉链、卡尔玛、苏尔寿、沃尔沃遍达、第一机床、电气核电等企业产值保持稳步增长。全年实现税收23.8亿元，增长45%，临港产业集聚效益进一步体现。

全年招商引资落地项目总投资101.5亿元，吸引合同外资1.2亿元。上海中船三井造船柴油机增资、伯尔克（上海）底盘等外资项目获得批准；三一重工在奉贤分区顺利签约落地，将陆续建成大型挖掘机、矿山机械、精密机床等项目以及集贸易、研发、培训于一体的华东总部。

落地项目加快开工建设。总投资达45亿元的申能燃气电厂正式启动建设，进入主体施工；上海第一机床厂扩能项目开工，上海电气临港核电制造基地二期工程开始建设，至2012年，临港将建成为全球规模最大、业务最集中、能力最完整的先进核电主设备制造基地；临港物流园区重点功能性项目普菲斯亿达冷链基地开工建设。

重点在建项目加快推进。上海电气超高压便变压器制造工程、中船临港大功率柴油机二期工程进入设备安装调试；外高桥海洋工程项目抓紧设备安装调试，完成投资8.3亿元；ABB高压电机项目建成投产；普罗新能源制造、威尔泰克二期、闵联二期标准厂房项目建设步伐加快，华仪电气进行方案设计，中船柴油机配套进入土地手续办理。四镇配套产业区一批产业项目建设顺利推进。

重视集约利用土地，全年新增建设用地470亩，确保了重点工程事实项目用地，完成工地项目79个，用地面积434公顷。重点基础设施加快推进，完成固定资产投资38亿元。LNG临港段码头竣工投入使用，重装备产业区水系工程等加快推进，临港大道、两港大道西延伸段等开工建设。奉贤分区市政基础设施有效推进，一期市政道路全面开工。两港大道奉贤段竣工通车，海洋高新技术产业化基地海洋大道进入路面施工。

（邓轶峥）

工业开发区发展情况

2009年，面对国际金融危机的影响，全市开发区积极落实国务院一揽子保增长扩内需的政策措施，按照“四个确保”的要求，积极开展招商引资，大力推进产业集群建设和高新技术产业化发展，全力做好服务企业保增长，加快产业结构调整，保持了平稳较快增长。

一、工业开发区发展情况

全市工业区实现工业总产值12845.28亿元，增长1.43%，占全市工业总量的51%；第三产业营业收入9180亿元，增长10.64%；单位工业土地产出57.9亿元／平方公里，工业向重点产业基地和开发区集中度为72%，主导产业集聚度达到88%。

1．产业空间布局更趋合理优化

结合产业区块梳理和“两规合一”工作，全市加大对工业用地的调整力度，初步形成重点产业基地、开发区、城镇工业地块等合计104个产业区块组成的产业布局框架。104个产业区块实现工业总产值18026.76亿元，占全市工业总量的72.43%，其中，产业基地实现工业总产值3756.65亿元，公告开发区实现工业总产值12845.28亿元，产业区块和城镇工业地块实现工业总产值1424.83亿元。

2．经济运行质量不断提高

全市工业区实现工业总产值12845.28亿元。工业产值超过1000亿元、500亿元和100亿元的园区分别为3、7、10个，其中松江工业区、金桥开发区、漕河泾开发区超过1000亿元。全市工业区上缴税金总额1380亿元，增长13.5%，工业区销售利税率达到11%。金桥开发区实现工业总产值1672亿元，增长12.2%；营业收入2599亿元，增长14.6%；上缴税金162.56亿元，增长76.44%；工业企业利润163.7亿元，增长84.35%，在上海50个国家级和市级开发区名列榜首。青浦工业区完成工业总产值582亿元，增长10.1%；实现税收收入36.2亿元，增长14.95%；完成地方收入15.65亿元，增长12.34%。

3．招商引资水平不断提升

全市工业区合同外资金额达50亿美元左右，落户内资企业注册资金约200亿元。漕河泾开发区新引进中外企业230家，其中新批准设立外商投资企业20家，新增合同外资2.28亿美元。新进项目包括安吉安星汽车服务、爱普拜斯医药仪器、宏碁信息技术研发、日华化学技术等研发、总部、商贸类高附加值企业和机构。张江高科技园区新设内资企业538家，吸引内资注册资本总额37.13亿元，创历史最高水平；批准外资项目90个，吸引合同外资9.48亿美元（其中增资5.01亿美元），实到外资9.31亿美元。金山工业区共签约项目54个，其中内资项目40个，协议总投资66.2亿元；外资项目14个，协议总投资2.77亿美元。

4．产业能级不断提升

工业区加快产业集群建设，产业集聚发展效应明显，逐步形成以若干产业集群为核心的发展态势。全市工业区的主导产业集聚度已达到88%。金桥开发区加快推进信息通讯产业发展，引进大唐产业园、中国移动通信视频基地、中国电信视讯中心、上海贝尔全球信息技术服务中心、hengsoft等一批新的功能性项目，为金桥通信产业从设备设施制造向研发设计、应用服务和视频网络文化延伸发展，完善产业链和集群发展奠定了基础，全年工业区信息通信产业实现工业总产值562亿元。张江高科技园区加快生物医药产业发展，生物医药营业收入增速超过35%。以罗氏制药、新先锋、通用电气、勃林格殷格翰药业为代表的化学药品制剂制造企业占全市三分之一，以葛兰素史克、英伯肯、睿智化学、中信国健和麒麟鲲鹏为代表的生物制药企业占全市40%份额。

全市工业区加快推进高新技术产业化，围绕高新技术产业化九大领域，引进商用飞机发动机研发设计中心、青浦永联太阳能等一批高新技术产业化项目。闵行开发区结合园区产业特点，加快推进高新技术产业发展。轨道交通、上海强生制药、ABB高压电机等三个高新技术产业化项目启动建设，其中，上海强生制药计划通过扩建厂房、内部资源优化配置等举措，力争用10年时间，企业经济规模从目前年销售收入5亿达到50亿元；ABB高压电机计划设立全国性的中高端发电机设备维修中心，发展生产性服务业，完善产业链。轨道交通车辆产业计划通过与央企的战略合作，实现跨越式发展，成为全国生产轨道交通车辆的核心企业。

5．二、三产业进一步融合

全市工业区二、三产营业收入达到22550.29亿元，其中第三产业营业收入9180亿元，服务业约占全市工业区总量的40%。金桥开发区生产性服务业新引进项目44个，增资项目21个，新引进和增资项目共吸收投资4.45亿美元，其中惠而浦、柯达、通用中国、拜耳材料科技等总部机构增资总额1.81亿美元，生产性服务业增资总额首次超过制造业。怡亚通公司华东总部、斯巴鲁华东销售培训服务中心、三星电子技术服务公司等一批项目投入运营，生产性服务业发展进一步加快。漕河泾开发区加大力度发展生产性、科技型现代服务业，实行二、三产并举。三产增长34.06%，超过二产增长幅度。至年末，开发区二、三产业产出比已经达到“七三开”。莘庄工业区物流园区发展迅速，实现税收3.5亿元，增长54%，每亩产出约240万元。其中，雅诗兰黛和顺丰速运两家企业的税收分别达到3.2亿元和2079万元，增长51%和143%。在物流园区的带动下，工业区第三产业所占GDP比重由13%提高至17%。

6．土地利用水平进一步提高

全市工业区通过调整产业结构，盘活存量土地，不断提升土地产出水平。工业区平均土地产出水平达到57.9亿元／平方公里，是2000年工业用地平均产出的3倍；投资强度也从“十五”初期的20亿元／平方公里左右提高到30亿元／平方公里以上；工业区平均单位土地基础设施投资密度为4.24亿元／平方公里。同时，存量土地盘活取得成效，全市淘汰劣势企业846家，涉及土地1.4万亩，通过挖潜，在一定程度上弥补了土地的不足。闵行开发区对7万多平方米的厂房和土地实施回购。至年末，累计回购厂房28.64万平方米、土地94.78万平方米，土地利用率达到139%。星火开发区积极盘活存量项目，将致中和食品有限公司存量土地盘活，引进上海农乐生物制品股份有限公司生物医药项目，并回购100亩土地。宝山城市工业区成功收购悦腾混凝土制品有限公司，企业兼并、重组在谈项目2个，出租空置厂房3万平方米。

7．加快推进国家新型工业化产业示范基地建设

围绕创建国家新型工业化产业示范基地建设，临港产业区、长兴岛、上海化工区、民用航空产业基地贯彻国家战略，聚焦重点产业基地，推动产业基地提升发展。临港装备产业基地重点发展发电及输变电装备、大型船舶关键件、海洋工程装备、自主品牌汽车及零部件、航空装备制造等五大领域，完成固定资产投资203亿元，增长17.9%；完成工业总产值249.6亿元，增长101.8%；引进合同外资1.2亿美元，与上年相比基本持平；实现税收收入22.3亿元，增长35%。民用航空产业基地积极推进大型客机研发中心、大型客机总装制造中心、商用发动机研发与客服中心等重大项目建设。长兴海洋装备产业基地以先进的船舶制造业和海洋工程业为主体，依托大企业加快建设大项目，实现工业总产值约420亿元。上海化工区完成工业总产值434亿元，批准投资项目31个，总投资10.9亿美元，单位土地产出为每平方公里72.5亿元，至年末，化工区共注册成立企业53家，累计批准项目总投资148.7亿美元，累计完成固定资产投资792.1亿元。

8．品牌输出、联动发展取得成效

全市品牌开发区以推进工业区联动发展作为提升工业区整体水平，推进园区转型发展的重要抓手，通过区镇联动、区内联动、跨区联动、品牌连锁等多种联动模式，积极推进品牌开发区整合工业用地资源，提高土地利用效率。漕河泾开发区除本部区域外，在上海地区全资或参资开发并正式冠以漕河泾开发区名义的有5个分区域，它们是：漕河泾开发区浦江高科技园、漕河泾开发区松江高科技园、漕河泾新经济园临港产业园、科技绿洲康桥产业园、外高桥亿威园区。在长三角地区已经建立的有漕河泾开发区海宁分区和漕河泾开发区盐城分区。市北高新园区与南通市港闸区共同开发建设“上海市北高新（南通）科技城”项目（5.2平方公里），并签署了合作开发战略框架协议。市北高新园区将输出在土地开发、规划建设、产业导入、园区管理等方面的成功经验，使市北的品牌获得异地延伸。

二、2010年推进工业区发展主要设想

工业区作为全市产业发展的主要载体，紧紧围绕“率先转变经济发展方式”这一重要战略任务，以实现工业区“集中、集聚、集约”发展为工作目标，着力推进工业区规模发展、结构转型和环境友好；着力推进工业项目向园区集中，推进工业区产业集聚发展，努力占据产业分工高端，提高园区配置资源的水平和效率，优化园区产业结构；着力推进园区集约发展，引导园区价值高端型、资源集约型、环境友好型企业加快发展。

按照上述目标，2010年要着力推动工业区“联动、聚焦、提升、集约”，全市工业区预计完成工业总产值1.9万亿元，增长速度高于全市平均水平，规模超过500亿元的工业区达到12个；推进开发区产业结构优化，二、三产业结构从61：39转变为60：40，销售利税率达到11%以上；开发区单位土地产出水平达到59亿元／平方公里；全市工业区工业总产值占全市比重提高到73%，主导产业集聚度提高到89%；投资强度达到35亿元／平方公里以上。

1．围绕产业链集聚和产业链延伸，促进工业区之间联动发展

在全市重点支持10～15家在国内具有较强实力和竞争力的开发机构，发挥漕河泾、金桥、张江、外高桥等品牌开发区招商引资、资本和人才等方面的优势效应，通过资源整合，联动发展，逐步将全市104个产业区块的开发机构整合归并，以进一步优化全市产业空间布局，发挥品牌开发区，壮大开发公司实力，提升全市工业区整体发展水平。2010年，重点推进10家左右的园区联动发展试点。

2．围绕园区产业集群建设，资源聚焦重点推进八大产业基地和十大市级重点园区发展

推进招商引资、加快项目落地、加强企业服务。承接国家战略，聚焦临港装备、长兴造船、化工区、民用航空等国家新型工业化产业示范基地，推进汽车等“4＋4”重点产业基地提升发展，加快大基地、大项目建设。同时，依托区

县，推进发展空间较大的紫竹、嘉定、青浦、松江、康桥、莘庄、金山、宝山、工业综合、南汇10个市级园区发展，加快推进高新技术产业化。

3．围绕推进工业向园区集中，提升工业区产业能级

通过国家新型工业化产业示范基地建设、产业导向指南制订、强化项目准入等措施，充分发挥园区的载体作用，在工业区内打造若干个规模大、创新能力强、产业能级高的高新技术产业和特色产业集群，“十二五”末争取在全市产业园区培育与推进5个1000亿元以上的产业集群，10个500亿元以上的产业集群，20个100亿元以上的产业集群。

4．围绕腾笼换鸟提高土地利用效率，推进工业用地节约集约利用

结合全市产业区块布局，加强对园区发展的评估和考核。大力推进园区的二次开发，推进腾笼换鸟和闲置土地盘活，年内，全市推进100项腾笼换鸟项目。推进园区产出水平的提升。大力引导和宣传土地集约利用。

（徐　明）

工业投资情况

一、工业投资总体情况

2009年，本市全社会固定资产投资保持稳定增长，工业投资与去年同期基本持平。全社会固定资产投资完成5273.33亿元，比上年增长9.2%；其中工业投资1420.27亿元，增长0.2%；基础设施投资完成2113.45亿元，增长21.9%；房产开发投资完成1464.18亿元，增长7.1%。工业投资、基础设施投资和房产开发投资分别占全社会固定资产投资总量的26.9%、40.1%和27.8%。

1．技术改造投资快于工业投资增长。本市技术改造投资完成711亿元，增长8.8%，占全市工业固定资产投资的50%，投资比重较年初上升4个百分点。其中，改造项目完成投资270.6亿元，增长5.3%；单纯购置设备项目完成投资123亿元，增长5.9%；扩建项目完成306.1亿元，增长8.2%。

2．民间投资增速快于国有投资。国有经济投资完成639.2亿元，增长2.1%。民间投资完成350.8亿元，增长15.7%，继续保持快速增长。此外，外商投资（含港澳台）完成投资311.3亿元，下降14.3%。国有投资、民间投资和外商（含港澳台）投资比重分别为45%、24.7%和21.9%。

3．本年到位建设资金出现下降。新增到位建设资金1403.1亿元，上升1.1%。企业自筹资金961.0亿元，增长9.5%，占新增到位建设资金的68.5%；国内贷款仅为223.0亿元，下降18.7%，占新增到位建设资金的15.9%。从到位建设资金来看，本市企业投资主要依靠自筹资金。

4．区县投资逐步回暖，浦东投资回升较快。主要区县完成投资（不包括央企和市属国有企业）622.9亿元，增长8.9%，增幅比2008年度上升约11个百分点。

5．国有集团较上年投资下滑明显。国有集团（中央在沪企业和市属国有企业）共完成投资约762.2亿元，下降10.1%。主要原因：一是部分企业由于金融危机受资金影响，放慢了项目建设进度；二是部分企业由于新开大项目未能按期开工所致；三是部分外资企业由于市场原因放慢了投资速度。

二、支柱产业投资额和投资结构

工业六大支柱产业完成投资626.4亿元，下降22.6%，投资总量占全市工业投资的44.1%。六大支柱产业继续呈“二升四降”格局，汽车和生物医药业投资快速增长，分别完成投资98.6亿元、30.2亿元，增长14.9%和83.8%。成套装备完成141.9亿元，下降9.4%。电子信息、石油化工、钢铁继续处于下降状态，分别完成91.5亿元、103.4亿元和160.7亿元，下降45.4%、11%、39.7%。

2009年和2008年支柱产业完成投资情况对比

单位：亿元

	2009年投资量	2009年投资同比增幅%	2008年投资量	2008年投资同比增幅%
精品钢材业	160.7	-39.7%	266.5	-0.8%
石油化工	103.4	-11%	116.3	0.1%
汽车制造业	98.6	14.9%	85.8	24.4%
电子信息制造业	91.5	-45.4%	167.6	-15.8%
成套设备	141.9	-9.4%	156.6	-0.2%
生物医药业	30.2	83.8%	16.4	51.3%
合计	626.4	-22.6%	809.1	-2.7%

三、不同经济类型工业企业完成投资及其投资结构

2009年不同经济类型投资结构

指标名称	全社会（亿元）	上年同期（亿元）	增长
国有经济	639.2	625.7	2.1%
股份制经济	191.7	191.5	0.1%
港澳台投资	42.3	43.3	-2.4%
外商投资	269.0	320.5	-16.1%
集体经济	28.7	23.9	19.9%
私营经济	242.2	210	15.4%
股份制经济	191.7	191.5	0.1%
联营经济	5.2	1.7	207%

从所有制结构看，国有经济投资仍占主导地位，全年完

成投资 639.2 亿元，占总量的 45%，集体、私营、联营经济增长较快，分别增长 19.9%、15.4%、207%。

四、技术改造投资完成情况

全市完成技术改造投资 711 亿元左右，占工业投资总额的 50%。本市获得国家新增重点产业振兴和技术改造资金 8.5 亿元，市级财政补贴 9.95 亿元，区财政补贴 5.84 亿元，共计 24.29 亿元。推进 232 项重点技术改造项目的实施，涉及投资 567 亿元。其中，列入国家重点技改项目 118 项，涉及投资 242 亿元（包括中小企业项目 56 项，涉及投资 10.5 亿元）；市级重点技改项目 114 项，涉及投资 325 亿元。

本年度支持的技术改造项目中约 70% 属于高新技术产业领域。按行业分，汽车 33 项，总投资 175 亿元，占总量的 30.9%；钢铁 3 项，总投资 83.2 亿元，占总量的 14.7%；装备制造 67 项，总投资 78.9 亿元，占总量的 13.9%；电子信息 48 项，总投资 93.3 亿元，占总量的 16.5%；化工项目 3 项，总投资 26.6 亿元，占总量的 4.7%；新能源项目 10 项，总投资 23.2 亿元，占总量的 4.1%；其他如新材料、生物医药、轻工、纺织也占一定的比例。按企业所有制类型分，国有及国有股份企业 37 项，总投资 252 亿元，占总量的 44.4%；民营企业 167 项，总投资 162 亿元，占总量的 28.6%；中外合资企业 28 项，总投资 153 亿元，占总量的 27%。

这批项目的效果，从技术水平来看，将有效提高本市企业自主创新能力，增强企业核心竞争力。据初步统计，这些项目将新增 500 多项专利，技术水平均达到国内领先或国际先进水平。从带动力来看，本市近 10 亿元财政资金，配套国家 4.1 亿元，带动区县财政 5.8 亿元，带动银行贷款 176.7 亿元，带动企业自筹资金 304.2 亿元，财政资金撬动的直接投资达到 1:25，根据技改投资的乘数效应，间接投资将更大。从经济效益来看，项目具有投资周期短、产出快的特点，90% 的项目在 2 年内建成，达纲后，预计新增产值 1000 亿元左右，平均投入产出比大于 1：2，90% 的项目投资回收期在 5 年之内。

（侯金花）

工业自主创新情况

一、工业自主创新情况

2009 年，工业系统用于研究与试验发展（R & D）经费支出 401 亿元，相当于全市生产总值的比例为 2.7%。共取得科技成果 2166 项。其中，属于国际领先的有 260 项，达到国际先进水平的有 651 项。在已颁布的 2009 年度国家科学技术奖励获奖人选和项目中，上海共有 56 项（人）获奖，占获奖总数的 15%。

全年新认定高新技术企业 713 家。至年末，全市共认定高新技术企业总数达到 2500 家。高技术成果产业化加快推进。全年新认定高新技术成果转化项目 791 项。其中，电子信息、生物医药、新材料等重点领域的项目占 88.6%，全部拥有自主知识产权。全市共认定高新技术成果转化项目 6581 项。其中，69% 的项目已实现产业转化。

引进技术的消化吸收与创新工作紧紧围绕高新技术产业化重点领域，依据上海市企业自主创新专项资金管理办法的规定，对高新技术产业化 9 大领域的重点项目予以扶持。其中，自主创新专项资金共支持 32 个项目，涉及新能源、民用航空、先进重大装备、新材料等 4 个高新技术产业化领域。这批项目总投资 24 亿元，研发投资 7.3 亿元以上。

中国工博会扶持政策取得零的突破。国家发展改革委、商务部、工业和信息化部、科技部联合发文，对获得“中国工博会”金奖产品，在技术改造专项列入、自主创新产品认定、出口结构调整等方面给予重点扶持，“中国工博会”奖项的品牌效应得以放大。2009 年，“中国工博会”共产生 39 项产品奖，其中金奖 4 项、银奖 9 项、铜奖 14 项、创新奖 12 项。

二、企业技术中心梯队建设情况

年内新增 5 家国家认定企业技术中心，新增 45 家第十五批上海市认定企业技术中心。至年末，本市已拥有 38 家国家认定企业技术中心，281 家上海市认定企业技术中心和 300 多家区级企业技术中心。国家认定企业技术中心已经成为上海产业技术发展的制高点，有 6 家国家认定企业技术中心被授予国家认定企业技术中心成就奖。

2009 年度新增外资研发中心 30 家，到年末，外资研发中心共达到 304 家。

（一）2009 年新增的国家认定企业技术中心名单

1. 上海航天设备制造总厂技术中心
2. 沪东重机有限公司技术中心
3. 恒源祥（集团）有限公司技术中心
4. 中交第三航务工程局有限公司技术中心
5. 上海申通地铁集团有限公司技术中心

（二）第十五批上海市认定企业技术中心名单

1. 中交上海航道局有限公司技术中心
2. 上海市政工程设计研究总院技术中心

3．上海船舶运输科学研究所技术中心
4．上海市建筑构件制品有限公司技术中心
5．上海市安装工程有限公司技术中心
6．中铁二十四局集团有限公司技术中心
7．上海港务工程公司技术中心
8．上海贝洱热系统有限公司技术中心
9．上海天纳克排气系统有限公司技术中心
10．上海博泽汽车部件有限公司技术中心
11．上海微创软件有限公司技术中心
12．上海文广科技发展有限公司技术中心
13．上海华腾软件系统有限公司技术中心
14．上海索广电子有限公司技术中心
15．上海贝电实业股份有限公司技术中心
16．上海机床厂有限公司技术中心
17．上海电气液压气动有限公司技术中心
18．上海凯士比泵业有限公司技术中心
19．上海三一科技有限公司技术中心
20．上海置信电气股份有限公司技术中心
21．上海标五高强度紧固件有限公司技术中心
22．上海东方泵业（集团）有限公司技术中心
23．上海电气压缩机泵业有限公司技术中心
24．龙工（上海）机械制造有限公司技术中心
25．华东理工大学华昌聚合物有限公司技术中心
26．上海华峰超纤材料股份有限公司技术中心
27．上海和黄药业有限公司技术中心
28．上海锦湖日丽塑料有限公司技术中心
29．上海合全药业有限公司技术中心
30．上海摩晶碳制品有限公司技术中心
31．嘉里特种油脂（上海）有限公司技术中心
32．上海界龙实业集团股份有限公司技术中心
33．上海洋帆实业有限公司技术中心
34．上海题桥纺织染纱有限公司技术中心
35．上海嘉麟杰纺织品股份有限公司技术中心
36．上海姚记扑克股份有限公司技术中心
37．上海紫江企业集团股份有限公司技术中心
38．上海中韩晨光文具制造有限公司技术中心
39．上海冠华不锈钢制品股份有限公司技术中心
40．上海航空电器有限公司技术中心
41．上海宝钢设备检修有限公司技术中心
42．上海长顺电梯电缆有限公司技术中心
43．上海南大集团有限公司技术中心
44．上海雷诺尔电气有限公司技术中心
45．上海华特汽车有限公司技术中心

三、企业知识产权工作情况

全年受理专利申请量6.22万件，比上年增长17.8%，其中，发明专利2.2万件，增长23.5%；全年专利授权量3.49万件，增长42.7%，其中，发明专利5997件，增长40.8%；工业企业全年受理专利申请4.16万件，增长21.9%；其中，全年专利授权量2.2万件，增长49.1%。

年内，上海市专利新产品共认定两批。第一批认定“SGM308等速万向节传动轴总成”等36项产品，第二批认定“5匹大规格双气缸旋转式压缩机”等45项产品。至年末，累计认定上海市专利新产品545项。

2009年度上海市专利新产品（第一批）认定目录

编号	产品名称	企业名称
SHZX091001	SGM308等速万向节传动轴总成	上海纳铁福传动轴有限公司
SHZX091002	1.8T发动机	上海汽车集团股份有限公司
SHZX091003	发动机电子控制器M780	联合汽车电子有限公司
SHZX091004	BX11压缩机总成	上海三电贝洱汽车空调有限公司
SHZX091005	238L（卡罗拉）轿车外部灯	上海小糸车灯有限公司
SHZX091006	ModelX/ModelYMK70ABS防抱死制动系统	上海汽车制动系统有限公司
SHZX091007	LG60H型冷轧机	上海攀枝花机械厂
SHZX091008	SZS水煤浆蒸汽锅炉	上海新业锅炉高科技有限公司
SHZX091009	上海大众朗逸轿车组合仪表(Modcl-y型)	上海德科电子仪表有限公司
SHZX091010	LEGY微机网络控制交流变压变频调速小机房乘客电梯	上海三菱电梯有限公司
SHZX091011	1000MW等级超超临界压力直流塔式锅炉	上海锅炉厂
SHZX091012	SG40A型液压连续墙抓斗	上海金泰工程机械有限公司
SHZX091013	BT440单张纸平版印刷机	上海光华印刷机械有限公司
SHZX091014	LLJZ-2/-4-Ⅱ多功能连续拉拔机组	上海力达重工制造有限公司
SHZX091015	EJM138JL型系列细纱机	上海二纺机股份有限公司
SHZX091016	改进型400MW级燃气轮发电机	上海电气电站设备有限公司
SHZX091017	100吨重型往复式压缩机	上海电气压缩机泵业有限公司
SHZX091018	KFB防水保温复合装饰板	上海凯耳聚氨酯有限公司
SHZX091019	FT968y-32I迷宫式最小流量控制阀	上海平安高压调节阀门有限公司
SHZX091020	抗菌型给水用聚乙烯（PE）管材	上海瑞河管业有限公司
SHZX091021	LDTP型内循环冷却润滑功能的立式凝结水泵	上海伟尔泵业有限公司
SHZX091022	TDJ型港口登机电梯	上海德圣米高电梯有限公司
SHZX091023	HR\YR熔体多通阀	上海开维喜阀门有限公司
SHZX091024	药用辅料卵磷脂（供注射用）	上海爱康精细化工有限公司
SHZX091025	加强型特种采煤机软电缆	上海矿用电缆厂
SHZX091026	QFZ129361SA型、QFZ129362SA型、QFZ129365SA型风扇总成	上海日用—友捷汽车电气有限公司
SHZX091027	光子臭氧直饮水机	上海光辉臭氧开发研究所
SHZX091028	BY平压式连续压机生产线成套设备	上海人造板机器厂有限公司

编号	产品名称	企业名称
SHZX091029	KMC椎体扩张球囊导管系统	上海凯利泰医疗科技有限公司
SHZX091030	HG55/66车身控制器（BCM）	上海沪工汽车电器有限公司
SHZX091031	变频节能连接组件	上海元一电子有限公司
SHZX091032	保险盒安装下护罩总成(92191085/92198954)	上海格尔汽车金属制品有限公司
SHZX091033	(ITS)卡斯柯智能自动列车监控系统	卡斯柯信号有限公司
SHZX091034	FZK-CTC卡斯柯分散自律调度集中系统	卡斯柯信号有限公司
SHZX091035	无机（纳米）复合β晶无规共聚聚丙烯	上海英泰塑胶有限公司
SHZX091036	微生物鉴定药敏分析系统	上海复星佰路生物技术有限公司

2009年度上海市专利新产品（第二批）认定目录

编号	产品名称	企业名称
SHZX092001	CYM-DO型钢包水口熔渣传感器	上海振华焊割工具有限公司
SHZX092002	FHOGD型单螺杆空压机（节能型）	上海飞和实业集团有限公司
SHZX092003	RW气动隔膜泵	上海江浪流体机械制造有限公司
SHZX092004	MV400半商业卷筒纸胶印机	上海高斯印刷设备有限公司
SHZX092005	5匹大规格双气缸旋转式压缩机	上海日立电器有限公司
SHZX092006	全数字交流伺服驱动系统KT270-F/G/H	上海开通数控有限公司
SHZX092007	基于以太网总线技术的中高档数控系统KT500－Mi/Ti	上海开通数控有限公司
SHZX092008	带有高功率因素镇流器的荧光灯具	上海三基欧能照明科技有限公司
SHZX092009	VM60新一代智能化高性能塑壳断路器	上海电器科学研究所（集团）有限公司
SHZX092010	GSB-2Z重型高速编织机	上海南洋电工器材有限公司
SHZX092011	工业缝纫机简易伺服控制器AH21	上海鲍麦克斯电子科技有限公司
SHZX092012	FEG-12/5型防雷支柱绝缘子	上海兆邦电力器材有限公司
SHZX092013	1.5兆瓦风电变桨轴承	上海欧际柯特回转支承有限公司
SHZX092014	DFMS多级双吸泵	上海东方泵业（集团）有限公司
SHZX092015	THF型离心通风机	上海通用风机股份有限公司
SHZX092016	SEC-1250kW系列化风力发电机组	上海电气风电设备有限公司
SHZX092017	QFSN-660-2型660MW级水氢氢汽轮发电机	上海电气电站设备有限公司
SHZX092018	GF6自动变速器核心部件	上海汽车变速器有限公司
SHZX092019	FSIV浮式制动钳	上海汽车制动系统有限公司
SHZX092020	别克新君越门板总成	延锋伟世通金桥汽车饰件系统有限公司
SHZX092021	新领驭（PASSATGPFACELIFT）轿车外部灯	上海小糸车灯有限公司
SHZX092022	油泵支架总成(EKPT-13.6)	联合汽车电子有限公司
SHZX092023	NMC转向机NMCSteering	上海采埃孚转向机有限公司
SHZX092024	EPSILON后悬架弹簧	上海中国弹簧制造有限公司
SHZX092025	MODELF/F3SPOKEDAB模块总成	延锋百利得汽车安全系统有限公司
SHZX092026	HID电子镇流器	上海信耀电子有限公司
SHZX092027	公安道口机动车驾驶人查控设备GBS0X42	上海宝康电子控制工程有限公司
SHZX092028	JS3000SDH点对点数字微波设备	上海杰盛无线通讯设备有限公司
SHZX092029	中高压交流电动机固态软起动装置	索肯和平（上海）电气有限公司
SHZX092030	DTS光纤分布式温度监测系统	上海华魏光纤传感技术有限公司
SHZX092031	Al2O3-SiC-C砖（环保型）	上海盛江特种耐火材料有限公司
SHZX092032	DN100野营输水软管	上海华森消防水带有限公司
SHZX092033	HDPE承口弹性密封连接双壁缠绕管	上海清远管业科技有限公司
SHZX092034	Falac-电化铝涂层涂料着色剂	上海凯兰达实业有限公司
SHZX092035	Fasive-电化铝涂层涂料粘合剂	上海凯兰达实业有限公司
SHZX092036	Farel-电化铝涂层涂料离型剂	上海凯兰达实业有限公司
SHZX092037	防伪高分子聚合材料	上海凯兰达实业有限公司
SHZX092038	一次性使用无菌安全注射器(1ml0.33*12.7RWLB)	上海双鸽实业有限公司
SHZX092039	阳图型印刷感光板（VC-1）	上海涌伦印刷器材有限公司
SHZX092040	阿德福韦酯片	上海益生源药业有限公司
SHZX092041	外用盐酸氨基酮戊酸散（艾拉）	上海复旦张江生物医药股份有限公司
SHZX092042	4500kW无刷励磁机	上海电气电站设备有限公司上海发电机厂
SHZX092043	LZZB12-12系列电流互感器	上海一互电器有限公司
SHZX092044	高松厚度防油食品卡	金奉源纸业（上海）有限公司
SHZX092045	123J/S立式钢琴	上海钢琴有限公司

4月，完成第四批上海市知识产权示范企业授牌仪式。从7月起，正式启动第五批上海市知识产权示范企业的宣传、动员、申报、考察和评审工作，认定中国商用飞机有限责任公司等20家企业列入第五批上海市知识产权示范培育企业名单。

第五批上海市知识产权示范培育企业名单

序号	单位名称
1	中国商用飞机有限责任公司
2	上海红双喜股份有限公司
3	上海医药工业研究院
4	上海爱登堡电梯有限公司
5	上海新时达电气股份有限公司
6	上海电器股份有限公司人民电器厂
7	上海加冷松芝汽车空调股份有限公司
8	上海裕隆生物科技有限公司
9	上海汽车制动系统有限公司
10	上海清远管业科技有限公司
11	华荣集团有限公司
12	上海通用风机股份有限公司
13	扬子江药业集团上海海尼药业有限公司
14	上海安字实业有限公司
15	上海微创软件有限公司
16	上海市合成树脂研究所
17	上海金丝猴食品股份有限公司
18	华东师范大学出版社有限公司
19	上海金发科技发展有限公司
20	上海日用—友捷汽车电气有限公司

（聂 听）

工业利用外资情况

一、利用外资基本情况

2009年，全市共批准各类外资项目3090项，比上年减少17.6%；合同外资133亿美元，减少22.3%。其中，第二产业共批准项目355项，吸收合同外资25.3亿美元；第三产业共批准项目2730项，吸收合同外资107.2亿美元。全市利用外资继续保持“三、二、一”的发展态势，第三、二、一产业的合同外资金额占比分别为80.6%、19.1%、0.3%。

至年末，全市累计批准各类外资项目55591项，合同外资1598.2亿美元，实际利用外资953.06亿美元。其中，累计批准制造业外商投资项目24375项，占全市各类外资项目数的43.9%；吸收合同外资752.5亿美元，占全市各类外资项目合同外资金额的47.1%。累计批准交通运输、仓储和邮政业外商投资项目2415项，占全市各类外资项目数的4.3%；吸收合同外资69.3亿美元，占全市各类外资项目合同外资金额的4.3%。累计批准信息传输、计算机服务和软件业外商投资项目1585项，占全市各类外资项目数的2.9%；吸收合同外资36.4亿美元，占全市各类外资项目合同外资金额的2.3%。

二、利用外资主要特点

1．合同外资降幅明显，实际利用外资走高

全年批准外资项目3090项，吸收合同外资133亿美元，比上年分别减少17.6%和22.3%，降幅明显。但同期实际利用外资达到105.38亿美元，创历史新高，增长4.5%，高出全国实际利用外资平均水平7.1个百分点。

2．制造业利用外资继续调整

全年批准制造业外商投资项目335项，减少24.6%，占全市各类外资项目数的10.8%；吸收合同外资24.4亿美元，减少42.1%，占全市各类外资项目合同外资金额的18.3%。

制造业外商投资项目继续向高新技术产业集中。日本三菱瓦斯投资的菱优工程塑料（总投资3亿美元）、上海电气阿海珐临港变压器（总投资8022万美元）、英国BP公司投资的上海碧科清洁能源技术公司（总投资7104万美元）等项目均有较高技术含量。

3．服务业利用外资有序发展

全年共批准第三产业外商投资项目2730项，减少16.8%，占全市外资项目数的88.3%；吸收合同外资107.2亿美元，减少14.6%，占全市合同外资的80.6%。

批发零售业和商务服务业外商投资项目1435项，占全市各类外资项目数的46.4%；吸收合同外资23.6亿美元，增加5.9%，占全市合同外资金额的17.7%。科学研究、技术服务和地址勘查业外商投资项目744项，占全市各类外资项目数的2.6%；吸收合同外资3.8亿美元，增长72.1%，占全市各类外资项目合同外资金额的2.9%。租赁和商务服务业外商投资项目744项，占全市各类外资项目数的24.1%；吸收合同外资32.5亿美元，增长8.9%，占全市各类外资项目合同外资金额的24.1%，其中，受世博影响，宾馆餐饮业合同利用外资增长近30%。同时，交通运输、仓储和邮政业，信息传输、计算机服务和软件业则进入调整状态。交通运输、仓储和邮政业外商投资项目109项，占全市各类外资项目数的3.5%；吸收合同外资6.4亿美元，减少24.3%，占全市合同外资金额的4.8%。信息传输、计算机服务和软件业外商投资项目173项，占全市各类外资项目数的5.6%；吸收合同外资5.2亿美元，减少44.7%，占全市各类外资项目合同外资金额的5.5%。

第三产业新引进的高质量外资项目包括从事创业投资和股权投资管理的星展资本、百仕通，从事保理业务的高银保理，从事电子支付业务的中银通支付，从事物流业务的DHL、交运日红，从事船舶检验的劳氏船级社、挪威船级社，从事研发的沙伯基础研发、阿海珐输配电技术等。这些优秀生产性服务业外资项目的落户为上海先进制造业进一步发展创造良好条件。

4．总部经济继续保持良好发展态势。

全年共吸引总部经济项目79家，其中投资性公司13家、跨国公司地区总部36家、研发中心30家。截至年底，外商在上海累计设立总部经济机构755家，居中国内地省市首位。

（张　莉）

工业品出口情况

2009年，上海工业在市委、市政府的正确领导下，紧紧围绕“四个确保”要求，贯彻落实科学发展观，坚定信心，迎难而上，抓住国家和地方一系列鼓励出口的政策措施，加快出口产品结构调整，积极稳定和保持国际市场份额，提高产品的国际竞争力，工业出口实现先抑后扬、逐步回升。

根据海关统计，全市外贸进出口总额完成2777.3亿美元，比上年下降13.8%，其中，进口1358.2亿美元，下降11.1%；出口1419.4美元，下降16.2%。全市工业进出口完成1717.8亿美元，下降15%，其中，进口648.9亿美元，下降16.8%；出口1068.9亿美元，下降13.8%，占全市出口总额的75.3%。

全市工业规模以上出口交货值为6681.8亿元，下降14.2%，占工业总产值的比重为26.9%。

全市出口5亿美元以上的商品共34只，同比减少10只，其中10亿美元以上商品16只，减少6只。出口前6位的商品分别是：自动数据处理设备及零部件出口407.7亿美元，下降9.3%；服装类产品出口111.9亿美元，下降7.5%；集成电路出口80.9亿美元，增长0.4%、船舶出口55.5亿美元，增长57.5%；纺织品类产品出口40.8亿美元，下降9.2%；机械提升搬运装卸设备出口36.7亿美元，下降5.4%。

一、全年工业出口呈先抑后扬趋势

国际金融危机对以产品出口为主的工业企业产生很大影响，从2008年11月开始，本市工业出口持续下降。全年工业出口同全国外贸出口一样，呈先抑后扬趋势，从1月下降21.7%到5月下降30.2%的全年最低点，下半年逐月回升，特别是四季度以后出口降幅收窄至一位数，10月和11月分别下降7.4%和5.3%，12月摆脱下降，当月实现增长28.3%。

1．区县保持本市工业出口的主力军地位

全市区县工业出口总额达到868.7亿美元，下降14.5%%，区县工业出口占全市工业出口的比重为81.5%，区县工业依然保持本市工业出口的主力军地位。

在区县工业出口中，出口超过100亿美元的区县有3个，分别是松江区出口292.9亿美元、浦东新区出口208.8亿美元和闵行区出口179.5亿美元。这三个区合计占全市区县工业出口的78.4%，占全市工业出口的63.7%。出口超过10亿美元以上的区县有6个，分别是嘉定区出口55.5亿美元、青浦区出口51.9亿美元、奉贤区出口24.3美元、金山区出口15.9亿美元、宝山区出口13.9亿美元和徐汇区出口11.5亿美元。

各区县工业园区的出口集聚效应明显，松江出口加工区实现出口247.1亿美元，占全区出口的84.4%；外高桥保税区和金桥出口加工区实现出口166.9亿美元，占浦东新区出口的79.9%。

2．市属工业集团出口总体降幅小于全市工业出口降幅

以国有企业为主体的各工业集团、控股公司努力克服外部环境带来的困难，加快出口产品结构调整，积极稳定和保持国际市场份额，努力增强出口产品的国际竞争力。市属各工业集团、控股公司出口总额为200.2亿美元，下降10.6%，总体降幅小于全市工业出口降幅3.2个百分点。出口10亿美元以上的有7个集团公司，分别为工业船舶出口53.5美元，增长51.4%；上海纺织控股（集团）公司出口21.4亿美元，下降11.7%；上海广电（集团）有限公司出口21.4亿美元，下降27.3%；上海电气（集团）总公司出口19.2亿美元，下降20.4%；上海宝钢集团公司出口11.8亿美元，下降51.4%；上海仪电控股（集团）公司出口11.3亿美元，下降31.4%；上海轻工控股（集团）公司出口11.1亿美元，下降29%。

全市工业、商业自营出口1000万美元以上企业为280家，比上年减少100家，其中，年出口10亿美元以上为4家、出口5亿美元到10亿美元为4家、出口1亿美元到5亿美元的企业为24家。出口前三位的企业分别是上海振华港口机械（集团）股份有限公司出口26.5亿美元，增长14.9%；上海外高桥造船有限公司出口19.4亿美元，增长50.9%；沪东中华造船有限公司出口13.1亿美元，增长71.4%。

3．民营企业出口同步下降

全市民营企业出口总额为174亿美元，下降16.3%，与全市外贸出口降幅同步，占全市出口比重为12.3%。在280家年出口超1000万美元的工业、商业自营企业中，有126家是民营企业，比上年减少47家，占比达到45%。位于前6位的分别是上海祥源化工有限公司出口1.5亿美元，增长11.6%（浦东）；上海协通集团出口1.2亿美元，增长21.9%（嘉定）；上海晨风集团有限公司出口1.2亿美元，增长11.7%（浦东）；上海迪赛诺化学制药有限公司出口1.2亿美元，增长64.3%（南汇）；上海中曼石油科技发展有限公司出口7104.9万美元，增长752.5%（浦东）；上海启越化工有限公司出口6959.5万美元，增长3.7%（浦东）。另外，神

飞集团有限公司（松江）、上海洋帆实业有限公司（浦东）、上海东圣电子进出口有限公司（宝山）、上海依德工具有限公司（浦东）和上海华翔羊毛衫有限公司（浦东）等民营企业的年出口都超过5000万美元。

4．外资企业出口降幅下半年放缓回升

全市外商投资企业出口总额为970.9亿美元，下降14.6%，小于全市降幅1.6个百分点，占全市外贸出口的比例68.4%。在全市出口前100位的企业中，外商投资企业占68家，在前10位中占8家。本市外资企业出口的产品主要集中在电子信息类产业，出口产品大部分通过跨国公司销售网络。由于国际金融危机的影响，上半年出口下降23.6%。通过及时调整市场策略，下半年出口降幅逐月收窄，9月和10月降幅收窄分别为13.1%和6.4%，11月和12月出口开始增长，12月当月增长30.3%。

松江区的达丰（上海）电脑有限公司出口217.6亿美元，继续位居全市出口企业的首位。年出口超过10亿美元的外资企业有英顺达科技有限公司51.1亿美元、英源达科技有限公司50.1亿美元、昌硕科技（上海）有限公司38.2亿美元、星科金朋（上海）有限公司18.5亿美元、金士顿科技（上海）有限公司16.9亿美元、晟碟半导体有限公司14.4亿美元、日月光测试验（上海）有限公司12.9亿美元和英华达（上海）有限公司12.7亿美元。

二、船舶和港口机械行业出口势头不减

1．船舶行业出口依然强劲

船舶行业利用世博动迁，船舶搬迁长兴的有利契机，加快行业内部调整，积极参与国际船舶市场竞争。船舶出口达到53.5亿美元，增长51.4%。

上海外高桥造船有限公司出口19.4亿美元，增长50.9%。公司依托中国船舶工业集团公司的整体优势和自身的综合实力，保持高速增长态势，年造船总量达到创纪录的605万载重吨，增长32%，占全国造船总量的15%，成为我国第一家年造船总量突破600万载重吨大关的船厂，并首次跻身世界造船业前三强（仅次于韩国的两家造船厂）。年造船总量已经连续5年位居全国船厂之首，还保持着近5年累计创利全国船厂第一、已交付船只无一脱期的骄人记录。

外高桥公司为新加坡海洋油船（私营）有限公司建造的两艘10.8万吨成品油轮和为希腊卡迪夫航运有限公司建造的一艘10.5万吨原油轮在同一天举行命名庆典，标志着在坚持“双赢”的基础上，加强与各船东密切合作和互相信任，建立共渡难关的信心，争取更大发展。

沪东中华造船集团出口13.1亿美元，增长71.4%。沪东中华与意大利历史最悠久的船东之一意大利RBD航运公司共签订4艘110000吨油轮和4艘87000吨散货船，目前已有6艘开工建造。沪东中华始终与RBD航运公司保持紧密合作关系，积极采取措施，共同应对危机造成的各项风险。

上海江南长兴造船有限责任公司、江南造船（集团）有限责任公司和上海船厂船舶有限公司分别出口6.4亿美元、5亿美元和6.9亿美元，增长112.2%、82.9%和18.6%。

2．振华港机开始走向海洋工程产业

上海振华港机的产品已经占据世界集装箱装卸机械市场78%的份额，进入73个国家和地区。在国际航运市场不景气情况下，利用“ZPMC”品牌优势，逆势而上，出口仍然达到26.5亿美元，增长14.9%。

振华港机面对国际航运和港口机械市场的激烈竞争，未雨绸缪，早在3年前就准备开拓市场容量更大的海洋工程装备领域，并专门成立海洋工程研究院。5月，上海振华港机公司正式更名为上海振华重工集团，标志着上海振华港机从港口机械的建造进军高新技术含量大、附加值高、市场需求前景广阔的海洋工程装备领域。7月20日，振华重工与西班牙ADHK公司签署出口海工装备合同，合同总额为22亿美元，包括10台海上自升式钻井平台，7台陆上钻机和2艘浮吊，这不仅是当年中国企业获得国外海工装备项目的第一大单，也是迄今为止国内装备制造业最大的出口合同，标志着振华重工坚持高新技术产业化，发展进入新境界，揭开装备制造业海洋工程市场“中国世纪”的帷幕。

振华重工签约建造的美国旧金山—奥克兰新海湾大桥的钢桥、钢塔、浮吊等，合同总额为3亿美元，建造构件将分8次交付完毕。其中，钢桥钢箱梁由14个吊装段组成。12月29日，随着远洋货轮的汽笛鸣响，旧金山新海湾大桥的首批钢箱梁4个吊装段，总重为8000吨，从上海长兴岛随船启航驶往美国加州海湾地区。建成后的新海湾大桥是今后进入美国西海岸旧金山市的标志性景观。该项目为上海振华重工打开了进军世界钢桥市场的大门。

三、高新技术产品和机电产品出口降幅小于一般商品

由于实施“优先发展先进制造业”的战略，加快产业结构调整，改善出口产品结构，高新技术产品和机电产品出口降幅小于一般商品，其中，高新技术产品出口636.2亿美元，下降10.8%；机电产品出口1025.9亿美元，下降13.6%。降幅都小于全市外贸出口降幅，占全市外贸出口的比重分别为44.8%和72.3%。

1．电子信息产业产品是出口量最大的产品

电子信息类产品出口占全市工业出口的59.2%，是出口量最大的产品。在全市34个出口超过5亿美元以上的产品中，电子信息类产品有9只，其中：自动数据处理设备及零部件、集成电路、二极管、晶体管、半导体器件及液晶显示板等出口都超过10亿美元。

2．软件服务外包产业逆势而上

本市经认定的软件企业共有1561家，其中，经国家颁证的“国家规划布局重点软件企业”29家，占全国的15.6%。软件企业坚持全方位开拓海外市场，以软件业发展为支撑的软件与信息服务逆势而上，其中，上海宝信软件有限公司等10多家企业年营业收入达到10亿元以上。本市软件年出口超过10亿美元，增长超过40%。软件出口超过1000万美元的企业有15家。

服务外包业保持快速发展势头，服务外包企业登记数共606家，从业人员10万多人，通过各种认证数量351个，已初步形成1个基地城市、5个服务外包示范区、8个服务外包专业园区、84家服务外包重点企业共同发展的格局。全年服务外包离岸合同金额16.83亿美元，增长18.3%；离岸执行金额10.36亿美元，增长20.3%。

3．电气集团加大开拓国际市场的力度

上海电气（集团）总公司全年出口19.1亿美元，下降20.4%。但上海电气走向国际市场的步伐没有减慢。

1月，上海电气董事长随温家宝总理率领的“访欧之旅”代表团前往欧洲，参加由中德双方共同举办的“第五届中德经济技术合作论坛”，代表上海电气与世界领先、具有众多优良业绩的德国KSB公司签署包含核电主泵在内的“上海电气与德国凯士比合资生产核电泵阀的协议”。还与德国西门子公司签署主泵电机的合作意向书。

年初，上海电气起重运输机械厂出口韩国为100万千瓦核电站配套的4台350吨环行核电起重机组，是与美国PAR公司合作制造的采用国际先进技术和标准的核电起重机组，获得业主好评。

1月，上海电气输配电股份有限公司签约承接埃塞俄比亚BBDA400千伏输变电工程合同金额为1.4亿余美元。斯里兰卡PUTTALAM220千伏输变电工程项目和1×300兆瓦燃煤电站项目送变电工程含115公里220千伏双回输电线路和3座220千伏变电站，两个项目合同总金额约14亿元人民币。3月，上海电气与博茨瓦纳Meepong能源有限公司签署协议，成为博茨瓦纳MEP能源项目：燃煤项目电站和输电线路总承包商，合同总额为19.6亿美元，创本市单个对外承包工程项目合同额历史新高，标志着上海对外工程承包企业在开拓新兴市场、提升经营实力等方面取得新进展。

为了弥补海外订单的减少，上海电气加大开拓受金融危机相对较小的南部非洲和中东市场。11月，上海电气邀请由赞比亚国家电力公司总经理率团的南部非洲电力联盟高层代表团来访。希望双方能进一步增进了解和友谊，为今后加深合作打下更坚实的基础。

四、宝钢集团出口影响最大

由于受到国际金融危机的直接冲击，国际原材料市场明显畏缩，钢铁需求大幅度下降，宝钢集团出口仅为11.8亿美元，下降51.4%，是本市工业系统出口影响最大的行业。

但是宝钢开拓国际市场力度不减，在有关国际招标项目中屡屡中标取得成功。2月，宝钢成功中标赢得印度国家石油公司（ONGC）钻杆招标项目的订单，将为该公司提供约4200吨优质石油钻杆，此次中标为宝钢钻杆在东南亚和南亚市场的进一步拓展打下了良好的基础。9月，宝钢金属佛山宝钢制罐有限公司勇于同国际制罐巨头竞争，其生产的钢制两片易拉罐成功打入香港太古可口可乐饮料有限公司。12月，宝钢新加坡贸易有限公司对中石油管道局肯尼亚西部管道扩容工程供货合同上中标，将为该项目提供1.2万吨HFW管线管，占工程总需求量的三分之二。

美国卡特彼勒公司对于宝钢连续多年供应的工程机械结构用钢质量优异表示满意。为了进一步巩固双方合作关系，卡特彼勒公司授予宝钢金级“优秀供应商”奖牌，宝钢成为到目前为止卡特彼勒在亚太地区唯一的钢材金级供应商。

五、轻工、化工、纺织行业出口下降明显

本市轻工、化工、纺织等行业出口下降明显，其中，轻工控股出口下降29%，华谊集团出口下降21.2%，纺织控股出口下降11.7%。这些行业部分产品出口下降明显，如轻工行业的凤凰自行车出口下降24.5%、蝴蝶缝纫机出口下降18%、玩具出口下降23.5%、大金空调出口下降40.7%、富国皮革出口下降66.2%。华谊集团的拜耳聚合物出口下降48.7%、米其林轮胎出口下降18.1%、氯碱化工下降15.6%、双钱轮胎出口下降5.2%。纺织行业的龙头股份出口下降43%，其中：三枪针织品出口下降45.1%、民光家用纺织品出口下降48.3%、上海服装集团下降20.1%、闵行区的题桥纺织染纱出口下降34.6%、宝山区的前卫衬布出口下降24.2%、青浦区的东隆羽绒出口下降22.2%、杨浦区的光明纺织品出口下降21%。

（胥培初）

工业产业结构调整工作情况

2009年，上海市在应对国际金融危机挑战的同时，坚定不移地推进产业结构调整，在各方面的共同努力下，超额完成年初制定的任务目标，有利于促进本市产业转型和优化升级。

一、2009年工作进展情况

1．调整产业结构，淘汰落后产能

全年共完成项目846项，年节约统计标煤102万吨。其中，市重点推进项目149项，年节约统计标煤73万吨；区县自行推进项目697项，年节约统计标煤29万吨。调整项目涉及工业总产值296亿元、职工8.35万人、土地940公顷。调整行业主要集中在水泥、焦炭、金属制品、纺织印染、小化工、普通建材、医药原料药和中间体，以及锻造、铸造、电镀、热处理四大工艺等行业，并实现本市平板玻璃生产的全行业退出。调整项目统计减少污染排放：COD（化学需氧量）423吨、二氧化硫907吨、废水753万吨、固废3万吨。

2．调整危险化学品企业

完成世博会及周边区域82家危险化学品企业的关停或搬迁工作。该批企业调整后，可减少危险化学品生产、使用、储存当量28.2万吨，其中，剧毒化学品0.99万吨、易燃易爆化学品18.72万吨、其他危险化学品8.49万吨，有效地消除了世博会及周边区域的安全隐患。通过全年调整：一是实现世博会区域危化企业的全部调整，确保世博会顺利召开；二是完成黄浦江沿岸危化企业的全部调整，确保了城市安全；三是外环线内工业区以外仅剩2家危化生产企业，也将于2010年完成调整，从而实现外环线内危化生产企业的全面调整。

3．调整重点区域

启动和实施嘉定马陆、金山第二工业区、浦东（南汇）滨海、浦东张江、松江九亭等5个重点区域调整，共涉及调整企业291家，年节约统计标煤4.9万吨，涉及产值19.54亿元、职工1.05万人、土地面积202.2公顷，使用调整资金16.48亿元。区域成片调整有力带动当地产业转型提升，嘉定马陆将原有占地40公顷的市、地联营的园区淘汰落后产能后，转型为信息产业园区和生产性服务业功能区。金山第二工业区通过盘活存量资源将腾出土地发展高附加值的精细化工产业。浦东（南汇）滨海调整后将显著提升产业能级，促进工业旅游。浦东张江调整后将腾地直接为商用大飞机项目配套。松江九亭将大力发展总部经济，永达电梯、来伊份等知名企业总部已入驻发展。

二、主要经验与措施

1．领导关心支持，完善工作机制

市委、市政府主要领导自始至终高度重视和关心本市产业结构调整工作，建立了由常务副市长、分管副市长挂帅，各有关部门和区县参加的产业结构调整联席会议工作机制。俞正声书记、韩正市长等领导亲自关心调整工作，多次作出重要指示，市政府先后召开一系列会议，作专题研究，专门部署。

2．市区联手推进，层层落实推进

发挥“两级政府、三级管理”的体制优势，在年初全市结构调整工作大会上，市政府与各区县、企业集团签订全年工作目标责任书，分解任务，落实责任。各区县、集团也在分管领导挂帅的工作机构推进下，具体负责本区域产业结构调整工作，从而使全市形成了分工明确、各司其职、上下联动、综合推进的工作局面。市经济信息化委牵头协调，市发展改革委和市财政局在政策、资金落实上协同配合；市国资委、市人力资源社会保障局、市规划国土资源局、市环保局、市统计局和市安监局等部门也从各自的职能出发，积极提供服务和支持。

3．运用政策导向，扶持企业调整

在以盘活存量资源为主、“边调整，边盘活”的前提下，市政府发挥产业结构调整专项扶持资金的引导作用，在项目完成情况验收的基础上，对符合要求的项目分批进行部分补贴。各区县分别落实本区域产业结构调整的配套资金，制订配套资金的使用方案。不少区县和集团公司还设立产业结构调整专项扶持资金，用于本地区、本单位的其他调整项目。为加快推进危险化学品企业的调整，还出台了危化企业调整的补助资金政策，为消除城市安全隐患，确保世博会顺利召开提供了有利条件。

4．持续创新突破，上下合力攻坚

从全市看，除了市、区县、大集团形成合力外，还注重发挥行业协会在政府与企业之间桥梁纽带作用，全市有30多家行业协会参与产业结构调整工作，开展现状“摸底”，提出本行业结构调整建议方案和重点企业建议名单，为政府决策提供大量“第一手”依据，协会的“熟悉行业情况，知晓企业现状”等优势作用得到充分发挥。从区县、大集团看，也形成一些特色做法。各区县、大集团的创新实践为全市平稳有序推进结构调整奠定了重要的工作基础。

三、下一步工作目标与重点

产业结构调整工作将进一步贯彻中央经济工作会议和市经济工作会议精神，以提高经济发展质量、效益和后劲，实现上海可持续发展为着眼点，以调结构、降能耗、促发展为目标，以淘汰劣势产业为抓手，加快实现“三个转变”，即从企业调整向行业调整转变，从单个拔点向区域性调整转变，从单一降耗考核向追求综合效益转变。2010 年，总体目标是确保世博会顺利举办的前提下，力争完成调整项目 600 ～ 700 项，节约标煤 70 万～ 80 万吨。

1．重点行业调整。进一步加强对“三高一低”，即高能耗、高污染、高危险、低效益行业和企业的淘汰力度。2010 年将重点聚焦以下几个行业：

——水泥生产。加快推进水泥行业整合调整，力争至 2012 年，实现全市最多保留 3 ～ 4 家水泥企业（全能企业 1 家，粉磨企业 2 ～ 3 家），保留水泥生产能力 700 万吨左右的总体目标。

——零星化工。三年内基本完成本市 600 多家零星化工企业的调整，平均每年调整 200 家左右。

——纺织印染。计划用三年时间，对本市 200 多家印染企业实施全行业调整，对个别确需保留的印染企业调整进工业园区，使工业污水全部纳管排放。

——电镀、热处理、锻造、铸造等四大工艺。对全市现有 1000 多个四大工艺加工企业（或加工点），计划用三年时间，根据先进制造业的配套需要，争取企业数（点）总量减半，即调整下降到 500 个左右。

2．重点区域调整。根据本市城市总体规划目标，中心城区要体现繁荣繁华，郊区要体现产业实力水平，结合市重点区域和敏感地区等因素，重点区域主要有：一是黄浦江上游水源保护区域和太湖流域环境治理区域；二是杭州湾北岸线等重点整治区域；三是加强 104 块工业用地以外的工业区块整体调整，促进本市工业产业布局更加科学合理。

3．危化企业调整。2010 年起再用三年时间，重点对 282 家危化企业进行调整，2010 年争取完成 50 家以上，2012 年做到全市工业区外无危化生产企业，所有危化生产、储存企业全部进 104 个工业区块，并将现有的 654 家危化生产企业减少到 400 家左右。

（何海昌）

能源节约和节能减排工作情况

2009 年是上海确保完成“十一五”节能减排总目标最为关键的一年，也是面临形势最为复杂严峻的一年。市经济信息化委按照市委、市政府的工作部署，把做好工业节能降耗和资源综合利用工作作为深入贯彻落实科学发展观、加快经济发展方式转变的重要抓手，进一步明确目标任务、扎实推进各项工作、广泛发动全社会各方参与，工业节能与综合利用工作取得明显进展，呈现三个特点：一是节能目标完成情况好于预期。全面完成上海市节能减排领导工作小组办公室所要求的 30 项重点工作，规模以上万元工业增加值能耗确保下降 5%。二是财政投入力度进一步加大。工业系统节能减排工作配套市节能减排专项资金 8.7 亿元，比上年增加一倍以上，实现节约标煤 214 万吨。三是各项重点工作推进亮点频出。实施节能技改 270 个项目、节约标煤 60 万吨；实施合同能源管理 71 个项目、节约标煤 2.5 万吨；推进清洁生产管理、资源综合利用等工作，完成 85 家企业共 1716 项清洁生产方案验收，工业固体废弃物综合利用率达到 97.8%；推广高效照明灯具 900 万只、高效空调 34 万台，共节约标煤 20 万吨；节能服务业营业收入比上年增长约 40%。

1．细化工作目标，完善节能降耗管理体系。一是核准工业系统 24 个集团、18 个区县年度节能目标，首次把产品单耗作为部分集团公司的考核约束性指标，开展 2008 年度工业系统节能目标责任评价考核工作。二是加强重点用能单位管理，年综合能耗 5000 吨标煤以上的工业企业《能源利用状况报告》上报率达到 100%；推进 231 家年耗能 5000 ～ 10000 吨标煤企业能源审计；开展能效对标活动，形成涵盖 12 个重点用能行业 105 个能效指标的《上海工业能效对标实用手册》。三是建设上海市能效监控平台，是国内第一个省市级区域性能效监控信息化系统，具有全市和工业系统能源消费情况的汇总、分析和查询功能。

2．加大节能技改投入，落实十大重点节能工程。一是评审确定两批共 270 个节能技改市级奖励项目，投资额 25.5 亿元，节约标煤 60 万吨；完成 113 个 2007 ～ 2008 年项目节能量审核。二是对全市 4 吨／时以上燃煤工业锅炉进行分类管理，编制节能技改方案 303 台，落实改造 149 台；淘汰燃煤锅炉 120 台，天然气替代燃煤锅炉 26 台、替代燃油锅炉 36 台；组织评审 8 个标杆锅炉房。三是启动 132 家年耗电 500 万千瓦时以上重点耗电企业电能平衡工作。

3．加快发展节能服务产业，合同能源管理取得突破性进展。全年推进合同能源市级奖励项目 71 个，投资额 7268 万元，年节约标煤 2.5 万吨。一是拟定鼓励合同能源管理、促进节能服务产业发展相关支持政策。二是梳理工业、公共机构、建筑等领域第一批50个合同能源管理项目信息，组织评选合同能源管理十大示范项目。三是按照“做精、做专、做强”的原则，重点培育扶持一批专业节能服务公司和节能量审核机构，逐步建立上海市合同能源公司信用档案。四是研究合同能源融资担保管理办法，实现上海乃至全国首笔合同能源管理项目无实物抵押担保融资。

4．加强节能能力建设，营造全社会节能减排氛围。一是大力推广节能产品。推广节能空调34万台，占空调总销量比例由上年的17%上升至54%，节电4200万千瓦时。向全市低保家庭赠送节能灯52万只，共推广高效节能灯具900万只，节电4.5亿千瓦时。二是明确重点用能单位、公共建筑、能效标识和低能效设备和节能服务机构四类执法重点，加强监察执法力度。三是举办节能宣传周系列宣传活动；评选表彰2008年度上海市节能先进单位32家、市节能先进个人108人；建成上海市能效中心并投入运营；举办上海节能论坛等15项社会宣传活动，完成96期6141人次节能专项培训，引导全民参与节能减排。四是上海科学节能展示馆建成开馆，是目前国内展示面积最大、展项最全、展示技术最先进的公益性节能和新能源技术产品科普展示平台。

（张　麟）

工业环保治理情况

2009年是第四轮环保三年行动计划的开局之年，市经济信息化委按照全市环保三年行动计划总体要求和部署，协调各有关部门和项目实施主体，努力推进年度计划任务的完成。积极探索增强工业污染防治能力和推进本市节能环保产业发展的有效途径，工业固体废弃物资源化利用技术、水平保持全国前列，粉煤灰、高炉矿渣连续10年超百利用。同时，以加快推进清洁生产为抓手，“以点带块，以块带面”，积极培育“清洁生产审核示范企业”，努力提升本市清洁生产工作能级和示范效应，取得明显的节能降耗减排治污综合效益。

1．深入开展工业污染防治。协调推进第四轮环保三年行动计划32大项、105小项工作：一是吴泾工业区环境综合整治进展明显。上海焦化公司5#、6#两台焦炉治理6月完成装煤除尘、拦焦除尘、干熄焦装置建设，12月监督监测达标；累计完成受污染居民动迁2380户，吴泾镇动迁1336户，占计划任务的94.3%；梅陇镇动迁1044户，完成计划任务的89.2%；7月关停上海焦化公司2#、3#焦炉及煤焦油加工生产线。二是杭州湾北岸石化化工集中区域产业规划、区域综合整治规划、城镇发展规划于上半年完成。金山卫化工集中区域梳理并制定了25家整治无望企业关停的调整方案，并列入第四轮产业结构调整专项。三是石化企业污染治理5项已完成3项（上海石化股份公司增加火炬气回收能力、上海石化股份公司环保中心污水处理装置废气治理二期工程、高桥石化公司3#污水处理厂恶臭治理）。四是继续完善工业区环境基础设施、保留和非保留工业区环境基础设施项目，涉及8个区89个项目，包括居民动迁、集中供热、绿化隔离带建设等内容。大部分项目已按照既定要求展开，其中20项已完成，59项已实施启动，其余10项也已开展前期准备工作，将在2010年启动。五是大气污染专项的2项上海石化公司35万吨／年的催化重汽油加氢脱硫SMDS装置和高桥石化公司120万吨／年的催化汽油脱硫装置，于11月开始实施国Ⅳ标准油品供应。

2．扩大企业清洁生产覆盖面。一是召开上海推进清洁生产工作会议，认定上海市清洁生产示范企业107家，并计划在未来5年推进2500家企业清洁生产审核，实现钢铁、石化、化工等12个重点行业清洁生产全覆盖。二是组织开展144家工业企业清洁生产审核，85家企业完成清洁生产审核验收，提出各类清洁生产方案1716项，投资额4.1亿元，年节约标煤4.8万吨，减排二氧化硫2061吨。三是确定中高费方案奖励项目22个，投资额1.8亿元，年节约标煤5.9万吨。

3．综合利用工业废弃物资源。一是出台《上海市国家鼓励的资源综合利用认定管理办法》，组织开展资源综合利用企业认定工作，已有245家企业享受到国家规定的税收优惠政策。二是研究制定脱硫石膏综合利用和安全处置实施方案以及专项资金扶持办法，组织推进7家水泥厂喂料系统19条粉磨生产线的改造，消纳脱硫石膏44万吨。三是全年冶炼渣、粉煤灰、脱硫石膏等工业固体废弃物综合利用率达到97.8%，工业用水重复利用率达到83%，综合利用工业低热值可燃排气300亿立方米。

（张麒）

电力建设和电力供应情况

一、电力建设情况

截至2009年末，上海电网内共有发电厂31座、总装机容量1659.14万千瓦，单机容量在10万千瓦及以上的容量共计1562.7万千瓦，占装机总容量的94.2%。其中，100万千瓦机组2台、90万千瓦机组2台、60万千瓦机组4台、30万千瓦机组（35万千瓦、40万千瓦）机组19台、10万～20万千瓦机组23台；接入500千伏的发电容量为500万千瓦（外高桥三厂200万千瓦、外高桥二厂180万千瓦、石洞口二厂120万千瓦），接入220千伏及以下电网的发电容量为1159.14万千瓦。

上海电网共有500千伏和220千伏变电站116座，变压器270台，总变电容量6782万千伏安。其中，500千伏变电站10座（不含上电漕泾电厂、外高桥三厂、外高桥二厂和石洞口二厂），500/220千伏联络变压器27台，变电容量为2350万千伏安；220千伏变电站106座，变压器243台，变电容量为4432万千伏安。500千伏线路40条（含汾桥5912线、牌渡5903/5913线、太徐5923/太行5933线、葛南直流线、宜华直流线以及复奉直流的上海段），总长度为759.757千米；220千伏线路323条，总长度为3345.655千米，其中，架空线2988.889千米、电缆356.766千米。

二、电力供应情况

（一）发用电情况

1. 用电情况

全社会用电量完成1155.39亿千瓦时，比上年的1141.01亿千瓦时增长14.38亿千瓦时，增长1.26%。最高日用电量4.8204亿千瓦时(7月21日)，比上年的4.5694亿千瓦时增长0.251亿千瓦时，增长5.49%。其中，第一产业完成5.39亿千瓦时，增长6.12%；第二产业完成711.14亿千瓦时，下降3.34%；第三产业完成284.32亿千瓦时，增长13.35%。居民生活用电完成152.51亿千瓦时，增长4.07%；最高日用电量48204亿千瓦时，比上年的45694亿千瓦时增长5.49%。

在采取错峰让电、轮休和避峰等负荷控制措施后，最高用电负荷仍达到2379.9万千瓦，比上年最高用电负荷2243.2万千瓦净增136.7万千瓦，增长6.09%。

2. 发电情况

全社会发电量完成781.43亿千瓦时，比上年的793.77亿千瓦时减少12.34亿千瓦时，下降1.55%。全年最高出力达1524.2万千瓦，比上年的1477.9万千瓦净增46.3万千瓦增长3.13%。最高日发电量达32214万千瓦时(7月21日)，比上年的32155万千瓦时，净增59亿千瓦时增长0.18%。

（二）夏季电力供需情况

在迎峰度夏期间，本市气温超过35℃以上的天数达到18天，比上年22天明显减少。7月20日，最高气温为40.0℃，受高温天气的影响，最高用电负荷刷新历史记录。本市的最大出力达到1524.2万千瓦，区外来电最高达到905万千瓦；本市的最大用电负荷达到2379.9万千瓦。7月21日，还同时创下最高出力、最大峰谷差历史新高，并创下日用电量、日发电量与最高受电历史新高。如果不采取错、避峰措施，用电最高负荷可能达到2419.1万千瓦。为了确保电力运行平稳有序，满足全市不断增长的电力需求，本市实施了确保电力供应能力、加大节电节能工作力度、科学实施有序用电预案、发挥经济杠杆调节作用、落实重点地区保电等措施，为电力供应平稳度夏创造了良好环境。

（三）冬季电力供需情况

在迎峰度冬期间，本市的最大用电负荷达到2034万千瓦，比上年净增320.9万千瓦，增长18.73%。本市的发电实际最高出力为1645万千瓦，市外来电实际最高为538万千瓦。2010年1至2月，全社会用电量累计196.92万千瓦，比上年同期增长16.97%；最高平均负荷1620.4万千瓦，同比增长15.37%；最低平均负荷1068.4万千瓦，同比增长20.04%。为做好电力迎峰度冬工作，一是做好本市发电机组检修和维护，做好设备保养和防冬工作，确保发电运行安全稳定。二是各发电企业做好电煤采购和储存，加强天然气气电协调，确保冬保障机组稳发、满发。三是争取华东电网支持，落实市外来电，进一步提高电力供应能力，确保电力供应安全。

（陈伟丽）

工业化与信息化融合情况

2009年，上海作为国家信息化与工业化融合（以下简称“两化融合”）试验区，以加快推进经济发展方式转变和产业结构优化升级为目标，全力抓好总体规划布局，取得初步成效。

规划布局基本完成。9月22日，召开全市“两化融合”推进会议，对全市“两化融合”工作进行全面动员和总体部署，发布市政府批转的《关于推进上海信息化与工业化融合促进产业能级提升的实施意见》（沪府发[2009]46号），从全市层面对“两化融合”工作作出顶层设计，明确抓住工业产品研发设计信息化、工业生产过程自动化、企业管理和行业服务信息化、产品流通和市场信息化等4个切入点，通过“两化融合”提升传统产业、壮大支柱产业、发展新兴产业，促进上海工业由大变强，确保上海经济又好又快发展的总体思路，并确定将实施“1010工程”（聚焦10个重点产业，推进10大专项工程），分步推进“两化融合”。

重点项目有序推进。通过与推进高新技术产业化等工作的衔接渗透，率先启动一批覆盖不同领域、行业的重点项目，形成示范效应。在高新技术产业化方面，首批启动的200多个高新技术产业化项目中，包括“汽车电子嵌入式软件”、“超超临界火电现场总线控制系统研制及产业化”等近80个“两化融合”项目，投资总额约90亿元。在技术改造方面，将“两化融合”列入5类重点范围之一，在已经明确实施的国家和上海重点技改项目中，“两化融合”项目占相当比例。在信息化发展专项方面，首次将“两化融合”确定为专项资金支持重点，对中国商飞、宝钢集团、上海电气、上海汽车等企业的20余个重点项目给予支持，涉及项目总投资约3亿元。除此之外，上海现有的中小企业、软件和集成电路等领域的发展专项都重点支持一批体现“两化融合”特征的项目，培育一批“两化融合”典型企业。

部分专项率先启动。在示范园区引导方面，结合国家新型工业化示范基地的建设推进，在临港产业园区积极打造数字化装备产业制造基地，启动数字化工业园区建设标准规范，支持园区开展公共信息服务，选择上海电气重装备区常规岛（电站临港工厂）、风电临港工厂完成“数字工厂”一期建设。同时，推动电信运营商实施重点园区（基地）信息通信保障精品工程，加快产业集群发展中的信息化配套建设。在节能与综合利用方面，完成上海市能效监控平台（一期）建设，为监控用能情况和开展主动监察提供支撑。在工业软件振兴方面，钢铁、船舶、汽车等领域支持一批工业软件研发。在中小企业信息化方面，推动13个信息化项目建设，出版了《企业信息化典型案例》一书。

基础工作进展明显。依托复旦、交大、同济三所大学和互联网经济咨询中心，成立“两化融合”研究中心；依托中国商飞、振华重工、泛亚汽车、电科所、自仪所等10家企业，成立“两化融合”重点实验室。委托市政府发展研究中心、社科院等机构，开展本市“两化融合”发展研究、“两化融合”“十二五”规划前期预研等基础研究，并承担工信部“十二五”相关战略研究课题。针对重点骨干企业和中小企业，分别形成“两化融合”发展水平评估指标体系，开展试点评估，提出上海市“两化融合”发展指数，探索建立“两化融合”发展水平评估机制。

宣传培训初具成效。宣传方面，配合《中国电子报》、《中国信息化》、《上海中小企业》等媒体，进行本市“两化融合”专题报道；结合全市推进大会召开，在新华网、《解放日报》、《文汇报》等媒体平台上宣传报道；面向10个重点产业征集近80个在建（拟建）项目和50个成功应用案例，形成项目储备，编印了十大产业“两化融合”典型案例汇编。培训方面，分5期组织面向中小企业专题培训，共400余人接受系统培训，进一步夯实“两化融合”的工作基础。

2010年是上海推进“两化融合”的推进落实年，总体思路是：主动适应上海产业转型升级和信息化持续发展的要求，根据“两化融合”实施意见和行动计划的总体部署，聚焦点（企业）、线（产业）、面（区域），以推进落实“1010工程”为核心，完善“两化融合”整体推进机制和基础支撑环境，将“两化融合”作为促进产业结构调整和经济发展方式转变的重要抓手，加快推动上海形成以服务经济为主的产业结构。在企业层面，以项目为抓手，推动研发、生产、管理、市场各个环节信息化应用水平，着力提高自主创新能力和节能降耗水平。在产业层面，以龙头企业为重点，带动产业链上下游联动发展，培育体现“两化融合”的新兴产业，着力推动产业转型升级。在区域层面，以园区和区县为载体，优化公共服务，着力推进区域经济结构调整。具体将通过“五个聚焦”，即聚焦重点项目、聚焦重点企业、聚焦重点产业、聚焦重点区域以及聚焦产学研合作，优化融合发展环境，推动“两化融合”向广度深度发展。

（唐燕萍）

国资国企改革工作情况

2009年，上海国资系统在沉着应对国际金融危机冲击、积极筹办世博会的同时，围绕贯彻落实市委、市政府2008年出台的《关于进一步推进上海国资国企改革发展的若干意见》，着力推进开放性市场化重组、资产证券化、国资监管全覆盖、法人治理结构、非主业资产调整和国有企业党建等“5+1”工作，国资国企改革取得新进展。

一、国资保持稳健发展态势

国有经济运行良好，国资总量稳步增长。本市国有及国有控股企业（含金融保险业）全年实现营业收入12564.72亿元，比上年增长11.9%；实现利润总额1179.94亿元，增长57.6%。地方国有经济实现生产总值（GDP）3704.71亿元，增长12.7%，占全市GDP（14900.93亿元）的24.9%。本市地方国有资产总量达到13164.72亿元，增长15.7%。

大企业集团继续发挥主力军作用。上汽集团汽车销量达到272万辆，居全国第一，首次进入全球汽车业销售前10名。建工集团综合营业额和新签合同额双双突破750亿元，在全球225家最大承包商中位列29位。锦江国际开拓国际国内两个市场，酒店规模达530多家，跻身全球酒店业300强第13位。

企业集团创新发展呈现较多亮点。电气集团成功制造世界上最大450吨电渣重熔炉，是国内对原有200吨电渣炉冶炼装备技术的一次重大跨越，为上海电气生产电站、核电、军工等产品所需的特种钢大型锻件创造了条件。电气集团制造的上海国产化A型地铁列车“10万公里载客运营试验考核”通过国内专家评审，载客运营试验的掉线故障率和晚点率均优于国内外新研发和新造车的运营考核指标，空载试验和载客试验各项技术性能指标和可靠性达到国内外同类先进产品指标的水平。上海城建设计并参与施工的国内首条无人驾驶轨道交通线——地铁10号线主体工程顺利竣工，标志着中国成为继法国、新加坡之后，拥有全自动轨交系统的又一国家。城投公司投资近10亿元的市区固废内河集装化转运系统开通试运行，设计规模为日均转运固废6300吨，同时预留应急及其他垃圾700吨的转运能力，为亚洲最大、国内首例固废水陆转运系统。

二、开放性、市场化重组积极推进

控股集团公司重组继续推进。一是在对上航现金注资10亿元的基础上，推进实施东航上航重组，完成东航对上航的吸收合并。二是在广电集团出现财务危机后，实施完成由仪电集团托管重组广电集团的方案。广电集团所持广电电子和广电信息两家上市公司股权转让至仪电集团。同时，相关房地产的转让和债权债务的清理工作有序推进。

均势企业“引进来”重组积极实施。按照“引进增量、盘活存量、发展产业、保障就业”的指导思想，积极推出一批上海均势企业，吸引区域外知名企业进行重组。比如，陕鼓动力重组上海鼓风机厂；中国北车集团受让上海轨道交通发展公司44%股权并单方增资；南光集团参与上海长江经济联合发展集团正在建设的陆上物流交易中心；中国建材集团重组上海国盛集团旗下的重型机械厂；中航技集团受让上海广电NEC第五代生产线项目；中国节能公司参与建设上海宝山国际节能环保园。

优势企业集团跨区域并购有效实施。部分优势企业集团抓住金融危机背景下的发展机遇，积极“走出去”，实施一系列跨国、跨地区并购。电气集团首期投资5500万美元收购美国高斯公司40.7%股权；锦江国际投资9900万美元联手美国德尔集团收购美国州际酒店管理公司；上汽集团8450万美元收购上海通用1%股权实现控股，与美国通用在香港组建合资公司，联手开拓印度市场；光明食品集团投资8.28亿元收购云南英茂糖业60%股权。

三、国有资产证券化和国有控股上市公司市场化融资工作继续推进

在国资证券化方面。通过“定向增发+吸收合并”的方式，上实集团相关医药资产注入上市公司上海医药，同时，上海医药吸收合并上实医药、中西药业两家上市公司。上海建工集团核心业务资产注入上海建工股份，实现主业资产整体上市，推进上市公司由施工企业转变为集土建施工、专业施工和房地产开发为一体的综合性工程承包商。上汽集团独立供应汽车零部件资产借壳巴士股份上市，实现独立供应汽车零部件业务整体上市。巴士股份原有公交客运资产打包剥离，完成主营业务转型，更名为华域汽车。通过借壳*ST雅砻，闸北区上海北方城投房地业务资产实现上市，上市公司更名为西藏城投。百联集团将华联超市资产注入联华超市。徐汇商城IPO，老凤祥、上实发展、上海金陵、棱光实现、ST二纺等5家上市公司的定向增发方案上报中国证监会。全年，本市约有270.54亿元国资实现证券化，国资证券化率达到25.4%。

在国有控股上市公司市场化融资方面。中国太保在香港IPO，浦发银行、ST上航、上海物贸、长江投资和上海医药通过非公开发行融资。徐汇商城的IPO募资，上海电气、外

高桥、上实发展、爱建股份、棱光实业等5家上市公司的非公开发行，以及申能股份的公开增发，已经上报中国证监会。通过增发、配股等方式全年完成或启动现金融资781.05亿元。

由于ST上航被ST东航吸收合并，上海贝岭划归中国电子信息产业集团有限公司，中西药业和上实医药被上海医药吸收合并，以及闸北区所属上海北方城投借壳上市，飞乐音响纳入监管，本市国有控股上市公司的数量从2008年的73户减少到71户。

四、国资监管和企业法人治理结构进一步完善

国资监管基本实现全覆盖。按照“统一授权、统一规则、分类监管”的要求，国资监管工作有序推进。“统一授权”指市政府授权市国资委作为市属经营性国资的唯一出资人，履行出资人职责。“统一规则”指实行统一的监管规则，以切实做到责任有主体、行为有规范、问责有对象。“分类监管”指针对不同类型和行业的国资采取分类监管，如科教文卫体、公检法等非经济建设领域及金融保险类国资可以实行委托监管。

结合政府机构改革和政企分开工作，一批企业划入市国资委。临港集团、机场集团、同盛集团、科投公司等企业列为市国资委出资监管单位。上海创投、上海工投、上海商投、上海外经投等企业由相关委办局管理划入市国资委监管，由市国资委专门设立的直属企业管理办公室管理。久联集团、上海国际交流公司、市水利工程设计院、铸管厂等企业由相关委办局管理，划入申能集团、衡山集团、现代建筑设计集团等市国资委出资监管单位管理。在进行企业划转的基础上，市国资委形成《关于对部分市属经营性国资实施委托监管的意见》，经市政府办公厅批转下发后，分别与市委宣传部、市金融办等8家单位签订《国有资产委托监管书》，形成出资监管为主、委托监管为辅的监管模式。

企业法人治理结构进一步完善。按照“外部董事占多数”的原则，先后向电气集团、百联集团、锦江国际、东方国际、光明食品集团等6家董事会试点企业委派18名外部董事，推进企业决策更审慎、更规范、更科学。同时，制定企业董事会建设指导意见、外部董事管理办法，探索开展对董事会的任期业绩评价，为董事会规范有序开展工作奠定基础。董事会试点单位的监事会主席配备到位，试点企业法人治理结构进一步完善。

五、非主业资产调整和解决历史遗留问题工作成果明显

通过转型发展、改制重组、工商注销、破产注销等方式，全年完成非主业企业（含壳体企业）调整清理590户，其中470户通过清算注销或破产予以清理。

在此过程中，通过政策创新等各种方式，解决了一批历史遗留问题。

在划拨土地方面。市国资委、市发改委、市规土局、市房管局、市财政局、市税务局共六部门联合形成《关于推进上海国有企业主辅分离辅业资产调整和中小企业改制重组中划拨土地使用权处置的意见》，经市政府批转下发。年内，112幅划拨土地使用权经过相关部门审核通过，向集团或者集团重要全资企业直接变更，涉及土地面积2203亩，房屋面积75万平米。

在破产操作方面。市高院和市国资委对破产操作方式进行创新，将原来由中介机构担任破产管理人，改为由清算组担任管理人。清算组由相关部门、中介机构和企业集团组成。新的破产操作方式避免了原破产操作中存在的周期长、费用高、集团主动性难以发挥等不足，激发了企业集团破产工作的积极性，使破产操作周期从以前的8～10个月，缩短为现在的3个月左右，效率大大提高。当年完成破产项目11家，核销债务4.5亿元。在推进依法破产的同时，政策性破产也继续推进。上海葡萄糖厂（1+3）政策性破产项目完成司法终结。仪电集团上海金泰铜业，以及农垦上海公司、东都物资公司、京申汽修厂等3家在沪央企政策性破产项目完成前期准备工作，已经被法院受理。

在债务处置方面。国盛集团积极发挥资产处置平台功能，积极与相关资产管理公司开展业务合作，以市场化的方式收购并处置58亿元的债务包，涉及多家上海地方国有企业900多项债权，释放了一批被抵押和查封的股权、房地等资产，有力支持了上海国有企业及地方经济的发展。

（王亚元、曾茂生）

中央在沪企业综合情况

央企综合实力强、创新能力强、资源优势足、行业跨度大、辐射效应广，不仅是行业的排头兵、国家队和主力军，而且也是国民经济发展的重要支柱。多年来，央企凭借得天独厚的发展优势，为上海改革开放和经济发展发挥了巨大的带动作用。历届上海市委、市政府十分重视发挥中央企业的作用。2009年，上海更加注重优化央企在沪发展的环境和条件，切实加强和改善央企服务工作，充分发挥央企对地方发展的引领作用，加快自身经济转型、“四个中心”和国际化大都市建设。

一、在沪企业基本情况

目前，在沪央企及以办事处或窗口公司形式设立的分支机构共有2479家，其中第一产业1家，第二产业531家（主要包括394家工业企业、137家建筑企业），第三产业1947家（主要包括114家金融单位、185家房地产单位、302家科研与专业技术服务单位、1161家服务企业、94家交通运输企业、32家教育与卫生单位和59家文化娱乐单位），与上海“三二一”的产业结构相吻合。

（一）在沪央企行业分布

根据《国民经济行业分类》（GB/T4754-2002），在沪央企主要分布在下列行业：

在沪央企所属行业门类和大类统计

序号	行业门类	门类企业个数	各门类中包含行业大类个数	国民经济各门类中的行业大类总数目	行业大类覆盖率
1	H 批发和零售业	553	2	5	20.00%
2	C 制造业	372	28	30	93.33%
3	M 科学研究、技术服务和地质勘查业	308	4	3	33.33%
4	L 租赁和商务服务业	237	2	4	100.00%
5	F 交通运输、仓储和邮政业	232	8	9	88.89%
6	K 房地产业	185	1	3	100.00%
7	E 建筑业	137	4	2	100.00%
8	J 金融业	114	4	2	100.00%
9	I 住宿和餐饮业	101	2	4	100.00%
10	G 信息传输、计算机服务和软件业	71	3	1	100.00%
11	R 文化、体育和娱乐业	59	4	2	100.00%
12	O 居民服务和其他服务业	46	2	4	100.00%
13	D 电力、燃气及水的生产和供应业	22	1	3	100.00%
14	P 教育	20	1	2	100.00%
15	Q 卫生、社会保障和社会福利业	12	1	1	100.00%
16	N 水利、环境和公共设施管理业	9	3	3	33.33%
17	A 农、林、牧、渔业	1	1	5	80.00%
18	总计	2479	71	83	85.54%

从门类分布看，在沪央企主要涉及17个行业门类，占国民经济全部20个门类的85%，仅有采矿业、公共管理与社会组织以及国际组织门类未涉及。列前5位的分别是批发和零售业、制造业和科学研究、技术服务和地质勘查业、租赁和商务服务业及交通运输、仓储和邮政业。这5个门类共有央企1702家，占全部央企数量的69%。

从行业大类看，企业数量最多的前6个行业大类依次为批发业、商务服务业、零售业、房地产业和专业技术服务业以及科技交流和推广服务业，共1244家企业，占在沪央企总数的50.2%。

（二）在沪央企区域分布

在沪央企区域分布统计

序号	区县名称	央企个数	包含行业大类数目
1	虹口区	148	32
2	黄浦区	172	29
3	静安区	66	21
4	长宁区	110	24
5	卢湾区	74	26
6	普陀区	136	41
7	徐汇区	476	48
8	杨浦区	225	40
9	闸北区	194	31
	中心城区小计	1601	66
10	浦东新区	525	51
11	南汇区	21	14
	浦东区小计	546	52
12	宝山区	138	31
13	奉贤区	8	6
14	嘉定区	38	16
15	金山区	41	20
16	闵行区	67	28
17	青浦区	10	8
18	松江区	21	12
19	崇明县	9	4
	郊区小计（不包括浦东区）	331	51
	总计	2479	71

在沪央企主要集中在中心城区和浦东区，其中，中心城区总面积289平方公里，共有央企1601家，企业数量所占比例为64.61%；浦东区包括浦东新区和原南汇区，总面积为1210.41平方公里，共有央企546家，所占比例为22.03%；郊区总面积为5211平方公里，共有331家，所占比例为13.36%。

在沪央企区域覆盖面较广，遍及上海18个区县。主要集中在东部近长江口的中心城区和浦东区，中心城区内主要沿黄浦江分布。中心城区，央企主要集中分布在浦东、徐汇、杨浦、闸北和黄浦等5个区，分别占本市央企总量的21.18%、19.20%、9.08%、7.83%和6.94%。郊区，央企数量最多的是宝山区，其次为闵行区、金山区和嘉定区。

二、在沪央企在上海产业发展中的地位和作用

2009年，在沪央企在上海经济社会发展中的地位和作用主要体现在3个方面：

1. 在上海“保增长，调结构”中发挥了重要的支撑作用。在沪央企是上海“保增长”、推动经济社会发展的主力军，以工业为例，至年末，规模以上在沪央企资产累计6487.66亿元，占全市工业总资产的25.56%；从业人员有14.99万人，全年工业总产值4775.36亿元、主营业务收入为5021.52亿元，利润总额305.71亿元、税金总额502.48亿元，占本市工业企业比重分别为5.3%、19.18%、19.9%、

21.7%和45.1%，成为上海应对国际金融危机、“保增长，调结构”、推动产业发展的中坚力量。

2．在上海经济社会发展中发挥了重要的引领作用。目前，在沪规模以上工业央企有182家（包括重点央企84家、大型企业15家）；除金融业外，在沪设总部的有7家；在沪设地区总部、重要生产基地和营运中心的有131家。在沪央企分布在上海各重点产业领域，涉及航天、航空、造船、石化、电力、通信、钢铁、交通运输、金融、软件、物流、医药、商贸、工程设计、教育与卫生、文化娱乐等先进制造业和现代服务业重点行业，很多是各行业的领军企业，规模较大、实力雄厚、业绩优良，代表着上海产业的实力和水平。

3．在上海产业升级和城市安全保障中发挥了重要的支柱作用。从推动产业升级看，上海拥有宝钢集团、上海石化、高桥石化、上海烟草、中国商用飞机、上海航天、上海船舶、贝尔股份等一批领军企业，是本市支柱产业、战略产业和高新技术产业中的主力。从推动技术创新看，在沪央企技术创新体系比较完善，拥有许多国家级和上海市技术中心，如上海船舶运输科学研究所、上海医药工业研究院等一批科研“国家队”，引领着上海企业技术创新，是上海实施国家战略、服务全国需要的重要载体。从推动市场供应保障看，上海煤、电、油、运、气等涉及城市运行安全的工作都由央企挑大梁，如中石化、中石油、华东电网、市电力公司、电力股份、东方航空、中海运、中外运和“西气东输”等企业为城市安全和稳定运行作出了重大贡献。

三、2009年上海加强央企服务的主要举措

围绕更好地服务国家战略、加快实现“四个率先”、建设“四个中心”和国际化大都市的目标，上海着力探索并加强和改进央企服务工作。

1．健全央企服务工作体系。按照市委、市政府的要求，市政协组织力量进行专题研究，《在上海“四个中心”建设中为中央企业新一轮发展创造更好的环境》报告中提出四方面的建议，包括建立机制、设立联络机构、探索央企服务的具体办法，以及吸引央企集聚发展等；市委办公厅、市政府办公厅印发《关于加强和改进对中央在沪企业服务工作的若干意见》，明确建立市服务中央在沪企业联席会议，负责全市服务中央在沪企业工作的统筹协调，市经济信息化委承担全市服务央企牵头部门职责。中共中央政治局委员、上海市委书记俞正声同志专门批示：“改进对央企服务是大事。要落实责任，落实制度，改善服务。”在上海市新一轮市级机构改革中，市政府把服务中央在沪企业作为市经济信息化委的重要职能之一。改革中，新组建的市经信委尽管内设处室从37个减少到24个，却专门内设央企服务处，从体制上保障服务央企工作常态化。

2．全方位服务央企促发展。针对央企集中反映的规划土地、财政税收、项目投资、人才引进等共性服务需求，在保增长方面，市政府、市经信委把服务在沪央企作为服务企业保增长的重中之重，将其纳入服务企业“直通车”，开辟“绿色通道”，委主要负责人带队到央企调研，帮助排忧解难。专门召开“服务央企促发展”座谈会，听取意见，加强服务针对性。市经信委与浦发银行、招商银行、住房置业担保公司等金融单位合作，帮助上海交技发展股份有限公司等央企解决银行授信额度等发展中问题。在人才引进和培育方面，以在沪央企为重点，市委组织部、市经信委等委办局联手实施海外高层次人才引进“千人计划”。在央企改革重组方面，组织力量协助部分改制重组央企，解决人员分流安置和企业稳定问题。

3．推动央企参与高新技术产业化和扩大在沪投资。高新技术产业化9大重点领域、国家10大产业调整和振兴规划及16个重大专项中，大多数由央企担纲突破。2009年，全市已确定或拟投资的央企高新技术产业化项目有40项，投资总额509.5亿元。其中，已确定项目7项，投资总额为90.99亿元；正在与央企对接的项目有44项，投资总额432亿元。为吸引更多央企扩大在沪投资，市政府主要领导和市经信委等部门负责人专程赴京走访国家发改委、工信部等部委和中石化、国电公司、中国机械集团公司等20余家央企总部，主动沟通协调。普天等多家央企与市政府签署战略合作框架协议，一批央企在沪投资发展的新项目签约、开工建设。电科集团、国电集团等央企均与上海市政府签订了战略框架协议。

4．建立日常服务央企的工作体系。市区两级政府部门纷纷加强央企服务工作，按照各自的职能分工，形成各具特色的服务载体和抓手。市经信委推出四项新举措：一是举办“形势与政策系列报告会”。先后组织高新技术产业化、人才政策、土地规划、高新技术产业税收政策等4个专场，请市政府有关部门负责人与央企面对面沟通，传递政策信息，解答央企关心的共性需求问题，150多家央企、近600人次参加。二是组织央企与地方发展对接。组织10家与临港产业区发展相关的在沪央企负责人赴临港考察；组织在沪央企领导到长宁区考察，通过互动交流，促进央企与区县、基地、园区在发展需求、项目合作等方面的“三个对接”。三是构建央企服务的工作网络。在机构改革后，市经济信息化工作党委立即建立协管央企书记双月例会制度；以182家工业央企为重点，分步组建在沪央企联络员网络。同时，与市税务局、市规土局、市合作交流办、市金融工作党委等部门建立央企服务的协作关系。四是加强与央企的信息沟通。在市经信委网站首页，专门开设“央企动态”专栏，宣传上海产业政策，与央企双向传递与沟通信息；编印《央企动态》简报，反映服务央企的工作与动态；着手建立在沪央企的基本信息库，以动态、全面地反映在沪央企的总体情况。

四、2010年上海加强和改善央企服务工作的设想

2010年，上海经济要加快发展现代服务业和提升发展先进制造业，以调结构、促转型、稳增长为主线，以高新技术产业化为核心、以“两化融合”为突破，推动产业持续发展、开放发展、提升发展、融合发展和创新发展。上海将继续加强和完善央企服务的工作机制，营造更好的在沪发展环境。

1．继续加强全市服务央企工作机制建设。依据《关于加强和改进对中央在沪企业服务工作的若干意见》文件精神，发挥市服务中央在沪企业联席会议办公室的作用，建立起全市统筹、覆盖面广的服务央企工作体系，加强与部门、区县协同，依托“企业呼声直通车”等渠道，及时向央企介绍上海产业发展情况及政策，帮助央企了解政策内容、掌握政策需要、用好用足政策。同时，聚焦共性问题，及时分析企业反映的共性问题并向相关部门反映；抓紧政策研究，推动共性问题的解决和面上政策的突破。

2．做好已确定重大专项跟踪落实工作。积极推进上海与央企发展对接，分层次推动一批100亿元以上、5亿元以上、1亿～5亿元等重大项目建设。继续重点联系年产值超10亿元的企业，及时了解中央企业经营状况和发展诉求，协调有关部门在项目建设、规划编制、用地指标、资金安排、能源保障等方面给予倾斜。

3．推动央企更多参与地方经济与产业发展。聚焦高新技术产业化9大重点领域，继续开展各种形式的情况通报和对接活动，搭建沟通联系的平台，协同央企与区县、中小企业、科研院所等对接，充分发挥央企在航空、新材料、海洋工程装备领域的主力军作用，推动产业重组、加强配套保障，培育技术领先、占领市场高端的企业集群。组织《吸引中央企业在沪投资发展的对策研究》课题研究，在编制上海“十二五”规划时主动听取央企意见，加强地方政府与央企的规划衔接，使央企融入上海一体化发展。同时，继续推动央企与政府机关干部的“双向挂职”锻炼，增进相互了解和发展联动。

4．推动央企参与本市企业兼并重组。按照市场化原则，统筹各方利益，着眼各方共赢，着力引进有产业增量投入的龙头央企，参与上海国资国企开放性、市场化重组联合，推动优势资源向优势产业集聚，做大做强产业，同抓高新技术产业化、抓大项目落户投产等一样，为上海产业带来加速发展、做大做强的资源。

5．发挥央企的引领示范作用。积极争取央企的支持和帮助，吸引更多央企将总部、地区总部、采购中心、研发中心、数据中心等落户上海，推动在沪央企管理上和技术上的优势向地方企业扩散，通过优势互补、双赢合作等途径，促进在沪央企与地方经济和社会发展的良性互动，提升上海产业内涵和能级。

（马　峰）

中小企业发展情况

2009年，在党中央、国务院和上海市委、市政府的领导下，在社会各界的大力支持下，上海中小企业面对国际金融危机冲击和自身发展转型的双重考验，振奋精神，加快提高自身素质，增强核心竞争力，积极应对国内外复杂严峻的经济形势，全年保持稳定回升的态势，为上海经济和社会发展作出了积极贡献。

至年末，全市共有中小企业33.8万户（不包括非法人企业和个体工商户），占全市法人企业总数的99.5%，与上年相比基本持平；吸纳从业人员788.5万人，占全市法人企业总数的81.7%，增长0.7%；实收资本总额为21272.9亿元，占全市法人企业总额的76.5%，增长7.6%；实现营业收入51130.4亿元，占全市法人企业总额的60.1%，下降0.5%。

一、2009年全市中小企业总体情况

1．中小企业数量保持稳定。在全市33.8万户中小型法人企业中，中型企业1.1万户，小型企业32.7万户。从近几年看，中型企业数量在全市中小企业户数中的比重略有增加，小型企业略有下降。

2．中小企业从业人员略有增长。全市中小企业从业人员788.5万人。其中，中型企业从业人员258.3万人，占中小企业从业人员总数的32.8%，增长0.4%；小型企业从业人员530.2万人，占中小企业从业人员总数的67.2%，增长0.8%。中型企业吸纳的从业人员在全市中所占的比重温和上升，小型企业略有下降。

3．实收资本增长明显。全市中小企业实收资本总额21272.9亿元。其中，中型企业实收资本7179.6亿元，占中小企业实收资本总额的33.8%，增长1.1%；小型企业实收资本14093.3亿元，占中小企业实收资本总额的66.2%，增长11.2%。中型企业、小型企业实收资本在全市中所占的比重总体保持上升态势。

4．中小企业营业收入略有下降。全市中小企业实现营业收入总额51130.4亿元。其中，中型企业实现营业收入16157.4亿元，占中小企业营业收入总额的31.6%，下降

2.2%；小型企业实现营业收入34973.0亿元，占中小企业营业收入总额的68.4%，增长0.3%。中型企业营业收入在全市中所占的比重小幅下降，小型企业有所回升。

二、2009年全市中小企业三次产业情况

1．三次产业中的中小企业地位。企业数量均占9成以上。第一产业、第二产业、第三产业中小企业的户数分别为1489户、9.9万户、23.7万户，三次产业中小企业之间的比例为0.004：0.294：0.702。在三次产业中，中小企业的数量占比均在9.9成以上，分别占全市第一产业数量的99.5%，占第二产业数量的99.9%，占第三产业数量的99.4%。

从业人员均占7成以上。第一产业、第二产业、第三产业中小企业的从业人员分别为3.8万人、419.0万人、365.7万人，三次产业中小企业之间的比例为0.005：0.531：0.464。在三次产业中，中小企业的从业人数占比均在7成以上，分别占全市第一产业从业人员总数的98.0%，占第二产业的85.6%，占第三产业的77.6%。

实收资本均占6成以上。第一产业、第二产业、第三产业中小企业实收资本分别为63.8亿元、6381.3亿元、14827.8亿元，三次产业中小企业之间的比例为0.003：0.300：0.697。在三次产业中，中小企业的实收资本占比均在6成以上，分别占全市第一产业实收资本的65.8%，占第二产业的80.2%，占第三产业的75.0%。

营业收入均占4成以上。第一产业、第二产业、第三产业中小企业分别实现营业收入43.4亿元、20088.5亿元、30998.7亿元，三次产业中小企业之间的比例为0.001：0.393：0.606。在三次产业中，中小企业的营业收入占比均在4成以上，分别占全市第一产业营业收入的49.2%，占第二产业的63.5%，占第三产业的58.1%。

2．第二产业、第三产业中小企业发展情况。第二产业、第三产业中小企业户数增长表现为“一负一正”。第二产业中小企业户数下降1.1%；第三产业中小企业户数增长0.4%。

第二产业、第三产业中小企业从业人员增长有所回升。第二产业中小企业从业人员下降0.4%；第三产业中小企业从业人员增长1.9%。

第二产业、第三产业中小企业实收资本持续增长。第二产业中小企业实收资本增长2.9%，第三产业中小企业实收资本增长9.7%。

第二产业、第三产业中小企业营业收入增长大幅回落。第二产业中小企业营业收入下降1.3%，第三产业中小企业营业收入增长0.03%，与上年分别增长10.6%、20.4%相比下降明显。

三、2009年中小企业注册类型情况

在全市中小型国有企业、集体企业、私营企业、港澳台及外商投资企业、混合型企业（除国有、集体、私营、港澳台及外商投资企业以外的所有企业，以下同）中，中小型私营企业户数和从业人员优势明显，营业收入保持领先；中小型港澳台及外商投资企业实收资本投入最多。

1．中小型国有企业。本市共有中小型国有企业6143户，吸纳从业人员47.9万人，实现营业收入5489.5亿元，累计实收资本3781.3亿元，分别占全市中小企业的1.8%、6.1%、10.7%、17.8%，比上年分别增长−2.0%、0.03%、−1.6%、−4.8%。

2．中小型集体企业。本市共有中小型集体企业12517户，吸纳从业人员39.82万人，实现营业收入1295.8亿元，累计实收资本418.5亿元，分别占全市中小企业的3.7%、5.1%、2.5%、2.0%，比上年分别增长−1.8%、−1.6%、−3.6%、−7.7%。

3．中小型私营企业。本市共有中小型私营企业27.5万户，吸纳从业人员406.5万人，实现营业收入19210.8亿元，累计实收资本4622.3亿元，分别占全市中小企业的81.6%、51.6%、37.6%、21.7%，比上年分别增长−1.4%、−0.5%、0.2%、−2.2%。

4．中小型港澳台及外商投资企业。本市共有中小型港澳台及外商投资企业25874户，吸纳从业人员191.2万人，实现营业收入16214.3亿元，累计实收资本7125.5亿元，分别占全市中小企业的7.7%、24.2%、31.7%、33.5%，比上年分别增长16.9%、2.8%、−0.9%、7.8%。

5．中小混合型企业。本市共有中小混合型企业17733户，吸纳从业人员103.1万人，实现营业收入8919.9亿元，累计实收资本5325.2亿元，分别占全市中小企业的5.3%、13.1%、17.5%、25.0%，比上年分别增长2.1%、2.9%、0.1%、32.6%。

四、2009年中小企业资本来源情况

1．中小企业资本来源的总体分布

本市中小企业累计实收资本21272.9亿元，占全市法人企业总额的76.5%，增长7.6%。其中，国家资本3626.9亿元，占全市中小企业资本投入总额的17.1%；集体资本702.7亿元，占3.3%；法人资本6930.1亿元，占32.6%；个人资本4138.0亿元，占19.5%；港澳台商资本2012.2亿元，占9.5%；外商资本3858.5亿元，占18.1%。

2．中小企业主要资本来源情况

（1）国家资本。中小企业国家资本为3626.9亿元，增长1.0%。从三次产业看，国家资本主要投向第三产业，第三产业中小企业国家资本3179.4亿元，占中小企业国家资本总额的87.7%；从注册类型上看，国家资本主要投向国有企业，资本总额为2475.3亿元，占68.3%；从行业大类来看，国家资本主要投向商务服务业、房地产业、工业、交通运输业、批发业等，5个行业分别占中小企业国家资本总额的 46.6%、19.9%、9.1%、7.4%、6.9%。

(2) 法人资本。中小企业法人资本为 6930.1 亿元，增长 20.4%。从三次产业看，法人资本主要投向第三产业，资本总额累计为 5185.4 亿元，占中小企业法人资本总额的 74.8%；从注册类型上看，法人资本主要投向混合型企业，资本总额累计为 3502.5 亿元，占 50.5%；从行业大类来看，法人资本主要投向商务服务业、工业、房地产业、批发业、交通运输业等，5 个行业分别占中小企业法人资本总额的 36.6%、22.0%、18.8%、6.1%、6.0%。

(3) 个人资本。中小企业个人资本为 4138.0 亿元，下降 1.9%。从三次产业看，个人资本主要投向第三产业，资本总额累计为 2941.4 亿元，占中小企业个人资本总额的 71.1%；从注册类型上看，个人资本主要投向私营企业，资本总额累计为 3439.8 亿元，占 83.1%；从行业大类来看，个人资本主要投向批发业、工业、商务服务业、房地产业、建筑业等，5 个行业分别占中小企业个人资本总额的 23.4%、20.1%、18.7%、11.0%、8.1%。

(4) 外商资本。中小企业外商资本为 3858.5 亿元，增长 3.7%。从三次产业看，外商资本主要投向第二产业、第三产业，资本总额分别为 2109.9 亿元、1746.3 亿元，分别占中小企业外商资本总额的 54.7%、45.3%；从行业大类来看，外商资本主要投向工业，商务服务业，房地产业，批发业，信息传输、计算机服务和软件业等，5 个行业分别占中小企业外商资本总额的 54.2%、15.3%、10.9%、8.3%、2.5%。

(卫丙戌)

电子信息产业发展情况

2009 年，上海电子信息制造业实现工业总产值 5580.0 亿元，比上年增长 6.7%。产业规模继续位居全市 6 个重点发展的工业行业之首，在全国各省市继续排列第三。全年实现出口交货值 3927.7 亿元，完成销售收入 5773.3 亿元，实现利润总额 33.9 亿元，上缴税金总额 33.3 亿元。

一、上海电子信息制造业特点

1. 电子信息制造业经济运行企稳并呈现增长态势。在国际经济复苏预期增强的刺激下，电子信息制造业生产从低谷回升，月度产值创出历史新高，年末单月产值已超过 600 亿元，创出历史新高。全年实现工业总产值 5580.0 亿元，增长 6.7%。

2. 出口形势逐渐好转，下行态势遏止。作为高度外向型产业，电子信息制造业已从受国际金融危机影响，出口大幅减少中复苏，出口形势明显好转，年末当月出口交货值同比增长超过 15%。全年实现出口交货值 3927.7 亿元。

3. 重点产品强劲增长，继续保持领先优势。在外需恢复性增长和国内客户换机潮的双重带动下，消费电子产品继续引领整个行业，全年笔记本电脑产量达到 6799.4 万部，增长 29.3%；传真机产量达到 192.8 万部，增长 46.7%；等离子电视机产量达到 77.9 万台，增长 28.5%。

二、重点行业发展情况

1. 集成电路

受世界金融危机和全球半导体市场严重衰退的影响，一季度上海 IC 产业继续下滑，销售收入同比下降 30%。市委、市政府积极组织相关部门多次与企业共商应对措施，充分利用国家一系列政策措施，调整产品结构，努力开拓市场。从第二季度开始，产业销售额迅速回升。到第四季度，集成电路产业基本恢复到正常年份发展状况。据市集成电路行业协会 (SICA) 统计，IC 产业实现销售收入 402.38 亿元，下降 12%，占同期全国 IC 产业销售额的 38.7%，占全球半导体市场的 2.6%。在 2009 年全国十大 IC 及分立器件制造企业排名中，中芯国际、上海华虹 NEC、上海宏力和台积电（中国）等榜上有名。

上海 IC 芯片制造业的大生产主流技术已提升到 0.18 ~ 0.15 微米。先进的生产技术已进入 90 纳米领域，65 纳米工艺技术已开发成功，45 纳米的晶圆已经出样。

上海 IC 芯片制造技术除数字电路和混合信号电路工艺之外，模拟电路工艺，诸如高压 BiCMOS 和 700VBCD 等也发展很快，已广泛用于高压器件和功率 IC 制造，成为上海芯片制造业的一大特色。在此基础上，上海先进半导体公司建立了国内唯一的汽车电子芯片制造平台。在实施国家科技重大专项的推动下，华虹 NEC 的 0.18/0.13 微米 SiGeBiCMOS 成套工艺、0.25/0.18 微米通用 BCD 产品工艺和上海宏的 0.13/0.09 微米嵌入式自对准分栅闪存产品工艺的开发都取得重大进展。

目前，上海正在运营的芯片生产线共有 14 条。其中，12 英寸（300mm）生产线 1 条、8 英寸（200mm）生产线 8 条、6 英寸（150mm）生产线 3 条、5 英寸（125mm）和 4 英寸（100mm）生产线各 1 条。此外，还有专为制作 CMOS 图像传感器（CIS）的芯载彩色滤膜加工生产线 1 条和太阳能电池晶片生产线 1 条。

IC 产业虽然出现滑坡，但 IC 设计业在国家拉动内需等一系列政策激励下，一靠国内市场的刚性需求，二靠企业及时调整产品结构，开拓市场，逆势而上。据对本市100家主要IC设计企业的统计，实现销售收入64.09亿元，增长46.1%，占上海IC产业总销售额的16.0%，占全国IC设计业总销售收入的25%左右。

2. 汽车电子

汽车电子产业具备上下游产品研发、制造、配套产业链完整的特征，在汽车电子产业结构性布局中，吸引了部分国内外汽车电子科研机构和生产厂商落户，推动上海汽车电子产业整体发展。上海汽车电子产业规模为570亿元，增长23.3%，占全国市场30%的份额，并位列全国汽车电子产业规模第一。

上海共有汽车电子企业180余家，几乎涵盖所有汽车电子门类产品的研发、制造及应用领域，并有汽车与汽车电子跨国公司的亚洲总部、技术中心或研究机构16家，上汽集团技术中心、同济、交大国家工程实验室等国家级技术中心8家，上海地面交通工具风洞中心、上海汽车电子工程中心等省市级技术中心10家。上海汽车电子企业年销售规模超10亿元的约30家，其中，大部分是全球跨国公司在上海建立的合资或独资企业。

上海实业交通、信耀电子、航盛电子、上海沪工、联创电子、航天汽车机电、科博达、德科电子仪表、航天电源、上海电驱动、上海瑞华、上海德朗能等一批具有自主创新能力的本土汽车电子企业形成了上海汽车电子自主技术产业化主体骨干，在国内行业具有重要影响。

上海交大、同济大学、上海微系统所等组建"国家燃料电池汽车及动力系统工程技术研究中心"、"汽车电子控制技术国家工程实验室"、"新能源汽车及动力系统国家工程实验室"、"汽车电子工程中心"、"国家汽车检测中心"等国家级科研机构和质检部门，发挥上海产学研用的整体技术优势，助推上海汽车电子自主技术产业化向国际先进水平持续发展。

国际十大汽车电子厂商如德国大陆、德国博世、日本电装、美国德尔福、美国伟世通、法国法雷奥、美国天合、现代莫比克以及德国海拉、日本小糸、日本高田、霍尼韦尔、里尔公司、飞思卡尔等跨国公司均在上海建立合资企业或研发中心，在汽车电子中高端零部件领域处于领先地位，大大带动了上海汽车电子产业的发展。

3. 通信制造业

通信设备制造业全年完成工业总产值618亿元，销售收入625亿元，利润总额为16.5亿元。生产手机316万部、程控交换机387万线、移动通信基站199万信道。

通信设备业已形成包括网络通信设备、无线通信设备、光通信设备、通信终端、通信配套元器件等门类齐全的通信制造产业架构。浦东金桥出口加工区、张江高科技产业园区、漕河泾新兴技术开发区等园区聚集了上海主要的通信制造研发、生产企业，已基本形成区域协同发展的局面。

在3G的TD-SCDMA技术领域，上海处于全国领先地位。在网络设备市场的企业有上海贝尔、大唐移动等；芯片开发企业有联芯、展讯、锐迪科等；终端设计的企业有上海闻泰、晨讯、龙旗等；网络规划企业有：百林通信等；测试仪器企业有创远等，均有掌握关键技术的核心企业，产业各环节间具有强大的竞争力和互补协作性。无论网络设备还是终端芯片，上海都占据重要的市场份额。各种数据都显示，上海已成为国内TD移动通信技术最重要的产业基地。其中，联芯科技芯片和解决方案的TD-SCDMA终端在中移动的三次招标中占据60%左右份额，展讯芯片和解决方案的TD-SCDMA终端占据10%左右份额，两者相加，占据70%的TD市场份额，上海在国内终端芯片和解决方案产业中已经处于领先地位。

在广电行业，下一代广播电视网络（NGB）已正式启动，上海率先响应科技部和国家广电总局部局合作协议，积极开展50万户的NGB试点建设。随着上海试点应用的成功建设到全国范围内的陆续推广，将极大地拉动广电行业的应用需求。NGB拥有巨大的市场，以全国1.6亿户有线电视用户测算，完成全国范围NGB网络的建设需投入资金约3500亿元，其中在网络设备和用户终端设备方面的投入约2800亿元。根据经验统计数据，在信息通信设备和系统上的投资可以带动相关产业3～5倍的经济效应。

4. 新型显示

激光投影显示产业已形成较为完整的研发基础，与其他地区相比，优势较为明显。激光投影显示产业各环节都有相关企业在开展研发和产业化工作。在光机集成和整机设计方面，上海三鑫科技发展有限公司通过引进国外先进技术生产的微型LCOS激光投影光机和整机设备，已实现小批量销售；上海力保科技有限公司利用自主知识产权的高清投影显示光机技术生产的拼接墙等产品已实现小批量销售。在显示芯片方面，中芯国际已具备LCOS芯片流片能力。在超短焦自由曲面镜方面，上海现代超精密制造工程中心已设计制造出自由曲面镜等光学镜头样品。在黑栅柱面菲涅尔屏方面，上海现代超精密制造工程中心具备菲涅尔屏研发设计能力。在激光器方面，上海新产业光电技术有限公司具备激光器研发能力。

2009年，PDP产量为77.9万台，占全国PDP产量的40.7%。PDP产业主要是由上海松下的PDP面板业务和PDP电视机组成。上海松下目前50寸PDP生产线改造项目基本完成，增加了PDP整机的生产能力，提高了产品的合格率。

AM-OLED 具有高色度、高对比度、宽视角、高亮度、自发光、响应速度快、可成本柔性显示等优点，被认为是最具潜力的下一代新型平板显示技术。上海天马中试项目计划将在 2011 年底打通 AM-OLED 关键工艺，实现量产关键技术自控，形成月加工 1000 张玻璃基板能力，产品可应用于手机、数码相机／摄像机、工控仪表医疗仪器、车载仪表等领域。

2009 年，LED 产业产值超过 42 亿元，已基本建立起较完整的产业链，并在产业链的两端即前端 LED 外延、芯片与后端应用产品具有优势。在 LED 前端的产业化基础较好，拥有蓝宝、蓝光等多家外延和芯片企业。后端应用方面，三思 LED 显示屏，小糸车灯，亚明景观照明等产品在国内具有领先地位。同时，由于上海 LED 产业在技术、市场、人才等方面具备优势，较多国际领先的 LED 知名厂商如飞利浦、GE、达科等将总部、研发中心落户上海。

三、电子信息制造业发展推进工作

1．做好《电子信息产业调整和振兴规划》落实对接工作

落实科学发展观，全面贯彻国家电子信息产业调整和振兴的指导方针，坚持优先发展信息产业国家战略，加强自主创新，以重大项目带动关键技术突破，增强产业自主发展能力。推进信息技术在经济社会各领域的应用开发，加快工业化和信息化融合，推动产业应用发展。加强产业布局，优化产业环境，调整产业结构和产品结构，实现上海电子信息产业整体实力的提升和可持续发展。2009 年，市政府发布《上海市贯彻落实国务院电子信息产业调整和振兴规划的实施意见》。重点推进 8 大领域建设，即集成电路产业升级；促进平板显示和彩电工业转型；推动移动通信产业（TD-SCDMA）新跨越；加快数字电视推广；下一代互联网应用；提升软件和数字内容服务及产业化水平；培育 LED 半导体照明产业；提升交通电子产业。实现软件、集成电路、新型元器件三大核心产业关键技术的重大突破，建设 12 吋集成电路、高世代液晶平板生产线等一批重大工程项目，带动上下产业链的互动发展，产业结构和产品结构得到进一步优化，核心竞争力得到进一步增强。扶持和建设集成电路研发、新型元器件、无线通讯、汽车电子等公共开发平台和工程研发中心，共性技术开发能力和技术服务能力得到显著提高，形成集成电路、新型元器件、移动通信、数字音视频、汽车电子、半导体照明等产业基地。

2．做好国家重大专项组织实施工作

以争取国家科技重大专项落户为工作重点，做好国家工业和信息化部“核心电子器件、高端通用芯片及基础软件产品”、“新一代宽带无线移动通信网”科技重大专项项目（课题）申报工作。市经信委根据工信部的要求，积极组织上海集成电路企业申报重大专项项目，适时跟踪本市参加答辩的国家科技重大专项中的基础软件专项，积极协调落实地方配套资金。为了更好地了解各项目的进展情况，专门建立了沟通机制，每季度会定期召集各申报单位，了解项目最新情况。同时，根据工信部的要求，在重大专项项目明确之后，将监督企业进展，督促项目按计划实施，保证项目落实。

3．做好推进高新技术产业化工作

市经信委从产业调研摸底、瓶颈问题研究到确定重点产业方向入手，明确产业发展目标，制定《上海推进电子信息制造业高新技术产业化行动方案（2009 ～ 2012 年）》。行动方案指出，要“衔接国家电子信息产业调整和振兴规划及国家科技重大专项，按照‘聚焦重点、提升能级、协调发展’的总体要求，聚焦集成电路、通信和网络设备、新型显示 3 个产业方向，推进重点项目，优化产业结构；加强自主创新，通过产学研协同推进，突破发展瓶颈，提升产业技术能级；完善产业发展环境，促进产业链协调发展，提高产业核心竞争力。到 2012 年，本市集成电路、通信和网络设备、新型显示产业规模达到 2500 亿元，其中集成电路 800 亿元、通信制造 1200 亿元、新型显示 500 亿元；集成电路产业保持国内领先，技术水平跟上国际先进；通信和网络设备产业完善产业体系，提升整体竞争能力；新型显示产业培育新的增长点，实现规模化发展”。

4．积极做好“两化融合”工作

聚焦交通电子行业，推进“两化融合”工作取得了一定成效。在汽车电子领域，加强产业链体系建设，推动汽车电子芯片制造平台建设，上海海尔集成电路的 MCU 产品已开始在科博达公司 HID 电子镇流器以及荣乐公司汽车空调控制器等产品中试用；上海海尔集成电路、源赋创盈公司的汽车电子芯片制造也全部本土化，实现设计和制造的互动。根据产业发展情况，重点支持安全气囊系统、胎压监测系统、HID 电子镇流器、车身电子控制模块、倒车雷达控制芯片等一批自主创新产品研发和产业化。这些产品均已实现在整车中（前装和后装）的产业化应用。帮助上海先进半导体制造股份有限公司利用其在汽车电子芯片代工方面技术和经验，建设国内首个汽车电子芯片专业制造平台，提升上海汽车电子芯片制造水平，带动产业链发展。举办专业论坛促进行业交流，连续 5 年组织召开“中国国际汽车电子产品与技术展览会暨汽车电子行业高层论坛”，国内外著名的汽车电子企业纷纷参与。在航空电子、船舶电子、轨道交通电子领域，加强行业交流，组织召开了“2009 中国上海轨道交通电子产业发展高层论坛”。

5．做好“十二五”规划预研究工作

进一步探求“十二五”期间全球经济发展走势和产业投资、转移的趋势，分析“十二五”期间国内经济发展的形势

和产业环境，以及国家10大产业振兴计划和新一轮产业投资计划的影响；在分析研究全球信息产业技术发展趋势的基础上，结合相关产业的技术路线图，判别“十二五”期间产业技术在应用方面可能的突破点，以及可能存在的产业结构重大变动的主要领域和推动力。提前做好战略部署，促进上海电子信息制造业持续健康发展。

（信息）

装备产业发展情况

2009年，上海装备制造业资产达11518.70亿元，比上年增长14.4%，占全市规模以上工业企业资产总计的47.2%；企业数7351家，从业人员131.90万人，占47%，是上海工业经济的重要组成部分。随着国家“保增长、扩内需、调结构”政策的落实，上海装备制造业克服国际金融危机影响逐步走出低谷，持续稳步回升。

一、发展概况

1．产值规模继续增长，增速进一步放缓

2009年，装备制造业完成工业总产值12515.37亿元，增长8.4%。

分行业看，在国家汽车产业政策的支持下，汽车整车和相关零部件制造业生产大幅上升，交通运输设备制造业一路领先，产值增长29.8%；通讯、计算机及其他电子设备行业紧随其后，增长10.1%；其余5个大类行业产值均不同程度下滑，通用设备、专用设备、电气机械及器材制造业等3个行业周期较长，现有定单尚待消化，产值分别下降0.5%、3.2%、1.7%。金属制品业、仪器仪表及办公用机械制造业等2个行业出口受阻影响较大，产值分别下降20.4%、8.7%。

2．行业整体利润恢复性增长，各子行业差别较大

随着国家扩大内需政策的实施，各地加快基础设施建设和产业转型升级，为装备制造业带来巨大的市场需求。全年装备制造业完成利润总额726.71亿元，增长22.6%，呈现出恢复性增长态势。

交通运输设备、电气机械及器材、通用设备制造业等3个行业受益于国内市场的强劲需求，利润增幅分别是76.8%、22.1%、13.2%。其中，交通运输设备制造业完成利润376.59亿元，净增163.64亿元，拉动上海装备制造业利润增长16.7个百分点；专用设备制造业产业规模小，利润微增1.6%，处于缓慢回升。

通讯设备计算机及其他电子设备、金属制品业、仪器仪表及办公用机械制造业等3个行业与国际市场关联大，受出口受阻、生产萎缩、产品价格下降的影响，利润大幅下滑。其中，通讯设备、计算机及其他电子设备制造业亏损15.08亿元，金属制品业、仪器仪表及办公用机械制造业利润分别下降10.5%、4.5%。

3．出口形势严峻，金属制品业受影响最大

由于外需大幅减少，国际贸易保护势力抬头。装备制造业完成出口交货值5102.55亿元，下降8.5%。

分行业看，金属制品业、电气机械及器材制造业、仪器仪表及办公用机械制造业受影响最大，出口分别下降53.4%、20.8%、19.4%；专用设备、通用设备、交通运输设备及通信设备、计算机及其他电子设备制造业出口分别下降11.9%、11%、6.7%、5.5%。

4．全年走势前低后高，逐月回升

全年装备制造业呈现出前低后高，逐月回升的发展态势。从回升速度看，装备制造业回升速度明显高于上海工业的回升速度，装备制造业产值增幅于7月实现由负转正，比全市工业产值提前3个月。由于这种情况，最终装备制造业实现工业总产值12515.37亿元，增长8.4%，增幅高出全市工业增幅5.2 个百分点。

5．外商及港澳台投资企业占主导地位

年末，外商及港澳台投资企业达到2688户，占全行业企业总数的36.6%；资产6658.61亿元，占57.8%；从业人员76.16万人，占57.7%。全年主营业务收入9831.79亿元，占73.5%；完成工业总产值9051.54亿元，占72.3%；实现利润总额446.78亿元，占61.5%。

6．产值全国排名不变，仍位居第四

全国装备制造业年产值排名前五位的省市分别是江苏、广东、山东、上海、浙江，排位与上年相同。5省市产值均过万亿元，第一位江苏省接近30000亿元，上海稳居第四，产值总量占全国的7.9%。出口总量前五位的省市分别是广东、江苏、上海、浙江、山东，除江苏出口微弱增长外，其余4省市出口都出现不同程度下降。

二、重点行业

1．发电设备制造业

发电设备制造业的主要产品包括火电、核电、风电设备，是上海装备制造业中的优势行业，也是全国三大动力集团之一的上海电气集团的核心优势产业。2009年，由于市场需求锐减，新接订单减少40%，发电设备产量下降，但产品结构逐步优化，品种趋向多元。全年发电机组产量为2440.70万

千瓦，下降14.6%，其中，汽轮发电机2404.5万千瓦，下降15.1%；风力发电机组产量36.2万千瓦，增长41.2%。

上海电气的火电产品主要是60万～120万千瓦清洁高效的火电设备。近年来，环保节能成为电力工业结构调整的重要方向，在“上大压小”政策导向下，大批低能效、重污染的小火电机组被关闭，加快了火电设备更新换代。上海电气抓住机遇，发展高端火电设备，包括国际上最大的120万千瓦超超临界机组等大型火电设备。风电方面，在消化吸收国外技术的1.25兆瓦风机基础上，2兆瓦风机已经规模化生产，并且设计了适合盐碱地、高原、低温、近海等不同地理环境风况的机型，满足市场需求，正在进行3.6兆瓦海上大型风机的研发。核电方面，主要引进美国西屋AP100核电技术，自主研发的大型锻件突破技术瓶颈，核岛主泵、U型蒸发管等关键设备已经研制成功，另外一些设备正在加大技术攻关力度。上海电气为了适应核电产业的发展，整合集团下属重工、电站、仪电三大板块，分别负责核岛、常规岛、集成控制的设备制造，同时启动临港二期扩建项目。到2012年，临港将成为全球规模最大、业务最集中、能力最完整的先进核电主设备制造基地。

2．输配电及控制设备制造业

受国家电力、电网建设的需求刺激，上海输配电行业正在形成以高压和超高压为高端，中、低压为配套的国内最大、最齐全的输配电设备生产制造基地。全年完成工业总产值490.49亿元，下降2.3%；利润52.97亿元，增长24.8%。输配电行业原有的中低压输配电产品已形成规模，扩大了高压产品的生产规模，形成高压、超高压输配电变压器、互感器、电抗器、保护装置、开关成套等配套产品群，开发了超高压直流输电设备、中心城区入地半入地高压变电站和输电线路入地等新产品。

从产品产量看，变压器产量4494.78万千伏安，增长6.8%，其中，电力变压器（≥8000千伏安）产量1870.8万千伏安，增长55.7%，显示行业正向高端产品发展。

3．环保装备制造业

随着全球经济发展的绿色化、低碳化，未来环保装备制造业的发展空间巨大。整体煤气化联合循环发电技术（IGCC）以其高效、环保、适应性广，可实现多联产和低成本捕获二氧化碳等技术特点，成为世界上最具发展前途的清洁发电技术之一，产业发展空间巨大。上海电气电站集团抓住机遇，攻克250兆瓦的IGCC核心技术，已和华能集团签约制造我国第一台250兆瓦IGCC。此外，电气电站集团还利用电站企业的制造优势，发展非电站业务的环保装备制造，如2万吨级海水淡化装备、燃煤电机二氧化碳捕集、燃机烟气脱硫装备等。

三、产业布局

上海装备制造业正逐渐形成“6＋X”的产业空间布局。其中“6”表示临港装备产业基地、长兴岛船舶及海洋工程产业基地、闵行机电工业基地、嘉定国际汽车城、航天产业基地、航空产业基地（汽车、航天和航空基地有相关规划等）。“X”表示形成若干个具有特色的专业化装备产业集聚区。

1．临港装备产业基地

临港装备产业基地初步形成清洁高效发电和输变电设备、大型船舶关键件、海洋工程装备、自主品牌汽车整车和零部件、民用航空配套产业等产业集群，对外影响力日渐增强，具有承接国际装备制造业高端化、产业链完整化趋势的新优势。

全年实现地区增加值197.4亿元，增长20.8%，其中，第二产业完成增加值108.8亿元，增加110%。完成全社会固定资产投资203亿元，增长18%，其中，工业投资62亿元，增长33%。完成工业总产值249.6亿元，同比翻番。实现税收23.8亿元，增长45%。

全年招商引资落地项目总投资101.5亿元，吸引合同外资1.2亿元。上海中船三井造船柴油机增资、伯尔克（上海）底盘等外资项目获得批准；三一重工在奉贤分区顺利签约落地，将陆续建成大型挖掘机、矿山机械、精密机床等项目以及集贸易、研发、培训于一体的华东总部。

落地项目加快开工建设。总投资达45亿元的申能燃气电厂正式启动建设，进入主体施工；上海第一机床厂扩能项目开工，上海电气临港核电制造基地二期工程开始建设，至2012年，临港将建成为全球规模最大、业务最集中、能力最完整的先进核电主设备制造基地；临港物流园区重点功能性项目普菲斯亿达冷链基地开工建设。

重点在建项目加快推进。上海电气超高压变压器制造工程、中船临港大功率柴油机二期工程进入设备安装调试；外高桥海洋工程项目抓紧设备安装调试，完成投资8.3亿元；ABB高压电机项目建成投产；普罗新能源制造、威尔泰克二期、闵联二期标准厂房项目建设步伐加快，华仪电气进行方案设计，中船柴油机配套进入土地手续办理。四镇配套产业区一批产业项目建设顺利推进。

重视集约利用土地，全年新增建设用地31.33公顷，确保重点工程事实项目用地，完成工地项目79个，用地面积434公顷。重点基础设施加快推进，完成固定资产投资38亿元。LNG临港段码头竣工投入使用，重装备产业区水系工程等加快推进，临港大道、两港大道西延伸段等开工建设。奉贤分区市政基础设施有效推进，一期市政道路全面开工。两港大道奉贤段竣工通车，海洋高新技术产业化基地海洋大道进入路面施工。

2．闵行机电工业基地

闵行机电工业基地汇聚了电站设备、重型装备、环保装备、输配电设备、电梯制造、轨道交通等众多行业企业。基地积极发挥自身传统优势，加大技术创新力度，积极提升现有产业能级，走高端制造之路，具备60万～100万千瓦超临界和超超临界火电机组的生产能力，IGCC技术获得重大突破；年产电梯20万台，形成生产、调试300辆城市轨道交通车辆的能力；大型船用曲轴一期工程已经投产。闵行机电工业基地将继续走高端制造之路，着重通过创新带动产业升级和基地能级的提升。

（陈海林）

重化产业发展情况

2009年，上海重化产业完成工业总产值4551.6亿元，占全市工业总产值的18.29%。其中，石油化工完成工业总产值2585亿元，占全市工业总产值的10.39%；钢铁完成工业总产值1284亿元，占全市工业总产值的5.16%；有色完成工业总产值321.8亿元，占全市工业总产值的1.29%；建材完成工业总产值360.8亿元，占全市工业总产值的1.45%。

一、石油化工产业发展情况

石油化工和精细化工制造业经历了上半年生产较大下滑后，随着原油价格震荡走高，化工产品价格总体走强，行业开工率不断提升，带动行业产值增速大幅回升，全行业于8月实现了11个月以来的首次月度增长，此后保持高速增长，并于12月份实现累计持平。全年完成原油加工量1925.2万吨（累计下降0.8%），实现工业总产值2585亿元，可比持平；出口交货值206亿元，下降16.6%；利润118亿元（去年受成品油价格倒挂影响亏损74亿元）。

上海化学工业区全年经济发展基本平稳，三季度赛科完成扩产并稳定生产，化工区企业全面复产，区内90%以上的装置都达到满负荷，生产经济运行实现“V”型反转。全年完成销售收入449亿元，下降12.9%；完成工业总产值434亿元，下降13.2%；批准投资项目31个，总投资10.9亿美元，下降70.91%；合同外资2.42亿美元，下降67.25%；区内企业整体实现扭亏为盈，区内注册企业实现利润1.8亿元；园区税收稳步增长，上缴税金约为25亿元，略有增长；固定资产投资继续保持高位，完成固定资产投资94.0亿元，增长4.3%；土地投资强度为每平方公里152.8亿元；单位土地产出为每平方公里72.5亿元；能耗水平继续保持低位，已投产工业企业万元产值能耗约为1.14吨标准煤，比上年有所增长；化工区海关进出口货物233.4万吨，增长29.93%；进出口货物总值11.33亿美元，下降19.95%。其中，进口货物总值10.41亿美元，下降20.91%；出口货物总值0.92亿美元，减少7.15%。至年末，化工区共注册成立企业53家，累计批准项目总投资148.7亿美元，累计完成固定资产投资792.1亿元。

重大项目有力推进，中石化集团投资25亿美元的1200万吨／年炼油项目由上海市人民政府和中石化集团联合向国家发改委上报了项目申请报告；中国电力投资集团公司总投资约100亿元的IGCC煤基多联产项目已开展项目选址、技术选型、市场调研等工作；陶氏化学公司4.9亿美元环氧一体化项目、赢创公司MMA增资1.12亿美元项目均获得国家发改委核准批复；西班牙西萨化工公司2.06亿美元苯酚丙酮项目申请报告已完成评估，并正式进入国家发改委核准程序。赢创公司MATCH项目正式投产，三菱瓦斯PC项目和华谊ABS项目先后举行了开工仪式。上海石化结构调整工程（五期工程）包括1#常减压装置易地改造工程、330万吨／年柴油加氢精制项目、38万吨／年乙二醇装置、60万吨／年PX芳烃联合装置等炼油、化工、公用工程以及高性能纤维等共计17个项目，总投资为80亿元。至11月全部建成投产，基本解决了1200万吨／年原油加工配套结构问题，优化了燃料、动力及产品结构，提高了节能减排水平。

9月27日，高桥石化的120万吨催化汽油吸附脱硫装置一次开工成功，检测结果表明产品质量合格，硫含量小于2.0PPM，实现向上海市场提供符合欧Ⅳ排放标准的清洁汽油的目标，为上海城市的天更蓝、水更清作出了应有的贡献，充分体现了2010上海世博会“城市，让生活更美好”的主题。

华谊集团立足自主创新，加快产业化进程。以煤基多联产和石油产品为基础，向新材料领域延伸；以现有高分子材料为依托，向高附加值、精细化发展；以华谊轮胎产业为重点，在橡塑加工上有所突破。目前，重点实现产业化的项目有自主研发的连续本体ABS技术成果产业化项目、6万吨／年丙烯酸及下游配套项目、1万吨／年水相法氯化聚氯乙烯树脂产业化项目、巨型全钢丝工程子午线轮胎技改项目等。同时，加大技术能级的提升，加快产业结构调整。通过实施产品结构调整多联产项目，从传统煤焦化技术向现代化的先进煤清洁气化技术和碳一化学产业路线的转型，真正实现产品结构的调整。

二、精品钢材制造业

2009年，上海精品钢材制造业生产出现负增长，全年完成工业总产值1284亿元，可比下降2.4%；出口交货值93亿元，下降49.2%；实现利润55亿元，下降10.4%。

上半年该行业产值降幅较大，其中1～4月降幅均在20%以上，受汽车、家电增长拉动，7月实现12个月以来的首次月度增长，并连续6个月增长，累计降幅不断收窄。从钢材产量看，全年钢材产量2181万吨，下降0.3%，基本恢复到金融危机前水平。

在生产方面，首次采用开放式自主集成创新模式建设的大型薄板连轧项目——梅钢冷轧酸轧、连退等8大机组的投产，使梅钢的最终产品从热轧板卷向高技术含量、高附加值、市场急需的优质镀锡、镀锌、镀铝锌板延伸。首条自主集成建设的连退机组——2030新增连退机组顺利投产，年设计产量86万吨，产品定位于高档汽车板；取向硅钢产量突破8万吨，高等级产品比例达到50%以上，在国内率先掌握取向硅钢顶尖制造技术，试制成功取向硅钢最高等级激光刻痕产品，成为世界上少数能生产此级别产品的企业之一，并通过全球最大变压器制造商认证。1880热轧产线累计生产品种钢逾1000个品种、规格，是其设计范围的两倍多，高等级产品占八成以上，成为覆盖宝钢热轧品种最多的产线。成功生产出10.3毫米、11.1毫米两种规格的超薄、抗轻质裂缝、抗硫化氢“双抗”管线钢，首批1000吨产品的性能合格率达到了96.3%，吨钢辊耗首次突破0.30千克，实现了“破三进二”，标志着1880产线辊耗管理和控制水平跻身世界先进行列。首条自主设计、自主集成的碳钢酸洗产线——宝钢股份不锈钢事业部冷轧工程碳钢酸洗线（CPL）成功突破设计产能。宝钢湛江龙腾球团项目热试车成功。湛江钢铁项目的起步工程——宝钢球团项目，总投资约32亿元，主要建设一条年产量为500万吨的链篦机——回转窑氧化球团生产线及其配套工程。该产线是我国拥有完全自主知识产权、自行研发的单线生产能力最大的球团生产线，它的建成打破了国外企业长期以来对大型球团技术的垄断。

在产品研发制造方面，填补多项国内空白。核电蒸汽发生器用690U型管国产化项目投产，并获得国家民用核承压设备生产许可证，满足了我国在核电重大装备关键材料领域实现国产化的迫切需要，对保障我国核设施长期有效运行及国家核安全有重要意义，也由此成为目前国内首家、世界上第四家能够生产核电用管的企业。首次实现60万千瓦超超临界机组水冷壁用优化内螺纹管的国产化，顺利完成供东方锅炉公司的两规格、307吨优化内螺纹管生产。为大型专用车成功研发热轧高强钢，已经有8家专用车制造企业开始批量采购宝钢产品，实现了汽车用热轧高强钢在专用车领域的应用拓展，产品年销量超过往年。试制成功高端HFWK55焊套管。交付首批大飞机用TC4钛合金热轧棒材。与塔里木油田合作成功开发13铬油井管，替代进口产品。首块主要用于核电能源、石化、蒸汽动力等领域的耐蚀合金板Incoloy800H试制成功。独家研发生产的节镍型控氮奥氏体不锈钢，形成批量生产能力，开辟了一个新的盈利点。试制出X80抗大应变焊管，成为国内首家具备此类抗大应变焊管批量生产能力的钢铁企业。冶炼成功150吨用于制造液化天然气储罐的低温高合金容器钢，成为国际上拥有该钢种的制造技术的极少数钢铁企业之一。1000MPa级热镀锌板成功进入上海通用汽车有限公司，实现了宝钢冷轧超高强钢产品在轿车行业的首次批量应用，1200兆帕超高强钢通过了汽车制造商验证。海洋平台结构用钢通过API会标认证。

在战略合作方面，宝钢集团公司积极响应《钢铁产业调整振兴规划》，优化国内钢铁工业布局和结构调整，与杭州钢铁集团公司签署协议，重组宁波钢铁有限公司。宝钢与中国商飞签署战略合作协议和钢材供货框架协议，进一步深化战略合作关系，加强材料采购和供应领域的合作，重点为航空用钢材料体系建设及新材料研发，开展大飞机特殊用钢领域的研究。与东方电气（广州）重型机器有限公司、上海电气核电设备公司、哈电集团（秦皇岛）重型装备有限公司签订核电用690U型管供货协议及合作开发协议，标志着我国核电制造业从材料供应、装备制造到核电站应用的产业链已经构建，对我国核电工程产业化及经济化运作将起到积极的推动作用。宝钢股份与中国航油集团物流有限公司签订项目建设整体用钢供货协议。三年内，宝钢股份将为其提供一揽子服务，涉及不锈钢、热轧板、中厚板、船板等总计9万多吨优质钢材。宝钢集团公司与上海铁路局在上海铁路局博物馆签署战略合作意向书，上海铁路局还将协助并支持宝钢整合优化内部铁路资源；在贸易等经营业务的合作上，将围绕铁路建设项目中各类建材的供料、运贸一体化、铁路废钢铁的回收以及广告、铁路客运票务等项目进行合作。宝钢股份与中国海洋石油总公司签署长期战略合作协议，双方由钢材供需关系升格为战略合作伙伴关系。宝钢与美的、格兰仕签订战略合作协议，共同致力于完善和发展钢铁、家电企业上下游供应链体系，进一步巩固和发展长期稳定的供货关系，并在钢材采购、产品开发和技术合作等方面开展更加深入广泛的合作。宝钢股份与上海电气签订战略合作协议，重点开展新产品开发、市场采购等方面的合作，包括加大核电用厚板的研究、开发与试用力度；充分发挥综合优势，实现钢管产品的配套采购与供应；抓住国家大力发展风电、水电的有利机遇，加强在风电、水电用不锈钢方面的合作等。宝钢与中船集团签署战略合作协议，双方将在钢材供应、技术开发、物流配送、钢材加工、信息共享、售后服务、企业管理等方面深化合作，宝钢将积极参与支持中船集团在25万吨级以上油轮、海洋石油平台等新业务领域相关品种的研发、制造和供应。

三、主要有色金属产品产量

全年完成铜材 20.59 万吨，下降 7.2%；铝材 23.92 万吨，增长 15.7%；10 种有色金属 10.69 万吨，下降 18.4%。

四、主要建材产品产量

全年完成水泥 754.19 万吨，下降 0.9%；商品混凝土 2004.5 万立方米，增长 8.4%；卫生陶瓷制品 221.14 万件，下降 23.6%。

（李惠民）

都市型工业发展情况

2009 年，上海都市型工业积极应对国际金融危机影响和自身产业结构调整转型的挑战，在国家“保增长、扩内需、调结构”政策的推动下，围绕市委、市政府“四个确保”的要求，以贯彻落实国家轻工业、纺织工业调整振兴规划为契机，积极克服外需萎缩、投资乏力、产业波幅加大、结构调整压力增大等困难，认真确保重点工作，加强行业调研，不断促进消费品工业升级，保障了都市型工业的平稳发展。

一、都市型工业推进工作基本情况

1．深入贯彻实施国家轻纺产业调整振兴规划

为更好地落实国家轻工业、纺织工业调整振兴规划，完成《上海市贯彻落实轻工业、纺织工业调整和振兴规划的实施方案》的编制工作，并以市政府的名义予以发布。方案明确地方组织实施的指导思想、原则目标、主要任务、职责分工和对策措施，并根据上海的特点，形成食品、家电、日化等七大重点领域，以及落实扩内需政策、扩大产品出口、提高自主创新能力、加强自主品牌建设等七大主要任务，制定了对策措施，有效促进了消费品工业在调整中发展、在调整中转型升级，进一步发挥消费品工业繁荣市场、稳定就业的作用。

2．加快都市产业结构调整步伐

大力推进都市产业结构调整工作，进一步转变产业的发展方式。一是实施“突出重点、带动一般”的战略，重点扶持和发展食品、家用电器、日用化工、工艺旅游纪念品、文体用品、包装印刷及服装纺织等 7 个重点领域，以及与此相关联的创意产业和时尚产业。二是加快培育一批企业。加快培育年销售收入超过 100 亿元以上的大型轻纺企业，年销售收入超过 10 亿元以上“有产品、有市场、有效益、有自主知识产权”的轻纺优势骨干企业和一批“专、精、特、优”的中小企业。如年销售收入突破 700 亿元的上海光明食品（集团）有限公司、突破 100 亿元的上海老凤祥有限公司。三是深化开放合作，实施产业转移。一方面在市内实施产业转移，市区内高污染、高能耗轻纺企业已基本淘汰或转移；另一方面将一批企业的制造加工转移到外地，如上海海立（集团）股份有限公司在外地建厂生产 1.2 匹以下的空调压缩机，上海本部集中力量生产大功率空调压缩机和其他产品，两地实现双赢。

3．加大科技创新和技术改造力度

以高新技术产业化为切入点，始终把科技创新作为增强企业活力的重要抓手，把实施技术改造作为提升企业生命力的重要手段，重点引导企业在提高产品能级、附加值上下功夫，在提高企业生产管理水平和能力上下功夫。大力推进光明乳业、美特斯邦威、家化集团等企业的“两化融合”项目建设；推进光明乳业长效酸奶生产技术改造、金枫酿酒有限公司新型高品质黄酒、亚明灯泡厂三基色 T8 管形荧光灯技术改造等一批技改项目建设；将芳砜纶纤维和新型材料绝缘纸列入全市高新技术产业化重点项目予以重点扶持，加速推进科技成果产业化；鼓励企业开展技术和产品研发，老凤祥的成套首饰、亚明和明凯的节能灯、奔腾的低噪音节能小家电、海立的高效率的“热泵热水器”等都得到消费者的认可和好评。

4．认真落实工信部各项工作

认真组织落实工信部的各项工作要求，取得一定成效。家电行业方面，积极落实家电下乡、家电以旧换新相关工作，开展中标生产企业产销情况分析，督促企业加强产品质量管理，促进居民家电消费增长。如上海日立电器有限公司积极开发适合家电下乡的产品，全年产销总量均超过上年，出口增长 21%，提前 1 个多月完成年度经营目标。上海索伊电器有限公司中标 15 个型号电冰箱，由于下乡产品畅销，还因此减少了冰箱出口和 OEM 定单，力保家电下乡市场需求。食品行业方面，认真实施食品安全整顿工作，会同市质量技监局、市工商局完成 14 家乳制品生产企业的行业整顿和规范工作，积极组织行业内重点企业开展食品添加剂行业自律，联手各区县经委开展食品生产企业的自查自纠、诚信体系承诺签署工作，完成《农副产品深加工调研报告》。纺织行业方面，支持和指导纺织行业协会、服装行业协会等开展纺织行业基本数据库专项调研，跟踪了解并组织参与工信部纺织行业标准制修订，完成《产业用纺织品调研报告》。

5．推动工业设计业发展

2005 年以来，上海推动一批原创设计工作室建设，目前

已有21家原创设计工作室项目。通过产品设计创新，培育设计团队，不断促进都市产业转型升级。根据市政府常务会议决定，上海要积极申请加入联合国教科文组织“创意城市网络”，以打造“设计之都”为抓手，着力推动设计产业发展。

6．稳步推进工艺美术保护发展工作

完成第二届上海市传统工艺美术品种和技艺、第二届市级工艺美术大师的认定工作，认定20项品种技艺和30位市级大师；推动长三角“16+N”工艺美术联合体建设，促进长三角工艺美术行业合作；配合工信部做好传统工艺行业调研。

7．深化服务企业工作

为有效抵御金融危机带来的不利影响，市经济信息化委等有关部门启动了服务企业工作，通过建立重点企业跟踪服务渠道（在都市产业领域，共有51个企业被列为重点服务对象），开通网络直通车等方式，对企业面临的急难愁问题提供一口式受理服务，从而在日常服务工作中加强与都市产业各相关行业、企业的沟通联系。

二、都市型工业总体运行情况分析

1．经济运行企稳并呈现增长态势

全年，都市型工业实现工业总产值4469亿元，下降4.6%，其中，轻工行业实现工业总产值3660亿元，下降4.6%；纺织行业实现工业总产值809亿元，下降5.1%。从主要子行业生产情况看，合计产值规模占轻工行业的20%以上的家电、塑料制品行业从9月起开始回升，全年累计降幅分别为3.0%和8.3%，分别比上半年收窄了8.7个和15.3个百分点；工艺品、食品、日用化学品和农副食品加工业分别增长4.5%、2.6%、1.3%和0.1%；饮料、皮革、家具、印刷行业分别下降6.3%、4.3%、0.9%、0.6%；照明器具和电池制造行业分别下降19.0%和16.6%。从重点企业生产情况看，39%的重点企业增长。

2．运行质量保持较高水平，利润大幅回升

全年实现利润279亿元，增长39.6%。其中，轻工行业实现利润239亿元，同比增长41.9%；纺织行业实现利润40亿元，同比增长27.3%，产销衔接和效益保持较高水平，属上海市利润增长较快的行业。

3．出口下行态势初步遏止，外需依然低迷。全年实现出口交货值1033亿元，下降17.6%。其中，轻工行业出口交货值784亿元，下降19.8%；纺织行业出口交货值249亿元，下降9.8%，出口形势依然严峻。

（那海燕）

创意产业发展情况

2009年，本市各区县和有关部门积极应对国际金融危机影响，在国家加快服务业发展的政策推动下，紧紧围绕市委、市政府关于发展创意产业的一系列指示精神，努力优化发展环境，重点推进集聚区建设，充分调动企业和中介机构的积极性，确保了创意产业取得持续、快速和稳步发展。

一、创意产业发展环境进一步优化

7月10日，市委书记俞正声召开专题会议听取创意产业工作汇报，并作出“发展创意产业关键要搞好产业园区，注重政策引导，发挥市场作用”的重要指示，对创意产业集聚区的发展提出了新的要求。10月13日，市政府召开“上海市创意产业集聚区工作推进会议”，进一步明确创意产业集聚区发展重要性和下一步发展目标、方向。市有关部门积极推进创意产业集聚区建设，市高级人民法院、市社会工作党委、市经济信息化委、市建设交通委、市政府法制办、市规划局、市房地局和市工商局等8部门出台《关于进一步规范上海创意产业集聚区内商铺建设、经营活动，妥善解决相关民事纠纷的会议纪要》。年内，上海创意设计大师培训中心和实训基地、顾传熙原创大师设计工作室、上海国际工业设计中心等12个项目获得上海市服务业引导资金扶持。各区县也纷纷推出一系列创意产业发展政策和举措。

二、创意产业规模持续增长

本市创意产业按研发设计、建筑设计、文化传媒、咨询策划和时尚消费等5大创意产业门类统计，全年增加值达1148亿元，占全市GDP的比重从5.8%提高到7.7%以上；创意产业总产出3900亿元，增长17.6%，继续保持较快发展。其中，研发设计增长23.6%，建筑设计增长18.9%。年末，本市创意产业从业人员达到95万人。

三、创意产业集聚区健康发展

本市认定第五批创意产业集聚区（共12家），它们是鑫灵创意园（浦东新区）、D1国际创意空间（徐汇区）、映巷创意工场（长宁区）、景源时尚产业园（普陀区）、花园坊（虹口区）、环同济设计创意产业集聚区（杨浦区）、上海国际设计交流中心（杨浦区）、上海铭大创意广场（杨浦区）、江南智造（卢湾区）、汇智创意园（静安区）、800秀（静安区）、智慧金沙3131（嘉定区）。至年末，本市创意产业集聚区建筑面积为268.71万平方米，增长28%；集聚区入驻企业6110家，增长54%；集聚区从业人员11.47万人，增长36%；集聚区营业总收入422.2亿元，增长84%；集聚区总税收 25.35 亿元，增长 56%。

四、区县创意产业发展不断突破

卢湾、静安、长宁、徐汇、虹口、闸北等区已经把创意产业作为新一轮发展的重点，给予重点扶持。各区县依托创意集聚区载体，结合区域产业特色和优势，进一步以创新方式推进创意社区和创意城区建设，努力实现集聚区、社区、城区“三区联动”。如卢湾区江南智造创意产业集聚区、杨浦区设计创意示范区、静安区时尚创意产业示范区、长宁区环东华时尚创意产业集聚区等。

五、上海国际创意产业活动周取得圆满成功

2009（第五届）上海国际创意产业活动周于 10 月 15 ~ 21 日成功举办。本届活动周以“创意 · 遇见世博、设计 · 品味生活”为主题，由上海国际创意产业博览会、上海国际城市创意产业论坛、上海“创意盛典”颁奖仪式三大版块组成。活动周展会面积近 3 万多平方米，参观人数 10 多万人次，其中，专业人士超过 60%，国外人士接近 15%，共有来自英国、法国、德国、美国、澳大利亚、韩国、荷兰、加拿大、丹麦、日本等 30 多个国家和地区的代表前来参展和参观。本届活动周是五届活动周中最成功的一届，不仅规模最大、参观人数最多、展览和论坛质量最高为历届之最，而且在活动的丰富性和互动性上做足了功夫，在专业展示的同时也关注普通市民的观展体验，得到广大市民一致好评。

六、上海正式申请加入“创意城市网络”

为进一步贯彻落实市委、市政府加快形成以服务经济为主的产业结构要求，结合本市创意产业发展实际，4 月 27 日，市政府常务会议决定，正式启动申请加入联合国教科文组织“创意城市网络”，并成立由韩正市长担任组长、艾宝俊副市长担任副组长，14 个市相关部门共同参与的“申创”工作领导小组，指导和推动“申创”工作。6 月 26 日，市经济信息化委王坚主任等一行受艾宝俊副市长委托向联合国教科文组织递交了申请报告和宣传片。

上海加入“创意城市网络”有利于加快发展文化及创意产业，促进经济发展方式转变和产业结构调整；有利于促进创意设计更贴近群众生活，改善人们的生活方式和提升生活的品质；有利于提升城市“软实力”，塑造海纳百川、开放包容、时尚先锋、富有创新精神的上海城市形象。

（周 勇）

生产性服务业发展情况

生产性服务业是伴随着制造业高度发达、社会分工细化、制造业内生需要而催生的产业，是产业结构调整转型、实现经济发展方式转变、加快推进先进制造业和现代服务业发展的重要抓手，是发挥上海优势和特点的重要体现。作为面向生产的服务业，生产性服务业必然涉及企业生产的人、财、物、产、供、销活动，离开制造业的发展基础，生产性服务业发展将是空中楼阁，上海发展生产性服务业必须结合上海的产业优势与特点。2009 年，本市重点生产性服务业企业共实现营业收入 3450 亿元，比上年增长 8.2%。

一、总集成总承包

2009 年，市经济信息化委与市财政局联合制定《上海市总集成总承包工程专项引导资金管理办法》，通过组织申报全年总集成总承包项目，汇总了近百个总集成总承包项目，涉及总金额近 75 亿元，引导资金对属于产业调整振兴规划、高新技术产业化及国家重大科技专项范围的优先，服务范围为长三角和全国的优先，项目内容为咨询、设计的优先，有力地推动了全市总集成总承包的发展。2009 年，总集成总承包营业利润额比上年增长 28%。

1．全市总集成总承包业务范围不断扩大。从传统的建筑领域到钢铁、化工和装备制造等制造领域，总集成总承包服务能力和意识不断增加，装备、船舶、钢铁、化工、汽车、电子等领域的总集成总承包业务市场不断扩大，龙头企业将科研、信息、物流、检验检修等资源进行有机整合，大力发展总集成总承包服务为核心的业务。

2．总集成总承包支撑体系初步形成。作为外包的知识服务、科研服务已成为全市总集成总承包可以基本依赖的服务体系；在信息服务支持方面，由于互联网的作用，钢铁、化工、装备、汽车、电子等领域的第二方、第三方信息服务市场正在形成，为总集成总承包打下了重要的基础；由于航运、电子口岸等方面的发展，特别是物流园区、物流配送体系的健全，物流服务已成为总集成总承包最为依赖的支撑体系之一；检验检测服务、设备和融资租赁等基础性资源支持服务初步建立，形成了在全国比较领先的服务体系。

3．总集成总承包创新能力不断增强。钢铁、化工、装备等领域不断引入 EPC 交钥匙总承包模式、PM 项目管理服务模式、PMC 项目承包模式等业务模式，并通过不断自我创新的、独有的整合技术和基于标准技术规范的融合方式，使总集成总承包业务在业务模式和技术整合上不断进步，还延伸到工程的运营和管理等后续服务中，推进了全市服务经济发展。

二、制造业物流和口岸物流

2009 年，本市物流业发展的政策环境不断优化。国家出台《国务院关于印发物流业调整和振兴规划的通知》（国发 [2009]8 号）、《国务院关于推进上海加快发展现代服务业和先进制造业、建设国际金融中心和国际航运中心的意见》（国发 [2009]19 号）；本市出台《上海市现代物流业发展“十一五”规划》和《本市贯彻＜物流业调整和振兴规划＞的实施方案》，为制造业物流、口岸物流发展营造了良好环境。至年末，上海共有 74 家 A 级物流公司，其中 5A 级 9 家、4A 级 32 家、3A 级 28 家、2A 级 5 家。涌现一批全球货代公司，如中海物流、中航国际、远成集团、佳吉快运、德邦物流等；产生一批行业骨干物流企业，如安吉汽车、华谊天原等，产值规模在 10 亿元以上。

1．制造业物流、口岸物流基础设施不断完善。洋山港二期投产，三期正在抓紧建设；外高桥六期基本建成多用途物流码头，七期正在加紧建设；浦东国际机场第二航站楼投产；虹桥交通枢纽开工建设；高速公路网初具规模、浦东铁路建设和内河航道改造进展顺利。综合交通基础设施建设取得的成就为制造业物流、口岸物流发展奠定良好基础。

2．制造业物流、口岸物流信息化水平不断提高。各种物流信息系统，如仓储管理系统（WMS）、运输管理系统（TMS）等；各种先进物流装备，如自动拣选设备、标准化立体仓库等；各种物流技术，如射频识别标签（RFIG）、全球定位系统（GPS）、电子地图等已经步入推广应用阶段，创新应用不断涌现。

3．制造业物流、口岸物流体系基本形成。配合上海制造业产业基地（上海国际汽车城、上海化学工业区、临港新城装备产业区、精品钢铁基地）布局，大力发展并形成汽车、化工、装备、钢铁制造业四大物流基地，物流配套服务从采购、分销向生产环节深度发展。社会化、专业化和高效的制造业物流体系降低了制造业成本、提高了制造业竞争实力、整体提升了制造业能级，基本形成了布局合理、以第三方物流为标志的制造业物流框架体系。

为配套国际航运中心、国际贸易中心建设，大力发展并形成了以洋山深水港物流园区、外高桥物流园区、西北综合物流园区等为重点的海港、陆港、空港口岸性物流体系，口岸物流服务从国际进出口物流服务向国际中转物流服务发展，基本形成了一体化口岸物流服务、以保税物流为特征的口岸物流框架体系，以及依托功能性、枢纽型、网络化的集疏运体系。

三、电子商务

全年电子商务交易额 3315.79 亿元。在各种不同的交易模式中，随着重点行业和骨干企业电子商务应用的不断深化，B2B 电子商务呈现出较快的发展，交易额所占比重最高，平均达 90%。随着全社会对电子商务的认知程度的不断提升，企业对个人 (B2C)、个人对个人 (C2C) 交易额占比虽小，却增长迅猛，高达 36%。3 月 1 日，全国首部地方性电子商务法规《上海市促进电子商务发展规定》正式实施，为上海电子商务发展营造了良好的法律环境。

1．电子商务应用水平持续提升。各行业电子商务应用企业和专业电子商务企业的电子商务应用水平持续提高，电子商务应用正逐步渗透至企业业务链的各个环节。宝钢集团 / 东方钢铁、上海烟草集团、上汽集团、联华超市等许多大企业主导的电子商务平台和爱姆意机电、盖世汽车、上海钢材网、海虹医药等第三方行业电子商务平台的发展与企业供应链管理紧密结合，从简单提供供需信息服务深入到采购、销售、库存、物流等环节，进入与生产经营全流程密切结合的阶段。

2．电子商务应用领域不断扩大。随着电子商务的日益普及，电子商务行业应用覆盖率不断提升，以商贸为主的电子商务经营的产品和服务品种的覆盖率也不断提升。制造业、商贸业、服务业等产业领域内的电子商务创新应用成果不断涌现，应用布局进一步深化。与市民生活密切相关的网上购物、在线商旅服务、人才服务、数字娱乐、移动商务等生活服务类电子商务都率先在上海出现，其中，一批优秀企业已在海外上市。

3．电子商务发展环境逐步完善。信息基础设施建设继续全面推进，基本形成了适应国际大都市发展需求、具有国际先进水平的信息基础设施体系，较好地满足了本市电子商务发展的应用需求；信息网络基础设施服务能级进一步提升，达国际先进水平；信息通信服务能力大幅度增长，继续保持全国领先水平和国内通信枢纽地位，与世界先进水平差距进一步缩小；信息基础设施集约化建设模式初见成效。

已经形成由网上支付、移动支付、固话支付以及其他支付渠道构成的多渠道、多机制、多终端的综合支付体系，为社会公众和企业提供更加安全、可信、便捷的电子支付服务，为电子商务的资金流高效运转提供了日益充足的便利化条件，电子商务支付环境加速完善；基本形成符合特大型城市应急和信息化发展需求的信息安全保障体系框架，数字认证、密钥管理等电子商务安全服务功能不断完善；积极探索建立电子商务信用体系，倡导电子商务企业建立企业信用评价规范和信用评估系统，推动个人征信产品和企业征信产品进入电子商务领域的试点，促进电子商务诚信体系建设。

4．积极推进电子商务配套环境建设。在电子商务等重点领域逐步构建行业继续教育体系，搭建电子商务岗位实践与实训教学平台和创业平台，加速孵化具备实战能力的电子商务人才；开展电子商务园区建设的试点，园区管理注重资源整合，引导产业链上下游相关企业积极参与共建产业集群，逐步发挥服务辐射功能，形成企业发展与园区发展良性互动循环；不断改善投融资环境，助推电子商务发展。

四、检验检测

检验检测贯穿产品研发、生产、流通的各个环节。到年底，依法设置和授权的产品质量监督检验机构共有67家（包括8家区县质检所），其中，同时是国家质检中心的有30家、部级质检中心的有19家、通过国家实验室认可（CNAL认可）的有47家。年内新增气体化工、防雷产品、防伪技术产品等多家质检机构。完成标准制修订共计189项。到年末，全市质检机构共有各类技术检验人员2250人，其中，高、中级专业技术人员1382人，占61.4%；检验仪器设备总数20431台（套），设备固定资产总值11.0亿元。

1．检验检测第三方服务不断扩展。质检机构出具的社会委托报告大幅增加，全年质检机构共承担法定监督检验6.2万批次，接受社会委托检验29.9万批次。一批国际检验检测认证机构TV、SGS、INTERTEK进入本市，引领全球化的第三方检验检测市场。

2．检验检测机构布局不断完善。形成以国家食品质量监督检验中心为核心，以浦东、嘉定等6个远郊区（县）的计量质量检测所为基础的上海市食品安全检测体系；以区域产业发展重点为匹配的区县所检测能力布局，如奉贤的家具、南汇的电线电缆等。

3．重大工程、重大项目保障能力不断提升。检验检测机构积极参与重大工程、重大项目建设，电子质检站参与世博卡、LED产品的环境试验，承担混合型车辆的电磁兼容试验等；建材站、高压电器站等参与轨道交通工程、中国南方电网公司特高压直流试验研究基地等重大工程的建设共计22项；质检院、贵金属站、金属材料站等质检机构全年完成标准制修订共计189项；质检院、工业化自动仪表站等质检机构完成各类科研项目共计170项。

五、工业设计

上海目前有工业产品设计相关企业以及机构近4000家，直接从事工业产品设计及相关工作的从业人员约有近7万人，上海63所高等院校中有近30所建立工业设计相关专业，市人力资源和社会保障局发布的创意产业类新职业中已有工业产品造型设计师、包装设计师、旅游纪念品设计师、玩具设计师、家具设计师、箱包设计师、工业产品模型师、珠宝首饰设计师等8个与工业设计相关的新职业，每年培训设计人才近万余人次。

1．设计产业正成为上海经济发展新的增长点。在汽车、电子、机械、航空、日用品等制造业领域，一批制造业知名企业高度重视和广泛应用工业设计，取得明显成效；专业从事工业设计的企业发展迅速，设计服务水平逐步提高，一些优秀设计成果已经走向国际市场；工业设计教育快速发展，专业人才队伍不断扩大。

2．工业设计的扶持力度加大。通过鼓励采用“三个不变”的老厂房开发方式，降低建设开发成本，调动各方面的积极性，使上海都市工业设计孵化器、上海国际工业设计中心、上海工业设计产业园等工业设计产业园建设有了突破性进展，初步形成体制外企业投资运作、国有企业集团自己运作、大学投资建设、多个大集团合作、街道与经营者合作、行业协会牵头等6种园区建设模式。在推进机制上，充分发挥企业、市场的主体作用，鼓励各种中介机构参与设计创意产业发展，上海工业设计协会、上海设计创意中心等一批社会中介组织、投资机构和研究机构相继成立，成为推动上海工业设计发展的重要力量，初步形成政府引导、市场运作、中介服务的运作机制。

3．工业设计与产业融合的步伐加快。上海工业设计初步形成工业产品设计、服装设计、印刷包装设计、珠宝首饰设计、旅游纪念品设计等门类，具有与城市功能相适应的工业设计特色，体现了上海特有的城市功能、产业基础、文化底蕴和区位优势，发挥了对经济、社会和文化的带动、渗透以及融合作用。

4．工业设计发展载体快速扩张。按照“三个不变、五个变化”的改造原则，以创意产业集聚区建设为重点，加快老厂房等存量资源的盘活工作。在加快创意产业集聚区建设的同时，积极拓展工业设计发展的新型活动载体，主办和承办了如创意产业活动周、设计双年展、工业设计大赛、工业设计发展高峰论坛、服装节等大型活动，扩大工业设计和各类活动的宣传。

5．集聚一批国内外工业设计精英。上海较为完善的人才服务体系加快了工业设计人才集聚，吸引了诸多如西门子、三星、克莱斯特等国际大企业设计中心和著名设计机构入驻，集聚了一批国家级的设计大师工作室，它们兼有创意设计、科学研究、咨询服务、培训指导、市场引导等方面的多种功能，成为上海工业设计的人才标志。

6．工业设计行业协会的作用充分发挥。上海工业设计协会积极发挥协会的桥梁和纽带作用，组织各类产品的设计展览和评比，积极开展国内外设计交流合作和咨询活动，实施了“五个一工程”（即建立工业设计的网站；办好一个国家级的都市工业设计孵化器；举办每年一次中国国际工业博览会的工业设计展览；开展每年一次工业设计国际论坛；举行每年一次设计师沙龙），为上海工业设计行业发展和整个经济社会发展作出了积极贡献。

六、生产性服务业功能区

生产性服务业功能区是指依托现有工业基础，充分利用现有开发区和产业用地，以生产性服务业为发展重点，服务生产经营主体，突出产业转型、产业升级以及产业链延伸，建设形成空间布局合理、产业特色明晰、配套功能完善的功能区域。生产性服务业功能区主要发展为生产制造业经营主体服务的生产性服务业。5月，市经济信息化委发文批复将19个生产性服务业功能区列为本市重点推进的生产性服务业功能区。6月9日，全市生产性服务业功能区工作会议召开，对首批认定的19家生产性服务业功能区进行授牌，明确下阶段工作任务。19个功能区总规划面积3308公顷，集聚了一批国际国内知名的企业，是发展生产性服务业的重要载体，为所在区县经济发展作出重要贡献。

1. 从区域分布看，主要分布在各郊区。19个功能区中有16个分布在8个郊区，其中，浦东（含原南汇）5个，宝山、嘉定、松江、闵行各2个，青浦、金山、奉贤各1个；3个分布在市区的西北区域（普陀2个、闸北1个）。分布在中环与外环之间的功能区有6家，在外环外功能区有13家。

2. 从规模看，功能区规划面积有较大差别。19个功能区平均规划面积174公顷，面积最大的是金桥功能区（691.41公顷），占全部面积的21%；最小的是丽州功能区（7公顷），占全部面积的0.2%；面积在200公顷以上的功能区有5家，占全部面积的65%；100至200公顷的功能区有6家，占全部面积的25%；100公顷以下的功能区8家，占全部面积不到10%。

3. 从与产业布局的关系看，部分区县的功能区与该区域的高新技术产业化布局比较密切。本市高新技术产业化集聚的9个区中，7个区拥有生产性服务业功能区；高新技术产业化集聚比较多的浦东、闵行，也是生产性服务业功能区比较集中的区。

七、品牌建设与发展

到3月1日，全市认定的著名商标总量有498件。虽然在目前拥有的全国驰名商标中，20世纪70～80年代的轻工产品和老字号约占近四分之一，但更多则来自90年代以后的新兴产业或新建企业。这说明上海品牌建设工作与发展在近年来取得了较大的成绩，反映了上海经济结构调整和企业参与市场竞争所取得的经营成果。

1. 上海品牌的国际化发展取得长足的进步。一些品牌在国际市场上已经具有较大声誉和市场份额，如上海汽车已经成为国际汽车行业市值排名前列的公司；红双喜品牌在国际同行业占有绝对领先的市场份额；上海振华港机被誉为全球港口机械行业的“隐形冠军”，等等。但总体上看，上海品牌在全球市场还处于初步摸索阶段，总体定位于市场中低端，品牌竞争力较落后。

2. 上海成为我国品牌中介机构数量最多、分布最密的城市之一。以广告业为例，一方面，国际化广告公司在整合、重组，实现与原国资合作企业的剥离；另一方面，私营广告公司的数量急剧上涨，形成“多而散、小而杂”的离散化状况。创意设计、传播媒体和公关咨询等中介机构发展状况与广告公司相类似。与庞大的中介机构数量相比，中介组织的运营效率和网络化程度却还不高，行业处在发展的初期向中期过渡阶段。

3. 品牌建设推进机制初步建立。长期以来，上海各级政府比较关注品牌建设问题，出台相关的法规和政策，并尝试建立跨部门的协调机制，对上海品牌发展起到一定的积极作用。但由于政府机构的调整和改革，以及对品牌建设的宏观管理缺乏足够经验，尚没有建立起比较稳定的品牌管理组织和机制，特别在品牌运行的监测、评估和管理控制方面还存在功能缺失的状况。

八、职业教育

根据上海“三、二、一”产业的经济建设战略进行职业教育相关专业的设置，基本适应本市产业结构调整的需要。中等职业学校由20世纪80年代的300多所调整到目前129所，中职“百校重点建设工程”已基本验收完毕，投资建设80个上海市公共实训中心，开发42个中等职业教育专业教学标准（含87个专门化方向），其中，包括专业核心课程标准244门、专门化方向课程标准357门；完成25门网络课程编写和制作，建立了网络课程学习平台，以“大平台、大服务、大保障”为目标的上海市职业培训公共服务体系构建工程已经取得瞩目成绩。高职教育已成为上海高等教育体系中不容忽视的“半壁江山”，成为上海高等教育大众化的主要载体，投资建设了一批实验实训中心，5所上海高职院校被列入建设国家级示范性（重点培育）高职院校行列，各级各类职业培训工作也经历了一个迅猛发展和逐步规范的过程。

1. 资源共享、多方合作。通过促进职业学校与学校之间、学校与企业和其他社会组织之间的资源共享，广泛开展“校企合作”、“校校合作”的模式，拓展了职业教育的服务功能，实现了职业教育优质资源的带动作用，技能型人才培养的创新模式使职业教育紧密贴近经济社会和行业发展。

2. 资源整合、集团办学。已经先后完成护理、交通、商贸、电子和旅游等5个以专业为纽带的职业教育集团组建工作，由示范性、国家级高职院校或职业学校为龙头，吸引相关行业企业、职业院校和其他社会组织，开展广泛合作，进行集团化、规模化、连锁化办学。普职渗透、中高职衔接、职前职后联动等职业教育改革工程陆续拉开序幕。

（孙赞犀）

国防科技工业发展情况

上海国防科技工业主要包括航空、航天、船舶、电子、核电装备等领域。按照党的十七大提出的建立和完善军民结合、寓军于民的科研生产体系，走出一条中国特色的军民融合的发展路子的战略思想，上海国防科工系统通过多年来的科研、生产、经营实践，基本形成“振兴发展航空与核能，做精做优航天，做大做强船舶及海洋工程”的发展思路，并正在进一步完善企业经营环境，努力提高产业体系的整体科研生产能力与水平，不断增强企业竞争能力。

2009 年，上海国防科技工业总收入 1221 亿元，比上年增长 7.3%。其中，航空制造业 48 亿元，增长 14.7%；航天 128 亿元，增长 5% 左右；船舶及海洋工程（包括港口机械等）装备产业 900 亿元，增长 11%；电子 45 亿元，增长 9.7%；兵器 55 亿元，增长 2%；核电 45 亿元，增长 18%。

一、主要行业发展情况

1．航空航天产业

在国家大型飞机、探月工程等重大专项的启动牵引下，上海航空航天产业进入振兴发展时期。

以发展民用飞机为主的企业发展较快。与民用飞机有关的重大投资项目数量逐步上升，大型客机的研究中心、总装基地建设等项目相继启动。民用航空制造业相关产品、航空技术溢出产品的产业化发展，逐渐成为地区航空产业经济增长的重要方面。各航空工业企事业单位，相继投入到争取 C919 研发和 ARJ21 批生产任务之中。受中国商用飞机公司的项目带动，航空发动机、机载设备、结构件等航空零部件的国内、外供应商合作交流显著增加。多个航空配套的国际合作项目进入合作洽谈阶段。

航天行业在新能源、新材料方面开始实施垂直一体化的光伏产业链规划，规模目标超百亿元。柔性非晶硅薄膜电池中试生产线和 150 兆瓦电池片生产线正在建设中；神舟硅业在内蒙古一期建设投资 18 亿元，1500 吨／年多晶硅项目已完工；二期投资 27 亿元，3000 吨／年多晶硅项目已开工建设。上海航天行业的新能源、新材料产业的发展初具规模。

2．船舶及海洋海洋工程

在国家《船舶工业调整和振兴规划》指导下，结合国家能源战略、海洋经济战略，制订了海洋工程装备高新技术产业化战略，重点发展高技术高附加值船舶、海洋工程装备、船舶和海洋工程重要设备及关键配套件，确保上海船舶工业实现平稳转型和可持续发展。2009 年，船舶销售总量 900 万吨，其中，出口占 80%；完成海洋工程产值 70 亿元。

积极推进海洋工程装备高新技术产业化。上海把海洋工程装备产业化作为主要工作目标，从大型海洋油气开采装备、海洋工程作业船和辅助船，以及关键系统和配套设备等重点项目入手，推进长兴岛造船基地和临港船舶配套基地建设。年内实施 8 个地方政府支持项目，其中市级项目 6 个、委内支持项目 2 个，总投资 26.4 亿元，船舶和海洋工程的总体集成能力、重要设备及关键配套件配套能力得到进一步提高。

随着民用船舶及海洋工程产业的发展，“现代造船模式”被广泛推广应用，行业整体的产品技术、管理水平和规模化生产能力得到提升，企业经营理念、管理水平和科研生产技术等方面正在逐渐缩小与世界发达国家的差距。

二、重要项目与基地建设

经过几年建设，上海已形成大场支线飞机总装基地，闵行航天产业基地，长兴、外高桥船舶产业基地，临港海洋工程装备产业基地。浦东机场南端的中国商飞民用客机总装基地已启动建设，上海电气与中航工业集团的民用航空发动机临港产业园区生产基地开始规划。

中国商飞浦东机场总装基地位于浦东国际机场东南端占地 4000 亩余，计划形成年产 C919　20 架、年产 ARJ21　50 架生产线能力。项目于年内启动开工，将于 2012 年建成。

中航商用发动机有限公司的总部及研发基地位于闵行紫竹科学院区。基地建设总投资为 7.6 亿元，2009 年完成规划设计，2010 年开工建设，计划建设周期 2 年。

航天产业基地位于闵行，投资总规模 15 亿元的航天新区一期工程已基本建成。上海康巴赛特科技发展有限公司、上海神州新能源发展有限公司等一批企业已入驻产业基地。光伏太阳能电池等重点项目已完成厂房建设和工艺设备安装，航天科普基地航天博物馆项目已启动。

船舶及海洋工程装备产业基地，长兴岛一期工程总投资 160 亿元，年造船生产能力 450 万吨，共有 3 条造船生产线、4 座大型造船坞。其中，江南造船厂搬迁到长兴岛新址的生产能力已全面恢复，整体运行正常。长兴造船基地一期工程生产线全部通过国家验收；长兴造船二期工程前期准备工作已经启动，规划总投资为 170 亿元，待国家核准后开工建设。上海长兴岛生产基地被国家工信部授予创建国家新型工业化产业示范基地（船舶与海洋工程装备基地）。

上海外高桥造船有限公司投资 32 亿元的海洋工程及高技术船舶工程配套项目已在临港重装备产业区启动。建设纲领为年造海洋工程平台4座，各类船用功能模块1050个，计划于2011年完工，其中一期项目将于2010年二季度基本建成。位于临港重装备基地的上海中船三井造船柴油机有限公司的生产能力扩建二期工程已启动，完工后将形成300万马力生产能力。

三、重点项目

各企事业单位充分发挥技术、人才优势，大力发展民用客机、卫星应用、太阳能、复合材料、高技术民用船舶及其配套、核电装备、海洋工程等方面的项目或产品，为上海科学技术发展和经济结构调整作出重要贡献。

1．C919大型客机重大专项

项目已正式进入启动，总体技术方案已完成，详细设计将于2010年开展，预计要两年左右完成。至年末，C919项目已完成国内机体供应商签约9家，召开国际供应商大会2次，共有6个国家的100余家国际供应商与会。有37家大型企业集团及其相关公司参与项目竞标；上海航空615所、633所、118厂等单位通过努力已纳入中国商用飞机公司的潜在供应商名册，并已承担C919的部分科研任务。

2．上海航天电器研究院建设项目

由航天科工集团的061基地投资近1亿元，年内在普陀区未来岛高新技术产业园区开工建设。项目建成后，将形成年研发产品300个以上，从业人员在350～400人，年投入研发经费4000万元左右，年销售20亿元左右的规模。

3．3000米深水半潜式钻井平台

由上海外高桥造船有限公司建造，将于2010年年底交付使用。这是我国首次自主设计、建造的第六代海洋深水钻井平台。

4．十二缆深水物探船

由上海船厂建造，属海洋工程作业船舶，建成后主要从事海上三维地震采集作业，是中海油公司深水油气开发重大科技项目的综合配套项目。该项目从2010年1月正式开工建造，计划于2011年4月交付使用。

5．1200吨大型综合起重铺管船

我国自主研制，振华重工建造，于7月正式交付使用。该船是中海油“十一五”重大投资项目之一。

6．振华重工与西班牙ADHK公司项目

7月，西班牙ADHK公司向振华重工采购22亿美元海工重型装备项目签约仪式在上海举行。振华重工将在三年内为ADHK公司提供10座不同水深的自升式钻井平台、7台陆上钻机和2艘浮吊。这是2009年我国船舶及海工装备制造业获得的大宗出口合同之一。

7．国庆60周年游行上海彩车项目

由上海航空特种车辆厂负责承制。项目于5月启动，该项目克服时间紧、技术难度大等困难，完全按计划、质量、经费的要求，于8月完成制作任务，受到了市领导和国庆游行组委会的好评。

四、其他事项

1．教育培训

举办本市首期国防计量培训班，有100多位学员学习，增强了国防计量意识，提高了国防计量实务。举办第二期国防专利知识学习班，有60多学员参加学习。

2．民爆与监控化学品管理

国际禁化武组织于5月、7月两次派专家到沪，核查企业共2家，被查企业全部达到国际禁化武公约的要求。民爆管理工作进一步加强，并按2010年上海世博会的相关要求，专门制订了上海世博会民爆物品管控方案并予以落实。

（何志庆）

2010·上海工业年鉴

SHANGHAI
INDUSTRIAL
YEARBOOK

区县工业

浦东新区工业

【概况】

2009年，浦东新区工业受国际金融危机影响，出口形势严峻，生产一度萎缩。但随着国内外宏观经济形势的好转，尤其是国内一系列经济刺激政策和扶持措施的出台，新区工业依托产业集聚和竞争优势，化危为机，经济总量和运行质量在年内迅速回升，领先全市走出低谷。

【2009年发展情况】

一、工业生产逐月走好

一季度，受金融危机持续性影响，浦东新区工业出现负增长，产值总量和增幅创近期新低。在扩大内需和产业扶持政策的推动下，浦东新区工业依靠自身产业特点和优势，领先全市工业开始复苏。二季度开始，工业单月产值恢复同比增长，累计产值降幅逐月收窄。上半年实现工业总产值3088.0亿元，降幅缩小至2.1%。下半年，工业累计产值实现增长。全年实现工业总产值7038.2亿元，比上年增长6.7%，占全市工业比重升至28.3%，提高1.6个百分点。从带动新区工业回升的增长极看，占新区工业产值总量一半以上的近250户中央市属工业企业的贡献作用显著。2009年，中央市属工业实现总产值3646.9亿元，增长8.1%；比非中央市属工业增幅高2.9个百分点，对新区工业经济增长贡献率达到61.4%，拉动工业经济增长4.1个百分点。

二、内销增长出口乏力

全年工业销售产值6988.1亿元，增长2.7%，其中，实现国内销售5104.5亿元，增长6.6%；出口1883.6亿元，下降6.5%；工业产品出口率27%，比上年下降2.6个百分点，占工业出口比重最高的电子信息类产品出口降幅达8.3%。从全年分月情况看，尽管新区工业出口也呈现逐月收窄态势，但收窄幅度明显小于整体水平。新区工业内销增幅始终高于出口，工业内销自5月起实现单月同比增长，比出口实现单月增长提早半年时间。全年工业出口降幅分别比一季度、上半年和前三季度收窄7.9个、5.2个和2.6个百分点，但相比内销，分别慢10个、6.2个和2.6个百分点。新区工业产销率99.3%，比上年微降0.4个百分点，保持总体平衡。

三、外资工业贡献回升

在受到金融危机影响过程中，浦东新区外资工业表现出较强的回复弹性和成长性，全年外资工业贡献回升的特点。上半年，外资工业总产值1719.1亿元，下降3.9%。下半年，外资工业发展加速，实现工业总产值2281.1亿元，增长26.1%，有效带动工业经济总体回升。全年外资工业总产值4000.1亿元，增长11.2%，对全年工业增长贡献率达到92.2%，比上年提高48.3个百分点。

四、开发小区呈现地域发展差异

浦东、南汇两区合并后，两地工业增长差异显现。从同为两地工业集聚地的开发小区情况看，金桥、外高桥和张江3个北片区域开发区由于开发时间长，产业饱和度高，增长相对缓慢，全年实现工业总产值2687.2亿元，增长11.6%，其中，金桥出口加工区工业总产值1672.9亿元，增长12.2%；外高桥保税区工业总产值569.3亿元，增长11.6%；张江高科技园区工业总产值445.0亿元，增长9.7%，3个小区工业增幅均在15%以下。康桥、南汇、临港和国际医学园区等4个南片区域开发区全年实现工业总产值991.6亿元，增长27.6%，其中，康桥、南汇和临港开发区产值增幅均在20%以上。全年开发小区工业合计实现总产值3678.8亿元，增长15.6%，增幅比新区工业高8.9个百分点，拉动工业增长7.5个百分点，占新区工业比重52.3%，比上年提高4个百分点。

五、重点产业集聚优势显现

全年工业重点产业实现总产值4848.36亿元，增长11.2%，比新区工业增幅高4.5个百分点，占新区工业的68.9%，比上年提高2.4个百分点。重点产业进一步向开发小区集聚，开发小区内重点产业工业总产值2988.2亿元，增长19.7%，占新区重点产业比重61.6%，比上年提高4.4个百分点。其中，开发小区内电子信息产品制造业、汽车制造业和生物医药制造业占新区同行业比重达到91.2%、83.7%和77.6%。从各产业情况看，新区占全市同行业比重最高的汽车制造业和生物医药制造业均实现高速增长。汽车制造业实现工业总产值1042.3亿元，产值增幅由上年负增长跃升至增长56.9%，增幅居重点行业之首。生物医药制造业受金融危机影响程度较低，实现工业总产值214.8亿元，增长22.1%，增幅比上年提高10.9个百分点。电子信息产品制造业逐渐摆脱危机影响，产值降幅逐月收窄，并于四季度起实现累计增长，实现工业总产值1660.2亿元，增长7.5%，比新区工业增幅高0.8个百分点，对新区工业增长贡献率27.3%。石化行业实现工业总产值819.3亿元，下降6.4%。成套设备制造业实现工业总产值1078.6亿元，增长2.9%。

六、经济运行质量明显回升

新区规模以上工业企业全年实现主营业务收入7758.8亿元，增长7.1%；利润总额475.5亿元，增长64%；应交税金326.2亿元，增长63%。从行业看，汽车制造业和石化行业分别实现利润198.0亿元和55.7亿元，占新区工业利润的41.6%和11.7%；应交税金分别达到106.0亿元和95.9亿元，增长1.1倍和3.5倍。全年，新区百元工业产值利润6.8元，提高58.1%。规模以上工业企业亏损面17%，亏损企业亏损额98.1亿元，下降15.9%。企业产成品库存285.1亿元，增长14%，与生产经营水平基本相当。

【2010年发展趋势】

在宏观经济面逐渐向好的带动下，2010年新区工业企业生产经营将恢复有序和平稳。新能源、大飞机项目的推进将为新区工业后续发展增添新的动力和产业优势。但出口形势、国内刺激经济后续政策、世博会召开、两区合并后的开发区整合等因素将综合影响2010年的工业经济走势，预计2010年新区工业经济总体呈现前快后稳的发展态势，产业结构将进一步优化，经济效益将进一步好转。

（毛韻）

徐汇区工业

【概况】

2009年，徐汇区工业坚持把保增长作为全年工作的重中之重，积极贯彻国家和市有关应对国际金融危机的一揽子方针政策，工业经济运行呈现企稳回升的发展态势。全年实现工业总产值485.6亿元，比上年下降10.9%；工业产销率达到100.4%，上升1.3个百分点；实现工业利润37.4亿元，增长16.8%；完成工业税收41.6亿元，增长23.8%。

【2009年发展情况】

1. 工业生产降幅逐季收窄。一季度，工业总产值同比下降23.9%。二季度，工业总产值下降17.2%，降幅比一季度收窄6.7个百分点。三季度，工业总产值下降4.4%，降幅又比二季度收窄12.8个百分点。四季度，工业总产值增长4.5%，年内首次出现增长。

2. 主要行业发展趋向稳定。下半年以来，电子信息、仪器仪表、电气机械、食品制造月度产值虽然仍同比下降，但降幅均趋于稳定，电子信息业降幅已收窄到12月的5.0%。金饰品制造、汽配制造月度产值则是加快增长。因金价不断走高拉动金饰品投资和消费，金饰品制造业增速加快13个百分点到27.0%。由于国家出台鼓励汽车消费政策效应进一步显现，汽配制造业增速达到87.0%。另外，食用油加工业、化学制造业月度生产开始步入增长轨道。

3. 漕开发继续占半壁江山。在电子信息、新材料、生物医药等一批优势企业的带动下，漕河泾开发区徐汇部分实现工业总产值258.1亿元，下降6.5%，占全区工业总产值的53.2%，对全区工业的发展继续起到重要作用。与此同时，开发区内现代服务业集聚区建设稳步推进。随着漕河泾现代服务业集聚区1期工程竣工，艾默生电气、腾讯科技、上海安吉星信息服务等外资企业纷纷入驻。一期工程总面积7.4万平方米的3幢商务楼内，目前入驻率已超9成，而且入驻的企业大部分为现代服务企业。

4. 企业创新能力不断提升。先进半导体股份有限公司、高清数字科技产业有限公司、联芯科技有限公司等10户单位第一批入围市高新技术产业化项目；上海惠工缝纫机三厂、华腾软件系统有限公司和华昌聚合物有限公司3户申报2009年度市级企业技术中心，龙旗科技有限公司、查尔斯集团等10户企业成为徐汇区技术中心单位。先进半导体股份有限公司、联芯科技有限公司等11户单位成功申报国家、本市重点技术改造项目专项计划。

5. 产业园区建设有力推进。至年末，区域内共建设完成都市创意产业园31个，总建筑面积79万平方米，其中，已经投入正常运行的27个，总建筑面积75万平方米，预计全年销售收入100亿以上，税收超过8亿元，单位面积税收超过1000元，提前完成“十一五”规划确定的“2010”目标，并完成年初与区政府签约的重点项目。跟踪推进香料研究所、《解放日报》龙华仓库等新项目落地。对全区21户产业园区进行星级评定和奖励。

6. 节能降耗工作扎实开展。加强对区节能降耗各成员单位节能工作的检查和考核，把节能工作考核结果作为领导干部工作业绩综合评价的重要内容。完善节能减排扶持政策，全面推进节能重点工程和节能技改项目申报，全年实际启动实施涉及工业、商业、楼宇、餐饮产业等26户企业（公司）的节能技改申报项目共计63项，项目达标后审核年节能量8137.85吨标准煤。同时，加大产业结构调整力度，调整和黄白猫有限公司的落后生产线，关闭上海长春胶塑厂、上海易通阀板有限公司、上海盛浩彩印有限公司等3户传统行业企业，4户企业累计可减少使用约6027吨标准煤。

【2010年发展趋势】

2010年，徐汇区预计实现工业总产值500亿元，比上年增长3%，单位工业产值能耗下降3%。

一、积极促进产业优化升级

1．优先发展优势企业。对符合区域产业发展规划的优势企业，全力落实帮扶措施。重点是继续实施能源、资源向优势产业、优势企业聚焦，优先保证优势企业发展需要，通过主动对接国家科技重大专项、国家重点产业振兴规划等方式帮助优势企业抓住“中央拉动内需投资”、国家重大项目和重点产业振兴规划、“世博”、“节能减排”和政府采购等市场机遇拓展市场，全力保障优势企业加快发展。

2．稳定发展均势企业。对提供基础税收和创造大量就业机会的均势企业，着力完善政策服务。重点是积极推进中小企业融资平台建设，通过设立小额贷款公司、做大政府担保基金，推动银企合作，降低企业融资门槛，破解企业融资难题。同时，主动上门服务，帮助企业解决在项目审批及发展中遇到的实际问题，进一步完善企业服务网，畅通企业与政府各部门之间的沟通渠道，充分发挥行业协会作用，强化行业协会为企业服务的职能。

3．加快淘汰劣势企业。对不符合产业发展政策的劣势企业，逐步帮助其安全退出或实施战略转移。淘汰能耗高、污染重、占地多、效益低的落后产能。年内争取调整4户以上企业，减少能耗量5000吨标准煤以上。

二、加快实施高新技术产业化

1．加快机制建设。发挥区高新技术产业服务中心作用，建立例会制度和重点企业联系走访制度，定期协调推进各项工作。积极向企业宣传、介绍本区“实施意见”和相关政策内容，鼓励企业将相关业务纳入区产业发展整体目标，鼓励企业加大研发投入，支持企业开展各类高新技术的研发和产业化工作。建立产业资金拨付、使用网络工作平台，放大财政资金的政策扶持效应，提高资金使用效率。

2．加快工作推进。全面实施生物医药、电子信息制造、软件和信息服务业等三大领域以及新能源、新材料领域推进计划，落实专项资金，通过产业政策扶持、金融服务、人才引进等方式，打好组合拳，帮助企业解决各阶段遇到的资金压力和人力资源瓶颈，鼓励企业参与重大项目和自主知识产权项目，做大做强“3+X”产业规模。

三、大力提升园区功能和能级

1．提升功能。关键是强化对入驻企业的综合服务功能，组织符合条件的入驻企业申报品牌企业和产品的认定等，以满足入驻企业需要的体现“增值、增效、增质”的双赢服务项目，提升管理层次和水平。

2．提升能级。要求园区管理公司全部通过ISO质量管理体系认证，重视构建产业集群，提升每个园区主打产业的集聚度，努力实现符合园区产业功能定位的企业占比每年有10%的提升，每个园区每平方米的销售收入和每平方米属地企业税收比上年有10%～20%以上的增长。

四、切实提高节能降耗成效

1．抓管理。根据市节能办部署，召开节能办工作例会，分解工作目标，督促和落实各条线和系统制定年初的各项节能目标和工作任务。并着手谋划“十二五”节能工作。

2．抓基础。加强全区能耗监测，建立街道、镇及部分重点耗能单位GDP能耗公报制度，会同市建科院着手建立全区重点能耗单位（约200户）实时监测平台，实现全区能源消耗的网格化管理。

3．抓项目。在2007～2009年基础上，汇集产业类节能项目达到100项，总投资超过3.5亿元，总节能量达到3.5万吨，新增项目节能量争取达到5000吨标准煤以上。

4．抓宣传。继续加强《节能工作动态》、《节能工作季报》编印工作。做好高效照明产品推广工作，做好区内节能示范项目的推广宣传工作，进一步发挥节能示范带动作用。

（罗友山）

长宁区工业

【概况】

2009年，长宁工业经济稳步发展，全年实现工业总产值70.3亿元，比上年下降6.6%；实现工业销售产值68.1亿元，下降8.2%；工业产品产销率96.9%，下降1.7个百分点。

【2009年发展情况】

一、推进企业技术进步和科技创新

向市有关部门申报市高新技术产业化重点项目7个，中小企业发展专项资金项目3个，总集成总承包工程专项引导资金项目5个，国家中小企业技术改造项目2个。其中，弘基企业获得国家工信部160万元资金支持，瑞华集团的汽车新能源项目获得高新技术产业化技改项目、汽车新能源项目、中小企业扶持项目的支持。

二、推进节能降耗工作

对4吨以上燃煤锅炉进行热工测试，做好煤锅炉的节能改造；完成全国节能宣传周长宁区活动，通过推广高效照明产品、节能环保家用电器，引导公众科学消费、绿色消费，传播节能理念，普及节能知识，形成了更加浓厚的节能社会氛围，得到了广大市民群众的普遍好评；向居民和大宗用户推广国家、市财政补贴的高效照明产品，通过向低保家庭赠送高效照明产品，向居民推广国家、市财政补贴的高效照明产品，向区内重点能耗企业分发大宗用户购买高效照明产品通知等多种形式在全区范围内分批、分步推广高效照明产品。申报推荐上海多媒体生活广场为2008年度上海市节能先进集体并获得批准。

三、完成2户危化企业产业结构调整

完成上海华生化工有限公司、泰禾（集团）有限公司等2户危化企业的产业结构调整任务。通过实地勘察、政策宣传、沟通协调等方式，在做好企业安抚工作的同时，积极帮助企业共同制定生产调整方案，根据补助资金的测算方法确定2户企业的补贴金额，落实资金发放等相关工作。

四、创意园建设取得一定成效

新建“法华525创意园”，“航天·易园”创意园正在改建中。推进上海时尚园业态功能优化升级，按照培育孵化园内服装原创品牌和企业、培育服装设计人才、培育自主品牌服装市场的目标，对园区入住企业进行结构性调整，进一步推进园区服装设计、展示、推广、定制等专业服务业的功能性建设，营造国内外知名服装设计师原创品牌成长的良好环境。映巷创意工场被市经信委授牌认定为“上海市创意产业集聚区”。全区“上海市创意产业集聚区”已达12户，占全市81户的14.81%。

【2010年发展趋势】

2010年，区商务委将大力推进工业能级提升。积极开发、储备一批产品技术含量高、经济效益好、节能环保的新型工业项目，建立区内重大重点项目储存库及专家库，形成项目联系协调机制，促进高新技术产业化项目发展；建立完善重点企业能源监测平台，继续加强节能减排宣传和导向，提高全民节能环保意识；加大中小企业扶持力度，搭建银企联动平台，扩大银企沟通，加深银行对企业融资情况的了解，提高企业对银行各项扶持措施的认识，为企业解决发展中存在的融资等困难和问题。

（张亦易）

普陀区工业

【概况】

2009年，面对金融危机下的严峻形势，普陀区坚持以科学发展观为指导，紧紧围绕“四个确保”的要求，坚定信心、积极应对、振奋精神、聚焦重点，全面完成年初确定的各项目标任务，为区域经济发展作出了贡献。

全年实现区属工业总产值195.06亿元，比上年下降4.92%；实现区属工业销售产值193.71亿元，下降5.76%。

【2009年发展情况】

一、产业结构得到进一步优化

1. 推进产业园区建设。推进桃浦、长征生产性服务业功能区建设，2个功能区均已获正式授牌，列入上海首批19个生产性服务业功能区；推进西北物流保税中心、陆上货运交易中心建设，保税物流中心已通过国务院联合验收组验收；推进未来岛高新技术产业园区和新杨工业园区新一轮的产业调整和功能提升；做好创意产业集聚区的培育、辅导工作，景源时尚产业园获得正式授牌，E 仓创意园被评为 2009 年上海市优秀创意产业集聚区之一。

2. 分类指导企业（项目）。调查摸底全区“三高一低”企业，拟定产业结构调整（淘汰劣势企业）的三年行动计划，全区共调整“三高一低”劣势企业 26 户，共可削减能耗 3100 吨标煤；落实市级财政对产业结构调整重点项目的扶持资金；排摸、上报 9 个轻工、纺织企业振兴项目；建立 16 个园区的企业库，并进行动态更新维护；确定 76 个主要产业项目，建立、完善项目推进服务长效机制；做好工商领域项目核准和备案工作。

3. 做好工业用地的产业定位。对未来岛园区 650 坊地块（小环岛工业一期）贵州航天项目、李子园 671 坊北块福沁纺织和敦煌路 112 号励成营养产品进行产业定位，确保工业用地产业定位的正确性和合理性。完成未来岛园区 650 坊贵州航天、福沁纺织 671 坊竞买人资格认定。

4. 落实推进产业发展三年行动计划。围绕全区产业工作重点，积极开展专题调研，制定推进《普陀区产业园区发展三年推进计划》、《普陀区西北物流园区三年推进计划》、《普陀区产业结构调整（淘汰劣势企业）三年行动计划》；建立产业经济运行分析条、块的联络员队伍和定期分析制度，做好产业经济运行分析，及时掌握、调整区域经济运行情况。

二、企业服务得到进一步深化

1. 促进技术进步。积极开展上门走访和座谈服务，重点走访企业 97 户，为企业协调、沟通、解决税收政策、企业发展场地、企业改制上市股权转让等 40 个问题；修订“区重点技改工作”、“区企业技术引进、吸收、创新项目资金支持”、“区企业技术中心认定办法”等细则；完善修改拟上市企业库；完成市“百千万”工程成长型企业的申报工作；建立 1139 户企业税收增长任务工作机制，进行税收增长任务的分解落实；完成各类项目申报 65 项，争取国家财政支持 190 万元、市级财政支持 1185.77 万元、区级财政支持 860 万元。

2. 推进节能降耗。扎实推进“十大节能工程”，推进燃煤锅炉改造，推进“绿色照明工程”，推广高效节能灯的使用，累计向居民发放高效节能灯近 29 万只；积极推进节能技改项目，推进重点能耗企业节能，企业实施节能产品研发、清洁生产，扶持节能改造专项资金 149.78 万元，增长 114%。；积极组织区内企业申报节能新技术、新产品、高新技术产业化项目，推动了节能新技术、新产品的研发和应用；组织开展 2009 年节能宣传周系列活动；成功迎接市相关部门节能工作考核；做好煤炭及成品油营运企业管理各项工作；引进华电集团 1.43 兆瓦光伏并网型屋顶太阳能项目，12 月底在街镇工业园区成功并网发电；完成电力迎峰度夏、迎峰度冬等工作。

三、积极发展工业旅游事业

认真贯彻《上海市工业旅游景点服务质量要求》，加强企业标准化建设，创建上海市工业旅游景点服务质量优秀单位工作。完成市旅游局、市工业旅游促进中心对红星美凯龙公元 2050/2500 体验馆和 M50 创意园等 2 户单位的评审验收工作。

【2010 年发展趋势】

2010 年是实施区各项三年推进计划的承上启下之年。全力做好产业发展各项工作，对于区经济结构调整和发展方式转变具有十分重要的意义。

工作目标：进一步扩大产业规模，优化产业结构，提升对区域经济发展的贡献度。完成区属工业销售产值 203 亿元，比上年增长 5%；实现区级税收增长 8%，达到 5.15 亿元；调整退出 15 户劣势企业，进一步推进结构的调整。

工作重点：

一、强化功能建设

1. 加快功能区的建设。一是西北综合物流园区。进一步完善园区功能、改善交通环境、促进结构调整、提升产业能级，引进国内外知名物流企业，加快物流总部企业的集聚；在全力推进功能项目建设的同时，推进中鑫商务楼和利仕通仓储结构封顶、农工商物流中心正式运营；提升伍缘现代杂货、必胜（上海）食品、普洛斯槎浦置业等骨干企业的创税能力，积极培植新兴骨干企业。二是长风生态商务区。推进并形成以“跨采中心”为引领的商贸、会展板块，实现内外资商贸企业在本区的集聚发展；推进国浩长风、长风国际商业娱乐中心等主要商业项目的建成及如期开业。

2. 加快重点项目的推进。一是保税物流中心。推进保税物流中心封关运作，以开放的方式尽快建立专业运营公司，实行市场化运营；全面展开招商工作，引进优质保税物流企业。争取经过一年的试运行，真正形成进出口货物保税、出口货物退税监管以及口岸直通、国际贸易、中转、采购等一体化物流服务体系。二是陆上货运交易中心。推进陆上货运交易中心初步实现交易服务、信息发布、中转分拨、口岸通关、金融和配套服务等功能，并与本市其他物流园区、物流基地实现联网，基本实现物流管理系统化、服务标准化、交易网络化和资源社会化。2010 年创税争取列入重点企业。三是苏州河观光游览项目。进一步加强沟通协调，加大宣传推广力度，提升品牌效应，确保世博会前苏州河游船正式运营；充分挖掘苏州河桥文化、工业文化和旅游内涵，整合两岸旅游要素，积极培育水上观光、水上休闲等旅游产品，协同打造苏州河商旅文一体化新亮点。

二、加快结构调整

推进产业园区的建设。一是桃浦生产性服务业功能区。协助做好园区总体规划、改善园区发展环境、引进战略龙头企业，推进福海淀粉厂、方大药业、鑫宇实业等地块的改造；推进停车场、低层次仓储及传统工业企业的搬迁和调整，为进一步发展创造条件。二是长征生产性服务业功能区。协助推进金融服务中心、国际汽车展示结算中心、现代服务业总部大楼等的开工建设以及同普大厦、圣诺亚商务广场、金沙商务广场等的招商工作；调整退出不符合园区产业发展导向的企业；加大市容环境、道路交通、配套设施建设力度。三是创意产业集聚区。在引导现有创意产业集聚区健康发展的同时，努力将中华印刷厂、上海凤凰毛毯厂、谭家28、英雄金笔厂打造成为新兴的创意产业集聚区，形成沿苏州河文化创意产业集聚带。

三、优化企业服务

1．进一步加强引导服务。一是企业培育。进一步协调帮助企业解决实际困难；完善区成长型中小企业基本情况库和改制上市企业基本情况库，争取在成长型企业的培育上有新的进展；进一步完善中小企业服务中心的服务机制、服务内容，在信息、培训、管理、科技、金融和政策上对企业予以全方位的服务。二是政策聚焦。积极引导总部经济、现代服务业企业进驻我区、合理布局，予以政策扶持；支持公共服务平台建设、劣势企业淘汰、创意产业集聚区打造，对于获得市级相关扶持资金的项目，及时争取区级资金配套。

2．进一步加强技术服务。一是项目申报。推动、申报2～4个市级节能技改项目，力争组织申报10～15个高新技术产业化、重点技术改造等科技项目，争取3～5个专利新产品申报，组织1户企业申报市级技术中心、3～5户企业申报区级技术中心，组织5～8户企业申报产业升级、创业基地、公共服务平台、信息化建设等项目，争取市、区政府相关专项资金，及时享受有关扶持政策。二是节能降耗。继续推进企业设备技术改造节能；积极推进重点能耗企业节能，组织年耗能1万吨标煤以上重点能耗企业开展能源审计、年耗能5000吨标煤以上重点能耗企业编写能源利用状况报告；继续推进“十大节能工程”、绿色照明工程和燃煤锅炉改造工程，确保区内所有4t/h以上燃煤锅炉在2010年底前完成达标；做好煤炭、成品油经营企业的日常管理；做好电力“迎峰度夏”及让电困难企业的协调工作。

（陈晓川）

闸北区工业

【概况】

2009年，面对金融危机对全球经济和上海整体经济造成的影响，闸北区按照“调结构、保增长、促发展”的总体目标，努力挖掘区域内载体资源，积极推进产业结构调整，全力引强引优引外，经济得到平稳较快发展，对区域经济的贡献度得到提升。全区规模以上工业总产值实现133亿元，区属工业总产值实现86.47亿元，区属规模以上工业产值实现76.2亿元。工业区级税收实现3.14亿元，占全区比重8.7%。

【2009年发展情况】

1．主要经济指标完成情况和经济运行特点。全年区域工业生产总值实现31.06亿元，工业增加值实现19亿元。全区规模以上工业完成产值133亿元，比上年下降2.3%，占全区增加值19.1%。区属工业总产值实现86.47亿元，下降1.7%；区属规模以上工业产值实现76.2亿元，下降0.5%。工业区级税收实现3.14亿元，下降2.7%，工业区级税收占全区比重8.7%。工业出口交货值实现16.93亿元。经济运行特点：一是部分品牌、名牌和科技型工业企业增长较快。上海铁路通信工厂工业产值增长91.6%。中国铁路信号上海工程有限公司区级税收增长49.3%。二是工业主要经济指标完成情况有一定幅度下降。下降主要因素：(1) 工业出口交货值的下降是工业下降的主要因素。全年出口交货值16.93亿元，下降27.2%，减少出口交货值6.3亿元。(2) 部分市属工业中有较大生产规模的企业下降明显。彭浦机器厂受到工程需求量下降的影响，工业产值下降22.5%，出口交货值下降51.7%；上海电器股份有限公司人民电器厂、上海鼓风机厂工业产值下降。(3) 电子行业主要企业下降幅度较大。其中，上海威旭半导体光电公司工业产值下降36.5%，上海雷迪埃电子公司全年完成工业产值下降45.6%。

2．节能降耗得到重点深入推进。全区工业企业能源消费总量4.12万吨标煤、完成万元产值能耗下降1%的目标。20户重点用能企业签订《2009年节能降耗工作目标责任书》；在年耗能5000吨以上的威旭半导体有限公司开展能源审计；对4台4吨以上工业燃煤锅炉节能整改，对东方环球办公楼项目（年节能合同量1223吨标煤）、市北工业园区项目（年节能合同量156.23吨标煤）实施合同能源管理。从严控制高耗能高污染行业技改投资项目。在彭浦镇、芷江西路街道、彭浦新村街道、大宁路街道共60余个居委会成功开展高效照明节能灯具推广活动，推广节能灯具约30.5万只，超额完成市政府下达的27万只目标任务；在大润发大宁店、华东大酒店、新中动力机厂、区机关服务中心等18家区内重点用能企业、机关事业单位开展节能灯大宗用户推广工作，共推广节能灯具约2.2万只。同时在商业企业中开展节能降耗工作。

3．生产性服务业得到加快发展。形成《闸北区关于加快发展生产性服务业的实施意见》和《闸北区促进生产性服务业发展的若干政策》，提出发展商务金融、研发创意、现代物流和人才咨询服务业四大重点行业。成功创建国家服务外包基地城市上海示范区，上海市服务外包园区及重点企业授牌仪式在闸北举行。全年，区生产性服务业累计实现区级税收5.3亿元，占区级财政收入的14.7%，同比提高4.8个百分点。市北生产性服务业功能区完成区级税收3.06亿元，增长34.3%，仲立国际贸易、清华软件、亿科软件技术、赛克斯等知名企业进驻园区。东方环球企业中心完成区级税收3505万元，成为全区单位面积税收产出率较高的园区之一，已有村田（中国）投资有限公司、上海协通（集团）有限公司、上海中兴电力建设发展有限公司等一批国内外知名企业的地区总部入驻。由中国纺织工业协会、中国服装协会、中国纺织信息中心联合主办，上海名仕街企业有限公司协办的“2009时尚创意空间展”10月在名仕街创意园区开幕。

4．产业结构调整得到加强。市、区签约的产业结构调整项目有9项，已完成结构调整项目11项，其中，列入市结构调整重点项目4项。彭浦橡胶厂已搬迁至江苏太仓，罗美果茶有限公司原生产场地已关闭，威旭半导体有限公司已完成OPTO事业部生产线转移调整，新中动力机厂铸造分厂已实施停厂调整。重点组织推进总集成总承包项目申报。中国铁路通信信号上海工程有限公司“北京市轨道交通大兴线通信系统集成”、上海申铁信息工程有限公司“昆山站客运设施改造弱电系统工程”、上海布朗环境工程有限公司“福州白金翰宫气候系统总承包工程项目”和上海龙软科技发展有限公司“虹桥机场扩建工程西航站智能照明控制系统总集成”等4个项目申报市总集成、总承包专项资金扶持。

5．企业科技创新能力得到增强。一是开展企业技术中心建设。上海铁路通信工厂、中国铁路信号上海工程有限公司、上海贝电实业股份有限公司、中铁24局集团有限公司等与轨道交通配套企业成功申报市级企业技术中心，并得到市经信委专项资金扶持。市级企业技术中心已达6家。上海天诚通信技术有限公司、上海电器陶瓷厂有限公司实施区级企业技术中心建设，已建、在建的区级企业技术中心已达14家。二是促进产学研联合示范基地和项目开发。在上海铁路通信工厂、新源变频电器股份、亨通光电科技、格尔软件股份和上海焊接器材厂等5户企业开展产学研联合示范基地建设。对市重大技术创新的落实、进展情况进行跟踪。三是组织开展企业技术改造。共完成工业技术改造项目9个，总投资67079万元，增长606.91%，其中，银行贷款5500万元，自筹资金61579万元，用汇205万美元。这批项目达纲，预计可新增产值98640万元，新增利润15412万元，新增税金12153万元。人民电器厂、上海胜利医疗器械有限公司、上海天创纯滚动轴承有限公司等11个项目，申报市经信委“2009年度高新技术产业化”项目，其中，卡斯柯信号有限公司获得市专项扶持资金380万元。

6．中小企业发展得到进一步扶持。上海市北印刷（集团）有限公司、上海欧亚多媒体产业发展有限公司、上海工业发展咨询有限公司等9个项目获“市中小企业发展专项资金”169万元。上海申苑印务有限公司“彩印制版及后道加工生产线技改”成功获国家专项资金扶持。积极推荐成长性中小企业，4户企业成功申报上海市百家成长性中小企业，12户企业成功申报上海市千家成长性中小企业。

7．专利和品牌工作得到有力开展。卡斯柯信号有限公司、格尔汽车金属制品有限公司等企业达到国内领先或国际先进水平、具有核心技术和自主知识产权的3个创新项目成功申报《2009年度上海市专利新产品》项目。扶持推进品牌工作。对2008年以前品牌企业进行排摸梳理，会同区工商分局、区质监局对第一批实施奖励企业进行审核，并实施奖励，同时对第二批实施奖励企业进行审核。编制本区工业品牌企业目录报市经委。

8．各类园区建设得到进一步加快。产业功能区建设。市北生产性服务业功能区完成区级税收3.06亿元，增长34.3%；13-3地块交付使用，12号地块进行室外总体工程建设，大件地块（祥腾财富广场）结构封顶。新华传媒交流中心完成二期加固工程。江裕科技大厦结构封顶，正进行幕墙施工和公建配套施工。智汇200完成改建建设，并启动招商引资工作。新华传媒交流中心二期加固工程已完成，正进行加层工程建设；江裕科技大厦已结构封顶，正进行幕墙施工和公建配套工程。智汇200已完成改建工程建设，并启动招商引资工作。创意园区和都市工业园区建设管理。区8个创意园区和22个都市工业园区入驻企业1096多户，从业人员约1.5万人，完成区级税收1.4亿元。其中，创意园区入驻企业约263户，实现营业收入5284多万元。合金工厂正着手工程竣工验收的准备工作，入驻企业13户，入驻企业租赁面积约8500平方米。继续加强就业援助员队伍的日常管理、工作考核、岗位培训、有关统计月报等工作。22个都市型工业园区、8个创意产业园签订《2009年度安全生产工作目标责任书》；下发《闸北区经委安全生产事故应急预案》、《闸北区商务委“安全生产年”活动实施方案》，组织实施安全生产宣传、教育、培训、检查等活动。全区园区共办理就业促进用工登记1170个。

【2010年发展趋势】

1．克服困难，争取主动，全力推进节能降耗工作。继续完善目标考核机制，加强对重点用能企业节能降耗工作的检查督促。争取市扶持政策，鼓励企业通过技术改造、转产或资产重组等形式淘汰落后产能。做好“两高一低”企业关、停调整和年耗能800吨以上工业企业节能降耗、十大节能工程、节能技术改造及商业企业节能降耗。

2．统一认识，形成合力，加快传统园区转型升级。“形成合力”：努力形成经委、街道（或区管重点企业）、园区齐抓共管局面。“创新发展”：鼓励引进外生资源，引导园区大力发展总部经济、服务外包、创意产业等新兴产业。

3．加强引导，严格把关，扎实推进创意产业发展。创意产业集聚区建设在加强保护、培育人才、扩大影响上下功夫。鼓励设立个人或合伙制的设计室（所）、创作室（原创大师工作室）、咨询公司、策划公司等中小型创意企业。进一步规范创意产业集聚区申报程序，对不符合创意园区标准的予以摘牌。

4．突出主线，强化意识，增强企业自主创新能力。以创新为主线，继续推进企业技术中心建设，积极争取市扶持政策，用足用好区技术创新资金，加快高新技术的引进吸收与创新。实行品牌战略，鼓励和支持企业争创国家、市级品牌、知名商标。

5．提前介入，协调各方，做好重点项目跟踪服务工作。对市北新区、新华传媒交流中心等重点项目，加强与计划、规划、房地、建设等部门以及项目单位、业主的联系，及时了解建设进度，协调解决建设中遇到的困难和问题。

（曹济南）

虹口区工业

【概况】

2009年，随着全球经济逐渐从金融危机中走出，虹口工业逐步回暖，除税收指标因为去年基数较高出现减少，其他各项指标均完成较好。区规模以上工业实现产值44.93亿元，比上年下降3.7%，低于全市平均下降幅度；实现工业利润5.22亿元，增长120%，增长幅度列全市第一。

【2009年发展情况】

一、加强为区内企业服务

在本市率先成立区中小企业发展促进中心，设立企业协调服务科，开通中小企业服务网，并建立由8个部门、10个街道组成的服务企业工作联系会议制度，基本构建全方位的区域企业服务网络，加大对辖区内企业的融资服务力度，进一步探索推进银企合作模式，与建行虹口支行举行政银企战略合作签约仪式，保障产业及企业发展。

二、自主创新不断增强

至年末，全区已有高新技术企业59户，“科技小巨人”企业17户，企业技术中心24个，其中，国家级企业技术中心1户、市级企业技术中心8户、区级企业技术中心15户，市知识产权示范企业5户，企业荣获专利新产品证书的有4户，涉及项目4项。年内列入国家级重大技改项目1个、市级重大技改项目1个。经过多年来的培育与扶持，上海普利特复合材料股份有限公司于年底成功在深圳中小企业板上市，上海材料研究所建成“国家金属材料质量监督检验中心”。

三、品牌建设稳步推进

年内，全区获得“市装备制造业与高新技术产业自主创新品牌”6项，分别为三高的“三高”牌石油钻井机、长园维安的“维安”高分子PTC、手术器械厂的“金钟”牌手术器械、科泰的“科泰”品牌面向轨道交通的Miss Professional基群复用设备、普利特的“普利特”汽车用塑料复合材料及日用——友捷的“顺达”散热器风扇。此外，有18户中小企业被评为“品牌企业”及“品牌产品”。

四、重点行业或企业实现较好增长

化学原料及制品制造业增长2.1%，其中，普利特顺利上市，实现产值4.78亿元，增长31.8%；交通运输设备制造业增长16.9%，其中，日用——友捷受汽车市场走好影响，实现产值6.47亿元，增长31.4%；通信设备电子设备制造业增长6.6%，其中，三吉电子受GPS定位系统发展迅速等影响，实现产值1.28亿元，增长126.2%。但专用设备制造业受二纺机及三高等企业表现不理想等因素影响，下降14.5%。

五、出口形势逐步转好

从事出口贸易的38户工业企业共实现出口交货值11.2亿元，下降14.5%，形势逐步转好，但仍不容乐观。前3位出口企业为尼赛拉传感器、美钻石油钻采和爱思旅行用品，出口交货值分别为2亿元、1.6亿元与1.1亿元。

【2010年发展趋势】

2010年，虹口区工业要以科学发展观为指导，积极推进高新技术产业化，坚持“发展优势产业、稳定均势产业、淘汰劣势产业”的原则，调整产业结构，提升科技含量，稳定城市就业，打造与中心城区相适应的先进制造业与新型产业，增强虹口现有产业的基础竞争力，为区域经济作出贡献。主要措施是：

一、完善配套政策，支持产业企业发展

继续完善《虹口区加速发展现代服务业若干政策意见》、《虹口区关于加强科技创新能力建设若干政策及实施细则》，发展新型产业，扶持潜力企业，支持优势企业。

二、推进技术进步，提高创新能力

整合现有资源，挖掘和有效利用科技创新人才，鼓励企业围绕提高企业自主创新能力为目标，加大科技投入，创建和完善国家级、市级和区级企业技术中心。加快机制创新，加强公共技术服务平台建设，推动工业进步，提升产业能级，增强企业核心竞争力。

三、加大引资力度，调整产业结构

重点鼓励符合虹口优势产业发展的相关企业及其研发机构向虹口积聚，有效使用虹口招商引资专项资金，推动重点资助一些重大项目引进，促进优势产业的迅速发展。

（徐杰）

杨浦区工业

【概况】

2009年，杨浦区坚持“两个优先、两个提升”产业方针，转变方式、调整结构，强化管理、招大引强、扩大开放，保持了工业平稳运行态势。

【2009年发展情况】

一、加大协调力度，产业功能性项目建设有序推进

载体建设协调推进。4月28日，上海国际时尚中心（原十七棉地块）项目举行开工仪式，其中，非保护性建筑9月28日已正式动工，计划于2010年4月底完成一期工程。10月，上海复地国际商务中心（原四药厂地块）项目启动一期建设。现代服务业外包集聚区（原矽钢片厂地块）项目，荣广集团投资9000万元在江苏东台新建的厂房已结构封顶，原矽钢片厂设备拆迁及人员安置工作正在进行中。五维空间（原化纤五厂地块）二期改造项目，近3000平方米办公楼改造、地下电缆的重新铺设、厂区主干道贯通及变压器搬迁等完成。“中华烟”技改项目，＃76地块一层框架完成70%，二层框架完成20%，＃80地块五层框架完成30%。上海乐佳福食品厂改建项目年底竣工。

二、与产业结构调整相结合，节能降耗成效明显

超额完成企业关、停、并、转、迁任务。先后完成16项高污染、高能耗、低附加值企业（项目）的调整，为历年之最，超额完成调整12户企业的目标。减少能耗17392吨标煤，腾出产业用地135186平方米。远东钢丝针布有限责任公司、上海华钟瑞和毛巾有限公司分别获市财政补贴资金27万元、17万元。“十一五”规划实施以来，累计完成项目55项，超过预定50项的目标。节能降耗紧抓不放。层层落实节能降耗责任制直至企业。加强重点领域管理，督促区域内能耗5000吨以上企业严格执行“四项制度”。通过清洁生产审核企业达到5户。通过整合政府资源、社会资源和政策资源，为企业节能改造搭建服务平台。推进财经大学与西门子公司合作，对工业厂房改建的图书馆进行节能挖潜，计划2010年竣工。组织节能专家为小企业改造提供技术支持。开展5户能耗大户的能源诊断试点。推动上海柴油机有限公司开展节能诊断，该项目有望列入市重点改造项目范围。重点推进5项合同能源管理项目。起草《杨浦区中小企业节能改造扶持办法》。认定一批节能环保类企业，培育发展节能环保产业，扶持发展节能服务公司，建立节能减排市场化机制，突破节能改造资金、技术障碍。在13户企业推广4745套节能灯。开展锅炉节能改造，节约1100吨标煤，其中，上海电缆厂2台煤锅炉改造列入市重点节能改造项目，节能840吨标煤。加强节能队伍建设和节能监督管理，在全社会营造节能氛围。

三、围绕保增长，外贸实现平稳发展

应对外贸严峻形势积极有序。梳理排摸外贸企业相关信息，对加工贸易禁、限类企业现状开展调查，对电子信息企业进行甄选、核实。鼓励企业申报中央财政“中小企业国际市场开拓资金”，完成92户企业426个项目合计751万元的上报。为软件出口企业积极咨询相关政策；组织指导复旦软件园、创智天地两家园区成功申报上海市软件出口（创新）园区（全市仅7家园区获此殊荣）。鼓励企业拓展海外市场；上海光和光学制造有限公司成功在香港设立分公司，上海三碁电器科技有限公司申报赴台湾设立办事处一事已进入审批流程。

四、加强调查研究，服务企业和政策指导力度进一步加大

加强全区产业运行监测，建立并执行月度、季度经济运行分析报告制度和重大节点目标完成情况预测分析制度。完成《杨浦区中小企业发展状况报告》、《杨浦区工业运行报告》的编写。贯彻落实市促进高新技术产业化大会精神，开展重点发展的9大领域产业基础调研。组织企业申报高新技术产业化项目，其中3项列入市高新技术产业化重点项目。以服务为先导，支持、指导企业申报国家各类专项，全年为

企业争取国家、市级财政支持2926万元（无需区级财政配套），有效支持区域内企业在全球金融危机背景下得以健康发展。其中，上海医疗器械厂产业升级项目列入国家中小企业产业升级专项计划，获110万元中央财政资助。

【2010年发展趋势】

2010年，杨浦区工业工作的总体要求是：抓住建设国家科技创新型（试点）城区重要机遇和世博会契机，转变发展方式，优化产业结构，促进产业集聚，加大招商引资力度。

一、重点推进一批生产性服务业载体项目

由纺控集团开发占地面积181.2亩的十七棉地块“上海国际时尚中心”，力争4月底一期工程完工；由复地集团开发占地70.48亩的四药厂地块“复地国际商务中心”项目，在有关审批手续完成的基础上开工建设，计划年底前竣工；由荣广集团开发占地166.19亩的上海矽钢片厂地块“现代服务业外包集聚区”项目，在完成功能定位后力争尽快开工。完善《创意园区认定办法》、《创意类企业认定办法》，加强创意产业园区及其入驻企业的规范管理。聚焦重点和优势园区，进行扶持政策调研和适当调整，支持园区兼并、集聚，促进创意园区产业和商务楼宇产业错位发展。健全并执行推进机制，落实责任、推进协调，确保各项目按既定节点推进。

二、推广新技术与淘汰落后产能结合，推进节能降耗工作

制订2010年淘汰“二高一低”落后产能计划，重点关注二钢和三爱思试剂厂，完成5至6户企业的关、停、并、转、迁，全面完成“十一五”产业结构调整计划。坚持政府引导、企业主导，依靠技术创新提高能源利用效率。充分发挥区位优势，完善节能服务平台，开展节能技术交流和推广活动，对能耗大户实行免费节能诊断。鼓励企业实施“国家十大重点节能工程”，重点推进工业锅炉、空调系统、绿色照明工程。会同区财政局制定区节能技术改造项目专项扶持实施办法。培育若干节能服务公司，鼓励节能环保产业发展，推进企业开展清洁生产。加强节能降耗宣传教育，推广合同能源管理，创新节能管理方法。落实年度节能工作责任制和企业节能降耗工作激励机制。发挥义务监督员队伍作用，继续开展能源管理、能源计量和能源统计联合执法。积累区商务楼宇能耗数据，严格执行新建商务楼宇节能技术标准，促使单位能耗持续下降。力争全区万元增加值能耗下降3.5%。

三、积极组织和努力应对，确保外贸稳定

继续贯彻落实国家及本市“中小企业国际市场开拓专项扶持资金”政策，积极鼓励、帮助外贸企业拓展新兴国际市场；会同相关街道镇、园区，宣传、鼓励、指导企业“走出去”开拓海外国际市场。建立和完善应对贸易摩擦联络机制，通过对全区外贸企业的梳理排摸，制订、完善以各园区为网络中枢的应对贸易摩擦联络机制。对市商务委授牌的两家“上海市软件出口（创新）园区”，会同有关单位从资源整合、功能提升等方面做好指导、协调。

四、加强调查研究，加大政策指导和服务力度

加强对形态与功能、硬件与软件、龙头企业与龙头企业家关系的研究；注重龙头企业与龙头企业家的培养。建立重点企业联系制度，搭建重点企业运行分析监测工作网络。确保办世博期间生产安全和维稳可控。打好服务企业这张名片，通过对成长性较好企业的优质服务，形成对杨浦投资环境的好口碑。对区域中小企业国家、市财政资金到位后的使用情况进行跟踪、调研，并将信息及时通报相关委办局。建立服务企业数据库。引导和支持创新要素向企业集聚、促进科技成果产业化。继续推进多层次企业技术中心建设，形成一批拥有自主知识产权的核心技术和主导产品。推进重点发展的电子信息制造和软件信息服务、节能环保和现代设计领域。加强服务，重点推进市政府重点发展的激光投影显示产业。加强对中小企业的服务。组织教育培训，提高企业规避市场风险的能力；畅通信息渠道，促进政策落实到企业；治理“三乱”，减轻企业不合理负担。支持传统产业升级改造和新产品、新技术的开发应用；引导、鼓励企业开展技术引进、吸收和创新；重点支持一批重大技术改造项目和技术创新项目。鼓励和支持家用纺织品业、通讯计算机、精密机械制造和加工业、新材料等优势产业的骨干企业做大做强做优。

（印德华）

黄浦区工业

【概况】

2009年，黄浦区完成工业总产值184.4亿元，比上年增长7.0%；完成工业销售产值182.3亿元，增长6.7%。工业经济运行企稳，并呈现增长态势。一季度最低，产值下降4.3%，进入二季度后，产值月度增幅不断提高，二季度增幅达7.6%，三季度持平，四季度增长9%。其中，11月为年度单月产值增幅最高月份，增长33%，工业生产向好势头明显，增长态势基本确立。市级企业完成61.9亿元，下降11.6%；区级企业完成122.5亿元，增长16.8%。运行质量保持较好水平，利润有大幅提升。1～11月，利润累计完成7.6亿元，增长36.8%。旅游纪念品业为增长主力，增幅达52%，占比总额达38%。全年实现工业产销率98.9%，应收账款下降3.4%，处于较好状态。工业完成出口交货值19亿元，下降13.7%，出口企业出口交货值全部负增长，低迷态势未得到改变。

【2009年发展情况】

一、旅游纪念品业

旅游纪念品的走势随着金价的波动跌宕起伏，每季度形成一个小高潮，反映了节庆效应对该行业的重要性。全年旅游纪念品业实现工业产值86.5亿元，增长19.3%。行业实现利润表现良好，1～11月完成利润2.9亿元，增长52.6%。主要得益于原材料价格的上升，以老凤祥有限公司为例，年度主营业务收入增长30%。

二、食品行业

全年完成产值14.2亿元，下降0.6%。从分行业情况看，农副食品行业表现较好，农副食品加工产值累计增长18.4%；休闲类食品加工类生产下滑明显，江崎格力高食品公司产值下降5.2%。行业中主力企业取得良好经济效益，得益于企业规模的进一步扩张及原材料购进成本降低，使利润空间明显增加。如杏花楼食品公司和新雅食品公司销售收入分别增长20%和11%。区内工业园区内的几户食品企业实现利润5179万元，占行业利润总额的74%。

三、机械行业

行业产值明显回落，下降57.8%。主要原因是主力企业建良和建益机械厂受其上级公司的生产线调整影响，由原来生产成套产品调整为生产非标产品，产值严重缩水，导致行业整体下降。

四、纺织服装业

受金融风暴影响，出口订单减少，生产规模缩小，全年实现产值4.1亿元，下降8.9%。在艰难形势下，各企业通过产品转内销等措施，止住出血点，减少亏损，企业效益得到回升。1～11月，实现利润增长136%，其中凯昌制衣公司因投资收益，利润增长236%。

【2010年发展趋势】

工业发展仍不平衡。从工业运行情况看，除旅游纪念品业、食品饮料、文教用品、医药制造等4个行业外，其余行业的产值均为负增长，由此看出，工业主力仍在消费品类行业上，而其中拉动最明显的是旅游纪念品业中的黄金珠宝类企业，占总额的47%左右，但目前原材料价格对企业的影响很大，所以有一定的行业风险。

部分企业仍未从金融危机中走出。从企业发展的内因看，制约企业发展的瓶颈仍未得到根本改变，仍以传统的加工为主体，企业的服务性领域开拓、对接大工业、聚焦重点行业的能力都不强。

世博会的举办，为企业发展带来机遇将带来大量人流，国内消费也将升温，旅游纪念品、食品、纺织等行业将继续受益，企业要抓住机遇加强研发、产品开发、品牌建设及自主渠道的开发，努力提升实力。

（杨泰生）

卢湾区工业

【概况】

2009年，卢湾区工业系统以学习实践科学发展观为统领，积极应对严峻的经济形势，围绕建设现代化精品城区的目标，全面推进各项工作任务的落实。在地工业企业累计完成工业总产值15.4亿元，比上年下降11.5%；实现工业销售产值15.8亿元，增长1.6%；属地工业累计完成工业总产值12.8亿元，下降5.8%。全年实现工业销售产值12.8亿元，增长0.4%，超额完成年度指标6.7%。全年月均工业总产值在500万元以上的企业共11户，分别是古今、篷垫厂、三吉电子、红双喜、良友服饰、清油脂、埃驰、火焰复合、竹井电子、威士机械、雅蝶。规模以上企业占工业总产值比重超过80%。工业行业主要集中在汽配与服装两大领域中，其中，汽配企业6户，服装企业6户。在国家出台一系列刺激消费政策推动下，工业经济也得益于这两大行业的复苏而出现回升。完成威士、新联、海德、信业等4户企业申报区级技术中心认定工作，对促进区产业结构调整具有积极示范作用，部分生产企业逐步实现由生产性向生产服务性产业转型发展。节能减排工作不断加强，完善节能减排考核机制，聚焦重点用能单位，加强分析监控。顺利完成迎接市节能办考核工作，取得完成等级、良好水平的考核评定。推进财政补贴高效照明产品推广工作，街道（社区）推广15.67万支，区机关工会系统推广1.02万支，大宗用户推广4.58万支。加强指导、服务，推进企业技术创新，提高了企业竞争力。

【2009年发展情况】

一、聚焦73户重点用能单位，开展节能减排

加大节能减排工作力度，加强对重点用能单位的指导、监测，继续推广节能产品和技术应用，推进实施电力分项计量系统的有关工作。5月22日，召开区节能减排工作推进会，总结2008年度节能减排工作，表彰年度先进单位，部署2009年度区节能减排工作，要求各机关、企事业单位严格按照节能法、上海市节能条例以及区委、区政府有关要求，明确职责，全力推进节能减排工作；各重点用能单位要明确责任，对照创优标准，将各项工作措施落到实处；要加强舆论宣传，组织开展各类活动，增强全民节能意识，在全社会形成节能环保的良好风尚。组织区属企业集团和重点用能单位考核，推进区域节能减排工作上新水平。

二、实施节能改造项目

以商务楼宇、用能大户和建筑项目为重点，扎实推进节能减排工作。重点推进商务办公楼宇用能设备改造，抓紧实施花园饭店综合节能示范、中环广场空调系统改造和正章实业公司余热回用等项目；积极建设电力分项计量系统，完成10幢楼宇电力分项计量系统安装工作。开展能耗情况统计专项调查，实施能量计量体系评估，抓紧区域内大型锅炉热工专项测试，指导重点用能单位开展对标管理。将“批项目、核能耗”列入项目设计、审批、施工、竣工验收和执法监察全过程，并在既有建筑节能改造中结合外立面改造同步实施节能设计和施工；积极推进绿地集团总部大楼节能环保项目和中南部创意产业集群区436、550等园区节能示范项目建设。

三、推进企业技术创新

申报国家级项目取得突破性进展，“威士”的提升人体模具数字化自动化制造技改项目、“新联”客流眼产品技术改造项目通过市经信委、发改委审核，成功申报国家中小企业技改项目支持。顺利上报海德、锦爵公司《上海市引进技术的吸收与创新计划》项目验收材料。加强指导、服务，帮助“海德”多媒体自助服务终端技术升级改造项目申报市中小企业专项资金。完成威士、新联、海德、信业等4户企业申报区级技术中心认定工作，并联合区财政局、科委，对每户企业给予30万元的专项资金支持。

四、扎实开展信息化工作

积极推进区内银行卡应用环境建设，组织开展淮海中路、新天地、茂名南路服装定制街、绍兴路文化街银行卡使用情况调查，大力宣传，积极指导、帮助面积100平方米以上或上年度销售额超过50万元的商户安装银行卡刷卡设备，使淮海中路、新天地、茂名南路服装定制街、绍兴路文化街商户银行卡应用率整体上超过96.8%。其中，新天地、绍兴路达到100%，淮海中路达到99%。组织区内企业参加市刷卡无障碍立功竞赛活动，推荐淮海中路、新天地等2个街区和黄山茶叶、天宝龙凤等32家商户参加市刷卡无障碍示范街区（商户）评选。

【2010年发展趋势】

一、主要思路

实现工业经济基本稳定；在做好常规工作基础上，进一步推进企业技术进步和信息化；搞好工业、商业商务和旅游业节能减排；扎实搞好中小企业服务工作。

二、主要目标

区属地工业实现工业总产值14亿元，比上年增长9.4%，实现工业销售产值14亿元，增长9.3%。在地工业实现总产

值15亿元。

推进中小企业发展，新增百千万工程企业10户；实现2～5户企业成为中小板或创业板后备企业，争取1～2户成为备案企业；工业、商业商务、旅游业节能减排完成考核指标。

三、主要措施

1．做好每月工业经济分析研判。进一步提高经济运行分析质量，完善分析框架，准确反映企业经济运行状况，加强趋势研判，为决策提供依据。

2．推进企业技术进步工作。积极推进政策落地，指导帮助企业申报国家和市级技改等项目支持，以项目带动企业技术进步。进一步加强区级企业技术中心认定工作，新完成2～3户企业区级技术中心认定，并启动1～2户企业市级技术中心认定培育工作。

3．搞好工业、商业商务和旅游业节能减排工作。根据“十一五”规划确定的目标，启动倒计时工业、商业商务和旅游业节能减排倒计时计划，同时加强中期评估检查，确保任务完成。

4．推进信息化工作。着力推进淮海路、新天地、茂名南路、绍兴路和打浦桥商圈信息化建设，重点推进淮海路和打浦桥地区商户安装银行卡POS工作，其中，淮海中路POS机安装率达到99%。

5．推进百千万工程企业覆盖面。认真做好情况摸底工作，大力推荐企业进入市百千万工程计划。在推动中小企业上市方面做出探索，在全面了解企业经营发展情况和企业对上市需求程度的基础上，分门别类、有针对性地做好相关工作。

（李贺楠）

静安区工业

【概况】

2009年，静安区实现工业总产值37.3亿元，实现工业销售产值38.1亿元。全年列入静安区统计规模以上工业企业产值的有27户，完成产值5.46亿元，其中，红宝石食品有限公司、亚新冶金设备、精达电器、维佛拉士服饰等企业均有不同程度的升幅。

【2009年发展情况】

一、成功举办上海国际创意产业活动周

围绕创意产业的集聚和提升，10月15～21日成功举办为期一周的2009上海国际创意产业活动周。

10月15日，在800秀创意产业集聚区举行“2009上海国际创意产业活动周”开幕式；10月16日，以“创意与城市未来”为主题，举行2009上海创意产业国际论坛；10月16日晚，举行2009上海国际创意产业活动周“静安日”活动；10月21日晚，举行2009上海国际创意产业活动周闭幕式。

以“创意·遇见世博，设计·品味生活”为主题，设立德国、巴西、澳大利亚、荷兰、冰岛等国家馆，以及中国本土的创意产业主题馆、静安馆等11个展馆，通过创意产品展示、项目对接、论坛讲座、交流酒会、观众互动等形式，向世人演绎创意及创意产业的理念。据不完全统计，活动周参观人数10余万人次，其中，专业人士超过60%，国外人士接近15%。本次活动周是历届活动周参展规格最高、论坛质量最优、参观规模最大、达成合作意向最多、媒体宣传最广的一次。

二、产业结构调整

根据全市产业结构调整协调推进工作的要求，进一步优化本区土地资源配置和产业布局，加大对工业落后产能的淘汰力度。按照“发展优势产业，稳定均势产业，淘汰劣势产业”的要求，着手对华东弹簧厂的业态调整，这一调整项目已列入本市产业结构调整计划。

三、商业商务楼宇能源审计

加强与9幢商业商务楼宇的沟通联系，宣传静安区政府节能降耗工作，了解并听取楼宇企业基本用能情况和相关建议，在掌握楼宇用能情况的基础上形成工作思路、工作方案和操作规范流程。全面完成单体面积在2万平方米以上、年能耗在2000吨标煤以上商业商务楼宇能源审计工作，通过能源审计，形成问题诊断明确、节能措施可行、标煤节能量化的审计报告。年内，组织评审专家小组对机构出具的审计、诊断报告进行论证。

四、楼宇、园区节能技术改造

推进中信泰富与西门子公司合同能源管理项目实施，项目实施完成后可减少能耗约680吨标煤。开展对800秀创意产业园区等新建园区，在室内通风、制冷制热、环境绿化、减少排放等方面给予评估建议，完成节能环保咨询工作。

五、高效节能产品推广

开展高效绿色照明产品进社区推广活动的组织工作，全力落实20万个节能照明产品的推广任务。宣传介绍高效节能产品及相关产品的政府补贴价，开展高效照明产品推广项目进社区、企业活动，全年完成209160只飞利浦节能灯推广数量，完成指标任务数的105%。按照“市区结合、上下联动、覆盖全区、面向基层”的宣传活动宗旨，配合做好上海市节能宣传周活动。

【2010 年发展趋势】

围绕重点商业商务楼宇做好能源审计工作，加大节能减排力度，推行合同能源管理，积极推进节能技术改造项目建设。

以打造时尚创意产业为核心，围绕园区时尚展示发布功能，引进和开展文化、艺术、时尚活动，提升时尚创意氛围和园区整体知名度。

（孙安）

宝 山 区 工 业

【概况】

2009 年，全区工业系统努力克服全球金融危机带来的不利因素，积极制定落实“服务企业，保增长”措施，全力推进先进制造业发展，加快推进产业结构调整、产业升级，全区工业经济走出年初低谷，逐步趋稳向好。完成区域工业产值2058亿元（包括宝钢），比上年下降18.1%；完成区工业销售产值1027亿元（不包括宝钢），增长0.7%，其中，工业园区完成工业销售产值287亿元，持平；完成区工业固定资产投资47亿元，增长17.4%。完成产业结构调整项目72项。

【2009 年工业发展情况】

一、工业经济增速回升，总体呈低位运行

2009 年，工业销售产值逐月增加，1 ~ 12 月分别为55亿元、56亿元、68亿元、69亿元、75亿元、84亿元、85亿元、86亿元、89亿元、91亿元、100亿元、102亿元。增速逐季上升，工业生产低位企稳，季度完成销售产值分别为179亿元、228亿元、260亿元、292亿元，增长-19.4%、-13.2%、1%、24.2%。工业增加值增速从9月起由负转正，全年实现工业增加值200亿元，增长4%。

二、重点产业运行尚平稳，钢铁延伸业缓慢复苏

机械装备产业完成销售产值182亿元，下降7.7%，降幅收窄1.8个百分点。汽车零部件产业完成销售产值50亿元，增长9%。电子电器产业完成销售产值66亿元，下降4.6%，降幅收窄2个百分点。钢铁延伸业完成销售产值117亿元，下降29.1%，降幅收窄3.4个百分点。其中，4户集装箱生产企业除了进道，其余3户集装箱企业从3季度起，结束停产或半停产状态，开始有少量订单，累计实现销售产值13亿元，同比减少42亿元。

三、工业投资平稳增长，投资向园区集中

积极推进项目落地开工和在建项目建设，加大工业投入。全年新开工项目18个，总投资额16亿元。全区实现工业固定资产投资47亿元，增长17.4%。工业园区实现工业固定资产投资40亿元，占全区工业总投资的85.1%。其中，宝山工业园区完成工业固定资产投资17亿元，占全区工业投资的36.2%。华润雪花啤酒、拉法基石膏、宝冶罗店基地等超亿元的建设项目提高了工业产品结构档次和市场竞争力，为全区工业持续发展奠定良好基础。

四、高新技术产业化有效落实，一批重点项目扎实推进

根据市委、市政府《关于进一步推进科技创新加快高新技术产业化的若干意见》、《关于加快推进上海市高新技术产业化的实施意见》要求和市高新技术产业化工作会议精神，结合区实际情况制订《宝山区加快推进高新技术产业化的实施方案》和《宝山区推进高新技术产业化“2+4”行动方案》，定期举办高新技术产业化论坛、政策专题培训、产学研、金融服务对接等活动，搭建政府服务平台。

加强与国有大企业合作，加大产业聚焦，着力推进宝山区新能源装备和关键零部件产业化基地、新材料及配套产业基地、装备制造业基地、民用航空制造业基地、信息服务业基地的建设。软件与信息服务业高新技术产业化基地、新材料及配套产业基地、装备制造业基地已获市经信委批准；新能源装备和关键零部件产业化基地完成申报工作。

积极推进高新技术产业化项目的引进和落地，加大资源向重点领域项目集聚。如：优先安排上海普安柴油机有限公司、上海远东制药机械有限公司等高新技术产业化项目用地指标，普安第一台重型柴油发动机已研制成功，可进行批量生产。各园区加大招商引资的力度，加强与国有大企业合作，积极储备先进制造业项目，与上汽集团、电气集团等达成一批项目的合作意向。目前，落实土地指标待开工项目30个，总投资56亿元，占地面积2002亩；洽谈项目31个，总投资60亿元，占地面积2240亩，部分项目已签约。

五、企业科技创新意识增强，技术改造力度进一步加大

全区申报4户企业建设市级企业技术中心，其中2户企业有望通过认定，培育并完成3户区级企业技术中心建设；共有9个国内领先、国际先进水平的专利新产品项目申报上海市专利新产品。全区28个项目进行技改投资备案，总投资达11.93亿元，产出后可新增销售收入25亿元，利税3.5

亿元左右。

六、产业结构调整顺利推进，一批劣势企业关停

根据市信经委2009年产业结构调整推进方案，结合宝山实际情况，确定高能耗、高污染、高危行业为产业结构调整重点。年初，根据各街镇、工业园区上报计划，经审核确定调整项目74项，其中，危化企业8项。4月，在市产业结构调整会议上进行签约，后经市经信委、市安监局确认危化企业调整为6户，全年结构调整目标为72项。至10月底，已调整67户企业，其中，危化企业6户，占地面积1500亩，年耗能3.53万吨标煤。其中，提升能级的27项；转性的4项，调整为现代服务业；转型的5项目，调整为生产性服务业；转移、关闭的25项，用于房产开发、市政建设等。

七、出口形势严峻，高位下降态势难以扭转

由于国际市场形势未见好转，海外市场需求疲软，导致全区工业出口仍处于高位下降态势。规模以上工业实现出口交货值77亿元，下降47.3%。金属制品业、通用设备制造业受外销出口下降的影响较大，企业始终没有大的海外订单。

【2010年发展趋势】

深入学习实践科学发展观，贯彻党的十七届四中全会和中央经济工作会议精神，大力推进实施经济转型，着力提升产业能级，加快推进高新技术产业化基地建设。

一、主要目标

实现工业销售产值1110亿元，比上年增长8%。其中，工业园区企业销售产值达到322亿元，增长12%；完成工业投资37亿元；确保完成产业结构调整50项，力争完成60项。

二、主要措施

1．全力推进先进制造业发展。一是抓项目建设。抓好协调工作，进一步完善绿色通道机制，推进拟开工企业加快开工前的手续办理，确保项目开工建设进程，对已经拿到土地的项目，要求企业明确开工时间；抓好跟踪工作，督促项目单位加快在建项目建设，尽早形成产出；抓好基础工作，加快完善园区基础设施和公建配套设施建设，确保固定资产投入达到一定的增长，为引进先进制造业项目创造良好环境、腾出发展空间。二是抓结构调整。继续推进高污染、高危企业调整，包括零星化工企业、印染纺织企业等，关停外环以内危险品生产和储存企业；加大工业园区内亩产出较低企业的调整力度，结合高新技术产业化基地建设，提升工业园区产业能级；实现企业定点淘汰向成片淘汰转变，加快产业梯度转移。按照市产业结构调整和第四轮环保三年行动计划要求，加快整体调整力度，重点是南大路沿线化工企业，加快推进该地区实施经济转型；按照城市工业园区新一轮规划调整要求，加快启动园区北部老企业的调整。三是抓技术进步。进一步推进新能源、新材料、民用航空、装备和信息服务业基地建设，加大基地招商引资工作和配套服务建设，加快产业集聚发展；进一步强化制度建设，定期举行各类专项活动，加强并完善政府信息平台、科技孵化平台、招商服务平台、产学研服务平台等建设；加大项目建设推进，做好政策服务申报工作和市区两级财政政策扶持。

2．全力推进生产性服务业发展。一是推进载体建设。按照“50255”发展目标，加快推进钢铁服务业、港口物流业、商务服务业、节能环保业、信息服务业、研发设计业等六大重点行业。重点结合“两规合一”工作，研究制定生产性服务业园区认定标准，出台相关认定办法；根据国家和市引进总部经济等已有政策，研究制定相关配套政策，加快推进生产性服务业发展。二是推进品牌建设。联合区工商、质检等部门，建立有效的工作机制，研究品牌培育服务工作，将工作重点由以传统制造业为主向高新技术产业、生产性服务业和现代服务业领域倾斜，大力推进生产性服务业信息化。重点是大力推进发展电子商务，鼓励重点行业的骨干企业向全行业提供专业的信息服务；鼓励有条件的生产型制造企业利用信息化手段，拓展和优化总集成总承包模式。

3．全力推进节能降耗各项工作。一是明确目标任务。编制年度节能降耗实施方案，并分解年度节能指标，制定年度考核办法。做好“十一五”期间工业节能降耗考核评估工作，确保完成“十一五”期间节能降耗目标与任务；做好调研与摸底工作，启动“十二五”节能降耗和能源发展规划。三是落实工作措施。加强节能宣传，加大节能技术、产品等各类宣传与推广，技术交流和培训活动；加大节能投入，进一步推进十大节能工程改造，重点落实燃煤锅炉改造和电平衡测试工作；抓政策机制，充分应用市区两级政策机制，推动重点用能单位实施节能技术、管理、结构性改造工作；完善工作机制，进一步加大各街镇、重点用能单位定期检查和工作会议制度，加强责任意识；建立监察机制，发挥市区各职能部门的联合执法机制，建立宝山区节能监察队伍，加强检查，发挥法律效力。

4．谋划制定“十二五”产业发展规划。成立编制“十二五”宝山区制造业发展及推进高新技术产业化规划工作小组，在全面评估“十一五”规划实施和做好现状调研与分析基础上，启动制定“十二五”宝山区制造业发展及推进高新技术产业化规划，为加快“十二五”先进制造业、生产性服务业、两化融合发展奠定基础。

（王春艳）

闵行区工业

【概况】

2009年，面对国际经济危机的严峻挑战，闵行区采取各项措施，促使项目尽早落地，紧抓项目开竣工，积极解决企业困难，取得了成效。工业经济保持稳步回升的态势，总体运行平稳，实现工业总产值3533.6亿元，比上年增长1.1%。其中，规模以上工业企业完成工业总产值3337.9亿元，增长2.1%。实现工业增加值766.2亿元，增长3%。由于金融危机影响、虹桥交通枢纽工程和七宝生态商务区企业动迁、产业结构调整等原因，部分企业关闭、停产和外迁，规模以上工业企业数量为2331户，下降1.8%。规模以上工业企业主营业务收入3425.27亿元，下降1.7%。出口商品总额175.65亿美元，下降3.2%。全年完成工业投资55.44亿元，下降46.5%，减少48.2亿元。受国家新增投资的拉动，以及陆续出台的产业振兴规划和相关政策的影响，通用设备制造业等以国有大中型企业为主力的行业复苏较快，此外，由于国内市场需求旺盛，一些生活消费类产品的生产企业仍然保持高增长。规模以上重点行业中通信设备、计算机及其他电子设备制造业实现产值1072.28亿元，增长10.7%；通用设备制造业实现产值486.81亿元，下降1.9%；电气机械及器材制造业实现产值286.03亿元，增长0.3%；化学原料及化学制品制造业实现产值232.36亿元，增长5.4%。企业盈利情况在下半年出现明显好转，全年规模以上工业利润总额为174.46亿元，增长23.9%。

【2009年发展情况】

一、大力推进高新技术产业化

本区在全市9个高新技术重点发展领域中占据5个，自选1个，形成“5+1”6个产业板块，制定了《实施意见》并接连出台6个发展行动计划和一系列配套政策措施，年内共受理审核上报交大泰阳、思源电器、尚德太阳能、微创软件、申龙客车等33户企业的38个高新技术产业化项目，项目涉及新材料、新能源汽车、新能源、先进重大装备、民用航空制造业、软件和信息服务业、电子信息制造业等7个领域。

二、调整产业结构，加强能耗管理

确定产业结构调整项目72项，其中，列入市重点推进项目11项、区推进项目60项、危险化学品调整企业1项。72项产业结构调整项目可节约标准煤4.8万吨，其中，列入市重点推进的11个项目，可节约标准煤3.6万吨。至年末，基本完成年度调整任务。在工业节能方面，工业万元产值能耗下降7%，节能量达到20万吨标准煤，其中，通过结构调整淘汰落后生产力实现的节能4.8万吨，通过节能技术改造和加强能源综合管理实现节能15.2万吨，全年共有95项节能技术改造项目。

三、鼓励扶持企业，推动科技创新

全区共认定区级科技“小巨人”培育企业25户，市科技“小巨人”企业6户，市科技“小巨人”培育企业7户，位于全市第一。根据《上海市企业技术中心管理办法》的规定，完成2年1次的上海市认定企业技术中心评价工作，审核上报思源电器、团结普瑞玛、杰事杰新材料等6户上海市企业技术中心的评价材料。在企业技术改造方面，共申报市重点技术改造项目27项，经专家评审后列入上海市重点技术改造项目专项资金计划项目11户，项目总投资40.29亿元。

【2010年发展趋势】

2010年，全区工业经济发展预期目标是工业总产值3887亿元，比上年增长10%；合同吸收外资争取16亿～20亿美元；新增内资注册资本250亿元左右。

一、充分用好世博机遇

利用难得的世博机遇，向国内外推介闵行，积极宣传闵行良好的投资环境，积极吸引符合产业发展导向的优质项目落户闵行。把世博会展示的新理念、新技术、推广运用的新项目引进到闵行，带动闵行的发展。

二、聚焦高新产业，大力推进科技创新

依托园区基地、世界500强企业、大集团企业和高校科研院所，重点发展高新技术产业，加快推进关键项目落地，着力形成产业链和产业群，提高制造业整体能级。重点支持“5+1”高新技术产业发展。坚持以企业为创新主体，着力构建和完善区域科技创新体系，深化“三区联动”，提升区域自主创新能力和产业核心竞争力。

三、加大产业投资力度

加大财政投入，由区财政出资设立高新技术产业化专项资金和风险投资引导母基金，围绕闵行“5+1”高新技术产业定位，引导一批国内外创业投资机构入驻本区，为区内企业自主创新开展创业投资服务，促进高新技术产业做大做强。

四、抓好项目跟踪服务工作

按照目前掌握的项目情况，预计开工的工业项目有65个，总投资83.8亿元，建筑面积达210.1万平方米，其中，投资1亿元以上的项目18个。预计竣工的工业项目有19个，总投资25.8亿元，建筑面积达69.5万平方米，其中，投资1亿元以上的项目8个。随着经济形势的好转，以及招商引资工作的开展，预计新开工的项目还会增加，通过发挥各部门的联动机制，做好工业项目的跟踪和服务工作，促使好项目落户闵行，为闵行的持续发展增加动力。

（陆晨昱）

嘉定区工业

【概况】

2009年，面对国际金融危机的冲击，全区工业系统坚定信心，迎难而上，积极贯彻落实各项政策措施，努力克服种种不利影响，工业经济实现企稳回升，经受住了金融危机的严峻挑战。全年规模以上工业实现产值1535.2亿元，比上年下降9.3%。

【2009年发展情况】

一、生产节奏逐季加快，经济运行企稳回升

年初，受金融危机影响，企业生产放缓，处于消化库存阶段，产销率连续3个月大于100%，一季度，全区规模以上工业企业实现产值294.5亿元，下降17.6%。二季度，随着宏观调控政策效应的显现，国内市场开始回暖，企业生产和订单逐步恢复。同时，企业开始回补库存，生产节奏进一步加快。二、三、四季度规模以上工业企业分别实现产值386.8亿元、404.4亿元和449.4亿元，同比下降15.6%、7%和增长1.7%。

1．重点企业生产恢复明显快于中小企业。实现产值亿元以上的工业企业共有348户，实现工业产值1265.5亿元，占规模以上工业产值的70.4%，微跌0.7%；而其他规模以上企业实现产值530.9亿元，下降12.7%，降幅高于重点企业12个百分点。

2．高新技术型企业抗波动能力优势明显。83户工业规模以上高新技术企业共实现产值297.6亿元，增长17.9%，实现产值占规模以上的16.6%，占比提高5.4个百分点。高新技术企业抗风险能力缘于其创新能力和市场活力。如康德莱企业发展有限公司积极开发新产品、开拓中东市场，产值增长18%；希捷爱斯（上海）电气有限公司与德国DECOM公司联合开发新产品——氮气绝缘金属封闭开关设备（CGIS），已在国内市场稳步发展。

3．特强产业呈现爆发式增长。燃油税改革、汽车下乡、以旧换新、车辆购置税减半等扩大消费政策措施，带动汽车零部件企业快速发展。全区特强产业实现工业年产值572.8亿元，增长25.1%，高于全区工业经济增速15.8%，拉动全区工业增长5.3%；累计产值占全区工业经济总量的24.3%，占比提高4个百分点。

二、工业经济效益稳步趋好，企业盈利能力进一步提高

规模以上工业企业实现利润总额77.5亿元，增长17%。工业经济效益逐步向好的主要原因：一是“扩内需”政策效应显现，企业产能得到充分释放。在国家大规模投资、汽车消费政策等一系列扩内需政策的刺激下，企业生产明显加快，企业效益明显提高。二是原材料价格回落，企业生产成本降低。据市统计局数据显示，1～11月，全市原材料、燃料、动力购进价格下降11.6%，企业生产成本明显降低，区内企业抓住机遇整合资源，降低了生产经营成本。三是新产品研发生产加快，高附加值体现高效益。“小巨人”计划的有力推进为经济发展作出积极贡献，区内企业通过自主创新，调整产品结构，加大新产品开发力度，提高了产品附加值。

三、“抓项目、促开工”成效显著，工业投入力度明显加大

全年共完成工业固定资产投资96.4亿元，增长33%，超额完成年度计划。投资高速增长的主要原因：一是区委、区政府为推进项目建设，转变思路，加强部门之间的协调与联动，有力推动了项目开工。至年末，全区供地项目中，已开工107个，其中6个已投产，完成工业固定资产投资36.2亿元。二是政策效应推动，国家鼓励汽车消费政策发挥积极作用，汽车产销两旺，汽车零部件企业主动扩大产能，年内，该行业共发生固定资产投资项目61个，投资额达37亿元，占总投资额的38.4%。另外，增值税转型政策中固定资产进项税可以抵扣，也进一步提高企业更新设备的积极性，全年共发生设备购置61起，完成投资27.2亿元，占总投资的28.2%。三是企业投资意愿的提高。金融危机以来，产品价格下行，但也正是企业更新技术、扩大产能、降低成本的良好契机。全区共有95个项目进行改、扩建和技术改造，完成投资19.5亿元。

四、外需市场仍显不足，外贸出口恢复尚需时日

全区外贸出口62.8亿美元，下降21.4%。主要原因是受金融危机影响。一方面，世界经济放缓，发达国家失业率居高不下，欧美居民消费模式发生转变，全年对出口额前三位的贸易伙伴北美、日本、欧盟地区的外贸出口额仅为38.6

亿美元，下降21%。另一方面，国外机电、电子等需求弹性较大的产品出口更新换代速度放缓。占全区外贸出口50%以上的机电产品完成出口32.1亿美元，下降25.6%，高于全区外贸出口降幅4.2个百分点。另外，全球贸易保护主义进一步加剧，在世界经济和贸易出现急剧下滑的形势下，来自多个国家、涉及多个产业的贸易保护主义成为影响出口复苏的重要因素。

【2010年发展趋势】

2010年，全区规模以上工业经济将呈现稳步增长、增速前高后低的态势，预计保持5%左右的增长。

一、提升先进制造业能级水平

深入推进新能源汽车及关键零部件产业基地和稀土材料产业化基地建设，进一步完善产业规划，完善高新技术产业化各项扶持政策，实现重点区域、重点项目有较大突破，推进产业集聚。

二、深化服务企业制度

加大政策的宣传力度。加强与企业之间的沟通交流，适时开展政策解读等培训。搭建平台，为企业发展牵线搭桥。搭建银商合作、商商合作等平台，促进企业之间的合作交流，提升产业能级。

三、完善项目建设推进工作机制

加强与市有关部门沟通协调，采取多种方式帮助重点项目、优质项目落地。牵头协调各职能部门加快项目审批，鼓励企业加快项目建设步伐，力争早开工、早投产、早见效。

四、加大招商引资力度

一是以新能源汽车基地和稀土材料产业化基地为依托，加快两大新兴产业的引进力度，争取尽早形成集聚效应。二是重视总部经济招商。促进跨国公司、国有企业总部尽早落地。三是加大技术含量高、符合产业发展导向项目的引入，优化企业质量。

五、加快产业结构调整

一是推动产业升级。鼓励企业加大技术改造，不断强化技术优势，降低成本，提高产品竞争力。二是加快淘汰劣势企业。聚焦零星化工、纺织印染、铸造、锻造、电镀、热处理等行业，加快实施关停调整。三是继续开展成片淘汰工作。把劣势企业相对集中的地区整体淘汰，为土地的集约利用和产业发展的合理布局创造条件。

（郑元章）

金山区工业

【概况】

2009年，金山区坚持以科学发展观为统领，努力克服宏观形势带来的不利影响，狠抓项目启动建设的有序推进，着力推进经济结构调整和经济发展方式转变，着力化解经济发展中的瓶颈和问题，积极主动加强服务企业，全区工业经济在严峻的宏观形势下，保持了平稳发展。

全区累计实现工业总产值912.1亿元，比上年下降8.79%，其中，规模以上工业产值实现584.9亿元，下降9.81%。工业经济效益保持良好增势。内资到位资金完成68.84亿元；合同利用外资项目12507.6万美元，下降58.7%，外资到位资金完成15483万美元；工业性投入完成62.92亿元。注册型企业完成税收35.96亿元，增长10.41%。备案的技术改造项目达98个，总投资18.3亿元，增长17%。新增上海市著名商标8件，新增上海市名牌产品5项。

【2009年发展情况】

一、调结构，不断提升产业发展能级

坚持以调整经济结构和转变发展方式为重点，鼓励企业走内涵式发展道路，通过技术改造、企业品牌建设、节能减排和淘汰落后生产能力，进一步提升产业发展能级。至年末，有2件中国驰名商标，23件上海市著名商标；4项中国名牌产品，29项上海市名牌产品；26项上海市中小企业品牌产品，7户上海市中小企业品牌企业。完善和落实节能目标责任制，积极推广绿色照明工程，较好地完成50+1项劣势企业淘汰工作。

二、抓规划，完善产业布局和明确发展重点

进一步完善区产业布局和战略规划，推动产业转型升级。一是进一步完善产业规划布局。明确2009～2015年期间重点发展的支柱产业；二是加快推进高新技术产业化。为主动接轨上海市高新技术产业化9个重点领域，明确新能源、新材料、生物医药、海洋工程装备4个领域作为高新技术产业化的重点，制定《金山区关于加快推进高新技术产业化的实施意见》和新能源、新材料和海洋工程装备3个产业行动方案，并积极推动出台新材料产业扶持政策，抢占科技制高点、培育新的经济增长点。

三、保增长，促进全区工商经济平稳运行

认真制定经济发展专项方案，年初制定“推进先进制造业发展、推进服务业发展、推进经济小区”等3个经济发展专项方案，细化工作目标和工作重点，明确具体工作措施。建立100户亿元以上重点企业运行监测机制，加强对重点企业和重点行业的运行监测。围绕“帮企业、优服务、促发展、保民生”，出台“暖冬计划”，制定了28条措施扶持企业发展。

四、抓重点项目建设，实现工业经济有效投入

认真做好预审评估，加强项目跟踪服务。对总投资达246亿元的120个项目跟踪服务，推动工业固定资产投资平稳运行。其中，85个项目获得土地465.42公顷，土地落实率为70.4%；59个项目开工，开工率为49.2%；22个项目投产，投产率为18.3%；历年累计实现到位资金55.54亿元，到位资金率22.6%。

五、优服务，营造良好发展环境

一是完善领导联系企业的制度。落实区领导联系百户重点企业制度，完善区领导包干重点产业项目制度，以及企业困难和诉求区领导督办制度；二是落实产业集聚区现场会，帮助园区和街镇解决发展中遇到的一系列实际困难；三是积极帮助出口型企业做好保障工作。

六、促招商，力争招商引资有新突破

牢固树立招商引资是金山经济发展的生命线，认真组织开展招商引资工作。一是认真起草招商引资工作意见，提出7个方面20项措施，明确招商引资目标和任务；二是以“迎世博、展新姿、拓发展”为主题，举行现代服务业发展专题推介会；三是举办2009“金山之秋”外商投资促进恳谈会。

【2010年发展趋势】

2010年，坚定不移地把提高经济运行质量和转变发展方式放在突出位置，加大结构调整力度，不断推进全区经济企稳回升，促进经济平稳较快发展。

一、强化规划引领，聚焦重点求突破

进一步细化产业发展规划，在巩固已有产业基础上，研究对有成长性、科技性的新型产业发展，聚焦发展汽车及其零部件、电子信息产业和食品加工业等3个重点产业。创新突破，努力寻求大项目落地，寻求高附加值、集约集聚的产业发展模式。同时，突出产业发展重点，突出产业集聚的重要性，突出资源节约型的发展。严格执行产业规划与产业基地的定位，项目引进与落地要从集聚、集约、节约出发。

二、注重调结构、促转型，不断提升产业发展能级

继续抓住“升级”不放松，加快推进技术进步和自主创新，不断提升整体综合竞争力。一是加快推进高新技术产业化。积极推进新能源、新材料、生物医药、海洋工程装备等4大重点领域的高新技术产业化，积极寻求以电子信息产业为重点的科技型、成长型企业的发展。二是积极引导企业技术创新和品牌建设。高度重视技术改造的作用，争取在2009年高位基础上再上新台阶；加强对20户拟上市企业的培育，支持中小企业改制上市。三是继续抓好节能减排、淘汰落后产能。继续完善和落实节能目标责任制，加强年耗1000吨标准煤以上重点耗能企业的管理工作，加强投资项目能耗审查，认真落实劣势企业淘汰计划。

三、加强运行监测和企业服务，促进经济平稳较快发展

继续加强重点行业、重点企业的运行监测，认真做好全区经济运行分析，加强对出口、效益、库存等要素指标进行监测与分析。继续加强企业服务和规模企业培育，不断完善区镇领导结对联系规模企业制度，形成长效机制，切实帮助企业解决实际困难。

四、强化项目启动建设，推动工业投入和资金到位

继续完善项目跟踪服务机制，及时掌握企业动态，特别要重点抓好列入市重点推进项目和亿元以上项目的开工建设；充分利用市级“绿色通道”机制，加快项目前期手续办理进度，加快改扩建、迁建、技术改造项目的早产出、多产出。

五、狠抓项目引进，突破外资发展瓶颈

努力抓好项目引进，尤其是要在突破外资发展瓶颈上寻求新思路、新方法，提高制造业发展能级。一是加强对吸引外资的领导和指导，把提高外向型经济总量、运行质量作为提升整体经济基础的重要抓手，进一步完善和提升对接大项目的运行模式和管理方式，提升对接大项目的能力和水平，推动工业性投入和到位资金的有效落实。二是进一步完善和细化招商措施。力争吸引重大外资项目落户金山，提高三资企业比重；全方位搭建与驻沪跨国公司总部、各涉外机构、行业协会等联络平台，积极开辟项目信息渠道，加大外企服务和扶持力度，促进外向型经济的发展。三是加大内资企业招商，鼓励企业“二次创业”和实业型企业发展，促进民营经济平稳规范有序发展。组织修订《金山产业导向和投资指南》。

（朱要武）

松江区工业

【概况】

2009年，松江区面对极其困难的经济形势和诸多不确定因素的外部经济环境，应对挑战，克难攻坚，开拓创新，走科学发展之路，加大服务力度，实现企稳回升，使工业经济保持平稳较快发展。

全区实现工业总产值3354亿元，比上年下降8.6%。其中，规模以上工业企业实现工业产值3153.4亿元，增长9.5%，占全区工业总产值的94%；电子信息、现代装备、精细化工、新材料、生物医药等五大主导产业实现工业产值2315.2亿元，下降10.3%，占全区工业总产值的69%；高新技术产业实现工业产值1809.4亿元，下降13%。实现工业增加值478.6亿元，增长2.2%。实现工业利润97.8亿元，增长1.4%。实现工业税收102亿元，增长4.3%。民营经济实现税收75.9亿元，增长3.1%。实现出口产品总额280.9亿美元，下降14.7%。新批准工业外资项目130个，总投资10.8亿美元，下降22.9%；合同外资5.2亿美元，下降36.4%；外商到位资金5.9亿美元，下降33.1%。“三资”企业实现销售收入2812.9亿元，下降9.2%。吸引内资项目1013个，总投资42.4亿元。全区工业固定资产投入61.5亿元，下降16.8%。

【2009年发展情况】

一、加大力度调整产业结构和产业布局，提升产业能级

抓住上海建设“两个中心”、开发大虹桥经济圈和全市经济转型等契机，结合松江“两规合一”和南部新城建设规划的制定，从宏观上认真谋划未来产业规划，编制《松江区产业发展和布局战略规划（2009～2015）》，明确产业发展定位，引导优势产业向重点园区集中，鼓励相关产业集聚，促进延伸产业链，加快形成产业群。制定松江区加快高新技术产业化实施细则，对原五大主导产业进行提升和优化，并调整扩大电子信息制造、先进重大装备、新能源、软件和信息服务、精细化工、新材料、生物科技等7个重点领域。召开推进新能源发展座谈会，支持一批企业高度重视太阳能光伏、风电、新能源电池和新能源汽车领域的研发设计和生产。按照区调整劣势企业目录和市下达的调整任务，对高能耗、高污染、高危险、低附加值的落后产能加快调整速度，全区淘汰劣势企业109户，腾出土地114公顷、厂房64.6万平方米，减少能耗折合标准煤6.13万吨、年废水排放21.9万吨、年烟尘排放32.9吨。项目评估同调整产业结构紧密结合，出台《关于工业项目评估与监管的实施意见》，区与街镇对工业项目质量以及是否符合产业导向共同把关，引入第三方评估机制，实行项目后评估，放宽产业准入门类，向鼓励类产业和现代服务业倾斜。67个项目通过评估，总投资103.8亿元。标准厂房备案项目204个，面积84.5万平方米。

二、加大力度开展招商引资，夯实发展基础

全区把招商引资工作作为重中之重，召开全区招商引资工作推进会、民营经济招商工作会、外商投资招商工作推进会和中美总商会松江投资环境推进会，营造招商引资浓厚氛围。在四川成都举行上海松江经济发展合作（协作）推介会，当场签订项目合作协议总投资20.3亿元，与山西省长治市、湖北省武汉市黄陂区、四川省泸州市结为友好地区。召开各种招商座谈会，分析招商形势，交流招商经验，探讨招商途径，拓宽招商思路，实现数量与质量并举、贸易型与实体型并举。引进产业链项目82个，其中，外资9个，总投资0.3亿美元；内资13个，总投资4.1亿元。新发展民营企业8906户，比上年增长101.7%，至年末，民营企业总数46691户，其中，实体型企业8749户，科技型企业4586户。

三、加大力度服务和培育扶持企业，促进企稳回升和做大做强

全区开展以“关爱企业、真情服务、共克时艰”为主题的企业服务年活动，开展73项服务工作，区党政领导联系服务46户重点企业，175名街镇、园区党政领导联系服务517户骨干企业，对企业提出的244条意见建议整改率达90%以上，连续召开欧美企业、日资企业、港台企业、外省市规模企业和本地创业企业座谈会，倾听企业呼声，解决企业困难。建立区政企互通平台，有效畅通企业与政府对接的渠道，发布政务信息300多条。区政府出台《关于当前服务企业全力保增长工作的暂行意见》，帮助企业对接产品、扩大市场、增加订单、发展生产。区中小企业信用贷款担保中心新增担保贷款4.09亿元，年底在担保金额3.88亿元；3户小额贷款公司发放贷款5.2亿元，有效缓解中小企业融资困难。聚焦骨干企业，跟踪监测年工业产值10亿元以上企业发展动态，作为经济运行分析的重要依据，并进行重点扶持，发挥更大作用。超亿元产值企业达319户，实现工业产值2666.6亿元，占全区工业总产值的79.5%。评定区重点骨干企业19户，累计达127户。鼓励企业改制上市，聘请券商、律师事务所等中介机构成立上市顾问团，指导企业在建立现代企业制度的基础上筹备上市，其中，3户企业已上

报中国证监会审核上市，8户企业向市证监局备案进入上市辅导期，10户企业处在改制过程中，6户企业有上市意向，23户列为上市后备培育企业。帮助企业申报市高新技术产业化重点项目16个、国家中小企业技术改造项目7个、市中小企业专项资金项目7个、市节能技术改造项目13个、市重点技术改造项目16个、市软件集成电路产业发展专项资金项目4个、市总集成总承包工程专项引导资金项目2个，企业获得各类科技扶持资金超过5000万元。利用区创业基金鼓励创业，资金支持增加20户。新增加区级企业技术中心12户，研发设备原值9110.4万元，研发人员495人，其中，研发带头人79人。批准企业技术改造项目34个，总投资3.9亿元。

四、加大力度确保工业新项目早开工早投产，实现保增长

对工业新项目进行排摸和梳理，连续举行集中开工仪式，起到带动作用。区委、区政府主要领导带领有关职能部门到基层听取意见，现场办公，确保国家科技重大项目和投资特别大、质量特别好的项目如期开工建设。区镇两级工业项目建设领导小组充分发挥协调作用，跟踪项目，在资金到位、安全施工、确保水电供应等方面提前介入。抓紧推进列入市绿色通道工业项目99个、改扩建工业项目92个、在建工业项目120个，全部投产后预计产出年销售额1155.1亿元。年内，竣工项目97个，投产项目33个。年初预安排工业开工项目128个，实际开工项目75个，总投资63.9亿元。

五、加大力度狠抓生产性服务业，推动二三产业融合发展

立足战略发展和长远发展，制定《松江推进生产性服务业发展的若干意见》和《松江区推进生产性服务业发展的试行办法》及其实施细则，形成《松江区服务外包试点园区的实施方案》和《松江区物流产业发展的实施意见》，提出发展服务外包扶持措施和服务外包企业认定办法，编辑《松江区现代服务业投资和合作指南》，成立区生产性服务业发展领导小组，设立区生产性服务业发展专项基金，举办发展服务外包宣讲会，开展服务外包知识讲座，召开现代物流企业座谈会。浦江源和仓城生产性服务业功能区获市有关部门认定，予以授牌，现已建成4个生产性服务业功能区和仓城影视文化产业基地。年内，引进创意企业90多户，创意产业产值增长21%。在总部经济园区中的研发设计、软件开发、中介机构等企业占68%以上。全区拥有物流企业385户，其中，宜家、美克美家、全方、维龙等大型物流企业落户松江，发挥作用。

六、加大力度增加出口扩大内销，保持外资和内资并重并举

广泛开展技术交流、贸易洽谈和战略合作，组织企业参加第六届中国国际中小企业博览会暨中西中小企业博览会，通过上海松江国际光仪电产业园达成区区合作、品牌联动战略合作协议，代表上海参加第十届中国西部国际博览会，对外合作交流有新突破。一批外向型企业与新的合作伙伴联手，下半年市场占有率比年初提高2成以上，产品出口增加10多个国家和地区。年内，外资企业参加年检2020户，年检率达94.4%；考核出口型企业172户，合格率达96.5%；审核审批设备进口申报表4000多份，办结外资项目审批和各类批文731件；受理企业国际市场开拓资金申报112户，项目559个，支持资金1014万元。

【2010年发展趋势】

一、主要目标

完成工业总产值3689亿元，比上年增长10%；工业值516.7亿元，增长8%；工业利润103亿元，增长7.5%；出口创汇312亿美元，增长11.3%；合同外资4亿美元，持平；外资到位资金4亿美元，持平；工业固定资产投入61.5亿元，持平；民营经济税收比上年增长5%；新发展民营企业7000户，力争8000户。

二、主要措施

1．优化产业布局。在产业目标上，继续做大做强先进制造业和生产性服务业，充分发挥国家级和市级工业区的作用。在产业方向上，从电子信息、现代装备、新材料、精细化工、生物医药等五大主导产业转向电子信息、先进重大装备、新能源、软件与信息服务业、生物科技、精细化工、新材料等7个重点发展领域。在产业布局上，根据全区“两规合一”确定的产业区块重新进行产业布局，打破原来镇街道相对独立的布局模式，实现全区经济整体统筹布局。

2．推进高新技术产业化。重点建设以正泰、比亚迪、中电、金陵智能为骨干的智能电网基地和以万象、空间电源研究所为核心的新能源汽车基地。对传统优势产业，通过品牌战略、产学研合作、技术改造、创建技术中心等方式，引导企业走创新之路。

3．加快产业结构调整。把产业结构调整与产业升级、节能减排、区域改造、土地储备、水源保护等工作相结合，抓紧“三高一低”落后产能的调整，调整劣势企业数量不少于去年。对老工业区加大改造调整力度，探索老工业区“退二进三”新路子，推进黄亭工业区整体改造，按规划完成。

4．发展生产性服务业。推进漕河泾、置信园区和4个生产性服务业功能区招商引资，发展包括服务外包、总部经济、研发设计在内的生产性服务业。依托时尚硅谷，联合东华大学、上海工程技术大学，建设面料、设计、展示、营销、文化为一体的时尚创意产业。以佘山度假区、欢乐谷为核心，发展会务经济，建设新兴的会展和文化创意产业集聚区。抓好明江物流、普洛斯物流、维龙物流等具有带动作用的服务业项目。加快建设编剧、拍摄、后期制作、发行为一体的文

广影视基地和胜强影视基地。

5．加大招商引资力度。推行政府招园区、园区招企业的创新模式，引进重点骨干企业产业链项目，形成产业群，提高产业集中度。加快健全招商服务机构，形成新的体制机制。内外资招商要坚持数量与质量并举，通过园区、中介机构、专业团队、以商引商等形式，有效推进。充实招商信息库，加强招商信息跟踪，设立招商月度分析会议制度。

6．做好中小企业培育工作。在大力发展民营经济的同时，健全中小企业社会化服务体系，开展企业服务年活动，积极为中小企业提供信息咨询、市场开拓、筹资融资、贷款担保、技术支持、人才培训等服务。加快推进企业“百千万成长工程”，扶持一批企业成长为市科技“小巨人”企业和科技“小巨人”培育企业。鼓励企业改制上市、创建品牌、申报专利，提升市场竞争力。

7．抓好固定资产投资。健全工业大项目联系制度，对在建项目抓建设进度，对竣工项目抓达产达效，对谈成项目抓开工，对意向项目抓落实。加强对4900多亩闲置土地和180多万平方米闲置标准厂房的盘活工作，使存量变增量。既抓合同外资，又注重实际到位资金。着重抓紧安居财务、国际商务区等一批现代服务业项目建设和英哈杰金属制品、依科赛生物制品等一批先进工业项目落地。

8．做好外经外贸工作。优化出口结构，挖掘外资增资潜力，积极申报中小企业国际市场开拓资金，组织企业参加各类展示会、订货会、洽谈会，鼓励外贸企业拓展内贸业务，加强对出口企业在国际贸易争端中的政策法律服务。

（方炳云）

奉贤区工业

【概况】

2009年，奉贤区工业系统在国家保增长、促发展、扩内需宏观调控政策指导下，坚持科学发展观，以市场为导向，积极推进经济结构转型和经济增长发展方式的转变；以科技创新为动力，培育扶持企业自主科技创新和品牌建设力度，以节能减排为基础，督促企业推行开源节流降低消耗，形成了经济平稳较快增长良好态势。

全区有工业企业9415户，其中，区直属企业92户，开发区所属企业388户，镇属企业89354户。实现工业增加值260.05亿元，比上年增长12.3%；完成工业总产值1343.39亿元，增长8.2%；实现销售收入1368.70亿元，增长3.5%；实现利润总额72.08亿元，增长14.3%。

【2009年发展情况】

一、成功举办第三届中国中小企业节

10月30～31日，由中国中小企业协会、上海市人民政府主办，市经信委、市商务委、奉贤区政府承办的第三届中国中小企业节在区会议中心举办。来自全国各地800多名企业家代表、经济学家，市、区有关领导和委办局及基层单位负责人参加。企业节的主题“信心·机遇·创新·发展”。中小企业协会会长李子彬、工信部总工程师朱宏任作主题演讲，分别在南郊宾馆和悦华大酒店举行“两岸四地中小企业高峰论坛”，和“高新技术产业与中小企业发展论坛”，发布2009年度中国企业创新成果奖、颁发2009年度中国中小企业十大创新成长人物奖，形成了《第三届中国中小企业节上海宣言》。

二、66户企业入选区“财富百强”

7月17日，区政府颁文（沪奉府〔2009〕124号）表彰2008年度“奉贤财富百强企业”。财富百强企业税纳总额为29.33亿元，占全区税收收入比重的33.2%。入选百强企业的单位最低实缴税额为890万元，66户工业企业荣列上榜，纳税18.91亿元，占区总额的64.47%。

三、4户企业上榜“中国企业创新成果”

10月31日，中国中小企业协会发布中国“2009中国企业创新成果”评定公告，奉贤区4户企业获得最具自主创新能力企业创新成果。上海广电电气（集团）股份有限公司、上海德朗电池有限公司、上海双桦汽车零部件股份有限公司、上海阿波罗机械制造有限公司获“最具节能减排成效企业创新成果”奖项。

四、区输配电行业实现产值102亿元

列为区主导行业的144户规模以上输配电设备制造企业，实现产值102.11亿元，增长14.9%，高于区其他工业行业平均水平4.8个百分点，占区规模以上企业总产值的9.2%。20个产品获上海电器行业名优产品，突出了在行业中的主导地位。

【2010年发展趋势】

2010年，聚焦经济结构调整和发展方式转变，全力推进南桥新城建设和城乡一体化发展，切实促进民生改善和社会事业协调发展，抓住机遇，团结鼓劲，乘势而上，全面完成“十一五”规划各项目标任务，认真谋划“十二五”发展规划，为打造“三区一基地”、建设现代化滨海新城奠定扎实的基础。

全区经济社会发展的主要预期目标是：增加值比上年增长12%以上；地方财政收入增长10%以上。完成工业产值1380亿元，增长1%。其中，规模企业完成工业总产值1210亿元，增长10%；争取完成1243亿元，增长13%。万元生产总值综合能耗下降5%。完成固定资产投资186亿元，增长15%，争取完成194亿元，增长20%；其中，工业固定资产投资完成92亿元，增长12%，争取完成100亿元，增长22%。

一、以全面提升城镇化水平为总要求，加快工业经济持续增长

积极推进奉贤新一轮城镇化建设，牢牢把握世博机遇，注重引进大型、支柱型产业项目，全面提升产业竞争力，提高经济贡献度。力争全年内资到位资金75亿元；合同外资4亿美元，到位资金3亿美元。确保完成商贸型企业净增税收5亿元。完成合同外资4亿美元，争取4.5亿美元。

二、以转变发展方式为抓手，加快发展高新技术产业

积极实施国家和上海市加快发展高新技术产业发展战略，促进工业结构优化升级。继续推进节能减排工作，实施企业能耗预警，全面完成“十一五”期间万元生产总值综合能耗下降20%的目标。继续加快淘汰劣势企业，进一步盘活存量闲置土地，提高企业亩均产出水平。继续加快政策聚焦，推进高新技术产业发展。尽快形成新能源、新材料、生物医药、航空配套、智能化电网、重大装备等6大产业。促进三一重工、生物制品研究所、莱士血液制品、德朗能动力电池等重点产业项目早建设、早投产、早出效益。

三、以科技创新为驱动，切实提高经济运行质量

认真落实《关于加快生物医药产业发展的若干意见》、《关于加快新能源产业发展的若干意见》等一系列政策，着力推进企业自主创新，支持企业技术创新和改造，促进传统产业“二次创新”；重点培育高新技术企业，提升科技“小巨人”企业发展水平；进一步推动“三区联动”，鼓励企业与科研机构、高校共建产学研基地。完成外贸出口值38亿美元，增长8.6%；争取完成40亿美元，增长14.3%。

四、以积极财政政策为杠杆，发挥企业市场经济主体作用

年内科技投入占地方财政支出5%以上。努力实施《奉贤区知识产权战略行动推进计划》。积极推进科技项目建设。申报市级以上创新基金不少于60项、高新技术成果转化项目不少于50项、重点新产品不少于20项。新增市级高新技术企业30户以上、科技“小巨人”企业5户。20户企业与高校院所建立产学研合作关系，培育1～2户产学研合作创新示范企业，组建1～2个产学研合作战略联盟。专利申请不少于1260件。其中，发明和实用新型专利申报比例不低于60%。争创上海市知识产权示范（培育）企业1户，申报市级专利试点企业5户。

五、加强政府自身建设，着力推进政府管理创新

深入学习实践科学发展观，科学谋划奉贤“十二五”发展。积极开展“十一五”规划评估。以科学开放的精神，积极谋划科学发展的新思路、新举措，基本完成“十二五”规划编制工作。

加快政府职能转变，切实提高行政效能。在加强和改善政府经济调节、市场监管职能的同时，更加注重社会管理和公共服务职能的强化。深化行政审批制度改革，积极推行告知承诺制度，进一步健全“并联审批”流程，切实提高办事效率和服务企业、服务基层的水平。

（袁新良）

青浦区工业

【概况】

2009年，面对极为严峻的发展环境，青浦区工业系统围绕“保增长、调结构、上水平”等工作重点，共克时艰，奋力推进，工业经济逐季好转。全年实现工业总产值1402.2亿元，比上年增长6.4%。其中，实现规模产值1085.1亿元，增长1%，占全区工业产值总量比重达77.4%。

【2009年发展情况】

一、加强经济监测和分析

一是开展每月工业增长指标分解落实工作，自加压力，落实责任，充分调动各方面的主观能动性。二是跟踪100户重点企业（2008年内资企业和外资企业销售额排名前各50户），加强联系和跟踪分析，深入了解企业的开工情况、行业形势、资金运转、成本及市场情况等，及时掌握动态趋势，进行深度分析，提出对策措施。三是跟踪重点进出口企业，做好进出口数据的统计分析，用足用好国家和本市已出台的稳定外需的各项政策措施，千方百计完成“稳外需、保市场、保份额”的工作目标。

二、加大力度推进工业项目的技术改造

进一步优化技改服务，推动企业加大技改投入。一是工作宣传发动早、落实早。春节刚过的第1周，区经委等有关部门就召集各街镇经贸科长、各经济开发区项目负责人召开投资技改的工作会议，调查研究投资与技改的形势，摸清情

况，听取意见。二是优化操作顺序，强化项目跟踪服务。为使重大项目能顺利列入中央、市财政扶持项目，区经委等有关部门对一些重大项目从材料申报到项目立项进行全程跟踪服务。在项目调查阶段，通过上门指导、专题讲解等方式为项目企业送政策、送办法、送服务；在项目申报阶段，加快审批周期，成熟1项，报审1项；在项目报批阶段，积极进行上下沟通、横向协调，从而为重大项目的顺利立项打实基础。

全年技改投资规模达11.56亿元，比上年翻了一番多。全区新批节能项目10个，比上年增加2个，项目竣工达标后，全年可节约标准煤17240吨。年内被市经信委列为市节能改造扶持资金项目8个（其中青浦热电公司等2个属2008年度结转项目），总投资7595万元，节能量21842吨，获得市财政扶持资金643.57万元。注重提高装备水平，加大设备引进力度。年内批准的技术改造项目中有引进技改设备项目11个，总投资23549万元，增长25.67%，其中，引进技改设备用汇额达2273万美元，增长45.61%，占全年技改项目设备投资的18.3%，技改项目引进设备创历史之最。中央、市财政扶持力度也创历史之最。争取到国家重点产业振兴和技术改造计划项目1个，得到中央和市财政配套扶持资金640万元；争取到市级重点技术改造项目7个，市财政下达扶持资金达2666万元。

三、着力推进高新技术产业化

加大高新技术产业化推进力度，一是建立推进机制，实施例会制度。区政府成立推进高新技术产业化领导小组及工作小组，对推进实施中的重大问题进行决策、协调、指导、督促。建立推进高新技术产业化的例会制度，及时协调解决工作中的有关事项。二是明确发展目标，加强分类指导。区政府出台《关于加快推进青浦高新技术产业化的实施意见》，明确到2012年高新技术产业三大发展目标，即：高新技术产业产值达到600亿元，比2008年增加280亿元左右；高新技术产业产值在产业领域中的比例达到35%～40%左右；新材料、生物医药、电子信息、光机电一体化、软件和信息服务业等领域的技术创新能力达到国内领先水平乃至国际先进水平，配套发展领域的技术创新能力有明显增强。三是出台项目指南，加强统计指导。区经委会同区科委、区统计局研究出台《青浦区高新技术产业产化指南（试行）》，《指南》收录上海市高新技术产业化项目九大行业目录指南及新材料领域产业化重点发展目录，根据区产业发展情况，列出新材料、生物医药、电子信息制造业、光机电一体化、软件和信息服务业的行业代码，同时列出青浦区高新技术产业化领域企业有关情况。

年内，青浦区被确认为市级新材料产业基地、生物医药产业基地和信息服务产业基地。产业基地（园区）的挂牌设立对于实现新一轮产业集聚、规模扩展、能级提升，对于加快推进“绿色青浦”建设，提高综合竞争力具有重要意义。

四、抓好在建项目推进工作

全区，新建成投产企业61户，占地面积1756亩，投资总额约31亿元；青浦区正在办理项目手续的企业81户，占地面积3130亩，投资总额约57亿元，预计2010年可开工企业45户；正在建设中的企业97户，占地面积3734亩，总投资约79.2亿元，预计2010年可竣工投产企业64户。

全区，工业固定资产投资计划数45亿元，实际完成工业固定资产投资超过48.35亿元，完成计划的107.4%。

五、积极实施产业结构调整和优化升级

年内实际完成调整项目82项，占年计划数（55户）的149%。其中，市重点项目4项，危化企业9户，区推进项目69项。通过产业结构调整共减少能耗2.24万吨标煤，有力地推进了低碳经济发展。

继续抓好项目评估工作。区经委继续牵头有关部门每周召开1次项目评估会议，严格项目评审，做到“批项目，核能耗”，鼓励改、扩建和租赁项目，不断充实、丰富和完善“一城三片一带”的产业发展布局。对全区137个工业项目（工业园区除外）进行前置评估。其中，119个项目通过评估，通过率86.9%。投资总额21.44亿元，注册资本13.1亿元。据统计，119个项目建成达产后可实现工业产值90.6亿元，税收5.76亿元。

六、组织开展开发区梳理和规划编制工作

区经委会同有关部门组织开展产业区块的梳理工作。除原有的青工园、徐泾、华新、练塘，新增了白鹤、朱家角、金泽、商榻（其中，练塘园区的面积由原来的2平方公里增加到3.88平方公里），共有8个产业区块被列入全市重点产业发展区块。

完成开发区2010年至2012年产业规划编制工作，并组织开展了开发区统计上报工作。

七、进一步深入开展节能降耗工作

1．制定《2009年青浦区工业系统节能降耗工作要点》、《青浦区工业节能降耗考核实施办法》，将年度节能目标、产业结构调整目标分解，明确了推动重点用能单位节能降耗工作的工作措施，并分别从节能目标和节能措施两方面确定考核指标。

2．组织开展专项节能工作。一是实行重点行业对标管理工作。配合市节能协会，先在黑色金属冶炼及压延加工业、造纸和纸制品业、非金属矿物制品业、化学原料及化学制品制造业、交通运输设备制造业、电气机械及器材制造业、电力热力生产和供应业、石油加工、炼焦及核燃料加工业等重点行业开展对标管理工作，全面提升企业能源管理水平。二是对4吨以上燃煤工业锅炉改造。选取5户企业6台有节能潜力的锅炉，作为锅炉改造的重点，年内基本完成增加省煤器、冷凝水回收、烟气余热回收等装置以及用工业废料替代燃煤等有关技术改造，改造后，预计每年能节约标煤2000吨。三是推广44万只高效照明产品。区经委召开推广高效绿色照明产品工作会议，按每镇、街道4万只任务下达推广任务。同时，根据《上海市高效照明产品地方补贴实施方案》规定，向区府申请落实推广费用。经过各镇、街道的共同努力，推广工作顺利进行，并按时完成。

3．推动重点用能单位节能降耗。一是开展能源分析监管。对全区年能耗2000吨标煤以上重点用能单位进行月度分析和监控。对年用能5000吨以上（含）标煤的重点用能单位及时上报《能源利用状况报告》和《节能月报》至市重点用能单位能源管理平台。各镇、街道、青浦工业园区通过登录市重点用能单位能源管理平台，实时查阅企业上传情况，并开展指导督促工作。二是开展能源审计。对年用能5000吨以上（含5000吨）至1万吨标煤的重点用能单位开展能源审计工作，配合市节能监察中心做好年用能量在1万吨以上（含1万吨）的重点用能企业的能源审计后续工作。三是启动重点用能单位电能平衡工作。按照市经信委《关于开展本市2009年工业系统重点用电企业电能平衡工作的通知》，对年耗电量500万千瓦时以上和未申报市节能技改项目的年能耗1万吨标煤以上企业开展电能平衡工作。有11户企业符合条件，组织其参加市节能服务中心组织的全市重点耗电企业电能平衡培训班，并配合市节能服务中心，与企业沟通，督促其开展电能平衡工作。

【2010年发展趋势】

以调结构、转方式、促发展为主线，以高新技术产业化为核心，以确保产业平稳较快发展为目标，以创新工作机制为保障，促进发展方式从资源要素投入为主向创新驱动、资源节约和环境友好转变。

一、主要目标

完成工业总产值1528亿元，比上年增长9.0%；工业总投入54亿元，增长11.6%；产业结构调整55户；能耗总量控制120万吨标准煤，增长3%。

二、主要措施

1．加强和改进招商引资工作，提高招商质量和效率。一是明确招商重点。把产业升级作为目标取向，大力引进处于产业链中高端环节，具有较大规模、较大影响的国内外龙头企业和标杆企业，使高新技术产业形成规模和产业链，真正从工业集中向产业集聚发展，有效降低商务成本，提升竞争力。二是改进招商方式。主动出击，加强同市政府驻外机构、外国驻沪机构、投资中介机构等机构的长期联络，利用在长三角地区的区位优势，加大对本区投资环境和投资政策的宣传力度，积极发布投资信息，提升投资者投资信心。总结以往成功的招商经验，通过组团出国招商，加强与已落户本区企业的母公司沟通，增强投资者的投资信心，促使投资者在我区增加投资。

2．进一步强化经济运行监测和分析。继续加强对全区内外资销售收入前50户企业（总计100户）的跟踪联系，建立健全服务机制，帮助解决实际问题。进一步完善进出口调研分析和预测预警机制，及时掌握重点进出口企业进展情况，对企业进出口过程中存在的困难和问题，及时协调解决。加强对国际市场的预测分析，帮助企业规避贸易风险，避免不应有的损失。

3．继续实施产业结构调整和优化升级。一是进一步开展淘汰劣势企业工作。重点淘汰高能耗、高污染、高危险和低效益行业。继续实施项目评估制度，做到“批项目，核能耗”，把好项目准入关。二是加大节能降耗的工作力度。以产业结构调整为依托，以节能新技术、新工艺的引进推广为重点，以构建节能型产业体系为目标，切实加强组织领导，严格目标责任管理，扎扎实实开展节能降耗工作，促进经济发展方式的转变。力争万元工业产值综合能耗下降5%以上。

4．发展服务业重点领域，促进服务经济发展。加快发展总集成总承包、检验检测、市场交易、融资租售等制造业产业服务。加快发展制造业物流，培育社会化、产业化第三方物流龙头企业。推动华新生产性服务业功能区规划和建设。配合市有关部门，加大对生产性服务企业的扶持、监测、评估力度。积极做好徐泾工业区的转型和产业结构调整，进而向服务经济领域过渡。

5．启动“十二五”规划编制，谋划持续发展思路。立足“调整、聚集、转变、提升、创新”，关注“内涵融合，持续发展”，组织编制工业发展总体规划。提出“十二五”期间工业发展的思路、主要目标、发展重点和政策措施，落实规划研究编制的节点、责任科室和保障机制，加强与各类规划相衔接，争取将有关工作纳入上海市工业和信息化规划。

（陆国平）

崇明县工业

【概况】

2009年，崇明县按照《崇明县2009～2011年经济和社会发展若干领域行动纲要》的要求，积极应对金融危机带来的一系列冲击，奋力拼搏、攻坚克难，工业生产保持稳定增长，经济运行呈现逐步回升的良好态势，较好地完成了各项目标任务。全县完成工业总产值293.48亿元，比上年增长54.4%，其中，海洋装备企业实现产值167.41亿元，增长178.4%。完成工业销售产值285.26亿元，增长53.3%。工业产销率为97.2%。完成出口交货值122.00亿元，增长249.8%。全县规模以上企业实现销售收入279.85亿元，增长41.7%，利税总额22.56亿元，增长60.0%。

【2009年发展情况】

一、各乡镇、园区发展参差不齐

在乡镇中，长兴镇区位优势凸显，受益于海洋装备业的聚焦效应，完成产值居全县之首，实现产值163.06亿元，增长252.9%，占总量的55.7%。但尚有11个乡镇未完成年度预期目标，有9个乡镇产值同比负增长，降幅最大的达31.1%。在园区中，工业园区完成产值7.83亿元，增长21%；富盛开发区完成产值1.12亿元，增长12%；长兴产业基地受金融危机的影响，企业的投资进度受阻，年内没有产出，预计2010年会有较大产出。

二、行业发展不平衡

全县30个工业行业中有15个行业保持增长，比年初增加8个。六大支柱行业中，交通运输设备制造业（增178.0%）、通用设备制造业（增34.9%）保持较快增长，其余4个行业继续低位徘徊。其他行业中，农副产品加工业完成产值2.84亿元，增长212.7%。纺织服装业（增80.9%）、非金属矿物制品业（增63.6%）增长较快，共实现产值9.43亿元。海洋装备产业受金融危机的影响增速逐渐放缓。

三、重点骨干企业生产受金融危机影响较大

从6月开始，原有老企业中的24户重点骨干企业累计产值同比开始负增长，全年累计产值完成93.29亿元，下降4.8%。其中有14户企业产值有不同程度的下降，降幅最大的达9成以上，只有沪宝轧钢、兴河机械、兴明机械、兴港机械、振华长兴配套件公司等5户企业增速超过50%。产值排名前三的分别是振华长兴配套件公司、华润大东、中海长兴。

四、服务企业真心诚意

审定2008年度县扶持工业企业发展项目90个，下拨扶持资金1025.75万元。指导帮助森太克、大瀛食品2个项目获国家级中小企业技术改造专项扶持资金112万元。3户企业获市2009年中小企业发展专项资金产业升级项目扶持资金95万元。为服务于产业和企业发展，制定公布《崇明工业产业导向与布局指南》、《关于进一步加大引进扶持实体型工业企业力度的实施意见》。中小企业贷款担保协会为11户企业贷款担保，总额达2250万元。

五、产业结构调整顺利推进，节能降耗不断深化

调整淘汰落后产能企业40户，降耗折合标煤3.1万吨，腾出土地66.2公顷，下拨市县两级专项扶持资金1860万元。全年工业万元产值能耗实现0.2272吨标准煤，下降6.47%。永冠、沪宝轧钢、嘉士久3户企业能源审计工作有序推进。正式实施瀛春、冠华和克莱门斯3户企业合同能源管理。完成22台4吨以上燃煤工业锅炉的热工性能测试，完成54万只节能灯具推广任务。

六、工业投资力度加大，科技创新得到加强

备案核准项目76个，总投资额23.65亿元，固定资产投资22.36亿元。经市经信委批准市绿色通道推进项目8个，已开工7个。草拟《崇明县高新技术产业化实施方案》。冠华公司被认定为市企业技术中心。6个新产品列入市专利新产品计划。百路达、达华、德科电子等企业的引进技术与吸收项目及攀枝花重大装备研制专项的审定顺利通过。

七、招商推介会系列活动成功举办

举办以“借世博机遇，贺隧桥贯通，寻崇明商机”为主题的2009年崇明投资招商推介会系列活动，分别开展“商会会长看崇明”、“百家外企高管看崇明”、“崇明投资沟通对接会”等活动，前后参会的各界人士达1000多人次。11月18日，在金茂大厦举办“崇明商机研讨会暨招商推介会”，推出六大招商板块，6个项目现场签约总投资额超过80亿元，一些符合崇明生态产业定位的项目有了合作意向。

【2010年发展趋势】

一、工作思路

把加快转变经济发展方式贯彻全年工作始终，振奋精神，扎实工作，坚持做到“三个大力推进”。即：大力推进工业经济优化升级，调整结构，发展低碳经济，发挥一体两翼的集聚作用，启动绿色产业园区建设，提升工业产业能级；大力推进现代服务业规划建设，抓住机遇，完善规划，错位发展，提高服务经济比重，促进崇明生态经济可持续发展；大力推进中小企业发展壮大，落实扶持政策，完善沟通机制，

加大实体型企业的招商引资力度，促进企业加快发展，扩大就业。

二、主要目标

工业总产值323亿元，比上年增长15%；工业投资21亿元，同比持平；工业万元产值能耗完成“十一五”期间下降45%的目标任务；实到外资2400万美元，同比持平；外贸出口3.45亿美元，增长15%。

三、主要工作和措施

1．确保产业平稳较快发展，提高增长质量和效益。加强经济运行监测和预测。进一步做好对行业、企业运行的监测，特别要加强对企业效益、应收账款、产成品存货等的监测，及时发现问题，及时采取措施。每月分析和跟踪经济运行、节能降耗和工业投资等方面动态情况，跟踪六大主要行业和产值超亿元的重点骨干企业生产经营情况，狠抓目标落实。

强化政策落实。加强与市有关部门的沟通，做好促进中小企业发展的服务工作，把相关政策及时落实到企业；通过各种形式、渠道，加大对本县扶持工业企业发展一系列政策的宣传力度，完成2009年度的政策扶持工作，推动政策落地；完成《崇明产业发展路径研究》。

做好企业服务工作。进一步完善结对联系制度和科室进企业送服务活动，以及重点骨干企业双月例会制度，及时宣传市、县政府鼓励企业发展政策，协调解决瓶颈和问题。帮助企业加强银企沟通和融资合作，并发挥县贷款担保协会作用，缓解企业融资难问题。

2．推动工业经济结构调整优化，努力增强产业发展后劲。谋划好“十二五”规划基本思路。重点聚焦谋划本县工业产业优化升级、工业园区发展、海洋装备产业、绿色食品深加工制造业以及生产性服务业等未来5年产业发展思路，找准发展途径和主攻方向，提出可操作性的发展战略和对策措施。

全力推进园区建设。做好长兴基地、工业园区、富盛开发区引进项目的前期考察和初审，重点配合长兴基地引进发展高技术、高效益、低能耗、清洁型、扩就业的工业项目，主动跟踪已投产和已开工项目的进展情况，为企业协调解决推进过程中碰到的问题；配合工业园区和富盛开发区加快推进形态开发和实体型企业招商引资工作。

加大工业投资力度。做好工商领域投资项目的核准、备案工作，对基建项目启动并联审批程序，缩短审批时间；重点关注投资额在1000万元以上项目建设进展情况；积极为项目实施单位上报国家、市级中小企业发展专项资金项目。

推动企业技术创新。制定完善本县高新技术产业化实施方案，确定重点领域行动方案；建立中小企业对接高新技术产业化重点项目的工作机制，培育一批“专、精、特、新”延伸企业；围绕现有优势企业，重点支持和服务一批拥有核心技术、有知名品牌的龙头企业，带动和做大高新技术产业。

建立本县工业区块联合开发机制。对本县范围内工业用地实施统筹管理，统一项目准入机制，统一确定土地价格，明确地价损益归属，完善财税结算，明确指标统计，提高实体型企业招商引资水平。

3．进一步推进节能降耗工作，加快淘汰落后产能。锁定节能目标，完善指标考核体系，加强对重点用能单位的能源消耗监控工作；实行分级管理，发挥乡镇、园区作用，加大对其所辖区域工业企业节能降耗管理力度，控制能耗总量；完善年耗能5000吨标煤以上重点用能单位的能源消耗监控和管理信息平台建设，继续开展重点用能单位的能源审计；加强节能技改工作，推进10大节能工程，开展电能平衡、锅炉热工测试、企业对标、清洁生产审核等工作，继续推进合同能源管理。

制定2010年度产业结构调整方案，计划调整落后产能40项，全年降耗折合标准煤3.5万吨；加强政策宣传与引导，使调整企业和职工理解支持调整工作；发挥乡镇的主体作用，妥善解决好人员分流、土地利用等难点问题；严格把关企业年度能源消耗量，确保补贴依据准确、合理；引导企业转产或引进实体企业，盘活土地、厂房等存量资源，培育新的优势产业和经济增长点。

4．明确节点任务，推进现代服务业和绿色产业园区建设。配合长兴产业基地、崇明工业园区，抓紧筹备功能区前期各项基础工作。根据市经信委工作进度，争取一季度做好长兴功能区报批材料的补充修订；二季度启动工业园区功能区的报批工作；三季度推动长兴功能区部分地块建设；四季度推动工业园区功能区部分地块建设。

陈家镇现代服务业集聚区建设方面，积极争取市商务委的支持，力争在政策倾斜、提前认定上取得突破。会同陈家镇公司在1～3月调整规划、形成初步成果，4月形成中间成果、协调论证，4～5月公示规划，6月以县政府文件上报市商务委认定。

崇明绿色产业园区建设方面，会同陈家镇政府做好绿色产业园区启动工作方案、产业发展规划研究、运作模式机制等工作，并形成建议方案。

（陈　彪）

2010·上海工业年鉴

SHANGHAI INDUSTRIAL YEARBOOK

宝钢集团有限公司

【概况】

宝钢集团有限公司是当今世界现代化程度最高、生产规模最大、品种规格最齐全的钢铁联合企业之一，也是中国第一家跻身世界500强的钢铁企业。

1998年11月，以宝山钢铁（集团）公司为主，吸收上海冶金控股（集团）公司和上海梅山（集团）有限公司，组建成立上海宝钢集团公司。2000年2月，创立宝山钢铁股份有限公司，同年12月12日在国内上市；2005年5月，宝钢股份实施增发收购，发行总数为50亿股人民币普通股。宝钢主业实现整体上市，钢铁主业资产实行一体化运作。2005年10月，宝钢依照《公司法》，改建为规范的国有独资公司——宝钢集团有限公司。

3月，宝钢入选美国《财富》杂志公布的2009年度“全球最受尊敬企业”排行榜。此次评选活动共有1400多家全球知名大型企业参加，活动主办方将候选企业划分为64个行业，每个行业选取销售额前15位的国际企业和前10位的美国企业，对其按照创新能力、人力资源管理、资产利用效率、社会责任、管理质量、财务状况、长期投资价值、产品和服务质量、国际竞争力等指标进行分项评估。最终，宝钢在金属行业排行榜中名列第二。在分项评估排名中，宝钢的人力资源管理、财务状况和长期投资价值等3项指标均为行业最优。8月，世界钢铁动态公司（WSD）公布了2009年“世界级钢铁公司”名单，32家公司入选，宝钢位列第三。WSD“世界级钢铁公司”排名根据钢铁企业发货量、规模、扩能、位于高成长市场及成熟市场上的主导地位、技术革新、环境与安全、定价能力、退休福利负担、盈利能力、资产负债表等指标进行评分。本次加权平均得分排前5名的企业依次为：谢韦尔钢铁公司、浦项钢铁公司、宝钢、安赛乐米塔尔集团、新利佩茨克钢铁公司。在各项评级中，宝钢共获得3个10分。

7月，美国《财富》杂志公布2009年世界500强企业最新排名。宝钢集团公司以2008年355亿美元的营业总收入和23.14亿美元的总利润，名列第220位，比上年上升39位。这也是宝钢连续第6年进入世界500强。

12月，“中国经济百人榜、中国品牌百强榜”暨第四届“人民社会责任奖”颁奖在人民大会堂举行。宝钢入选“中国经济百强榜共和国60年最具影响力品牌60强”。

宝钢立足于生产高技术含量、高附加值钢铁精品，形成普碳钢、不锈钢、特钢三大产品系列，产品集聚在汽车（尤其是高级轿车）用钢、家电用钢、石油管线钢、钻杆、油井管、高压锅炉管、冷轧硅钢、不锈钢、高合金钢和高等级建筑用钢，产品实物质量与国际同类产品相当，成为国内市场紧俏商品。

【2009年经济工作情况】

2009年，金融危机的强烈冲击给宝钢带来了前所未有的困难。宝钢提出了“信心、理性、快速、坚决”的危机应对方针，跨越艰难险阻，创造了领先全国钢铁行业、在全球钢铁业处于最优水平的经营业绩，再次显示了宝钢在钢铁业界的强大竞争力。全年完成铁产量3485.4万吨，钢产量3886.5万吨，商品坯材3812.5万吨，实现营业总收入1953.1亿元，利润总额149.1亿元，全面完成年度预算目标。

一、适时调整生产经营策略，确保年度预算目标完成

上半年特别是一季度，形势异常严峻。宝钢几乎所有的管理者和大部分员工，放弃节假日和休息时间，全身心投入到生产经营工作中来。随着国家刺激经济各项政策的发布和实施，国内钢铁需求开始回升，市场形势有所好转，宝钢抓住有利时机，适时调整生产经营策略。在产品经营方面，按照市场导向的原则扎实推进营销体系和生产组织体系的运营方式转变，优化产品结构、扩大独有领先产品销售比例；按照经济运行方式优化产销平衡流程，建立结合市场需求状况的铁钢动态产能调整机制；及时优化内部互供坯资源，确保产销平衡；通过“加强产品策划”、“强化技术服务”等措施提高用户服务质量。其中，汽车板销售以市场份额和效益优先级指导合同承接，提高深冲及高强钢产品销售比例，拓展了产品盈利空间。酸洗板通过了东风日产多个零件认证；抗拉强度60公斤级的汽车用钢实现批量供货，80公斤级产品实现期货生产。在成本改善方面，宝钢精心组织，全面动员，并以目标管理和项目化的方式将降本增效任务具体落实到基层。通过提高高炉喷煤比等措施降低铁水成本；通过优化生产组织方式降低产品库存，以推进实施45天周转周期为抓手加快库存周转速度，并将实际周转周期控制在30天以内，降低了库存成本，减少了资金占用。通过优化维修模式等措施降低维修成本；通过开展内部缺陷攻关改善各类质量指标，降低质量成本；通过节能技术推广等措施降低能源使用成本。实施以上措施，企业营业收入开始回升，盈利水平逐渐改善，最终圆满完成全年生产经营任务，并创造了钢铁业界的最佳业绩。

二、着手集团总部管理变革

5 月，为强化并完善集团公司的战略管控职能，提高决策效率、精简机构和管理人员，宝钢决定对总部职能部门组织机构进行变革。集团公司采取战略控制型的管控模式，发挥总部在战略制定与贯彻、协同运作、重大风险防范等方面作用的定位进一步得到明确。总部从原先的 14 个职能部门 45 项职能变革为 10 个职能部门 38 项职能，部门负责人、部门副职和职能负责人从 54 个岗位变革为 33 个岗位。此项变革进一步强化了集团公司的规划发展职能，充实了审计和监察力量，建立了专门从事资产交易的业务部门，并将决策体系扁平化，增加离线研究，分离事务性工作。

三、实施跨区域重组宁波钢铁

3 月 1 日，宝钢集团公司与杭州钢铁集团公司签署协议，重组宁波钢铁有限公司。宁波钢铁公司位于宁波市经济技术开发区，紧靠全球十大深水港之一的北仑港，具有资源和港口区位优势。根据协议，宁波钢铁公司注册资本为 36 亿元，宝钢集团持有 56.15% 的股权，为第一大股东；杭钢集团持有 43.85%的股权，并将在后期宁波钢铁增资扩股后，将持股比例进一步降低至 34%。重组后的宁波钢铁将采用先进的技术、设备和科学管理方法，生产、销售适合国内外市场需求的产品，并提供相关的配套服务。宁波钢铁全体员工同舟共济、背水一战，短短几个月便迅速扭转被动局面。3 至 12 月，该公司不但制止了经营亏损，而且实现利润 3.9 亿元。

四、完成供应“世博钢”任务

3 月，宝钢圆满完成向上海世博场馆建设全部供料任务，上海世博会事务协调局专门为宝钢赠送奖牌，感谢宝钢为此作出的杰出贡献。作为上海世博会工程唯一钢材供应商，宝钢共提供各类钢材 8.7 万吨。

五、技术创新方面取得一批重要成果

宝钢 R&D 投入率达 1.15%，新产品销售率 19.78%。集团公司共申请专利 1545 项，专利授权 914 项，形成技术秘密 2699 件。

在新产品开发方面，宝钢试制出包括 B23R080 在内的 5 个当今世界最高顶级牌号的取向硅钢并批量供货，填补了国内空白，这标志着宝钢在国内率先掌握了取向硅钢顶尖制造技术，成为世界上少数能生产此级别产品的企业之一。取向硅钢机组全线实现“四达”，产量突破 8 万吨挑战目标，高端取向硅钢比例由最初的 15% 提高到 50% 以上，并实现向国内外 300 多家用户稳定供货。无取向硅钢全年交库量超 100 万吨，位列全国无取向硅钢产量第一。汽车板领域，宝钢具备 150 公斤级超高强汽车板制造能力，强度等级达到世界顶级水平。同时，高钢级大规格镍基合金油管研发成功并首次应用于国内开采环境最恶劣的中石化普光气田，打破国内长期依赖进口的局面。核电用 690U 型管国产化项目正式投产，标志着宝钢成为国内首家、世界第四家生产核电用管企业。

自主集成创新方面，宝钢各相关单位通力合作，采用开放式自主集成创新模式实现了梅钢冷轧工程的自主集成。该项目实现顺利投产。梅钢冷轧项目集成了当今冷连轧生产领域的主要先进技术，技术装备、产品质量和规格、轧制速度、设备性能均达到世界一流水平，成为国家自主集成创新的示范工程。这标志着宝钢不仅能够全面掌握世界一流的轧制技术和工艺，而且能够依靠自己核心技术制造出当今世界先进水平的装备和产线。

六、与 10 家企业实施战略合作

1 月 5 日，宝钢与中国船舶工业集团公司签署战略合作协议，双方将在钢材供应、技术开发、物流配送、钢材加工、信息共享、售后服务、企业管理等方面深化合作。1 月 10 日，宝钢与中国商用飞机有限责任公司签署战略合作协议，合作的重点为航空用钢材料体系建设及新材料研发。双方将围绕民用飞机及相关产品的设计、研制、生产等业务，在民用飞机材料体系建设、新材料研发、应用技术、环保等方面开展科研合作。1 月 20 日，宝钢与中国国际海运集装箱（集团）股份有限公司签署战略合作协议，推进双方在技术、新产品研发等领域的交流与协作。3 月 12 日，宝钢与上海电气（集团）总公司签署战略合作协议，双方将重点开展新产品开发、市场采购等方面的合作，包括加大核电用厚板的研究、开发与试用力度；发挥综合优势，实现钢管产品的配套采购与供应；加强在风电、水电用不锈钢方面的合作等。3 月 25 日，宝钢与 A.P. 穆勒—马士基集团签署战略合作协议书。宝钢将为马士基集团提供集装箱用、造船和油气系统用钢材等钢铁产品；双方承诺在知识共享、产品创新、环保以及最优化生产流程等方面增强合作。4 月 25 日，宝钢与德国西门子公司签订自动化专业技术人才培养合作协议，确立了自动化控制新技术交流、培训理念和管理模式交流、宝钢特色课程开发、服务现场的技术支撑等合作项目。5 月 23 日和 24 日，宝钢相继与广东省美的集团、格兰仕集团两家企业签订了战略合作协议，共同致力于完善和发展钢铁、家电企业上下游供应链体系，巩固和发展长期稳定的供货关系，并在钢材采购、产品开发和技术合作等方面开展更加广泛的合作。9 月 18 日，宝钢与瑞典 SKF（斯凯孚）集团签署战略合作伙伴协议，双方将深化现有业务的合作关系，扩展轴承修复合资工厂的业务，加快 SKF 轴承钢材的本地化进程。11 月 10 日，宝钢与中国海洋石油总公司签署长期战略合作协议，双方将在产品服务、技术研究、新品开发等方面开展全面战略合作，包括建立与战略合作伙伴关系相匹配的多层次信息沟通、共享机制；在市场研究方面加强合作，共享市场研究成果；共同组织技术专家组，联合开展中海油公司在役钢材技术诊断和生产建设所需钢材新产研发等工作。

七、在印度和印尼打赢反倾销案

8 月，宝钢出口印度热轧产品反倾销案以原告撤诉而告终。受国际金融危机影响，国际贸易保护主义抬头趋势明显，中国钢铁行业受到冲击。为争取相对公平的国际贸易环境，宝钢积极应对，进行抗辩。相关部门依托先进的管理系统、规范透明的法人治理结构、高效的团队协作能力等优势，高质量、准时地完成调查机构的问卷，并全程陪同进行现场核查工作，随时解答调查人员的提问。宝钢还通过协调海外公司与国外下游用户就反倾销的影响进行良好沟通，促成用户从自身角度对反倾销调查提出观点。如本次反倾销案，宝钢在极短的时限内组织提交了相应的抗辩材料，并与律师多次模拟听证程序。在听证会上，宝钢代表作了精彩的抗辩与陈述，宝钢的海外用户也表达了不希望限制进口的有利旁证，最终案件以撤诉告终。

10 月，印度尼西亚政府正式公告，宣布对华热轧板反倾销案以无损害结果正式终结，宝钢印尼热轧板反倾销案取得胜利。2008 年 11 月，印尼政府就中国出口印尼热轧板正式开展反倾销立案调查，案件涉及国内多家钢铁企业。为维护自身产品在国际市场的合法权益以及我国钢铁行业的利益，宝钢成为中国大陆唯一的参与方，独立应诉。宝钢有关部门积极配合，通力合作，在配合印尼方面完成倾销问卷和现场核查的基础上，还通过各种信息渠道独立提交了涉及整个行业的损害问卷，并接受了严格的核查。应诉期间，宝钢产品在海外用户群中的良好声誉为胜诉提供了有利的旁证。同时，作为海外公司，宝新公司努力通过各种渠道发动客户进行游说和抗辩。最终，在翔实的材料和有力的数据面前，印尼方面宣布从中国进口的热轧板对印尼国内产业不构成任何损害。宝钢印尼热轧板反倾销案的胜利避免了中国出口印尼热轧板被征收高额反倾销税，惠及国内多家钢铁企业。

八、完成收购澳洲一矿业股权

11 月 23 日，宝钢与澳大利亚综合矿业公司（Aquila Resources，ASX：AQA，简称 Aquila）在北京举行股权交接仪式。根据双方协议，宝钢以现金 2.9 亿澳元收购 Aquila15% 的股份，成为其第二大股东；双方将在资源项目层面开展进一步合作。Aquila 是澳大利亚一家矿业资源性勘探和开发上市公司，主要矿山资产包括澳大利亚昆士兰州 Bower 盆地煤炭、西澳洲皮尔皮拉地区铁矿和南非锰矿及铁矿资源项目资产。8 月 27 日，宝钢与 Aquila 签署股权合作协议。10 月 29 日，澳大利亚外国投资审查委员会（FIRB）批准宝钢收购最多不超过 Aquila 股权 19.99%的申请，以及一个宝钢在 Aquila 董事会的席位。11 月 13 日，该方案申请获得国家发展改革委的批准。双方的合作体现了互利共赢、共同发展的原则，将有助于 Aquila 众多资源项目的开发，进而增加其资源供应；同时，为宝钢钢铁主业的原料供应建立了稳定的海外渠道、提供了一定的资源保障。这是宝钢实施海外发展战略和宝钢国际化进程中迈出的重要一步。

九、履行社会责任，推进企业文化发展

宝钢进一步加大环保节能投入。采用自主技术、国内规模最大、年处理二氧化硫达 4000 吨的宝钢三烧结脱硫装置顺利通过验收。高炉渣直接矿棉化技术、烧结节能减排综合技术等环保新技术的研究也已展开。《钢铁企业副产煤气利用与减排综合技术》项目荣获 2008 年度国家科技进步奖二等奖，成为国内冶金行业首个获此殊荣的节能减排项目。宝钢 2009 年烟粉尘、废水、COD 排放量同比分别下降 8.77%、25.54%和 28.65%，创 10 年来最好水平。宝钢援藏援滇的帮扶力度不减，投入资金不减，为国家的扶贫工作作出贡献。在国家启动的“爱心永恒，启明行动”中，宝钢资助的 1500 例贫困白内障患者重见光明。2009 年，宝钢发布了第一份《社会责任报告》，获得广泛好评。宝钢还积极适应资源日趋紧张和环境约束进一步增强等外部条件的变化，提出了环境经营的新理念，并正在全面构建覆盖全部经营过程的环境经营新体系，以环境经营培育宝钢在钢铁新时代的战略优势。

【2010 年发展趋势】

2010 年，宝钢集团公司生产经营目标是：产铁 4005 万吨，产钢 4475 万吨，商品坯材 4349 万吨。营业收入 2200 亿元以上，利润总额 150 亿元以上。

主要措施是：凝聚力量，明确目标，开创宝钢技术创新工作新局面；转换机制，员工为本，打造一支训练有素、充满活力的员工队伍；总结经验，大胆探索，争取人力资源管理新突破；转变观念，扩展功能，发展服务先行的制造业；整合资源，创新流程，打造数字化宝钢；全面发动，系统策划，大力开展环境经营；创新发展方式，探索产业资本与金融资本协同运作的新途径；创造条件，协同互动，促进相关产业良性发展；有序推进，坚定不移，继续深化管理变革；巩固成果、持续改进，继续开展成本改善活动；谨慎经营，加强管控，完善全面风险管理体系；强化安全管理，做好维稳工作。

（程陆平）

上海汽车工业（集团）总公司

【概况】

上海汽车工业（集团）总公司（简称上汽集团）是中国三大汽车集团之一，主要从事乘用车、商用车和汽车零部件的生产、销售、开发、投资及相关的汽车服务贸易和金融业务。集团持有上海汽车集团股份有限公司（简称“上海汽车”）78.94%的股份；同时持有独立供应汽车零部件业务上市公司——华域汽车系统股份有限公司（简称“华域汽车”）60.10%的股份。2009年，上汽集团实现整车销售272.5万辆，市场领先优势进一步扩大，首次进入全球行业销量前10位；同时，集团整体运行保持高速和高效状态，各项经济指标实现快速增长，提前一年完成“十一五”规划的主要目标。当年，集团以上一年度248.8亿美元的合并销售收入第五次入选《财富》杂志世界500强，排名第359位。

【2009年经济工作情况】

一、整车销量再创新高、市场领先优势进一步扩大

上汽集团整车销售272.5万辆，比上年增长57.2%，高出市场平均水平11个百分点，市场占有率达到19.9%，成为国内首家年销量突破200万辆的汽车大集团，在国内汽车大集团排名中继续保持第一位，并首次进入全球行业销量前10位。

乘用车方面，全年实现销售160.6万辆，增长56.7%，市场占有率达到19.1%。其中，上海大众围绕全面提升企业竞争力，深入推进卓越订单管理项目，不断优化产品销售结构，全年实现整车销售72.8万辆，增长48.6%。上海通用以投放全球平台新车型为契机，优化品牌定位，得到市场与用户的普遍肯定，全年实现整车销售72.7万辆，增长58.7%。在全年的国内乘用车企业销量排名中，上海大众、上海通用分据第一名和第二名。

商用车方面，全年实现销售111.9万辆，增长57.9%，市场占有率达到21.3%。其中，上汽通用五菱抓住多重利好的政策性机遇，深挖产能潜力、扎根县乡市场，全年实现整车销售106.5万辆，增长63%，成为国内首家年产销突破100万辆的企业。

二、自主品牌乘用车运营质量不断提升

上汽集团坚持自主开发与对外合作并举，一方面通过加强与德国大众、美国通用等全球著名汽车公司的战略合作，不断推动上海大众、上海通用、上汽通用五菱、上汽依维柯、上海申沃等系列产品的后续发展，取得卓越成效；另一方面通过集成全球资源，加快技术创新，全力推进自主品牌轿车的研发、生产和销售。近年来，已实现荣威750、550及MG3-SW、MG7、MGTF、MG6等多款产品的成功上市，树立起良好的品牌形象。由此，深入推进了合资品牌和自主品牌共同发展的格局。

上汽自主品牌乘用车抓住市场机遇，快速提高销量，全年整车销售突破9万辆，增长154.4%。新品荣威550全力打造数字化轿车新概念，自2008年10月上市以来，月均销量达7000辆，成为细分市场的主流产品。年底上市的新车型MG6，在外型、动力、安全、智能化等方面有了新的突破，一经推出就获得良好的市场反应。年内，荣威品牌接连获得J.D.Power中国汽车售后服务满意度排名（CSI）第四和销售满意度排名（SSI）第一的成绩，验证了上汽自主品牌在服务和消费者体验上所付出的努力。荣威和MG的品牌知名度又有新的提高，上汽自主品牌的中高端品牌形象得到进一步巩固。

三、零部件业务完成上市重组

上汽集团坚持高起点同步发展与整车配套的零部件产业。经过20多年发展，通过与全球13个国家和地区的30余家国际领先零部件厂商合资合作，先后组建了80余家零部件企业，形成门类较齐全、产业链较完整的零部件产业体系；并不断完善全国生产布局，提高业务外向度，进一步做大零部件业务规模；着力加强零部件技术研发能力建设，推进国产化和产品技术创新。2009年，上汽集团通过借壳“巴士股份”（股票代码：600741），完成对零部件业务的上市重组。重组后，上市公司更名为“华域汽车系统股份有限公司”，上汽集团成为华域汽车的国有控股股东。此次零部件业务上市重组是上汽集团继2006年实现整车业务定向增发、整体上市之后的又一次重大资产重组，也是推进零部件业务“中性化、国际化、零级化”发展、进而全面提升上汽产业链核心竞争能力的一项重大战略举措。通过此次重组，上汽集团成功建立零部件业务资源集成的发展平台和面向资本市场的融资平台，在资本市场也得到较好的评价和反响。

四、服务产业形成专业化发展架构

上汽集团作为国内较早进入汽车服务产业的汽车集团，坚持高起点发展、国际化合作、全方位拓展，努力向产业价值链高端和汽车后市场延伸。经过10年发展，已与11家国际领先服务厂商合资合作，先后组建73家汽车服务企业，覆盖汽车物流、汽车金融、销售服务、物资贸易、资产经营和汽车信息等23个业务门类，构建比较完整的汽车服务产业

链，并制定服务产业新一轮五年发展规划，明确产业定位、战略目标和实施路径。2009年，上汽深入推进各项整合、发展工作，建立物流专业化管理架构，确立以“整车物流”为主、零部件物流和口岸物流协同发展的新业务格局；重组物资贸易业务板块，整合业务资源，制定新发展规划，建立内外贸联动的发展模式；梳理销售服务业务板块，进一步明确整车分销、多品牌零售、二手车、消费者服务四类业务发展定位；并积极发展车载信息服务、融资租赁、创意产业等新兴业务。

五、自主创新能力扎实提升

至年末，上汽已建成国家级技术中心5家，市级技术中心27家；与国内有关科研院所、高校共同组建产学研工程中心17家；并拥有按照国家新标准认定的高新技术企业41家。在此基础上，通过全面整合上海、南京和英国长桥三地的研发资源，建立自主品牌全球研发体系，并实施统一的GVDP2.0流程，保证了开发过程中各地资源的分工明确、衔接顺畅。近三年来，上汽在自主创新方面累计投入达100多亿元，相继推出包括荣威550、MG6和荣威350在内的一批拥有自主品牌和知识产权的整车、零部件新产品。经国家科技部、国务院国资委、全国总工会联合评审，上汽集团获评“国家创新型企业试点单位”。

六、新能源汽车加速发展

上汽集团经过多年的跟踪分析和探索研究，逐步明确“加快推进混合动力和电动汽车产业化、推动燃料电池汽车研发升级和示范运行”的中长期技术路线。上汽新能源汽车发展全面提速，明确了混合动力和电动汽车产业化2010年和2012年的两个阶段性目标，以及世博会新能源汽车任务。围绕以上发展目标，一方面，不断加大研发孵化投入力度，加快推动相关整车项目的开发进度。另一方面，按照“自主创新、内外结合，两条腿走路”的原则，加快开展面向产业化的新能源汽车零部件产业链建设。年内，中混混合动力轿车项目和插电式混合动力轿车项目已完成试制；纯电动车项目已正式启动；电池系统和牵引电机项目进入立项阶段；插电式强混汽车的集成式起动机、发电机和驱动电机等关键零部件项目正在按计划推进。同时，落实了上汽新能源汽车零部件产业基地；并在电池系统的产业化发展上形成突破。在2010年上海世博会上，上汽提供近千辆新能源汽车，技术上包括纯电动、混合动力、燃料电池等多种方案，品种上包括轿车、大客车、观光车、出租车等多种样式。千辆新能源车在世博会上的首次大批量应用与集中展示将是对上汽新能源汽车产业化阶段性成果的一次重要检阅。

【2010年发展趋势】

2010年是“十一五”规划的收官之年、“十二五”规划的谋划之年，也是上海世博会的举办之年。上汽集团将继续保持危机感与紧迫感，围绕“聚力发展上水平、聚焦转变调结构、聚首世博促和谐”，全力推进整车产销和自主品牌发展再上新台阶；加快结构调整、夯实发展基础，提升经济效益与发展质量；力争为上海世博会多作贡献，努力在发展中促转变，在转变中谋发展，继续朝着成为品牌卓越、员工优秀，具有核心竞争力和国际经营能力的汽车集团迈进。

（杨　巍）

中国石化上海石油化工股份有限公司

【概况】

中国石化上海石油化工股份有限公司（简称上海石化）位于上海市金山区，占地面积9.4平方公里，是中国集炼油、化工、塑料、化纤生产经营于一体，高度综合的现代化石油化工企业之一；也是中国第一家股票在上海、香港、纽约三地同时上市的股份制有限公司。上海石化前身为创建于1972年的上海石油化工总厂，1993年6月改制为上海石油化工股份有限公司。2000年10月，更名为现名。上海石化下设炼油事业部、烯烃事业部、芳烃事业部、化工事业部、塑料事业部、腈纶事业部、涤纶事业部和热电事业部以及物资供应公司、经营销售公司、储运部、公用事业公司、化工研究所、环保中心、水务公司、培训中心、新闻中心等单位，并由上海石化投资发展有限公司管理对外投资企业。截至2009年末，上海石化总资产304.58亿元，在册员工总数17131人。公司具有一次加工原油1400万吨／年（综合加工原油1200万吨／年）、乙烯84.5万吨／年、有机化工原料322万吨／年、塑料树脂96万吨／年、合纤原料114万吨／年、合纤聚合物59万吨／年、合成纤维40万吨／年的生产能力。上海石化主要生产石油制品、中间化工原料、合成树脂及塑料制品、合纤原料及合成纤维等四大类产品。“三人牌”商标为上海石化注册的专用商标。

【2009年经济工作情况】

2009年，面对国际金融危机给石化行业带来的深刻影响，上海石化以“学先进、强管理、扭困境、促发展、聚人心”为工作主线，全面推进生产经营和改革发展工作。上海石化生产经营平稳运行，结构调整工程全面完成，企业管理得到加强，辅业改制顺利收尾，学习实践活动深入推进，实现经济效益大幅度提高。

全年实现工业总产值（现价）473.19亿元，比上年下降20.82%；销售收入517.23亿元，下降14.24%；进出口总额34.77美元，增长17.82%；利润总额21.36亿元。

一、生产经营继续保持稳定运行

在年初生产经营较为困难的情况下，积极把握外部环境变化和石化市场从萎缩到转暖的趋势，及时调整生产节奏和装置运行负荷，从年初的限产、安排大量装置进行检修到二季度起整体满负荷运行，全力保持生产经营工作总体平稳发展。全年主要生产装置平均开工率为90.27%，平均负荷率为94.67%；非计划停车次数和时间分别较上年下降25.81%和11.54%，重要技术经济指标全面提升，达到近几年最好水平；未发生重大生产、安全事故和环境污染事故。

加工原油875.78万吨，下降5.20%。生产汽油、柴油、航空煤油总量下降11.16%，其中，生产汽油80.60万吨，增长4.28%；柴油280.26万吨，减少18.02%；航空煤油67.90万吨，增长6.98%。生产乙烯92.77万吨、丙烯48.76万吨，分别增长4.75%和0.06%。生产塑料树脂及共聚物108.98万吨，增长9.13%。生产合纤原料50.87万吨、合纤聚合物59.97万吨，分别增长10.13%和2.42%；生产合成纤维24.13万吨，减少10.63%。产品质量继续保持优质稳定。产品产销率为99.62%，货款回笼率为99.52%。

二、结构调整工程全面建成投产

历时6年、总投资约80亿元的结构调整工程（五期工程）全面建成投产。其中，新建60万吨／年PX芳烃联合装置和15万吨／年碳五分离装置分别于9月14日和10月25日投料开车一次成功；煤电站3号、4号炉烟气脱硫项目经过168小时考核后于7月3日投入运行，22万伏变电站改造工程于6月22日全部投入运行。结构调整工程的全面建成投产提高了上海石化的原油综合加工能力和总体生产能力，进一步优化了产品结构、燃料结构和动力结构，提升了节能减排水平，为今后经济效益的增长奠定了坚实的基础。此外，其他重要技术改造项目，如50万吨／年催化汽油选择性加氢脱硫改造项目于9月完成，从10月起，向上海市场提供沪Ⅳ标准成品油；天然气综合利用项目已完成部分改造和系统管网建设工作。

三、节能减排工作达到预期效果

继续按照国家节能减排的有关要求，落实各项节能减排措施。通过全面开展“对标”活动，找差距、订措施、强管理，促进各项技术经济指标提升；通过进行不间断的节能降耗技术改造，提高能源利用效率，降低能源消耗，达到预期效果。产值综合能耗为1.597吨标煤／万元（2008年为1.508吨标煤／万元），年内虽有数套新建装置投产，但仍比1.64吨标煤／万元的节能考核指标下降2.62%；工业取水量下降5.57%；工业水重复利用率保持在95%以上；外排废水达标率、工业废水排放量、COD排放总量和危险废物处理率等指标均达到环保考核要求，并好于上年；全年加热炉加权平均热效率提高0.53个百分点；随着火炬气脱硫回收系统的投用，回收火炬气增长125.34%。

四、新技术、新产品开发持续推进

继续积极推进技术进步各项工作。碳纤维原丝技术开发、万吨级异戊烯／戊烷联合生产装置工艺包开发、多功能新型柔性腈纶生产系统开发等重大研究项目取得新的进展；双峰聚乙烯催化剂工业化应用、13万吨／年丙烯腈装置工业化成套技术开发两项成果获得中国石化集团科技进步一等奖，醋酸乙烯催化剂研制及工业应用获得上海市科技进步一等奖；原液着色腈纶、纤维级聚酯切片（工业丝专用）、有光缝纫线用涤纶短纤维和异戊烯4项产品获得上海市自主创新产品认定。在信息化建设方面，实验室信息管理系统（LIMS）通过中石化集团的验收；生产执行系统（MES）项目进入工厂模型设计阶段；炼油和化工业务整合成统一的炼化一体化计划优化系统（PIMS）；以ERP为主线的信息系统与生产经营结合得更为紧密。据统计，新产品产量为53.94万吨，新产品产值率为10.63%，新产品产销率为97.26%。生产差别化纤维21.42万吨，合纤差别化率为88.78%；生产塑料专用料97.09万吨，塑料专用料比例为91.92%。全年申请专利14件（其中发明专利13件），获得授权30件（其中发明专利29件）。

五、企业内部改革和管理进一步深化

积极稳妥推进体制机制创新，努力激发企业的内在动力和活力。组建企业管理办公室，对企业管理的相关职能和资源进行有效整合；完善经营管理体制，对产品销售和物资供应的组织机构、管理职责、业务流程进行调整和优化；在辅业改制和清理整顿工作基本完成的基础上，完成上海石化投资发展有限公司吸收合并上海石化企业发展有限公司的相关工作，上海石化企业发展有限公司于10月予以注销。同时，上海石化进一步健全责任分工机制、运作机制和监督考核机制，加大督办和考核的力度，推进各项工作的落实。至年末，上海石化净减员（包括自愿离职及退休人员）466人，占年初员工总数17597人的2.65%。

【2010年发展趋势】

2010年，上海石化将继续顺应外部经济形势的变化，积极把握市场机遇，以“学习先进、精细管理、加快发展、凝心聚力、再站排头”为工作主线，进一步抓好HSE（健康、安全、环境）工作，做大产品实物总量；强化内部管理，优化资源配置；抓好项目建设，保持持续发展；推进队伍建设，抓好人才培养，努力促使企业的生产经营、改革发展、和谐稳定等工作再上一个新的台阶。为实现2010年的经营目标，拟采取以下主要措施：

一、继续强化安全生产、环境保护、职业健康以及节能减排工作，抓好源头控制和隐患治理。上海石化将落实全员HSE责任制，做到安全环保责任全覆盖；强化重点区域、重要环节、关键部位的安全监控，加大烟气脱硫、恶臭治理、废水治理等工作力度，持续开展隐患排查治理；全面落实生产运行减排、工程减排、结构减排、管理减排等各项措施。

二、全力保持生产装置长周期、满负荷运行，努力做大产品实物总量。努力提高主要生产装置的运行水平，力争原油加工量、产品实物总量创历史新高。加强生产运行的管理和优化工作，减少非计划停车，提高系统运行的整体效率；着力解决制约生产装置长周期运行的“瓶颈”问题，进一步提升装置的开工率、负荷率及技术经济指标水平；全面开展“创产量新高”劳动竞赛活动，激励员工向先进水平挑战。

三、全方位落实精细管理，进一步提高企业管理水平。继续抓好原油、重要中间化工物料的采购和加工，抓好生产方式、产品结构、公用工程系统运行的优化，有效控制生产成本；进一步完善预算管理，强化预算的编制、执行、监督、分析和考核；将各项管理纳入到以内控制度为核心的管理体系中，推动内控制度在企业内部全面、全员、全过程落实。

四、继续抓好企业发展，不断推进技术进步和信息化工作。按照低成本与差异化兼顾、规模化和精细化并重的发展方向，以及上游侧重低成本、规模化，下游侧重高附加值、精细化的发展思路，认真做好以炼油改造项目为主体的六期工程的前期工作，大力推进环境友好型、资源节约型项目尽快上马，进一步提高总体资源利用率和资产回报率。在技术进步和信息化方面，将继续抓好实用技术开发、新技术应用以及高附加值产品的研究和开发工作，积极开发下游延伸的精细化工技术和产品，为加快产品结构调整、提高节能降耗水平以及推进企业后续发展提供技术保证；做好信息化项目的深化应用工作，稳步推进管理信息化。

五、进一步完善管理体制和机制，持续改进组织绩效。积极稳妥地推进各项内部改革，基本完成公司层面的专业化集中管理，理顺集中管理体制下的专业工作运行机制；进一步加强和改进绩效考核，完善以年度目标考核为主、以过程考核为辅的绩效考核体系，完善“三级”考核评价办法和激励约束机制；进一步加强对外投资业务的管理和考核，大力推进对外投资企业的建设和发展；做好改制企业的跟踪管理，促进改制企业平稳、健康地发展。

六、继续抓好员工队伍建设，积极维护和谐稳定的企业氛围。加强经营管理、专业技术、技能操作三支队伍建设，健全选才、育才、用才、聚才工作机制，充分调动各类人才和广大员工的积极性和创造性；深入推进企业文化建设的各项工作，努力营造团结进取、积极向上、和谐融洽的良好氛围，增强员工的凝聚力和归属感；全力做好上海2010年世博会期间上海石化的治安保卫工作，确保企业安全、稳定。

（韩　斌）

中国石化股份有限公司上海高桥分公司

【概况】

中国石化股份有限公司上海高桥分公司（含中国石化集团资产经营管理有限公司上海高桥分公司，以下合并简称高桥石化）的前身是上海高桥石化公司，成立于1981年11月，是我国第一个跨行业、跨部门的特大型经济联合体，隶属于中国石油化工集团。

公司占地面积420公顷，共有76套生产装置，可生产300余种产品，主要产品有汽油、航空煤油、柴油、润滑油基础油、石蜡、合成橡胶、有机化工原料、合成塑料以及精细化工产品等，公司拥有年原油加工能力1130万吨，年化工产品生产能力100万吨，自备电厂具有装机容量19.5万千瓦。另有供应销售部、职工培训中心、职业病防治所等单位。公司现有职工6499人，现有各类专业技术人员1635人，其中，高级专业技术人员200余名。10多年来，共有100余项科技成果获国家、中国石化集团公司或上海市科技奖。

公司积极开拓国内外市场，先后在华东、华南、东北、西北等地区建立了产品销售协作网或油品销售中心。20世纪80年代起，产品不但销往日本和香港、东南亚，并远销欧美和非洲。

公司加强对外经济合作与交流，先后与世界著名大公司如德国巴斯夫公司、美国加德士公司、瑞士汽巴嘉基公司、日本三井石化株式会社、韩国SK公司等分别成立了合资企业。

【2009年经济工作情况】

2009年，高桥石化实现工业总产值457.19亿元，比上年下降18.25%；实现销售收入462亿元，下降17.96%；实现利税107.9亿元，增加151亿元。

全年加工原油1049万吨，增长3.3%。汽、煤、柴、润四大类石油产品702.33万吨，增长3.11%，其中，汽油增长7.1%，柴油下降0.9%，航空煤油增长11.3%，润滑油基础油增长14.1%。化工产品总量达到75.6万吨，下降1.8%。其中，苯酚产量13.5万吨，下降21.3%；内酮产量8.4万吨，下降22%；橡胶产量16.4万吨，增长2.8%；聚醚产量15.6万吨，增长6.3%；DCP产量1.9万吨，增长0.4%。发电量9.4亿千瓦时，下降7%。

以开展“我要安全”主题活动为主线，积极引导职工增强安全意识、规范操作行为、消除风险隐患。细化制订《安全生产禁令实施细则》，推进HSE观察活动，优化施工队伍及施工现场的管理措施，推进完成12项隐患治理项目；加强装置“跑冒滴漏”管理，严格装置开停车过程的清洁生产要求；建立健全外排口在线监测手段，有效堵塞了违规排放现象。

以平稳运行为基础，促进稳产高产。同时，按照市场需求组织生产、按照边际效益调整产品结构。抢抓上海市推广使用沪Ⅳ标准车用汽柴油的机遇，加快装置改造，优化工艺流程，合理组织储运，于10月起向上海市场提供高品质清洁汽柴油。公司主动应对金融危机影响，加强市场走访，全年累计走访客户564家；组建技术服务队伍，为用户提供技术应用指导；把握国内产业结构调整、高速铁路快速发展的政策机遇，扩大了POP、CASE聚醚等市场份额；积极应对欧美DCP市场疲软的不利局面，加大印度、巴基斯坦市场拓展力度，印巴市场DCP年销量同比增长5倍。

以全面预算管理为抓手，细化预算分解、强化预算执行，严格控制各项成本费用，财务、管理等费用合计节约3273万元。公司统筹节能方案措施，全年完成炼油综合能耗70.29千克标油/吨，同比降低4.15%，热电热网管损由3.91%降至3.16%。

加强工程管理，推进项目实施，润滑油系统改造“三改四建一配套”系列项目正式立项，其中，500万吨/年蒸馏改造项目率先启动；漕泾1200万吨/年炼油项目上报国家发改委审核；120万吨/年S-zorb装置如期建成投产，9000吨/年DCP扩建及2号苯酚装置改造项目顺利竣工。同时，按照“有所为、有所不为”的原则，果断关停丁苯胶乳和氨基醇、缩合装置。公司全年下达科研计划46项，投入资金404万元，完成17个项目技术鉴定或技术评审；共安排7项新产品试产，产量96万吨，产值38亿元。慢回弹开孔剂GLK-15、硬泡聚醚GR-877两个产品通过技术鉴定，进一步增强了聚醚产品的市场竞争能力。

以对标管理为核心，以“比学赶超”为抓手，层层分解生产经营指标，逐一落实管理考核措施，千方百计提高装置运行水平，提升经济技术指标。经努力，有58项指标达到历史最好水平或行业最优水平，占全部指标的36.5%。炼油高附加值产品率、轻油收率、综合商品率等指标均优于达标指标；热电入厂、入炉煤热值差由217大卡/公斤降至106大卡/公斤。

根据中共中央关于开展深入学习实践科学发展观活动的总体要求，加强组织领导，精心谋划部署，抓实规定动作，创新自选动作，圆满完成学习实践活动的各项任务，较好地实现“党员干部受教育、职工群众得实惠、科学发展上水平”的总体目标。经测评，职工群众对“学习实践活动”的综合满意率达到99.34%。公司积极落实人本关怀措施，促进队伍和谐。补充医疗保险基金共出资1139万元，帮助在职与退休职工解决实际困难，出资金额增加66.3%。还提高职工餐饮质量，优化职工休假方案，实施职工宿舍改造，统一职工体检标准，开办职工学历教育提升班，从各方面改善职工工作学习生活环境。

【2010年发展趋势】

2010年，高桥石化工作的总体要求是：以科学发展观为统领，全面贯彻集团公司工作会议精神，夯实工作基础、加强源头控制，确保本质安全；坚持做大总量、注重结构调整，着力降本增效；深化改革调整、完善体制机制，实现资源优化；推进标准管理、强化精细控制，提高运行效率；加快外延拓展，统筹内涵优化，促进科学发展；致力文化建设、倡导规范行为，提升队伍素质。

主要经营目标是：完成原油加工量1100万吨，力争化工产品总量90万吨，确保发电总量10.5亿度；确保完成吨油完全加工费用244元、化工吨产品完全加工费用2064元的成本指标。

主要效益目标是：上市部分实现利润17.5亿元，非上市部分盈利1.5亿元。

主要安全环保和节能降耗目标是：避免重大死亡事故、重大火灾爆炸事故、重大责任事故、重大环境污染事故，大幅度减少一般性事故和非计划停工。

万元产值综合能耗上市部分完成0.392吨标准煤，非上市部分完成1.36吨标准煤；全年累计节水50万吨，外排废水达标率保持在97.5%以上。

主要改革管理目标是：通过深化改革调整、理顺管理关系，进一步促进“内部管理紧密化、资源利用一体化、整体优势最大化”；通过深入开展“规范行为树新风，标准管理立新功”主题活动，规范职工日常行为，健全公司制度体系。主要发展建设目标是：确保润滑油系统改造项目如期建成、适时投产，积极争取40万吨/年苯酚丙酮、7.5万吨/年三元乙丙橡胶合资项目的实质启动，稳步推进1200万吨/年炼油、40万吨/年聚醚、CFB锅炉等项目的各项前期工作，统筹实施高桥老区结构调整措施，不断提升公司科学发展水平。重点抓好以下工作：

一是增强责任意识，控制风险隐患，推动安全环保落实新举措。加强管理控制，确保本质安全；强化源头治理，推进清洁生产；抓好职业卫生，保障职工健康。

二是保障平稳运行，抢抓市场机遇，推动生产经营形成新亮点。强化运行管理，促进生产优化；加大拓展力度，抢抓市场机遇；推进节能降耗，提升技经指标。

三是加快外延拓展，加紧内涵优化，推动科学发展取得新进展。确保年内基本完成润滑油系统改造系列项目施工建设，实质性启动40万吨／年苯酚丙酮、7.5万吨／年三元乙丙橡胶合资项目；本着“整体规划、分步实施”的原则，制定落实相关“填平补齐”的项目规划，着力提升公司市场竞争能力和持续发展能力；抓紧关停落后装置、落后产品，为集中精力做精做强优势产品奠定基础；启动“十二五”发展规划，重点积极推进1200万吨／年炼油和40万吨／年聚醚、CFB锅炉等项目前期工作，加紧制定延伸化工产业链、打造公司化工“长板”的规划方案；围绕生产难点和装置瓶颈问题，组织开展技术攻关，通过应用新工艺、新技术、新设备、新材料，提升生产运行水平，提高资源利用效率。

四是完善制度标准，加强精细控制，推动内部管理实现新提高。深化开展“比学赶超”，通过建标、对标、追标、创标，进一步确立赶超标杆、分解目标任务、细化对策措施、落实人员责任，全面推进“比学赶超”活动向纵深开展，不断缩小与先进企业的差距；以“标准管理立新功”活动为抓手，进一步加强公司制度化建设；进一步加强全员成本管理，加大降本减费工作力度；进一步开展业务公开、效能监察、内部审计工作，堵塞企业效益流失的明沟暗渠，为规范运行发挥监督保障作用；进一步推进信息化建设，为优化经营管理提供平台。

五是着眼优势整合，深化改革调整，推动体制机制实现新突破。围绕公司“内部管理紧密化、资源利用一体化、整体优势最大化”的总体目标，统筹落实改革调整措施，优化资源配置，整合管理优势，提升经营效率和管理水平。

六是促进素质提升，落实人本关怀，推动队伍建设展现新面貌。认真贯彻以人为本要求，加强教育、引导、激励和关心、帮扶各项工作，不断提升队伍综合素质，激发队伍整体活力，积极营造企业和谐氛围。

（陈建浩）

上海电气（集团）总公司

【概况】

上海电气（集团）总公司是中国最大的装备制造业集团之一，前身可追溯到1902年成立的上海大隆机器厂和上海华通开关厂。上海电气已经发展成为集工程设计、产品开发、设备制造、工程成套和技术服务为一体，能承担设备总成套、工程总承包的大型装备制造业集团，产品覆盖电站、重工、核电、输配电、电梯、印刷包装机械、空调压缩机、轨道交通车辆、环保设备等重点产品。

上海电气以振兴民族装备工业为己任，致力于自主创新，设计和制造出一大批代表国家装备工业水平、处于世界领先的产品，填补了国内外空白。中国第一套6000千瓦火电机组、世界第一台双水内冷发电机、中国第一台万吨水压机、世界第一台镜面磨床、中国第一套30万千瓦核电机组、中国第一根大型船用曲轴都诞生于上海电气。

2005年4月28日，上海电气主体在香港联交所整体上市以来，竞争能力和盈利能力不断提高，销售收入一直居中国机械工业首位，火力发电设备和电梯年产量世界第一，核岛主设备国内市场占有率超过50%，电梯、空调压缩机、大型船用曲轴、印刷包装机械、数控磨床等产品国内市场占有率第一。

上海电气承担着国内外一系列重点工程任务，先后为长江三峡工程、南水北调工程、西气东输工程等国家重点项目提供设备。在此基础上，集团积极拓展海外市场，产品远销五大洲主要国家和地区，总承包了伊朗萨汉德火电厂工程、巴基斯坦木扎伐戈电厂工程等一批标志性海外工程项目。海外工程任务占上海市海外工程总量的“半壁江山”。良好的业绩、可靠的质量和可信可亲的服务进一步确立了上海电气在行业内的品牌地位。

在未来的发展过程中，上海电气将进一步增强国际化观念、法制化观念和勤俭办企业的观念，坚持科技进步，推进体制机制创新，深化改革，努力将上海电气打造成可持续发展的国际化大型装备集团。

【2009年经济工作情况】

2009年是上海电气经受冲击、承受压力最大的一年。由于应对及时、策略得当，坚持一抓三保（抓销售，保增长、保现金、保稳定），集团各项经济指标完成比较好。

一、保持稳定和增长，实现预算目标

上海电气主营业务收入737.9亿元，比上年增长1.4%；合并净利润26.1亿元，下降7.58%；产业利润26.89亿元，增长8.43%，总体上达到预期目标。

火电：发挥支撑作用和导向作用。在国内市场新接订单减少40%的情况下，电站集团大力开发海外市场，三分之一产能走向国际，既拓展了市场，又提高了效益，实现销售收入325.4亿元，增长5.2%；利润13.4亿元，增长0.75%。其中，EPC工程销售120亿元，增长20%；新接销售订单265亿元。博茨瓦纳玛玛布拉2×660MW总承包项目19.56亿美元，折合人民币133.64亿元。正在执行项目合同金额达940亿元，其中，海外项目占81%。

风电：一手抓市场开发，一手抓基地建设。2009年，销售收入20亿元，增长100%，实现国内首批兆瓦级风电出口。风电公司发挥"自主技术、国际标准、精益制造、卓越服务"的优势，安装400多台、并网300多台风电机组，自主开发3.6KW海上风机。

核电：提升市场拓展能力和质量控制能力。重工集团销售56.9亿元，增长12%。核电（核岛、常规岛）实现销售20亿元，堆内构件、控制棒驱动机构国内市场占有率保持100%；蒸发器、稳压器等核岛主设备在临港基地制造成功，开始发运；合资组建上海电气凯士比核电泵阀有限公司，核电主泵实现新突破，承接昌江65万千瓦核电机组4台主泵。年底，核岛设备在手合同160亿元。

电梯：发挥主机制造的技术优势和服务产业的网络优势，实现销售82亿元，增长8.76%；利润7.2亿元，增长4.67%。产品销往60个国家，出口5167万美元，增长7.2%。

输配电：2009年，实现销售32.8亿元，增长4.79%；利润3亿元，保持较好的效益水平。

二、推进高新技术产业化、建设世界级工厂起步比较好

上海电气在"新能源、重大装备"两大领域聚焦"8+5"重点项目，推进高新技术产业化，把建设世界级工厂作为高新技术产业化的重要抓手。创建工作启动时，依据2008年数据，"8+1"世界级工厂的人员、占地、净资产、销售、净利润占集团的比重分别是20%、30%、40%、50%、60%左右。2009年统计数据表明，"8+1"以24%人员、32%占地37%的净资产创造了集团57%销售收入，105%合并净利润。在重大技术领域，开始取得一些标志性成果。在自主创新领域，重工集团实现三个"世界之最"：8月15日，重型机器厂自主设计制造成功世界上最大的1.65万吨自由锻造油压机，以及250吨／630吨·米锻造操作机和450吨电渣重熔炉全面投入运用。目前，正在开展大型锻件制造工艺技术攻关。核电堆构件6种不锈钢大型锻件全部解决，核电二代加项目基本完成了攻关任务（除水室封头之外）；AP1000大型锻件，部分去年开始投料。一体化顶盖、水室封头等5大关键件技术攻关计划2010年基本完成。

三、改革稳步推进

一批历史遗留问题得到解决。年内，上海电气资产管理公司继续发挥"管理中小企业、重组整合、消化历史遗留问题"三方面作用，推进结构调整，推进企业改革，解决了机床铸造一厂改革调整和工业锅炉厂的历史遗留问题。集团下决心花代价，解决了自仪股份"塔林"问题，赎回轻工企业被社保抵押土地问题。

一批企业深化改革重振雄风。印包公司、机床厂等企业深化改革调整，取得很好成绩。印包公司通过两年多的改革，实施产品结构、股权结构、人员结构的调整，提高了企业健康程度，为下一步战略实施奠定基础。

四、市场化开放性重组有所突破

在三个方面开展新的探索：一是缩短战线，剥离非主业。在2008年减少400多户四级次企业的基础上，2009年又减少85户企业，集团企业户数精简为410户左右。二是战略重组，培育优势产业。对于没有能力和条件"做强做大"的，上海电气解放思想、敞开胸怀，欢迎央企、外企、地方优势企业等各种社会资本参与国有企业战略性重组。上海电气与中国北车战略合作、上鼓与陕鼓的战略重组，已经形成框架，正在积极推进。三是抓住机遇，寻找新的发展空间。年内，集团成功实施收购美国高斯公司项目，在打造年销售百亿元的新产业、进入全球印机"第一阵营"、提高国际化水平方面，迈出新的一步。

五、继续推进总部建设

实施战略管理，加强总部功能。开展集团战略研究，推进风险管理体系建设，启动集团KOA办公系统；完善财务SAP系统、网银系统、企业银行账户系统。

开展创新试点，提升产业地位。7月，上海电气被确定为中国银行首个跨境贸易人民币结算业务的试点单位。试点的印尼项目做成"第一单"国外来证业务。试点半年来，上海电气跨境贸易人民币结算量2.2亿元，位居全国第二。

实施专业管理，推进"四个集中"。一是资金向财务公司集中：集团所属企业80%以上资金集中到财务公司；二是土地物业资源向资产经营公司集中：已经实现全覆盖；三是钢铁等大宗原材料、办公用品、IT硬件和软件集中采购：2009年网上采购的物资总量220亿元，钢材采购降本1.22亿元；四是离岗职工向人力资源公司集中：目前，人力公司托管离岗职工1.56万人。

六、法人治理结构进一步完善

总公司董事会的外部董事已经到位，新一届董事会开始进入正常运作状态；新任监事会主席已经到位。集团进一步健全上市公司管理规范，从下半年开始，上海集优、自仪股份、海立股份明确由总公司直接管理。二纺机支持上海经济适用房建设而启动的搬迁调整项目进展顺利。

【2010年发展趋势】

2010年，上海电气要向着建设现代企业集团的目标，迈

出坚实的一步，实现“三个整体提高”。

一是提高集团整体健康程度。基本消灭亏损企业，大幅度地减少法人，目标是减少到200户以内。把安排好干部职工放在突出位置，对干部、技术人员、技术工人和普通员工应该有不同办法。坚持产品、场地和资产要相对分离，内部问题和外部问题分开处理。

二是提高集团整体竞争能力。通过世界级工厂建设，增强集团实力、支撑产业发展、引领企业提升。不断提升技术创新能力，发电设备制造企业，大力推进消化吸收引进技术再创新。核电企业要立足自主创新，积极推进临港基地核电二期工程建设，重点突破大型锻件技术瓶颈。进一步提高国际化运作能力，实施“走出去”战略，利用各种国际资源，加快产业发展步伐。

三是提高集团整体运作水平。加强分析研究，找准工作的重点和切入口。开展顶层设计，明确方向和思路。建立三层监督后评估体系。建立标准，提供功能性、专业化服务。

（肖玉满）

上海华谊（集团）公司

【概况】

上海华谊（集团）公司（以下简称华谊集团）是由上海市国有资产管理委员会授权，通过资产重组建立的大型企业集团。华谊集团所属全资和控股企业有双钱集团股份有限公司、上海氯碱化工股份有限公司、上海焦化有限公司、上海吴泾化工有限公司、上海三爱富新材料股份有限公司等20多家子公司，其中，双钱集团、氯碱公司、三爱富公司为上市公司，双钱集团、氯碱公司同时发行A、B股。华谊集团职工3万多人。产品涉及基础化学品、清洁能源、橡胶制品、塑料、涂料、染料和颜料、氟化工、试剂、助剂、医药中间体、生物化学品、化工设备等十几大类约近万种。

华谊集团是上海化学工业发展有限公司的主要股东之一。华谊集团拥有11家设计、研究院所，2家国家级企业技术中心和8家市级企业技术中心，并设有博士后科研工作站。2008年，集团名列中国企业500强第176位，上海“集团百强”第16位。

【2009年经济工作情况】

2009年，在受全球金融危机、化工行业进入周期性底部、行业竞争加剧产能过剩三重因素的叠加影响下，华谊集团按照年初提出的“坚定信心，夯实基础，紧贴市场，练好内功”的原则，坚定不移地围绕建设具有较强国际竞争力的化工企业集团的战略目标，深化细化三级定位（集团是决策中心，二级单位是利润中心，三级单位是成本中心和二级利润点），全面推进五大战略（发展创新、改革调整、整合增值、多元投资、人力资源），打造八大业务平台（把集团目前分散在各子公司的业务按照产业门类整合成“煤基多联产、绿色轮胎、氯碱及化工新材料、精细化学品、化工物流及服务贸易、工程总承包、地产开发及房屋租赁、对外投资管理”八个业务平台），大力实施“主辅分离、两个集中、业内直供、产业整合、人力资源”五项举措；坚定不移地“眼睛盯着市场、功夫下在现场”，将实现可持续的盈利能力作为工作的出发点和落脚点；坚定不移地加大改革调整，加快发展创新；“去库存化”、“去亏损化”、“去危机化”，积极应对金融危机。

全年完成产值386亿元，销售收入达到310亿元，实现利润3.7亿元，为预算目标的3.7倍。主要产品产量实现较大增长。其中，醋酸完成46.4万吨，增长21.2%；甲醇完成47.6万吨，增长18.6%；全钢胎完成492万套，增长14.4%；丙烯酸丁酯完成12.2万吨，增长13.3%；丙烯酸完成14.9万吨，增长7.5%；SPVC完成28.8万吨，增长7.1%；烧碱完成73.1万吨，增长4.3%；油漆完成15万吨，也实现一定增长。同时，大力降成本、降费用，全年三项费用同比减少5.5亿元，下降12.4%。集团财务费用下降32%，管理费用下降8%，销售费用下降6%。

一、注重科技创新，专利和新产品产值率取得突破

1．推进科技创新。颁布“上海华谊（集团）公司技术创新三年行动计划”，明确集团2010～2012年三年科技创新的方向和一批需要重点突破的项目，并对20个重点项目实施签约，表彰科技创新工作的先进集体和个人，有力地推进了科技创新工作。上海华谊丙烯酸有限公司获上海市技术创新型企业一等奖，上海合成树脂研究所“高性能聚酰亚胺材料产业化”获市科技进步二等奖、上海氯碱化工股份有限公司“20万吨／年二氯乙烷裂解新工艺开发及应用”和上海三爱富新材料股份有限公司“1000吨／年聚偏氟乙烯树脂工业化技术开发及产业化”获市科技进步三等奖。全年集团科技投入5.8亿元，申请专利150项，其中，发明专利105项，占70%；获专利授权81项，其中，发明专利53项，占78%，新产品产值率达到29%。

2．积极推进重点科研攻关项目。10项重点研发项目中有9项按计划进行，其中，水相法氯化聚氯乙烯、丙烯酸催

化剂、甲基丙烯酸、SAP 工业化试验等项目完成中试；巨型子午线轮胎和醋酸新催化体系中试及工业化应用项目的试验和技术完善工作按计划进行；乙二醇中试项目已经启动，正在抓紧进行中试装置设计和项目建设的前期准备；1，4－丁二醇中试（侧线）项目已完成工艺软件包初稿的编制；煤种多元化的试验进展顺利，已在生产装置上试烧 35 万吨，取得较好的经济效益。另外，含氟功能膜技术研究项目也在积极推进之中。

3．整合集团技术研究院和各企业的科技力量，通过组建合作团队实施联合开发，充分发挥集团内部研发人才和设备的集成优势，取得较好成果。醋酸新催化体系开发、乙二醇催化体系的完善、羧酸单体合成工艺优化、SAP 工艺设备改进等一批项目得到有力推动。

二、深化和完善发展规划，“跨市发展”加快推进项目建设

1．深化和完善发展规划，编制完成集团“主业发展和非主业调整三年行动计划”，明确集团主业发展的目标方向，明确非主业调整的内容和途径。完成精细化工和轮胎橡塑两大核心业务的规划调整，并根据精细化工产业规划，结合产业整合，编制完成集团精细化工企业在金山第二工业区的布局规划。以落实“迎世博”危化企业调整为契机，进一步完善集团布局规划，加快推进集团产业结构、产品结构和布局结构的调整。启动“十二五”规划的编制工作，完成核心产业发展的调研和分析，形成规划编制的初稿。

2．着眼于提高项目竞争力，强化项目审查。以安徽基地（华谊集团安徽煤基多联产工程）项目基础设计审查为重点，形成集团对基础设计、初步设计进行审查的管理模式。通过优化建设方案，安徽基地项目一期工程中的甲醇、醋酸两个项目投资下降 3.65 亿元，定员精简到 328 人，人均劳动生产率超过 1200 万元，并进一步突出核心业务，强化专业化管理，将物流、公用工程、后勤等非核心业务实施外包，提高了项目竞争力。同时，以项目建设的必要性、可行性及项目在同行业中的竞争力为重点，加大项目前期的审查和论证力度。完成上海氯碱化工股份有限公司 10000 吨／年水相法氯化聚氯乙烯产业化等 6 个项目项建书的审查；完成上海试四赫维化工有限公司华谊集团试剂精细化工孵化基地项目等 7 个项目可行性报告的审查；完成上海华谊丙烯酸有限公司 6 万吨丙烯酸及下游配套装置技改项目等 6 个项目的初步设计审查。

3．梳理重点项目，争取政策支持，15 个项目列入中央投资重点产业振兴和技术改造专项支持项目备选库，其中，“产品结构调整多联产”、“6 万吨丙烯酸及下游配套装置技改”、“20 万吨／年本体 ABS 工厂Ⅰ期（3.8 万吨／年）”、“巨型全钢丝工程子午线轮胎”4 个项目获国家专项资金和上海市配套支持资金。20 个项目进入市节能专项支持项目库，8 个项目申报循环经济和资源综合利用专项补贴，其中，2 个项目通过评审。5 个项目申报市总集成总承包专项引导资金支持。

4．加快推进重点项目建设。建立合格施工承包商和合格供应商资质管理体系，并制定“合格施工承包商管理制度”，确定 28 家单位为合格施工承包商，35 家单位为合格供应商。完善项目现场管理考核、项目月报、项目资金管理等制度，强化工程的“安全、质量、进度、资金”控制。全年完成固定资产投资 15 亿元，其中，市外 9.7 亿元，市内 5.3 亿元。6 万吨丙烯酸、4 万吨苯酐、生物工程等项目建成投运，醋酐装置顺利开车。尤其是 6 万吨丙烯酸项目比计划提早两个月建成投产，一次开车成功，抓住了市场机遇，取得较好效益，成为集团低成本扩张的一个成功案例。对集团发展具有重要战略意义的安徽基地项目，进展顺利。上海市市长韩正，安徽省委书记王金山、省长王三运，国家发改委副主任杜鹰等领导分别视察项目建设情况，肯定华谊集团“跨市发展”的做法，要求加快推进工程建设。项目主体装置于 11 月全面开工建设。

5．“走出去，引进来”，积极与国内外著名大企业加强交流合作。集团领导带队，组织各二级单位党政主要领导赴中石化镇海炼化、宁波万华等国内著名企业学习交流，开阔了视野、拓宽了思路。全年先后接待 50 多批国内外团组来访，其中，国外著名企业 30 多批，国内大型企业集团 10 多批。与美国陶氏、德国巴斯夫、日本三井等 15 家著名跨国公司，国内重庆、淮北、浙江等地的 20 家企业就相关的项目合作进行洽谈，涉及甲烷氯化物、含氟高分子、专用催化剂、新型农药等 10 多个项目。

三、加快实施结构调整，推进节能减排调整危化企业

1．加快结构调整，推进节能减排。实施上海焦化有限公司 2#、3# 焦炉，上海氯碱化工股份有限公司 47 型隔膜碱等“高污染、高能耗”装置的退出；投入 3.1 亿元加强环保设施的建设和维护；投入 13804 万元实施节能技改项目 68 个。进一步完善管理制度，加强监管、监测和考核，全年节约标煤 18.8 万吨，各类污染物排放量比上年下降 3.2%。

2．落实“迎世博”要求，加快危化企业调整。按照市“迎世博”要求，完成试剂一厂、深试仓储公司、试剂研究所、申博化工公司、三爱思公司、供销公司仓储分公司、中远化工灌装公司、远大公司、双乐油脂公司、中乐油脂公司、恒信试剂公司、金鹿化工厂、长风化工厂等 14 家危化企业的关停调整。

四、深化改革促发展，产业整合体现出集约效应

1．推进产业整合。完成上海天原（集团）有限公司和上海化工供销有限公司的整合，为积极打造化工物流与服务贸

易业务平台奠定基础。整合以后的天原集团，实现利润8550万元，为2008年两企业合计数的7.6倍，体现了集约效应。实施精细化工产业整合，将上海涂料有限公司、上海试四赫维化工有限公司、上海华谊集团华原化工有限公司、上海华谊集团上硫化工有限公司4家企业重组整合，落实“精细化工与基础化工并重”的发展战略，积极打造年销售收入达到30亿元、利润为2亿元的精细化工产业平台。以把上海华谊集团投资有限公司建设成为具有50亿元销售收入规模公司为目标，积极构建集团对外投资管理平台，对与集团主业关联度不大，但仍有一定盈利能力的28家参股企业、中小企业实现整合管理，通过资产整合、资本运作提高了投资收益。上海华谊集团房地产有限公司通过吸收合并上海华谊集团化公实业有限公司对地产业务进行整合的方案也已经形成。

2．加大企业清理力度。完成企业清理201户，其中，销户137户，关闭歇业19户，基本完成清理45户。在此过程中，按照市国资委的要求和部署，积极推进开放性、市场化重组。经过梳理，形成21户可进行开放性、市场化重组的均势企业名单，积极引进外来资本进行重组。对虽有一定盈利能力和发展潜力，但不在集团主业产业链上，一时还难以快速发展的产业，进一步探索引进外来战略投资者实施重组。

3．加快实施“主辅分离”和“两个集中”。制定“关于加快推进集团主辅分离、辅业改制的指导意见”，重点将物流、后勤、检维修等业务从企业中剥离出来。双钱集团股份有限如皋轮胎公司、重庆轮胎公司成功地将食堂、门卫等后勤辅助部门从主业中剥离出来，上海吴泾化工有限公司将物流公司、实业公司模拟市场机制独立运作，推进主辅分离工作。制定“关于进一步推进集团财务集中管理的指导意见”和“关于进一步推进资金集中管理的指导意见”，加快实施“两个集中”。目前，财务人员集中工作正在有序推进，二级公司资金业务对口银行的梳理工作基本完成，集团资金集中的银行筛选工作已经完成，相关操作细则已经确定。

4．完成总部机构改革。通过改革，凸显总部职能的转变，强化总部“决策、管理、监督、服务”四大职能，进一步明确总部各部门职责，完善各岗位的岗位说明书，建立“全体起立，双向选择，竞聘上岗”的聘用机制。同时，精简总部人员，推动人员的上下交流。集团总部机构改革，人员交流率达到58.2%。总部的机构改革有效地为各企业的机构改革提供了示范。

五、推进HSE和责任关怀，“迎世博”加大隐患治理和整改

1．以HSE（健康、安全、环保）体系建设为重点，推进标准化、规范化建设，深化专业化的大检查，提高安全环保反恐维稳工作水平。年内，华谊集团无工伤死亡事故，无重大火灾、爆炸、泄漏、中毒事故，无重大环境污染事故，无重大治安案件，未发生影响社会的重大集访事件，生产安全和环境保护以及反恐维稳工作总体处于平稳及可控状态。

2．编制集团统一的管理制度，加强HSE体系建设。编制由11个方面50项制度组成的“集团安全管理制度”、由5项管理制度组成的“环境保护管理规定”、有10个方面内容的“集团安全生产‘三项行动’实施方案”、有12项内容的“集团2009年安全环保工作要点”。还编制“集团安全环保检查导则”以及“集团迎世博反恐怖工作实施方案”等，进一步规范安全环保反恐工作的管理，明确工作重点。与各单位签订“2009年HSE责任书”和“2009年集团安全风险抵押责任书”，进一步明确工作责任，强化考核措施。还编制HSE承诺书，推行全员HSE承诺，明确8个控制指标和12项要点。

3．加强培训，提高职工安全意识和安全技能。以“安全管理制度导读”、“安全管理制度编写说明”、“化工作业安全常识”以及案例分析等为重点，分层次地开展“万名员工安全知识大培训”，共完成3.1万名在岗职工的安全培训。开展应急处置、职业健康管理、分析动火、执业资格认证及换证等，计1024人次参加的专业技术培训和测试。分16期完成外来劳务工专项安全知识培训。统一培训并组织报考国家注册安全工程师，62人取得资质。目前，集团共有国家注册安全工程师144名，平均每267个职工配备1名。还结合安全生产月，开展以“关爱生命，安全发展”为主题，由事故应急处置响应桌面演练等10项内容组成的专项安全活动。

4．健全专业督查队建设，强化专业化的安全督查。上半年以“八大禁令”、“反三违”、重大危险源管理、“迎世博”专项督查为重点，开展33次专项督查，涉及企业58家，对重点监控企业覆盖率达到100%。下半年，按照“集团安全环保检查导则”，从安全、环保、工艺、设备、反恐、保卫6个方面对各二级单位开展为期两个月的专业化大检查，加大隐患治理和整改。

【2010年发展趋势】

2010年，华谊集团预定的经济指标是：完成工业总产值412亿元，营业收入（合并）344亿元，利润总额（合并）4.1亿元，固定资产投资43亿元，科技投入6.5亿元，专利申请数100个，技术秘密数50个，安全环保投入5.4亿元，万元产值能耗1.008（吨／标煤）

努力做好以下工作：强化基础管理，注重提高本质安全；依托整体优势，提高经济运行水平；加快结构调整，提升集团产业能级；推进科技创新，增强企业竞争能力；围绕八大业务，加速产业调整整合；深化“三级定位”，强化集团管理体系；完善薪酬管理，激发集团内生动力；加强风险防范，健全监审管控机制。

（祁崇元）

上海纺织控股（集团）公司

【概况】

上海纺织控股（集团）公司是一家以科技为先导，以品牌营销和进出口贸易为支撑，以先进纺织制造业和时尚产业为依托的大型企业集团，是中国唯一一家拥有较完整的纺织服装产业链的集科工贸一体的企业集团。公司以“成就无限科技梦想、编织多彩时尚生活”为使命，以“致力于成为中国现代纺织的领航者和全球客户信赖的服务商”为愿景，紧紧围绕“科技与时尚”的发展理念，努力打造与上海国际大都市相匹配的现代都市纺织业。

【2009年经济工作情况】

2009年，上海纺织实现营业收入235.5亿元，利润总额2.9亿元，出口创汇21.4亿美元。在2009年中国企业500强排名第231位，中国纺织服装行业百强企业第5位，是中国纺织业最大的企业集团之一。

一、积极应对危机，努力完成目标

1．及时推出扶持企业生产经营的“双七条”政策，帮助企业度过难关。“双七条扶持政策”内容包括鼓励外贸企业参加中信保投保，保费实施部分补贴；鼓励外贸企业参加广交会、华交会、境外展会，补贴展览费用；加强外贸企业与生产企业、科研院所合作，所发生的费用给予一定比例的补贴；鼓励支持企业节能减排，给予一定的补贴；企业技术改造给予贴息等等。

2．搭建各种服务平台，推进外贸盈利模式转型。公司与中国出口信用保险公司（简称“中信保”）签订全面合作框架协议，上海纺织以一个头投保，享受最优惠保费费率；与中外运集装箱有限公司（简称“中外运”）签署“战略合作框架协议”，正式启动中外运统一订舱平台；继续与上海质量技术服务有限公司签订关于纺织品检测享受优惠费率的合作协议；在上海市纺织科学研究院建立智能化服装快速打样中心，提高了外贸服装出样能力。

3．继续深化产业链建设，提升集团核心竞争力。为进一步打造产业链，公司对在业内采购、销售、物流等综合数据排名前10名以及在新产品开发、市场拓展等方面作出显著成绩的企业以及企业经营者进行表彰；组织业内外贸企业总经理赴集团所属的上海大丰纺织园区，召开产业链对接专题会；条龙产品开发取得显著突破，联吉合纤与东华大学合作开发成功超柔软深染改性聚酯纤维（Parster）产品、里奥公司成功开发全球首创的竹材Lyocell纤维等。

4．管理工作做深做细，进一步加强风险防范。邀请市商务委等领导介绍当前国际贸易摩擦形势与对策，加大风险控制的教育；邀请浦东税务局流转税处的领导对外贸业务中出现的骗税手法进行详细解剖；积极借助中信保专业平台和数据库，加大业务运行中对客户资信程度的咨询，降低业务风险；开展自查、监管工作，完善贸管、财务、监察和纪检联手共管的风险防范机制；总部根据外贸企业月度指标完成情况，认真分析运行状况，提出针对性的风险防范和控制的警示性意见，帮助企业规避风险。

二、聚焦核心主业，推进三年规划

1．大力推进重点项目建设。纺研院综合科技大楼基本建成；大丰纺织工业园区二期色织项目、特种织造项目完成车间建筑主体施工任务；完成联吉年产10万吨聚酯柔性化生产线改造项目、沪邦印染基地建设项目；智力产业园（一期北）工程完工并投入运营；上海国际时尚中心（十七棉）一期工程项目正式开工建设；上海纺织时尚教育大楼项目完成了建设方案并获得市发改委核准；鑫灵、汇智、五维空间、半岛1919等一批时尚园区改造项目建成。

2．加强节能减排工作。制定《节能减排技术改造专项扶持管理暂行办法》；实施公司节能减排技术改造专项，总投资1697万元，实施后预计可节约标煤6700吨；主办“毛麻所”杯能源科学技术知识竞赛；完成2008年国家能源经济普查、能源年报统计工作；组织夏、冬两季电力迎峰让电；对各生产企业的用水计划进行平衡。

3．提升制造业水平。新型化纤板块建设取得显著进展，如德福伦、里奥、特安纶等企业的自主创新能力进一步得到增强，产品产能、质量不断提升，无机纳米复合阻然纤维、高感性纳米抗菌功能聚酯纤维、竹材Lyocell纤维、芳砜纶玻纤混合滤料、芳砜纶芳纶混合滤料等产品的商品化取得初步成功。产业用纺织品板块准确判断整车产业的发展趋势，积极开拓内销市场和国外市场，整体企稳回升，新纺织、江苏中联、新纺联、太仓VOA、汽车地毯等企业销售上升明显，此外还推动上海纺织协会产业用纺织品分会的成立。棉纺骨干企业实现全面盈利，申安取得OKEO-TEX100生态纺织品、有机棉GOTSOE和再生纱GRS全球回收等资质认证；大丰棉纺基地顺利实现投产达标，同时初步实现裕丰、申荟、大丰棉纺、大丰色织、佑信等企业的资源整合；荷叶积极实施设备填平补齐改造项目，产品范围从单一的纯棉高支纱线延伸拓展到混纺紧捻纱、混纺高支纱、混纺横机纱领域，提高了盈利水平。公司还进一步加快生产基地企业调整和定位，实现联吉合纤外方股权整体收购，确定沪邦印染生产基地发展规划，对19棉下属10户投资企业进行调研并确定定位。

4．提高品牌运作能力。积极依靠业内及社会资源先后复制了余姚路、吴中路以及纺博馆三条品牌街，预计将新增年销售额2000万元以上；投入1028万元，新开终端136家，改造终端25家（近三年累计新开／改造的597家终端，每年可实现销售利润2600万元）；三枪与美国迪士尼公司启动新一轮战略合作，产品涵盖0～30岁的消费者；龙头家纺事业部（民光家居）与服饰事业部（海螺）坚持走区域品牌发展之路，实施低成本、低风险的稳健拓展策略；与上海文广新闻传媒集团合作建立“EY”品牌，实现品牌网站上线营运，并在百联又一城开出“EY”的第一家店。

5．抓好技术创新工作。以具有自主知识产权的新纤维材料开发为龙头的产业化攻关和产业链开发，已初显芳砜纶、派丝特、里奥竹纤维等三个标志性重大项目梯度推进的发展格局；全年技术开发投入达1亿元，制定并实施58项技术创新计划，计划总体执行情况良好；列入国家纺织产业创新支撑服务平台计划的纺织检测服务子平台项目，由纺研院承担；企业技术中心建设取得较大进展，联吉、德福伦、申安、海螺等8家企业已申报筹建市级或区级企业技术中心；全年共完成专利申请186件（其中发明专利25件，包括国防专利1件）；继续推进与东华大学、华东理工、工技大等高校的产学研合作，在复合多功能室内装饰织物、芳砜纶高性能纤维、Lyocell可降解纤维和新型超柔可深染聚酯纤维的产业化技术等方面进行深入探索。

6．时尚产业进展显著。新成立时尚产业事业部，标志着公司在时尚产业运作上进一步实施专业化、集约化管理；进行M50、卓维700的品牌延伸；尚街LOFT与东京时装周合作选拔“2010年亚洲新锐设计中国区代表设计师”；卓维700打制青瓷之家的主题，并成功实现管家式服务向业外输出；吾灵网上创意园实现开园上线；智力产业园参与承办首届国际信息服务外包跨国采购交易峰会暨第三届上海服务外包国际峰会；汇智、汇星、鑫灵、景源四家创意园区被市经信委授予第五批市级创意产业集聚区称号（至此由市经信委统一授牌的81家创意园区中，上海纺织有12家占1/7）；筹办2009上海国际服装文化节和15周年庆典活动以及2009上海时装周等活动，并配合中国纺织工业协会做好2009国际纺织制造商联合会年会活动的承办工作；与上海社会科学院合作，完成纺织时尚教育规划的编制，并与欧洲设计学院（IED）合作拓展时尚证书教育和时尚专题培训。

7．加快非主业退出。按“资产清理、上报批复、评估备案、挂牌公告、产权交割、税务注销、工商销号”等节点跟踪、督促、协调、帮助推进非主业企业的退出，全年共完成75户非主业企业的退出，超额完成市国资委下达的任务，受到市国资委的通报表扬。

三、强化专业管理，提升管控水平

1．加强集团信息化建设。集团所属企业的财务信息化上线并通过验收，实现集团所属投资企业（除上市公司以外）会计核算在公司总部EAS（信息化应用）平台上完成，核算的规范化和信息的透明度大大提升，为集团管控措施实施提供了基础数据平台；对申达股份、龙头股份两家上市公司及其所属企业进行EAS系统的报表培训；完成2010年预算报表的设置，实现预算管理功能的实施，包括预算的录入、审核等管理功能，为后续预算的控制打下良好的基础；实现外贸企业财务每日总账数据的上报，项目进入实施和测试固定资产的每日上报功能阶段；完成整个集团的土地房屋资源管理系统（V2.1）的建设和验收，强化对历史数据的同口径对比分析功能；推进上海纺织办公自动化系统（OA）二期项目建设，大大提高了OA系统的适应性、可靠性和稳定性。

2．推进公司法制建设。在市国资委指导下，编制公司三年法制建设实施计划，开展对各投资企业法制建设情况的专题调研，主要涉及法务机构、法务人员、外聘律师事务所和律师、企业关于法制建设的意见和建议等；法律顾问室积极参与公司重要经济合同的审核把关工作，全年共审核公司重要经济合同178个；与市国资委法规处、法制报联手处理下属单位的重要历史遗留问题，参与6项案件的处理，涉及标的2000万元，避免了国资的流失。

3．提升人力资源管理。加强对部分投资企业领导班子的梳理、配备和交流；分别对投资规划部、资产经营部、原房产物业事业部、原时尚事业部等职能部门的工作职责进行调整；继续抓好领导人员“1+1”强化培训，全年共安排必修课5讲，举办5期专题学习班，共有961人次的公司及其下属企业领导人员参加培训；抽调部分二期中青班学员在业内进行上下和跨企业横向交流和轮岗锻炼；实施申达凤凰、棉纺印、华宇汉森等部分企业财务负责人的述职考评工作；组织2009年度项目科技带头人的推荐选拔工作，13位科研人员被确认为项目科技带头人；继续运作好“上海市纺织工程师研修基地”。

4．加强劳动保障建设。用好市有关帮助困难企业稳岗位、促就业、渡难关的政策和措施，落实岗位补贴、社保费补贴资金；加强劳动合同法等法规执行情况的检查，231户劳动定统报表企业全部开展自查、互查；继续完善工资分配管理，加强企业人工成本分析，推进企业工资集体协商工作的落实，已签订工资集体协议的企业123户，占应签企业数的77.9%；推进职工内部培训与外部培训相结合，1067名职工参加了职业技能培训，其中，542名职工实现技能等级的提升；规范稳妥做好维稳工作，依法妥善处理大野时装、汽车地毯、仁益制毡、川岛织物、华爱等调整企业的劳动关系，妥善处理了原市被公司离休工人待遇、一印服装厂老职工的工龄认定等历史问题。

5．加大资本运作力度。启动控股、有限公司重组方案的制定工作，现已基本确定控股公司有效资产增资进入有限公司的框架方案，细化实施方案正在制定之中；为支持申达股份彻底退出传统纺织、解决汽车地毯总厂历史负担较重的问题，对其部分资产进行置换；为优化龙头股份的资产质量、减轻龙头股份的债务负担，对其部分资产和股权实施收购；操作十七棉资产负债剥离及公司化改制、新申达股权转让至申达股份、申孚厂产权交易及公司化改制、工业房产公司资本机构调整、里奥公司资本结构调整、申安监理股权转让、华申进出口股权划转、纺展实业股权划转等工作。

6．强化安全生产工作。一是制定并通过安全生产履职分类等级考核办法，36家签约单位纳入考核。二是推行“三个转变”（即结果考核转变为过程考核，现场管理转变为制度管理，面上检查转变为分类指导）。三是制订上海纺织开展安全生产“三项行动”的实施方案，全年组织和参加安全培训教育人数达15750多人次。四是突出检查重点，加大隐患治理，认真做好迎国庆60周年和迎“世博”安全大检查，同时加强对建筑施工实施专项整治检查，抓好易燃易爆、有毒有害的监督检查，全年共实施各类安全检查活动50余次，通过有效的安全隐患整治，绝大多数隐患得到整治，为减少各类事故的发生创造了良好的条件；五是严格源头监管，加强承租户的“入驻”监督，把厂房租赁安全管理纳入“三项行动”的工作中，同时妥善处理天山茶城、文具城、摩配城、农贸城的“遗留隐患”和“严重隐患”问题。此外，按照迎世博的要求，认真做好7家单位迎世博600天行动计划中的整治工作。

【2010年发展趋势】

2010年，上海纺织经济工作的指导思想：进一步贯彻落实科学发展观和中央经济工作会议、上海市经济工作会议的精神，抓住上海推进“四个中心”建设、推动经济发展方式转变和经济结构调整的宝贵机遇，围绕实施上海纺织新一轮国资国企改革发展，坚定信心，努力拼博，加快转型，进一步做实做强核心主业，提升核心竞争能力，为确保完成上海纺织三年发展规划目标任务而奋斗。主要做好以下6个方面的工作：

1．稳定外贸业务，夯实制造基础。继续实施扶持企业政策，完善政策的针对性和实效性；继续发挥集团优势，稳定业务发展；继续夯实制造业基地，如新型化纤板块聚焦推进联吉、里奥、特安纶产业链建设，巩固并提升汽车内饰板块和新材料板块，棉纺、印染板块重点做好重组、新建、改造项目的投达产；强化降本增效管理；继续强化落实节能减排工作。

2．强化国内市场、推进品牌建设。加强国内贸易建设，充分抓住国家发展内需市场的宝贵机遇，花大力气拓展国内市场；完善Prolivon纤维品牌，加强推广力度；创建代表上海纺织的高端品牌形象的Prolivon品牌。

3．创新科研模式、深化条龙运作。继续提升技术创新体系建设；大力推进联吉Parster、里奥Lyocell和特安纶Tanlon三个条龙建设；继续推动业内产业链建设。

4．整合时尚资源、提高运作能级。围绕“集聚资源、构建平台、提升能力、打响品牌”方针，进一步提高上海纺织时尚产业运作的能力，工作重点是进一步优化时尚产业运作体系，同时抓好上海国际时尚中心、时尚教育一期工程等重点时尚项目建设。

5．深化国资改革、增强企业活力。推进国资结构调整；提高资产证券化率；实施开放性、市场化重组；加速非主业企业退出；理顺内部股权关系。

6．加强总部建设、提升管控水平。认真做好“十二五”规划的编制工作；推进以财务信息化为核心的信息化建设；继续完善审计监管体系；继续抓好人力资源建设；加强劳动保障和维稳工作；加强公司法制建设；抓好安全生产管理工作。

（詹理敏）

上海医药（集团）有限公司

【概况】

2009年，既是上海医药（集团）有限公司（以下简称上药集团）实施重组、建立新的法人治理结构后的第一个完整预算年度，也是集团实施新三年发展纲要的启动之年。年内，上药集团贯彻、落实《上海市生物医药产业发展行动计划（2009～2012年）》和《关于促进上海生物医药产业发展的若干政策规定》的要求，按照年初制定的各项工作目标，一手抓重组上市，一手抓经营发展，积极应对因外部环境变化带来的各种挑战，承担起集团内部结构调整和机制改革的重要任务，取得较好业绩。

为加快集团资源整合、全面提升工艺装备水平和产业能级，上药集团确定生物医药产业聚焦大浦东的产业布局。11

月，上药集团与浦东新区政府签订战略合作框架协议，标志着上药集团生物医药产业园区项目正式启动。至此，根据“集中集聚”的产业布局原则，上药集团已明确重点聚焦三大区域：原料药集中在星火开发区；中药集中在奉浦综合经济开发区；制剂集中在大浦东区域。

【2009年经济工作情况】

2009年，上药集团在完成重组阶段性任务的同时，基本全面实现了经营目标。全年实现销售收入296.37亿元，比上年增长15.57%；营业利润7.43亿元，增长173.90%；净利润5.37亿元，增长238.81%。

一、实施资产重组

上海实业（集团）有限公司（以下简称上实集团）和上海医药（集团）有限公司医药业务重大资产重组方案在6月18日停牌启动之后，于10月16日复牌正式出台。本次重大资产重组包括3项交易：一是上海市医药股份有限公司（简称上海医药）以换股方式吸收合并上海实业医药投资股份有限公司（简称上实医药）和上海中西药业股份有限公司（简称中西药业）；二是上海医药向上药集团发行股份购买资产；三是上海医药向上海上实（集团）有限公司发行股份募集资金，并以该资金向香港上海实业控股有限公司（简称上实控股）购买医药资产。方案在获得沪港两地4家上市公司股东大会高票通过后，先后获得国务院国资委、国家发展改革委、商务部、中国证监会的审核批准，成为中国资本市场上最有影响的吸收合并整体上市案例之一。12月25日，中国证监会并购重组委员会2009年第40次工作会议审核通过上实集团上药集团医药业务吸收合并整体上市方案。至此，涉及沪港两地包括香港的上实控股、上海的上实医药、上海医药、中西药业的重大资产重组工作取得进展，这也是市委、市政府决定上实集团控股并管理上药集团之后的重大进展。此次重组获得中国证监会的审核通过，意味着此次重组的所有政府审批程序已基本完成。上实集团、上药集团医药资产基本实现整体上市的目标，重组后的“新上药”将成为集制造、研发、分销、零售为一体的全产链综合性的医药企业。

二、推进营销转型

上海医药（集团）有限公司各经营单位以新医改为契机，调整组织方式，加强销售管理，整合营销资源，强化队伍建设，在市场开拓方面取得进展。在工业销售方面，各经营单位普遍强化重点产品的销售力度，集团重点产品和聚焦产品的销售出现快速增长的良好态势。在分销业务方面，上海市医药股份有限公司积极配合上海市社区医疗体制改革，在取得“松江试点”的成功之后，又与金山、长宁等区达成基本药品定点生产统一配送协议。之后，公司又与河南某军区签订军用储备药物统一配送协议；与苏州市签订上海医药和苏州医药物流建设合作协议。这些协议的达成，开启了上海医药现代医药分销区域扩张的步伐，为上药集团数百个产品提高区域市场的覆盖率和竞争力创造了机遇。在零售业务方面，完成华氏大药房有限公司、雷允上药品连锁经营有限公司和信谊大药房连锁经营有限公司等零售资源的初步整合，取得零售资源整合的阶段性成果。此外，上药集团为应对国内甲型H1N1流感疫情，紧急启动应急预案，一方面争取抗甲流的国家药品储备资格，一方面采取非常手段迅速恢复磷酸奥司他韦原料和制剂的生产，年内完成200万人份抗甲流国家储备药品的生产任务。

三、创新药物研发体系

上海医药（集团）有限公司中央研究院积极建设并完善创新药物研究技术体系，基本建立4个配套的关键技术平台：一是药物化学技术平台，包括药物平行合成技术平台和计算机辅助设计技术平台；二是新型药物制剂技术平台，包括脂质体制剂技术平台和微乳制剂技术平台；三是药物质量控制技术平台；四是药物活性和药物代谢等的早期生物评价技术平台。逐步完善科研立项和管理流程，建立健全集团技术经济委员会制度，确立集团重点新产品开发的立项流程，形成以中央研究院为统领的上药集团新的研发体系。第一个由中央研究院主持完成的临床前研究治疗类风湿性关节炎一类新药“雷腾舒”已获得临床批文，5个创新项目处于药物发现阶段，2个引进成果转化的一类新药进入临床研究，6个创新制剂进入临床前研究，1个创新制剂即将进入临床研究，4个仿制品种的新型制剂完成工艺研究并准备申报生产批文。同时，中央研究院积极与国内重点药物研发机构开展合作研究：与中科院上海药物所、上海有机所形成共建中央研究院的紧密型产学研联盟；与上海交通大学、中国药科大学、沈阳药科大学、浙江大学等国内一流科研机构建立5个联合实验室。为落实新药的产业化开发，中央研究院获得“上海化学合成新药中试产业化公共服务平台”的专项课题。集团全年共取得14个品种、21个新药生产批文，其中，中药批文1个、化学药批文20个。

四、推进体制机制改革

为完善和加强以实体化为特征的矩阵式管控体系，上海医药（集团）有限公司在管理体制和运行机制方面进行重要的调整和改革：一是为发挥各企业法人的主体作用、有效落实经营责任、控制经营风险，集团在分步取消处方药事业部、原料药事业部、中药与天然药物事业部、抗生素事业部和OTC事业部的同时，成功完成“大信谊”公司制改制、上海市药材有限公司的资产重组和部分中小企业的法人地位恢复等工作，使上海信谊药厂有限公司、上海第一生化药业有限公司、上海新先锋药业有限公司、上海市药材有限公司、新华联制药厂、上海三维制药有限公司、上海中华药业有限公司等企业恢复法人地位，改善了治理结构。二是根据新的管控模式的要求，集团总部职能部门由原先的20个调整为16个，强化重点部门的管控功能和专业管理能力。同时，集团总部完成对各部门的职能梳理和岗位竞聘，使集团总部的工作效率有明显提升。三是集团对各主要经营单位的领导班子进行优化调整，强化高级管理人员的能力建设，完善考核评价体系和激励约束机制，制定《高级管理人员、经营责任人薪酬管理办法》和《领导人员廉洁从业十项规定》等规章制度，在落实经营责任的同时，提高了高级管理人员的积极性。

【2010年发展趋势】

2010年，上药集团认真贯彻落实党的十七大和上海市第九次党代会以来中央及上海市委历次会议精神，以科学发展观为指导，以新上药为新起点，专心专注主业，集中集聚资源，调整结构，整合提升，创造价值，发挥医药全产业链优势，努力成为全国领先的品牌新药、仿制药和基本药物供应商以及现代医药商业服务品牌供应商，为全面完成2010年的经济工作目标，建设一个可持续发展的新上药，打造上海和国内生物医药支柱产业的龙头企业而努力奋斗。

（黄郁波）

上海仪电控股（集团）公司

【概况】

上海仪电控股（集团）公司是经上海市人民政府批准，接受上海市国有资产监督管理委员会授权的国有资产经营公司，是具有独立法人资格的国有独资的控股集团公司。

上海仪电有着悠久的仪表电子行业背景和历史传统，其前身是成立于1960年的上海市仪表电讯工业局。从20世纪60年代到80年代，在市仪表局的统一筹划下，建立起一大批大中型仪表电子企业，建成了漕河泾仪表电子工业园，全系统共研制出133项国内首创的新产品和新技术，填补了多项国内空白，为我国仪电工业的发展作出了重要贡献。到80年代前中期，上海仪电曾雄踞全国仪电工业“半壁江山”。其中，彩电、收录机、计算机、雷达、电话机、示波器、自动化仪表、分析仪器等产品的销量都在全国名列前茅。

上海仪电是上海最早实施国资国企改革的行业之一。1993年12月成立上海仪电国有资产经营管理总公司，1995年5月更名为上海仪电控股（集团）公司，同时撤销上海市仪表电讯工业局建制，在全国率先进行国有资产管理体制的改革。历经数年的艰辛努力，完成了企业组织结构调整、产品产业结构调整和工厂布局结构调整，妥善解决了历史遗留的冗员过多和不良债务过重等问题，解决了国企步入市场经济所面临的体制失衡、机制失灵、产品失宠等重大问题，全行业实现脱胎换骨般的重组、再造，走上了持续、快速发展的轨道。

进入21世纪，上海仪电坚持科学发展观，努力转变经济发展方式，以“产业清晰、经营稳健、创新发展、富有社会责任感的国内一流企业集团”为目标，实施“三步走”发展新战略，实现资源优化和最佳配置，提高主业的竞争能力和经济效益，增强企业自主创新能力和发展后劲，努力打造成具有国际化经营管理能力的大型企业集团。

【2009年经济工作情况】

2009年，上海仪电集团在科学发展观指导下，制订并实施集团新战略，推进结构调整和业务重组，积极克服全球金融危机的冲击和影响，保证总体经济运行稳步增长，全面完成年度预算目标和经营计划，同时顺利推进上海广电集团托管重组工作，集团产业规模进一步壮大。完成现价工业销售产值355.5亿元，比上年增长17.3%；现价工业总产值363.6亿元，增长16.0%；出口交货值219.7亿元，增长19.0%；利润15.67亿元。

一、深入开展实践科学发展观活动，确定仪电发展思路

按照市委、市国资党委的统一部署，集团本部及所属52家基层单位参加深入学习实践科学发展观活动。集团领导班子成员深入基层企业调研，广泛听取干部员工意见，8个调研课题形成调研报告，结合集团的发展实际，明确把“优化业务结构、突破发展瓶颈”作为仪电发展思路，并通过召开座谈会和专题研讨会，征求各方面对集团发展新战略的意见。为统一思想、提高认识，集团围绕“仪电要不要实施新变革”开展解放思想大讨论。通过四个“讲清”，形成了四个“共识”，即：讲清“仪电制订新战略是集团承上启下、继往开来的发展需要”，在“仪电要不要实施新变革”上形成共识；讲清“提高仪电核心竞争力、培育长期的可持续发展能力，是新发展战略的出发点与归宿点”，在“实施仪电新一轮发展战略的主要目标”上形成共识；讲清“结构调整、业务重组是实现仪电新战略的主要途径”，在“仪电怎样实施新战略”上形成共识；讲清“经营团队焕发创业激情，树立全局观念，勇于改革突破，是仪电实施新一轮发展的战略保障”，在“干部是关键”上形成共识。从而化解了干部职工的思想疑虑，开辟了解放思想、更新观念的新境界，打开了改革开放、科学发展的新视野。

二、积极应对金融危机，确保集团企业经营平稳运行

面对全球金融危机冲击、市场需求下滑的不利形势，集团提出保发展势头、保财务稳健的工作方针，加强对各板块业务经营情况的跟踪，加强资金的管控和协调平衡，控制财务风险。制造业企业通过调整产品结构，加强内部管理，提升产品技术含量，降低采购成本和管理费用，提升竞争能力，并主动寻找、努力争取市场订单。全年制造业板块较好完成利润指标，企业资产质量也得到改善。其中，飞乐音响公司通过搬迁、减员等方式降低管理费用，通过降低采购成本增加产品毛利率，不仅完成利润指标，还消化了历史水分；长丰公司在整个行业大幅裁员、兼并的动荡时期，通过产品结构调整，完成利润指标并消化资产水分；亚明公司节约原材料采购成本 2000 万元；普林公司通过精简机构、降低能源消耗等措施，第四季度做到扭亏为盈；亚尔公司积极压缩财务成本，虽然销售收入有所下降，但盈利额仍达到上年水平。制造业企业还深切感受到企业的良好发展必须依靠科技创新，2009 年，重点产业的科技研发投入有所提高，其中，沪工公司科技投入 1300 万元，科技投入率 4.9%；长丰公司科技投入 877 万元，科技投入率 5.38%。重点实施“汽车引擎冷却风扇控制器芯片与模块技术开发及产业化”、“高效 HID 照明灯产业化”、“年产 20 万套 LED 照明灯生产线”、“电子标签芯片的新型封装技术”等项目。飞乐股份“汽车车身电子关键控制部件产业化”项目、长丰公司“自主封装技术及 RFID 产品开发及产业化”等项目被列入国家发改委、工信部电子信息产业振兴和技术改造项目。在企业技术中心建设方面，集团下属 4 个市级技术中心、4 个区级技术中心共承担研发项目 30 多项，参与 30 多次国内外学术交流并参与部分产品的标准制定。在品牌建设方面，“亚”字牌获中国驰名商标称号，“1923”、“华冠”被评为上海市名牌产品(新增)。上海亚尔光源有限公司等 2 家公司被评为市高新技术企业，上海金陵智能电度表有限公司等 2 家公司被评为上海市“小巨人”企业和“小巨人”培育企业。不动产板块加速业务重组，加快开发建设，加强经营拓展。针对市场租金水平滑坡的不利因素，积极拓展招商渠道，调整客户结构，提高租金水平和出租率；提升新增物业品质，扩大租金收入来源；提升物业管理和客户服务水平，降低到期退租率。全年不动产租金收入不降反升，较好完成全年预算目标。金融服务业板块，主要是华鑫证券，抓住国家宏观经济回暖以及证券市场规模扩大的发展契机，按照“保合资、夯基础、求突破”的经营思路，积极拓展业务。投行业务从零起步，仅用一年时间就实现承销业务的历史性突破，股票债券承销总金额超过行业中等水平，创造了合资前提条件，并实现连续四年盈利，公司分类评级连续三年上台阶，具备了良好的可持续发展的基础。

三、制定和实施发展新战略，推进结构调整和业务重组

集团提出以“新战略、新使命、新突破、新发展”为主题的发展新战略。明确制造业、不动产业和金融服务业为集团三大主业，制定了分三步走、到 2020 年发展成为具有国际化经营管理能力的大型企业集团的目标。在集团发展战略和业务重组方案的基础上初步制订三年（2010 ~ 2012 年）滚动计划，提出集团三大主业未来三年的发展环境、发展目标、发展路径和发展措施。制造业板块结合行业发展方向和特点，对聚焦产业制定具有挑战性的五年发展目标。集团本部成立制造业和不动产两个事业部，并重新调整集团组织构架。根据事业部管理体制的需要，集团确定以战略控制为主、财务控制为辅的“战略—财务管控模式”。根据新的组织架构和管控模式，制订和完善相关管理制度，划分控股公司和事业部在重大投资和资产处置决策和人力资源重大事项等管理中的权限。为聚焦主业，集团对制造业和不动产板块进行了业务梳理。通过一系列资产置换和业务重组，上市公司剥离部分非主业业务，注入与主业相关的资源，优化上市公司资产结构，进一步突出和明晰各家上市公司的主业，提振了资本市场信心，提升了上市公司价值。确定上海金陵以不动产为主业，飞乐音响以绿色照明为主业，飞乐股份以汽车电子为主业，EMS、IC 卡模块及封装、科学仪器业务由集团直接经营管理的业务布局，为集团主业的下一步快速发展打下基础。本着“重实际情况、有计划目标、按程序规则、讲效率成果”的工作原则，对系统内非主业企业进行积极、稳妥、有效的调整。全年共完成 22 家非主业企业的退出和 15 家非主业企业的净壳，超额完成年度计划。

四、深化企业文化建设，为新战略实施提供支撑

围绕仪电新战略的制定与实施，集团就干部员工关注的 33 个热点问题，编写“上海仪电新战略宣传问答”，刊印《仪电特刊》，制作以“新战略、新突破、新使命、新发展”为主题的宣传展板，在基层 18 个展示点进行为期两个月的巡回展览，全面展示集团愿景、发展目标、实现途径、战略保障等内容。经过一系列的宣传教育，起到催人奋进、鼓舞信心和凝聚力量的积极效应。围绕提升“文化软实力”的要求，集团制定《2009 ~ 2011 年企业文化建设总体规划》。确立仪电文化建设的指导思想和基本原则，提出“一个系统、三个重要载体”的主要任务（即仪电 CIS 形象识别系统，仪电展示馆、《上海仪电》报和仪电网站），举办仪电系统文化体育节，在子公司和直属单位推广应用上海仪电 VIS 文化元素，在广大干部员工中强化以“仪电企业要以仪电集团为荣，仪电员工要以仪电人为荣”、“命运、责任、荣誉、利益”共同体的价值理念，为推进集团新战略实施起到积极的文化支撑作用。

五、平稳完成广电集团托管重组工作

根据市政府决定和市国资委的要求，仪电集团承担广电集团的托管重组工作。通过近 9 个月紧锣密鼓的工作，托管重组的各项工作基本完成并取得较好的预期效果。集团收购广电集团下属广电信息和广电电子 2 家上市公司股权并实施一系列资产置换，使广电集团获得注资后解开资金链条，缓解了财务困境；广电电子和广电信息避免了亏损，盈利能力得到增强，市场形象得以改善；在广电集团各债权银行和股东方的支持下，广电集团本部银行债务得以解决；根据“积极推进开放性重组”的要求，通过市场化运作和多方沟通谈判，顺利将广电 NEC 五代线经营性资产转让给中国航空技术深圳有限公司，生产线在热运行状态下顺利完成交接，银行贷款和供应商欠款将依法得到清偿；广电富士（CF 项目）银团贷款得到置换；永新彩管公司通过出售土地还清银行债务；广电集团系统下岗、协保、退休人员的管理机制基本理顺，人员安置费用基本得到保障。经市国资委同意，仪电集团与广电集团股东方达成托管协议，广电集团的后续管理已纳入仪电集团的日常管理范围。由于整个托管重组工作以“尽可能保住运营正常的企业，保住就业岗位，保持社会稳定，维持广电集团和液晶显示产业的运转”为立足点，同时制定积极、稳妥的实施方案和比较合理的人员分流方案，事前充分沟通，操作规范有序，重组工作得到合资公司外方的理解和支持，广电集团本部人员分流和工作交接平稳，员工思想情绪稳定，没有出现重大的、有严重社会影响的集访事件和安全事故，生产经营秩序井然，广电集团整体大局保持稳定。

此外，集团下属企业根据自身特点和需要，主动进行技术改造和能源优化，节能降耗工作取得实质效果。能耗指标达到全年总量 7 万吨标准煤、万元产值能耗 0.065 吨／标准煤，比考核指标分别下降 23.9% 和 10.9%，较好完成市政府下达的节能指标。

【2010 年发展趋势】

2010 年，集团经营工作坚持以邓小平理论和“三个代表”重要思想为指导，深入贯彻落实科学发展观，认真落实中央经济工作会议、市经济工作会议和上海国资国企工作会议精神，围绕市委、市政府“五个确保”的要求，切实转变经济发展方式，大力调整产业结构，继续解放思想，不断创新实践，积极推进集团新战略的实施，加快改革、调整和发展步伐，进一步聚焦和发展三大主业，增强企业自主创新能力和竞争实力，推动和实现资源的优化配置，努力完成全年经营工作各项任务。

一、突出重点，发展主业

继续巩固深入学习实践科学发展观活动的成果，使广大干部员工的思想认识进一步统一到将资本扩张和实业扩张相结合、加快转变经济发展方式上来，进一步统一到全力实施集团战略、聚焦主业和发展制造业、不动产业、金融服务业三大主业上来。三大业务板块要加强对市场和竞争对手的研究，主动进行横向对标，制定各个阶段的目标。增强品牌意识，实施品牌战略，要创好品牌，用好品牌，宣传品牌，保护好品牌。围绕培育核心竞争力，以创新、专注为动力，集中资源发展重点项目。

二、加强科技创新体系建设，增强自主创新能力

建立和完善以企业为主体、市场为导向、产学研相结合的技术创新体系。加大对聚焦产业企业科研投入、专利申报数和获批数、新产品销售产值率的考核力度。鼓励企业加大研发投入，对企业增加的科技研发投入在考核中视同于实现利润。对通过研发取得自主知识产权、科技创新成果的企业实行奖励，推动企业提高产品和服务的技术附加值，形成一批核心技术和自主品牌。要在体制、机制和政策上鼓励技术创新、服务创新、产品创新和机制创新，增强集团整体的自主创新能力和发展后劲。

三、大力推进非主业退出，实现重大资产项目变现

主业的进要坚决、进取、科学；非主业的退要坚决、果断、合规。集团要搭建调整工作平台，建立调整过程中非主业项目的吸纳、接收、包装、退出的工作机制。按照各种市场化运作方式，加快内部资源整合和非主业的调整退出步伐，进一步优化资产结构，盘活资产存量，推动资金、人才、技术、土地等有效资源向主业集中，提升主业的资源优势和发展潜力。

四、确保世博会期间安全稳定，促进社会责任建设和民生改善

按照市委、市政府的要求，高度重视和确保做好上海世博会期间的安全和维稳工作。切实加强安全生产管理，确定重点、分类管理，完善应急工作预案，提高安全风险防范能力。要特别加强消防安全重点部位和易燃易爆物品、化学危险品的监控管理，抓好特种设备、施工现场、租赁场所、交通运输和外来务工人员的管理，确保安全工作万无一失。继续加强信访和维稳工作，落实工作责任制。动员和引导广大职工群众积极投入“迎世博、讲文明、树新风”活动，强化东道主意识，主动参与世博、服务世博、服从世博、奉献世博。努力做好解民忧、惠民生各项工作。

五、推进机制创新和管理创新，提高管理效率和水平

根据集团战略需要和事业部体制的特点，集团的管理流程和规范在完成修订后，2010 年进入正式运行。通过完善法人治理结构，规范和完善子公司投资决策程序。要实施财务总监委派制度，加强子公司财务监管，尤其要加强子公司现金流的管控。加强财务管理的信息化建设，建立预警、监测和应对系统，有效防范和化解财务危机。要加强对子公司重

大经营活动、重大事项的动态监控。加快探索和建立市场化的中长期激励机制。进一步推进节能减排和环境保护工作。深化企业文化建设，举办仪电系统文化体育节，努力营造积极向上、追求卓越、奋力开拓、努力创新的良好氛围。

（仪电公司）

长江计算机（集团）公司

【概况】

长江计算机（集团）公司（以下简称长江集团）创建于1987年3月，是具有计算机产品科研开发、生产制造、系统集成、销售服务多功能并拥有进出口贸易自主权的国家计划单列企业集团，是上海市计算机产业的主体企业。经过20多年的发展，长江集团从初创时期的单一硬件制造，逐步走上了以系统集成带动产业结合，以应用带动制造，以信息服务推动产业发展的新型发展道路。长江集团连续8年入选中国软件百强企业，“东海”产品自1995年至今蝉联上海市名牌产品。

【2009年经济工作情况】

2009年，长江集团以科学发展观为指导，克服金融危机带来的诸多不利因素，不断加快新产品、新技术开发进程，全年，新产品、新技术立项31项，共有32项产品和技术申请了知识产权专利，承接的软件和系统集成项目合同金额达5亿元，其中，1000万元以上的项目有12项。项目涉足：智能交通、石油零售设备、数字媒体、能源环保、金融、教科文卫等多个领域。完成主营业务收入9.13亿元，利润总额4120万元，主要经营指标与2008年持平。

长江集团围绕国民经济信息化建设实现三个结合：一是实现信息化与智能交通相结合。长江集团重点项目高速公路不停车收费系统（ETC）在市场化、产业化方面取得实质性进展：自主研发ETC已成功进入江浙沪103条高速公路联网试运行；长江集团与上海一卡通公司签订60000套OBU被供货合同，根据合同要求年内实现供货50000套；在8月召开的交通部全国ETC推广工作会议上，长江集团自主开发的“东海OBU”推荐为用户首选终端产品；ETC不停车收费系统向湖南、江苏、北京、武汉等外省市市场的推广及应用取得重大突破；在原有技术的基础上又研制开发成功太阳能车载单元OBU和自由流不停车收费技术，使长江集团的ETC产品始终保持国内领先水平。二是实现信息化与上海世博会展相结合。长江集团研发的世博参观者预约、园区信息发布、游客引导、世博场馆弱电等项目先后中标并进入项目实施阶段，为2010年上海世博信息化工作作出贡献。三是实现信息化与中石化项目相结合。长江集团重点开发的全新加油卡经营管理决策支持平台、自助加油充值终端、消费卡互联移资平台等项目已在上海广泛应用，并向全国推广。目前，中石化IC卡自助加油系统应用在全国达到25%的市场份额，为明后两年进一步扩大市场奠定良好基础。

长江集团在ETC不停车电子收费系统、上海世博信息化项目、中石化IC卡自助加油系统等领域取得重大突破外，其他领域的重点信息化也得到积极推进。

在建筑智能化领域，实施的市人才大厦弱电系统、南汇区行政中心弱电系统、王宝和酒店弱电系统二期等进入施工后期或验收阶段。下半年中标的中能大厦弱电项目、光大银行弱电项目、嘉定公检法大楼智能弱电项目，漕河泾开发区弱电工程等项目已经开始组织实施。

在文博领域，深圳博物馆新馆、中国现代文学馆二期等重点项目已进入后期实施。这些项目以网络信息化支撑平台和综合管理集成系统为支撑和管理框架，进行数字化采集、多媒体展示、网站建设、藏品业务管理等应用，大大提升了博物馆的管理水平。

在工业控制领域，集团先后在上海通用东岳、上海通用沈阳北盛、上汽通用五菱、上汽集团南京名爵汽车有限公司等企业推广ANDON和追溯系统，并逐步向生产性服务业领域渗透。

在电子政务领域，上海市国有资产监督管理信息系统已进入上线调试阶段，并选择1～2家有条件的企业进行试点运行。

在医疗社保领域，复旦大学附属妇产科医院杨浦新院信息系统项目已上线运行；无锡市政府十大惠民工程之一的无锡市社保·市民卡系统开发于年内完成。

【2010年发展趋势】

2010年，长江集团经营工作的指导思想是“价值为本，做精做细”。

加强智能交通业务的体系化建设，重点业务增长明显，研发有新突破。形成整体业务发展架构（规划）和部分解决方案；ETC国内业务拓展取得新突破；OBU自主芯片研发有突破性进展；实现地图数据库、三维导航等嵌入式软件技术有效应用。

优化智能楼宇的业务结构和产业链联动，增值业务和大客户策略显成效。优化形成整体业务发展方案和产业链联动机制；增值业务有效增长（RF车库管理、OA、视频会议等）；完善优化集团内部的业务模式，提升业务附加值；在金融、国防等领域大客户项目增长40%。

加快核心技术、重点业务在新领域的拓展，提升集团整体竞争力，扎实发展基础。世博项目达到品牌和收益成效；新型自助加油系统和卡联项目形成核心业务增长点；在医疗、工控软件、环保等领域新项目业务有所突破；服务运营模式的探索取得新进展。围绕上述重点做好以下工作：

一、以KPI绩效管理为抓手，转变经营理念，在发展中调整，不断优化业务结构

1．着力推进KPI绩效管理，落实年度经营目标。围绕长江集团今后三年的业务发展目标和2010年经营指标，以KPI绩效管理为抓手，更新经营价值观和管理理念，转变管理模式、改进管理方法，通过抓核心目标和重点业务目标，促进企业工作聚焦经营目标和持续发展，提高管理水平和经营效能，形成长江集团和子公司之间统一协调、互为支撑的经营局面。

2．着力加强调研分析，推动企业业务结构优化。围绕长江集团“做精做细”的发展主线加强调研分析，关注、协助、推动新业务的发展。积极引导企业根据自身特点注重业务结构调整优化、资源整合和相互间的分工合作、优势互补等发展方向，促进集团整体优势的发挥，在经营过程中加强企业间的互相配合、互相联手，共同做强做大长江集团的产业。

3．着力推进有市场需求、有发展前景的新产品规模化生产。根据市场的发展需求和长江集团的总体布局，继续关注、推进ETC系统和OBU产品的产业化、市场化工作，落实新的用户。根据国家在公路、交通、能源领域的投入和大力发展生产性服务业的趋势，巩固扩大集团在这些领域的开发应用优势，重点跟踪、关注，促成一批国家级和市级重点工程项目成为长江集团2010年新的经济增长点。

二、以技术创新为重点，在培育核心技术和增强核心竞争力方面实现新突破

1．着力做好重大项目的研发工作。重点对国家核高基重大专项“电子控制器在线状态监控支撑系统”、市高新技术产业化项目“基于无线通信技术的车载服务信息系统”关键技术的研制和开发，加快实现项目产业化，促进相关产业融合，促进形成车载信息服务产业集群，促进构建车载信息服务产业链与运作模式，有力支撑长江集团业务的持续发展。

2．着力扩大产品门类。从嵌入式技术、射频技术、RFID/技术、数字媒体技术、无线网络技术等5个项目核心技术入手，力争使新产品种类有突破性进展，使智能交通领域、石油零售设备、数字媒体领域、能源环保领域等的产品门类不断扩大。

3．着力做好软件产品和新技术开发。根据国家制定的信息服务业要围绕制造业的发展战略，加紧研制自动控制和机电一体化的工业软件；加紧研制环保领域信息化的软件产品；加紧研制新一代企业级数据中心；加紧文博领域核心技术的市场推广，力争开发一批拥有自主知识产权的新技术，为长江集团持续发展提供动力。

（周慧琴）

上海航天局

【概况】

上海航天局（又称：上海航天技术研究院）创立于1961年8月1日，是中国航天科技工业的重要组成部分。上海航天技术研究院以科技为先导，经过近50年的发展，技术进步不断加快，研制水平不断提高，科技成果不断涌现，经营领域不断拓展，产业发展不断扩大，整体实力不断壮大。

目前，航天型号产品涉及战术导弹、运载火箭、卫星、载人飞船四大系列，航天技术应用产业和航天服务业经营领域涉及汽车零配件、办公自动化设备、机电产品、物业管理、进出口贸易。现有中国工程院院士、研究员、高级工程师等各类工程技术人员近8000名。下属共有21个事业单位，5个预算内工业企业，42家全资公司。全院共有职工19000余人。设备精良、先进，设计、开发、生产、试验、检测手段齐全，初步形成专业配套，门类齐全，融科研生产和技工贸为一体的规模。

【2009年经济工作情况】

2009年，实现总收入141亿元，比上年增长18.1%；营业收入113亿元，增长16.6%；实现利润9.5亿元；净资产收益率达13%，资产总额达210亿元。

一、型号任务再创佳绩

长征二号丁、长征四号丙两发火箭成功发射，将3颗卫星送入预定轨道。圆满完成两颗首发星的研制发射任务。风云三号01星、风云二号06星等四颗卫星经过在轨测试，先后顺利交付用户。

二、航天技术应用产业和航天服务业各项工作扎实推进

重大产业化项目建设加快实施。神舟硅业一期项目全线

打通，累计生产多晶硅150多吨，达到太阳能级品质；二期项目建设机械施工完成率94%。航天机电参股20%投资设立内蒙古中环硅材料有限公司，一期工程已开工建设。神舟新能源完成增资，150兆瓦电池片生产线建设进展顺利。1500万安时车用动力锂离子电池生产线、柔性薄膜太阳电池卷对卷中试线建设顺利推进。

光伏、汽配、复材、机电设备等市场开发取得积极进展。世博中心、太阳能工程中心两个兆瓦级光伏电站建设完工。神舟电力、神舟硅业、闵行航天城等3个光伏示范电站启动建设。竞标获得虹桥枢纽3.25兆瓦、嘉峪关10兆瓦以上太阳能电站总承包项目的4家公司之一。13个项目被列入国家、上海市、内蒙古自治区、航天科技集团公司高新技术产业化发展计划。

开展资本运作，积极探索军民融合管理模式。航天能源公司成功改制为股份公司。珂纳公司成功收购青岛海立公司。车用动力锂离子电池项目引入民营资本。

三、战略规划和预先研究取得重大成果

强化企业发展战略管理，确立“市场化、专业化、规模化、精细化、国际化”的整体建设方略。深入开展大型科研生产联合体规划方案研究，全面启动“十二五”规划和2030年发展战略研究和方案编制工作，产业和型号、关键技术、技术基础等发展方向和发展重点进一步明确。各条线、各单位的发展规划和统筹建设规划研究取得阶段性成果。自主研发经费在2008年2000万元的基础上增加到6000万元。加强重点实验室的建设，3个实验室分别通过国防重点实验室、上海市重点实验室评估。每年投入1000万元设立上海航天基金，以开放融合、共赢互利的姿态，加强校企联合技术开发、联合试验室和研发中心建设，大力推进与上海交通大学、哈尔滨工业大学等著名高校的产学研合作，先后获得国家和国防科学技术进步奖18项，申请专利301件。

四、企业调整改革和能力建设成效显著

扁平化管理模式逐步建立，法人治理结构得到完善，对企业的管控能力进一步增强。院所两级统筹规划和型号发展需求形成有机整体，“一城三区，沪蒙两地”的建设格局已经形成。突出对总体单位队伍建设、经济建设的支持力度，进一步发挥总体单位的型号和技术牵引作用。闵行航天城二期建设项目即将开工。制定并发布信息化建设规划，调整院信息中心组织管理模式。

五、人财物管理进一步加强

全院引进各类人才576名。责权利统一的薪酬分配制度改革和劳动（聘用）合同制稳步实施。深化“四好”领导班子创建活动，进一步加强对各级领导干部的考核和交流力度。成功承办集团公司第五届职业技能竞赛，本院选手取得历史最好成绩。全年开展各类培训34次，累计培训5100多人次，其中，组织两轮“千名设计师”集中培训。积极推进高技能人才实训中心筹建工作。财经管理全面加强，成效显著。加强账户集中管理，全面启动成本工程三期建设，成本基础管理得到加强。大力推进固定资产统筹管理。

【2010年发展趋势】

2010年，工作总体要求是学习贯彻党的十七大、十七届四中全会精神，以科学发展观为指引，贯彻落实集团公司有关文件精神，以队伍建设为抓手，明确目标、深抓真干、统筹规划、加快发展，全力以赴确保全年各项航天型号任务圆满完成，确保航天技术应用产业和服务业经济发展目标全面实现。

主要经济指标：总收入150亿元；营业收入130亿元，利润总额9.5亿元。

主要工作措施：大力加强型号精细化管理，提高把握成功的能力；大力推进队伍建设，提升我院核心竞争力；大力提升创新能力，增强我院发展后劲；大力推进市场开拓，保持和扩大我院发展空间；大力转变经济发展方式，加快调整重组和产业建设；大力提升财经管理水平，改善我院经济状况；大力深化发展规划和统筹建设，助推整体能力提升；大力增强技术基础能力，提高型号基础管理水平；大力做好综合保障工作，确保大局安全和谐稳定。

（顾　烨）

中国商用飞机有限责任公司

【概况】

2008年5月11日，中国商用飞机有限责任公司（以下简称中国商飞公司）在上海成立。中国商飞公司是经国务院批准成立，由国务院国有资产监督管理委员会、上海国盛（集团）有限公司、中国航空工业集团公司、中国铝业公司、宝钢集团有限公司、中国中化集团公司共同出资组建，由国家控股的有限责任公司。公司注册资本190亿元，注册地和总部在上海。中国商飞公司在国家大型飞机重大专项领导小组的领导下开展工作，有关部门按各自职能对公司的相关业务进行指导或管理。公司所属单位主要有中航商用飞机有限公司、上海飞机设计研究院、上海飞机制造有限公司、上海飞机客户服务有限公司以及上海航空工业（集团）有限公司，参股成都航空有限公司，在北京设有办事处，并将在欧洲、美洲设立办事机构。中国商飞公司是实施国家大型飞机重大专项中大型客机项目的主体，也是统筹干线飞机和支线飞机发展、实现中国民用飞机产业化的主要载体。公司主要从事民用飞机及相关产品的设计、研制、生产、改装、试飞、销售、维修、服务、技术开发和技术咨询业务；承担与民用飞机生产、销售相关的租赁和金融服务业务；经营本公司或代理所属单位的进出口业务；承接飞机零部件的加工生产业务；从事业务范围内的投融资、外贸流通经营、国际合作、对外工程承包和对外技术、劳务合作等业务。公司按照"主制造商——供应商"的运行模式，重点加强飞机设计集成、总装制造、市场营销、客户服务、适航取证等五种能力建设，发动机、机载设备、材料等主要运用市场化机制，采用招投标方式择优选用。同时，充分利用好国内现有的航空工业资源，努力完成拥有自主知识产权、具有国际竞争力的大型客机和支线飞机研制并取得商业成功，创建国际一流航空企业，早日让中国的大飞机翱翔蓝天！

【2009 年经济工作情况】

一、经营情况

在党中央、国务院的亲切关怀和正确领导下，在上级部门和上海市的大力支持下，公司领导班子和全体干部职工，抓住开展深入学习实践科学发展观活动重大契机，聚精会神搞研制，一心一意谋发展，在型号研制和公司发展建设的一些关键领域和重点环节不断取得重大突破，全年任务目标基本实现，公司已由开局起步进入到快速发展的轨道。

1．深入学习实践科学发展观，紧扣大型客机和新支线飞机项目研制、民机产业链建设、能力建设、人才队伍建设等主题，全面贯彻实施《公司发展战略纲要》。

2．C919 大型客机项目基本总体技术方案顺利通过工业和信息化部组织的专家评审，正式转入预发展阶段；ARJ21 新支线飞机研制、试验、试飞、批产等主要工作进展顺利。

3．全面启动总部、三大中心等基础建设工程。顺利完成中国商飞大厦装饰工程；设计研发中心和总装制造中心项目落户浦东新区协议正式签约并已开工建设；客户服务中心二期建设工作已经启动。成立适航工程中心、市场研究中心、信息中心和档案中心等四个总部职能延伸机构。

4．大力推动国家民机产业体系建设，累计有 400 多家国内企事业单位报名参与大型客机供应商选择，选定了国内机体供应商，确定国内标准件潜在供应商，启动与首批国内主要材料研制单位的合作；与中航工业集团公司、北京航空航天大学、工商银行等单位签订战略合作协议，加强央企合作、校企合作和银企合作。

5．人才队伍建设工作成绩显著。大力实施"人才强企"战略，人员规模由公司成立之初的 4000 多人，发展到 6200 多人。公司被中央组织部确定为首批海外高层次人才创新创业基地和人才工作联系点，已引进海外高层次人才近 30 人，全年招聘 1300 多名优秀高校毕业生，全年累计培训干部员工 21000 多人次。

6．综合管理水平进一步提升。公司高度重视综合管理工作，积极完善发展规划、财务管理、项目管理、市场营销、客户服务、适航管理、供应商管理等各项管理体系，实现公司工作的规范化和制度化，综合管理水平进一步提升。

二、研制生产情况

1．大型客机项目研制取得阶段性成果。公司加强队伍建设，强化项目管理，全力推进项目研制，认真开展国内外供应商选择，圆满完成项目研制年度计划，取得阶段性成果。

健全项目"两总"系统，发布《大型客机项目研制管理规定》等管理文件，编制完成《大型客机零级网络计划》等研制计划，基本建立供应商管理、市场营销、客户服务和适航管理等体系。

深入开展大型客机项目可行性研究，编制完成《大型客机项目可行性研究报告》和相应分报告支持报告以及调研报告，明确研制程序和进度计划，确定设计目标和技术要求。进一步深化总体技术方案。通过一系列风洞选型试验，总体布置和气动布局得到优化，全机气动外形基本确定，机体结构设计方案进一步完善。12 月 16 日，C919 大型客机项目基本总体技术方案顺利通过工业和信息化部组织的专家评审，标志着大型客机项目正式转入预发展阶段。

全面完成系统联合概念定义（JCDP）工作。关键技术攻关稳步推进，完成机头与驾驶舱设计等关键技术攻关年度任务。三大样机研制取得重要进展。机头工程样机主体结构完成交付，展示样机设计方案已经确定，初步数字样机已具备系统布置协调功能。制造准备工作进展顺利，基本完成制造工艺顶层文件编制。技术基础工作全面铺开，编制完成《C919 大型客机项目标准化大纲》，启动国产标准件研制工作。明确大型客机材料国产化"三步走"目标。

供应商选择工作进展良好。公司成立大型客机项目招标领导小组，制定招投标程序和管理办法，严格按照招投标方式，公平、公正、公开选择国内外供应商。目前，已初步选定航电、飞控、液压、燃油等八大主要机载系统的供应商。

2．新支线飞机项目研制取得重要进展。新支线飞机项目在试制、试验、试飞、批生产等多条战线，在项目管理、市场营销、客户服务、适航、质量等各个方面，齐头并进，项目取得重要进展。

进一步健全项目两总系统，加强协调，成立西安地区指挥部，加强对西安地区试验试飞工作的组织协调。继 2008 年 11 月 28 日 101 架机首飞成功后，7 月 1 日，102 架机在上海首飞成功。7 月 15 日，101 架机成功转场西安阎良，完成首次城际飞行。8 月 14 日，102 架机成功转场西安阎良。9 月 10 日，103 架机首飞成功。

积极开拓国内外支线航空市场，深入洽谈，稳定原有订单，开发新用户。公司与四川鹰联航空有限公司签订 30 架飞机购机合同，与中国科学院签署 2 架飞机购机合同。ARJ21－700 飞机国内外协议订单和意向订单累计达到 240 架。10 月 1 日，ARJ21 新支线飞机作为国家交通运输行业重大科技成果，参加首都国庆 60 周年庆祝活动，光荣接受党和国家领导人及全国人民的检阅。

着力加强适航管理体系建设，组建适航工程师队伍，积极开展适航知识系列培训。开展为期两个月的适航攻坚活动，清理影响适航取证和 FAA 影子审查的主要问题，建立 ARJ21－700 飞机适航取证的长效管理机制，广大参研人员适航意识明显增强。ARJ21－700 新支线飞机 FAA 影子审查正式开始，这是我国喷气支线飞机首次接受 FAA 取证审查。

加快推进 ARJ21－700 飞机客户服务准备工作，建立飞行教员队伍，1 台全动飞行模拟机已经到位，新签订 2 台模拟机合同，2 台综合程序训练器正在试运行，技术出版物英文翻译工作开始启动，市场与客户支援工作正在有序推进。

高度重视 ARJ21－700 飞机质量工作，大力加强质量管理队伍建设，任命 ARJ21－700 飞机总质量师，建立质量管理组织体系。全面开展 ARJ21 飞机项目质量复查工作，严格按照“双五条”要求进行技术归零和管理归零。

启动项目概算调整工作。加强 ARJ21－700 飞机项目的成本控制、经费筹措、项目预算编制、产品价格管理以及项目经济性评审等方面工作。任命项目总会计师，逐步完善成本价格体系，稳步推进预投产工作，推动实施移动工位管理模式，首批 15 架飞机部件的生产合同已经签订。

【2010 年发展趋势】

2010 年，中国商飞公司的主要任务是：科学谋划，深化公司发展战略和发展规划；集智攻关，全面完成 C919 大型客机预发展工作；攻坚克难，大力推进 ARJ21 新支线飞机试飞、技术攻关和适航取证；统筹规划，全力以赴加快能力建设；加强学习，进一步提高干部职工能力素质；强化管理，构建高效的运行体系和有效的监督防范体系；突出重点，进一步加强新闻宣传工作和企业文化建设。

主要措施是：统一思想，提高认识，进一步增强加快公司发展的使命感、责任感和紧迫感；加强领导，落实责任，全力以赴完成 2010 年各项任务；解放思想，开拓创新，推动公司不断向前发展；弘扬精神，团结拼搏，切实提高广大干部职工的凝聚力、创造力和战斗力。

（张斌斌）

上海建筑材料（集团）总公司

【概况】

上海建筑材料（集团）总公司是国有独资的产业集团，被列为 2009 年中国制造业 500 强和上海 100 强企业。集团直接投资并列为合并报表范围的企业 68 户，其中，全资企业 15 户，控股企业 53 户，另有 8 个参股公司和 5 个事业单位，在册职工 11081 名。集团合并口径资产总额 127 亿元，负债总额 60 亿元，净资产 67 亿元，资产负债率为 47.2%。2009 年，上海建材集团完成销售收入 46 亿元。

上海建材集团以玻璃、水泥为核心业务，风力机叶片、多晶硅等与新能源相关的新材料是集团重点培育的产业。主营业务还涉及复合材料、墙体材料、防水材料、保温材料、化学管材的生产经营以及建材贸易、装饰装潢施工、仓储物流等。集团下有耀皮玻璃（600819）、棱光实业（600629）两个上市公司。此外，集团与美国美标、欧文斯科宁及德国伊通等世界著名跨国公司合资建立工厂，专业生产驰名全球的美标洁具、玻璃棉制品、加气混凝土等。

【2009 年经济工作情况】

一、全力抓好经济运行，各项预算指标全面完成

受国际金融危机的影响，国内玻璃、水泥等主要建材产品供大于求的矛盾十分突出，同时，上海建材集团属下耀皮济阳路工厂、上海水泥厂等企业因支持世博实施搬迁、调整，这些都给集团经营发展带来严峻考验。面对复杂的形势，集团上下采取各种有力措施，克服困难，积极应对各种挑战，取得较好的经营业绩。全年完成销售收入 46 亿元，利润总额超额完成预算目标。

上海建材集团经营情况体现四个特点：一是玻璃板块的销售和效益稳步回升。上半年，玻璃业务出现较大幅度回落，上海耀华皮尔金顿玻璃股份有限公司等企业积极应对，在下半年市场转暖之际，紧抓机遇，力促生产经营回升，汽车玻璃等产品供不应求。二是与新能源相关的企业得到快速发展。上海玻钢院有限公司风力机叶片生产规模进一步扩大，生产能力达到 800 套，实际销售量增长 128%。三是新材料生产企业效益稳步上升。由于抓住上海世博会建设及国

家基本建设强投入的机遇，新材料板块企业生产经营趋势而上，取得大幅增长的经济效益。四是节能减排提前完成考核目标。通过结构调整、技术创新和加强管理，2009 年，集团万元产值综合能耗为 0.775 吨标准煤，下降 24%，比 2005 年下降 44%，提前完成市经信委下达的“十一五”期间万元产值综合能耗下降 35% 的目标。

二、深入开展战略研究，发展工作稳步扎实推进

加强前瞻性战略研究，促进重点产业发展和技术进步，取得新的进展。全年实施固定资产投资项目 12 项，完成固定资产投资 4.8 亿元。

积极推进重点项目建设。耀皮常熟浮法三线项目（济阳路工厂迁建项目）、耀皮常熟浮法一线在线 LOW-E 改造项目、广东江门加工玻璃生产线项目、上海玻钢院有限公司年产 200 套风力机叶片生产线项目及年产 420 套风力机叶片生产线项目已竣工投产。上海耀华大中新材料公司 LFT-D 生产线及技术引进等项目正在按计划抓紧推进。白龙港资源综合利用示范项目做了大量前期工作，积极有序推进。

继续强化科技创新工作。各企业加大科技投入力度，集团加强对科研项目的跟踪管理，共完成 31 个科研项目（其中 9 个重点项目），当年申请专利 27 项。在 2009 年度全国建材行业技术革新奖评选中，耀皮汽玻公司开发的通用凯迪拉克汽车配套玻璃等 3 个项目获一等奖，玻钢院公司开发的 2 兆瓦风力机叶片模具制造项目获得二等奖。部分科研项目通过产业化，获得了较好的收益，如太阳能光伏电池专用玻璃形成销售额 1.5 亿元，高效遮阳低辐射镀膜玻璃项目已形成销售额 3900 万元。

三、坚定推进企业改革，结构调整取得新的突破

改革调整工作取得重大进展，全年安置分流职工 2000 多人，盘活存量资产 17.7 亿元。

按照世博配套工程建设要求，耀皮公司济阳路工厂、上海水泥厂、上海联合水泥公司先后进行了搬迁和人员安置分流工作。耀皮公司、上海水泥厂都按计划移交土地。

按照发展主业、逐步退出非核心产业、优化资源配置的战略思路，完成上海新建机械有限公司、上海耀华临港有限公司、上海开捷幕墙有限公司股权转让工作，上海棱光实业股份有限公司完成出租车公司全部股权、阿姆斯壮公司 20% 股权、尚建园 51% 股权及宜山路 407 号部分房地产的转让工作。

根据上海国盛集团关于加快清理壳体企业的要求，开展对壳体企业清理和工商注销工作。经过艰苦工作，完成 72 户壳体企业注销目标。

四、完善集团管控模式，内部管理工作不断加强

积极完善管控模式，不断强化各项基础管理工作，进一步提高内部管理水平和工作效率。

实行以战略管控为主的管控模式，以优化管理机制、降低运行成本、提高管理效能为目标，对组织机构进行调整和完善，本部职能部室撤并为 8 个，充实老干部管理中心的力量，相应建立人力资源管理中心、资产管理中心。成立集团房产经营分公司，对存量房产资源实施集约化、专业化经营管理。

五、大力加强队伍建设，努力营造和谐企业环境

坚持以人为本，进一步加强干部和人才队伍建设，深化精神文明建设，注重关心和帮助弱势群体，建立长效机制，努力营造和谐稳定的内部环境。

开展第一批科技领军人才履职情况评价工作，完成第二批科技领军人才推荐选拔工作。根据集团战略发展要求和经营工作需要，按计划开展人才培养引进和干部教育、职工培训等工作，全年 5265 人次参加普法、安全、信访、财会以及职业技能等方面的培训。

组织国庆 60 周年系列活动，深化创建文明单位活动和创建平安单位活动，有 20 家单位保持“平安单位”称号。上海万安企业总公司荣获“上海五一劳动奖状”称号；耀皮公司、水泥公司继续荣膺上海市重大工程立功竞赛优秀公司称号。

集团及各单位不断完善帮困救助机制，坚持开展送温暖活动，从就业、医疗、经济上帮助困难职工渡难关，集团上下全年共支出帮困资金 741 万元，其中，行政投入的协保职工帮困及困难职工帮困资金 564 万元，各级工会帮困资金 177 万元。结合部分企业动迁调整，通过沟通协调，共向离岗职工推荐 600 多个就业岗位。

【2010 年发展趋势】

2010 年，上海建材集团经济工作的总体要求是：以邓小平理论、“三个代表”重要思想和科学发展观为指导，深入贯彻中央经济工作会议和市委九届十次、十一次全会精神，认真落实国盛集团工作会议要求，在调结构、促转型中把握发展机遇，加快项目建设和科技创新，做大做强与新能源、新材料、循环经济相关的主营业务；加大改革调整力度，利用上市公司平台推进重组联合，不断优化资源配置；坚持以人为本，强化世博安保反恐维稳工作，努力营造和谐稳定的良好环境。重点抓好以下六个方面工作：

一是聚焦重点业务板块，大力发展集团主业。主动融入国盛战略，完善集团发展规划；坚持聚焦重点项目，深化细化战略举措；整合产业资源，优化产业布局；完善科技创新体系，增强核心竞争能力。

二是狠抓生产经营管理，提高主业效益水平。狠抓新投产项目的投入产出；狠抓市场开拓，提高市场占有率；狠抓降本增效工作。

三是加大改革调整力度，不断优化整体资源配置。大力

推进产业结构调整工作；加快市场化、开放性联合重组；继续推进企业调整清理工作；加大存量资产盘活力度。

四是完善集团内部管控，不断提升各项管理水平。继续加强战略管理；完善预算管理和绩效管理；加强审计监督管理；加强安全等各项基础管理工作。

五是积极推进机制创新，不断完善干部人才结构。努力建设一支优秀经营者队伍；更加注重科技人才培养和有效激励；加大人才培养和引进工作力度。

六是服从上海世博大局，继续推进和谐企业建设。全力以赴做好世博安保反恐维稳工作；进一步加强精神文明建设；进一步关注民生。

（朱宏才）

上海烟草（集团）公司

【概况】

上海烟草（集团）公司是一个以卷烟工业为主的多元化、集约化、现代化的大型国有企业。上海市烟草专卖局被国家烟草专卖局和公安部联合授予2009年度“全国卷烟打假工作特殊贡献奖”。

公司拥有一流水准的卷烟工业企业以及烟草储运、印刷、机械、材料等配套工业企业，并涉足商业、物流产业以及宾馆酒店、金融保险等行业。2003年和2004年，公司先后与北京卷烟厂和天津卷烟厂实现战略性联合重组。

目前，公司出品的主要卷烟品牌有：“中华”、“熊猫”、“红双喜”、“上海”、“牡丹”、“大前门”和“中南海”、“江山”、“恒大”等。多年来，以“中华”卷烟为代表的集团名优品牌以其高知名度和高品质赢得全国卷烟消费市场的推崇，并始终保持畅销不衰。

【2009年经济工作情况】

2009年，公司坚持以科学发展观为指导，紧紧围绕“卷烟上水平、税利保增长”目标任务，深入开展精神文明和企业文化建设，大力提升市场营销能力和技术创新能力，着力强化原料物资和技术装备保障，全面推进人力资源管理、基础管理和基层建设，求真务实，开拓创新，依靠全体干部职工的不懈努力和扎实工作，圆满实现企业“1223”年度目标，保持集团持续平稳健康发展。

一、经济运行保持平稳发展，经济效益实现新的增长

按照国家烟草专卖局“保牌、稳价、规范、增效”的经济运行调控方针，以“保牌”为首要任务，以“稳价”为调控目标，以“规范”为关键措施，以“增效”为突破方向，着力加强对经济形势和市场需求的研判，进一步完善市场预测预警机制，切实推进按订单组织货源工作，实现产销协调增长、产品质量稳定、市场有效供应。

全年，集团累计生产卷烟1264.52亿支（252.9万箱），比上年增长2.66%；销售卷烟1310.63亿支（262.13万箱），增长4.3%。其中，生产“中华”卷烟278.06亿支（55.61万箱），增长2.26%；销售“中华”卷烟284.65亿支（56.93万箱），增长8.32%。出口卷烟57.9万件，其中，“中华”卷烟出口基本持平，“红双喜”、“中南海”、“金鹿”卷烟出口分别增长4.6%、26.41%和123.04%。实现工商税利416.73亿元，增长19.22%；实现利润126.36亿元，基本持平。公司净资产达到644亿元，增长11%。

二、市场营销体系不断完善，监管服务水平持续提升

加强市场跟踪，着力增强把握市场能力。优化完善覆盖全国60个重点城市1800个信息采样点的市场监测体系，对集团重点品牌实施全面跟踪。选取2528家上海零售终端样本客户，建立覆盖全市所有乡镇街道和零售业态的市场跟踪监测体系。着力强化市场、价格、流向、渠道、消费群体“五个跟踪”，不断梳理完善海外市场信息反馈快速通道。

加强策略调整，注重完善市场营销体系。运用“半年协议季度审视、月度订单需求研判”的办法，优化调整全国卷烟市场布局；按不同地区、不同规格，分不同时段、不同业态，以零售终端覆盖面、零售客户一次批发销售量为核心要素，采取针对性销售策略，积极探索“中华”精确营销新模式，进一步健全完善了全国市场工业营销体系，提升了协同营销水平。

加强终端建设，切实提升客户服务水平。不断加强客户关系管理和服务体系建设，持续优化售后服务标准和流程，初步建立全国市场售后服务信息化平台。积极推进市内精品网络建设，不断提升零售客户经营水平，全面加强终端维护和建设，充分挖掘终端的示范、推广、诚信价值。运用信息化手段不断深化海外客户关系建设，推进海外目标市场的“渠道扁平化”和“终端现场化”，形成诚信、互利、共赢的长期合作经营模式。

加强市场监管，不断加大专卖打假力度。积极推广以“错时、交叉、联合执法为主，专项整治、区域巡防为辅”的日常监管模式，取得打假破网新成效。开通“12313”烟草专卖品市场监管综合平台，构建专卖主导、社会协调、公众参与的市场监管新格局。开发并建立覆盖全市的智能可视化烟草专卖内部监管平台，进一步完善以内控制度为核

心、信息技术为手段、检查考核为保障的专卖内管工作新机制。2009年，共查获各类非法卷烟2.85万件，总案值1.83亿元；破获符合国家局标准网络案20起（其中，部级督办案件1起），符合上海市标准网络案28起。协助公安司法机关抓获涉烟犯罪嫌疑人377名，依法刑事拘留制假分子186人，其中，154人被司法机关依法追究刑事责任。

三、科技创新能力不断增强，技术改造项目持续推进

健全创新体系，积极推动创新工作。以技术中心整合为契机，对集团下属京津沪各技术中心实施职能、规划、资源、制度、标准、流程和应用的整合，形成"六科两站四室"的技术中心机构设置。以项目管理为抓手，完善技术创新项目管理和评价体系，加快以市场为导向的产品研发体系建设，推动重点科技项目的稳步实施。全年确立科技项目126个；申请专利36项，其中，发明专利11项，获得专利授权19项。

加强技术维护，不断提升品牌实力。聚焦"中华"品牌，注重市场与技术联动，加大减害降焦技术、产品风格特征、特色制丝工艺等方面的研究攻关力度，在"中华"叶组配方等关键技术研究上实现新的突破。深入推进"中华"系列技术标准研究工作，形成《中华卷烟产品标准》等四大类20种新标准。深入研究卷烟材料包装、烟用添加剂等方面的标准规范，初步形成集团产品质量安全标准体系。

推进信息化建设，有效支持生产经营。加快集团MES管理平台建设，完成北京卷烟厂MES系统及相关配套系统的并行运行准备工作，实现工艺标准管理模块和生产调度模块的试运行。加快ERP管理平台建设，建立财务统一核算平台，实现工业营销系统二期、商业分销管理系统等上线运行。启动国家局容灾备份中心和上海烟草容灾备份中心建设，增强了信息安全保障能力。

加快技术改造，持续增强发展后劲。规范施工，狠抓质量，加强监管，确保安全，加大工程装备技术创新力度，实现了技改项目阶段性目标。"中华专线"项目按进度完成桩基工程、地下工程以及部分配套工程，顺利实现辅助工房结构封顶。北京卷烟厂易地技改项目完成设备安装调试和工艺测试验证，实现全面搬迁并正式投产。天津卷烟厂项目完成土建施工、设备安装，主要设备实现单机调试。海烟薄片项目通过国家局整体竣工验收。

四、企业管理基础不断夯实，基层建设水平持续提高

深入开展全面对标工作。采用"条块结合、二级展开"的方式，确立128项集团和企业两级对标项目，完善集团关键绩效指标体系，健全对标学标、持续改进和评价激励的工作机制，明确"实现三个一批、建立两个机制、搭建一个平台"主要任务，形成对标工作运作模式，促进集团管理水平进一步提升。提炼形成以"标杆引领、规程保障、要素控制、人文和谐"为主要特征的集团"3+1"管理模式，为进一步深化和推动集团对标工作奠定了扎实基础。

不断加快基层建设步伐。坚持"重心下移、着眼基层、突出服务、加强基础"方针，扎实开展创建优秀基层单位活动。在工业企业深入开展"优秀卷烟工厂"创建活动。鼓励"争创一流企业"，不断深化以"质量、成本、交货期、安全和队伍"为主题的基层建设和管理创新活动，通过强化基础，严格管理，注重绩效，进一步打牢集团持续健康发展的基础。在商业企业积极开展"良好业绩创建年"活动。建立商业企业内部绩效指标体系，确立135项管理课题；形成区县分局、有限公司集团化管理基本框架和有限公司法人治理运作框架，初步构建区县分局、有限公司集团化管控体系；开展区县分局、有限公司内部机构统一设置优化工作，完成浦东、南汇两区烟草机构调整，落实青浦等9家有限公司的股权调整工作。

持续推动企业管理进步。优化产销计划管理，加强资源统筹协调，提高生产柔性水平，增强适应市场快速反应能力。强化质量监督检测，深化质量波动研究，加强对多点联合生产产品的一致性评价。主动参与、深度介入烟叶产区，优化烟叶采购加工布局，完善烟叶原料质量体系，提高烟叶采购加工质量，满足品牌发展需求。整合资源、优化流程，持续推进物资供应链和质量链建设，提高烟用材料保障能力。加强人力资源管理。注重优化结构、盘活存量，充分挖掘潜力、提升能力，完成第七届管理岗位人员换届聘任工作。以"三项检查"、"回头看"和国家局重点抽查工作为重点，切实抓好整改落实各项工作。实施标准化建设协同联动，完善企业标准体系，健全制度管理框架，通过QEOM管理体系第三方认证审核。落实全面预算责任和标准，统一集团财务和会计核算平台，建立较为系统的集团预算管理体系、财务信息系统和会计核算体系。

五、扎实开展学习实践活动，保持集团发展良好态势

扎实开展深入学习实践科学发展观活动。组织集团总部及下属31家单位的全体党员干部特别是厂处级以上领导班子和领导干部，紧紧围绕党员干部受教育、科学发展上水平、人民群众得实惠的总要求，以"全面建设'严格规范，富有效率，充满活力'的上海烟草"为实践载体，以"卷烟上水平、税利保增长"为主要抓手，扎实推进各阶段各环节工作，圆满完成学习实践活动的各项目标任务，体现了"高起点谋划、高标准要求、高质量推进"。学习实践活动的总体满意度达到100%。

努力保持集团科学和谐发展良好态势。从传承发展、规范标准、形象塑造和深化落地等方面进一步加大企业文化建设推进力度，构建集团企业文化建设管理框架和管理模式，初步形成集团企业文化理念体系。完善以"教育、责任、评

价、保障、监督”为主要内容的“两个至上”长效运行体系，建立员工通用岗位规范，初步形成不同人员群体的职业行为规范。按照国家烟草专卖局党组《关于加强领导班子建设的意见》，积极推进“四好”领导班子达标创优活动，深化“四要”作风建设。深入推进党支部和党员达标创优工作，完善党建长效机制，不断探索创新方法载体。以党风廉政责任制为抓手，扎实推进集团标准化惩防体系建设，加强了对重点领域、关键环节的监督和源头治理工作，形成了集团“规范履权”廉洁文化体系构架。

公司不忘“报效国家、回报社会”，营造企业和员工、企业和社会和谐发展的良好局面。2009年，向“中华慈善教育基金”再次捐款1000万元，累计捐款近1.4亿元；资助家境贫困且品学兼优的学生累计5.4万余人次。向云南、福建等9个烟叶基地捐款510万元，帮助当地救灾助学，进一步树立上海烟草集团负责任的企业形象。

【2010年发展趋势】

2010年，公司认真贯彻落实党的十七届三中、四中全会精神和中央经济工作会议精神、全国烟草工作会议精神，深入学习实践科学发展观，坚持“做精做强”战略思想，积极落实率先实现“严格规范、富有效率、充满活力”总体要求，围绕“卷烟上水平”主要任务，着力加强领导班子建设，带动整体素质提高；着力夯实管理基础，推动基层建设水平提升；着力完善激励机制，促进企业活力增强；着力培育重点品牌，保持市场竞争优势，积极推动“五个上水平”，全面实现集团“十一五”发展规划目标，确保集团持续平稳健康发展。主要措施：

一、进一步推动企业管理上水平

深化全面对标工作，认真制订集团“十二五”发展规划。高度重视基层建设，努力推动集团整体协调发展。深入推进基础管理，全面夯实集团发展基础。

二、进一步推动市场营销上水平

以市场需求为导向，注重产销协调发展，切实满足消费需求。以培育品牌为中心，注重提升品牌竞争力，切实完善卷烟营销体系。以提高客户服务水平为重点，注重营销队伍建设，切实营造良好市场环境。

三、进一步推动技术创新上水平

一是品牌开发维护要有新的突破。积极实施行业重大专项，加快减害降焦、特色工艺、配方技术、增香保润和烟草薄片等关键技术的研究，加速形成一批核心技术和应用成果。进一步加强对“中华”等集团重点品牌的技术维护，全面实施产品降焦措施，完成产品规格调整，确保卷烟质量稳定、生产有序。二是技术改造项目要有新的进展。按进度高质量地实施集团重点技改项目工程，全面提升集团技术保障能力。“中华专线”项目要确保完成土建施工和动力公用设备安装调试，并进行专业设备安装。天津卷烟厂要完成新厂搬迁，确保实现新线投产和产品转线生产，并实现二期仓库项目开工。北京卷烟厂要保持新生产线的正常运行，确保各项工作适应生产和管理各项新的要求，完成一、二期项目竣工结算和转固，实现三期项目开工。三是创新体系建设要有新的发展。继续深化集团技术中心建设，梳理并完善技术中心的工作职责和管理流程，形成以品牌为主线、项目为载体、中心与工作站分工明确的内部运行体系，优化评价激励和分配制度，不断完善集团技术中心建设的制度机制。

四、进一步推动队伍建设上水平

巩固扩大学习实践活动成果，努力深化集团党建工作。全面加强领导班子和领导干部队伍建设，努力提高推动集团科学发展的素质与能力。继续强化人力资源管理，努力推动企业和员工的共同发展。继续修订和完善人事管理工作程序，审视并健全工作标准体系，优化人事管理工作流程。

五、进一步推动文化建设上水平

深入开展“两个至上”在岗位主题实践活动，进一步加大集团文化宣贯力度。持续完善集团文化建设体系，进一步加强员工行为规范建设。切实落实世博会各项工作任务，进一步展示集团良好形象。

与此同时，进一步抓好经济运行工作，积极落实卷烟产销目标计划，努力提高经济运行质量与效率，确保高质量地完成集团“十一五”规划的主要目标，顺利实现各项发展任务，为集团“十二五”规划工作开好局、起好步奠定坚实的基础。

（吴敏竹）

中铝上海铜业有限公司

【概况】

中铝上海铜业有限公司是中国铝业公司控股子公司，于2006年8月28日在上海注册成立。公司注册资本122,324万元，落户于上海市宝山区泰和路1088号。公司由5个股东共同发起设立，分别是中国铝业公司、上海仪电控股（集团）公司、上海有色新材料（集团）有限公司、上海长江有色金属现货市场、上海闵马投资管理有限公司。公司是在原上海有色金属（集团）有限公司铜加工、贸易板块的基础上组建而成，主要从事有色金属材料加工和进出口业务等。充分利用合作各方在资源、技术、品牌、经营、市场等方面的优势，重点发展新材料产业，服务于上海先进制造业和现代服务业，并加快在上海建设精品铜材生产基地和铜加工技术研发中心、有色加工物流贸易中心等“一个基地，两个中心”。

【2009 年经济工作情况】

2009 年，公司深入贯彻落实科学发展观，团结带领广大干部员工坚定信心，攻坚克难，坚决打赢控亏增盈攻坚战，全力实现年度生产经营和改革发展目标。在践行科学发展观、促进生产经营、确保板带项目推进等工作上取得一定成效。

一、攻坚克难，生产经营保持总体稳定

1．进一步实施两个结构调整。坚持产品用户两个结构调整，加快调整经销和直销比例，增强产品市场竞争力。通过结构调整，逐步推动企业总体生产经营水平上新台阶。

2．加大市场开拓力度。年初，公司班子分别带队走访用户，确定“两个重点”的市场开拓方针：一是重点产品；3G 牌照发放后已形成热点的射频电缆带市场和立足取代进口的高要求产品市场；二是重点市场；占市场容量半壁江山的广东和温州市场。公司在珠江三角洲设立销售网点，推进在长三角增设销售点。积极推进营销体制改革试点工作，力争在严峻的市场条件下赢得订单。

3．以抓现金流为主线，加强过程控制，大力开展挖潜增效。大力压缩应收账款，降低库存，合理调整在制品结构和存货数量。积极压缩非生产性费用支出，降低财务费用，确保资金链正常。

4．做好营运联动。着眼于提高运营能力，做好现货和期货的联动，成品和在产品的联动，内外贸的联动以及主营业务和其他业务的联动。在坚持以主业为主的前提下，抓好多种经营，达到适度支持、规范运作、抢抓机遇、提高效益的效果。

全年完成工业产值 14.12 亿元，销售产值 14.43 亿元，产销率 102.2%；完成铜材产量 42588 吨，为调整预算计划的 101.4%。

二、对标赶超，集约化生产取得逐步推进

1．采取阶段性生产弹性调整。根据市场变化情况，在减薪不减员的基础上，采取阶段性生产弹性调整。在市场出现部分复苏迹象时，适时、合理地安排闲置产能复产，稳定生产秩序。

2．推进管棒资源整合。加大资源整合力度，把铜管马桥工厂部分设备迁至吴淞，组成上铜管棒厂，使从熔铸至成品的完整铜合金管生产线布局趋于合理。目前，工程已竣工并投入运行。

3．对标先进，苦练内功。认真开展主要综合经济指标的同行业对标赶超活动，确立质量攻关重点，重视精细化操作，推进产销联动，强调交货期。力争通过降低资金占用成本，压缩在线金属，压缩备品备件和辅料的资金占用，全面落实各项综合经济技术指标赶超业内先进水平的措施。

全年公司综合成材率为 69.04%；综合金属消耗 1037.60 公斤／吨；万元产值能耗 0.258 吨标煤／万元；铜材能耗 786.61 公斤标煤／吨；铜材电耗 1879.5 千瓦时／吨。各项主要技术经济指标保持企业三年来及同行业较好水平。初步达到公司“三步走”发展战略的阶段目标。

三、持续优化，企业管理工作迈出新步伐

1．公司二级法人注销、实现一级法人主体工作取得实质性进展，下属 5 户生产性企业的法人地位均已取消，占公司资产规模 98% 的二级法人完成注销工作。

2．组建机加工中心和理化测试中心，成立机动分厂。逐步集中整合企业生产要素，优化资源配置，提高生产作业效率。同时优化绩效考核办法，突出效益优先、费用节约和单位制造成本压缩。

3．注重质量、安全等工作。从精细化管理操作和科技创新入手，严格综合成材率、综合金属消耗的技术经济指标考核和质量考核，稳定提升产品质量。进行质量管理体系审核，使质量管理得到持续改进。坚持以人为本办企业的宗旨，持续开展安全生产教育培训，加强生产过程风险控制，确保公司安全生产。

4．重视队伍建设。“加长”企业管理“短板”，夯实基础，共组织员工培训 1842 人次，合格率 91.55%；特殊工种持证上岗率 100%。新进员工岗前培训完成率 100%。

5．启动企业管理改革创新。将全方位的深度结构调整改革工作确定为今后的重点工作之一，目标是管理扁平化、流程高效化、生产集约化。通过持续的管理改革创新，提高市场适应性和竞争性，提高劳动生产率和盈利能力。

四、全力以赴，铜板带项目建设积极推进

按照中铝公司总体要求，积极调整工作思路，争取政策支持，完善投资发展思路，重点推进、合理安排铜板带项目建设。新建车间主厂房基本完工。设备进入安装阶段。

全年完成投资 25739 万元，完成年度计划的 59.9%，增长 105.3%（上年同期 12535 万元）；项目累计完成投资 38324 万元，完成总投资的 29.2%（总投资 131452 万元）。

项目被国家发改委列为 2009 年国家工业领域中央预算内投资资金项目，获得中央预算资金 4000 万元的支助。公司与上海市经信委沟通，将高精度铜板带项目申报高新技术产业化项目并积极争取配套政策支持。

总体上，项目工程安全、质量受控，建设进度按计划稳步推进，投资资金支付流程规范有序。

五、联系实际，深入学习实践科学发展观活动收到成效

在中铝总部和市经信委工作党委学习实践活动领导小组统一部署指导下，扎实开展深入学习实践科学发展观活动，收到较为明显成效。

1．全面展开，依次推进。结合上铜特点，公司提出学习实践活动要紧贴企业控亏增盈、紧贴生产经营和企业管理工作，突出实效。在学习实践活动中，98 名主管和 62 名厂处级以上干部分别撰写学习体会，477 名在职党员进行基础知识的测试。

2．认真落实整改具体措施。围绕控亏增盈目标，结合中铝总部提出的工作目标和企业 2009 年经济工作任务，下基层，听意见，深入查找问题，提出整改目标和四大主要内容共 17 项整改具体措施，正在逐项认真落实中。

在近 4 个月的学习实践活动中，公司干部职工在观念上进一步转变，各项工作更加坚持实事求是，在找差距、落实整改措施、推进后几个月控亏增盈工作上力度更大。初步实现“党员干部受教育、科学发展上水平、群众真正得实惠”的预期目的。

六、构筑和谐，群众工作取得新进展

进一步推进和深化厂务公开工作，完善企业职工代表大会制度，规范劳动用工制度，维护职工合法权益。支持各级工会加快自身建设，继续开展“安康杯”劳动保护竞赛活动，提高职工安全生产意识和安全操作技能。充分发挥各基层团组织作用，加快青年人才培养，多渠道搭建青年创新创效活动的载体和平台。

以培育企业精神为重点，推进企业文化建设。开展先进集体、先进个人和岗位标兵评选，弘扬职工中涌现的先进事迹。举办职工书法摄影绘画展览、迎国庆歌咏比赛、员工足球篮球比赛等群众性文体活动，鼓舞士气，凝聚职工。

公司切实关心困难职工，有效开展送温暖活动，做好企业稳定工作，促进企业和谐发展。

【2010 年发展趋势】

2010 年是公司在夯实“三步走”（即 2009 年综合技术经济指标国内领先，2012 年初步完成“一个基地，两个中心”建设，2015 年达到国内领先，国际一流）第一个发展目标的基础上，统一思想，坚定信心，坚持科学发展的持续改进年。

经济工作的指导思想是：全面贯彻党的十七届三中、四中全会精神，深入学习实践科学发展观，贯彻落实中铝总部的总体要求，着力提高在新形势新情况下积极应对的针对性和灵活性，持续开展控亏增盈攻坚战，加快破解影响和制约公司科学发展的突出问题；坚定不移地推进管理体制改革创新，坚定不移地推动全方位结构调整，坚定不移地开展全方位对标，坚定不移地抓好主营扭亏和项目建设；保持企业和谐稳定，全力完成年度生产经营和改革发展的各项任务。

工作总体方针是：全面对标，持续改进，加强基建，改善主营。

经济工作目标是：工业总产值 18 亿元；铜材产量 52600 吨；产销率 100%；销售收入 77 亿元；销售收入回笼率 100%；利润总额持平；固定资产投资完成额 5.95 亿元；安全生产方面，完成中铝公司和上海市下达的安全考核指标。

按照 2010 年整体工作目标，要通过采取“一抓二促三坚持”的具体措施，努力完成企业生产经营和改革发展任务的目标任务。即抓住主营扭亏全力实现年度工作目标；促进项目建设按照计划进度加快推进，促进企业管理体制改革创新有序实施；坚持加快结构调整的步伐，坚持落实对标赶超的举措，坚持推进主营业务和其他业务的联动。

（邱子雄）

上海船舶工业公司

【概况】

上海船舶工业公司是中国船舶工业集团公司（以下简称中船集团）在上海及苏、皖地区的派出机构，主要任务是受中船集团委托，对中船集团在上海及苏、皖地区的企事业单位进行必要的管理、协调、监督、服务等职能。

上海地区集中了中船集团绝大部分骨干船厂，造船产量约占全集团造船总量的 80%以上，占全国造船总量的 40%左右，技术和管理水平在国内处于领先地位，具有较强的国际竞争力，承担着我国机电行业出口创汇和海军装备生产的重要任务。

通过多年的发展，上海船舶工业具有建造吨位大中小型，技术含量高中低档的各类用途水上、水下军民用船舶产品，海洋工程产品和配套设备、产品的开发能力，技术能力，生产能力。产品种类从普通油船、散货船到具有当代国际水平的化学品船、客滚船、大型集装箱船、大型液化气船、大型自卸船、高速船、液化天然气船、超大型油轮（VLCC）及海洋工程等各类民用船舶与设施。同时在大型钢结构制作等多方面具有优势。

在做大做强造船主业的同时，积极发展壮大修船业、船用配套以及钢机构等非船业务。能够从事从一般海损坞修到大工程改装修理，建造了多型号、多系列的大型船用中低速柴油机，在其他配套产品的开发生产上也取得骄人的业绩。积极参与上海和全国各地城市的基础建设，先后承接建造上海南浦、杨浦、徐浦、卢浦大桥，上海东方明珠、上海大剧院、浦东国际机场、八万人体育场等为代表的大型市政工程的钢结构制作和安装以及地铁、隧道盾构的制作、维修，为市政建设作出了重大贡献。

上海船舶工业公司将在中船集团领导下，以建设世界最大造船基地为目标，力争为中船集团成为世界第一造船集团和中国成为世界第一造船大国作出更大的贡献！

【2009 年经济工作情况】

2009 年是进入新世纪以来上海船舶工业发展最为困难的一年，也是上海船舶工业在逆境中砥砺奋进、经受严峻考验的一年。在国际金融危机扩散蔓延，世界船舶市场受到严重冲击，订单骤然减少，船舶行业生产经营形势依然严峻的情况下，上海船舶战线广大干部职工保交船、抢订单、强管理、降成本、防风险，采取有力措施，狠抓落实，实现经济运行稳步增长。

一、经济运行稳步增长，应对国际金融危机成效明显

受金融危机影响，船东要求更改交船计划，导致生产计划频繁调整，给上海船舶工业带来巨大挑战。在严峻的外部环境下，各企事业单位坚持科学发展，积极应对各项挑战，工业生产仍然呈增长态势，交船总量较上年有较大增幅，上海船舶工业继续保持平稳健康发展的良好势头。江南造船（集团）有限责任公司胜利实现搬迁任务后，生产开始进入良性有序的运行状态，全年造船交船 13 艘，实现工业总产值 50 亿元。沪东中华造船（集团）有限公司克服船东弃船、延期交船的不利影响，及时调整生产计划，圆满完成国内 5 艘 LNG 船的建造任务。上海外高桥造船有限公司全年造船完工 605 万吨，造船总量继续走在全国同行业前列。上海船厂船舶有限公司港池投入使用后，迅速形成生产能力，全年完工交船 14 艘，首次突破 70 万吨。

此外，上海地区的配套企业也取得可喜成绩。其中，沪东重机有限公司完工柴油机 87 台，110 万千瓦，实现工业总产值 31 亿元。中船股份有限公司积极推进实施“五大战略”和建设“五大中心”，前 11 个月，承接订单金额达 12 亿元，实现工业总产值超过 12 亿元。

全年完成主要经济指标：完工船舶 81 艘，完成造船产量 857 万吨，增长 23%；完成工业总产值 481 亿元；实现销售产值 481 亿元；完成出口交货值 297 亿元；完成柴油机 119 台；功率 218 万千瓦；承接各类合同金额 280 亿元；其中，签约新船订单 290 万吨。

二、产品研发和技术创新取得新进展

上海船舶工业不断优化科技资源配置，着眼于产业发展的现实紧迫需要和未来长远发展需要，切实提升产品研发能力和高效制造能力，为实现世界领先的科技水平作出贡献。七〇八所继续发挥在油船船型开发上的优势，为中船龙穴基地度身设计了 7 万吨巴拿马型原油船。并在海工项目取得新突破，优化了 FPSO 海水系统，加快开发深水半潜平台和 400 英尺自升式平台。上海船舶研究设计院加大对储备船型的开发与优化研究，完成从 3 万吨到 25 万吨一系列散货船的优化工作，同时实现 350ft 自升式钻井平台的自主研发。

三、长兴基地一期民品造船区通过竣工验收，能力实现大幅提升

12 月 29 日，国家“十一五”重大建设工程、《船舶工业中长期发展规划》中重点建设的三大造船基地之一的中船长兴造船基地一期工程民品造船区建设项目，正式通过竣工验收。验收委员会一致认为，该项目流程布局科学，工艺技术先进，设施、设备配置合理，达到国际先进水平。该项目建成投产，对提升中船集团公司国际竞争力，促进上海市经济发展以及我国船舶工业结构升级都具有重要意义。民品造船区是中船长兴造船基地一期工程的主要组成部分，由上海江南长兴造船有限责任公司（1 号线）、上海江南长兴重工有限责任公司（2 号线）组成，建设用地面积 395.763 万平方米，建筑面积 69.4665 万平方米，使用岸线长度 2707 米，共建成 4 座大型造船坞及 130 多个造船配套设施。该项目于 2003 年启动前期规划，2005 年正式开工建设，1 号线、2 号线分别于 2007 年 5 月 18 日和 10 月 18 日提前投产，为江南造船（集团）有限责任公司搬迁、2010 年上海世博会顺利举办和中船集团公司实现跨越式发展创造了有利条件。按照设计生产纲领，长兴基地一期工程民品造船区计划实现年造船能力 450 万载重吨，每年可生产包括 4 艘超大型油船（VLCC）、12 艘 15 万～22 万吨级散货船、2 艘大型液化天然气（LNG）船、10 艘大型集装箱船在内的 28 艘船舶。目前，上海船舶工业“十一五”规划内的重大工程已基本建成，实际造船能力、造机能力实现大幅提升。

四、精益生产模式进一步缩短造船周期

各船舶企业积极地自我加压，加强精细化管理，以应对金融危机影响。通过进一步推进精益造船，加强重大工法研究和推广，使在建常规船型的船舶建造周期进一步缩短，建立现代造船模式取得重要成效。江南造船（集团）有限责任公司实施区域生产设计，实现以中间产品为导向的精细化生产设计。上海外高桥造船有限公司成功实施“大型总段移位工法”和“分段镗孔工艺”大型工法项目，有效缩短造船周

期，在同行业取得领先地位。上海船厂船舶有限公司加强生产管理，对船位进行调整，1 艘 3500 箱集装箱船的船台建造周期仅用 42 天（29 个工作日），再次刷新国内同类型船舶船台建造周期的最短纪录；第二艘海洋工程钻井船，船台建造周期比首制船缩短 52 天。

五、海洋工程装备制造业列为市九大高新技术产业重点领域之一

为了支持海洋装备业发展，上海市政府将长兴岛规划为世界级的船舶及海洋装备岛，2009 年又将海洋工程装备制造业列为上海 9 大高新技术产业化重点领域之一。明确到 2012 年，产业规模达到 1500 亿元。重点提升浮式生产储油船（FPSO）、自升式钻井平台、半潜式钻井平台、钻井船等研制能力，加快海洋钻探设备、油处理模块的研制，提升港口装卸运输设备等级，实现船用通讯、导航、控制电子设备等船舶电子的突破。2009 年，第一批拟推进的自升式、半潜式钻井平台等重点项目，主要集聚在浦东、长兴岛等区域。

【2010 年发展趋势】

2010 年，上海船舶工业计划完成工业总产值 680 亿元，造船计划完工 1200 万吨，造机计划完成 900 台。

为了实现 2010 年的经济目标，重点推进七方面的工作，即，全力推进生产管理工作，确保产品履约；大力推进经营工作；努力推进科技创新工作；合力推进配套业务工作；奋力推进降本增效工作；努力推进基础管理工作；着力推进人力资源工作。

（张水灿）

上海化学工业区

【概况】

上海化学工业区位于杭州湾北岸，规划面积 29.4 平方公里，是以石油化工及其衍生产品制造为主的现代化产业基地，主要发展石油化工和天然气化工系列产品、精细化工产品、合成新材料和综合性深加工产品。金山、奉贤分区纳入上海化工区一体化管理之后，按照统一规划，金山分区重点发展化工物流、化工检维修和化工品交易等产业，奉贤分区重点发展精细化工、化工机械装备和高分子材料等产业。2009 年，面对国际金融危机对实体经济的严重冲击，上海化工区全力保增长、保稳定、促发展，园区经济总体上保持平稳发展势头。全年共完成工业总产值 434 亿元，实现销售收入 449 亿元；引进项目投资 10.9 亿美元，合同外资 2.42 亿美元；区内注册企业实现利润 1.8 亿元，上缴税金 25 亿元；固定资产投资完成 94 亿元。同时，园区内一批技术可靠、能产生良好经济效益和环境效益的循环经济项目已经初显成效，区域环境质量水平总体良好。截至 2009 年末，上海化工区累计批准项目总投资 148.7 亿美元，累计完成销售收入 2010 亿元、工业总产值 1933 亿元、固定资产投资 792 亿元，区内共注册成立企业 53 家。

【2009 年经济发展情况】

一、招商引资继续保持历史高位

按照全年招商目标，积极探索新形势下招商工作新方法和新举措，开阔视野，拓展渠道，熟悉新政，提升服务。到年底，如期完成年度自主招商任务，实现两位数项目投资引进，做到在困难形势下继续推进园区招商工作稳步发展。第一，积极推动重大项目取得阶段进展。投资 25 亿美元的 1200 万吨／年炼油项目于 5 月中旬由上海市政府和中石化集团联合向国家发改委上报申请报告。发展公司组织设立中电投 IGCC 项目对口工作小组，主动与项目筹建处定期沟通，积极推进项目选址、技术选型、市场调研等筹备工作。第二，全力落实自主招商项目获得核准。投资 4.9 亿美元的陶氏化学环氧树脂、增资 1.12 亿美元的赢创德固赛 MMA、投资 4.97 亿元人民币的华谊 ABS 等项目相继获得核准批复。投资 2.06 亿美元的西萨苯酚丙酮项目也已进入国家发改委核准程序。第三，进一步扩大后续招商项目储备。积极实施“走出去”招商战略，进一步与有投资意向的企业深入洽谈，为后阶段招商工作积累了数十亿美元的项目储备，并建立起招商项目管理、合同管理与客户管理系统。第四，协调促进获批项目启动建设。年内，菱优聚碳酸酯、华谊 ABS 等项目开工建设，陶氏化学环氧树脂项目正在寻求启动实施的多种可能性，英威达尼龙中间体项目也在继续推进前期工作。

二、安全生产监管进一步强化

面临四年一次的装置集中检维修高峰，突出强调要全力确保区内企业稳定生产、安全运营，坚持“安全第一、预防为主、综合治理”的方针，积极落实各项工作措施，取得预期的效果。一方面，确保园区大检修工作安全顺利完成。5 月中旬至 7 月中旬，区内共有 15 家企业 47 套装置集中进行检维修。化工区组织召开专题安全工作会议，编制涵盖所有检维修企业的检维修计划进度明细表，强化检维修作业的现场安全监管，深入企业一线开展联合检查和专项抽查，有效保证大检修工作圆满完成。另一方面，排查整改安全隐患，增强突发事件应急处置能力。全年共开展安全生产大检查和

专项检查93次，提出整改建议102条；对所有在建工程进行了排查，确保在建工程监督全覆盖。年内，完成化工区应急响应中心改扩建工程，组织实施模拟万吨级油罐火灾事故应急处置实战演习和光气泄漏事件应急处置桌面演习，制定形成《上海化工区突发事件等级划分》及相应部门应急联动任务配置方案，并纳入园区预案管理系统。

三、三区一体化管理启动实施

9月21日，韩正市长主持召开市政府第57次常务会议，决定将金山分区、奉贤分区纳入上海化工区一体化管理。这是上海市政府实施化工产业集聚，转变化工产业发展方式，进一步提升上海化工产业能级，推进区域经济持续健康较快发展的重大举措，对上海化工区的未来发展具有重要意义。根据市政府常务会议精神和市发改委制定的金山、奉贤两个分区纳入化工区一体化管理方案，化工区会同金山区和奉贤区政府，建立了三区主要领导参加的一体化管理工作联席会议制度，并设立协调小组和土地规划建设、产业联动发展、基础设施对接、应急环保安全、综合协调服务等五个专项工作小组。11月，《关于一体化管理的实施方案（试行）》基本形成。12月25日，金山分区、奉贤分区纳入上海化工区一体化管理工作正式启动。

四、土地开发经营不断推进

积极研究探索符合土地新政要求的经营方式，主动争取相关政府部门的理解、支持和帮助，努力应对土地政策变化、操作流程变更等难题，有效打开园区土地开发经营工作的新局面。一是大胆探索，新流程转让存量土地实现零的突破。在认真学习领会土地新政的基础上，通过与市规土局等政府部门的多次沟通和反复协商，化工区探索确立新的建设用地公开转让操作程序，为在新政策、新形势下确保土地经营工作持续推进创造条件。年内，按照土地招拍挂转让新程序，发展公司先后与优月仓储、菱优工程塑料等公司签订土地转让合同，实现了以新流程转让园区存量土地的"零的突破"。二是有效联动，周边地区征地动迁工作平稳开展。通过与金山区、奉贤区的紧密合作，充分发挥当地负责征地动迁工作人员的积极作用，借助地方力量平稳推进化工区D5地块的征地工作，顺利完成金山区多户居民的动拆迁任务。

五、区域环境管理不断加强

以本市推进第四轮环保"三年行动计划"为契机，积极推进各项环保工作，鼓励区内企业开展清洁生产，不断强化区域环境管理。年内，创建国家生态工业园区《建设规划》和《技术报告》通过专家评审已正式上报。循环经济示范项目被列入联合国开发计划署、联合国环境规划署和上海市环保局合作开展的环境友好型城市动议示范项目之一，并进入实施阶段。正式启动区域风险评估与安全规划研究，进一步完善区域日常环境监测体系，开展区域环境质量及重点污染源调查监测，并配合市环保局启动化工区大气环境监测站建设工作。同时，环保宣传教育力度进一步增强，编制并公布2009年上海化学工业区环境质量公报，开展"6·5"环境宣传日活动，并与市环保局等单位联合举办上海市企业清洁生产论坛，加快推动园区清洁生产，取得良好效果。

【2010年发展趋势】

2010年，上海化工区要紧紧围绕市委、市政府提出的努力促进经济发展方式的转变，调结构、促发展的方针以及"十一五"期末基本建成具有国际竞争力的世界级石化基地和上海循环经济示范基地的目标，深入学习实践科学发展观，牢牢把握国内外经济发展态势，进一步增强应对新形势、开创新局面的能力和意识，为园区"十二五"发展夯实基础，为全市经济保持较快发展作出贡献。

2010年，化工区计划招商引资15亿美元（其中，金山分区1亿美元、奉贤分区1.5亿美元），力争完成销售收入700亿元（其中，金山分区30亿元、奉贤分区70亿元），工业总产值650亿元（其中，奉贤分区70亿元），固定资产投资81.5亿元（其中，金山分区1.5亿元、奉贤分区5亿元）。全年要重点抓好以下四方面工作：

一、保世博，全面落实平安世博各项工作措施

切实发挥化工区世博安保、反恐防恐工作领导小组作用，实施《上海世博会化工区安全保卫工作总体方案》，加强对重点单位的安全防范措施；进一步加强封闭式管理，在车辆持证进入封闭区域的同时，建立对人员进入封闭区域的检查登记制度；加大园区全覆盖监控力度，建设园区码头、沿岸海域监控设施，建立区域人防警报系统；加大对区内重点目标的防范控制，启动重大危险源的应急信号联网试点工作，确保园区安全始终处于受控状态。

二、重招商，全力以赴推进招商引资，努力完成"十一五"招商工作目标

一是着力推进重点招商项目获得批准。主动配合项目业主加快推进前期筹备，协同做好项目报批工作，力争西萨苯酚丙酮、亨斯迈MDI扩建、沙索煤制油催化剂等重点项目按计划获批。二是积极推动有明确投资意向的项目落实投资计划。继续与项目业主保持密切联络和良好沟通，立足于业主角度推介园区投资环境，设身处地为业主分析选址落户条件，不断增强业主投资信心，力争高化异戊橡胶、中石化苯酚丙酮及三元乙丙胶等项目尽早确定投资意向，并启动实质性的前期工作。三是有针对性地扩大后续项目招商储备。积极探索创新招商途径和方式，研究完善产品链和市场化相结合的生产方式，逐步推动通过外部市场组织原料的项目引进。根据石化产品市场供求分析，积极走访符合上海石化产业发展方向的国内外企业，着力扩大产品市场大、附加值高的精细化工项目储备。

三、调结构，深入推进经济发展方式转变，积极谋划园区“十二五”发展规划

紧密结合国家“十二五”规划编制工作以及化工区“十一五”发展现状和2020年远景目标，开展课题调研，研究制定化工区“十二五”发展规划纲要。进一步完善服务企业的措施和办法，继续强化经济运行分析，加强对重点企业和主要产品动态跟踪，及时掌握企业生产经营中遇到的困难，帮助解决实际问题；继续在项目审批以及天然气、电力、蒸汽等能源供需方面满足企业需要，为企业正常的生产运营创造条件。进一步探索建立产业链运营、公用工程价格和安全防范等协调机制，增强企业共抗风险的能力和意识，确保企业生产运营平稳有效。

四、促发展，以实施“三区”一体化管理为新起点，进一步转变政府职能，推进区域经济持续较快发展

精心组织化工区及一体化管理区域的详细规划修编和整合工作，进一步加强与金山区政府、奉贤区政府的沟通和联系，完善工作措施，充分发挥各专业部门的作用，为两个分区纳入化工区一体化管理做好服务工作，尽早使各项工作走上正轨，展现一体化管理效应。根据两个分区对公用工程配套的需求，对化工区的公用工程资源进行整合。协助区内公用工程企业与两个分区，按照市场运行模式，逐步实施各项公用工程配套设施的对接、补充和完善。

（方　敏）

上海市机械设备成套（集团）有限公司

【概况】

上海市机械设备成套（集团）有限公司前身上海市机械设备成套局，曾为国家和上海市重大技改项目、重点工程建设组织实施过数千个成套项目，积累了丰富的工程成套经验，集聚了宝贵的专业成套人才。成套集团多次荣获上海市重点工程实事立功竞赛优秀公司，全国设备成套系统先进单位等称号，并跻身国家物资流通企业综合实力百强行列。成套集团拥有国家甲级成套、工程总承包、国际与国内招标、甲级工程咨询、工程监理、设备租赁、进出口代理和外经权等多种资质。

经过多年发展，上海市机械设备成套（集团）有限公司的业务范围已从设备成套扩展到专业成套、工程承包、招标投标、进出口贸易、工程监理、设备租赁、信息咨询、汽车销售等领域。

成套集团旗下的上海机电设备招标公司是国内最早成立的专门从事国际国内机电设备招标、建设工程招标、政府采购招标、国际金融组织贷款项目招标代理业务的专业招标公司之一。公司在全国同行业中率先通过IS09000认证，获得质量保证体系证书，具有门类齐全的招标资质，拥有一批国内外招标、采购、咨询等领域经验丰富的专业人才。公司注重打造企业品牌，彰显企业实力，以优质的服务取信于客户，在中国采购与招标网举办的2008全国招投标领域年度评选暨第三届中国最具竞争力招标代理机构评选中，获得2008年度“中国招标代理机构十大顶级品牌”、“中国最具竞争力招标代理机构”和“区域最具竞争力招标代理机构”三项殊荣。这是招标公司自2005年以来连续第三次荣膺“中国最具竞争力招标代理机构”称号。同时，在中国国际招标网作为第三方媒体主办的“2008年度（第四届）招标机构”评选活动中，招标公司获得“2008年度十大最具影响力国际招标机构奖”。公司多次被上海市工商局评定为“重合同、守信誉”三A级企业。

成套集团拥有进出口贸易、对外工程总承包和相关劳务的经营权。集团进出口公司聚集了一批高素质的复合型外向型专业人才，以优质的服务、良好的信誉和突出的业绩赢得大批国内外客户，在外贸进出口业务、加工贸易、国际知名品牌总代理等涉外领域积累了丰富的经验，形成了完善规范的运营模式。连续几年列入全国进出口总额500强企业。

工程总承包是集团重点发展的领域，通过多年的水泥厂、发电厂和自来水厂、污水处理厂的工程总承包的实践，公司不仅积累了丰富的工程总承包经验、造就了一批工程总承包的专业人才，同时，公司顺利通过ISO9000的质量认证，ISO2000的环保认证，成为“交钥匙”工程的专业性公司。

【2009年经济工作情况】

2009年，成套集团综合经营规模达121.25亿元。

一、产业结构调整取得积极进展

成套集团重视市场调研，一方面努力保持稳定传统业务的发展，另一方面抓紧业务结构的调整，转变经济增长方式，在培育新的市场和业务增长点上取得积极进展。

招标公司针对严峻的市场形势，充分发挥员工的积极性，不畏艰难、积极开拓、苦练内功，注重业务两头延伸，精心培育工程招标业务，开拓工程咨询业务，取得良好业绩。

进出口业务，各有关业务部门抓紧业务结构调整，增强新市场开拓，探索业务承接和服务新模式，在国外产品的代理、租赁、维护、服务等业务有新的突破。

工程业务，积极参加市场竞争，承接和实施昆明市固废处理厂、山东济宁市、微山县建设工程项目管理、铁路上海站北广场综合交通枢纽工程、上海市重点实事工程青草沙原水取水口工程机电设备标和奉贤水厂等。同时，探索工程承包新模式，成套集团以BOT形式承接江阴周庄周东污水处理项目进展情况良好，已通过江阴环保局初步验收，并投入运营。

监理咨询业务，在做好上海轨道交通项目同时，承接成都地铁一号线机电工程咨询、武汉地铁总监理。

二、继续推进集团科学化管理工作

成套集团严格规范招标、工程、进出口业务等的内部管理，依据管理制度和程序文件规范操作。推进集团预警机制的完善，保证了集团经济工作的稳定和发展。

三、注重人才专业培训，提升企业整体素质

为了适应企业发展战略需要，制定成套集团2009年教育培训计划、三年人才培养规划，确定集团人力资源管理的发展方向，为集团可持续发展夯实人才基础。

四、关心群众生活，建设和谐企业文化

坚持关心民生，关心群众生活，建设和谐企业文化，形成企业长久发展的内在动力和根本源泉。

五、学习实践科学发展观活动取得成效

成套集团党政领导班子根据上级党委的统一布置，把活动作为推动各项工作的良好契机，认真细致地组织学习阶段的各项规定要求，坚持找准问题，理清思路，落实措施，促进科学发展与经济工作全局的统一，取得明显成效。

【2010年发展趋势】

2010年，成套集团经济工作总体要求是，全面贯彻党的十七大和十七届三中、四中全会精神和中央经济工作会议要求，深入贯彻科学发展观，继续加强市场开拓和培育新的增长点；继续加强内部管理和机制的调整；继续提升设备集成服务能力；继续加强企业文化建设。更加注重业务增长方式转变和业务结构的调整；更加注重关心民生和企业和谐；更加注重集团经济持续健康发展。确保集团各项工作科学、和谐发展。主要措施：

一、创新战略思维，增强忧患意识，引导干部职工反骄破满，更新观念，开拓进取；冲破小富即安、小富即满的小农经济意识，弘扬自强不息、勇攀新高的进取精神，以创新发展模式为突破，提高新一轮发展能力，要重点思考探索通过创新发展模式，增强集团的适应变化能力、核心竞争能力、抗风险能力。

二、创新发展模式，加大开拓力度，以科学发展观为统领，既保持一定速度的增长，又保持追求有质量、有效益的增长，由经营数量规模增长为主转变为持续、稳步、全面发展的质量效益增长的模式。突出抓好拓展市场，增强成套集团五个方面的能力：一是发展主导产业的设备集成服务能力，以增强核心竞争能力；二是优化内部结构和强化管理功能，以增强抗风险能力；三是优化配置资源，提高资本运作质量，以增强可持续发展能力；四是调整完善发展模式，以适应市场变化的能力；五是坚持以人为本，培育企业文化软实力，以加速创建和谐企业的能力。

三、创新队伍建设，强化人力资源管理。建立一个自我发展、自我控制、自我约束、自我完善的管理机制，激发员工创造力，提高运作效率，提升企业利益。

四、在改革发展中形成团结、教育、凝聚、激励职工的良好氛围，全面提高员工的道德素质，特别是作为企业长久发展的内在动力和要素的优秀经营者，要配套相关鼓励政策，构筑在体制改革和发展的实践中，建立一批优秀经营者群体成长的平台。建立与市场经济相适应的社会主义企业文化，塑造一流的企业形象，加强企业价值观、企业精神和经营理念的宣传教育，营造生动活泼的企业氛围，以此凝聚和激励干部职工，促进企业两个文明建设的协调发展，实现集团公司的可持续发展。

（办公室）

上海市电力公司

【概况】

上海市电力公司是从事上海地区电力输、配、售的特大型企业，统一调度上海电网，参与制定、实施上海电力、电网发展规划和农村电气化等工作，并对全市的安全用电、节约用电进行监督和指导。上海市电力公司管辖的上海电网位于长江三角洲的东南前缘，北靠长江，东临东海，与江苏、浙江两省接壤。供电营业区覆盖整个上海市行政区。截至2009年末，上海市电力公司直接管辖各类电网企业、发电企业、修造、施工、设计、科研、医院、培训中心等单位23个，共有职工14900余人。全市发电装机容量为1657.66万千瓦，35～500千伏变电站815座，变电容量10155.47万千伏安，年发电量782.70亿千瓦时；完成年售电量906.13亿千瓦时，比上年增长1.38%；全员劳动生产率97.66万元／人／年；线损率6.05%。电压合格率99.813%；最高负荷2379.9万千瓦，增长 6.09%；供电可靠率 99.981%。

【2009 年经济工作情况】

2009 年，上海市电力公司圆满完成国庆 60 周年保电、迎峰度夏、特高压和世博配套建设等重大任务，国家电网公司同业对标综合评价进入 A 段、业绩考核位于前列，率先在全国电力行业荣获“全国质量奖”，率先在国家电网公司系统实施劳动组织综合改革并取得重要的阶段性成果，首次荣获全国“五一”劳动奖状和全国精神文明建设先进单位称号。按期完成向家坝——上海特高压直流示范工程上海段线路工程，成功实现 800 千伏全线带电。荣获“国家电网特高压交流试验示范工程先进单位”称号。完成《上海电网差异化规划设计》评审；积极推动《上海市加快电网建设若干规定》出台。

加强智能电网研究与推进，开展世博园智能电网示范工程建设。110 千伏蒙自智能化变电站顺利投运，东海大桥 100 兆瓦级海上风电场首批风机成功并网发电，国内首个 100 千瓦级镍氢电池和国内首套 10 千瓦 /20 千瓦时级钒电池储能系统分别成功投运。

全年新增线路 578.48 公里、变电容量 611.2 万千伏安。直接为世博供电的 23 项输变配电项目如期投运，世博园区应急指挥中心启动建设。落实《供电保障工作方案》。全面开展电网设备和重要用户的安全性评价和隐患排查，落实重要用户保电、安保反恐方案，开展应急演练。

深入开展迎世博“窗口”服务和社区服务，推出优质服务“八项新举措”，获普遍好评，其中，“居民客户付费期限延长”措施成为最受市民欢迎的电力服务新举措。大力打击窃电行为，将用户窃电信息纳入征信系统。在市政风行风测评中各项指标均名列前茅，连续五次在世博文明指数百日测评中荣登公用事业单位榜首，连续第五年在全市窗口行业社会公众满意度测评中获得第一名，连续第四届荣获上海市文明行业称号。

大容量城网储能系统、柔性直流示范工程两个专项任务取得重要突破，完成 100 千瓦钠硫电池模块设计，5 千瓦钠硫电池子模块研制成功并稳定运行，被 563 位两院院士评选为“2009 年中国十大科技进展新闻”。纯电动电力工程车、用电营销车和旅行大巴等车型和通用智能充电装置研制成功，总运行里程达百万公里。2009 年，公司荣获国家电网公司科技进步特等奖 1 项、一等奖 2 项、特别奖 1 项；获上海市科技进步一等奖 1 项；共申请专利 191 项，获得专利授权 114 项。

【2010 年发展趋势】

2010 年，上海市电力公司工作总的要求是：以科学发展观为指导，贯彻国家电网公司“两会”及上海市委、市政府部署，聚焦世博，夯实基础，深化转变，确保世博安全供电，大力推进坚强智能电网建设；确保劳动组织综合改革深化完善，全面推进“三集五大”工作，切实加强“三个建设”，确保完成全年任务，加快建设“一强三优”现代公司。

一、全力做好世博供电保障及有关工作

加强世博保电组织体系和责任体系建设。全面落实世博供电保障方案，层层签订世博保电责任书。加强过程监控，严格检查考核，严肃责任追究。加强大电网保电管理。强化电网调度、运行和应急管理，落实反事故预案，严防大面积停电和全站停电事故。加强重要活动和世博园区的保电工作。细化落实保电预案，合理安排应急指挥、抢修人员及各类装备、物资，确保完成世博会重大仪式和重要活动的特级保电任务万无一失。加强重要用户保电管理。扎实开展重要、高危用户用电安全隐患排查治理，加强检查指导与督促整改工作，开展应急联合演练。加强重要场所的安保反恐工作。做好对调度机构、重要变电站、重要线路和重点场所的外力破坏防护工作。加强应急管理。加快建设市区和浦东两个应急指挥中心，健全应急指挥体系，做好世博保电期间的指挥协调、预防预警、值班应急、信息报告、保密管理和后勤服务保障等工作。

二、切实夯实公司基础管理

1．夯实安全生产基础。坚持“安全第一、预防为主、综合治理”方针，落实“严、细、实”要求。加强现场“反违章”监督，提高“两票三制”和安全工作规程执行力。健全外包队伍合同管理、资质审查和考核制度，深化开展施工安全性评价。深入开展电网安全性评价、危险点分析预控和隐患排查专项治理等活动，加强受端电网安全稳定分析。加强应急管理，做好应急演练和舆情监控；加强警企合作，加大电力设施保护力度。加强安全管理标准化建设，健全安全管理机制，加大安全责任考核，试点推行安全技术等级制度。加强生产管理精益化建设，深入推进设备状态评估及检修，加强设备技术监督，深化资产全寿命周期管理。

2．夯实营销服务基础。深化落实优质服务“八项新举措”，加强客户诉求管理，健全供电服务评价监督制度，争创世博百日文明指数测评“六连冠”。深化线损治理。推广低压台区线损考核试点；开展反窃电专项整治和业务交流，维护企业合法权益；健全反窃电多方联动机制，实现与“文明小区”评比和区县综合治理考评挂钩。加强“三电”（电量、电费、电价）工作。增供扩销，加强市场占有率研究，推广电动汽车应用；推动出台非居民业扩工程定额收费政策；推动完善电价核价方式，做好居民阶梯式电价调整的有关准备工作。结合智能电网建设，实施计量装置标准化改造。加强 95598 系统技术改造，确保首批接入市政风行风投诉热线统一平台。

三、加快建设坚强智能电网

1．加强电网规划和前期工作。坚持基建和技改并举方针，走“内涵式”电网发展道路，科学编制上海电网“十二五”发展规划及技改规划，协调开展各级电网和智能电网规划工作；充分利用现有资源和新技术，加大中心城区老旧设备改造力度，优化电网结构。做好电网技术原则修订工作。落实《上海市加快电网建设若干规定》，健全政府主导的前期工作协调机制，综合发挥公司系统前期专业化管理和属地化优势，加快推进500千伏市西南变电站等重点项目前期工作。

2．加强特高压和智能电网示范工程建设。全力配合向家坝——上海特高压直流示范工程建设，确保6月底前完成双极投运。做好淮南——上海特高压交流工程前期和葛沪直流改造工程建设工作。加快世博园智能电网综合示范工程建设，确保3月底前率先建成全国首个智能电网试点园区。深入研究钠硫电池储能产业化、电动汽车社会化充电和“多网融合”技术应用的商业模式和整体推进策略，推动出台配套政策，力争取得先发优势。加快智能电表推广应用和用电信息采集系统建设。加强清洁能源发电统一规划，主动支持风力、太阳能发电接入。

3．加强重点工程建设。确保2010年世博保电和迎峰度夏“13+X”项目按期建成投运。加快建设500千伏南外半环主受电通道网架、沪崇苏联网和“上大压小”电网配套工程，按时完成500千伏练塘、220千伏宛平等输变电工程建设任务。实施220千伏闵南、黄青干线路增容改造工程，对长春、春申等变电站适时开展更新改造。做好郊区电网和农网的建设改造。500千伏静安（世博）输变电工程争创国家建筑工程“鲁班奖”。

四、加强科技创新和信息化建设

1．加大科技创新力度。坚持“一流四大”科技发展战略，编制“十二五”科技规划。以智能电网建设为契机，加强科技创新体系建设，率先全面推广世博园智能电网综合示范工程试点工作的成功经验。加强重大科技项目研究，尽快在柔性直流、世博地下变电站、移动STATCOM等重大、重点攻关项目取得一批核心技术成果。加强新技术新成果推广应用，深入开展群众性科技创新活动，发挥员工参与科技开发的积极性。

2．加快推进“国际一流信息化企业”建设。坚持信息化再上新台阶战略，编制“十二五”信息规划。巩固提升SG186实用化成果，健全公司信息化培训体系，促进信息化深化应用，力争年内通过“国际一流信息化企业”评估。加快信息容灾中心建设，确保年内建成投运。推进国家电网SG-ERP系统、物资和财务管控系统应用。加快公司工程一体化系统、TCM系统等重点系统建设与应用。加强信息安全管理，重点开展“涉博”变电站内信息系统的安全整固和风险评估工作。

（顾　典）

上海电力建设有限责任公司

【概况】

上海电力建设有限责任公司（以下简称上海电建）是华东电网有限公司全资子公司，创建于1953年，主要从事大型电站工程和输配电工程建设，具有国家电力工程施工总承包壹级资质。经过50多年的发展，上海电建已成为集电力工程总承包管理、建筑施工、设备安装、机组调试、工程监理、加工制造、物流管理和科研教育于一体的大型专业化施工企业。技术力量雄厚、装备精良、管理先进，具有良好的工程业绩和社会信誉。上海电建贯彻“工程创优、管理创新、诚信为本、服务满意”的方针，以“优质、准点、安全、文明、高效”为建设目标，为顾客打造满意的工程。

【2009年经济工作情况】

2009年，紧紧围绕《上海电建“十一五”发展规划》的要求，继续深化“发展、安全、人才、和谐”的工作主题，按照《2009年度公司工作报告》提出的要求落实各项措施，完成了全年工作目标和任务。

一、经济指标全面完成

全年完成总产值32.9亿元，劳动生产率30万元／人年，工业增加值劳动生产率97847元／人年，实现利润2650万元，资产负债率78%，净资产收益率3.85%；多种经营企业经营收入2.9亿元，实现利润338万元。全系统职工人数6021人，人均收入4.27万元，各项社会保险基金人均缴费3.2万元。主要经济指标实现“十一五”发展规划要求的增长目标，再创上海电建历史最好水平，全面超额完成华东电网公司经营考核指标。

二、工程建设高奏凯歌

在建机组19台，总容量915.6万千瓦，已经投产容量171.3万千瓦。500千伏以上输电线路420公里，220千伏以上变电站10座。上海电建与一公司、二公司、建筑公司、调试所共同荣获外高桥三期工程国家优质工程金质奖，这是上海电建承建的主体工程第一次获得此项殊荣。华能石洞口燃机电厂工程荣获国家优质工程银质奖，湖北大别山电厂2

号机组等三项工程荣获2009年度中国电力优质工程奖。

望亭电厂3号机组投产后性能指标在华电集团名列第一，领先于国内同类机组。石洞口4号机组2009年底完成168小时试运行，施工组织科学有序，得到华能集团的高度评价。漕泾电厂、绥中电厂二期百万机组分别在年底前并网发电，以质量优、文明施工好、工期快被中电投、国华公司树为样板工程。800千伏特高压奉贤换流站获得国家电网公司变电工程质量流动红旗，皖2标段的实体质量和施工工艺作为向—上特高压工程全线竣工预验收标杆段。这些工程业绩，进一步树立了上海电建的品牌形象，提高了企业的社会声誉。

三、市场开拓难中求进

年初，上海电建组建市场部，进一步整合市场营销资源，加强营销组织和协调，增强市场开发的整体合力。全年新增市场订单达到35亿元。在电源点建设放缓的形势下，电网建设和非电领域订单稳步增长，分别占市场订单总额的30.5%和18.6%。积极开拓海外和核电市场，参与多个海外大型项目和核电项目的投标，通过参与投标，更加深入了解海外市场环境和核电施工管理要求，积累了一定的信息和技术储备，为下一步拓展海外和核电市场打下基础。

四、管控措施不断加强

深入领会国家电网公司和华东电网公司领导的指示精神，结合上级公司关于加强安全管理一系列文件的要求，把安全生产作为各项工作的重中之重。深入开展安全生产“三项行动”和“反三违”专项活动，组织安全飞行检查和专项检查101次，查出违章行为及安全隐患517条，全部落实整改。积极推进项目安全风险评估和安全信息报送工作，组织安全性评价和安全管理方案策划，完善应急预案和执行程序。组织分包队伍管理专项检查，对所属的222家分包单位进行全面的检查分析和综合评定，纠正分包合同及安全协议不规范的问题，清退部分资质不到位、业绩能力差的分包队伍。加强大型施工机械和工器具管理，组织多次专项检查，编制2类典型机械安装拆卸工艺文件，有效提高了各单位机械管理水平。

五、能力建设取得进展

针对企业的综合能力还不能适应企业发展需要的问题，着手解决能力同需求之间的矛盾。及时召开公司能力建设研讨会，部署加强能力建设的具体任务。各单位纷纷行动起来，制订一系列加强能力建设的措施，在改进和完善管理体制和施工控制力方面作了探索和实践，取得初步的成果。

组织对4个施工企业实施总部对标检查，总结推广各单位管理上的特点和优点，对在检查中发现的问题，要求限期落实整改或制定持续改进措施。下半年，公司专门组织职能部门对整改措施落实情况进行督查。对标检查对各单位加强总部建设和基础建设、完善管理体系、提升管理能力起到了促进作用。

发挥技术体系的作用，强化工程建设过程中的达标创优工作，大力实施“亮点”策划，加大过程质量监管力度，提高工程内在质量和外观工艺。组织召开公司2009年度技术年会，总结交流技术管理经验，推广技术成果应用，使技术能力适应发展的需求。

围绕工程建设，积极组织科技创新，组织QC攻关，“转角法高强度螺栓检验方法及施工工艺探讨”项目成果获得中国电力建设科学技术成果奖三等奖，“异型烟囱平面转动盘”等三项技术申请2009年实用新型专利，有5个QC成果获得省部级QC成果奖，“双头圆环悬吊杆”成果获第九届上海工会劳动保护“绿十字奖”一等奖。这些技术成果在提高效率、提升质量、降低成本等方面发挥出积极作用，转化为现实的生产力。

六、人才建设稳步推进

年内共调整领导干部38人次，其中，新提拔12人，均具有大专及以上学历和中高级职称，平均年龄为39.8岁。70后领导干部比例由2008年的11.3%提高到18.6%。交流领导干部17人，进一步强化干部队伍专业化、年轻化，领导干部结构得到改善，班子综合能力有了提升，发挥了企业的领导核心作用。

加大技能工人的培养力度，修改上海电建领军人才选拔管理办法，完成14名领军人才的中途考核，开展上海电建首席技师遴选工作，组织焊接、起重和其他工种等多种技术比武，开展高师带徒活动，为119位技能工人选配带教师傅，并向政府部门争取到高师带徒政府补贴。

加大人才引进力度，通过中华英才网等多种渠道，招聘各类技术、管理人员87人。申报“引进非上海市生源毕业生重点单位”获得成功，从河南、陕西、四川、江苏等地的职业技术学校招收核心工种技术工人141人，为补充技能工人来源开辟了新渠道。

按照上海电建2009年度的教育培训计划确定的30项培训项目，组织工程技术人员、经营管理人员、质检员、安监员、各类技能工人参加多种形式的培训，参训人数达到5610人次。通过培训，有效提高了各类人员的工作技巧和管理能力。

下发《关于分配向企业人才倾斜的指导意见》的文件，提出9条留住和激励人才指导意见，各单位已经着手制订实施细则加以落实。

组织开展劳模先进示范基地创建活动，评选出首批5位劳模先进示范基地专家。各单位纷纷开展多种形式的劳模先进示范基地建设活动，对进一步发挥劳模先进的示范作用，推进岗位创新、岗位成才起到积极作用。一批先进典型脱颖而出，建筑公司变电分公司荣获上海市“五一劳动奖状”，送变电公司职工汪强获得上海市“五一劳动奖章”，一公司职工沈卫国荣获上海市工人技术创新能手称号，调试所职工张玮荣获上海市职工创新标兵称号，送变电公司职工章和高被评为国家电网公司劳动模范。

七、精细管理逐步深入

按照国家电网公司印发的[2009]1 号文件精神，深入开展“三节约”活动。公司本部和各基层单位紧密结合施工生产和经营管理实际，广泛发动职工，在本职岗位上落实多种形式的降本增效措施，取得良好效果。

加强和完善技经管理工作，按照技经管理原则，进一步明确各级技经管理职责，严格执行分包结算等流程制度。结合施工实际，加大项目结算力度，狠抓资料收集和分析工作，积极开展二次营销，为提高项目效益打好基础。

针对企业管理实际，扩大效能监察范围。把物资采购和废旧材料处理作为效能监察的重要内容。对安全保护物品的采购、保管、发放，安全生产奖惩制度的落实等方面开展效能监察，落实安全生产制度。

八、发展调研深入推进

发展调研小组对《上海电建“十一五”发展规划》执行情况进行阶段性盘点和普查，进一步掌握《规划》实施的实际情况，对未来的工作重点和主要举措提出意见和建议。开展 2009 年公司改革发展课题立项征询工作，抓住影响和制约公司发展的主要问题，确定 5 个重点课题。经过认真、深入的调查和分析，完成《上海电建的项目管理模式》等 4 个调研报告，为上海电建科学决策提供了可靠的依据。

九、文明建设取得实效

按照国家电网公司和华东电网公司的统一部署，开展深入学习实践科学发展观活动，紧紧围绕“党员干部受教育、科学发展上水平、人民群众得实惠”的总要求，精心组织、群策群力、扎实工作，组织解放思想讨论，认真制定整改落实方案，顺利完成学习实践活动的各项任务，基本实现“提高思想认识、解决突出问题、创新体制机制、促进科学发展”的目标。

围绕企业经营和工程建设，深入开展形势任务教育，组织多种形式的立功竞赛活动。加大宣传力度，在《解放日报》、人民网等新闻媒体上刊登数十篇文章，扩大了上海电建品牌知名度。以新中国成立 60 周年为契机，举办《电力建设者之歌》等一系列庆国庆群众性文体活动，弘扬爱祖国、爱企业、爱岗位的精神，取得较好效果。

深入开展党风廉政建设，认真组织多种形式的反腐倡廉教育，组织第十二次基层单位代表检查上海电建公司本部党风廉政建设情况，组织开展重大工程“双创”活动，把党风廉政建设落到实处。

坚持开展文明单位创建活动，推进创建工作常态化。华东送变电公司被评为国家电网公司文明单位。

继续加强企业民主管理，充分发挥职代会作用，推进厂务公开持续开展，推进平等协商集体合同稳步实施，使职工的知情权、审议权、决定权和评议监督权落到实处。

重视关心职工生活，为职工排忧解难，大病重病补充医疗互助基金使 47 名在职和退休职工受益，开展帮困和高温慰问工作，特困职工得到经常性的资助。

继续开展青年职业生涯导航活动，通过青年示范岗等多种形式的活动引导广大青年职工岗位建功，促进更多青年人才健康成长。

继续从思想、政治、生活方面关心老干部，及时向老干部通报公司改革、发展情况，帮助解决老干部的困难，坚持为老干部办实事。

【2010 年发展趋势】

2010 年，工作总体思路：认真学习贯彻党的十七届四中全会和中央经济工作会议精神，以科学发展观为指导，认真贯彻国家电网公司和华东电网公司各项工作要求，坚持“发展、安全、人才、和谐”的工作主题，全面完成公司“十一五”发展规划确定的目标和任务，坚持走管理型企业道路，以“优化结构、提升能力”为主线，确保安全稳定局面，注重增长方式转变，加快人才队伍培养，坚持加强基层和基础建设，促进上海电建持续平稳健康发展。

一、主要目标

1. 经济指标：全公司总产值考核目标为 28 亿元，计划目标为 31 亿元，争取目标为 33.8 亿元。全员劳动生产率 30 万元／人年，工业增加值劳动生产率 10 万元／人年；实现利润 3000 万元。市场订单计划目标 31 亿元，争取目标 34 亿元。其中，电网板块订单 12 亿元，非电板块 7 亿元，电力检修板块 8500 万元。多种经营收入 2.6 亿元，利润 270 万元。在企业效益提高的基础上，进一步提高职工收入、社保和福利水平。

2. 安全目标：创建安全无事故年，为平安世博作贡献。全口径杜绝人身死亡事故、重大火灾事故、重大机械事故、重大交通事故和重大电网事故，不发生涉及电网安全运行的一般事故，轻伤事故频发率≤ 6‰／年。

3. 工程建设目标：漕泾电厂工程 1 号机组、绥中电厂二期 3 号机组实现高标准投产，具备达标投产和争创鲁班奖的各项条件。越南山峒电厂工程 2 台机组实现投产。奉贤 800 千伏直流换流站实现投产。陈家港、威海、芜湖、景德镇、临港项目和 800 千伏锦苏线以及枫泾、同里变电站等工程按业主要求实现里程碑进度目标，坚持“亮点”策划，实现达标创优。其他项目质量事故为零，工程项目优良率达到合同规定的承诺。

4．人才目标：基本完成《实现公司“十一五”发展规划人才目标的若干意见》提出的任务和目标，在编人员人才密度提升2个百分点；核心工种高技能队伍建制完整、数量充足、能级提升；高级技师、技师总数达到510人，引进人才比例增长，安监员、质检员、施工员、机械管理员队伍适应施工需要。

二、主要工作：

1．优化组织结构，着力完善体制机制。

2．优化队伍结构，着力构建精干施工力量。

3．优化市场结构，着力转变增长方式。

4．进一步加强领导班子建设，全面提升班子领导能力。

5．进一步夯实安全管理基础，提升安全生产控制力。

6．完善管理体系建设，提高管理执行力。

7．强化技术管理和技术创新，增强技术支撑力。

8．继续加强在建工程管理。

9．继续加大人才培养力度。

10．切实做好“十二五”规划编制工作。

11．切实加强精神文明建设。

（季天培）

上海市漕河泾新兴技术开发区发展总公司

【概况】

2009年，面对国际金融危机蔓延加深、产业结构调整压力加大等一系列严峻挑战，漕河泾开发区认真开展学习实践科学发展观活动，不断提升服务水平，优化投资环境，大力推动高新技术产业和高附加值现代服务业发展，实现年初提出的“总体平稳、稳中有增”的经济目标。全年，开发区实现销售收入1862.6亿元，比上年增长16.17%（其中，第三产业收入564.9亿元，增长33.32%），第三产业占开发区销售收入比例首次突破30%。；工业总产值1253.2亿元，增长9.27%；地区生产总值(GDP)562.1亿元，增长18.6%；工业增加值350亿元，增长10.85%；第三产业增加值211.8亿元，增长34.06%；税收44.8亿元，增长34.65%；利润79.3亿元，增长42.97%；进出口总额176.8亿美元，下降2.04%，其中，出口总额137亿美元，下降0.8%；进口总额39.9亿美元，下降6.0%。

【2009年经济工作情况】

一、招商引资走势向好，“一五一”格局初步形成

漕河泾开发区新引进中外企业230家，其中，新批准设立外商投资企业21家，新增合同外资2.6亿美元。新进项目绝大部分为研发、总部、商贸类高附加值企业和机构。本部区域以“一部三中心”（地区总部、研发设计中心、运营结算中心、管理服务中心）项目为重点，如：安吉安星汽车服务、爱普拜斯医药仪器、宏碁信息技术研发、日华化学技术、德和威工程咨询、索爱斯汽车系统、三星机电、合富医疗、中石油上海销售公司、上海市软件评测中心等。现代服务业集聚区总部经济区迎来以首创“从低等级煤矿中提取高品质乙二醇”重大科技成果而闻名全国的金煤集团总部及技术中心入驻，集聚区首期与凯德的合作初见成效，吸引汇付网络、爱默生电气、雅马哈建设摩托车销售、麦当劳中国总部等知名企业入驻。除新进项目外，标志雪铁龙技术中心、中国中原工程、麦考林邮购等企业逆势飞扬，扩延发展。浦江园区以成功获批国家生物医药产业基地、上海市高新技术（新能源）产业基地和上海市生产性服务业功能区为契机，加速项目集聚。全球核能龙头企业法国阿海珐输配电中国技术中心项目奠基动工，尚德电力迎来首块薄膜太阳能组件出产，博太科电气、御能动力科技、豪泽涂层技术、惠家电器、魏德曼电力、卫利净化、嘉里物流、行者赛能光电池、南安机电、众志安防等一批内外资项目纷纷入驻园区；之江生物、拜特医疗、贝奥路生物材料进一步充实了园区的生物医药产业。至年末，浦江高科技园已累计引进内外资企业54家，总投资额12.02亿美元，合同外资4.82亿美元。此外，泰科电子、华东光电分别与本部及浦江园区签订预约合同和合作意向书，为2010年的招商工作开了好头。

开发区根据产业和技术发展趋势，依托现有产业基础，扩展延伸产业链，大力发展电子信息支柱产业和新材料、航天航空、生物医药、汽车研发配套和环保新能源五大重点产业以及现代服务业支撑产业，二、三产业进一步融合发展，“一五一”产业格局初步形成。

二、规划建设扎实推进，储地动迁取得突破

本部区域总建设面积约64.5万平方米。其中，已竣工项目3个，面积5.4万平方米；续建项目4个，面积46.2万平方米。新开工项目2个，面积12.9万平方米。浦江园区有2个项目开工，建筑面积16万平方米。此外，上报科技绿洲三期项目方案设计；配合“大学生创业创新园”开园，对新联技贸大楼进行内外整修；配合“腾笼换鸟”工作，完成对新芝地块厂房的全面清理整修。

开发区多个建设项目获得有关部门肯定，如：西区三期厂房A标工程（宝石园20号楼）获颁上海市优质工程“白

玉兰”奖、国际商务中心（超高层）工程A标项目被市质监总站列为迎世博文明施工专项整治观摩工地。

在土地储备和动迁工作方面，基本完成8个居民宅基地动迁工作，完成签约611户，签约率达到94%；协同新桥村对336家集体、租赁企业启动解约拆迁工作，已签订搬迁协议327家，完成搬迁308家，完成“万源”三、四期规划调整后土地出让手续工作；取得河南队地块储备土地批文，完成中环线3户居民的协议动迁。此外，还成立万川物业公司配合完成动迁居民的进户工作，确保征地动迁中的稳定局面。

浦江公司完成C地块126.67公顷土地的征地农转用手续，累计完成446.67公顷土地农转用，占总规划面积的75%。协调闵行区和浦江镇两级政府，以定期联席会议方式推进动迁工作：年内共启动动迁量149.8公顷，涉及720户农民动迁；已完成625户动迁；实现拆平104.13公顷，确保了地铁广场、嘉里物流等项目的用地需求。

三、双创体系继续健全，自主创新能力提升

1．以大学生创业创新园为载体，建设就业、见习、实习“三位一体”基地，结合孵化器、留学生园建设，打造产学研合作交流平台。4月开园的大学生创业创新园入驻率达到100%，吸引77家大学生企业的项目及配套服务机构入驻，提供就业岗位255个。孵化器建设方面，由区内7家孵化器、科技园组成的“孵化联盟”总孵化面积约27万平方米，在孵企业401家。

2．打造中小企业融资平台，积极扶持企业上市。由漕河泾开发区与徐汇区共同出资并和交通银行徐汇支行合作成立运作首期5000万元的科技型中小企业融资平台，实际下发贷款39家次4100万元；还与建行、工行、招行、上行、民生银行、浦发银行等建立战略合作，推出符合科技企业特性的金融创新产品；与专业机构合作，对拟上市企业开展上市个性化辅导服务。全区已有在国内上市企业30余家，并提出拟帮助上市的39家中小科技企业名单。

3．双创品牌服务做出特色，持续改善创新创业环境。召开政策咨询会、企业沙龙及培训讲座等各项活动；发布区产业帮困扶持资金项目、区导向型企业认定、浦江人才计划、“小巨人”企业认定等项目申报信息，推动孵化器企业入选“小巨人”企业；进一步推广双创培训品牌——“漕河泾双创大讲堂”，先后引进10多家知名培训机构，开展培训58次，培训3477人次，并将培训服务拓展至临港、浦江园区。

4．启动“企业加速器”试点建设，接力后“孵化器”企业。率先在浦江双创园启动“企业加速器”试点建设，满足高成长性企业对资金、管理、人力资源等方面的个性化服务需求。拥有高成长性企业26家，年销售额超过10亿元，销售和利润增长率30%以上。

5．探索孵化器品牌建设。以开发区创新创业服务20周年为载体，举办“孵化器品牌建设研讨会”；形成双创服务品牌手册；与中国高新区协会合作出版《中国孵化器——品牌漕河泾》专刊，提升开发区“品牌园区”和“上海市著名商标”在全国的影响力。

6．依托大张江资金，加强开发区自主创新能力和环境建设。获批大张江发展专项资金4880万元支持（不包括徐汇、闵行区按1:1匹配的资金）。专项资金重点支持高科技产业和高附加值服务业项目引进、生态工业园建设、创新创业培训服务、中介咨询服务、中小企业融资平台及大学生创业园建设。

7．大力推动高新技术企业认定和技术先进型服务企业认定工作。至年末，区内经认定的高新技术企业共有206家，占全市总数的8.08%；经认定的技术先进型服务企业9家，占全市总数的8.6%。

8．建设知识产权试点园区，加快知识产权产业化进程。举办知识产权宣传周、研讨会；组织专利工作者培训班，共43人参加并获得上海市专利工作者称号；推荐10多家企业申报区自主知识产权资助申请、上海自主创新产品认定、区信息化资金项目和国家创新基金的创业计划，提高开发区和企业知识产权创造、运用、保护和管理水平。先选择30家企业为重点关心和跟踪企业，将逐步扩大范围。

9．整合区内外企业资源，推进公共设备和技术共享服务平台建设。汇集中国上海测试中心、微特检测、中国航空无线电电子研究所、上海大唐等14家企业205台仪器形成仪器共享服务平台，年内为区内企业提供服务1126次，服务金额750万元。

10．深化服务外包示范园区建设。继续做好“千百十工程”服务外包人才培训工作，先后培训嵌入式软件工程师、软件测试工程师、网络工程师等服务外包人才814人次；推荐启明、PFU、文思创新、理光图像等16家企业申请商务部、上海市服务外包专项资金，获批591万元；开发区创业中心软件园职业培训中心被授予“上海服务外包人才培训基地”。

四、服务功能日益完善，投资环境不断优化

漕河泾开发区上下热情帮扶企业，采取了一系列具有漕河泾特色、体现差异性和前瞻性的服务措施。公司坚持“以企业为本”的服务宗旨，践行对企业“无事不插手，有事不撒手，好事不伸手，难事伸援手”的“四手理念”，遵循“对企业发展中需要解决的事，凡能在开发区内办到的，及时解决；凡不能在开发区内办到的，协调有关部门关心解决”的“两项工作原则”。全年先后举办有针对性、有明确主题的现场会、座谈会、专题会、政策宣讲会等逾百次，走访企业、上门服务超过500人次。举办各种形式的银企对话活动11

次，缓解企业融资难的问题；协调解决区内不少企业在增资扩建、人才引进、集体户口、劳资纠纷、设备通关、商检质检等方面的困难。

开发区按照“一带、三圈、五点”开发区商业布局规划，进一步加强园区配套服务。引进一批金融机构、健康饮品、交通导航、便利商店、中西式快餐和咖啡馆等设施，完善商务服务布局；实施“一卡通”整合31家餐饮及商业服务资源，为企业员工提供便利；开通客户服务热线，成立统一的客户服务呼叫中心，服务企业。

在人才建设方面，以企业需求为导向，“漕河泾人才网”为载体，为企业提供人力资源多元服务，内容涵盖人事代理、人员派遣、猎头服务和企业登记代理等，并将人力资源服务功能延伸到浦江高科技园和大学生创业创新园。此外，开发区企业协会人力资源专业委员会建立并举办企业人事经理沙龙，共同为创新型人才高地建设献计献策；人才培训方面，徐汇区——漕河泾开发区职业教育集团在开发区揭牌成立，建立了校企合作、“职前职后一体化”的人才培训新格局。

继续加强“三大园区”建设。双优园区建设方面，ISO9001质量管理体系和ISO14001环境管理体系持续改进，ISO14000国家示范区深化完善，以“环境改进两年行动计划”为抓手，结合“迎世博600天”活动，全力抓好“三网”(道路网、公交网、绿化景观网）优化建设，推广集中供热、冰蓄冷、共同沟、地源热泵、太阳能、雨水收集等绿色节能环保技术的应用，同时，积极开展国家生态产业示范园的创建。举行漕河泾开发区“国家生态产业示范园区”创建启动仪式；完成创建“国家生态产业示范园区”规划的编制和上报工作；完成小排河改造工程和生态修复综合治理工程，增加小排河水生态植物及曝气装置；新建电子LED大屏幕并增设10个交通指南和宣传阵地，广泛宣传生态工业园区建设。在节能降耗工作中，推广试用安装6400多套LED和T5节能灯，节能效果明显。

数字园区建设方面，持续做好ERP维护工作，进一步完善招商模块、资产模块、物业公司设备管理系统，完成档案管理系统开发；完成地理信息系统首期；结合园区人力资源服务工作，对人才网进行进一步宣传推广和应用；继续加强园区网络基础设施建设，开展3G网络覆盖、楼宇智能化建设；完善园区技防监控体系；初步制定开发区公共区域技防监控系统建设规划、开发区公共热点无线覆盖方案及国际商务中心停车引导系统方案等。

国际园区建设方面，在加强与原有国际姐妹园区交流联系基础上，与加拿大渥太华研究与创新中心、意大利米兰工业家联合会、博洛尼亚工业家联合会和世界500强的联合圣保罗银行签订友好合作协议，谋求共赢发展。物业公司与英国菜坊的战略合作进入新阶段，双方签订《浦江高科技园地铁广场物业前期服务顾问协议》，为开发区高端物业管理打开新局面；华美达兴园酒店再次高分通过华美达集团年度质量评估，新漕河泾大厦酒店项目的改造及后续管理准备抓紧进行；保华万丽五星级酒店建设项目进展顺利，为国际园区提供高端服务配套。

五、“走出去”战略有序推进，辐射“长三角”实质启动

1．缔结友好园区，谋求共赢发展。与上海金山工业区、江苏吴江汾湖经济开发区、滁州经济技术开发区、杭州余杭创新基地、安庆经济技术开发区、四川都江堰科技产业园、成都青羊区绿洲产业园新结为姐妹园区，将国内友好园区的数量扩大到21个。加强与兄弟园区的干部交流，推动人员互访，互相交流开发、建设、经营、管理、服务经验。

2．坚持牵线搭桥，推动区域合作。以项目对接型为主要合作方式，以产业转移促进中心为平台，组织入驻平台的来自中西部16个省、区、市的同志参加一系列活动，推动产业项目对接，已有20个项目明确意向，4个项目正式落地；知识产品集散中心年内征集并登记整理科技成果项目18项，新征节能环保领域项目100余项，并组织参加“第三届中国（上海）中小创业项目展示会”和“绿色世博节能减排技术洽谈会”。

3．融入长三角，探索“一区多园”发展模式。在上海，与康桥工业区合力打造“漕河泾科技绿洲康桥园区”，将“科技绿洲”品牌效应拓展到浦东。同时，立足上海，融入长三角，与浙江省海宁市政府及海宁经济开发区于12月17日举行全面合作协议签约仪式，启动建设占地15平方公里的漕河泾开发区海宁分区。此外，与江苏盐城经济开发区合作共建漕河泾开发区盐城分区的合作也签约启动。

六、增进企业交流，共建和谐文化

漕河泾开发区坚持以企业为本，努力创造快乐、人本、和谐的园区环境。先后举办“工商银行杯”篮球赛、浦江高科技园足球邀请赛、“农行杯”电子竞技大赛、迎世博“物业杯”棋牌赛等体育赛事，充分展示各参赛企业的精神风貌和文化风采，加强参赛企业之间的交流，增进相互间的友谊，增强开发区凝聚力。开发区传统文化项目——“相约漕河泾”走入第五个年头，全年组织5次活动，共有580名男女青年报名、245人次参与，并有8对青年喜结良缘。《庆国庆迎世博漕河泾开发区文艺演出》在徐汇、闵行区政府的大力支持下，获得区内企业的倾情参与，13家企业奉献了一台精彩的节目向国庆献礼，为世博喝彩，1300余人应邀观看演出。此外，开展“再生电脑公益行”活动，组织区内企业先后捐赠500多台废弃电脑，“再生电脑公益行”漕河泾分中心已解决39人就业，其中，吸纳大学生13人。

【2010 年发展趋势】

1．重服务，提高核心竞争能力。将 2010 年定为服务年，各部门、各子公司和广大员工要在服务理念的提升、服务体制的优化、服务资源的整合和服务手段的创新等方面有新的突破。继续坚持“以企业为本”的服务宗旨，践行“四手理念”，遵循“两项工作原则”，进一步提高服务意识，打造服务品牌，拓展服务领域，完善服务环境，提升服务水平，从而提高核心竞争能力，发挥竞争优势。

2．调结构，推动重点产业发展。从坚持“五个并举”方面继续做好调结构工作，即坚持内外资并举、二三产并举、产业发展和科技创新并举、经济发展和环境协调并举、当前计划和长远规则并举。大力推进“开发区三年产业规划”所定位的“一五一”重点产业的发展：一大支柱产业，即占开发区产能比重最大的电子信息产业，包括计算机、集成电路、光电子及通信设备等；五大重点产业，即已形成的生物医药、新材料、航空航天产业和正在形成中的节能环保新能源、汽车配套研发产业；一大支撑产业，即以软件和信息服务业、金融服务业、科技和商务服务业等为主的高附加值现代服务业。

3．迎世博，推进三大园区建设。一是以创建国家生态示范产业园区为抓手，持续推进双优园区建设；二是以提升园区信息化水平为抓手，持续推进数字园区建设；三是以加强国际项目合作和管理合作为抓手，持续推进国际园区建设。

4．促双创，完善自主创新环境。大力抓好“双创超市”和“双创基地”的建设，集中资源，做大做强做活创业中心。建设“双创超市”，加强双创服务体系建设；建设“双创基地”，加强孵化器建设；继续申请大张江资金；大力开展中小企业投融资服务；充分发挥公共技术平台和设备共享平台作用；继续做好知识产权示范园区工作；大力加强创新型人才高地建设；抓好国家服务外包示范基地工作；推进高新技术企业认定工作；研究和对接国家高新区评价指标体系。

5．谋发展，实施“走出去”战略。一是通过理念互动，进一步加强与国内外兄弟园区之间的交流与合作，组织安排人员到国内外园区挂职，学习兄弟园区的先进经验。二是通过项目对接，以产业转移促进中心（商务部上海基地）和知识产品集散中心为平台，促进更多产业项目的双向转移和科技成果项目的转化。三是通过紧密合作，共建园区。抓好新成立的海宁分区的启动，重点抓好规划、建设、招商、管理等项工作，并在此基础上，进一步融入长三角，积极开展与盐城等其他长三角地区的战略合作，探索品牌输出与管理理念互动，为开发区今后发展不断拓展新的发展空间。要在与兄弟园区的交流互动中反思和提升、做大、做强。从上海著名商标向中国驰名商标挺进，争取进入国际先进园区的行列。

（王　晖）

上海市工业区开发总公司

【概况】

上海市工业区开发总公司是一家具有政府职能市场化运作的载体型企业。多年来，公司坚持在发展中调整，调整中提高，有效推进物流、房产、都市工业园区和中介服务四大板块的健康发展。2009 年，是经济发展最为困难的一年。在科学发展观的指引下，经过科学决策，攻艰克难，顽强拼搏，扎实工作，总公司完成营业收入 11799 万元，实现利润 2282 万元，完成年度预定的目标和任务。

【2009 年经济工作情况】

2009 年，上海市工业区开发总公司面对严峻的经济形势，党政领导班子全面准确分析判断，坚持科学决策，率领全体干部职工从实际出发，紧紧抓住“认清形势抓机遇，坚定信心促发展；实施调整抓转变，多作贡献保大局”的工作方针。明确提出“信心不动摇、措施不懈怠、基本面不改变”，以及围绕“基本面不改变”提出企业不能有亏损、现金流量不能有缩水、应收账款不能有增加、企业不能有裁员、企业员工收入不能减少的工作目标。经过全体干部和职工的同心协力，确保了经济平稳有序发展。总公司完成营业收入 11799 万元；实现利润 2282 万元。

一、总结学习实践科学发展观活动成果，推进企业科学发展

总公司紧紧抓住学习实践活动的契机，指导企业经济发展，坚持以调整促发展为主线，科学规划，稳步推进，正确把握企业经济发展趋势，着力解决制约经济发展的突出问题，有效地促进和推进经济稳步发展。切实做到：遵循规律，积极应对，理清思路；树立信心，形成共识，推动发展。在学习实践活动中，坚持“在实践中探索，在探索中提升”的工作作风，积极应对波动的市场，从企业实际出发，立足主业，找问题，想对策，以生产经营为主线，落实改进措施，通过延伸业务触角、拓展经营渠道，提升经营能力；通过强化成本管理、完善预警机制，确立风险控制机制；通过主动应对涨跌动荡的能源价格、停车业务持续下滑、租赁市场疲软等方面的困难和问题，切实增强应对市场变化和保持稳定发展能力，较好地克服了金融危机对生产经营造成的

损失和影响，保持生产经营有序推进。

二、落实措施渡危机，团结协作，确保经济持续稳定发展

1．广开言路、问策于民，形成共鸣。各企业坚持从实际出发，深入查找应对金融危机中反映出来的突出问题，拟定相应措施，应对市场动态变化。年初，各物流企业面对停车业务下降，租赁客户不稳定，企业成本不断增加局面，坚持从基础工作做起，从抓员工思想工作着手，以转变观念，树立信心为抓手，广开言路，虚心听取群众意见，认真查找影响制约企业发展的突出问题，将员工思想统一到企业稳定发展上来。北方商城深入群众，发动群众，集思广益探索发展之路，通过谈思想、交家底、听建议，进一步凝聚员工思想，改变低迷、散漫的精神状态，塑造战胜困难信心。万隆公司针对第一季度停车量减少、配载户提出减租、退租等现象，深入基层，下班组听意见，共同探索市场，提出降成本，保增长 12 条措施，为企业战胜困难，树立了信心，明确了方向。

2．转变观念，扩展视野，开拓市场。各企业坚持立足主业抓市场，抓经营，打破常规旧律，融入市场，寻找制约经济发展的突破口。万隆公司推行个性化、差别化经营管理，对停车场进行科学整合，发挥场地优势，推行特种车型停放的品牌优势，提升停车业务市场竞争力和占有率，不仅缓解 F23 停车拥挤，而且规范停车秩序，为主营业务的稳步提升起到了有力的支撑作用。北方商城主动走出去拓展招商渠道，延伸企业触角，跨行业寻找生机，努力拓展轨道交通物业业务，增加了收益。热力公司一手抓市场，继续发掘桃浦工业区内用热市场，拓展新客户；一手运用市场经济杠杆，发挥市场价格调节机制作用，稳定供汽市场。万力公司面对年初出现的园区入驻企业退租潮，一是通过加强沟通，完善服务入手，维持园区的稳定；二是坚持以市场为导向，多渠道，多角度开展招商工作，通过发动群众，鼓励员工参与招商，有近 2000 平方米空置厂房由一线职工招商引进的，保证了园区的出租率。招标公司坚持在市场中求生存，竞争中求发展的工作态度，通过蹲点指导，协助招标单位熟悉招标业务流程，以优质服务抓牢业务。主动出击积极拓展新客户，不仅完成全年经营目标，而且为新一年经营作好储备。着力加强自身建设，积极输送员工参与相关专业知识、政策法规学习培训，有效地提高企业整体素质，获得上海市通讯建设工程招投标先进集体称号。综开公司通过发掘内部资源为经营服务，增派人员对挂靠项目实行专项服务、做好诚信手册审核前修改工作、加强劳务输出管理等提高经营收益。同时，通过调整办公场所，压缩办公费用等有效降低经营成本，保持经营工作相对平稳。

3．调整整合，规范管理，提升能级。物流企业围绕工作会议确定目标，在规划上进一步细化，思路上进一步开拓，措施上进一步落实。万隆公司在硬件不足的情况下推进软件建设和管理，以迎世博为契机，加强内部环境改造，整修道路，不仅使道路整洁，而且提高车辆运行效率，并以差别化服务亲近客户，加强与配载户管理和协调，确保主业稳定发展。北方商城从规范管理抓起，清理合同，查清家底，查出漏洞，制止出血点，并以灵活的价格机制，规范不同车型超时停车费用，稳定老客户，吸引新客户，通过出击市场、内部整合等一系列措施，逐步减缓下滑趋势。

园区企业积极推进基础管理，完善管理体系，提升管理能级，向管理要效益。热力公司将管理前移，从拓宽采购渠道，融入采购市场着手，进一步加强对煤炭供应商选标和招标过程管理，从基础上把握和控制生产成本。加强设备管理，重抓完好率，保持设备最佳工作状态，提高产出效率。万力公司以基础管理为着力点，通过对园区内道路及生活卫生设施整修，不仅留住客户而且适当提高租金，通过加强园区车辆规范管理新增收益、通过积极财务管理，在确保新应收款 100% 到位的基础上历史旧账逐步减少。万润公司在动态中加强管理，关注入租企业动向，及时反馈信息，早准备、早调整，在做好“4.13”C5 东厂房火灾清理和重建工作同时，招商工作及时跟上，保证工作不乱不断，继续保持 98% 出租率。

4．积极应对，规范运作，稳步推进。景秀公司较好完成各项目标，并根据项目要求，在继续抓好存量房销售，推进和做好工程结束后决算工作同时，妥善解决因有偿出让面积与实际面积差异影响 6 月底取得“大产证”棘手问题。做好购房客户投诉工作，对客户提出要求及时落实维修整改，确保项目后期工作有序推进。君欣房产坚持以工程质量为保证，获上海市文明工地及市优质结构工程等称号，并及时做好售后相关工作，保证业主按时入住。紫兰苑按照工程要求做好售后服务工作，主动为业主提供帮助，热情接待，做好解释工作，缓解装修中矛盾，确保业主平安满意入住。

三、降本节支，加强管理堵漏增效促经济

总公司坚持将节能减排作为一项长期工作，通过制度建设进一步落实责任，将降本节支工作作为经济考核重要内容。通过内部查找，及时发现不足，堵塞漏洞；通过走出去学习取经，拓展视野，有效地将节能减排工作与实际工作相结合。热力公司坚持从基础工作抓起，科学调配锅炉运行，生产部门全天候对热网运行监察，严格控制过程操作，及时调整锅炉开停，有效提高煤汽比例。全力做好设备维护保养、热网管道改造等减少运行过程中热损，提高运行质量。继续推进合理化建议落实，通过锅炉分层煤斗改造、水泵变频改造等节约资金近 24 万元，投资 237 万元对剩余两台锅炉的脱硫项目落实施工，将节能减排工作作为推进企业发展

重要基础。万隆公司坚持从节约一张纸做起，改变不合理领用制度，以计量来压缩控制办公费用。通过对客户能源使用的过程控制，进一步压缩经营成本，提高增量。万力公司完善能源管理和考核制度，通过能源控制指标考核对不合格人员进行解聘，提高工作质量，在水电收支平衡的基础上保持盈利。

四、以人为本，营造企业文化，着力构建和谐

1．以迎世博600天行动为契机，积极推进环境整治和职工文明教育活动。总公司主动与市经信委及有关部门联系，积极配合支持地区改造规划，严格要求指导实施，明确整改目标，落实整改措施。各企业积极动员，规范工作行为，整顿店面商铺，增强窗口服务形象，清洁道路垃圾，加强环境整治。万隆公司拿出100万元将原泥浆路修造为柏油马路、近铁路沿线安装隔离护栏、浇水泥地面等。北方商城清洗大楼外墙、整顿街面秩序等，使企业内部、周边环境发生了较大变化。万力等公司参与迎世博宣传、组织世博知识竞赛、与每个员工签订迎世博安保责任书等。各企业通过开展多种形式活动，积极参与迎世博活动，为企业创造文明健康和谐的经营环境，在迎世博600天行动中展现企业形象。

2．寓教于乐，增强企业凝聚力。在迎国庆60周年之际，总公司先后组织国庆征文评选、歌唱祖国建立60周年歌咏比赛等活动，极大激发了全体员工的爱国热情。各企业结合实际组织相应活动，在活动中感受和传播企业文化和思想，激励职工热爱祖国、热爱企业，进一步树立职工以企业为荣的思想，增强敬业爱岗，珍惜岗位思想，提高员工积极性，责任感。

3．维护职工利益，关心职工生活。各企业抓效益、促和谐，加强企业凝聚力建设，坚持为困难职工排难解忧，通过帮困、帮困助学、组织员工疗休养、员工体检等从细微处着手关心员工。在工作中积极创造条件，加强劳动保护、改善生产环境。特别在高温期间，各级干部深入生产一线，落实防暑降温措施，改善生产环境，除按时发放防暑降温用品、降温费外增发防暑降温费、物品等，从源头上关心员工健康，关心员工生活。

4．安全稳定工作有序推进。总公司积极做好迎世博安保工作，制订计划、明确责任、落实措施，动员全体员工积极参与社会治安群防群治工作。积极贯彻“安全生产年”精神，积极组织开展安全生产执法、安全生产治理和安全生产宣传教育“三项行动”，并结合“安全生产月”活动开展专项检查、排摸危险源、落实整改措施、完善应急预案，将安全责任落实在实际工作中。万隆、万力、万润、北方商城等企业为进一步加强环境安全，重点部位安装探头，有效地防止和减少经营场所失窃问题，提高安全工作的可控性。

【2010年发展趋势】

2010年，总公司工作的总体要求是：认真学习贯彻党的十七届三中、四中全会和中央经济工作会议精神，坚持以邓小平理论、“三个代表”重要思想和科学发展观为指导，紧紧围绕总公司经济发展的总体目标，抓机遇、调结构、促发展。继续坚持在发展中调整、在调整中发展提升，有序推进经济发展方式转变，着力提高经济发展质量。逐步适应上海国资管理体制变革和国资整合调整的变化，推进产业结构和企业组织结构调整，实现体制机制创新和管理创新。继续推进节能减排，降本增效，提高产业整体素质和企业市场竞争能力，继续促进总公司经济工作创造新业绩。

工作方针是：适应新机制，迈出新征程，实施调整抓转变，努力创造新业绩。

经济目标是：营业收入10298万元；利润总额2716万元。

工作思路是：以适应新机制，迈出新征程为目标，坚持推进产业结构调整，抓住上海国资调整和管理整合的新机遇，坚持以发展新载体、优化存量结构、提高发展质量为前提，促进效益、质量双提高；以科学发展观为指导，实施调整抓转变，时刻把握经济形势变化的特点，及时调整企业发展思路，更好地发挥拾遗补缺的新优势，巩固完善产业链，促进企业协调发展；以增强企业发展动力为抓手，拓展企业发展渠道，提升企业发展理念，丰富企业的发展内涵，增强企业的发展后劲，努力创造新业绩。

工作要点是：坚持在调整中发展，在发展中稳步转变，明确方向布好局，提高企业运行质量；抓住上海国资国企改革调整的重大契机，逐步探索新的发展方向，谋求新发展；增强发展动力，拓展渠道，巩固完善产业链，促进企业创造新业绩；加强企业管理，抓好“双增双节”和安全生产工作，实现管理创新；加强人才队伍建设，不断为企业科学发展、可持续发展提供人才支撑；坚持以人为本，维护职工的权益，引导干部职工投身世博会各项活动。

（总经办）

宝山钢铁股份有限公司

【概况】

由宝钢集团有限公司（2005年10月前称上海宝钢集团公司，简称宝钢集团）独家发起组建的宝山钢铁股份有限公司（简称宝钢股份），于2000年2月3日创立。宝钢股份总股本106.35亿元，全部由宝钢集团代表国家持有。2000年11月20日，宝钢股份成功发行A股普通股18.77亿股。发行后总股本125.12亿股，其中：国家股106.35亿股，占85%；社会公众股18.77亿股，占15%。宝钢股份法人投资者为461家，有效认购121.474亿股；战略投资者10家，有效持有4.47亿股。同年12月12日，在上海证券交易所挂牌交易。2001年经股东大会批准，决定出资179.16亿元，收购上海宝钢集团公司三期工程部分项目。2002年召开的临时股东大会，再次通过收购宝钢集团部分资产议案，并完成托管的焦炉、码头、15万千瓦热电机组等共37.33亿元资产的收购。2005年4月，经国家证监会核准，宝钢股份增发50亿股人民币普通股。同年8月12日，宝钢股份召开临时股东大会，通过公司股权分置改革方案。

2008年，宝钢股份完成浦钢罗泾项目资产收购，设立中厚板分公司，按股份管控模式，调整其内部机构设置。

2009年5月，宝钢股份进一步压缩管理层次，精简机构设置，提高整体运作效率，撤销宝钢分公司建制。宝钢股份对宝钢分公司各项业务实行直接管理，并对宝钢股份现行组织机构作相应调整。

12月，宝钢股份荣获“全国推行全面质量管理30周年优秀企业”称号。

年末，宝钢股份获上交所“2009年度董事会奖”。宝钢股份高度重视公司治理建设，确立了由董事会审议批准的公司基本管理制度框架，明确重大经营决策事宜分级授权决策，通过董事会决议闭环管理，确保董事会决议事项的高效执行。宝钢股份的独立董事制度比较完善，专门委员会分工细致、运作高效。近年来，公司董事会不断深化、拓展专门委员会职能，增加战略委员会风险管理职能、审计委员会接受财务报告舞弊或管理层越权方面的投诉和举报职能。同时，宝钢股份董事会高度重视自身建设，不断学习公司治理和董事会治理理论和最佳实践，创造性地建立外部董事沟通会、董事高管交流会、审计委员会和内部审计及外部审计三方互动沟通会等交流机制，较好地促进了公司治理建设。

【2009年经济工作情况】

2009年，宝钢股份积极应对百年不遇的国际金融危机，以市场和用户为导向，实施管理变革，开展最佳实践者活动，苦练内功，自主创新，经受了磨炼和考验。在风云变幻的困难形势下，全年产铁2147万吨，产钢2386万吨，销售商品坯材2282万吨，其中，独有／领先产品968万吨。实现营业总收入1485亿元，完成年度目标的101.9%，实现出口产品销量173万吨。

一、持续优化产品结构，不断提升产品竞争力

宝钢股份以产品盈利能力为导向加强产品结构优化，碳钢独有和领先产品全年实现销售926.55万吨，完成年度目标的119.2%；汽车板提高深冲及高强钢产品销售比例，拓展产品盈利空间；无取向硅钢年产量突破100万吨，位列全国无取向硅钢产量第一。

扩大中高端市场份额，碳钢产品全年实现进口替代销量273.63万吨；电镀锌产品进军高端OA市场，稳定向爱普生、柯尼卡——美能达打印机冲压厂批量供货；高牌号电工钢打破直流变频压缩机用钢一直受国外厂家控制局面，实现向上海日立、松下、广东美芝、沈阳华润等用户批量供货；高磁感取向硅钢顺利通过三峡工程大型变压器应用国产高磁感取向硅钢技术评审，具备500千伏及以上电压等级大型变压器用取向硅钢的批量、稳定供货能力。

以产销研小组为依托，积极推进新产品开发和拓展，梅钢冷轧系列产品得到用户认可，保证梅钢冷轧系列机组的正常试生产；通过技术移植和现场指导，梅钢公司和不锈钢事业部高钢级生产能力显著提高，抗市场风险力明显改善。

二、加大重大工程供料力度，提升用户满意度

宝钢股份积极参与国内一系列重大工程建设项目的钢材供应，涉及桥梁、场馆、高层建筑和能源等多个领域。全年参与重大工程及其他工程类项目168个，供料合同订货总量达107.19万吨，完成年度目标的365%，创公司工程供料历史新高，较好地提升了宝钢在重大工程建设领域的品牌形象。

通过加强市场开拓和有效协调，在西气东输二线、世博工程、亚运工程、洋山深水港、舟山连岛、中石油、中石化原油储罐工程、核电工程、虹桥交通枢纽中心、深圳京基金融中心、泰州长江大桥、商务部援外及灾后重建等一系列建设项目的钢材供应方面取得显著成效。除传统的热轧、厚板、彩涂等产品之外，不锈钢、电工钢等产品的供料不断上升。

通过参与国内一系列重大工程项目供料，充分发挥产销研一体化优势，促进了高技术含量产品研发力度。如：应用

于世博中心和虹桥交通枢纽工程磁悬浮车站的低屈服点钢BLY225成为我国具有独立自主知识产权的产品；只有宝钢能供应的15万立方米以上大型原油储罐用钢；应用于广州新电视观光塔顶部天线桅杆的高强度耐候钢板Q420GJCW，为国内高强度耐候钢相关标准及规范的制定提供可靠依据。

三、深入开展全员、全面、全过程成本改善工作

贯彻全方位成本倒逼要求，全面推进成本改善项目，按固定费用在预算基础上下降1/3的要求严控费用支出，实现成本改善效益75.3亿元，完成年度目标的135%。通过强化采购供应管理，降低原料成本和铁水成本，全年铁水成本比上年下降10.35亿元（剔除原料价格和库存因素），完成年度目标的129%。直属厂部炼铁厂加强铁水目标成本控制，重点提高炼焦、烧结瓶颈工序的产品质量和产能；梅钢公司优化配煤方案，降低强黏煤的配比；不锈钢事业部优化烧结配矿结构，降低烧结巴西矿使用比例。通过优化生产组织方式，降低钢铁产品库存，12月末，公司钢铁产品库存249万吨，比年初降低53万吨；钢铁产品库存占用资金较年初下降46亿元。聚焦库存管理水平的提升，建立库存管理体系和制度，研究建立了库存指标模型，形成库存风险预警机制。通过优化维修模式，降低维修成本，全年维修费用实绩51.77亿元，比上年下降19.69亿元。各单元深入推进全员设备维护，结合不同产线的产能负荷，优化维修模式；通过加强设备日常状态的维护和检修项目立项必需性的审核把关，实现检修负荷下降和检修效率提升。同时，加强对备件请购、领用计划的控制，开展利库、利旧工作及备件资源共享、备件国产化等工作，降低物料消耗。

四、实施管理变革，提高管理效率

5月，宝钢股份通过压缩管理层级、明确经营主体、精简管理机构和管理人员，推进管理变革，提高管理效率。以“精简高效”为原则，撤销宝钢分公司建制，由宝钢股份直接管理原宝钢分公司各项业务，压缩管理层级。对整合后的组织机构进行梳理和优化，简化管理流程，提高公司整体运作效率；整合后，信息沟通更加直接、充分，业务管理重心下移，加快了管理者对现场和市场的响应速度。整合后，部门级机构同比减少10个，业务室级机构同比减少30个；管理费用明显降低。年内还组建产品事业部。在推进品种管理工作基础上，组建不锈钢事业部、特钢事业部以及钢管条钢事业部，明确产品经营责任体系，提高不锈钢、特钢和钢管条钢产品的市场响应速度。总部各部门根据“整体最优、资源共享、有效协同、风险受控”的原则，完成与各事业部业务界面和流程的梳理工作。3个事业部生产经营管理业务平稳，员工队伍稳定，运作情况良好。

五、科研和技术创新成果丰硕

1月9日，在国家科技奖励大会上，宝山钢铁股份有限公司宝钢分公司“钢铁企业副产煤气利用与减排综合技术”获国家科技进步奖二等奖，成为冶金行业首个获此殊荣的节能减排项目。本届科技进步奖首次设立“循环经济与节能减排”评审组。宝钢“钢铁企业副产煤气利用与减排综合技术”，有利于能源梯级利用，大大提高副产煤气综合利用的经济与环保效益，获评审专家充分认可。宝钢投产后，不断摸索成套副产煤气回收与综合利用技术，形成完善的副产煤气综合利用体系。借助信息化平台，宝钢自主设计、开发和集成国内首套能源中心实时监控系统及能源管理数据仓库，建立煤气系统的分散控制、集中管理、优化决策的现代信息化管控模式；开发转炉煤气回收极限值分析方法，建成完整的转炉煤气柜双柜并网运行系统，解决了转炉煤气间歇回收与连续使用的矛盾；建成世界上第一台燃用低热值纯高炉煤气的燃气—蒸汽联合循环热电机组，攻克了稳定燃烧100%低热值煤气等影响机组稳定运行的诸多技术难关；研发形成煤气设施安全保障运行的系列技术。研发副产煤气回收利用相关技术共获得国家专利21项、企业技术秘密65项，创造直接经济效益5.67亿元，减排二氧化碳345.45万吨。

2月，宝钢股份研究院研发的《抗SO2、H2S腐蚀用3Cr系列油套管研制》获上海市科学技术发明奖一等奖。抗SO2、H2S腐蚀用3Cr系列油套管产品抗SO2腐蚀性能与常规N80、P110等产品相比提高3倍以上，抗H2S腐蚀性能完全满足NACE标准的高抗硫管要求。该项目获得5项专利授权，其中3项为发明专利，并形成10多项技术秘密。该系列产品已广泛用于国内外油气田，累计创造效益近4亿元。另两项获市科技进步奖。《DI罐用极薄钢板及钢罐产品开发》填补了国内DI材及钢质两片易拉罐制造的空白，实现DI材的持续减薄和钢质两片易拉罐的持续减重，制造技术及产品质量均达到世界先进水平。该项目近3年实现新增利税4.5亿元。《高速冷轧带钢多功能在线检测系统》实现对直径不小于1毫米的空洞、开口深度不小于1毫米的边裂100%的检出率，对中线和宽度的测量误差小于0.5毫米，达到国际先进水平。该技术在宝钢得到很好运用，近3年累计创效1.1亿元。

8月，宝钢一批牌号为B23R080的激光刻痕取向硅钢，发往国内一家变压器制造商，用于制造高效能变压器。这标志着宝钢在国内率先掌握取向硅钢顶尖制造技术，制造出取向硅钢顶级牌号中的最高等级产品，成为世界上少数能生产此级别产品的企业之一。由于国内无法生产顶级牌号取向硅钢，长期以来依靠进口产品。宝钢虽然在取向硅钢研制和生产上起步较晚，但起点高、发展迅速，在自主集成的取向硅钢机组尚未投产前，就超前思考，明确以高端路线抢占市场制高点，并以业界主流的激光刻痕技术作为突破的关键手段，着力研发生产顶级取向硅钢产品。2008年7月，宝钢第

一卷采用先进工艺生产的高等级取向硅钢成品下线，为试制更高等级的激光刻痕产品创造了条件。在此基础上，宝钢加快高端产品试制力度，围绕底层不良、断带率高等重大难点展开攻关，取得显著成效。通过对激光刻痕技术的掌握和运用，宝钢已试制出包括B23R080在内的5个顶级牌号取向硅钢，实现牌号的全覆盖，填补了国内空白。宝钢部分顶级牌号取向硅钢产品已被国内6家大中型变压器制造商批量订购，并制造成高效能变压器远销海外。

六、企业信息化获6项大奖

3月，2008年度中国企业信息化500强调查评选揭晓，宝钢股份荣获“2008年度信息化企业大奖”、“重大企业信息化建设成就奖”、“最佳IT总体架构奖”、“最佳供应链管理应用奖”、“最佳电子商务应用奖”、“最佳决策支持应用奖”等6项大奖。

宝钢股份成立以来，历经以生产为中心、以财务管理为中心、面向用户以提升竞争力为中心、提升软实力实现跨越式发展等阶段。每一次管理提升都离不开信息系统的支撑。宝钢股份始终围绕未来发展主线，深入推进纵向一体化管理与横向协同管理相结合的新型管理体系，实现从“精品战略”到“精品＋规模”战略，从“新建为主”到“兼并重组与新建相结合”扩张方式的转变，与之配套的信息化建设随之大步前进，信息化建设有力地促进宝钢股份发展目标的实现。宝钢股份经营管理信息化系统基本建成。2008年，国务院国资委评价宝钢信息化水平为A级，指数为92.28，在冶金企业中名列第一。

七、策划环境经营体系，迎接“低碳”经济时代竞争挑战

年内，宝钢股份建立动态能源环保管控体系，深入挖潜组织开展能源成本改善项目，拟订环境经营组织体系、责任体系、指标体系，促进公司能源环保管理水平和节能减排技术上新台阶。

合理利用能源替换，减少高价能源的使用量，以节能减排专项审计开展能源管理自诊断，建立以“关键能效因子”和“能耗源”梯级管理为特征的能源效率管理网络，完善建立节能环保设备的监督、评价和持续改进体系。

优化环保设施运维模式，推进环保设施经济运行，推进上海市、宝山区环保三年行动计划，捐建宝山区环境监测中心，建成环境自动监测监视与管理信息系统二期工程，编制《迎世博环保行动方案》，强化和提升厂区环境管理水平。

【2010年发展趋势】

2010年，宝钢股份生产经营目标是：独有产品比例达到9%，合同完成率100%，吨钢综合能耗小于746公斤标煤，全年做到经营业绩国内同行最优。

主要措施是：持续强化产品经营工作，提升公司市场竞争力；持续推进成本改善项目，改善成本体制；持续深化管理变革，建立和完善适应市场需要的体制、机制与流程；大力推进环境经营，提升公司在钢铁新时代的竞争力；强化基层管理，加强队伍建设，持续提升企业软实力。

（程陆平）

上海梅山钢铁股份有限公司

【概况】

上海梅山钢铁股份有限公司始建于1969年4月，是以钢铁为主业的大型工业企业。2001年7月13日，由上海梅山有限公司等6家股东作为发起人组建成立上海梅山钢铁股份有限公司。2004年10月22日，中国信达资产管理公司等将所持有的梅钢股份转让宝钢集团公司。2005年上半年，宝钢股份完成增发收购，该公司资产进入宝山钢铁股份有限公司，成为宝钢股份子公司。

梅钢公司主要生产1.8～12.7毫米×700～1270毫米钢卷及1.8～8.0毫米×700～1270毫米热轧钢板。已形成生产碳素结构钢、优质碳结构钢，高强度低合金钢国产牌号系列钢，日本SPH、SPHT、SS、SM牌号钢和美国SAE、A36/A36M牌号钢的系列产品能力。根据市场需求，又开发生产了焊瓶、汽车大梁、耐腐蚀、花纹板、石油天然气输送管线用钢系列产品。

【2009年经济工作情况】

2009年，梅钢公司面对严峻形势的挑战，紧紧跟踪采购、销售两个市场，持续提升市场应变能力，在新老产线顺利切换的情况下，生产经营、成本改善、工程建设等各项工作取得较好成绩。全年产铁317.22万吨、连铸坯300.43万吨、热轧板卷302.18万吨。冷轧于10月1日进入生产阶段，共生产16.87万吨冷轧产品，成材率达到88.12%。全年实现营业收入108.6亿元，利润－3.69亿元（不含固定资产报废）。下半年实现利润总额6500万元，实现下半年不亏损经营目标。降本增效完成3.83亿元。

一、抢抓市场机遇，精心组织生产

1～5月，生产合同量严重不足。面对限产、高炉开停炉、检修任务繁重等不利因素，梅钢公司以有边际贡献为底

线，合理安排产能计划和生产组织，平衡好各类资源。5 月后，市场价格走出低谷，公司快速应对，果断提出以铁、钢、热轧三个工序日产 1 万吨产量的总体要求，发挥系统生产组织能力，实现产能效益最大化。4 号高炉、4 号烧结机投产后，炼铁厂积极推进设备消缺和新产线“四达”工作，加强原燃料和生产操作管理，稳定铁水温度和成分；炼钢厂以稳定设备运行、铁钢资源最佳匹配为目标，通过全部消化铁水、阶段性多用废钢来多产坯；热轧厂围绕轧线设备精度、功能、工艺通道管理开展攻关和系统优化，不断改善质量，提升产线能力。冷轧厂优化各机组调试计划，实现负荷试车、正式投产的目标，设备运行趋于稳定，产量、质量稳步提升，酸轧、热镀锌、热镀铝锌机组于当年 12 月实现月产达标。

根据生产负荷及产线设备运行状态，优化定年修模型，促进经济维修，检修计划时间命中率 96.52%，计划时间、实绩时间比上年下降 23.06% 和 14.78%；强力推行标准化作业，深化 TPM 管理，发挥全员设备维护效能，更加有效地掌控设备状态；建立高效的设备支持保障组织体系，推进新产线设备前期管理。

二、系统挖掘降本潜力，苦练内功应对危机

年初，梅钢公司确定优化品种结构、促进指标升级、强化成本管控、加强能源及固废利用和强化费用控制五大类 23 项降本增效项目。为此，公司建立跨部门项目团队，明确分项目标和分工责任，完善行动方案，落实行动措施，并将季度降本增效指标完成情况纳入各单元绩效评价，建立降本增效长效管理机制。围绕降本增效开展效能监察，各单位共确立实施效能监察项目 7 项，实施备件计划管理效能监察，并针对存在的问题制订整改措施；开展机旁库管理专项检查，进一步促进机旁库管理规范化。

梅钢公司以本部直属厂和行业先进指标为参照，全工序、全流程开展对标，将成本倒逼延伸到采购供应、生产组织、库存发运、资源综合利用等各个环节，重点对能耗、辅材、物流、技术和维护指标、财务费用和管理费用等进行分类，逐一落实提升指标、降低成本的具体措施。采取策略性采购，抓住机遇锁定资源和价格，努力降低采购成本；全面提升系统制造能力和技术质量、管理及操作水平，炼钢 A、B、C 三类指标中，有 8 项达到二炼钢上年水平；热轧 25 项指标中，有 24 项达到 1580 产线上年水平；改善物流方式，进口矿“江海直达”完成年度计划的 113.3%，煤炭水运比例比上年降低 14.7%。能效改善取得阶段性成果，实现收益 2100 万元，完成目标值的 155%。固废综合利用率 98.77%，返生产利用率 23.27%。公司重点降本增效项目实现预算外效益 3.83 亿元，完成目标的 120%。

三、加大技术攻关力度，推进科技成果转化

为实现冷轧产品质量爬坡，梅钢公司在宝钢股份技术支撑下，推动孔洞攻关技术移植项目，争取早日攻克质量缺陷。开展内控符合率攻关、夹渣夹杂攻关，全面提升炼钢制造能力和技术质量、管理及操作水平。抓好内供料质量工作，起筋、黑线、氧化铁皮缺陷得到控制，特别是温度控制的过程能力、板形都有很大提升和改善。

梅钢公司全年开发 22 个新品种，当年新品试制量 6.44 万吨，新产品销售率 20.79%，达到历史最好水平。围绕冷轧调试和生产，开发包括 MRT-4CA、MRT-5CA 等电镀锡、普冷家电、热镀锌和热镀铝锌等 4 个系列 14 个冷轧产品。耐硫酸露点用钢 BNS440 通过国家烟草行业使用许可，经济效益显著。开发冷拔管钢 BLB280，为打开并扩大空调、冰箱、汽车等行业市场提供先机。非调质石油套管用高强钢 N80-1 批量生产。开展 MDB350 工艺路径优化研究，满足用户产品质量要求。以镀锡原板、低贝钢、薄花纹板等为代表的 7 类重点产品比例比上年增加 6.37%，为产品结构优化、扩大市场占有率、减亏增盈作出贡献。

梅钢公司以自主知识产权培育为核心，提升知识产权战略运作能力，促进科技成果快速转化为生产力。聚焦关键工序、技术、产品等，集群化策划知识产权 41 件。节能、环保领域知识产权申报，共认定 177.65 件技术秘密，较上年增长 1.7%。专利质量逐年上升，在第十八届全国发明展上，参展专利获奖 1 金 2 银 4 铜。

四、一期项目建成投运，二期项目建设启动

一期 350 万吨钢老系统改造项目全面建成投运。主体工程项目进度较计划工期提前 2 ~ 8 个月，投资、质量受控，总体工程质量合格率 100%，检查点合格率为 94.3%，达到优良标准。通过老系统改造项目实践，公司矩阵式项目管理体系趋于成熟，项目组自主管理能力有了大幅提高，标化工地建设、安全管理水平、建设系统能力得到长足进步。冷轧工程作为宝钢自主集成创新项目，在梅钢喜结硕果。

梅钢公司二期扩建项目投资 115.19 亿元，建设内容包括铁烧焦、炼钢连铸、热轧及配套公辅等，计划 2012 年 6 月建成。年内，公司迅速展开二期项目建设各项前期工作，制定二期项目建设总进度内控计划和施工准备规划，明确各主体项目重大节点，对二期项目初步设计进行优化调整，完成三个 A 类项目可研和技术谈判。二炼钢及热轧区域等施工准备工作基本完成，完成施工招标准备，为二期项目开工及标化工地建设创造条件。先行实施项目 4 号焦炉点火烘炉，完成球罐区搬迁改造，一炉一机发电项目及 2 号 RH、板坯手清等重点工程开工建设。

五、安全生产稳定受控，环保设施有效运行

梅钢公司高度关注新建项目安全管理，采取“严抓前期准备、跟踪过程管理、验证执行结果”的全过程管理模式，年内未发生重大人身伤害事故。跟踪检查施工及改造项目的过程安全，尤其是炼钢行车梁更换、1 号连铸机电气改造等高空、立体交叉作业，检修现场安全管控能力大幅提升。全系统开展专项安全检查和专项整治工作，及时发现、消除能介系统、防火重点部位、有毒有害危险作业场所的安全隐患。

梅钢公司认真抓好环保设施基础性建设与管理运行，环保指标进一步改善。按照“三同时”原则，铁前新系统除尘设施、冷轧废气处理设施和酸再生除尘设施与主体工程同步建成，运行效果稳定；冷轧电镀锡机组 MSA 工艺投入使用，改善了员工作业环境，保障了职业健康；4 号烧结机烟气脱硫工程投运，可削减 SO2 排放量约 6000 吨／年。严格污染排放监控管理，对各生产工序废水处理设施的运行及废水排放情况进行检查和消缺，提高了环保设施同步运行率和完好率。同时，加强对 3 号烧结烟气脱硫设施的运行管理，合理控制梅精矿配比和入炉电煤含硫率，SO2 排放总量、COD 排放总量大幅下降。

【2010 年发展趋势】

2010 年，梅钢公司经营方针是：产品经营，成本改善，增强盈利能力；创新发展，环境经营，培育竞争优势。

经营目标是：计划生产生铁 365 万吨、钢坯 355 万吨、热轧 345 万吨、冷轧商品材量 95.29 万吨；销售收入 145.6 亿元，全年不亏损，争取盈利。

主要措施是：发挥系统规模能力，持续提升市场竞争力；深化成本改善活动，争取最佳经营成果；拓展品种提升质量，提高产品盈利水平；抓紧二期各项目按期开工，提升工程建设质量；系统改善基础管理，充分发挥员工潜能；保持队伍稳定和安全治安受控，维护大局稳定和谐。

（程陆平）

上海市药材有限公司

【概况】

作为重组上市的新上药集团核心中药板块，上海市药材有限公司集农工商、科工贸、产学研于一体，是全国中药行业产业链最为完整的大型中药企业之一。公司注册资本 4.6369 亿元，总资产 22.42 亿元，净资产 7.04 亿元，年销售收入 30 亿元。三大主营业务板块为：中药材、中药饮片；中成药、中药原料药、中药保健品；参茸滋补品、中药保健食品。拥有中国驰名商标“雷氏”，上海著名商标“神象”、“杏灵”、“沪光”知名品牌。

公司的 5 个中成药生产基地全部通过国家 GMP 认证。生产的中成药品种涉及 13 个治疗领域，涵盖 20 种剂型，400 多个批准文号。国家一、二类新药 3 个，专利产品 20 个，独家品种 23 个，51 个品种进入国家基本药物目录。核心产品有六神丸、珍菊降压片、丹参片、银杏叶片、猴头菌片、强力天麻杜仲胶囊等。经营中药材品种 1400 余种，药材仓储面积近 5 万平方米，年吞吐量 6 万吨。

公司拥有的国家级企业技术中心——上海中药研究所，已成功开发 40 余项，包括“人工麝香”、“银杏酮酯”等一、二类及具有自主知识产权的新药产品。承担 42 项国家级及上海市重大科研攻关项目。“建设拥有自主知识产权的中药原料药系统研发平台”项目获国家发改委立项。申报发明专利 100 项，获得授权的发明专利 50 项。银杏酮酯和杏灵颗粒在中国、美国、英国、澳大利亚获授权发明专利 14 项。

公司拥有严格的、符合国家 GAP、GMP、GSP 规范的质量保证体系。建成行业内唯一一家通过“中国合格评定国家认可委员会”(CNAL) 认可的技术检测中心。还被世界卫生组织定为世界草药官员的培训中心之一。上海“西红花”种植基地全国首批通过国家 GAP 认证，其种植技术获国家专利。

公司在继承传统制作工艺的基础上不断创新，历年来在研制开发新产品，推广运用新技术方面处于行业领先地位，产品深受消费者欢迎，拥有药品市内外市场终端点 1430 个、上海市场药品覆盖率达 95%、上海社区医疗卫生中心 100% 全覆盖、保健食品市内外市场终端 800 个的强大专业营销网络，并且远销日本、东南亚诸国、欧美等国。

【2009 年经济工作情况】

2009 年，在新上药集团领导的支持和关心下，以科学发展观为引领，以市场为导向，按照年初公司提出的“两个转变、两个突破”和“六大调整、六大创新”战略目标，专心专注主业，集中集聚资源，紧紧围绕“调整、创新、聚焦、发展”的主题，转变思想观念，转变行为模式，转变经济发展方式。

一、完成药材资产重组，理顺公司管理流程

在新上药集团的统筹下，完成上海市药材有限公司的重组工作，明晰公司资产结构，按照现代企业制度要求，建立新的法人治理结构。对包括公司本部、制造总厂、营销中心等实体的组织结构进行调整。公司本部实施药材公司和雷允上药业的本部管理职能，采取两块牌子、一套班子的管理办法，使本部的管理职能涵盖公司行政管理职能和实体操作职能的二重性；撤销雷允上分厂建制，设置雷允上制药总厂，压缩管理层级，达到工业集中管理的目标要求，使工业生产能严格按GMP要求组织实施；雷允上营销中心设立商务部、销售部、市场部三大业务部门的管理系统，进一步形成商务集中、垂直管理的格局。

二、建立完善管理制度，规范内部管理流程

建立公司专项会议制度，形成工作互通、信息交流、协调发展的管理平台。制订完善《经济合同管理制度》等管理制度，建立年度和月度预算管理体系等管理流程。确保公司生产经营有序发展，规避企业经营风险。

三、探索改革营销模式，确立三大主营业务

实施饮片生产“五统一”管理办法，使饮片质量可控稳定有效，有利于探索中药饮片质量控制模式。在上海中药饮片行业中倡议建立中药材、中药饮片联合采购的公共平台，整合中药饮片行业资源优势，实行“三统一”管理模式，使中药材经营向经营服务性业态转型。

推进营销率先突破，有效发挥商务部、销售部、市场部三大业务管理系统功能。商务部注重商品流向跟踪管理；销售部注重重点品种在重点区域的重点突破；市场部注重市场环境分析，研究产品市场竞争策略。通过品种结构调整，对76个品种规格重新进行市场定位与渠道分隔，以集聚资源。

探索六神丸国际市场的定位和拓展模式，在香港市场尝试两家经销、价格统一、渠道划分、投入共担的新模式，使六神丸销售增长40%。

通过开展“神象”品牌20年真情回馈活动，以及“夏季攻势”和“迎冬旺奋战100天”等一系列营销活动，引导保健品消费人群向品牌产品消费的理念，对300多家“神象”专卖店（柜）实施统一形象的措施，探索“神象”高挡专卖店经营模式。针对不同渠道、不同消费人群，推出不同产品组合。

四、启动科研贴近市场，技术服务企业举措

六神丸（人工麝香）方申请获国家食品药品监督管理局批准，同时，“六神丸”制作技艺被认定为上海市“非物质文化遗产”，并申报国家级“非物质文化遗产”。

科研重点确立以产品二次开发为主。珍菊降压片、麝香保心丸二次开发项目分别获得市科委专项资金支持。“六神丸”列入集团7个重点研发项目之一。

公司下属各单位共申报各级政府资助科研项目（产品）17项（个）。申请专利3项；授权专利3项。

五、加强各项基础管理，经营有序降本增效

制药总厂通过片剂、硬胶囊剂、合剂、糖浆剂、酒剂、煎膏剂等6个剂型GMP认证，封浜制药厂通过丸剂GMP认证，8家相关经营单位完成经营许可证换证。各厂接受市、区药监局监管检查合计6次，总体情况良好，质量抽检合格率达100%。

工厂采取一系列节能减排措施，节约大量天燃气、生产用水。通过积极调整生产作业时间，合理安排生产作息时间。采取二班连续生产制，减少职工往返路途时间。

结合做大公司标志性产品“六神丸”的要求，工厂积极安排生产，员工克服困难主动加班加点，保质保量完成任务。

推进公司信息化建设，提升管理能级。实施用友ERP供应链管理系统。配合实施中药饮片“五统一”管理，建立中药饮片公共信息平台。

六、整合资源集中管理，推进管控风险岗位

实施全国公开招标，改变药材传统采购模式。进行4次药材采购全国统一公开招标的探索，涉及品种204个。通过药材公开招标，提高药材的质量，为建立优质药材基地奠定基础。实施包装材料集中招标采购管理模式，实施工业产品外加工生产点的集中评审及统一管理的模式。

七、实施“加减”并举措施，推进人员结构调整

积极控制职工总量，在做“总量减法”的同时，做好“人才加法”。制订人员结构调整的一系列配套政策，先后对中机厂、珍珠公司、沈阳公司处置的员工进行分流安置。加大调整充实销售队伍，建立完善淘汰和退出机制以及业绩考核机制，引进市场化人才充实营销第一线。建立后备干部选拔和培养机制，加快青年后备干部队伍建设，对后备干部信息库实施动态管理。

各单位都制定系统员工培训计划，开展不同形式的培训方法，通过专业授课、拓展训练等形式，着力提高员工素质。

八、以品牌建设为抓手，构建良好企业文化

建立完善重组后的上海药材公司视觉识别系统（VIS），对公司所属企业的品牌进行疏理，对品牌使用范围进行定位，经过讨论和听取意见，推出新的上海药材公司司标。维护“雷氏”商标，追逐“雷允上”发展历史。

【2010年发展趋势】

2010年，公司将以科学发展观为指导，全面贯彻落实中央和市经济工作会议提出的“调结构，促发展，实现经济发展方式转变”的重要方针，按照上药集团提出的“调整结构、整合提升、科学发展、创造价值、用心把新上药打造成为上海生物医药支柱产业的龙头企业”的要求，以新上药为新起点，专心专注主业，集中集聚资源，坚持“业绩、责任、执行”为重点的经营管控模式，倡导以稳定和发展为核心的企业文化，提升企业综合竞争力，为实现各项工作目标，建设一个可持续发展的新药材而努力奋斗。

主要措施：构建六大创新体系，主要内容包括：创新市场营销体系、创新产品梯队体系、创新科技研发体系、创新成本管理体系、创新内部管控体系、创新业绩考核体系，实现业绩稳步增长。

（孙峥嵘）

沪东重机有限公司

【概况】

沪东重机有限公司是研制大功率船用柴油机的专业化企业，位于上海浦东新区，占地面积12.7万平方米，注册资本24亿元。

公司是我国最早研制大功率船用柴油机的生产企业。早在20世纪50年代，公司开始研制国产船用大功率柴油机。1958年，研制成功我国首台6ESDZ43/82船用大功率柴油机；1965年，中国首台万匹机7ESDZ75/160通过国家鉴定；1969年，我国海军护卫舰主机E390V中速大功率柴油机又研制成功。改革开放后，通过引进中、低速大功率柴油机专利技术，先后制造出MAN、WÄRTSILÄ、S.E.M.T.系列多种机型的专利产品；1989年，研制出2700标准箱集装箱船的主机7RTA84；2003年，研制出30万吨油轮的主机7S80MC；2006年，研制出3500标准箱集装箱船的主机7K90MC-C。

公司获得DNV船级社ISO9001质量管理体系和新时代GJB9001A-2001产品质量体系的认证。1998年至今连续被认定为上海市高新技术企业。2003年起先后被认定为上海市浦东新区企业技术开发机构、上海市企业技术中心、国家级企业技术中心（分中心）；2009年11月，被认定为国家级企业技术中心。

公司总装车间设备达到国际先进水平，车间拥有2个中速机和8个低速机试车台位，起重能力达到500吨；加工车间拥有大型数控龙门铣4台，其中，最大的是6米×27米的数控龙门铣，其他大中型数控龙门铣、大型数控镗床、加工中心、大型数控车床、导轨钻床、磨床等配置齐全。

【2009年经济工作情况】

一、市场状况

受国际金融危机影响，全球新船成交萎缩，主机价格大幅回落，供需严重失衡。为规避风险，通过控制生产周期、保交机、保定单、抢订单等措施防范风险。

二、经营业绩

完成工业总产值284647万元，比上年下降23.9%；完成出口产值3180万元，下降51.7%；实现营业收入282141万元，下降20.4%；出口创汇752万美元，下降41.1%。完成各类低、中速柴油机87台/110.5万千瓦，减少16台/20.1万千瓦。完成地铁盾构机13台，盾构服务范围遍及天津、杭州、深圳、杭州、西安等大城市。从业人员1313人，各类专业技术人员571人，高级职称96人，技师37人。

三、技术进步

通过引进、吸收、消化国外专利技术，开发6RTA58T-B、6RT-flex58T-B、5S60ME-C等多项新产品。完成国防科工局“船用大功率柴油机关键零部件数控机床加工增效技术研究与应用”和“大功率船用柴油机引进技术标准分析研究”。完成上海市科委登山计划“国内首台6S80MC-C大功率柴油机关键制造技术研究”和市经信委装备制造业产学研合作项目“7RT-flex68B智能型柴油机共轨系统本土化”。

与第七一一研究所联合组建船舶动力国家工程实验室，围绕提高船用柴油机等动力设备的设计、制造、验证能力和关键零部件的质量水平，建立船用柴油机排放、振动、噪声等测试和整机试验平台，为设计改进和开发具有自主知识产权的船用低速柴油机技术提供支撑。

【2010年发展趋势】

2010年，公司主要工作目标是：工业总产值计划达到29.5亿元，完工柴油机98台/111万千瓦。

主要工作措施：积极争取新的柴油机定单；确保全年柴油机生产任务的完成；继续推进生产转模；强化质量管理。

拟开发的新产品：6RT-flex58T-B、5S60ME-C型低速柴油机。

（於玉泉）

上海外高桥造船有限公司

【概况】

上海外高桥造船有限公司成立于1999年，是中国船舶工业集团公司旗下上市公司“中国船舶”的全资子公司。根据中国船舶工业集团公司和上海外高桥造船有限公司的海洋工程中长期规划，上海外高桥造船有限公司投30亿元，在临港建设专用海洋工程制造基地——上海外高桥造船海洋工程有限公司。该项目规划总用地面积约103万平方米，典型产品有半潜式钻井平台、自升式钻井平台、FPSO及上部模块等，计划于2010年5月投入试生产，届时将对上海推进发展先进制造业、推动高新技术产业化、提升我国海洋工程装备总承包能力起到积极的促进作用。

【2009年经济工作情况】

2009年，上海外高桥造船公司全年造船总量达到创纪录的605万载重吨，比上年增长32%，占中国造船总量的15%，成为中国第一家年造船总量突破600万载重吨大关的船厂，并首次跻身世界三强。公司年造船总量连续五年位居中国各船厂之首，并保持着近五年累计创利全国船厂第一，已交付的133艘船全部提前交付的行业纪录。

4月20日，外高桥造船公司承建的世界第六代3000米深水半潜式钻井平台顺利下坞。该钻井平台是我国实施深水海洋石油开发战略的重点配套项目，并作为拥有自主知识产权的重大装备项目纳入国家重大科技专项，将填补我国在大型深水钻井平台项目上的空白。该钻井平台最大作业水深3050米，钻井深度10000米，设计寿命30年，入级美国船级社和中国船级社，计划于2010年年底交付，将用于南海深水油田的勘探钻井、生产钻井、完井和修井作业。

10月15日，外高桥造船公司与国际知名航运公司签订一艘20.6万吨超好望角型散货船建造合同。该新型船舶由外高桥造船公司自主研发，是全面满足国际新规范、适应国际航运需要以及船东需求的超大型船舶，标志着外高桥造船公司在产品结构调整上又迈出重要一步。

【2010年发展趋势】

2010年，公司将把加快转变经济发展方式作为中心工作和重要任务，大力推进实施海洋工程战略，不断强化企业管理，提升发展质量，增强核心竞争力，努力实现新的跨越。

（谢莎莎）

江南造船（集团）有限责任公司

【概况】

江南造船（集团）有限责任公司（以下简称江南造船）由江南造船厂改制成立，其前身是1865年6月3日清朝创办的江南机器制造总局。江南造船曾为我国制造出第一支步枪、第一台万吨水压机、第一艘蒸汽推进的军舰“惠吉”号、第一代航天测量船，是中国船舶工业集团公司的核心企业，是国家大型骨干企业和国家重点军工企业，是首批40家国家级技术中心单位之一，全国首批6家技术创新试点和16家国外智力引进试点企业之一。

根据上海世博会建设和中船集团公司战略部署的需要，江南造船整体搬迁至长兴岛。在中船集团公司的领导下，公司克服种种困难，仅用短短3年时间就全面完成长兴造船基地的建成投产，并于2008年6月3日胜利完成整体搬迁，公司进入新的发展阶段。

新江南造船占地面积约133万平方米，码头岸线近2000米，拥有365×82米船坞1座，配置800吨龙门吊1台；室内船台5座；室外船台1座，配置450吨龙门吊1台。厂区建设按现代化造船模式的理念进行构思和策划。在造船流程中以中间产品为导向，按区域组织生产，壳、舾、涂作业在空间上分道，时间上有序，实现船舶产品设计、生产、管理一体化，实行高效、均衡、连续地总装造船。新江南已形成一个具有总装特色、以船体、涂装、舾装和信息化系统为支撑的现代化船舶总装厂。

2009年对于江南造船来说是特殊的一年，一方面由于老厂老体制已不适应现在的生产体制，各项新体制新机制仍处于不断完善之中；另一方面由于金融危机的影响，船东船检对交验项目的要求越来越高，航运业受到严重影响，需求萎缩，“交船难”、“接船难”已成行业普遍现象。面对困难重重，江南造船在积极完善新体制的同时，通过不断消化吸收国际先进的造船经验和技术，结合自主创新，形成了一套适应新造船流程和理念的设计、建造及管理模式，全年成功交付船舶共13艘，预示着江南造船将在长兴岛造船基地上书写新的篇章，迎来新的辉煌！

【2009年经济工作情况】

一、经济运行情况

1.公司经济运行情况平稳增长，全年实现主营业务收入54.2亿元，比上年增长29.6%，完成工业总产值50.3亿元，增长64.1%。

2.全年交船吨位39.3万载重吨，新承接船舶订单12艘，合同总额达92亿元，增长22.5%。

二、科研项目及科技创新成果

近年来，江南造船在企业自主创新和创新能力建设方面做了大量工作，完善了企业创新体系，企业研发水平和实力均有显著提高，公司技术中心在2009年被授予国家认定企业技术中心成就奖。

江南造船全年用于科研项目的投资为2.8亿元，科研投入占销售收入的比重为5.2%，完成科研项目共41项（其中包括中船集团公司及上级下达项目22项；公司自筹项目19

项）；申请专利 13 项。

三、企业产品质量

江南造船始终坚持“讲百年信誉，建一流舰船”的质量方针，塑造稳定、安全、可靠的质量文化理念，始终把质量管理当作企业管理的首要任务。9 月，公司顺利通过中国新时代认证中心和中国船级社质量认证公司对江南造船公司的军、民品质量管理体系的联合换证审核。

四、企业 HSE 管理体系

江南造船在完成整体搬迁后实现 HSE 管理体系 5.0 版向 5.1 版的有效转版，并于 2009 年通过 ABSQE 的年度复评审核。江南造船 HSE 的方针是：一切为了员工生命安全；一切为了保障高新工程；一切为了推广绿色造船。

五、企业保密理念

江南造船一直着力塑造全员参与的保密文化理念。公司组织全员参与以《保密法》和《劳动合同法》为主的“五五”普法培训，以落实保密责任体系建设为抓手，强化制度、教育、防范和监督工作，严格管理，务实工作，不断提高保密工作的管理水平。

六、企业学习型团队建设

江南造船不断努力探索提高管理和技术团队能力的办法。公司开设“江南大讲堂”，至今已开办 10 堂，主要围绕“现代精益造船模式”、“人力资源管理”、“企业 5S 管理”等主题开展，在公司的管理干部和技术人才队伍中营造良好的学习氛围，为企业当前面临的实际问题起到咨询、参谋的作用。

七、企业文化建设

江南造船把文化建设融入企业的生产经营活动。设立企业文化建设办公室，按照年度计划推进工作；通过深化“5S”管理，制定职工共同行为规范、编制《江南员工行为文明手册》、推行班前会制度、组织员工军训、举行升旗仪式、实施“统一基色、统一标志、统一着装”，形成有江南特色的企业文化建设体系。

【2010 年发展趋势】

2010 年，江南造船将贯彻“规范建模、运行唯实、强化计划、准备优先；主动作为、效率至上、严控成本、效益为本”的工作方针，确保完成全年开工 11 艘，上船台 10 艘，下水 10 艘，交船 12 艘，完工吨位 85 万载重吨，实现造船产值 55 亿元，增加值 9 亿元，力争接满 2012 年造船生产任务。

2010 年，江南造船将启动“十二五”规划，强化建模与运行，初步建立军民一体的现代造船新模式。在未来的发展过程中，江南造船将继续秉承“自强不息，打造一流”的企业精神，紧紧围绕公司“2015 年成为中国第一军工造船企业”的奋斗目标和艰巨的生产任务，为把我国建设成为世界第一造船大国作出更大努力。

（陆　聘）

沪东中华造船（集团）有限公司

【概况】

沪东中华造船（集团）有限公司于 2001 年 4 月由原沪东造船集团和原中华造船厂联合重组形成，是中国船舶工业集团公司旗下的既造民用船舶、军用船舶，又造海洋工程和大型钢结构的特大型企业集团。公司总部位于浦东新区，主要生产区域分布在黄浦江两岸，占地面积约 170 万平方米，拥有码头岸线 2800 米，系泊码头 11 座，VLCC 级干船坞 1 座，5 万吨级至 17．5 万吨级浮船坞 3 座，12 万吨级和 7 万吨级船台各 1 座，2 万吨以下船台 2 座，700 吨龙门式起重机 2 台等一批先进设备。目前，公司拥有职工 6000 余名，总资产 128 亿元。

公司控股和参股上海华润大东船务工程有限公司、上海东鼎钢结构有限公司、上海沪东电器有限公司、上海沪东三造船舶设计公司等多家企业。公司具有雄厚的船舶开发、设计和建造实力，具有 70 多年的丰富造船经验，先后为国内外船东建造过 LNG 船、LPG 船、大中型集装箱船、化学品船、滚装船、油船、散货船、客货船、特种工作船、军舰和军辅船等民、军用船舶共计 3000 多艘。

国内第一艘 LNG 船和公司拥有完全自主知识产权的 8530 箱集装箱船的建造，填补了国内空白，提高了我国造船工业的水平和国际地位。尤其是改革开放以来，公司积极参与国际竞争，产品远销亚洲、欧洲、非洲、大洋洲、南美洲等 40 多个国家和地区，广受国内外船东和各界好评。同时，公司建造的南浦大桥、京城大厦、上海证券大厦和干式 30 万立方米煤气柜等大型钢结构工程在全国有着较大的影响。

公司拥有一流的国家级企业技术中心、博士后工作站以及 1100 余名从事科研开发的技术人员，科研开发力量强大，信息化管理手段先进。在普遍使用国际先进造船软件的同时，大力推广先进的设计理念，开发了具有自主知识产权的三维船舶设计系统，积极推行 CAD/CAM 制造技术。公司先后通过中国 CCS 船级社、美国 ABS 船级社、挪威 DNV 船级社、英国 LR 船级社等主要船级社的 ISO9001 质量认证，具备并运行一整套完整有效的质量保证体系，共有17项产品荣获国家质量金奖和银奖。公司坚持“数字造船、绿色造船”理念，全面推进“HSE”管理，先后通过ISO14001环境管理体系、OHSAS18001职业健康和安全管理体系。

公司新建崇明基地，进一步扩大生产能力，并在长兴岛规划新的生产基地，为公司未来的发展奠定基础。

【2009年经济工作情况】

2009年，公司生产形势总体稳定，全年造船完工145.5万载重吨。年内成功交付3艘14.7万立方米液化天然气（LNG）船，加上此前成功建造的2艘同类型LNG船，圆满完成国内首批5艘LNG船的建造任务，标志着我国已经完全具备批量建造高技术船舶产品的能力，体现了中国船舶工业实力的提升，同时对国家能源战略也具有重要意义。

在技术改造方面，长兴分段制造基地和崇明分段制造基地二期工程的建成投产为公司提高分段总量，加快搭载进度创造了条件。长兴二期启动工程的前期准备以及临港船舶配套综合技术改造项目的各项工作都取得进展，为公司的长远发展提供有力的硬件支撑。

公司的数字化设计、开发、制造和管理集成系统，公司计算机网络通讯平台扩充等信息化建设各项目的开发、实施为提高生产和管理效率提供技术支持。

【2010年发展趋势】

2010年，公司经济工作的指导思想：以科学发展观为指导，全面贯彻落实中船集团公司领导干部会议精神，进一步认清形势，解放思想，转变观念，勇于改革与创新，继续围绕“十五字”方针，采取切实有效的措施，在深化生产管理体制改革、抓好军品生产，承接新船订单、大力推进新船型开发和新工艺、新技术应用，强化安全、质量管理，降低生产成本、提高生产效率等方面取得明显进步，努力实现生产经营，为促进公司长远、平稳、协调发展奠定基础。

主要工作目标：1. 调整经营策略，努力争取民品新订单。2. 加强预控、落实指标，全方位深化降本增益。3. 加快生产管理体制调整，形成现代造船管理模式。4. 实施薪酬制度改革，夯实人力资源建设的基础工作。5. 加大精度造船、PSPC的研究和实施，提升产品等级和造船水平。此外，公司技术改造、长兴二期建设，安全整治、HSE体系完善，信息化建设等各项工作都将持续加以推进。

公司将向市场推出自主研发的16万立方米电力推进LNG船、17.5万立方米电力推进／高效蒸汽透平推进／低速机推进加再液化装置LNG船、22万立方米电力推进／低速机推进加再液化装置LNG船等3款新船型。

（刘 燕）

上海航海设备有限责任公司

【概况】

上海航海设备有限责任公司（SEMC）是由历史悠久、在船舶业享有盛名的中国船舶工业集团公司(CSSC)直属上海航海仪器总厂利用数十年军工技术成果开发成功的主要民品和军民共用产品的经营实体改制组建的现代企业。公司早在1996年11月就通过ISO9001质量认证。公司技术力量雄厚、管理先进、各项生产设备齐全。公司主营的船用设备及机舱自动化系统、液压原件及系统制造质量在国内堪称一流，公司愿以“一流产品、一流服务”与广大客户共创未来。

【2009年经济工作情况】

1. 2009年被上海市命名为高新技术企业。

2. 在科技发展上取得重大进步，其中，申请国家专利10多项，取得实用专利授权2项，计算机软件著作权7项。为今后公司在科技发展中打下良好基础。

3. 液压产品提升能级：二通插装阀产品进行技术改进和升级换代，整体上达到“优于或领先于国内同类产品，接近或同步于国际产品”的水平，可以替代国外Rexroth等进口产品，争取国内中高端用户。

4. 完成主要经济指标：工业总产值6334.03万元，比上年增长28%；出口产值23.9万美元，增长2.6%；销售收入5970.85万元，增长21.9%；利润总额157.5万元，增长3.2%；税利总额336.8万元，增长85%。

5. 完成船用仪器产值（181/船套）2114.02万元，增长46.9%。

6. 完成非船产值4220.01万元，增长16%。

7. 2009年平均从业人数190人。

【2010年发展趋势】

2010年，在航海设备业务方面：公司将推出完全拥有自主知识产权、适应国际航运最新发展需求的新型机舱自动化系统SMEC2000，这是满足各类船舶机舱自动化系统配置的经济有效的解决方案。该系统采用先进的网络技术以及标准化模块，具有设计先进、性能可靠、操作方便等优点。

SMEC200机舱自动化系统是一个完善的系统，可实现全船机舱主要设备控制和管理。满足LRS、DNV、NK、ABS、GL、CCS等船级社的要求，整体上达到“优于或领先于国内同类产品，接近或同步于国际产品”的水平，以达到稳固现有市场，伺机扩大市场，最终站稳市场。

在非船产品方面：公司研发生产的棉花打包机液压阀组系统产品，应用了具有突出优势技术的二通插装阀和享有专利技术的球型电磁阀等作为系统的基础元件，附之于先进的液气电新型PLC控制技术，使之无论在技术性能，还是产品质量上，均比同类产品具有无可比拟的优势，公司将多方寻找新的市场。

（李振华）

上海船厂船舶有限公司

【概况】

上海船厂船舶有限公司是中国船舶工业集团公司下属的五大造修船基地之一，也是国内历史最为悠久的船舶企业之一，其历史可追溯到147年前（1862年）。2005年5月，公司在上海浦东陆家嘴地区的厂区全部搬迁至崇明岛南岸新建成的造修船基地。

公司主要生产区域分布在上海市黄浦江西岸及长江口崇明岛南岸，占地总面积约163万平方米，码头岸线总长约2750米。公司主要造船设施有7万吨级船台1座，海洋工程港池1座，8万吨级干船坞、3.5万吨级干船坞各1座及5.3万平方米船体加工车间、3.2万平方米造船焊接车间。主要修船设施有10万吨级浮船坞、4万吨级浮船坞各1座。公司拥有完备的造修船配套设施，并具有上海市钢结构、网架工程施工一级资质证书。公司研发、设计技术实力雄厚，拥有与中国船舶工业第十一研究所联合开发的船舶制造三维设计系统SB3DS等10余项高端自主知识产权专利。

公司以优质、诚信、一流的服务理念，精心培养“上船”品牌，不断提升内部管理水平，取得中国船级社质量管理体系（ISO9001:2000）、环境管理体系（ISO14001）、职业健康安全管理体系（OHSAS18001）认证证书。

【2009年经济工作情况】

2009年，公司完成工业总产值605025万元，比上年增长7%；销售收入完成540502万元，增长2.6%；利润超过2亿元。其中，造船完成产值541779万元，增长11.5%；修船完成产值43020万元。

造船：全年完工14艘/71.6万载重吨，首次突破70万吨大关。销售13艘/67.45万载重吨。完工交船艘数同比增长8.3%，完工吨位同比增长27.74%。开工15艘，上船台（铺底）15艘，下水（出坞）14艘。尽管2009年的造船生产十分艰难，但公司仍然创下不少历史最好纪录。其中，一艘3500箱集装箱船的船台建造周期仅用42天（29个工作日），再次刷新国内同类型船舶船台建造周期的最短纪录。第二艘海洋工程钻井船，船台建造周期比首制船缩短52天。114500吨散货船首制船则创造公司造船有史以来最大吨位纪录。

修船：全年共完工出厂95艘，其中，外轮69艘，与上年基本持平；创汇5850万美元。

经营上，公司全年承接造船新订单13艘/43.275万载重吨，合同金额达32.71亿元。

【2010年发展趋势】

2010年，船舶市场大幅下滑的形势将会更加严峻，面临“交船难、接单难、盈利难”等三大困难。为此，公司将继续坚持贯彻落实科学发展观，以中船集团公司“保交船、抢订单、强管理、降成本、防风险、谋发展”十八字方针为指导，坚定信心，狠抓基础管理，全力促进公司的管理上水平上台阶，确保企业科学、可持续发展。

计划目标为：实现工业总产值突破65亿元，销售收入突破60亿元。其中，造船产值突破61亿元，修船产值突破3亿元，非船产值突破1亿元。实现利润超过2亿元。造船完工16艘船/100万载重吨。造船经营要接满2012年造船订单，至少要承接2012年新船订单10艘以上，为2013年生产任务打下基础。同时，力争在承接海洋工程项目上有新的突破。

（钱稳柱）

中国石油西气东输管道公司

【概况】

中国石油西气东输管道公司（以下简称公司），是中国石油天然气股份有限公司直属地区公司，主要从事西气东输管道工程建设、生产运营管理和天然气市场开发与销售业务。公司于2004年10月1日全线建成投产，于2004年12月30日开始正式商业运营。截至2009年末，公司运营管道总长度达到7179公里，压气站26座，分输站60座，阀室268座，分输用户达到124家，近3亿人口从中受益。

【2009年经济工作情况】

2009年，面对金融危机影响加深、生产运行和工程建设工作难度增大、国庆安保任务繁重、大型动火作业密集、第三方施工作业频发、冬季气温突降造成供气紧张等一系列挑战，公司贯彻执行集团公司党组和股份公司管理层、上海市委与上海市经济和信息化工作党委的决策部署，紧紧围绕确保管道安全平稳高效运营的工作中心，坚持统筹兼顾，突出重点，优化生产组织，强化经营管理，稳定市场供应，圆满完成各项生产经营任务，继续保持较好较快发展的良好势头，荣获“新中国成立60周年百项经典暨精品工程”称号。

公司固定资产投资48.02亿元。其中，基本建设投资47.29亿元，更新改造项目投资0.73亿元。新建、续建工程项目12项，完成8项，跨年建设4项，各工程项目进度、质量、投资总体受控，完成工程建设任务及目标。全年输送天然气199亿立方米，实现管输商品量185.1亿立方米，销售量174.6亿立方米。

一、严格落实责任体系，安全环保形势稳定

细化完善安全环保责任制，覆盖全员、全过程的安全环保责任得到有效落实。认真宣贯反违章禁令，顺利实施一级动火18次，二级动火547次。严格落实建设项目“三同时”制度，执行率达到100%。加强质量、HSE管理体系宣贯培训，开展合规性评价，体系建设稳步推进。加强污染源环境监测，杜绝“三废”排放，实现清洁生产。

二、强化生产组织管理，管道运行高效平稳

科学组织生产运行，合理安排涉及8个压气站36个点的大型动火连头作业、52次压缩机组维检与1618项站场作业。强化设备维护保养，积极推进关键设备国产化进程，压缩机组运行故障率明显降低，关键设备实现自主维检。深化应急抢修体系建设，应急抢险能力不断增强。扎实推进节能工作，全年节能2.8万吨标煤。全面推行管道完整性管理，有力控制管道本体腐蚀。有效监管控制53137点次的第三方施工作业，管道保持零占压、零伤害。周密做好新疆“7.5”事件之后及国庆60周年期间的维护稳定、安全保卫及防恐工作，受到集团公司嘉奖。

三、工程建设有序推进，二线监管控制有力

加强施工计划管理和工程设计管理，工程建设始终在安全、有序、受控状态下推进。历时近3年的西气东输增输工程顺利完工，全线年输气能力达到170亿立方米。积极参与二线工程设计、维抢修队选址、设备选型及重要技术方案论证，加强工程施工监督，使工程建设中存在的“低、老、坏”现象得到遏制。

四、优化调整用户结构，市场销售成效突出

切实加大电厂用户供气量，积极发展高端工业用户，努力稳定城市燃气用户，圆满完成销售计划。优化天然气流向，周密产运销储衔接，加强用户需求侧管理，保证天然气稳定供应。加大市场调研力度，落实下游用户需求，继续与条件成熟的用户签订天然气销售意向书和购销框架协议，二线及江苏LNG的市场开发稳步推进。

五、规范企业经营管理，运营效率稳步提升

加大投资控制考核力度，有力保障资金需求，实现投资压缩10%的目标。加强物资采办计划管理，在采办工作量比上年提高2.3倍的情况下，较好地满足工程建设和生产运行需要。全面梳理业务流程，内控体系建设稳步推进。加强工程结算审计、财务收支审计和经济合同审查，强化招投标监督，较好发挥了监督服务职能。

六、大力实施科技创新，支撑作用有效发挥

管道完整性管理与配套技术、油气管网安全运行技术、天然气储存技术等方面的研究进展顺利，2项课题通过股份公司验收，4项课题通过公司验收。《中国石油财务网上报销系统》等3项课题获得省部级奖励。天然气长输管道关键设备国产化研制工作正式启动。开展公司首届科技进步奖评审，对7个项目、26名个人进行表彰。发布创新创效成果43项，进一步激发基层一线员工创新活力。ERP与FMIS融合系统正式单轨运行，网络系统、信息系统运转良好，公司信息化水平明显提升。

七、着力加强教育培训，员工素质稳步提高

积极开展“大庆精神、铁人精神”再学习、再教育活动，深化爱国爱企教育。扎实推进企业文化建设，深入基层站队宣讲企业文化，用先进文化凝聚、激励员工队伍。加强人才队伍建设，选拔4名公司技术专家、11名部门专业技术骨干和20名一线关键岗位操作能手。加大员工培训力度，先后开展各类培训58项，培训4338人次。评聘内部兼职培训师31名，初步建立了结构合理、人员稳定的内部培训师资队伍。正式开通远程培训系统，为员工学习提供了良好平台。广泛开展岗位练兵活动，成功举办第二届职业技能竞赛，一线员工操作技能不断提高。

八、学实活动扎实开展，党建和精神文明建设不断深入

历时3个多月的学习实践科学发展观活动圆满结束，受到集团公司第二检查指导组和上海市经济和信息化工作党委的高度赞扬。加强领导班子和干部队伍建设，选拔正处级干部5人、交流处级干部13人次、通过竞聘产生副处级干部14人，增强了整体效能。扎实开展基层党支部“六个一”创建和“创先争优”活动，党员的先锋模范作用和党支部的战斗堡垒作用充分发挥。深入开展形势任务专题教育活动，统一干部员工思想认识。“五型”站队达标率达到80%，提前一年实现创建目标。认真贯彻中央反腐倡廉建设的4个文件，持续推进惩防体系建设，反腐倡廉长效机制逐步建立。加强与外部新闻媒体的沟通，新闻宣传工作紧贴实际，富有成效。召开首届团代会，扎实开展“送温暖”活动，对101名困难员工实施帮扶，工会、共青团工作充满活力，促进了公司和谐发展。

【2010年发展趋势】

2010年，公司的主要生产经营指标是：

管输商品量206.67亿立方米，天然气销售量200.17亿立方米；确保生产安全和工程施工安全，杜绝一般工业责任事故A级和较大及以上质量、安全和环保事故，有效遏制一般事故，确保安全环保形势稳定好转；计划建设项目22项。其中，压气站安全改造工程、泰州—如东段管道、宝钢支线完工，冀宁南段增压工程、兰银线增输工程、临沂—日照工程、金坛储气库二期工程、刘庄储气库、适应性改造工程开工建设。西气东输管道工程通过国家验收；完成西气东输二线宁夏中卫—江西樟树段及相关支线的运营接管，做好2011年6月樟树—广州段投运的生产准备工作。

重点抓好七方面工作：一是切实加强生产运行和安全环保管理，确保管道安全平稳高效运营；二是强化工程项目管理，努力完成各项工程建设任务；三是加大市场开发及销售管理力度，带动公司快速高效发展；四是大力推进科技创新和人才培养，着力提升企业竞争力；五是完善管理机制，努力提高公司经营管理效率和质量；六是周密做好二线东段生产准备，保证管道顺利投运和接管运营；七是加强党的建设和精神文明建设，为公司科学发展提供可靠保障和强大动力。

（蔺军伟）

上海德科电子仪表有限公司

【概况】

上海德科电子仪表有限公司系光明食品（集团）上海长江总公司下属的主要骨干企业。公司是上海市及国家级汽车零部件重点电子产品生产企业，具备年生产各种轿车仪表200万套、空调控制器160万套、数字显示器100万套，各类传感器260万套和其他适应市场需求电子产品数百万套，兼有LED半导体照明、空气治理器等生产能力及质量保证能力。

【2009年经济工作情况】

2009年，上海德科电子仪表有限公司坚持贯彻落实科学发展观，大力实施“走出去”战略，开展管理创新，全年实现营业净收入4.17亿元，比上年增长15%以上，其中，组合仪表增长3.1%、空调控制器增长24.6%、传感器增长47.6%。

公司积极倡导“准时的产品、准确的行动”为理念的组织精神，推动“9S”和“6σ”等科学管理方法在企业生产和管理中的运用，严格执行ISO/TS16949质量体系、OHSAS18001职业健康安全管理体系和ISO14001环境体系，通过广泛的、长期的、多层次、多角度的企业培训，将企业转变为学习型组织，敢于吸收外来文化，敢于摒弃企业陈腐的思想观念，敢于摆脱企业长久以来形成的不良习惯和传统，构建起积极向上、活力四射的企业文化，并以此为源泉，维系企业核心竞争力的健康发展，进而在风云变幻、机遇与风险同在的中国汽车市场生存和壮大。

公司相继成立的7家控股公司和2家生产基地，经过这几年的培育和扶植，显现出一定的实效，其战略定位、目标要求、运作方式、市场的搏击能力和运行结果直接影响对SDE的贡献程度。实施“走出去”战略在当前乃至中长期战略规划中是SDE举足轻重的一盘具有生命意义的棋局，为SDE新产品、新市场的发展奠定可靠和扎实的基础，同时，以此为载体的品牌战略的影响力和辐射力也得到不断扩大。

【2010年发展趋势】

2010年，上海德科电子仪表有限公司建立和完善强有力的成本控制与核算体制，持续强有力地实施降本增效，全员行动，齐抓共管，消除各个环节的浪费和对现有流程的优化，绩效额达到2000万元。确保销售增长率≥11%；预计净销售收入≥43000万元；实现销售利润率≥15%。

（德科电子公司）

2010·上海工业年鉴

SHANGHAI INDUSTRIAL YEARBOOK

上海工商类上市公司行业分类

序号	代码	公司简称	行业	序号	代码	公司简称	行业
1	600019	宝钢股份	制造业-黑色金属冶炼及压延加工业	42	600630	龙头股份	制造业-纺织业
2	600061	中纺投资	制造业-化学纤维制造业	43	600631	百联股份	批发和零售贸易-零售业
3	600072	中船股份	制造业-专用设备制造业	44	600633	*ST 白猫	制造业-化学原料及化学制品制造业
4	600073	上海梅林	制造业-食品制造业	45	600636	三爱富	制造业-化学原料及化学制品制造业
5	600081	东风科技	制造业-交通运输设备制造业	46	600637	广电信息	制造业-日用电子器具制造业
6	600094	*ST 华源	制造业-化学纤维制造业	47	600645	ST 中源	制造业-纺织业
7	600104	上海汽车	制造业-交通运输设备制造业	48	600654	飞乐股份	信息技术业-通信及相关设备制造业
8	600149	华夏建通	制造业-普通机械制造业	49	600655	豫园商城	批发和零售贸易-零售业
9	600150	中国船舶	制造业-专用设备制造业	50	600656	ST 方源	制造业-化学原料及化学制品制造业
10	600151	航天机电	制造业-交通运输设备制造业	51	600676	交运股份	制造业-交通运输设备制造业
11	600171	上海贝岭	制造业-电子元器件制造业	52	600679	金山开发	制造业-交通运输设备制造业
12	600196	复星医药	制造业-医药制造业	53	600680	上海普天	信息技术业-通信及相关设备制造业
13	600210	紫江企业	制造业-其他制造业	54	600688	S 上石化	制造业-石油加工及炼焦业
14	600272	开开实业	制造业-服装及其他纤维制品制造业	55	600689	上海三毛	制造业-服装及其他纤维制品制造业
15	600278	东方创业	批发和零售贸易-商业经纪与代理业	56	600695	大江股份	制造业-食品加工业
16	600315	上海家化	制造业-化学原料及化学制品制造业	57	600757	ST 源发	制造业-服装及其他纤维制品制造业
17	600320	振华重工	制造业-专用设备制造业	58	600781	上海辅仁	制造业-纺织业
18	600420	现代制药	制造业-医药制造业	59	600818	中路股份	制造业-交通运输设备制造业
19	600490	中科合臣	制造业-化学原料及化学制品制造业	60	600819	耀皮玻璃	制造业-非金属矿物制品业
20	600500	中化国际	批发和零售贸易-商业经纪与代理业	61	600822	上海物贸	批发和零售贸易-商业经纪与代理业
21	600517	置信电气	制造业-电器机械及器材制造业	62	600824	益民商业	批发和零售贸易-零售业
22	600530	交大昂立	制造业-生物制品业	63	600826	兰生股份	批发和零售贸易-商业经纪与代理业
23	600555	九龙山	制造业-服装及其他纤维制品制造业	64	600827	友谊股份	批发和零售贸易-零售业
24	600597	光明乳业	制造业-食品加工业	65	600833	第一医药	批发和零售贸易-零售业
25	600601	方正科技	信息技术业-计算机制造业	66	600835	上海机电	制造业-电器机械及器材制造业
26	600602	广电电子	制造业-电子元器件制造业	67	600836	界龙实业	制造业-印刷业
27	600604	*ST 二纺	制造业-专用设备制造业	68	600838	上海九百	批发和零售贸易-零售业
28	600605	汇通能源	制造业-普通机械制造业	69	600841	上柴股份	制造业-普通机械制造业
29	600608	ST 沪科	信息技术业-通信及相关设备制造业	70	600843	上工申贝	制造业-专用设备制造业
30	600610	SST 中纺	制造业-专用设备制造业	71	600844	丹化科技	制造业-化学原料及化学制品制造业
31	600612	老凤祥	制造业-其他制造业	72	600848	自仪股份	制造业-仪器仪表及文化、办公用机械制造业
32	600614	鼎立股份	制造业-橡胶制造业	73	600849	上海医药	制造业-医药制造业
33	600615	丰华股份	制造业-食品制造业	74	600850	华东电脑	信息技术业-计算机制造业
34	600616	金枫酒业	批发和零售贸易-零售业	75	600851	海欣股份	制造业-皮革、毛皮、羽绒及制品制造业
35	600617	ST 联华	制造业-化学纤维制造业	76	601727	上海电气	制造业-电器机械及器材制造业
36	600618	氯碱化工	制造业-化学原料及化学制品制造业	77	900935	阳晨 B 股	制造业-专用设备制造业
37	600619	海立股份	制造业-电器机械及器材制造业	78	900953	*ST 凯马 B	制造业-交通运输设备制造业
38	600623	双钱股份	制造业-橡胶制造业	79	002022	G 科华	制造业-生物药品制造业
39	600626	申达股份	制造业-纺织业	80	002028	G 思源	制造业-输配电及控制设备制造业
40	600628	新世界	批发和零售贸易-零售业	81	002058	威尔泰	制造业-仪器仪表及文化、办公用机械制造业
41	600629	棱光实业	制造业-非金属矿物制品业	82	002158	汉钟精机	制造业-普通机械制造业

上海工商类上市公司

序号	代码	公司简称	资产总计	股东权益	主营业务收入	利润总额	净利润
1	600019	宝钢股份	20114278.25	9513689.75	14832636.39	1342427.13	581622.74
2	600061	中纺投资	78282.45	54709.45	123865.69	9598.89	443.72
3	600072	中船股份	237439.73	136223.08	145635.75	12589.41	9523.92
4	600073	上海梅林	233938.84	75996.73	198308.16	14387.86	-6838.25
5	600081	东风科技	129902.03	36045.04	128998.30	18139.95	3036.04
6	600094	*ST 华源		1186.13			120.29
7	600104	上海汽车	13815835.72	4246245.48	13887542.08	1618240.86	659193.30
8	600149	*ST 建通	62911.53	59024.04	1912.71	1565.81	246.42
9	600150	中国船舶	4303016.63	1389120.57	2523753.62	360779.72	250060.52
10	600151	航天机电	564523.80	130247.92	131028.71	24113.46	7748.24
11	600171	上海贝岭	184051.72	167263.04	51254.22	3214.65	-18525.37
12	600196	复星医药	1152714.59	647652.22	387225.63	123964.70	249820.18
13	600210	紫江企业	818351.78	324282.78	516525.78	139589.54	65403.21
14	600272	开开实业	99104.45	24360.31	86566.20	22585.09	3950.32
15	600278	东方创业	336134.17	187393.28	425639.61	34065.11	9263.97
16	600315	上海家化	186365.19	131973.77	269711.53	145819.42	23328.57
17	600320	振华重工	5106642.59	1581224.53	2756411.56	294002.26	83985.33
18	600420	现代制药	92770.86	61545.00	116423.37	34279.76	8905.23
19	600490	*ST 合臣	37639.28	9357.61	11670.42	-165.76	-14504.31
20	600500	中化国际	2001335.69	584835.04	2275048.26	176765.23	61990.10
21	600517	置信电气	172245.30	117685.70	129616.22	47093.22	25546.45
22	600530	交大昂立	112552.13	82955.64	31531.81	19240.10	2651.69
23	600555	九龙山	292425.34	192272.11	1448.18	182.00	12893.44
24	600597	光明乳业	412298.78	210666.92	794316.97	295585.36	12247.01
25	600601	方正科技	562290.49	286957.22	778956.27	61790.81	9800.35
26	600602	广电电子	242296.90	193314.90	56741.72	8059.35	5771.53
27	600604	ST 二纺	92433.19	26795.00	28678.88	-1338.05	-11989.12
28	600605	汇通能源	55890.91	36017.35	130417.12	3456.23	2262.24
29	600608	*ST 沪科	49556.02	-17580.56	30257.50	8326.64	-20773.46
30	600610	SST 中纺	40767.63	22450.72	7186.64	793.65	776.60
31	600612	老凤祥	365033.86	98092.37	1085024.76	73356.72	12980.17
32	600614	鼎立股份	187501.55	70874.49	72293.77	14269.20	7161.43
33	600615	丰华股份	71157.70	35448.82	20333.94	3873.05	500.84
34	600616	金枫酒业	113809.45	97399.60	94452.96	47477.20	14576.79
35	600617	*ST 联华	5109.56	-7012.30	2054.88	-193.84	-6652.38
36	600618	氯碱化工	572144.38	230502.12	491015.05	25970.28	-38648.04
37	600619	海立股份	524744.35	154636.85	451284.04	60951.15	6298.43
38	600623	双钱股份	872848.54	174102.33	729405.46	144460.73	16861.09
39	600626	申达股份	297178.68	175896.44	516748.57	36957.21	10131.70
40	600628	新世界	394348.60	177639.86	273047.17	74766.00	18038.23
41	600629	棱光实业	79077.25	41596.68	43814.31	12005.31	6528.12

2009 年度经营情况之一

单位：万元

序号	代码	公司简称	资产总计	股东权益	主营业务收入	利润总额	净利润
42	600630	龙头股份	250121.79	135973.67	297222.51	52907.80	4283.38
43	600631	百联股份	1517108.89	658529.80	1027368.90	255504.56	40431.68
44	600633	*ST 白猫		11428.81	37407.74	7038.64	-1930.58
45	600636	三爱富	234011.16	73979.35	210222.39	35609.06	1887.19
46	600637	广电信息	324453.99	119452.58	234812.30	13185.70	3542.18
47	600645	ST 中源	69994.32	12805.03	30774.92	17758.88	212.49
48	600654	飞乐股份	188608.83	104679.20	121818.82	22439.04	1032.28
49	600655	豫园商城	865053.23	398670.02	825619.97	112214.86	48147.17
50	600656	ST 方源	14142.17	-42085.51	179.98	40584.11	-47183.20
51	600676	交运股份	447168.89	185018.45	358572.28	65145.62	15353.54
52	600679	金山开发	122653.07	60924.05	90215.39	9391.88	332.83
53	600680	上海普天	222923.49	150119.74	84574.09	12914.13	1178.38
54	600688	S 上石化	3045832.20	1534607.30	5172272.70	474473.20	156160.50
55	600689	上海三毛	90832.94	38803.30	132723.03	12933.03	1363.07
56	600695	大江股份	70638.48	18323.84	67255.00	6986.09	-4772.89
57	600757	*ST 源发	106810.09	-124019.07	54717.81	1369.79	-50034.35
58	600781	上海辅仁	56192.37	20466.97	24364.29	10004.29	2673.78
59	600818	中路股份	75448.04	34240.52	61040.24	6020.36	4148.89
60	600819	耀皮玻璃	577298.90	181615.24	216360.34	30789.97	-21086.99
61	600822	上海物贸	590537.45	152661.97	4579963.02	44207.05	7157.03
62	600824	益民商业	204000.31	127234.99	145022.03	47964.90	11097.63
63	600826	兰生股份	358131.21	263198.24	145806.41	6709.21	1065.56
64	600827	友谊股份	1857903.05	271697.38	2918690.24	595406.61	18814.07
65	600833	第一医药	72157.06	40225.40	103697.03	18038.24	4000.36
66	600835	上海机电	1311162.85	495005.77	1098623.53	206164.32	46574.14
67	600836	界龙实业	227313.51	43352.50	147446.79	22079.81	1508.98
68	600838	上海九百	101957.77	56598.18	17745.73	5393.96	1272.70
69	600841	上柴股份	323395.05	189599.73	337754.92	64042.77	6955.00
70	600843	上工申贝	197838.08	55247.40	163196.64	24780.96	3340.55
71	600844	丹化科技	354323.60	125979.57	26275.12	-1681.94	-4487.62
72	600848	自仪股份	125187.54	16061.89	111809.22	21658.55	572.45
73	600850	华东电脑	80492.74	25009.98	102925.06	15729.99	614.48
74	600851	海欣股份	618122.06	404229.32	118379.97	18133.68	736.73
75	601607	上海医药	2156492.13	825964.63	1956812.38	169143.52	131086.36
76	601727	上海电气	8962608.20	2247484.40	5779039.40	934768.10	250127.00
77	900935	阳晨 B 股	208659.62	47111.85	19155.36	5963.68	726.69
78	900953	凯马 B	305047.41	73319.82	552706.42	67659.22	13042.90
79	002022	科华生物	92584.41	75559.62	61882.56	24468.75	20434.25
80	002028	思源电气	386075.69	286251.83	187933.39	112649.23	95018.24
81	002058	威尔泰	24297.74	17439.96	11202.09	847.52	774.84
82	002158	汉钟精机	72741.93	56805.62	41270.12	8606.35	7476.82

上海工商类上市公司

序号	代码	公司简称	每股收益	每股净资产	净资产收益率	每股经营现金流量
1	600019	宝钢股份	0.33	5.43	6.11	1.37
2	600061	中纺投资	0.01	1.28	0.81	-0.03
3	600072	中船股份	0.26	3.76	6.99	-0.20
4	600073	上海梅林	-0.19	2.13	-9.00	-0.10
5	600081	东风科技	0.10	1.15	8.42	0.07
6	600094	*ST 华源		0.03	10.14	
7	600104	上海汽车	1.01	6.48	15.52	3.29
8	600149	*ST 建通	0.01	1.55	0.42	-0.01
9	600150	中国船舶	3.77	20.97	18.00	5.42
10	600151	航天机电	0.10	1.74	5.95	0.15
11	600171	上海贝岭	-0.27	2.48	-11.08	0.08
12	600196	复星医药	2.02	5.23	38.57	0.21
13	600210	紫江企业	0.46	2.26	20.17	0.85
14	600272	开开实业	0.16	1.00	16.22	-0.03
15	600278	东方创业	0.29	5.86	4.94	0.10
16	600315	上海家化	0.72	4.05	17.68	1.39
17	600320	振华重工	0.19	3.60	5.31	0.13
18	600420	现代制药	0.31	2.14	14.47	0.34
19	600490	*ST 合臣	-1.10	0.71	-155.00	-0.22
20	600500	中化国际	0.43	4.07	10.60	0.66
21	600517	置信电气	0.41	1.90	21.71	0.23
22	600530	交大昂立	0.08	2.66	3.20	0.41
23	600555	九龙山	0.15	2.21	6.71	0.28
24	600597	光明乳业	0.12	2.02	5.81	0.45
25	600601	方正科技	0.06	1.66	3.42	0.07
26	600602	广电电子	0.05	1.65	2.99	-0.08
27	600604	ST 二纺	-0.21	0.47	-44.74	-0.23
28	600605	汇通能源	0.15	2.44	6.28	0.42
29	600608	*ST 沪科	-0.63	-0.53		-0.01
30	600610	SST 中纺	0.02	0.63	3.46	-0.02
31	600612	老凤祥	0.47	3.54	13.23	-0.37
32	600614	鼎立股份	0.13	1.25	10.10	0.23
33	600615	丰华股份	0.03	1.89	1.41	0.66
34	600616	金枫酒业	0.40	2.66	14.97	0.48
35	600617	*ST 联华	-0.40	-0.42		0.00
36	600618	氯碱化工	-0.33	1.99	-16.77	0.31
37	600619	海立股份	0.11	2.82	4.07	0.88
38	600623	双钱股份	0.19	1.96	9.68	1.37
39	600626	申达股份	0.21	3.71	5.76	0.31
40	600628	新世界	0.34	3.34	10.15	0.58
41	600629	棱光实业	0.24	1.55	15.69	-0.19

2009 年度经营情况之二

单位：元、%

序号	代码	公司简称	每股收益	每股净资产	净资产收益率	每股经营现金流量
42	600630	龙头股份	0.10	3.20	3.15	0.35
43	600631	百联股份	0.37	5.98	6.14	1.15
44	600633	*ST 白猫	-0.13	0.75	-16.89	
45	600636	三爱富	0.05	2.13	2.55	0.63
46	600637	广电信息	0.05	1.69	2.97	1.04
47	600645	ST 中源	0.01	0.39	1.66	0.38
48	600654	飞乐股份	0.01	1.39	0.99	-0.01
49	600655	豫园商城	0.60	4.99	12.08	0.73
50	600656	ST 方源	-2.48	-2.21		-0.16
51	600676	交运股份	0.21	2.53	8.30	0.55
52	600679	金山开发	0.01	1.72	0.55	0.08
53	600680	上海普天	0.03	3.93	0.78	-0.22
54	600688	S 上石化	0.22	2.13	10.18	0.51
55	600689	上海三毛	0.07	1.93	3.51	-0.44
56	600695	大江股份	-0.07	0.27	-26.05	-0.14
57	600757	*ST 源发	-0.91	-2.25		-0.15
58	600781	上海辅仁	0.15	1.15	13.06	0.40
59	600818	中路股份	0.16	1.29	12.12	0.08
60	600819	耀皮玻璃	-0.29	2.48	-11.61	0.51
61	600822	上海物贸	0.22	4.62	4.69	-0.21
62	600824	益民商业	0.15	1.74	8.72	0.27
63	600826	兰生股份	0.04	9.39	0.40	-0.04
64	600827	友谊股份	0.40	5.75	6.92	5.66
65	600833	第一医药	0.25	2.52	9.94	0.17
66	600835	上海机电	0.46	4.84	9.41	1.98
67	600836	界龙实业	0.05	1.38	3.48	0.41
68	600838	上海九百	0.03	1.41	2.25	-0.12
69	600841	上柴股份	0.14	3.95	3.67	0.87
70	600843	上工申贝	0.07	1.23	6.05	-0.26
71	600844	丹化科技	-0.12	3.24	-3.56	0.06
72	600848	自仪股份	0.01	0.40	3.56	-0.02
73	600850	华东电脑	0.04	1.46	2.46	0.13
74	600851	海欣股份	0.01	3.35	0.18	0.17
75	601607	上海医药	0.66	4.15	15.87	0.96
76	601727	上海电气	0.20	1.80	11.13	0.55
77	900935	阳晨 B 股	0.03	1.93	1.54	0.32
78	900953	凯马 B	0.20	1.15	17.79	0.55
79	002022	科华生物	0.50	1.84	27.04	0.53
80	002028	思源电气	2.16	6.51	33.19	2.32
81	002058	威尔泰	0.12	2.80	4.44	0.35
82	002158	汉钟精机	0.47	3.59	13.16	0.57

上海工商类上市公司 2009 年度资产总额排序

单位：万元

序号	代码	公司简称	资产总额		序号	代码	公司简称	资产总额	
			2009 年	2008 年				2009 年	2008 年
1	600019	宝钢股份	20114278.25	20002113.69	42	600680	上海普天	222923.49	207202.21
2	600104	上海汽车	13815835.72	10785664.86	43	900935	阳晨 B 股	208659.62	178927.49
3	601727	上海电气	8962608.20	8165787.50	44	600824	益民商业	204000.31	199576.91
4	600320	振华重工	5106642.59	5358276.89	45	600843	上工申贝	197838.08	204241.26
5	600150	中国船舶	4303016.63	4501603.96	46	600654	飞乐股份	188608.83	206337.19
6	600688	S 上石化	3045832.20	2810746.50	47	600614	鼎立股份	187501.55	162549.10
7	601607	上海医药	2156492.13	775551.49	48	600315	上海家化	186365.19	168584.90
8	600500	中化国际	2001335.69	1556395.63	49	600171	上海贝岭	184051.72	201476.26
9	600827	友谊股份	1857903.05	1643761.38	50	600517	置信电气	172245.30	177128.66
10	600631	百联股份	1517108.89	1286525.35	51	600081	东风科技	129902.03	114230.51
11	600835	上海机电	1311162.85	1047699.98	52	600848	自仪股份	125187.54	108894.40
12	600196	复星医药	1152714.59	753891.80	53	600679	金山开发	122653.07	140600.98
13	600623	双钱股份	872848.54	869163.57	54	600616	金枫酒业	113809.45	120935.34
14	600655	豫园商城	865053.23	747869.23	55	600530	交大昂立	112552.13	168786.51
15	600210	紫江企业	818351.78	795737.57	56	600757	*ST 源发	106810.09	155692.08
16	600851	海欣股份	618122.06	419179.56	57	600838	上海九百	101957.77	101540.49
17	600822	上海物贸	590537.45	436886.45	58	600272	开开实业	99104.45	98948.34
18	600819	耀皮玻璃	577298.90	616621.54	59	600420	现代制药	92770.86	79487.38
19	600618	氯碱化工	572144.38	671911.80	60	002022	科华生物	92584.41	73731.16
20	600151	航天机电	564523.80	246474.34	61	600604	ST 二纺	92433.19	78619.27
21	600601	方正科技	562290.49	504908.46	62	600689	上海三毛	90832.94	86248.67
22	600619	海立股份	524744.35	416284.17	63	600850	华东电脑	80492.74	75743.69
23	600676	交运股份	447168.89	386805.73	64	600629	棱光实业	79077.25	67370.29
24	600597	光明乳业	412298.78	403766.32	65	600061	中纺投资	78282.45	81564.91
25	600628	新世界	394348.60	396186.22	66	600818	中路股份	75448.04	72946.75
26	002028	思源电气	386075.69	301803.46	67	002158	汉钟精机	72741.93	61500.46
27	600612	老凤祥	365033.86	296033.42	68	600833	第一医药	72157.06	58910.94
28	600826	兰生股份	358131.21	155523.64	69	600615	丰华股份	71157.70	75455.83
29	600844	丹化科技	354323.60	93527.12	70	600695	大江股份	70638.48	66177.03
30	600278	东方创业	336134.17	251650.95	71	600645	ST 中源	69994.32	65174.04
31	600637	广电信息	324453.99	392709.33	72	600149	*ST 建通	62911.53	63737.19
32	600841	上柴股份	323395.05	283331.63	73	600781	上海辅仁	56192.37	50676.44
33	900953	凯马 B	305047.41	238707.26	74	600605	汇通能源	55890.91	55678.26
34	600626	申达股份	297178.68	271420.20	75	600608	*ST 沪科	49556.02	78423.79
35	600555	九龙山	292425.34	246025.99	76	600610	SST 中纺	40767.63	35885.42
36	600630	龙头股份	250121.79	286443.52	77	600490	*ST 合臣	37639.28	45897.61
37	600602	广电电子	242296.90	419675.36	78	002058	威尔泰	24297.74	22625.29
38	600072	中船股份	237439.73	228346.05	79	600656	ST 方源	14142.17	70319.98
39	600636	三爱富	234011.16	267306.98	80	600617	*ST 联华	5109.56	11872.02
40	600073	上海梅林	233938.84	215786.84	81	600094	*ST 华源		13684.59
41	600836	界龙实业	227313.51	223784.96	82	600633	*ST 白猫		23829.28

上海工商类上市公司 2009 年度总股本排序

单位：万股

序号	代码	公司简称	总股本		序号	代码	公司简称	总股本	
			2009 年	2008 年				2009 年	2008 年
1	600019	宝钢股份	1751200.00	1751200.00	42	600061	中纺投资	42908.29	42908.29
2	601727	上海电气	1250768.60	1250768.60	43	600630	龙头股份	42486.16	42486.16
3	600688	S 上石化	720000.00	720000.00	44	002022	科华生物	41023.00	31556.25
4	600104	上海汽车	655102.91	655102.91	45	600838	上海九百	40088.20	40088.20
5	600320	振华重工	439029.46	320735.50	46	600848	自仪股份	39928.69	39928.69
6	601607	上海医药	199264.33	56917.29	47	600844	丹化科技	38931.03	30456.46
7	600601	方正科技	172648.67	172648.67	48	600680	上海普天	38222.53	38222.53
8	600500	中化国际	143758.96	143758.96	49	600149	*ST 建通	38016.00	38016.00
9	600210	紫江企业	143673.62	143673.62	50	600616	金枫酒业	36555.96	36555.96
10	600196	复星医药	123777.49	123777.49	51	600072	中船股份	36244.67	36244.67
11	600851	海欣股份	120705.67	120705.67	52	600610	SST 中纺	35709.15	35709.15
12	600602	广电电子	117294.31	117294.31	53	600073	上海梅林	35640.00	35640.00
13	600618	氯碱化工	115640.00	115640.00	54	600679	金山开发	35361.97	35361.97
14	600631	百联股份	110102.73	110102.73	55	600636	三爱富	34722.78	34722.78
15	600597	光明乳业	104189.26	104189.26	56	600822	上海物贸	33064.86	25272.03
16	600835	上海机电	102273.93	102273.93	57	600608	*ST 沪科	32886.14	32886.14
17	600623	双钱股份	88946.77	88946.77	58	600315	上海家化	32554.69	21703.13
18	600555	九龙山	86900.00	86900.00	59	600645	ST 中源	32504.10	32504.10
19	600655	豫园商城	79851.22	72592.02	60	600278	东方创业	32000.00	32000.00
20	600654	飞乐股份	75504.32	75504.32	61	600836	界龙实业	31356.34	31356.34
21	600151	航天机电	74854.40	74854.40	62	600081	东风科技	31356.00	31356.00
22	600824	益民商业	73196.32	60996.94	63	600530	交大昂立	31200.00	31200.00
23	600676	交运股份	73139.59	56261.23	64	600420	现代制药	28773.34	28773.34
24	600819	耀皮玻璃	73125.01	73125.01	65	600826	兰生股份	28042.82	28042.82
25	600637	广电信息	70886.46	70886.46	66	600612	老凤祥	27695.73	27695.73
26	600695	大江股份	67630.57	67630.57	67	600629	棱光实业	26900.05	26900.05
27	600171	上海贝岭	67380.78	67380.78	68	600818	中路股份	26565.94	26565.94
28	600150	中国船舶	66255.65	66255.65	69	900935	阳晨 B 股	24459.60	24459.60
29	900953	凯马 B	64000.00	64000.00	70	600272	开开实业	24300.00	24300.00
30	600517	置信电气	61870.50	41247.00	71	600689	上海三毛	20099.13	20099.13
31	600614	鼎立股份	56740.26	33376.62	72	600656	ST 方源	19034.37	19034.37
32	600604	ST 二纺	56644.92	56644.92	73	600615	丰华股份	18802.05	18802.05
33	600757	*ST 源发	55217.22	55217.22	74	600781	上海辅仁	17759.29	17759.29
34	600619	海立股份	54794.92	54794.92	75	600850	华东电脑	17103.15	17103.15
35	600628	新世界	53179.93	53179.93	76	600617	*ST 联华	16719.48	16719.48
36	600841	上柴股份	48030.93	48030.93	77	600833	第一医药	15934.74	15934.74
37	600626	申达股份	47349.52	47349.52	78	002158	汉钟精机	15803.00	15050.00
38	600827	友谊股份	47211.64	42919.68	79	600633	*ST 白猫	15205.08	15205.08
39	600094	*ST 华源	47208.50	62944.51	80	600605	汇通能源	14734.46	14734.46
40	600843	上工申贝	44888.68	44888.68	81	600490	*ST 合臣	13200.00	13200.00
41	002028	思源电气	43968.00	27480.00	82	002058	威尔泰	6237.00	6236.88

上海工商类上市公司2009年度净资产排序

单位：万元

序号	代码	公司简称	净资产		序号	代码	公司简称	净资产	
			2009年	2008年				2009年	2008年
1	600019	宝钢股份	9513689.95	9195686.97	42	600654	飞乐股份	104679.18	102954.61
2	600104	上海汽车	4246245.38	3463977.27	43	600612	老凤祥	98092.36	75491.82
3	601727	上海电气	2247484.83	2132166.90	44	600616	金枫酒业	97399.62	90213.68
4	600320	振华重工	1581224.74	1532070.18	45	600530	交大昂立	82955.65	79461.45
5	600688	S上石化	1534607.28	1384137.10	46	600073	上海梅林	75996.74	83374.10
6	600150	中国船舶	1389120.54	1204254.40	47	002022	科华生物	75482.32	61466.01
7	601607	上海医药	825964.61	168905.46	48	600636	三爱富	73979.35	72043.16
8	600631	百联股份	658529.82	461669.46	49	900953	凯马B	73319.81	58171.57
9	600196	复星医药	647652.23	400885.95	50	600614	鼎立股份	70874.49	62820.23
10	600500	中化国际	584835.01	533350.37	51	600420	现代制药	61544.99	55148.61
11	600835	上海机电	495005.72	456454.21	52	600679	金山开发	60925.19	55766.40
12	600851	海欣股份	404229.28	256378.98	53	600149	*ST建通	59024.06	60493.44
13	600655	豫园商城	398670.00	316278.19	54	002158	汉钟精机	56732.77	53091.30
14	600210	紫江企业	324282.84	267766.88	55	600838	上海九百	56598.20	54829.74
15	600601	方正科技	286957.28	280764.04	56	600843	上工申贝	55247.41	50874.49
16	002028	思源电气	286231.68	214963.96	57	600061	中纺投资	54709.45	53506.86
17	600827	友谊股份	271697.39	225350.21	58	600836	界龙实业	43352.52	41567.90
18	600826	兰生股份	263198.24	105754.33	59	600629	棱光实业	41596.68	35176.68
19	600618	氯碱化工	230502.08	268752.17	60	600833	第一医药	40225.40	31353.58
20	600597	光明乳业	210666.92	198468.35	61	600689	上海三毛	38803.29	36272.94
21	600602	广电电子	193314.86	186398.94	62	600081	东风科技	36045.04	33009.00
22	600555	九龙山	192272.07	192858.75	63	600605	汇通能源	36017.35	33755.11
23	600841	上柴股份	189599.73	182119.52	64	600615	丰华股份	35448.82	34947.98
24	600278	东方创业	187393.28	149494.89	65	600818	中路股份	34240.53	33418.17
25	600676	交运股份	185018.45	158291.95	66	600604	ST二纺	26794.97	36837.82
26	600819	耀皮玻璃	181615.24	204164.73	67	600850	华东电脑	25009.99	23840.89
27	600628	新世界	177639.84	163834.38	68	900935	阳晨B股	24460.00	46886.61
28	600626	申达股份	175896.46	171064.75	69	600272	开开实业	24360.31	17026.44
29	600623	双钱股份	174102.37	147801.39	70	600610	SST中纺	22450.74	15887.54
30	600171	上海贝岭	167263.08	175845.50	71	600781	上海辅仁	20466.97	17793.19
31	600619	海立股份	154636.85	146813.74	72	600695	大江股份	18323.83	23127.07
32	600822	上海物贸	152661.98	73189.47	73	002058	威尔泰	17463.60	16976.96
33	600680	上海普天	150119.73	134715.96	74	600848	自仪股份	16061.87	15437.40
34	600072	中船股份	136223.07	125037.00	75	600645	ST中源	12805.02	12592.54
35	600630	龙头股份	135973.68	132839.21	76	600633	*ST白猫	11428.81	13304.03
36	600315	上海家化	131973.79	109624.93	77	600490	*ST合臣	9357.61	23861.92
37	600151	航天机电	130247.93	125649.51	78	600094	*ST华源	1186.11	
38	600824	益民商业	127234.97	119772.05	79	600617	*ST联华	-7012.30	-2276.97
39	600844	丹化科技	125979.57	26222.68	80	600608	*ST沪科	-17580.57	2532.46
40	600637	广电信息	119452.61	120385.15	81	600656	ST方源	-42085.50	7964.93
41	600517	置信电气	117685.67	94201.59	82	600757	*ST源发	-124019.10	-74419.71

上海工商类上市公司 2009 年度主营业务收入排序

单位：万元

序号	代码	公司简称	主营业务收入		序号	代码	公司简称	主营业务收入	
			2009 年	2008 年				2009 年	2008 年
1	600019	宝钢股份	14832636.39	20033177.38	42	600605	汇通能源	130417.12	100776.02
2	600104	上海汽车	13887542.08	10540559.40	43	600517	置信电气	129616.22	159572.48
3	601727	上海电气	5779039.40	5890864.40	44	600081	东风科技	128998.30	116807.14
4	600688	S 上石化	5172272.70	6031057.00	45	600061	中纺投资	123865.69	123814.94
5	600822	上海物贸	4579963.02	3291950.98	46	600654	飞乐股份	121818.82	134938.93
6	600827	友谊股份	2918690.24	2556373.08	47	600851	海欣股份	118379.97	142684.81
7	600320	振华重工	2756411.56	2744340.53	48	600420	现代制药	116423.37	68723.19
8	600150	中国船舶	2523753.62	2765590.03	49	600848	自仪股份	111809.22	109309.81
9	600500	中化国际	2275048.26	2740177.01	50	600833	第一医药	103697.03	96453.02
10	601607	上海医药	1956812.38	1654782.49	51	600850	华东电脑	102925.06	123989.53
11	600835	上海机电	1098623.53	1044738.31	52	600616	金枫酒业	94452.96	465123.19
12	600612	老凤祥	1085024.76	921382.20	53	600679	金山开发	90215.39	148355.17
13	600631	百联股份	1027368.90	917737.28	54	600272	开开实业	86566.20	71129.22
14	600655	豫园商城	825619.97	785557.69	55	600680	上海普天	84574.09	75340.59
15	600597	光明乳业	794316.97	735854.43	56	600614	鼎立股份	72293.77	62357.69
16	600601	方正科技	778956.27	727526.87	57	600695	大江股份	67255.00	78225.46
17	600623	双钱股份	729405.46	812696.88	58	002022	科华生物	61882.56	48711.63
18	900953	凯马 B	552706.42	384533.63	59	600818	中路股份	61040.24	71496.37
19	600626	申达股份	516748.57	482909.43	60	600602	广电电子	56741.72	81695.39
20	600210	紫江企业	516525.78	507709.14	61	600757	*ST 源发	54717.81	99078.17
21	600618	氯碱化工	491015.05	566823.35	62	600171	上海贝岭	51254.22	51226.86
22	600619	海立股份	451284.04	479024.44	63	600629	棱光实业	43814.31	41799.07
23	600278	东方创业	425639.61	563330.58	64	002158	汉钟精机	41270.12	43352.49
24	600196	复星医药	387225.63	377323.42	65	600633	*ST 白猫	37407.74	45186.93
25	600676	交运股份	358572.28	309165.11	66	600530	交大昂立	31531.81	33274.85
26	600841	上柴股份	337754.92	354375.19	67	600645	ST 中源	30774.92	28810.54
27	600630	龙头股份	297222.51	367709.39	68	600608	*ST 沪科	30257.50	56883.56
28	600628	新世界	273047.17	265461.07	69	600604	ST 二纺	28678.88	54249.14
29	600315	上海家化	269711.53	249349.81	70	600844	丹化科技	26275.12	49009.20
30	600637	广电信息	234812.30	343606.66	71	600781	上海辅仁	24364.29	29815.15
31	600819	耀皮玻璃	216360.34	250237.49	72	600615	丰华股份	20333.94	11935.38
32	600636	三爱富	210222.39	267977.54	73	900935	阳晨 B 股	19155.36	18892.45
33	600073	上海梅林	198308.16	91951.05	74	600838	上海九百	17745.73	23432.88
34	002028	思源电气	187933.39	152970.68	75	600490	*ST 合臣	11670.42	18173.71
35	600843	上工申贝	163196.64	223618.43	76	002058	威尔泰	11202.09	11282.79
36	600836	界龙实业	147446.79	89523.59	77	600610	SST 中纺	7186.64	8317.39
37	600826	兰生股份	145806.41	181488.87	78	600617	*ST 联华	2054.88	2595.90
38	600072	中船股份	145635.75	132722.53	79	600149	*ST 建通	1912.71	1688.77
39	600824	益民商业	145022.03	118397.57	80	600555	九龙山	1448.18	13806.15
40	600689	上海三毛	132723.03	145332.23	81	600656	ST 方源	179.98	39052.40
41	600151	航天机电	131028.71	123502.71	82	600094	*ST 华源		28850.86

上海工商类上市公司 2009 年度利润总额排序

单位：万元

序号	代码	公司简称	利润总额		序号	代码	公司简称	利润总额	
			2009 年	2008 年				2009 年	2008 年
1	600104	上海汽车	1618240.86	-48035.04	42	600654	飞乐股份	22439.04	1476.15
2	600019	宝钢股份	1342427.13	815436.56	43	600836	界龙实业	22079.81	4345.46
3	601727	上海电气	934768.10	419318.90	44	600848	自仪股份	21658.55	839.80
4	600827	友谊股份	595406.61	62285.56	45	600530	交大昂立	19240.10	-15489.95
5	600688	S 上石化	474473.20	-802228.10	46	600081	东风科技	18139.95	-5955.63
6	600150	中国船舶	360779.72	514774.34	47	600851	海欣股份	18133.68	-42754.27
7	600597	光明乳业	295585.36	-31954.39	48	600833	第一医药	18038.24	2600.17
8	600320	振华重工	294002.26	282441.50	49	600645	ST 中源	17758.88	7330.72
9	600631	百联股份	255504.56	56172.06	50	600850	华东电脑	15729.99	2355.23
10	600835	上海机电	206164.32	112042.42	51	600073	上海梅林	14387.86	577.73
11	600500	中化国际	176765.23	103011.43	52	600614	鼎立股份	14269.20	4721.28
12	601607	上海医药	169143.52	18670.72	53	600637	广电信息	13185.70	-99077.17
13	600315	上海家化	145819.42	23092.82	54	600689	上海三毛	12933.03	2856.20
14	600623	双钱股份	144460.73	-17625.37	55	600680	上海普天	12914.13	-10086.76
15	600210	紫江企业	139589.54	29312.04	56	600072	中船股份	12589.41	10894.25
16	600196	复星医药	123964.70	83567.59	57	600629	棱光实业	12005.31	13989.25
17	002028	思源电气	112649.23	40305.59	58	600781	上海辅仁	10004.29	4852.86
18	600655	豫园商城	112214.86	43221.39	59	600061	中纺投资	9598.89	1335.63
19	600628	新世界	74766.00	22789.68	60	600679	金山开发	9391.88	2430.77
20	600612	老凤祥	73356.72	17619.15	61	002158	汉钟精机	8606.35	7080.28
21	900953	凯马 B	67659.22	7341.06	62	600608	*ST 沪科	8326.64	-9082.89
22	600676	交运股份	65145.62	19112.67	63	600602	广电电子	8059.35	-103438.98
23	600841	上柴股份	64042.77	1226.26	64	600633	*ST 白猫	7038.64	-3558.36
24	600601	方正科技	61790.81	16396.94	65	600695	大江股份	6986.09	1147.41
25	600619	海立股份	60951.15	5207.21	66	600826	兰生股份	6709.21	57.15
26	600630	龙头股份	52907.80	6297.12	67	600818	中路股份	6020.36	1691.08
27	600824	益民商业	47964.90	13387.12	68	900935	阳晨 B 股	5963.68	1312.26
28	600616	金枫酒业	47477.20	25425.83	69	600838	上海九百	5393.96	796.06
29	600517	置信电气	47093.22	28556.38	70	600615	丰华股份	3873.05	10075.59
30	600822	上海物贸	44207.05	8924.75	71	600605	汇通能源	3456.23	7915.50
31	600656	ST 方源	40584.11	8051.53	72	600171	上海贝岭	3214.65	1007.51
32	600626	申达股份	36957.21	13060.76	73	600149	*ST 建通	1565.81	-486.59
33	600636	三爱富	35609.06	-3298.00	74	600757	*ST 源发	1369.79	-77773.58
34	600420	现代制药	34279.76	8355.15	75	002058	威尔泰	847.52	854.60
35	600278	东方创业	34065.11	12098.54	76	600610	SST 中纺	793.65	569.14
36	600819	耀皮玻璃	30789.97	1772.60	77	600555	九龙山	182.00	3025.06
37	600618	氯碱化工	25970.28	1811.19	78	600490	*ST 合臣	-165.76	-6219.45
38	600843	上工申贝	24780.96	-1485.38	79	600617	*ST 联华	-193.84	-5079.36
39	002022	科华生物	24468.75	20102.15	80	600604	ST 二纺	-1338.05	789.39
40	600151	航天机电	24113.46	4598.80	81	600844	丹化科技	-1681.94	1146.08
41	600272	开开实业	22585.09	5812.68	82	600094	*ST 华源		83593.31

上海工商类上市公司2009年度每股收益排序

单位：元

序号	代码	公司简称	每股收益		序号	代码	公司简称	每股收益	
			2009年	2008年				2009年	2008年
1	600150	中国船舶	3.77	6.28	42	600597	光明乳业	0.12	-0.27
2	002028	思源电气	2.16	1.26	43	600619	海立股份	0.11	0.03
3	600196	复星医药	2.02	0.56	44	600151	航天机电	0.10	0.04
4	600104	上海汽车	1.01	0.10	45	600630	龙头股份	0.10	0.05
5	600315	上海家化	0.72	0.85	46	600081	东风科技	0.10	-0.22
6	601607	上海医药	0.66	0.14	47	600530	交大昂立	0.08	-0.45
7	600655	豫园商城	0.60	0.45	48	600843	上工申贝	0.07	-0.07
8	002022	科华生物	0.50	0.53	49	600689	上海三毛	0.07	0.15
9	002158	汉钟精机	0.47	0.40	50	600601	方正科技	0.06	0.07
10	600612	老凤祥	0.47	0.25	51	600636	三爱富	0.05	-0.20
11	600835	上海机电	0.46	0.63	52	600637	广电信息	0.05	-1.40
12	600210	紫江企业	0.46	0.13	53	600602	广电电子	0.05	-0.73
13	600500	中化国际	0.43	0.49	54	600836	界龙实业	0.05	0.04
14	600517	置信电气	0.41	0.51	55	600826	兰生股份	0.04	0.03
15	600616	金枫酒业	0.40	0.57	56	600850	华东电脑	0.04	0.04
16	600827	友谊股份	0.40	0.33	57	600838	上海九百	0.03	0.01
17	600631	百联股份	0.37	0.32	58	600680	上海普天	0.03	-0.26
18	600628	新世界	0.34	0.31	59	900935	阳晨B股	0.03	0.04
19	600019	宝钢股份	0.33	0.37	60	600615	丰华股份	0.03	0.48
20	600420	现代制药	0.31	0.19	61	600610	SST中纺	0.02	0.02
21	600278	东方创业	0.29	0.27	62	600848	自仪股份	0.01	0.02
22	600072	中船股份	0.26	0.25	63	600654	飞乐股份	0.01	0.01
23	600833	第一医药	0.25	0.13	64	600061	中纺投资	0.01	0.01
24	600629	棱光实业	0.24	0.33	65	600679	金山开发	0.01	0.01
25	600688	S上石化	0.22	-0.87	66	600645	ST中源	0.01	0.12
26	600822	上海物贸	0.22	0.28	67	600149	*ST建通	0.01	-0.03
27	600626	申达股份	0.21	0.22	68	600851	海欣股份	0.01	-0.29
28	600676	交运股份	0.21	0.26	69	600094	*ST华源	0.00	1.34
29	900953	凯马B	0.20	0.06	70	600695	大江股份	-0.07	0.01
30	601727	上海电气	0.20	0.21	71	600844	丹化科技	-0.12	0.06
31	600320	振华重工	0.19	0.80	72	600633	*ST白猫	-0.13	-0.23
32	600623	双钱股份	0.19	-0.17	73	600073	上海梅林	-0.19	0.01
33	600272	开开实业	0.16	0.23	74	600604	ST二纺	-0.21	0.02
34	600818	中路股份	0.16	0.05	75	600171	上海贝岭	-0.27	0.01
35	600605	汇通能源	0.15	0.29	76	600819	耀皮玻璃	-0.29	0.04
36	600824	益民商业	0.15	0.16	77	600618	氯碱化工	-0.33	0.01
37	600781	上海辅仁	0.15	0.19	78	600617	*ST联华	-0.40	-0.29
38	600555	九龙山	0.15	0.03	79	600608	*ST沪科	-0.63	-0.27
39	600841	上柴股份	0.14	0.06	80	600757	*ST源发	-0.91	-1.37
40	600614	鼎立股份	0.13	0.12	81	600490	*ST合臣	-1.10	-0.39
41	002058	威尔泰	0.12	0.14	82	600656	ST方源	-2.48	0.24

上海工商类上市公司2009年度净利润排序

单位：万元

序号	代码	公司简称	净利润		序号	代码	公司简称	净利润	
			2009年	2008年				2009年	2008年
1	600104	上海汽车	659193.30	65616.80	42	600818	中路股份	4148.89	1447.12
2	600019	宝钢股份	581622.74	645920.75	43	600833	第一医药	4000.36	2001.49
3	601727	上海电气	250127.00	262221.40	44	600272	开开实业	3950.32	5625.69
4	600150	中国船舶	250060.52	415962.10	45	600637	广电信息	3542.18	-99139.98
5	600196	复星医药	249820.18	69085.65	46	600843	上工申贝	3340.55	-3226.17
6	600688	S上石化	156160.50	-624541.20	47	600081	东风科技	3036.04	-7050.29
7	601607	上海医药	131086.36	8198.28	48	600781	上海辅仁	2673.78	3400.74
8	002028	思源电气	95018.24	34639.61	49	600530	交大昂立	2651.69	-14007.25
9	600320	振华重工	83985.33	255106.34	50	600605	汇通能源	2262.24	4258.92
10	600210	紫江企业	65403.21	18522.11	51	600636	三爱富	1887.19	-6961.52
11	600500	中化国际	61990.10	70577.44	52	600836	界龙实业	1508.98	1143.73
12	600655	豫园商城	48147.17	32855.22	53	600689	上海三毛	1363.07	3058.26
13	600835	上海机电	46574.14	64660.48	54	600838	上海九百	1272.70	308.62
14	600631	百联股份	40431.68	35653.11	55	600680	上海普天	1178.38	-9977.38
15	600517	置信电气	25546.45	21146.63	56	600826	兰生股份	1065.56	820.11
16	600315	上海家化	23328.57	18503.90	57	600654	飞乐股份	1032.28	409.03
17	002022	科华生物	20434.25	16607.57	58	600610	SST中纺	776.60	605.92
18	600827	友谊股份	18814.07	13981.00	59	002058	威尔泰	774.84	856.33
19	600628	新世界	18038.23	16291.31	60	600851	海欣股份	736.73	-34480.27
20	600623	双钱股份	16861.09	-14701.01	61	900935	阳晨B股	726.69	941.26
21	600676	交运股份	15353.54	14729.67	62	600850	华东电脑	614.48	655.80
22	600616	金枫酒业	14576.79	20764.08	63	600848	自仪股份	572.45	812.57
23	900953	凯马B	13042.90	3660.33	64	600615	丰华股份	500.84	9058.72
24	600612	老凤祥	12980.17	7013.19	65	600061	中纺投资	443.72	546.41
25	600555	九龙山	12893.44	2772.23	66	600679	金山开发	332.83	423.91
26	600597	光明乳业	12247.01	-28599.44	67	600149	*ST建通	246.42	-1110.68
27	600824	益民商业	11097.63	10060.50	68	600645	ST中源	212.49	3909.78
28	600626	申达股份	10131.70	10339.01	69	600094	*ST华源	120.29	84340.47
29	600601	方正科技	9800.35	12416.60	70	600633	*ST白猫	-1930.58	-3556.13
30	600072	中船股份	9523.92	9215.41	71	600844	丹化科技	-4487.62	1682.06
31	600278	东方创业	9263.97	8526.67	72	600695	大江股份	-4772.89	397.73
32	600420	现代制药	8905.23	5391.41	73	600617	*ST联华	-6652.38	-4878.05
33	600151	航天机电	7748.24	2948.34	74	600073	上海梅林	-6838.25	490.46
34	002158	汉钟精机	7476.82	6057.51	75	600604	ST二纺	-11989.12	955.64
35	600614	鼎立股份	7161.43	4113.75	76	600490	*ST合臣	-14504.31	-5104.58
36	600822	上海物贸	7157.03	7077.60	77	600171	上海贝岭	-18525.37	669.73
37	600841	上柴股份	6955.00	2728.48	78	600608	*ST沪科	-20773.46	-9018.87
38	600629	棱光实业	6528.12	8745.58	79	600819	耀皮玻璃	-21086.99	2792.15
39	600619	海立股份	6298.43	1608.53	80	600618	氯碱化工	-38648.04	1070.83
40	600602	广电电子	5771.53	-85578.84	81	600656	ST方源	-47183.20	4609.31
41	600630	龙头股份	4283.38	2025.22	82	600757	*ST源发	-50034.35	-75416.55

上海工商类上市公司 2009 年度每股净资产排序

单位：元

序号	代码	公司简称	每股净资产		序号	代码	公司简称	每股净资产	
			2009 年	2008 年				2009 年	2008 年
1	600150	中国船舶	20.97	18.18	42	600597	光明乳业	2.02	1.90
2	600826	兰生股份	9.39	3.77	43	600618	氯碱化工	1.99	2.32
3	002028	思源电气	6.51	7.82	44	600623	双钱股份	1.96	1.66
4	600104	上海汽车	6.48	5.29	45	900935	阳晨 B 股	1.93	1.92
5	600631	百联股份	5.98	4.19	46	600689	上海三毛	1.93	1.80
6	600278	东方创业	5.86	4.67	47	600517	置信电气	1.90	2.28
7	600827	友谊股份	5.75	5.25	48	600615	丰华股份	1.89	1.86
8	600019	宝钢股份	5.43	5.25	49	002022	科华生物	1.84	1.95
9	600196	复星医药	5.23	3.24	50	601727	上海电气	1.80	1.70
10	600655	豫园商城	4.99	4.36	51	600151	航天机电	1.74	1.68
11	600835	上海机电	4.84	4.46	52	600824	益民商业	1.74	1.96
12	600822	上海物贸	4.62	2.90	53	600679	金山开发	1.72	1.58
13	601607	上海医药	4.15	2.97	54	600637	广电信息	1.69	1.70
14	600500	中化国际	4.07	3.71	55	600601	方正科技	1.66	1.63
15	600315	上海家化	4.05	5.05	56	600602	广电电子	1.65	1.59
16	600841	上柴股份	3.95	3.79	57	600149	*ST 建通	1.55	1.59
17	600680	上海普天	3.93	3.52	58	600629	棱光实业	1.55	1.31
18	600072	中船股份	3.76	3.45	59	600850	华东电脑	1.46	1.39
19	600626	申达股份	3.71	3.61	60	600838	上海九百	1.41	1.37
20	600320	振华重工	3.60	4.78	61	600654	飞乐股份	1.39	1.36
21	002158	汉钟精机	3.59	3.53	62	600836	界龙实业	1.38	1.33
22	600612	老凤祥	3.54	2.73	63	600818	中路股份	1.29	1.26
23	600851	海欣股份	3.35	2.12	64	600061	中纺投资	1.28	1.25
24	600628	新世界	3.34	3.08	65	600614	鼎立股份	1.25	1.88
25	600844	丹化科技	3.24	0.86	66	600843	上工申贝	1.23	1.13
26	600630	龙头股份	3.20	3.13	67	600781	上海辅仁	1.15	1.00
27	600619	海立股份	2.82	2.68	68	600081	东风科技	1.15	1.05
28	002058	威尔泰	2.80	2.72	69	900953	凯马 B	1.15	0.91
29	600616	金枫酒业	2.66	2.47	70	600272	开开实业	1.00	0.70
30	600530	交大昂立	2.66	2.55	71	600633	*ST 白猫	0.75	0.87
31	600676	交运股份	2.53	2.81	72	600490	*ST 合臣	0.71	1.81
32	600833	第一医药	2.52	1.97	73	600610	SST 中纺	0.63	0.44
33	600819	耀皮玻璃	2.48	2.79	74	600604	ST 二纺	0.47	0.65
34	600171	上海贝岭	2.48	2.61	75	600848	自仪股份	0.40	0.39
35	600605	汇通能源	2.44	2.29	76	600645	ST 中源	0.39	0.39
36	600210	紫江企业	2.26	1.86	77	600695	大江股份	0.27	0.34
37	600555	九龙山	2.21	2.22	78	600094	*ST 华源	0.03	0.00
38	600420	现代制药	2.14	1.92	79	600617	*ST 联华	-0.42	-0.14
39	600073	上海梅林	2.13	2.34	80	600608	*ST 沪科	-0.53	0.08
40	600688	S 上石化	2.13	1.92	81	600656	ST 方源	-2.21	0.42
41	600636	三爱富	2.13	2.07	82	600757	*ST 源发	-2.25	-1.35

上海工商类上市公司2009年度净资产收益率排序

单位：%

序号	代码	公司简称	净资产收益率		序号	代码	公司简称	净资产收益率	
			2009年	2008年				2009年	2008年
1	600196	复星医药	38.57	17.23	42	600320	振华重工	5.31	16.65
2	002028	思源电气	33.19	16.11	43	600278	东方创业	4.94	5.70
3	002022	科华生物	27.04	27.02	44	600822	上海物贸	4.69	9.67
4	600517	置信电气	21.71	22.45	45	002058	威尔泰	4.44	5.04
5	600210	紫江企业	20.17	6.92	46	600619	海立股份	4.07	1.10
6	600150	中国船舶	18.00	34.54	47	600841	上柴股份	3.67	1.50
7	900953	凯马B	17.79	6.29	48	600848	自仪股份	3.56	5.26
8	600315	上海家化	17.68	16.88	49	600689	上海三毛	3.51	8.43
9	600272	开开实业	16.22	33.04	50	600836	界龙实业	3.48	2.75
10	601607	上海医药	15.87	4.85	51	600610	SST中纺	3.46	3.81
11	600629	棱光实业	15.69	24.86	52	600601	方正科技	3.42	4.42
12	600104	上海汽车	15.52	1.89	53	600530	交大昂立	3.20	-17.63
13	600616	金枫酒业	14.97	23.02	54	600630	龙头股份	3.15	1.52
14	600420	现代制药	14.47	9.78	55	600602	广电电子	2.99	-45.91
15	600612	老凤祥	13.23	9.29	56	600637	广电信息	2.97	-82.35
16	002158	汉钟精机	13.16	11.41	57	600636	三爱富	2.55	-9.66
17	600781	上海辅仁	13.06	19.11	58	600850	华东电脑	2.46	2.75
18	600818	中路股份	12.12	4.33	59	600838	上海九百	2.25	0.56
19	600655	豫园商城	12.08	10.39	60	600645	ST中源	1.66	31.05
20	601727	上海电气	11.13	12.30	61	900935	阳晨B股	1.54	2.01
21	600500	中化国际	10.60	13.23	62	600615	丰华股份	1.41	25.92
22	600688	S上石化	10.18	-45.12	63	600654	飞乐股份	0.99	0.40
23	600628	新世界	10.15	9.94	64	600061	中纺投资	0.81	1.02
24	600094	*ST华源	10.14	0.00	65	600680	上海普天	0.78	-7.41
25	600614	鼎立股份	10.10	6.55	66	600679	金山开发	0.55	0.76
26	600833	第一医药	9.94	6.38	67	600149	*ST建通	0.42	-1.84
27	600623	双钱股份	9.68	-9.95	68	600826	兰生股份	0.40	0.78
28	600835	上海机电	9.41	14.17	69	600851	海欣股份	0.18	-13.45
29	600824	益民商业	8.72	8.40	70	600844	丹化科技	-3.56	6.41
30	600081	东风科技	8.42	-21.36	71	600073	上海梅林	-9.00	0.59
31	600676	交运股份	8.30	9.31	72	600171	上海贝岭	-11.08	0.38
32	600072	中船股份	6.99	7.37	73	600819	耀皮玻璃	-11.61	1.37
33	600827	友谊股份	6.92	6.20	74	600618	氯碱化工	-16.77	0.40
34	600555	九龙山	6.71	1.44	75	600633	*ST白猫	-16.89	-26.73
35	600605	汇通能源	6.28	12.62	76	600695	大江股份	-26.05	1.72
36	600631	百联股份	6.14	7.72	77	600604	ST二纺	-44.74	2.59
37	600019	宝钢股份	6.11	7.02	78	600490	*ST合臣	-155.00	-21.39
38	600843	上工申贝	6.05	-6.34	79	600608	*ST沪科		-356.13
39	600151	航天机电	5.95	2.35	80	600656	ST方源		57.87
40	600597	光明乳业	5.81	-14.41	81	600617	*ST联华		
41	600626	申达股份	5.76	6.04	82	600757	*ST源发		

上海工商类上市公司2009年度每股现金流量排序

单位：元

序号	代码	公司简称	每股经营现金净流量		序号	代码	公司简称	每股经营现金净流量	
			2009年	2008年				2009年	2008年
1	600827	友谊股份	5.66	5.87	42	600517	置信电气	0.23	0.75
2	600150	中国船舶	5.42	3.96	43	600614	鼎立股份	0.23	-0.27
3	600104	上海汽车	3.29	1.78	44	600196	复星医药	0.21	0.19
4	002028	思源电气	2.32	0.69	45	600833	第一医药	0.17	0.13
5	600835	上海机电	1.98	0.51	46	600851	海欣股份	0.17	0.13
6	600315	上海家化	1.39	1.52	47	600151	航天机电	0.15	0.19
7	600019	宝钢股份	1.37	0.93	48	600850	华东电脑	0.13	0.39
8	600623	双钱股份	1.37	0.19	49	600320	振华重工	0.13	-1.27
9	600631	百联股份	1.15	1.02	50	600278	东方创业	0.10	0.36
10	600637	广电信息	1.04	-0.06	51	600818	中路股份	0.08	0.09
11	601607	上海医药	0.96	0.50	52	600171	上海贝岭	0.08	-0.03
12	600619	海立股份	0.88	0.75	53	600679	金山开发	0.08	0.02
13	600841	上柴股份	0.87	0.24	54	600601	方正科技	0.07	-0.06
14	600210	紫江企业	0.85	0.55	55	600081	东风科技	0.07	0.28
15	600655	豫园商城	0.73	0.97	56	600844	丹化科技	0.06	0.31
16	600500	中化国际	0.66	1.17	57	600617	*ST联华	0.003	0.14
17	600615	丰华股份	0.66	-1.05	58	600149	*ST建通	-0.01	-0.31
18	600636	三爱富	0.63	0.83	59	600654	飞乐股份	-0.01	0.04
19	600628	新世界	0.58	0.70	60	600608	*ST沪科	-0.01	0.27
20	002158	汉钟精机	0.57	0.41	61	600848	自仪股份	-0.02	-0.07
21	601727	上海电气	0.55	0.24	62	600610	SST中纺	-0.02	-0.08
22	600676	交运股份	0.55	0.51	63	600272	开开实业	-0.03	0.01
23	900953	凯马B	0.55	0.13	64	600061	中纺投资	-0.03	0.26
24	002022	科华生物	0.53	0.44	65	600826	兰生股份	-0.04	0.23
25	600688	S上石化	0.51	-0.47	66	600602	广电电子	-0.08	-0.01
26	600819	耀皮玻璃	0.51	0.34	67	600073	上海梅林	-0.10	-0.36
27	600616	金枫酒业	0.48	0.47	68	600838	上海九百	-0.12	-0.01
28	600597	光明乳业	0.45	0.16	69	600695	大江股份	-0.14	0.06
29	600605	汇通能源	0.42	-1.24	70	600757	*ST源发	-0.15	-0.01
30	600836	界龙实业	0.41	0.01	71	600656	ST方源	-0.16	-0.38
31	600530	交大昂立	0.41	-0.03	72	600629	棱光实业	-0.19	0.23
32	600781	上海辅仁	0.40	-0.08	73	600072	中船股份	-0.20	-0.17
33	600645	ST中源	0.38	0.37	74	600822	上海物贸	-0.21	0.90
34	002058	威尔泰	0.35	0.26	75	600490	*ST合臣	-0.22	-0.23
35	600630	龙头股份	0.35	0.12	76	600680	上海普天	-0.22	-0.23
36	600420	现代制药	0.34	0.20	77	600604	ST二纺	-0.23	-0.08
37	900935	阳晨B股	0.32	0.41	78	600843	上工申贝	-0.26	0.15
38	600626	申达股份	0.31	0.36	79	600612	老凤祥	-0.37	1.14
39	600618	氯碱化工	0.31	0.53	80	600689	上海三毛	-0.44	0.01
40	600555	九龙山	0.28	-0.21	81	600633	*ST白猫		0.04
41	600824	益民商业	0.27	0.36	82	600094	*ST华源		-0.02

2010·上海工业年鉴

SHANGHAI
INDUSTRIAL
YEARBOOK

上海市经济团体联合会

上海市经济团体联合会（上海市工业经济联合会）成立于1991年3月，是上海经济类行业协会、专业性协会、经济团体联合组织，现有会员300多户。其中经济类行业协会、专业性协会会员150多户，企业会员150多户。

上海市经团联目前有《上海工经联》、《行业动态》、《经团联简报》等刊物。

2009年，上海市经团联围绕市委、市政府和市经信委提出的年度工作目标，按照市委领导关于"使上海的行业组织建设走在全国前面"的要求，以科学发展观为指导，坚持"服务企业、规范行业、发展产业"宗旨，在落实"四个确保"、实现"四个率先"、建设"四个中心"和社会主义现代化国际大都市的过程中，积极发挥桥梁、纽带和政府参谋的作用，为应对国际金融危机，加快上海转变经济发展方式，促进二、三产业的融合发展、共同发展，推进经济平稳较快发展献计出力作出了努力。主要工作如下：

一、紧紧围绕上海经济结构转型，推进产业发展

1．通过《专报》向政府反映行业诉求。针对上海加快产业结构转型升级，二、三产业的融合发展、共同发展以及国际金融危机对上海实体经济的影响，蒋以任会长率队到各会员单位，以及相关区县、工业园区深入调查研究，并与行业协会共同分析讨论，把行业和企业面临的新情况、新问题及相关诉求、建议，以《专报》形式向市委、市政府领导和政府有关部门反映，得到市委、市政府领导的高度重视。俞正声书记等市委、市政府领导多次在"专报"上作重要批示。

2．积极参与"十二五"规划重大问题研究。参与由市经信委组织的关于本市"十二五"产业发展和信息化建设规划前期重大问题研究选题的公开选聘。由市经信委委托，市经团联承担并完成《上海石化产业发展的思路、目标、重点及对策研究》、《长三角产业和信息化合作发展的对策研究》、《保持上海工业投资适度增长的对策研究》等本市"十二五"产业发展和信息化建设规划前期重大问题研究课题。

3．开展行业协会"兴行业、促增长"主题活动。为应对国际金融危机，推进上海经济平稳较快发展，市经团联在行业协会会员中组织开展"兴行业、促增长"主题活动。市经团联充分发挥行业协会桥梁和纽带作用，组织行业协会及时反映行业发展动态，为在困难形势下振兴行业献计献策；充分发挥行业协会的专业优势，组织专家开展为企业摆脱困境的咨询活动；推进政策落地，帮助企业取得有关政策的支持，跟踪相关政策的落实情况和效果；通过行业协会帮助中小企业解决资金问题，建立人才流动渠道，开展人才培训；由行业协会组织举办展览、展销、博览会等形式，帮助企业推介新产品、名优产品，为企业拓展国内外市场。

4．积极推进节能减排JJ小组活动工作。在强化"以政府为主导、企业为主体、全社会共同参与"的前提下，发挥社会团体、行业协会、民间组织的作用，借鉴QC小组经验和做法，提出节能减排JJ小组概念，发起开展节能减排JJ小组活动。韩正市长批示："工经联开展节能减排小组活动应予以支持"，认为市经团联"抓住了一个敏感问题、关键问题、难点问题。"市发改委、市经信委等6个委办与市经团联联合下发《关于在本市有关重点领域试点开展节能减排改进小组活动的通知》，并在市经团联设上海市JJ小组活动办公室，专事推动开展JJ小组活动。年内有13家行业协会、27户企业成为JJ小组活动首批试点单位，已申报111个JJ小组。不定期组织行业协会、专家到活动现场指导企业JJ小组开展活动，会同试点行业企业及时总结经验和成功案例，组织交流学习，推进JJ小组活动开展。开展对JJ小组骨干队伍培训，编撰培训教材《节能减排JJ小组活动通读本》，2次组织专题培训，共培训约500人次。举办"2009年上海节能减排创新论坛"，提升节能减排活动的创新意识，探索更有效的方式和方法。

二、推进品牌建设，推广企业管理现代化创新成果

1．开展上海装备制造业与高新技术产业自主创新品牌评选工作。继续开展"上海市装备制造业和高新技术产业自主创新品牌评选"工作。经企业自愿申报与区县经委、集团公司、行业协会推荐，通过行业专家初评和评审委员会评审，全年共产生39个"自主创新品牌"，并在《解放日报》上刊登宣传。

2．开展企业管理现代化创新成果评审。承办上海市企业管理现代化创新成果评审工作。年内共申报管理成果140项。经专家评审，共有133项成果被审定为"2009年上海市企业管理现代化创新成果"，其中， 等奖13项，二等奖66项，三等奖54项。

三、拓展功能，积极为会员单位提供特色服务

1．加强政府与会员企业的沟通。发挥沟通政府与会员企业联系的桥梁和纽带作用，除了及时向市领导和有关部门反映行业和企业遇到的问题、困难及建议之外，努力创造条件，为会员单位与政府沟通、交流搭建平台，邀请市领导直接与企业家对话，共同交流研讨。市经团联先后组织召开会议，分别邀请韩正市长，杨雄常务副市长，屠光绍、艾宝俊、唐登杰副市长到会作经济形势报告。

2．举办各类促进产业发展的论坛。4月，在市知识产权局的支持下，与市知识产权服务中心、杨浦区科委等联合主办“金融危机与企业知识产权论坛”。11月，与华夏文化经济促进会等共同承办“2009上海国际设计创新高峰论坛”。11月，承办“仪器仪表和自动化控制系统发展论坛”。另外，每2个月1次，举办“市经团联讲坛”。邀请政府有关部门领导和各方面的专家，通过讲座的形式，为企业解读中央政策、提供市场信息。

3．搭建服务平台。根据行业和会员企业的需要，先后建立企业经济纠纷仲裁服务平台、知识产权服务平台、产学研服务平台、信息服务平台、民间经济合作交流服务平台。通过这些平台，为行业和企业提供快捷、便利、公正、优质的服务。

4．加强诚信体系建设，建设信用管理服务系统。建设完成“上海市工业经济联合会信用管理服务系统”。通过这个行业诚信体系建设平台，为行业协会和企业开展信用管理和服务，形成以行业为特征的守信受益、失信惩戒的机制，提高相关企业和行业诚信意识，营造社会诚信氛围。

四、关注民生，主动承担社会责任

1．协助企业吸收紧缺人才。针对不少企业人才紧缺的状况，5月，发动27个行业协会与杨浦区政府共同举办“行业协会大学生专场招聘会”。各协会事先对所属企业紧缺人才需求情况进行调研。119户会员企业参加招聘会，提供385个就业岗位，拟招聘1057人。共有3000多名大学生进场应聘，有375人达成意向，其中应届毕业生241人。

2．建立见习基地，促进大学生就业。在市劳动就业中心支持下，建立“大学生实习基地”，并与30家行业协会签订见习协议，已安排49名大学生到22家行业协会进行见习。

3．举办质量月活动。围绕质量安全是社会和谐的基础这一主题，与卢湾区政府等联合举办“质量和安全年”暨“窗口服务日”宣传活动。由市经团联组织的33家行业协会，100多名有关专家和工作人员现场设摊，向市民传授产品质量和安全知识。

五、坚持改革创新，加强自身建设和功能建设

1．推进第三次行业协会发挥作用功能试点工作。完成第3次行业协会发挥作用功能试点工作，有效推动了行业协会的自身建设和职能落实、规范发展，在行业统计、行业标准制定、职称评定、建立反倾销预警机制、专业培训、制订和实施行规行约、建立行业诚信体系、制定行业标准方面等均有所突破。

2．开展行业统计工作。受政府委托，组织相关行业协会开展2009年行业统计工作，收集、汇总、整理由29家行业协会，200多户企业提供的110多个产品的产、销、存统计报表，对所收集和汇总的统计数据进行分析研究，形成本行业统计分析报告。准确、及时将统计数据输入全市数据库汇总系统，并上报国家统计局。年内组织2次统计业务培训，约有100多人次参加培训。

3．编写《上海市经济团体联合会年鉴（2009）》。《上海市经济团体联合会年鉴（2009）》记载了2008年市经团联及广大工商业行业协会积极履行“服务企业、规范行业、发展产业”职能，围绕政府、社会、企业、市民关注的热点问题履行社会责任，在协会发展、经济运行、节能减排、技术进步等方面开展工作的重大事件、重要情况。

4．推进行业协会文化建设。指导和组织行业协会开展文化建设，为行业协会文化建设提供服务。5月，在上海大剧院画廊主办的“春申之魅”书法摄影展，共有来自60户协会与企业报送的180幅书法、摄影作品入围本次展览。

六、探索创新，推进行业协会党建工作

1．开展第二批、第三批学习实践活动。市工经联党委及所属86个行业协会党组织分别参加第二批、第三批学习实践活动，涉及党员943名。市工经联各级党组织认真组织党员干部学习科学发展观，开展解放思想大讨论和深入细致的开展调查研究，在广泛听取群众意见的基础上，召开专题民主生活会或专题组织生活会，形成分析检查报告，制定整改措施，并落实到具体责任人、责任部门，基本达到“党员干部受教育、科学发展上水平、人民群众得实惠”的预期目标。

2．信息化行业协会党组织划转市工经联党委归口管理工作。根据市经济和信息化工作党委的统一安排，市信息化行业协会工作党委与市工业经济联合会党委协商，市信息化行业协会党委所属上海市信息服务业行业协会党委、市集成电路行业协会党支部等17家党组织（党员人数：726人）划转由市工业经济联合会党委归口管理。

3．贯彻落实党的十七大精神，加强社会组织的党建工作。结合学习实践活动，开展对各行业协会党建工作情况进行调研，摸清各行业协会党组织和党员现状，理顺党组织关系。认真做好新党员的发展工作，年内发展新党员6名。加强制度建设，制订市工经联所属党支部（总支）书记工作职责，修订、完善《行业协会党建工作实施意见》，修订、完善《关于加强精神文明建设指导意见》。为加强廉政建设，修订完善《加强廉政建设责任书》。

（汪頣）

上海创业投资行业协会

上海市创业投资行业协会成立于2000年11月17日，是由从事创业投资、投资管理、咨询和中介服务企业及金融证券机构、律师和会计事务所、学术机构、创业企业和其他相关企业自愿组成的行业性非营利社会团体组织。现有团体会员146户。

2009年主要工作：

一、顺利完成六项重要工作

1．完成协会理事会的换届工作。年初，召开换届大会。会员大会通过了新章程，并选出第三届理事会，理事会选出会长、副会长、秘书长，并报主管部门市发改委审批。换届期间，理事会通过加强新一任副秘书长工作班子的建议，并建立新的办公制度。建立秘书长季度会议制度，正副秘书长作了明细分工，建立起兼职副秘书长岗位责任制等新的工作规范。

2．完成“2008年度上海创业投资行业的年度（统计）调查报告”。联合东华大学金融系以及市科委、市统计局部分同志近20人组成年度统计调查课题组工作班子，共同努力工作半年，完成数据收集、数据处理、数据分析、撰写报告、文字翻译、排版印刷等全部工作。本市创投行业投资管理资本总量达364.2亿元，比2007年度增加59.60亿元。各创投企业的平均管理资本为1.6亿元，比2007年度增加24%。上海创投行业发展形势良好，并未受国际金融风暴的影响，但2008年上海创投企业投资项目的境外上市退出项目受阻。

3．协助市发改委、市财税局，完成上海创投备案机构的年度审查，落实抵扣企业所得税的政策实施工作。由市发改委牵头，会同市财政局、市税务局，要求协会协助，对原已通过备案的37户市创投企业进行年度审查，同时按照抵扣企业所得税的政策条文，对备案企业逐一进行审核。最终，经市发改委与市税务局、财政局批准，为27余户备案并通过政策性审定的创投企业减免（抵扣）企业所得税约7000万元。鼓励创投企业向步入成长期的高新技术中小企业进行投入，这项政策落实工作领先全国，得到国家发改委的表扬。

4．与市经信委中小企业发展促进办公室和徐汇区政府联合举办《2009上海国际VC&PE论坛》，主题为“创业板——VC、PE与创新企业的机遇与选择”。来自14个国家、5个国家驻沪总领馆、国内10余个省市的500余人出席会议。论坛由主论坛与路演分会两个部分组成。美国纳斯达克、韩国考斯达克、德国中小企业创业板以及深交所代表作经验交流与发展情况介绍；宏观经济学家哈继铭作经济形势报告；一些业内著名的创投企业家对推动中小企业发展等话题展开热烈讨论；同时，路演分会场推出30个融资项目，并有11个项目做PPT演讲。

5．江、浙、沪创投行业协会联合举办“2009中国长三角区域创业投资峰会”。主题为“创新·合作·发展”。本市创投行业的约70名代表出席。会上，针对“经济复苏背景下的投资机会”命题进行圆桌讨论与互动对话。联想投资、启明创投、无锡新区创投集团、德同资本、杭州高科、华瓯创投等著名创投企业均参加圆桌对话。

6．11月23日，由中国创业技术协会主办、无锡高新区管委会承办的“2009首届中国技术创业峰会”在无锡新区召开。在“中国技术创业协会科技创业投资奖”颁奖仪式上，协会会员单位上海创业投资有限公司、上海科技投资公司获得“产业投资奖”；上海德丰杰龙脉、上海软银中国获得创投活跃奖；上海天亿投资集团获得“创投收益奖”。

二、继续做好培训工作，重视本土创投人才资源的培育

与交大海外教育学院联合举办“上海创业投资师”的培训班。从2007年8月至今共办9期，学员约500人。在办学过程中，一些学员（企业家）自发组织“创业投资师”班校友联谊会，开展一系列社会活动。有的学员（企业家）还集资成立新的创业投资公司。

三、加强网站建设，办好协会月刊，做好信息服务工作

在协会网站运作的经验基础上，进一步改进与完善其版面设计、内容编排等，使网站发挥更大的作用。

四、发展会员

做好为会员单位及相关政府部门的服务工作，扩大社会影响力，提高协会知名度。目前，协会会员单位已有140余户。

（谢　璐）

上海市工业合作协会

上海市工业合作协会（简称上海工合）成立于1983年11月，是中国工业合作协会的地方组织，协会形成了组织健全、关系紧密的市、区（县）两级协会体系，拥有两级工合协会团体会员单位220户。

2009年主要工作：

一、工合经济，在危机困境中保持增长

全年，上海工合系统完成产销总额86.06亿元，实现利润4.57亿元，上缴税金2.83亿元，分别比上年增长22.9%、39.8%、29.7%。青浦工合产销额达17.42亿元，利润9564万元，纳税7115万元，分别增长8%、11%和20%。徐汇工合换届重组后，动员一大批有实力的企业加盟工合，使产销猛涨近40亿元，占全市工合的半壁江山。闵行、松江、金山等区工合都继续保持增长势头。

二、协会换届，在民主氛围中顺利完成

6月26日，上海工合在市政协召开六届一次会员大会，总结5年工作，修改工合章程，民主选举产生第六届理事会以及常务理事、正副理事长和秘书长，同时聘请新一届名誉理事长和顾问。市工合领导班子实现平稳过渡、新老交替，为上海工合事业的兴旺发达、持续发展提供了坚强保证。

三、统战工作，在多方支持下进展良好

10月，拜访首次在报上披露宋子文解密档案中有关支持工合史料的复旦大学历史系原主任吴景平教授，并聘请他担任中国工合和市工合顾问。12月，市工合与中国农工民主党上海司法委在市党派大厦联合举行“迎世博、话未来”恳谈会，并签订加强友好合作、关心社会热点、共同参政议政的协定书。目前，市委统战部正式将市工合列为统战团体。

四、例会制度，在共同配合下坚持创新

先后召开2次理事会、4次常务理事会。新建立各区工合理事长双月联席会制度，针对形势，结合实际，事先拟定专题，各自做好准备，有的放矢，畅谈认识，起到相互沟通、相互启发、相互激励的作用。

五、扩大组织，在多方努力下初见端倪

2月上旬，接待专程来访安徽省铜陵市人大常委会代表团，并就在该市成立工合组织进行商讨交流，建立了友好合作关系。3月中旬，组织10余名以企业家为主体的代表团进行回访，并就投资开发进行考察，受到铜陵市党政主要领导的热情接待，《铜陵日报》和电视台都作了报道。目前，该市就筹建工合协会进行落实，届时新建的铜陵工合将融入上海工合系统，共谋泛长三角经济繁荣、合作发展之大业。杨浦区工合筹建工作得到区主要领导的再次关心，并得到热心老同志和企业家从人力、物力、财力方面予以积极支持。

六、服务会员，在上下联动中显现成效

为会员单位服务，各区工合尤其是青浦、闵行工合坚持做了大量工作。青浦工合下基层调研，指导企业调整结构，解决帮助企业自身难以解决的困难。加之招商政策的吸引，服务到位，年内新招15户注册企业。闵行工合通过对企业骨干从政治上、工作上、生活上的关心爱护，包括评选先进等激励机制，促进经济科学发展，增强了工合的凝聚力、亲和力、感召力，新增10户企业。金山工合每年从经济指标到招商都有新的增长，又引进9户企业，帮企业攻克不少难关，提供了一系列服务。徐汇工合秘书长在区经委任职，他们统筹兼顾合理分配上级下拨的支持科技企业发展、帮助小企业解困的资金，使许多工合企业如鱼得水、如虎添翼，深受会员单位欢迎。松江工合帮助企业改制，理顺产权关系，维护协会和企业权益，确保一方平安；团结骨干企业、吸引实力强的公司。其他区工合也做了许多服务工作。市工合帮助协调企业双方关系、解决诉讼纠纷。针对宝山工合恢复一年多，工作一直难以开展的状况，特地约见区领导，争取关心支持。

七、报刊宣传，在艰苦奋斗中精益求精

《上海工合报》创刊以来，尽管人手少、条件差、无稿费，但一直坚持按期出版。12月11日，在青浦工合举办各区理事长、秘书长和通讯员参加的庆祝表彰会。与会者满怀深情，交口称赞上海工合报办得有声有色，可读性强，版面活跃。

为了更好地对外宣传上海工合，并及时了解国内外重要信息，加强交流合作，在市经信委帮助下，年初正式建立上海工合网站，目前正在逐步完善中。

此外，根据中国工合的部署，5月，组织部分区工合和有实力的企业家赴三清山参加中国工合创新基金研讨会。10月，参加青浦工合赴山东栖霞的访问考察，旨在动员该市成立工合组织，建立两地合作关系。随后，又组织参加中国工合三届三次理事会。在国庆、中秋和春节前都举行工合之友联谊会。工合党总支还适时召开全体党员大会，动员广大党员积极参与世博，以实际行动发挥先锋模范作用。

（周裕德）

上海漕河泾开发区企业协会

上海漕河泾开发区企业协会成立于1998年9月，是由上海市漕河泾新兴技术开发区发展总公司等企业发起，漕河泾开发区内各企事业单位自愿并组织起来的社会团体。会员单位260多户，下设集成电路、通讯、金融、软件和现代服务业、人力资源专业委员会等。

2009年主要工作：

一、拓展为企业服务的内容、形式和方法，充分发挥桥梁与纽带作用

1．主动走访会员单位和企业，及时反映企业的诉求、呼声，帮助会员单位和区内企业共同应对金融危机，共克时艰。同时，及时传递和跟踪政府部门相关政策和信息，努力促使各项政策及时落地。为应对金融危机赴企业了解情况、促进徐汇区帮困政策落实、争取大张江基金、协调解决企业困难、组织各类会议与活动、发展新会员、组织国庆文艺演出及体育赛事和日常联系等共走访企业400多次，其中，为落实国庆文艺演出就130多次。3月，徐汇区政府出台总额度3000万元的扶助困难企业政策。协会在第一时间与创业中心沟通，双方共同联系企业上报2批11户企业，共获得扶助资金310万元。会同办公室、创业中心，通过开展各项活动，争取到和正在申报的大张江基金分别为40万元和167万元。

2．举办有利于会员单位和区内企业发展的讲座、恳谈会、座谈会、研讨会等多种形式的活动。围绕应对金融危机、大学生就业、促进产业发展、技术创新等内容，与会员单位、政府主管部门和创业中心等合作，先后举办讲座、恳谈会、研讨会20次。如：与SGS公司合作，先后召开汽车零部件企业应对国际市场挑战和中小企业如何应对金融危机2次研讨会；与虹梅社区企业服务中心联合邀请区劳动仲裁委员会的仲裁员、律师举办“常见劳动争议及其实务处理”讲座，组织近100多户企业领导与人事负责干部参加；邀请律师事务所与大学生创新创业园企业座谈并向他们提供法务服务；在市经信委、市通信制造行业协会、市信息服务业行业协会和徐汇区科委等单位支持下，联合大唐、联芯、华为、贝尔阿尔卡特、中国移动、电信和联通等开发区内外通信和半导体龙头企业，主办全市范围近百户企业参加的推进新一代无线宽带技术与产业发展的主题研讨会，还根据企业应对金融危机需要解决货款资金问题及银行如何帮助企业融资的问题，采取银企（政）恳谈会方式，实现银行和企业之间面对面的沟通，取得很好效果。

3．开拓创新协会新的工作方式。将各项体育活动委托专业体育服务机构承包，羽毛球包给上体产业发展有限公司承办，篮球包给兴博体育公司承办。既使协会从过去具体运作赛事转到监督管理上来，工作人员从繁杂的赛事组织事务中解放出来，确保协会力量和精力投入到为企业服务上来；又通过区内企业冠名、政府支持出资与争取政策等，有效控制和降低赛事活动成本，运作更规范、专业，扩大了开发区影响。协会组织的“相约漕河泾”活动已经5年，很受企业与青年欢迎，在社会上也有一定的影响。协会与区、街道、大学的工、青、妇组织联合，并与“相约漕河泾”俱乐部一起，实现公益性活动与市场化运作结合，提高活动频率与提高成功率结合，为解决青年婚恋社会问题，打造开发区园区文化品牌先后组织5次活动，共有580名男女青年报名，245人次参与，并有8对青年成功结对。

4．以开放的胸怀和合作的态度，挖掘开发区内会员单位和企业的资源、利用开发区外社会和政府的行政资源，为我所用。如：与徐汇区体育局合作，向大学生创业创新园捐赠3万元的体育健身器材；与农业银行漕河泾支行合作，与市、区体育局联合承办徐汇“农行杯”长三角电子竞技比赛，首次走出漕河泾，参与组织市级体育赛事活动；针对开发区内一部分中小企业不设常年法律顾问的实际情况，会同会员单位中一家律师事务所在协会开设免费法律咨询服务窗口，设立免费咨询电话和免费坐堂咨询，并对会员单位和开发区内企业提供优惠收费的法律代理服务等。利用开发区内企业仪器设备资源，打造社会公共测试共享服务平台，由8户企业联合签订《服务平台公约》，还为大唐、615所、21所和计量测试院等单位争取到大张江基金50万元的服务费补贴；与虹桥中医院合作，筹划在开发区开展推进针对改进企业员工亚健康状况的健康服务计划；利用日常所了解的会员单位信息，在企业之间架起提供人才、招聘人员等方面的服务桥梁。分别与政府和一些体育机构洽商合作，利用开发区周边地区已有的体育文化设施、场地，推进开发区企业员工业余健身活动。

5．围绕总公司“走出去”战略，组团赴兄弟开发区学习考察，扩大对外交流与合作。与侨界联合会先后组织思科、诺基亚西门子、山高刀具、高智科技等区内十几户知名科技企业的新侨人士，分赴杭州科技绿洲余杭创新基地、漕河泾开发区海宁分区考察；组织汽车专业委员会成员单位赴长春经济技术开发区和一汽大众学习考察；组织区内部分企业、银行考察吴江汾湖开发区等，为推进开发区内企业走出上海、走进长三角、走近兄弟园区，开创事业新天地和促进企业新发展搭建平台。

6．按照服务企业的“四手”要求，热情伸援手，帮助企业解决急事、难事。会同总公司投资部、招商中心等，协调地方政府相关部门，先后帮助801所化解个别退职人员闹访、帮助联芯科技解决近百名录用大学生的集体户口、协助高智科技解决土地使用费政策落实、帮助澜起科技与麦考林管理人员加速办理护照与签证、协调处理太科电子新建楼报批程序、惠安公司加工产品海关入境等矛盾；陪同企业领导扩建选址考察；为天合公司、奥兰诺公司、百利通、沙迪克公司等就老企业注销、迁移与新企业注册登记、税务检查和政策咨询等牵线工商、税务人员登门指导。

二、建立开发区侨界联合会，开展以“再生电脑公益行”为抓手的新侨工作

根据市归国华侨联合会要求，经总公司、区侨联、虹梅街道党工委研究，在市侨联直接指导下，经过近一年的筹备，协会于7月正式成立上海漕河泾开发区侨界联合会。

侨联成立后，即以推进开发区内“再生电脑公益行”活动项目为抓手，开展各项活动，取得初步成效，得到全国侨联和市侨联领导的高度评价和肯定。目前，已成立“再生电脑公益行”漕河泾开发区分中心和“再生电脑公益行”大学生见习基地及以物业园区为基本单位建立的“再生电脑公益行”浦原科技园捐赠站。先后接受200多户企业捐赠各类电脑主机、显示器9000台（其中，主机3930台、显示器3543台、笔记本318台），其中，开发区内企业捐赠旧电器525台（电脑主机205台、14台笔记本电脑、300台显示器）以及一批复印机、打字机等其文废弃电子配件。与一批企业签订了长期捐赠意向书，解决36个就业岗位和吸收19名应届大学毕业生工作。

为了有效地开展侨界工作，更好地为新侨服务，采取书面方式，向全体会员发函进行“问卷”征询调查。在问卷调查基础上，计划有针对性地举办侨务工作和政策培训。在市侨联、市华侨工业发展基金会的关心支持下，还组织安排16位新侨人士和家属参加疗养。

三、加强同开发区总公司“三中心一办”和区政府合作协调办公室的联系、沟通与协作

9月，与总公司办公室共同策划、组织开发区“迎世博，庆国庆，星光舞动”大型文艺演出活动，得到开发区企业和社会各方面的一致好评。与创业中心实现多方位、深层次的合作，成功举办多项讲座和多次银企恳谈会，联合接待中外客户来访，共同参与政府机构的调研活动，协力关心和支持大学生创新创业园建设和转移中心工作，合力推进区政府扶困基金在开发区的落地，争取大张江基金的落实。还和总公司各部门沟通、协作，走访企业，筹建汽车专业委员会，推介新会员。联手组织和推进以废弃电脑捐赠为抓手的废弃电子的回收工作。积极、主动协助开展推进开发区园区环境建设和维稳工作。

与区合作办公室之间设立了“双联络员”机制，保持日常化、经常化的沟通与协调。双方合作开展企业调查，推进政策落地、筹建开发区侨界联合会、新社会人士联席会议制度建设，联合举办沙龙、讲座、组织文化体育活动，协调政府相关部门解决企业困难和矛盾等方面的工作。

四、适应形势发展需要，加强协会基础建设

1．年初，召开第二届理事会第三次会员大会，完成换届改选工作，并在年内先后调整、增补副理事长、常务理事、理事共18名（其中增补13名）；增加新会员单位32户。

2．新设立和落实每季度一次的秘书长工作例会制度，落实责任，明确分工，调动和发挥十几位企业兼职副秘书长的作用。

3．采取调整主任单位、提供活动保障资金、改进活动形式等多项积极措施，激活各专业委员会工作。对协会所属现代服务、集成电路、通信、人才资源等专业委员会主任或副主任单位进行调整，加强专业委员会相互之间的对接与互动，并与市通信制造、集成电路、软件、现代服务业、市科学协会、市工经联、市企业联合会和市开发区协会等行业协会和团体增进联系和沟通，使各专业委员会工作有声有色。如：金融专业委员会与集成电路专业委员会对接，先后与各类企业和政府部门等一起召开银企（政）恳谈会9次，共有11家金融单位和数十户企业参加。各银行还分别与大学生创新创业园签订战略合作协议，推介各类服务产品，为企业融资贷款，仅建行就为开发区企业贷款3亿元。通信专业委员、现代服务业专业委员会组织开展很有特色的专题报告会、主题讲座和市级研讨会等活动。

4．新建分会组织和筹建专业协会。为适应开发区内汽车研发、零配件企业集聚的新形势，新建立汽车研发和零部件专业委员会；在支持浦江高科技园分会工作的同时，建立了协会松江分会；为适应开发区通信产业发展，在原通信专业委员会基础上，探索新建市通信制造业行业协会漕河泾开发区分会；为进一步延伸和拓展开发区服务范围和功能，筹建上海第一个区域性专业性个体成员的协会——开发区科技工作者协会。

5．根据协会资金来源与使用出现的新情况，加强与改进财务管理工作，设立专职会计岗位，由原来委托代理记帐改为直接管理，实行协会与侨界联合会财务分账管理、大张江基金专项管理、礼品专人管理和现金支付、报销规范管理等。

6．参照实行LSO9000的规范管理标准和要求，加强对协会内部文书档案、行文、文明办公环境等方面管理。

（叶传芳）

上海市乡镇企业协会

上海市乡镇企业协会成立于1987年12月，是由办在上海市乡镇区域内、以农村劳动力为主体的企业和在城市开办的承担支援农业义务的企业自愿组成的跨行业、跨所有制的非营利性的社会法人团体。现有会员单位241户。

2009年主要工作：

一、主动服务，感动企业，吸引企业，发展会员

走访有潜力产品的非会员企业，携手社会服务单位在知识产权、科技中介、技术经纪、金融机构方面共同为乡村企业创新发展服务，共发展新会员单位10户。

二、突出“服务、创新、和谐、跃进”的理念，为会员单位服务

结合企业实际，以多种形式举办政策、专利、法制等方面的专题讲座15次；帮助企业申请各类专利28件；特别是在申报市科技“小巨人”工程、市科技基金项目、企业成果转化、资金融通等项目上积极沟通、协调，帮助企业排忧解难。帮助上海永丰热镀锌有限公司在成果转化项目上解决财政退税问题，并列入区县转化项目，获得资助。在海申青浦企业遗留的用地问题上，与当地政府和市有关部门进行沟通，收到较好效果；帮助企业筛选项目，组织实地考察。协会会长先后2次带队赴浙江湖洲考察干细胞项目，2次组织会员单位和相关企业去安徽宣城就招商引资项目进行考察。11月，组织会员单位赴美国进行商务考察。在市农委的指导下，基本完成在乡镇企业中开展工程系列专业技术职称评聘的前期工作。

三、搭建信息平台，加强基础服务

与泰国正大集团合作搭建产品信息平台，就外资银行、公司等金融企业与中小企业的合作进行沟通，建立资金融通平台，并且建立了协会网站平台，进一步扩大协会影响，更好地服务于企业。

四、积极推荐上海乡镇企业参与先进评比工作

推荐上海柘中（集团）有限公司、上海华庄实业有限公司参加中国乡镇企业协会建国60周年先进评比，并评为“全国壮大县域经济突出贡献企业”；上海界龙实业股份有限公司董事长费钧德、上海九星控股集团有限公司董事长吴恩福被评为“全国壮大县域经济突出贡献人物”。向中国中小企业协会推荐的上海裕生企业发展有限公司被评为最具创新能力企业。组织8户企业参加中国乡镇企业博物馆藏品征集活动，并提供部分藏品。

（陆璇）

上海市股份合作制企业协会

上海市股份合作制企业协会成立于2008年1月18日，是以股份合作制企业为主自愿组成的跨行业、非营利性的社会团体法人。现有会员单位50多户。

2009年主要工作：

一、反映企业呼声，搭建政府与企业沟通渠道

面对股份合作制企业在生存和发展中存在的种种复杂问题和巨大困难，协会向市领导呼吁，建议制订政策帮助股份合作制企业摆脱困境，并得到积极回应。据市委、市政府领导批示，市发改委明确告知其主管承担制订政策文件、指导并协调股份合作制企业深化改革。由此，市发改委综合改革处多次召开专题会议，半年内，仅有协会同志参加的此类会议达7次之多。此外，还指派工作人员直接参加企业深化改革的工作会议，指导、协调试点工作。文件起草已经进入论证、送审阶段。

二、积极走访企业，创新服务企业

不断提高自身的政策水平和服务意识，坚持创新协会工作，面向企业，为企业办实事办好事，促进企业和谐稳定，得到企业和有关领导部门的肯定。积极配合市发改委组织深化改革试点，与上海股权托管登记中心合作，对决定试点和准备进行试点的8户企业进行调查研究，讨论试点工作方案，研究试点中的问题。与此同时，还为促进社会和谐稳定、承接政府部门交办、接待群众信访，关心民生问题，化解矛盾，取得良好效果。全年接待39批次、64人次的信访，服务企业、服务群众，缓和企业内部矛盾，促进社会和谐。

（朱桂芳）

上海市企业法律顾问协会

上海市企业法律顾问协会成立于2004年10月29日，是由本市企业法律顾问、有关人士及有关单位自愿参加，经社团登记管理机关核准登记，具有法人资格的专业性、非营利性社会团体。

2009年主要工作：

一、开展理事会工作

1. 召开第一届理事会第七次会议。2月27日，协会召开第一届理事会第七次会议，87位理事单位代表出席会议。会上审议通过2008年工作总结和2009年工作计划，东方国际（集团）有限公司等4户单位针对企业法务工作进行经验交流。协会还专程邀请最高人民法院法官雷继平为大家讲授“当前民商诉讼纠纷中的若干热点难点问题”。

2. 组织赴天津考察交流活动。6月11日，组织理事单位代表30多人，赴天津学习考察企业法律顾问工作，召开津沪企业法律顾问学习交流座谈会，开展了热烈的互动交流，有助于津沪两地增进互信，加强友谊，共同推动企业法律顾问制度建设。

3. 筹备理事会换届改选工作。9月9日、22日、24日，先后召开3次换届改选工作理事座谈会，讨论协会章程修改和理事会组成等重大事项，共有50余位理事参加会议。理事们踊跃发表意见，积极建言献策，提出很多合理而中肯的建议。协会还通过民主程序，开展一系列单位理事、个人理事的推选工作，为理事会换届改选做好准备。

二、抓好业务培训和研讨

1. 组织4次大型继续教育常规培训。3月23日，邀请长宁区法院院长、法学博士邹碧华讲授“企业法律风险防范中的证据问题”，近1000名企业法律顾问参加。6月22日，邀请市食品药品监督管理局唐民皓副局长主讲“当前食品安全形势与食品安全法解读”，400余位企业法律顾问和特邀的食品生产流通企业的相关人员参加。9月8日，举办“关于适用《中华人民共和国合同法》若干问题的解释（二）”大型培训，邀请长宁区法院院长、法学博士邹碧华主讲，1000余位企业法律顾问参加听讲。12月14日，举办“民事执行中的若干实务问题”大型讲座，邀请上海市高级人民法院执行局局长余志强高级法官主讲，近1000名企业法律顾问出席听讲。

2. 举办10次法律研讨会。4月20日，与上海市律师协会环境与资源法研究委员会在市节能监察中心联合举办“企业节能减排中的法律问题”专题研讨会。4月23日、24日，在浙江长兴县举办题为“《劳动合同法》疑难问题最新解读和操作实务”的市场化专题研讨班，邀请劳动法专家唐毅律师讲解，130余位会员参加。7月23日、30日，与艾帝尔律师事务所合作，举办2期“金融危机下合同法律风险防范及应对措施”研讨会，共有150余名会员参加。9月18日，举办“上海市建筑企业法律风险管理研讨会”，20余位来自理事单位和会员单位的建筑施工企业法务负责人参加会议。10月22日、28日、30日，与上海元照律师事务所合作，举办5期“在诉讼与非诉中尽职调查的技巧和风险控制”研讨会，共有240余位会员参加。

3. 开展企业法律顾问执业资格考试考前培训。共有1233人报考，协会在上海职业能力考试院等有关部门的支持下，强化考前培训的动员和组织工作，加强与上海政法学院、上海企管进修学院、上海经管干部学院的合作，提供从考试报名、征订考试用书、考前培训等一条龙服务，提高培训质量，并继续为有条件的大集团如机场集团、中国海运、美特斯邦威、上海汽车集团提供考前培训提高班，进一步推进企业法律顾问队伍建设。

三、做好企业法律顾问执业资格注册工作

经协会安排，2月20日至3月5日进行网上注册，3月9日至3月16日进行现场注册。为给因故未能如期注册交费的人员提供方便，3月16日至6月底的每周二、五继续办理注册交费。7月上、中旬和8月中、下旬，又陆续为上年取得执业资格及其他因故尚未注册的人员企业法律顾问开展注册工作。截至9月底，本年度企业法律顾问注册工作基本结束，共有1482位企业法律顾问进行了注册。协会对其总体情况进行汇总和分析，并在《企业法律顾问》会刊上将其名单予以公告。

四、编辑会刊和业务学习资料，改版网站

年内共出版4期《企业法律顾问》会刊，每季度1期。出版6期《业务学习资料》双月刊。更新改版网站，以新的形象面对会员。组织1次通讯员活动。11月13日，召开年度会刊通讯员（作者）座谈会，征求对刊物的意见、建议，表彰优秀通讯员及作者。

五、举办“今天，怎样当好企业法律顾问”有奖征文活动

与《上海法治报》联合举办的“今天，怎样当好企业法律顾问”有奖征文活动逐步深入。协会除了在各种场合进行宣传发动外，还广泛进行约稿、组稿。截至6月30日，共有41名作者向《法治报》、《协会会刊》投稿45篇，采用33篇。经过认真评选，产生一等奖5名、二等奖12名、三等奖16名。活动产生了较大反响，对上海企业法制建设起到积极的推动作用。

六、深化会员服务

利用现代科技，为会员制作电子会员卡。该卡不仅可以证明会员身份，而且可以兼作培训信息卡，会员在参加培训后只需将卡在POS机上刷一下，有关信息即可输入，大大提高了工作效率，使会员管理和服务更为便捷有效。

七、建设中小企业公共法律服务平台

向市中小企业办申报上海市中小企业公共法律服务平台项目进入正式实施阶段。协会通过中小企业114法律咨询热线、最新法规速递、法律培训中心等方式打造开放式的中小企业公共法律服务平台，积极为中小企业提供服务。同时，继续推进中小企业法律专家咨询团（委员会）、法律调解中心、在线法律咨询服务等平台的建立，进一步完善和发展公共法律服务平台。

八、启动课题调研

在市经信委的支持下，下半年申报《工业和信息化政策法规汇编》编辑印刷工作、国内外经济和信息化政策法律动态研究、上海市工业和信息化领域政策法规框架研究等3个研究项目，并获得批准。

九、开展普法宣传

12月10日，为配合做好本市第21届宪法宣传周活动，与市经济信息化系统法宣办、市经信委政策法规处联合组织“社会主义法治理念讲座”，特邀上海政法学院副院长闫立教授主讲，取得了较好效果。

（滕志凌）

上海市质量协会

上海市质量协会（原名“上海市质量管理协会”）成立于1982年9月，是由致力于质量事业的组织和个人自愿参加组成的专业性的非营利性社会团体法人。

2009年主要工作：

一、认真学习贯彻胡锦涛总书记对质量工作的重要批示精神，帮助企业树立“质量是企业的生命”的理念

2008年11月11日，胡锦涛总书记对质量工作作出重要批示。为进一步学习宣传贯彻胡锦涛总书记的重要批示精神，市质协组织区（县）质协会长、行业工作委员会秘书长，以及市电力公司、上海电信等部分企业质量负责人约60余人参加市质协系统工作研讨会。同时，下发“关于认真学习贯彻落实党中央、国务院等领导对质量工作重要批示的通知”。4月23日，组织召开五届二次常务理事会会议。唐晓芬会长发表《应对危机挑战，提升质量竞争力——学习贯彻胡锦涛总书记重要批示的思考》，对新形势下质协系统的工作提出八点思考，明确了全市质协系统重点工作。

配合政府部门开展企业质量管理现状调查工作。根据工信部、中国质量协会《关于做好全国工业企业质量管理现状调查工作的通知》要求，组织区县、行业质量协会开展上海地区的企业质量管理现状调查工作，形成“上海企业质量管理现状调查报告”，分析了上海企业质量管理的发展态势和存在问题，提出促进上海企业提升质量竞争力的六方面建议。调查工作得到国家和市有关领导的充分肯定。

二、积极应对国际金融危机的挑战，帮助广大企业提高质量保增长

1．促进核电企业加强质量保证体系建设。受上海电气领导委托，市质协秘书处组织项目小组前往上海电气重工集团及上海重型机器厂有限公司、上海电气核电设备有限公司等单位调研，先后提出34项改进建议。在市核电办的支持下，市质协编写核电企业质量管理培训教材，为企业千人培训提供服务。

2．帮助中小企业提高质量管理水平。4月15日，与上海市中小企业服务中心合作设立“上海市中小企业质量服务工作站”。免费向116户中小企业赠阅《上海质量》杂志。组织专家举办4次中小企业质量专题讲座。应奉贤、嘉定等区质量协会要求，组织质量管理专家为中小企业的质量工作者进行质量知识宣传和普及，有60多户企业的90多名代表参加。与嘉定质协组织“质量诊所”质量专家赴松日电器公司等企业开展现场诊断。

3．组织召开专题座谈会，促进企业间的相互交流。以“新形势下的质量挑战”为主题，分别于2月、7月组织宝钢、上海石化、上海贝尔等市质协大组长单位近30位代表，专题研讨金融危机形势下企业面临的困难及所采取的应对措施。邀请振华港机、亚明灯具等近200户企业的代表，通过质量经理人沙龙、座谈会等方式，共同探讨企业进一步提高质量、降低成本、拓展市场等方面的措施。

三、推进质量技术在企业中的应用，帮助企业提高质量水平

1．推进卓越绩效管理，引导上海企业持续追求卓越。5次组织会员企业开展“卓越绩效模式”专题活动。组织推荐上海市电力公司、上海投资咨询公司、上海新世界股份有限公司申报“全国质量奖”。推荐上海新世界股份有限公司、上海梅山钢铁股份有限公司、上海宏钢电站设备铸锻有限公司申报“全国实施卓越绩效模式先进企业”。上海电力设计研究院、沃尔沃建筑设备（中国）有限公司等39户企业为上海市质量管理奖。

2．推进先进质量管理方法和技术在企业中的应用。为贯彻落实工信部《关于推广先进质量管理方法的指导意见》，推荐11个项目参加全国质量技术奖，38个项目参加六西格玛、精益生产和质量功能展开优秀项目评选。组织企业开展精益生产经验交流活动。邀请上海通用汽车介绍公司开展精益生产的主要做法和所取得的成果，有80多户企业的100名代表参加活动。

3．发挥质量管理在实施节能减排中的作用，帮助企业实现节能减排目标任务。根据市经信委要求，组织对全市钢铁、化工、电力、汽车等10个行业、19个区县、25个集团公司开展“上海市工业企业主要用能班组节能降耗工作现状调查”。配合市经团联组织节能减排小组活动行业、企业培训活动。对全市节能减排JJ小组活动试点单位的60余名领导、2000余名骨干员工进行JJ小组活动知识和工具培训。

四、组织举办QC成果擂台赛，推进QC小组活动的持续开展

6月23日至25日，会同市总工会、团市委、市妇联会，举办2009年“上海城建杯”QC小组成果擂台赛。大赛设置创新型课题专场、服务类课题专场和节能减排课题专场。在2009年优秀QC成果中，以节能降耗、环境保护为内容的课题总数达到79个，占总数19.7%。据统计，截至6月，在全市被统计有关行业、企业的43.58万名员工中，QC小组活动普及率25.35%；取得成果数10677个，成果率81.14%；获得直接经济效益达11.6亿元。此外，市质协与各区县质协共同合作，分区域组织开展3次“QC小组活动区县行”活动，有力地推动了全市各区县中小企业组织开展QC小组活动。

五、围绕2010年上海世博会，以及“质量和安全年”活动，做好相关服务工作

1．围绕2010年上海世博会，先后开展“中国2010年上海世博会公众认知度”、“上海市公共信息图形标识规范率抽样调查”和“中国2010年上海世博会游客来沪服务需求调查”等6项公益调查，并将调查结果上报给政府有关部门；在迎世博重点区域和重点窗口，配合市旅游委、市绿化市容局、长宁区政府等各级部门和上海移动、上海银行和市东供电等重点窗口单位，开展世博窗口服务质量的系列调查，重点推动窗口服务行业提升服务水平。此外，还组织用户满意企业进街道，进社区开展服务工作，累计服务市民1700多人。

2．围绕“质量月”活动的载体，努力提高全社会的质量意识。9月1日，在市质协本部举行质量旗升旗仪式。会同市总工会、团市委、市妇联举办主题为“提升‘质量和安全’水平，共迎精彩世博盛会”的2009年上海质量月宣传活动。全国政协常委、市质协名誉会长蒋以任，市人大财经委副主任、市质协顾问俞国生，市质监局副局长季晓烨等领导，本市区县、行业质协的质量组织负责人，以及来自公用事业、通信、交通、物业、食品等各行各业的企业代表共600多人参加活动。

六、组织高水平国际质量会议，积极参与国际质量学术交流

1．组织召开第七届上海国际质量研讨会暨国际质量科学院院士论坛。11月3日～5日，由中国质量协会、国际质量科学院、市质量协会、上海质量管理科学研究院共同主办的第七届上海国际质量研讨会暨国际质量科学院院士论坛在上海隆重举行。来自美国、日本、韩国等14个国家和地区的代表，23个省、市、行业质协的代表，以及来自高校的学者、企业界代表等600多位质量工作者出席，就全球化和金融危机给世界带来的新挑战、质量在迎接挑战中的重要使命等问题，开展研讨和交流。

本次会议的主题为“迎接挑战的质量使命”。上海市市长韩正，国家质检总局质量司、美国质量学会分别为大会发来贺信。十届全国政协常委、中国质协陈邦柱会长，全国政协常委、上海市质协名誉会长蒋以任，国家工信部科技司司长闻库在开幕式上致辞。河南省副省长徐济超，中国质协副会长、秘书长戚维明，市经信委副主任尚玉英，市质监局局长黄小路，市质监局副局长沈伟民等领导，国际质量科学院院长沃森，中国工程院院士刘源张，国务院参事郎志正，国际质科院院士、日本东京大学飯塚悦功教授、国际质量科学院院士查尔斯，上海市电力公司总经理周永兴上海汽车集团股份有限公司副总裁肖国普等中外嘉宾分别出席大会，并作主题演讲。

2．应邀参加大型国际学习交流活动，把握质量管理最新发展趋势。市质协组团参加2009年世界质量与改进大会、第一届绿色六西格玛大会、国际质量科学研究院院士会议、第43届欧洲质量年会、第19届食品质量安全等国际会议，与国际上著名的专家学者和企业家共同分享对于质量管理与质量创新的深入思考和经验体会。

七、进一步加强自身建设，用实际行动来推进各项工作的科学发展

1．进一步服务区县工作的开展。先后到虹口、杨浦、长宁、嘉定、松江、卢湾、闵行、黄浦等区县开展调研，了解区县质协的工作需求。与嘉定区签订“进一步加强合作，提升嘉定区质量水平合作备忘录”。与闵行、杨浦、黄浦、长宁等区开展调查研究方面的合作等。各区县、行业质协在实际工作中积极推动企业质量工作的深入开展。如虹口质协深入推进诚信质量进餐厅，安全质量进电梯，放心质量进菜场等活动。长宁、普陀质协组织开展食品生产加工企业外来员工培训等。

2．进一步加强协会的内部建设。以“围绕‘服务企业、服务社会、服务政府’的宗旨，提升服务能力和水平”为载体，深入开展学习实践科学发展观活动。通过赴企业调研，召开企业、内部员工座谈会等形式，听取党员、群众、企业、技术服务单位，以及所属街道的意见和建议。最终形成整改落实方案，确定整改细则，明确责任人、责任部门和完成时限，顺利完成3个阶段、9个环节的工作。

（刘恒冉）

上海市节能协会

上海市节能协会成立于1985年3月21日，是使用能源、生产能源和生产用（节）能产品的企业单位，能源管理、科研、设计、教育、信息等事业单位，社区管理单位及有志于节能事业的个人自愿组成的全市节能行业专业类非营利性的社会团体法人。下设分布式供能专业委员会、合同能源管理专业委员会、制冷冷冻节能专业委员会、汽车工业工作委员会、化工行业工作委员会、纺织行业工作委员会、电气行业工作委员会嘉定区联络站、崇明县联络站等9个分支机构。现有团体会员600多户。

2009年主要工作：

一、积极开展课题研究、节能咨询和评审活动，努力做好“三项服务”

加强“区会”、“会会”、“院会”合作。即充分利用与区政府（宝山、闵行、虹口、卢湾、嘉定、黄浦等区）、与相关协会（能源研究会、电力行业协会、质量监测协会、电器行业协会、家电电器行业协会、电机工程学会等30多个协会）、与大专院校、科研机构（交大、同济、复旦、建科院、社科院、上科院、虹口节能环保园区、宝山节能园区）等长期合作的优势，建立一支具有一流水平的专家库队伍，开展一系列的节能减排活动，努力做好“三项服务”，即“为会员单位服务、为社会服务、为政府服务”。积极开展“合同能源管理”调研工作；基本完成“热电联产规划”课题；开展“上海市能源环保产业发展战略研究”中的节能产业发展部分的课题调研工作；开展推广应用“分布式供能”的活动；开展行业重点用能产品能效对标工作；开展电力变压器节能调研工作；完成“节能减排技术创新体系与推广应用机制”课题任务；基本完成“电池储能电站技术规程”的编制工作；积极参与节能技改项目节能量审核工作；大力推广高压变频节能技术；开展面对全社会的节能宣传教育；在本市企业中积极开展节能培训；举办“合同能源管理”高级研讨班；围绕阶段节能工作重点举办“上海节能沙龙”活动。

二、充分利用信息交流平台，努力做好全年的节能减排系列宣传工作

1．参与上海市全国节能宣传周各项活动的策划、筹备和实施工作。协助举办宣传周主会场开幕式活动；配合市经信委办好“工业节能高峰论坛”；与市建筑节能办公室等8个单位联合主办第4届上海国际节能减排博览会。会上组织节能技术和产品的评奖活动，分别评出金奖3项、银奖7项、铜奖7项、创新奖4项；宣传周期间成功举办2场2009年上海国际节能技术和产品交流推介会；组织广大市民参与节能知识竞赛；围绕2009年全国节能宣传周主题——“推广使用节能产品，促进扩大消费需求”制作宣传画4000余套，编制宣传资料“节能政策选编”等2万余册在宣传周前发放到各区、县、集团（公司）及主要的重点用能单位。

2．成功举办以低碳经济为主题的第7届《上海节能论坛》。通过论坛，使大家加深对低碳经济认识，提高发展低碳经济的积极性。

3．《上海节能》杂志改版取得成功。缩短刊物发行周期，加强杂志的时效性；扩充刊物内容，加强刊物指导性，扩大读者层面；围绕中心工作、结合实际，认真抓好重点栏和专题；结合实际，提高栏目质量、扩大杂志发行面和发行量；编集“节能降耗动态”，提供有关领导参阅；根据形势的需要，编辑出版“节能政策法规资料简编”第4册，满足会员单位和社会的需求。

4．大力提升《上海节能》网站的各项工作。

三、积极参与“2008年度上海市节能先进单位和先进个人评选表彰”相关工作

受市经信委的委托，承办经市政府批准，由市人力资源和社会保障局、市公务员局、市经济信息化委、市发展改革委组织开展的“2008年度上海市节能先进单位和先进个人的评选表彰活动”，对有关单位上报材料进行汇总和甄别，组织包括市总工会、市妇联、团市委和报社、电视台等媒体在内的专家组进行评审、公示，及时按照市节能先进评审领导小组的要求，完成各项任务。

四、开展节能减排、建设低碳经济的国际学术交流活动

与日方大金空调、日电、大阪煤气公司、大阪府环保节能方面专家组成的节能技术交流代表团进行交流活动，双方就合同能源管理、热电联产、分布式供能系统的技术和政策进行交流；与上海清洁能源研究与产业促进中心、丹麦腓特烈松市能源城联合主办“2009 上海工业节能国际论坛”；与加拿大维多利亚大学教授和学生进行节能环保交流；接受全国人大和市人大的安排，参加接待美国参议院议长访华代表团的重大外事活动。

五、努力加强协会自身建设

积极发展会员单位；开展分支机构换届改选工作；重视加强党风廉政建设；逐步推进秘书处的年轻化；坚持召开各级办公会议，认真执行各项规章制度，促进协会工作良性、可持续地运转。

（凌方民，毛雄飞）

上海市包装技术协会

上海市包装技术协会成立于 1978 年 10 月 28 日，是上海市包装行业同业企业以及其他包装经济组织自愿组成、实行行业服务和自律管理的跨部门、跨所有制的非营利的行业性社会团体法人。现有团体会员 403 户，专业技术、管理人员组成的个人会员 400 名。下设包装设计委员会、纸容器包装协会、绿色包装委员会、塑料制品委员会、金属容器委员会、包装印刷委员会、包装机械委员会、木制品包装委员会、玻璃容器委员会、价格工作委员会等 10 个分支机构。

2009 年主要工作：

一、应对危机，共克时艰，创造转机

为帮助行业与企业渡过难关，创造转机，抓住商机，协会组织专题论坛和研讨会并组织力量进行调查研究，探索一些深层次的问题，为企业与行业提供具有启发性、前瞻性、有价值的应对之策。

举办“应对金融风暴包装、印刷企业论坛”，邀请市发改委、市促进中小企业发展协调办公室有关领导以及经济专家作经济形势分析、国家和市政府对中小企业发展的扶持政策、金融危机对中国经济及有关行业的冲击与影响等报告。

协会深入包装企业调研，为企业出谋划策，共渡难关。各专业委员会开展各种服务，帮助企业脱困境、促发展。

二、开展调研，探发展思路，促行业发展

为加快上海物流包装的快速发展，重视“第三方物流包装”工作，协会向市经信委主要领导提交建议书，呼吁物流包装要率先调整产业结构向现代物流方向发展，要完全打破现有单一制造业模式朝配套为主的生产服务型转变，进行一次物流包装业的“革命”。协会开展“上海市物流包装业现状与发展调查报告”课题工作，得到了市商务委、市经信委、市科协有关部门的积极支持。

参与中国包装联合会对“包装技术性贸易壁垒对我国进出口的影响”和“包装材料循环利用的发展趋势和政策研究”课题调研。木制品包装委员会为更好地发挥木质包装在现代物流包装中的作用，开展《上海市出境货物木质包装标识加施企业分布不足》的调研，协会根据该调查报告，向上海出入境检验检疫局作“关于上海市出境货物木质包装标识加施企业优化布局”的建议。纸容器包装委员会通过对行业深入调研，针对上游企业价格垄断等问题，剖析行业发展中所存在的问题，向政府有关部门反映。同时加强企业之间的沟通与协商，抵制行业内的恶性竞争。

三、促进经济发展，加强为政府部门服务的力度

由市新闻出版局、市科委、市经信委主办，协会承办的“2009 年上海国际印刷周”举行期间，同时承办“包装印刷交流洽谈会”。联合市茶叶学会、糖制食品协会、粮油学会，邀请医药、食品、化妆品、糖制品、粮油、茶叶等行业的知名企业与包装印制行业的企业进行交流和贸易洽谈。在印刷周期间与市新闻出版局联合主办“2009 年上海国际创意设计展示评比交流会”，推动设计人才的培养和就业，以及创意设计的转化，促进国际间设计交流。

为配合上海世博会的“世博礼品”筹备工作，与市茶叶学会联合主办世博会礼品茶和中国十大名茶包装创意设计研讨会，发动设计公司积极参与世博礼品茶包装以及世博礼品的开发。

贯彻“循环经济”国策，促进包装可持续发展，参加中包联组织的 2009 年包装废弃物循环经济论坛，组织专家与美国财富 500 强企业希悦尔公司全球技术总监阿姆斯特朗等专家就“可持续性包装发展趋势”进行研讨；绿色包装委员会 2 次召开“限塑令”贯彻落实座谈会，并请市商务委有关部门及兄弟协会一起参与研讨，提出新的建议，促进本市更好地贯彻“限塑令”精神，在《上海包装》杂志上也展开专题讨论；木制品包装委员会为认真贯彻工信部等 7 部委《关于印发机电产品包装节材代木工作方案的通知》以及温总理批示精神，探讨上海地区机电产品包装节材代木，产品包装升级换代，节约资源工作；纸容器包装委员会为推行包装减量化工作，在行业发展中提出 5 层箱改为 3 层箱的建议。

四、鼓励包装自主创新，促进行业技术进步

协助各大集团加强自主创新研发力度，支持包装企业实施高新技术项目自主创新产品开发、技术创新和新技术推广。鼓励企业利用争取财政部关于包装行业高新技术研发资金的政策，做好动员、调查、咨询、申报、推荐、上报等工作。

五、重视人才培养，提高行业素质

与市工程师学会、上海大学机电工程与自动化学院三方齐心协力，取长补短，成功地配合市人事局和考试院完成上海市 2009 年度包装工程师资格考试与培训工作。年内共有 65 名符合报考条件的包装行业以及其他行业从事包装技术工作的专业人员参加考试，其中，27 名专业人员通过考试。

随着上海地区包装工程师任职资格认证工作深入，包装工程师队伍发展壮大。为了帮助包装工程师增进联系、交流、友谊与合作，经过半年多的筹备，成立协会包装工程师联谊分会，以期充分发挥包装专业人才优势，打造包装人才高地，更好地为行业服务。

协会与各专业委员会重视包装人才的培养，积极开展行业技术培训工作，纸容器包装委员会举办纸箱培训班；木制品委员会根据企业的需求，组织专家编写《木质包装设计、测试标准解读汇编》手册。

六、加强国内外同行交流，推动行业发展

协会一行 10 人参加中国包装联合会组织的 10 省市“东西部包装行业交流会”；组团赴台进行设计考察；在市科协组织相关学会与西班牙瓦伦西亚技术研究所协会代表团对口学术交流会上，本会代表与西班牙代表团的包装、运输和物流技术研究所代表进行友好交流；接待越南包装协会一行 26 人。

七、加强协会自身建设，提高服务能力

经市科协评审通过，被评为市科协 2009 年（第 2 批）“311 学会建设工程”11 户入选学会之一。市科协在星级学会评估工作的基础上，争取用 5 年时间，重点推动 30 个左右与上海重点学科、支柱产业相适应的学会加快向现代科技社团发展。本会经市科协复查通过，已连续 3 年评为三星级协会。

（舒仁厚）

上海市环境保护工业行业协会

上海市环境保护工业行业协会成立于 1992 年 11 月，是由本市从事环保机械、环保仪器仪表和环保药剂材料的生产和流通企业，以及从事环境工程设计、制造、承包及技术咨询的企事业单位，自愿组建的跨部门、跨所有制的非营利的行业性社会团体法人。现有会员企业 195 户。

2009 年主要工作：

一、努力推进环保工业领域科技创新

引导和推动企业高新技术的研发工作，取得丰硕的科技创新成果。上海申华声学装备有限公司通过科技创新，获得发明专利 5 项、实用新型专利 20 多项，以自主核心技术使产品远销美国、日本、加拿大、新加坡、香港等国家和地区。其新型多层吸隔型声屏障、渐变式空腔吸声装置、换流站渐变式空腔吸声装置等 10 项技术获得国家和本市的奖励。上海金源维拓环境保护设备工程有限公司为上海环球金融中心污水处理项目、宝钢股份特殊钢分公司条钢厂循环水处理等项目建设作出出色业绩。上海市凌桥环保设备厂有限公司坚持技术创新，致力于新产品研发，不断以创新技术拓展新的市场。公司拥有 17 项专利技术，成功研发出“回转切换定位喷吹清灰装置”、“滤袋自锁密封装置”、“ePTFE 微孔薄膜覆合滤料”、“PTFE 基布”、“PTFE 长丝纤维”、“PTFE 短纤维”及“PTFE 高强度缝纫线”等产品，均属国内首创，并达到国际先进水平。

二、按期出版会刊《上海环保工业简讯》

及时报道协会主办或协办的有关活动，建立会员企业间信息交流的平台。报道上海及周边省市在环保新工艺、新技术、新装备方面的成果和国内外环保信息，重点介绍本市环保行业较为成功的工程和装备，如：东华大学研制的用膜技术处理印染废水的工程、上海轻工所设计的镀镍废水处理设施、上海培根环保科技公司等单位研制的“车用空气净化灭菌装置”等受到有关企业和科技人员的关注和好评。并将会员企业的科研成果和新技术、新工艺、新装备推荐给《中国环保产业》等杂志发表，扩大其在业内的影响。

三、组织开展技术论坛、研讨会和中外合作交流活动

组织开展论坛、研讨、交流活动，年内共主办（协办）大型活动 5 次。包括与韩国锦湖中国轮胎销售公司共同主办“2009 轮胎环保之路研讨会探讨废旧轮胎的回收和再利用”；举办“2009（第三届）中国上海国际节能环保论坛”，倡导“在推行节能减排战略过程中，实现社会责任和企业效益完美对接”理念，旨在推进以政府为主导、企业为主体、全社会共同参与的节能减排模式，构建中外节能减排新技术的交流平台；与上海石油学会联合举办“油气回收工程改造与项目管理研讨会”，通过对油库、加油站的油气回收技术的研讨，拓宽环保工业发展的新思路，取得很好的交流效果；举办2009加拿大魁北克—上海绿色能源环保技术论坛，提倡“绿色建筑”，促进建筑行业开发新的业务模式，使用更加环保、更加注重能源效率的新材料和新产品。隔热材料、覆膜、屋外覆层、节能窗、热量回收通风扇和地热取暖系统为开发“绿色建筑”环保工业产品提供了很好的思路；举办“2009年台湾环保设备拓展团交流研讨洽谈会”。由台北世界贸易中心组织，30余户台湾从事节能、环保专业的企业组成“拓展团”，与协会组织的10多户会员企业及宜兴环保城的负责同志进行交流洽谈。通过交流研讨和意向性洽谈，增进了两地环保行业的了解，为进一步联系合作打下了基础。

四、完成协会换届选举

8月7日，协会三届三次理事扩大会议在市机电设计研究院隆重召开，选举产生第四届理事会和协会领导班子，第四届理事会由60户会员企业组成，完成了换届选举。

（杜文川）

上海市室内环境净化协会

上海市室内环境净化协会成立于2006年8月，是由从事环境净化、洁净室的设计、工程施工、设备制造、生产、研发、咨询、服务、测试及其他相关的企业自愿组成的专业性质的非营利性社会团体法人。

2009年主要工作：

一、积极参与产业及区域经济发展，认真做好规范行业、发展产业、行业自律

1．在市建筑业管理办公室指导下，负责审核洁净工程专业承包、分包资质。多次走访市建委，与市建委建立合作关系，并组织各大洁净企业召开相关会议，听取各方意见及建议，为上海设立洁净工程施工资质做了大量的准备工作。资质评审工作将在2010年正式启动。

2．受市经信委托，认真抓好净化行业企业诚信档案建设。与市“知荣辱、讲文明、迎世博、建诚信”办公室联席办公，成立本会诚信办公室，对业内企业进行诚信评估，评选出诚信企业7户。

3．积极解决业内民营企业、外资企业工程师职称评定难问题。在市人力资源和社会保障局、市职称受理服务中心的指导下，市职称受理服务中心驻市室内环境净化协会工作站于5月21日正式成立，为本市首批职称评定试点单位。工作站审议通过市洁净（工程技术系列、经济专业系列）专业技术职称任职资格评审试行办法，申报职称范围包括暖通工程师、环境工程师、电气工程师、经济师等共计9项。已成功申报中级职称人员5名。

4．配合市紧缺人才办公室，培养行业专业紧缺人才。年末，市紧缺人才办公室将紧缺人才培训项目《工业洁净》推广成为长江三角洲紧缺人才项目。该项目获得上海、江苏、浙江、江西、安徽5省16个大中城市人保部门、紧缺人才办公室认可。协会多次组织专家讨论和编制教材，其中，《工业洁净》教材已与国家劳动出版社签订合约，预计2010年出版。同时，国家职业鉴定中心指定教材《室内环境治理员》高级和技师教材编制工作已经完成，进入修改阶段，预计2010年出版。年内举办室内环境治理员、工业洁净培训班近10次，受训人员达100多人，为行业输送了大量专业人才。

5．加强空气净化治理服务企业从业资格审核，理顺净化治理服务市场。依据《上海市净化治理企业服务资质暂行办法》新增治理服务资质企业5户。

6．迎世博，抓住世博机遇，协会通过各种方式建言献策，积极融入到世博工作中。与有关部门联合编制内参，向政府呼吁重视室内空气品质，并提出要修改上海公共场所禁止吸烟条例、应强制公共场所管道清洗、涉及世博接待的酒店宾馆必须放置空气净化装置等3条意见。联系市团委、世博局、上海大众汽车集团等公司，为企业产品进入世博牵线搭桥。10月，配合市疾病预防控制中心进行乙级清洗服务机构的技术评估，派出专家参与培训工作和现场技术评估，全程参与近20户企业的现场技术考核。还帮助多家清洗企业提出技术评估申请、召开交流会提高企业技术能力。为了让管道清洗企业能接触客户，与卫监所、市疾控中心协调，召开公共场所的空调通风管道清洗解读会，本市各大酒店、商场等约40多户单位参加会议，管道清洗企业获益颇丰。

7．加强公共场所室内空气品质评价工作，通过严格审核，上海长泰国际金融大厦、世纪商贸广场、徐汇苑大厦等荣获室内空气品质优秀级商务楼。

8．成立市室内环境净化标准委员会，积极推进行业标准化工作。年内，协会负责翻译的国际标准ISO13323已成功转换成国家标准；编制的行业标准《标准尘埃颗粒计数仪的标定方法》草案已经完成。同时参与编制国家标准《洁净室擦试材料行业标准》，并多次组织意见征询会，走访相关企业。

9．编制行业“十二五”规划发展建议。在上级主管部门的支持下，参与和负责编制洁净行业“十二五”发展规划建议，为上海的洁净产业在“十二五”期间的发展出谋划策。

二、行业服务，会议展会，行业交流

1．多次举办或参与各类展会，为企业搭建市场业务平台。3月31日～4月2日，主办第十届中国清洁博览会暨2009上海国际室内环境与产品展览会；6月23日～25日，协办第九届世界制药原料中国展，同期在上海电子商城主办2009上海电子展；9月23日～24日，协助雅时商讯《洁净室杂志》举办《洁净室研讨会暨产品展示》会，出席人员近400人。参加ICCHINA等上下游行业展会，提高协会行业影响力。协办《中国（无锡）洁净工程高峰论坛》和《2009全国医院洁净手术部建设与发展高峰论坛》。

2．组织免费技术交流会近10次，为企业开拓市场、提高竞争力做好服务。其中包括低温等离子体技术交流会、治理服务企业“抱团取暖”座谈会，车内空气净化技术研讨会、室内空气净化常态治理研讨会、暖通空调及清洗知识培训讲座、财务会计知识培训等。

3．拓展洁净行业国际交流，主动拜访美国环境科学与技术协会（以下简称IEST），进行交流与学习，达成编制标准、技术交流、设立办事处等初步合作框架。

4．与各国大使馆、访团进行技术交流，接待来访美国伊利诺伊州立大学、西班牙建筑协会；为企业提供参加台湾净化技术交流会、2009韩国优秀环保设备上海经贸洽谈会、加拿大融资会等多个技术交流及开拓海外市场的机会，促进国内企业与国外企业建立合作关系。

5．组织形式多样的社会活动，为企业搭建平台。与静安区环保局联合在静安公园开展环境日活动，并作出有关吸烟问卷的调研。参加市经团联组织的行业协会9.5质量月活动，帮助广大消费者提高对空气净化器质量的辨识度。

三、协会自身建设

在管理结构调整方面不断探索，完善内部组织构架。筹备成立食品药品净化检测专业委员会，取消信息部；增设教育培训部，将职称评定、教育培训、职业开发归纳该部。改版网站。增加短信服务，利用短信服务及时将市场信息、行业动态、会务信息发给会员企业。充分利用行业专家技术优势，为会员单位提供技术支持和服务。广泛走访洁净企业，了解企业需求，吸纳更多的会员单位。

（王　芳）

上海市机电设备招标投标协会

上海市机电设备招标投标协会成立于2004年8月9日，是由从整机电设备招标代理业务的机构和与招投标活动相关的机电设备制造企业及供应商、咨询单位、设计研究机构、高校等自愿组成的非营利社团法人组织。现有会员单位42户。

2009年主要工作：

一、取得全国招标师考试培训机构资格，顺利完成考前辅导培训工作

我国实施招标采购专业技术人员职业水平评价制度，中国招标投标协会首次开展全国招标师职业水平辅导和考试工作。本会得知中国招标投标协会将在4月份制定《招标师考试辅导培训机构审核认定管理办法》，并且组织对各行业、地方有关培训机构的审核认定和培训辅导工作开展指导监督这一信息后，主动争取中国招标投标协会给予支持。由于得到市经信委帮助并推荐，经中国招标投标协会审定于5月27日网上公布，取得全国招标师职业水平考试辅导培训机构资格，成为全国首批推荐的45家辅导培训机构之一。7月3日，协会召开二届三次理事会，通过《培训工作规章制度》、《培训工作计划》等其他相关事项，落实考试辅导培训师资。8月6日，协会组织开展招标师职业水平考试辅导培训，参加培训单位近24户，共151人，其中，83人通过国家人事部首次组织的全国招标师职业水平考试，合格率为全国第一。

二、推进行业自律诚信体系建设，完成招标文件编制、评选立功竞赛工作

推动行业自律诚信体系建设，着力改善本市机电产品国内招标没有统一的招标文件状况，多次组织人员和专家修改《机电产品国内招标文件范本（试用本）》，并发放会员单位中招标代理机构试用，得到市经信委的关心、支持和肯定。11月，协会以行业自律诚信建设类专项，向市经信委提出“协会发展专项资金的申请”，经审定获得5万元政府支持资金。

年内，协会列为市重点工程实事立功竞赛设备赛区分赛区，开展先进集体和记功个人的评选推荐初审工作。经对参与年度重大工程建设项目的会员单位进行调研和评比，推荐申报上海通信招标有限公司世博项目组、上海翔波工程咨询有限公司徐汇滨江项目组为优秀集体，上海国际招标有限公司张志强、上海宝华国际招标有限公司陈琦、上海市上投招标公司武燕等3位同志为记功个人，经网上公示，市设备赛区办公室将于2010年3月召开表彰大会。该项活动对行业自律和诚信体系建设有着深远意义。

参加上海市“知荣辱、讲文明、迎世博、建诚信”系列评选活动，推荐上海机电设备招标公司、上海市上投招标公司为“诚信企业”，经评选和网上公示，均获得“诚信企业”荣誉称号。

三、搭建信息交流平台，促进协会和会员单位共同提高

创办《机电设备招投标通讯》，坚持数年按时出刊，内容贴近行业、会员单位，为会员单位提供及时实用信息。年内出版《通讯》12期。

5月26日，组织部分会员单位负责人到上海三菱电梯有限公司参观学习，交流应对招投标工作面临的新问题、新情况，促进会员间的交流，增进了友谊。

多次参加市工经联和经团联举办的学术、经济形势分析等高层论坛，开阔了视野，更激活了不断开拓创新的服务理念。

年内，新增上海申权招标咨询有限公司、上海社发招标采购服务有限公司、上海祥浦建设工程监理咨询有限责任公司等3户公司为会员单位，目前，会员单位共42户。

四、加强协会自身建设，做好日常服务工作

不断强化服务意识，改进工作作风，深入实际，联系基层，了解会员单位的诉求，热心为他们提供服务。认真执行会员大会制度、理事会议事规则和工作人员行为准则等各项管理制度，认真学习招标投标法律法规和相关专业知识，力求全面掌握和正确把握国家新的政策，破解会员单位开展招投标工作中遇到的困惑难题，提升政策水平和处理问题的能力。不定期地对会员单位进行走访，了解情况、沟通信息、交换想法、听取意见，改进信息服务、完善专家库建设、建立信息平台，改进培训工作，创新协会活动。认真做好来信来访接待工作，热情为会员单位当“参谋”，出主意，帮助他们排忧解难，注意发现带着倾向性或普遍性的问题，改进协会自身工作，提高服务水平，更好地向政府主管部门建言献策。

（蒋建明）

上海市设备管理协会

上海市设备管理协会成立于1986年5月，具有独立的社团法人地位，现有会员单位676户，下辖仪电、化工、医药、航空、纺织、轻工、宝钢、船舶、电气、维修、调剂和金山等12个行业工作委员会或代表处。

2009年主要工作：

一、围绕市经信委的中心工作，做好服务政府和行业的工作

1．直接参与市经信委“关于发展本市生产性服务业”的专题调研。5月，在市经信委生产性服务处召开的部分行业协会座谈会上，本会专题介绍上海设备维修专业市场建设与管理的情况，并针对本市设备维修产业的发展现状和存在的问题，向政府有关部门提出市场规范和政策扶持的意见和建议。11月，根据市经信委要求，推荐5户有代表性的维修企业参加市委研究室召开的“生产性服务业政策建议专题座谈会”。

2．购买政府服务的工作有了实质性起步，在市经信委经济运行处的支持下，9月份起，正式承担为全市工业进出口企业进行行业分类和进出口数据分析的任务，直接为本市经济增长、加快结构调整提供服务。

二、开展设备管理的交流研讨和学习考察活动

1．4月17日，在江苏方程电力科技有限公司召开“金融危机下设备维护与管理的应对策略”研讨会，就金融危机下企业设备维护与管理如何化挑战为机遇及抵御寒流、应对危机的措施和经验进行交流研讨。研讨会上，代表们交流了通过节能降耗、技术改造、精益管理等方法和手段降低设备运行成本，抓住设备负荷相对缓和的机遇，对设备进行系统性的维护与检修，切实提高技术素质和装备的完好水平，扎实练好内功等经验，为经济复苏时更好发展打下坚实基础。《上海设备管理》杂志将这些经验集结成专辑刊出，为企业应对金融危机提供新的思路。

2．9月24日～26日，组织部分会员单位赴湖南省学习考察，在湖南省设备管理协会的组织和主持下，考察团与湖南省部分骨干企业的有关领导进行座谈，分别就设备的维修管理模式、信息化应用、节能环保、点检作业标准化、全面规范化生产维护以及设备人员的队伍建设等作了交流研讨，并实地考察湖南中烟长沙卷烟厂等企业。

三、组织开展全国和本市设备管理评优表彰工作

在各局、控股集团公司设备主管部门和各行业工作委员会及各区县经委的支持下，经企业自报、行业推荐和专家现场调研评审，有118户企业获得第八届市设备管理优秀单位的荣誉称号，并从中择优推荐30户企业为上海地区第八届全国设备管理优秀单位；134位个人被评为第四届市设备管理优秀工作者，其中，35位个人被评为第四届全国设备管理优秀工作者。通过总结和交流优秀单位与工作者的先进经验，进一步推进了上海的设备管理工作。

四、持续提高设备维修和调剂行业的协调管理水平

1. 根据本市设备维修安装市场发展的需要，为进一步发挥行业自律作用，加强对设备维修安装企业的安全生产管理，依据市安全生产监督管理局《上海市小企业安全生产评估导则》，对在本市设备维修安装市场进行业务活动的属于国家《安全生产许可证条例》规定以外的设备维修安装企业，开展由第三方安全认证机构进行安全生产合格的评估认证工作，对符合条件的申请企业颁发《上海市设备维修安装市场安全合格证》。目前有近80户企业提出申请，59户企业已经通过第三方安全认证机构的咨询、评估和认证。

2. 上海江桥二手机电设备市场在本市商业服务业“诚信经营”示范创建活动中被市商联会评为“诚信经营示范市场”表彰单位，使江桥市场的整体形象和管理水平都跃上新的台阶，并向创建和谐市场与市文明单位的目标迈进。

五、根据行业需求，开展各项专业培训和岗位培训

为提高本市设备工程管理和维修人员素质，根据企业的要求，年内先后开展注册设备维修工程师培训3期、与多家企业集团或大型企业联合举办设备管理岗位等培训班5期，参加培训人员380余人次。

六、整合协会的媒体资源，拓展信息服务的平台

年初将《上海设备管理》杂志和“上海设备”网站整合，为构建更大的信息服务平台创造有利条件。在电子商务和市场化运作上作了新的尝试，通过改版提高对会员单位服务的能力。

七、加强与外省市设备管理协会的工作交流

1. 6月，中国设备管理协会王湘副秘书长一行来沪考察，在协会领导的陪同下考察上海通用汽车有限公司、上海外高桥造船有限公司、上海三菱电梯有限公司等企业的设备管理工作，对本市设备管理和协会工作予以较高评价。

2. 陕西省设备协会先后于3月和6月两次组团来沪交流考察，协会组织本市部分骨干企业召开“沪陕企业设备管理经验交流座谈会”，就市场经济体系下企业设备维修组织体制的改革、管理模式与机制创新及设备维修市场的建设等议题进行深入研讨，并实地考察参观上海外高桥造船有限公司和上海高桥捷派克石化工程建设有限公司。沪陕两地设备管理协会和企业通过交流探讨，形成许多共识，对推进两地企业设备管理工作水平起到促进作用。

（夏仁海）

上海市新材料协会

上海市新材料协会成立于2000年12月，是本市从事新材料工作的企业、高等院校、科研院所自愿组成的跨部门、跨所有制的非营利的行业性社会团体法人。

现有会员单位294户，下设产业部、信息部、专家工作部和办公室，并成立有粉末冶金分会、硬面技术分会、青浦产业基地分会和无机新材料、降解材料、改性塑料专业委员会及标准化技术委员会。

2009年主要工作：

一、召开二届四次会员大会

2月10日，协会二届四次会员大会在交通大学浩然高科技大楼会议室召开，市人大财经委副主任俞国生、市政府发展研究中心副局级调研员顾性泉等领导出席会议。

二、努力推进新材料的产业化

1. 协助政府部门编制《上海市推进新材料高新技术产业化行动方案》。经市政府批准后，已于9月15日以沪经信办（2009）439号文印发给相关部门（单位）。

2. 为了贯彻落实《关于加快推进上海高新技术产业化的实施意见》，受市经信委委托，在新材料领域内，组织专家对企业申报的高新技术产业化重点项目进行评审。

3. 年内编制《2009年度上海市新材料领域产业化重点发展目录》。

4. 受市经信委委托，在广泛调研的基础上，对2001年制订的《上海市新材料产业统计目录》进行修改，并按材料的基本属性和特性参数，对五大类新材料进行界定。修改后的《目录》共划分为5个大类、35个中类、163个小类。

三、开展对国家重点产业的专项调研活动，提出产业发展建议，为政府部门科研和产业决策建言建策

立足本行业，以新材料作为切入点，经过调研，圆满完成市科委下达的《大飞机关键材料预研》课题；对电子信息关键材料的调研正在进行中；通过多方调研和联络，促进国产生物医用材料进入市场；完成本年度上海市新材料产业经营状况调查；组织专家赴外地考察，帮助兄弟省市发展新材料产业。

四、找准切入点，努力克服国际金融危机带来的困难

举办“2009上海国际汽车制造技术与装备及材料展览会”；积极为会员单位创造摆脱困难的机遇；主动牵线搭桥，为大学生就业助一臂之力，与上海应用技术学院共同举办《2009届毕业生专场供需洽谈会》，包括行业协会在内的46

户企事业单位参加洽谈会，其中，会员单位近20户。

五、加强协会的功能建设，更好地为会员单位服务

1. 采取各种形式，为会员单位开发新产品服务。12月9日，假座虹桥迎宾馆与希尼卡公司召开《上海市推进聚氨酯产业发展的恳谈会》。介绍新型聚氨酯硬泡材料，提升了希尼卡公司的知名度。还以推介新产品为切入点，围绕大客飞机、轨道交通、新能源汽车等本市重点企业和重点工程，就聚氨酯产业的发展、发挥聚氨酯的原料优势，以及如何将原料优势转化为产品优势和经济优势等课题进行研讨。为上海科贵高抗渗材料有限公司新产品“石膏基复合水硬性胶凝材料”和“石膏基复合水硬性胶凝材料砌块”调研、立项、小试、中试、标准制订等各个阶段给予指导和扶持。为宝钢与奉贤钢管厂牵线搭桥，双方通过交流和了解，达成对抗菌不锈钢材料共同进行商业开发的意向。

2. 在行业内开展中高级职称评审工作。与有关部门协商，组建相关机构和学科组，制定《上海市新材料协会专业技术职称（资格）评定暂行办法》等评审文件和表式，启动行业内技术职称评审。

3. 标准化工作有新进展。制定《石膏基复合水硬性胶凝材料》、《石膏基复合水硬性胶凝材料砌块》2项新型建材的协会标准，并予以公布执行。

4. 在会员单位中开展企业诚信建设。

六、在服务中扩大协会覆盖面，以适应上海新材料发展的新形势

1. 一批行业内颇具影响的企业纷纷入会。“斯瑞”、“特氨纶”、“凌桥环保”、“汇德树脂”等一批在行业中颇具影响的企业加入本会。

2. 8月19日，“协会青浦产业基地分会”正式成立。

3. 10月22日，协会改性塑料专业委员会正式成立。

七、下属分支机构积极开展各项活动，在协会工作中发挥了重要作用

协会和各中心、分支机构在工作中既有合作，又有分工。一方面，充分发挥分支机构的工作积极性，全力支持他们在各自专业领域开展活动并取得好成绩。另一方面，和分支机构紧密团结、相互策应、加强联动、全力以赴共同做好协会的重要工作和活动。

八、开展JJ小组活动，加强节能减排工作

九、加强信息工作，坚持信息为产业服务、为会员单位服务

经市有关部门批准，《上海新材料》月刊更名为《新材料》。信息与报道面由原来只限于上海，扩大到国内和国外，信息量有了大幅度增加。新材料网站在提高质量、扩大受众面等方面也作了许多努力。

十、发挥党支部核心作用，加强协会的自身建设

1. 发挥党支部的核心作用。积极发挥党支部在协会工作中的核心作用，有力支持秘书处的工作。支部领导洁身自好、踏实工作、以人为本，做好秘书处党员和全体成员的思想工作，扬长避短，充分调动他们的工作积极性，成为团结党员和群众的核心。

2. 加强秘书处建设。在提高综合素质、能力，做好服务，建立长效机制上加强协会自身建设，做好秘书处工作。

（徐龙敏）

上海电子商会

上海电子商会（上海电子制造行业协会）成立于2002年4月，为本市电子产品研发、生产制造、加工和流通服务行业企事业单位自愿组成的跨部门、跨所有制的非营利的行业性社会团体法人。现有各种所有制会员单位209户，下设流通分会、智能化设备专业委员会和表面贴装专业委员会。

2009年主要工作：

一、应对金融危机、反映企业诉求，帮助企业解决实际难题

1. 做好行业统计，及时反映企业诉求。每周、每月分别对会员企业的实际运营情况进行收集和分析，每季汇总及时上报市主管部门。年初，各企业受到金融危机的严重冲击，出口大幅减少，各企业集中反映要求降低出口税率，加快通关速度的强烈愿望。经商协会反映后，市经信委会同市国资委、上海海关、上海出入境检验检疫局进行协调，帮助企业解决难题。对企业提出的土地使用税和农民工的社会保险金问题，在市相关部门协调下，作出暂缓征收的决定；对企业提出的出口退税、海关、银行保证金等问题，取得政府的支持，给予协调。陪同市业务部门领导赴松下等离子、索广映像、索广电子、宜鑫公司等企业进行实地调研，了解企业的实际困难，协调解决企业的问题，获得市技改项目的资金支持。经过商协会的推荐和协调，促使一些企业获得技术攻关课题项目，得到相关企业的好评。

2. 为帮助政府解决大学生就业难问题，5月17日，由市经团联和杨浦区人民政府在杨浦区人才市场举办“2009年大学生专场招聘会”，商协会组织上海千洲实业公司、上海良相智能化工程公司、联石安防科技（上海）公司、上海易电电器有限公司、上海佳乘新材料科技有限公司、上海精耕企业管理有限公司、上海传奇电器有限公司等7户企业参与招聘工作，提供29个专业、92人的岗位，不少企业招到满意的人才。

3．先后接待市委政策研究室、新华通讯社、《支部生活》编辑部等上级部门和媒体的来访，反映行业的现状和问题，对电子信息制造业的结构调整、配套政策等建言献策。

二、承办“2009年上海电子展”，帮助企业开拓内需市场，提供合作交流平台

在中国电子商会的支持和市经信委的指导下，由市经济团体联合会牵头，商协会和电子商城于6月25日～27日共同承办“2009年上海电子展”，市集成电路行业协会、电子元器件行业协会、仪器仪表行业协会、室内环境净化协会、新材料协会和台湾区电机电子同业公会参与协办，共组织参展企业300余户，展出面积2万余平方米，展出产品涉及家用电器、电子防盗产品、电子元器件、集成电路、电子新材料、仪器仪表、环境净化和测试设备等电子制造业产业链的各个环节。全国政协常委蒋以任、国务院信息化专家委主任曲维枝、市经信委副主任邵志清等领导出席开幕式。展览期间，还举办“电子信息产业发展论坛”等，为企业应对危机、提振信心、扩大内需，拓展市场提供良好的合作交流平台。

三、继续推进企业诚信体系建设

在市“知荣辱、讲文明、迎世搏、建诚信”活动组委会的领导下，商协会成立行业诚信建设办公室，搭建“上海电子制造业诚信建设平台”。上海电子废弃物交控中心有限公司、上海任重仪表电器有限公司、上海商务中心家电城市场经营管理公司、上海广联电子有限公司、上海克拉电子有限公司、上海传诺电子科技有限公司、联石安防科技（上海）有限公司、上海铭润电子有限公司、上海俊彤微电子有限公司、上海立钦电子有限公司等10户企业获得“2009年市诚信企业”称号。

四、举办中小企业沙龙，促进企业间的交流合作

为了学习贯彻国发（2009）36号文件《国务院关于进一步促进中小企业发展的若干意见》，加强中小企业间的交流、沟通，帮助中小企业及时了解和掌握政府各项扶持政策，改善中小企业生存和发展的环境，促进中小企业的发展，在商协会的协调下，由上海良相电子科技有限公司、上海克拉电子有限公司、上海财佳五金机电公司等7户企业发起，成立上海电子商会中小企业沙龙。11月26日，上海电子商会中小企业沙龙组委会成立，会上选举上海良相电子科技有限公司陈晓群董事长任主任。市中小企业贸易中心顾问、市经团联副会长李念政、上海电子商会顾培柱会长、侯允智副会长兼秘书长出席会议并讲话。会议邀请上海小企业生产力促进服务中心主任助理丁才庆作36号文的政策辅导报告。

五、电子商会流通分会开展一系列活动，凝聚力进一步增强

电子商会流通分会在属地街道党工委的帮助下，成立分会联合工会，关心职工的生活，在高温季节为会员发放防暑降温用品，还举办“流通杯”乒乓球友谊赛，开展初级技术职称的组织申报和评定工作，同时，分会与上海电子商城的合作也得到进一步加强。通过一系列的活动，增强了分会会员的凝聚力，社会影响日益扩大，分会服务水平迈上新的台阶。

六、开展职称评定工作，进一步拓展商协会的服务功能

经市职业能力考试院同意，设立“上海市职称服务中心上海电子商会工作站”，主要负责初、中级职称评定工作的宣传、申报及材料汇总、审查和组织培训等工作，已有近10人获得助理工程师资格认定。

七、进一步发挥信息服务平台的作用，促进行业的创新发展

宣传和贯彻国家的产业政策，传播国内外电子信息产业发展动态、加强会员单位信息互通、资源共享，及时收集和分析上海以及国内外电子信息产业最新的动态资料，编辑印发会刊《上海电子信息》共12期，并通过“上海电子网”和“商协会网”两个网站，每天发布国内外最新的行业动态信息，供会员单位和相关部门参阅，成为商协会对外联系和交流的一个重要窗口，扩大了商协会在行业中的影响。

八、进一步扩大对外合作交流。

组织会员企业主动走出去，与国内外相关行业组织进行交流。如组织会员参观由台湾电机电子同业公会组织的“杭州电子博览会”、中国电子商会举办的“青岛国际消费电子展”，参加成都电子专业市场第九届年会和WEF世界电子论坛等。还与上海第二工业大学签订产学合作协议，增进双方交流合作。

（朱伟民）

上海市信息服务业行业协会

上海市信息服务业行业协会成立于2001年1月18日，是由本市信息服务业企业自愿组成的非营利性社会团体。现有会员单位近500户，包括东方网、上海电信、上海网通、新华传媒集团、分众传媒、史泰博、东软集团、盛大网络、久游网、第九城市、易趣网、携程旅行网、前程无忧、上海金蝶、申银万国、东方有线、东方数字社区、联想、文广互动、维络城、时代光华等。

2009年主要工作：

一、积极参与政府产业规划工作

先后完成上海市信息服务业“十一五”发展规划，上海数字内容产业发展报告、上海动漫产业发展报告、上海网络游戏产业发展报告等课题。参与上海软件和信息服务业高新技术产业化行动方案调研，并受市经信委委托，组织座谈会，归纳总结出44条建议上报政府。6月26日、30日，分别针对电信运营商与园区、网游企业及视听视频企业、软件外包企业召开3场专题座谈会，听取关于宽带费用下调的各方意见和建议，会后把各方意见建议以及相关资费下调政策整理成文并呈送政府部门参考。10月16日，参加市经信委召开的“十二五”信息服务业规划会议，并参与研究上海信息服务业发展的思路、目标、重点及对策。

二、精心组织“2009上海推进软件和信息服务业高新技术产业化活动周”

10月12日，由市经信委、市发改委、市文广局、市新闻出版局主办，本会承办的“2009上海推进软件和信息服务业高新技术产业化活动周开幕式暨企业家高峰论坛”在上海国际会议中心举行。副市长艾宝俊出席开幕式。出席开幕式的还有国家工信部软件服务业司、中国互联网协会、市政府相关部门、区县政府领导，相关行业协会会员，上海市产业基地、产业园区及软件和信息服务业企业代表，共计500余人。活动周为期6天，由12项细分行业论坛组成，内容涉及本市软件和信息服务业高新技术产业化政策说明、游戏开发、基础软件产业链创新、3G应用与发展、亚洲宽带及数字电视、网络视听、数字出版、企业信息化高峰论坛等热点行业、产业话题。

三、成功引进游戏开发者大会（GDC）

GDC在美国有23年历史，是全球游戏产业最具规模、最具权威性的专业盛会。10月11日～13日，“游戏开发者大会·中国”继2007年之后再次来到上海，60多位演讲嘉宾近60场报告吸引了800多位专业听众、演讲人和媒体记者参会，同时有3000多人次观众参观展览。作为GDC活动内容之一的首届中国独立游戏节也取得巨大成功，获奖及入围作品均得到千载难逢的展示机会。

GDC的成功举办不仅带来大量游戏软件外包项目等商业合作机会，同时，国内有关企业借助GDC的平台与国外同行零距离交流洽谈、吸引大量海内外的游戏开发人才，进一步巩固上海在国内游戏产业的龙头地位，积极推动上海成为亚洲数码互动娱乐产业的中心。

四、反映迅速，完成行业金融危机研究报告、协助政府解决就业问题

牵头组织相关行业的专家对信息服务业行业遭受的金融危机的影响进行调研。组织召开政府、协会、企业代表座谈会以及“应对金融危机研讨会”。会后，撰写了《全球金融危机下的上海信息服务行业发展对策研究》分析报告，并通过有关部门专报俞正声书记和韩正市长。

4月，对会员单位进行年度企业招聘人数的调研，挖掘出2000多个岗位。并为进一步扩大促就业范围，联手市经团联、杨浦区政府、上海财经大学举办“2009年新春大型人才招聘会”和2009届毕业生供需洽谈会。

五、重点发展数字内容产业

为推动数字内容产业发展，协会有机结合数字内容工作委员会、市数字内容产业促进中心、市数字内容公共服务平台以及市数字健康信息中心的各项工作，协助完成《2008～2009年上海数字内容产业白皮书》。同时，为了集中展现中国数字产业的硕果，12月3日～5日在上海光大会展中心举办2009上海第三届中国（上海）国际数字内容和软件博览会。

六、多方奔走，为规范行业发展不遗余力

由于网络游戏服务行业国家标准、行业标准尚未公布，整个行业缺乏统一的服务标准，造成网络游戏服务企业无标准可依，产生了诸多问题。为此，协会及数码互动娱乐专委会成立项目专家及编撰小组，完成联合企业标准《上海市网络游戏服务规范》，年内，该标准申请了上海市地方标准，并已立项。该标准的制定将填补国内空白，成为国内首部关于网络游戏行业的地方标准。

针对全国范围内的各类动漫游戏会展交易活动过多的现状，与上海相关部门多方沟通，并多次走访北京文化部。终于在6月下旬，文化部正式下发《关于加强动漫游戏会展交易节庆等活动管理的通知》，文件指出，对未经文化行政部门审批擅自举办动漫游戏会展交易活动的将依法予以查处，以确保我国动漫游戏产业的健康良性发展。

七、拓展合作方式，进一步加强联系

7 月 9 日，组织专家访问成都市，并与成都市软件行业协会签署战略协议。10 月，与重庆市温江区签订战略合作协议，并决定在温江区建立上海市信息服务业成都产业基地。

八、启动“2009 中国青少年数字创意行动和首届大学生数字创意创业大赛”

经过 5 个多月的精心筹备，“2009 中国青少年数字创意行动和首届大学生数字创意创业大赛”于 11 月 24 日在虹口区正式启动，首届青少年数字电视电影节作品征集以及首届大学生数字创意创业大赛也同时进行。本次活动由本会牵头市青少年活动中心、上海数字媒体产业园区管委会、浦东新区科学技术协会和市信息化青年人才协会、中国电信上海公司共同主办。2009 中国青少年数字创意行动整合了四大赛事：动漫大赛、游戏设计大赛、视频短片大赛、数字音乐创作大赛和 3G 应用方案设计大赛。

九、制定行业标准，做到有法可依

5 月 19 日，召开启动本市地方标准《网络游戏行业服务规范》制订工作新闻发布会，向业界发起网络游戏优质服务倡议。为此，中国电子工业标准化技术协会副秘书长庞春来协会就网络游戏标准及数码互动娱乐专委会筹备成立中国网络游戏、动漫联盟进行调研。

为加强信息系统工程监理市场的规范化管理，确保信息系统工程的安全和质量，根据国务院“三定”方案赋予的职能，7 月，市经信委授权我会设立“信息系统工程监理认证机构”，负责本市行政区域内丙级信息系统工程监理资质的评审工作。

十、组织上海名牌评选

组织参评 4 年来，协会推荐上海东方网股份有限公司、上海热线信息网络有限公司、上海钢联电子商务有限公司、前锦网络信息（上海）有限公司、上海久游网络科技有限公司、上海盛大网络发展有限公司、上海大宗钢铁电子交易中心有限公司、上海电信百事应信息有限公司、上海我要网络发展有限公司等 10 多户单位获得上海名牌服务称号。年内，推荐 9 户会员单位参加上海品牌服务评选。

十一、提出网络游戏优质服务倡议

5 月，率先向全国网络游戏业同行发出网络游戏优质服务的倡议，获得包括盛大、久游、九城、宝酷等上海 60 多户网络游戏企业积极响应。

十二、推进行业诚信建设

9 月 9 日，市“知荣辱、讲文明、迎世博、建诚信”活动组委会决定在协会设立“诚信企业创建办公室”并开展上海市“诚信企业创建活动”申报工作。

十三、举办“迎世博，上海城市公众满意度调查”活动

8 月 31 日，为迎接 2010 年上海世博会，展示上海城市良好的文明形象，本会与“中国上海”门户网站、市新闻工作者协会、东方新闻网站及市民信箱联合举办“迎世博，上海城市公众满意度调查活动”。

十四、发挥上海市互联网违法与违规信息举报中心作用

2006 年 7 月 12 日，联合市新闻办、网宣办等单位成立并开通“上海市互联网违法违规举报中心”。从成立之初到 2009 年 9 月，举报中心接到各类举报案件共计 7284 件次。在日常工作中举报中心积极处理电话投诉，并反馈给投诉者，得到投诉者的肯定。

（陆　静）

上海通信广播电视行业协会

上海通信广播电视行业协会成立于 1985 年 10 月，是由从事通信、广播、电视、电子等生产、制造、科研及服务的企事业单位自愿组成的非营利性、自律性、独立的社会团体法人。目前，拥有国有企业、集体企业、股份制企业、中外合资企业、私营企业等 100 多户会员单位。

2009 年主要工作：

一、搭建互动平台、发挥桥梁纽带作用

1. 组织召开沙龙活动。为了应付国际金融危机，更好地了解企业的需求，定期组织召开不同类型的沙龙活动，了解诉求、沟通信息、搭建平台、上传下达。协会会长非常重视此项工作，亲自指导并参加所有的活动。

2. 积极反映企业诉求。1 月初，上海贝尔股份有限公司、上海索广电子有限公司等会员企业遇到资金及税收方面问题要求与政府沟通，协会及时联系有关部门领导，并安排上海贝尔分别与唐登杰副市长、浦东新区领导直接见面，帮助企业积极争取政策支持。

3. 加强长三角联动。随着世博会的临近，积极开拓加强与长三角地区的经济联动。受苏州电子协会之邀，参加苏州电子协会五周年庆典活动，并与苏州市人大、苏州市经济联合会、苏州电子协会进行互动交流，对金融危机下，转变经济增长方式，跨地区、跨行业、长三角区域间合作进行探索，力求借助世博会召开，进一步加强长三角行业协会、企业间的合作交流，共同推动区域间的经济合作，共谋发展。

4. 组织行业经济交流活动。应鞍山市人民政府之邀，组织剑腾显示器有限公司（上海）、上海广电光电子有限公司等业内专家参加鞍山市光电产业上海推介会；组织上海广电光显技术有限公司等会员企业参加由市经团体联与金山区政府签署的《合作框架协议》活动，进一步促进金山工业用地集约发展，对接吸纳市区产业转移，提升金山区产业结构调整；组织参观考察奉贤区海湾旅游开发区、奉贤区规划馆，与奉贤区领导作产业交流与互动活动，了解第三届中国中小企业节情况；组织参加“建设海峡两岸先进制造业基地，厦门市产业链（群）发展规划发布会”，寻求和探索上海与厦门产业的合作与交流。

二、加强与政府及有关部门合作，服务政府、服务企业

1. 提供预警服务。与TBT研究院合作，动态提供国外电气电子产品技术法规、标准与合作评定程序等方面的最新信息，为企业提供超前的预警服务。

2. 承接课题研究。与市标准化研究院通力合作，共同承担市科委下发的《标准推动企业创新的作用机制和方法研究》课题项目。对会员单位的标准化工作进行调研，在摸清企业标准化工作现状的基础上，提出促进产业发展的标准化政策。通过技术机构、行业协会、企业的合作，首次研究发挥标准对推动企业创新的方法和作用机制。

3. 成为质量工作网络成员。由市质监局牵头，成立以市质监局、市经团联、市汽车行业协会、市化工行业协会、上海通信广播电视行业协会等14户单位组成的“上海市行业质量工作网络”。贯彻市质量发展规划，加强政府和行业协会的联系，建立全面覆盖、反应迅速、相互呼应、权责一致的质量工作网络，提升上海产业，提高质量水平。

4. 推荐上海名牌专家库成员。根据市名牌战略发展的需要，受市名牌产品推荐委员会之委托，推荐协会专家委员会副主任张一钧等3人为上海名牌专家库成员。

5. 加强兄弟行业间合作。为了协助工信业部组织的国庆60周年大型展览，向中国电子音响工业协会提供建国60年来电子信息产品制造领域的《展览目录》，并展示建国以来通信、广播电视行业的第一台彩电、第一台计算机及第一户合资企业等。

三、积极推进品牌建设活动，不断提升企业整体形象

1. 组织推荐“2009年度上海市企业管理现代化创新成果”。继续开展创新成果的推荐工作，经协会推荐、评审委员会评审通过，上海松下微波炉有限公司获“2009年度上海市企业管理现代化创新成果2等奖”、上海索广映像有限公司等4户企业获“2009年度上海市企业管理现代化创新成果3等奖”。

2. 推荐“上海市2009年度装备制造业与高新技术产业自主创新品牌”。上海长丰智能卡有限公司的SIM卡模块采用自主知识产权的封装技术，通过与用户及供应商的长期合作，用于手机移动支付的SIM卡已脱颖而出。比卡存储量更大、安全性高、数据传输速度快、业务内容丰富、兼容性好，经协会推荐，获“上海市2009年度装备制造业与高新技术产业自主创新品牌”。

3. 参与“上海市著名商标”推荐。受市工商局的委托，组织有关专家对上海埃德电子股份有限公司进行实地调研，并走访相关的职能部门、专业学会、主要客户等，确认上海埃德的EMI/RFI滤波器的市场份额属实，建议上海埃德的EMI/RFI滤波器产品为“上海市著名商标”。

四、积极推进节能减排和清洁生产

1. 积极参加JJ小组试点。为进一步突出企业的主体地位和行业协会的推进作用，由市经团联倡议组成“上海市JJ小组活动指导委员会”，对JJ小组活动进行总体协调、业务指导和政策支持。协会和会员单位上海松下微波炉有限公司参加了JJ小组试点活动。

2. 举办JJ小组培训活动。与市经团联合作举办3期节能减排培训活动，邀请专家具体讲解节能减排的重要性及分析典型案例，54户企业218人参加培训。

3. 组织JJ小组现场交流活动。在上海松下微波炉有限公司举办节能减排JJ小组试点活动成果现场交流会。通过松下微波炉有限公司对典型案例的讲解分析、现场参观、互动交流，在行业内推广使用试点工作的成果。

4. 推进绿色环保、清洁生产。与市推进清洁生产办公室、市绿色促进会共同加强对会员企业清洁生产的宣传、动员、推进工作。7月，上海广联电子有限公司通过清洁生产项目的验收。

五、组织参加市经团联与卢湾区政府联手举办“质量和安全年”暨“窗口服务日”宣传活动。

9月，组织上海索广映像有限公司、上海松下等离子显示器有限公司、上海松下微波炉有限公司有关专家参加市经团联和卢湾区政府、市质量技术监督局、市商务委在雁荡路休闲街联合举办“质量和安全年”暨“窗口服务日”宣传活动，向市民传授有关产品质量和安全的专业知识，增强全社会的质量安全意识。

六、参与组织行业内技能比赛

年初，在上广电集团的大力支持下，与广电信息培训中心共同组织业内企业行业技能比赛，经过3个月的培训及考核，电子设备装接工技能比赛圆满结束。101位员工获得电子设备装接高级工称号，279位员工获得电子设备装接中级工称号。

七、加强自身建设、夯实服务功能、提高服务水平

1. 发展会员，不断提高行业覆盖率。先后发展上海丰宝电子科技有限公司、广电光电子有限公司、上海长丰智能卡有限公司、上海普天网络技术有限公司等 4 户企业入会。

2. 不断完善统计服务功能，开好行业统计年会。每季度将产品的产销率和每半年的产业现状及经济趋势分析及时公布在协会网站、刊物上，为政府和企业的宏观决策提供参考建议。不断完善统计指标体系，扩大统计的覆盖面，加强统计网络建设，组织开好年度的统计会议，总结工作，表彰先进。

3. 加强信息服务工作。定期编辑出版会刊《上海通广信息》，并在网站上同时发布。开设专家论坛、产业聚焦等栏目，及时发布行业和企业信息，加强沟通，促进协会与会员及会员间的相互了解。

4. 加强党建工作。党支部按照市工经联党委的工作要求，学习传达有关部门文件精神，统一思想，发挥党组织的核心作用，促进和调动协会的各项工作有序、有效开展。

（许华庠）

上海市通信制造业行业协会

上海市通信制造业行业协会成立于 2002 年 3 月，是由上海贝尔股份有限公司、上海大唐移动通信设备有限公司、上海普天邮通科技股份有限公司、诺基亚西门子通信（上海）有限公司、上海光通信公司、联芯科技有限公司、上海华为技术有限公司、中国电信股份有限公司上海分公司、上海闻泰电子科技有限公司、英华达（上海）电子有限公司、希姆通信息技术（上海）有限公司等单位自愿组织的行业社团组织。

2009 年主要工作：

一、当好政府参谋，反映行业动态

1. 承接课题，编写报告。针对行业受金融危机的影响，广泛开展调查研究，按时保质完成由市经信委交办的《上海市通信产业整机发展报告》、《2009 ～ 2012 年上海电子信息制造业发展行动方案》、《2009 年上海工业发展报告》、《上海市通信与网络设备高新技术产业化行动纲要》、《2008 年上海工商业协会和信息化行业协会发展报告》等 10 个专题调研报告的编写和材料收集工作。如承接由张江高新技术产业开发区领导小组办公室、浦东新区科委委托编写的《2009 年上海市通信产业发展研究报告》课题。历时 10 个月，数易其稿，全文约 10 万余字，于 11 月 6 日顺利通过专家终审验收，并于 12 月底在内部发行。报告回顾 2008 年国内外通信制造业的总体发展情况，针对上海通信产业发展现状、影响发展的瓶颈问题等作了深入研究分析，提出了 2009 ～ 2010 年上海通信制造业发展的技术路径、发展重点及实施方案、政策等建议，为市政府就上海新一轮通信制造业的可持续发展提供决策依据。

2. 配合政府，开展调研。一是根据市科委要求收集企业在具体实施“36 条”配套政策过程中的遇到的问题和意见建议，对上海贝尔、博达、上海华为、上海大唐、上海闻泰等 10 余户单位进行了调研，归纳提出政府采购、科技投入、财税政策扶持、帮助企业融资贷款等 5 方面的建议，及时呈报市科委、市经信委。二是通过与企业沟通、了解，对企业提出的部分产品需要调整关税的建议整理汇总上报市经信委。三是配合市经信委电子信息产业处前往中科院上海微系统所、中国移动通信集团上海有限公司、中科院无锡物联网产业研究院、上海新球通信有限公司、上海电科智能系统股份有限公司和嘉定无线城市等单位，调研无锡物联网产业园区的规划布局，就进一步推进上海物联网产业实施示范工程进行专题调研。

3. 密切关注，当好参谋。针对全球金融危机的影响，协会加大对重点骨干企业的沟通力度，及时收集企业在生产运行中发生的一些重大事件，每月收集汇编企业大事记简报，报政府有关部门作参考。

二、携手共同探讨，应对金融危机

1. 深刻分析，主动出击。2 月，组织召开“上海通信整机产业发展”研讨会。对行业专家和企业提出的在金融危机影响下面临的困难、瓶颈和对策，凡是协会能解决的，将不遗余力地去做；对须由政府协调解决的，积极向政府有关部门呼吁，尽可能协助和配合有关部门帮助解决；同时，密切关注、跟踪本市通信产业发展新的增长点，帮助企业寻找产业发展的空间，进一步推进行业的发展。

2. 走访企业，了解需求。5 月起，就企业发展规模、市场预计目标及需求与业内企业进行沟通。针对企业提出的问题和需求，一是通过对行业企业的摸底工作，为会员提供行业或会员单位通信名录；二是对政府发布的有关通信行业信息，在第一时间通知会员单位；三是配合政府部门加强对行业、产业开展调研，帮助中小企业在严峻的形势下同舟共济，共渡难关。多次专访上海移动公司，共同商讨推广 TD-SCDMA 终端及相关移动产品的应用，并利用协会平台，及时发布上海移动在 TD-SCDMA 终端的应用需求。

3. 帮助企业，解决融资。与浦发银行、渣打银行（中国）有限公司达成协议，为业内中小企业融资事宜提供服务渠道。

三、结合振兴规划，搭建交流平台

1．展会峰会，合作交流。7月8日～10日，与中国电子学会、上海扩展展览服务有限公司共同举办“2009第七届中国（上海）国际手机产业展览会暨以‘携手共创新一代移动终端时代’为主题新一代移动终端产业发展研讨会”。7月27日，与市北工业园区等单位在大宁国际会议中心共同举办“上海市北工业园区产业联盟峰会——IT、电子通信业专场”。落实上海安保设备开发工程有限公司和锐迪科微电子（上海）有限公司分别参加由市经信委、中国贸促会上海分会组织的“2009年阿尔及尔国际博览会”和捷克布尔诺国际消费类电子产品展览会”，通过政府与协会搭建合作平台，企业实现“走出去”战略，带来一定收获。组织业内企业召开“移动通信产业TD-SCDMA新跨越”和“下一代互联网产业未来三年的发展重点”等专题座谈会，并对企业现有的实施能力进行调研。

2．异地交流，拓展服务。组织兄弟行业协会、专家和企业老总前往吴兴产业园区学习考察。先后2次接待天津市政府驻上海办事处和天津市西青区工业经济委员会相关人员，就上海与天津通信领域合作事宜进行商谈。

3．牵线搭桥，寻找伙伴。为企业穿针引线，中长江汽车电器有限公司的汽车配件电器控制器模块、防辐射耳机等产品已列入西姆通公司的供货商名录。

四、推进政策落地，做好服务跟踪

1．贯彻政策，落实纲要。为进一步推进落实《〈上海中长期科学和技术发展规划纲要（2006～2020年）〉若干配套政策》的精神，受市经信委委托，组织本市电子元器件、集成电路、计算机、新材料、光电子、生物医药、交通电子、信息家电8户行业协会，召开“2009年鼓励企业购买国际先进研发仪器设备专项申报工作”专题座谈会。

2．组织指导，推荐申报。组织未来宽带技术及应用工程研究中心、科技网络、瀚讯、博达数据、安保设备、天诚、美弗信、集振电气等12户会员单位递交《征集中小企业发展专项和高新技术产业化及技术改造》申报材料，共16个项目。推荐上海贝尔、上海大唐移动、上海华为等7户单位作为张江高新办推出的《上海张江高科技园区科技创新专项》的首批试点单位，其中，上海贝尔已顺利通过。组织企业申报《市中小企业发展专项资金项目》、《市高新技术产业化及技术改造项目》、《卫星应用高新技术产业化》和《2009年度上海市高新技术产业化重点项目》，其中，“2009年度上海市高新技术产业化重点项目”第一批获得政府支持的有上海贝尔、上海移动、上海闻泰、希姆通等7户会员单位。及时组织、指导企业申报“支持企业申报发明专利补贴3000元的鼓励”的专项活动，其中，通信技术中心、联芯科技、英华达电子、泰科电子和瑞侃电缆有限公司共32件发明专利已获得资助。

3．积极参与，自主创新。选择、动员10余户企业参加市经团联组织的“上海市2009年装备制造业与高新技术产业自主创新品牌”评选活动，其中，上海大潮电子技术有限公司“GPRS”产品和上海付费通信息服务有限公司“网络建设平台”项目已入围并公示。

4．实地了解，积极推荐。配合市经信委和新区政府对上海筹建手机终端检测公共服务平台的可行性调研，专访上海华为、上海中兴、展讯、电信科学技术第一研究所泰峰通信实验室和市电信研究院等单位了解实情，分析69户手机制造和手机设计企业，现上海筹建手机终端检测公共服务平台已落户在黄浦区。

五、发挥职能作用，保障合法权益

1．编制标准，强化管理。12月30日，协会承担制定的“馆藏图书电子标签应用规范”联合企业标准项目顺利通过市信息委科技处验收。9月，“定位导航公共服务系统信息交换通信协议通用规范”联合企业标准顺利通过专家评审验收，并将在全市推广。

2．帮助企业，咨询服务。与上海创驰企业咨询管理有限公司签订专为企业提供申报上海著名商标和全国驰名商标咨询服务工作的合作协议。帮助指导企业申报“2009年上海领军人才”活动，联系行业专家，出具协会推荐意见，其中，上海贝尔股份有限公司副总裁徐智群、联芯科技有限公司总裁孙玉望被评为市级领军人才。推荐上海闻泰电子信息有限公司首席战略官张学政、希姆通信息技术（上海）有限公司首席执行官张剑平、中国移动通信集团上海有限公司副总工程师兼信息系统部总经理谢勤和东方有线网络有限公司常务副总经理夏晓燕为市经济和信息化系统2009年上海领军人才候选人。

3．走向社会，保护利益。3月15日，与上海电子产品维修服务协会、上海家用电器行业协会联合举办“迎世博，创一流消费环境”的国际消费者权益日活动。47户单位400多名领导、主管以及专业技术人员现场接待近800名消费者咨询与投诉，发放家用电器电子产品选购、使用、保养以及维权方面知识宣传资料千余份。

4．宣传督促，规范市场。承接市经信委关于《通信设备生产管理和市场整顿》项目，开展对通讯设备企业生产、市场情况调研；宣传、督促企业规范经营；整顿市场秩序、诚信经营；召开总结、表彰会议。

六、强化基础建设，促进协会发展

1．领导重视，扩大会员。召开三届二、三次理事会，新增2户副理事长单位，3户理事单位。全年共发展会员单位17户。

2. 完善网站，信息互通。改版协会网站。改版后网站由行业资讯、信息通告、专家库、政策咨询、推荐与求购、展览会务、友情链接七大块组成，内容更加丰富，阅览更加便捷。

3. 扎实基础，积累资料。建立本市通信行业近 300 余户企业的信息档案，制作《上海市通信产业主要企业分布图》，将业内企业手机终端设计制造企业、传输设备、通信交换设备制造、通信终端设备制造、移动通信及终端、其他通信设备制造、计算机网络设备、机顶盒生产企业进行分类，建立和完善协会专家信息档案。

（潘国妹）

上海电子元器件行业协会

上海电子元器件行业协会成立于 1989 年 5 月。是由上海高等院校、科研单位、各类电子元器件企业自愿组成的跨部门、跨所有制非营利性的行业性社团法人。现有会员单位 130 多户。

2009 年主要工作：

一、强化服务职能

1. 针对本年度“中小企业国际市场开拓资金”的有关补贴工作，为 20 多户有自营出口权的企业申报办理多个项目，取得国家商务部给予的资金补贴。

2. 作为市人事局技术职称评定工作的受理点，协会及时组织有关企业相关人员培训，进行前期业务指导和辅导，确保申报后的成功率。申报对象高级职称 3 名、中级职称 4 名、初级职称 8 名。

3. 针对金融危机影响到会员企业经营状况，协会利用各方资源牵线搭桥、介绍业务，帮助企业拓展经营业务。组织近 10 户元器件企业到常州武进红光厂与企业采购部进行产品供需交流；通过市国防科技工业协会牵线，联系航天研究所召开产品供需现场交流会，选择 8 户企业参加，由该所采购部经理作企业产品需求介绍，会员单位代表进行产品推介；联系上海交大神舟汽车设计开发有限公司，并选择涉及汽车产业的企业 13 户到交大神舟与开发和设计部门交流，会员企业介绍各自的产品和研发能力情况，交大神舟和开发部门表示对其在汽车开发上采用的元器件有很大帮助，取得很好效果；与仪器仪表行业协会共同组织相关企业召开市场需求衔接研讨会，不仅了解双方的供需要求，还研讨市场趋势和仪器仪表的发展方向；组织 3 户有一定规模的企业与上海交大机械与动力工程院院长和实验室博士进行技术交流。

4. 为让中小企业了解政府有关扶持政策，组织召开 2 次专题会议，请专业机构向会员企业介绍政府创新基金申请的具体要求和条件，使会员企业对此有所了解，得到启发，其中，有的企业及时申报项目。

5. 为宣传节能减排工作，请上海创际水处理有限公司介绍关于工业用循环水的处理和管道清洁服务项目，向相关会员企业推介。

6. 引导企业重视自主知识产权，特请上海科盛知识产权代理有限公司领导在会员大会上作如何申报专利保护企业自身开发的产品不受侵害的介绍。现已为企业申报多项专利，获得自主知识产权。

二、健全信息交流渠道

1. 定期组织有关人员的座谈会，对行业经营情况、市场需求、发展趋势作分析，围绕电子元器件自主创新、掌握核心技术、提高企业核心竞争能力进行调研，分析国内外电子元器件行业动态；制定行业发展规划；研究行业政策，向政府提出“十二五”规划的建议报告供政府参考，并在会刊上登载供企业参考。

2. 充实调整会刊内容，及时报道行业动态、产业信息、协会活动信息和服务内容。每月出版《电子元器件》会刊，主要刊登电子元器件新产品、新动态、新信息，推广会员企业的先进经验，目前已出版了 380 期。

3. 年内，6 个专业委员会均组织 2 次活动。协会通过专业委员会工作会议的形式，搭建信息交流平台，让会员单位之间增加交流沟通的机会，在市场信息、技术信息、质量管理、企业文化等方面互通信息。同时，借助这个平台，协会能及时宣传有关工作，让会员企业了解，并得到相应的服务。

4. 除组织专业组活动外，协会还组织各种形式活动，增进与会员企业间的交流和沟通。组织专题讲座“健康人生”，让经营者在工作之余了解和增加保健意识；组团出国考察，了解国际市场信息；召开电接插元件专题研讨会，对产品的升级换代、市场趋势和发展前景作专业研讨，为编制“十二五”规划提供素材；对在实施节能减排措施方面取得成效的会员企业，及时组织召开现场经验交流会，让更多企业了解一些有效的做法和宝贵的经验；组织多项专题培训会，特别是技术职称的申报工作、体系内审员换证等；组织会员企业参加第一届上海电子展，73 届、74 届全国电子展，由协会进行统一布展，提升行业整体形象，扩大协会的影响力；组织会员企业参加2009中国（上海）国际跨国采购大会、日本采购商务洽谈会、技术交流会等，使企业获得更多的产品信息和市场信息；年内，走访会员单位达66户（次），组织会议交流、活动、培训、讲座等活动计42次，通过会议、走访、活动等多种形式与会员企业交流、沟通计330次。

三、抓好基础工作

为健全会员信息，努力收齐所有会员企业133户的信息表；编制并完成会员手册的制作，以便更好地对外推荐会员企业，争取寻求更多的市场机会和业务渠道。

为确保正常开展各项活动、会议和落实年度计划，在全体会员的大力支持下，会费收缴率达到97%。积极吸收新会员并通过努力从各种途径争取创收，增加积累。年内，新发展会员单位8户。加强与上级主管部门、市政府有关部门的联系，加强制度建设，健全党支部组织生活。

（夏幸蒂）

上海仪器仪表行业协会

上海仪器仪表行业协会成立于1988年6月4日，现有会员单位139户。

2009年主要工作：

一、积极推动产业发展

1. 不断建言促进行业发展。积极向政府主管部门建言，提出发展振兴行业的建议。1月23日，向市工经联蒋以任会长呈送《一个急需振兴的行业——仪器仪表》专题报告。

召开关于振兴上海仪器仪表行业专题座谈会，汇总后由市经团联向市委、市政府递交《关于振兴发展上海仪器仪表行业的建议》专报。市委书记俞正声后在专报上作了批示。

2. 学习贯彻俞正声书记批示。召开理事长会议学习贯彻俞正声书记批示，出席会议的正副理事长结合本单位实际，对振兴上海仪器仪表行业发表意见，并提出相关建议。召开2次企业座谈会，与会企业负责人怀着对振兴行业的热情，结合企业实际提出许多措施建议，汇总后呈报市经信委装备处。并配合装备处拟订《上海推进仪器仪表高新技术产业化工作方案》，召开专家座谈会进行行业对标，为装备产业处提供书面材料。

3. 协助办好“仪器仪表和自动化控制系统发展”论坛。11月4日，市经信委、市经团联共同承办2009中国国际工业博览会“仪器仪表和自动化控制系统发展”论坛，来自本市和兄弟省市的相关协会、企业的代表230余人参加会议。副市长艾宝俊出席论坛并致辞。与会专家们对如何聚焦战略重点、聚焦重点项目、以重点带动一般来规划仪器仪表和自动化控制系统产业在“十二五”期间的发展提出真知灼见。本会为协办单位，从论坛主题的选材、嘉宾和出席代表的邀请等方面做了大量工作，被工博会论坛部授予“优秀组织奖”。

4. 组织高新技术项目申请。配合市经信委，围绕重点发展领域，积极帮助和促进企业申报高新技术产业化项目，并将第2批申报的信息主动向有关企业通报，促使上海自动化仪表股份有限公司、上海精密科学仪器有限公司、上海神开石油科技有限公司、上海开通数控有限公司、上海辛克试验机有限公司和上海亚泰仪表有限公司等会员单位及时申报了项目。此外，还协助市经信委装备产业处跟踪2007年度重大技术装备研制专项合同的执行情况和督促验收。

二、多种渠道服务企业

1. 开展诚信企业创建活动。经市“知荣辱、讲文明、迎世博、建诚信”活动组委会批准，本会设立“上海仪器仪表行业诚信企业创建办公室”。会员单位积极报名，经协会3次推荐上报，有关部门审核评估后，有11个会员单位荣获“诚信创建企业”称号。

为了提升“诚信创建企业”在社会公众中的形象和扩大产品销路，本会免费在网站的“榜上有名”、“诚信企业”栏目上作宣传，并在会刊《上海仪器仪表》设立“诚信企业”专栏，免费制作黑白图片和文字资料，为荣获“诚信创建企业”的会员单位扩大诚信品牌的社会影响力。

11月，市诚信创建活动组委会下达《关于开展上海市社会诚信体系建设专项资金（第三批试点）申报的通知》，协会立即在“诚信创建企业”中组织推荐，并邀请上海维诚信用风险咨询有限公司进行专业指导，协助制定《建立应收账款风险控制防范体系》项目申报可行性方案。根据方案，有6户企业加入上海市征信办试点范围。12月22日，组委会与本会正式签署项目《计划任务书》，试点期限为一年。

2. 推荐企业创建创新品牌和著名商标。在市经信委的领导下，继续开展装备制造业与高新技术产业自主创新品牌的评选活动。除前2年已获此称号的5户企业续报外，又有5户企业被推荐申报，其中，3户企业被正式入选“上海市2009年装备制造业和高新技术产业自主创新品牌”。并为6户企业作了申报著名商标的推荐意见。

3. 行业联手架桥梁，产业链上下对接。与上海电子元器件行业协会，以共同推进产业发展为目标，为双方会员企业搭建一个平台，直接面对面地交流和沟通仪器仪表产业链的上下游的市场需求，反馈电子元器件技术质量方面改进意见，特专题组织召开“市场需求及产品改进研讨会”，尝试产业链上下游间的合作。

4. 积极用好资源，为企业多办实事。上海维诚信用风险咨询有限公司是新加入本会的专业从事控制和解决市场交易风险的服务供应商，拥有金融、法律、资产系统服务的综合实力，为协会服务企业打开了一条便捷的通道。维诚公司参与协会的各项活动，举办各类公益性培训，融合进仪表行业，赢得了广大会员单位的信任。此外，协会还围绕应对金融危机化解企业信用风险，为会员单位提供多方面的咨询服务；帮助有关企业科技人员申报职称评定，其中，5 人通过工程师评审；组织专家委员会专家为上海平安高压调节阀门有限公司召开超临界锅炉给水泵最小流量控制阀产品鉴定会；组织会员单位考察台湾企业和参加各类展会。

三、加强自身建设，提升服务能力

通过召开联络员大会、举办沙龙活动和网站改版升级等举措加强自身建设，提升服务能力。

（鲍亦廉）

上海照明电器行业协会

上海照明电器行业协会成立于 1996 年 10 月，是由上海地区为主从事照明电器产品生产、经营的工商企业及其他相关企事业单位自愿组成的跨部门、跨所有制、非营利的行业性社团法人，现有会员单位 105 户。

2009 年主要工作：

一、认真贯彻市政府“两个确保”精神，配合政府部门做好各项工作，加强信息沟通，引导企业增强抵御风险的能力

1. 分析形势，共同应对国际经济形势的变化。年初，受全球金融危机影响，照明电器行业增长速度从上年第四季度起加速下滑，特别是出口企业问题尤为突出，一季度几乎跌进谷底。面临严峻的形势，协会有针对性重点地走访 22 户企业，同时对会员单位情况进行专题问卷调查，并及时汇总向政府部门作了书面汇报。

2. 3 月，协会组织关于新一代照明产品——LED 照明的介绍会，特邀请市照明学会章海骢理事长和复旦大学电光源研究所李福生博士分别作《关注 SSL（固态照明）的进展》、《LED 从信号显示快速走向功能照明》的报告，并邀请美国科锐、欧司朗、富昌电子有限公司等介绍 LED 照明产品在各领域的应用，让企业全面了解当前 LED 照明在国内外的发展情况和应用现状。

二、以服务企业为“宗旨”，积极做好各项推荐工作，为企业发展增强实力打好基础

做好商务部应急商品（应急灯）重点企业推荐活动。推荐上海明光灯具有限公司“为商务部应急商品数据库”（应急灯）重点联系企业；参与“上海市名牌产品推荐”工作，按照评选条件，及时向 18 户会员单位发出“上海市名牌产品”的评选信息；参与市工商行政管理局关于“上海市著名商标”的推荐和认定工作，并为 2 户会员企业出具推荐和认定意见；推荐 8 户会员单位为市机关管理局锦勤公司节能光源产品采购对象；为会员企业分包的体育场馆照明工程进行技术指导，解决了项目实施过程中遇到的具体问题。

三、加强行业协会之间的沟通与合作，为企业开拓优势互补，资源共享的平台

1. 参与轻工工会联合会与上海轻工行业协会共同组织的“应对金融危机、轻工调整振兴规划”等一系列活动，在交流中借鉴其他行业协会的经验，了解市场动态，提高抵御风险的能力。

2. 认真宣传节能环保知识，参加由市技术质量监督局、市经济团体联合会等联合主办的“2009 质量和安全年”暨“窗口服务日”主题活动。

3. 与上海塑料行业协会合作，共同调研塑料橡胶产品在本行业的应用现状和需求情况。翁寅福秘书长撰写的《塑料在照明电器行业中的应用及发展趋势》一文，代表行业对所需的塑料橡胶制品提出意见和建议，为橡塑料行业开发新产品拓展了思路，提供了有价值的建议。

4. 本会作为中国照明电器协会理事单位，参加中照协六届三次理事会暨成立 20 周年庆活动。会上，隆重表彰一批为照明行业发展作出杰出贡献的先进企业和个人。

5. 参加由中国照明电器协会主办的“2009 中国道路照明论坛”及中照学与上照学联合举办的“LED 道路照明灯具研讨会”，进一步了解当前大功率 LED 在道路照明、隧道照明上的应用现状，以及 LED 照明的节能效果和发展前景。

6. 加强与长三角地区行业协会之间的联系，分别参加浙江省照明电器协会主办的“2009 中国（浙江）节能光源与灯具技术经贸论坛”和江苏省照明学会、协会举办的“2009 江苏省照明学术年会”，相互交流市场信息，进一步了解国内外新技术、新工艺，共谋行业发展前景。

四、认真开展协会面上工作，做好相关基础工作

1．年初，组织召开三届六次会长办公会议，总结 2008 年工作，讨论协会换届及其他相关工作。

2．召开三届四次理事会，审议 2008 年工作报告，并通过“关于协会延期一年换届”和“关于整顿会员”的两个决议。

3．做好办公场地搬迁及人员调整工作，确保协会工作正常有序开展。

4．沉痛哀悼我国著名电光源专家、上海照明电器行业协会顾问蔡祖泉教授。2009 年 7 月 23 日，蔡祖泉教授因病医治无效，与世长辞。协会简报专门刊登悼念缅怀蔡祖泉教授的文章。

5．加强秘书处党建工作，以科学发展观为指导，发挥行业协会职能。参加上海工经联党委组织的各类活动，为搞好协会工作开拓思路。搭建信息平台，做好《简报》的编写、发行工作。开设新会员简介专栏，加强新老会员之间的信息传递与沟通，共享资源平台。同时每期转载到《上海照明》网上，为上网登录查看信息提供方便。

五、吐故纳新，积极做好新会员发展工作，增添协会新生力量

认真做好新会员的发展工作。在加强与会员单位联系的同时，注重发展新会员，共发展 10 户，截至年末在册会员共 104 户。

（刘增玮）

上海市信息家电行业协会

上海市信息家电行业协会成立于 2002 年 3 月，为本市信息家电行业企事业单位自愿组成的跨部门、跨所有制的非营利的行业性社会团体法人。现有会员单位 103 户。

2009 年主要工作：

一、发挥桥梁纽带作用，做好政府与企业的双向服务工作

1．积极向政府提出产业发展建议。为促进行业和产业发展，重塑上海制造业过去的辉煌，先后完成“上海电视整机产业发展建议”、“上海发展数字电视产业联盟的建议”、“上海发展新光源电视的建议”以及“上海建设电视相关模组产业的建议”。还在“上海第二届数字电视发展论坛”上积极向业界和政府主管部门呼吁振兴上海电视整机产业，引起媒体的广泛重视。

2．尽心为企业提供贴身服务。积极支持企业研发新技术、开发新产品，为企业提供专家与专利咨询，以及行业信息、标准制定等方面的服务；协助上海三鑫科技有限公司推进手持式微投影仪的产业化；帮助上海索广电子有限公司上报 2009 年信息产品关税调整建议，并取得降低关税的实际效果；收集整理家电下乡和家电以旧换新办法相关政策，分发给会员单位，并将整理资料公布在协会网站上；根据国家发改办文件精神，3 月 12 日，组织召开“实施彩电产业战略转型产业化专项资金申报”通气会，受到企业的高度重视与热烈响应；组织会员单位积极参与市知识产权局和原市信息委共同举办的《重点信息技术领域企业自主创新知识产权保护专项行动》，以提升企业自主创新能力、提高自主知识产权保护水平、让企业在申请发明专利中能争取享受到政府的优惠政策；年内，协助企业完成上报发明专利专项申请 37 项。

3．为上海信息家电产业“十二五”发展规划制定进行预调研。在承接市经信委项目《上海信息家电产业“十二五”发展规划预研究》后，多次召开专题会议，组织专门调研班子，指定专人负责项目的实施。调研组尽可能多地收集能反映信息家电面貌的资料，并对资料、图片、数据进行核实与筛选，下企业了解情况，召开专家座谈会，倾听业内智囊团专家的意见。9 月，《上海信息家电产业“十二五”发展规划预研究》完成初稿。随后，根据评审会专家的评审意见与建议进行了修改与完善，项目年内获得通过。

二、举办各种交流活动，开拓企业发展视野

1．举办“上海第二届数字电视发展论坛”。7 月 9 日，在浦东新区和张江集团的支持下，依托“相约张江”平台，成功举办“上海第二届数字电视发展论坛”，工信部电子信息司、市经团联、市文广局、市经信委、市科委和徐汇区科委等有关领导应邀出席论坛。上海数字电视产业链相关单位的专家就当前产业发展的热点和瓶颈问题进行了深入交流。

2．举办“新技术、新媒体——领略‘潮流电视’风采”活动。9 月 5 日～10 月 8 日，配合第十三届上海彩电节的举办，策划“新技术、新媒体——领略‘潮流电视’风采”活动，长虹、TCL、海信、松下、厦华、LG、创维、东芝、海尔、索尼、飞利浦、三星、夏普等中外彩电厂商积极响应参加活动。协会在上海商务中心家电城演示厅对集中展示的潮流电视机向消费者进行宣介，并在协会网站与上海现代服务业联合会网站上集中 1 月展示并介绍潮流电视机，编印分发了“潮流电视机精品荟萃”小画册。活动获得彩电厂商与广大消费者的好评。

三、重视档案标准科普工作，为推进产业铺垫

1．完成 2009 年上海信息化年鉴“数字音视频产业”部分。3月，按期完成原市信息委下达的“2009年上海信息化年鉴”编写任务。

2. 狠抓标准化工作，为产业链与产业联盟建设打基础。组织完成《数字音频及数据广播技术规范》与《家居智能系统互联互操作规范》2项联合性企业标准的编制工作，并通过验收。项目完成后，协会组织企业抓紧进行标准的落实和产业化工作，推进开发符合标准的产品。目前，智能控制模块、可视对讲机、安防控制主机、智能卡控制主机等产品已进入调试阶段。上海敏达科技有限公司的“语音自动提示系统”已在全市各银行自助网点使用，“视频监控远程控制平台”已进入测试阶段。上海泰金公司开发的无人值守智能远程管理系统将用于闵行、金山、松江、嘉定、青浦等供电分公司的200个站点。

3. 编制岗位目录，编写知识手册，为人才培训与科普宣传出力。在承接原市信息委下达的市信息“653”工程项目后，即刻展开工作，组织专家编写教材。已完成“上海市信息专业技术人才知识更新工程”指定的《数字视音频压缩编码和码流技术》、《数字电视地面广播传输国家标准中的关键技术》、《信息家电网络控制技术》和《数字电视显示及增强技术》教材4本，经过业内专家的评审，3本已获通过，1本正在修改与完善。用于科普宣传的知识手册《数字电视知识手册》和《数字家庭知识手册》也正式出版发行。还启动了《数码摄像机知识手册》编写的准备工作，已完成提纲。7月，网站新辟“知识普及”栏目，半年里载录数字电视知识问答30道，受到网上读者的欢迎。

4. 跟上时代节奏，强化企业“节能减排与绿色环保”意识。编印《上海节能减排政策和信息产业案例汇编》，组织人力对流通领域中国主流品牌的平板电视机进行实际使用条件下的能耗测试，对平板电视耗能现状进行调研，综合相关信息与资料，对平板电视降耗节能的途径进行探讨，提出建议。完成信息产业领域节能减排调研工作，推荐15户企业的产品进入本市信息产业领域节能产品推荐目录。开展长三角地区节能减排工作的经验交流，其中，江苏盐城环保产业局特地赴上海取经。

（介　放）

上海市电子商务行业协会

上海市电子商务行业协会成立于2002年4月13日，是由从事电子商务的企事业单位自愿组成，具有独立法人资格的非营利性行业组织。会员单位涉及与电子商务相关的细分行业，包括贸易流通、交易服务、技术支持、电子支付、物流配套、安全认证、消费资讯、教育培训等多个领域。

2009年主要工作：

一、发挥协会作用，推动行业和谐发展

1. 以推广活动为抓手，推动电子商务普及与发展。先后在松江大学城、复旦大学和虹口北外滩开业园区举办“电子商务进校园”活动，组织近70户（次）会员单位进高校，开展形式多样、内容丰富的电子商务应用实践推广活动，近20所上海知名高校逾千名在校大学生踊跃参与。举办电子商务高校人才战略座谈会、大学生创业就业主题报告会、组织网上创业创意大赛、开展大学生就业招聘等活动，部分企业还与高校签订共建联合实训基地合作协议。期间，2009上海“网上创业创意大赛”吸引近600名上海高校大学生报名参赛，一批获奖学生与电子商务企业签订就业意向。上海电视台第一财经频道、《解放日报》、《文汇报》、《上海商报》等电视、报纸和网络的主流媒体均及时报道，活动受到上海电子商务行业及社会的广泛关注。

2. 倡导诚信经营，培育电子商务诚信环境。在当前电子商务信用体系尚待健全、诚信缺失问题逐渐成为制约电子商务行业发展瓶颈的状况下，净化电子商务交易环境显得尤为重要。协会利用社会大型活动，开展诚信宣传，积极推动电子商务行业诚信创建各项工作的实施。在举办电子商务进社区和电子商务进高校等大型推广活动中，组织会员企业参加“迎世博电子商务诚信倡议”仪式，与同期进行的上海“诚信建设活动”相互呼应。坚持在电子商务园区开展诚信承诺活动，帮助电子商务企业树立诚信守法意识。

3. 以统计分析为抓手，促进行业研究和政府决策。开展电子商务的行业统计是全面客观反映电子商务应用现状、掌握行业发展动态与趋势，为政府部门制定相关发展规划提供依据的必要手段。在市统计局授权、市经信委等部门的大力支持和工作指导下，不断总结经验，统计工作有显著提高。

4. 关注电子商务园区建设，做好服务支持工作。积极参与政府主导和规划的上海电子商务园区的服务支持工作，做好现有入驻园区的配套服务，关注新兴园区的建设和发展。在虹口北外滩开业园区设立长期服务工作站，服务园区企业，促进园区健康发展，组织多项专题活动。加强对新兴电子商务园区建设规划与发展动态的关注；组织电子商务企业参加园区招商会；通过协会媒介和在“电子商务发展报告”中反映园区建设状况，为上海探索建设新兴电子商务园区造势。

5. 以发展为要务，做好调查研究。坚持把推动上海电子商务的产业发展作为第一要务。针对广泛关注的电子商务领域有关问题，组织走访有代表性的电子商务企业，了解企业发展动态、企业模式创新和业务创新特色、电子商务企业面临的困难及应对措施；针对电子商务领域的热点问题，组织政策研究、行业分析等专题座谈会，倾听企业意见，了解企业诉求，将相关问题和信息汇总反馈给政府有关部门；组织电子商务企业参加电子商务品牌标准研究、信用体系建设等专题座谈会，并在调研基础上形成调研报告和汇报材料，为政府研究制定产业政策提供参考。

二、把握服务宗旨，加强会员服务

1. 组织会员单位参加品牌创建活动。为增强会员企业的创新意识和品牌意识，提高行业、企业的市场竞争力。积极推荐或提供信息，帮助会员单位参加上海名牌产品和相关品牌创建的评选活动。会员企业东方钢铁电子商务和携程旅行网成功获得上海市名牌称号；斯迪尔和数字认证中心获得市中小企业品牌产品称号，斯迪尔还经协会推荐得到虹口区经委资金扶持。推荐会员单位中的优秀青年才俊参加“上海IT 青年十大新锐”评选；推荐东方钢铁电子商务和大众点评网参加上海市领军人物评选。

2. 引导会员单位参加政府专项资金项目申报。一直关注各政府部门为扶持产业发展发布的各种资讯，与之保持着密切联系。并及时将政府有关电子商务试点或引导产业发展的专项资金项目等重要信息传递到会员中。根据行业发展需要，引导会员单位积极参加政府专项资金项目申报，配合政府落实创新试点工作找到对接企业，开展与电子商务相关的一系列探索和实践活动，帮助企业在发展不同阶段获得政府的必要扶持。年内，向会员单位发送各种项目申报信息近百次。

3. 搭建沟通平台，促进会员信息交流。年内，组织近百家（次）会员单位参加各种形式的交流活动，一批企业通过活动寻找到潜在的客户或商业合作伙伴；新、老会员企业通过交流诚信经营体会、推介自主创新技术和产品，加深了相互了解；通过座谈会促成与宅急送、环迅、篱笆网等建立合作关系。

4 、强化媒体宣传，为会员提供宣传阵地。年初，网站成功改版，多角度、多层次展示本市电子商务行业的发展动态，为会员单位提供对外推广宣传的良好平台。出版《电子商务资讯》专刊，集中对政府和协会工作、电子商务园区建设、政策法规、行业动态进行跟踪报道，开设专栏刊登介绍会员单位最新动态。定期邀请和组织上海电视第一财经频道、《解放日报》、《文汇报》等主流媒体，参加协会举办的电子商务推广活动宣传报道；通过公共媒体专业性强、权威度高、受众面广的传播，进一步扩大会员单位的社会影响力。

三、整合各方资源，开展行业专题研究

1. 组织“电子商务政策分析与实施建议研究”专题调研。为系统反映近 2 年来上海电子商务行业发展状况，总结经验，探寻对策，组织“电子商务政策分析与实施建议研究”专题调研系列活动。深入企业、高校，广泛搜集各方权威资料，全面了解和掌握上海电子商务在实施环境建设、发展布局、技术应用、人才培育和战略研究等方面的现实状况和发展趋势，深入分析上海电子商务发展面临的挑战和机遇，提出措施和建议，编撰出版《2009 上海电子商务发展报告》，为政府部门制定产业政策提供可靠依据和有效参考。

2. 完成《电子商务交易记录存储交换标准制订》。建立统一、规范的电子商务交易记录存储与交换标准，是实现电子商务交易记录可交换、可追溯、可核查，完善电子商务监管机制和推进电子商务支撑体系建设的重要基础性工作。开展对相关行业标准研究，总结提出一套适应范围较宽、记录内容表述清晰、记录格式设计合理、便于监管的交易记录存储交换办法，编制起草“电子商务交易记录存储、交换管理标准”联合企业标准。

3. 完成“上海电子商务企业品牌评价体系”中的评价指标体系标准预研究。从研究评价指标体系入手，在会员单位和行业重点企业中开展电子商务企业品牌评价标准的调研，分析评估影响品牌评价的关键要素指标和权重系数，研究提出上海电子商务企业品牌评价指标体系标准和上海市电子商务优秀企业品牌评审规范（草案），为下一阶段开展上海电子商务企业品牌评价体系的研究，规范上海电子商务企业品牌管理和监测工作创造有利条件。

四、强化协会自身建设，拓展服务能力

1. 加强党建工作，提升团队工作能力。党支部进行换届改选，加强了协会党组织的领导；理顺组织关系，组织党员开展学习实践科学发展观活动，结合工作实际，从服务意识、工作作风、开拓创新等方面提高思想认识，积极整改，主动接受上级领导督促检查。

2. 完善信息资料数据库建设，夯实管理基础。完善企业信息数据库，加强对会员单位和行业重点企业开展电子商务状况的跟踪和分析，及时掌握客户动态信息；建立行业动态资料数据库，汇总整理包括电子商务国家和地方法律法规、国内外电子商务行业发展动态、电子商务技术创新和应用、相关产业动向、主要出版物和媒体报道等行业重要资讯。通过掌握行业第一手资料，及时准确地把握行业发展脉络，为上海电子商务行业发展提供更有价值的服务。

3. 加强行业交流，拓展服务渠道。与电子商务领域专业研究机构艾瑞咨询集团建立联系通道，就电子商务行业数据信息交换、行业统计分析、电子商务专项研究、共同组织电子商务高端论坛等合作内容进行广泛交流；与市大学生科技创业基金会开展合作，邀请创业导师为高校师生提供大学生创业专家指导和咨询服务；接待兄弟行业协会，开展学习交流；组织会员企业参加外地驻沪机构合作洽谈，促进行业信息沟通。

（刘 俊）

上海家用电器行业协会

上海家用电器行业成立于1985年8月，为本市家用电器行业企事业单位自愿组成的跨部门、跨所有制的非营利性的行业性社会团体法人。现有各种所有制会员单位450余户，下设家用中央空调、家电维修、水家电等3个专业委员会。

2009年主要工作：

一、努力发挥协会桥梁纽带作用，积极反映企业诉求

紧紧围绕经济发展大局，贴近企业，先后走访、调研30多户企业，了解企业生产形势，组织企业开展应对金融危机措施的交流，增强企业攻艰克难的信心，并积极向有关部门反映企业的诉求。4月28日，组织近200名企业代表出席的“企业直面危机，积极推进节能减排”的论坛。会上，很多企业代表针对金融危机的挑战、对提高产品科技含量和自主创新能力、提高设计水平、提高品牌价值等课题作了认真的讨论与交流。

在3·15消费者权益保护日来临之际，与苏宁电器共同主办“商道协手，增益于民”的“3·15消费与发展”的主题研讨会。一方面，维护消费者的合法权益，努力提高上海市场的客户满意度；另一方面，支持优秀品牌的再建设，不断扩大品牌影响力、提高品牌产品的市场占有率，进一步增强市场的消费信心，实现促消费、保发展的根本目标。

二、主动参与家电下乡、以旧换新和节能产品的推广工作

根据国家实行的家电下乡政策，在了解企业需求的同时，主动帮助企业推荐产品，参与家电下乡活动，对拉动内需，推动企业经济发展起到积极作用。4月，与节能协会、苏宁电器等单位共同发起“节能，让城市更美好”的活动；同时，与市消费者协会、节能协会和苏宁电器等联合发出倡议，加大宣传力度，鼓励消费者选购家用空调器时，优先考虑1.2级能效比的变频和定频产品。

财政部、国家发改委先后下发关于开展“节能产品惠民工程”的通知和细则，对符合能效等级2级以上的定频空调实行全国市场的财政补贴。协会及时组织空调生产企业向市有关部门上报企业资料。同时，积极向有关部门反映上海变频机市场及上海变频机生产厂家的产品、销售及市场需求特点，以及变频空调的节能优点和对节能减排的重要性，争取变频空调也能在惠民工程中得以推广。据统计，至10月底，此次活动纳入上海补贴节能空调器总销量达211059台，其中，定频空调155168台，占73.52%；变频空调55891台，占26.48%。节能型空调销售占全市空调器销售总量的比例上升到42.8%。

与苏宁电器、市消费者协会、节能协会等合作开展“购买燃气热水器、灶具送优惠的活动”、“节能空调使用论坛和销售送补贴活动”，促进了产品销售，使节能产品更加深入人心，同时也提升了行业协会的影响力。12月，在以旧换新政策的引领下，与苏宁电器共同推出手机以旧换新，并实行10%补贴的活动。活动一经推出，即引起市场的巨大反响，并引发鲶鱼效应，市场同行纷纷跟进，从而成为手机市场一大销售热点。

三、认真开展各类技术培训和工程设计大赛，努力提升行业从业人员的素质

成功组织各类针对性的培训。先后举办3期制冷工上岗证班和等级工班，2期水家电等级工的培训，近600人参加各类培训。第5期上海家用制冷空调维修工程师班也于5月9日进行应知应会考试，55人通过考核。

为了推动我国家用中央空调作业技术进步和发展，促进应用技术的提高，中央空调专业委员会连续6年举办“家用／商用中央空调优秀工程设计实例”大奖赛活动。举办的“海立杯”优秀工程设计实例大奖赛，收到稿件43篇。通过专家、顾问的评审，评出优秀奖10名。

四、深入开展“迎世博，讲文明，树新风”活动，积极推进家电行业优质满意服务活动

针对上海家用电器普及率高、使用率高、客户诉求丰富的特点，成功组织“迎世博，创一流消费活动”为主题的大型“3·15”咨询、投诉活动，47户单位参加活动，包含冰箱、空调、洗衣机、热水器、手机、电脑、音视频、电热器具、净水机、小家电等十大类产品。

由市质监局、家电协会和市质量协会用户委员会共同组织的第2次上海地区13户主要空调品牌的客户满意度调查活动圆满完成。协会认真组织和开展用户回访、用户座谈会和投诉客户的上门听取意见等活动，得到质监局有关领导的充分肯定，并对各品牌企业自觉提高客户满意度、提升服务质量起到很大的促进作用。

五、积极、认真做好标准的制定和宣传贯彻工作

根据市技监局标准化处对标准工作的要求，先后编写《上海家用空调器清洗规范》和水家电专业的相关标准。结合家电企业特点，加大标准编写的组织力度，成立标准领导小组领导专业编写人员。已有《家用和类似用途水质软水器》等4个标准通过初审和复审，进入试行期；《家用和类似用途饮用水处理设备服务规范》标准也已完成各单位的会签。

根据国家《GB11790-2008家用和类似用途空调器安装规范》这一新国标在2010年1月1日执行的新要求，先后2次组织200多户企业负责人，技术、质量和服务的相关人员参加宣贯讲座，对家用空调器和中央空调器的常见设计安装问题作了深入浅出的专题讲解。

六、开展诚信企业创建工作

开展诚信企业创建的活动，提高家电行业的良好形象，建立自我规范、自我约束、自我发展的机制，树立行业的信誉，提升企业的诚信度，确保上海家电行业的产品质量和服务质量，维护消费者的合法权益，成为广大人民群众信任的品牌。通过与市“企业诚信创建”活动组委会合作，成立协会创建办公室。经企业自行申报，创建办公室推荐，征信机构评估，共有33户企业被评为本年度诚信企业。

七、积极组织国内外会展活动，扩大视野和信息交流，促进销售业绩增长

组织企业参加各类家电展会，先后组织家电生产企业和水家电企业参加荷兰—阿姆斯特丹国际水展、国际健康生活方式博览会、大连轻工博览会和印尼·上海技术设备和商品展等多个展会。通过参加展会，提升了消费者对这些品牌的知晓率和满意度，拓展与海内外客商的业务联系，促进企业销售业绩的增长。

八、提升网站、报刊、杂志的影响力，积极做好信息服务工作

协会网站、报刊、杂志、论文选是为社会及各类企业提供信息服务的重要窗口。根据企业的需求，结合多方意见，对报纸和双月刊栏目进行调整，在报纸上增设1厂1品栏目，宣传1个企业，解绍1个产品，推广1个品牌。先后出版2期上海水家电的品牌产品专刊，发行2000多册，受到企业和市场消费者的一致好评。

（李富春）

上海空调风管清洗协会

上海空调风管清洗协会成立于2007年7月，是以净化空调风管、节约能源、防止疾病传播、保障公众健康为宗旨，实现行业自律管理的非营利性的社会团体法人。现有会员单位179户。

会员单位包括专业清洗企业，清洗、消毒设备和药剂供应企业，空调工程施工与技术服务企业，卫生保洁企业，检测企业，教学科研单位和有关主管部门等。大部分会员单位为民营企业，其余为外资及合资企业等。

2009年主要工作：

一、坚持科学发展观，推进协会工作有序开展

1．参与国家、地方、行业标准及专用合同的制定。制定空调清洗行业的《空调通风系统清洗操作规范》，已报送市技术质量监督局，经批准后将作为上海市的地方标准颁布实施；与市工商行政管理局、上海室内环境协会共同制定了《空调通风系统清洗施工合同》，该合同已成为上海市的空调清洗行业的示范文本；参与编制上海市DB31/405-2008《公共场所空调通风系统运行卫生要求》，该标准现已正式颁布实施；参与“住房和城乡建设部”下属的“全国暖通空调及净化设备标准技术委员会”，制定《通风空调系统清洗服务标准》，内容包括：清洗设备及药剂的使用、构件的拆分和清洗要求、清洗流程、操作流程、服务制度及质量控制等，该标准已通过专家组审查通过，即将以部颁标准发布实施。

2．作为上海市“知荣辱、讲文明、迎世博、建诚信”系列活动组委会统一领导下的空调风管清洗行业办公室，负责对行业内的会员单位进行征询检查工作，旨在加强企业诚信建设，增强企业诚信意识，培育企业诚信文化，树立企业社会形象，塑造上海城市精神，构建和谐社会。已有3批企业共34户会员单位申报“创诚信企业”。经过考察，有13户会员单位已申报“诚信创建企业转为诚信企业”。

3．为各会单位的空调风管清洗工程提供工程规范监管服务。为上海斯兰迪环境工程有限公司、上海华日电器公司、上海亿仕龙环境工程有限公司、上海致高艾尔加室内洁净技术有限公司、北京普净保洁服务有限公司上海分公司、上海通用空调冷冻工程公司等多家会员单位进行工程项目规范监管。其中，上海大剧院、上海磁悬浮轨道交通车站、上海市检测中心、东方商厦、上海仕格维铂尔曼大酒店、霍尼韦尔汽车零部件服务（上海）有限公司、上海浦东国际集装箱码头有限公司等项目属于本市标志性清洗工程项目。

4．继续对会员单位的操作工和项目经理进行专业培训，新增设 2 个培训点。全年累计培训操作工共 13 期计 671 名；项目经理培训已开设 3 期计 135 名。

二、加强协会建设，发挥协会在市场经济中的作用

1．顺应形势，增强创新和服务能力，积极探索，创建出版供内部交流的《空调清洗和节能》报，每月一期，已发行 6 期。发行对象主要是协会的会员单位，以及空调冷冻行业和物业管理行业等相关协会下属的会员企业。

2．与市标准化协会、市标准化研究院共同主办“2009 中国国际工业博览会科技论坛——公共场所卫生与标准化国际研讨会”，会议得到市卫生监督所、市质量技术监督局、市卫生局的大力支持。还邀请美国国家空调管道清洁协会、香港室内空气质素协会、中国疾病预防控制中心环境与健康相关产品安全所的专家作主题演讲。

3．参与由市物业管理协会主办、本会等多家单位支持协办的《2009’上海物业服务技术和设施装备展览会》，组织 8 户会员单位参展。

4．与《中央空调清洗》杂志、中国安装协会通风空调分会等多家协会共同联合主办《2009 年中国中央空调清洗十大评选活动》，倡导环境健康，推动行业品牌，表彰行业精英，促进行业发展。有 5 户会员单位入选，分别获得“十佳诚信服务商”、“十佳新锐企业”、“十佳工程”、“十佳品牌”的荣誉称号。协会秘书长获得专家组的“行业杰出贡献奖”。

（谢华梁）

上海冷冻空调行业协会

上海冷冻空调行业协会成立于 1985 年 12 月，是以生产制冷空调设备的企业为主，包括有关科研、设计、院校、工程安装、维修及商贸等企事业单位和社会团体自愿组成的跨地区、跨部门的行业组织。现有各种所有制会员 258 户，分布在机械、电子、轻工、航天、航空、商业、建筑等多个部门。

2009 年主要工作：

一、办公室工作

1．发展会员 56 户，现共有会员单位 258 户。根据协会章程，对 2 年未缴纳会费的 18 户单位予以除名。

2．9 月 23 日，在协会培训基地上海科技管理学校召开专家委员会“迎国庆、中秋座谈会”，原三菱电机上菱空调机电器有限公司总工程师童杏生作“节能环保技术在多联式空调机中的应用”专题的介绍。

3．开展“知荣辱、讲文明、迎世博、建诚信”活动，15 户企业被评为“市诚信企业”，另有 18 户企业被评为“创建诚信”企业。

4．与仁信保险经纪有限公司、维诚信用风险咨询有限公司合作，在应收款催讨技巧、小企业融资和企业购销保险等方面为企业提供服务。

5．按市人事局推荐工业企业领军人物要求，推荐本会会长为制冷空调行业领军人才，已报市经团联，再送市人事局评选。

二、工程专业委员会工作

1．与市设备管理协会、市安装行业协会联合开展的资质认证工作。至 11 月底，共办理资质认证企业 220 户。其中，取得 A 级资质企业 83 户、B 级资质企业 79 户、C 级资质企业 58 户。

2．与上海电气安全生产监测中心合作，按市安监局的要求，在行业内开展小企业安全生产评估工作。经企业申报，安监中心 2 次到企业指导评估，有 46 户企业通过安全生产评估，颁发了《安全生产合格证》证书。正在进行第 3 批 23 户小企业申报安全生产评估工作。

3．开展优质工程评选工作，正对原评选管理办法进行修改，于 12 月发出通知，将在 2010 年 2 月工专会年会中对评选出的优质工程予以表彰。

4．加强与企业的联系，工专会召开 10 次会员单位座谈会，邀请 135 户企业 100 余人参加。秘书处各部门负责人直接与企业人员互通信息，交流感情，推进了协会的工作。

三、培训部工作

1．根据市安监局要求，在协会培训基地开展“制冷工”和“设备维修工”安全上岗证的复训工作，已复训 146 名，尚有大批人员即将安排培训。

2．向市职业培训中心申请，开发“中央空调清洗工”工种等级工项目，已将项目可行性报告送市职业培训研究发展中心职业标准管理科，尚在评估过程中。

3．在安全评估过程中，组织企业法人代表和安全管理人员参加市安监局举办的“生产经营单位负责人”和“安全生产管理人员”安全生产培训班。至 11 月底，共有 168 人报名参加培训，已获证 87 名，其余正在培训之中。

4．与市人事局挂钩，开展专业技术职称评审工作，会员单位中需审报初级职称人员 100 名，中级职称人员 50 名，高级职称人员10名。为做好此项工作，11月19日，举办申报专业技术职称人员培训班，请市职业能力考试院杨部长讲解职称评审的条件、申报程序、考核课目、培训时间、撰写论文和技术小结注意事项等有关事宜。

四、咨询工作

1. 参与3户企业《产品许可证》认证管理咨询工作，按评审要求，对企业进行指导，帮助企业建立各项规章制度，完善管理文件，筹建测试台位等。已有2户企业经评审获得生产许可证证书，1户已上报国家评审办公室。

2. 与“市节能协会冷专会”联合举办“上海市第一届制冷空调与节能减排”应用论坛。出席论坛的专家、制冷空调设备供应商、工程安装商、特邀用户和相关行业协会代表达100多人。

3. 与铝业协会联合开发“以铝代铜”项目。双方的专家、企业负责人、总工程师等先后进行3次技术交流和实地考察，确定研发课题，目前已进入测试数据阶段。

4. 启动编写《上海制冷史》工作。协会总师邵乃宇已与专家委员会主任董天禄、副主任卢士勋多次商讨条目分工等前期准备工作。

5. 服务社会，协调矛盾，提供技术帮助。解决“绿洲湖畔花园”小区业主与开发商因空调制热效果不理想的矛盾；为浦东新区张江镇提供有关商用冷库技术规范、设计规范、价格等评估依据和评估方法，解决为落实“商用飞机”项目而遇到的商用冷库动拆迁问题。

五、信息工作

1. 加强与上海博灵文化传播的合作，明确各自抓好信息工作的职责和要求，调整人员配置。协会“网站”和“制冷信息”的质量有了提高。

2. 对网站进行改版，设置9个版面，其中，6个版面设有2～6个专栏及时反映协会有关冷冻空调产业的信息。

3.9月，网站开辟《专家论坛》专栏，已有4位专家在《专家论坛》上发表文章。

4. 充分利用网络作用，对协会或企业的活动和信息，运用文字及图片及时在网上公布，取得较好效果。

5. 办好《上海制冷信息》杂志，明确宣传重点放在业内，改变信息内容业外多、业内少的情况；在版面的安排上力求图文并茂，采集大量的照片或图片在杂志和网站上使用；并经常下企业进行专访，予以报道。

（刘俊飞）

上海锅炉压力容器行业协会

上海锅炉压力容器行业协会成立于2003年12月8日，是集锅炉和压力容器的设计、制造、销售、安装咨询服务的相关企业、院校、研究院所自愿组成的行业性社会团体。现有会员单位86户。

2009年主要工作：

一、努力践行科学发展，促进企业的持续发展

组织会员单位认真学习实践科学发展观，及时召开学习实践科学发展观、企业持续发展研讨会，促进各单位在金融危机中以科学发展观统领推进企业经济工作，推进企业管理创新、技术创新、产品创新。一批高附加值节能环保产品，如：秸秆锅炉、生物质锅炉、海水淡化设备、余热锅炉、各种CFB锅炉、超超临界电站锅炉、节能式给煤燃烧装置纷纷走向市场，为企业持续发展打下基础。

二、牵线搭桥，服务企业、服务社会

1. 在保证质量前提下，实施降低成本提高经济效益。联系淘钢网龙威传媒举办锅炉压力容器用钢专场，组织会员与钢材生产企业及供应商进行面对面交流洽谈，谈需求、谈意向、谈行情、谈开发，为其找到质量好、价格优惠的供应商。

2. 协会邀请匡维信息技术有限公司，运用IT技术构建供应链采购平台，起到压缩库存、压缩资金、节约人力、缩短采购周期的作用。

3. 为提高企业经济效益，降低应收账款的风险，邀请维诚信用公司为会员介绍降低应收账款的技术与方法，帮助企业应用调解、诉讼等方式，追回历史老账、坏账、死账，赢得会员单位的好评。

4. 开展有关锅炉压力容器的技术培训和技术咨询，为用户解难释疑。对“固定式压力容器安全技术监察规程”在压力容器设计、制造、安装、改造、维修等多方面进行修改，政府规定2009年12月1日开始实施。为使各设计、制造、使用单位能正确贯彻并无障碍地使用，协会组织培训、宣传，为贯彻“新容规”创造条件。

三、提倡节能减排，推进节能先进技术

采取措施改造老炉子，努力开拓节能新产品，满足用户、市场需求。走访技监局、用户，推行新的节能技术与产品。与此同时，召开制造厂座谈会，商谈开拓锅炉新的节能环保技术和产品。会员单位中诞生一批新的余热锅炉、燃料锅炉，超临界和超超临界的电站锅炉并得到推广。

四、开展技能竞赛，提高行业技能水平

为提高全行业的焊接水平，与中国机械工业职业技能鉴定中心共同举办李斌杯全国首届锅炉（承压）设备焊工比赛，经过各地预赛于11月在上海进行理论和技能决赛。参赛单位通过赛前培训、练兵、互相切磋技艺及技能，激发了全行业技术工人爱岗敬业精神。

五、实行统计试点，夯实行业统计基础

建立行业经济统计月报制度及开展每半年一期的经济运行情况分析。市统计局委托协会试行承担部分统计调查项目，已基本得到统计局的认可，并授权协会为行业经济分析研究机构。

（周国仁）

上海市电力行业协会

上海市电力行业协会成立于2004年9月28日，是由上海市电力企事业单位自愿组成的跨部门、跨所有制的非营利的行业性社会团体法人。现有电网、发电、电力建设和工程施工、电力设备制造和物资供应、科研院校等会员单位158户。

2009年主要工作：

一、稳步实施换届，确保平稳过渡

经过酝酿准备，形成换届改选工作方案，完成新一届理事会和协会负责人人选的推荐以及会议文件准备工作，并先后经过2次理事会的审议。8月19日，召开第二届会员大会第一次会议和二届一次理事会，选举产生第二届理事会和协会负责人。在市社团管理局和市经信委的关心、指导下，顺利完成协会法人代表和有关证照的变更工作。

二、重视调研教培，提升协会价值

组织多方专家开展调研工作，服务企业需求，做好政府参谋，起草多项政府规章、开展重要课题调研和企业委托工作。其中：《上海市电网建设管理办法》已形成送审稿，发布实施后将有效促进本市电网建设管理水平的进一步提高；《上海市电力节能调度实施办法》和《上海工业能效对标实用手册》中有关发电行业使用手册已分别完成课题调研或编制工作；《电力用户与发电企业直接交易课题》已着手开展调研；《上海市高压电力用户安全用电管理标准》完成初稿编制。协会撰写的《上海电网优化发电方式的研究》成果被编入市经团联《行业协会产业调研成果集》。

与上电股份联合举办本市电力行业300/600兆瓦火电机组集控值班员技能竞赛，得到市竞赛组委会办公室、市总工会经济工作部和市职业技能鉴定中心的大力支持和各发电企业的高度重视。上电股份、申能、华能等公司所属10户发电企业派出16支参赛队、64名选手参加竞赛，竞赛组委会对参赛各组获奖选手进行表彰。支持市电力行业燃气轮机运行培训基地开展工作。该基地编制的“燃气轮机运行值班员”新职业标准由国家人力资源和社会保障部批准并正式出版发行；燃机仿真机培训基地通过中电联验收，成为全国唯一的中电联燃气轮机仿真机培训基地。这2项成果填补了国内燃机行业的空白，对全国燃机运行人员的职业发展具有深远意义。

三、发挥平台优势，促进沟通交流

为应对金融危机，落实市委、市政府“服务企业全力保增长”的工作要求，在市经信委指导下，6月18日，成功举办“上海市电力设备供需对接会”。来自电网、发电和电力设备制造的10余户企业聚集一堂，就电力设备供需情况在会上进行了交流，并签定一系列电力设备采购合同及电厂改造工程项目合作意向书。

10月下旬，召开本市发电厂负责人联谊会，上电股份、申能股份、华能华东分公司等全市发电企业和电力公司的负责人进行交流，市经信委、华东监管局有关负责人应邀出席并讲话。会议对电厂迎峰度夏竞赛评比优胜和表扬单位进行了表彰。

协办以“高效、节能、绿色、环保”为主题的2009中国国际工业博览会“能源装备技术研讨会”，多家电网、电力设备制造企业代表进行主题演讲，2户会员单位的参展产品在工博会上分获银奖和铜奖。

开展QC小组活动，在协会组织的成果评选中，会员企业发布32个成果；经协会推荐，1项成果获全国优秀质量管理小组称号，19项成果获省部级优秀称号，并有8户企业、集体和个人获得QC小组活动优秀企业、质量信得过班组、卓越领导人、优秀推进者等称号。

主办的《上海电力行业信息》和协会网站及时发布协会活动及会员单位的动态信息，并登录大量与行业相关的重要资讯。根据会员单位建议，增加《上海电力行业信息》印刷数量、扩大赠阅范围，受到企业广泛欢迎。行业统计工作也平稳有序展开。

继续组织企业家考察、文体比赛等联谊活动，定期开展协会联络员、教育培训、质量、统计、信息等专业网络的业务交流研讨活动，传递资讯，增进友谊。

四、加强基础工作，保障有效运行

坚持每周一次的办公会议制度，定期召开工作务虚会议，互通信息、共商大计；定期召开常务理事单位联络员会议，商议和完善秘书处提出的工作设想。加强与会员单位的沟通，及时办理退会及入会手续，按期收取会费，按照协会章程和财务规范要求管理和使用会费，财务报表均通过专业审计单位的审计，如期申报并顺利通过协会年检工作。

（朱辛放）

上海市汽车行业协会

上海市汽车行业协会成立于1996年，为本市汽车行业企事业单位自愿组成的跨部门、跨所有制的非营利的行业性社会团体法人。现有会员单位319户。

2009年主要工作：

一、关注行业发展，反映企业呼声

1．加强调查研究，反映企业困难，面对全球金融危机，协会积极应对。先后走访会员企业15户，了解情况，听取意见，与会员企业领导进行充分的沟通和交流。在市经信委、市发改委、市经团联召开的经济形势座谈会上分别就市场、财税、信贷、消费、技术开发等扶植政策提出建议和要求。还以座谈会的形式召开信息统计年会，先后3次共80余户企业人员参加，达到相互沟通的目的。组织专家编写《全球金融危机对车市的影响及对国内车市的政策建议》调研报告，组织零部件会员企业参加国际采购专场洽谈会等，为会员单位克服困难提供有力支撑。

2．为振兴上海仪器仪表行业，大力发展汽车电子仪表建言献策。参加市经团联会长蒋以任亲自主持召开的振兴上海仪器仪表业座谈会，为此，广泛收集整理资料，认真听取专家意见，详尽分析发展状况，提出切实可行的建议。

3．为制定上海《关于贯彻落实国务院（汽车产业调正和振兴规划）的实施意见》提出建议。从有利于促进上海汽车产业发展的角度，着重从汽车下乡的财政补贴、旧汽车的置换政策、二手车评估机制、汽车牌照拍卖的改进、新能源及自主品牌汽车的支持和零部件技术创新的扶持等方面提出积极的建议。

4．为市人大修订地方性法规《上海市促进行业协会发展规定》提供建议。

二、坚持服务第一，促进行业和企业发展

1．推进行业节能减排工作开展。按照市经团联组织开展《上海节能减排改进小组活动》的总体部署，被列为先行试点单位。协会着力推进以下工作：一是制订《关于开展节能减排小组活动》的实施计划，明确活动的内容、方法、目标和要求；二是确定试点单位，用以指导面上的活动开展；三是组织秘书处联络员和试点单位的负责人参加市的培训活动；四是为试点企业和有关企业发放活动的教材；五是组织专家开展《上海汽车关于节能减排综合管理标准制定及对策研究》的课题研究。

2．解读政策，共克时艰。针对汽车产销逐月下降的状况，组织有关专家认真分析，编写《苦练企业内功，提振市场信心》和《乘用车市场08年形势评析和09年需求预测》等3篇市场解读分析报告，并组织会员企业召开形势报告会，进行政策解读和研讨。在会刊上开辟“专家论市”专栏，每月分析乘用车销售排行和对市场点评。

3．加强行业诚信体系建设，开展自主创新品牌评选。组织会员企业参加市工经联主办的“上海市2009年度装备制造业与新产业自主创新品牌评选”活动，参加市委宣传部、市文明办主办的上海诚信企业评比活动，推荐会员企业参加市工商局开展“著名商标”的评选。

4．开展长三角地区铸造行业企业状况的调研。汽车铸造分会历时9个多月，完成长三角地区122户重点铸造企业状况的调研项目，形成调研汇总报告。通过调研了解企业需求和困难，发现和总结铸造企业节能减排取得的经验和成果，为铸造分会更好地为企业和行业发展服务找到抓手。

5．积极开展技术交流及企业咨询工作。协会专家委员会参与行业发展中的重大课题调研，各分支机构结合各自企业的特点开展形式多样的咨询服务活动。铸造分会选派专家采取驻厂上门服务方式，帮助企业解决技术难点。电子电器专业委员会组织会员企业开展汽车电子产品技术交流，举办汽车电子论坛峰会及电子控制系统应用研讨会。专用车、改装车专业委员会将组织专家为会员企业讲解国家的有关政策，配合政府主管部门加强公告管理和合格证管理。汽车服务分会加强行业内职业服务规范和管理，提升了用户服务满意度。

6．切实做好行业统计和信息发布工作。为适应行业和企业发展的需求，起到分析、预测、监控和指导的作用，协会统计工作作了积极探索。重点加强统计分析工作，每季度通过电子邮件发送《上海市汽车行业分析简报》给会员企业，同时还坚持做好网站的每日信息更新工作。

7．拓展与国内外同行的交流与合作。积极参加每年全国各省市汽车行业协会秘书长联席会议，学习政策，交流经验，互通信息，共同推进行业协会的发展。为促进长三角地区汽车行业协会的合作与交流，加强与南京、无锡、杭州、扬州、嘉兴等地区相关行业协会的互动，签订双方合作交流备忘录。

先后接待加拿大驻华大使馆参赞，卢森堡大公国领事，西班牙大使馆商务官员，比利时驻沪领事和法国汽车零部件商会会长等的来访，还与台湾车业同业公会建立联系和交流渠道，与马来西亚驻沪领馆共同举办“中国汽车零部件工业发展”研讨会，进一步扩大协会的影响力。

三、发挥协会参谋作用，做好政府委托工作

1．受市经信委的委托，联合专用车专业委员会组织上汽商用车事业部和南汽专用车公司的相关人员和专家并会同上海机动车检测中心完成《上海专用汽车现状和发展研究》调研和课题报告评审，并于5月16日通过市经信委的专家评审。

2．受市经信委和交通管理局的委托，联合上海市汽配流通行业协会和上海市汽车维修行业协会共同开展《关于规范上海乘用车改装市场》课题研究工作。

3．配合嘉定区、安亭镇政府大力推进上海汽车及零部件出口基地建设。

4．为市发改委编制出版《2009年上海市国民经济和社会发展报告》提供汽车行业产业发展报告。

四、加强协会组织建设，促进协会工作上新台阶

一是坚持程序，顺利完成协会领导交替。二是成功召开四届三次理事会和会员大会。三是加强调查研究，明晰工作思路。年内开展2次较全面的调研活动，深入各分会和专业委员会、企业进行调研工作。四是加强会籍的动态管理。新发展会员17户，会员总数已达到319户。五是开展专家委员会交流活动。3月，召开专家委员会成果交流会，12月初，向专家汇报2009年工作，听取专家对协会工作的意见。

五、重视秘书处自身建设，提高为会员服务能力

根据协会工作不断拓展的需要，先后制定“专家委员会工作条例”、“协会分部工作条例”、“关于加强会员管理的规定”和“协会党支部工作条例”等10项规章制度；逐步完善工作目标责任制及考核制度，每年有目标分解指标，每半年检查考核一次；建立每周秘书长领导碰头会和每月秘书处工作例会；加强党支部建设，发挥党员模范作用；积极做好会费的收缴工作；稳妥组建外省市协会分部工作，在已建立烟台、沈阳2个分部后，于11月中旬赴重庆组建重庆分部。对已建立的分部进行定期走访；协会动力总成分会的筹建工作正有序进行，力争在2010年上半年成立并正式运作。

（炼维洁）

上海软件行业协会

上海软件行业协会成立于1986年6月，是上海市最早成立的软件行业组织，目前有会员1100多户。

2009年主要工作：

一、应对危机，反映诉求

面对席卷全球的金融危机，上海的软件企业面临市场需求萎缩、订单量下滑、资金周转困难的困境，“了解需求，反映诉求”是行业协会义不容辞的责任。2月初，在反复听取骨干企业意见的基础上，协会起草并向市委俞正声书记提交《应对金融危机，振兴上海软件产业的若干建议》，分4部分提出19条建议。俞书记亲笔批示：“纳入高新技术产业化一并考虑”，对本市软件产业的发展给予高度重视。在深入学习科学发展观的过程中，协会还就相关问题与困难适时向有关部门提出了具体的建议。

协会通过调研、组织企业，对政府政策文件进行讨论和提出建议。6月，组织骨干软件企业对《上海推进软件信息和信息服务业高新技术产业化行动方案（征求意见稿）》进行讨论并提出修改建议。9月，就工信部《加快软件服务业发展的指导意见（征求意见稿）》组织调研并提出修改建议，充分表达企业的意见和期望，加强政府与企业的沟通，发挥了行业协会的桥梁作用。

二、做好培训，助练内功

年内，共组织培训10次，内容涉及软件质量管理与测试、软件企业知识产权管理、六西格玛导入、项目管理、产品线开发中的可变性管理、沟通技巧、中日软件质量合作研讨、两化融合与工业软件、软件文档标准化与编制，受到企业的广泛欢迎，参加培训达832人次。为帮助企业节省在人才培训方面的成本，10次培训中仅3次收取较低的费用。

三、办好会刊，搭建平台

经过近一年的运作，会刊《软件产业与工程》获得国家刊号，并由时任工信部软件服务业司司长的赵小凡出任编委会主任，于2010年1月正式向全国发行。

四、评选明星，展示风采

开展明星企业、优秀软件产品、优秀企业家评选，通过专家评审和网上公示，评定上海10强软件企业，评出10位优秀企业家，评出各类明星企业75户，优秀软件产品56款。其中，2009优秀企业家——邓华（龙旗控股）被评为第八届“上海IT青年十大新锐”。

五、举办首届上海软件创新论坛

为配合上海推进软件和信息服务业高新技术产业化活动周，展示上海软件行业的创新精神与风采，10月4日，举办“2009上海软件创新论坛”。作为首届上海软件界行业峰会，围绕“创新、服务、价值”主题展开，集中展示上海软件创新形象。论坛邀请国内创新专家做“TRIZ理论在软件创新中的应用”的主题演讲，并就国产基础软件的创新、工业软件在“两化融合”中的创新、城市信息化软件的创新、软件服务能力创新、信息技术在建设和谐社会中的创新等方面进行深入探讨，会上为年度上海10强软件企业、明星企业、优秀软件产品、优秀企业家颁奖。《解放日报》、《文汇报》、《新闻晨报》、《IT时代周刊》等数10家媒体作了宣传报道。

六、双软认定，再创佳绩

受政府委托，贯彻落实国务院18号文件认真做好双软认定与重点企业推荐工作。年内受理认定软件企业308户、产品登记2568个、软件企业年审1425户；组织申报国家规划内软件企业54户，比上年增加10户。

七、发展会员，扩大覆盖

通过服务会员、反映诉求、人员培训、会刊发送等举措，增强协会凝聚力。调整协会“上海软件质量管理专业委员会”，更名为“上海软件质量管理与过程改进专业委员会”，改变软件质量管理与过程改进的分头管理局面，更好地推进上海软件质量管理与过程改进的协调发展。

（杨根兴）

上海有色金属行业协会

上海有色金属行业协会成立于2002年1月8日，是由上海及周边地区有色金属行业同业企业及其他经济组织自愿组成、实行行业服务和自律管理的跨部门、跨所有制的行业性社会团体。现有会员单位102户，基本覆盖上海地区主要的有色金属骨干企业。

2009年主要工作：

一、深入企业调研，摸清行业情况，提出上海有色金属产业调整振兴规划建议

为了尽快摆脱金融危机对行业的影响，促进行业产业的整体发展，上半年，协会通过多种形式下基层，听实情，提建议，找对策。一是与市经信委综合规划处、国防科工委高新工程处、军工配套处的领导一起，分别走访萨帕铝热传输（上海）有限公司、上海国纪电子材料有限公司等11户10亿元产值以上的主要有色金属企业。二是与市经信委重化处领导一起召开上海有色金属行业发展讨论会和推进上海有色行业高新技术产业化专题座谈会，倾听企业对上海有色金属产业调整振兴规划的建议与思路。三是下发本行业《企业情况调查表》，了解上海地区有色金属生产、贸易单位基本情况，为进一步规划上海地区有色金属产业结构和布局调整了解第一手资料。四是根据国务院调整振兴有色金属产业规划，编写《上海有色金属产业调整振兴规划建议》。

10月，市委、市政府参考本会的振兴规划建议，正式下发（2009）52号文《本市贯彻〈钢铁产业调整和振兴规划〉、〈有色金属产业调整和振兴规划〉的实施方案》。方案中指出，上海将进一步做精有色金属新材料，支持中铝集团等企业在上海发展深加工，开发高附加值新材料，力争上海有色金属产业产值保持400亿元左右。上海将建设涵盖有色金属交易全流程的上海有色金属现货电子交易平台，并联合上海钢铁电子交易等平台打造全国领先的金属材料产业信息服务门户，形成服务长三角和全国的金属材料市场一站式服务平台，初步建成有色金属定价中心，推动有色金属生产性服务业发展。此方案在有色行业引起热烈的反响，指明了上海有色行业前进的方向，增添了企业战胜困难的勇气和信心，为促进上海有色金属产业健康、稳步、可持续发展提供了强有力的支撑。

与此同时，协会向市经信委综合规划处申报“上海有色金属行业‘十二五’产业发展和信息化建设规划研究及建议”的项目也获批准，并正式纳入上海市“十二五”发展总体规划。

二、搭建监测平台，建立实验基地，无损检测中心和华东质检中心通过资质复审

1．与上海有色金属（集团）有限公司沟通，经产权交割将上海市有色金属总公司无损检测中心出售给本会，并于1月完成产权变更，更名为上海有色金属工业技术监测中心。中国有色金属工业无损检测中心和中国有色金属工业华东质检中心也先后挂靠我会监测中心。

2．监测中心与上海鑫研稀贵金属材料有限公司以董事会负责的内部股份制形式，合作共建监测中心松江检测实验基地。

3．接受并通过国家计量认证有色金属评审组和上海市质量技术监督局专家的现场复审。9月20日，国家质量监督检验检疫总局向无损检测中心和华东质检中心颁发新的资质认定证书。11 月 10 日，监测中心正式开通《上海有色检测网》网站，开辟有中心新闻、服务项目、考核合格滚动栏、协会动态等栏目，为有色企业及相关企业提供检测服务平台。

三、继续办好峰会，增强信心，帮助企业找到解困策略和防范规避风险的措施

4 月和 11 月，在上海银河宾馆主办“2009 上海铜铝峰会”和“2009 上海铅锌峰会”。两次峰会汇聚国内外 400 多家单位近 500 位专业人士、业内 30 多位专家和分析师，围绕企业普遍关注的市场、价格、资源、加工、产业发展趋势等问题，共同探讨保持铜铝和铅锌相关产业平稳较快发展的策略和工作重点。

11 月，由新加坡 Treeapinn 公司主办，协会协办的第五届世界废金属大会在上海金茂大厦举行，150 多位来自世界各地的废金属采购商和供应商参加会议。宝钢集团资深专家王喆、鞍山钢铁集团原材料处处长刘华涛、云铜集团广东清远云铜有色金属有限公司总经理陶永和等 29 位在亚洲处于行业主导地位的废金属采购商，通过演讲和小组讨论的形式介绍其采购策略及对未来 5 年的需求预测。

四、修改协会章程，调整会费标准，增补调整理事，顺利完成换届改选前的修订工作

下半年，协会对原有章程、行规行约、会费标准、财务管理等制度中不适应新形势要求的内容，提出修改意见，并在 8 月和 11 月召开的二届六、七次理事会上通过对协会章程 12 处、行规行约 2 处、会费标准 4 处、财务管理制度 3 处做的修订和完善；新增补 3 家理事单位，增补、调整 5 位理事，为明年适时召开换届改选工作奠定基础。

五、协助政府工作，开展企业个性化服务，真正发挥行业协会桥梁与纽带作用

1．撰写专题材料。与上海市节能服务中心合作，开展本行业主要用能单位耗能状况的调研，完成《上海有色金属行业工业炉窑用能状况调研报告》。

2．推荐领军人才。根据市经信委关于 2009 年上海领军人才选拔工作通知的精神，上半年在主要有色金属企业中开展本行业领军人才的推荐工作，并推荐上海海亮铜业有限公司董事长曹建国为 2009 年上海领军人才候选人。

3．参与制定标准。针对市环保局向本行业下发的上海《工业炉窑大气污染物排放标准》（二次征求意见稿），召开部分企业参加的关于《工业炉窑大气污染物排放标准》的专题讨论会。由于征求意见稿中对二恶英等污染因子的规定比较严格，将关系到企业发展的环保政策环境，因此，协会急企业所急，整理出有理有据的书面材料，并联合上海鑫冶铜业有限公司、上海中荣铝业有限公司、上海市凌桥环保设备厂有限公司等 10 户单位联名，呈送环保局，此材料得到标准研究课题组的采纳。协会也因此受邀参加市环保局召开的关于《工业炉窑大气污染物排放标准》研究项目的验收会。

4．参与编辑出版。为向 2010 年上海世博会献礼，参与由市委、市府出版编辑的 2010 版《上海百科全书》，并将行业骨干优秀企业中铝上海铜业有限公司、上海大昌铜业有限公司、上海龙阳精密铜管有限公司等 8 户单位编写录入到“有色金属工业”栏目之中。

5．参与制定规划。配合市经信委节能与综合利用处做好工业和信息化部关于征求“再生有色金属利用专项规划”意见的反馈工作，召集上海主要再生有色金属企业主管负责人的专题座谈会，征求“再生有色金属利用专项规划”的意见，并撰写《关于工信部再生有色金属利用专项规划（征求意见稿）的反馈意见》。

6．推广节能产品。2008 年末，协会推动南京启镁镁业有限公司的车间照明改用无极灯的节能项目成功完成。此外，中铝上海铜业有限公司的车间照明改用无极灯的节能项目，已于 10 月顺利通过验收。

7．开展个性服务。帮助上海新格有色金属有限公司解决国家质量监督检验检疫局驻厂验收发生的问题。帮助上海鑫云贵稀再生金属有限公司及上海三井鑫云贵稀金属循环利用有限公司解决废铅蓄电池、电子废料回收等生产原料及税收问题。

8．搭建信息平台。9 月 28 日，协会主办的《上海有色金属》电子简报创刊。半月刊电子简报已编辑发行 7 期，主要反映协会的日常工作，设有协会活动、秘书处工作、会员单位介绍、检测动态、科技创新等栏目，并通过电子邮件发送到会员单位及相关企业。

（刘秋丽）

上海铝业行业协会

上海铝业行业协会成立于1989年3月，是上海及长三角地区从事铝材、铝制品、铝冶炼的生产企业和铝产业链等相关企事业单位自愿组成的行业性社会团体。现有会员154户，来自上海、江苏、浙江等11个省市。

2009年主要工作：

一、紧紧围绕政府工作重点，狠抓节能减排工作

1．积极开展行业节能技改项目的落实和申报工作。年初，对25户企业开展详细的炉窑情况调查，撰写《上海市铝行业炉窑用能现状调查报告》；编写7个《节能减排案例精选》；大力宣传浙东、新格、萨帕、美铝、中荣等单位开展节能减排工作的先进经验和成功案例；并组建3个专家组主动关心、积极协助会员单位认真做好节能技改项目的落实和申报工作。

协助新格、萨帕、美铝（上海）、友升、浙东、众福、鑫益瑞杰等7户会员单位的申报材料顺利通过市节能服务中心组织的专家评审。此7户单位节能技改项目的总投资为8105万元，项目完成后，每年可节约标准煤21452吨，可减少二氧化碳排放39471.6吨，可得到政府奖励643.5万元（政府先已下达企业奖励资金226.7万元）。上海铝业行业的节约标煤已经超过市节能技改指标的5%。

2．积极开展节能减排（JJ）小组活动。浙东、新格、明岐等3户会员单位被批准列入本市节能减排（JJ）小组活动的试点单位。协会共组织4批34个单位的126位骨干参加市节能减排JJ小组活动的系统培训。节能减排JJ小组活动在行业内逐步深入展开。

二、完成首批“行业名优产品”的申报评审工作

经企业申报、行业专家评审组评审、行业评优工作委员会批准，上海浙东建材有限公司的“铝合金建筑型材”等15户单位的18个产品被评定为“行业名优产品”。

三、化大力气做好联系企业、服务会员、发展会员工作

走访、服务行业企业，积极发展新会员，年内共发展61户新会员，长三角地区中大的、知名的铝加工企业大部分已加入本会。会员主要来自江、浙、沪3地，此外，也有来自北京、山东、陕西、福建、江西、广东等省市。

四、办好会刊、网站，做好协会信息平台建设

年初，协会成立信息部，加强信息服务工作。继续办好《上海铝业》会刊，不断增加国家行业政策变化和会员单位的信息量，并添加彩页，逐步扩大发行量。新版网站开通以来，点击率逐月上升，现已成为全国铝业同行了解协会的一个窗口。为了加强国际交流，5月，在信息部配置外语专业人员，启动英文网站创建工作。

五、继续做好行业统计调查工作

受市统计局授权，负责行业统计调查工作，统计工作连续荣获先进单位称号。5月，协会配置全职统计员，进一步加强行业统计工作。

六、发挥协会专家委员会作用，不断加强协会技术平台建设

建立好协会专家库，专家委员会增补21位行业资深专家。目前，专家委员会已有各门类、各学科、各专业的资深专家36位，其中，6位是5所大学材料系的教授，30位是来自企业的资深专家。

经协会技术职称评审委员会评审，通过39名专业人员的技术职称评定，促进了企业的人才培养和行业的技术进步。

七、加强与政府各部门联系，做大协会服务平台

主动与市政府各委办局进行沟通联系，汇报工作，报送有关材料，取得政府各有关部门的支持和帮助，更好地为会员服务。2月，受中国有色金属加工工业协会的委托，协助召开“长三角地区铝企业经济危机影响座谈会”，并全程组织和陪同常务副会长马世光、铝部主任宋禹田考察江、浙、沪7户铝加工企业。5月，应邀出席在广州召开的“2009中国铝型材产业发展论坛”，并在大会上作演讲。6月，应邀参加在上海召开的“中欧铝箔发展座谈会”。11月，应邀赴北京参加中国有色金属加工工业60年论坛。并与励展、振威、易贸等大型展览公司进行沟通与合作，成为这3户公司组织活动的“支持单位”。积极与有关银行、管理咨询公司合作，拓展协会服务内容，提升服务功能。如与广发银行、招商银行等银行合作，开展企业融资项目；与启锐管理咨询公司合作，为申达、爱邦、龙球、赛达等公司开展建立标准体系认证项目；与创驰公司合作，为会员企业创著名商标、驰名商标提供服务等。

八、积极开展行业交流、产学研合作活动

与上海冷冻空调行业协会开展行业交流合作活动，共同组织召开多次“新技术新材料推广应用会议”、“以铝代铜项目讨论会”、等专家研讨会。并签署“两会合作协议书”。9月，与上海应用技术学院签订《产学研合作协议书》。开展与高校的科研交流和项目合作，为会员单位提供更加广阔的发展合作领域。

九、加强理事会领导班子建设

年内，增补8户会员单位为协会理事单位，新增补副理事长单位2户。不断加强秘书处建设，专职工作人员已达11人，编发的《秘书处工作汇报》出版89期，除分发理事会成员外，还扩大发至部分会员单位。

十、隆重举行成立20周年纪念活动

12月4日，协会隆重举行成立20周年纪念活动，共有200余人出席会议。全国政协常委、市经团联会长蒋以任为协会成立20周年题词，并为大会召开发来贺信。中国有色金属加工工业协会理事长潘家柱为协会成立20周年题词并出席纪念大会。为纪念成立20周年，协会编撰出版《论文集》和《纪念册》。

（成　元）

上海市铸造协会

上海市铸造协会成立于1984年1月，是以上海地区铸造企业为主体，并吸收科研、设计、教学和经贸等与铸造相关的企事业单位自愿组成的跨行业、跨部门、不论所有制性质的具有独立法人资格的非营利性社会团体。现有团体会员单位390余户，行业覆盖面达98%以上，涵盖上海地区34个区、县、局、集团、控股公司所属铸造厂点，民营铸造企业，外资、合资、股份制和其他经济形式的铸造企业，以及与铸造有关的大专院校、科研、设计和经贸单位和在沪注册的外地企业等。下设5个专业委员会和1个中心：铸铁、铸钢及精铸、有色铸造及压铸、铸造原辅材料和设备及机模专业委员会，政策及价格工作委员会和上海市铸造技术培训中心。

2009年主要工作：

一、服务企业

1．年初正式开通协会网站，经过近一年的运行，已有近7万人次登录浏览，收到较好效果，得到不少企业、各区经委有关部门和行业同仁的称赞和鼓励。其中，为配合行业节能减排，网站登载国家有关政策、规定和各类能耗标准；及时报道理事长办公会议精神和要点；并应宁波铸协要求，为其免费登载“2010宁波国际铸造及锻压工业展览会”广告，扩展了行业和长三角协会之间的合作交流。

2．组织、协助会员单位参展2009年中国国际铸件博览会。其中，上海宏钢电站设备铸锻有限公司的GX17CrMoV5-10联合循环H级重型燃机高压进汽缸、上海圣德曼铸造有限公司的GGG55B5壳体等荣获博览会优质铸件金奖，本会荣获优秀组织奖。

3．积极关注国家对铸造等相关行业税收调整方面优惠政策的走向和趋势，并对有关政策情况进行分析研究。及时通过向市经信委书面汇报与其他各种渠道和方式，反映行业现状、发展方向、企业诉求，希望得到政府有关政策的扶持，同时与企业加强相关信息的交流与沟通。

4．年内发展新会员单位8户：上海团星铁合金厂、上海南汇申隆铸造厂、高律科（上海）信息系统有限公司、上海崇明江口农机修造有限公司、上海赛强材料有限公司、上海凯悦电子科技有限公司、上海宏林金属制品有限公司和上海荣臻青铜艺术有限公司。

二、支持、配合政府工作

1．开展2008年铸造企业调查和统计，为配合市政府产业结构调整、开展行业节能减排和规范自律打下基础。

2．完成市经济团体联合会、上海工业经济联合会组织的行业协会试点工作。

3．完成市节能服务中心的“上海市铸造行业炉窑用能现状调研”项目。

4．完成市节能监察中心“上海工业能效对标指南手册”中关于碳素铸钢件、铸铁件（手工造型、中频感应炉熔炼）的2个项目，被其认定为搞得比较好的项目。市节能监察中心已向市有关部门推荐，要求协会2010年进一步编制有关能耗标准。

5．按照市经信委的部署和要求，初步完成关于本市铸造行业产业结构调整的总体思路和分批调整规划。

6．配合市经济团体联合会、上海市工业经济联合会在行业内积极开展“JJ小组活动”，组织“JJ活动”操作知识培训班，共有52户会员单位116人参加，同时走访有关企业，帮助企业进一步明确“JJ活动”的目标、方法和步骤，提高“JJ活动”水平和效果。

三、行业规范自律工作

1．年初修改企业达标评议评审内容和流程，下半年开始按新标准和流程进行达标评议，使达标评议工作进一步贴近企业实际，加强对企业的节能减排、环境保护和安全生产要求，深化提高了行业自律水平。全年对30户企业进行达标评议，发出达标证26张，对未达标企业要求其加强整改。

2．开办3期节能减排培训班，共有186户企业、195人参加培训和笔试。通过培训，使广大企业进一步了解国家和上海节能减排的形势和任务，学习能源管理的基础知识和能源统计的基本方法，促进企业节能减排水平的提高。

四、行业交流活动

1．年初，组织80多户铸铁、压铸、精铸和原辅材料和设备专业企业进行行业交流活动，探讨应对国际金融危机的办法和措施，为下半年行业明显回暖复苏起到了积极的作用。

2．2～3月，分别拜访浙江、苏州、常州、无锡、南京铸协。4月28日，在上海发起组建长三角铸协联动机制。

3．5月10日，赴安徽合肥参加中国铸造协会主办的全国铸造协会秘书长工作会议，与各地铸协进行工作交流；5月14日，应香港压铸及铸造业总会邀请参加第二届东莞国际铸造及压铸技术工业展，会晤香港、台湾铸造业同行。

4．8月9日，赴沈阳参加全国地方铸造协会秘书长联席会议，并介绍上海铸造行业产业结构调整的情况。

5．9月底，协会理事长俞亮钧以中国铸造协会副会长的身份主持中国铸造协会五届四次理事会暨第四次常务理事会，并主持中国铸造行业第四届高层论坛和2009年两岸三地铸造业合作论坛。

6．11月23日，赴宁波参加浙江省铸造协会五届四次年会。会议期间，与浙江铸协、南京铸协等兄弟协会达成加强联系和合作共识。

7．11月25日～28日，赴洛阳参加中国铸造行业系列会议——炼钢熔炼专题会，学习了解国内炼钢熔炼方面的最新技术和先进经验，参观具有现代装备和技术、管理的中信重工（原洛矿）、洛北铸钢厂等铸造企业。

8．9月8日，协会领导出席上海机床铸造一厂（苏州）有限公司在江苏吴江汾湖工业区的奠基典礼。9月25日，参加上海南洋工贸有限公司在上海奥林匹克俱乐部举行的成立15周年庆典。

（叶　苏）

上海市电镀协会

上海市电镀行业成立于1984年6月，是上海地区电镀生产企业以及相关的电镀设备、材料、设计、科研、教学、经营等企事业单位组成的行业组织。现有会员单位369户，遍及汽车、电子、通讯、机电、电力、化工、仪表、轻工、建筑、航空、航天、船舶、冶金、军工等行业。

2009年主要工作：

一、为政府服务

1.优化产业结构，淘汰落后工艺，全面推行清洁生产。根据本市产业结构调整的要求，完成上海电镀厂点的全面普查工作，并将普查讯息资料及时交付市产业结构调整办公室。完成市产业结构办公室交办的《电镀企业准入条件》制定工作。在市经信委及市环保局及市推进清洁生产办公室的指导下，年内对23户企业实施清洁生产审核，提出无低费方案562项，中高费方案87项，共投入费用6024万元，全年产生经济效益10839万元。其中，节电1063万千瓦时，节水72万立方米，减少排放COD 58吨、二氧化硫44.15吨。

以清洁生产为抓手，依靠科技创新、科技进步，提高电镀原材料的利用率和预防污染，已通过清洁生产审核的企业实现节能、降耗、减污、增效。在行业中树立清洁生产观念，为在行业全面推进清洁生产夯实基础。至年末，有114户电镀企业通过清洁生产审核，2010年还将对50户电镀企业实施清洁生产。

2.按照市安监局、市公安局、市禁毒办要求严格审核含氰剧毒化学品的用量。完成有关易制毒化学品从业人员的复训工作。完成对116户企业在2010年度含氰剧毒化学品用量的审核工作，经审核，2010年较2009年全行业将减少使用氰化钠110800公斤、氰化钾8939公斤。完成市安监局交办的《上海市危险化学品责任保险》工作，全行业80%企业参加投保。为完善危险化学品的管理，加强监督管理体系的建设，会同市固废中心对全行业开展化工原料、金属材料的使用及排放转移情况调查摸底，完成对271户企业的主要原材料、动力、水耗量调查统计。

二、为企业服务，为行业发展服务

1.与市机械工艺研究所合办的联合电镀实验室为61户企业提供镀层厚度、孔隙率、金相结构等检测、分析100余次，为企业生产提供准确可靠的分析、检测数据。

2.技术咨询服务热线，为100余户企业提供200多次的免费咨询服务，为部分企业作现场技术指导服务。

3.与轻工研究所合作共同推广的镀镍废水资源化清洁生产项目，取得理想的服务效果。年内，在76户企业安装140套镀镍废水回收装置，既提升水的再使用率，又减少废水处理费用，并将镍资源充分回收利用，共节约水资源100多万立方米，回收镍49吨。

4.举办各种类型的培训班，为企业练好内功增强抵御金融危机的能力。举办电镀技术操作工培训班12期，为14户企业培训操作工215名；编写《电镀三废处理和环境保护》教材，并对44户企业76人进行环保操作工上岗培训；在市推进清洁生产办公室的指导下，对15户企业的57人进行清洁生产内审员培训；会同国家清洁生产中心为23户企业培训30名国家清洁生产审核师。按照市公安局、市经委、市安监局持证上岗的要求，对250户企业近500人次进行专业培训，加强操作人员的危险隐患意识，保证电镀企业生产的安全运行。

5．根据国家最新颁布实施的《电镀污染物排放标准》、《电镀设备安全运行标准》、《电镀行业清洁生产审核标准》等法规要求标准，对《上海电镀企业达标要求》进行修改，广泛征求企业意见，修改后定为《上海电镀生产准入证》。年内会同区、县、环保、卫生防疫、安全监督等政府职能部门对85户企业发放《上海电镀准入证》，期间，对企业提出近400条整改意见，督促企业开展安全文明生产，树立了良好的社会形象。

6．开展多元文化交流，组织会员赴温州、嘉兴、镇江、成都、南京、无锡、广州、越南、柬埔寨学习、考察、交流，增强行业内的信息沟通。

7．编辑出版《上海电镀》6期，广泛宣传国家法律、法规、经济环保等政策，发布新技术、新工艺、新材料、新设备等讯息，并为24户企业作产品介绍和宣传。

8．网站改版升级，提升信息化服务水平。年内更新开发全新的门户网站，汇集电镀企业、原辅材料、生产厂商、经销商、企业信息的咨询数据库等内容。新网站由原来的8个栏目上升到12个栏目，并和40个相关网站链接，更好地为广大会员服务。

（王纪民）

上海钢管行业协会

上海钢管行业协会成立于2000年4月。现有会员企业60户，遍布上海、江苏、浙江两省一市。下设不锈钢管专业委员会和专家技术委员会。

一、深入企业调研，承接项目课题，应对金融危机

充分发挥商务部公平贸易基层工作点的作用，组织走访会员企业，针对金融经济危机对钢管企业所产生的影响进行调研，了解会员企业生产经营情况，及时总结会员企业的有效应对措施，在会员企业之间开展交流学习。同时，承担市商务委的研究课题“中国钢管行业扶持与反补贴问题研究”，组织专家学者在广泛调研和深入研究的基础上，按时提交近6万字的《中国钢管行业扶持与反补贴问题研究报告》。报告在对中国钢管反补贴案件剖析、对各国钢铁行业扶持与补贴比较分析、对WTO框架下的“SCM协定”内容解读及结合我国钢管行业贸易实践的基础上，对我国钢管行业的贸易摩擦成因得出11项研究结论，提出12条钢管反补贴应对措施及政策建议，受到市商务委及会员单位的好评。

二、举办大型展会，服务行业、企业

5月，主办“第五届上海国际钢管工业展览会”，共有来自国内外300多家钢管生产企业、贸易企业、钢管设备制造企业、海内外钢管资讯媒体参加展会，专业观众和采购商出席数达18000人。10月，与中国钢结构协会钢管分会合作，在天津滨海新区举办天津国际钢管工业展，参展商近500户。本会主办的上海国际钢管工业展，在国内外已具有相当的知名度。

三、办好简报、网站，搭建会员交流平台

每月编辑出版2期“上海钢管行业简报”，已出版至194期，近百万字。开办“钢管行业”协会网站，为企业提供更多更快的行业信息和会员交流的平台。《文汇报》报道了本会以“小简报、大展会”服务会员单位的事迹，扩大了协会的影响，提升了协会的知名度。

（蒋秋生）

上海市焊接协会

上海市焊接协会是1986年经上海市民政局批准成立的市级专业协会，下设行业管理、教育培训、交流出版和组织建设等4个专业委员会。现有会员企业243户。

2009年主要工作：

一、以服务企业为宗旨，积极应对金融危机

1．组织企业进行应对金融危机的经验交流。6月1日，与市锅炉压力容器协会联合召开“学习实践科学发展观，企业持续发展研讨会”。上海沪工电焊机有限公司、上海四方锅炉厂、谷盛企业发展有限公司、无锡太湖锅炉厂、上海威特力焊接设备制造股份有限公司、上海电气电站设备有限公司电站辅机厂等6户企业在会上介绍应对金融危机冲击，采取依靠科技、加强管理、调整产品、开拓市场、培养人才等方面的对策措施，使广大企业得到启发。

2. 积极为企业排忧解难。针对不少中小企业会员单位承接产品订单，但缺乏焊接工艺评定能力的实际情况，组织专家先后为7户企业解决焊接工艺评定问题，保证企业在困难情况下正常生产经营。3月，上海重型机器厂需要解决600吨行车轨道梁加固任务，协会承接这一任务后，组织一批老专家、老教授冒着高温不辞辛劳地到闵行现场调查研究和技术指导，制定焊接施工方案，开展焊接工艺评定试验和组织现场焊接质量监控，还专门为施工单位进行焊工技术培训和考核，于7月中旬成功解决行车轨道梁加固的任务。6月，在第14届埃森国际焊接与切割展览会期间，利用通用重工集团租赁的展览场地，介绍协会一批资深焊接专家的简历、成就和著作，并在展览会设摊，组织专家轮流与国内外专家切磋技术，交流经验，无偿解答来访者有关焊接技术、工艺、材料、设备和培训方面的问题。

3. 为会员企业发展献计献策。2月21日，应上海通用重工集团公司的要求，组织20多位专家参加“通用重工”战略发展研讨会。专家们集思广益，提出集团未来发展战略上要注重规划的科学性、重视培训和引进人才、积极参与行业竞标、走产学研一体化道路和发展高效智能化焊接产品等建议。

4. 努力办好网站和杂志。上海焊接网和《上海焊接》杂志是协会服务企业的重要平台。在办好上海焊接网的同时，全年编辑出版6期《上海焊接》杂志，传递国家政策、行业信息，反映企业呼声，交流技术经验，探讨经营之道。

二、开展中外技术交流，帮助拓展经营渠道

1. 组织会员企业参展。6月2日～5日，在上海新国际会议中心举办的第14届埃森国际焊接与切割展览会上，上海通用重工集团、东升焊接集团、沪工电焊机有限公司、沪通电焊机有限公司、威特力焊接设备制造公司、梅达焊接设备有限公司、大西洋焊接材料股份公司、上海焊接材料有限公司、梅塞尔气体有限公司等许多会员企业精彩亮相，展出最新研发的各种焊接新产品，促进了产品的销售。

2. 组织各类技术交流活动。5月，与天津市焊接协会在上海召开第10次沪津两地焊接协会工作会议，交流协会工作经验、中外焊接技术发展趋势和市场信息，推动两地焊接协会共同发展。7月4日，邀请上海交大焊接专业毕业生、现在美国硅谷从事IT行业焊接技术工作的余光先生主讲“焊接技术在信息产业中的应用”。12月4日～7日，组织会员单位参加在福州市召开的第10届华东六省一市焊接技术交流会，按照会议确定的“大型焊接结构的制造与质量控制”的主题，与市焊接学会共同递交25篇交流论文。

3. 组织国外技术考察交流。9月8日，与上海通用重工集团共同组团，应邀赴英与世界知名的英国焊接研究所进行考察和交流。11月19日，英国焊接研究所来沪回访，先后考察协会的培训基地和培训设施，以及通用重工集团的新办公大楼、技术研发中心和生产车间。英国客人对协会的各项工作特别是技术培训工作，以及上海通用重工集团公司留下深刻印象。双方还就有关合作事宜进行座谈。

三、提高技术培训“质”“量”，加快焊接人才培养

1. 提高培训教师素质。2月和5月，分别组织对理论培训、实践指导和监考管理老师进行培训，内容包括教师应具备的职责和职业纪律、美国焊接学会（AWS）钢结构焊接及焊接工艺评定规范等专业知识。在培训和考试合格的基础上，向培训教师颁发证书。协会已形成一支由教授、专家、高级技师等37人组成的专职教师队伍，并且在焊工技术培训和考试中做到统一着装、持证上岗。

2. 因企制宜开展技术培训。协会根据企业的产品、技术特点编制教材，按照“教”和“考”分离的原则，组织培训和考试，全年完成焊工技术培训人数创历史新高。其中，AWS、AWSD1.1. ASME、EN、CCS、ISO9606等国际焊工标准培训的比例约占培训总人数的一半。为本市和外地企业培训数千名合格的焊工，并和上海交通大学、市焊接学会合作，举办国际焊接工程师培训班，还先后2次组织海军上海基地和青浦开发区焊工技术比武。

3. 组织编写技术书籍。与市焊接学会合作，组织专家和教授编写《焊接先进技术》一书。全书共4章、60多万字，为焊接技术人员提供最新的技术参考书籍。

四、配合政府开展工作，发挥桥梁纽带作用

1. 开展第5次行业名优产品推荐活动。贯彻市政府实施名牌战略的要求，把推荐行业名优产品作为一项常规工作来抓。在对14户申报企业进行资格评审、现场抽检、用户反映和市质量监督检验技术研究所等专业权威机构检测产品的基础上，由专家委员会集体评审，认定上海东升焊接集团公司、上海沪工电焊机有限公司、上海通用重工集团公司等14户企业生产的20种焊接设备、10种焊接材料和1种焊接辅具，共33种焊接产品为2009年度上海市焊接行业名优产品。对连续3次获得行业名优产品的上海东升焊接集团、上海沪工电焊机有限公司、上海通用重工集团、上海沪东焊接设备公司、哈德瑞焊接技术有限公司和上海焊接材料有限公司授予奖杯，以进一步推动行业名优产品推荐活动。

2. 组织开展节能减排试点。根据市经信委和市工经联的布置，以及市节能办关于开展节能减排JJ小组活动的要求，协会选择上海威特力焊接设备有限公司为行业试点企业。该公司专门成立2个节能减排JJ小组，组织各部门、各车间和班组开展节能减排活动，从技术、工艺、管理等各方面着手，节约能源和原材料，并集中力量研发节能、高效、清洁的焊接新设备。

3. 筹备第 2 批焊接职称评定试点。根据《上海市焊接专业技术职称任职资格评审工作的实施细则》，启动第 2 批行业焊接技术职称评定工作。协会技术职称评审委员会在完成对 17 个单位计 24 人申报助理工程师、工程师、高级工程师对象初审的基础上，准备对申报对象进行培训，于 2010 年上半年完成第 2 批焊接技术职称评定工作。

4. 积极为政府提供服务。受市安全生产监督管理局委托，与上海海事大学、市安全生产科学研究所和宝山区焊接协会一起，着手编制埋弧焊自动焊接、二氧化碳气体保护焊接、手工电弧焊、气割气焊、电阻焊、亚弧焊、特种焊接、激光焊等方面的焊工培训考案和试卷。

（柳国炎）

上海市气体工业协会

上海市气体工业协会成立于 2007 年 1 月，为本市气体工业中专业气体生产、气体储运、空分装备、承压设备制造、相关仪器仪表和零配件制造，以及科研单位、检测中心和大专院校等相关企事业单位，并包括在本专业领域内具有一定影响的个人自愿组成的专业性社会团体法人。下设焊工考试委员会，主要负责特种设备企业的焊工考试。

2009 年主要工作：

一、举办、参加一系列重要会议和活动

1.1 月 15 日，在上海金庭私家庄园会所召开“上海市气体工业协会 2008 年会暨 2009 年迎新春座谈会”。会员单位代表、专家以及相关政府部门领导 80 多人参加会议。

2. 2 月 27 日，参加市质量技术监督局在好望角大酒店召开的“上海市气瓶安全管理工作会议”。各区县质量技术监督局、市标准化研究院、气瓶充装单位、气瓶检验单位和气瓶充装鉴定评审机构气瓶安全方面的负责人参加会议。

3. 5 月 12 日～15 日，全国锅炉压力容器标准化技术委员会移动式压力容器分技术委员会和低温容器工作组在昆明市召开 2009 年度“锅容标委”移动分会、低温工作组工作会议，本会作为低温工作组的挂靠单位之一，承办此次会议。

4.6 月 1 日，应邀参加上海石油化工装备产业基地在金山区吕巷镇的揭牌仪式。其中，正式奠基的重点项目“蓝滨装备研制项目”，建成后将达到年销售额分别为 12 亿元电站空冷设备和 6 亿元的重型石化设备、海洋石油装备及陆地石油钻采设备的生产能力。据悉，这一产业基地将与上海的造船基地遥相呼应、积极合作，成为本市着力推进的先进重大装备、海洋工程装备等高新技术产业的重要组成部分。

5. 9 月 7 日～10 日，由中国工程热物理学会和中国制冷学会主办、上海交通大学和中山大学承办的第 2 届中国液化天然气 LNG 论坛在上海交通大学徐汇校区成功举行。协会秘书长应邀参加论坛。

二、举办行业相关培训

1. 气体分析工培训。分别于 6 月 5 日～7 日、12 月 18～19 日，举办 2 期气体分析人员《职业资格证书》技能培训班，有近百名学员参加培训，并通过考核取得国家人力资源和社会保障部颁发的化学检验工《职业资格证书》。

2. 欧盟 EN 标准培训。受中集集团的邀请，协会组织专家为会员服务。8 月 13 日，在张家港市举办中集集团内部关于欧盟低温压力容器标准 EN13458.1–3 的培训。南通中集、中集通华、大连重化装备、安瑞科宏图、安瑞科蚌埠压缩机、安瑞科石家庄气体机械等公司的相关技术人员通过同步视频参加培训。

三、参与法规、标准的制定、修订工作

1. 参与制定完成 TSGR0005《移动式压力容器安全技术监察规程》(征求意见稿) 和 TSGR4002《移动式压力容器充装许可规则》(征求意见稿)。

2. 参加制定 TSGDXXXX《爆破片泄压装置安全技术监察规程》。

3. 参与制定、修订 GB567.1～4《爆破片安全装置》、GB/T14566.1～GB/T14566.4《爆破片型式与参数》等 8 项系列国家标准。

4. 参与制定、修订 GB/T18442.1～6《固定式真空绝热深冷压力容器》等 6 项国家标准。

5. 参与制定、修订 GB/T5458《液氮生物容器》、GB14174《大口径液氮容器》及 GB16774《自增压式液氮容器》3 项国家标准。

四、承担、参与 ISO/TC220 国际标准化事务

本会作为全国锅炉压力容器标准化技术委员会低温容器工作组秘书处的挂靠单位之一，负责 ISO/TC220“国际低温容器标准化技术委员会”的相关对口联络工作。同时，加强跟踪和了解国际低温储运装备技术发展水平和技术规范要求，积极参与国际低温标准和技术规范的制定，利用 TBT

原则充分体现中国的利益和要求。

五、参与深冷容器标准体系研究

《深冷容器标准体系研究》是本会在2008年向国家标准化管理委员会申请的重点科研项目，该项目在2008年9月获得批准。在2008年工作的基础上，对项目工作做了改进，力求建立一个更加完整、科学的标准体系。该研究有助于低温容器行业的发展，使得低温容器的设计、制造、使用、检验等各环节更加规范，有标可依，进而提升产品的质量和技术水平，同时提升气体行业储运的安全性。

六、面向政府与行业的服务、管理工作

1．参加中国工业气体协会气瓶专委会制造许可证评审。受国家质量监督检验检疫总局特种设备局委托，完成全国范围内有关特种设备（固定、移动式压力容器、气瓶、安全附件等）制造许可鉴定评审工作12项。

2．为全国压力容器设计鉴定评审人员讲课。受国家质检总局特种设备局的委托，8月25日～28日，全国锅容标委在北戴河市举办“2009年压力容器设计鉴定评审人员培训考核班”。本会秘书长作为压力容器设计质量管理体系鉴定评审技巧的授课老师，进行主讲。近200名压力容器设计鉴定评审人员参加培训。

3．负责市焊工培训、考试工作。协会焊工考试机构对本市焊工考试相关管理规定和程序进行调整和完善，全年初训焊工158人，复训焊工440人，共完成焊工培训和考试达1400项次。

4．与同行间的学习交流。与其他省市相关气体行业协会、中国工业气体工业协会、亚洲气体协会以及世界气体杂志交流和学习，取长补短，不断提高协会的活力。

5．编辑出版《上海气协简报》。编辑出版3期《上海气协简报》，供会员阅读。

6．为企业出具相关的证明。会员单位上海启元空分技术发展有限公司向市工商局提出申请著名商标，受理后，工商局著名商标认定委员会办公室向本会发来“征询意见函”。协会根据调查研究，书面回复，对上海启元空分技术发展有限公司在行业中的影响力给予肯定。

（施锋萍）

上海市热处理协会

上海市热处理协会成立于1984年，是以热处理企业为主和相关联的设计、科研、教育等有关单位，热处理设备制造企业以及热处理工艺材料生产企业自愿参加组成的社团法人。现有单位会员384户。下设真空、感应、控制气氛热处理和表面改性技术等专业委员会。

2009年主要工作：

一、继续抓好热处理企业结构调整，规范和促进行业发展

1．组织各类政策信息交流座谈。针对热处理企业以中小企业为主，不十分了解政府相关优惠政策的情况，组织由青浦、金山、松江、宝山和浦东新区经委牵头的各类座谈会，详细讲解、鼓励争取优惠政策，深受企业欢迎。

2．加强项目准入管理，组织专家评估，关注项目建设和调整影响。组织专家对伯尔克（上海）底盘技术有限公司热处理可行性、上海上起热处理有限公司搬迁等8个项目进行论证、评估、咨询。

3．组织专家对上海汽轮机厂技术改造等16项项目进行技术论证、现场诊断和动迁咨询；组织部分企业参观学习南通振华重型装备制造公司重型齿轮箱厂的动迁技术改造经验，促进企业技术改造，掌握热处理先进技术，发展低碳技术，提高产能，优化升级。

4．以上海海上热处理有限公司清洁生产通过审核验收，并被列为本市5个典型宣传单位之一为契机，加快推行清洁生产技术，带动行业企业提升清洁生产水平，同时将上海工具厂有限公司等6户企业列为清洁生产技术示范企业，上海中加电炉有限公司和德润宝特种润滑剂有限公司列为清洁生产技术支持企业。

5．组织上海旗春热处理有限公司等12户企业参加2009江苏装备制造业配套对接洽谈会，展示上海企业实力和上海热处理行业风貌。

6．配合国家工信部拟建工业节能减排技术改造项目储备库，动员和帮助上海重型机器厂等20户企业报送，推进企业技术改造和争取鼓励政策。

7．验收热处理厂（点）生产基本条件达标共75户，大多数企业重视优化升级，在质量管理、生产现场管理、安全管理、能源管理、设备节能技术改造、三废治理方面都有了很大改观与提升。

8．配合中国热协抽查上海热处理有限公司、海上热处理有限公司、上海中加电炉有限公司等5户热处理规范企业和质量管理优秀企业，进一步促进企业技术质量、环保和管理水准提升，并在全国省、市地方热处理协会秘书长工作会议上作推介。

9．配合市政府产业结构调整，与市推进办公室协调做好“上海工业四大基础工艺企业结构调整方案”课题和调研，提供行业情况及有关资料、开展深层次调研，不断反映、提出意见和建议。借机让政府采纳热处理工艺的定位、行业导向以及协会对产业结构调整的积极做法，调整的总思路、原则、方案，以及生产链延伸、产业转移等。认真撰写《上海市热处理行业、企业结构调整意见》、《上海市热处理工业炉窑用能现状调查报告》，提供政府用于制定上海工业炉窑节能、降耗、减污的技术改造方案与鼓励政策作参考。

10．随着上海产业辐射和工业生产链向长三角延伸，为上海热处理企业寻找紧随充分服务大产业的基地，配合中国热处理行业协会在江苏大丰地区设立热处理聚集园作构思规划。

二、召开上海市热处理协会第五届第二次会员大会

11 月 27 日～ 29 日，在江苏大丰市召开五届二次会员大会暨热处理行业企业结构调整战略宣讲会、江苏大丰投资环境说明会、热处理行业企业节能减排工作交流会，共有 230 余人出席，代表 209 户热处理企业。

三、加强和全国热协、兄弟省市热协的联系

1．在上海召开 2009 年全国省市地方热处理协会秘书长工作会议。各地热协秘书长进行交流，重点讨论《国家清洁生产技术导向目标》、《热处理行业清洁生产水平评价》，组织参观上海热处理厂有限公司等 4 户企业。

2．组织会员参加中国热协主办的渗氮及表面热处理技术会议，学习渗氮方面先进技术，并对渗氮催渗工作在市内进行推广试验。

3．组织征询，对市内 10 余户典型热处理企业就行业现状、形势、财税政策、国家支持力度、产业调整振兴的任务，以及国家财政和税收影响分析测算等 6 个方面作出评价，提供资料、观点和建议，并通过中国热协传递，为全国人大预算工委和中国机械工业联合会的“有利于加快装备制造业的财税制度补充”课题报告提供依据，争取国家对热处理行业的财税优惠。

4．参加中国机械工业联合会主办的《热处理行业清洁生产推行方案》专家论证会，介绍上海清洁生产的基本做法，引导地方政府政策支持的清洁生产，为全国热处理行业推行清洁生产提供借鉴。

5．接洽常州市热协代表团来沪参观考察，共同研讨热处理技术发展和清洁生产实施。

6．受中国热协委托监督检查上海地区热处理规范企业和质量管理优秀企业工作。

四、认真抓好技术交流和教育培训工作

1．协会感应热处理专业委员会举办感应热处理检验标准、节能技术和感应器制作技术交流会，以及感应热处理先进技术论坛技术交流活动，还邀请美籍俄罗斯专家涅姆科夫主讲“先进热处理技术和设计方法”。

2．真空热处理专业委员会在上海工具厂有限公司介绍真空热处理最新进展和组织现场参观。并收集编写“真空油淬炉安全操作规程”，规范作业和确保安全。

3．为 1 户法国企业完成 2 种钢种的零件热处理工艺设计，达到较高的技术要求。

4．为 7 户企业举办热处理上岗技术培训班 6 期，共有 92 名学员；举办 1 期中级工职业资格培训班，学员 52 名。

5．为上海应用技术学院（高职、高专）应届毕业生专办热处理中级工职业资格技术培训班，学员 23 名，合格 22 名，强化了应会技能培训，并为其积极推荐落实工作单位。

6．与上海市热处理专业团体联席会共同举办上海地区材料热处理工程师（含见习）资格考试培训班，学员 33 人。

7．鉴于上海热处理高级人才严重短缺，筹备热处理高级技师职业资格培训项目。《职业开发项目建议书》、《上海市热处理高级技师／一级职业标准（试行）》均已修改定稿，并呈报市人力资源和社会保障局，该项目已进入申报阶段，筹备工作正步入轨道。

8．组织编纂《实用热处理手册》，正在各类培训班、企业现场使用。

9．充实信息网络。定时更新《上海热处理网》、《上海市热处理协会网》信息，保持较高点击率。出版 4 期《上海市热处理协会通讯》，宣传、报导本市产业结构调整与重点支持方向、工业园区结构优化与调整、节能减排、新能源、高新技术产业化、企业优化升级、清洁生产、行业管理等信息。

（朱祖昌）

上海市轻工业协会

上海市轻工业协会成立于2007年6月，是由轻工各专业行业协会、大中型企业集团（公司）、科研院所等自愿组成，跨所有制的非营利性社会团体法人。现有会员单位200余户。

2009年主要工作：

一、认真学习、宣传国务院《轻工业调整和振兴规划》和上海的《实施方案》，推进上海轻工产业发展

4月24日，特邀中国轻工业联合会名誉会长陈士能、专职副会长兼秘书长王世成到沪宣讲《规划》。会后对宣讲报告作了整理，并分发各会员单位。在本市制订《轻工业调整和振兴规划》实施方案过程中，协助市经信委参与文件的起草和修改工作。10月9日，市政府发布该“实施方案”后，协会及时全文印发到各会员单位，抓紧贯彻落实。

二、撰写专题报告，及时向政府部门提出调整、振兴上海轻工业的建议

3～4月，按照杨雄常务副市长的要求，经过调研，撰写《关于调整、振兴上海轻工业的建议》的专题报告，报送市政府。报告分析上海轻工产业的基本情况，进行国内环境、上海业态的比较优势和相对劣势的产业分析，提出加大品牌建设的政策扶持、全力支持重点企业的发展、推进轻工生产型服务业发展、发挥轻工行业协会作用等多项建议。有关负责同志及时批转相关部门，促进了《轻工业调整和振兴规划》在上海的贯彻落实。

三、以“双鹿”品牌开放性重组为典型，促进上海轻工品牌建设

根据市委领导有关批示精神，协助市委研究室、市国资委开展开放性重组部分老品牌的调研，对上海轻工行业26个中国驰名商标、34个中国名牌产品、166个上海著名商标和262个上海名牌产品进行排摸，对52个品牌所在的企业做问卷调查，于9月初撰写报送《关于重组上海轻工老品牌的调查报告》，做到“有情况、有分析、有建议”。12月11日，在上海双鹿电器有限公司召开“双鹿品牌重新崛起的启示座谈会”，交流开放性重组部分老品牌的思路和举措。

四、举办以“创意，让生活更精彩”为主题的2009年上海“轻工杯”生活用品时尚创意设计大赛活动

4～9月，与市总工会、市经团联、上海轻工业工会联合会联合开举办“大赛”活动，上海轻工行业企事业单位的设计人员及员工、大中专院校的创意设计人员、社会各界创意设计爱好者踊跃参与，组委会办公室收到500余件推荐报名作品，其中，262件符合参赛条件的作品进入评审，最终评选出60件获奖作品。其中，25件作品分别获得功能创意设计、外观创意设计奖项。大赛促进了自主创新和产学研合作，并产生后续效应。12月28日，上海大学和澳星照明电器公司合作的“工业设计实验基地”、“人才培养及项目研发基地”揭牌签约；创意大赛1等奖获奖作品“多功能代步车”将由有关企业投入研制；出自老凤祥年轻设计师之手的“石库门风情”挂件投入批量生产，并在东方明珠销售。

五、结合纪念建国60周年和迎接2010年世博会，举办上海轻工60年风采展等活动，大力宣传和展示上海轻工的整体形象

9月22日～24日，与上海轻工业工会联合会在市工人文化宫共同举办“伴随共和国的彩虹——上海轻工60年风采展暨2009年上海‘轻工杯’生活用品时尚创意设计大赛成果展”。为期3天的展出，集中展示上海轻工60年来，特别是改革开放30年来劳动模范、优秀品牌、知名企业的形象，近5000人参观展览并给予好评。组织参与中轻联《中国轻工业辉煌60年》大型图文专辑、市经信委“我与上海产业发展”征文活动的征集编写工作，配合中央电视台等新闻单位采访知名企业并播出专题片。4季度，为上海世博会特许产品经营办公室在轻工行业搭建平台，联合召开专题会议。

六、健全了定期召开专业行业协会秘书长联席会议的制度，共商轻工行业发展大计

4月2日、6月24日、11月11日，先后3次召开联席会议，起到上情下达、下情上达，就共同关心的问题进行研讨的积极作用。

七、充分发挥协会质量工作委员会和科技创新委员会的作用

协会加入市质监局“上海市行业协会质量工作网络”，开展相关工作，于12月形成《上海轻工业质量分析报告》。受市质监局委托，开展轻工行业2009年上海名牌申报初审工作，经专家评审，共有73个产品获得年度市名牌产品称号。并受市质监局委托，参加全市质量攻关项目评审和全市质量金奖企业评审。协会科技创新委员会整理了《技术创新服务项目指引》，并提供相应服务。

八、运用上海市工程系列轻工专业高、中级专业技术职务任职资格评审委员会设在本会的优势，进行2009年度工程系列轻工专业技术职务评审工作

通过下发文件、组织动员、沟通辅导等多种途径，为近

80 名高级职称申报人员和 400 多名中级职称申报人员提供相关服务，按规范程序严格把好材料关和评审关，共评审通过高级工程师 75 人、工程师 298 人。

九、参与上海领军人才选拔的社会团体举荐工作

8 月，根据市工经联党委的要求，协助市委组织部、市人力资源和社会保障局开展 2009 年上海领军人才选拔的举荐工作，举荐多位上海领军人才候选人。经全市评审和公示，协会举荐的沈建芳同志被列入 2009 年上海领军人才“地方队”培养计划人选名单。

十、统一组团参加大连轻博会

10 月 22 日～ 26 日，由中国轻工业联合会和大连市政府联合主办的首届中国（大连）轻工商品博览会在大连举行。协会牵头与 10 个专业行业协会一起组织上海轻工企业有代表性的名品、名牌共 21 户企业（公司）参展，是除东道主外的最大展团。上海轻工有 25 个展品参评获“中轻万花杯”创新产品奖，其中，金奖 12 个，在省、区、市获奖中名列前茅。此外，为会员单位参展广交会和华交会、参评星级诚信企业和诚信企业、用电用水、法律实务培训等方面尽力做好个性化服务。

十一、创办会员通讯、健全协会网站

4 月，实现网站运行的正常化，通过网站及时向会员单位和全社会发布动态信息、提供各项服务。创办会员通讯《上海轻工》，全年出版 7 期，共 8 万多字，有效加强与会员单位的经常性沟通和联系。

十二、大力加强协会自身的思想建设、组织建设和作风建设

3 月～ 8 月，党支部在市工经联党委的领导下，开展第 2 批深入学习实践科学发展观活动，通过学习调研、分析检查和整改落实，针对协会自身建设方面存在的问题，采取了改进措施。

（韩如元、范伟民）

上海市印刷行业协会

上海市印刷行业协会成立于 2004 年 4 月 28 日，为上海从事出版物、包装装潢印刷品和其他印刷品印刷经营活动以及相关的印刷机械、设备、器材生产经营和印刷教育、科研等企事业单位自愿组成的跨部门、跨所有制的非营利的行业性社会团体法人。现有各种所有制会员单位 431 户。

2009 年主要工作：

一、深入学习调研，为行业、企业改革发展服务

1. 以深入学习实践科学发展观活动为契机，把应对全球金融危机影响作为年度开局的首要工作，在 300 多户会员单位中开展“金融危机对本市印刷行业的影响及应对策略”问卷调查，主要负责人带头深入到活动的联系点走访、座谈，形成专题调研报告。及时召开二届二次理事（扩大）会议，通报调研结果。专门邀请政府有关部门和社团组织的领导、专家解读“越冬政策”，并在会刊上刊出《政策汇编》，就印刷产业融入现代服务业、提高包装印刷品出口退税率，以及印刷企业增值税减免等方面，向有关政府部分提出行业主张，引起有关方面的高度关注。利用《上海印刷》等宣传渠道，及时传递会员单位在应对金融危机中所采取的有效举措，以互相借鉴，共克时艰。

2. 为了更好地回顾上海印刷业新中国成立 60 年来走过的历程，总结经验得失，引领行业以新观念、新思路、新举措提升综合竞争力，转变经济增长方式，5 月起着手编撰《变革图新——上海印刷业 60 年》文集，在市新闻出版局大力支持、指导，会员单位和相关协会的热情参与和倾力帮助下，经过半年多的不懈努力，于年末正式出版。

二、深化行业品牌建设，提升产业综合能级

1. 为贯彻落实《上海推进实施品牌战略行动方案》及“上海印刷行业迎世博行动计划”，在制定出台“上海印刷行业品牌企业评价指标体系”的基础上，于 4 月开展上海印刷行业“品牌企业”评选暨向世博会推荐印刷品牌特色企业活动，并在上海国际印刷周举办期间，向世博组委会递交评选产生的 70 户各类印刷品牌企业名录，为印刷企业抓住世博机遇，展示形象、开拓市场提供实实在在的服务。目前，已有相关世博参展商（机构）与不少品牌印刷企业进行业务沟通，有些已开始承印世博产品。与此同时，为配合实施上海新闻出版业迎世博印刷质量工程行动计划，确保世博印刷品安全，协会提出“建立世博印刷质量监控机构及监督预案制度设计”的意见和建议，召开“印刷企业迎世博”专题研讨会等工作。印刷行业主动服务世博的行动得到市新闻出版局和世博局有关部门的充分肯定。

2. 为提升上海品牌印刷企业的国际形象，继续组织相关企业选送印刷精品参加年度美国印刷大奖、亚洲印刷大奖等国际印刷大奖赛。上海烟草包装印刷有限公司印制的《09 版熊猫礼盒》、《CHANEL（香奈尔）系列插页》、上海中华商务联合印刷有限公司选送的印刷精品《日本武士》在第 60 届美国印刷大奖赛中摘得金奖。界龙集团有限公司、上海烟草包装印刷有限公司、上海中华商务联合印刷有限公司、上海中华印刷有限公司等企业的印刷精品在各类国际印刷权威赛事中屡创佳绩。通过参加国内外行业顶级赛事，对提高企业产品质量和印制水平，扩大上海印刷企业在全球同业中的影响，起到了积极的推动作用。

3. 主动加强与市级品牌评审机构联系、沟通，动员印刷企业参评“市著名商标”和“市名牌产品”等政策扶持项目，并受市级评审机构委托，认真细致地为参评企业做好有关专业资质、考核指数认定和评价等工作。为使印刷企业纳入“市名牌服务”项目评审范围，协会积极主张，在市现代服务业联合会的指导和帮助下，7月，“市名牌办”正式发文新增“印刷服务”为上海名牌服务推荐评审目录。年内，经企业申报，协会初审、推荐，市级终评并公示，界龙实业集团股份有限公司、紫泉标签有限公司、紫光机械有限公司、光华印刷机械有限公司、申威达机械有限公司、新星印刷器材有限公司、牡丹油墨有限公司、泗联实业有限公司等企业的优质产品被认定为“上海名牌产品”。上海伊诺尔印务有限公司、上海同昆数码印刷有限公司成为首获“上海名牌服务”的印刷企业；上海美声服饰公司、上海太阳机械公司的注册商标有望获“上海市著名商标”；上海烟印资源管理系统首度参与市级管理创新奖评选，获得“2009年度上海企业管理现代化创新成果奖”；上海中华商务联合印刷有限公司被市商务委评定为“上海市外商投资‘双优’企业”。

4. 进一步开展创建“市诚信企业”活动。年内，有22户印刷企业评为“市诚信企业”，在全市创建活动中，诚信体系建设取得了明显的效果。

5. 配合做好第三届上海印制大奖赛的组织发动、产品选送、评审、表彰总结等工作。与上海新星印刷器材有限公司共同策划、主办“新星公司创新发展论坛”，都取得圆满成功。

三、着力行业人才队伍建设、夯实产业发展基础

1. 为表彰先进，树立典范，认真做好第十届毕昇印刷奖推荐评审工作。经评审公示，上海烟草印刷包装有限公司总经理俞志康荣获“第十届毕昇印刷杰出成就奖”，上海紫丹印务有限公司总经理陆卫达荣获“第十届毕昇印刷杰出优秀新人奖”。

8月，参加新闻出版总署和中国印刷技术协会“评选表彰百名优秀出版企业家、新中国百名杰出贡献印刷企业家及百名科技创新标兵”活动，经协会组织推荐，上海界龙集团有限公司董事长费钧德荣获国家新闻出版总署授予的“新中国百名优秀出版企业家”称号；上海安全印务有限公司总经理丁法、上海太阳机械有限公司总经理祁和亮、上海伊诺尔印务有限公司总经理李培芬、上海界龙实业集团股份有限公司总裁沈伟荣、上海紫泉包装有限公司总经理周洁碧、上海烟草包装印刷有限公司总经理俞志康、上海高斯印刷设备有限公司总经理俞金根、豹驰集团董事长程康英等8名经理人荣获“新中国百名杰出贡献印刷企业家”称号；上海紫江彩印包装有限公司副总经理贺爱忠等14名优秀科技人才荣获“全国印刷行业百名科技创新标兵”称号。

2. 注重优秀青年人才的培养。年内，通过“豹驰杯”上海印刷新人评选，大力宣传青年才俊的优秀事迹，精心组织获奖者对话活动、参与行业发展重要课题研究等，积极引导优秀青年健康成长，激发他们的创新智慧和创业激情，在行业中产生了强烈的反响。同时，在豹驰集团的倾力支持下，协会与豹驰集团续签“上海印刷新人奖”合作协议，为进一步推进这项工作奠定基础。

3. 继续开展印刷职业技能登高暨竞赛活动。在市新闻出版局和市人力资源社会保障局的统一部署下，主办平版印刷工种高级工技能竞赛，经广泛发动，共有101名职工参加竞赛。

四、整合资源，积极为企业开拓国内外市场服务

1. 与浦东印协联手，组团参加第四届香港国际包装展。主办方特为上海等地设立专区，还为上海参展、观展团专门组织数场推介服务活动。协会积极为参展企业享受企业开拓海外市场政策补贴提供咨询服务等，取得很好效果。

2. 参与承办2009上海国际印刷产品交易会。启动华东六省一市印协工作联动机制，热情接待他们组团观展和参观本市知名印刷企业，共享这一商贸资源平台，并充分发挥组织优势，诚邀上游行业组织及其企业前往观展、洽谈贸易，同时举办有关新产品、新工艺互动交流、信息推介等活动。

3. 力推优秀印刷包装企业参加首届现代“婚博会”。“婚博会”由市商务委、上海现代服务业联合会、上海商业联合会主办，本会等15户行业协会参与协办。上海平山印刷包装有限公司、上海瑞时印刷有限公司作为协会力推的会员单位中优秀包装企业参展“亮相”，为印刷产业与相关产业融合发展进行探索和尝试，寻找以婚礼消费为契机的商机，取得一定成效。

五、发挥组织优势，积极开拓服务领域

1. 积极参与国家印刷职业标准制定工作，组织行业专家参与编制《CY/T59—2009纸质印刷品模切过程控制及检测方法》、《CY/T60—2009纸质印刷品烫印与压凹凸过程控制及检测方法》、《CY/T61—2009纸质印刷品制盒过程控制及检测方法》等行业标准制定，经国家新闻出版总署批准，这3项标准已于6月发布实施，填补了该领域的国内技术标准空白。8月，派员参与国家环保印刷标准编制的调研工作。

2. 为了共享先发企业的治厂理念和创新实践成果，积极组织本市相关印刷企业互相学习、交流取经，接待包括台湾省在内的兄弟省市来访，与本市印刷企业开展互动交流，受到业界一致好评。

3. 为会员单位在产品质量纠纷、债权债务、商标使用、合同履行等方面引发的侵权诉讼，以及政府印刷品采购资质评估、标准修订等方面，提供帮助和支持。

（傅　勇）

上海市摩托车行业协会

上海市摩托车行业协会成立于1995年，是以本市生产、销售、研制摩托车的企业单位自愿组成的跨地区、跨部门、跨所有制的非营利的行业性社会团体。现有团体会员54户。

2009年主要工作：

一、发展产业方面

积极配合政府主管部门，对本市摩托车企业开展大量的调查协调工作，了解企业的困难和诉求。通过市经团联平台，向政府部门反映行业意见，提交应对金融危机的建议。与全国摩托车商会和信息网积极互动，呼吁从税收政策上扶持行业发展，规范理顺车辆管理并调整相关政策。其中，有关消费税和出口退税方面的扶持政策已经得到部分落实。此外，国家出台了摩托车下乡优惠政策，延迟一年实施摩托车“国三标准”，使摩托车行业在困难的形势下，重新找到发展支撑。协会对各企业落实保增长情况及存在的困难，开展调查，并向有关部门汇报反映。经过努力，摩托车行业虽全年产销约下降2成，但下半年产销出现明显回升。邀请信息部门有关领导与协会理事和企业进行座谈，就行业的发展前景和政策导向进行沟通，得到会员单位的欢迎。

二、服务企业方面

1. 为更好地服务企业，以协会专家组为核心、各专业公司为基础，开展承接摩托车生产企业的委托服务。已开展的项目有产品造型设计、企业文化培训、技术服务等。

2. 办好每月1期的《摩托车行业信息》，为会员单位提供信息服务。

3. 为业内企业申报著名商标，开展评比先进企业活动，上报行业推荐评比材料。

4. 组织有关企业参加市工经联主办的国外展览和推介产品活动。

三、规范行业方面

配合工商管理部门对二轮车市场的整顿工作，组织有关销售企业与工商管理等部门沟通座谈，了解相关政策，敦促企业认真做好整改。针对市场萎缩、竞争激烈的困难局面，组织召开摩托车营销经验交流研讨会，请业绩好、作风正、有开拓精神的企业现身说法，介绍经验。

（徐生杰）

上海市自行车行业协会

上海市自行车行业协会成立于1988年11月，为本市自行车行业企事业单位自愿组成的跨部门、跨所有制的非营利的行业性社会团体法人。现有各种所有制会员单位180户，团体会员全市覆盖率已达行业的90%以上。

2009年主要工作：

一、召开五届二次理事会议，认真部署好2009年协会工作

2月17日，召开五届二次理事会议，与会理事审议通过《想企业所想、急企业所急，努力而认真地为会员办实事》——2008年工作总结暨2009年工作计划的报告。审议通过第五届理事会顾问名单，并同意成立协会技术专家委员会。

二、开拓创新，进一步开展好2009年度“原产地标志”认定工作

为更好地发挥2009年度“原产地标志”的作用，协会召开原产地标志使用企业和新申请企业的座谈会，决定在“原产地标志”认定工作中，除保持以往的特点外，将原统一的“语音答录”改变成为每个企业设置专用的“语音答录”，使防范和企业广告相结合，进一步扩大“原产地标志”的影响。同时，协会统一制定有企业商标、防伪查讯方法的吊牌，进一步扩大“原产地标志”的作用，并于10月下旬专门组织10户“原产地标志”使用企业联合组团参加江苏南京展，取得很好效果。

三、积极当好市许可证办公室助手，认真做好电动车许可证换证动员工作

2月26日，协助市生产许可证办公室召开“助力车生产许可证工作会议”。会上，市质监局质量管理认证处领导指出换证工作十分重要，企业必须高度重视，积极做好换证准备。协会秘书长作上海市电动自行车产业情况介绍。会后，协会继续开展换证咨询服务，为企业顺利换证作出努力。

四、积极参加市“3.15”维权活动，确实维护消费者合法权益

3月15日，协会带领绿亮、欧通、杰宝大王等市电动自行车名牌产品企业在静安公园广场设摊，参加由市经信委组织的“3·15”消费者维权活动。协会特出版《电动车报》专刊，作为维权宣传资料，公布受协会监管的38户电动自行车维权单位。各参加活动单位充分准备，配备了零配件、修理人员和维修运输车辆等。

五、保护电动车企业合法权益，配合市有关部门打击燃油助力车非法销售活动

5月27日，召开部分电动自行车生产企业、经销商座谈会，听取会员单位对上海道路上出现“挂着外地助力车牌照的燃油助力车”的情况反映。座谈会上，与会企业达成共识：1.直接向市政府递送《关于要求禁止和取缔“燃油助力车”的紧急呼吁》，以期引起市领导重视和关注。2.组成以副会长为组长、若干名企业代表组成的工作小组，针对市场情况开展调研和加强与政府沟通工作。3.积极争取市公安局交巡警总队、市环保局、市工商局、市质技局大力支持，共同做好禁止和取缔“燃油助力车”工作。4.借助新闻媒体，进一步向消费宣传燃油助力车的危害性和可能造成的恶果。5.建立协会投诉热线，公开工商局、质技局投诉热线电话，接受举报和投诉。

六、认真贯彻市政府号召，努力做好2009年高校毕业生应聘就业工作

为认真贯彻落实市政府“关于做好2009年高校毕业生就业工作”的指示，在市经团联组织下，协会在5月中旬组织上海绿亮电动车有限公司、上海卧龙电动车有限公司及上海锐风工贸有限公司（欧通）等3户企业参加“上海市经济团体联合会及行业协会大学生专场招聘会”，对应届毕业大学生进行招聘。

七、积极参与政府政策听证，发挥作为政府与社会的桥梁职能

7月9日，市政府法制办举行《上海市轨道交通运营安全管理办法》（草案）立法听证会，对能否带自行车进地铁等问题进行听证。听证会上，协会发表支持允许折叠自行车进地铁的理由。会后，协会召开“折叠自行车进入地铁”标准起草小组的首次会议，着手制定折叠自行车进入地铁的本市地方标准的工作，并在行业和相关单位广泛征求意见，促使这一利民标准的尽快出台。

八、开展“质量和安全年”活动，进一步做好服务世博、保障世博工作

9月5日，参加由市质监局、市商务委、卢湾区政府、市经团联联合举办的“质量月”开幕式暨“质量和安全年”宣传服务活动，旨在强化全社会的质量安全意识，推进以质取胜战略，努力形成“政府重视质量、企业追求质量、社会崇尚质量、人人关心质量”的良好氛围，进一步服务世博、保障世博、强化诚信体系建设，优化消费环境，提升质量安全整体水平，服务经济发展，促进社会和谐。

九、开展“诚信企业”创建活动，促进社会主义市场经济健康向前发展

上海市“知荣辱、讲文明、迎世博、建诚信”活动组委会决定在协会设立“诚信企业创建办公室”，联手在行业内开展“诚信企业”创建评选活动。经宣传动员，先后有10余户会员单位提出参加“诚信企业”创建评选活动的申请。经过协会初审，“活动组委会”复审，并安排专业部门征信，11户会员单位被授予上海市“诚信创建企业”荣誉称号。

十、想企业所想、急企业所急，继续做好电动车维修工培训工作

继举办2期电动自行车维修工培训班后，协会第3期电动自行车维修工培训班于4月在清水湾大酒店举行。这次培训班开设《上海市电动自行车消费争议纠纷解决办法》讲介、《基础知识》、《自行车部分》、《电器部分》、《故障的判断常用方法》等课目，参加学员共37名。通过培训考核，协会为学习成绩合格的学员发放了结业证书。

十一、组织电动车企业参观学习昆山市自行车零部件生产企业

为提高上海地区自行车产业的整体管理水平和技术工艺能级，11月26日，组织18户电动车生产企业的39位企业领导到昆山市禧玛诺（昆山）自行车零件有限公司、镒成车料（昆山）有限公司、英隆机械（昆山）有限公司、苏州星恒电源有限公司等4户自行车零部件企业参观学习，为上海产电动车实现轻量化、采用锂离子电池搭建采购平台。

十二、组织有关管理部门到昆山进行参观调研

12月4日～5日，为做好对电动自行车产品的管理工作，邀请市经信委都市产业处、市质监局监督处、市工商局消保处、市公安局车辆管理处非机动车部门等一行9人到捷安特（中国）有限公司、好孩子百瑞康健康用品有限公司参观调研，通过实地参观，给调研人员留下深刻的印象。

（赵　陈）

上海市玩具行业协会

上海市玩具行业协会成立于1986年7月，是上海地区从事玩具生产、经营、科研、院校（幼教）等单位及相关企事业单位为主体自愿组成的跨部门、跨所有制、行业性的社会经济团体。

2009年主要工作：

一、培训与调研

1. 年初，举办玩具质量大会，100户企业、商场质量总监与商场经理参加会议。会议通报2008年度全国玩具行业概况及市场玩具质量抽查的情况与问题，重点介绍国家有关政策和标准。

2. 召开出口玩具企业安全工作会议，56户企业的总经理、质检总监等110余人出席。邀请国家商务部、上海质检总局浦江分局多位专家介绍近期欧美地区国家新出台的国家性指令及今年市商检局执行的有关出口企业等级管理办法，以求提高出口商品的安全性。

3. 为了提高企业品牌意识，抢占内销市场，开展“品牌玩具内销市场状况”与“上海市场玩具专卖店现状”调查，并撰写2篇调查报告，供会员企业借鉴。

二、服务工作

1. 主办、协办4次展览会：第45届上海玩具展；第8届中国国际玩具模型及婴儿用品展；中国（大连）第1届轻工用品展，其中，理事单位上海荣威塑胶工业有限公司浴霸、床垫等产品荣获银奖；2009年上海“轻工杯时尚生活用品展”。

2. 发挥协会桥梁职能，帮助解决企业在产品开发、市场准入、扩大出口等方面遇到的困难与要求。通过市商检浦江局、嘉定区工商局解决上海珑方玩具公司搪塑娃娃经营范围的扩增和出口许可证问题，及时解决近30万元产品压仓难题。邀请市教育局幼教玩具专家为新会员企业上海巾英教育信息咨询有限公司（台资）宣讲市幼教玩具的“规范”要求，引导巾英公司健康发展。充分发挥会员企业各自的优势，为企业牵线建立业务合作关系，如为香港玩具堡公司、上海大圣贸易公司、上海君轶贸易公司、上海闻通信息科技公司、九龙坊商场、上海百家绒卡通玩具公司、星月玩具公司等从产品开发到销售网络扩展多方面加强合作。协同市轻工业工会联合会、市轻团联，对部分企业进行高温关切慰问。

三、开展世博会特许经营产品的开发、申报、审核工作

受世博会特许经营产品开发办公室的特聘，选派具有40多年经验的行业专家作为专家组成员之一参与申报产品（玩具）的审定工作。并在业内动员企业积极开发、申报世博玩具产品。目前，已有3户企业参与，其中，上海西西利模型有限公司与科研单位合作生产的“中国馆净化灯具”已投入批量生产，计划销售额1.5亿元左右。

四、参加各类社会活动

1. 参与上海轻工工会联合会主办的“2009年上海市（轻工杯）生活时尚用品创意设计大赛”的组织工作和“产、学、研”合作工作，获得优秀组织奖。会员上海荣威塑胶公司的“游泳衣”产品获二等奖。

2. 参加由市经团联组织在淮海路举办的质量现场咨询活动。

3. 受聘为市就业指导中心专家成员，连续10年参加创业人员的咨询活动，在闸北区接待咨询和审核贷款达18人次。

五、开展行业地区互动，谋求共同发展

采取“走出去、请进来”方式，积极开展本市与长三角、珠三角地区（玩具重点产区）间的互动工作，交流经验，商讨策略，共谋发展，增进友谊。2次组织会员单位赴江苏、浙江、广东等地学习考察。10月，在沪召开第8次全国玩具协会交流联谊会，15个省、市轻团联、协会领导，市轻工工会联合会领导及本会部分理事单位老经理120多人出席。

六、推进诚信企业建设工作

设立于本会的国家玩具质量监督检测中心已通过审核挂牌。

七、内部建设

重新编发会刊“玩具信息”，作为交流平台及时发布各类需求信息。调整、补充理事会理事，为换届改选作准备。年内发展5户新会员企业。

（徐全宁）

上海电器行业协会

上海电器行业协会成立于1987年，是以上海地区电器行业的企事业单位及其他经济组织自愿组成的行业性的非营利性社会团体法人。

2009年主要工作：

一、开展行业名优产品的评审和推荐工作

实施品牌战略，开展名优产品的评审和推荐。协会自2003年开展推荐行业名优产品工作以来，得到全行业和社会的一致认同，年内共有40户企业、95项产品荣获行业名优产品称号。

二、开展品牌战略工作，为提升企业品牌开辟途径

始终把开展品牌战略工作作为服务企业的一项主要工作，并根据企业的需求和要求，重点帮助一些企业树立品牌。协会积极协助市名牌办做好上海名牌产品推荐和中国名牌推荐工作。目前，荣获中国名牌的会员单位有：上海广电电气（集团）有限公司、上海中发电气（集团）有限公司、上海德力西（集团）有限公司、上海人民电器厂、常熟开关制造有限公司、浙江杭申电气（集团）有限公司、环宇集团有限公司。荣获2009年上海名牌的会员单位有上海柘中集团有限公司、上海大华电器有限公司等37户企业。

三、大力推进诚信体系建设，引导企业诚信经营

配合市诚信企业创建活动的开展，在电器行业内开展诚信企业创建工作。为使诚信企业的创建工作进一步规范化、制度化，实现长效管理。有11户企业被市“知荣辱、讲文明、迎世博、建诚信”活动组委会批准命名诚信企业创建单位。

四、组织创新活动企业交流会，促进创新工作开展

积极促进行业科技进步，在围绕创新、创优、创名牌、办特色企业、做特色产品、提高综合竞争力等方面做了大量工作。并把组织开展创新活动的企业交流会作为贯穿协会创新活动工作的主线。

五、协会之间相互合作，做好为行业和企业服务工作

与市电力行业协会、市电气工程设计研究会协会合作，就如何提升行业科技进步，做好行业和企业服务工作进行专题研讨。这是设计、制造和用户行业组织合作的一次探索，对输配电产业发展有积极的推动和促进作用。定期召开秘书长联席会议和联合开展活动。主要活动有：举行上海电气节能技术专题研讨会；在中国国际工业博览会上举行能源技术专题研讨会；围绕国际、国内标准，做好为企业的技术服务工作。

六、应对金融危机，做好企业融资工作

为了帮助企业应对全球经济衰退对电器行业的冲击，与中国银行中小企业部合作开展融资专项服务，想方设法寻找小额贷款、风险投资途径为中小企业解决资金问题，主动提供服务，帮助企业渡过难关。年初，与中国银行中小企业部签订金融服务合作协议，双方通过对多户输配电企业调研后，中国银行中小企业部针对上海输配电企业的特点，提出一系列特色金融服务产品方案。目前，中国银行中小企业部已为多户输配电企业发放贷款近5000多万元，解决了企业燃眉之急。

召开金融危机形势介绍和中国银行融资服务专题会。邀请中银国际证券零售经纪部有关人员就当前金融危机形势、输配电产业发展前景作主题报告，中国银行中小企业部领导专题介绍针对输配电企业的金融产品和金融服务方案。

七、进一步做好信息服务工作

做好《电器行业简讯》、《上海电器技术》、《上海电器行业简报》编辑、发行工作，加强与有关部门的沟通联系，加大与兄弟协会之间的交流，扩大辐射效应，为协会开展工作创造良好氛围。陪同北京《机电商报》等媒体走访上海中发电气（集团）有限公司、上海良信电器有限公司、上海华明电气设备有限公司等单位，并与协会部分专家进行座谈交流，将上海电器行业的最新发展情况刊登在《机电商报》上。

八、坚持行业统计，做好双向服务工作

按照市有关部门的要求，对会员单位中的重点产品正确、及时地进行跟踪统计，按时上报市有关部门。每年汇总会员单位的年销售额及产品产量，一方面按会员单位的年销售额进行排序，在《电器行业简讯》上发布。另一面通过排序及时了解全行业的生产经营状况和动态，供上级主管部门参考。

（马学能）

上海市锻造协会

上海市锻造协会成立于1984年6月，是由上海及周边地区的锻造企业及相关企业、事业单位自愿组成的跨地区、跨部门、跨所有制的非营利的社会团体法人。现有团体会员220户，遍及上海、江苏、浙江、安徽、山东、福建等省市。除专业锻造企业，还包括锻压设备、加热设备制造、工艺技术、原辅材料、研究开发等相关企业及大专院校、科研院所。

2009年主要工作：

一、走访会员单位，了解会员单位的需求

面对国际金融危机及多种压力，为了使企业认清形势，在危机中练内功，帮助企业在复苏中谋发展，推动升级、引导转型，协会先后走访20多户会员单位，实地了解企业存在的问题和困难，与企业领导共同商讨生产经营活动中的热点难点问题，提出深化企业内部改革的建议，帮助企业制定提高企业能级的措施，受到会员单位的好评。

二、构筑为企业服务的技术信息交流平台

年内，多次组织交流活动。3月26日～27日，在溧阳市召开了六届二次会员大会暨溧阳市上兴镇投资环境说明会，共有会员单位及其他来宾112人参加。在回顾总结2008年工作的同时，上海保捷汽车零部件锻压有限公司介绍“确立目标、科学发展、技术创新、开展产学研活动”的经验，上海东芙冷锻制造有限公司介绍“应对危机加强创新，用好用足国家扶持政策寻机发展”的经验，这两户企业分别获得国家发明和新型实用专利8项，成功研发30多种新产品。江苏金源锻造股份有限公司也向与会代表介绍企业立足技术进步、高速发展的情况。

5月21日，由协会主办、无锡市锻压协会协办的“长三角地区大中型自由锻先进节能技术交流会”在张家港市举行。有关专家、部份优秀企业的代表以及锻压设备、炉窑企业的代表出席会议。上海重型机器锻件厂介绍通过综合技术改造，努力降低能源消耗的经验。三林法兰锻造有限公司、重庆沃克斯科技开发有限公司、天津市天锻压力机有限公司分别介绍各自企业的概况和优势产品。李青松理事长作《练好内功、提高竞争力、可持续发展》的专题发言，在分析我国近年来大锻件生产装备的发展，而一些大型高端铸锻件尚未形成产能，产品技术尚不能支撑市场需求的现状后，对大锻件的生产发展提出8点意见，供与会者参考，使大家受到很大的启迪。

9月23日～24日，在上海召开专业模锻技术交流会，本市部分模锻企业及苏、浙地区的部份模锻企业参加会议。中国锻压协会副秘书长韩木林出席会议并着重围绕锻造企业人才培养问题作重点发言。专家们对模锻发展趋势进行讲解，企业之间进行相互交流。上海纳铁福传动轴有限公司介绍企业情况。会议期间，代表们还参观上海纳铁福传动轴有限公司引进的自动化温、冷锻生产线。

三、参观学习优秀企业的先进管理经验

多次组织会员企业参观学习活动，先后走访江苏金源锻造股份有限公司、三林法兰集团风电主轴有限公司、南京迪威尔实业有限公司及上海纳铁福传动轴有限公司。这些企业的先进设备、独特工艺技术和严格管理得到厂长、经理们的一致好评。通过参观学习，达到相互交流、开阔眼界、启迪思路、共同提高的目标。

四、配合市政府，推进节能减排和经济结构调整工作

年初，着重围绕企业用能情况进行2008年基本数据的统计工作，对上海地区100多户锻造企业的情况进行汇总、整理、分类和分析，为开展节能减排和经济结构调整工作奠定良好基础。锻造是装备制造业的重要基础工艺，能耗比较高，除了在改造设备、炉窑，提高热处理工艺来达到节能降耗的目标，还宣传和推广比较成熟的节能技术，有选择、有针对性地为相关企业量身定制节能方案，在现有装备的情况下，通过适用的节能技术和工艺，以少量的投资来换取能耗较大幅度的下降。目前，本市正在推进四大工艺的结构调整，今后几年，将迫使一些工艺技术滞后、规模偏小、工效偏低、能耗偏高的企业退出市场，在这方面结合本行业及上海工业经济发展的实际情况，向市政府提出相关建议和意见。

五、加强信息化建设

发挥协会信息窗口作用，做好日常企业信息的收集、整理、分析、处理和使用。出版《上海锻压》通讯12期，刊登技术交流文章49篇，企业管理相关文章38篇，特别是突出了经济结构调整和节能减排的内容。同时，对上海锻协信息网页作进一步改进，扩充容量，增添了新内容。

六、搞好教育培训

先后在奉贤区和嘉定区举办锻工上岗证培训班2期，培训学员82人，进一步提高受训人员的基础理论知识和实际操作技能。

七、做好锻造企业达标工作

在各区、县、局、集团公司有关部门的积极配合下，按照《上海市锻造企业基本生产条件的要求》，严格评审，促进企业质量管理、生产管理、节能减排等方面再上新台阶，年内共有 45 户锻造企业通过复审，取得锻造企业达标证书。

八、做好企业退税工作的前期准备

根据中国锻压协会对锻造企业退税的新要求，召集部分企业召开会议，传达有关信息，提出做好退税的要求。另将前几年本市锻造企业增值税退税后用于技改取得的成果向市政府和国家有关部委作了书面报告。

九、配合中国锻压协会，做好 11 月 14 日在北京举办的第五届中国国际金属成型展览会和第十一届国际锻造会议（2009 年全国锻造企业厂长会议）

动员上海锻造企业积极参展，并派员了解展览会情况，扩大上海锻造企业的影响。在全国锻造企业厂长会议上，协会秘书长被评为协会工作积极分子。

十、加强向长三角地区的辐射力度

为适应区域经济发展，打造长三角锻压行业共同发展的平台，促进长三角锻造企业的合作。6 月，在安徽合肥召开第三届长三角锻造协会（学会）理事长、秘书长联席会议，促进交流与合作。9 月，在浙江杭州召开六省一市的塑性变形技术交流会。开展协会间的互访和学习活动，如造访重庆锻压协会和瑞安锻压协会来沪学习交流。共吸收苏、浙等地新会员单位 19 户，进一步扩大协会的力量。

（韩英华）

上海起重运输机械行业协会

上海起重运输机械行业协会成立于 2004 年，是以起重运输机械行业企事业单位为主自愿组成的跨地区、跨部门、跨所有制的非营利的行业性社会团体法人。会员单位现有起重运输机械制造、配套、安装维修、研究院以及政府授权的职能部门共 105 户，其中，上海会员企业有 83 户，外地会员 22 户。下设 4 个专业委员会。

2009 年主要工作：

一、充分发挥行业协会作用，积极应对全球金融危机

1．以应对全球金融危机为契机，利用自身组织优势，努力去做“政府顾及不到，单个企业做不了”的事。加强调查研究和统计分析工作，及时上报 2009 年上半年度行业经济分析报告，通过市中小企业办、市经团联转呈市政府，积极向政府有关部门建言献策、反映诉求，报告金融危机对行业的影响，特别是对外贸出口和中小企业带来的影响，为政府决策和制定相应政策提供依据，其中，提出中小企业要加强技术创新、实现产业升级、依靠地方政府争取政策支持等应对措施得到市有关部门和会员企业的高度重视和好评。

2．搭建银企合作平台，为中小企业寻找小额贷款渠道。协会想方设法联系浦发、光大、渣打等多家银行，为中小企业寻找小额贷款、风险投资的途径，为中小企业解决资金问题。6 月 18 日，在浦东发展银行上海分行召开“银企合作助推中小企业发展行业调研推进会”。7 月 15 日，又会同上海中小企业信用评价中心和渣打银行（中国）有限公司等单位在浦东陆家嘴的渣打银行（中国）有限公司举办“增强企业规避风险能力，积极应对世界金融危机”专题会议，努力为会员企业搭建“银企合作平台”。

3．针对企业对政府扶持政策缺乏了解的状况，利用网络、通讯、传真等方法，及时转发政府下达的《特种设备安全监察条例》、《关于申报国家中小企业发展专项资金的通知》、《关于做好 2009 年第一批中小企业发展项资金项目申报工作的通知》、《关于开展上海市 2009 年装备制造业与高新技术自主创新品牌评选活动的通知》等文件，使企业及时了解和享受国家的政策。为提高中小企业的技术创新、技术开发能力和竞争能力，采取建平台、订标准、抓培育、树品牌、办会展、办讲座、抗风险等多项举措。一是建平台。召开关于组建《起重运输机械行业公共服务平台》专题研讨会，搭建由九院为主、业内专家及相关行业组成的《起重运输机械行业技术、信息公共服务平台》，为中小企业提供产品优化方案和设计服务，以降低中小企业的研发成本。二是订标准。帮助和指导会员企业上海优乐博特自动化工程有限公司制订企业产品标准。三是抓培育。对有高新技术产品和高新技术企业申报要求的会员企业做好辅导和培育工作。四是树品牌。积极帮助和指导上海科大重工集团有限公司、上海和平发展起重设备厂有限公司、上海中港电力电气工程有限公司等 3 户会员企业做好《上海著名商标》的申报工作。五是办会展。5 月 7 日～9 日，与中国国际商会浦东商会及中国国际贸易促进委员会上海浦东分会在上海世贸商城成功举办“2009 中国（上海）国际起重运输机械及配件展览会”。来自国内外近 200 户企业和协会近 20 户整机、配套件会员参展，协会租赁近 30 余个展位，整体展现在科技创新背景下，上海起重运输机械行业开拓进取，奋力拼搏的新技术、新工艺。展会期间还举办“中国国际起重运输机械及配件发展论坛”，70 多位会员企业领导和技术人员参加论坛，并对参展产品进行“创新产品和专利产品”的评比活动。展会中，各会员企业与诸多客商进行广泛交流，提升了会员单位在起重运输机械行业的市场地位，对产品及品牌的推广起到促进作用。六是办讲座。举办“《合同法》新司法解释”等讲座。七是抗风险。根据5月1日起施行的《特种设备安全监察条例》，新增第四款：“国家鼓励实行特种设备责任保险制度，提高事故赔付能力。”协会甄选并吸纳上海仁信保险经纪有限公司作为本行业风险管理和保险顾问，为会员企业提供全方位的保险中介服务，以求为企业选择最为合适的险种，增强企业的抵御风险能力。

4．积极发展新会员。抓住发展机遇，力求通过协会开展的各项应对金融危机的活动、举措，吸引不同经营规模的企业入会，以提高会员覆盖率，提升自身在行业的影响力、凝聚力和号召力。11户较具规模和技术优势的民营企业先后入会，为协会发展输入了新鲜血液。

二、紧贴社会需求，积极做好《起重机定期检验自检记录》专题培训工作

举办4期“起重机械定期检验自检记录”专题辅导讲座。沪东造船厂、江南造船厂、上海船厂、焦化厂、柴油机厂等企业派出多人参加培训，有200多户起重机用户单位积极参加，累计近400余人参加培训，为规范监检内容和管理，提高监检工作效率发挥了应有的作用。

为进一步总结和推进此项工作，协会与上海特种设备监督检验技术研究院联合召开《起重机械定期检验培训工作总结和研讨会》，充分肯定协会想企业所想，急企业所急，在配合市特检院，组织有关专家和工程技术人员编制《起重机械用户定期检验自检记录》和培训资料的收集及制作中作出了努力和发挥了作用。同时提出要通过加强组织联系、后续服务等形成协会培训的长效机制。

三、不断深化完善行业专业技术人员职称评审工作，更好服务会员

面向企业，强调专业实际，严把质量关，维护社团信誉，评审专家对每一位送审对象材料进行认真审阅，提出书面评审意见。有3名专业技术人员相继取得高级技术任职资格、22名取得中级技术任职资格、24名取得初级技术任职资格。几年来评出18名高级工程师、65名中级工程师、75名初级工程师，共计158名。对建立以能力和业绩为导向，科学的、专业的、社会化人才评价机制提供了一个更为开放的平台，为提升行业专业人才技术水平、职业素质和行业人才队伍建设发挥了积极作用。

12月17日，协会召开《深化行业职称评审工作专题研讨会》。市职业能力考试院的戚健部长、杨鑫副部长应邀出席会议，充分肯定行业协会开展行业技术职称评审工作的合理、合法性及行业职称评审的作用和地位，并对协会进一步深化行业职称评审工作进行指导，提出明确要求。协会职称评审委员会专家组专家及会员企业领导、代表出席会议。

四、认真做好编制《上海起重运输机械行业“十二五”发展规划建议》的方案

认真开展行业调研，起草编制《上海起重运输机械行业“十二五”发展规划建议》方案草稿。经报市经信委，现已被列入政府购买行业协会服务委托项目。此项工作为提高行业协会在协助政府制定市产业发展规划中的参与度和话语权，当好政府的参谋助手，积极反映行业实际，表达行业专家的意见建议发挥了重要作用。

（陆焕新）

上海市建筑材料行业协会

上海市建筑材料行业协会成立于1986年12月，为本市建材工业和相关教学、科研、设计、流通行业企事业单位自愿组成的跨部门、跨所有制的非营利性的行业性社会团体法人。现有会员单位1100余户，包括建筑节能材料、新型墙体、地板、厨柜、陶瓷卫浴、采暖、门窗、涂料、防水材料、管材管件、建材流通等单位。

2009年主要工作：

一、应对金融危机

针对金融危机对建材行业冲击和带来的发展机遇，认真开展行业调研，为政府决策提供参考建议，有针对性地召开部分行业座谈会，并精心策划组织7场以“坚定信心，携手发展”为主题的行业大会和4场以“挑战危机，赢得先机”为主题的企业会议，鼓励企业抱团过冬，共渡难关。

二、深化品牌战略

帮助企业申请上海名牌、上海市著名商标等，并出具相关公信证明共计43份。协会首次正式承接“上海名牌”评比的初审工作。组织开展第四届“华源铝塑杯”上海市建材行业技术革新奖和全国技术革新奖的推荐工作。继续培育行业名优、地板橱柜精品、采暖诚信服务和信得过产品。创造性地开展建筑节能材料和新型墙体材料质量管理星级评估，推出首批建筑钢筋合格供应商。通过各种形式加强对品牌产品优秀企业的宣传，举办各种品牌专题演讲，同时完善品牌评比的动态管理。

三、加强诚信自律

1．做好建筑节能材料备案登记换证工作，编制统一的产品质量保证书。规范发放墙体材料的IC卡和质量诚信手册。举办上海市建筑节能材料行业质量管理体系建设：实验室负责人、操作人员岗位培训。完成《上海市新型建设工程材料推广应用目录》制度的可行性调研报告。组织编制《民用建筑节能工程施工工法（三）》，审核通过11户企业12个系统工法入选第3批市级施工工法。以蒸压加气混凝土行业诚信自律建设为核心，积极推进新型墙体材料行业质量规范。积极参与建筑节能材料和墙体材料专项执法检查工作，建立PK&PM软件建筑节能设计选材库。

2．针对行业需求、企业呼声，创造性地开展上海地面辐射采暖施工等级评定。首批11户单位通过审定，其中，8户甲级、2户乙级、1户丙级。举办2期采暖系统技术施工培训。

3．和市工商局合同处合作，编制和推广《上海市采暖产品买卖合同及采暖安装施工合同》、《上海市橱柜定作合同示范文本》，即将出台《上海市地板买卖示范合同》。协会带领上海地板企业参与制定2项行业标准《木质地板用踢脚线》和《直接印刷木质地板》。接听消费者各类咨询电话上百个，妥善解决投诉。做好行业统计工作。

四、搭建服务平台

1．组织11场各类对接交流活动，加强建材产业链的互动沟通，帮助企业开拓国际国内两个市场，探讨和解决企业关注的实际问题。

2．发挥协会资源优势，组织召开7场专家报告会、研讨会，产品、技术推广会，为企业拓展市场搭建有效的平台。

3．聚焦行业、宣传企业，帮助优秀企业扩大品牌知名度。办好会刊《建材行情》，酝酿“上海建材信息网”的全新改版。完成《上海地板》年刊、《上海橱柜》年刊、《上海采暖》年刊编辑出刊和发行工作。

五、打造“中国建筑节能第一展”

倾力打造的建筑节能展览会立于中国节能品牌展览之首。8月18日～21日，在上海新国际博览中心举行“2009第五届中国（上海）国际建筑节能和新型建材展览会”。国内外536户企业参加，展出面积4万平米。专业观众共计3万人次，中国大陆观众占91.6%，港澳台1.2%，国外观众7.2%。同期举办6场行业论坛和会议。

六、塑造协会文化

组织员工开展摄影比赛、参观纪念上海解放60周年展、组织诗歌朗诵会、参演上海建设交通行业庆祝中华人民共和国成立60周年文艺会演、组织庆祝新中国60华诞红歌会、召开关键词演讲会等形式多样的主题活动，提高了协会团队的凝聚力。协会认养上海古猗园的2株古牡丹，公益活动献爱心。荣获“上海市三八红旗集体”，成为本市首家获此殊荣的行业协会。

（肖　琴）

上海市纺织机械器材行业协会

上海市纺织机械器材行业协会成立于1994年8月，是以上海地区的纺织机械器材企业单位为主，吸收江苏、浙江、安徽纺机企业参加的社会团体。

2009年主要工作：

一、积极反映会员单位的诉求

1．深入会员单位，加强调查研究。走访企业，了解到由于能源和原材料价格的上涨，劳动力成本上升，人民币对美元不断升值，纺织服装业出口退税率下降，出口定单大幅下降等诸多原因给企业生产经营带来极大的困难。通过市工经联领导下基层办公、行业协会会长及秘书长联席会议等渠道，积极反映会员单位，尤其是中小企业的诉求。并通过协会承担的统计职能，用报表和统计分析向市统计局反映企业生产、销售的下跌情况。

2．主动开展为会员服务工作。在企业经营困难情况下，为会员单位扩大外销市场牵线搭桥，组织会员单位参加各类国际纺机展览会；主动与中资、外资银行，租赁公司联系，为会员开拓融资、租赁渠道；在会员之间搭建技术合作、产品配套的平台；为会员单位质量管理提供咨询，“市名牌产品”复证，申报免检产品服务。定期向会员单位通报国家纺织品服装及纺织机械的产销数据及出口数据，让会员单位及时了解整个行业生产经营情况，适时调整企业的生产经营目标。

二、认清纺机产业发展趋势，为会员企业调整结构做导向

纺织服装业结构调整必须遵循“大国向强国”、“传统向现代”、“规模向效能”的方向转变。纺织业调整的重点决定了纺机行业未来发展的方向。纺织调整振兴规划中提出要在中央投资中设立专项，重点支持纺纱织造、印染、化纤等行业技术进步，加快高新技术纤维产业化。上海纺机行业的调整必须始终跟踪国家政策和国际国内市场，其中，棉纺织造机械必须以提高生产过程的自动化程度，提高棉纺产品的档次为目标。化纤机械必须提供有助于纤维功能性、差别化的设备，而印染及后整理设备则必须是节能、降耗、减排的符合新一轮环保发展要求的产品。结合产品而言，上海应加速形成新型高效数字化棉纺成套设备，积极培育新型高档具有自主知识产权、创新型差别化的新产品新装备去开拓市场，培育新的商机。

三、坚定信心，坚持改革，在改革中求发展

上海纺机应通过整合，提高产业集中度，提高企业健康程度；通过产品研发，提高技术竞争能力；通过市场拓展，确保企业运作；通过企业管理，积极开源节流；通过售后服务，拓展生产性服务业；通过稳定队伍，确保企业目标实现。坚决淘汰一批技术落后，高耗能、高成本、低附加值的产品和加工工艺，利用企业装备的优势开拓非纺机的加工业务和产品。

四、产业区域联动，实现互联共赢

沿海五省市（山东、江苏、上海、浙江、广东）是中国纺织业最为集中和发达的省市，而长江三角洲的上海、江苏、浙江则是国内纺织机械的半壁江山。浙江有绍兴的轻纺市场、诸暨的袜业市场、萧山的纺织信息网络，江苏有海门的家纺市场。这些市场的动态是纺织业的晴雨表，上海企业必须充分掌握了解。例如针对浙江印染企业的升级改造，上海可提供大容量、小浴比、节能降耗的印染设备；针对家庭装饰装潢追求高档的需求，上海可提供宽幅高速的新型高档剑杆织机及与之配套的印花后整理设备。上海及长三角地区具备纺织研发、人才集聚、产品品牌、纺机产品成套的优势，依托上海纺织行业棉纺转移到大丰，毛纺转移到重庆的行业转移方面的经验，在产业转移的同时，将上海的纺机产品一并推介。

为了推动长三角区域内产业的合作和联动，协会搭建平台，推动区域间产业的联动，也会为产业走出危机，恢复转机，创造商机。

五、增强为小企业服务的意识和工作

1．组织会员单位参加“劳动合同法”、“就业促进法”的培训。

2．为会员单位扩大外贸出口牵线搭桥，开拓市场。

3．组织会员单位参观上海国际模具展。

4．与渣打银行联系，为小企业组织融资渠道。

5．为会员单位之间牵线，搭建技术交流平台。

六、服务会员、服务政府、服务其他协会

1．为会员单位提供质量管理服务。

2．为上海纺织技术展览服务公司组织“编写展品技术分析报告”的专家团。

3．为市工经联推荐本行业高级咨询专家。

4．积极在行业内推广节能减排 JJ 小组活动。

5．组织会员单位参加“如何提高经济运行质量，如何提高盈利能力”的研讨会。

6．4 月 1 日起，国家对纺织品服装出口退税率提高至 16%。5 月，国务院公布“装备制造业调整和振兴规划”，对纺织行业来讲，重点就是“淘汰落后产能，全面提升产业水平”。协会向各会员单位提出倡议，面对当前危机，采取正确应对措施，开动脑筋，想出办法，精心经营，抱团过冬，尽快为企业走出危机寻出新路。

7．向会员单位介绍上海二纺机股份有限公司重组的情况，以及太平洋机电集团有限公司构筑纺机发展新蓝图的设想。

（严中立）

上海市模具行业协会

上海市模具行业协会成立于 1994 年 12 月，为本市模具行业及相关企事业单位自愿组成的跨部门、跨所有制的非营利行业性社会团体法人。现有各种所有制会员单位 596 户。下设经营管理、技术、模具标准件、模具材料、信息及联络、价格工作、汽车模具、教育培训、特种加工和资深专家等 10 个专业委员会和“华威”模具培训中心。

2009 年主要工作：

一、基础工作建设不断地夯实

1．提高网站服务功能、发挥会刊宣传作用。委托专业网络公司对网站进行重新制作，全面更新，积极为会员单位登载产品推介、供求协作、招聘信息等。会刊广泛收集及时报道行业企业信息，邀请业内人士对行业发展发表看法，向业内企业家、专家、学者、工程技术人员约稿进行模具技术工艺、管理、发展等方面交流和探讨。还应企业要求，刊登会员单位、人才引进、业务合作、招聘信息。

2．发展会员单位 20 户。

3．走访会员单位，加强与企业交流联系。与常务理事、理事、会员单位建立联系制度，走访、电话联系会员单位

400余次，及时了解企业变化和会员单位需求，加强与企业之间感情。

4．加强协作，帮助企业开展业务。为模具及相关企业介绍模具和零配件加工、模具设计、模具材料采购等业务180余次，涉及会员单位及模具和模具相关企业200户。

5．召开会长会议、执行协会章程。3月25日，召开四届理事会第1次会长会议，讨论落实年度工作，明确会长、常务副会长、副会长职责和会长工作及会议制度，确定各相关专业委员会工作和各副会长分工负责管理各专业委员会的工作。9月24日，在亿森（上海）模具有限公司召开第2次会长工作会议，总结“2009模具工业发展论坛”工作，讨论、研究年底前模具行业发展趋势，研究帮助模具企业提高管理、开拓市场，争取更多的优惠政策。12月15日，在上海黄燕模塑工程有限公司召开第3次会长工作会议，审议协会四届二次理事会准备工作和会议议程，听取协会召开四届二次理事会暨协会15周年庆典大会有关资料等工作汇报。年内还召开理事会1次、常务理事会2次。

6．召开协会第四次会员代表大会。2月20日，在良安大饭店举行代表大会，270位代表和80名各地模协、上海部分行业协会嘉宾出席会议。会议期间还召开四届理事会第1次会议，选举产生第一届常务理事会，新一届会长、常务副会长、副会长、秘书长、各专业委员会主任委员等人选。

7．开展统计工作。组织人员对所有会员单位发放统计表，对52户企业统计资料进行汇总分析，并逐步覆盖到整个行业，为社会提供正确、完整的行业基本情况数据，更好地为社会、为政府做好咨询、参谋工作。

8．修订秘书处工作制度、制定各部门职责。做到一人多岗、一专多能。修订秘书处10项工作制度，制定五部一室的部门职责，加强自律和规范。

9．讨论塑料模验收标准制定工作。上海模具行业整体技术水平处于国内领先地位，协会组织专家先后制定《塑料模标准模架》和《塑料模标准模架附加机构》，着手制定“压铸模架标准”、“塑料模验收标准”。通过制定标准，帮助企业提高制造水平，增强企业市场竞争力，提高行业整体技术和管理水平。

二、为企业和社会服务取得良好的成效

1．深入开展业内“技术职称资格认证”工作，扩大评审覆盖面。通过走访企业，在网站、会刊上宣传，召开座谈会等各种形式，使业内广大技术人员及时了解评审信息，上半年有25位工程技术人员领取“技术职称评定申请书”，8位通过初审。评审委对申报人员材料进行审核，于6月17日对初审合格者进行答辩，评出高级工程师1名、工程师6名、助理工程师1名。

2．组织参加“上海行业协会沙龙”加强协会间联系和互动。上海行业协会沙龙自2004年成立至今，得到市经团联和市经信委有关领导的肯定和参与。年内参与组织行业协会沙龙活动4次，不仅加强了行业协会间沟通、交流、合作和友谊，而且提高和开拓了行业协会适应市场经济服务的功能。

3．参加国际模展、提升企业形象。6月2日～5日，“2009中国国际模具、模具装备及相关工业展览会”在上海新国际博览中心举行。作为参办单位，协会组织59户独资、合资、国有、民营企业，邀请市工具行业协会、市润滑油品行业协会、市新材料行业协会参展，共设展位218个，展示面积1962平方米。

4．主办“2009模具工业发展论坛”，帮助企业积极应对危机。8月18日，在上海宾馆举办“2009模具工业发展论坛”，来自模具界专家、学者、工程技术人员150余人出席会议。大会邀请商飞、船舶、轨道交通、医疗器械4个行业的著名专家和3位模具企业高管进行演讲，帮助企业了解模具企业管理精髓，提高模具企业管理水平，拓展四大新兴产业市场，捕捉商机，寻找行业新的经济增长点。

5．举办重阳敬老节联谊会。10月21日，假座新世界紫澜门大酒店举行“2009年模具界重阳敬老联谊会”，50多位模具界老领导、老专家相聚一堂，在听取协会工作汇报后，对协会积极应对危机，增强服务力度，帮助企业拓展业务，提升市场竞争力所开展的一系列工作表示高兴，表示要为上海模具工业持续、健康发展作相应贡献。

6．协办华东地区模具协会秘书长联席会议。10月15日，第十五届华东地区模具协会联席会议在江苏省昆山市仕泰隆国际模具城会议室举行，协会作“庆联席会15华诞，走联会发展之路”主题发言，就新形势下华东地区模协联席会议的活动机制、内容和与会者进行探讨，并对地方模协联合计划及联合活动形势、模具企业联合发展的模式等提出建设性意见。

7．举办“上海模具界与外领馆联席会”，帮助企业拓展海外市场。12月2日，在静安宾馆举办“上海模具界与外领馆联席会”，来自美国、法国、西班牙、加拿大、日本、意大利、澳大利亚和韩国驻沪领事馆商务处的代表10余人出席会议，为国内行业协会中首次举办此类活动，有26户模具企业提供公司样本，希望通过与各领事馆的接触，能建立长期的联系和合作关系。“联席会”的成功举办对加强国内外模具企业技术交流和业务合作，推进模具产业发展起到了促进作用。

8．加强与同行交流与合作。接待北京、天津、重庆、河北、陕西、山东、青岛、安徽、江苏、南京、常州、无锡、苏州、昆山、黄岩、余姚、宁海、慈溪、西安、成都、福建、厦门、四川等模协或代表团，以及墨西哥、匈牙利驻上海领事馆代表，日本荻原公司董事长荻原荣一先生的来访，还拜访宁波模协、余姚模协、宁海模协、昆山模协等。

9．开展上海“诚信企业”创建活动。为了深入推进上海社会诚信体系建设，市“知荣辱、讲文明、迎世博、建诚信”活动组委会决定在协会设立“诚信企业创建办公室”，与协会联手在业内开展“诚信企业”创建活动，有30户企业通过协会初审和活动组委会的终审。

三、各专业委员会积极开展活动，增强了协会的生命力

1．经营管理委员会。年初，召开部分企业负责人座谈会，讨论分析行业形势和模具企业状况，研究对策和建议。11月上旬，与材料委员会联合组织部分会员单位前往浙江一胜特工模材料有限公司参观交流，并就企业生产经营情况和市场发展动态，进行深入探讨和沟通。

2．技术委员会。5月，与日本小松产业机械联合举办了小松伺服冲压机推介会。9月，与台湾电脑辅助成型技术交流协会联合主办“世界塑料模具高精密成型与检测技术的最新发展技术交流会”。在“2009中国国际模具、模具装备及相关工业展览会”期间，策划、组织多场高水平技术交流会，并有针对性地组织相关企业参加。

3．标准件委员会。制定“压铸模架标准”，并成立专家小组，多次召开会议策划、布置、落实标准的制定工作。

4．信息及联络委员会。指导和配合协会信息部工作，完善、拓展协会网站功能，发挥会刊宣传工作。4月，在上海大学召开会议，对专委会工作进行安排，对在行业困难时期，如何贴近企业需求，帮助企业走出困境、渡过难关进行探讨，在“2009中国国际模具、模具装备及相关工业展览会”期间，积极做好信息联络工作，充分发挥专委会功能。

5．材料委员会。全年开展4次活动。4月，召开会议商讨出版“模具材料信息简报”事宜、筹划召开国内模具材料交流会。5月14日，召开主任会议针对国内模具材料应用状况和计划年内召开“国产压铸模材料及技术研讨会”进行了讨论。11月，组织部分会员单位参观考察浙江缙云浙江一胜特工模材料有限公司，共同探讨国产模具钢发展方向。此外，还组织相关个人和单位参观2009上海国际模展及期间举行的技术交流会。

6．价格委员会。就制定“塑料模具验收标准”多次召开会议，成立专家组，通过走访塑料模具企业调研，召开专家组会议讨论、研究、确定制定方案，完成注塑模具验收标准（讨论稿）。

7．资深专家委会。5月，召开主任会议，审议年度工作计划，针对工作内容发表各自看法。6月2日，组织20余位成员参加“2009中国国际模具、模具装备及相关工业展览会”，随后又召开资深专家委员会工作会议。专委会还参与行业内“职称评定”工作，对申报人员资格严格把关，认真审核。

8．教育培训委员会。年初，召开会议探讨“当前金融危机形势下如何开展教育培训工作”，布置对业内模具企业、大中专院校、中专职校，培训机构等人才的需求、培训、流动、储备及学院招生、专业设置情况进行调研。5月，在上海工业技术学校举行工作会议，对“金融危机下上海模具培训状况和对策”调研报告进行讨论。9月，帮赫比公司制定培训标准。11月，到赫比（成都）公司开展人员培训。

9．汽车模具委员会。5月，联合技术委员会与日本小松产业共同举办小松伺服冲压机推介会。为了解当前上海汽车模具行业基本情况，专委会以表格形式对行业内汽车模具企业进行调查、统计。专委会还与上海启锐企业管理有限公司合作，宣传、帮助汽车模具企业作好建立质量体系认证工作。

10．特种加工委员会。6月19日，与三菱电机自动化有限公司及上海东洋碳素有限公司联合举办“模具电火花加工及相关技术研讨会”。9月8日，与吉迈特技术贸易（上海）有限公司联合举办“高速切削研讨会”。专委会还不定期组织会员单位与沙迪克、阿奇夏米尔、牧野等设备供应商加强技术交流与合作。

（刘德普）

上海市工具行业协会

上海市工具行业协会成立于1987年10月，是以上海地区工具行业为主体，吸收江苏、浙江等地区企业加入，并由生产、科研、经营等单位自愿参加的行业组织，为多元化经济的社会团体法人。现有会员单位125户，约占上海地区工具企业数的62%。

2009年主要工作：

一、发展会员单位，做好组织建设

认真地做好会员发展工作，年内，先后考察了几十户工具制造、营销企业，吸收11户会员单位，提升了协会的地位，也增添了协会的活力。年底，已有135户会员单位，占全行业的62%以上。还增补6户理事单位，1户副会长单位。

二、搭建平台、拓展市场，五次参加国内外五金展

做好拓展市场服务，组团参加各类五金工具展。分别在3月、9月、7月、8月组团在上海和天津参加第十五、十六届中国国际五金博览会、中国国际模具展和上海国际船舶博览会。9月，组织参加越南中国商品展，并组织参观上海工博会、润滑油展览会和无锡五洲国际机电城博览会。参观参展单位71户，参加人数250余人。期间，为参会会员单位做好服务工作，他们都认为参加会展是交朋友、获信息、拓渠道、扩营销的好办法。

三、围绕工具行业的特点，为企业开展各项服务活动

1．由于受金融危机冲击，会员单位出现资金短缺、贷款回收困难的现象，协会会同上海维诚信用风险咨询有限公司举办讲座，请专家讲解如何催讨应收款、正确签订合同文本，并提供法律援助，对十几户企业的应收款帮助分析和催讨，为企业排忧解难。

2．由于市场竞争激烈，企业间难免发生各类争议，协会派出人员帮助企业协调矛盾，解决经济纠纷、厂房租赁、产品专利所有权、产品质量监测等问题，为企业维权、维市、维信方面做了大量工作。

3．帮助企业推广新产品，拓展销售渠道。利用贸促会参加俄罗斯、印尼中国商品展的机会，收集十几户会员单位的产品说明书，帮助寻找市场。如：为上海长青电工实业有限公司所开发的新产品螺杆钳联系建筑单位现场试验；帮助上海长一钢锉有限公司、上海瑞峰工具制造有限公司等向相关企业推介产品；帮助上海力成五金工具有限公司打进大超市、大商场做好产品的检测工作，受到企业欢迎。

4．为企业做好“上海著名商标”的推荐工作。为2户企业做好推荐工作，并写好书面材料上报市工商局评审委，经努力，上海骏马气动工具有限公司“骏马”牌商标被认定为“上海著名商标”。

四、探索走精品五金工具联盟之路

7月下旬，由8户企业携手合作参加“中国国际船舶工业装备和船舶设计建造技术展”得到启示，探索以“品牌联盟”形式，整合五金工具资源，以优势互补为主导，形成统一服务体系，为航天、航空、船舶、煤碳、钢铁、轨道、交通等行业提供工具支持，为上海五金工具持续发展找出一条新路。上海五金工具应走精品五金之路、联合之路、创新之路，改变思维方式，应用新材料、新技术、新工艺，生产高附加值新产品，以满足各行业的需求。

五、与各相关行业协会沟通联系，共谋上海五金工具的发展

与五金商业行业协会、上海工商联五金商会同业协会沟通，利用沙龙、联谊会、研讨会形式与市模具协会、市船舶工业协会、市塑料协会、市起重运输机械协会、市汽车工业协会、上海重型装备制造协会等建立良好的关系。有4户企业参加上海模具协会举办的中国国际模具展，有45户五金工具企业参加上海船舶行业协会举办的中国国际船舶展，有5户企业参加由上海润滑油行业协会举办的工业润滑油发展论坛，有20余户企业参加上海展览行业协会举办的“中国工业博览会”。12月，与《中国精品五金》杂志社合作召开首届“品牌联盟”论坛，为上海五金工具业的发展起着积极的推动作用。

六、组织对外考察，引导企业走向国际市场

根据会员单位的需要，积极与广交会、德国科隆、美国拉斯维加斯国际博览会联系，为会员单位走向国际市场创造条件。组团赴台湾参观台北DIY五金展，还与贸促会合作组团赴越南参加中国商品展，另有3户单位参加与韩国中小企业的在沪洽谈。

七、做好信息收集工作，发挥载体作用

5月起，《上海工具简报》并入《工具信息与标准》刊物，及时将有关政策、信息传递给企业，为企业决策，加快产品结构调整起到积极作用。8月，与市34户行业协会共同酝酿起草《关于进一步开展行业技术职称评审工作的提案》、关于《积极主动，认真落实“加快推进上海市新技术产业化的实施意见”倡议书》，上报市政府有关部门，为会员单位反映诉求。

八、加强学习，抓好党建工作

协会党支部在上级党委的直接领导下，认真参加学习实践科学发展观活动，学习市工经联党委下发的《关于加强行业协会党建工作的指导意见》、《关于加强精神文明建设的指导意见》等，组织会员单位参加市“知荣辱、讲文明、迎世博、建诚信”活动，先后有13户企业获“诚信建设单位”称号。协会建立了“诚信建设办公室”。党支部与市工经联党委签订党风廉政责任制书，加强党员自身的自警自律的自觉性。

（杨映远）

上海市化工行业协会

上海市化工行业协会成立于1997年6月18日，是由从事化工生产、流通、施工、科研、设计、教育及服务等活动的企事业单位自愿参加组建的非营利性的社会团体。现有260户会员单位。

2009年主要工作：

一、为会员服务工作

1. 信息服务。办好2个网站，做好信息发布及网站日常维护，对协会信箱进行扩容，内容不断充实提高，并与许多政府部门、行业协会和企业实现网站链接，发布信息35条，并向市经团联、市经信委、市社会工作党委的网站及通讯提供信息30条。办好会刊，共收集资料、编纂、发行6期《协会通讯》，加强对会员单位的介绍。收集编写经济运行分析，向市经信委提供化工行业经济运行分析报告16篇。编制“2008年上海市国民经济和社会发展报告”中“石油和化学工业篇白皮书”。完成当年月度统计报表；开展部分会员单位2008年的年报及资料汇编、协会部分会员单位2008年工业总产值、销售收入、利润、利税、净产值、人均销售收入、人均利税等指标的排序，并刊登在第2期的《协会通讯》上；完成报送市工经联的2008年行业年报及半年报。

2. 培训服务。积极开展易制毒化学品、危化品和安全管理人员培训。至11月底，已举办易制毒化学品管理人员初训班12期，参加培训人数1093人；易制毒化学品管理人员复训班19期，参加培训人数2125人；危险化学品从业人员培训班12期，参加培训人数1548人；安全管理干部培训班2期，参加培训人数是280人。全年共培训近5000人。加强易制毒化学品监管服务网站管理工作，组织召开易制毒化学品管理工作委员会第3次全体会议，并对500多户报表未上网单位进行单独培训，共组织4期，培训523人，使单位报表上网率大大提高；还为会员单位举办“财务管理培训班”、“国家级信息师培训班”。

3. 市场服务。对评为2008年“上海化工诚信企业”的10户单位在《中国化工报》、《上海化工杂志》、协会网站等媒体进行宣传，并在会员大会上进行表彰，颁发奖牌和证书。开展2009年“上海化工名优产品”评选和复评工作，共有15户企业31项化工产品评为“上海化工名优产品”。对会员企业品牌工作开展调研，把荣获“上海名牌产品”、“上海著名商标”的13户企业的产品和商标登入协会网站和在《协会通讯》上进行宣传。为更好地掌握会员企业主要化工产品生产经营的状况，在企业大力支持下，收集2008年中石化上海石油化工股份有限公司、中石化上海高桥石油化工公司、上海华谊（集团）公司等51户企业110种主要化工产品的生产量、销售量和出口量的数据进行汇编，为协会了解化工产品在市场供需关系上提供有价值的资料，为企业应对国际贸易争端中各类应诉和诉讼提供有力依据。市场部收集、编写、出版5万字左右《2009年化工市场预测》刊物，发送到200多户企业，为会员企业制定经营战略和经营决策提供参考依据。为实施推进“上海市知识产权战略纲要”和“上海品牌战略实施计划”，加快化工产品技术创新、品牌创新，提升化工品牌适应国内外市场竞争力，召开“化工品牌后续管理交流会暨2009年上海化工名优产品表彰会”。成立质量与计量工作委员会，对化工行业申报67项上海名牌产品逐项进行审核、初审。

4. 节能减排。抓调查研究，对行业开展节能减排工作进行调研和指导，确定上海氯碱股份有限公司、上海吴泾化工有限公司、上海焦化有限公司、上海华谊丙烯酸有限公司和双钱集团股份有限公司等5户企业为重点单位，并把这5户企业的48个节能减排JJ小组列为协会试点单位，经常联系和指导。试点JJ小组积极开展活动，并初出成效，如上海氯碱上半年节水效益达40万元，预计年内JJ小组的15个项目完成后可节约费用1500万元。与市经团联合作举办3期JJ小组骨干培训班，讲解JJ小组基本知识和节能减排适用技术，有180位试点JJ小组的骨干参加培训，并颁发培训证书。对企业节能减排（JJ）小组活动进展情况开展调研和指导，已有39个（JJ）小组开展活动，活动率90%，完成31项节能减排项目，完成率80%。12月16日，组织召开2009年化工行业节能减排(JJ)小组活动总结交流会。为企业介绍节能减排技术，使企业能免费上节能减排项目。6月4日，组织会员单位60多人参观“2009年国际水处理展”，推动企业污水处理，促进企业节能减排工作。

5. 帮助会员单位应对金融危机。积极落实市委俞正声书记关于“行业协会要及时反映行业要求”的批示精神，分类型、分地区召开会员单位座谈交流会，先后召开大型企业、中小型企业以及奉贤区、金山区、嘉定区等5个“应对金融危机措施座谈会”，及时了解企业困难、应对措施和要求。协会为企业讲解化工行业的整体形势及走势，鼓励企业增强信心、积极应对、抱团过冬、共渡难关，还向市政府有关部门反映企业诉求，帮助企业解决调整产品结构、产品出口和要求政策支持等问题。如帮助振泰公司解决氯化镁出口受阻问题；帮助三爱富公司向国家发改委、商务部要求提高氟产品出口退税等。帮助会员单位及时解决急事、难事，有1户化肥企业因生产许可证尚在办证过程中，时间脱节2个月，被质监局查处，要罚款30万元。协会及时联系有关人员，予以协调解决。

6. 组织大型活动。组织和参加在安徽合肥召开的第6次“中国长三角化工协商会议”，共有50多人参加，围绕金融危机对化工行业的影响和行业调整振兴进行了深入交流和热烈讨论。组织原协会老领导和行业老专家举行交流座谈和联谊活动。由中外商会服务网、复旦大学和《浙商》杂志社共同主办，本会等单位协办的“长三角化工行业解困与发展论坛”，会上，许多专家、教授、企业家发表对化工行业解困和发展的精辟观点，使企业受益匪浅。4月25日，协会主办，华东理工大学法学院、上海华谊（集团）公司、上海朱妙春律师事务所共同承办“知识产权如何产业化论坛”，有100人参加。会上11位专家、教授从不同角度发表演讲，对知识产权的保护和产业化进行论述，参会代表学到很多新知识，增强了知识产权的观念。为推动上海化工技术创新，促进科技成果产业化，加强产学研之间的交流合作和协调，市教委与本会于6月16日在上海天鹅宾馆举办“第十一届上海高校——上海市化工行业协会双边技术交流对接会”。帮助化工区招商引资，协助安徽安庆、山东东营等化工区举办4次招商会，组织90户会员单位领导参加会议。

7. 帮助企业加强财务管理，提高融资管理意识，探寻创新融资方式，主办财务“应收账款管理”讲座和“企业融资渠道解读与策略选择”讲座。

8.10月26日，召开质量与计量工作委员会成立大会。

9. 协会企业管理工作委员会组织企管工委有关同志参加由中国中小企业协会长三角地区服务中心举办的“基于人才发展的绩效管理”免费培训。还组织到上海焦化公司参观学习活动。

二、为政府服务工作

1. 协助政府加强易制毒化学品监管。组织召开易制毒化学品管理工作委员会第3次全体会议，汇报培训和网站工作，听取政府8个委办局和企事业单位的意见，进一步改进工作。加强对“上海市易制毒化学品监管服务网”的数据收集、处理工作，使报表上网的单位数增加到3437户。每月向政府有关部门提交易制毒化学品统计汇总报表及分析，供政府参考。

2. 协助政府加强危化品管理。开展危险化学品从业人员培训和安全管理干部培训，共培训1828人；为生产经营企业做安全评价报告，提交安监局审批发证，共完成经营单位安评67户，复评16户，为27户经营单位提供换证服务，完成生产及仓储企业安评7户。

3. 协助市经信委编制“上海石化产业调整振兴规划实施意见”。

三、加强协会的自身建设，提升协会的素质与功能

1. 按照市工经联党委的布置，开展学习实践科学发展观活动。在市工经联党委组织的总结第一阶段学习活动会上，协会党支部作了交流发言。

2. 组织秘书处全体人员参观“中国小康建设十佳红旗单位”蒋巷村，亲身感受农村实践科学发展观的成果。

3. 新发展8户会员单位。

4. 调整秘书处人员结构，减少3名工作人员，增加现有人员的工作量，全体工作人员团结和谐，共同努力完成协会的各项任务。

5. 参加市经团联组织的“大学生就业招聘会”，提供本行业16个岗位，约50人应聘报名。

6. 为庆祝新中国成立60周年、上海解放60周年，参加市经团联组织的“书画摄影展”，获得一等奖1名、二等奖2名、三等奖1名，协会获得“优秀组织奖”。

（江　荣）

上海市润滑油品行业协会

上海市润滑油品行业协会成立于2005年6月，是由润滑油、脂的生产、研发、质检、销售、服务等企事业单位自愿组成，跨部门、跨所有制的非营利性行业社会团体法人。现有会员单位81户。下设国内首个添加剂专业委员会。

2009年主要工作：

一、策应政府的政策，树立行业与会员企业应对危机的信心

1. 组织4次座谈交流活动，先后邀请大专院校、经济学家、党校教授等为会员企业解读政策，了解经济形势，分析、感悟经济形势变化给行业可能带来的危机与机遇。

2. 积极走访会员企业，了解会员企业的需求与困难，及时向政府与上级主管部门反映行业状况及需要扶持的方面内容，争取支持帮助，为经济复苏做好准备。

3. 及时在会刊上刊登有关信息和活动，让更多业内企业在应对危机中广泛地了解，从而树立信心、寻找契机、克服困难。

二、抓住行业基础发展需求，不断拓展协会服务功能

1．筹备、组建添加剂专业委员会。首届成员共有33户，设立由7位正、副主任组成的专委会主任会议。

2．进一步拓展培训、示范基地。已拥有5个实验培训基地，分别分布在长三角与环渤海三角洲。

3．成立质量管理专家工作小组，为延伸广大会员服务，推动行业发展与进步。

三、为企业寻找发展机会，做好服务与配套工作

1．组织行业间互动活动。开展润滑油企业与相关应用行业的互动、交流，上下游联动，为会员企业寻找更多的合作伙伴，加快行业产品输出、新技术引入、研发合作的步伐，为提高企业知名度与市场占有率发挥积极的作用。

2．组织各种形式的论坛、产品交流活动。以信息交流会、新产品推荐会、行业产业联谊会、专业技术论坛会、行业产品展览会、行业沙龙等多种形式展开活动。如：组织参与亚洲第一、世界第二的中国模具与加工装备展览会，展示行业内金属加工润滑剂方面的优秀产品，推广会员企业的品牌和产品；借助第十五届国际冶金工业展，将润滑油品生产企业与用户企业共同展示，探讨发展与合作，并在海洋、造船、石化钢材的使用与节能、润滑、防腐等方面开展高峰论坛深度探讨；借助第十届国际润滑油脂行业专业会展活动，结合本会添加剂专业委员会的成立，安排一场高层次的添加剂自主产权研发与应用、国内外添加剂行业发展情况、添加剂产品质量与产业互补方面的高峰论坛会，得到国内外润滑油界的高度关注与重视。

3．组织上下产业链互补与经济合作活动。与会展公司共同策划润滑油生产、经营企业与用户企业间的互动交流，来自于船舶、重型装备、模具、工具、食品、汽车零配件、建筑机械、电梯、电器、化工、纺织等10多家的行业协会及下属会员企业开展交流，为厂商合作、产业链的互补构筑了新平台。

四、抓好培训内容上的深化与拓展

组织开展培训工作，开办3次初级班、2次中级班、1次高级班，在内容上力求丰富且有特色，除常规的化验分析、企业质量管理、写作指导外，还为会员企业进行专项企业文化的培训。办班形式多样化，坚持小班化，不仅在本地办班，还在大连办班。师资与教材的选择不断创新，聘用相关行业具有实践经验的专家、学者、高校教授充实到培训师资队伍中。教材除采用符合培训要求的正规出版物以外，还根据专题自行组织编排。年内，共计培训127人，其他企业专项培训180人。目前已有在册注册化验员64名，管理人员24名。

五、协会管理与发展

1．协会发展。至12月初，会员单位共80户，比年初上升63.27%，是会员发展最快的一年。对协会宣传网页升级成网站，增设互动功能，逐步将新网站建设成为业内沟通、交流、服务、咨询、推荐、培训等的公共平台。将《上海润滑油信息》专刊由原来4版增加到6版，为更充分地发布宣传、交流各方信息提供有力保障。编制出版协会专刊与宣传手册，编辑出版介绍新一届理事会的专刊；配合“润滑油展”行业盛会，出版专刊专题报道各项活动情况；结合添加剂专业委员会的成立，编制首个专业委员会委员企业名录介绍，得到会员单位与社会各界的赞许。

2．其他管理工作。不断完善内部管理，进一步完善入会企业的信息和管理程序，修订申请入会企业的申报、审批程序，加以补充、规范与完善。贯彻政府对行业协会的要求，对会员企业进行基本销售额变化情况统计，反映行业经济变化情况，及时上报相关部门。树立起行业先进与楷模，评选出18户年度优秀会员单位。向社会公布年度在册的行业注册分析人员名录，经受社会检验。定期召开专家工作小组活动和召开理事会、专委会主任会议。

（金　蕴）

上海新能源行业协会

上海新能源行业协会成立于2006年10月29日，是由新能源行业（太阳能、风能、氢能、生物质能）等相关企事业单位及相关组织自愿组成，跨部门、跨所有制、非营利的行业性社会团体法人。现有会员单位300户。

2009年主要工作：

一、建立信息交流平台

继续办好网站、期刊。除出版《上海新能源》期刊外，还增设《光伏时代》中、英文版。其中，中文版供国内会员赠阅，而英文版与亚太新能源协会及美国360°杂志社联办，面向国外同行赠阅。

二、建立国际交流平台

1．举办高水平国际专业论坛，为新能源行业的发展提供信息、技术支撑。5月，与15家国际组织联合主办“SNEC第三届（2009）国际太阳能光伏大会”。大会由“政策支持及投融资论坛”、“硅材料论坛”、“薄膜电池论坛”、“晶硅太阳电池论坛”、“光伏产业前沿技术论坛”、“海峡两岸交流论

坛”、“认证及标准化论坛”、“CEO 论坛”等 8 个板块组成，所有会场座无虚席，关注程度为历届之最。

2．成功举办国际展览，为光伏产业链发展加强全方位服务。5 月 6 ～ 8 日，在上海新国际展览中心隆重举办 SNEC（2009）国际太阳能光伏工程（上海）展览会。1032 户中外企业参展，展览面积达 60000 平方米，展示太阳能光伏领域的最新科技成果与应用情况，囊括从晶硅切割至太阳能发电系统组合的完整太阳能光伏产业链。

3．为帮助企业进一步开拓国际市场，协会在美国注册成立“亚太新能源行业协会”，并在新加坡注册成立“亚洲光伏产业协会”，以经济全球化的思路向国际化、信息化、市场化方向迈出坚实的一步，也为广大会员企业开展技术交流咨询合作搭建广阔的平台。目前，已在美国硅谷购置办公室，准备建立一个仓储式集中发货中心、培训中心暨集体办公场所。并准备与纽约州首家科技园建立合作关系。

三、贯彻实施市委“人才强市战略”，开展业内专业技术职称评定工作

开展 2 次业内专业技术职称评定工作，制定“新能源行业职称业内资格认证暂行办法”，成立专家评审委员会和日常工作小组。上半年，共收到 10 户企业报送的 23 份报名材料。经初审、复审，共评出高级工程师 8 名、工程师 7 名、助理工程师 8 名。下半年收到 5 户企业 21 份报送材料，并于 12 月 29 日组织评审。

四、开展形式多样的服务活动

1．贯彻落实市经信委关于《上海推进新能源高新技术产业化行动方案》的通知，组织召开动员大会，鼓励企业积极申报高质量、高技术的项目。邀请市经信委装备处领导作政策解读、现场指导。并下发《新能源行业相关企业 2009 年度上半年经营情况调查表》及《新能源高新技术产业化项目调查表》。

2．应对金融危机冲击，深入企业调查研究，将企业在生存和发展中所涉及的问题专报市经团联，年内已上报的“专报”有：《关于新能源车辆产业化》项目的推荐，市经团联据此撰写《关于将发展新能源非公路运输车辆列入上海新能源汽车项目的建议》，并报送至市委办公厅、市政府办公厅、市发改委、市经信委等部门；《关于 TCO 玻璃镀膜线》项目产业化推荐报告，上报市经信委和市经团联调研室，并与市经团联负责同志一起陪同企业到市经信委有关部门对申报项目进行联系沟通。

3．受会员单位上海阳远新能源科技有限公司委托，接待泰国电力部部长阿迪桑一行到上海访问，为企业牵线搭桥，共商合作。

4．经实地考察，选择长三角及中西部地区 7 家产业园组建了新能源产业园联盟，为企业提供良好的投资环境。

（张静妹）

上海橡胶工业同业公会

上海橡胶工业同业公会成立于 1986 年 12 月，是由上海、江苏、浙江地区橡胶加工及其相关企业自愿组成，跨地区、跨部门、跨所有制的行业性社会团体法人。现有会员企业 100 户。

2009 年主要工作：

一、精心组织召开七届四次会员大会

4 月 16 ～ 17 日，在浙江平湖金龙门生态休闲园隆重召开七届四次会员大会。90 余位代表认真听取并审议通过公会《2008 年工作总结和 2009 年工作打算》、《2008 年财务决算和 2009 年财务预算》等报告。上海南凯橡塑制品有限公司、上海贵港橡胶制品有限公司等 4 户企业就应对国际金融危机的做法和体会作交流发言。

二、认真开展“学习实践科学发展观”活动

认真开展“学习实践科学发展观”活动，党员干部通过系统学习，思想认识得到提高，同时，通过调研和分析检查，看到工作中存在的问题和不足，明确整改方向，工作责任心和积极性显著提高，自觉联系行业实际，把学习实践活动落到实处，促进公会工作有效开展。

三、了解企业服务需求，及时提供服务

通过走访调研，了解企业需求，及时提供服务。如：浙江万盛新型材料有限公司开发研制的 CF 炭黑新产品与传统半补强炭黑性质相近，价格便宜，需推广应用。公会不厌其烦地为其把小样分送到相关企业试用。在其万吨生产线投产时，还为其邀请业内 20 多户企业厂长、经理和总工程师到现场参观，并召开产品推介会。又如：上海贵港橡胶制品有限公司生产业务饱满，但缺乏流动资金，公会为其联系深圳平安银行及时借贷了 60 万元，解了燃眉之急。

四、认真开展诚信企业创建、名优产品推荐和评审活动

公会把创建诚信企业列为重点工作，主动与市“创建办”联系，经市“创建办”核准成立“诚信企业创建办公室”。通过深入宣传、发动，会员企业积极投入“创建”活动。年内，上海华向橡胶制品有限公司、上海胶带橡胶有限公司、上海富大集团公司等33户企业经市“创建办公室”核准，确认为“诚信企业创建”单位，占会员总数的1/3以上。

为增强企业的品牌意识，认真开展行业名优产品推荐和评审活动，经企业自愿申报、专家评审，双钱集团股份有限公司的“双钱”牌轮胎、上海胶带橡胶有限公司的“骆驼”牌输送带、上海回力鞋业有限公司的“回力”牌运动鞋等10户企业的13只产品获行业名优产品称号。

五、组织编制全钢子午线载重轮胎“产品能效日用手册”

进一步推进节能工作，按照市能源监察中心在行业耗能大户中编制产品能效手册的要求，在调研分析的基础上决定在双钱载重轮胎公司进行试点。并会同公司节能部门讨论研究，落实专人调研，结合公司实际情况和借鉴国内外先进经验，及时编制全钢丝子午线载重轮胎“产品能效日用手册”，提交由市能源监察中心组织的专家讨论评审，得到认可，为行业用能大户进一步开展节能工作明确了方向。

六、按时出版会刊，加强信息传递

公会把办好会刊、加强信息传递作为一项重要工作，全年出版发行《橡胶同业信息》12期，近20万字，较好地发挥了公会信息集散的作用。

七、热情接待台湾橡胶同仁

与台湾橡胶工业同业公会保持多年友好合作关系，组织互访交流。11月10～13日，中国国际橡胶技术展览会在沪举行之际，台湾橡胶工业同业公会徐正冠理事长率参访团10余人来会拜访，公会领导给予热情接待，交流了国际金融危机对橡胶行业的影响和采取的应对措施，表示要进一步加强合作，共克时艰，为发展中华橡胶工业作出贡献。

八、发展会员，壮大队伍

年内发展上海吉一橡塑制品有限公司、上海比源化工橡胶物资有限公司、浙江万盛新型材料有限公司、上海沪巨联实业有限公司、海宁市方圆橡胶厂、上海霖兴特种橡塑厂、上海子璇实业有限公司、上海理高化工有限公司、上海高德橡胶制品研究所、菱湖新望化学有限公司等10户企业入会，为会员发展最多的一年。

（王宝根）

上海涂料染料行业协会

上海涂料染料行业协会（原上海染料农药工业行业协会）成立于1987年1月，是由上海和长三角地区染料、涂料、颜料、助剂及其他经济组织为主自愿组成、实行行业服务和自律管理的跨部门、跨所有制、非营利性的行业社会团体组织。现有会员单位149户。

2009年主要工作：

一、加强信息交流，促进行业发展

4月6日，在上海金沙江大酒店主办上海涂料、染料、颜料大型信息发布会，200多位代表出席大会。专题发布涂料、染料、颜料、行业面对金融危机，积极应对，化“危”为“机”的信息；请华东理工大学、东华大学教授发布新技术、新产品的信息；请优秀企业介绍企业管理的先进经验；上海交大公共政策系顾建光教授重点分析金融形势和克服金融危机的措施，对企业战胜危机起了积极的引导作用。

9月20日～23日，联合台湾地区染颜料同业公会在厦门举办海峡两岸共同发展有机颜料行业的大型论坛。300多位来自全国各地的代表，以及国际著名的巴斯夫公司、科莱恩、太阳化工、DIC油墨公司、富林特等出席论坛。大会发布全球有机颜料发展状况和趋势、新的技术进展等极有价值的信息。

协会2次召开理事扩大会议，除了审议常规性的重大事项外，着重把会议内容放在推进技术进步、清洁生产上。12月上旬，协会派专人参加国家级清洁生产审核师的培训，为促进行业清洁生产水平培养专业人才。

12月11日，召开信息工作会议，邀请市经团联有关专家指导，并请有关专业网站介绍经验，与中国涂料网、中国染料工业网、上海涂料有限公司、上海市工业经济联合会、上海市化工行业协会、中国化工网、中国印染资讯网、上海市职称服务系统合作，协会有专人收集各方信息，每天向会员单位发布“福卡财讯”，提供经济快讯。

二、提升会刊质量，打造交流平台

8月20日，协会召开《上海染料》编委会扩大会议，并充实6位专家进入编委会。11月20日，组织《上海染料》部分编委赴浙江龙盛集团学习交流染料发展战略。

调整《协会通讯》版面，内容重点突出有关涂料、染颜料行业发展及会员单位的信息，强化了涂、染、颜料产品上下游产业链市场商情的报道。

三、推选行业品牌，实施品牌战略

在实施品牌战略中，积极与市工商局、市质监局、市工经联沟通，开展“市著名商标”、“市名牌产品”、“市自主创新品牌”的培育申报工作。本年度，会员单位获上海市名牌产品的有19户，获市著名商标的有18户，获市先进制造业自主创新品牌的有6户。此外，协会会员单位立邦涂料（中国）有限公司的（立邦）涂料、上海牡丹油墨有限公司的“牡丹油墨”获“中国驰名商标”；龙盛集团上海科华“科华素”、浙江东港集团的“染八”牌活性染料获“中国名牌”；上海华元公司的“飞机”牌还原染料获“中华老字号”称号。

四、发挥协会作用，强化服务功能

本会列入上海市协会作用发挥的第3批试点单位。年内，新发展会员单位9户，扩大服务覆盖面，并在技术应用培训质量上有新的突破，10月19日～24日，在上海染料研究所有限公司举办第10期全国有机颜料技术应用培训班，邀请天津大学、全国油墨信息中心、美国太阳化学、华东理工大学著名专家讲课，参加人员112人。

本会功能发展试点得到市经信委的资金支持，并在市人力资源和社会保障局的支持下建立“职称申报工作的服务点和受理点”，为要求申报职称的专业技术人员提供8个方面的服务，还组织20多位专业技术人员参加全国职称英语考试的培训。

面对涂料、染料、颜料激烈的市场竞争，协会主动上门服务，及时沟通。如：会员单位开发节约型活性染料，就及时向贸易公司推荐；会员单位雅运公司、安诺其公司染整应用技术力量比较强，协会联络生产型企业，加强与他们的业务联系，促进其市场的拓展。利用协会网站发布会员单位产品信息，1户韩国公司从网上看到杭州下沙恒升化工公司酸性染料产品开发信息后，特发传真要货，协会及时与恒升公司进行了沟通，为其牵线搭桥。

7月，协会建立大学生青年职业见习基地，来自华东理工、上海大学、北京邮电、上海商学院的4位大学生在带教老师的指导下认真学习，目前，3位已踏上新的工作岗位。

组织元宵、中秋的行业老同志活动，邀请骨科专家陈永华教授在染料研究所有限公司为老专家们讲授老年人保健知识，还组织他们参观世博展示中心。

加强行业统计工作和信息工作。12月11日，组织统计员、信息员赴杭州青春宝集团参观学习。12月24日，《文汇报》专题报道本会统计信息工作会议情况。

（郑家琅）

上海印染行业协会

上海印染行业协会成立于1987年10月8日，是以上海及长三角地区从事纺织印染国有、集体、民营、合资企业为主，以及与印染相关的单位、科研院所、大专院校等自愿组成的跨行业、跨部门、跨地区的行业性社会团体法人。现有会员单位61户。

2009年主要工作：

一、加强学习，认清形势，把握方向

积极参加市经团联组织的季度理事扩大会议，领会国家及市政府主要领导的讲话精神、有关政策方针，及时通过理事会、技术交流会、四新博览会等形式，向会员单位、企业领导、技术人员、专家进行信息传递，广为宣传，鼓舞大家的信心，为克服当前的经济困难创造有利条件。

二、在新形势下，进一步贯彻“服务企业、规范行业、发展产业”的指导思想

面对着纺织印染企业数量、类型和所有制重大变化的现实，协会经过分析讨论，逐步形成共识，必须不失时机地转变思想和观念，调整职能工作重心，发挥协会技术和人才优势，确定以服务政府、企业为核心，坚持全方位、多层次地开展各种形式的服务，才能真正起到作为社会、政府和企业的桥梁、纽带作用。

三、立足想企业所想，急企业所急，努力为企业服务

面对上海纺织控股集团公司所属的国有企业进行新一轮调整，为常熟甲乙纺织印染有限公司资产重组进行调研、诊断和评估，提出重组方案，为纺织控股集团公司领导决策提供重要依据；为上海申达二印染整有限公司的调整进行方案论证和指导、协助上海申达二印搬迁调整设备；为上海沪邦印染有限公司和上海申益印染有限公司的优势互补联合方案出谋划策，为产品升级换代腾出发展空间；为安徽蓝岭（安徽）印染有限公司生产车间被洪水浸淹，提供救助和灾后损失评估，挽回了重大经济损失；帮助上海金煜纺织印染有限公司实施节能减排降耗项目，组织专家进行论证，为企业增强市场竞争力出谋献策。这些服务会员企业的有效工作，切实帮助企业解决生产困难，密切了与会员单位的关系。

四、积极参与市政府产业结构调整方案相关工作

根据市政府产业结构调整方案，上海印染行业将对民营企业和多种所有制企业进行新一轮调整。协会专门成立以印染老专家、中青年骨干人才为主的专家委员会，开展技术交流、咨询活动，并结合行业生产技术特点，有针对性地开展以节能减排降耗为重点的技术服务工作，通过节能新技术的应用和加强企业内部能耗管理，为企业缓解产品能耗成本不断攀升的难题，受到企业好评。

五、承接政府职能，为政府规范行业、发展产业服务

会同上海纺织节能环保中心积极承担市水务局要求制定市印染企业印染产品取水标准的任务，抽调骨干组织专业技术班子，进行大量调研，反复听取行业专家意见，形成送审文本，并通过专家的评审和项目的鉴定，为有关部门制定水务政策提供重要依据。受中国纺织出版社和中国印染行业协会的委托，组织10多位老专家编写14套国家特殊职业工种（纺织印染）资格职业培训教材，目前已完成大纲和目录的起草工作。受市经信委产业结构调整办公室的委托，开展全市印染企业情况调查，并对上海印染行业各类生产企业（棉印染、针织印染、纱线印染、服装印花、服装水洗等）的调整和发展进行专题论证，为市政府产业结构调整方案（纺织印染部分）进行论证和提出政策建议意见。受国家发改委、中国印染行业协会的委托，承担“印染行业综合能耗计算办法及基本定额”、“机织印染产品取水计算办法及单耗基本定额”、“针织印染产品取水计算办法及单耗基本定额”等3项全国行业技术标准的制定工作，已通过评审并上报国家有关部门审核、批准。上述“标准”的制定，国家及纺织印染行业实施节能减排工作制定了评判的尺度标准。

六、组织大型会议、论坛、技术交流、论文交流，开展学术活动

4月，协助中国印染行业协会在上海组织召开第八届全国印染行业新材料、新技术、新工艺、新产品技术交流会，来自全国各地的300余位代表出席会议。6月，组织“2009年全国印染新技术和环保化学品研讨会”，紧贴市场热点和企业的需求，为上海国际纺织机械展览会的学术交流活动增光添彩，受到与会代表的欢迎。9月，参与组织“洁润丝”上海印染新技术交流会暨上海印染2009年会。年会注重节能减排和新技术的应用，受到各有关方面的重视，全国印染企业及有关单位的代表共150人出席，并被列入市科协第七届年会产业技术专场的内容。协会还积极参加市经团联的各项活动和专题会议，并与上海纺织协会协同组织各种专业交流活动。

七、加强协会内部管理

通过各种形式将经济形势、行业动态和技术交流方面的信息及时向会员单位和专家传递，并为建立公共信息服务平台作准备，以达到信息互通共享、服务企业的作用。年内发展新会员2户。

（王祥兴）

上海塑料行业协会

上海塑料行业协会成立于1990年2月，涵盖石油化工、化工、轻工、机电、建材等系统的国有、民营、合资、独资企业和相关的高校、科研院所；覆盖树脂生产、工程塑料/改性塑料研发生产、塑料制品成型加工、塑料加工模具设计与制造、塑料加工机械制造等五大专业领域。

2009年主要工作：

一、按国家、市府有关规范行业协会建设的要求，发挥政府与企业间的桥梁、纽带作用

1．及时上报《2008年上海工商协会和信息化行业协会发展报告》、《上海市社会团体年度检查报告书》，并通过2008年度年检工作。

2．为中国塑料加工工业协会主编出版的《2009中国塑料工业年鉴》塑料工业协会（地方篇）撰写“上海塑料概况”。

3．5月22日，召开四届二次会长办公会议，审议通过《上海塑料行业协会2009年工作计划》、《上海塑料行业技术人员职称资格认证暂行办法》。

4．协助市经团联组织参加“新春大型人才招聘会”。下发文件，广泛宣传，动员部分会员单位积极参与由市经团体联和杨浦区政府联合主办的“2009年大型人才招聘会”。

5．深入企业进行调研，了解金融危机对行业的影响。先后走访20余户会员单位及业内企业，与企业面对面进行沟通，寻求为企业服务的切入点，宣传国家、市委市政府有关保增长、调结构、节能减排、技术创新等产业政策，听取企业诉求及对协会工作的建议，密切协会与企业间联系。

6．积极发展新会员，扩大在行业中的覆盖面。利用各种渠道宣传行业协会作用，积极为会员单位服务，共发展新会员26户。

二、首次开展上海塑料行业专业技术人员职称资格评审工作

首次在上海塑料行业内开展专业技术职称资格认证工作，经上海塑料行业专业技术职称资格认证工作委员会的预审和本会专业技术职称评委会的评审，有20名高级工程师、24名工程师、15名助理工程师通过评审。

三、实施品牌战略，推进塑料行业又好又快发展

6月，下发“关于开展2009年度上海塑料行业名优品牌申报评选和2007年度行业名优品牌重新认定工作的通知”。通过走访企业，对申报企业进行初审，专家组现场抽查、评审，评委会评审通过5户企业8个产品（系列）为2009年上海塑料行业名优品牌。为激励连续三届被认定为上海塑料行业名优品牌的企业，首次将8户企业命名为2009年度上海塑料行业名优品牌企业。对于申报重新认定的9户企业，经综合评审及日常跟踪，也认定为2009年上海塑料行业名优品牌企业。

四、推进诚信企业建设，规范行业经营行为

市“知荣辱、讲文明、迎世博、建诚信”活动组委会在本会设立“诚信企业创建办公室”。协会下发“关于开展2009年度‘上海市诚信企业’创建活动及2008年度获证企业升级‘诚信企业’、‘星级诚信企业’推荐工作的通知”。活动得到有关企业的积极响应，经协会诚信办初审推荐，诚信活动组委会审核，8户企业荣获“上海市诚信企业”称号；6户“上海市诚信企业上升为“上海市星级诚信企业”称号；3户企业荣获“上海市诚信创建企业”称号。

五、协助雅式展览服务有限公司举办“国际橡塑展”

协助由雅式展览服务有限公司主办的“2009国际橡塑展”及“2010国际橡塑展”的宣传工作，协助主办方举办“2009国际橡塑展展商说明会”，组织华东六省塑料协会领导出席座谈会、展商说明会等相关活动；组织华东六省一市塑料协会领导和上海24户会员单位及业内企业的领导50余人组团赴广州参加“2009国际橡塑展”系列活动。

7月，与雅式公司高管召开2次座谈会。11月，协助其在古象大酒店组织召开“2010国际橡塑展新闻发布会”。

六、开展国内外塑料同业间的交流

接待比利时驻沪总领事馆商务处及比利时有关公司销售经理前来本会，了解中国废旧塑料再加工产业概况和国际金融危机带来的影响；接待意大利米兰商会拜访本会，了解、交流上海塑料工业发展情况，并介绍欧洲塑料市场情况；参加市工商联等组织的20余次相关行业的论坛及行业协会交流座谈会，多次应邀在论坛上作演讲。

七、寻求新的为会员单位服务的平台

围绕拓展为会员单位、业内企业服务的深度、广度，积极筹备、建立市工商联塑料行业商会、协会工程塑料专业委员会、上海轻工业工会联合会塑料行业分会。建立服务交流的平台，加强企业间的沟通，推进业内塑料制品企业职工技能素质的提高。

八、不断加强协会党支部、秘书处、专委会建设

1．加强秘书处建设。坚持每周例会制度，定期召开秘书处、专业委员会秘书长工作会议，及时学习、传达国家、市委、市政府有关文件及会议精神，发挥政府与企业的桥梁和纽带作用。

2．加强党支部建设。在市工经联党委的领导下，党支部积极参加深入学习实践科学发展观等活动。

3．努力培养入党积极分子，党支部每季度安排谈话、考察，帮助缩小与党员标准的差距。本会再次被市经团联授予“先进行业协会”称号；在“中国塑料加工工业协会五届四次理事扩大会议暨成立二十周年庆典表彰大会”上，本会荣获“中国塑料行业协会先进单位”称号。

（刘景芬）

上海日用化学品行业协会

上海日用化学品行业协会成立于2005年12月9日，覆盖化妆品、洗涤用品、香精香料和口腔护理用品等四大日化行业。现有会员单位180户，包括从事生产、科研、加工、销售和会展等上海市行业内所有重点企事业单位。

2009年主要工作：

一、以行业发展为契机，抓好行业规划、对标分析、核心竞争力对比、产业结构调整等工作

积极做好政府与企业的桥梁，充分发挥协会专家集聚、技术精深和信息量大的优势，主动参与同行业发展有关的公共政策和法规的制定，参与行业规划、产业布局、产业合作的研究，参与企业调研，形成与产业发展的互动。协会为主编写的调研报告有《上海日用化学品行业核心竞争力报告》、《上海香精香料行业产业调整建议》、《上海日用化学品行业振兴发展规划》、《上海日化工业十一五自主创新建议》，以及编写的《时尚产业——化妆品美容业调查报告》对正在发展的SPA、美容院以及健身肤体等产业链状况进行描述和报告，目前，该时尚产业作为现代生产性服务业，已列入上海产业发展重点支持目录。配合市环保局编写《上海市洗涤用品无磷化现状和控制政策研究报告》，配合市商务委在产业公平竞争方面编写《国际化妆品巨头对中国化妆品市场影响调研报告》和《化妆品产业发展与政府监管建议》等文，配合政府组织行业专家反复论证，向有关部门传递行业状况和诉求，得到政府部门的好评。

二、以人为本，抓好行业的培训

根据企业需求举办《质量检验人员实务培训》、《化妆品标签标识》、《化妆品卫生规范专项培训》、《国际化妆品企业GMP管理》等专项培训，年内共举办8期培训班，近700多人次参加培训。根据企业发展的需要，及时组织企业交流开展OEM定牌管理和化妆品安全卫生管理等方面的经验。

三、以品牌建设为推动力，提升行业名优产品优势

瞄准国际先进水平，加强行业品牌建设。推荐六神和华银蜂花护肤品、白猫洗涤剂和中华牙膏、美加净牙膏为中国名牌，推荐百雀灵护肤品、章华丝精染发剂美素和相宜本草为上海市著名商标，推荐自然堂护肤品、美素护肤和相宜本草护肤品等为上海名牌产品。

四、以发展区域经济为方向，开展江浙沪和广东等地交流活动

协会提出南学广东，北学山西。组织30多名企业家到南方广东立白、拉芳、名臣等大型企业考察学习，对民企发展规模经济和市场运作的方式进行认真探索讨论。组织会员单位到山西中国日化院对行业以产学研结合推进企业科技创新进行充分的参观座谈签约交流等活动。为发展长三角区域经济，协会与浙江、江苏、山东联合组织行业发展热点交流会议，来自三省一市的150名会议代表共商日化业发展。

五、以节能减排为目标，积极落实无磷化控制和减排目标

市环保局组织本会开展对《上海市洗涤用品的无磷化现状和控制要求研究》课题调研，以期为本市出台禁止或者限制使用含磷洗涤用品措施提供依据。经过在洗涤剂生产行业和洗染行业广泛调研，历时半年，三易其稿完成并通过环保局专家的鉴定，要求企业生产民用产品和公共服务机构使用均要实施无磷化，通过环保、技监、工商、协会、地区、财税齐抓共管，可以控制全市15%含磷水排放，使本市节能减排目标真正落到实处。

六、与市外经贸委合作，开展应对国际金融风暴专题讲座

与市外经贸委公平贸易处、财务处联合举办应对国际金融风暴专题讲座，就反倾销、反垄断、外贸财政扶持政策问题，以及进出口合同防范等进行专题演讲。并酝酿根据国家商务委员会四联动机制试点要求，拟定具体工作打算等。

七、在市社会和劳动保障局的支持下，开展化妆品和香精香料高级配置工评定工作

通过理论知识培训和实际操作考评，顺利评定89名高级配置工，获得由国家社会和劳动保障部颁发的职称资格证书，建立了行业首批高级配置工队伍。

八、广泛开展国际、国内交流

5月，同亚洲第一的著名化妆品行业展商上海百文会展公司合作举办首届上海国际化妆品原料论坛。组织国际原料顶级制造商和国内一流原料供应商，发布国际化妆品原料发展趋势和在国际、国内采购原料方面的法律法规和政府监管信息，邀请巴斯夫、道康宁、法国科博、美国莱宝康，以及国内爱普、广东天赐、上海轻工所等著名企业参加。还邀请市食品药品监督管理局、市技监局专家和行业内权威进行点评，以提高企业对原料控制和选择的认识。

11月，在市贸促会和波兰驻上海领事馆的邀请下，组织20多户会员单位与10多户波兰化妆品企业进行互动交流，在开拓国际市场方面进行探讨。还组织多家化妆品企业同韩国科技大学和化妆品企业就如何开发市场需要的清洁类产品进行探索。

（金　坚）

上海医疗器械行业协会

上海医疗器械行业协会成立于1987年3月，是全市医疗器械行业企事业单位自愿组成的跨部门、跨所有制的非营利性的行业性社会团体法人。现有会员单位550户。下设经营工作委员会、口腔工艺专业委员会、植入介入专业委员会等。

2009年主要工作：

一、应对危机保增长

1．保持行业经济逆势而上势头。在中央应对危机刺激经济政策的影响下，行业出现逐季好转的可喜局面，全年实现销售收入150亿元以上，高于全市工业增幅11%。其中，医用卫生材料和敷料、手术器械和缝合材料、高分子和植入材料、医用射线和高能设备、光学和激光设备、医用电子和超声仪器、分析检验和血液处理设备、消毒设备仪器、手术室和急救及病床护理设备、口腔材料和设备等十大类产品出现逐季好转局面。

2．配合政府、企业应对流感危机。各会员企业单位瞄准农村医疗卫生装备、灾区重建、防治流感的市场，捕捉信息，抓住商机，千方百计为企业争取市场份额，保持正常生产，促进行业产销平衡，实现医疗器械产业新的发展。协会配合政府部门和企业，积极反映信息、提供服务。如主管部门需要了解口罩、体温计、消毒水和医疗器械生产库存情况时，及时报告行业供产销的状况、企业联系方式，并要求有关企业做好预案，应对突发事件发生。当主管部门开展采购评估选型时，积极推荐上海本行业生产的产品。

二、争取扶持要政策

1．及时编印《新医疗改革参阅资料》。年初，派员参加国家发改委在杭州举办的“新医疗卫生体制改革”培训班，编印《新医疗改革参阅资料》，帮助会员企业对新医保制度进行解读，提供信息、理解政策、把握先机，以政府政策导向指导行业生产，以新医疗卫生体制出台引导和促进行业销售。

2．落实中小企业发展专项资金申报。及时在网站上刊登工信部、财政部《关于做好2009年第一批中小企业发展专项资金项目申报工作通知》。5月22日，召开部分会员企业会议，请市小企业（生产力促进）服务中心对申报项目和材料进行面对面辅导，深入企业现场办公，帮助企业解决申报中具体问题。在时间短、要求高、材料全的情况下，2户企业通过市级评审。其中，1户企业已落实中央专项发展资金，1户正积极申报市专项发展资金。

3．争取市23个重大和转化项目扶持。年内，与市政府主管部门协调，落实23个重大项目、转化项目专项资金支持。包括市发改委重大项目：科华“临床生理生化试剂仪器及配套核心原材料的产业化”、微创“慢性病治疗器械的产业化”（1期）、复星“体外诊断产品研发基地”等，以及市科委第1批生物医药产业化转化项目：爱申“超声聚焦肿瘤消融机技术改进与产业化”、思爱“个体化人工关节与东亚人种常规人工关节的产业化”、其胜“医用几丁糖、医用胶原蛋白海绵及衍生产品产业化”、诺诚“神经专业监护设备和网络管理支持系统建设的产业化”。这批项目的推进落实将为行业发展带来积极的影响。

三、抓住契机调结构

1．落实中央经济工作会议精神，“促科技创新、助企业发展”，推动上海医疗器械发展。2月27日，组织部分会员单位在科学会堂参加第1期“院士沙龙”。会议由交大翁史烈院士主持，王威琪、陈亚珠、戴克戎院士，市科委、发改委、经信委、卫生局、药监局、复旦、交大、理工大等单位代表参加研讨会，为行业产品结构调整、快速健康发展提出真知灼见。

5月31日，参加“市加快推进高新技术产业化工作大会”。生物医药高新技术产业化项目开始申报，协会网公布了具体条件和要求。

6月17日，在理工大学举办“行业产、学、研沙龙”。加快高校自主研发科技成果与企业进行对接，其中，复旦2项、交大5项、上大2项，理工大、医专等28个项目首批推介。会后，协会组织项目跟踪，配合申报争取政策，促进科研成果产业化，帮助企业调整产品结构。

四、千方百计搭平台

1．信息交流平台。年初，协会网页改版，突出网站可视性、可读性、可检性，方便会员企业信息查询。并在简讯和网站上增设信息互动，做到信息及时发布、传递、更新，让会员单位在第一时间掌握政府政策、行业发展动态、市场用户需求、协会工作情况。

2．人才培养平台。贯彻市药监局《定制式口腔义齿生产质量管理指南》，3月25日、4月29日，培训部和专委会分2期举办口腔义齿生产企业质检、企业负责人上岗培训，部分区药监分局派员出席，共150多人参加。3月24日～27日，与生信计算机科技公司举办高端CAD实务操作培训，让学员较快地掌握软件应用和使用操作技能，深受欢迎。5月8日，与市临床医学工程分会共同举办2009年专业技术职称申报培训，参加学员70余人。5月17日，参加市经团联与杨浦区联合主办的应届大学生专场招聘会，11户会员单位提供30个岗位，为政府分忧，为行业聚才。7月25日，与审评中心举办“诊断试剂生产企业培训班”，分别就诊断试剂临床实验的科学规范、诊断试剂体系、注册中若干问题进行了系统讲解，业内34户企业的78位学员参加培训。年内，协会共举办8期各类培训，参加学员560人次，为行业专业技术人才培养做了大量工作。

3．注册沟通平台。3月，协同部分会员企业接待国家标委会领导，就业内产品标准的修订进行座谈和沟通，并对口腔义齿标准的制定达成共识。5月，国家出台《医疗器械产品注册管理办法》征求意见稿，协会组织碧迪、西门子等10户企业召开座谈会，听取意见和建议，汇总整理后反馈国家局。5月，组织邀请国家局技术审评中心相关人员参观微创等7户企业，通过政府主管部门与企业对话和互动，相互了解，推动注册工作开展进度和产业发展。

4．价格服务平台。继续做好受理医疗器械价格审核工作。全年受理国外企业136户、外省市企业97户、本市企业32户。受理初审产品517只，审核价格1866项。由于产品注册证更换，受理产品信息资料80份，勘误信息421条，全年上报物价资料6期。协会无偿为企业提供物价服务，企业产品顺利地进入上海市场，协会的服务功能得到增强。

五、积极参展拓市场

4月18～21日、10月28～31日，分别组团参加在深圳会展中心、成都新国际会展中心举办的“第61、62届中国国际医疗器械博览会”，上海共有140户企业参展，展出一批适合农村、社区医疗卫生装备产品，受到各地用户的欢迎。

8月12～14日，由国药励展主办，中国医药商业协会、本会协办的“2009中国药店展览会”在光大会展中心开幕。展会期间，举办“工商合作高峰论坛”、“医药零售业态信息发布会”。

9月22～25日，由7部1省联合举办“第六届中国国际中小企业博览会”在广州国际会议中心举行，本市有127户企业参展，设6个专业馆，协会组织14户企业免费参会，为企业拓展市场尽心尽力。

9月26日，组团一行15人参加“2009第十四届圣彼得堡国际医疗保健展览会”，对俄罗斯医疗器械市场进行考察和调研。11月17日～28日，组织10户会员企业赴德国参加每年一届的杜塞尔多夫“国际医疗器械博览会”，引导企业拓展国际市场。

六、上下联动觅商机

1．为了宣传上海医疗器械产业和产品，协会启动《上海医疗器械大全》编辑工作。在市科委、药监局、审评中心及众多企业的支持下，摸清上海生产医疗器械企业产品的家底，严格按国家产品分类目录和注册的要求，认真听取企业意见，反复进行演示操作，提前完成《大全》电子版的编辑工作。

2．7月24日，与生物工程学会、上海新洁而公司、深圳佰劳特公司共同举办“糖尿病自身抗体检测研讨会”，上海第一人民医院王煜非主任介绍糖尿病类型及自身抗体诊断的临床意义，企业与医院就产品问题展开互动探讨。

12月17日，植入、介入专委会在好望角大酒店举办“植入、介入发展研讨会”，邀请药监局、医疗保险管理中心相关部门领导就企业共同关心问题进行研讨，为植入、介入产品安全、有效、健康的发展，提出思路和要求。

3．11月17日～21日，由中国医学装备协会主办，本会承办的“中国医学装备协会第五次全国会员代表大会暨第十八届学术年会”在光大国际大酒店隆重举行。卫生部及有关司局、国家发改委、药监局、总后卫生部领导，各省、市、自治区卫生主管部门负责装备领导，全国主要卫生教育、医院负责设备主管人员参加会议。会议为上海企业和卫生装备系统搭建交流平台，也为推介上海企业和产品拓展了渠道。

七、全神贯注建诚信

1．组织“名优产品”、“诚信企业”评选活动，会同市创建办推荐一批“上海市诚信企业”，已通过第三方评估机构的信用评估。业内市级诚信企业45户、市诚信创建企业23户已上网公示。“名优产品”评选已结束，经评审，听取药监局主管部门的意见，45户企业73只产品已在协会网上公示。

2．上半年，协会抓紧对经市经信委立项的“上海义齿生产企业质量信用评估管理系统”软件进行编制、调试、试运作，对评估系统比照药监局颁发“规范指南”作了修改和调整，使项目更切合企业的实际，方便于今后操作使用。7月，市经信委到本会听取项目进展汇报和验收准备的情况。8月，市经信委项目工程师到协会现场操作演示，对进展情况表示满意，待试运行后正式验收。

3．为配合国家对重点3类产品的监管，6月25日，植入、介入专业委员会正式成立。协会对专委会工作作专题研讨，秘书处进行分工，明确工作职责。

八、内部建设促规范

1．制定内部管理制度。注重协会自身建设，增补副会长2名、常务理事4名、新入会企业70户，并为理事、常务理事、副会长单位提供体检、冬令膏方服务。制定协会“信息库管理办法”，加强用印、收费、劳资、财务、会藉的管理，使日常工作的开展规范有序。

2．尝试协会民主办会。协会办公会议以纪要形式，通过Email向各位副会长分发，让副会长及时了解协会工作开展的信息和进度，听取他们意见和建议。每季度3位副会长轮值，帮助协会工作出点子。“五个工作推进委员会”工作取得一定进展。

3．拓宽专委会运作。义齿专委会认真贯彻实施市局颁布的生产质量规范，在提高人员素质、提升企业管理水准、行业信用自律方面效果明显。植入、介入专委会引入国外商会理念，结合国内企业实际，高起点、专业化运作、规范化管理，有待走出一条新路子。

（吴汝康）

上海市生物医药行业协会

上海市生物医药行业协会成立于2002年12月，是由上海及相关省市生物医药企业、相关大学、科研院所和产业园区等单位自愿结成的社会团体。现有会员单位190户。

2009年主要工作：

一、以服务企业为核心，拓宽协会的服务功能和领域

1．政策解读及服务。先后邀请市委办局有关领导就新医改、“小巨人”、创新基金、服务外包等政策向企业进行宣讲和解读；同时，有针对性地帮助企业解决项目申报过程中的一些具体问题。如帮助企业申报市产业化项目、创新基金、专利新产品等。

2．主题研讨及论坛。先后举办诊断试剂行业发展沙龙、承办第十一届上海国际生物技术与医药研讨会、中意生物和纳米技术论坛、2009上海医药行业人力资源高峰论坛、第六届长三角科技论坛生物产业发展分论坛等一系列国内外产业间研讨会，分享业内优秀企业的成功经验，鼓励企业拓展经营模式。

3．合作、交流、会展。促进复星医药产业基地落户金山工业园区和复星医药创新基地落户张江，并与金山区和浦东新区签订战略合作协议；促进张江生物医药基地与新先锋药业、金色药业与今鼎投资、中西药业与美凯默斯公司等交流与合作。多次参与举办国内外展览会，如：2009 中国（上海）诊断试剂和设备展览会、2009 日本国际生物技术博览会、第七届新药发明科技年会。分别与沈阳市医药代表团、海南省医药代表团、意大利贸促会、台湾生技产业促进会等开展业间交流。

4．专业化、个性化服务。针对不同会员单位开展“个性化”的服务，如应上海申元企业发展有限公司、青岛九龙药业公司要求，分别召开消避灵阴道栓专家咨询会、制剂车间布局专家咨询会。上门为上海汤振生物科技公司、上海凯利泰医疗科技有限公司等企业提供专项服务。组织行业专家对上海迪赛诺维生素有限公司的发酵法生产维生素 B2 工艺进行技术成果鉴定。进一步明确协会的服务方向。

5．走访、调研及上传下达。先后走访复星医药、张江生物医药基地、新先锋、罗氏、中信国建、联合基因、新兴医药、万淇生物、一生化、康原药业、中西药业、泽润生物等 50 多户企业，深入了解企业在发展过程中遇到的困难、需求及对协会和有关领导部门的建议，并整理成文，定期向市科委、市经信委、市发改委、市商务委和相关产业园区等反映，帮助企业与政府部门及园区建立紧密的联系。

6．会刊、快讯凝聚会员。每月按时出版会刊《生物技术产业》，及时传递国家和政府部门相关产业政策法规，报道国内外产学研的动态，反映业界的意见和要求，累计发布国际国内同行信息 280 条，刊发各类相关文章 114 篇。还通过协会网站更新、电子信息快递等现代化手段，为会员提供专业信息。全年向协会会长、副会长发送信息快递累计 20 期。

7．知识产权服务。6 月，参加“2009 年世界制药原料中国展”，在市知识产业局领导下对会展中涉嫌的知识产权侵权纠纷进行协调和处理。期间，共受理涉嫌侵权投诉 6 件，部分事件当场就得到解决。年内还为相关企业申报专利 447 个，其中，发明专利占 61%，实用新型占 36%。

二、以服务政府为重点，加强政策宣传和园区推介

1．在做好调研基础上，围绕产业，献言献策。围绕“当前本市生物医药创新成果产业化中的突出问题及相关建议”（市委办公厅）、“上海生物医药产业发展行动计划（2009 ~ 2012 年）”（市科委）、“上海生物医药产业发展情况汇报”（市经信委）等产业政策的制定及产业发展中的瓶颈问题提出建设性意见，提升了协会的话语权。同时，完成上报《上海医药产业发展报告（2009）》。

2．推进和落实上海生物医药产业发展三年行动计划。通过加大生物医药产业政策的宣传力度、帮助生物医药产业基地招商引资、推进生物医药科技成果转化等工作，配合市委、市政府扩大生物医药产业规模。一是加强政策宣传和园区推荐。制作 1 期特刊，专题报道三年行动计划、产业政策和六大产业基地。与张江、金山、奉贤等签署合作协议，并利用各种国内外行业研讨会等活动的机会，介绍相关政策，推荐产业园区。二是形成上海市生物医药产业推进工作月度报告。从 10 月起，每月向市科委生药处反映上海生物医药产业现状及协会的工作情况，并对重点关注的医药企业的动态和行业情况进行分析。

3．做好行业统计工作。扩大统计范围，增加对未纳入市统计局企业的统计工作。

4．承担市商务委指派的本市服务外包发展资金的推荐和评审工作。

5．做好相关项目的评估和评审工作。积极参加市科技项目绩效评估和市科技“小巨人”企业、高新技术企业、技术先进型服务企业、市经信委技改项目、专利新产品、工博会等评审工作。目前，已对“骨髓间充质干细胞体外扩增及成骨诱因的应用研究”、“珍菊降压片中西药配伍机理研究”等项目完成绩效后评估工作。

6．参与编制《上海市生物制药工业污染物排放标准》的修订工作。作为主要起草单位之一，参与并完成《上海市生物制药工业污染物排放标准》的修订工作。

7．参与上海市著名商标认定工作。在充分调研企业申请商品的市场占有率和经济指标的基础上，给市商标处和商标认定委员会办公室出具明确的推荐意见。

8．推进新型易制毒化学品工作。新型易制毒化学品工作委员会工作进展顺利，目前，新型毒品的检测试剂已获批，正在建立管制和禁用药品索源框架体系。

9．张江月报。定期向上海张江（集团）有限公司提供月报、季度报和半年报，及时反映张江高科技园区内医药企业的发展现状和需求、企业的投资扩建和兼并重组，以及政策变化带来的影响。

三、以规范内部管理运作为保障，推进自身建设

1．坚持民主办会，加强自律管理。除定期向理事会、会长们汇报和通报协会重大事宜外，还定期召开理事会、会长会（常务理事会）和联络员工作会议等。年内，新发展 23 户企业加入协会。

2．推进自身建设，提升协会发展持续力。日常管理按照岗位责任制和目标管理制严格执行，确保协会工作按时、有效地完成。将党建工作与业务工作紧密结合，积极开展“深入学习实践科学发展观”等党支部活动，注意帮助青年积极分子和吸纳年轻党员。年内吸纳3名见习生，充实协会队伍。

四、以高度责任性提高协会在社会中的地位

1．组团参加新中国成立60周年成就展。在市经信委的领导下，经协会组织与推荐，由信谊、迪赛诺、联合赛尔、中信国建、微创等5户企业组成展示团参加在北京举行的建国60周年成就展。

2．抗击甲型HIN1流感蔓延。按市发改委要求积极做好莽草酸市场监测工作，及时掌握有关医药产品及原材料市场供求和价格变化，采取措施，稳定市场价格。

3．积极引导和推进行业诚信工作。开展市星级诚信企业、市级诚信创建企业和第4批诚信企业的认定工作，共有38户企业获行业诚信企业。

4．成功主办第二届“谈家桢生命科学奖”。评奖工作采取早启动、范围广、沟通畅的工作方式，进一步改善评奖过程管理，共收到来自全国30多所高校、科研院所、企事业单位的64封推荐信。通过严格的审查和评审，评出2位成就奖及9位创新奖获奖人。

（陆　贇）

上海医药行业协会

上海医药行业协会成立于1987年1月5日，为本市医药工业为主的企事业单位自愿组成的跨所有制的非营利的行业性社会团体法人。现有会员单位210户。下设生物技术专业委员会、药品包装材料专业委员会、药用辅料专业委员会和医药机械专业委员会。

2009年主要工作：

一、积极推进与政府部门联系，建立协会与政府沟通机制

1．4月28日、8月25日，以“内参文件”的形式先后2次向主管医药产业的殷一璀书记呈报《关于加快上海医药产业发展的建议》和《关于吸收协会参加药品招投标机制的请示》，明确表达上海医药产业发展。同时，黄彦正会长拜会市科委徐祖信主任反映企业声音。以《内参文件》向市发改委、卫生局、物价局等政府部门提出上海外资企业对医改方案的建议，以及对《上海市基本药物补充目录的意见和建议》。一系列的内参文件和拜会引起政府部门对协会的关注和重视，市科委生物医药处召集上海各医药行业协会，讨论建立协会和政府沟通的机制。确定每季召开1次工作联席会议，研究上海医药产业发展的热点和难点问题，每月25日前，由协会上报1份反映行业发展的月度工作报告，跟踪43户重点企业的生产和经营状况。

2．对行业、企业普遍关注的问题，积极向政府部门反映，为企业维护正当权益。下半年，国家公布基本药物目录，并对307种基本药物价格作了规定。对一些临床紧缺的产品作适当提价的调整。但不久，物价局发文规定，调高品种价格需经物价局审核才能执行。协会第一时间作出反应，召集相关企业，传达物价局文件精神，要求认真贯彻执行；另一方面帮助15户企业对34只品种价格提出协会的意见和建议，送交市物价局、医保局等政府部门。在物价局的支持下，这些企业的品种价格得到较好解决，为企业维了权。

3．努力完成政府有关委办、局委托的工作。配合发改委对73户企业的药品进行成本调查工作；配合发改委对药品差比价规则办法补充和完善，对软胶囊、肠溶微粒、口服液、输液塑料瓶等剂型比价系数进行调研，帮助企业提出建议和要求；完成市药监局委托，收集企业对《新版GMP修订意见》和《药品生产监督管理办法》的意见；完成市科委、市环保局《关于上海市生物制药工业污染物排放标准》修改稿的修订；完成市科委生物医药处《科技发展基金软科学子项目计划任务书》的编制。

二、全面提升对会员单位和领导的信息服务数量和质量

1．统一认识，转变观念，调整办刊思路，做到“1个完善、2个变化”。完善《上海医药》编辑流程，逐步趋于专业化、合理化。2个变化：1名责任编辑变为3名，1人定稿变为会议定稿，职责趋于明确；整合调整栏目，推出栏目负责人制，提高编辑质量和扩大内容。

2．邀请张永信资深教授出任杂志总编，组织70余位专家组成编委和特约编委，年内，编委直接撰稿率达到52%左右，凸显杂志的专业性。《上海医药》全年12期，针对医院用药的难点和热点，确定12个重点，组织相关学科的临床专家撰稿，得到医院医师、药师的肯定。

3．加强对《上海医药》杂志社的投入。一是资金的投入，使有限的资金用得更合理、更有效。二是人才投入，引进2名大学生，其中1名研究生担任副总编，使杂志编辑队伍逐步走向市场化、年轻化和专业化。

4．10月起，对《上海医药》封面作改动。请企业家“上封面”，同时开辟“封面人物”专栏。不但让读者耳目一新，而且拉近企业和医院的距离，产、供、用的办刊宗旨得到进一步的实践。2009年《上海医药》被评为全国医药科技“优秀期刊”，蝉联华东地区“优秀期刊”。

5．4月起，《医药参考》版面增加到32页，并在协会网站开辟“参考扩充版”。7月1日起，用电子邮件方式向会员企业领导发送“每日信息”，并通过邮件方式听取意见。在与企业的互动中，采纳有益的建议，使信息更贴近企业。

三、积极探索职称评定和员工培训新的服务平台

1．在网站开辟职称评审专栏。将相关政策公布于网站，及时发布评审信息，传递评审的有关手续和步骤。

2．与上药集团评审机构保持良好的沟通和协作，承办3次高级职称评审会和1次中级职称评审会。5名高级工程师和1名中级职称（工程师）通过专家评审。初步建立协会职称评审机制。

3．为培训服务搭台。通过个别走访、座谈会、填写调查表各种形式开展调研，对行业内具有代表性的46户企业职工技能状况和企业培训需求进行详细了解。在调研基础上，对某制药公司70名员工开展为期3天的质量管理和质量检验技能培训。同时，筹建一支兼职培训教师队伍。

四、推动名牌战略，帮助企业扩大市场影响力，协会继续开展上海市名牌产品和名优企业的评审

受市质监局委托，组织对初审通过的品牌产品进行专家评审。由于市名牌产品的评审，医药从化工组划出，单独成立医药评审组。协会组织专家队伍，包括中药、医疗器械等方面专家和民营企业专家共9人。上报企业按专业进行初审，通过后进行专家评审，有29户企业31个商标初审合格。

五、配合世博筹办《健康城市与医药企业（企业家）的社会责任》国际论坛，推动会员自律

会员企业对论坛给予充分认可。在会员企业自报参加社会责任优秀企业和企业家评选的基础上，经过协调，确定20多户企业和企业家为候选企业和企业家。组织资深记者对候选企业和企业家进行采访，并在《上海医药》、《中国医药报》等相关媒体上刊登。组建专家评审组，由相关政府部门领导、专家和专门研究“企业社会责任”的教授、学者构成，对20多户候选企业、企业家作最后审定。

六、服务水平又上一个新台阶

1．加强与会员企业沟通联系，走访会员企业43户（次），其中，协会主要领导走访8户会员企业，帮助企业总结先进经验，在行业中发扬、推广。了解企业的需求和发展过程中遇到的困难，向政府部门建议，帮助企业出谋划策。

2．多次组织专题报告会，请专家、学者解读发展医药产业的政策和药改方案。还举办2次大型报告会，引起会员企业的热烈反响。

3．以贯彻上海促进生物医药产业发展新政策、三年行动计划为主题，召开技术工作年会，推动行动计划实施，开展产学研联合，组织科技成果转让、新技术推广，加快医药行业产业结构调整和经济发展方式转变。

4．组织100多户会员企业到“扬子江药业”、“泰州医药城”学习考察，对上海医药产业发展及企业生产经营工作，有启迪，有推动。

5．按质、按量完成上海医药行业统计工作，按时向有关部门上报，并向会员企业公布。扩大统计范围，增加有药证未纳入统计局统计的企业，受到各级领导的肯定，荣获国家工信部统计工作先进单位称号。

6．按季做好收集、整理、分析国内外医药行业的最新信息，出版4期《新医药信息》汇编，向会员企业提供大量专业信息。开展生物医药企业专业委员会活动，对生物医药共性技术进行交流研讨，深受大家欢迎。

7．免收32户较困难企业的本年度会费。

七、健全内部管理，加强协会常设机构的自身建设

1．坚持民主办会，认真执行协会章程。召开会员会、理事会和会员大会，汇报协会工作进展情况，决定重大事宜。通过联络员和各条线专业人员，及时传递协会活动情况，紧紧依靠会员企业办协会，为全体会员企业服务。

2．努力发展会员，扩大协会影响。共发展新会员20户。

3．修订制度，健全内部管理。完成全体工作人员的岗位聘用协议书的签约。按照岗位的责任和目标加强管理，确保协会工作优质、有效地完成。

4．吸收2名大学生进协会工作，人员的平均年龄降低，工作人员聘用更趋向市场化、年轻化、专业化，并实行优胜劣汰的用人制度，提高了工作效率。

（王金娣）

上海中药行业协会

上海中药行业协会成立于1989年12月，是以上海市中药工商企业为主体的社会团体。现有会员单位2144户。下设上海中药价格工作委员会，中药饮片专业委员会、中药制药专业委员会。

2009年主要工作：

一、20周年庆系列活动

协会通过举办“中医药书画、摄影、征文大赛”，抒发中医药人爱岗敬业的豪情；召开经验交流座谈会，撰写20

周年工作报告与大事记，举办庆典大会活动等，全面反映协会 20 年走过来的历程与行业的巨大变化。

二、规范行业生产经营，促进行业健康发展

1．协助执行“2008 版炮规”。2008 版《上海中药饮片炮制规范》已于 1 月 1 日起正式执行。协会每季度组织饮片企业、饮片专业委员会对新版炮规的执行标准进行讨论，通过收集、整理、分析检测数据，促进企业与药政部门的双向沟通，努力推进上海中药饮片炮制的质量迈上新的台阶。

2．选编柜台方，惠民利民。经过多方努力，恢复销售“柜台方”的工作取得突破，恢复“柜台方”方案已获市药监局批准，首批试点的 31 只“柜台方”已邀请专家编写方解和使用说明。

3．传统文化促假日经济。开展第二届“端午节香囊评比”活动，弘扬传统文化；加大传统“香囊、烟熏剂”的宣传，促进发挥中医药在应对可能发生的大流行病中的作用。在协会和各大中药店的共同努力下，端午假日经济效应逐步扩大，据不完全统计，部分药店销售受香囊带动，同比上升 50%以上。

4．落实防霉保质工作。5 月起，中药行业防霉保质工作拉开序幕，协会布置从生产源头（中药饮片企业）至商业流通（中药饮片批发企业与零售门店）的检查工作，共对 120 户中药生产、经营单位进行抽查（21 户饮片厂与批发单位、99 家零售门店）。

5．加强“定制膏方加工”管理工作。依照《办法》对提出申请的 50 余户单位逐户进行了检查和评定，对硬件或软件存在不足的单位提出整改要求，并重新检查认定，共有 49 户单位通过认定，在主要媒体上公告首批 46 户“定制膏方达标单位”。

6．试行“煎药管理办法”。为保证中药汤剂的煎煮质量，提高中医药临床治疗效果，在市药监局的大力支持下，协会推出《上海中药行业中药煎药管理办法（试行）》，从煎药操作场地、设备到煎药操作流程、业务管理等方面进行规范。目前，本市有近 100 家中药零售门店提供代客煎药服务，其中，大部分门店选择机器煎药，通过调研发现，大部分门店的操作规程基本符合《上海中药行业中药煎药管理办法（试行）》。

三、开展专业培训，提升行业整体素质

1．对培训场地进行改造与扩充，增加学员的学习场所、增配教学设备。本年度，职业技能培训共 731 人。其中，中高级以上 390 人，占职业培训总人数的 53.4%。并为配合规范“定制膏方”加工工作，组织中药膏滋药制剂（定制膏方）的培训。还为本市医药企业 GSP 认证工作培训 2170 人。此外，根据政府部门的要求，首次对 48 名外来人员进行安全生产培训。为配合规范中药行业冬令定制膏方加工规范工作，培训中心对 74 人进行中药膏滋药制剂（定制膏方）培训。

2．完成国家职业资格中药调剂员（五、四、三级）职业的标准、培训计划、培训大纲、鉴定题库、鉴定指导手册、培训手册等全套文件的维护提升工作。

3．接受通过区与市人力资源和社会保障局的现场专项检查。并通过 2009 年上海市职业培训机构诚信等级评定，取得“B”级资质。

四、正视行业现状与经济规律，做好价格协调工作

中药饮片是具有农副产品属性的特殊商品，其原料药即中药材的价格，受季节气候和市场供需情况影响较大，需要有灵活的价格机制来适应市场的变化，从而更有利于通过合理竞争保障中药饮片的质量，提高医疗服务品质。协会陪同物价部门人员深入工厂、药材集散地，掌握第一手资料争取支持，由于价格得到适时调整，减少了饮片企业亏损经营的尴尬境地。还通过对成本、比价、质量等因素的分析，提出初审意见报上级部门，对报价存疑的产品严格把关，妥善处理平衡与退审工作。中药价格初审中成药 1404 个，批复 834 个；初审中药材饮片 637 个，批复 563 个；初审参茸、精制饮片 701 个，批复 701 个。

五、推进实施品牌战略，弘扬中药传统文化

1．行业名优产品评选。1 月，组织专家们对上年业内企业申报的 63 个产品（中成药 38 个产品，中药饮片 26 个产品）进行认真审查，共有 66 个产品被推荐为上海中药行业“名牌产品”，经认定后向社会公告。

2．举办“网上博览会”，扩大宣传阵地。10 月 1 日，依托协会网站平台举办“上海中药名药、名企、名店博览会”，集中、全面、整体展示上海中药行业名牌企业的风采，综合利用协会资源，降低制作成本，发挥网络不受时间和地域空间的限制、信息传递速度快、信息铺盖面广的特点，为广大企业和投资商、消费者构建起有效的沟通桥梁，提供广泛交流、互动的平台。

六、优化信息平台

不断加强自身建设，健全内部管理制度，强化服务意识，提高工作效率，提升在行业管理中的执行力，促进行业发展。加强协会信息网络建设，在一刊、一讯、一网的信息网络基础上，收集企业内部与相关部门的刊物，丰富信息来源。11 月，调整信息编辑委员会，并将于明年改版《上海中药行业协会》刊物，进一步提高质量，为会员企业提供更完善的信息服务。

（赵　婷）

上海保健品协会

上海保健品协会成立于1985年7月，是由生产、经营保健品等相关产品企业及有关事业、科研单位与科技工作者自愿组成的专业性的非营利性社会团体法人。现有会员185户。

2009年主要工作：

一、坚持科技创新，开展健康教育

受全球金融危机的影响，保健品社会需求受到严重影响。协会努力引导企业坚持科技创新，将一批具有科技含量、功能因子明确的产品推向市场，其中，有欧米伽Ⅲ系列、OPC系列、纳豆系列、蜂胶系列、灵芝系列产品，以满足广大消费者的需要，促进产业发展。

为使消费者熟悉和了解这些产品，协会先后为5000多名消费者举办抗氧化、健康油、心血管健康等讲座，普及生命科学和养生文化知识，使消费者更多地了解非传染性慢性疾病对人们的危害，增强消费者对保健品的需求欲望。在整体社会需求走弱的形势下，保健品市场做到逆势而上，市场销售达百亿元。

二、坚持食品安全，加强行业监管

《中华人民共和国食品安全法》已于6月1日实施，《保健食品监督管理条例》也将实施。协会积极宣传普及食品安全法走进农村、学校、社区，向3000多名消费者宣讲《食品安全与有机化合物》、《食品安全与十大垃圾食品》等课题，普及食品安全知识，提高消费者食品安全的理念。

为使企业了解国家有关保健食品行业方面的法规建设，11月17日，请曾参与国务院《保健食品监督管理条例（草案)》制定的市食品生产监督所顾问方有宗作有关修改《保健食品监督管理条例（草案)》的辅导报告，使企业进一步认识国家在法制建设方面新的举措。《保健食品监督管理条例》使国家《食品安全法》在保健食品层面有了管理上的法律依据，保障了广大消费者的服用安全。

三、坚持行业自律，加强诚信建设

1．3月15日国际消费者维权日，协会组织企业参加由《上海商报》主办的“给我健康给我安全”主题活动，上海雷允上药业、上海浦东绿爱生物工程有限公司等企业向消费者展示企业的名牌产品，为保健品行业的规范自律作出示范。

2．9月5日，参加由市经团联、卢湾区政府、市质量技术监督局、市商委联合举办的“质量和安全年”窗口服务日宣传活动，同其他33户行业协会一起为广大消费者开展咨询活动，并先后为100多位消费者解答养生保健和冬令进补方面的有关问题。

3．为让消费者购买到安全放心的保健品，11月起，组织专家在凯旋门保健品市场开展专家咨询服务活动，共接待1200多位消费者，专家们的热情介绍和商品鉴别服务受到广大消费者的欢迎。

四、坚持服务宗旨，发展企业入会

为应对金融危机的冲击影响，协会先后走访140多户企业进行调研，陆续为20多户企业建立新的销售渠道，并为10户企业牵线强强联合开拓市场，为7户企业开展员工培训，为4户企业联系加工业务。协会主动为企业服务的精神打动了非会员单位，有25户企业加入协会，扩大了行业覆盖面。

五、开展行业展示，塑造行业形象

5月23日、12月4日，先后在光大会展中心主办的“2009年第四届中国（上海）保健品博览会”和“2009年第五届营养健康食品暨有机食品（上海）交易博览会”，共有保健食品、保健用品、保健器具、保健茶业等国内外企业400多户参展。广大参展商对拓展上海及长三角地区表示浓厚的兴趣，对博览会的接待工作感到满意，并表示将再次报名参展，向社会和消费者提供更多的健康产品和服务，为共同振兴健康产业而努力。

六、加强信息沟通，增进企业交流

不断丰富《上海保健品信息》的内容，更多地反映会员单位生产、经营、管理和企业文化建设的经验，充实大量健康教育和养生方面的知识，使《上海保健品信息》更加受到企业读者的欢迎。11月12日，召开本年度协会信息工作会议，协会作工作汇报，代表们就上海保健品产业的现状和发展思路进行讨论。并交流科技创新成果和做好消费者健康产品教育的经验及新营销方式的利弊得失。会议期间，还组织参观上海福易得保健食品有限公司江山分厂新的生产基地。

根据会员单位的要求和建议，对协会网站进行新的改版设计，使网站页面的内容更丰富，栏目更齐全，更好地反映健康产业发展和协会建设的最新动态和情况。

七、加强联动发展，努力携手共进

12月23日，在温州大酒店牵头召开中国长三角健康食品协会联席会议第五次（温州）会议。各地协会代表交流学习《食品安全法》，加强行业自律管理的做法，并通过开展长三角地区保健食品公信力产品的推选活动，推进长三角健康食品行业诚信建设，提高健康食品安全管理水平，为广大消费者提供科学、安全、放心可靠的健康食品。会议通过《关于举办中国泛长三角地区保健食品公信力产品推选活动的意见》和《关于举办泛长三角地区健康食品协会联席会议第六次（上海）会议的意见》。

（张福敏）

上海硅酸盐工业协会

上海硅酸盐工业协会成立于2003年12月5日，是由上海及长三角地区从事陶瓷、玻璃、晶体、耐火材料、无机生物与环保材料、无机涂层及膜材料生产、设备、检测仪器等制造企业，以及与之相关的大专院校、科研和设计咨询机构组成的社会团体。

2009年主要工作：

一、精心组织，认真筹备，顺利完成理事会换届工作

年初，为做好协会换届工作，一届理事会召开会议，商讨换届工作，并成立换届改选领导小组和换届工作办公室。换届工作办公室收集资料，征询意见，事前做了大量的准备工作。2月26日，协会在中国科学院上海硅酸盐研究所召开会员代表大会。市经信委、市社团局、市经团联的领导应邀参加会议。会议通过《上海硅酸盐工业协会一届理事会工作总结报告》、《关于修改协会章程的说明》和《上海硅酸盐工业协会第一届理事会财务收支情况报告》。之后，又召开第二届会员大会，选出第二届理事会成员。接着，召开二届理事会一次会议，选出协会新一届领导。

二、服务企业，多做实事，推进科技创新能力提升

为切实做好为企业服务，确定几户单位为试点，逐步开展专利申报、中小企业创新基金申请、高新技术企业论证、产品标准制定、专业技术指导等方面的工作。并与有关专家协作，多次走访会员企业，到现场了解其产品更新、技术改进情况。指导帮助企业一起编写专利申请报告。全年共完成20个专利项目的申报工作，已有10多项授权。帮助会员企业申报中小企业创新基金项目、全国中小企业创新成果奖、市优秀发明成果奖等项目。已有1户民营企业获得上海中小企业创新基金项目；1户民营企业获得全国中小企业创新成果奖项目；2户民营企业获得市优秀发明成果金、银奖。为了进一步为企业解决生产中遇到的技术问题，协会专门委派有关专家定期去企业进行技术指导；与企业技术人员共商节能减排的措施，并通过样品试验来验证措施的功效。另外，还为技术人员进行专业培训，改进和提高产品质量的检测标准，并根据未来发展的需求，提出下一步开发产品的目标。下半年，由协会牵头组织申报1项制定行业标准的项目。年底前，由本会承担的行业标准项目顺利通过市科委组织的结题验收。会员企业从中得到实惠，夯实了基础，也意识到提升技术、知识创新等对企业发展的重要意义。

三、构建平台，促进交流，互相学习，办好协会

5月13日～16日，多户会员单位参加在上海新国际博览中心举办的“上海国际玻璃工业技术展览会”。展前，协会积极参与“国际玻璃先进熔制技术研讨会”的相关工作。通过展览和会议，会员单位与国内外同行进行充分交流，了解这一领域的技术发展与市场信息。

为了使会员之间有更多的接触与交流，年内组织2次专业交流活动。组织部分会员企业负责人和专家去江苏常熟1户工业陶瓷公司参观交流，并进行技术座谈。9月中旬，组织会员单位去江苏东台1户企业参观交流。不仅看到这家公司独具创意的“企业文化”、严格的质量检测与管理程序，而且还了解到管理者如何以“进取、严格、和谐”的管理理念和以技术创新、发展新产品来推动企业进步。

四、拓展渠道，推进衔接，为信息化建设和做好企业技术支撑尽力

12月下旬，由中国日用玻璃协会、上海硅酸盐工业协会、东华大学材料学院共同组建的“教育部先进玻璃制造技术工程研究中心”顺利通过国家教育部组织的专家评审。该“中心”2年前就开始筹建，协会多次委派专家帮助指导，并积极参与评审前的相关准备工作。协会将以“中心”为交流平台，积极推动先进玻璃制造技术的成果转化，推动产学研间的衔接，努力为企业做好技术支撑。

针对目前民营企业技术人才缺乏的状况，主动将有关高校毕业生的情况告知一些企业，并推荐给企业。3月下旬，组织会员单位参加上海应用技术学院内的专业企业招聘会，并招收大学毕业生进入公司工作。

为提升企业的技术创新能力，激励青年科技人员提高自己的业务水平，继续开展行业内部的初、中级专业技术职称评审，并进一步规范和完善其程序。此外，还开展副高级职称评审试点工作，得到会员企业的拥护。

协会进一步加强信息化建设，不仅强化网页动态管理的功能，而且还在网页上增加企业产品推介和提交建议的栏目，同时已在筹备协会英文网页的建设。

五、吸纳会员，扩大影响，加强协会自身建设和素养

年内，吸收6户新会员单位入会，其中，长三角地区的企业有2户，河南省洛阳市的1户大型民营企业也加入协会。除了做好吸纳新会员的工作外，协会努力做好自身建设工作。一方面对协会网页进行改版，增加企业产品推介及人才招聘栏目，实现动态管理。另一方面，秘书处定期召开会议，商讨工作，主动与会员单位进行联系，征询建议或意见，想方设法为会员做好相关的服务工作。同时协会工作人员，不断学习时事政治和专业技术，努力提高自身素养，增进知识的积累，以适应社会的发展。

（张　申）

上海棉纺织工业行业协会

上海棉纺织工业行业协会成立于1987年11月5日，是以上海地区为主的棉纺织相关企事业单位自愿组成的行业组织。现有国有企业、合资企业、民营企业、科研单位等团体单位55户。

一、加强调查研究、开展行业摸底

1990年全市棉纺织行业共有企业293户，棉纺纱锭264.89万环纺锭，气流纺22844头，织机55514台，其中绝大多数是国有企业。至2009年末，在本会统计报表上，国有企业只剩4户12万纱锭，减幅9成以上。通过调查发现，目前上海棉纺纱锭至少不低于100万纱锭。在市统计局资料库里，2008年产值在500万元以上，属于棉纺织行业的企业有123户，大多是民营企业。这说明国有企业减持的纱锭并未完全报废，而棉纺企业上马、下马相对较为容易。协会今后工作重点，应该面向100多万纱锭，摸清情况，尽可能发展新的会员单位。

二、定期召开总师活动

总师活动是带有学术研究性质的技术交流活动，内容有介绍产品开发情况、新设备安装调试情况、与纺织工程学会联手举办学术交流活动、组织到外地参观学习等，至今已举办60次。

三、编好《棉纺织协会通讯》

近年协会工作人员不断减少，在没有专职人员的困难条件下，坚持编好通讯，按月出版，至今已出版266期。

四、进行行业统计

行业统计工作自1987年成立以来，虽一直在进行，但局限于原业内国有企业。今后协会统计报表将把不同所有制的企业都纳入统计范围，以较好地反映全行业整体水平。

五、做好棉价和纱锭的分析和预测

棉花和纱线是纺织厂盈亏的主要因素。根据市物价局要求，每季度对棉价和纱价的走向进行分析和预测。

六、创名牌活动

在市经团联的统一部署下，接受行业内企业创名牌申报，并负责统一初审，然后推荐给市著名商标认定委员会办公室。在创名牌过程中，推进提高产品的质量、企业的效益，从而提高企业和产品的知名度，把创名牌工作落到实处。

七、加强协会建设

为了进一步扩大行业覆盖面，增强协会代表性，通过不同渠道了解业内企业的变动情况，采用电话联系、发送欢迎函、上门宣传动员方式，争取民营企业加入协会。

（陈国平）

上海长三角非织造材料工业协会

上海长三角非织造材料工业协会成立于2004年1月9日。现有会员单位包括长三角地区四省一市的159户非织造材料及相关单位。

2009年主要工作：

一、反映企业呼声

走访行业内重点企业、了解在应对金融危机中企业面临的困难与诉求，向政府反映，千方百计地帮助会员单位共克时艰、化危为机；为行业和企业传递大量应对危机、调整产品结构、谋求新发展的信息和服务。并草拟《金融及经济危机对非织造材料工业的影响及若干思考》的报告。

二、举办研讨会、展览会

1．与全国非织造科技信息中心联手，在宁波召开《2009年化纤、非织造材料和相关行业振兴战略》研讨会》。会议就应对金融危机，在提振信心、调整产业、产品结构、开拓创新等方面给与会专业人士带来最新的资讯情况，受到企业好评。

2．协助抚顺经委组织碳纤维及下游加工产业园区研讨会，组团赴抚顺考察对口合作事宜。

3．参与组织SINCE09上海国际非织造布展览会组织工作。

4．完成两岸三地非织造工业研讨会论文撰写工作，完成组团赴台参会。11月15日～22日，组织、实施两岸三地非织造工业技术研讨会。

三、承担专项研究报告撰写工作

1．承担工信部关于中国产业用纺织品行业发展指导意见前期规划研究报告中2项专题研究报告《土工布材料与农业用纺织品》的撰写工作。报告质量得到国家工信部领导的表扬，并于5月底参加工信部在北京组织的“规划”专家审定会。

2．参与市经信委都市产业处关于振兴上海产业用纺织品企业调研，并撰写发展项目与建议报告。

四、继续在长三角地区开展技术职称的申报与评审及统计工作

开展区域内行业专业技术人员的资格认证工作，重点推进长三角地区非织造产业的技术进步。解决中、小规模民营非织造企业急需人才的热点、难点问题；提高企业培养自身发展所需的技术人才积极性，解决企业要不到人才、留不住人才的困难。此项工作受到长三角区域内非织造企业的大力支持，为一批长期从事专业技术工作的技术人员解决资格认证问题，稳定了企业专业技术人员队伍。完成申报与评审助理工程师4名（其中2名为江苏会员单位）、工程师7名（其中5名为江苏会员单位）、高级工程师4名（其中1名为江苏会员单位）。

正常而有序地开展统计工作月报、季报、年报工作，为企业申报项目等个性化需求提供统计数据服务。

五、参加节能减排“JJ”小组试点工作

本会是“JJ”小组活动试点协会之一，上海博格工业用布有限公司为试点企业之一。协会制定试点工作推进计划，在行业内深入学习、广泛传达“关于在本市有关重点领域试点开展节能减排改进小组活动的通知”精神，协助抓好上海博格工业用布有限公司JJ小组的组织落实、目标落实、措施落实工作。还在协会网站上面向行业进行JJ活动的相关宣传，并组织4户企业参加JJ活动操作知识培训。

六、为会员单位提供服务

1．为上海华成申报“小巨人”企业、康那香申报“市高新技术企业”提供服务。为使为康那香申报“市高新技术企业”工作顺利开展，成立由协会、康那香企业（上海）有限公司、上海蓬瑞信息咨询有限公司三方人员组成的领导小组和工作小组。此外，还为南京和兴不织布有限公司产品和服务评优，提供相应的服务。

2．与市知识产权服务中心纺织产业中心签定“战略合作协议书”。通过协会牵线、提名，副会长单位上海联畅化学纤维厂获《中国国际专利与名牌博览会》银质奖。

3．参加“上海应用技术学院材料工程系2009毕业生专场供需洽谈会”。3月，组织业内相关企业参加“上海应用技术学院材料工程系2009毕业生就业专场供需洽谈会”。会长单位上海意东无纺布制造有限公司，理事单位上海新富捷纺织品有限公司等企业积极派员参加选聘活动。还2次组团赴常州纺织服装职业技术学院招聘非织造及相关专业的大学生。

七、成立协会标准化委员会

1．标委会由10位专家组成，并与市纺织工业技术监督研究所合作，首批标准工作以金属镀膜絮片、喷胶棉絮片、卫生用薄型非织造布等3项标准修订及申报为重点展开。通过前期准备，欧洲与美洲非织造协会“战略合作伙伴WSP标准”的推广应用，正在推进之中。

2．向市技术质量监督局申请《上海市企业产品标准审查咨询机构》，以期提高标准制定工作的质量，更好地为行业和企业服务。

3．参加市经团联与卢湾区政府联合举办的大型“质量与安全”宣传咨询活动。

八、开展协会内部组织整顿和会员发展工作

新入会6户企业，为盐城瑞泽色母粒有限公司，江苏吴江市特新无纺布厂、常州市远翔装饰制品厂、江苏紫荆花纺织科技股份有限公司、苏州摩维天然纤维材料有限公司等。

九、加强信息工作

在协会网站上加添会长、副会长单位的链接；出版6期快讯；初步建立协会数据库。

十、参加市工经联党委组织的“学习实践科学发展观活动”。

（曾　健）

上海内衣行业协会

上海内衣行业协会原名上海针织行业协会，成立于1987年，并于2002年12月更名为上海内衣行业协会。现有会员单位126户。

2009年主要工作：

一、大力推进品牌建设

推进品牌建设，特别是对新申报的中小企业创品牌工作加强咨询和服务工作，东珠厂“珠珠”牌首次获得“上海市著名商标”，“帕兰朵”再次荣获“上海著名商标”。行业第3次名优评比工作顺利完成，三枪、朵彩、光明、欣姿芳等10户品牌企业的21只产品获得“2009上海内衣行业名优产品”称号。

二、各项服务工作有序展开

先后走访28户会员企业，对企业困难和应对中做得较好的企业进行分类指导，推广交流，并做好延伸服务；虽受金融危机冲击，但在各会员企业的大力支持下，会费收缴工作取得预期效果；处理人民来信、来电、来访及社会咨询服务，诚信评价，质量投诉等服务28次；组织会员企业参加各类洽谈会、招商会、展示会等共5次；为市经信委推荐行业领军人材及做好卢湾区“三八红旗手”的评比推荐工作。还同纺织工程学会针织专业委员会开展资源共享、信息互动的交流合作，开辟信息专栏，合作推荐专业论文等。

三、组织四次大型交流、考察活动

4月，在福建举办信息工作会议，18户企业28人参加交流互通会。7月，组织召开“渡难关，保增长”的专题交流会。9月，组织11家企业16名企业家出访美国，考察市场，扩大信息交流。11月，组织部分企业召开“保增长、促内销”的现场交流会。

四、主办2009中国（上海）国际袜业采购交易会

交易会借助上交会期间的客户优势连续4届主办，在业内已成为较有影响的品牌展会。展览面积增至8000平方米。意、美、巴、日、英等国外品牌企业和国内有影响的袜业巨头悉数参加，成为制袜企业抗击金融危机的良机，交易会成功提升了协会的社会地位和影响力。

五、与上海展览中心合作举办“2009年新春大联展”

这是自2005年以来的第5次合作，展会上，行业袜子品牌企业基本都参与其中，针织品牌企业各展风采，销售火爆，为在金融危机下的企业压库促销作出努力，取得较好实效。

六、协会“上海内衣网”承接市经信委关于全国纺织品出口情况监测运行工作，取得新进展

上半年，对行业相关的文胸、袜子15户企业及市经委、市外经贸委发布的“2008年全年文胸、袜子出口分析报告”、“2009年袜子、文胸出口资讯”等提供预警信息。

七、加强辖区互动，做好党建工作

在卢湾区社会党工委的领导下，协会党支部参加第2批深入学习实践科学发展观活动。组织行业党建调查，先后走访6户不同类别企业，并向区党工委提交“上海内衣行业党建调查报告”；围绕区政府要求推动绿色产业发展，开展行业节能灯推广使用和节能减排工作；在区社会党工委牵头帮助下，建立上海内衣行业协会雅蝶培训基地；参加“迎世博质量活动周”活动，“古今”等品牌企业签署质量承诺书，还组织相关企业参加区科技节、旅游节等大型活动，党支部被评为卢湾区“两新”组织“五好党支部”。协会还再次荣获2007～2008年度上海市先进行业协会，秘书长被评为上海市先进行业协会工作者和卢湾区两新组织优秀党务工作者。

（陈国琪、陆珊）

上海市家用纺织品行业协会

上海市家用纺织品行业协会（原为上海市纺织复制行业协会）成立于1988年10月，是由毛巾被单、纺织装饰、手帕和制线织带业的企事业单位自愿组成，不受地区、部门和所有制限制，非营利性的社会团体法人。现有团体会员100户，其中，民营企业占85%，理事单位34户。下设毛巾被单（含纺织装饰）、手帕、制线织带等3个专业委员会。

2009年主要工作：

一、提升服务功能，积极应对挑战

1．认真加强调查研究。召开3次座谈会，走访70余户会员企业，了解企业经济运行现状，总结会员企业积极应对金融危机挑战的经验办法，指导企业增强信心，攻艰克难，并积极向政府有关部门反映企业在出口退税、降低用工成本、贷款等方面的呼声和要求。

2．积极宣传先进典型。通过组织2次经验交流会、媒体宣传、协会网站及刊物等渠道，积极宣传奥力福、东隆、民光国际、水星、可大、小绵羊等企业调结构、抓改革、拓市场、强管理、促和谐、保增长等方面的经验。6月18日、12月10日，《文汇报》分别对家纺协会应对危机保增长的情况作了宣传报道。

3．组织培训和交流。邀请上海纺织（集团）副总裁为会员企业作国务院调整振兴纺织规划的解读；组织部分企业参加市有关培训讲座；开展企业之间的学习交流；对统计员开展统计法的学习培训。

4．搞好经济运行分析。2次向政府和会员企业编报家纺行业经济运行分析报告，其中，提供的生产经营数据对比资料引起了方方面面的关注，为推进企业发展起到了积极的指导作用。

二、加强品牌建设，提升竞争能力

1．宣传企业品牌建设的经验。在走访会员企业中，了解企业加强品牌建设的情况，利用会刊、网站、媒体等途径宣传企业提升品牌、提高效益的做法经验，并用好业内资源，为企业之间的经营合作牵线搭桥，目前，已有一些企业加强了业务合作。

2．关注、指导上海著名商标和上海名牌的申报。积极向政府部门呼吁保护民族品牌，为11户企业出具审报或复评上海著名商标和上海名牌的证明材料，指导企业积极地、实事求是地做好审报准备工作。

3．组织企业参加展示、展销活动。向会员企业及时传递全国和上海有关促销、展览活动的信息。1月，组织12户企业参加迎春大联展。民光国际、福沁等7户企业参加上海购物节活动。9月，露斐家饰等企业参加在广州召开的第六届国际中小企业博览会。

参加市经团联与卢湾区政府于9月5日在雁荡路举办的2009年质量月现场宣传咨询服务活动，展示家纺行业守诚信、保质量和品牌战略情况，在现场对上海名牌、著名商标产品的质量，进行用户满意度测评调查。

三、强化诚信建设，规范行业自律

1．开展诚信企业评比。家纺行业的诚信体系建设纳入上海市“知荣辱、讲文明、迎世博、建诚信”活动，市企业诚信创建活动组委会在家纺协会建立诚信企业创建办公室。3月，组织诚信企业评审活动，经企业申请、市征询机构评估，组委会批准，有30户企业获得市诚信企业、4户企业获得创建诚信企业称号。

2．积极宣传和展示企业形象。市企业诚信创建活动组委会在政府新闻网站“东方网”首页开辟“诚信企业展示”栏目，为参加“诚信企业创建”活动的企业搭建一个权威的、多角度、全方位展示形象的平台。协会及时向企业传递信息，已有一些企业积极参加。参与市行业诚信建设网络管理平台的试点工作，将“行业诚信排行”、“行业从业人员风采”、“行业评价标准”、“行业警示”等内容登录在网上展示。

3．继续认真履行《上海家纺行业守诚信、保质量八条倡议》。8条倡议已见诸于媒体，不少企业采取切实的措施把8条倡议落到实处，协会及时跟踪企业开展工作的情况，在宣传闪光点的同时，对有质量问题的企业，及时沟通督促。中国家用纺织品行业协会发布《告床上用品企业全行业书》，及时在网上和月刊上转发，要求企业尤其是诚信企业带头执行。

四、用好社会资源，推进产业发展

1．积极争取政府部门的支持。坚持每年2次向政府部门上报家纺行业经济运行分析报告和月报表；向市经信委争取项目，签定政府购买协会服务委托协议书；积极向市商务委推荐罗莱、水星等10户民营企业进入商务部应急商品生产企业数据库，扩大企业影响，并申请专项资金；通过努力争取，已成为市社会诚信体系建设专项资金项目第3批试点单位。

2．与市小企业（生产力促进）服务中心签定备忘录。小企业服务中心积极向市有关部门反映家纺的情况，宣传协会下属企业保增长、调结构、促发展的做法与经验，及时提供有关政策扶持和展会等信息，推进产业发展。

3．协助上海家纺产业园开展活动。参加园区的各项活动，并做好宣传报道工作。与市知识产权纺织服务中心签定协议，联手开展相关咨询服务，有5户企业与知识产权纺织服务中心进行业务合作。参与园区有关招商、会展、培训、出国考察等工作。

4．参与人才推荐和培训工作。与市和纺织控股职称评定部门联系，组织10余名中青年管理人员参加中高级职称考试培训；推荐3名企业经营者为全国纺织创新人才和上海领军人才。

5．向市纺织工业技术监督所推荐宽紧带厂修订线带标准，已基本完成修订任务。

五、加强自身建设，提高服务水平

在市经团联党委的领导下，协会党支部参加市第2批学习与实践科学发展观活动。协会认真执行《上海市行业协会内部管理实施办法》，完善和严格执行学习制度、工作会议制度、财务管理制度及党建工作方面的管理制度，加大为会员企业服务的力度。落实发展新会员的工作，通过努力，发展14户会员企业，不仅提高本市会员企业的覆盖率，还延伸到长三角家纺企业。

（杨百熊）

上海市室内装饰行业协会

上海市室内装饰行业协会成立于1997年10月，是由本市从事室内设计、室内装饰及产品制造、科研院校相关企事业单位自愿组成，跨部门、跨所有制的非营利性社会团体法人。

2009年主要工作：

一、开展星级企业认定活动，推进行业自律发展

开展“上海市室内装饰行业星级企业认定”活动。通过“星级”认定，鼓励企业在诚信、创新管理中提高装饰产业科技进步贡献率、劳动生产率方面起到积极的推动作用。按“综合实力、诚信建设、服务质量”考核系列，对应企业“硬件”与“软件”建设进行认定，以此为抓手，扶持优势骨干企业成为行业中的主力军，以星级认定形式在社会上得到鲜明的价值认可，同时激励、带动一批粗放型管理企业向星级标准努力。年内共有32户会员单位被认定为星级企业，有关新闻媒体作了宣传报道。协会还为所有星级企业做了“专刊”，在社会上和会员单位中进行宣传，又在市工人文化宫专门为星级企业举办“星级装饰企业风采展”，吸引了约5000名市民前来参观、洽谈业务。

二、行业诚信体系建设在推进中深化发展

与“上海市诚信企业创建组委会办公室”合作，在行业内开展诚信体系建设工作。结合星级认定，将32户星级企业全部推荐为“上海市诚信企业”，并与其签署《上海企业诚信宣言》承诺及信贷指标考评等内容。根据“上海市诚信企业创建实施办法”，还组织诚信企业参加上海市征信管理办公室举办的“信用管理知识讲座”，帮助、引导企业在自觉履行诚信承诺的的同时，务必提高防范交易风险和帐款管理的能力。

三、举办国际创意室内设计论坛

在市经信委的支持和《当代设计》杂志的配合下，成功主办“2009国际创意产业活动周设计论坛”。来自美国、法国、西班牙、日本、韩国、以及中国香港和台湾等国家和地区的设计大师、专家与上海设计师相聚一堂开展学术交流，是一次迎世博、话创意的盛会。论坛分2个主题：10月16日，主题为“当今室内设计的发展趋势”，由来自上海、美国、台湾的三位著名设计师作演讲；10月31日，主题为：“当设计遇见世博”，由世博场馆规划设计师邢同和等专家就上海世博会的总体规划、一些场馆的设计理念等作演讲和介绍。论坛为认知创意设计对推进经济社会发展的重要意义起到传播作用，为行业向“国际化、专业化、品牌化”发展创造了条件。

四、开展全国和上海的评优工作

结合中国室内装饰协会在全国室内装饰行业中进行评选表彰的活动，协会首先在上海开展评优活动。一是坚持从扶持、提升企业的管理水平和竞争能力着手，通过走访、交流、座谈，为企业提供最前沿的信息，帮助寻找市场新的增长点。二是择优向中国室内装饰协会推荐一批有实力、有水平的优秀企业参加全国的评选。本市行业年度优秀项目评选，共有40户企业计67个项目获奖。其中，优秀企业34户、优秀设计奖17项、优质工程奖12项、优秀设计企业4户。

五、根据行业特点，把培训作为服务的重点内容

一是把设计师培训与职称评定结合起来。培训中级设计师339名、高级设计师30名。并与上海工程类职称考核委员会挂钩，将执业室内设计师纳入国家中级、高级工艺美术师职称资格考试，年内进行第一批试点，共组织51名设计师参加中级工艺美术师职称考试，其中，40名取得职称资格证书。二是把上岗培训与资质、安全生产认定结合起来。按照室内装饰资质管理的规定及安全管理部门的要求，共培训监理师109名、项目经理60名；安全员、电工、施工员、质量员、工人上岗培训人数达574名。与上海市工艺美术职业学院合作，在嘉定总校举办校企合作人才招聘活动。招聘岗位涉及室内设计、预算员、环境艺术设计、园林景观艺术设计、展示设计等专业。

六、牢牢抓住安全质量监理工作

一是坚持安全生产认定、管理服务不松懈。坚持把疏通市场瓶颈与保证安全生产认定工作的质量结合起来，落实企业法人和主要负责人安全培训的硬性规定，注重企业制度管理体系的执行力。与90户企业签约和颁发安全生产认定证书。主动向市安监局提出政府与行业共同加强安监职能管理的可行性建议，并取得支持。二是设立工程质量报监程序，解决室内装饰施工资质的配套渠道。同全国质量工作委员会与“上海市室内装饰质量监督检验站”合作，全程实施第三方工程质量检验检测。三是规范监理专委会服务和收费标准。在市工商局的支持下，本会监理专业委员会制定《室内装饰监理规范合同》、《室内装饰监理合同特别告知》和《室内装饰监理服务指导价》3个文本，将于2010年起正式向市场推出，使室内装饰监理服务趋于更加成熟和规范。

七、积极开展产业链合作与交流

充分发挥室内装饰“产业链”的作用，为设计、施工、材料“产业链”优势互补、合作共赢创造良好机遇。如：以“中国国际家具展”这一平台，在新国际博览中心召开“2009中国国际家具上海室内装饰设计论坛”、组织有关设计师在天功坊镶嵌木门现场交流、与上海家具协会召开“家居与室内设计‘产业链’交流会”；在上海轻工大厦专题召开“杨州二建别墅样板房配套装饰合作对接会”等。

为助推大中型企业合力应对市场竞争，组织20户企业参加上海盛业实业公司与中国室内装饰总公司合作签约仪式，借此构建企业家联谊会，激励企业在应对危机中联起手来，增强市场竞争力。

八、建立室内装饰行业工会组织

在上海轻工业工会联合会的支持下，6月29日，正式建立“室内装饰行业分会”工会组织，第一批20户企业入会。行业工会将为企业在开展岗位技能比赛、技术创新、构建和谐的劳动关系等方面，创造良好的条件。

（邓滢华）

上海工艺美术行业协会

上海工艺美术行业协会成立于1996年2月13日，下设上海市红木家具标准化技术委员会、红木雕刻专业委员会、旅游纪念（礼）品专业委员会。现有会员单位300多户。

2009年主要工作：

一、倡议成立长三角城市工艺美术行业协会联合体

由上海工艺美术行业协会发起，上海、杭州、南京、深圳、常州、扬州、大连等城市的工艺美术行业协会倡议成立的“长三角16+n城市工艺美术行业协会联合体”在上海成立。在“联合体”第一次主席团会议上，通过《“联合体”暂行运作办法》，确定由上海工艺美术行业协会名誉理事长龚学平出任“联合体”名誉主席，协会会长沈国臣担任主席团执行主席，协会秘书长担任办公室主任。

二、评审传统工艺美术和工艺美术大师

1．经上海市传统工艺美术评审委员会评审，市经信委认定市传统工艺美术品种6项和技艺14项。此次被认定的品种、技艺中，有的已被国家、市、区收入非物质文化遗产名录，其中有的是由区、县经委或文化部门挖掘、推荐出来的，部分品种和技艺具有重要的研究价值。

2．组织开展第二批上海市工艺美术大师评审、认定工作，认定了第二批上海市工艺美术大师30名。

3．协会组织专家和工作小组对2004年版的上海市工艺美术专业技术任职资格考试所需的《考试标准》和考试用书《工艺美术》进行修订，并组织第五次上海市工艺美术专业技术任职资格考试。

三、试办社区手工艺名师工作室

1．与徐家汇街道办事处、上海工艺美术职业学院联手建立的“社区手工艺名师工作室”正式入驻徐家汇街道社区文化活动中心，举办绒绣班和纸艺班。这是对“发展家庭手工艺”理念的有益尝试。

2．由协会申办、企业出资的上海海派红木艺术博物馆获得批准，领取了《民办非企业单位登记证书》。上海海派红木艺术博物馆位于浦东新区，已正式奠基兴建。

四、开展各项活动，推动工艺美术行业发展

1．发布“2009年旅游纪念（礼）品流行趋势预测”，提出了主体关键词、材质的时尚趋向和流行主色调，旨在推动旅游纪念（礼）品的设计开发。

2．参与“老凤祥杯”上海旅游纪念品设计大赛，将世博精神、上海精神体现在旅游纪念品的设计上。

3．充分发挥行业优势和专业人才优势，参与组织世博特许旅游纪念品产品开发工作，动员会员单位设计、研发了多款新产品。

4．协会所属的上海市红木家具标准化技术委员会（红标委）与上海新民网合作，对“上海红木网”进行全新改版，对红木家具真品标志管理系统进行升级。凡经红标委审核合格许可使用红木家具真品标志的企业，所生产的红木家具产品都将标识MFSC标志，并可在“上海红木网”上查询到产品信息。

5．以协会会刊和上海红木网为主要载体，开展关于“艺术家具”以及“红木材料”的专题讨论。与社区合作举办《红木家具的鉴定与收藏》讲座，并为社会居民进行咨询。

六、举办各类专业展会

继2008年成功举办两岸竹刻艺术、产业交流活动——上海展、扬州展、常州展后，又举办了南京展和杭州展。来自上海、台湾、扬州、常州、南京以及全国其他地区近200件作品参展，共同研讨交流竹刻艺术；举办“台湾生活艺术精品展”，展出台湾50多家工艺品社与艺廊的陶艺品、纸艺、画作、雕塑等作品。举办“中国国际现代壶艺展”，展出来自33个国家、地区的现代壶艺作品。与上海工艺美术研究所、嘉定区政府、嘉定区外冈小学联合举办“光影五色”——上海灯彩传承展在上海工艺美术博物馆开幕。“何氏灯彩”被列入“国家级非物质文化遗产保护名录”，“何氏灯彩”传承人将“何氏灯彩”技艺的普及传承引入到学校师生之中，推出了一批有质量的作品。举办2009天山白玉精品展，这是长三角16+n城市工艺美术行业协会联合体成立后的系列活动之一，汇集了上海、扬州、新疆玉雕名家的作品。与上海民间文艺家协会、上海工艺美术学会、徐汇区图书馆联合举办“2009上海原创纸艺大展”，倡导时尚、环保的理念。与豫园商城工艺品有限公司、上海汲古斋联合举办“上海—景德镇艺术家陶瓷精品展”，展示沪上6位著名书画家与工艺美术大师携手创作的的瓷画作品。

七、组团参加各级工艺美术大展。

组织15名工艺美术大师和工艺美术工作者携15件作品参加在北京举办的中国工艺美术大展，向公众展现当代上海工艺美术的新工艺、新技法、新材料、新创意。

组团参加在北京举办的“中国非物质文化遗产传统技艺大展”，上海老凤祥、艺尊轩携顶级展品“金葫芦”和“万世师表”参展。

组团参加在杭州举办的“第十届中国工艺美术大师作品暨国际艺术精品展”。上海展品共获“2009天工艺苑·百花杯中国工艺美术精品奖”金奖11枚、银奖7枚、铜奖5枚、优秀奖6枚，占总参评作品的63%。

组团参加在扬州举办的“第44届全国工艺品、旅游纪念品暨家居用品交易会”。上海展品白玉籽《阿弥陀佛之尊》牌获“百花玉缘杯”中国玉石雕精品金奖。

组团参加在大连举行“首届中国轻工商品博览会”，上海老凤祥、夏氏琉璃等6户企业参展。

八、加强行业协会自身建设

实行两班工作制，确保协会从上午8:30至晚上8:30都能保持工作状态，加强与相关部门、单位之间的信息沟通；建立信息交流平台，每天向提供邮箱地址的会员单位及时发送信息；寻求安全、科学的档案管理模式，计划抽调专人将历年的档案整理后保存至档案馆，其中，第一轮“三项评审”的档案已经整理完毕，移至徐汇区档案馆。

（陈光强）

上海市家具行业协会

上海市家具行业协会成立于1994年，是跨地区、跨部门、由不同隶属关系和不同所有制的工业企业、商业企业和相关的企事业单位自愿组成的行业性社会团体。

2009年主要工作：

一、以科学发展观为指导，应对金融危机影响，维护行业平稳发展

积极开展调研，了解企业经营的实际情况，帮助企业制定适合发展的可行性方案。年内走访150多户企业，召开多次座谈会，听取并汇总企业的意见、建议和要求，向有关部门反映行业情况。

上海家具企业多数为中小企业，抗风险能力较弱，协会提出立足自救，并发出指导企业《加强上海家具行业合作，沉着应对金融危机》的呼吁书。组织对行业现状进行分析，通过《上海家具》等通讯渠道传递给企业，互相交流、沟通，帮助企业战胜困难。

对企业发展中的热点、难点，积极与政府主管部门沟通，争取有关部门支持，为企业营造更好的发展空间，维护行业的健康发展。如在企业出口受阻的情况下，参与由中国家协牵头的向政府主管部门呼吁和沟通，积极为企业争取出口退税方面的政策。在面对国外贸易壁垒时，及时传递信息，与企业一起积极开展工作，尽力避免由此带来的麻烦和干扰，为企业创造良好的经营环境。

二、迎世博，创建行业文明窗口

迎世博，积极开展宣传教育工作，提出以优良的服务来体现“城市，让生活更美好”的主题，以“优异的窗口服务让生活更精彩”的新理念和“树立城市国际化文明形象，提升上海高品质服务水平”为宗旨，以“培养职业道德和技能、世博知识和礼仪”为内容，营造良好的窗口形象和服务环境。要求企业从事营销行为的人员按照《上海市家具行业营销人员行为礼仪规范》，从“接待礼仪、服务礼仪、服务行为、服务用语”等方面开展工作。

三、推进企业品牌建设，做好培育品牌、名牌服务工作

推进品牌建设，做好名牌产品的培育工作，大力支持企业申报市“著名商标”、“名牌”等荣誉称号，帮助企业在创建品牌、名牌过程中不断提升产品质量，提高企业管理水平。行业中涌现出一批诚信经营、服务优良、产品优质的先进企业，有2户企业获得中国驰名商标、10户企业获得市著名商标、13户企业获得市名牌产品企业。

协会通过《上海家具》通讯、《上海家居》杂志和上海家具网等媒体渠道，及时提供信息、介绍情况，把行业重大事件和活动的资料传递给会员企业。

四、以“上海家具行业成果大展示”为主题，开展2009年“家协杯”活动

与世博同行，营造良好的市场环境。2009年“家协杯”以总结上海家具行业所取得的成果为主线，以座谈联动交流为形式，进行成果展示。同时，要求企业遵纪守法，规范诚实守信，完善健全制度，提升规范服务，履行社会责任，接受社会监督。在活动中通过专家评审，被认定为行业行为星级规范商场的有16户、行业名优生产企业18户、优秀产品8只，评出行业优秀管理者16名、先进员工23名。还举办18期培训班，培训学员798名，为规范市场、提高营业员素质打下基础。

五、协办上海国际家具展，积极开展内联外拓推广活动

协办"上海第十五届国际家具博览会"，展会海外买家比上年增加20%，国内展商数量不减反增。展会期间协助红星美凯龙召开"第十五届全国家具展览会暨秋季订货会"，呈现展销一体的新格局。

积极开展内联外拓推广活动，组织企业参与商企、商贸对接活动，促成双方的直接交流和沟通，为企业开发、拓展、投资牵线搭桥。先后组织辽宁省鞍山市来沪招商推介会；市经团联和杨浦区政府联合举办的2009年春季人才招聘会；韩国加热床垫商贸洽谈会；西班牙领事馆商务处举办的"必可梦"公司产品推介会；企业招商推广会。

鼓励会员单位参加"轻工名优产品展销会"，通过展示与展销，扩大销售渠道，彰显品牌形象，推进产品调整，促进企业生产。积极参与以"创意，让生活更精彩"为主题的2009上海"轻工杯"生活用品时尚创意设计大赛。

六、重视技术人才培养，开展技术职称评定

继续开展上海市家具行业技术职称资格评定工作。经个人审报、企业推荐、专家评审，评出中级职称（工程师）9名、初级职称21名，其中，助理工程师15名、技术员6名。

七、组织和参与规范市场的各项活动

组织企业参加市经信委的和市消保委组织的3.15活动。设点于东亚展览馆、东明家具广场、红星汶水店，接受消费者投诉、咨询，宣讲"行规行约"，讲解家具知识，引导消费者理性消费。

参与市消保委家具办组织由红星美凯龙承办的"2009家具消费体验月"活动。质量月活动中，在协会组织的提高家具产品质量咨询服务活动仪式上，18户企业签订质量承诺书，通过展板展示、现场宣讲与咨询、分发宣传资料等形式，提升了活动效果。

八、参加全国家具标准化委员会工作

参加全国家具标准化委员会工作，并成为第一届全国家具标准化技术委员会委员单位。参与多项标准审定工作，通过标准的制定及时掌握家具标准的动态，及时补充更新规范行业的行为规则，保证和促进家具市场的健康发展。

九、加强自身建设，注重内部管理

协会党支部参加市工经联第2批学习与实践科学发展观活动，通过学习、听报告、组织生活提高认识，结合工作实际，提高办事效率，搞好服务工作。并制定"秘书处工作制度"、"文书档案管理制度"、"财务制度"等6项管理制度，完善内部管理。对行业内的企业工会，按区域编块开展各项工作，组织开展学习劳动法，探讨职工集体劳动合同等；还组织职工参加"轻工时尚产品创意大赛"；"上海轻工60年风采展"；"申之魅"摄影书法大赛等，工会工作得到轻工工会联合会的肯定和表扬。

（上海市家具行业协会）

上海宝玉石行业协会

上海宝玉石行业协会成立于1996年5月，是由珠宝、玉石行业及相关教育、科研、鉴定机构的企事业单位自愿组成的跨部门、跨所有制的非营利的行业性社会团体法人。

2009年主要工作：

一、面对金融危机影响，走访会员单位，积极开展调研

金融危机对珠宝玉石首饰行业带来很大的冲击。上半年走访三分之一会员单位，开展调研，分析行业状况，寻求解困办法。在走访的会员单位中，小企业占大半，基本存在现金流动缓慢、债务关系趋紧、销售量下降幅度大等问题。协会重点抓两方面工作，以加强诚信品牌建设和寻找提供商机，为会员单位消减金融危机带来的影响。

二、持续开展诚信体系建设

1．与市"知荣辱、讲文明、迎世博、建诚信"活动组委会合作，组织推荐申报上海市"诚信企业"。经审定，老凤祥、老庙黄金、今亚、珍宝、东华钻石、张铁军珠宝、玉雕厂、天宝龙凤、惠罗、中宝首饰、豫园工艺品、博韫等12户会员单位荣获上海市"诚信企业"称号。

2．推荐今亚珠宝有限公司为"中国珠宝玉石首饰行业放心示范店"，经审核获得通过；组织行业名牌企业、放心示范店、放心店和诚信企业等单位开展诚信建设的学习交流；配合中宝协，开展"放心示范店"年度重新认证审核申报工作；与市消保委黄金珠宝办公室、兄弟协会一起，继续开展行业自律检查。

3．重新调整网站，从架构上突出诚信与规范建设、与会员单位的联系，以及协会活动和会员经贸信息等内容。对行业提出16字基本要求，要求珠宝玉石首饰商品做到"品质保障、标识规范、销售诚信、服务特色"，体现窗口场所的放心购物、礼仪规范。3月，《文汇报》以《以诚信促发展以诚信赢民心》为通栏标题，介绍包括本会在内的协会工作。

三、聚焦热点，将规范检测管理作为当前的工作重点。

检测鉴定是保障厂商与消费者合法权益、做好行业规范管理的重要工作，但还存在一些需要关注解决的问题。协会召集检测会员单位，听取意见，为让检测机构和经销商做到规范管理、明确责任、诚信经营，从根本上保障各方合法权益，起草拟定《上海珠宝玉石首饰行业检测管理若干规定》，并于9月正式实施。10月，《文汇报》以《抓热点，定规范，杜绝"鱼目混珠"》为题，专题报道本会的工作，肯定近年来开展的自律规范建设。

四、组织开展和参与各项活动，为会员商贸创造条件

1．年初，推荐会员参加第二届上海轻工新品名品展示展销会，参展企业产品受到消费者欢迎，全部荣获"最受欢迎产品"荣誉，本会获得最佳组织奖。8月，组织会员参加由市商委主办的婚庆博览会，扩大了企业影响，获得了效益，还提升了参展企业与行业的诚信度与品牌知名度。11月，组织会员单位参加斯里兰卡驻上海领事馆组织的斯里兰卡精品珠宝展示会，增进两国珠宝界的交流，促成了企业间的贸易。

2．11月，与钟表行业协会联手主办珠宝玉石与钟表2场专题讲座，为行业同仁、相关行业及爱好者从鉴赏与投资角度提供公益服务。

3．5月，组织会员单位参加由市经团联与杨浦区政府联合举办的行业协会大学生专场招聘会。5～6月，组织会员单位先后参加金山和奉贤区政府举办的大型招商投资洽谈会，以及10月四川成都来沪举办的大型招商投资洽谈会。还随同市工经联领导，与江苏东海政府就行业发展进行沟通交流。

4．5月，与卢湾区技监局合作下里委，为居民进行珠宝玉石首饰免费咨询检测活动。9月，参加市商委、经团联与卢湾区政府主办的"2009质量年和安全年"暨"窗口服务日"主题活动，组织专家接受消费者投诉咨询和解答问题。参加由市消保委、市经信委组织的2次"3.15"消费者权益日服务活动。参加市消保委对上海黄金珠宝市场的专项调研。

5．听取会员单位意见，向政府和有关方面建言献策，反映企业、行业诉求，并就黄金珠宝消费税问题向政府相关部门提出建议。

6．6月，参加由市钻石办、工商与海关组织的联合调研组，前往云南开展钻石珠宝行业状况调研，了解相关的管理体制、政策和行业发展情况。

五、运用多种方式，为会员单位提供服务

1．今亚珠宝有限公司10多年来在售后服务"首饰医院"上做出相当的成绩，科技咨询和服务特色鲜明，贡献突出。协会在调研基础上，向市科协予以推荐。11月，市科协表彰第十一届科技咨询和科技服务先进集体和优秀项目，今亚珠宝有限公司代表本会获得集体三等奖。

2．7月，与IGI珠宝学院合作，组织本市12户知名珠宝品牌企业的33名销售经理和销售精英参加钻石珠宝顾问课程培训，收到良好效果。还应企业要求为其开展营业员培训。年初，与远东珠宝学院等单位合作，开展首届GIA培训，近30名学员参加。

3．9月，组织老凤祥、老庙黄金等在产业发展中具有相当历史与贡献的企业参加《上海轻工60年风采展》展示活动。向市经信委推荐上报"亚一"等单位迎接建国60周年《我与产业发展》的征文材料。

4．与云洲古玩城举办上海2009春季缅甸翡翠原石交易会，吸引了众多的观者与买家。配合洪祥珠宝于国庆中秋开展的精彩翡翠展示与沙龙活动，帮助爱好者鉴别翡翠真伪，了解翡翠赌石。新入会的意大利商贸有限公司对本市情况不熟悉，协会3次上门了解情况，专门邀请2位资深专家上门业务指导。为会员单位提供招聘见习员工、联系经营场地等服务。

5．运用行业和社会资源优势，为会员需要提供平台。利用上海国际珠宝展时机，为企业联系国内外展商，进行交流与沟通；组织会员单位观摩香港珠宝展；组织参加由兄弟行业协会举办的外汇管理等讲座活动。

（宝玉石行业协会）

上海钻石行业协会

上海钻石行业协会成立于2001年4月，是由从事钻石饰品、钻石工具生产、经营、加工、贸易以及相关的学校、检测鉴定机构等企事业单位组成的具有法人资格的社会团体。现有会员单位73户。

2009年主要工作：

一、认真做好协会换届选举工作

4月24日，召开二届五次理事会会议，通过《上海钻石行业协会理事会换届改选工作实施方案》，成立换届改选领导小组和工作小组，以实施具体的筹备工作。

5月26日，召开协会第三届会员大会暨第一次理事会会议，市经信委、市社团局、上海钻石交易联合管理办公室、上海钻石交易所领导应邀出席会议。会议通过《上海钻石行业协会第二届理事会工作报告》、《上海钻石行业协会第二届财务收支审计报告》、《上海钻石行业协会章程修改报告》，选举产生由21位理事组成的第三届理事会。同时召开新一届理事会会议，选举产生新一届理事会会长、副会长。

二、坚定信心、应对危机、有所作为、共渡难关

面对世界金融风暴的冲击，1月，召开迎春座谈会，为会员单位搭建交流沟通、抱团取暖、共渡难关的平台，协会领导就当前钻石行业所面临的严峻形势和如何克服困难有所作为、应采取的措施作了精辟阐述，使与会代表开阔思路，鼓舞士气。

8月7日，会长受市政协经济委员会的邀请，向部分政协委员作有关钻石知识和本市钻石销售情况的专题讲座，受到委员的欢迎。

为了更好地拉动内需、振兴上海婚庆产业链的发展，8月28日～30日，组织参加在上海展览中心举行的“上海首届现代婚博会”。

三、坚持协会服务企业的宗旨，发挥桥梁和纽带作用

加强与会员单位的联系，先后走访30多户会员单位，并通过电话了解市场的动态和会员单位的销售情况，及时给予鼓励和支持，想方设法帮助会员单位在激烈的市场竞争中渡过难关。

9月3日，召开部分会员单位参加的大型座谈会，上海市钻石交易联合管理办公室李牧主任等领导应邀参加会议。许如彭副会长作“国家钻石分级标准和钻石证书的理解与说明”的讲话，并提倡采用中国国家标准及钻石分级证书，慎用“国外证书”，不断加强国内检测机构的技术业务水平，从而提升消费者对国内鉴定证书的认可度和权威性，促进国内钻石市场更加规范和健康地发展。

四、加强行业自律，开展诚信体系建设

参加由市经信委都市产业处组织举办的“3·15”大型咨询服务活动，收到很好的社会效果。

4季度，参加以市消保委黄金珠宝专业办公室为主，在全市范围内对经营黄金珠宝饰品企业开展的行业自律检查，进一步规范钻石首饰的市场经营，以世博会召开为契机，向世界展示行业全新形象，提高服务水平，为“服务世博”做出积极贡献。

五、参与将钻石珠宝类产品列为世博特许产品的筹备工作

12月，为进一步推动上海钻石珠宝产业的发展，配合上海钻石交易联合管理办公室推动钻石和钻石珠宝类饰品产品进入上海世博会特许产品的推广活动。鼓励会员单位抓住世博会机遇，开发有创意的世博元素钻石珠宝产品，为企业搭建通过世博会走向世界、走向全国的服务平台和桥梁，有多户单位申请成为世博会特许产品的生产商和零售商。

为了加强对钻石珠宝类世博会特许产品的严格管理，向市钻石办推荐12位钻石珠宝首饰领域资深专家，“特许办”成立专家组，对企业申报的世博特许产品进行专业评审。

六、认真参加学习实践科学发展观活动

3月，党支部参加上海工艺美术总公司党委和市工经联党委组织的第2批学习实践科学发展观活动。8月11日，全体党员出席参加市工经联党委召开的“学习实践科学发展观活动”总结大会。

七、继续搞好行业专业培训，参与社会交流研讨活动

与远东珠宝学院达成共同办学的协议，邀请美国宝石学院来沪举办第2期GIA钻石分级课程培训班。2月3日，邀请上海浦东发展银行召开座谈会，为大家专题讲解向银行融资的方式、方法等问题，为会员单位牵线搭桥，建立融资平台，解决融资难的问题。8月6日，受邀出席“2009十六铺现代服务业高峰论坛暨十六铺招商服务中心揭牌仪式。11月6日，派员参加“2009国际城市时尚礼（赠）纪念品（创研与传讯）上海峰会”。

八、加强对会员单位管理，努力发展新会员，扩大协会覆盖面

为了配合换届改选，把会员基础管理工作搞扎实，协会对已歇业、转产或长期不缴纳会费、不参加活动的会员分批进行清理和除名。年内除名单位有6户，并发展新会员单位。

（顾志中）

上海市乐器行业协会

上海市乐器行业协会成立于2009年2月，是由上海生产、经营各类乐器的企业以及相关的专业院校等自愿组成的非营利性的社会团体法人。现有团体会员单位40户。

2009年主要工作：

一、认清形势，统一思想，克服金融危机的影响，促进企业生产经营发展

世界金融危机对上海乐器行业带来了影响。协会在年初、年中分别召开行业年会和理事会议，传达上级有关会议精神，化危为机，抱团取暖，统一对策，共渡时艰。上海钢琴有限公司锐意创新，利用旧厂房在市区的优势，将其改建为施特劳斯钢琴营销旗舰店。又在东方CJ电视上首创拓展钢琴直销，70架钢琴一销而空，年内共销售300多架钢琴。上海柏斯琴业有限公司对“体验式营销”更为注重，为抢占市场，取得乐器销售主动权，在上海音乐学院门前开设面积达3000平方米的销售中心，公司销售不降反升，增长15%以上。上海民族乐器一厂将民族乐器的附加值定位于“文化”，积极参与“上海星期广播音乐会”和中央电视台古筝大赛等活动，通过媒体扩大民族乐器的影响力和产品的市场占有率，创造出业务上升15%左右的佳绩。

协会学术部还专门组织奥地利音乐家来沪演出，并为奥地利国庆招待会上的音乐表演和乐队取材作筹划准备。

二、参办2009年上海国际乐器博览会，扩大企业影响，主动占领市场

积极参与举办中国（上海）国际乐器展工作，该展会已成为上海地区最有影响力、增长速度最快的国际展会，成为亚洲第一乐器行业专业博览会。本次展会规模达6.5万平方米，24个国家和地区的1164户企业参展，来自86个国家和地区的42499位海内外观众参观展览。期间，协会走访了解各展商对组织工作的意见和建议，及时加以整理汇总，得到上海国际展览中心领导的好评。会员企业柏斯琴行、上海钢琴有限公司、玛珂钢琴厂、上海民族乐器厂、上海口琴总厂和上海国光口琴厂等单位积极参展，以求扩大影响，抢占市场。展会上，上海钢琴有限公司努力拓展“施特劳斯”在钢琴市场的占有率；上海民族乐器一厂特制60把国庆限量版二胡，一销而空，特别是价值50万元的金饰古筝和巨型琵琶的展示，给观众留下深刻的印象。

10月，在大连举办的第一届轻工展览会上，上海民族乐器一厂的古筝、二胡、琵琶分别取得金、银、铜牌奖项，得到轻工总会领导和消费者的一致好评。

三、全国钢琴调律师分会第二届大会在上海召开

作为全国性的专业委员会，中国钢琴调律师专业委员会第二届会员大会在上海召开，协会做了大量的准备工作。来自全国的钢琴调律师代表全聚一堂，畅谈交流业务技术，对钢琴调音调律市场及调律师队伍的发展充满希望。专家和权威人士交流、传授钢琴调音调律技术和知识，与会人员受益匪浅。

四、适应市场需求，推进成立上海钢琴调律师俱乐部

针对上海钢琴调音调律和修理市场有需求，但不完善，特别是维修价格不统一，需要规范的现状，协会在统一思想、明确意义的基础上，决定推进成立上海调律师俱乐部，聚集了31名上海钢琴调律师界技术精英和技术能手。在协会的指导帮助下，首先规范调律师服务准则，统一维修服务价格，并组织3场钢琴调律师技术交流会，还邀请日本雅马哈退休的技术科长和高级调律师进行全面的钢琴整音技术讲座。建立上海调律师网站，使广大调律师平时也能上网交流切磋技艺，推进上海钢琴调律师队伍和调音、调律、维修市场的健康有序发展。

五、为企业创品牌服务，帮助上海民族乐器一厂开展产品满意调查工作

为帮助上海民族乐器一厂创建企业品牌，协会工作人员依托协会平台，向消费者发出上千份产品满意问卷，并按时回收，了解情况，为企业创立品牌服务。

六、与上海咨询协会、工经联、中小企业中心等联手，举办各类辅导讲座，帮助企业练好内功

为了帮助企业了解和掌握更多的信息和政策，先后联手上海咨询协会等举办一系列的讲座，如“金融危机的应对”、“信用风险”、“企业风险管理流程”、“中小企业技术创新有关政策”等等，帮助企业练好内功，迎接挑战，受到会员企业的欢迎。

七、培训、鉴定钢琴调律师，为企业发展培养专业人才

在培训和鉴定钢琴调律师技能等级工作中，协会作为全国钢琴调律师鉴定站上海分站，负责华东地区六省一市钢琴调律师工作，并且还是上海职业技能鉴定中心的钢琴调律师鉴定站点。每年春秋季，协会都会坚持做好调律师技术等级的鉴定工作，不仅培养壮大了钢琴调律师队伍，提高了技术职能等级，也为企业发展培养了专业技术人才。

八、积极参与“质量月”活动

7月，在市工经联和卢湾区商委的组织下，于雁荡路一条街开展产品质量咨询活动，协会派出3位同志，带了钢琴键盘模型和各种企业宣传资料进行现场咨询，讲解选购等知识，深得市民赞赏，扩大了协会的知名度。

九、利用兼职的民乐队组织参加各种庆典活动，如中药协会 60 年大庆、市质量咨询活动的开幕式等

十、协会乐器维修服务部签约 1 家天山路门店

十一、开展“科学发展观”实践教育活动

在市工经联党委的领导下，协会党支部开展“科学发展观”实践教育活动，党支部工作紧贴协会“服务、自律、协调、管理”职能，充分发展保证和监督作用。为了应对国际金融危机，党支部在会员大会上发出倡议书，要求各企业党组织和企业认清形势，采取措施，抱团取暖，共渡时艰。在市工经联组织下，会长带头组织创业技术骨干走上街头，在卢湾区雁荡路设摊，向消费者介绍乐器的维修保养知识，并结合咨询发放各种乐器知识的宣传资料，维护消费者权益，树立行业诚心服务的标杆，受到广大消费者的称赞。

（范志华）

上海市钟表行业协会

上海市钟表行业协会成立于 1996 年 4 月，为本市钟表、钟表配件及计时仪器行业企事业单位自愿组成的跨部门、跨所有制的非营利的行业性的社会团体法人。现有各种所有制会员单位 80 多户，涵盖上海钟表制造、营销、科研、教育、培训等方面各类主体。

2009 年主要工作：

一、紧紧围绕轻工调整和振兴规划，开展宣传贯彻活动

2008 年下半年因美国次贷危机，钟表行业出口产品受阻，销售下降，许多企业经营状况和经济效益下滑。协会及时召开会长会议，就世界金融危机对中国经济影响及上海钟表行行业所面临的冲击进行分析和讨论，对如何贯彻中央和市政府关于积极应对，提升和优化产品结构，有效拉动内需的精神进行学习，提出建议和措施。2 月，国务院审议通过“关于轻工业调整和振兴规划”，协会结合上海市钟表行业自身发展的特点，撰写《贯彻落实轻工业调整和振兴规划——上海钟表产业发展的思考和措施》，分析国内外钟表的发展状况，结合金融危机的经验和教训，提出上海钟表以科技创新改造传统钟表制造业，推动传统制造业向先进制造业发展，向现代服务业延伸，实现生产制造与现代服务业融合发展的建议，以发展钟表品牌为核心，做精做强钟表业。根据市经信委关于发展时尚产业的要求，编写《上海钟表行业时尚化发展的建议》，为调整和振兴上海钟表业，发展时尚化钟表产业提供建设性意见，得到政府部门的重视。

围绕克服金融危机，贯彻落实轻工业调整和振兴规划，协会先后举办求生存、谋求发展、创新未来的《2009 上海时钟论坛》和以中国 2010 上海世博为契机，努力发展上海钟表行业的《2009 上海钟表业发展论坛》，从不同角度对上海钟表行业和企业自身发展提供宝贵经验和建议。

二、围绕服务企业，规范行业，发展产业为主题开展协会工作

近年来，国外钟表品牌纷纷进入中国，上海各大百货商场和专业钟表店全被国外品牌占领，走私和造假猖獗，对国外钟表品牌质量问题的投诉不断，损害了消费者利益，也冲击了国内品牌的生存。协会多次撰写专题报告送市经信委和市技术质量监督局，呼吁切实加强钟表质量监管，并在市轻工业协会的牵头下，市质监局邀请相关协会进行座谈。7 月，协会编写《上海钟表行业质量分析报告》送市质监局，从上海钟表质量分析出发，肯定上海钟表特别是国产钟表质量的良好状况，反映洋品牌质量问题及售后服务问题，提出质量监督和管理不能放松，以体现国内钟表与国外钟表公平竞争，维护消费者利益，并建议在提高和加强国内钟表制造业质量意识的同时，必须加强对国外钟表质量监督。市质监局已向市工商局反映，建议加强市场的检查力度。从市钟表质量检测站反映情况看，确实起到很好效果。根据钟表监测站统计：2008 年送检的手表企业 61 户，时钟 17 户；2009 年送检的企业手表为 73 户，时钟为 18 户，手表送检增加了 12 户且大多数是国外品牌，企业的送检意识有了提高。

参加由市工经联组织的“质量与安全”暨窗口服务日大型咨询会，协会聘请上海钟表监测站等专家坐堂进行咨询，受到消费者欢迎。为推动上海钟表行业技术创新活动，组织 4 户企业 10 多件作品参加由上海轻工业工会联合举办的上海“轻工杯”生活用品时尚创意大赛，由上海新天始国际钟表科研所提供的《液体式浮动世界钟》荣获优秀奖，协会荣获优秀组织奖。

以中国 2010 上海世博会为契机，帮助和审核企业世博特许商品生产的招标活动，上海牌手表、青雅时钟、新天始的陀螺式时差指南针等多家企业产品参加应募。

为了普及钟表知识，引导钟表收藏与投资，与上海宝玉石行业协会联合举办两场《2009 钟表珠宝鉴赏与投资讲座》，本市钟表珠宝专业人士、典当人士、拍卖人士、收藏爱好者 60 余人参加讲座，准备在 2010 年上海世博会期间加以推广。

接待日本西铁城提艾希计时设备（上海）有限公司日本

代表的来访，还通过印度驻中国领事馆组织5户企业参加印度TiTan Indnstries Ltd来沪业务洽谈活动。

三、加强协会自身建设，努力提升协会的服务能力

被市工经联列为围绕“四个增强”和10个方面职能落实试点单位，经过努力获得通过，协会的自主、自立、自养能力得到进一步提高，服务能力也得到进一步提升。积极利用钟表杂志和网站宣传企业，结合改革开放30周年，以“感恩之三十年，尽忠报钟表”为主题组织编写9篇文章，从不同侧面反映钟表行业在30年走过的历程和取得的成绩。基本完成中国钟表计时仪器技术发展史《手表篇（上海部分）》和《时钟篇（上海部分）》的内容补充，近12万字。

（蔡辉明）

上海市纸业行业协会

上海市纸业行业协会成立于2003年8月8日，是由上海地区纸业行业的企事业单位及相关企事业单位自愿组成的跨部门、跨所有制的非营利性社团法人。

2009年主要工作：

一、进行换届改选，产生新的领导班子，成立复合工业纸板专业委员会

二、建立上海轻工业工会联合会纸业行业分会，选举产生分会主席、副主席和秘书长

三、支持企业大力开展节能减排工作

诺斯克潜力纸业公司、嘉龙纸业公司、金奉源纸业公司等在节约水电气煤和减少排放方面都取得可喜的成绩。中隆纸业和东冠纸业于3月被中国造纸协会授于全国造纸行业节能减排优秀技术奖。

四、积极参与世博，为世博作贡献

利乐（中国）有限公司用废旧牛奶盒制成铝塑环保型桌椅，提供1000只长1.2米、宽0.4米的世博环保长椅给世博参观者休息，以体现世博绿色环保的理念。东冠纸业努力为世博多作贡献，赞助世博会价值1200万元的生活用纸，成为世博会特需产品生产商。

五、配合市清洁生产办公室开展清洁生产工作

已通过清洁生产验收的有嘉龙纸业、中隆纸业和殷泰纸业3户企业。

六、发挥协会平台作用，为企业牵线搭桥

陪同东冠纸业的有关领导和技术人员到中隆纸业进行参观学习热电联动设备。东冠纸业打算试制再生生活用纸，协会介绍利乐（中国）的牛奶盒废纸浆，使之成功地利用废纸浆生产出高档擦手纸等品种。

七、建立进出口企业连络员网络

本会是国家商务部进出口公平贸易基层工作点试点单位之一。10月，协会建立上海纸业行业进出口企业连络员网络，及时了解企业情况，交流信息，发现国际贸易磨擦的动向和苗子，更好地维护进出口企业的合法权益。

八、支持企业反倾销

联合山东、江苏、浙江造纸协会共同向政府有关部门反映，坚决支持金东纸业、晨鸣纸业等企业要求继续实施反倾销的申请。8月4日，国家商务部裁定继续对日、韩进口铜版纸实施反倾销。

九、做好政府授权统计工作

完成各级统计部门下达的10种统计报表的采编上报任务，基本做到数据正确。

十、支持企业探索创新

上海安兴汇东的双柏工业园区是本会探索创新试点园区，创立的“中国特种纸在线”电子商务平台和新概念连锁店，使特种纸包括其他各种纸张的交易变得方便快捷，信息量十分大；推出的“全能纸管家21世纪纸产品供应链一站式服务”，在全国设有数千家销售网点，其中，商务办公用纸的年销售额达到6亿多元。

十一、加强调研，为政府决策提供第一手资料

为了应对金融危机，协会开展调研，将行业受金融危机影响的数据上报政府有关部门，为政府决策提供参考资料。

十二、支持企业参与产品创名牌活动

支持企业产品评优创优活动，对企业进行帮助指导和推荐。安兴汇东的“汇东牌”商务办公用纸、金大塑胶有限公司的“金大牌”不干胶纸和欣旺壁纸有限公司的“欣旺牌”壁纸被评为市名牌产品。

十三、积极参与食品包装纸的查处工作

派出2名高级工程师，配合市质监局参与对肯德基、麦当劳、康师傅、液体无菌包装纸、纸杯、纸碗、纸托盘等企业和产品进行10多次检查或ES认证。

十四、认真撰写“上海造纸60年”纪念文章

协会组织专家撰写“上海造纸60年”纪念文章。

十五、开展国际交流活动

接待2批国际造纸同行，为印度造纸印刷代表团和巴西南马托罗索州代表团，双方通过交流，增进了解，加强了友谊。

十六、“十二五”规划的起草工作已经启动

受中国造纸协会的委托，负责牵头起草《上海造纸“十二五”规划》，作为《中国造纸“十二五”规划》其中的分报告。现已进入调研和收集资料起草阶段。

（王承稼）

上海石材行业协会

上海石材行业协会成立于2002年12月，为本市石材加工、贸易、工程、石材养护、石材机械与工具、石材造景与雕刻、人造石行业企事业单位自愿组成的跨部门、跨所有制的非营利的行业性社会团体法人。现有各种所有制会员单位660户，其中，86%为民营企业，13%为外资企业。下设石材养护、石材造景与雕刻、人造石、石材机械与工具等4个专业委员会、砂石分会及上海东方石材研究所等机构。

2009年主要工作：

一、加强调研，了解形势，反映企业诉求，帮助企业把握方向

年初，国际国内经济形势不明朗，经济衰退严重，石材需求不足，石材企业效益下滑。伴之而来的应收款、银行贷还款、存货积压、职工稳定问题，以及石材工程工期和质量、国际进出口货物和结算、海关问题等等，使不少企业经营困难，石材行业信誉链局部出现问题。协会依靠一批骨干企业，上联政府，下通企业，一是在2～3月邀请市经信委、市建交委、浦东新区、市工商联、市商联会、市工经联等领导和专家一起，走访近30户企业，还召开3次企业座谈会，深入第一线了解企业实际情况和经营困难。二是1～5月，挑选50户有代表性企业，每月进行企业经营情况统计，并撰写分析报告，附相关数据，上报市经信委、市建交委、市工商联。三是分2次将国家支持中小企业，支持民营经济发展的各种相关政策汇编入册，发给会员。同时请专家召开形势讲评会，帮助企业明确形势，增强信心，及时调整方向，渡过难关。

二、做好协会基础工作，服务企业，解决企业实际困难

召开各种形式的座谈会、交流会等8次，报告会1次，行业研讨会和论坛2次，会长会议6次，常务理事会2次，理事会1次。各种会议机制既是协会服务会员的一种工作形式，也保证了协会的民主办会、规范办会。

按照年度计划，花9万多元将上海石材网站更名为金石通网站。这是一个全新的石材行业电子商务门户，涉及企业库、产品库、图片库、价格库等多个数据库，可以网上开店、网上采购，更多的行业咨讯。有志通过3年时间，把金石通网站建设成中国石材业的第一门户网站，开辟石材企业宣传、咨询和业务的新平台。

注重深入企业实际，帮助解决企业具体困难。协会参与协调劳动纠纷事件5起，解决5起；工伤事件3起，其中，2起死亡，全部解决；行业内三角债6起，解决3起；与房产、施工债务关系3起，解决1起；工程质量问题9起，出具鉴定书10份；海关进关4起，解决3起；检验检疫1起，解决1起；市民投诉13起，解决13起；接受政府咨询4起，出具解答及证明报告3份；指导外省市来沪开业3起；帮助解决企业扩厂用地指标1起；新争取石材备案12户，石制作劳务分包6户；以及石材为主的幕墙装饰三级2户，二级1户，一级1户；成功帮助3户企业融资。“碰到困难找协会”成为行业的理念。

三、加大品牌工作，致力扩展市场

一是利用各种展会渠道，无论是意大利的维罗那，国内的stonetech、厦门展、水头展、云浮展，协会均派队参加，将展会信息及时反馈会员。二是通过网站和上海石材杂志，加强石材供求和工程信息的汇总统计和刊登力度。三是与房地产协会、装饰协会、建筑学会、建筑师联谊会合作，通过观摩、研讨、联谊等形式，加强与产业链房产、建筑、设计的联系与沟通，共举办4次专业会议。四是积极推荐市名牌、市著名商标工作。除已有的4家名牌、3家著名商标，又推荐申报2家名牌、1家著名商标（另2家名牌、1家著名商标复审）。协会积极推荐2户石材企业获市级建材行业科技进步二等奖，1户企业荣获国家石材行业科技进步三等奖。五是在任文燕名誉会长的支持下，与世博局相关部门多次沟通，推荐4户优秀企业参与世博工程。鼓励企业参与地铁建设，已有8户会员单位成功中标各类地铁项目。以上工作宣传了企业品牌，树立了行业标兵，争取了更多商机。

四、做好大型活动，扩大协会影响力

协会举办的大型活动，如风云榜、金石奖、行业培训等已经成为服务行业的公益平台，也成为协会扩大影响力的有力抓手。一是由协会独立策划承办，广邀国内石材产区政府、协会、媒体参与的第五届中国石材业风云榜活动成功举办。二是在市建交委、市协作办、江苏沪办、浙江沪办、江苏建管局、浙江建管局的支持下，邀请江苏省装饰装修行业协会、浙江省建筑装饰行业协会一起主办首届长三角金石奖，标志着上海石材行业协会工作已经跨入建筑装饰产业链，真正跨入长三角，为上海石材行业争取了更大市场空间，同时，在长三角联动、市场和资源共享等方面进行积极探索。三是继续做好行业培训的工作。石材岗位资格培训从初级到高级，从石材加工到石材养护、石材项目经理，从上海到全国，在上海办 3 次初级班，共培训人次 230 人；1 次 2 个高级班，共培训人次 56 人，2 次 6 个中级班，共培训人次 240 名。在广州、山东共举办 3 次石材养护班，培训发证 107 名。

五、规范市场，协助政府做好行业管理工作。

1．抓好行业诚信建设。市经信委将石材行业列为行业诚信建设的试点单位，协会根据政府的试点要求，制定出一批行业信用管理制度；建设石材行业信用信息自动申报系统；在石材行业进行信用现状评估，并邀请联合征信公司在行业内引入信用评估报告制度。同时，根据市建交委的要求，协会建立的企业诚信与考核体系运行正常，诚信手册得到工程方的重视，是石材工程和竣工验收工作的必备材料。

2．石材工程管理体系逐渐完善。石材备案、质保书、现场验证单、石材供料示范合同、诚信手册、石材标准等一系列措施保证了石材工程的安全质量。与市建管办、市质监局、市受理服务中心、市安质监总站保持密切联系，及时得到政府对石材行业的管理要求，也主动参与一些具体工作。与建设工程咨询行业协会、房产、施工、装饰、物业协会关系密切，便于横向相关支持。

3．帮助企业规范运作。石材行业近几年取得很大发展，但总体上是个原始性、粗犷性的行业，入门门槛低，行业参差不齐。协会通过与复旦、交大合作举办总裁班、营销班等方式，鼓励企业家走出企业、走进课堂去充电；通过能力等级现场评审等工作，派专家赴企业现场诊断，发现问题，协调解决问题；定期举办各种形式培训，从而提高行业总体经营水平。

六、积极参与社会活动，增强行业凝聚力

投入光彩事业等公益活动，据初步统计，会员单位共有 75 户企业在各种场合捐款，涉及帮困、助学、环保、社会建设、基金会等，共计金额 527 万元。在各位会长单位的支持下，设立市慈善基金会石全石美基金，标志着上海石材行业在承担社会责任方面又向前跨了一大步。年内，协会互助公益基金共资助受伤生病石材工人 3 人，资助金额 9000 元。举办歌唱比赛，30 户企业派人参加，举办石材异型加工技能大赛，10 户企业的 19 名员工获得不同奖项。石材党支部积极发挥党员先进模范作用，与会员单位党支部、相关协会党组织进行沟通联谊，为石材行业和协会工作献计献策。秘书处有 2 位同志加入预备党员，2 位同志吸收为积极分子进入考察阶段。协会还成立砂石分会，正有条不紊地开展工作；其余 4 个专业委员会工作顺利。

（茅明舫）

上海都市型工业协会

上海都市型工业协会成立于 2001 年 6 月，是由上海轻工控股（集团）公司、上海界龙实业股份有限公司等 10 户单位发起成立的跨系统、跨部门、跨所有制的新型社会团体。现有会员单位 125 多户。涵盖电子信息产品、服装服饰业、广告印刷与包装业、钻石珠宝等工艺美术和旅游品业、钟表眼镜业、食品加工业、室内装饰装璜等传统行业以及其他符合都市型工业特征的新兴行业。

2009 年主要工作：

一、千方百计“保增长”，在振信心上下功夫

针对会员企业中绝大多数是中小企业，通过协会《简讯》和《上海都市产业网》，大力宣传国家出台的扶持中小企业发展的各项决策和措施。为了帮助企业走出危机、重塑信心，结合行业情况，及时宣传《“小绵阳”为何深夜灯火通明》、《海立集团依靠科技创新“化危为机”》、《不惧金融风暴订单源源不断、上海红双喜游艇“逆流而上”》等先进典型，给广大会员单位带来支持与鼓舞。

二、开动脑筋“调结构”，在促转型上花力气

1．组织各种参观学习，推动园区结构转型。上半年，组织参观映巷创意工场——原明旺都市工业园区，参观之后，理事单位上海玻璃制品有限公司向协会提出帮他们将轻玻都市工业园区转型成玻璃创意园区。协会配合并组织他们参观 M50、E 仓创意产业园等，推荐设计公司。目前，轻玻都市工业园区的转型工作正在顺利开展，园区的概念设计基本完成，即将进入一期施工。

下半年，组织参观全国最大的创意园区之一——北京 798 艺术区，上海手表二厂陈厂长表示回沪后，请协会帮助组织参观上海的一些创意园区，以便为其宝石花工业楼宇第 2 次改造，实现转型提供有益经验。9 月 16 日，协会陪同手表二厂的领导和有关人员参观 M50、映巷创意工场、E 仓创意产业园和 1315 创意园区。

近 2 年，不少园区单位对厂房进行新一轮改造。如：上塑三厂、上海钟厂投入少资金改建厂房、修建道路。上塑三厂都市工业园区已改造成500视觉园，入驻企业绝大部分是创意产业；上海钟厂改造成延长都市工业园区，其入驻企业60%以上为服务业，园区实现了向创意产业和服务业的结构转型。

2. 与兄弟省市开展都市工业园区建设发展的经验交流。4月，重庆市都市工业园（楼宇）企业协会举办《都市型工业园区招商引资》论坛，本会应邀参加，并作“上海都市型工业发展的情况及都市型工业园区招商引资的基本做法”的发言，受到好评。6月，重庆都市工业园（楼宇）企业协会组团31人来沪，考察学习上海都市工业园区的管理和发展经验。期间，考察访问M50、上海日月眼镜工业园区、上海奇士科技都市工业园区，并进行座谈交流。

三、转变方式“促发展”，在服务好上做文章

1. 积极参与推进“信息化与工业化”的融合工作。6月19日，市经信委邀请部分行业协会参加“关于在工业企业中推行信息化与工业化融合”的座谈会后，本会积极推动此项工作。在简讯上积极宣传“两化融合”，转载国家工信部信息化推进司副司长董宝青“关于推进信息化与工业化融合的思考”一文，刊登企业在“两化融合”中的3个成功案例。同时，根据市经信委关于抓行业“两化融合”典型的要求，推荐上海界龙实业集团股份有限公司作为“两化融合”的典型，并给予帮助指导。9月22日，市政府召开上海市推进信息化与工业化融合工作会议，界龙集团的“信息化推动村办工厂向现代集团型企业的转变”典型案例作为大会书面资料予以介绍。

2. 主动为企业创品牌，加强质量管理服务。获悉市质检局推荐“区域类“上海市名牌，而上海春明粗纺厂（M50创意园区）未被推荐。协会主动到M50创意园区了解情况，并向市质检局有关部门反映，又联系普陀区技监局，到M50创意园区实地了解M50产业园区申报情况。经过企业努力，普陀区技监局积极推荐，协会及时沟通，M50产业园区被上海市名牌推荐委员会推荐为2009年度上海市名牌产品（区域类）。

在协会的帮助下，上海界龙集团的平面印刷工艺制品连续5次被推荐为上海市名牌产品，根据规定，浦东新区对评为上海市名牌产品的企业实行奖励30万元，但企业迟迟未拿到，协会通过积极沟通，落实了奖励。还主动帮助界龙集团加强质量管理，深入企业了解质量管理情况，经常参与企业召开质量管理分析会，出点子、提建议，帮助企业质量整改，减少印刷报废，年度节约资金达上百万元。

3. 积极利用社会资源，主动为企业提供职称申报评定、劳动保障咨询等方面服务。由于体制改革，原国有企业的职称评定渠道没有了，私营企业、三资企业职工申报职称更困难。协会借用社会资源成立职称评审咨询服务部，主动开展工作，受到市职业能力考试院和市社会工作党委的表扬。11月12日，《文汇报》第12版介绍本会为企业职称申报评定服务的一些好的做法。协会为企业申报成功中级职称32人、高级职称9人。与上海技术交易所建立协作联盟，为企业申报企业技术专利、享受各种科技优惠政策开展有效服务。还与上海钟厂投资的上海延长劳动保障咨询有限公司合作开展劳动保障咨询服务工作，协助其到双爱物业第二分公司、信泓都市工业园区、自动化仪表城等园区单位上门服务，扩大了公司影响。

（马金娣）

上海市糖制食品协会

上海市糖制食品协会成立于1988年6月，是由上海地区从事食糖、糖果、巧克力、糕点、饼干、冷冻饮品、休闲食品、馅料生产经营企业和科研院所、大专院校等单位自愿参加组成的跨部门、跨所有制的非营利的行业性社会团体。现有会员106户，涵盖上海市场90%中西糕点的经营大户以及食糖经营龙头企业，以及上海15户经营焙烤食品、糖制食品的中华老字号企业。

2009年主要工作：

一、努力服务企业，推进行业发展

1. 做好旺季节令市场预测。通过调查研究，及时写出冷饮、月饼、春节市场的分析和预测，为企业决策提供参考。

2. 开好信息例会和信息发布会。召开3次产销信息例会，交流沟通产销情况、工作打算。4月24日，召开“2009年上海中秋月饼市场预测暨月饼原料包装信息发布会”，50余户企业共80余人参加会议，7户企业出样展示最新的月饼陷料和新款月饼包装，为企业提供最新的馅料信息，加强了供需双方的交流，为企业把握市场走势提供有益参考。

3. 办好协会简讯。做好每月2期《上海糖制食品信息》的采编、发送工作，及时更新网站内容。共编发《上海糖制食品信息》24期，刊登各类稿件信息160篇、专题资料5份、统计分析4份，及时为会员提供各种信息。其中有6篇被上海和全国有关报刊选登，为行业发展起了宣传作用。栏目中还增加有关产销管理的小故事采编，得到会员企业的好评。

4．做好优秀企业家评选。根据评选条件，严格审核，评出2007～2008年度10位优秀企业家，并将先进事迹刊登在《上海糖制食品信息》上，为行业发展树立标杆。

5．推荐会员参加“上海市商业评优”活动。12户单位获得“2009上海商业优质服务先进集体”、7位个人获得“2009上海商业优质服务先进个人”、3位个人获得“2009上海商业技术能手”、1位个人获得“2009上海商业销售能手”称号。

6．推荐5户知名企业的裱花技术能手参加“迎世博”上海市窗口行业技术比武活动，获得好评。

7．表彰月饼产销领先企业。11月6日，召开“2009上海市月饼产销工作总结会”，市领导和企业60余人出席，会上表彰月饼产销居前15位的企业。

8．举办上海月饼节。组织业内百家千店积极参加市政府举办的上海购物节活动，与光明集团联合举办上海月饼节，推动上海月饼市场健康发展。

9．组织上海业内企业参加全国糖酒会。3月和10月，分别组织本市30户著名企业参加在成都举办的第80届和在郑州举办的第81届全国糖酒商品交易会。上海名特优食品得到外地经销商的欢迎，提高了上海产品市场占有率。

10．为企业提供个性化服务，帮助企业排忧解难办实事。年内为40余户企业提供70余次咨询、协调服务，帮助企业发展，深受企业的欢迎。

二、培育名优品牌，提高行业竞争力

1．做好传统节令食品宣传、跟踪报道销售情况。及时报道春节的年货、清明节的青团、端午节的粽子、夏令的冷饮、中秋节的月饼等产销情况，为企业提供第一手资料，引导企业不失时机开发节令食品生产，拓展上海节令食品市场。

2．开展青团质量交流。3月，组织青团质量交流活动，有22户企业的32种青团被评为“上海行业放心产品”；中旬召开“第二届青团高层会议”，为获奖企业颁奖，并组织交流；3月12日，登报公示获奖企业。弘扬清明传统文化，宣传优质青团产品，带动了青团生产和销售。

3．开展上海名特优糖制食品评选活动。开展连续7年的名特优食品评选活动，19户企业的33种产品荣获“2009年上海名特优食品”称号，并于4月21日登报向社会公示，其中有10款产品连续3年或6年荣获“星级”上海名特优产品称号。8月，开展“2009年上海名特优月饼”质量交流，58户企业的238种月饼荣获“光明杯”上海名特优月饼称号，在8月16日《劳动报》上向社会公示，于9月3日在上海月饼节开幕式上给予表彰和颁奖。

三、加强行业自律，规范企业行为

1．加强食品安全宣传。及时将《食品安全法》印发给企业，组织企业认真学习《食品安全法》，专题报道企业的学习情况，在行业内掀起学习、贯彻、落实《食品安全法》的高潮，为业内食品安全夯实基础。国庆前，发出“喜迎60华诞，搞好食品产销”的通知，要求会员在国庆期间为上海市场提供优美的环境场所、优质的产品、优良的服务。

2．参加市商联会等组织的“2009年3.15国际消费者权益日”活动。为配合活动，积极准备行业资料，制作立报架，印发《糖制食品知识百题问答》材料，免费为市民提供咨询。

3．推进诚信经营。年内，组织百厂千店签订诚信公约，参加“2009年迎世博庆国庆上海购物节活动”，得到购物节组委会的好评。

4．多次组织会员参加国际国内原料及技术交流学习活动。6月24日，组织19户会员单位32人参加“2009亚洲食品配料、天然原料、健康原料展览会”。7月9日，组织20余户企业参加“上海包装印刷交流洽谈会”。

5．继续搞好冷饮价格委工作。3月，牵头召开第27次冷价委工作会议，市发改委商价处领导和委员参加。会上，协会介绍冷饮主要原料的行情，分析预测上海冷饮市场的特点和销售趋势，提出以“迎世博”为中心的5点设想，得到与会者赞同。还多次收集上海冷饮信息资料分发给相关委员企业。11月，召开第28次冷价委信息会，认真总结冷价委的工作。

6．参与国家行业标准的制定。1月，配合中国商业联合会做好《月饼》（GB19855—2008）标准修改征询工作，将上海12户知名月饼生产企业的征询意见汇总上报中国商业联合会。5月11日，参与中国商业联合会在上海克莉丝汀公司召开的《裱花蛋糕》国家标准起草工作组会议。

四、加强自身建设，促进协会发展

1．召开理事会和会员大会。2月11日，召开六届五次理事会，19位理事出席。2月27日，召开六届四次会员大会，70余人参加，审议通过《2008年工作总结》、《财务收支报告》和《2009年工作计划》；通过荣获2007～2008年度优秀企业家名单，并为10位荣获优秀企业家颁发证书和奖杯。

2．编写“改革开放30年开创辉煌新纪元”文稿，回顾上海糖制食品行业30年发展，并制成立报架，在政协礼堂展示，歌颂改革开放带来的巨大变化。

3．组织会员参加《我爱祖国征文集》撰写活动。共收来稿40篇，从中选录24户企业的代表作编成《我爱祖国征文集》，于国庆前出版，并发放给会员及相关部门。

4．搞好行业统计工作。认真做好年度产销、春节产销和中秋月饼产销统计，做好清明节青团和端午节粽子2个节日的销售统计，及时为会员提供信息，并协助市质量技术监督局做好本市月饼产销存、停炉统计。

5．发展新会员。年内发展新会员6户。

（仲梅丽）

上海市汽车销售行业协会

上海市汽车销售行业协会成立于2003年10月15日，是由上海汽车销售行业企事业单位自愿组成的跨部门、跨所有制的非营利的行业性社会团体法人。现有会员企业186户。

2009年主要工作：

一、承上启下，推进新政策落实

1．动员、解读汽车新政策。特邀市商务委市场体系建设处领导在二届五次理事会上就国务院发布的“汽车产业调整和振兴规划”及上海市配套措施进行详细解读。会后组织人员走访大部分会员企业，宣传、落实汽车新政策，让会员在第一时间了解国家新的汽车政策并填写“汽车企业升级改造项目情况调查表”，帮助企业壮大发展。

6月4日，组织并邀请市政府有关部门领导参加有50多位企业老总出席的活动，为会员企业负责人解读《上海鼓励老旧汽车淘汰更新补贴暂行办法》，并作现场解答说明，以此推进上海汽车以旧换新工作，增加新车销售。

8月31日，由市商务委市场体系建设处组织，协会牵头邀请部分汽销集团负责人参加座谈会，听取意见和建议，了解经营活动中遇到的困难和问题，为企业销售提供服务和帮助，推进汽销行业的发展。

2．推进汽车新政策的落实。汽车新政策的出台激发了消费者购车欲望，对汽车营销起到拉动作用。为使新政策落到实处，9月26日，协会在宝山地区举办“新车到社区，服务到家门”活动，宣传落实“汽车下乡”及“以旧换新”政策，并得到区政府和宝钢汽贸的大力支持和配合，受到宝山及周边地区的居民欢迎。还与市商务委协商，建议在闵行、普陀、崇明等地设立“汽车下乡及以旧换新”的销售点，推进政策落实，扩大企业汽车销售，在推进落实新政策过程中发挥协会平台作用。

3．发挥交流平台作用。坚持定期举办中小企业老总联谊会，发挥相互交流和发现商机的作用，并邀请业内资深人士讲解分析与预测2008～2009年汽车市场形势，帮助企业拓展思路，制定发展计划；讲解上海1～5月乘用车销售情况，分析危机后复苏期的汽车市场增长情况，为企业工作提供参考。对汽车新政策实施过程中遇到的实际问题，协会按照会员提出的不同需求，主动及时为会员企业提供帮助和服务，为他们献计献策。努力拓展与外省市业务联系，组织部分会员企业前往江苏泰兴与当地政府部门洽谈项目合作，考察当地汽车园区建设，为企业开发新的汽销渠道。

二、以迎世博为契机，提升企业影响力

1．在迎世博活动中，10月6日，协会举办“第三届上海市汽车销售服务节”，主题是“落实政策，拉动内需、鼓励消费、促进销售”，弘扬参与企业的优质服务和名牌企业形象，同时，通过新车展示及各类咨询服务活动，达到拉动汽车消费的目的。本次活动得到政府有关部门的重视，市商务委副主任张新生亲临活动现场，为活动开幕式剪彩。参加企业有中进汽贸、开隆宝信、世贸汽贸、华星汽车、云峰汽车、东昌日产、宝钢汽贸、联海沪西、冠松丰田等“上海名牌”汽销企业。

2．参与2009年上海购物节。动员会员企业的82个门店参与市购物节活动，在购物节期间，协会组织2次重大活动。会员企业的国庆促销活动，也溶入整个购物节中，为购物节的圆满成功增添亮色。经市商务委商业创先评优活动领导小组评定，永达（集团）股份有限公司客户服务中心为“2009年上海商业服务品牌（柜组）”，中进汽贸上海进口汽车贸易有限公司宋玉骏为“2009年上海商业服务品牌（个人）”。另经市商联会评定，上海联海沪西汽车销售有限公司、上海大众交通汽车销售有限公司、上海宝悦汽车销售服务有限公司、上海交运云峰龙威汽车销售服务有限公司、上海云峰交运汽车销售服务有限公司为“2009年上海商业优质服务先进集体”，李吉、黄健、史永强、周江华为“2009年上海商业优质服务先进个人”，章国宝、张杰为“2009年上海商业技术能手”。本会获得“2009年上海购物节优秀组织奖”。

3．在迎世博600天行动期间，与配件行业协会共同主办“迎世博文明行车先锋”活动，以迎世博为契机，自律文明行车公约得到会员企业积极响应，营造迎世博从我做起的良好社会风尚。同时，在全体会员企业中开展“销售真牌真品，保护知识产权”的承诺活动。

4．贯彻《上海汽销行业从业人员行为礼仪规范》，在行业内推出“迎世博、讲文明、树形象”活动，各会员企业结合本单位的实际情况，抓住迎世博契机，纷纷推出各项特色服务，优化服务环境措施，提升企业优质服务，为迎世博塑造优良服务的窗口形象。协会把“迎世博、讲文明、树形象”作为诚信服务企业星级评选的必备条件，进一步推动活动的深入开展。

三、注重协会“窗口”，提供信息平台

1．注重网站建设，结合会员企业的意见和建议，对网站进行改版，建立行业资讯、行业统计、行业调查等内容的信息服务、查询平台，提供进行相互交流、在线发布、宣传推广等服务。

2．加强会员企业信息资料的汇集和传播，及时向广大会员宣传政策，传递行业信息，注重协会《汽销行业》内刊的改版和编辑，在栏目设置上有所创新，迎合行业的发展和企业的需求，增加了刊物的可读性。

四、品牌建设，培育服务名牌

年初，就汽销服务上海名牌推荐工作，在会员中进行调研，对符合条件的企业列入重点培育对象，并组织人员不定期逐项检查，落实整改措施。下半年，按照市名推办《通知》的要求，有步骤地开展上海名牌推荐工作，经过共同努力，百联汽贸、中进汽贸、大众交通汽销、华星汽车、开隆汽贸、宝钢汽贸、怡通汽服等7户企业顺利通过申报审核、专家组初评，并经市名推委复评通过予以公示。

下半年，开展行业诚信服务星级评选工作。经企业申报，入围30户企业，由企业自查评分，协会组织人员复查，最后经专家组成员复评，评选委员会确认后，将通过媒体向社会公告。

五、进一步优化协会自身建设

注重秘书处的建设，在人员配置、年龄结构上趋向相对合理，班子得到了充实，建立健全较完善的规章制度，并激励专职人员爱岗敬业，努力工作，保证机构的正常运作。随着自身建设的加强，服务功能逐渐完善，协会在提供价值服务中不断扩大影响，会员队伍得到发展，探索新的会员发展模式，加强与汽销企业的沟通，壮大会员队伍，为协会持续发展奠定良好基础。

六、加强学习，推进党建工作

党支部积极参加市商联会党委组织的深入学习实践科学发展观活动，按照市商联会党委布置的要求，通过个人自学和组织党员学习相结合，召开专题民主生活会，对党员进行了评议，开展批评和自我批评，沟通思想，找出差距，统一认识，推动协会各项工作开展。

党支部坚持学习、组织活动制度，努力提高党员意识和党性素养，全体党员立足本职工作，努力完成协会各项工作，起到了带头模范作用。

（苏新伟）

上海市食品协会

上海市食品协会成立于1982年，是由上海食品行业相关的企业、事业单位自愿组成的跨部门、跨所有制的非营利性综合性社会团体法人。现有各种所有制会员单位240余户，覆盖食品行业所包括的农副食品加工、食品制造、饮料制造和食品商贸、流通企业，还包括相关的食品机械制造行业及科研院校等单位。协会下设办公室、联络部、咨询部，调味品、烘焙、生鲜食品、食品机械、食品营销专业委员会、现代食品职业技能培训中心。

2009年主要工作：

一、服务理念有了新的增强

开展“学习实践科学发展观活动”，找出制约协会发展的主要问题，制定整改方案，增强服务理念，为协会的可持续发展确立了方向。

二、办展工作进行了新的尝试

在市商务委、市经委、市技监局、市名牌办和市小企业促进办以及兄弟协会的支持下，经过半年多的筹备，《2009上海品牌食品博览会》按期于9月17日～20日在上海展览中心举行。在143户参展商中，上海企业有91户，获各类品牌称号的有69户，占75.8%；外地企业有52户，获各类品牌的企业占42.3%。博览会与民生紧密联系，成为“购物节”的一道亮丽风景。唐登杰副市长亲临视察，市商务委张新生副主任三临现场指导。通过举办博览会，锻炼了队伍，培养了团队精神，增强了凝聚力，为进一步做强协会的会展服务品牌打下基础。还组织第二届“南顺杯”月饼包装、馅料、环保材料及机械单位展示会，参展人数达千人。

三、培训工作取得新的突破

一是在资质上上了一个台阶，取得了西式面点师二级／技师培训资质。二是在培训形式上迈出了第一步。上半年为上好佳主管、领班达200人次，进行为期4天的企业管理培训；为TESCO乐购大师傅培训，反响良好。三是培训规模进一步扩大，共开17个班，接受培训人数达457人。其中，西点高级工3个班84人，西点技师1个班25人，烘焙高级工1个班8人。四是培训内容进一步拓展，举办2期餐饮食品安全员培训共108人；与肉类协会联合举办3期生猪屠宰工人技术培训班，127人接受培训。

四、主办和承办各项竞赛，推动行业技术进步

承办第十届全国焙烤职业技能大赛，举办中国首届“黛妃杯”巧克力雕塑大赛、上海市食品行业“顺达／金冠邦杯”西式面点师（四级／中级）职业技能赛和“艺发——乾能杯”西式面点师（三级／高级）职业技能赛。

五、贯彻法律法规的自觉性有新的提高

配合《食品安全法》和《食品安全法实施条例》的实施，举办《安全与发展》论坛。市政府有关部门、有关行业协会的领导和负责人、食品协会的专家以及企业负责人一起就深入贯彻《食品安全法》，以食品安全引领食品产业发展等问题进行交流讨论。《上海食品》连续2期刊登专家对《食品安全法》和《食品安全法实施条例》的解读文章。

六、“两为服务”（为企业、为政府服务）有新的进展

接受政府部门委托，承担“规范世博食品主要主、副食材供应渠道”调研课题，对保证世博食品供应和质量安全提出实施方案建议，供领导决策参考。继续为企业搭建招商引资平台，如：与苏州汾湖招商局合作，组织上海30多户企业参加苏州汾湖招商引资会议；组织50多户会员企业参与2009成都——上海推介会；受大丰市政府委托，组织20多户食品企业参加江苏大丰上海光明工业区推介会等。

继续开展咨询工作和实施品牌战略。完成1户企业的HACCP安全管理体系咨询服务，并如期通过认证。对已完成ISO9001认证的标准化菜市场，继续做好复评指导服务工作，完成对5户菜市场经营管理有限公司的认证监审预审。制定2009年名优食品评选方案，评选通过复评复审产品120个，新申报产品49个，续报产品158个，共有327个产品最终被审定为2009年度上海名优食品，比2008年增加12%。协会并通过上海食品网、《上海食品》向社会公告公示，扩大了品牌影响。

七、专业委员会工作领域有新的拓宽

调味品专业委员会开展对添加剂使用情况和存在问题，以及调味品市场满意度调查，还每月编辑出版《调味品专讯》，传递行业和政策信息，沟通交流工作情况。烘焙专业委员会与创想空间商务通讯有限公司合作，为企业提供电话会议软件，提升企业管理水平，还为新会员推介废弃油的回收利用，发布二手机械网上交易信息等。增加经济信息发布频率次数，在内容上，除通报行业经济运行情况，还扩展到国内外宏观经济形势和与食品相关的期货行情等，拓展了大家视野。

八、协会组织工作取得一些新的成果

行业覆盖面进一步扩大，至10月底，新加入协会企业22户，基本达到每年新增会员10%的要求。

（陈志强）

上海市消毒品协会

上海市消毒品协会成立于2004年2月，目前，是我国唯一的消毒行业协会。现有会员单位57户，主要来自上海、浙江、江苏等省市，也有其他省市和外国的消毒企业。下设市场协调、标准化和政策法规3个工作委员会，以及皮肤粘膜消毒和水消毒2个专业委员会。

2009年主要工作：

一、在服务企业方面

1．提供咨询服务。为会员单位、消毒企业和社会人群提供了大量的无偿咨询服务。包括关于消毒产品和技术问题的咨询、关于消毒防病方法的咨询、关于消毒产品研发和检验方面的咨询、关于消毒产品的市场准入和监督的咨询等，并尽力给以帮助。

2．为会员单位进行企业介绍和产品宣传。在协会“中国消毒信息网”和《消毒信息报》上免费为会员单位进行企业介绍和产品推广宣传，成为会员企业对外宣传的窗口和交流平台。“中国消毒信息网”与国家卫生部、中国疾病预防控制中心、各省卫生厅局、疾病控制中心、监督所、相关国家级和地方学会、相关协会网站，以及会员企业的网站联网，点击数已达近80万人次。《消毒信息报》每期印刷2000多份，免费邮寄给国家卫生部有关部门和领导、各省市卫生厅局有关部门和卫生监督所、疾病预防控制中心、全国各大医院院感控制科、会员单位和有关消毒和抗菌卫生用品企业，起到了很好的宣传作用。

3．协助会员单位解决遇到的困难。会员企业在申请卫生部卫生批件或到期延续卫生批件遇到困难时，协会都尽量帮助，促进尽快解决。包括帮企业编制或修改答复及申述意见、向卫生部监督中心反映产品的情况、对卫生部专家评审委员会的处理意见提出辩诉或抗诉、有些意见直接向卫生部监督局和监督中心领导及专家评审委领导反映，促进产品的尽快批准，提高评审的质量和公正性；有些企业产品很好，但市场销售有困难，协会利用各种关系，帮助企业开发市场；有的会员单位在市场上遇到不合理的市场监督和执法，协会及时向有关部门反映，要求注意监督和执法中的政策性、灵活性和人性化，收到了很好效果；有的企业在新产品开发或产品的改进中遇到问题，协会尽力提供建议，帮助企业解决；有的企业在生产原料采购上遇到困难，协会尽力协调，解决企业燃眉之急。

4．协助会员企业组织专家论证会、产品研讨会。特别当新产品申领卫生部卫生许可批件和生产卫生许可证、申请科技奖和新产品奖、申请国家和地方政府资助、申请新技术转化、申请国家专利、进行产品宣传和开发市场时，每次组织论证会都请国内影响力最大的专家和有关领导参加会议，以使论证结论产生尽可能大的影响。

二、在规范行业方面

1．提高企业的自律行为。发布“消毒企业行规行约”，要求会员单位遵守约定自觉履行，树立企业的良好形象，并通过各种形式对不遵守行规、严重扰乱行业秩序的企业进行监督批评。组织消毒产品市场调研，对调查结果会同市卫生局、食品药品管理局、市技术监督局、市卫生监督所、市疾病控制中心等有关专家汇总研究处理意见，并在电视台、电台发布。

2．编制发布行业标准和技术规范。会长是国际标准化工作委员会 TC198 委员会专家，多次应邀参加国际标准评审会，对许多国际标准提出了建议，有不少被采纳。会长作为国家标准化管理委员会 TC200 的主要领导，参加多次审标会议，对 10 多项国家（GB）和行业（YY）标准进行审定，提出很好的修改意见。本会编制和发布的《公共场所消毒技术规范》、《医院消毒技术规范》已由中国标准出版社出版在全国开始发行。编制的《公共场所消毒技术规范》（第二版）和我国首部《感染病消毒技术规范》将在 2010 年出版发布。这些规范的发布，在全国消毒界和医院感染控制学界引起了很大震动，也扩大了本会的影响，提高了协会的地位。还完成消毒学专著《灭菌消毒防腐保藏》（薛广波主编）的再版工作，组织全国 70 多位专家参加这部 160 万字书的编辑工作，在消毒学界、医院感染控制学界和消毒行业产生很大影响，为消毒学理论和技术研究，消毒灭菌防腐保藏产品的开发，消毒产品的应用，消毒防病提供重要参考。

3．开展诚信建设活动。参加市委和市政府 9 个部门联合开展的诚信建设活动，把消毒行业建设成一个诚信的行业。市诚信建设委员会批准本会建立“诚信建设办公室”。协会在“中国消毒信息网”和《消毒信息报》上发布开展诚信建设的文件和信息，并接受会员单位建设诚信企业的申请。

三、发展产业方面

1．加强消毒防病宣传，激活和开发消毒市场。利用网站、报纸、会议、培训等机会，进行消毒防病宣传，在各种场合都积极宣传消毒防病工作的重要性，呼吁政府重视消毒防病工作，并建议政府加大力度支持消毒行业的发展，支持消毒产品的研制，解决遇到的困难。有关建议已得到相关部门充分的关注。

2．加强学术交流，提高我国消毒学术和技术水平。积极参加学术活动，利用活动机会宣传消毒行业的的重要性，提出发展建议，以及发展消毒产业所需要的技术支持，促进学术界和消毒产业的结合。

在中国 CDC 和全国消毒分会召开“全国消毒学术会议”时，会长应邀做专题报告，提出“消毒效果人群评价方法”的新论题。不仅消毒和医院感染学术界，而且政府有关官员也对这一新的观点很重视。

3．鼓励创新，支持联合发展。大力支持会员单位研究新产品，创造新技术，以技术实力求得发展。一方面向政府呼吁支持消毒企业创新，给予研究经费支持，在新技术转化上给予税收优惠；另一方面从技术层面对有意发展新产品的企业给予技术支持，特别是对新的消毒企业请求指导，都予以大力支持。

4．发展消毒行业协会，壮大消毒产业力量。有 11 户企业加入协会。

四、其他工作

1．换届改选。12 月，顺利完成换届改选工作。

2．抗击甲型流感。甲型流感发生后，在第一时间编制《甲型流感消毒技术指南》，在“中国消毒信息网”、“中国卫生消毒网”和《消毒信息报》上发布，并在“世界卫生大会”上报告，得到高度评价。还组织会员单位积极投入抗击流感，为社会提供大量的优质消毒产品，为控制甲型流感贡献了力量。

3．组织技术培训。为会员单位的员工进行技术培训，让他们了解消毒学的基本知识和技术。如对润兴公司的 100 多位员工进行技术培训。

4．完成第一届理事会财务审计。请会计事务所对协会 2004 ～ 2009 年的财务进行审计，出具正规审计报告，在财务管理上获得高度评价。

5．调研走访。对会员企业进行调研和走访，了解企业生产、科研情况，并提出建议和指导，还听取会员单位对协会的意见、建议和要求。除走访本市的会员单位外，还访问了安徽和江苏的会员单位。

6．制定标准和规范。组织进行《公共场所消毒技术规范》的再版编写工作，共有 60 多位专家和企业技术人员参加编写，其中包括国家 CDC 的专家、国际卫生部的专家、各省市卫生监督所和 CDC 的专家和大学的教授。

（薛广波）

上海纺织品商业行业协会

上海纺织品商业行业协会成立于1989年1月，由本市和长三角纺织行业同业企业以及其他经济组织自愿组成，实行行业服务和自律管理的跨部门、跨所有制、非营利的行业性社会团体法人。

2009年主要工作：

一、结合会员企业的特点，认真组织会员参加本市各条线的活动。

1．拓展人才招聘活动。3月28日，组织会员单位参加市经信委举办的上海百家商业企业大型人才招聘活动。3户会员单位参加招聘活动。

2．参加“3·15”国际消费者权益活动。3月4日，参加由《上海商报》社、上海市消保委、市质监局、市工商局组织的“3·15”消费与发展主题的活动，为促进行业维护消费者权益工作提供了经验。

3．在会员单位中开展创建诚信企业的活动。深入会员单位进行宣传和联络，使创建工作有专人负责，落到实处，并通过第三方上海东方企业信用征信有限公司对参与企业基本信用评估，最终，上海真丝商厦等11户企业被评为市级“诚信企业”。

4．组织会员企业参加2009年上海购物节活动。及时以文件通知形式把购物节活动的要求发布给会员单位，并把购物节宣传海报和参与商户标志及时发送到会员企业，会员单位中有100多家门店参与2009上海购物节活动，为“十一”黄金周扩大内需、促进销售、发展经济作出贡献，丰富了节日市场。

二、用好协会资源平台，为会员企业提供信息、办好实事

年内，走访会员单位30多户，了解企业的实际困难和情况，及时给予帮助解决。

7月，陪同意大利服装和面料设计大师马西姆博士到上海真丝商厦和盛泽东方丝绸市场拜访，商讨合作意向，为企业创名牌扩展市场，提供信息和设计服务。

在真丝商厦上海市名牌“绮芳”品牌的年审过程中，及时开出有关行业证明，使“绮芳”品牌年审工作顺利通过。

三、发挥好企业和政府的桥梁作用

市发改委价格督促处每季要召集有关商业协会召开价格调研会议。会前，协会作好准备，把纺织品商业行业应对国际金融危机及对纺织品市场冲击的情况及时向市有关部门汇报，为政府决策提供数据和依据，当好参谋。

针对中小企业会员单位融资困难情况，和民生银行探讨申请贷款的可行性。

四、为迎世博会和市经信委撰写有关服务承诺、行业规范和年鉴资料

1．在市商务委领导下，与上海百货商业行业协会等本市12户商业行业协会共同发起，提出迎世博《商业零售业迎世博服务承诺》三要、三不、三公开、三落实、三个一样、三大岗位要求，以实际行动迎接2010年世博会。

2．结合迎世博宣传，编写《上海市纺织品行业企业从业人员行为礼仪规范》上报市有关部门批准备案，将在行业中推广执行。

3．按照市经信委主编的《上海工业商业年鉴》编委会和市经团联的《经团联年鉴》编辑工作要求，认真编写年鉴报告，以充分体现我们行业的新形象。

五、抓好发展建设，展开协会活动，开好理事会议

1．发展会员，把有实力有影响的企业吸收加入协会，壮大队伍。吸收江苏箭鹿集团领导担任协会常务副会长，为长三角纺织的合作开拓路子。积极走访上海相关单位，发展会员。

2．认真做好网站维护工作，不断更新网页内容，及时将协会的活动情况、政策、市场信息等发布到网站上，一方面为会员服务，另一方面也扩大协会的社会影响。编好每月一期的《纺织信息》，充分发挥刊物的宣传作用。坚持开好会员单位信息员会议，做到协会和会员单位及会员单位之间的信息沟通，优势互补，以期共同发展。

3．认真参加市委组织的第2批学习实践科学发展观活动，工作中进一步明确用科学发展观来指导协会工作。

4．组织2次协会大活动。一是5月13日，在江苏吴江盛泽召开五届六次理事会。二是10月27日，组织理事代表参加在虹桥宾馆召开的第2届长三角纺织产业协同创新论坛会议，在嘉兴阳光大酒店召开五届七次理事会，并参加首届嘉兴中国南方纺织品交易会暨嘉兴中国南方纺织城开业庆典晚会。

10月28日，出席在吴江盛泽举办的中国东方丝绸市场纺织创意产业研讨会暨2010/11秋冬中国纺织面料流行趋势发布会。

（任凯国）

上海市酿酒专业协会

上海市酿酒专业协会创建于1989年2月，是由上海市专门从事酒类生产和经营相关的企业及有关酒类科研、教育等单位自愿组成的跨部门、跨系统的行业组织，为具有法人资格的社会经济团体。现有会员单位82户，涵盖上海市啤酒、黄酒、葡萄酒、白酒、老白酒、配制酒、洋酒等所有酒种的生产企业和部分酒类经销商，其中，酒类生产企业占上海合法酒类生产企业的50%，包含了国有、三资、私有、股份合作等性质的企业，其会员企业的产量占全市酒品产量的95%以上。

2009年主要工作：

一、坚持学习，提高思想理论和工作的水平

认真学习科学发展观、党的十七大四中全会文件及市政府有关行业协会改革发展的文件，进一步认清改革发展的思路、形势，了解和把握政府对协会发展改革的方向和要求，将协会工作纳入政府改革轨道，适应为行业和企业服务的新形势。

二、信息咨询服务

1．为政府部门决策提供信息依据。向国家改革和发展委员会、市商务委、市经信委、酒类专卖局、国税局、市统计局等政府有关部门提供多方面的信息和数据，如：上海酒类产品产销情况、市场预测、价格动态，外省市及国外酒类产品在沪销售情况、酒类专卖和酒类流通政策贯彻执行的具体情况等。尤其面对全球金融危机，协会及时了解会员企业的生产与销售情况，对一些大的跨国企业在华经营业务和市场的影响，及时向经信委和经团联、商联会汇报，以利政府宏观决策。

2．将有关信息传递给企业，使其了解和掌握国家有关的政策、法规，市场产销情况，引导企业产销决策更合理、更科学。年内共向上海亚太、三得利中国投资公司、上海青岛、金枫、皇轩、神仙和10多户崇明老白酒企业等会员单位和日本朝日、麒麟、三得利、三菱商事等公司，以及美国、匈牙利、阿根廷、西班牙、意大利、澳大利亚、意大利等驻沪领事馆和相关协会、商务处等国内外同行提供各类信息300多条，提供咨询50多户次、80多人次。

3．增强《上海酿酒简讯》的出刊力度。编发会刊《上海酿酒简讯》24期，每期的信息量增加20%，内容更具针对性。年内，信息增加了英语目录，重要信息有英语译文，以满足外企会员的需求。

4．利用网络，加大信息量的服务。在市烟糖集团公司的大力支持和帮助下，协会利用网站平台，以最快的反应速度、最大的信息量在网上发布信息，全年共发布各类信息1600多条，计110万多字。协会网站是上海最为专业的酒类网站，受到行业内外的欢迎和赞许，并受到媒体和国外同行的关注，一些国外机构和企业通过网站与我会建立联系和沟通。

5．通过大众媒体向外发布信息。由于食品价格普遍上涨，酒类包括啤酒、黄酒、白酒面临上涨压力，协会及时发布行业的产成本的真实情况，在将有关信息报告政府部门的同时，通过媒体渠道消除社会和广大消费者的疑虑。既帮助会员企业维护声誉和合法权益，也维护消费者的权益。年内，还通过媒体，分别发布酒品市场信息、啤酒瓶使用状况和执行国家标准难度的报告，以及进口酒的信息和对国内酒类市场影响的分析报告。

国家对白酒产品的税收政策作出调整后，针对消费者对税收调整会导致白酒涨价的担心，协会接受媒体的采访，通过媒体渠道和在协会网站上发布相关信息，解释税收政策和白酒价格的实际情况，回应社会和广大消费者的疑惑，消除误解，既维护酒企的合法权益，又促进消费和市场的发展。

三、为会员企业提供各类服务

1．实施名牌战略，开展市名优食品的评选活动。组织开展上海市名优食品的评比活动，除继续推选酒类行业五大市名牌产品和企业之外，还与上海食品协会合作，推荐和评选27只产品为市名优食品，得到企业和市经委的好评。

2．组织开展老白酒催陈净化处理设备的鉴定工作。利用3M中国公司的设备，对崇明老白酒产品进行过滤、净化处理的实验，获得良好效果。

3．继续协调酿酒生产用水价格，维护行业的利益。4月，工业用水价格再次上调，一些会员企业又遇到涨价问题，协会继续与政府、物价、水务等部门协调，最终都得到妥善解决，维护了会员企业的基本利益。

四、参与国家对企业的“清洁生产”工作的审定

为了加快推进我国低碳经济的贯彻，国家开展企业“清洁生产”试点工作，啤酒行业率先进行试点。协会参与啤酒、黄酒等行业的清洁生产的有关数据和标准制定。并与市经信委、市环保局、环境科学院等单位共同对三得利、青岛、华光等企业进行“清洁生产”的预审和审定。

五、组织举办“上海国际葡萄酒与烈酒展览会”

为适应保税区广大国外酒商的需求，本届国际酒展在外高桥保税区举办，来自 11 个国家的 100 多家参展商参展，吸引 2000 多专业人士前来参观、洽谈，同时，还举行了一系列的报告会、讲座、品酒等活动。

协会联合多户协会共同组织进行新加坡“WFA”上海巡展的活动，有 10 多户外商和上海上百户经销商共同参与的论坛、讲座、品酒和交流、洽谈等互动活动。

在第二届中荷上海国际水处理展会期间，协会举办国际酿酒水处理技术专题报告会，不仅上海的啤酒、黄酒、葡萄酒、果露酒等会员企业前来参加，还吸引江苏、浙江等长三角地区的酿酒生产企业的领导和专业技术人员 80 多人报名听讲。协会邀请日本、蒙古等水处理技术国际领先的跨国公司的专家介绍最先进的技术和设备，听众与专家进行互动，讲座受到行业内普遍好评。

六、组织会员企业参加大学生招聘专场活动

组织会员企业参加由杨浦区政府和市经团联组织的上海应届大学生招聘专场的活动。5 户中外企业招聘 80 多个职位，涉及啤酒、黄酒等销售、营销、行政、食品检验和化验、质量控制等专业工种。

七、宣传贯彻执行《食品安全法》

组织会员企业参加在淮海路、雁荡路进行的上海“质量月”和“食品安全月”的室外大型活动，指导广大消费者认识和掌握酒类食品的质量与安全的基本常识。把质检总局特别通报的酒类食品存在的主要问题传达到企业，要求生产企业务必严把质量、安全关，严格按照产品标准生产和销售，坚决杜绝违法添加和超剂量添加食品添加剂等违法行为的发生。对个别技术薄弱的企业，协会请专家开展咨询和指导，帮助解决关键问题。

八、与国外的交流进一步加强

与法国、意大利、西班牙、美国、匈牙利、澳大利亚等国的同行联系更密切，活动也更多。与国外的驻沪机构、驻沪的领事馆、法国食品协会、美国农贸处、西班牙商务处、意大利贸易处等交往也越来越多。组织会员企业有选择地参加在沪举行的大型国际食品展，如法国爱博（SAIL）展览集团主办的“第七届上海国际食品、饮料展”、“第九届上海国际饮料、食品及技术博览会”、“中国国际水处理设备展”、“2008 意大利葡萄酒展”等专业性展览，促进中外同行交流，为企业寻找、发现商机提供机会及服务。

九、遵章办事，开展协会基础工作

1．组织召开理事会和会员会议。组织召开四届三次理事会和四届二次会员会议，按照程序通过有关决议和章程赋予的义务。

2．新发展华润雪花上海公司、上海巴克斯酒业公司、上海长房国际广场商业公司等 3 户会员企业。

（吴建华）

上海市物流协会

上海市物流协会成立于 2007 年 4 月，是本市物流与商贸流通企业，以及相关单位自愿组成，实行行业服务和自律管理、跨系统、跨部门、跨所有制的非营利性社会团体法人。现有团体会员近 900 户。

2009 年主要工作：

一、面对国际金融危机的冲击，着力于提高企业积极应对，共渡时艰的信心

1．1 月，向全体会员单位发出“告会员书”，要求物流企业把思想认识统一到中央对当前形势的判断和所采取的举措上来，坚定克服困难的信心，调结构、促转型、上管理，早日走出困境，起到上下同心聚斗志，团结一致战危机的促进作用。

2．在受金融危机影响最严重的一季度，召开各种类型物流企业座谈会，围绕协会提出的受冲击程度、应对措施和特色亮点 3 个主题，进行充分交流。及时发现一线物流企业应对危机的有效做法，对提升斗志，进一步战胜困难，发挥了积极作用。

3．走访不同类型、不同规模、不同所有制的物流企业，推动物流行业抱团取暖，共渡时艰。牵线搭桥，推动物流企业的业务联动，促成原材料余缺调剂，计钢管 800 余吨、扣件 10 多万只。

二、抓住《物流业调整和振兴规划》颁布的有利时机，做好宣传、解读和贯彻落实

1．3 月 31 日，召开一届三次理事会暨会员代表大会，组织学习贯彻《规划》，共有企业代表 160 余人参加。市商务委副主任张新生出席会议并讲话，市商务委市场体系建设处处长刘敏对《规划》作了解读。会议也是上海物流行业首次学习、宣传、贯彻《规划》的集中培训和大会动员。

2．5 月 26 日，与物流学会联合举办“学习贯彻国务院《规划》，服务世博论坛”，共有物流企业代表和专家、教授 150 余人参加。市商务委市场体系建设处处长刘敏在会上作专题讲解，企业代表和专家分别就上海世博物流、物流金融、城市配送、危化品运输等作交流发言。

3．4 月底，邀请上海货代协会等多家与物流业相关的协会举办学习《规划》研讨会。重点研讨行业层面如何抓住发展机遇，推动会员企业加大投入，确保增长。

4．为便于市政府相关委办制定贯彻国务院《规划》的实施意见，协会集中进行行业现状和对策建议的调研活动，形成书面报告报送市发改委。

三、围绕市政府贯彻《规划》的重大举措，积极推动全市物流发展的新高潮

1．参与市发改委制定本市贯彻国务院《规划》实施意见的讨论，认真调研，积极献言献策，使行业的要求、企业的呼声得到有效表述和积极采纳。

2．参与市经信委制定上海制造业与物流业联动发展意见的讨论，提出制造业与物流业联动发展的具体方向和操作路径，提交市经信委，引起了关注和重视。

3．配合市工商局开展物流行业调研，为市出台物流业政策支持提供了依据。

4．8月17日，上海市首次物流业推进大会召开，副市长唐登杰出席并作重要讲话，标志着上海物流业启动新一轮的发展。协会参与做好相关工作。

5．参加长三角物流发展联席会议秘书处会议，为开好长三角物流业一年一次的成员大会和论坛作筹备。

6．10月13日，组织上海物流企业、物流理论学术界60余人参加在宁波举行的2009年长三角地区现代物流联动发展大会暨中国（浙江）长三角物流发展合作论坛。市商务委副主任张新生出席会议并讲话，由协会和学会推荐的5份专题报告及论文，分别在会上交流或入选论文集。

四、积极参与市政府“十二五”规划的制定工作，提出行业发展的基本思路

1．开展行业发展的专题调研，重点抓住4个关键点，即：本市物流业在“十一五”规划实施中的实际情况；制约本市物流发展的瓶颈口；突破发展瓶颈的基本思路；物流业最需要解决的问题和政策支持，向市有关委办积极反映行业的情况及诉求，引起主管部门的重视。

2．7月起，协会多次参与国家发改委、市发改委、市经信委等委办的“十二五”规划制定工作专场研讨、专项调研和专题讨论。积极发表协会意见，大胆亮出观点，细致陈述实情，努力提供路径，发挥了应有作用。

3．根据市政府制定“十二五”规划的基本要求，形成“关于上海物流业发展的建议”的报告，及时上报市发改委。

五、举办纪念建国60周年系列活动，动员物流企业再创上海物流业的新辉煌

1．9月15日，以“回顾与展望”为主题，举办“上海物流企业纪念建国60周年座谈会”，市商务委副主任张新生到会并讲话。全市A级物流企业代表60余人参加会议，6家物流企业和物流园区代表在会上作交流发言。

2．9月17日，与物流学会联合举办“回顾、探索、展望——纪念上海生产资料交易市场成立暨生产资料市场体系建设30周年座谈会”。市商务委市场体系建设处负责同志到会。全市各类生产资料交易市场的代表40余人参加会议，5位代表作交流发言。

3．开展“上海现代物流综合实验基地”评比活动，评出7家实验基地作为上海物流业界的示范样板。

4．组织上海物流业“纪念建国60周年突出贡献人物”评选活动，评出12位突出贡献人物，予以全行业表彰。

5.。在系列活动中，征集大量材料，完成《上海物流指南》（2009版）的初稿并将编辑出版。

六、做好为会员单位的服务工作，努力促进物流企业核心竞争力的提高

1．做好国家标准A级物流企业的评审和复评工作。共完成对14户新申报企业的现场评审，以及8户A级物流企业的复合评审。至年末，上海地区的A级物流企业达到74户，其中，5A、4A级大型物流企业41户，占总数的55.4%，占有半壁江山。

2．做好国家标准物流信用企业的评审工作。共有8户上海物流企业达标，其中，信用3A级2户、信用2A级5户、信用A级1户。

3．做好“上海服务名牌”的评审工作。组织16户物流企业申报2009年现代物流上海名牌，有12户物流企业获得审核通过，成为上海市新一批著名服务品牌。

4．积极落实物流企业税收试点政策。有18户企业通过协会渠道上报市有关部门，其中，17户企业享受税收试点的优惠政策。

5．参与现代物流标准化建设和标准化示范合同文本的推广。参与3项国家标准的制定工作，抓标准示范合同文本的推广，先是与市工商行政管理局联合推出煤炭购销合同示范文本，并在燃料专业委员会中企业试行，接着又与市、区工商部门制定建筑模板租赁合同文本，即将在业内推行。

6．帮助企业分忧解难，努力做到竭诚服务。帮助企业开展物流综合保险试点工作，年内有4户物流企业参加。组织会员单位参加质量认证，有4户企业通过认证审核。帮助会员单位参加由第三方组织的满意度调查，有6户企业达到预期目标。认真组织好物流会员小组活动，年中组织8次小组活动。

（陈　震）

上海市咨询业行业协会

上海市咨询业行业协会（原上海市科技咨询协会）成立于1987年，是由本市从事咨询业单位和社会团体等自愿组成的跨部门、跨所有制的非营利性的行业性社会团体法人。

2009年主要工作：

一、积极组织对外交流合作活动，拓展视野，面向世界

1.联合承办沪台数字动漫与创意产业论坛。由市政府台湾事务办公室为指导单位，市科协、财团法人磐安智慧财产教育基金会主办，本会与市科普作家协会、市科学与艺术学会承办，上海科技发展基金会，上海科普基金会，上海科教电影制片厂等单位协办沪台数字动漫与创意产业论坛，旨在进一步推动数字动漫与科技传播的对接，促进创意文化产业的拓展。

2.在日本长崎县政府上海事务所的支持下，与市华侨摄影协会共同组织，于9月初赴长崎进行为期4天的摄影活动，然后举办“上海——长崎友谊摄影展”。

3.探索参加国外咨询论坛的途径与方法，参加第三届中美中小企业投资论坛。组织协会会员单位赴美国参加由中国总会计师协会和美国联邦中小企业管理局旧金山地区办公室等单位主办的主题为“金融危机中求生存、谋发展的中小企业”第三届中美中小企业投资论坛，以推动中美两国中小企业之间的交流。

4.与兄弟协会共同举办《俄罗斯与全球化》中文版首发式暨中俄科学家研讨会。在市科协的支持下，与市老科学技术工作者协会、上海科技发展基金会、市科普作家协会等单位共同承担翻译并出版俄罗斯科学院院士、俄中友协第一副主席瓦西里·伊凡诺维奇·茹科夫的《俄罗斯与全球化》一书的任务。9月28日，在科学会堂共同举办《俄罗斯与全球化》中文版首发式暨中俄科学家研讨会。

二、积极拓展地区间的合作交流，促进上海与长三角（泛）地区的咨询合作和服务

1.探讨与安徽省芜湖市的合作交流。2月19日，汪天翔副会长等随市现代服务业联合会赴芜湖交流洽谈，与芜湖市政府发展研究中心就推进项目合作签署“合作意向书”。3月25日，芜湖市政协副主席、政协经济委员会主任、政协副秘书长、政府发展研究中心主任等6人回访本会。5月，以副会长陈积芳为团长、部分会员单位负责人参加的13人代表团赴芜举办上海—芜湖咨询合作报告会暨上海市咨询业行业协会芜湖办事处揭牌仪式。

2.协会技术专业委员会组织部分会员单位考察通州经济发展。技术专业委员会组织部分会员单位，联合其他协会共同考察料江苏通州地区的经济发展情况。

3.组织部分会员单位赴深圳、香港考察与交流。与深圳管理咨询协会、香港贸易发展局、苏浙沪同乡会青年专业委员会、香港工业总会等进行交流。期间，协会考察团就咨询企业的发展、参与市场竞争、咨询人才培养、咨询职业资质的审定、咨询行业协会如何在市场经济条件下更好地为会员单位服务、做好企业与政府间交流沟通平台、维护企业利益等方面进行交流与探讨。

4.积极探索服务长三角（泛）地区经济发展的路径方法，组织会员单位参与服务长三角地区咨询工作，拓展会员单位的市场渠道，促进上海咨询业的发展。

三、积极拓展为会员单位服务的平台，加强调研，扩大沟通，提供多方面的服务功能

1.推荐会员单位参与“加速企业创新计划”工作，帮助企业提升创新能力，同时拓展自身的业务发展。推选10户专业性强、有创新诊断和评估咨询经验、咨询团队力量扎实的管理、技术、专业类咨询企业为“加速企业创新计划”的专业咨询单位，参与“加速企业创新计划”工作。

2.上海现代服务业联合会宋仪侨会长带队到本会进行调研，就本市现代服务业的现状，探讨协会借助于现代服务业联合会的平台，更好地发展本市咨询业的工作。

3.组织会长和副会长等多次到会员单位调研，交流和探讨咨询的有关工作，了解会员单位的意见，进一步密切关系。

4.积极与上海图书馆读者服务中心联系，就会员单位利用图书馆丰富的文献资料、查询文献提供方便。并洽谈合作开展培训、专题讲座等事宜。

四、积极宣传咨询、咨询单位、咨询人才，扩大咨询服务的影响

1.在中央统战部、工信部、人保部、国家工商总局、全国工商联联合举办的第三届全国优秀中国特色社会主义事业建设者表彰大会上，本会副会长、上海东方投资监理有限公司印保兴光荣当选“优秀中国特色社会主义事业建设者”。

2.推荐参加中国科技咨询协会开展的“2008年中国科技咨询协会职业女性风采人物”评选活动，协会推荐6人报名参加评选，在全国10名获奖的“职业女性风采人物”中，上海有4人获奖。

3.积极推荐会员单位参加2008年上海中小企业“品牌

企业”、“品牌产品”的评选活动。上海邮电设计咨询研究院有限公司等3户会员单位参评获奖。

4．为了扩大本市注册咨询师的社会影响，提高他们的知名度，体现咨询执业规范，凸显咨询资质水平，充分发挥注册咨询师的专业作用，协会在《解放日报》上刊登《上海市注册咨询师》公告，并为每人制作“注册咨询师”印章一枚。

5．组织第六届上海青年咨询精英的评选工作。经过会员单位推荐、专家评审、本会六届三次理事会批准，共评出10名上海青年咨询精英和10名上海青年咨询精英提名奖。

6．组织第八届上海信誉咨询企业（机构）的评选工作。经过会员单位申报、协会初审、专家和评审委员会评审，六届四次会长会议及理事会审批通过70户上海信誉咨询企业（机构），并在《解放日报》上予以公示。

7．开展对注册咨询专家、注册咨询师的专业技术水平考试培训工作。

五、积极开展咨询课题研究，提高咨询服务能力

1．召开咨询课题选题讨论会2次，结合当前的经济形势和发展趋势，提出10多个需要解决的课题。

2．承接多项上级部门的调研课题。承接市科委课题《对科技型中小企业开展管理咨询服务》、《提高咨询服务功能，建立上海市咨询业统计年报》，浦东新区课题《浦东新区源深体育馆绩效评价》，市科协课题《现代（服务业）申报高新技术企业条件探索》、《区域经济互动的对策研究》。组织相关会员单位的领导或咨询专家参与这些课题，充分发挥会员单位的积极性和主动性，同时拓展会员单位的业务。

3．参加市工商局、发改委下达的《关于加快推进本市中介服务业发展若干意见》的起草工作，提供《关于加快推进本市咨询服务业发展的若干意见》。

4．积极与市政府有关部门、市科委、市科协的联系，继续争取各种咨询项目课题，发动各会员单位参与到咨询项目的课题中来。

六、举办结合形势的专题报告会，为会员单位、咨询人员提供交流学习的活动

七、加强协会的组织建设

协会建设卓有成效，拟定的《上海市咨询业行业规范》、《上海市咨询业行业人员职业道德准则》、《上海市咨询服务议价通则》，经市科委批复，已在全市咨询行业中试行。自1995年以来，连续开展八届上海市信誉咨询企业（机构）和六届上海青年咨询精英的评审工作，连续五届（次）对市注册咨询专家进行评审。进一步加强协会建设，密切协会与会员单位的关系。继续组织会长、副会长调研会员单位，为会员单位提供服务。积极参与市现代服务业联合会、市经团联、市科协开展的各项活动，提升协会的能力和作用。

（郭德利、姚何鹤）

上海市国际服务贸易行业协会

上海市国际服务贸易行业协会成立于1996年10月，是由从事国际贸易、会展、金融、保险、运输、广告、信息、咨询、设计、会计、律师、旅游、宾馆、商业等企事业单位组成的行业社团法人组织。下设投资和管理顾问专业委员会、文化贸易专业委员会、安全防灾专业委员会和外经贸车辆管理专业委员会等。现有团体会员500多户。

2009年的主要工作：

一、坚持科学发展观，为行业发展服务、为会员单位服务

1．积极开展调查研究，加深对上海服务贸易业现状及会员单位诉求的了解，及时解决问题，发挥协会作用，推动行业发展。先后去静安、黄浦、卢湾等区调研，了解中心城区服务贸易现状及发展趋势，并和区商务委共同研究，分析推进服务贸易发展的方法、途径。走访兰生集团、锦江集团、贸促会及其他会员单位，共同商讨推进集团服务贸易发展的途径和方法，听取单位情况介绍对发展服务贸易的建议；多次召开座谈会，听取金融危机下加快本市服务贸易发展的建议和意见，传达有关部、市对发展服务贸易的政策等。还邀请商务委的有关领导参加座谈会，直接对话，沟通企业和政府之间的联系。

2．主办、协办会展，推动商务服务，为会员单位提供商机和舞台。与北京文网会展公司合作主办陆家嘴金融博览会，并举办相关高峰论坛；与上海航空会展有限公司共同主办上海国际健康博览会；协办约旦上海商品展，为上海企业参与中东重建提供走出去机会。

3．建设和维护好协会服务平台，促进企业发展。加强对协会“三网一报”服务平台、宣传平台的建设，其中，电子刊物《中国服务贸易指南网上海地方专刊》设有讲话、政策法规、最新商机、企业动态和贸易人丰采等栏目。协会在网上推荐60多户企业和30位企业家，充分报道上海的服务贸易情况。商务部在全国通报中肯定北京、天津和上海的地方专栏：“内容丰富、图文并茂，受到广大服务贸易企业和网民的肯定。”协会管理的上海服务贸易网已初步建成。《上海市服务贸易中长期规划》、《上海市促进服务贸易实施意见》中均提出要将上海服务贸易网发展成为促进本市服务贸易发展的重要平台。目前，网站已正常运行，为行业深度服务的功能正在扩展。协会网站的服务平台功能也在逐步扩大。办好《国际服务贸易》简报，对会员及企业进行推介和宣传，及时报道服务贸易政策、动态，对服务贸易的重大课题进行研讨，受到读者好评。

4．开展服务贸易专题讲座和其他专业讲座。协助市商务委国际服务贸易处开办服务贸易系列讲座 10 讲，介绍服务贸易形势、任务、基本战略，解读服务贸易政策及相关的法律知识、热点问题，共有 1500 人次参加。讲义并汇编成册，在中国第二届服务贸易大会上发放，受到与会者的好评。

组织相关专题讲座。如：根据形势和会员单位需求，组织“外贸形势分析和外贸政策预判”讲座；根据文化企业、中小企业融资难、管理难的现状，组织“企业融资渠道解读与策略选择”、“企业风险与控制策略管理”、“进出口财政政策”、“经常项目外汇管理现状及近期政策更新”等讲座；根据文化贸易单位的特点，举办“文化贸易走出去”、“文化产品与服务贸易的营销方案”、“文化企业与进出口银行政策研讨”等讲座。这些讲座针对性强切合实际，为相关企业的工作提供了很强的指导作用。

5．搭建服务平台，为会员单位进行政策服务。一是进行政策解读。通过各种渠道，网站、报纸、专题讲座、点对点宣传等向服务贸易企业宣传和解读与服务，尽量使相关企业能够获得信息、掌握政策、利用政策。二是对服务贸易企业在服务贸易政策应用方面产生的问题，积极与政府部门和相关单位联系，给予沟通和解决。如：积极支持企业参加各种会展，搞活经济，并与市商务委积极联系，可给予政府补贴的，尽量予以解决。为了解决文化企业无抵押、贷款难这一问题，在市商务委国际服务贸易处支持下，本会文化贸易专业委员会积极协调，取得积极成果。如上海城市舞蹈有限公司得到中国进出口银行上海分行 800 万元融资，并得到比正常贷款利率低 10% 的优惠。又如协会专委会联系市商务委、虹口区商务委，会同招商银行到上海新文化传媒投资集团实地考察了解情况，为上海新文化传媒投资集团专门设计信贷方案，争取到近 2000 万元、1 年半内的循环授信贷款。

6．搭建沟通平台，促进政府和企业的联系。2010 年世博会是上海工作的重中之重，协会专门组织座谈会，邀请政府主管部门和上海重要的会展单位，进行沟通和讨论世博期间的会展安排，解决一些认识问题、政策问题，为搞好 2010 年会展工作厘清思路。

二、加强协会自身建设，发挥协会对上海服务贸易的推动作用

1．坚持改革创新，加强协会自身建设。专委会工作有所发展。一是成立文化贸易专业委员会，开展调研，听取会员单位对文化贸易政策的意见、要求；组织会员企业参加各种相关展会，集体亮相第十三届香港国际影视展；开展重点文化企业申报工作，为文化企业解决贷款难题。二是恢复、发展投资顾问专业委员会，发展会员，开展会员之间的专题交流，组织会员参加外省市的投资活动。三是安全防灾专业委员会挖掘潜力，迎接国庆 60 周年和世博会召开创造安全稳定环境。专委会整理编制了适合科室人员的《安全生产知识宣传教育材料》，推进相关企事业单位安全生产教育的针对性和有效性；参与安全生产治理行动，强化会员企业安全生产基础管理，先后参与 10 户企业的安全检查和对 2 户企业的专家重点检查。并以兰生集团为重点，率先开展全员安全培训，全员签订安全承诺书，全面落实安全责任制试点工作。

2．积极推进协会文化建设，成立通讯员队伍，加强会员单位的沟通，组织开展国庆文化艺术征稿活动。

（冯志伦）

上海工业设计协会

上海工业设计协会（原上海工业设计促进会）成立于 1993 年 3 月，是由上海工业系统从事产品设计的企事业单位、工业设计工作者等设计专业人员自愿联合组成的跨行业、非营利和专业性的社会团体法人。

2009 年主要工作：

一、增强功能，“两个服务”工作有新进步

1. 贯彻“两化融合”的精神要求，加快数字化设计发展进程。为市经信委参加国家工信部召开的“工业产品研发设计信息化工作座谈会”专题交流发言和向联合国申办“创意城市、设计之都”的工作中，提供有关上海工业设计各种材料和数据，得到市经信委领导的肯定。

2．积极发挥工业设计在创意产业、生产性服务业中的作用。以市经信委《上海工业产业发展规划》为指导，鼓励企业以丰富的设计资源为依托，大力开发具有自主知识产权的产品，创建自主品牌。促进海意图工业设计有限公司联合上海回力鞋业有限公司以“创新回力、畅想世博”为主题展示创意设计的多款运动鞋，并举办设计巡展活动，深受消费者欢迎。积极引进跨国公司、国外知名设计企业及团队到上海建立创作、制作、研发、加工、市场推广等基地，扩大国际合作。推进有设计主题的创意园区建设，尽快形成产业规模，从而推进“中国制造”向“中国创造”的转变。

3．承接《上海加快设计产业发展研究课题》课题任务。在市政府向联合国申报上海创建“创意城市——设计之都”过程中，受市经信委委托会同上海设计学院完成《上海加快设计产业发展研究课题》初稿，为进一步做好设计产业发展计划奠定了良好的基础。

4．起草设计产业信息管理公共服务平台建设方案。按照市经信委要求，9 月，完成《设计信息管理公共服务平台建设方案》，为市政府进一步推进“两化融合”的工作奠定了基础。

5．支持设计企业参与世博特许产品设计招投标工作。配合上海世博会特许产品的开发，发掘适合特许产品生产应用的优秀设计作品。年初，就动员和支持设计企业参与世博特许产品设计开发工作，并会同常务理事单位上海坚一礼品设计有限公司举办世博特许产品研发设计活动。

6．参与大型企业集团开展冠名工业设计大奖赛活动。按照正泰电器股份公司的要求，接包承办 2009 年“正泰杯”第二届工业设计大奖赛，同时参与“上海电器杯”第八届工业设计大奖赛。在“正泰杯”设计大奖赛中，组织相关会员单位为“正泰杯”设计大奖赛举办培训活动。大奖赛的成功举办为设计企业、大专院校的学生、工业设计机构搭建了交流与合作的平台，进而宣传优秀作品和优秀人才，吸引全社会的关注和重视，推动上海工业设计产业的发展。

7．配合政府指导服务企业，享受政策支持。贯彻执行《上海市服务业发展引导资金使用和管理办法》，配合市、区政府产业经济部门指导符合条件的设计企业申报年度原创设计工作室项目。在区经委、区发改委推荐下，市经信委对各区县申报的项目进行初审，并组织专家对申报入围的 6 户设计公司项目进行评审，上海龙域工业设计有限公司、上海传熙艺术设计有限公司和上海意田工业设计有限公司原创设计工作室项目通过评审，获得市政府引导资金的支持。

二、顺利换届，协会组织发展建设有新加强

1．领导班子得到充实。8 月 21 日，经过换届改选，领导班子得到充实和加强，新增正副秘书长，加强了秘书处领导。

2．会员队伍不断扩大。认真贯彻年初制定工作计划，新增团体会员 16 户，个人会员 29 名。

3．各专业委员会工作取得新成绩。特别是青年设计师专业委员会开展设计交流活动，主编的《思与悟——当代工业设计师的思想集》受到业内设计师的欢迎。在“2009 上海国际创意产业活动周”上，青年设计师的“晒”上海设计作品展及周年庆暨“晒——上海”展设计师酒会吸引了来自上海各高校、中外设计机构的 500 位青年设计师及世博产品特许经营部高级策划人员参加。

三、突出主题，国际工博会设计展和论坛的质量有新的提高

1．工业设计展与设计创新论坛主题突出。11 月 3 日～7 日，组团参加 2009 年中国国际工业博览会，协会展台以“工业设计与世博”为主题，致力于推动上海工业设计产业发展，加速设计创意与先进制造业的结合，推动“中国制造”逐步向“中国创造”转变。上海电气中央研究院参与展台设计与搭建。上海坚一礼品设计有限公司、上海甲秀工业设计有限公司展示为世博会设计的特许产品；上海龙域市场策划有限公司、上海意田工业设计有限公司展示近年来所设计的产品。在设计比赛成果展示区，上海电气集团展示“上海电气杯”工业设计大奖赛获奖作品；上海九木传盛广告有限公司、华东师范大学设计学院、中国美术学院上海设计分院上海传熙艺术设计有限公司以展板形式介绍他们所参与的多项设计作品。

2．面积有新的增加，展位设计有新的形象。积极发动获得国家级和市级名优品牌称号的企业参展。展区面积由上届的 290 平方米增加到 360 平方米。

3．设计创新论坛的品牌效应形成。举办“2009 上海国际设计创新高峰论坛”，来自国内外的专家、著名设计师、跨国公司设计总监以及品牌企业设计团队代表围绕“设计创新与世博”主题，发表专题演讲。

四、建设“设计中心”的项目有新启动

1．设计主题创意产业园区建设。联合上海汽车工业（集团）总公司、宝山区政府共同打造上海国际工业设计中心，实现对老厂房资源的合理利用。加强与企业的合作，推进“汇星广场”园区上海国际设计交流中心的建设，已被市经信委授予新一批创意产业园区。

2．开展迎世博设计创意活动。支持上海意图工业设计公司举办“创新回力、畅想世博、2009 上海回力迎世博产品创新设计暨创意市集巡展活动”。通过活动整合设计资源、设计创意，改造回力产品。

3．不断推进国际交流活动，大力提升国际交流水平。举办“设计的力量与畅销产品”主题演讲会，由日本的喜多俊之主讲，与来自上海及长三角地区的 80 余位设计师进行交流。与上海创意产业协会及上海创意产业中心在静安区八佰秀创意产业集聚区共同举办“2009 年上海创意产业活动周”。

11 月 2 日，协会秘书长应芬兰驻沪总领事邀请，参加芬兰设计师沙龙活动，与芬兰设计师们进行交流。并陪同原芬兰设计学院院长、现同济大学设计创意学院顾问索达曼教授考察“8 号桥”、田子坊等创意园区。

（王元彧）

2010·上海工业年鉴

SHANGHAI
INDUSTRIAL
YEARBOOK

2009 年上海经济和信息化大事记

1 月

元旦期间 据对宝钢、华谊、石化、高化、医药、电力、纺织、电气、建材、华虹等企业汇总，本市工业系统共有 10.13 万人次加班生产。其中，有关区县 3.5 万人次加班生产，有关企业集团 6.63 万人次加班生产。

4 日 艾宝俊副市长主持召开本市部分集成电路企业负责人座谈会，听取企业关于经营运行中碰到的困难和应对国际金融危机所采取的措施等情况。市经济信息化委主任王坚、副主任邵志清和市发展改革委、市商务委、市财政局、上海海关等部门有关负责人出席座谈会。上海华虹 NEC 电子有限公司、中芯国际集成电路制造（上海）有限公司、上海先进半导体制造股份有限公司和展讯通信（上海）有限公司以及市集成电路行业协会等单位负责人参加会议。

5 日 中国船舶工业集团公司和宝钢集团在上海举行战略合作协议签字仪式。进一步全面深化双方在钢材供应、技术开发、物流配送、钢材加工、信息共享、售后服务、企业管理等方面的合作，建立双方中高层领导定期互访机制，共同应对全球金融危机所带来的困境。

2008 年度上海名牌出炉，共有 175 项产品、95 项服务、4 项区域榜上有名。同时，有 47 家获得“中国名牌”称号的企业获得政府自主品牌建设专项资金奖励。

8 日 市经济信息化委召开系统党政负责干部会议，传达九届市委六次全会精神，部署 2009 年产业和信息化工作及系统党的工作。市经济信息化工作党委书记潘志纯书记传达九届市委六次全会精神，市经济信息化工作党委副书记、市经济信息化委主任王坚部署 2009 年产业和信息化工作及系统党的工作，市经济信息化工作党委副书记张金康就《市经济信息化工作党委贯彻落实科学发展观情况分析报告（征求意见、评议稿）》的情况作说明。市经济信息化系统归口单位、委直属单位党政主要负责人和委机关各处室处长等 200 余人参加会议。

9 日 市政府召开贯彻落实九届市委六次全会精神，服务企业全力保增长工作会议。市委副书记、市长韩正，副市长艾宝俊出席会议并讲话，市政府秘书长姜平主持会议。会上，韩正市长点击开通设在中国上海门户网站的企业与政府互动载体——“企业呼声直通车”。市经济信息化委主任王坚作工作报告，市金融办、奉贤区政府、上海化工区管委会，以及上海电气（集团）总公司、上海华讯网络系统股份有限公司等单位负责人作交流发言。市政府有关部门负责人，各区（县）政府区（县）长和分管区（县）长，本市国家级、市级开发区负责人，部分中央在沪企业、市属企业集团、重点企业、中小企业负责人参加会议。

12 ~ 13 日 工业和信息化部在上海召开“部分省市促进工业产品研发设计信息化经验交流会”，副部长杨学山出席会议并讲话。信息化推进司司长徐愈主持会议。市经济信息化委主任王坚致辞，副主任刘健和国内部分省市工业和信息化产业主管部门分管负责人、重点行业协会信息化负责人、典型企业代表及部分业内专家学者等约 100 多人参加会议。会议透露：上海已率先获得国家批复，成为我国工业化和信息化融合试验区。会议期间，与会代表参观了航天八院、上海汽轮机厂、上海市数字化汽车车身工程重点实验室等产品研发设计信息化情况。

18 日 中航商用飞机发动机有限责任公司在上海正式成立。中共中央政治局委员、市委书记俞正声，工业和信息化部副部长苗圩，中国航空工业集团公司总经理林左鸣共同为公司揭牌。市委副书记、市长韩正代表市委、市政府致贺辞，市委常委、市委秘书长丁薛祥，副市长艾宝俊，中国商飞公司总经理金壮龙，中国航空工业集团公司副总经理谭瑞松、张新国等出席仪式。

2 月

1 日 市经济信息化两委召开 2009 年第 1 次党政联席会议，研究学习实践活动整改落实方案，部署服务企业全力保增长工作。党政班子成员出席会议。

春节期间，据宝钢、华谊、石化、高化、医药、电力、纺织、电气、汽车、建材、华虹等企业汇总，本市工业系统共有 198 户企业、17.26 万人次加班生产。

3 日 市政府召开产业结构调整协调推进联席会议，总结 2008 年产业结构调整工作，部署落实 2009 年工作目标和任务。市委常委、常务副市长杨雄出席会议并讲话，艾宝俊副市长主持会议，市政府副秘书长周波、肖贵玉出席会议。市经济信息化委主任、市产业结构调整办公室常务副主任王坚汇报 2008 年产业结构调整工作总体情况和 2009 年工作方案，市经济信息化委副主任金兴明和市发展改革委、市财政局、市国资委等有关部门分管负责人，各区（县）分管区（县）长和经委主任，10 家企业集团分管负责人，联席会议办公室成员单位负责人等参加会议。

4 日　市政府与大唐电信科技产业集团签署战略合作框架协议。艾宝俊副市长和大唐电信集团董事长真才基、中芯国际集团总裁张汝京出席仪式并致辞，市政府副秘书长肖贵玉与大唐电信集团副总裁黄志勤分别在战略合作框架协议文本上签字，市经济信息化委主任王坚、副主任邵志清和市发展改革委、市科委、市公安局、市人力资源社会保障局、市规划国土资源局、浦东新区、徐汇区等分管负责人出席签约仪式。签字仪式后，举行大唐电信集团旗下大唐电信科技产业控股有限公司入资中芯国际集成电路制造有限公司仪式，本市有关行业协会和大唐电信集团合作伙伴负责人参加仪式。

近日，上海超级计算中心三期配套工程项目获得市发展改革委批复，总投资超过 1 亿元。该项目是为配合上海市与科技部合作科研项目——“曙光 5000A”超级计算机落户上海，建设和完善主机外围设备、网络、存储、安全系统、应用软件、机房、供电等配套设施建设，将保障“曙光 5000A”高效能计算机的应用和效益发挥，提高上海超级计算中心公共服务平台运转速度 20 倍。

5 日　市经济信息化工作党委召开专题会议，研究服务企业保增长有关工作。党委书记潘志纯出席会议并讲话。

11 日　市经济信息化委召开会议专题研究国家产业调整与振兴规划相关落实工作，市经济信息化委主任王坚主持会议并讲话，副主任杲云出席会议，有关业务处及研究室、办公室负责人参加会议。

市经济信息化工作党委召开 2009 年度纪检监察工作会议，贯彻落实十七届中央纪委三次全会和九届市纪委三次全会精神，部署 2009 年度纪检监察工作。市经济信息化工作党委书记潘志纯就做好 2009 年反腐倡廉工作提出三点意见。市经济信息化工作党委副书记张金康传达十七届中央纪委三次全会和九届市纪委三次全会精神；市经济信息化纪工委书记黄肇达作 2008 年纪检监察工作报告；上海市电力公司、中国电信股份公司上海分公司、市漕河泾新兴技术开发区发展总公司等单位作交流发言。

12 日　市经济信息化工作党委召开学习实践活动整改落实推进会，对下一步学习实践活动提出明确要求。党委副书记张金康出席会议并讲话。

16 日　市经济信息化委王坚主任主持召开专题会议，研究贯彻落实市领导的批示精神，进一步服务企业保增长调结构政策措施的相关工作。副主任金兴明、尚玉英、杲云，秘书长周敏浩，以及经济运行处、产业投资处、技术进步处、中小企业办、工业区管理处和研究室、办公室相关负责同志出席会议。

17 日　市经济信息化两委召开机关处级干部会议。市经济信息化工作党委书记潘志纯主持会议对下一阶段工作提出要求。市经济信息化工作党委副书记、市经济信息化委主任王坚介绍两委机构改革和“三定”工作情况，两委内设机构及其主要职责，行政领导分工情况。市经济信息化工作党委副书记张金康介绍党委 8 个方面的工作职责，以及干部管理、人才工作、组织建设等情况。

24 日　市经济信息化工作党委召开组织工作会议，部署 2009 年工作。市经济信息化工作党委书记潘志纯就 2009 年组织工作提出明确要求。副书记张金康主持会议。党委有关职能处室和市经济党校有关负责人分别对 2009 年干部、组织、培训工作进行部署。系统归口单位、直属单位分管领导，干部、组织部门主要负责人 120 余人出席会议。

世界最难造巨轮家族又添“新丁”：造价超过波音 747 客机的液化天然气船（LNG）“闽榕”号在沪交付船东，这是沪东中华公司成功建造的我国第三艘同类型 LNG 船。“闽榕”号船长 292 米，船宽 43.35 米，型深 26.25 米，航速 19.5 节，装载量 14.7 万立方米，是目前世界上最大的薄膜型 LNG 船。

26 日　市经济信息化委召开一季度工业经济保增长运行例会，进一步贯彻落实市政府“服务企业全力保增长工作会议”精神，分析研究 1 ～ 2 月工业经济运行情况，部署下阶段工作。艾宝俊副市长出席会议并讲话，市政府副秘书长肖贵玉主持会议，市经济信息化委主任王坚、副主任尚玉英、秘书长周敏浩出席会议。各区（县）分管区（县）长和经委主任参加会议。

上海浦东新区政府与中国商用飞机有限责任公司签订合作框架协议。中国商用飞机有限责任公司董事长、党委书记张庆伟，中国商用飞机有限责任公司总经理金壮龙，市委常委、浦东新区区委书记徐麟，副市长艾宝俊，市政府副秘书长、浦东新区区长李逸平以及市经济信息化委主任王坚和相关委办负责人出席签约仪式。

27 日　市经济信息化系统召开 2009 年信访稳定工作会议。党委书记潘志纯对 2009 年信访稳定工作提出要求。党委副书记张金康主持会议；市经济信息化委秘书长周敏浩回顾 2008 年信访稳定工作，并对 2009 年工作作部署。市经济和信息化系统归口单位、直属单位有关领导和职能部门负责人 150 余人出席会议。

3月

1日 上海宝钢集团、浙江杭州钢铁集团公司签订“关于宁波钢铁有限公司的股权收购协议”和“关于宁波钢铁有限公司的合资合同”，宝钢集团将作为第一大股东，与杭钢重组宁波钢铁。宝钢集团作为战略投资者出资20多亿元。宁波钢铁有限公司注册资本为36亿元，宝钢集团持有宁波钢铁56.15%的股权；杭州钢铁集团公司持股43.85%。宝钢和杭钢将依照相关法律法规，使重组后的宁波钢铁有限公司有序、良性经营。

3日 市经济信息化委主任、市国防科工办主任王坚召开专题会议，研究高新技术产业化和对接国家重大产业调整和振兴规划推进落实工作。王坚主任传达中共中央政治局委员、市委书记俞正声，市长韩正，常务副市长杨雄，副市长艾宝俊等市领导关于进一步做好高新技术产业化工作和对接国家重大产业调整和振兴规划工作的要求。会议明确由市经济信息化委牵头，经与市相关部门协商，初步确定十大领域的名称和50个项目。十大领域是民用航空、新能源汽车、新能源、重大装备、集成电路、生物医药、海洋工程装备、新一代无线通信及信息服务业、平板显示、新材料。

3日 本市召开电力建设工作会议，要求有关各方从“保增长、扩内需、调结构”的高度，进一步增强加快本市电力建设的责任感和紧迫感，全面贯彻落实全国能源工作会议精神和市委、市政府的部署，抢抓机遇，强化合力，扎实推进2009年电力建设工作，为实现“四个确保”作出应有贡献，为上海经济社会长远发展夯实基础。

5日 市经济信息化工作党委、市经济信息化委召开2009年第2次党政联席会议。会议传达九届市委七次全会精神和市委、市政府关于推进高技术产业化工作有关精神，研究贯彻落实意见和其他有关工作。党政班子成员出席会议。

由漕河泾新兴技术开发区与徐汇区政府及金融机构三方合力打造的科技型中小企业融资平台正式启动，上海威能电力科技有限公司和展唐通讯科技（上海）有限公司等园区内企业获得融资平台提供的首笔5000万元资金。融资平台的成立是漕河泾开发区联手有关部门实施的金融创新，是中小企业以“无抵押、无担保”方式取得短期、超短期信用贷款的尝试和探索，具有贷款手续简便，贷款额度、期限灵活，审批时间短、贴息、准入门槛低等特色。

6日 市经济信息化工作党委召开系统深入学习实践科学发展观活动第一批总结暨第二批动员大会。市经济信息化工作党委书记、学习实践活动领导小组组长潘志纯出席会议并讲话，市经济信息化工作党委副书记、市经济信息化委主任、学习实践活动领导小组副组长王坚主持会议，市经济信息化工作党委副书记、学习实践活动领导小组副组长张金康，市委第一巡回检查组组长徐海峰出席会议。上海化工区管委会、中国电信股份有限公司上海分公司负责人作交流发言，两委领导班子成员，系统第一批、第二批学习实践活动单位主要负责人，两委处室负责人等200余人参加会议。

市经济信息化委召开2008～2009年度上海市重点工程实事立功竞赛设备赛区表彰动员大会，副主任杲云出席会议并讲话。会上，宣读2008年度设备赛区66家先进集体和132名先进个人名单，并向荣获设备赛区优秀企业、建设功臣和市级优秀集体颁发奖状。市重大工程建设办公室介绍2009年市重大工程建设情况，市重点工程实事立功竞赛设备赛区领导小组作设备赛区2008年度工作总结和2009年度动员报告。上海电气电站设备有限公司、上海汽轮机厂、中船江南重工股份有限公司代表作交流发言。

两架ARJ21新支线飞机在中国商飞上海飞机厂总装车间同时总装，机头、机身、机翼以及尾翼全都完整对接，展露出傲然雄姿，这是中国商飞上海飞机厂总装厂房竣工后第一次同时容纳两架飞机展开总装，也意味着ARJ21飞机的批量生产和总装阶段已经开始。

10日 市经济信息化委召开行政工作例会，回顾产业发展情况，部署12项重点工作。市经济信息化委主任王坚主持会议并对推进年度重点工作提出具体要求。

市经济信息化委会同市人大财经委、法工委共同组织召开贯彻实施《上海市促进电子商务发展规定》工作座谈会，交流、研讨贯彻落实《规定》的有关工作举措和2009年推进电子商务发展的任务、目标。市人大财经委副主任俞国生、市经济信息化委副主任刘健、市政府法制办副主任张忠玉出席会议并讲话，

11日 市经济信息化委召开2009年度上海市节能技改工作会议。会上，通报2008年度全市节能技改项目实施情况和专项奖励情况，部署2009年度节能技改项目申报工作，介绍项目申报管理流程，对申报程序做出具体要求。徐汇区经委和华谊集团代表作交流发言。

12日 上海电气集团与宝钢集团举行战略合作协议签字仪式，双方将在新品开发、市场采购、产品互供等多方面相互支持。根据协议，上海电气将提高直接从宝钢采购的比例，从而减少代理商以降低成本；宝钢将给予上海电气战略直供用户的最大优惠。双方将在火电、核电、风电、海水淡化等领域加快相关产品的开发。此外，双方还决定建立领导每年互访机制和高级技术人员每半年定期交流机制。

15日 中国电信上海公司举行“共襄3G同翼未来”的3G业务试商用仪式。副市长艾宝俊参加发布会，并为上海电信启动3G业务试商用，市经济信息化委主任王坚出席仪式并致辞。在仪式现场，中国电信上海公司向公众提供无线宽带、手机影视、全球眼——无线视频监控、综合办公、可视

电话等天翼 3G 业务的体验。

17 日 2009 上海国际信息化博览会隆重开幕。副市长艾宝俊出席仪式并致辞，工信部电子信息司司长肖华，市经济信息化委主任王坚、副主任杲云，浦东新区副区长刘正义及德国慕尼黑博览集团总经理 Dittrich 等出席仪式，市政府副秘书长肖贵玉主持仪式。仪式后，与会领导参观博览会产品展示，听取产业发展和企业介绍。

18 日 市经济信息化委召开工业经济运行分析例会，19 个区县经委、21 个大集团公司的分管领导等参加会议。会议传达市领导关于做好保增长工作的讲话精神，通报 1 ～ 2 月全国和本市工业经济运行情况，提出 3 月保证经济平稳增长的目标，要求全力以赴保增长，千方百计扶企业，共克时艰促合作。

市经济信息化委召开区县中小企业工作例会，总结 2008 年度本市促进中小企业发展工作情况，部署 2009 年重点工作。秘书长周敏浩出席会议并讲话。各区县经委分管负责人参加会议。

19 日 市经济信息化工作党委召开党委扩大会，听取领导干部联系企业工作进展情况等工作的汇报，研究下一步工作方案。党政班子成员出席会议。

本市首个以产业为纽带组建成的中外企业合作联盟，在市北工业园区成立。中建五局上海建筑装饰有限公司、中铁集团市北公司、美国科勒集团亚太地区总部等 66 户中外知名建筑企业举行“你我互创商机，共筑产业联盟”签约仪式。同时，闸北区将通过政府、园区搭建信息平台，整合区域内的商机资源和企业资源，构建产业链前后端的产业联盟。

24 日 市经济信息化工作党委召开 2009 年第一季度中心组联组学习会，传达全国“两会”精神，解读上海高新技术产业化有关政策。党委书记潘志纯主持会议并讲话。全国人大代表、市经信委副主任金兴明作专题辅导报告。系统各单位党委（党组）中心组成员 200 余人参加会议。

25 日 市经济党校召开第七次校务委员会会议。会议研究落实市经济党校 2009 年工作计划，审议市经济党校关于贯彻《党校工作条例》和全国党校工作会议精神的情况汇报，对新形势、新体制下如何继续做好与相关单位联合办学工作进行研讨，并对成立党校案例研究中心有关工作方案进行审议。会议由市经济信息化工作党委副书记张金康主持，市经济信息委、商务委、工商局、质监局、旅游局、化工区等校务委员会成员单位的有关领导出席会议。

27 日 上海市知识产权服务中心—纺织产业中心成立，将为本市纺织企业提供全方位的知识产权服务。该中心将组织 10 多位行业专家，为有需求企业提供技术咨询服务。

30 日 市政府召开二季度工业保增长专题工作会议，研究分析一季度工业经济运行开局情况，部署落实二季度保增长工作。副市长艾宝俊出席会议并讲话，市政府副秘书长肖贵玉主持会议，市经济信息化委主任王坚、副主任尚玉英出席会议。宝钢集团、上海石化、高桥石化、烟草集团、上汽集团、电气集团、光明食品集团、华谊集团、上海船舶公司、上海贝尔等企业负责人参加会议并作汇报。

31 日 市经济信息化工作党委书记潘志纯主持召开专题会议，总结服务企业保增长第一小组前期调研走访情况，对下一步工作提出要求。

市经济信息化委召开推进高新技术产业化动员大会，传达市委、市政府有关高新技术产业化会议精神，通报推进高新技术产业化工作情况和下一步工作部署。王坚主任主持会议并讲话，副主任金兴明、尚玉英、刘健，秘书长周敏浩，国防科工办副主任张华芳等出席会议。分管委领导和各相关责任处室、中小企业办等部门负责人参加会议。

中国船舶工业集团公司正式签署 2010 年上海世博会《参展合同》，中国船舶馆同时确认参加网上世博会体验型展馆。中国船舶馆建设在江南造船厂原址上，占地面积约 5000 平方米。展馆的建筑设计和展示设计贯穿“船舶，让城市更美好”的参展主题，演绎“龙之脊，景之最”的理念。

4 月

2 日 市经济信息化委以公告形式正式发布《2009 年度上海市高新技术产业化项目指南》，并开展《2009 年度上海市高新技术产业化重点项目计划》的申报工作。

3 日 市经济信息化工作党委召开党委会，研究两委推进高新技术产业化等工作。党委书记潘志纯主持会议并讲话。党委委员出席会议。

7 日 市经济信息化委主任王坚召开专题会议，研究高新技术产业化相关工作，市经济信息化委副主任金兴明及相关处室负责人参加会议。王坚主任指出，市委常委会和市政府常务会议已经分别听取并原则同意高新技术产业化工作方案。下一步，经信委要继续联手市相关部门，加快推进工作方案的落实工作。

7 日 市经济信息化委主任王坚召开专题会议，研究 TD-SCDMA 第三代移动通信商用网络建设工作。市经济信息化委副主任刘健及市无线电管理局、中国移动上海分公司和市经济信息化委相关处室负责人参加会议。

10 日 市政府召开市产业结构调整工作会议。副市长艾宝俊出席会议并讲话，市政府副秘书长周波主持会议，市政府副秘书长肖贵玉代表市政府与区县、控股集团公司代表签订《2009 年产业结构调整工作目标责任书》，市经济信息化委主任、市产业结构调整联席会议办公室常务副主任王坚通报 2008 年产业结构调整工作情况和 2009 年工作重点。本市相关部门、区县和有关控股集团公司分管领导以及各区县经委、环保局和安监局相关负责人等 200 多人参加会议。嘉定区、浦东新区和电气集团领导作交流发言。

13 日　市经济信息化委召开行政例会，传达市委常委会和市政府常务会议精神，通报推进高新技术产业化和产业经济运行等工作情况，部署二季度工作。市经济信息化委主任王坚主持会议并讲话，副主任金兴明和秘书长周敏浩分别通报高新技术产业化推进情况和一季度产业经济运行情况，并提出相关工作要求。

16 日　为更好落实中央"千人计划"，推进本市经济信息化产业领域海外高层次人才引进工作，市经济信息化工作党委召开推进海外高层次人才引进工作座谈会，听取开发区、在沪央企、民营企业等方面的意见。党委书记潘志纯出席会议并讲话。

强生制药研发中心宣布在上海建立新的研发中心，并将建设成为其亚洲区研发总部。通过在上海建立亚洲研发总部，强生制药研发中心将把公司在北京、孟买、班加罗尔等地研发队伍整合起来，并与高校、研究机构和企业构建协作网络，致力于开发新的医疗方法。

18 日　由市经信委、闸北区人民政府主办的 2009 上海总部经济论坛举行。有关专家学者、国内知名企业家、跨国公司驻华总部代表等 300 余名与会者围绕"全球经济背景下的上海总部经济发展"主题，进行探讨和交流。市政府副秘书长肖贵玉出席论坛并讲话，闸北区区委书记姚海同、市经济信息化委副主任金兴明出席会议并致辞，闸北区区长周平作主题发言。

20 日　全球汽车精英组织成立大会暨论坛在本市举行。全国政协副主席、国家科技部部长万钢，工业和信息化部副部长苗圩，副市长艾宝俊，中国汽车人才研究会理事长邵奇惠等出席大会。市经济信息化委主任王坚及有关委办负责人出席会议。本次论坛聚焦"中国汽车产业的发展与全球汽车人才的交融"主题，围绕中国汽车科技与汽车人才、海外高层次汽车人才创新创业基地建设等问题，以及中国汽车产业规划、技术发展方向、创新人才环境等展开研讨。

市新能源汽车推进办与上汽集团签订上海世博新能源汽车推进项目协议书。副市长艾宝俊出席仪式并致辞，市政府副秘书长肖贵玉和市经济信息化委主任王坚、副主任尚玉英，上汽集团董事长胡茂元以及市科委、市建设交通委、市国资委有关负责人出席签约仪式。市经济信息化委主任、市新能源汽车推进办主任王坚与上汽集团董事长胡茂元签署上海世博新能源汽车开发工作协议书。随后，副市长艾宝俊等出席 2009 上海国际汽车展上汽自主品牌新车揭幕仪式，上汽集团所属荣威新车 N1 和名爵新车 MG6 正式亮相。

我国海洋工程装备制造业标志性工程——第六代 3000 米深水半潜式钻井平台在上海外高桥造船有限公司顺利下坞，进入搭载总装阶段。这是我国首次自主设计、建造的当今世界上最先进的深水半潜式钻井平台。副市长艾宝俊出席钻井平台下坞仪式。

21 日　市经信委召开 2009 年上海市国防科技工业工作会议，贯彻落实全国国防科技工业工作会议和市政府常务会议精神，推动本市国防科技工业发展，全面部署 2009 年工作。副市长艾宝俊出席会议并讲话，市政府副秘书长肖贵玉主持会议。市经济信息化委主任、市国防科工办主任王坚，市国防科工办副主任张华芳出席会议。会上，中国商用飞机有限公司、上海航天局、上海船舶工业公司和上海电气集团有关负责人作交流发言。本市高新工程领导小组成员单位、十大军工集团在沪单位、中国商用飞机公司等单位负责人和相关企业军代表参加会议。

22 日　市经济信息化两委举行"机关党委成立大会暨党风廉政建设责任书签约仪式"。市经济信息化工作党委书记潘志纯对 2009 年机关党委工作提出要求。会上，部分委领导与所分管的处室负责人签订《党风廉政建设责任书》。机关 90 余名党员参加会议。

25 日　市经济信息化委与中国电信上海公司、中国移动上海公司和中国联通上海市分公司等共同举行"保增长、促就业，推动两化融合，服务精彩世博"2009 年度服务合作协议签约仪式。市政府副秘书长肖贵玉出席仪式并讲话，市经济信息化工作党委书记潘志纯、市经济信息化委主任王坚出席仪式，市经济信息化委副主任刘健主持仪式。王坚主任分别与中国电信上海公司总经理张维华、中国移动上海公司副总经理聂晶和中国联通上海市分公司副总经理赵乐签署 2009 年度服务合作协议。市通管局、市无管局负责人和市经济信息化委相关处室、市中小企业办及各区（县）经委、信息委和上海电信、上海移动、上海联通相关业务部门、分公司负责人参加仪式。

市经济信息化系统举行"上海市经济和信息化系统迎世博'百千万'活动"启动仪式。上海世博会执委会专职副主任钟燕群，市委宣传部副部长、市文明办主任马春雷，市总工会副主席肖堃涛，团市委书记潘敏，市经济信息化工作党委书记潘志纯，市经济信息化委副主任刘健等及系统各单位 200 余人参加仪式。市委宣传部副部长、市文明办主任马春雷为窗口单位代表授服务承诺标志，市总工会副主席肖堃涛向系统单位代表赠送世博知识书籍，团市委书记潘敏向系统世博志愿者服务队授队旗。

27 日　市经济信息化工作党委召开新组建以来首次央企书记例会，通报部署近期重点工作。党委书记潘志纯传达市委学习实践科学发展观活动领导小组第五次会议精神，通报一季度经济运行情况和机构改革情况，并对党委近期重点工作作部署。党委副书记张金康通报第二批学习实践科学发展观活动情况。会议还通报迎世博工作方案和服务央企工作设想，并就服务央企工作进行探讨。市经济信息化工作党委领导和系统中央在沪企业党委书记 50 余人出席会议。

28 日 市政府与中国电信集团签署战略合作框架协议。市长韩正、中国电信集团公司王晓初总经理出席签约仪式并为“中国电信上海呼叫中心”和“中国电信视讯营运中心”揭牌，副市长艾宝俊出席仪式并与中国电信集团公司总经理王晓初签署战略合作框架协议。中国电信集团公司副总经理杨小伟出席仪式并致辞，市政府副秘书长周波，市经济信息化委主任王坚、副主任刘健，上海电信公司总经理张维华等出席仪式。签约仪式由市政府副秘书长肖贵玉主持。

28 日 松江区——漕河泾新兴技术开发区“区区合作、品牌联动”示范基地启动暨上海松江国际光仪电产业园开园仪式举行。副市长艾宝俊出席仪式并启动“区区合作、品牌联动”示范基地建设和国际光仪电产业园开园，市政府副秘书长肖贵玉出席仪式并讲话，市经济信息化委主任王坚、松江区区长孙建平、上海漕河泾新兴技术开发区发展总公司总经理刘家平出席仪式并致辞，松江区区委书记盛亚飞出席仪式并与市经济信息化委主任王坚陪同副市长艾宝俊启动示范基地建设和产业园开园。

30 日 市经济信息化工作系统举行庆祝“五一”国际劳动节劳模茶话会。两委党政班子成员与系统 60 名全国劳模和全国“五一”劳动奖章获得者代表欢聚一堂，共庆“五一”国际劳动节。党委书记潘志纯代表党政班子向奋战在全系统各条战线上的劳动模范、先进工作者、广大干部职工群众致以节日的问候。潘志纯、王坚等市经济信息化两委领导还向系统 2009 年全国“五一”劳动奖章、上海市“五一”劳动奖章获得者和上海市“五一”劳动奖状获得单位颁发了奖章、奖牌和证书。

5 月

2 日 市委副书记、市长韩正召开防控甲（H1N1）型流感紧急会议后，市经济信息化委主任王坚立即召集市医药集团等有关负责人和委内责任处室负责人召开专题会议，要求切实按照市委、市政府的要求，把思想和行动高度统一到市领导的要求上来，抓紧研究“达菲”药物的生产等防控工作。

市经济信息化委成立防控人感染甲（H1N1）型流感工作领导小组，主任王坚任组长，秘书长周敏浩任副组长，经济运行处等相关处室负责人组成，抓紧落实防控工作措施。

4 日 市政府召开工业保增长专题工作会议。副市长艾宝俊出席会议并讲话，市政府副秘书长肖贵玉主持会议。

5 日 市经济信息化系统第七期中青年干部培训班开学典礼在市经济党校举行。市经济信息化工作党委书记、市经济党校校长潘志纯作学习动员。

上汽集团召开新能源汽车建设誓师大会，明确新能源汽车产业化发展目标：2010 年上汽集团荣威 750 中混混合动力轿车将投放市场，实现综合节油率 20% 左右；同时，上汽集团将为上海世博会提供跨越四大系统（纯电动、超级电容、燃料电池、混合动力）的近千辆新能源车。副市长艾宝俊出席大会并讲话，市经济信息化委主任王坚等有关部门负责人出席大会。

6 日 市经济信息化工作党委召开党委中心组学习会，传达学习李源潮同志在安塞县调研学习实践科学发展观活动时的讲话精神和上海市深入学习实践科学发展观活动研讨会精神。党委书记潘志纯主持学习会并讲话。两委领导班子成员参加学习会。

11 日 市政府与中国移动通信集团公司在沪签署战略合作框架协议。市委副书记、市长韩正出席仪式并与中国移动通信集团公司总裁王建宙共同为“中国移动视频产品创新基地”揭牌。副市长艾宝俊与中国移动通信集团公司总裁王建宙代表双方签署战略合作框架协议，中国移动通信集团公司副总裁李正茂，市政府副秘书长、浦东新区区长李逸平，市政府副秘书长、市发展改革委主任周波，市经济信息化委主任王坚，上海移动公司总经理郑杰、党委书记郦荣等出席仪式。市政府秘书长姜平主持仪式。

12 日 市经济信息化机关党委召开成立以来首次工作会议。机关党委书记黄肇达主持会议。会议审议通过机关党委和纪委工作职责、机关党委 2009 年工作要点、创建学习型机关意见、机关学习实践科学发展观活动回头看工作情况报告、机关党支部组成人员方案、机关党委和纪委委员联系党支部分工安排、机关工会组建方案和机关团支部组建方案；并审批入党申请和预备党员按期转正申请有关工作。

13 日 市经信委主任王坚听取上海市创意城市申报工作专题汇报，有关业务处室负责人参加会议。

上海 ABB 工程有限公司新址正式投入使用。这一全新的多业务生产基地将使 ABB 公司在中国的机器人产能成倍增长，流量测量仪、压力测量仪的产能也将大幅提升。同时，ABB 集团表示，2009 年将在华投资 1.5 亿美元，用于扩大和发展 ABB 现有在华企业的规模。

15 日 我国首台国产百万亿次超级计算机“魔方”由北京运抵上海超级计算中心。我国首台国产百亿次超级计算机于 2008 年 9 月在天津成功下线，11 月，在北京完成性能测试，最终被命名为“魔方”（Magic Cube）。“魔方”以峰值速度 230 万亿次、Linpack 性能测试值 180 万亿次的成绩跻身于世界超级计算机第十、亚洲第一的行列。

18 日 由上海外高桥造船有限公司为挪威FRONTLINE航运公司建造的29.7万吨超级油轮（VLCC）“皇后”号轮命名交船，这是外高桥造船厂年内交付的第10艘船，也是其建厂10年来完工交付的第100艘船，累计载重吨已达1650万吨。

20 日 市经济信息化工作党委召开市第九次党代会代表第四和第五组会议。市第九次党代会第四代表组组长、市经济信息化工作党委书记潘志纯，市经济信息化工作党委副书记张金康，系统市第九次党代会代表共33人参加会议。市党代会代表联络工作办公室王友谊应邀参加会议。潘志纯同志主持会议，并就系统党代表如何进一步发挥作用提出要求。张金康同志传达中央、市委有关文件精神，通报《市经济和信息化工作党委系统关于贯彻市第九次党代表大会代表任期制工作的意见（讨论稿）》。上海石化戎光道、上海移动郑杰、华东电网贺锡强、上海化工区俞小勤等代表围绕如何发挥党代表作用、贯彻任期制意见进行座谈。

20 日 市经信委主任王坚参加上海太阳能产业投资座谈会，有关业务处室负责人陪同参加会议。

21 日 市经济信息化委主任王坚带队赴上海瑞华集团/上海雷博新能源汽车技术公司、苏州星恒电源公司和上海海宝电动车配件公司等企业调研动力电池的研发和产业化情况。王坚主任一行还实地察看企业的电池实验室和生产车间。

25 日 市经济信息化系统召开精神文明建设工作会议。市委常委、常务副市长杨雄出席会议并作重要讲话，市经济信息化工作党委书记潘志纯对系统进一步做好迎世博工作进行再动员和再部署。会上，向系统第二批获得“迎世博贡献奖”的先进集体和个人颁奖；有关单位作交流发言。

25 日 上海市人民政府与中国普天信息产业集团公司签署战略合作框架协议。副市长艾宝俊和中国普天总裁邢炜出席仪式，肖贵玉副秘书长与中国普天副总裁王中夫代表双方签署战略合作协议。市经济信息化委主任王坚、副主任尚玉英，徐汇区、市发展改革委、市建设交通委、奉贤区领导及中国普天副总裁徐千、上海普天董事长曹宏斌等出席仪式。根据合作协议，双方将在新能源（动力系统配套产品）、新能源基础设施、信息产业和产业投资等领域展开合作。

26 日 市经济信息化委与人民银行上海总部、上海银监局联合举办“聚焦高新技术产业化，推动产业升级发展”——上海市重点产业项目银企对接会。副市长艾宝俊出席会议并讲话，市政府副秘书长肖贵玉和人民银行上海总部副主任张新、上海银监局局长阎庆民等出席会议，市经济信息化委主任王坚通报本市重点领域产业发展战略和举措，重点产业项目和重大产业基地建设推进情况等，市经济信息化委副主任尚玉英主持会议。王坚主任代表市经济信息化委与8家银行签署总额达千亿元的“产业与金融发展合作备忘录”。张江高科技园区与交通银行、上海住房置业担保有限公司签署《张江企业易贷通注资合作框架协议》，漕河泾新兴技术开发区与浦东发展银行签署《“漕河泾企业成长助推器”合作协议》，复旦科技园区与上海银行、杨浦区中小企业信用担保中心签署《复旦科技园企业“创智贷”三方合作协议》，宝山工业园区与建设银行上海市分行签署《银园合作协议》。

31 日 市委、市政府在上海展览中心召开上海市推进高新技术产业化工作会议。中共中央政治局委员、市委书记俞正声出席会议并讲话，市委副书记、市长韩正作工作部署。市领导刘云耕、冯国勤、殷一璀、杨雄、丁薛祥、沈晓明等出席，副市长艾宝俊主持会议。

市委书记俞正声指出，推进高新技术产业化是上海的重大任务，是战胜当前国际金融危机的关键，决定着上海未来的发展。加快推进高新技术产业化，一是必须面向未来、放宽眼界；二是必须面向市场；三是必须改革体制机制；四是必须发挥各方积极性；五是必须解放思想，不避风险，迎难而上。市长韩正在会上指出，推进高新技术产业化，一要聚焦重点，狠抓落实，明确目标；二要在体制机制创新、政策保障、资金扶持等方面采取针对性措施；三要全面开放，充分运用市场机制，走出去、引进来，依靠企业这个创新主体，加强产学研结合；四要加强组织领导，明确责任，配套推进，进一步增强合力；五要完善创新政策，加强政府服务，营造良好的发展环境。

市委常委、常务副市长杨雄宣读上海市推进高新技术产业化领导小组成员名单和工作小组名单。会上，市政府印发《关于加快推进上海市高新技术产业化的实施意见》，市经济信息化委印发《上海推进新能源高新技术产业化行动方案》等，本市承担高新技术产业化9个重点领域的部分区县、企业集团等18个单位作书面交流。

6 月

1 日 市经济信息化委主任王坚召开专题会议，研究电子信息制造业、软件和信息服务业、新材料领域行动方案及推进工作计划。

市经济信息化两委召开党政联席会议，研究贯彻落实全市高新技术产业化工作会议精神等工作。党委书记潘志纯主持会议。两委班子成员出席会议。

2 日 两委召开机关干部大会，传达全市高新技术产业化工作会议精神，解读《关于加快推进上海高新技术产业化的实施意见》，部署两委贯彻落实任务。

上海电气集团宣布：作为新能源领域推进高新技术产业

化的重点方向，由旗下风电设备有限公司独立自主设计的“海上大风车”即将完成第二阶段的设计，预计在2010年6月下线，这将是目前国内自主生产的最大风机。该风机额定功率为3.6兆瓦，风轮直径为116米，轮毂高度为90米，风轮重量为90吨。

3日 市经济党校案例研究中心正式成立。市经济信息化工作党委书记、经济党校校长潘志纯，副书记张金康出席成立会议。潘志纯同志对案例教学工作提出要求。

4日 市经济信息化两委组织有关央企负责人赴临港产业区考察交流，启动促进中央在沪企业与地方发展对接、加强相互沟通、共谋新基地发展的服务新模式。党委书记潘志纯出席会议并讲话。党委秘书长陈更、委副秘书长吴正扬出席活动。上海航天、海诚公司等10户在沪央企党政负责人参加考察交流。

6日 具有近60年历史的上海飞机制造厂正式改制为上海飞机制造有限公司暨中国商用飞机有限责任公司总装制造中心。中国商飞公司董事长张庆伟、副市长艾宝俊、中国商飞公司总经理金壮龙出席仪式并为改制后的上飞公司暨中国商飞总装制造中心揭牌。

申能集团与上海电气集团签署战略合作协议以及总额30多亿元的发电设备合同。市委常委、常务副市长杨雄出席签约仪式并为上海临港燃机发电有限公司和上海申能长兴风力发电有限公司揭牌。根据协议，申能集团与上海电气本着“资源共享、优势互补、互惠互利、依法合作”的原则，将重点加强风电、燃气轮机、核电、IGCC等新能源和清洁能源领域的合作。

8日 市经济信息化工作党委学习实践活动领导小组召开专题会议，研究第二批学习实践活动整改落实阶段工作。党委书记、学习实践科学发展观活动领导小组组长潘志纯出席会议并讲话。市委第一巡回检查组组长徐海峰出席会议，党委学习实践活动领导小组及其办公室成员、各指导检查（联络）组正副组长约30人参加会议。

9日 市经济信息化委召开推进生产性服务业功能区建设工作会议。副市长艾宝俊出席会议并讲话，市政府副秘书长肖贵玉主持会议，市经济信息化委主任王坚、副主任刘健，市发展改革委副主任池洪，嘉定区区长孙继伟等出席会议。主任王坚宣读由市经济信息化委、市发展改革委、市规划国土资源局和市环保局联合认定的19家生产性服务业功能区名单；副主任刘健介绍本市生产性服务业功能区认定工作情况。还向这19家生产性服务业功能区授牌，部分功能区代表和企业代表签署入驻协议。

10日 国家发展改革委召开“2009年全国电力迎峰度夏电视电话会议”，分析电力供应面临的形势，部署电力迎峰度夏工作。副市长艾宝俊在上海分会场结合上海实际，要求确保夏季用电平稳有序进行。会议明确，2009年夏季本市电力供需总体平衡，首要任务是服务企业保增长。有关部门必须进一步提高电力供应能力，充分挖掘本地发电机组的潜力，确保稳发、满发。2009年本市有序用电将实施“调整厂休和轮休”等2项均衡用电预案。

11日 市经济信息化委召开区县高新技术产业化推进工作专题会。市经济信息化委主任王坚出席会议并讲话，副主任金兴明主持会议，秘书长周敏浩出席会议。金兴明通报全市高新技术产业化工作的整体推进情况以及市经济信息化委负责的八大领域的项目进展情况，相关区县经委负责人介绍本区县下一步工作推进计划、项目情况以及对全市推进工作的建议。

经过168小时调试运行，上海外高桥第三发电有限公司世界首创的“零能耗脱硫”系统在第一台机组上正式宣告投运。据悉，经过这一世界首创的技术优化，外高桥第三发电有限公司100万千瓦超临界机组的年内运行煤耗预计可降至285克／千瓦时，继续保持该领域世界第一。

14日 由本市18个委办局和群众团体主办的“2009年上海节能宣传周”活动开幕式在新落成的上海市能效中心举行，以“推广使用节能产品，促进扩大消费需求”为主题的上海节能宣传周活动正式拉开帷幕。市委常委、常务副市长杨雄出席开幕式并讲话，市人大常委会副主任杨定华、市政协副主席蔡威出席开幕式，仪式由市政府副秘书长肖贵玉主持。市经济信息化委主任王坚等出席仪式。

在开幕式上，授予中石化上海高桥分公司等32家单位为“2008年度上海市节能先进单位”称号，表彰108位节能先进个人；启动“百万节能灯进社区”活动，并通过全市200多个街镇向全市27万户低保家庭赠送54万只节能灯；同时，上海市能效中心正式揭牌。

15日 由中国科学院计算所国家智能计算机研究开发中心、曙光信息产业（北京）有限公司、上海超级计算中心联合研制、造价2亿元的百万亿次超级计算机——“魔方”在上海正式开通运转。市委副书记、市长韩正出席开通仪式并致辞。中国科学院副院长施尔畏和市委常委、常务副市长杨雄共同启动“魔方”超级计算机，第一批运算业务随即投入高速运行。市人大副主任杨定华、副市长沈晓明、市政协副主席周太彤和市政府副秘书长肖贵玉、市经济信息化委主任王坚等以及科技部、中科院等有关方面领导和专家学者出席开通仪式。在仪式上，上海超级计算中心与中国商用飞机有限责任公司上海飞机设计研究所、上海核工程研究设计院、宝钢、上汽、上海交大、上海光源、中科院上海高等技术研究院签署合作协议。

开通仪式前，韩正市长一行察看上海超级计算中心“魔方”主机房和计算机科技馆。

17日 市经济信息化委会同市公安局联合召开社保卡中心划转交接工作会议。会议指出，市社保卡中心整建制划归市人口办管理是市委、市政府为加强本市人口综合服务和管理做出的重要决策，有利于本市实有人口综合服务和管理各项措施的组织和贯彻落实。会议明确，从即日起社会保障卡服务中心（社保卡中心）整建制划归市人口办管理。市经济信息化委副主任刘健、市公安局副局长江宪法出席会议。

18日 由市电力行业协会组织的“上海市电力设备供需对接会”在上海市电力公司召开，进一步推动本市电力设备产业保持健康平稳的发展势头，促进本市电力设备生产企业和用户单位的产需对接。市政府副秘书长肖贵玉出席会议并讲话。市经济信息化委副主任尚玉英出席会议。

经国家发展改革委核准，本市最大的燃气电厂——总投资约55亿元的上海临港燃气电厂一期工程在临港重装备园区开工。市委常委、常务副市长杨雄出席仪式并宣布开工。

26日 市经济信息化工作党委召开建党88周年纪念大会，回顾系统深入开展学习实践活动取得的成绩，用“党员干部受教育，科学发展上水平，人民群众得实惠”的新成果向党的生日献礼。党委书记潘志纯出席会议并讲话。会议由党委副书记张金康主持。上海贝尔、上海电科集团、上海航天卫星工程研究所、上海移动等单位和个人代表作交流发言。两委领导班子成员、系统市第九次党代会代表、系统各单位有关负责人等约380人出席会议。

29日 市经济党校召开第七期中青年干部培训班学员党性分析交流会，市经济信息化工作党委书记、市经济党校校长潘志纯，市经济信息化纪工委书记黄肇达出席交流会。学员们围绕“忠诚、敬业、道德、廉洁”主题，结合党校学习成果与心得，开展党性分析交流发言。

7月

1日 在中国共产党建党88周年之际，市经济信息化两委召开政风建设工作动员会，并举行“处长论坛”活动。市经济信息化委副主任金兴明出席会议并讲话，市经济信息化工委书记、机关党委书记黄肇达主持会议并讲话，纪工委副书记、监察室主任许定贵传达市纠风工作会议精神。

市经济信息化两委召开政风建设工作动员会，传达贯彻全国和上海市纠风工作会议精神，部署机关2009年政风建设工作。市经济信息化委副主任金兴明代表两委班子提要求。纪工委书记黄肇达，机关各处室及直属服务、执法类单位负责人参加会议。

2日 浦东新区与上海交通大学签署协议，将向数字电视国家标准核心企业——上海高清数字科技产业有限公司注资3亿元。该合作有助于在上海打造出国内国际领先、具有自主知识产权的数字电视龙头企业；有助于整合各种资源，确立浦东新区在数字电视领域的产业龙头地位，提升上海对数字电视产业链的整合能力。根据协议，浦东新区将指定上海轻工装备（集团）有限公司和另2户企业出资3亿元，对由上海交大控股的“上海高清”实施战略重组，共同建设国家级数字电视产业基地。

3日 市新能源汽车推进办与上汽集团签订新能源汽车高新技术产业化框架协议。根据协议，上汽集团作为国家大型骨干汽车企业和上海最大的汽车集团在今后3～5年内，在41项高新技术产业化重点项目（包括世博新能源汽车项目和高新技术产业化项目）上投资超过120亿元，率先实现新能源汽车产业化，并形成本土化的产业配套体系。副市长艾宝俊和市政府副秘书长肖贵玉出席签字仪式。市经济信息化委主任、市新能源汽车推进办主任王坚和上汽集团副董事长陈虹代表双方在协议上签字。市经济信息化委、市发展改革委、市国资委、市科委及上汽集团有关负责人参加签字仪式。

4日 在迎世博倒计时300天来临之际，市经济信息化两委联合市残联、淮海街道党工委举办系统窗口单位服务形象展示和为民服务进社区活动。活动通过礼仪展示、小品演出、情景剧等形式集中展示窗口从业人员迎世博创“四个一流”（服务环境一流、服务设施一流、服务品质一流、服务水平一流）的精神风貌；通过现场设摊开展世博宣传、业务咨询、现场办理、安保知识等，为社区群众介绍安全和绿色“三用”（用电、用油、用手机）服务；举行全国第一个省级残联无障碍门户网站开通仪式，为盲人和弱视等视力障碍人士获取网站信息提供可能。市文明办领导、市迎世博600天行动窗口服务指挥部领导、市经济信息化两委领导和卢湾区委区政府领导出席活动。上海电力、上海电信、上海移动、上海联通、上海石油等系统窗口服务单位参加活动。

5日 振华港机更名为“振华重工”后，继续加快向海洋工程领域进军的步伐。在振华长兴岛生产基地，国内首艘完全自主设计、建造的大型铺管起重船“海洋石油202号”正式交付。

6日 市政府与中国联合网络通信集团有限公司在沪签署战略合作框架协议。市委副书记、市长韩正，中国联合网络通信集团有限公司董事长常小兵出席仪式并共同为“中国联通国际通信枢纽中心上海局”揭牌；副市长艾宝俊与常小兵董事长签署战略合作框架协议。根据合作协议，中国联通将在上海加大固定资产投入，提升上海城市信息化服务能力，促进上海经济增长，将上海打造为亚太重要的信息通信枢纽。市政府秘书长姜平主持仪式，中国联合网络通信集团有限公司副总经理姜正新介绍协议主要内容，市政府副秘书长肖贵玉、市经济信息化委主任王坚等出席仪式。

中国商用飞机有限责任公司设计研发中心在浦东张江奠基。该中心将承担我国大型客机和拥有完全自主知识产权的ARJ21飞机的自主设计、试验、预研及关键技术攻关的历史使命。中共中央政治局委员、上海市委书记俞正声，市委副书记、市长韩正发来贺信。市委常委、浦东新区区委书记徐麟，副市长艾宝俊，中国商飞公司董事长张庆伟等出席奠基仪式。

9日 市经济信息化委主任王坚召开专题会议，听取软件和信息服务业推进工作情况汇报，有关业务处室负责人参加会议。

10日 市经济信息化两委召开系统世博安全保卫工作责任书签约大会。党委书记潘志纯，委副主任尚玉英、陈跃华、刘健，市国防工办副主任沈庭忠出席会议；党委秘书长陈更主持会议。潘志纯就进一步贯彻世博会安全保卫群防群治工作动员部署大会精神，明确工作责任，落实工作任务提出四点要求。潘志纯代表市经济信息化两委同上海化工区管委会、上海石化公司、华东电网公司、上海电信公司、上海商学院等系统16家世博安保重点单位签订《世博会安全保卫工作责任书》。刘健对系统世博会安全保卫工作进行部署。系统各单位党政主要领导，信访、综治部门负责人等约250人出席会议。

15日 我国拥有自主知识产权的首架ARJ21-700飞机从上海起飞，经过1300多公里飞行后，于中午成功转场西安阎良。自此，ARJ21飞机将全面进入试飞取证阶段。副市长艾宝俊、中国商飞公司董事长张庆伟等及市经济信息化委副主任金兴明等出席仪式。在上海举行的转场仪式上，中国民用航空局向ARJ21—700首架机颁发特许飞行证。飞机成功降落西安阎良后，中国商飞上海飞机制造有限公司和中国试飞院签署了飞机交接单。

创意产业活动周组委会举行“2009第五届上海国际创意产业活动周”新闻通气会，宣布本届活动周将于10月15日～21日在上海静安区800秀创意产业集聚区举行。市委宣传部副部长张止静、静安区副区长陆晓栋和市经济信息化委巡视员贺寿昌出席通气会并讲话。本届活动周以“创意·遇见世博，设计·品味生活”为主题，全面体现创意在城市可持续发展中的重要地位。同时，活动周将紧密结合“城市，让生活更美好”的主题，为2010年世博会做出良好的铺垫和宣传。

17日 市经济信息化工作党委、市经济信息化委召开“两委”工作会议，传达贯彻九届市委八次全会精神，总结上半年工作推进情况，部署下半年工作任务和落实措施。市经济信息化工作党委书记潘志纯传达市委书记俞正声和市长韩正在九届市委八次全会上的讲话精神，市经济信息化工作党委副书记、市经济信息化委主任王坚作工作报告。

18日 上海电气临港核电制造基地二期工程开工建设，标志着上海核电设备制造基地建设步伐进一步加快。市委副书记、市长韩正宣布工程开工，副市长艾宝俊、市经济信息化委主任王坚、中国核工业集团等公司负责人出席开工仪式。到2012年，临港将成为全球规模最大、业务最集中、能力最完整的先进的核电主设备制造基地。

由市经济信息化委、嘉定区人民政府和上海汽车工业（集团）总公司共同主办的上海市新能源汽车及关键零部件产业基地（嘉定）揭牌暨项目签约仪式举行。副市长艾宝俊出席并和嘉定区区委书记金建忠共同为产业基地揭牌，市政府副秘书长肖贵玉主持基地揭牌和签约仪式。市经济信息化委主任王坚介绍上海市新能源汽车发展规划及政策，上汽集团副董事长、上海汽车总裁陈虹介绍上汽集团新能源汽车发展规划，嘉定区区长孙继伟介绍新能源汽车及关键零部件产业基地规划。上汽集团与嘉定区签订新能源汽车发展战略合作协议。

20日 上海振华重工集团与西班牙ADHK公司签订总价值为22亿美元的海洋工程产品销售合同，在未来两三年内提供10台海上自升式钻井平台、7台陆上钻机和2艘浮吊。此举标志着振华重工向世界海洋工程市场迈开重要一步，22亿美元的合同金额也成为2009年上海企业签订的出口“第一大单”。中国工业经济联合会荣誉会长林宗棠、市人大常委会副主任胡炜、副市长艾宝俊及市经济信息化委主任王坚等出席签约仪式。

21日 市经济信息化工作系统工会召开大型企业（开发区）工会主席（主任）联席会议。会议由市经济信息化工作党委副巡视员、系统工会主任汪仲华主持。并围绕贯彻市委九届八次全会和市总十二届四次全委（扩大）会议精神，结合系统实际，提出要求。

25日 安徽华东光电技术研究所与漕河泾开发区浦江高科技园签订《框架合作协议》。安徽华东光电技术研究所是国家特种显示工程技术研究中心，承担100多项国家863、国家火炬计划任务、国家重点科研攻关任务，已经成为我国在特种显示、特种光源、微波真空器件领域的一支骨干力量。

27日 由中国移动、中国联通、清华紫光、中讯邮电等77户国内知名电子通信、软件、信息服务企业加盟的全国第一个IT、电子通信产业联盟在闸北区市北工业园区诞生。由市经济信息化委组建的沪上首个国内软件企业认定和软件标准制定机构——上海市软件测定中心也于同日宣告成立，并在市北工业园区设立本市首个软件企业认定受理中心。

28日 市政府召开“上海市推进3G发展暨TD-SCDMA网络建设和应用工作会议”。副市长艾宝俊出席会议并讲话，市政府副秘书长肖贵玉主持会议。为加强本市3G

网络建设和应用，市政府决定成立由副市长艾宝俊任第一召集人，市政府副秘书长肖贵玉、尹弘任召集人的“上海市推进TD-SCDMA等3G网络建设和应用联席会议”，成员单位由本市相关委办局组成，联席会议办公室设在市经济信息化委。

30日 市经济信息化工作党委召开公开选拔市经济和信息化委员会总工程师工作布置和动员会。党委书记潘志纯介绍公开选拔总工程师工作的总体安排，并提出工作要求。党委副书记张金康主持会议，两委机关处长，部分直属单位、归口市属单位、中央在沪单位（含非协管干部单位）分管领导约90人参加会议。

31日 市政府召开信息安全保障工作会议。副市长艾宝俊出席会议并讲话，市政府副秘书长肖贵玉主持会议。市经济信息化委主任王坚、副主任陈跃华等出席会议。副市长艾宝俊与上海世博局、市金融办、市人力资源社会保障局、中国电信上海公司等单位负责人签署《2010年上海世博会信息安全保障工作责任书》。市水务局、宝山区政府、上海电力公司相关负责人作交流发言。

日前，漕河泾开发区发展总公司与长江经济联合发展（集团）股份有限公司签署战略合作协议书，双方拟将挂牌于漕河泾开发区的“产业转移促进中心”与挂牌于长江集团的“上海产业发展服务中心”实施战略联盟、协同发展。长江联合集团是由上海市政府控股，联合重庆、南京、武汉和沿江27个城市于1992年共同组建成立的区域性公司是促进长江流域各城市联动发展的重要载体。

8月

5日 市经济信息化委主任王坚参加市委组织部召开的专题会议，研究高新技术产业化考核工作、专项资金管理工作，以及与央企对接会筹备工作。

8日 市经济信息化委主任王坚到上海市促进中小企业发展协调办公室调研本市中小企业改制上市工作。市经济信息化委秘书长周敏浩参加调研。

12日 市经济信息化委召开服务央企促发展座谈会。市经济信息化委主任王坚出席会议并讲话，市经济信息化委副主任金兴明通报2009年上半年上海工业经济运行情况。18户在沪中央企业负责人参加会议并交流上半年经济运行情况，对服务央企工作提出建议。市经济信息化委相关处室负责人参加会议。

经过半年多的试运转，“SVA越界”创意产业园正式启动。“SVA越界”创意产业园的前身是金星彩电厂所在地，自2007年起，按照英国“阿特金斯”公司总体改造设计方案，上海广电信息公司等共投资1.2亿元，在整体保留工业厂房的前提下进行二次开发，改造成集商务、配套商业、创意要素三位一体的新园区，完成从旧厂房到国际创意商务园区的华丽转身。

近日，上海节能监察中心和世界自然基金会联合举办“2009低碳企业创新与发展上海论坛”。论坛发布由国家发展改革委等有关部门主导的“中国本土企业低碳发展标本”的评选结果，12户中国本土企业入选，其中涉及长三角区域的企业和项目近半，包括无锡尚德、浦发银行等企业以及万科地产的首个节能建筑项目“上海新里程”等。

14日 华谊集团属下上海焦化公司运行近50年的2号、3号老焦炉正式退役；同时，具有自主产权、年产能达2万吨的醋酐装置正式上岗。这标志着吴泾化工基地产业结构调整又有重大推进，向国内煤基多联产示范基地、循环经济基地目标迈进一大步。

15日 世界最大的1.65万吨自由锻造油压机、250吨/630吨/米锻造操作机和450吨三相三摇臂双极串联电渣重熔炉在上海重型机器厂有限公司全面投入运行。中共中央政治局委员、市委书记俞正声出席开锤仪式并宣布开锤。原航空航天工业部部长、万吨水压机副总设计师林宗棠发言。市委常委、市委秘书长丁薛祥，副市长艾宝俊，中国机械工业联合会副会长孙昌基等出席仪式。随后，各位领导观看《从万吨水压机到万吨油压机》图片展，参观450吨电渣重熔炉。

19日 市经济信息化委主任王坚带队赴中科院硅酸盐研究所中试基地，调研大容量城网储能项目以及关键部件钠硫电池研制情况。

20日 市经济信息化委主任王坚带队赴金山区调研高新技术产业化工作推进情况。王坚主任一行实地察看上海蓝滨石化设备有限责任公司以及上海华峰超纤材料股份有限公司的相关高新技术产业化项目推进情况，并听取金山区高新技术产业化工作进展情况。

近期，市经济信息化委按照委领导分工，组成7个调研组分别到浦东、嘉定、宝山、闵行、奉贤、松江、长宁、杨浦、徐汇、闸北、金山、青浦和崇明等13个区县调研了解各区县高新技术产业化工作招商引资的政策措施、产业基地建设、重点项目年度目标分解，以及重点项目责任落实情况，帮助各区县协调解决工作推进中遇到的瓶颈问题。

21日 市经济信息化工作党委召开央企书记工作例会，传达全国维护稳定和信访工作电视电话会议精神，部署系统稳定和党建工作。党委书记潘志纯主持会议并就做好系统信访稳定工作提出要求。市经济信息化工作党委副书记张金康部署下半年党建工作重点，市经济信息化委副主任刘健分析当前系统信访稳定工作情况及面临的不稳定因素，并明确信访稳定六个方面的工作任务。会上，大家观看内部警示教育片。上海船舶工业公司、上海高桥石化公司、上海化工区管委会作交流发言。市经济信息化工作党委秘书长陈更、副巡视员汪钟华，系统在沪央企以及部分直属单位党委主要领导80余人参加会议。

26日 市经济信息化委举行第二届上海市工艺美术大师颁证大会。副市长艾宝俊出席会议并向30位工艺美术大师颁证。市经济信息化委主任王坚出席会议宣读30位工艺美术大师名单，市经济信息化委副主任邵志清主持会议。

27日 市经济信息化委主任王坚带队赴上海电缆研究所调研超导电缆、特高压输电导线等项目的研制情况。

市经济信息化工作党委组织系统离退休老领导到上海市漕河泾新兴技术开发区发展总公司参观考察，拉开系统“看上海经济和社会发展”活动的序幕。党委书记潘志纯、副书记张金康、委副主任金兴明、党委秘书长陈更参加活动。潘志纯向老领导通报两委工作情况及下半年主要工作，希望老同志继续关心和支持市经济信息化两委的发展。

28日 市经济信息化两委召开民主生活会前的中心组学习会。党委书记潘志纯主持会议，两委领导参加会议，党办、行办、纪工委、干部处、宣传处负责人列席会议。会上，大家学习俞正声同志以“忠诚、敬业、道德、廉洁”为主题的党课报告和市委办公厅转发的《市纪委、市委组织部关于召开2009年度党政机关党员领导干部民主生活会的通知》，围绕“加强党性修养促进作风建设”和“联系身边案件举一反三汲取教训”展开热烈讨论。

31日 市经济党校召开校长办公会议。市经济信息化工作党委书记、校委会主任、校长潘志纯主持会议。会议学习《2009～2013年全国党员教育培训工作规划》，审议市经济党校2009年上半年工作总结、2009年下半年工作计划并研究落实市经济信息化工作党委2009年下半年干部教育培训计划，听取上半年干部教育培训专项经费使用情况和下半年专项经费计划安排、党校干部队伍建设等工作汇报。市经济信息化工作党委副书记、校委会副主任张金康参加会议。

上海首个公开招标的陆上风电场特许权项目——由上海申能新能源投资有限公司中标并承担投资建设和运营管理的长兴20兆瓦风力风电场在长兴岛开工兴建。长兴20兆瓦风力风电场布置单机容量为2兆瓦的风力发电机组共10台，项目总投资为22671.45万元。

9月

2日 市经济信息化工作党委召开系统学习实践科学发展观活动第二批总结会议。

市经济信息化委与宝山区政府举行推进软件和信息服务业领域高新技术产业化共建协议签约仪式。市经济信息化委主任王坚和宝山区区长斯福民出席仪式。根据协议，双方将开展战略合作，探索市区共建模式，打造有利于软件和信息服务业总部型企业入驻和发展的软、硬件环境，并提供各类公共技术、服务、人才、政策、资源平台，带动各类软件和信息服务业企业集聚发展。宝山区规划建设的上海信息服务外包总部基地和上海呼叫中心产业基地年内将正式挂牌。

市经济信息化工作党委召开学习实践科学发展观活动领导小组会，市经济信息化工作党委书记、学习实践活动领导小组组长潘志纯，市经济信息化工作党委副书记、学习实践活动领导小组副组长张金康出席会议并讲话。纪工委书记、学习实践活动领导小组成员黄肇达主持会议。学习实践活动领导小组、指导检查（联络）组、办公室成员和第二、三批学习实践活动单位分管领导110余人参加会议。

4日 我国首座，也是亚洲首座海上风力发电场——东海大桥风电场首批3台机组正式并网发电，“大风车”把东海的风能转化成电能，源源不断地输入本市电网，这标志着我国海上风电产业稳稳迈出第一步。

7日 市经济信息化两委组织部分央企负责人赴长宁区考察交流。市经济信息化工作党委书记潘志纯出席活动并讲话。长宁区委书记卞百平、区长李耀新致欢迎词并介绍长宁区区情以及虹桥商务区规划和建设的相关情况。市经济信息化委副主任金兴明、刘健，市经济信息化工作党委秘书长陈更等参加考察。

12日 上海市首个市、区、校共建的创意产业集聚区——“上海环同济设计创意产业集聚区”揭牌。市经济信息化委、杨浦区政府、同济大学三方共同签定《关于进一步加强合作，联手推进上海环同济设计创意产业集聚区的合作意向书》，共建“上海环同济设计创意产业集聚区”。

15日 市委常委、常务副市长杨雄到上海力保科技有限公司调研信息产业发展情况，实地察看力保公司光学引擎生产线、薄型激光投影电视机、微投影显示产品、大屏幕投影拼接墙系统、数字X光投影设备等。市政府副秘书长、市发展改革委主任周波，市科委主任寿子琪，市国资委主任杨国雄，市发展改革委副主任池洪，市经济信息化委副主任邵志清，浦东新区副区长彭崧，张江集团常务副总刘小龙等参加调研。

日前，市北工业园区获得批复，更名为市北高新技术服务业园区，成为本市唯一一个国家级高新技术产业基地，这将有利于推动园区发展金融租赁、数据备份、基础软件测试等生产性服务业，大力拓展产业发展内涵。

18日 市经济信息化委召开民营企业保增长工作会议，市经信委主任王坚出席会议并讲话。

19日 我国第一个“汽车风洞”——上海地面交通工具风洞中心在同济大学嘉定校区落成。全国政协副主席、科技部部长万钢出席落成典礼并讲话。副市长沈晓明、全国人大常委吴启迪、全国政协常委蒋以任、教育部部长助理林蕙青及市经济信息化委主任王坚等出席落成仪式。

22 日　市政府召开推进信息化与工业化融合工作会议。工业和信息化部副部长杨学山、副市长艾宝俊出席会议并讲话。杨学山副部长向王坚主任授“国家级推进信息化和工业化融合试验区”铜牌；主席台领导向上海市两化融合研究中心、重点实验室授牌；王坚主任作关于上海推进两化融合工作情况的报告。工业和信息化部信息化推进司司长徐愈、市经济信息化委主任王坚及市政府相关部门、各区县政府负责人，以及中央在沪企业、本市重点企业、开发区和相关行业协会负责人等参加会议。宝钢集团、上海电气、上海电信、卡斯柯信号公司有关负责人作交流发言。

23 日　市经济信息化工作党委召开系统党员负责干部会议。市经济信息化工作党委书记潘志纯，市经济信息化工作党委副书记、市经济信息化委主任王坚，党委副书记张金康出席会议。潘志纯传达党的十七届四中全会精神，并就学习贯彻十七届四中全会精神提出要求。王坚传达胡锦涛同志在第二次全体会议上的讲话精神。张金康传达决定有关精神。两委领导，各归口单位、直属单位党组织负责人，机关各处室处长、副处长等 100 余人参加会议。

市经济信息化纪工委召开部分央企纪委书记会议，传达学习党的十七届四中全会、十七届中央纪委四次全会、市纪委常委扩大会以及市经济信息化工作党委系统党员负责干部会议精神。市经济信息化纪工委书记黄肇达出席会议并讲话。系统部分中央在沪企业纪委书记参加了会议。

27 日　市经济信息化系统各界人士纪念建国 60 周年座谈会召开。市经济信息化工作党委副书记、市经济信息化委主任王坚出席会议并讲话，市经济信息化工作党委副书记张金康主持会议。市经济信息化两委领导，系统老干部、老党员、老劳模代表、两院院士、人大代表、政协委员、民主党派人士、无党派人士、少数民族代表、基层联系点党组织代表，一线职工、工青妇代表、世博建设者、世博志愿者代表等 80 余人出席会议。

28 日　按照市委书记俞正声的指示精神，市经信委组织召开专题会议，成立“支持都江堰市产业发展工作小组”。组织近 100 户企业和行业协会参加“都江堰市灾后重建介绍暨项目推介会”，并参与工业恳谈会分会场洽谈，副主任金兴明到会致辞。会上，张江、漕河泾、奉浦等 3 个开发区与都江堰市川苏科技产业园签署战略合作协议。

10 月

10 日　市经信委主任王坚出席市国防动员委 13 次全体（扩大）会议暨世博安保综合演练活动。

12 日　市经信委举行软件和信息服务业活动周开幕式，市经信委主任王坚出席并讲话。

13 日　市经信委召开创意产业集聚区工作推进会议，市经信委主任王坚出席并讲话。

市经济信息化工作党委召开系统中心组联组学习会，党委书记潘志纯主持会议并讲话。会议邀请宝钢集团副董事长、党委书记刘国胜作“学习贯彻十七届四中全会精神，充分发挥党组织政治核心作用”专题辅导报告。系统归口单位中心组成员、系统宣传干部培训班学员、两委机关处室负责人 300 余人参加会议。

14 日　市经济信息化委召开各区（县）经济和信息化主管部门负责人工作会议。市经济信息化委主任王坚出席会议并讲话，回顾 2009 年以来全市产业和信息化发展工作情况。副主任金兴明主持会议，副主任尚玉英、陈跃华、傅新华，副巡视员施兴德出席会议。嘉定区、奉贤区、金山区的经委负责人和宝山区、长宁区、闵行区的信息委负责人作交流发言，各区（县）经济和信息化主管部门负责人及市经济信息化委各处室处长参加会议。

15 日　2009 上海国际创意产业活动周开幕式在静安区 800 秀创意产业集聚区举行。全国政协副主席厉无畏，上海市委常委、宣传部部长王仲伟，市经信委主任王坚等出席开幕式。创意产业活动周以“创意 · 遇见世博、设计 · 品位生活”为主题，包括上海国际创意产业博览会、上海国际创意产业论坛等板块。

18 日　上海外高桥造船有限公司迎来成立 10 周年纪念日。中共中央政治局常委、全国人大常委会委员长吴邦国，中共中央政治局委员、国务院副总理张德江发来贺信。庆祝仪式上，对公司的造船功臣进行表彰。同日，外高桥造船公司为新加坡海洋油船有限公司建造的绿色环保型 31.9 万载重吨超级油轮“九华山”号举行命名仪式。

19 日　上海电机厂举行主题报告会，回顾建厂 60 年走过的艰苦奋斗历程，展望未来美好前景。在上海电机厂喜迎建厂 60 周年之际，江泽民同志为上海电机厂建厂 60 周年题词：“解放思想，发扬双水内冷电机的首创精神。”市委副书记殷一璀出席报告会并讲话。

21 日　市经济信息化工作党委召开专题会议，研究深入贯彻党的十七届四中全会精神，党委副书记张金康主持会议。纪工委书记黄肇达、副巡视员汪仲华及各处室负责人出席会议。

市经济信息化委召开 2009 上海市新能源汽车领域高新技术产业化中小企业对接会，发布新能源汽车高新技术产业化首批 65 个项目目录和联系方式。市经济信息化委副主任尚玉英出席对接会并讲话。会上，上海德朗能、上海大郡、上燃动力等3户企业作交流发言。上汽集团与航天电源、中科深江与力帆集团、上海华普与电驱动、上海雷博与上海申龙签署产业化合作的意向协议，嘉定区政府发布相应的支持政策，力争在国际汽车城新能源汽车及关键零部件产业基地形成新的产业集聚。

30日 由中国中小企业协会与上海市人民政府主办，市经济信息化委、市商务委、奉贤区政府共同承办的第三届中国中小企业节拉开帷幕。中共中央政治局委员、上海市委书记俞正声发来贺信。全国政协副主席李金华，中国中小企业协会名誉会长顾秀莲，市委副书记、市长韩正出席开幕式并致辞。工业和信息化部部长李毅中也发来贺信。市人大常委会主任刘云耕、市政协主席冯国勤、副市长艾宝俊、中国中小企业协会会长李子彬等出席开幕式。

本届中小企业节以“信心·机遇·创新·发展”为主题。还将发布《第三届中国中小企业节“上海宣言”》、《中国中小企业发展蓝皮书》、“2009年度中国中小企业创新成果”、“2009年度中国中小企业创新人物奖”等。

31日 市经信委主任王坚出席“第三届中国中小企业节”举办的高新技术产业化与中小企业发展论坛，并发表演讲。

11月

2日 中国商用飞机有限责任公司市场研究中心在上海正式成立。市场研究中心主要承担民用飞机市场研究与预测、销售支援、市场竞争分析、客户选型管理等工作，努力成为中国民机市场研究的权威机构，为包括ARJ21新支线飞机和C919大型客机在内的民机项目发展提供充分的市场需求和客户需求依据，推动公司建立满足飞机销售、市场和客户需要的完善而强大的市场研究和销售支援体系。

3日 2009中国国际工业博览会在上海新国际博览中心开幕。中共中央政治局委员、上海市委书记俞正声发来贺信。市委副书记、市长韩正，市人大常委会主任刘云耕，市政协主席冯国勤，国家发展改革委副主任刘铁男，工业和信息化部副部长苗圩，科技部副部长杜占元，教育部副部长陈希，商务部部长助理崇泉，中国工程院副院长旭日干，中国贸促会副会长董松根，中国商用飞机有限责任公司总经理金壮龙，市经信委主任王坚等出席开幕式。主办单位领导共同启动2009中国国际工业博览会开幕按钮。市委常委、常务副市长杨雄主持开幕式。

开幕式前，韩正等领导在展厅内参观世博科技、数控机床与金属加工、科技创新、航空航天技术、环保技术与设备、信息与通信技术应用、新能源与电力电工、工业自动化、教育部和高校科研成果等项目。

副市长唐登杰、艾宝俊、沈晓明和青海、河北、宁夏、吉林、安徽、湖北、广东、四川、陕西等省领导以及中国工业机械联合会执行副会长杨学桐等出席开幕式。

3日 上海国际汽车城获得的国家级“海外高层次人才创新创业基地”正式揭牌。这是上海9家国家级海外高层次人才创新型创业基地之一，也是国家级人才基地中唯一一家综合性汽车人才基地。

5日 中石化上海石化股份公司宣布，具有完全自主知识产权的年产15万吨碳五分离装置打通全流程，产出合格产品。碳五是乙烯生产中的副产品，每生产10吨乙烯产生1吨碳五。经过对碳五的分离精制，可得到异戊二烯、间戊二烯等一系列精细化工原料。这些精细化工原料广泛应用于人们日常生活中化妆品、维生素E、香精香料等产品中。

6日 市经济信息化两委召开中心组学习会，学习中办印发的《关于进一步从严管理干部的意见》精神，讨论研究加强两委机关干部队伍建设的意见。党委书记潘志纯主持会议并讲话。两委中心组成员和有关处室负责人出席会议。

7日 2009中国国际工业博览会在上海新国际博览中心圆满落幕。本届工博会评出金奖4项、银奖9项、铜奖14项、创新奖12项。本届工博会产品和技术成交总额17.44亿元，比上届增长42.8%。市委常委、常务副市长杨雄，全国政协常委蒋以任出席仪式并分别向获奖单位代表颁奖。

被誉为“电网2.0”的智能电网将在上海建成示范区。国家科技部和上海市政府将在智能电网世博示范工程的基础上，共同推进智能电网上海示范区，为深化国家智能电网总体发展战略提供应用示范。

12日 中国电信视讯运营中心在上海正式挂牌并同时举行天翼视讯平台启动仪式。市委常委、浦东新区区委书记徐麟，中国电信副总经理孙康敏及市经济信息化委主任王坚等出席仪式。中国电信还正式发布天翼视讯客户端系列产品。

13日 市经济信息化工作党委召开第13次党委会（扩大），传达九届市委九次全会精神，研究有关工作。两委领导班子成员出席会议。

13日 市经济信息化工作党委召开处室负责人会议，传达九届市委九次全会精神，部署近期工作。党委书记潘志纯主持会议并讲话。党委领导和职能处室负责人出席会议。

14日 市经济信息化委主任王坚出席TFT项目重组签字仪式。

16～17日 市经济信息化委主任王坚召开专题会议，研究海洋工程、电子信息制造业、新能源、重大装备业领域高新技术产业化推进工作，以及高新工程资金相关事项。

23日 宝钢集团与澳大利亚Aquila资源有限公司在北京举行股权交接仪式。宝钢集团以现金2.86亿澳元收购Aquila公司15%股权，成为其第二大股东。收购完成后，宝钢集团向Aquila公司委派一名董事。同时，宝钢集团还与Aquila公司签署关于战略合作的备忘录，双方将在资源项目层面开展进一步合作。

25日 上海汽车集团股份有限公司和唐山市人民政府签署框架协议，双方将在唐山曹妃甸合资建立新能源汽车生产基地。这标志着上海新能源汽车产业跨地域合作迈出重要一步。上汽集团的技术、人才、品牌等优势将与曹妃甸的港口、区位、原材料优势形成互补与共享，新能源汽车产品将辐射唐山、河北乃至华北的环渤海大市场需求。

26日 “新能源汽车动力锂离子电池项目”投资签约仪式在上海闵行航天城举行。上海航天工业总公司、上海空间电源研究所、宁波杉杉股份有限公司、深圳大族激光科技股份有限公司四方股东签署首期9000万元投资协议。项目公司计划至2012年注册资本累计达4.5亿元，总投资达7亿元，形成年产1亿安时的车用动力锂离子电池生产能力。

29日 市经济信息化工作党委在地铁7号线肇嘉浜路站举行系统迎世博“百千万”活动之“世博先锋行动”党员主题实践日活动。党委书记潘志纯出席活动并作动员讲话。

30日 市经济信息化工作党委学习实践活动领导小组召开第三批学习实践科学发展观活动交流推进会，党委副书记、学习实践活动领导小组副组长张金康，市委第三批学习实践活动第五巡回检查组组长王隔香出席会议，市经济信息化纪工委书记、学习实践活动领导小组成员黄肇达主持会议。

上海飞机设计研究院暨中国商飞设计研发中心揭牌。根据中央机构编制委员会办公室下发的《关于上海飞机设计研究所机构编制调整的批复》，原上海飞机设计研究所更名为上海飞机设计研究院。创建于20世纪70年代的上海飞机设计研究所是国内大中型民用飞机设计研究机构，曾成功设计我国首架大型客机——运10飞机，出色完成了中美合作生产的35架MD—82/83和2架MD-90干线客机联络工程和适航任务。

12月

1日 由市人大常委会组织的2009年市人大代表集中视察活动拉开序幕。市人大常委会主任刘云耕、副主任杨定华参加高新技术产业化的视察。80余名市人大代表和在沪全国人大代表围绕推进高新技术产业化主题，实地视察尚德太阳能电力有限公司，市经信委副主任金兴明在座谈会上汇报推进本市高新技术产业化8个重点领域的情况。

2日 市经济信息化委主任王坚召开专题会，研究开发区管理工作以及技术改造和专项资金安排工作。

7日 市经济信息化两委召开党政联席会议，传达市委务虚会精神，并研究有关工作。党委书记潘志纯主持会议，党政班子成员出席会议。

9日 市经济信息化委召开信息服务业、创意产业，以及两化融合、生产性服务业专题会议。市经信委主任王坚出席会议并讲话。

市政府举行新闻发布会，发布《关于促进上海新能源产业发展的若干规定》和《关于促进上海新能源汽车产业发展的若干政策规定》。

10日 沪东中华造船（集团）有限公司建造的液化天然气船（LNG）“大鹏星”号命名。“大鹏星”号装载量为14.7万立方米，是目前国际公认的高技术、高可靠性、高附加值的“三高”特殊船，集中了当今世界最先进的造船技术。

10～12日 “2009年上海国际城市公共安全博览会暨高层论坛”在上海展览中心举办。

日前，江苏省盐城市在上海举行园区共建集中签约仪式。来自盐城的11个省级开发区与上海漕河泾新兴技术开发区、上海西郊经济技术开发区、上海嘉定工业区等园区的负责人共谋发展大计，双方选择一批投资亿元以上或3000万美元以上项目进行签约，总投资为41.2亿元。

14日 市经济信息化两委召开贯彻落实党风廉政责任制和党建责任制情况汇报会。市委常委、组织部长沈红光肯定两委在贯彻落实责任制上的做法和成绩，并就进一步加强责任制建设提出意见。市委组织部副部长冯小敏代表检查组反馈对两委责任制贯彻落实情况检查的意见。党委书记潘志纯代表两委班子就贯彻落实党风廉政建设责任制、加强惩治和预防腐败体系建设、落实党建工作责任制、规范干部选拔任用、加强干部队伍建设等工作作专题汇报。检查组组长、市纪委常委、市监察局副局长黄建平主持会议。两委领导班子成员出席会议，机关各职能处室负责人列席会议。

16日 市政府召开迎峰度冬工作动员会议。副市长艾宝俊出席会议并讲话，市经信委主任王坚主持会议，市经信委副主任尚玉英以及电力部门负责人参加会议。

上海浦东新区政府与大唐电信科技产业集团签署合作框架协议，金桥股份公司与大唐电信科技产业控股有限公司签署产业园项目合作意向书，“大唐上海产业园”将落户浦东金桥开发区，双方将合力推动我国自主创新的TD-SCDMA产业发展实现新跨越，打造浦东通信产业新高地。市委副书记、市长韩正，市委常委、浦东新区区委书记徐麟，副市长艾宝俊等出席签约仪式。

17日 市经济信息化两委召开系统单位内保培训暨工作会议。党委书记潘志纯出席会议并讲话。市国防科工办副主任沈庭忠主持会议，党委秘书长陈更对系统世博内保有关工作进行部署。会上，市公安局反恐总队、治安总队、市网安办等单位的内保工作专家为系统各单位进行培训；上海石化、电力股份和上海航天作交流发言；系统世博安保重点单位与党委签署内保工作责任书。系统各单位安保工作负责人300余人参加会议。

世博会城市最佳实践区——南市发电厂改建工程顺利完工，转入内部装饰和布展，这一老建筑改建不仅降低费用，也保护了历史文化。上海世博会园区有30多万平方米场馆由老建筑改建而成，这些老建筑将被用于展馆、临江餐馆、博物馆等，如此大规模改造利用，开创了世博会历史先河。

17日 漕河泾开发区发展总公司、浙江省海宁市政府、海宁经济开发区全面合作协议签约仪式在杭州举行，漕河泾开发区海宁分区同时揭牌。市长韩正、浙江省省长吕祖善、国家商务部副部长马秀红分别发来贺信。法国博旭瓦、上海建中医疗器械包装、台湾兆阳科技、仲量联行等企业分别与漕河泾开发区海宁分区经济发展有限公司签订项目投资及战略合作协议；交通银行嘉兴分行、工商银行嘉兴分行、建设银行嘉兴分行、农业银行嘉兴分行分别与海宁分区经济发展有限公司签订银企合作协议。

18日 青浦工业园区迎来新一轮投资开工热潮。西氏医药、HMP、美瑞实业、嘉恒医疗等13个科技含量高、带动性强的产业项目签约落户青浦工业园区，总投资30亿元。同时，九州通药业、安信伟光、海华光电材料等18个重大工业项目也于当天集中开工。

经过两年多时间研发的国内第一套新能源汽车监控系统——“上汽新能源汽车远程监控系统”项目通过专家组验收，该系统不但将确保世博园汽车的安全运行，还满足了工信部制定的新能源汽车准入规则。

由上海工程技术大学和中国人民解放军某部队飞行仿真技术研究所、上海航空公司共同研制的具有自主知识产权的民航飞行模拟机开航仪式举行。由这3家单位共同组建的上海飞行仿真技术研究中心同时成立。中国交通运输协会会长钱永昌、副市长艾宝俊出席仪式。

日前，由建设部中国城市科学研究会发起的“中国上海低碳经济发展创新基地”落户上海松江区泗泾镇，项目预计投入8亿元用于基地基础设施建设、购置科研设备及核心软件等。基地由低碳经济研发中心、低碳经济技术产品展示中心、低碳产业孵化中心、碳排放交易中心、低碳生活示范区等组成，以科学研究、市场开发、产业发展为主线，将形成完整的低碳经济产业链。

22日 市经济信息化工作党委按照市委要求，组织系统党政领导讨论市经济工作会议精神。市经济信息化两委领导班子、处室负责人、系统中央在沪单位和直属（归口）单位的党政主要负责人共160余人参加讨论。

25日 金山、奉贤两分区正式纳入上海化学工业区“一体化管理”。第一阶段，上海化工区管辖面积将拓展为36.1平方公里。其中，金山分区面积为2.9平方公里，奉贤分区面积为3.8平方公里。第二阶段，将结合区域发展规划的进展情况，为分区发展扩大预留地，届时，化工区加上两个分区将形成41.6平方公里的化工产业基地。同时，三区将实现信息资源共享。

C919大型客机机头工程样机主体结构在上海正式交付。机头工程样机首次采用模块化定义规范，开展全三维数字化设计和模块化管理，是大型客机项目研制过程中取得的一项重要阶段性成果，计划2010年转入系统安装调试。

26日 上海发电设备成套设计研究院“薪火相传再创辉煌”庆祝建院50周年大会举行。江泽民同志为上海发电设备成套设计研究院建院50周年题词。中共中央政治局委员、市委书记俞正声发来贺信。全国人大常委会副委员长华建敏，原国务院副总理曾培炎，国家发改委副主任、国家能源局局长张国宝等发来贺信或题词。市委副书记、市长韩正出席大会并讲话，全国政协常委蒋以任出席。

长兴岛上横贯整个岛屿的东西向主干道—潘圆公路、海洋装备基地配套道路、凤凰小镇76万平方米配套商品房等十大工程同时开工，标志着以提升海洋装备产业为重点，兼顾生态水源建设和特色景观旅游的长兴岛新一轮建设全面启动。副市长艾宝俊出席开工仪式。

28日 中国商飞公司总装制造中心浦东基地在浦东新区祝桥镇开工奠基。市委副书记、市长韩正，中国商飞公司董事长、党委书记张庆伟出席奠基仪式。市委常委、浦东新区区委书记徐麟，国务院大型飞机重大专项专家咨询委员会主任委员、中国商飞公司专家咨询组组长张彦仲院士，副市长艾宝俊等出席奠基仪式。

2009年，全市规模以上工业企业完成工业总产值23873亿元，可比增长3.2%；完成工业增加值5152亿元，增长3%；实现利润1406亿元，增长43.8%。完成出口交货值6682亿元，下降11.7%。完成工业投资总额1420亿元，增长0.2%。全市工业产销率为99.04%，比全国平均水平高3.04个百分点。规模以上万元工业增加值能耗下降5%，节约标煤112万吨。

（王耀鑫、李　白）

2010·上海工业年鉴

SHANGHAI INDUSTRIAL YEARBOOK

2009年国家颁布的主要经济法律、法规目录

中华人民共和国食品安全法

（2009年2月28日第十一届全国人民代表大会常务委员会第七次会议通过）

中华人民共和国可再生能源法

（2005年2月28日第十届全国人民代表大会常务委员会第十四次会议通过，根据2009年12月26日第十一届全国人民代表大会常务委员会第十二次会议《关于修改〈中华人民共和国可再生能源法〉的决定》修正）

废弃电器电子产品回收处理管理条例

（2009年2月25日国务院令第551号公布）

中华人民共和国食品安全法实施条例

（2009年7月20日国务院令第557号公布）

农业机械安全监督管理条例

（2009年9月17日国务院令第563号公布）

国务院关于进一步促进中小企业发展的若干意见

（国发〔2009〕36号）

各省、自治区、直辖市人民政府，国务院各部委、各直属机构：

中小企业是我国国民经济和社会发展的重要力量，促进中小企业发展，是保持国民经济平稳较快发展的重要基础，是关系民生和社会稳定的重大战略任务。受国际金融危机冲击，去年下半年以来，我国中小企业生产经营困难。中央及时出台相关政策措施，加大财税、信贷等扶持力度，改善中小企业经营环境，中小企业生产经营出现了积极变化，但发展形势依然严峻。主要表现在：融资难、担保难问题依然突出，部分扶持政策尚未落实到位，企业负担重，市场需求不足，产能过剩，经济效益大幅下降，亏损加大等。必须采取更加积极有效的政策措施，帮助中小企业克服困难，转变发展方式，实现又好又快发展。现就进一步促进中小企业发展提出以下意见：

一、进一步营造有利于中小企业发展的良好环境

（一）完善中小企业政策法律体系。落实扶持中小企业发展的政策措施，清理不利于中小企业发展的法律法规和规章制度。深化垄断行业改革，扩大市场准入范围，降低准入门槛，进一步营造公开、公平的市场环境。加快制定融资性担保管理办法，修订《贷款通则》，修订中小企业划型标准，明确对小型企业的扶持政策。

（二）完善政府采购支持中小企业的有关制度。制定政府采购扶持中小企业发展的具体办法，提高采购中小企业货物、工程和服务的比例。进一步提高政府采购信息发布透明度，完善政府公共服务外包制度，为中小企业创造更多的参与机会。

（三）加强对中小企业的权益保护。组织开展对中小企业相关法律和政策特别是金融、财税政策贯彻落实情况的监督检查，发挥新闻舆论和社会监督的作用，加强政策效果评价。坚持依法行政，保护中小企业及其职工的合法权益。

（四）构建和谐劳动关系。采取切实有效措施，加大对劳动密集型中小企业的支持，鼓励中小企业不裁员、少裁员，稳定和增加就业岗位。对中小企业吸纳困难人员就业、签订劳动合同并缴纳社会保险费的，在相应期限内给予基本养老保险补贴、基本医疗保险补贴、失业保险补贴。对受金融危机影响较大的困难中小企业，将阶段性缓缴社会保险费或降低费率政策执行期延长至2010年底，并按规定给予一定期限的社会保险补贴或岗位补贴、在岗培训补贴等。中小企业可与职工就工资、工时、劳动定额进行协商，符合条件的，可向当地人力资源社会保障部门申请实行综合计算工时和不定时工作制。

二、切实缓解中小企业融资困难

（五）全面落实支持小企业发展的金融政策。完善小企业信贷考核体系，提高小企业贷款呆账核销效率，建立完善信贷人员尽职免责机制。鼓励建立小企业贷款风险补偿基金，对金融机构发放小企业贷款按增量给予适度补助，对小企业不良贷款损失给予适度风险补偿。

（六）加强和改善对中小企业的金融服务。国有商业银行和股份制银行都要建立小企业金融服务专营机构，完善中小企业授信业务制度，逐步提高中小企业中长期贷款的规模和比重。提高贷款审批效率，创新金融产品和服务方式。完善财产抵押制度和贷款抵押物认定办法，采取动产、应收账款、仓单、股权和知识产权质押等方式，缓解中小企业贷款抵质押不足的矛盾。对商业银行开展中小企业信贷业务实行差异化的监管政策。建立和完善中小企业金融服务体系。加快研究鼓励民间资本参与发起设立村镇银行、贷款公司等股份制金融机构的办法；积极支持民间资本以投资入股的方式，参与农村信用社改制为农村商业（合作）银行、城市信用社改制为城市商业银行以及城市商业银行的增资扩股。支持、规范发展小额贷款公司，鼓励有条件的小额贷款公司转为村镇银行。

（七）进一步拓宽中小企业融资渠道。加快创业板市场建设，完善中小企业上市育成机制，扩大中小企业上市规模，增加直接融资。完善创业投资和融资租赁政策，大力发展创业投资和融资租赁企业。鼓励有关部门和地方政府设立创业投资引导基金，引导社会资金设立主要支持中小企业的创业投资企业，积极发展股权投资基金。发挥融资租赁、典当、信托等融资方式在中小企业融资中的作用。稳步扩大中小企业集合债券和短期融资券的发行规模，积极培育和规范发展产权交易市场，为中小企业产权和股权交易提供服务。

（八）完善中小企业信用担保体系。设立包括中央、地方财政出资和企业联合组建的多层次中小企业融资担保基金和担保机构。各级财政要加大支持力度，综合运用资本注入、风险补偿和奖励补助等多种方式，提高担保机构对中小企业的融资担保能力。落实好对符合条件的中小企业信用担保机构免征营业税、准备金提取和代偿损失税前扣除的政策。国土资源、住房城乡建设、金融、工商等部门要为中小企业和担保机构开展抵押物和出质的登记、确权、转让等提供优质服务。加强对融资性担保机构的监管，引导其规范发展。鼓励保险机构积极开发为中小企业服务的保险产品。

（九）发挥信用信息服务在中小企业融资中的作用。推进中小企业信用制度建设，建立和完善中小企业信用信息征集机制和评价体系，提高中小企业的融资信用等级。完善个人和企业征信系统，为中小企业融资提供方便快速的查询服务。构建守信受益、失信惩戒的信用约束机制，增强中小企业信用意识。

三、加大对中小企业的财税扶持力度

（十）加大财政资金支持力度。逐步扩大中央财政预算扶持中小企业发展的专项资金规模，重点支持中小企业技术创新、结构调整、节能减排、开拓市场、扩大就业，以及改善对中小企业的公共服务。加快设立国家中小企业发展基金，发挥财政资金的引导作用，带动社会资金支持中小企业发展。地方财政也要加大对中小企业的支持力度。

（十一）落实和完善税收优惠政策。国家运用税收政策促进中小企业发展，具体政策由财政部、税务总局会同有关部门研究制定。为有效应对国际金融危机，扶持中小企业发展，自2010年1月1日至2010年12月31日，对年应纳税所得额低于3万元（含3万元）的小型微利企业，其所得减按50%计入应纳税所得额，按20%的税率缴纳企业所得税。中小企业投资国家鼓励类项目，除《国内投资项目不予免税的进口商品目录》所列商品外，所需的进口自用设备以及按照合同随设备进口的技术及配套件、备件，免征进口关税。中小企业缴纳城镇土地使用税确有困难的，可按有关规定向省级财税部门或省级人民政府提出减免税申请。中小企业因有特殊困难不能按期纳税的，可依法申请在三个月内延期缴纳。

（十二）进一步减轻中小企业社会负担。凡未按规定权限和程序批准的行政事业性收费项目和政府性基金项目，均一律取消。全面清理整顿涉及中小企业的收费，重点是行政许可和强制准入的中介服务收费、具有垄断性的经营服务收费，能免则免，能减则减，能缓则缓。严格执行收费项目公示制度，公开前置性审批项目、程序和收费标准，严禁地方和部门越权设立行政事业性收费项目，不得擅自将行政事业性收费转为经营服务性收费。进一步规范执收行为，全面实行中小企业缴费登记卡制度，设立各级政府中小企业负担举报电话。健全各级政府中小企业负担监督制度，严肃查处乱收费、乱罚款及各种摊派行为。任何部门和单位不得通过强制中小企业购买产品、接受指定服务等手段牟利。严格执行税收征收管理法律法规，不得违规向中小企业提前征税或者摊派税款。

四、加快中小企业技术进步和结构调整

（十三）支持中小企业提高技术创新能力和产品质量。支持中小企业加大研发投入，开发先进适用的技术、工艺和设备，研制适销对路的新产品，提高产品质量。加强产学研联合和资源整合，加强知识产权保护，重点在轻工、纺织、电子等行业推进品牌建设，引导和支持中小企业创建自主品牌。支持中华老字号等传统优势中小企业申请商标注册，保护商标专用权，鼓励挖掘、保护、改造民间特色传统工艺，提升特色产业。

（十四）支持中小企业加快技术改造。按照重点产业调整和振兴规划要求，支持中小企业采用新技术、新工艺、新设备、新材料进行技术改造。中央预算内技术改造专项投资中，要安排中小企业技术改造资金，地方政府也要安排中小企业技术改造专项资金。中小企业的固定资产由于技术进步原因需加速折旧的，可按规定缩短折旧年限或者采取加速折旧的方法。

（十五）推进中小企业节能减排和清洁生产。促进重点节能减排技术和高效节能环保产品、设备在中小企业的推广应用。按照发展循环经济的要求，鼓励中小企业间资源循环利用。鼓励专业服务机构为中小企业提供合同能源管理、节能设备租赁等服务。充分发挥市场机制作用，综合运用金融、环保、土地、产业政策等手段，依法淘汰中小企业中的落后技术、工艺、设备和产品，防止落后产能异地转移。严格控制过剩产能和“两高一资”行业盲目发展。对纳入环境保护、节能节水企业所得税优惠目录的投资项目，按规定给予企业所得税优惠。

（十六）提高企业协作配套水平。鼓励中小企业与大型企业开展多种形式的经济技术合作，建立稳定的供应、生产、销售等协作关系。鼓励大型企业通过专业分工、服务外包、订单生产等方式，加强与中小企业的协作配套，积极向中小企业提供技术、人才、设备、资金支持，及时支付货款和服务费用。

（十七）引导中小企业集聚发展。按照布局合理、特色鲜明、用地集约、生态环保的原则，支持培育一批重点示范产业集群。加强产业集群环境建设，改善产业集聚条件，完善服务功能，壮大龙头骨干企业，延长产业链，提高专业化协作水平。鼓励东部地区先进的中小企业通过收购、兼并、重组、联营等多种形式，加强与中西部地区中小企业的合作，实现产业有序转移。

（十八）加快发展生产性服务业。鼓励支持中小企业在科技研发、工业设计、技术咨询、信息服务、现代物流等生产性服务业领域发展。积极促进中小企业在软件开发、服务外包、网络动漫、广告创意、电子商务等新兴领域拓展，扩大就业渠道，培育新的经济增长点。

五、支持中小企业开拓市场

（十九）支持引导中小企业积极开拓国内市场。支持符合条件的中小企业参与家电、农机、汽车摩托车下乡和家电、汽车“以旧换新”等业务。中小企业专项资金、技术改造资金等要重点支持销售渠道稳定、市场占有率高的中小企业。采取财政补助、降低展费标准等方式，支持中小企业参加各类展览展销活动。支持建立各类中小企业产品技术展示中心，办好中国国际中小企业博览会等展览展销活动。鼓励电信、网络运营企业以及新闻媒体积极发布市场信息，帮助中小企业宣传产品，开拓市场。

（二十）支持中小企业开拓国际市场。进一步落实出口退税等支持政策，研究完善稳定外需、促进外贸发展的相关政策措施，稳定和开拓国际市场。充分发挥中小企业国际市场开拓资金和出口信用保险的作用，加大优惠出口信贷对中小企业的支持力度。鼓励支持有条件的中小企业到境外开展并购等投资业务，收购技术和品牌，带动产品和服务出口。

（二十一）支持中小企业提高自身市场开拓能力。引导中小企业加强市场分析预测，把握市场机遇，增强质量、品牌和营销意识，改善售后服务，提高市场竞争力。提升和改造商贸流通业，推广连锁经营、特许经营等现代经营方式和新型业态，帮助和鼓励中小企业采用电子商务，降低市场开拓成本。支持餐饮、旅游、休闲、家政、物业、社区服务等行业拓展服务领域，创新服务方式，促进扩大消费。

六、努力改进对中小企业的服务

（二十二）加快推进中小企业服务体系建设。加强统筹规划，完善服务网络和服务设施，积极培育各级中小企业综合服务机构。通过资格认定、业务委托、奖励等方式，发挥工商联以及行业协会（商会）和综合服务机构的作用，引导和带动专业服务机构的发展。建立和完善财政补助机制，支持服务机构开展信息、培训、技术、创业、质量检验、企业管理等服务。

（二十三）加快中小企业公共服务基础设施建设。通过引导社会投资、财政资金支持等多种方式，重点支持在轻工、纺织、电子信息等领域建设一批产品研发、检验检测、技术推广等公共服务平台。支持小企业创业基地建设，改善创业和发展环境。鼓励高等院校、科研院所、企业技术中心开放科技资源，开展共性关键技术研究，提高服务中小企业的水平。完善中小企业信息服务网络，加快发展政策解读、技术推广、人才交流、业务培训和市场营销等重点信息服务。

（二十四）完善政府对中小企业的服务。深化行政审批制度改革，全面清理并进一步减少、合并行政审批事项，实现审批内容、标准和程序的公开化、规范化。投资、工商、税务、质检、环保等部门要简化程序、缩短时限、提高效率，为中小企业设立、生产经营等提供便捷服务。地方各级政府在制定和实施土地利用总体规划和年度计划时，要统筹考虑中小企业投资项目用地需求，合理安排用地指标。

七、提高中小企业经营管理水平

（二十五）引导和支持中小企业加强管理。支持培育中小企业管理咨询机构，开展管理咨询活动。引导中小企业加强基础管理，强化营销和风险管理，完善治理结构，推进管理创新，提高经营管理水平。督促中小企业苦练内功、降本增效，严格遵守安全、环保、质量、卫生、劳动保障等法律法规，诚实守信经营，履行社会责任。

（二十六）大力开展对中小企业各类人员的培训。实施中小企业银河培训工程，加大财政支持力度，充分发挥行业协会（商会）、中小企业培训机构的作用，广泛采用网络技术等手段，开展政策法规、企业管理、市场营销、专业技能、客户服务等各类培训。高度重视对企业经营管理者的培训，在 3 年内选择 100 万家成长型中小企业，对其经营管理者实施全面培训。

（二十七）加快推进中小企业信息化。继续实施中小企业信息化推进工程，加快推进重点区域中小企业信息化试点，引导中小企业利用信息技术提高研发、管理、制造和服务水平，提高市场营销和售后服务能力。鼓励信息技术企业开发和搭建行业应用平台，为中小企业信息化提供软硬件工具、项目外包、工业设计等社会化服务。

八、加强对中小企业工作的领导

（二十八）加强指导协调。成立国务院促进中小企业发展工作领导小组，加强对中小企业工作的统筹规划、组织领导和政策协调，领导小组办公室设在工业和信息化部。各地可根据工作需要，建立相应的组织机构和工作机制。

（二十九）建立中小企业统计监测制度。统计部门要建立和完善对中小企业的分类统计、监测、分析和发布制度，加强对规模以下企业的统计分析工作。有关部门要及时向社会公开发布发展规划、产业政策、行业动态等信息，逐步建立中小企业市场监测、风险防范和预警机制。

促进中小企业健康发展既是一项长期战略任务，也是当前保增长、扩内需、调结构、促发展、惠民生的紧迫任务。各地区、各有关部门要进一步提高认识，统一思想，结合实际，尽快制定贯彻本意见的具体办法，并切实抓好落实。

国务院

二〇〇九年九月十九日

电子认证服务管理办法

（2009 年 2 月 18 日工业和信息化部令第 1 号公布）

第一章　总则

第一条　为了规范电子认证服务行为，对电子认证服务提供者实施监督管理，根据《中华人民共和国电子签名法》和其他法律、行政法规的规定，制定本办法。

第二条　本办法所称电子认证服务，是指为电子签名相关各方提供真实性、可靠性验证的活动。

本办法所称电子认证服务提供者，是指为需要第三方认证的电子签名提供认证服务的机构（以下称为“电子认证服务机构”）。

向社会公众提供服务的电子认证服务机构应当依法设立。

第三条　在中华人民共和国境内设立电子认证服务机构和为电子签名提供电子认证服务，适用本办法。

第四条　中华人民共和国工业和信息化部（以下简称“工业和信息化部”）依法对电子认证服务机构和电子认证服务实施监督管理。

第二章　电子认证服务机构

第五条　电子认证服务机构应当具备下列条件：

（一）具有独立的企业法人资格。

（二）具有与提供电子认证服务相适应的人员。从事电子认证服务的专业技术人员、运营管理人员、安全管理人员和客户服务人员不少于三十名，并且应当符合相应岗位技能要求。

（三）注册资本不低于人民币三千万元。

（四）具有固定的经营场所和满足电子认证服务要求的物理环境。

（五）具有符合国家有关安全标准的技术和设备。

（六）具有国家密码管理机构同意使用密码的证明文件。

（七）法律、行政法规规定的其他条件。

第六条　申请电子认证服务许可的，应当向工业和信息化部提交下列材料：

（一）书面申请。

（二）人员证明。

（三）资金证明（经依法审计的近三年的财务会计报告，新成立公司的验资报告）。

（四）经营场所证明。

（五）国家有关认证检测机构出具的技术、设备、物理环境符合国家有关安全标准的凭证。

（六）国家密码管理机构同意使用密码的证明文件。

第七条　工业和信息化部对提交的申请材料进行形式审查。申请材料齐全、符合法定形式的，应当向申请人出具受理通知书。申请材料不齐全或者不符合法定形式的，应当当场或者在五日内一次告知申请人需要补正的全部内容。

第八条　工业和信息化部对决定受理的申请材料进行实质审查。需要对有关内容进行核实的，指派两名以上工作人员实地进行核查。

第九条　工业和信息化部对与申请人有关事项书面征求中华人民共和国商务部等有关部门的意见。

第十条　工业和信息化部应当自接到申请之日起四十五日内作出准予许可或者不予许可的书面决定。不予许可的，应当书面通知申请人并说明理由；准予许可的，颁发《电子认证服务许可证》，并公布下列信息：

（一）《电子认证服务许可证》编号。

（二）电子认证服务机构名称。

（三）发证机关和发证日期。

电子认证服务许可相关信息发生变更的，工业和信息化部应当及时公布。

《电子认证服务许可证》的有效期为五年。

第十一条　取得电子认证服务许可的，应当持《电子认证服务许可证》到工商行政管理机关办理相关手续。

第十二条　取得认证资格的电子认证服务机构，在提供电子认证服务之前，应当通过互联网公布下列信息：

（一）机构名称和法定代表人。

（二）机构住所和联系办法。

（三）《电子认证服务许可证》编号。

（四）发证机关和发证日期。

（五）《电子认证服务许可证》有效期的起止时间。

第十三条 电子认证服务机构在《电子认证服务许可证》的有效期内拟变更公司名称、住所、法定代表人、注册资本、类型、股东以及股东的出资方式、出资额、出资时间等事项的，在向公司登记机关申请变更登记前应当报工业和信息化部同意。

第十四条 《电子认证服务许可证》的有效期届满需要延续的，电子认证服务机构应当在许可证有效期届满三十日前向工业和信息化部申请办理延续手续，并自办结之日起五日内按照本办法第十二条的规定公布相关信息。

第三章 电子认证服务

第十五条 电子认证服务机构应当按照工业和信息化部公布的《电子认证业务规则规范》等要求，制定本机构的电子认证业务规则和相应的证书策略，在提供电子认证服务前予以公布，并向工业和信息化部备案。

电子认证业务规则和证书策略发生变更的，电子认证服务机构应当予以公布，并自公布之日起三十日内向工业和信息化部备案。

第十六条 电子认证服务机构应当按照公布的电子认证业务规则提供电子认证服务。

第十七条 电子认证服务机构应当保证提供下列服务：

（一）制作、签发、管理电子签名认证证书。

（二）确认签发的电子签名认证证书的真实性。

（三）提供电子签名认证证书目录信息查询服务。

（四）提供电子签名认证证书状态信息查询服务。

第十八条 电子认证服务机构应当履行下列义务：

（一）保证电子签名认证证书内容在有效期内完整、准确。

（二）保证电子签名依赖方能够证实或者了解电子签名认证证书所载内容及其他有关事项。

（三）妥善保存与电子认证服务相关的信息。

第十九条 电子认证服务机构应当建立完善的安全管理和内部审计制度。

第二十条 电子认证服务机构应当遵守国家的保密规定，建立完善的保密制度。

电子认证服务机构对电子签名人和电子签名依赖方的资料，负有保密的义务。

第二十一条 电子认证服务机构在受理电子签名认证证书申请前，应当向申请人告知下列事项：

（一）电子签名认证证书和电子签名的使用条件。

（二）服务收费的项目和标准。

（三）保存和使用证书持有人信息的权限和责任。

（四）电子认证服务机构的责任范围。

（五）证书持有人的责任范围。

（六）其他需要事先告知的事项。

第二十二条 电子认证服务机构受理电子签名认证申请后，应当与证书申请人签订合同，明确双方的权利义务。

第四章 电子认证服务的暂停、终止

第二十三条 电子认证服务机构在《电子认证服务许可证》的有效期内拟终止电子认证服务的，应当在终止服务六十日前向工业和信息化部报告，并办理《电子认证服务许可证》注销手续，持工业和信息化部的相关证明文件向工商行政管理机关申请办理注销登记或者变更登记。

第二十四条 电子认证服务机构拟暂停或者终止电子认证服务的，应当在暂停或者终止电子认证服务九十日前，就业务承接及其他有关事项通知有关各方。

电子认证服务机构拟暂停或者终止电子认证服务的，应当在暂停或者终止电子认证服务六十日前向工业和信息化部报告，并与其他电子认证服务机构就业务承接进行协商，作出妥善安排。

第二十五条 电子认证服务机构拟暂停或者终止电子认证服务，未能就业务承接事项与其他电子认证服务机构达成协议的，应当申请工业和信息化部安排其他电子认证服务机构承接其业务。

第二十六条 电子认证服务机构被依法吊销电子认证服务许可的，其业务承接事项按照工业和信息化部的规定处理。

第二十七条 电子认证服务机构有根据工业和信息化部的安排承接其他机构开展的电子认证服务业务的义务。

第五章 电子签名认证证书

第二十八条 电子签名认证证书应当准确载明下列内容：

（一）签发电子签名认证证书的电子认证服务机构名称。

（二）证书持有人名称。

（三）证书序列号。

（四）证书有效期。

（五）证书持有人的电子签名验证数据。

（六）电子认证服务机构的电子签名。

（七）工业和信息化部规定的其他内容。

第二十九条　有下列情况之一的，电子认证服务机构可以撤销其签发的电子签名认证证书：

（一）证书持有人申请撤销证书。

（二）证书持有人提供的信息不真实。

（三）证书持有人没有履行双方合同规定的义务。

（四）证书的安全性不能得到保证。

（五）法律、行政法规规定的其他情况。

第三十条　有下列情况之一的，电子认证服务机构应当对申请人提供的证明身份的有关材料进行查验，并对有关材料进行审查：

（一）申请人申请电子签名认证证书。

（二）证书持有人申请更新证书。

（三）证书持有人申请撤销证书。

第三十一条　电子认证服务机构更新或者撤销电子签名认证证书时，应当予以公告。

第六章　监督管理

第三十二条　工业和信息化部对电子认证服务机构进行定期、不定期的监督检查，监督检查的内容主要包括法律法规符合性、安全运营管理、风险管理等。

工业和信息化部对电子认证服务机构实行监督检查时，应当记录监督检查的情况和处理结果，由监督检查人员签字后归档。公众有权查阅监督检查记录。

工业和信息化部对电子认证服务机构实行监督检查，不得妨碍电子认证服务机构正常的生产经营活动，不得收取任何费用。

第三十三条　取得电子认证服务许可的电子认证服务机构，在电子认证服务许可的有效期内不得降低其设立时所应具备的条件。

第三十四条　电子认证服务机构应当如实向工业和信息化部报送认证业务开展情况报告、财务会计报告等有关资料。

第三十五条　电子认证服务机构有下列情况之一的，应当及时向工业和信息化部报告：

（一）重大系统、关键设备事故。

（二）重大财产损失。

（三）重大法律诉讼。

（四）关键岗位人员变动。

第三十六条　电子认证服务机构应当对其从业人员进行岗位培训。

第三十七条　工业和信息化部根据监督管理工作的需要，可以委托有关省、自治区和直辖市信息产业主管部门承担具体的监督管理事项。

第七章　罚则

第三十八条　电子认证服务机构向工业和信息化部隐瞒有关情况、提供虚假材料或者拒绝提供反映其活动的真实材料的，由工业和信息化部责令改正，给予警告或者处以5000元以上1万元以下的罚款。

第三十九条　工业和信息化部与省、自治区、直辖市信息产业主管部门的工作人员，不依法履行监督管理职责的，由工业和信息化部或者省、自治区、直辖市信息产业主管部门依据职权视情节轻重，分别给予警告、记过、记大过、降级、撤职、开除的行政处分；构成犯罪的，依法追究刑事责任。

第四十条　电子认证服务机构违反本办法第十三条、第十五条、第二十七条的规定的，由工业和信息化部依据职权责令限期改正，处以警告，可以并处1万元以下的罚款。

第四十一条　电子认证服务机构违反本办法第三十三条的规定的，由工业和信息化部依据职权责令限期改正，处以3万元以下的罚款，并将上述情况向社会公告。

第八章　附则

第四十二条　经工业和信息化部根据有关协议或者对等原则核准后，中华人民共和国境外的电子认证服务机构在境外签发的电子签名认证证书与依照本办法设立的电子认证服务机构签发的电子签名认证证书具有同等的法律效力。

第四十三条　本办法自2009年3月31日起施行。2005年2月8日发布的《电子认证服务管理办法》（中华人民共和国信息产业部令第35号）同时废止。

税控收款机生产企业资质管理办法

（2009 年 3 月 5 日工业和信息化部令第 8 号公布）

第一章　总则

第一条　为保障我国税控收款机应用推广工作的顺利实施，加强和规范税控收款机产品的生产与市场管理，保障和监督税控收款机产品生产企业资质认定工作，根据《中华人民共和国税收征收管理法》、《国务院对确需保留的行政审批项目设定行政许可的决定》及其他法律、行政法规的规定，制定本办法。

第二条　本办法适用于税控收款机产品生产企业资质的申请、受理、认定和监督管理。

第三条　中华人民共和国工业和信息化部（以下称工业和信息化部）负责税控收款机产品生产企业资质的认定和发布，并对获得《税控收款机产品生产企业资质证书》（以下简称《生产企业资质证书》）的企业实施监督管理。

第四条　本办法所称的税控收款机产品，包括税控收款机、税控器、税控 IC 卡、税控打印机和金融税控收款机等产品。

本办法所称的税控收款机，是指具有税控功能，能够保证经营数据的正确生成、可靠存储和安全传递，实现税务机关的管理和数据核查等要求的电子收款机。

本办法所称的税控器，是指在计算机等电子设备的配合下实现税控功能的，能够保证经营数据的正确生成、可靠存储和安全传输，满足税务机关的管理和数据核查等要求的电子装置。

本办法所称的税控 IC 卡，是指具有安全功能并增加了税控专用命令的带有微处理器的税控卡、用户卡和税务管理卡等 IC 卡。

本办法所称的税控打印机，是指在计算机等电子设备（宿主）的配合下实现税控功能的，能够保证经营数据的正确生成、可靠存储和安全传输，满足税务机关的管理和数据核查等要求的打印机。

本办法所称的金融税控收款机，是指具有银行卡受理和税控功能的电子收款机。

第五条　本办法所称的生产企业资质，是指税控收款机产品生产企业的综合能力，包括技术水平、研发能力、工艺装备、生产能力、产品情况、销售网络、服务能力、人员素质、安全制度、管理水平、经营业绩、资产状况等。

第六条　税控收款机产品实行生产企业资质审查、工业产品生产许可证和序列号管理制度。

从事税控收款机产品生产的企业，应当向工业和信息化部申请税控收款机产品生产企业资质。经工业和信息化部审查合格的，颁发《生产企业资质证书》。

第七条　通过资质审查的企业，可以向国家质检部门申请税控收款机产品生产许可证。

第二章　申请与审查

第八条　申请税控收款机产品生产企业资质的企业，应当符合国家有关法律、行政法规的规定，并具备以下基本条件：

（一）在中华人民共和国境内设立，具备电子信息产品设计生产维修服务能力，具有营业执照。

（二）注册资本在三千万元人民币以上。

（三）具有自主研发能力、完备的研发条件、自主知识产权的自有品牌产品。

（四）具备合理的专业人员构成，从事所申请产品研发及相应技术服务的专业技术人员占企业在职人数的比例在百分之二十以上。

（五）通过 ISO9001 质量认证，拥有固定的生产场所和完整的生产线，所申报产品的年生产能力达到三十万台（IC 卡企业年生产能力应达到一千万张）以上。

（六）具有相关产品设计生产销售维修服务经验，至少在二个省（自治区、直辖市）拥有覆盖全省（自治区、直辖市）的销售及服务网络。

（七）经营业绩良好，在申请的前二年无亏损。

（八）管理规范，符合国家有关安全产品管理要求，有健全的保证产品生产和安全的规章制度、保障措施以及相应设施。

（九）产权明晰，资信良好，无违法记录。

第九条 申请企业按照所申请的产品，向工业和信息化部提交下列材料（应当是中文，并附电子文档）：

（一）税控收款机产品生产企业资质申请表。

（二）企业法人营业执照副本复印件。

（三）企业、企业负责人和技术负责人的介绍以及产品设计、生产、销售和技术服务主要人员的情况。

（四）ISO9001 质量管理体系及安全管理相关材料。

（五）设计、生产、检验等用软件、设备、仪器的清单与证明。

（六）办公、试验、生产用房及仓库产权证明或租赁合同复印件。

（七）有关产品的设计、工艺、检验以及生产能力和试点应用情况的说明材料。

（八）经国家主管部门认可的检测机构出具的、符合国家标准的产品生产定型检验报告以及产品安全性检验报告复印件（申请生产或制作税控 IC 卡资质的企业，应当提交 IC 卡产品生产许可证以及卡操作系统、税控功能和安全等技术指标的检验报告、国家密码管理委员会办公室颁发的“商用密码产品生产定点单位”证书、“商用密码产品销售许可证”复印件）。

（九）税务登记证副本、社会保险登记证及最近三年完税凭证复印件。

（十）银行资信证明（原件）和近三年企业财务审计报告复印件。

（十一）产品销售、技术维修服务网点说明与清单。

（十二）与申请产品相关的软件登记证书、专利证书或者其它证书复印件。

（十三）企业近三年内重大改组、资本运营情况的说明。

（十四）省、自治区、直辖市或者计划单列市的信息产业主管部门出具的推荐意见。

第十条 申请企业应当如实提交申请材料和反映真实情况，并对其申请材料实质内容的真实性负责。

省、自治区、直辖市或者计划单列市的信息产业主管部门应当对出具的意见的真实性负责。

第十一条 工业和信息化部应当对企业申报材料进行齐全性、形式符合性审查。申请材料齐全、符合法定形式的，应当予以受理，并出具受理通知书；申请材料不齐全或者不符合法定形式的，应当当场或者在五个工作日内一次告知企业需要补正的全部内容。

第十二条 工业和信息化部应当自受理申请之日起二十个工作日内完成审查，并作出行政许可决定；在二十个工作日内不能作出行政许可决定的，经工业和信息化部负责人批准，可以延长十个工作日，并将延长期限的理由告知申请企业。

第十三条 工业和信息化部在作出行政许可决定的过程中可以聘请专家对申请材料进行评审，所需时间不计算在本办法第十二条规定的期限内。专家评审的时间最长不得超过三十个工作日。

第十四条 工业和信息化部在许可过程中需要对申请材料的实质内容进行核实或者需要核查申请企业有关条件的，可以对申请企业的有关情况进行实地核查，核查时应当指派两名以上工作人员进行。申请企业应当配合。

第十五条 工业和信息化部向生产企业颁发《生产企业资质证书》之前，应当先进行公示。对有异议的企业，应当依法进行核查；对无异议的企业，应当颁发《生产企业资质证书》，并公布名单。

第三章 监督与管理

第十六条 工业和信息化部可以不定期地组织对获证企业的监督检查，依法查阅或者要求报送有关材料。获证企业应当予以配合，如实提供有关情况和材料。

监督检查的内容是检查企业现状与资质条件的符合程度，以及税控收款机产品生产、销售、技术支持和维修服务情况。

第十七条 获证企业应当每年按资质条件要求进行自查，并于每年三月三十一日前将上一年度产品生产销售维修情况和自查报告报工业和信息化部。企业自查报告和自查情况作为生产企业资质有效期届满换证的参考。

企业自查报告应当包括下列内容（应当是中文，并附电子文档）：

（一）企业的基本情况：经营状况、技术人员情况、负债及完税情况。

（二）企业变更情况：企业股权变更、企业名称及资质变更、生产场地变更、生产线及设备仪器等变更、人员变更等情况。

（三）企业产品研发、生产、销售、维修和服务情况，已核发的产品序列号使用情况。

工业和信息化部应当对自查材料进行审查。经审查，自查材料不符合要求的，由企业重新自查；重新自查后仍不符合要求的，由工业和信息化部组织检查，并责令其整改。

第十八条 《生产企业资质证书》的有效期为三年。

有效期届满需要继续生产的，应当在有效期届满三十日前书面申请换证并提交完整材料；过期不予受理换证申请，企业需要继续生产的，应当重新申请资质。

经审查符合生产企业资质条件的，准予换证并收回原《生产企业资质证书》；不符合生产企业资质条件的，不予换证。

第十九条 生产企业资质有效期届满，企业申请换证的，应当向工业和信息化部提交下列材料（应当是中文，并附电子文档）：

（一）企业基本情况。

（二）企业法人营业执照副本复印件。

（三）ISO9001 质量管理体系认证证书复印件。

（四）办公、试验、生产用房及仓库产权证明或者租赁合同复印件。

（五）企业生产能力，以及有关变更情况的说明。

（六）产品生产、销售、维修和服务情况。

（七）近三年企业财务审计报告和完税证明。

（八）企业近三年的年度自查报告。

（九）省、自治区、直辖市或者计划单列市的信息产业主管部门出具的推荐意见。

第二十条 获证企业合并、分立、转业、迁移、更名，经核查生产企业资质条件未发生变化的，可以向工业和信息化部申请换证，同时将原证书交回。

第二十一条 企业变更经营范围、合并、分立、转业、迁移致使税控收款机产品生产企业资质条件发生变化的，应当在三十日内，按照本办法第二章的要求重新申请办理生产企业资质。

第二十二条 企业隐瞒有关情况或者提供虚假材料申请资质的，工业和信息化部不予受理或者不予行政许可，给予警告，该企业在一年内不得再次申请资质。

第二十三条 企业以欺骗、贿赂等不正当手段取得资质的，由工业和信息化部撤销其生产企业资质，给予警告，并视情节轻重处5000元以上3万元以下的罚款，进行公告，该企业在三年内不得再次申请资质；构成犯罪的，由有关部门依法追究刑事责任。

第二十四条 获得税控收款机产品生产企业资质的企业有下列情况之一的，由工业和信息化部责令限期改正，给予警告，并处3万元以下的罚款，进行公告；构成犯罪的，由有关部门依法追究刑事责任：

（一）涂改、倒卖、出租、出借或者以其他形式非法转让《生产企业资质证书》的。

（二）不按照规定使用产品序列号和标识的。

（三）不按合同、协议规定和要求提供技术支持和维修服务的。

（四）监督检查时，隐瞒有关情况，提供虚假材料或者拒绝提供反映其活动情况的真实材料的。

（五）监督检查不合格，一个月内整改仍不合格的。

（六）法律、行政法规规定的其他违法行为。

第二十五条 获证企业有下列情况之一的，工业和信息化部应当注销其生产企业资质，并进行公告：

（一）《生产企业资质证书》有效期届满未延续的。

（二）取得资质的企业依法终止的。

（三）生产企业资质依法被撤销、撤回的。

（四）法律、行政法规规定的应当注销资质的其他情形。

第二十六条 工业和信息化部对获证企业实行监督检查时，应当记录监督检查的情况和处理结果，由监督检查人员签字后归档。公众有权查阅监督检查记录，但涉及企业商业秘密的除外。

第二十七条 工业和信息化部对获证企业实行监督检查，不得妨碍企业正常的生产经营活动，不得收取任何费用。

从事生产企业资质审查工作，应当坚持公正、公平、公开的原则。工作人员在工作中索取或者收受他人财物或者谋取其他利益，构成犯罪的，依法追究刑事责任；尚不构成犯罪的，依法给予行政处分。

第四章 附则

第二十八条 《生产企业资质证书》包括正本和副本，正本、副本具有同等法律效力。

第二十九条 《生产企业资质证书》由工业和信息化部统一印制。

第三十条 本办法自2009年4月10日起施行。2004年10月29日发布的《税控收款机生产企业资质管理办法》（中华人民共和国信息产业部令第29号）同时废止。

软件产品管理办法

（2009 年 3 月 5 日工业和信息化部令第 9 号发布）

第一章　总则

第一条　为了加强软件产品管理，促进我国软件产业发展，根据国家有关法律、行政法规和国务院《鼓励软件产业和集成电路产业发展的若干政策》（以下简称《产业政策》），制定本办法。

第二条　中华人民共和国境内的软件产品（含国产软件和进口软件）经营与管理活动，适用本办法。

单位或者个人自己开发并自用的软件以及委托他人开发的自用专用软件不适用本办法。

第三条　本办法所称的软件产品，是指向用户提供的计算机软件、信息系统或者设备中嵌入的软件或者在提供计算机信息系统集成、应用服务等技术服务时提供的计算机软件。

本办法所称的国产软件，是指在我国境内开发生产的软件产品。

本办法所称的进口软件，是指在我国境外开发，以各种形式在我国生产、经营的软件产品。

第四条　软件产品的开发、生产、销售、进出口等活动应当遵守我国有关法律、法规和标准规范。任何单位和个人不得开发、生产、销售、进出口含有下列内容的软件产品：

（一）侵犯他人知识产权的。

（二）含有计算机病毒的。

（三）可能危害计算机系统安全的。

（四）不符合我国软件标准规范的。

（五）含有法律、行政法规等禁止的内容的。

第五条　中华人民共和国工业和信息化部（以下称工业和信息化部）负责全国软件产品的管理。其主要职责是：

（一）制定并发布软件产品测试标准和规范。

（二）对省、自治区、直辖市及计划单列市软件产业主管部门登记的软件产品进行备案。

（三）指导、监督、检查全国的软件产品管理工作。

（四）指导并监督软件产品检测机构，按照我国软件产品的标准规范和软件产品的测试标准及规范，进行符合性检测。

（五）制定全国统一的软件产品登记号码体系、制作软件产品登记证书。

（六）发布软件产品登记公示。

第六条　省、自治区、直辖市及计划单列市软件产业主管部门依法负责本行政区域内软件产品的登记、报备和管理工作。

第二章　软件产品的登记和备案

第七条　软件产品实行登记和备案制度。

符合本办法规定并经登记和备案的国产软件产品，可以享受《产业政策》规定的有关鼓励政策。

第八条　国产软件产品应当由该软件产品的开发、生产单位申请登记和备案，并提交下列材料：

（一）软件产品登记申请表。

（二）企业法人营业执照副本和复印件。

（三）软件产品样品。

（四）软件产品在我国境内开发及申请单位拥有知识产权的有效证明。

（五）软件检测机构出具的检测证明材料。

（六）其他需要出具的材料。

第九条　进口软件中在我国境内进行本地化开发、生产的产品，其在我国境内开发的部分，由著作权人和原开发单位提供在我国境内开发的证明材料，并按照本办法第八条的规定提交相关登记备案材料，经登记备案后可以享受《产业政策》规定的有关鼓励政策。

第十条　进口软件产品的登记备案，由负责进口的单位提交下列材料：

（一）软件产品登记申请表。

（二）申请单位营业执照副本复印件。

（三）软件产品样品。

（四）软件产品著作权人授权在中国经营的证明材料。

（五）软件检测机构出具的检测证明材料。

（六）软件产品符合国家软件进口程序的材料。

第十一条 省、自治区、直辖市及计划单列市软件产业主管部门委托所在地的软件产品登记机构，负责软件产品登记申请的受理和审查。

省、自治区、直辖市及计划单列市软件产品登记机构对本办法第八条、第十条所列的申请材料进行审查。经审查，申请材料齐全的，送省、自治区、直辖市及计划单列市软件产业主管部门核报工业和信息化部备案。工业和信息化部应当在指定媒体上对报备的软件产品进行公示；公示7个工作日无异议的，由省、自治区、直辖市及计划单列市软件产业主管部门核发软件产品登记号和软件产品登记证书。

软件产品登记的有效期为5年，有效期届满前可以申请延续。

第三章 软件产品的生产

第十二条 在我国境内生产软件产品应当遵守我国的法律规定，符合我国技术标准、规范和本办法的规定。

第十三条 软件产品生产单位所生产的软件产品应当是本单位享有著作权或者经过著作权人或者其他权利人许可其生产的软件。

第十四条 软件产品生产单位应当对其生产的软件进行内容检查。

第十五条 软件产品的开发生产应当遵守法律、法规的规定，符合国家的有关技术和安全标准。

第十六条 提供给用户的软件产品的外包装上，应当标明该软件的名称、版本号、软件著作权人、软件产品登记号、软件生产单位（进口单位）和单位地址、生产日期。

第十七条 提供给用户的软件产品（包括进口的和在国内生产的国外软件产品），应当配有完备的中文说明书、使用手册等说明文件，并在产品上或者说明文件等书面文件中注明提供技术服务的单位、内容和方式。

第四章 软件产品的销售

第十八条 软件产品的开发、生产单位可以直接经营销售其软件产品。

第十九条 以代理方式进行软件产品销售的，代理方（软件产品销售单位）与被代理方（软件产品开发或者生产单位）之间、总代理与分代理之间应当签订书面代理合同。代理合同中应当明确规定代理权限、区域、期限、技术服务以及工业和信息化部规定的其他内容。

代理方应当在其经营场所的显著位置悬挂代理资格证书。代理资格证书应当包括代理权限、代理期限、区域、代理级别等内容。代理方在对外宣传、广告中应当如实表达上述内容。

第二十条 以许可证贸易形式经营软件产品的，软件产品经营单位应当与生产单位签订书面许可合同。软件产品经营单位在销售软件产品时，应当告知用户阅读许可证协议，并要求用户在阅读后做出是否同意的表示。

第二十一条 软件产品经营单位销售的软件产品应当符合本办法第四条的规定，并以书面或者文档的形式告知用户提供技术服务的单位、服务内容、服务方式和费用。没有注明提供服务的单位的，视为软件产品销售单位提供有关技术服务。没有注明额外收取服务费的，视为软件产品价格包含服务费。

第二十二条 软件产品的测试版应当明确标出并免费提供，不得进行营利性销售。

第五章 监督管理

第二十三条 工业和信息化部会同国家有关部门对全国软件产品的开发、生产、销售、进出口等活动进行监督检查。

各级软件产业主管部门会同当地有关主管部门对本行政区域内软件产品的开发、生产、销售、进出口等活动进行监督检查。

第二十四条 已登记的软件产品含有本办法第四条所列内容或者以内容虚假的登记备案材料骗取软件产品登记的，省、自治区、直辖市及计划单列市软件产业主管部门应当撤销该软件的登记号、登记证书。已经享受的税收优惠等应当予以追回，由省、自治区、直辖市及计划单列市软件产业主管部门报工业和信息化部。工业和信息化部给予警告，并予以公布。

软件产品不符合我国技术标准、规范和本办法规定，或者有证据证明其不能满足使用要求以及与生产单位标称或者承诺的功能不相符的，由省、自治区、直辖市及计划单列市软件产业主管部门报工业和信息化部。工业和信息化部会同有关部门依法对该软件产品的生产单位进行处罚。

第六章 附则

第二十五条 本办法自2009年4月10日起施行。2000年10月27日发布的《软件产品管理办法》（中华人民共和国信息产业部令第5号）同时废止。

关于停止执行《汽车产业发展政策》有关条目的决定

（2009年8月15日工业和信息化部、国家发展改革委员第10号令公布）

为适应我国改革开放的需要，工业和信息化部、国家发展和改革委员会决定对《汽车产业发展政策》做如下修改：

一、停止执行第五十二条、第五十三条、第五十五条、第五十六条、第五十七条的规定。

二、停止执行第六十条中“对进口整车、零部件的具体管理办法由海关总署会同有关部门制订，报国务院批准后实施”的规定。

本决定自2009年9月1日起施行。

上海市节约能源条例

（1998年9月22日上海市第十一届人民代表大会常务委员会第五次会议通过
2009年4月23日上海市第十三届人民代表大会常务委员会第十次会议修订）

第一章　总则

第一条　为了推动全社会节约能源，提高能源利用效率，保护和改善环境，加快建设节约型社会，促进本市经济社会全面协调可持续发展，根据《中华人民共和国节约能源法》和其他有关法律、行政法规的规定，结合本市实际，制定本条例。

第二条　本条例适用于本市行政区域内节约能源（以下简称“节能”）及其相关的管理活动。

第三条　本市节能工作遵循政府引导、市场运作、技术推进和全社会参与的原则。

第四条　市和区、县人民政府应当加强对节能工作的领导，部署、协调、监督、检查、推动节能工作。

市和区、县发展改革行政管理部门负责对节能工作的综合协调和监督管理，组织拟订节能规划和政策措施，并负责协调实施。

市和区、县经济信息化、建设交通、商务、机关事务、旅游、农业等行政管理部门按照各自职责，分别负责相关领域的节能监督管理工作。

市和区、县科技、财政、统计、质量技监、规划国土资源、环保、住房保障房屋管理等行政管理部门按照各自职责，做好相关节能管理工作。

第五条　上海市节能监察中心负责本市节能日常监察工作，并依照本条例的授权和有关行政管理部门的委托，对违反节能管理法律、法规的行为实施行政处罚。

第六条　本市实行有利于节能和环境保护的产业政策，优先发展现代服务业和先进制造业，鼓励和支持发展低耗能、低排放、高附加值产业；对高耗能的产业，应当有计划、有步骤地进行调整，或者加快技术改造，降低能耗。

本市鼓励、支持开发和利用新能源、可再生能源。

第七条　本市各级人民政府及其相关部门、能源生产经营单位应当加强节能宣传，普及节能知识，增强全民的节能意识。

本市用能单位应当对本单位职工开展节能教育和培训。

本市中小学校、高等院校应当组织节能知识的宣传教育，开展节能实践活动。

本市社区应当运用多种形式普及节能知识，开展创建节能家庭活动，倡导节能环保的生活方式。

本市新闻媒体应当加强节能宣传，刊播节能公益性广告，宣传节能重要举措。

第八条　本市支持节能服务机构、行业协会以及节能产品设计、生产、销售单位，推广节能产品，指导用户正确使用节能产品，引导节能型消费。

本市鼓励单位和个人采用节能技术和使用节能产品，提高用能效率。

第九条　市和区、县人民政府对在节能或者节能科学技术研究、推广中有显著成绩的单位和个人给予表彰、奖励。

能源生产经营单位、用能单位应当对单位内部节能工作取得成绩的集体、个人给予奖励。

第十条　任何单位和个人都应当履行节能义务，有权检举浪费能源的行为。

第二章　节能管理

第十一条　市人民政府应当根据国家节能中长期专项规划、本市国民经济和社会发展中长期规划，组织编制本市节能中长期专项规划。

区、县人民政府应当根据市节能中长期专项规划，组织编制本行政区域的节能中长期专项规划。

市经济信息化、建设交通、商务、机关事务、旅游等行政管理部门应当根据市节能中长期专项规划，编制相关领域的节能规划。

第十二条　市发展改革行政管理部门应当会同相关部门，根据市节能中长期专项规划制定全市年度节能计划，确定年度节能目标和节能措施，报经市人民政府批准后实施。

第十三条　市人民政府应当根据全市年度节能计划，向市经济信息化、建设交通、商务、机关事务、旅游等行政管理部门和区、县人民政府下达节能目标。

第十四条　市经济信息化、建设交通、商务、机关事务、旅游等行政管理部门和区、县人民政府应当根据市人民政府下达的节能目标，以及各自的节能规划或者节能中长期专项规划，制定年度节能计划，确定节能措施，并报市人民政府备案。

第十五条　市和区、县人民政府应当每年向同级人民代表大会或者其常务委员会报告节能工作。

第十六条　市人民政府应当向重点用能单位下达节能目标；区、县人民政府应当向纳入本区、县节能监控的用能单位下达节能目标。

重点用能单位名单，由市发展改革行政管理部门会同相关行政管理部门确定；区、县级节能监控的用能单位名单，由区、县人民政府根据本行政区域节能管理的实际需要确定，并报市发展改革行政管理部门和相关行政管理部门备案。

第十七条　本市实行节能考核评价制度，将节能目标完成情况和节能措施落实情况，作为对市经济信息化、建设交通、商务、机关事务、旅游等行政管理部门和区、县人民政府及其负责人年度考核评价的内容。

市和区、县人民政府应当对各自监控的用能单位的节能目标完成和节能措施落实情况进行年度评价，并将评价结果向社会公布。

第十八条　对尚未制定有关节能的国家标准、行业标准的，市质量技监行政管理部门可以根据技术先进、经济合理的原则，组织制定地方标准，并按规定报国家有关部门备案。

市质量技监行政管理部门可以会同相关部门制定严于强制性国家标准、行业标准的地方节能标准，由市人民政府审定后报国务院批准；法律、法规另有规定的除外。

第十九条　本市实行固定资产投资项目节能评估和审查制度，具体实施办法由市人民政府另行制定。

第二十条　本市禁止生产、进口、销售国家明令淘汰或者不符合强制性能源效率标准的用能产品、设备；禁止使用国家明令淘汰的用能设备、生产工艺。

对国家规定淘汰期限的用能产品、设备、生产工艺，市经济信息化行政管理部门应当会同相关部门制定淘汰计划，指导用能单位实施淘汰或者技术改造。

第二十一条　生产单位应当执行国家和本市规定的单位产品能耗限额标准。

市和区、县经济信息化行政管理部门应当按照各自权限，责令超过单位产品能耗限额标准用能的生产单位限期治理。

第二十二条　高耗能特种设备的设计文件应当包括与节能相关的内容。具有相应资质的单位应当按照国家规定进行节能审核；对不符合能源效率指标的，不予通过设计文件鉴定，生产单位不得制造。

高耗能特种设备在安装、改造和重大维修后对能源效率有影响的，应当进行能源效率检测。具有相应资质的单位应当按照国家规定进行能源效率检测；对不符合能源效率指标的，不得交付使用。

第二十三条　用能单位应当建立能源计量管理制度，按照规定配备、使用经依法检定合格的能源计量器具，加强对能源计量器具的管理，按照规定定期检定。

第二十四条　市统计行政管理部门应当会同相关部门建立健全反映本市能源调入、调出、生产、加工、转换、消费以及市场供求的能源统计指标体系，改进和规范统计方法，确保统计数据的真实、完整。

市统计行政管理部门应当对上报的统计数据进行审核和分析，并会同市发展改革行政管理部门定期向社会公布各区、县以及主要耗能行业的能源消费和节能情况。

第二十五条 能源生产经营单位不得向本单位职工无偿或者低价提供能源。

任何单位不得对能源消费实行包费制。

第二十六条 市发展改革行政管理部门应当会同相关部门建立节能信息服务平台，完善节能统计、节能政策、节能标准等专业基础数据库，定期发布节能新产品、新技术信息，为社会提供节能指导和服务。

第二十七条 本市鼓励用能产品的生产者、销售者向经国务院认证认可监督管理部门认可的从事节能产品认证的机构申请节能产品认证。

第二十八条 本市鼓励用能单位以行业内能耗先进水平的量化指标为基准，调整用能结构、加快节能技术改造、强化节能管理，提高能源利用效率。

第二十九条 本市支持节能服务业的发展。节能服务机构应当公正、客观地为用能单位提供节能咨询、设计、评估、检测、审计、认证等服务。

第三十条 行业协会应当按照法律、法规的规定，在行业节能规划的制定和实施、节能技术推广、能源消费统计、节能宣传培训和信息咨询等方面发挥作用。

第三章 合理使用与节约能源

第一节 工业节能

第三十一条 市经济信息化行政管理部门根据本市工业领域耗能状况，推动电力、钢铁、石油加工、化工、建材、装备制造等主要耗能行业节能技术改造，提升行业能源效率水平，推进有利于节能的行业结构调整，优化用能结构。

第三十二条 本市新建工业园区、产业基地在编制园区规划的同时，应当按照能源高效循环利用的生产模式，制定能源利用规划和整体节能方案。

本市改建、扩建具备集中供热条件的工业园区、产业基地时，园区管理机构应当制定集中供热的规划和实施方案，并组织实施。

第三十三条 本市鼓励工业企业采用高效、节能的电动机、风机、锅炉、窑炉、泵类等设备，采用热电联产、余热余压利用、能量系统优化以及先进的用能检测和控制等技术。

第三十四条 本市电网企业应当与取得行政许可或者报送备案的可再生能源发电企业签订并网协议和购电协议，优先全额收购其电网覆盖范围内可再生能源发电项目的上网电量，并为可再生能源发电企业提供接入、计量、结算等上网服务。

第三十五条 本市禁止新建不符合国家规定的燃煤发电机组、燃油发电机组和燃煤热电机组。

第二节 建筑节能

第三十六条 市和区、县规划行政管理部门在编制城市详细规划时，应当在建筑物的布局、形状、朝向、通风和绿化等方面考虑建筑节能的要求。

第三十七条 本市建筑工程的建设、设计、施工和监理活动，应当遵守建筑节能标准。

市建设交通行政管理部门可以根据本市实际情况，制定严于国家标准或者行业标准的地方建筑节能标准，并报国务院标准化主管部门和国务院建设主管部门备案。

第三十八条 市和区、县建设交通行政管理部门在施工图设计文件审查备案、核发施工许可证和开展安全质量监督时，应当加强对建设工程执行建筑节能标准情况的监督检查。

工程项目竣工验收备案时，市和区、县建设交通行政管理部门应当对建设单位提交的工程项目竣工验收报告中建筑节能的内容进行查验。

第三十九条 市建设交通行政管理部门应当会同市发展改革、住房保障房屋管理等行政管理部门根据建筑节能规划，组织制定既有建筑节能改造计划，明确节能改造的目标、范围和要求，报经市人民政府批准后实施。

市和区、县人民政府应当采取鼓励措施推进既有建筑节能改造计划的落实。

第四十条 本市鼓励在新建建筑和既有建筑改造中使用新型墙体材料等节能建筑材料和节能设备，推广可再生能源的利用。

第三节 交通运输节能

第四十一条 市建设交通行政管理部门应当会同相关部门加强规划统筹，推进节能型综合交通设施建设，优化综合交通集疏运结构体系，推进江海联运和海铁联运。

第四十二条 市和区、县人民政府及其相关部门应当优化城市道路网络建设，加强区域内交通及对外交通的有效衔接，完善智能化交通管理系统，提高道路通行能力和运输效率。

第四十三条 市人民政府应当加大对公共交通的投入，完善轨道交通基本网络，降低公共交通出行费用，引导市民选乘公共交通工具出行，减少交通能源消耗。

第四十四条 本市鼓励开发、生产、使用低耗能、低污染的节能环保型汽车和清洁能源汽车；鼓励新能源在城市公交和建设工程、环卫特种车辆等方面的应用和推广。

第四节 公共机构节能

第四十五条 市和区、县机关事务行政管理部门在同级发展改革行政管理部门的指导下，负责本级国家机关节能监督管理工作，并协调、推进本级其他公共机构的节能管理工作。

市和区、县教育、科技、文化、卫生、体育等行政管理部门负责本系统内国家机关以外其他公共机构的节能工作，并接受同级机关事务行政管理部门的指导。

公共机构负责人对本单位节能工作全面负责。公共机构的节能工作实行目标责任制和考核评价制度，节能目标完成情况应当作为对公共机构负责人考核评价的内容。

第四十六条 市和区、县机关事务行政管理部门应当会同相关部门，建立能源消耗监测网络，对同级公共机构能源消耗状况进行实时监测。

第四十七条 市和区、县机关事务行政管理部门应当会同相关部门，制定本级国家机关能源消耗定额和办公电器配备标准。

市教育、科技、文化、卫生、体育等行政管理部门在市机关事务行政管理部门的指导下，根据本系统能源消耗综合水平和特点，制定本系统内国家机关以外其他公共机构能源消耗定额和办公电器配备标准。

能源消耗定额和办公电器配备标准应当根据经济社会发展状况定期调整。

第四十八条 市和区、县财政行政管理部门应当根据能源消耗定额制定能源消耗支出标准，并根据办公电器配备标准对公共机构办公电器购置经费实施管理。

第四十九条 公共机构超过能源消耗定额使用能源或者超标准配置办公电器的，应当向同级机关事务行政管理部门作出说明；无正当理由的，市或者区、县机关事务行政管理部门应当责令限期治理。

第五节 重点用能单位节能

第五十条 重点用能单位应当制订年度节能计划，采取节能措施，提高能源利用效率，控制能源消耗总量，完成市人民政府下达的节能目标。

重点用能单位和纳入区、县节能监控的用能单位超额完成下达的节能目标的，市或者区、县人民政府应当给予表彰、奖励。

第五十一条 重点用能单位应当每年向市相关行政管理部门报送上年度的能源利用状况报告。重点用能单位未完成上年度节能目标的，应当在能源利用状况报告中说明原因。

第五十二条 市相关行政管理部门应当按照法律、行政法规和国家有关规定，对重点用能单位报送的上年度能源利用状况报告进行审查。

经审查，发现重点用能单位有下列情形之一的，市相关行政管理部门应当开展现场调查，委托节能服务机构实施用能设备能源效率检测，责令实施能源审计，并提出书面整改要求，限期整改：

（一）无正当理由，未完成上年度节能目标的；

（二）能源计量数据、统计数据有明显错误的；

（三）能源利用效率低于同行业平均水平的；

（四）节能管理制度不健全、节能措施不落实、能源利用效率低的其他情形。

市相关行政管理部门应当将重点用能单位的能源利用状况报告和审查情况送市发展改革行政管理部门。

第五十三条 重点用能单位应当建立内部能源审计制度，对能源生产、转换和消费进行全面检查和监督。

第五十四条 重点用能单位应当设立能源管理岗位，在具有节能专业知识、实际经验以及中级以上技术职称的人员中聘任能源管理负责人，并报市相关行政管理部门备案。

年综合能源消费总量五万吨标准煤以上的重点用能单位，应当明确能源管理机构，设立能源计量、统计、审计等能源管理岗位，并报市相关行政管理部门备案。

第五十五条 重点用能单位应当建立、健全能源管理岗位人员培训制度，对能源计量、统计、审计和主要用能设备操作人员制定专门的节能培训计划，保证相关人员接受专业化、系统化的节能培训。

第四章 节能技术进步和节能激励措施

第五十六条 市和区、县人民政府及其相关部门应当把节能技术研究开发作为政府科技投入的重点领域，并安排资金支持企业、科研单位和高等院校研发通用性、关键性节能技术和设备，建立节能技术交易市场，促进节能技术的成果转化和应用推广。

第五十七条 市和区、县人民政府应当按照因地制宜、多能互补、综合利用、讲求效益的原则，加强农业和农村节能工作，增加对农业和农村节能技术、节能产品推广应用的资金投入。

第五十八条 市人民政府应当根据经济和社会发展情况，设立用于支持节能工作的专项资金。

专项资金主要用于以下几个方面：

（一）节能技术改造和技术升级；

（二）淘汰高耗能的落后生产能力；

（三）鼓励可再生能源和新能源利用；

（四）支持开展合同能源管理；

（五）节能技术和产品的示范和推广；

（六）节能宣传、培训；

（七）分布式供能系统推进；

（八）节能奖励；

（九）市人民政府确定的支持节能工作的其他用途。

专项资金的管理和使用，应当确保资金安排、使用的科学性和公正性，提高资金使用效益。具体办法由市人民政府另行制定。

第五十九条 市发展改革行政管理部门应当会同相关部门对专项资金支持项目的节能情况进行定期监督、检查，并可以委托节能服务机构对项目完成情况进行评估验收。

市财政、审计行政管理部门应当对专项资金的使用情况和专项资金支持项目执行情况进行监督、稽查和审计。

第六十条 企业开发节能新技术、进口节能研发用品、购置节能专用设备，按照国家规定享受税收优惠政策。

第六十一条 本市支持金融机构完善节能领域的直接融资产品，拓展节能服务机构、企业节能项目的筹资渠道，降低其筹资成本。

本市支持政策性银行和商业银行通过联合贷款、转贷款等合作方式，为起步资金大、项目投资回报期长的节能项目提供全程金融服务，根据项目不同阶段的信贷需求，提供相应的信贷产品。

第六十二条 本市鼓励政策性担保机构、金融机构对企业开展以下项目，优先给予担保或者授信支持：

（一）获得国家或者本市财税等政策性支持的节能技术研发、节能产品生产以及节能技术改造项目；

（二）得到国家或者本市相关部门表彰或者推荐，并且节能效果显著的项目。

第六十三条 本市推进能源价格改革，实行有利于节能的能源价格政策。

本市实行峰谷分时差价、季节性差价、可中断负荷补偿电价等政策；扩大两部制电价执行范围，提高两部制电价中基本电价的比重，并实行分时核定最大需量。

本市鼓励电力企业与用户运用协议避峰等措施限制高峰期电荷，合理调整用电负荷。

第六十四条 对节能目标考核评价范围内的部门或者单位进行考核评价时，可以将可再生能源利用量从实际用能量中扣除。具体办法由市发展改革行政管理部门另行制定。

第六十五条 本市公共机构应当优先采购列入节能产品政府采购清单名录的节能产品、设备。

本市采取招标价格折扣优惠、首购、订购等方式，支持政府采购节能产品。

第六十六条 本市发挥市场调节机制作用，建立节能交易平台，积极探索重点用能单位节能量指标交易。

第六十七条 本市推广电力需求侧管理，利用经济、技术等政策措施，鼓励电力消费削峰填谷，提高用电效率。

第六十八条 接受市或者区、县人民政府下达节能目标的用能单位，可以与市或者区、县人民政府签订节能自愿协议，承诺在规定期限内，通过节能技术改造等措施，超额完成下达的节能目标。

签订节能自愿协议的用能单位按照协议约定超额完成下达的节能目标的，市或者区、县人民政府可以按照超额完成的节能量给予奖励。

第六十九条 本市鼓励节能服务机构提供合同能源管理服务，为委托单位的节能改造提供咨询、评估、检测、设计、运行和管理等服务。

本市对符合条件的合同能源管理项目的前期咨询、评估、检测费用给予专项补贴；对合同能源管理项目，按照节能量进行奖励，具体办法由市人民政府有关部门制定。

第五章　法律责任

第七十条 违反本条例第二十条第一款规定，使用明令淘汰的用能设备或者生产工艺的，由市或者区、县相关行政管理部门责令停止使用，没收国家明令淘汰的用能设备；情节严重的，报请本级人民政府按照国务院规定的权限责令停业整顿或者关闭。

第七十一条 违反本条例第二十五条规定，无偿或者低价向本单位职工提供能源或者对能源消费实行包费制的，由市或者区、县相关行政管理部门责令限期改正；逾期不改正的，处以五万元以上二十万元以下罚款。

第七十二条 违反本条例第二十九条规定，从事节能咨询、设计、评估、检测、审计、认证等服务的机构提供虚假信息的，由市或者区、县相关行政管理部门责令改正，没收违法所得，并处以五万元以上十万元以下罚款。

第七十三条 违反本条例第五十一条规定，重点用能单位未按规定报送能源利用状况报告或者报告内容不实的，由市相关行政管理部门责令限期改正；逾期不改正的，处以一万元以上五万元以下罚款。

第七十四条 违反本条例第五十二条规定，重点用能单位无正当理由拒不落实整改要求或者整改没有达到要求的，由市相关行政管理部门处以十万元以上三十万元以下罚款。

第七十五条 违反本条例第五十四条第一款规定，重点用能单位未设立能源管理岗位，聘任能源管理负责人，并报市相关行政管理部门备案的，由市相关行政管理部门责令改正；拒不改正的，处以一万元以上三万元以下罚款。

违反本条例第五十四条第二款规定，年综合能源消费量五万吨标准煤以上的重点用能单位未明确能源管理机构，或者未设立专门的能源计量、统计、审计等能源管理岗位，并报市相关行政管理部门备案的，由市相关行政管理部门责令限期改正；拒不改正的，处以一万元以上三万元以下罚款。

第七十六条 违反本条例规定的其他行为，法律、行政法规有处理规定的，依照其规定进行处理。

第七十七条 市节能监察中心负责行使由市经济信息化行政管理部门依照本条例实施的行政处罚，接受市其他相关行政管理部门的委托行使本条例规定的行政处罚。

第七十八条 国家工作人员在节能管理工作中滥用职权、玩忽职守、徇私舞弊，构成犯罪的，依法追究刑事责任；尚不构成犯罪的，依法给予处分。

第六章 附则

第七十九条 本条例相关用语含义如下：

（一）重点用能单位，是指年综合能源消费量五千吨标准煤以上的用能单位。

（二）单位产品能耗限额，是指按照产品的计量单位计算，每一计量单位产品所分摊的综合能源消耗量（或者某一主要能源品种的消耗量）不得超过的最大数额。

（三）峰谷分时差价，是指根据用户用电需求和电网在不同时段的实际负荷情况，将每天的时间划分为高峰、平段、低谷三个时段或高峰、低谷两个时段，对各时段分别制定不同的电价标准，以鼓励用户和发电企业削峰填谷，提高电力资源的利用效率。

（四）季节性差价，是指在电力紧缺、用电负荷季节性变化大的地区实行的差别电价制度，即在电力供求紧张或缓和的不同季节内，电价可在一定范围内进行浮动。

（五）可中断负荷补偿电价，是指电力企业和用户签订合同，通过电价激励，实现在系统峰值时或紧急状态下，用户按照合同规定中断或削减负荷。通过实施可中断负荷电价，可以移峰填谷，提高电网负荷率。

（六）两部制电价，是指将电价分为基本电价和电度电价两部分，计算电费时将按用电容量乘以基本电价和按电量乘以电度电价所得的电费之和，作为总电费的计算办法。

（七）分时核定最大需量，是指用电高峰时段对两部制电价用户的最大需量按契约限额的90%执行，超过90%部分加倍收取基本电费；低谷时段用户可超契约限额用电，超用不加价。

（八）电力需求侧管理，是指通过提高终端用电效率和优化用电方式，在完成同样用电功能的同时减少电量消耗和电力需求，达到节约能源和保护环境，实现低成本电力服务所进行的用电管理活动。

第八十条 本条例自2009年7月1日起施行。

2010·上海工业年鉴

SHANGHAI
INDUSTRIAL
YEARBOOK

历年工业总产值及指数

单位：万元

年份	工业总产值			工业总产值指数（以 1978 年为 100）		
	合计	轻工业	重工业	总指数	轻工业	重工业
1978	514.01	266.02	247.99	100.0	100.0	100.0
1979	556.30	290.78	265.52	108.6	109.7	107.6
1980	598.75	331.13	267.62	115.7	123.4	108.3
1981	620.12	360.12	260.00	120.0	135.9	104.6
1982	634.65	359.62	275.03	125.6	139.9	111.9
1983	663.53	363.92	299.61	134.4	147.6	121.8
1984	728.12	395.60	332.52	147.7	163.3	132.7
1985	862.73	456.59	406.14	167.7	184.3	151.9
1986	952.21	493.09	459.12	177.0	192.2	162.6
1987	1073.84	556.96	516.88	188.9	206.3	172.4
1988	1304.66	679.17	625.49	208.8	227.2	191.4
1989	1524.67	789.57	735.10	215.0	233.6	197.3
1990	1642.75	846.63	796.12	223.6	241.8	206.7
1991	1947.18	976.34	970.84	255.2	269.2	241.9
1992	2429.96	1132.75	1297.21	306.7	306.4	306.6
1993	3327.04	1401.33	1925.71	368.2	352.7	380.1
1994	4255.19	1890.12	2365.06	435.3	429.9	437.6
1995	5349.53	2432.67	2916.86	510.9	504.2	513.9
(1995)	(4547.47)	(2092.89)	(2454.57)			
1996	5126.22	2334.29	2791.73	590.1	568.7	606.4
1997	5649.93	2528.19	3121.74	675.7	640.4	704.1
1998	5763.67	2527.56	3236.11	728.5	657.7	788.7
1999	6213.24	2679.71	3533.53	805.1	709.1	887.5
2000	7022.98	2903.4	4119.59	913.7	782.2	1027.7
2001	7806.18	2986.59	4819.59	1063.8	865.2	1234.8
2002	8730.00	3169.30	5560.70	1219.1	934.7	1463.2
2003	11708.49	3550.80	8157.68	1601.9	1063.9	2061.3
2004	14595.29	3871.33	10723.97	1927.1	1268.2	2492.2
2005	16876.78	4299.31	12577.48	2194.99	1395.04	2873.47
2006	19631.23	4747.28	14883.94	2500.1	1494.0	3341.9
2007	23108.63	5318.85	17789.78	2892.6	1641.9	3926.7
2008	25968.38	5839.41	20128.96	3126.9	1770.0	4244.8
2009	24888.08	5663.34	19224.74	3227.0	1716.9	4457.0

注：从 1996 年开始，工业总产值按新规定计算，括号内数为 1995 年新规定数。以下同。

资料来源：上海市统计局。

2009年上海规模以上工业企业主要经济指标（一）

单位：万元

类别	单位数	从业人员年平均人数	工业总产值现价	工业销售产值	出口交货值
总计	**17906**	**2841158**	**240912649**	**238478833**	**66977975**
按登记注册类型分					
内资	11390	1304699	97852656	96653326	11151130
国有	295	96850	18761828	18771437	305352
集体	628	82546	2335167	2300840	37932
股份合作	360	32489	1030065	1006951	33031
国有联营	13	2074	153324	151478	
集体联营	31	4802	160896	155753	1640
国有与集体联营	59	8870	360789	351268	11889
其他联营	12	870	37363	36946	
国有独资公司	77	42640	5671661	5651932	2833370
其他有限责任公司	1100	214652	16311962	16170588	1729556
股份有限公司	154	99608	24010062	23721504	4043354
私营独资	820	53675	2096781	2052581	85192
私营合伙	260	16453	508683	500073	22689
私营有限责任公司	7087	600434	24067272	23499179	1868592
私营股份有限公司	456	44817	1959621	1936526	124798
其他内资	38	3919	387183	346273	53736
港澳台商投资	1955	458621	40669968	40053928	22169649
合资经营（港或澳、台资）	502	111080	5669465	5635906	1575919
合作经营（港或澳、台资）	210	36852	1258699	1235796	469610
港澳台商独资	1182	275795	27104481	26560535	19150904
港澳台商投资股份有限公司	61	34894	6637323	6621691	973217
外商投资	4561	1077838	102390024	101771579	33657196
中外合资经营	1213	338005	45937040	45597563	6709520
中外合作经营	281	59359	3110384	3133064	644537
外商独资企业	3001	654852	51674612	51352330	25910909
外商投资股份有限公司	66	25622	1667987	1688622	392230
按控股情况分					
国有控股	1116	472577	89833997	89445281	10324479
集体控股	1132	154641	5689964	5561354	359654
私人控股	9623	873798	36817414	35961067	3236607
港澳台控股	1766	391103	32795969	32219887	21342767
外商控股	4055	907318	73379801	72894151	31413937
其他控股	214	41721	2395503	2397093	300531
按企业规模分					
大型企业	97	449873	97741848	96868179	40434722
中型企业	1526	1003750	74112673	73158133	16634995
小型企业	16283	1387535	69058127	68452521	9908258

资料来源：上海市统计局。

2009 年上海规模以上工业企业主要经济指标（二）

单位：万元

类　别	主营业务收入	主营业务成本	营业费用	主营业务税金及附加	利润总额
总计	**254210803**	**215297523**	**8969283**	**4217928**	**14319722**
按登记注册类型分					
内资	102465228	87253325	2108727	3040963	6471509
国有	19329798	15099886	161456	2130090	1476529
集体	2657758	2415473	37537	6803	99454
股份合作	1017097	875506	24482	3213	57599
国有联营	160318	138977	3199	300	9894
集体联营	160665	144727	1029	511	7705
国有与集体联营	360111	329029	6604	752	-185
其他联营	37016	31172	853	113	2272
国有独资公司	5566074	4912250	76331	15207	250758
其他有限责任公司	18298211	15942363	473047	61623	1019499
股份有限公司	26541955	23185005	463741	749537	2132207
私营独资	2054498	1704967	65414	5535	146314
私营合伙	504195	423126	11505	1219	29005
私营有限责任公司	23526019	20168744	695601	61085	1111349
私营股份有限公司	1908798	1592172	74165	4141	111517
其他内资	342714	289929	13765	835	17592
港澳台商投资	41377136	36876021	1282105	440930	1474906
合资经营（港或澳、台资）	6141290	5149262	236955	1583	410819
合作经营（港或澳、台资）	1240780	991549	61706	2644	94020
港澳台商独资	27031837	25031079	773109	4898	570126
港澳台商投资股份有限公司	6963228	5704131	210335	431806	399941
外商投资	110368440	91168178	5578451	736035	6373307
中外合资经营	51196414	41561422	2146126	701331	4033930
中外合作经营	3182274	2595921	185665	7542	183826
外商独资企业	54104611	45436293	3179271	24856	2065007
外商投资股份有限公司	1885141	1574542	67390	2306	90545
按控股情况分					
国有控股	100621167	84552414	2037458	4053031	6882599
集体控股	5954904	5140047	153069	15408	357960
私人控股	35972381	30489030	1186741	87716	1969055
港澳台控股	33225524	30278945	1018935	9244	965345
外商控股	75982955	62876317	4472101	46394	3853148
其他控股	2453873	1960771	100979	6135	291615
按企业规模分					
大型企业	106919422	92580013	2225106	3976363	5720398
中型企业	77429619	64505519	4237905	116410	4455519
小型企业	69861762	58211992	2506272	125155	4143805

资料来源：上海市统计局。

2009年上海规模以上工业企业主要经济指标（三）

单位：万元

类别	税金总额	亏损企业亏损额	固定资产原价	其中：生产经营用	固定资产净值
总计	**11125327**	**2766091**	**141267871**	**112326081**	**78393970**
按登记注册类型分					
内资	6372811	663085	75895448	61661478	43642058
国有	3075640	185222	24626924	20158748	15584730
集体	102072	10916	595210	395256	297987
股份合作	37865	3396	351307	253429	178334
国有联营	5054	454	93877	69847	41550
集体联营	4281	559	53554	39060	22988
国有与集体联营	12138	10703	199506	152678	75329
其他联营	1259		10271	7797	6293
国有独资公司	181307	57835	3780599	2433172	2571264
其他有限责任公司	608858	129978	10619074	8352144	6189636
股份有限公司	1517513	69045	27050193	24362819	12986899
私营独资	70269	16464	710550	394691	444609
私营合伙	15236	3092	153068	95851	97708
私营有限责任公司	681443	155345	7011001	4510956	4716130
私营股份有限公司	50776	19488	547581	366442	369792
其他内资	9101	588	92733	68590	58809
港澳台商投资	1069382	422751	16085336	12229798	8078083
合资经营（港或澳、台资）	176628	84631	3284255	2342781	1967026
合作经营（港或澳、台资）	34617	15634	667590	431699	318646
港澳台商独资	248616	315602	7435852	5091333	3879354
港澳台商投资股份有限公司	609521	6883	4697639	4363986	1913057
外商投资	3683134	1680255	49287087	38434804	26673829
中外合资经营	2461937	478550	21657460	19011107	11355067
中外合作经营	96030	36571	1703645	1236257	799586
外商独资企业	1068115	1128367	24281582	16609446	13859239
外商投资股份有限公司	57052	36768	1644400	1577994	659938
按控股情况分					
国有控股	7652771	678173	82386982	71850348	44811366
集体控股	214944	32377	1668862	1193529	835737
私人控股	1036747	235292	10906956	6930591	7243973
港澳台控股	390585	398824	10414691	7011722	5480823
外商控股	1721287	1401080	34233317	24487066	19135779
其他控股	108993	20345	1657064	852824	886291
按企业规模分					
大型企业	6706168	528771	64997545	58423188	33878901
中型企业	2172683	1089635	43780202	31835823	24189876
小型企业	2246475	1147685	32490125	22067070	20325194

资料来源：上海市统计局。

2009 年上海规模以上工业企业主要经济指标（四）

单位：万元

类　别	固定资产净值年平均余额	流动资产合计	存货	其中：产成品	流动资产年平均余额
总计	**74382323**	**131383721**	**33071898**	**9192856**	**118974753**
按登记注册类型分					
内资	41453735	59383321	16282214	4320852	55584965
国有	15052808	9330960	2003974	405082	8700963
集体	290749	1386053	263391	122508	1282406
股份合作	178348	642822	120080	54686	611366
国有联营	35847	74475	13048	4556	57205
集体联营	23394	67714	30789	15169	63711
国有与集体联营	85012	197951	79630	36311	194443
其他联营	6005	17335	4322	2869	15830
国有独资公司	1844023	6132689	1458418	136177	6242854
其他有限责任公司	5793928	10816328	2822090	973456	10010835
股份有限公司	12829741	13705476	5155070	1037310	13064223
私营独资	417163	1240631	260294	87673	1201178
私营合伙	92893	346452	83123	30930	312954
私营有限责任公司	4414724	13853857	3599026	1268496	12589054
私营股份有限公司	330522	1331919	340747	132419	1027395
其他内资	58577	238661	48214	13210	210548
港澳台商投资	7569651	17619610	4148593	1164358	15223943
合资经营（港或澳、台资）	1885166	3876201	860451	315718	3787281
合作经营（港或澳、台资）	317901	844357	212335	83480	680412
港澳台商独资	3202783	10861826	2342832	606433	8766544
港澳台商投资股份有限公司	2163801	2037225	732975	158727	1989706
外商投资	25358937	54380791	12641092	3707647	48165845
中外合资经营	10849577	24702373	5187164	1629247	21916036
中外合作经营	720797	1935683	505380	139537	1983976
外商独资企业	13112803	26308520	6728591	1847105	22833932
外商投资股份有限公司	675760	1434215	219957	91758	1431902
按控股情况分					
国有控股	42871811	50541067	13402735	2928444	47405187
集体控股	832191	3757615	898789	360793	3387404
私人控股	6567079	21895065	5444185	1951972	19638040
港澳台控股	5166723	14919698	3286770	951656	12686580
外商控股	18068335	38560973	9685061	2844001	34251635
其他控股	876183	1709304	354358	155991	1605907
按企业规模分					
大型企业	32271812	45618473	11898320	2091252	40873471
中型企业	22918996	40822839	9781778	3428572	36814810
小型企业	19191515	44942409	11391801	3673033	41286472

资料来源：上海市统计局。

2009年上海规模以上工业企业主要经济指标（五）

单位：万元

类　别	资产总计	流动负债合计	长期负债合计	负债合计	所有者权益
总计	**245952859**	**110159974**	**17662542**	**129789182**	**116163676**
按登记注册类型分					
内资	126878405	51771528	10463672	63418334	63460070
国有	29587088	6905665	2676408	9686713	19900376
集体	1838986	945320	30228	987728	851258
股份合作	895172	424232	20247	453855	441318
国有联营	127528	58121	4113	62234	65295
集体联营	108652	59371	1761	61998	46654
国有与集体联营	300271	170046	8361	179320	120951
其他联营	27763	16159	213	16372	11391
国有独资公司	10094622	6335193	592376	7305411	2789210
其他有限责任公司	20556494	9139544	1746218	11016859	9539636
股份有限公司	37668973	13311965	4599005	18188457	19480517
私营独资	1923779	1015114	59893	1106074	817706
私营合伙	498001	298902	10775	315783	182218
私营有限责任公司	21004022	11911793	640624	12772845	8231177
私营股份有限公司	1930904	965715	71688	1044973	885931
其他内资	316149	214389	1762	219713	96435
港澳台商投资	30291322	15486858	1514688	17258742	13032580
合资经营（港或澳、台资）	6617190	3282129	225954	3678182	2939007
合作经营（港或澳、台资）	1257651	602725	29643	649087	608564
港澳台商独资	15644354	9174911	672817	9913412	5730942
港澳台商投资股份有限公司	6772127	2427094	586274	3018061	3754066
外商投资	88783133	42901588	5684182	49112106	39671026
中外合资经营	40127055	19601374	2462189	22243420	17883635
中外合作经营	2894655	1245646	93722	1347852	1546803
外商独资企业	42879783	21128278	2889000	24345568	18534215
外商投资股份有限公司	2881640	926289	239272	1175267	1706373
按控股情况分					
国有控股	120026675	46840963	11798479	59588710	60437966
集体控股	5223375	2494291	62173	2593508	2629866
私人控股	33334891	17826300	1069300	19192814	14142077
港澳台控股	22504478	12226923	893177	13367823	9136655
外商控股	61723675	29536956	3705556	33651530	28072144
其他控股	3139766	1234541	133857	1394797	1744969
按企业规模分					
大型企业	97242044	41677411	6505380	48896306	48345737
中型企业	75336265	33729502	7181307	41391721	33944544
小型企业	73374550	34753060	3975854	39501155	33873395

资料来源：上海市统计局。

2009 年上海规模以上工业企业主要经济指标（六）

单位：万元

类　别	成本费用总额	管理费用	财务费用	累计折旧	其中：本年折旧
总计	**239331740**	**13590613**	**1474321**	**62873901**	**8927458**
按登记注册类型分					
内资	95632290	5516171	754068	32253390	4266343
国有	16487677	1119530	106806	9042194	1435875
集体	2598094	138510	6574	297223	34905
股份合作	971655	66739	4929	172972	19900
国有联营	151582	8379	1028	52327	4211
集体联营	153187	6810	621	30566	5405
国有与集体联营	366498	29291	1574	124177	9488
其他联营	35795	3694	76	3979	500
国有独资公司	5334683	391647	-45545	1209335	191263
其他有限责任公司	17598628	1056196	127022	4429438	654937
股份有限公司	24930443	946233	335465	14063294	1378982
私营独资	1915880	131076	14424	265941	40808
私营合伙	473329	35669	3029	55360	9791
私营有限责任公司	22482810	1438920	179544	2294871	439894
私营股份有限公司	1805300	123797	15165	177789	34943
其他内资	326730	19679	3357	33924	5441
港澳台商投资	39931108	1586144	186839	8007253	1018706
合资经营（港或澳、台资）	5812917	378869	47831	1317229	146483
合作经营（港或澳、台资）	1160835	100790	6790	348944	35235
港澳台商独资	26685568	808200	73180	3556498	647363
港澳台商投资股份有限公司	6271788	298285	59037	2784582	189626
外商投资	103768342	6488299	533415	22613258	3642408
中外合资经营	46768572	2878863	182162	10302394	1601319
中外合作经营	3002519	207068	13865	904058	102273
外商独资企业	52201855	3260522	325768	10422344	1783559
外商投资股份有限公司	1795396	141845	11620	984462	155257
按控股情况分					
国有控股	92324113	5133961	600280	37575616	4771958
集体控股	5692549	379368	20065	833125	99585
私人控股	34147178	2205481	265927	3662983	677138
港澳台控股	32565087	1162123	105085	4933867	820093
外商控股	72357253	4552881	455954	15097538	2478904
其他控股	2245560	156800	27010	770772	79781
按企业规模分					
大型企业	98933410	3872985	255307	31118644	4142358
中型企业	74064795	4678755	642616	19590326	2822495
小型企业	66333534	5038873	576397	12164931	1962606

资料来源：上海市统计局。

2009年上海国有工业企业主要指标

单位：万元

指 标	总 计	国有企业	国有联营企业	国有独资公司
单位数（个）	385	295	13	77
#亏损企业单位数	92	65	4	23
工业总产值（万元）（当年价格）	24586813	18761828	153324	5671661
工业销售产值（万元）	24574847	18771437	151478	5651932
#出口交货值	3138722	305352	0	2833370
从业人员年平均人数（人）	141564	96850	2074	42640
年末资产总计（万元）	39809238	29587088	127528	10094622
流动资产合计（万元）	15538123	9330960	74475	6132689
#存货	3475440	2003974	13048	1458418
#产成品存货	545816	405082	4556	136177
流动资产年平均余额（万元）	15001022	8700963	57205	6242854
固定资产合计（万元）	20440785	17596236	41807	2802743
固定资产原价（万元）	28501401	24626924	93877	3780599
#生产经营用	22661766	20158748	69847	2433172
累计折旧（万元）	10303856	9042194	52327	1209335
#本年折旧	1631349	1435875	4211	191263
固定资产净值年平均余额（万元）	16932679	15052808	35847	1844023
无形资产（万元）	514641	251088	2857	260697
年末负债合计（万元）	17054358	9686713	62234	7305411
#流动负债（万元）	13298979	6905665	58121	6335193
长期负债（万元）	3272897	2676408	4113	592376
年末所有者权益	22754881	19900376	65295	2789210
#实收资本	5721256	3941236	36243	1743778
#国家资本	1028198	868561	534	159103
法人资本	4622846	3066670	34341	1521835
主营业务收入	25056190	19329798	160318	5566074
主营业务成本	20151113	15099886	138977	4912250
主营业务费用	240985	161456	3199	76331
主营业务税金及附加	2145597	2130090	300	15207
管理费用	1519556	1119530	8379	391647
#税金	28648	20545	229	7874
劳动、失业保险费	31103	25308	440	5355
财务费用	62289	106806	1028	-45545
利息支出	120922	106796	1015	13111
营业外支出	83236	68375	189	14672
营业外收入	176573	80687	1406	94480
营业利润	1635928	1456765	8657	170507
利润总额	1737182	1476529	9894	250758
税金总额	3262001	3075640	5054	181307
亏损企业亏损总额	243511	185222	454	57835
应交所得税	361283	329743	2026	29515
本年应交增值税	1116404	945551	4754	166100
本年应付工资总额	848300	563758	7464	277078
本年应付福利费总额	183629	127029	787	55813

资料来源：上海市统计局。

2009 年上海国有控股工业企业主要指标

单位：万元

指　标	国有控股企业	其中：大型企业	其中：中型企业
单位数（个）	1116	40	262
#亏损企业单位数	259	8	50
工业总产值（万元）（当年价格）	89833997	59005266	22811574
工业销售产值（万元）（当年价格）	89445281	58824550	22646143
#出口交货值	10324479	8392349	1599980
从业人员年平均人数（人）	472577	189787	187861
年末资产总计（万元）	120026675	79332751	28316565
流动资产合计（万元）	50541067	33017121	12128261
#存货	13402735	9275308	2852859
#产成品存货	2928444	1406530	1091606
流动资产年平均余额（万元）	47405187	30979122	11429193
固定资产合计（万元）	48984676	32888004	11544404
固定资产原价（万元）	82386982	56172859	19417517
#生产经营用	71850348	52170841	14474153
累计折旧（万元）	37575616	26607291	8600106
#本年折旧	4771958	3295203	1112635
固定资产净值年平均余额（万元）	42871811	28293220	10355641
无形资产（万元）	2683262	1675645	749688
年末负债合计（万元）	59588710	36495085	16390855
#流动负债（万元）	46840963	29851615	12019972
长期负债（万元）	11798479	5945429	4273754
年末所有者权益	60437966	42837666	11925709
#实收资本	25457243	11284092	10295711
#国家资本	4587263	2040405	1912338
法人资本	15772531	6856897	6227564
集体资本	131799	1470	95672
个人资本	862690	413417	366648
外商资本	3209787	1589191	1270451
港澳台资本	893173	382712	423039
主营业务收入	100621167	66519492	25186295
主营业务成本	84552414	54396922	22418794
主营业务费用	2037458	1302703	531205
主营业务税金及附加	4053031	3964203	61621
管理费用	5133961	2898205	1681574
#税金	140933	101026	28964
劳动、失业保险费	143078	47929	85771
财务费用	600280	220290	259032
利息支出	616399	207234	289429
营业外支出	177480	111937	44375
营业外收入	461105	239100	146403
营业利润	6563638	5208915	961536
利润总额	6882599	5336078	1076567
税金总额	7652771	6519746	775700
亏损企业亏损总额	678173	147287	361092
应交所得税	1037627	757423	187368
本年应交增值税	3599740	2555544	714079
本年应付工资总额	3103073	1593893	1098392
本年应付福利费总额	378483	236633	105285

资料来源：上海市统计局。

2009年上海工业企业经济效益指数

类别	工业经济效益综合指数	总资产贡献率(%)	资本保值增值率(%)	资产负债率(%)	流动资产周转率(次)	成本费用利润率(%)	工业全员劳动生产率(元/人)	工业产品销售率(%)
总计	**216.38**	**11.46**	**110.62**	**52.77**	**2.14**	**5.98**	**183393.42**	**98.99**
国有控股	403.67	13.29	109.49	49.65	2.12	7.45	477937.49	99.57
#大中型企业	449.52	13.90	109.56	49.13	2.16	7.66	549784.83	99.58
按轻重工业分								
轻工业	217.98	17.72	112.67	45.58	1.78	9.56	149918.56	98.53
重工业	223.26	9.67	109.94	54.82	2.26	5.09	203937.38	99.12
按隶属关系分								
中央工业	651.16	13.52	109.28	43.20	2.32	6.90	885804.21	99.97
地方工业	190.70	10.70	111.26	56.20	2.10	5.77	145262.47	98.75

资料来源：上海市统计局

2009年上海六个重点发展工业行业主要指标

单位：万元

行业	单位数(个)	从业人员年平均人数(人)	工业总产值(当年价格)	工业销售产值	出口交货值	年末资产总计	主营业务收入	利润总额	税金总额
总计	**6428**	**1287303**	**155382308**	**153631527**	**53336265**	**147451549**	**165898040**	**8577464**	**5897596**
占全市比重(%)	35.9	45.3	64.5	64.4	79.6	60.0	65.3	59.9	53.0
电子信息产品制造业	1846	488674	55981570	55151602	39276641	35320829	58126206	379237	314733
汽车制造业	677	181828	25667866	25311818	1211998	25145040	31418249	3517178	1972380
石油化工及精细化工制造业	1063	128144	25323013	25319601	1767976	21572270	25699936	1265085	1968269
精品钢材制造业	134	40213	12890057	12815474	926473	19542318	14754495	552472	413401
成套设备制造业	2228	358082	30498636	30186150	9389221	39961049	30815105	2245021	958450
生物医药制造业	480	90362	5021165	4846882	763955	5910043	5084049	618470	270362
在总计中：信息产品制造业	1846	488674	55981570	55151602	39276641	35320829	58126206	379237	314733
通信设备制造	120	57052	6212583	6157390	3988131	5221506	6315544	166806	35991
雷达制造业	1	251	3736	3747	0	6525	5545	646	599
广播电视设备制造	20	2541	142252	142306	40464	94393	143690	7226	2668
电子计算机制造	71	98356	31393177	30820013	26376203	9813097	33354986	188505	24294
家用视听设备制造	47	13836	2197049	2106336	1206371	1044772	2154330	22425	4847
电子测量仪器制造	184	20557	1136607	1148112	460301	1084404	1159420	153781	29091
电子专用设备制造	377	43893	1510482	1473737	359181	1789679	1524568	105122	47779
电子元件制造	437	116269	4315179	4308486	2256665	4793801	4362917	195938	72901
电子器件制造	182	74789	4701113	4681731	3698339	7600993	4742683	-646361	30213
电子机电产品制造	384	57879	4191602	4135505	827759	3481484	4178771	187571	64661
电子专用材料制造	23	3251	177790	174239	63227	390177	183753	-2422	1691

资料来源：上海市统计局。

上海高技术产业主要情况（2008～2009）

单位：万元

类　别	工业总产值（当年价格）	工业销售产值	产品销售率（%）	年末资产总计	主营业务收入	利润总额	税金总额
2009年总计	**55606531**	**54667655**	**98.3**	**36483293**	**57680000**	**729420**	**489474**
占全市比重(%)	**23.3**	**23.1**		**15.0**	**22.9**	**5.2**	**4.4**
按登记注册类型分							
#国有	641116	630184	98.3	1135492	643976	55017	27484
集体	13758	13630	99.1	45539	22176	7	751
股份制企业	2995746	2951956	98.5	4750819	3309900	237956	150775
外商投资企业	51511462	50682787	98.4	30211662	53313635	415007	295041
按技术领域分							
#核燃料加工							
信息化学品制造	104523	104864	100.3	303210	138757	11352	8673
医药制造业	3517353	3362566	95.6	4273440	3577500	470810	217931
航空航天器制造	221007	226316	102.4	738870	243446	16852	4567
电子及通信设备制造业	16914153	16737708	99.0	18216157	16964402	-307965	144274
电子计算机及办公设备制造业	31940195	31369422	98.2	10020625	33768699	211917	26859
医疗设备及仪器仪表制造业	2909299	2866779	98.5	2930991	2987196	326454	87171
2008年总计	**60419802**	**59040194**	**97.7**	**33469943**	**61913862**	**1221633**	**468016**
占全市比重(%)	**24.8**	**24.5**		**15.2**	**24.4**	**12.9**	**5.8**
按登记注册类型分							
#国有	541548	526976	97.3	998175	563168	38785	25132
集体	43599	39451	90.5	48125	38894	1502	1790
股份制企业	3045038	2938564	96.5	4239943	3233339	185858	116426
外商投资企业	56405741	55175877	97.8	27895179	57724989	984909	314022
按技术领域分							
#核燃料加工							
信息化学品制造	112359	106629	94.9	146628	114794	1585	2208
医药制造业	2938384	2855260	97.2	3780501	3085091	368498	176231
航空航天器制造	305284	292478	95.8	635028	316964	19813	4527
电子及通信设备制造业	22536779	22124137	98.2	18241155	22030353	247023	156453
电子计算机及办公设备制造业	31493465	30699602	97.5	8045544	33267969	297921	38009
医疗设备及仪器仪表制造业	3033532	2962089	97.6	2621087	3098692	286793	90589

资料来源：上海市统计局。

2009年上海都市型工业基本情况

单位：万元

类别	单位数（个）	从业人员年平均人数（人）	工业总产值	工业销售产值	出口交货值	年末资产总计	主营业务收入	利润总额	税金总额
总计	**4356**	**722507**	**28094814**	**27697578**	**6300029**	**25825099**	**29009828**	**1811387**	**982011**
按登记注册类型分									
内资	2567	289223	9477429	9365070	954643	9125951	10082845	495188	307438
国有	64	9111	508670	505948	17437	568617	556998	27506	20445
集体	112	10799	195895	187536	14351	199128	193898	3707	8640
股份合作	60	6680	124367	126047	12723	153647	125608	3619	6064
国有联营	3	174	2287	2208		5946	2248	-441	212
集体联营	8	710	17641	17296	621	21539	17422	43	802
国有与集体联营	11	2403	55200	55071	2171	66206	56160	-5437	2544
其他联营	4	206	6200	6183		3665	6318	373	164
国有独资公司	6	2492	204264	193361		214632	194392	30148	12211
其他有限责任公司	220	37166	2036366	2024903	162872	1628698	2390764	123871	61266
股份有限公司	35	14673	1031539	1018336	61134	1918647	1354628	94572	40938
私营独资	167	13881	498317	496820	44543	298895	485924	36568	13301
私营合伙	61	4096	82806	83163	7301	79773	79578	1326	3334
私营有限责任公司	1717	177328	4456392	4393192	612162	3675505	4370893	162201	130879
私营股份有限公司	94	8935	235184	233037	17382	268492	226262	16718	5872
其他内资	5	569	22303	21970	1946	22563	21752	413	766
港澳台商投资	613	142533	5271283	5170137	1468558	4929946	5458345	441713	196553
与港澳台商合资经营	171	45859	1782275	1775932	407365	1444502	1774965	146118	71714
与港澳台商合作经营	70	18518	535667	528665	235507	534702	533986	29642	15907
港澳台商独资	358	73811	2602005	2515675	818613	2475387	2563541	240913	76297
港澳台商投资股份有限公司	14	4345	351336	349865	7073	475356	585853	25040	32635
外商投资	1176	290751	13346102	13162372	3876828	11769203	13468639	874486	478020
中外合资经营	328	76514	2924769	2954016	901876	2622073	2978382	202017	86518
中外合作经营	104	26789	1103042	1111627	309567	1061101	1143712	65456	42823
外商独资	724	180248	8924958	8700704	2547224	7683851	8911347	552192	338867
外商投资股份有限公司	20	7200	393333	396025	118162	402178	435198	54821	9812
按企业规模分									
大型企业	19	56493	2770241	2779418	868807	2470466	3102976	182060	121401
中型企业	411	267217	12855688	12563083	2973952	11305652	13132359	962462	464373
小型企业	3926	398797	12468884	12355078	2457270	12048982	12774494	666865	396236
按行业分									
服装服饰业	1480	275828	5828141	5670114	2057997	4798771	5746886	323017	160721
食品加工制造业	535	100407	7338051	7217668	269142	6307657	7791734	517487	332212
包装、印刷业	614	64856	2507545	2461915	209639	2953028	2512638	216093	108104
室内装饰用品制造业	778	103228	3958329	3931897	1235850	3368619	3984913	223969	106741
化妆品及清洁洗涤用品制造业	225	26795	2560490	2543470	208963	2518567	2626260	234484	163591
工艺美术品、旅游用品制造业	463	81223	3204671	3170794	1006283	2735753	3639921	174702	63104
小型电子信息产品制造业	261	70170	2697587	2701720	1312156	3142705	2707477	121636	47538

（续表）

类　别	单位数（个）	从业人员年平均人数（人）	工业总产值	工业销售产值	出口交货值	年末资产总计	主营业务收入	利润总额	税金总额
按地区分：									
浦东新区	863	146261	6540927	6433796	1065324	5813940	6684322	540229	224375
黄浦区	24	4716	262819	239604	18130	293983	421148	10011	10224
卢湾区	13	2002	67048	70695	4653	84767	76717	5990	3121
徐汇区	93	11989	1496183	1498563	119152	859031	1779348	61578	27360
长宁区	29	4184	124038	126554	28877	347925	150374	4956	5985
静安区	12	1510	24267	24212	4683	11595	24213	1417	1722
普陀区	111	16778	615883	612684	45910	802361	671418	82733	33893
闸北区	54	5597	191613	193354	48114	213243	203681	4251	5112
虹口区	29	4794	217645	232979	45385	273368	235154	25063	10492
杨浦区	64	7273	246323	249032	33865	464943	351368	-840	12319
闵行区	678	118164	5664296	5530766	1058208	4923716	5869866	433603	315845
宝山区	210	22493	717886	715791	126054	755641	705190	13138	24539
嘉定区	529	99126	3524802	3550355	1089170	3005981	3574918	190893	77430
金山区	296	51930	1449080	1410433	542478	1283856	1414972	104497	43723
奉贤区	434	59579	1688158	1665961	304244	1425819	1629276	90358	39103
松江区	496	92795	3126800	3083748	997053	3218820	3152753	147666	77328
青浦区	374	69361	2044205	1964002	750889	1925171	1972526	90617	65302
崇明县	43	3946	78390	79790	17838	110910	77480	3682	2872

资料来源：上海市统计局。

2009 年上海各区、县工业企业主要指标

单位：万元

地　区	单位数（个）	从业人员（万人）	工业总产值	出口交货值	年末资产总计	主营业务收入	利润总额	税金总额
总计	**17906**	**289.89**	**240912649**	**66977975**	**245952859**	**254210803**	**14319722**	**11125327**
浦东新区	3858	66.76	69829252	18795016	78806385	77026793	4761929	3198072
黄浦区	45	1.44	940915	157735	1537015	1469081	47738	34549
卢湾区	32	0.83	616725	18578	773242	702979	44161	18309
徐汇区	356	5.79	5005818	1065103	4695928	5507470	354077	146598
长宁区	103	1.35	769535	69371	1196710	831545	74424	25504
静安区	32	0.35	178240	19760	548213	208292	35883	15403
普陀区	351	4.89	2232417	212342	2758109	2468204	236409	113428
闸北区	167	2.86	1347440	172506	2132607	1383935	37059	49675
虹口区	99	1.42	565673	90122	787368	619650	47652	27272
杨浦区	253	4.33	6476727	782931	10439366	6660242	1225399	2707460
闵行区	2293	39.75	33228704	12870864	27937441	34060443	1722925	1009520
宝山区	1104	15.90	19071322	1612962	26278893	21482064	1119376	653233
嘉定区	2498	36.81	24736138	3313831	20184693	25790904	1749684	1092650
金山区	1004	15.01	10390031	980811	8492117	10365025	490437	709849
奉贤区	1885	20.24	10939363	2024809	10162851	10511334	603267	230146
松江区	1913	40.43	31710993	20625173	21107330	31578599	894008	356642
青浦区	1581	23.60	10457836	2668629	10498450	10241616	545791	335317
崇明县	293	6.71	2739437	1202170	4085296	2751886	104093	133283
其他	39	1.43	9676083	295261	13530845	10550745	225411	268417

资料来源：上海市统计局。

2009 年上海工业企业主要指标

单位：亿元

类　别	单位数（个）	工业总产值（当年价格）	工业销售产值（当年价格）	从业人员（万人）	主营业务收入	利润总额
2009 年总计	**63496**	**24888.08**	**24571.57**	**359.29**	**26212.69**	**1441.82**
轻工业	26517	5663.34	5541.46	141.19	5777.85	461.17
重工业	36979	19224.74	19030.11	218.10	20434.83	980.65
在总计中：私营工业合计	48753	3564.71	3436.54	129.47	3495.10	160.80
轻工业	20521	1264.61	1210.33	57.58	1239.51	48.46
重工业	28232	2300.10	2226.20	71.89	2255.58	112.34
2008 年总计	69740	25968.38	25630.92	372.72	26891.25	961.11
轻工业	29569	5839.41	5753.95	150.13	5924.71	345.40
重工业	40171	20128.96	19876.97	222.58	20966.54	615.71
在总计中：私营工业合计	52691	3684.65	3594.31	136.07	3618.80	133.33
轻工业	22477	1225.44	1202.12	62.21	1209.62	30.39
重工业	30214	2459.20	3292.19	73.86	2409.18	102.94

资料来源：上海市统计局。

2009 年上海主要工业产品生产、销售和库存

产 品 名 称	年初库存	生产量	销售量	年末库存
天然原油（吨）	61871.2	91035	98496	54426
发电量（万千瓦小时）	0	7782040	6214775	0
精制食用植物油（吨）	35776	922672	873094	85354
配混合饲料（吨）	3932.45	974187.73	947982.29	19885.8
乳制品（吨）	2672	401813	399360	3659
罐头（吨）	4941	37120	38936	3147
啤酒（千升）	4616.87	673951	671415	6822
黄酒（千升）	6049.77	113537.1	113718.29	5849.58
软饮料（吨）	118697	2415604	2416694	103057
卷烟（万支）	311860.4	8656472.85	8729587	238368.25
化学纤维（吨）	79885	379097	422476	34044
合成纤维（吨）	79885	379097	422476	34044
纱（吨）	7875	37577	34874	4792
布（万米）	1678	11924	11867	1733
棉布（万米）	335	4282	4336	281
棉混纺布（混纺交织布）（万米）	207	256	246	216
化学纤维布（纯化纤布）（万米）	1136	7386	7285	1237
绒线（毛线）（吨）	155	620	627	148
毛机织物（呢绒）（万米）	276	370	398	247
服装（万件）	5042	39067	38215	5841
皮鞋（万双）	173.14	1460.5	1505.04	128.6
人造板（立方米）	15734	158298.1	162164.1	11868
实木地板（木地板）（万平方米）	116	520	524	111
复合地板（万平方米）	188	2370	2369	187
机制纸及纸板（吨）	56073	710342	697956	3
新闻纸（吨）	15954	119879	127919	7915
汽油（吨）	10006	2600356	2330840	22899
煤油（吨）	20421	1497135	1281750	18276
柴油（吨）	18650	6826259	6388629	52245
润滑油（吨）	21961	413138	398778	13346
燃料油（吨）	784	151462	84597	0
焦炭（吨）	31225	6607934	1252866	13928
硫酸（折１００%）（吨）	3212	270224	236789	3767
浓硝酸（折１００%）（吨）	159	14436	14594	1
氢氧化钠（烧碱）（折１００%）（吨）	2436	729750	725920	29873
农用氮、磷、钾化学肥料总计（吨）	5678.19	36151.3	35612	6242.49
氮肥（折含 N 100%）（吨）	140	19017	19078	104
磷肥（折合 P2O5 100%）（吨）	1445	7788	8203	1030
化学农药原药（折有效成分 100%）（吨）	5637	50770	42962	13443
乙烯（吨）	13563	1803039	197962	22764

资料来源：上海市统计局。

（续表）

产　品　名　称	年初库存	生产量	销售量	年末库存
纯苯（吨）	6813	617760	381986	8849
冰醋酸（吨）	5733	489376	386439	7503
涂料（油漆）（吨）	82475	796449	781791	88939
染料（吨）	5929	46484	45123	6863
初级形态的塑料（塑料树脂及共聚物）（吨）	78567	3048222	3045949	75559
合成橡胶（吨）	5032	246881	242246	4080
合成纤维单体（吨）	24858	1547224	862713	27305
合成纤维聚合物（吨）	37437	1281661	1201387	24609
合成洗涤剂（吨）	17639	219336	212564	24411
化学药品原药（化学原料药）（吨）	2830	25691	24284	2237
中成药（吨）	787.24	11883.05	11613.02	1028.59
橡胶轮胎外胎（轮胎外胎）（条）	831266	8490684	8340907	978661
塑料制品（吨）	97679	1169408	1110598	110511
农用薄膜（吨）	854	28100	27464	1319
水泥（吨）	130499.73	7541913	7496305	175338.73
平板玻璃（重量箱）	133	11085	10756	462
生铁（吨）	5087	17874843	12264	1109
粗钢（吨）	26552	20322383	358377	3776
钢材（吨）	349928	21813697	21762970	373702
中板（吨）	65972	1581475	1580126	66519
冷轧薄板（吨）	4292	526159	527239	3219
中厚宽钢带（吨）	34484	4430717.23	4440040.23	25161
热轧薄宽钢带（吨）	9324	1496344.41	1485682.41	19986
冷轧薄宽钢带（吨）	34774.44	3371014.16	3372166.6	33622
镀层板（带）（吨）	31691	3022139	3019587	34243
电工钢板（带）（吨）	17112	1165250	1165939	16423
无缝钢管（吨）	22780.21	878697.16	876228	24975.37
日用不锈钢制品（吨）	2447	11669	11147	2968
十种有色金属（吨）	1188	106916	103453	268
精炼铜（铜）（吨）	920	88191	84698	30
铅（吨）	265	18660	18690	235
铜材（铜加工材）（吨）	7246.64	205918.01	198070.4	6987.74
铝材（吨）	9484	239186	236213	12678
燃气热水器（个）	36655	593463	587498	41620
工业锅炉（蒸发量吨）	683	3706	3905	484
发动机（千瓦）	1839662	109052134	51437593	1778758
金属切削机床（台）	2300	5641	6801	886
数控机床（台）	603	1392	1539	455
缝纫机（架）	122920	502145	522731	99325
大中型拖拉机（台）	1224	10529	10723	993

资料来源：上海市统计局。

（续表）

产 品 名 称	年初库存	生产量	销售量	年末库存
汽车（辆）	11031	1250254	1239789	20959
载货汽车（辆）	250	551	694	119
公路客车（辆）	1053	5759	6309	518
轿车（辆）	9728	1224633	1213625	20197
摩托车（辆）	91852	698736	743543	47045
两轮自行车（自行车）（辆）	253744	5069008	5180655	142097
民用钢质船舶（载重吨）	0	8563500	8563500	0
发电设备（千瓦）	10784916	24406952	25047952	10143916
交流电动机（千瓦）	671542	13511941	13563855	619628
电力电缆（公里）	44080.22	519689.58	517604.36	46163.44
家用洗衣机（台）	192784	2077901	2153956	114932
家用吸尘器（台）	13064	79398	83464	2028
家用电冰箱（台）	59804	1891526	1860236	90594
家用电风扇（台）	135194	492870	556963	71076
房间空气调节器（台）	213749	3177836	3138541	247745
吸排油烟机（台）	5905	42687	41828	6696
微波炉（台）	331097	5337868	5208547	457356
电饭锅（个）	573965	6606208	6590152	589970
移动通信基站设备（信道）	5403	1987574	1983595	9382
程控交换机（万线）	0	387	387	0
数字程控交换机（万线）	0	387	387	0
传真机（台）	53689	1927626	1608627	372676
移动通信手持机（手机）（台）	54420	3157467	3078529	133358
微型电子计算机（台）	2521211	73201508	72833058	2889661
显示器（台）	1000	1792609	1793323	286
集成电路（万块）	41797	722883	721748	42930
集成电路圆片（万块）	7	194	195	5
彩色电视机（台）	10141	1955092	1933181	31732
液晶电视机（台）	468	1175991	1164602	11548
组合音响（台）	66431	3074603	3094077	46957
光学仪器（台）	6422	39287	45687	22
照相机（台）	9048	27600	27600	9048
表（万只）	14.52	92.71	91.27	15.96

资料来源：上海市统计局。

2009年上海市工业自营出口1000万美元以上企业

单位：万美元

序号	单 位 名 称	09年出口
1	上海振华港口机械（集团）股份有限公司	264767.62
2	上海外高桥造船有限公司	193873.3
3	沪东中华造船（集团）有限公司	130983.94
4	宝山钢铁股份有限公司	116408.09
5	上海电气集团股份有限公司	91325.03
6	上海船厂船舶有限公司	69839.56
7	上海江南长兴造船有限责任公司	63922.42
8	江南造船（集团）有限责任公司	50312.22
9	上海中燃船舶燃料有限公司（保）	31686.26
10	上海新联纺进出口有限公司	25887.27
11	上海申达进出口有限公司	25316.27
12	上海飞马进出口有限公司	25304.87
13	双钱集团股份有限公司	21517.84
14	上海纺织装饰（集团）公司	21180.81
15	上海八达纺织印染服装有限公司	20769.49
16	上海服装集团进出口有限公司	17932.6
17	上海三毛进出口有限公司	15111.52
18	上海祥源化工有限公司	15057.92
19	中国外运上海储运公司	14056.3
20	上海华申进出口有限公司	13999.75
21	上海汉森投资发展有限公司	13967.62
22	东方航空进出口有限公司	13528.04
23	中国烟草上海进出口有限责任公司	12275.76
24	上海汉森环宇进出口有限公司	12246.81
25	上海协通（集团）有限公司	12153.16
26	晨风集团股份有限公司	12128.85
27	中国船舶工业贸易上海公司	11958.15
28	上海申航进出口有限公司	11746.44
29	上海迪赛诺医药投资有限公司	11631.97
30	中纺联合进出口股份有限公司	11349.2
31	上海天马微电子有限公司	10732.91
32	上海豫园商城进出口有限公司	10052.35
33	上海京鸿实业有限公司	9558.02
34	中交上海航道局有限公司	9446.17
35	上海市纺织原料公司	9367.04
36	中化上海公司	9248.02
37	中国航空技术进出口上海公司	9083.35
38	上海电视电子进出口有限公司	9042.09
39	上海联合纺织印染进出口有限公司	8805.53
40	上海氯碱化工股份有限公司	8547.55

(续表)　　单位：万美元

序号	单　位　名　称	09 年出口
41	上海华谊集团国际贸易有限公司	8011.25
42	上海新申达企业发展有限公司	7973.03
43	上海玩具进出口有限公司	7825.85
44	中国凯盛国际工程有限公司	7554.8
45	上海大亚科技有限公司	7554.52
46	上海中曼石油科技发展有限公司	7104.91
47	上海启越化工有限公司	6959.45
48	上海集优机械股份有限公司	6663.28
49	上海一百国际贸易有限公司	6654.48
50	上海利步瑞服饰股份有限公司	6556.31
51	上海长丰智能卡有限公司	6506.4
52	上海市食品进出口公司	6435.29
53	上海汽车进出口公司	6390.87
54	上海电器进出口有限公司	6122.96
55	中国金山联合贸易有限责任公司	5966.77
56	上海中远船务工程有限公司	5681.5
57	国家物资储备局上海七处（保）	5530.44
58	上海交大泰阳绿色能源有限公司	5420.64
59	神飞集团有限公司	5413.57
60	上海洋帆实业有限公司	5234.43
61	上海龙头（集团）股份有限公司	5214.78
62	上海东源企业发展股份有限公司	5177.94
63	上海东圣电子进出口有限公司	5167.69
64	上海依德工具有限公司	5053.16
65	上海华翔羊毛衫有限公司	5007.49
66	上海民光进出口有限公司	4986.5
67	上海建工（集团）总公司	4918.63
68	上海特波电机有限公司	4899.08
69	上海城建（集团）公司	4892.53
70	上海远洋运输公司船舶供应公司	4733.48
71	上海三枪进出口有限公司	4730.62
72	上海电气（集团）总公司	4721.62
73	上海凤凰进出口有限公司	4721.58
74	上海市机械设备成套（集团）有限公司	4583.03
75	上海欣然金属有限公司	4542.15
76	上海锅炉厂有限公司	4500.52
77	上海电气国际经济贸易有限公司	4414.91
78	上海中纺联国际贸易有限公司	4352.88
79	上海木材进出口有限公司	4332.56
80	上海岱美汽车内饰件有限公司	4268.34

(续表)　　单位：万美元

序号	单 位 名 称	09 年出口
81	上海健生实业股份有限公司	4181.52
82	上海酬勤家俱有限公司	4147.43
83	上海嵩海实业经贸公司	4079.07
84	上海均和集团有限公司	3970.58
85	上海东霞实业有限公司	3963.22
86	上海风格服饰有限公司	3948.43
87	上海市医药股份有限公司	3893.3
88	上海康宏进出口有限公司	3890.33
89	上海浦东亿菱机械设备有限公司	3828.72
90	上海光达照明有限公司	3802.53
91	上海三航工程物资公司	3781.57
92	上海保隆工贸有限公司	3757.66
93	上海海立(集团)股份有限公司	3757.21
94	上海嘉宝贸易发展有限公司	3722.65
95	上海电气进出口有限公司	3657.57
96	上海太阳能科技有限公司	3552.65
97	上海保利科技有限公司	3520.03
98	中国东风汽车工业进出口有限公司	3490.04
99	上海联众医疗产品有限公司	3476.67
100	上海北方工业发展有限公司	3468.68
101	上海上工进出口有限公司	3453.39
102	上海亚明灯泡厂有限公司	3443.9
103	上海电气液压气动有限公司	3428.97
104	上海输配电股份有限公司	3359.45
105	上海宝钢工程技术有限公司	3352.39
106	上海福莱特玻璃有限公司	3259.04
107	中钢集团上海公司	3232.58
108	上海凯路化工有限公司	3225.76
109	上海康德莱企业发展集团有限公司	3217.87
110	上海化工供销有限公司	3206.27
111	上海双燕化工设备制造有限公司	3158.11
112	上海晟光日用五金进出口有限公司	3054.03
113	正泰电气股份有限公司	3040.01
114	三信国际电器上海有限公司	3016.22
115	上海梅林正广和股份有限公司	2939
116	上海明东汽车配件有限公司	2922.4
117	上海亿力电器有限公司	2920.9
118	中国长城工业上海公司	2897.76
119	上海杰思工程实业有限公司	2751.92
120	上海北连食品有限公司	2734.34

（续表）　　单位：万美元

序号	企　业　名　称	出口额
121	上海物资集团进出口有限公司	2700.89
122	上海蝴蝶进出口有限公司	2638.43
123	上海白象天鹅电池有限公司	2635.01
124	上海申贝办公机械进出口有限公司	2590.69
125	上海京清蓉服饰有限公司	2552.96
126	中国浦发机械工业股份有限公司	2512.17
127	上海美星电子有限公司	2458.66
128	上海塔汇针织厂	2423.92
129	上海农工商集团国际贸易有限公司	2418.68
130	中国轻工业上海设计院	2375.26
131	上海傲胜木业有限公司	2358.93
132	上海永冠胶粘制品有限公司	2345.13
133	上海迪赛诺化学制药有限公司	2326.3
134	上海喜悦家纺有限公司	2313.09
135	上海市申华企业发展有限公司	2297.28
136	上海顺风国际贸易有限公司	2293.01
137	上海泰胜电力工程机械有限公司	2256.31
138	上海起帆进出口有限公司	2251.54
139	上海申华进出口有限公司	2242.27
140	上海标旗服饰有限公司	2230.58
141	上海紫汇实业有限公司	2189.67
142	上海工艺美术总公司	2187.15
143	上海美晶钻石有限公司	2186.56
144	上海诚然实业有限公司	2170.12
145	上海能泰纺织品有限公司	2163.86
146	上海新纺企业发展有限公司	2146.96
147	上海海渊船舶工程有限公司	2130.38
148	上海景韵实业有限公司	2115.2
149	上海裕金实业有限公司	2100.98
150	上海天承实业有限公司	2091.05
151	上海广电信息产业股份有限公司	2047.67
152	上海杉杉进出口有限公司	2043.41
153	上海浦东机械设备成套公司	2011.41
154	上海庞统企业发展有限公司	1946.41
155	上海交大海隆软件股份有限公司	1918.35
156	上海天服三悦服装有限责任公司	1914.48
157	上海诚赢照明电器有限公司	1908.1
158	上海电气（集团）进出口公司	1829.15
159	江南重工股份有限公司	1819.84
160	上海佳丽绒绣厂	1793.58

（续表） 单位：万美元

序号	企业名称	出口额
161	上海温龙化纤有限公司	1762.46
162	上海奇鑫木业有限公司	1743.32
163	上海乾天厨房用具有限公司	1738.97
164	上海维特服饰有限公司	1718.55
165	上海亿钻五金工具有限公司	1716.55
166	上海三思科技发展有限公司	1704.04
167	上海欣锋纺织品有限公司	1696.52
168	上海泛泰克化工有限公司	1695.74
169	上海荣泰健身科技发展有限公司	1683.75
170	上海新世界股份有限公司	1667.77
171	上海拓步企业发展有限公司	1645.2
172	上海百金化工有限公司	1644.81
173	上海广为电器工具厂	1643.46
174	上海题桥纺织染纱有限公司	1631.72
175	上海雅泰实业集团有限公司	1628.94
176	上海家化进出口有限公司	1620.18
177	上海普泰电动工具有限公司	1614.69
178	上海世邦机器有限公司	1602.69
179	上海诚凯制衣有限公司	1582.54
180	上海益森园艺用品有限公司	1582.3
181	上海三润服装有限公司	1581.5
182	上海祥源生物科技有限公司	1580.46
183	上海金汇投资实业有限公司	1579.9
184	上海劳达斯洁具有限公司	1576.21
185	上海丹爱法企业发展有限公司	1571.88
186	上海黎众木业有限公司	1564.59
187	上海日山金属制品有限公司	1550.45
188	上海梽木纺织品有限公司	1544.28
189	上海新技电子有限公司	1542.99
190	上海成华重工有限公司	1527.36
191	上海现代制药股份有限公司	1522.97
192	上海袓诺服饰有限公司	1512.86
193	上海西芝电力设备有限公司	1505.13
194	上海科学器材有限公司	1500.56
195	上海国际科学技术有限公司	1499.5
196	上海水鲸纺织品有限公司	1482.61
197	上海前卫衬布厂	1475.22
198	上海协通国际商务股份有限公司	1473.9
199	上海力智生化科技有限公司	1443.39
200	上海中最实业发展有限公司	1426.17

（续表）　　单位：万美元

序号	企　业　名　称	出口额
201	上海全方实业有限公司	1420.1
202	上海海洋石油服务有限公司	1407.6
203	上海景麟实业有限公司	1406.57
204	上海中玄服饰有限公司	1392.08
205	上海重型机器厂有限公司	1382.61
206	上海埃塞电子有限公司	1371.22
207	上海凯而高化工有限公司	1363.07
208	上海宜钦实业发展有限公司	1362.86
209	上海宇宝工贸有限公司	1349.92
210	上海机床进出口有限公司	1349.08
211	上海白猫股份有限公司	1348.68
212	上海汇迅企业发展有限公司	1346.87
213	上海轴承进出口有限公司	1342.95
214	上海彭浦机器厂有限公司	1337.23
215	上海广电进出口有限公司	1329.99
216	上海荣利纺织品有限公司	1323.98
217	上海兴长活性炭有限公司	1323.43
218	上海闻东实业有限公司	1323.16
219	上海精诚工控电子科技有限公司	1320.03
220	上海农工商经济贸易有限公司	1312.42
221	上海广电电器有限公司	1312.23
222	上海徕木电子有限公司	1309.66
223	上海机床厂有限公司	1300.55
224	上海昊群数码科技有限公司	1300.5
225	上海晟达纺织品有限公司	1300
226	上海奔腾企业（集团）有限公司	1292.7
227	上海润虹染料进出口有限公司	1288.68
228	上海葵花进出口有限公司	1280.02
229	上海信服化工有限公司	1278.11
230	上海医疗器械进出口有限公司	1268.81
231	上海尚玄制衣有限公司	1258.36
232	上海宝隆国际贸易有限公司	1244.15
233	上海伟伦阀门五金有限公司	1239.9
234	华东电力对外经济贸易公司	1232.74
235	上海宏进工贸有限公司.	1232.48
236	上海双手机电有限公司	1227.47
237	上海领秀眼镜有限公司	1226.47
238	上海沪工电焊机制造有限公司	1223.64
239	上海雨思五金工具有限公司	1217.26
240	上海豪纳实业有限公司	1212.04

（续表） 单位：万美元

序号	企 业 名 称	出口额
241	上海满帆精密机械科技有限公司	1205.09
242	上海纳尔实业有限公司	1178.32
243	上海民友化工有限公司	1167.86
244	上海柴油机股份有限公司	1166.31
245	上海银萨工程设备有限公司	1161.41
246	上海康福船舶设备有限公司	1158.57
247	上海综礼礼品有限公司	1148.07
248	上海容宇服装有限公司	1147.7
249	上海景超工贸有限公司	1138.78
250	上海利德木业有限公司	1138.21
251	上海斯麟特种设备工程有限公司	1137.78
252	上海宏闽电机有限公司	1136.92
253	上海永太服装金山有限公司	1126.42
254	上海凯兴实业公司	1126.27
255	上海意潇宠物用品有限公司	1110.72
256	上海茗洋实业发展有限公司	1110.44
257	上海申达科宝新材料有限公司	1100.17
258	中国长江磨床进出口有限公司	1099.78
259	上海网讯光缆材料有限公司	1099.73
260	上海贝思特电气有限公司	1098.6
261	上海恒泰实业有限公司	1091.24
262	上海光明纺织品进出口有限公司	1091.19
263	上海卓泰打印耗材有限公司	1074.31
264	上海柯浦实业有限公司	1065.15
265	上海名佳利金属有限公司	1054.2
266	上海工菱实业公司	1051.53
267	上海文通化工有限公司	1047.91
268	上海国驰进出口有限公司	1040.46
269	上海西卡思新技术总公司	1035.04
270	上海新建重型机械有限公司	1028.75
271	上海乾昌家用纺织品有限公司	1028.35
272	上海中维企业发展有限公司	1027.39
273	上海医药工业有限公司	1026.88
274	上海邦德汽车零件制造有限公司	1026.1
275	上海欧曼石油设备有限责任公司	1025.77
276	上海美梭羊绒纺织品有限公司	1022.78
277	上海皮皮狗毛纺织有限公司	1017.08
278	上海水晶宫钢管厂有限公司	1014.6
279	上海茂捷纺织品有限公司	1014
280	上海友能帽业手套有限公司	1011.77

2009 年度上海名牌名录

序号	品牌	产品	企业名称
		一、产品类	
		A、生产资料类	
1	ZPMC	港口起重机械	上海振华重工（集团）股份有限公司
2	图案（三人）	工业用乙烯、丁二烯、纯苯、环氧乙烷、乙二醇、乙酸乙烯酯、氰化钠、车用汽油、轻柴油、液化石油气、3 号喷气燃料、聚乙烯醇、纤维级聚酯切片、涤纶工业长丝、涤纶短纤维、缝纫线用涤纶短纤维、聚乙烯树脂、聚丙烯树脂、腈纶短纤维、腈纶丝束、碳五化学品、给水管道系统用聚乙烯（PE）专用料	中国石化上海石油化工股份有限公司
3	海	车用汽油、轻柴油、石蜡、3 号喷气燃料	中国石油化工股份有限公司上海高桥分公司
4	DELIXI 德力西	交流低压成套开关设备、户内交流金属铠装中置式开关设备、电力变压器、预装式变电站、户外交流高压真空断路器、电线电缆	上海德力西集团有限公司
5	图案（广电电气）	高低压成套开关设备	上海广电电气（集团）股份有限公司
6	ZONFA	高低压开关成套装置	上海中发电气（集团）股份有限公司
7	上联	万能式断路器、塑料外壳式断路器、交流接触器热、过载继电器	上海电器股份有限公司人民电器厂
8	海立 HIGHLY	空调压缩机	上海日立电器有限公司
9	申峰	烧碱全系列、聚氯乙烯全系列	上海氯碱化工股份有限公司
10	双钱回力	汽车轮胎	双钱集团股份有限公司
11	上工	工业缝纫机	上工申贝（集团）股份有限公司
12	东风	D114、C121、135/G128 系列柴油机	上海柴油机股份有限公司
13	上海电气	HP 型碗式磨煤机	上海重型机器厂有限公司
14	山宝	破碎机	上海建设路桥机械设备有限公司
15	上机	磨床	上海机床厂有限公司
16	KEN 锐奇	电动工具	上海锐奇工具股份有限公司
17	SDS	汽车传动轴总成	上海纳铁福传动轴有限公司
18	上工	麻花钻丝锥硬质刀具	上海工具厂有限公司
19	华源	铝塑复合板	上海华源复合新材料有限公司
20	图案（双鸽）	一次性无菌注输器具	上海双鸽实业有限公司
21	申花	异形高频焊管	上海申花钢管有限公司
22	上上 SSS	不锈钢无缝钢管	上海上上不锈钢管有限公司
23	TIANYANG	精密无缝钢管	上海天阳钢管有限公司
24	亚泰	不锈钢圆钢	亚泰特钢集团有限公司
25	图案（佳艺）	冷弯型钢	上海佳艺冷弯型钢厂
26	TIGER（虎牌）	高纯阴极铜	上海大昌铜业有限公司
27	图案（海亮）	铜及铜合金管材	上海海亮铜业有限公司
28	图案（上海申特）	钢筋混凝土用热轧带肋钢筋	上海申特型钢有限公司
29	图案（南亚）	覆铜箔板	上海南亚覆铜箔板有限公司
30	飞轮	铸造铝合金锭、高密铜管材系列产品	上海飞轮实业有限公司
31	福耀	汽车用安全玻璃	福耀集团（上海）汽车玻璃有限公司
32	申豪申沃	城市客车	上海申沃客车有限公司
33	上海	SH500/504 型拖拉机、495A 系列柴油机	上海拖拉机内燃机有限公司

（续表）

序号	品牌	产品	企业名称
34	嘉仕久	商用车汽车转向节	上海嘉仕久企业发展有限公司
35	上齿牌	汽车变速器总成	上海汽车变速器有限公司
36	SK	汽车灯具	上海小糸车灯有限公司
37	SONGZ	客车空调	上海加冷松芝汽车空调股份有限公司
38	SSB 易通	汽车空调压缩机	上海三电贝洱汽车空调有限公司
39	延锋	汽车饰件产品	延锋伟世通汽车饰件系统有限公司
40	声佳牌	电动玻璃升降器	上海实业交通电器有限公司
41	图案（北特）	高精度轿车保安杆件	上海北特金属制品有限公司
42	SCCP	汽车地毯	上海汽车地毯总厂
43	普利特 PRET	汽车用塑料复合材料	上海普利特复合材料股份有限公司
44	SDE	轿车组合仪表	上海德科电子仪表有限公司
45	图案（天＋图形）	汽车隔音隔振产品	上海华特汽车配件有限公司
46	顺达	轿（汽）车用 QF 系列散热风扇	上海日用－友捷汽车电气有限公司
47	图案（三环）	悬架弹簧	上海中国弹簧制造有限公司
48	JTD 坦达	高速列车座椅	上海坦达轨道车辆座椅系统有限公司
49	上海电气	风力发电机组	上海电气风电设备有限公司
50	上海电气	300MW、600WM、1000WM 级汽轮发电机，F、E 级燃气轮机，1000MW、600MW、300MW 及以下系列汽轮机，1000MW、600MW、300MW 高低压加热器	上海电气电站设备有限公司
51	PowerLink	柴油发电机组	威迩徕德电力设备（上海）有限公司
52	上鼓	电站轴流式、离心式风机组	上海鼓风机厂有限公司
53	图案（四方）	固定式锅炉	上海四方锅炉厂
54	图案（上重）	大重型系列数控卧式车床	上海重型机床厂有限公司
55	上海	Φ200 规格系列外圆磨床	上海第三机床厂
56	图案（凹凸）	J23 系列开式可倾压力机、JH21 系列开式固定台压力机	上海第二锻压机床厂
57	巨力	履带式推土机	上海彭浦机器厂有限公司
58	上一	输送机	上海科大重工集团有限公司
59	上探	SD 系列多功能钻机	上海金泰工程机械有限公司
60	图案（大鹏）	起重设备	上海雄风起重设备厂有限公司
61	海菱	工业缝纫机	中国标准缝纫机公司上海惠工缝纫机三厂
62	贵衣	工业缝纫机	上海贵衣缝纫设备有限公司
63	申光	工业洗涤设备	上海申光洗涤机械集团有限公司
64	Purlux（紫光）	圆盘包本机、骑马装订联动机、平装胶订自动线、商用表格印刷机	上海紫光机械有限公司
65	翼鹰 YIYING	单张纸平版印刷机	上海光华印刷机械有限公司
66	图案（飞达）	QZK 系列微机控制切纸机	上海申威达机械有限公司
67	鼎龙	电脑全自动高速印刷开槽模切机	上海鼎龙机械有限公司
68	图案（朝昌）	全自动印刷开槽模切机	上海朝昌包装机械有限公司
69	图案（星）	印刷橡皮布	上海新星印刷器材有限公司
70	ZHONGDA 及图	圆平网感光制版材料	上海洁润丝新材料股份有限公司
71	图案（紫江）	PET 食用油瓶及坯、高品质 PET 瓶及坯	上海紫江企业集团股份有限公司

（续表）

序号	品牌	产品	企业名称
72	图案（紫泉）	OPP 绕贴标签、PVC 聚氯乙烯热收缩薄膜标签、高透明聚乙烯热收缩印刷膜	上海紫泉标签有限公司
73	紫日	激光模压防伪喷铝纸及纸板	上海紫江喷铝包装材料有限公司
74	图案（三叶）	医用诊断 X 射线机	上海医疗器械厂有限公司
75	东富龙	真空冷冻干燥机	上海东富龙科技股份有限公司
76	天和	ZP 系列旋转式压片机	上海天和制药机械有限公司
77	飞鸽	高低速离心机	上海安亭科学仪器厂
78	XUFA	1-20ml 西林瓶洗、烘、灌全自动生产联动线	上海旭发制药机械有限公司
79	KF（坤孚）	化油器、汽化器供油装置	上海坤孚企业（集团）有限公司
80	华通	户外高压六氟化硫断路器、低压组合式配电板、交流金属封闭式开关设备	上海华通开关厂有限公司
81	ECC	高、低压开关柜智能开关柜	上海中科电气（集团）有限公司
82	柘中	40.5KV 及以下高低压开关柜	上海柘中（集团）有限公司
83	上华	12-40.5KV 交流金属封闭开关设备	上海大华电器设备有限公司
84	图案（航星电器）	40.5KV 及以下智能化成套配电设备	上海航星通用电器有限公司
85	图案（四通）	高、低压开关柜	上海四通电力设备（集团）有限公司
86	图案（南华兰陵）	高、低压成套开关设备	上海南华兰陵电气有限公司
87	天正	高、低压成套开关设备	上海天正机电（集团）有限公司
88	SNaiji	高、低压成套开关设备	上海耐吉输配电设备有限公司
89	捷星	40.5KV 及以下高、低压开关柜	上海捷星电器制造有限公司
90	People	12-40.5KV 高压开关成套设备、聚氯乙烯绝缘电力电缆、交联聚氯乙烯绝缘电力电缆	人民电器集团上海有限公司
91	CGD	高、低压成套开关柜	上海光大科技（集团）有限公司
92	CHNT 正泰	252kV 及以下气体绝缘金属封闭开关设备、500kV 及以下金属氧化物避雷器、220kV 及以下电力变压器	正泰电气股份有限公司
93	ZBB	变压器	中变集团上海变压器有限公司
94	置信	非晶合金变压器	上海置信电气股份有限公司
95	三节	110KV 等级以下电力变压器（站）	上海南桥变压器有限责任公司
96	HTC（沪光）	三相树脂绝缘干式电力变压器	上海沪光变压器有限公司
97	沪工 HG	电焊机	上海沪工电焊机制造有限公司
98	DONSUN	电焊机	上海东升焊接集团有限公司
99	MECO	连铸自动火焰切割机	上海新中冶金设备厂
100	东风	不锈钢焊条碱性碳钢焊条酸性碳钢焊条	上海焊接器材有限公司
101	飞机	有色金属焊接材料	上海斯米克焊材有限公司
102	FEHE	单螺杆空气压缩机	上海飞和实业集团有限公司
103	佳力士	单螺杆空气压缩机	上海佳力士机械有限公司
104	图案（施耐德日盛）	螺杆式空气压缩机	上海施耐德日盛机械（集团）有限公司
105	SCRCOMP	双螺杆空气压缩机	上海斯可络压缩机有限公司
106	HENBELL 汉钟	制冷设备（半封闭螺杆式制冷压缩机）	上海汉钟精机股份有限公司
107	图案（贤达）	压力容器，常压容器	上海贤达罗兰压力容器制造有限公司
108	铁锚	钢质无缝气瓶	上海高压容器有限公司

（续表）

序号	品牌	产品	企业名称
109	图案（申）	储气罐	上海申江压力容器有限公司
110	图案（德惠空调）	组合式空调机组	上海德惠空调设备厂
111	图案（百富勤）	风机盘管空调机组、组合式空调机组、柜式风机盘管机组（变风量空调机组）	上海百富勤空调制造有限公司
112	上树	通风机	上海通用风机股份有限公司
113	图案（上海三菱）	微机网络控制变压变频调速电梯、自动扶梯及自动人行道	上海三菱电梯有限公司
114	爱登堡	乘客电梯	上海爱登堡电梯有限公司
115	图案（上海富士）	电梯	上海富士电梯有限公司
116	长顺	电梯电缆及配件	上海长顺电梯电缆有限公司
117	亚龙	1kV-35kV 挤包绝缘电力电缆及附件	上海亚龙工业股份有限公司
118	摩恩	电线电缆	上海摩恩电气股份有限公司
119	上缆	高压充油电缆、交联电缆、裸电线	上海电缆厂有限公司
120	SMC 实迈	35kV 及以下交联聚乙烯绝缘电力电缆	上海华普电缆有限公司
121	NANDING 南鼎	电线电缆	上海南大集团有限公司
122	SOCO 索谷	电线电缆	上海索谷电缆集团有限公司
123	图案（SHQC）	电力电缆	上海红旗电缆（集团）有限公司
124	南缆	电线电缆	南洋电缆集团有限公司
125	南洋	电线电缆	上海南洋电缆有限公司
126	图案（南）	10KV 及以下电气装备用电缆	上海南洋电材有限公司
127	快鹿	聚氯乙烯绝缘护套阻燃动力电缆	上海快鹿电线电缆有限公司
128	裕生	漆包圆绕组线、聚氯乙烯绝缘电缆（电线）、不可拆线插头电源线	上海裕生企业发展有限公司
129	崇磁	漆包圆绕组线	上海崇明特种电磁线厂
130	SEC（上海电气）SD	Y 系列异步电机、Z 系列直流电机、TDZBS 交流调速同步电动机	上海电气集团上海电机厂有限公司
131	南洋	Z4 系列直流电动机	上海南洋电机有限公司
132	图案（大速）	电动机	上海大速电机有限公司
133	黑猫	HA、DW17B、DW15 系列万能式断路器，HM3-R 系列剩余电流断路器，小型断路器，DZ20、HM3 系列塑料外壳式断路器	上海精益电器厂有限公司
134	SASSIN（三信）	漏电断路器、小型断路器、交流接触器	三信国际电器上海有限公司
135	飞雕 Feidiao	开关插座	飞雕电器集团有限公司
136	图案（固）	电力金具	上海永固电力器材有限公司
137	凯泉 KQ	建筑水泵	上海凯泉泵业（集团）有限公司
138	连成	SLZ 低噪音系列离心泵	上海连成（集团）有限公司
139	图案（SPG）	泵	上海水泵集团有限公司
140	熊猫	离心泵	上海熊猫机械（集团）有限公司
141	EAST	离心泵、成套供水设备	上海东方泵业（集团）有限公司
142	图案（新沪）	屏蔽电泵	上海新沪电机厂有限公司
143	金峰	液压柱塞泵、马达	上海电气液压气动有限公司
144	双高	金属阀门	上海双高阀门（集团）有限公司

（续表）

序号	品牌	产品	企业名称
145	HD	工业阀门	上海华电阀门集团有限公司
146	图案（开维喜）	工业阀门	上海开维喜阀门集团有限公司
147	正丰 ZHENGFENG	阀门	上海正丰阀门制造有限公司
148	KARON	给、排水阀门	上海冠龙阀门机械有限公司
149	HG（沪工）	闸阀	上海沪工阀门厂
150	李尤	调节阀	上海平安高压调节阀门有限公司
151	上微牌 SW	精密微型深沟球轴承、角接触球轴承	上海天安轴承有限公司
152	上城	高强度螺栓连接副	上海申光高强度螺栓有限公司
153	金山	六角螺栓、六角螺母	上海金山标准件有限公司
154	安字牌	抽芯铆钉	上海安字实业有限公司
155	RMM	瓦楞辊	上海大松瓦楞辊有限公司
156	图案（LC）	工业脚轮	上海林春企业发展（集团）有限公司
157	FMG 福莱特	太阳能电池面板用玻璃	上海福莱特玻璃有限公司
158	JIANGHE	建筑幕墙	上海江河幕墙系统工程有限公司
159	AURORA	钢制办公家具	震旦有限公司
160	永冠	超市货架	上海永冠商业设备有限公司
161	图案（士仓）	金属支架	士仓货架制造（上海）有限公司
162	力卡	塑料托盘	上海力卡塑料托盘制造有限公司
163	派瑞特	塑料托盘	上海派瑞特塑业有限公司
164	图案（物豪）	塑料周转箱	上海物豪塑料有限公司
165	东海	系统集成和软件产品、微机	长江计算机（集团）公司
166	贝岭	通信、电子电度表用大规模集成电路 EEPROM 金卡芯片及电源管理芯片	上海贝岭股份有限公司
167	飞乐（FEILO）	电容器、电极箔、布线系统、扬声器	上海飞乐股份有限公司
168	和成牌（HC） 国盾（GD）	单、三相电能表	上海金陵智能电表有限公司
169	棱光	可见分光光度计紫外—可见分光光度计原子吸收分光光度计	上海精密科学仪器有限公司
170	雷磁	电化学仪器	上海精密科学仪器有限公司
171	HUAJIAN（华建）	微机型综合保护监控装置、微机型低压电动机保护监控装置	上海华建电力设备股份有限公司
172	图案（上仪）	自动化仪表及控制系统	上海自动化仪表股份有限公司
173	SEARI（上电科）	3S-Net 智能网络配电与控制系统、SEITS 道路交通信息智能化系统	上海电器科学研究所（集团）有限公司
174	新华控制	控制系统产品	上海新华控制技术（集团）有限公司
175	图案（精星）	自动化立体仓库系统	上海精星仓储设备工程有限公司
176	STEP 新时达	电梯控制系统	上海新时达电气股份有限公司
177	普天 P&T	自动售检票系统	上海普天邮通科技股份有限公司
178	图案（华冠）	用电管理终端	上海华冠电子设备有限公司
179	三思	LED 显示屏	上海三思科技发展有限公司
180	杉德 SAND	金融电子支付终端（POS 机）	上海杉德金卡信息系统科技有限公司
181	古鳌	点钞机	上海古鳌电子机械有限公司

（续表）

序号	品牌	产品	企业名称
182	图案（上海科油）	石油综合录井仪	上海科油石油仪器制造有限公司
183	图案（交大泰阳）	太阳能电池组件	上海交大泰阳绿色能源有限公司
184	博嬴	液晶多媒体广告机	上海信颐信息技术有限公司
185	RENLE（雷诺尔）	电机软起动器	上海雷诺尔电气有限公司
186	追日	电动机软起动控制	上海追日电气有限公司
187	DareGlobal 大亚科技	ADSLMODEM（调制解调器）	上海大亚科技有限公司
188	WAY-ON 维安	高分子 PTC 热敏电阻器	上海长园维安电子线路保护股份有限公司
189	耀华	XK3190 称重指示器	上海耀华称重系统有限公司
190	TAYEE	信号灯电开关	上海天逸电器有限公司
191	Sieyuan	电力电容器及其成套装置	上海思源电力电容器有限公司
192	飞灵	低压熔断器	上海电器陶瓷厂有限公司
193	Sieyuan	6kV-66kV 级铁心电抗器	思源电气股份有限公司
194	三化 / 桥牌	聚醚系列产品 / 过氧化二异丙苯	中国石化集团资产经营管理有限公司上海高桥分公司
195	吴泾	工业冰乙酸、高纯度乙酸乙酯、工业硫酸	上海吴泾化工有限公司
196	恒大	涤纶短纤维	上海德福伦化纤有限公司
197	图案（申雅）	车用橡胶密封件	申雅密封件有限公司
198	VANCOM（万虹）	自行车内外胎	上海天马万虹胶制品有限公司
199	浦江	钢丝胶管、特种胶管、汽车胶管	上海华向橡胶制品有限公司
200	眼睛	聚氨酯类漆、丙烯酸类漆、过氯乙烯类漆、硝基类漆	上海造漆厂
201	光明	船舶漆、重防腐蚀涂料	上海开林造漆厂
202	飞虎	聚酯型漆、卷材涂料系列、苯丙乳胶漆	上海振华造漆厂
203	欧龙	油漆	澳瑞凯涂料（上海）有限公司
204	申泰	JCTA 系列粘合剂	上海曹杨建筑粘合剂厂
205	铁锚	胶粘剂	上海新光化工有限公司
206	天坛	助剂	上海天坛助剂有限公司
207	匀可灵 Inkkol	染色助剂	上海雅运纺织助剂有限公司
208	金海雅宝	抗氧剂	上海金海雅宝精细化工有限公司
209	崛荣	通用硅酸盐水泥 P.042.5	上海崛荣实业有限公司
210	YARET	铝塑复合板	雅泰实业集团有限公司
211	中桩	离心法预应力混凝土空心方桩	上海中技桩业股份有限公司
212	柘中	先张法预应力混凝土管桩	上海柘中建设股份有限公司
213	FORCHN 富春	混凝土、先张法预应力混凝土管桩	富春控股集团有限公司
214	狮头	食品添加剂、着色剂	上海染料研究所有限公司
215	孔雀	食用香精	上海华宝孔雀香精香料有限公司
216	爱普	香精	上海爱普香料有限公司
217	喜登	烟用香精	华宝食用香精香料（上海）有限公司
218	BAIRUN 百润	香精香料	上海百润香精香料股份有限公司
219	宝田	矿渣微粉	上海宝田新型建材有限公司
220	DT（大通）	DT22 凉凉隔热胶系列	上海大通高科技材料有限责任公司

（续表）

序号	品牌	产品	企业名称
221	JCC	纺织品用共聚酰胺（PA）热熔胶	上海天洋热熔胶有限公司
222	DEUCHEM	丙烯酸树脂、涂料用助剂	德谦（上海）化学有限公司
223	AJ（爱建）	过硫酸盐	优耐德引发剂（上海）有限公司
224	图案（鸿辉）	ZLT-280 型光缆阻水填充膏	上海鸿辉光通材料有限公司
225	牡丹	印刷油墨	上海牡丹油墨有限公司
226	泗联	印刷油墨着色剂	上海泗联实业有限公司
227	一品 YIPIN	氧化铁系颜料	上海一品颜料有限公司
228	雅格素	活性染料	上海雅运纺织化工有限公司
229	ANOKY（安诺其）	纺织用染料	上海安诺其纺织化工股份有限公司
230	飞机	还原染料系列	上海华元实业总公司
231	骆驼	橡胶型输送带 V 带	上海胶带橡胶有限公司
232	富大	橡胶输送带及橡胶制品	上海富大胶带制品有限公司
233	网讯	通信电缆光缆用金属塑料复合带	上海网讯新材料科技股份有限公司
234	图案（东亚）	软质聚氨酯泡沫塑料	圣诺盟聚氨脂（上海）有限公司
235	馨源	软质聚氨酯泡沫塑料	上海馨源海绵有限公司
236	MFE	乙烯基酯树脂	华东理工大学华昌聚合物有限公司
237	点石	不饱和聚酯树脂	上海新天和树脂有限公司
238	安芬	聚酰亚胺单体醚酐（ODPA）	上海市合成树脂研究所
239	杰事杰	合成树脂塑料、PP 改性塑料	上海杰事杰新材料（集团）股份有限公司
240	图案（SUNNY）	PP 改性专用料	上海日之升新技术发展有限公司
241	三乐	聚丙烯专用涂膜料	上海三乐高分子材料有限公司
242	亚虹模具	塑料摸具	上海亚虹塑料模具制造有限公司
243	振泰	特种氧化镁	上海实业振泰化工有限公司
244	SJ	甲醇	上海焦化有限公司
245	飞铃	40% 乙烯利水剂	上海华谊集团华原化工有限公司
246	奔驰	焦亚硫酸钠	上海嘉定马陆化工厂有限公司
247	兆丰	草甘膦	上海沪江生化有限公司
248	图案（生农）	杀菌剂戊唑醇	上海生农生化制品有限公司
249	大旺	硫酸钾	青上化工（上海）有限公司
250	公谊	兽药	上海公谊兽药厂
251	图案（海利）	猪瘟苗产品系列	上海海利生物药品有限公司
252	新农	仔猪配合饲料	上海新农饲料有限公司
253	PST	畜禽配合饲料	上海香川饲料有限公司
		B、日用消费类	
1	大白兔	糖果	上海冠生园食品有限公司
2	金丝猴	糖果系列	上海金丝猴集团有限公司
3	杏花楼	广式月饼、广式腌腊制品	杏花楼食品餐饮股份有限公司
4	梅林 B2	午餐肉、火腿、八宝饭、番茄沙司罐头	上海梅林正广和股份有限公司
5	太太乐	鸡精调味料、宴会酱油	上海太太乐食品有限公司
6	龙凤	速冻米面	上海国福龙凤食品股份有限公司
7	中华红双喜牡丹	卷烟	上海烟草（集团）公司

（续表）

序号	品牌	产品	企业名称
8	石库门金枫	黄酒	上海石库门酿酒有限公司
9	和	黄酒	上海华光酿酒药业有限公司
10	老凤祥	金银铂饰品、工艺品摆件	上海老凤祥有限公司
11	老庙	黄金、铂金、钻石镶嵌等首饰	上海老庙黄金有限公司
12	恒源祥	绒线、羊毛衫、羊绒衫、内衣、床上用品、衬衫、西服、西裤、茄克衫、童装袜子、羊毛裤	恒源祥（集团）有限公司
13	皮皮狗	羊绒衫	上海皮皮狗毛纺织有限公司
14	春竹 SPRINGBAMBOO	羊毛、羊绒衫裤	上海春竹企业发展有限公司
15	斯尔丽	女大衣	上海斯尔丽服饰有限公司
16	杉杉	西服衬衫	上海杉杉服装有限公司
17	海螺	衬衫西服	上海海螺服饰有限公司
18	古今	文胸、内衣系列产品	上海古今内衣有限公司
19	YADUO 雅多	童装	上海雅多服饰有限公司
20	罗莱	床上用品	上海罗莱家用纺织品有限公司
21	小绵羊	床上用品	上海小绵羊卧室制品有限公司
22	小绵羊	电热毯、垫	上海小绵羊电器有限公司
23	六神 / 美加净	六神系列产品（花露水、沐浴露、洗发露、爽身粉、香皂等）/ 美加净系列化妆品	上海家化联合股份有限公司
24	清妃佰草集高夫	系列化妆品	上海家化联合股份有限公司
25	白猫	洗衣粉、洗洁精、洗涤用品、佳美洗衣粉	上海和黄白猫有限公司
26	中华图案（美加净）	牙膏、上海防酸牙膏	上海白猫股份有限公司
27	蜂花	洗发精、护发素系列产品	上海华银日用品有限公司
28	白象	电池	上海白象天鹅电池有限公司
29	海鸥	照相机	上海海鸥数码影像股份有限公司
30	凤凰	自行车	金山开发建设股份有限公司
31	永久	两轮车	中路股份有限公司
32	红双喜	乒乓器材、专业竞技举重杠铃	上海红双喜股份有限公司
33	真彩 TRUECOLOR	书写笔、美术用品	上海乐美文具有限公司
34	晨光	中性笔	晨光控股（集团）有限公司
35	英雄	自来水笔、墨水	上海英雄（集团）有限公司
36	中华	铅笔	中国第一铅笔有限公司
37	杰宝 · 大王	保险柜（箱）、电动自行车	上海杰宝大王企业发展有限公司
38	东辉 Beme 贝依明	室外灯具	上海东升电子（集团）股份有限公司
39	耀皮	浮法、彩釉、中空、钢化、镀膜、汽车玻璃	上海耀华皮尔金顿玻璃股份有限公司
40	菲林格尔	强化木地板、实木复合地板	上海菲林格尔木业股份有限公司
41	伟星	新型塑料管道	上海伟星新型建材有限公司
42	大众	桑塔那桑塔那 Vista 志俊波罗系列	上海大众汽车有限公司
43	斯柯达	明锐 Octavia、晶锐 Fabia	上海大众汽车有限公司
44	雪佛兰	景程、乐骋、乐风、科鲁兹	上海通用汽车有限公司
45	别克	林荫大道、君威、君越、凯越、GL8	上海通用汽车有限公司

（续表）

序号	品牌	产品	企业名称
46	荣威	轿车系列	上海汽车集团股份有限公司
47	SVA	彩色电视接收机（CRT、液晶、等离子、背投影）、车载液晶显示终端、多媒体播放机微机、导航雷达、应用电视监视设备、LED显示屏及控制系统、税控收款机、直播卫星数字电视接收机、DLP数字微镜背投影光机、多功能专业平板显示设备	上海广电信息产业股份有限公司
48	水星	床上用品	上海水星家用纺织品有限公司
49	民光	床上用品	上海民光国际企业有限公司
50	上卧	床上用品	上海卧室用品有限公司
51	恐龙	床上用品	上海恐龙纺织装饰品有限公司
52	图案（福沁）	床上用品	上海福沁卧室用品制造有限公司
53	菊花	针织内衣	上海龙头（集团）股份有限公司
54	帕兰朵PLAND00	针织内衣	上海帕兰朵高级服饰有限公司
55	Bigi（比其）	针织服装	上海正大羊毛衫有限公司
56	zhuzhu	内裤	上海东珠针织服装有限公司
57	瀛春	兔羊毛兔羊绒绵羊毛呢绒面料羊驼绒高级时装面料	上海瀛春毛纺织有限公司
58	金兔	羊毛衫羊绒衫	上海金兔企业发展有限公司
59	海欣	针织人造毛皮毛绒玩具经编拉舍尔毛毯涤纶高强度丝	上海海欣集团股份有限公司
60	BAIASHEN 百爱神	衬衫	上海开开实业股份有限公司
61	开开	衬衫、西服、西裤、羊毛衫、针织内衣	上海开开实业股份有限公司
62	培罗蒙	西服	上海培罗蒙西服公司
63	宝鸟BONO	西服、衬衫	上海宝鸟服饰有限公司
64	一见棒	西裤	上海华日服装有限公司
65	YESHON雁皇	羽绒服装	上海雁皇羽绒制品有限公司
66	雪里红	羽绒服	上海雪里红羽绒制衣有限公司
67	双羽	羽绒服	上海康博飞达服装有限公司
68	人立	男茄克休闲服	上海人立服饰有限公司
69	KOBRON高邦	休闲装	上海高邦服饰有限公司
70	LILY	女装	上海丝绸集团股份有限公司
71	TEENIEWEENIE/E.LAND	休闲女装	衣念（上海）时装贸易有限公司
72	全泰	中老年女上衣	上海全泰服饰鞋业总公司
73	福太太	中老年女装	上海浦东嘉事达制衣有限公司
74	博士蛙	童装	上海荣臣博士蛙（集团）有限公司
75	笑咪咪	童装	上海良友服饰有限公司
76	健生	学生服	上海健生实业股份有限公司
77	YCC	金属拉链、注塑拉链	上海东龙服饰有限公司
78	风雪	PP纺粘无纺布	上海枫围服装辅料有限公司
79	回力	运动鞋、保健运动鞋、休闲鞋	上海回力鞋业有限公司
80	达芙妮DAPHNE	女鞋	永恩实业（上海）有限公司
81	倩女	女皮鞋	上海倩女鞋业有限公司

（续表）

序号	品牌	产品	企业名称
82	花牌	女皮鞋	上海皮鞋厂
83	蓝棠 - 博步	皮鞋	上海蓝棠 - 博步皮鞋有限公司
84	奇美	女皮鞋	上海奇美鞋业有限公司
85	兴尔达	女皮鞋	上海浦东新区兴尔达皮鞋厂
86	斯乃纳	童鞋	上海斯乃纳儿童用品有限公司
87	兄妹猫	童鞋	上海兄妹猫儿童用品有限公司
88	双鹿牌	冰箱	上海双鹿电器有限公司
89	索伊	电冰箱	上海索伊电器有限公司
90	红心	电熨斗、挂烫机、电饭煲	上海红心器具有限公司
91	绿亮	电动自动车	上海绿亮电动车有限公司
92	HORIZON	跑步机	乔山健康科技（上海）有限公司
93	欧玛	按摩器械	上海欧玛实业有限公司
94	卫康	隐形眼镜（软性亲水接触镜）	上海卫康光学有限公司
95	Microport 微创	冠脉雷帕霉素洗脱支架系统	微创医疗器械（上海）有限公司
96	玉兔	血压计、表、益生系列治疗和抢救设备	上海医疗器械股份有限公司
97	亚	金属卤化物灯、高压钠灯、荧光高压汞灯、普通照明灯泡、镇流器、电子触发器灯具	上海亚明灯泡厂有限公司
98	1923	金属卤化物灯、高压钠灯、荧光高压汞灯、陶瓷金卤灯	上海亚明灯泡厂有限公司
99	图案（宏源）	LVD 电磁感应灯（无极灯）	上海宏源照明电器有限公司
100	宝迪	自镇流荧光灯系列	上海宝迪电器有限公司
101	NB 自然美	系列化妆品	上海自然美化妆品有限公司
102	MUSEUM	化妆品	上海美素生物美容品有限公司
103	雪豹	鞋油、夹克油	上海雪豹日用化学有限公司
104	555	不锈钢器皿	上海轻工国际发展有限公司
105	思乐得	不锈钢真空保温产品	上海思乐得不锈钢制品有限公司
106	万象	日用保温容器系列	上海宏晨家庭用品有限公司
107	SHIMIZU	日用保温容器	上海清水日用制品有限公司
108	亚一	黄金、铂金、钻石饰品	上海亚一金店有限公司
109	图案（城隍珠宝）	黄金、铂金首饰，翡翠、白玉饰品	上海城隍珠宝有限公司
110	天宝龙凤	金银珠宝	上海龙凤金银珠宝有限公司
111	图案（亚振）	家具	上海亚振家具有限公司
112	爱舒	床垫	上海爱舒床垫有限公司
113	马利 Marie's	美术颜料	上海实业马利画材有限公司
114	文正	圆珠笔	上海文正笔业有限公司
115	火车	篮、排、足球	上海皮革有限公司
116	飞鹰	碳钢双面刀片、不锈钢双面刀片、单面刀片、FII 双层刀架、ER21D 双面刀架	上海刀片厂有限公司
117	TaJima	卷尺美工刀	上海田岛工具有限公司
118	纳尔	车身贴、单透膜、网格布、刀刮布	上海纳尔实业有限公司
119	界龙	平版印刷工艺制品	上海界龙实业集团股份有限公司
120	故事会	《故事会》杂志	上海文艺出版（集团）有限公司

序号	品牌	产品	企业名称
121	得才	学生套装文具盒	上海宏达文教用品有限公司
122	图案（环球）	BOPP 封箱胶粘带	上海环城包装制品有限公司
123	绿林 GREENWOOD	塑料艺术仿木框类产品	上海英科实业有限公司
124	图案（沃施）	园艺工具、园艺用品	上海益森园艺用品有限公司
125	图案（海丰）	大米	上海海丰米业有限公司
126	乐惠	大米、方便米饭、方便粥	上海良友（集团）有限公司
127	味都	面制品	上海乐惠食品有限公司
128	雪雀（福新）	食品专用面粉	上海福新面粉有限公司
129	一只鼎	年糕（米面制品系列）	上海一只鼎食品有限公司
130	海狮	精制食用油	上海良友海狮油脂实业有限公司
131	融氏 RONGS	玉米油、葵花籽油	上海融氏企业有限公司
132	欣融	植脂奶油	上海海融食品工业有限公司
133	淘大	酿造酱油	上海淘大食品有限公司
134	天鱼	食醋、糟卤	上海宝鼎酿造有限公司
135	玉棠	食糖小包装系列	东方先导糖酒有限公司
136	融氏 RONGS	淀粉糖	上海融氏生物科技有限公司
137	川崎	火锅调料、元贞糖、中华便当（方便粥）系列	上海川崎食品有限公司
138	佛手	味精、鸡精	上海冠生园天厨调味品有限公司
139	唯加	调味品	上海好唯加食品有限公司
140	鼎丰	酿造食品	上海鼎丰酿造食品有限公司
141	昂立	保健食品	上海交大昂立股份有限公司
142	脑白金 / 黄金搭档	脑白金胶囊、口服液 / 黄金搭档组合维生素片	上海黄金搭档生物科技有限公司
143	三得利	啤酒	三得利啤酒（上海）有限公司
144	力波	啤酒	上海亚太酿酒有限公司
145	华佗	十全酒	冠生园（集团）有限公司
146	谷和	黄酒	上海皇家酿酒有限公司
147	神仙	曲酒	上海神仙酒厂
148	正广和	饮用纯净水、蒸馏水、天然矿泉水	上海正广和饮用水有限公司
149	新雅	广式月饼	上海杏花楼（集团）有限公司新雅粤菜馆
150	瑞莱新侨	月饼、糕点、面包、饼干、裱花蛋糕	上海瑞莱新侨食品有限公司
151	静安面包房	中西糕点	上海静安面包房有限公司
152	克莉丝汀	中西糕点	上海克莉丝汀食品有限公司
153	台尚	糕点、果冻	上海台尚食品有限公司
154	上好佳	系列休闲食品	上好佳（中国）有限公司
155	立丰	牛肉干、鸭肫肝、鸭舌、鸭翅、香肠、肉松、肉脯	上海立丰食品有限公司
156	阿明	炒货食品	上海三明食品有限公司
157	图案（小辣椒）	休闲肉制品	上海海湾食品有限公司
158	天喔	蜜饯、炒货、休闲肉制品	天喔食品（集团）集团有限公司
159	百味林	炒货、蜜饯、南北货	上海百味林实业有限公司
160	来伊份	休闲食品	上海爱屋食品有限公司

序号	品牌	产品	企业名称
161	喔喔	糖果	上海喔喔（集团）有限公司
162	诗蒂	喜糖	上海韦创贸易发展有限公司
163	爱森	冷却肉	上海爱森肉食品有限公司
164	图案（松林）	猪肉	上海松林工贸有限公司
165	永辉羊园	羊肉	上海永辉羊业有限公司
166	图案（大江）	鸡肉及其制品、配合饲料	上海大江（集团）股份有限公司
167	图案（大瀛）	肉鸭及其制品	上海大瀛食品有限公司
168	万有全	腌腊制品、水产及冷冻副食品、豆制品	上海万有全（集团）有限公司
169	邵万生	糟制、醉制水产品	上海邵万生食品公司
170	老卤锅	酱卤肉制品	上海全益食品有限公司
171	清美	豆制品系列	上海清美绿色食品有限公司
172	张小宝	豆制品	上海福生豆制食品有限公司
173	汉康	豆制品	上海汉康豆类食品有限公司
174	济洪	新鲜蔬菜	上海济洪蔬菜配送中心有限公司
175	HYAP（宏洋）	新鲜蔬菜	上海弘阳农产品有限公司
176	星辉	蔬菜	上海都市农商社有限公司
177	图案（高榕）	保鲜蔬菜	上海高榕食品有限公司
178	家绿	蔬菜	上海家绿蔬菜专业合作社
179	练塘	茭白	上海练塘叶绿茭白有限公司
180	新健绿	花椰菜	上海健绿花菜专业合作社
181	白狗	芦笋	上海绿笋芦笋种植专业合作社
182	雪榕	金针菇	上海雪国高榕生物技术有限公司
183	丰科 Finc	蟹味菇	上海丰科生物科技股份有限公司
184	菜博士	豆芽	上海原野蔬菜食品有限公司
185	闽龙达	桂元、干荔枝、百合干、木耳、黄花菜、笋干、腌制蔬菜、莲子、柿饼、葡萄干、蜜枣、香菇、干枣、地瓜干、开心果、腰果、松仁、核桃仁、芡实、薏米仁、米仁、茶	上海闽龙实业有限公司
186	东海渔场	单冻虾仁	上海汉德食品有限公司
187	图案（君安）	鲜鸡蛋	上海军安特种蛋鸡场
188	森蜂园	蜂产品	上海森蜂园蜂业有限公司
189	圣申凤石笋	南汇水蜜桃	上海桃源科技发展有限公司
190	皇母	蟠桃	上海绿益果品园艺有限公司
191	马陆	鲜葡萄	上海马陆葡萄研究所
192	CIMIC（斯米克）	瓷砖	上海斯米克建筑陶瓷股份有限公司
193	汇丽 HUILI	防火涂料、木器涂料、地坪涂料、内（外）墙乳胶漆、聚氨酯防水材料、强化地板、木门、阳光板	上海汇丽集团有限公司
194	古象	聚氨酯高级彩色涂料、清涂料、水晶地板漆、亚光硝基清漆、虫胶液、聚酯漆、各类稀释剂、硝基木器清漆、内外墙乳胶漆	上海华生化工有限公司
195	IVY 长春藤	油漆、水性涂料	式玛卡龙长春藤（上海）化工有限公司
196	富臣经典	涂料	上海富臣化工有限公司
197	图案（三银）	涂料	上海三银制漆有限公司

（续表）

序号	品牌	产品	企业名称
198	瑞斯乐	铝合金门窗	上海振兴铝业有限公司
199	DEGAO 德高	铝合金门窗	上海德高门窗有限公司
200	龙牌	铝合金门窗、塑料门窗	上海平安门窗有限公司
201	图案（正昊）	木质防火门、钢木防盗防火门	上海正昊实业有限公司
202	图案（KINGDEE 基田）	防盗安全门	上海基田门业有限公司
203	浙东	铝合金建筑型材	上海浙东建材有限公司
204	誉丰 RICHFAME	实木地板、实木复合地板、浸渍纸层压木质地板	上海誉丰实业有限公司
205	华明地板	实木地板、多层实木地板	上海益明木业有限公司
206	骏牌 JUN	实木地板	上海华泾地板有限公司
207	颖创	实木地板	上海颖创木业有限公司
208	广日	实木地板	上海广日地板有限公司
209	HONGXING（宏新建材）	实木地板	上海宏星建材有限公司
210	好力家	实木地板	上海好力家木业有限公司
211	图案（肯诺）	实木地板	上海肯诺木业有限公司
212	泛美	实木地板	上海泛美木业有限公司
213	康隆	实木地板、实木复合地板	上海康隆地板有限公司
214	图案（上海绿洲）	人造板（中密度板）	上海绿洲实业有限公司
215	欣旺	壁纸	上海欣旺壁纸有限公司
216	ERA 公元	建筑用聚乙烯给水管道、埋地排水用硬聚氯乙烯管道	上海公元建材发展有限公司
217	公任上丰	建筑用塑料给水管道	上海上丰集团有限公司
218	TOMSON（汤臣）	建筑用塑料给（排）水管、雨落水管、电工管、化工管、埋地管道系统	上海汤臣塑胶实业有限公司
219	RandF	建筑用聚丙烯管道系统	上海日高科技集团有限公司
220	天力	建筑用聚丙烯管道系统	上海天力实业有限公司
221	QC 清川	建筑用塑料给（排）水管、雨落水管、电工管、埋地管道系统	上海清川塑胶制品有限公司
222	图案（瑞河）	建筑用塑料给水管道系统	上海瑞河管业有限公司
223	光华	建筑用硬聚氯乙烯给（排）水管、电工管道系统	上海新光华塑胶有限公司
224	图案（CP.）	燃气用埋地聚乙烯管道	上海亚大塑料制品有限公司
225	RECOMB 瑞孚	沟槽式管接件	上海瑞孚管路系统有限公司
226	RODDEX	陶瓷片密封水嘴	上海劳达斯洁具有限公司
227	苏尔达	水嘴	上海苏尔达洁具有限公司
228	华垒	天然装饰石材	上海华垒石材有限公司
229	金博	天然装饰石材	上海金博石材建设有限公司
230	久久	天然装饰石材	上海久久石业有限公司
231	雷氏	炮天红酒、杞菊地黄胶囊、强力天麻杜仲胶囊、三七伤药片、金果饮、板蓝根颗粒、复方丹参片、感冒退热颗粒、丹参片、六神丸、珍珠粉、半夏糖浆、珍菊降压片、猴头菌片、牛黄解毒片、珍合灵片、金胆片、复方紫荆消伤膏、柘木糖浆、补肾强身胶囊、左归丸、乌鸡白凤丸	上海雷允上上药有限公司

（续表）

序号	品牌	产品	企业名称
232	上药	麝香保心丸、胆宁片、生脉注射液、首乌延寿片、消肿片	上海和黄药业有限公司
233	信谊	双歧杆菌三联活菌系列、雷贝拉唑钠肠溶片、盐酸二甲双胍片、华法林纳片、银黄含片、陈香露白露片、辅酶 Q10 胶囊、异维 A 酸软胶丸、氨麻美敏片（III）、赖诺普利片、格列吡嗪片、法莫替丁注射液、氯化钾注射液、高地辛片、盐酸氨溴索口服液、盐酸胺碘酮片、氯氮平片、法莫替丁片、盐酸地尔硫卓（缓释）片、替米沙坦片、利巴韦林气雾剂、维生素 E 胶丸、甲硫酸新斯的明注射液、红霉素肠溶胶囊、奥美拉唑肠溶胶囊	上海信谊药厂有限公司
234	图案（龙虎）天坛	清凉油、龙虎人丹、龙虎花露水、风油精、清凉工坊（怡神露、沁肤膏）	上海中华药业有限公司
235	现代	阿奇霉素（片剂、干混悬剂）硝苯地平控释片、马来酸依那普原料药、硫辛酸原料药	上海现代制药股份有限公司
236	可元	羟苯磺酸钙胶囊	上海朝晖药业有限公司
237	安普莱士 / 伽玛莱士	人血白蛋白（安普莱士）/ 静注人免疫球蛋白（伽玛莱士）	上海莱士血液制品股份有限公司
238	上生	水痘减毒活疫苗、麻疹腮腺炎风疹联合减毒活疫苗、静注人免疫球蛋白、流感病毒裂解疫苗、人血白蛋白	上海生物制品研究所
239	沪药 / 生物	丹参酮 IIA 磺酸钠注射液、维生素类注射剂系列 / 脏器生化类注射剂系列	上海第一生化药业有限公司
240	双益	注射用还原型谷胱甘肽	上海复旦复华药业有限公司
241	三花	注射用头孢他啶、注射用头孢哌酮钠舒巴坦钠	上海新先锋药业有限公司
242	新亚	注射用果糖二磷酸钠、复方酮康唑软膏、林可霉素利多卡因凝胶、注射用头孢噻肟钠、注射用头孢曲松钠、注射用头孢呋辛纳	上海新亚药业有限公司
243	中西	丹香冠心注射液、阿立哌唑片（奥派）、硫酸羟氯喹片（纷乐）、盐酸氯西汀胶囊（奥麦伦）	上海中西制药有限公司
244	杏灵	银杏叶片（斯泰隆）、银杏酮酯	上海杏灵科技药业股份有限公司
245	百路达	银杏叶胶囊	上海信谊百路达药业有限公司
246	美优	复方甘草口服溶液	上海美优制药有限公司
247	图案（神象）	参茸产品系列	上海雷允上药业有限公司神象参茸分公司
248	童涵春堂	中药饮片	上海童涵春堂中药饮片有限公司
249	上虹	中药饮片、参茸制品	上海虹桥中药饮片有限公司
250	沪光	中药材饮片及相关的加工品、复制品	上海华宇药业有限公司
251	古华	中药饮片	上海古华药业集团有限公司
		二、服务类	
1	杏花楼	餐饮	杏花楼食品餐饮股份有限公司
2	新雅	餐饮	上海杏花楼（集团）有限公司新雅粤菜馆
3	绿波廊	餐饮	上海豫园旅游商城股份有限公司绿波廊酒楼
4	梅龙镇	餐饮	上海梅龙镇酒家有限公司
5	小绍兴	餐饮	上海小绍兴餐饮连锁有限公司
6	红房子	西式餐饮	上海新亚富丽华餐饮股份有限公司
7	石库门	餐饮	上海鼎源石库门餐饮管理有限公司

（续表）

序号	品牌	产品	企业名称
8	凯司令	餐饮	上海凯司令食品有限公司
9	图案（博海）	餐饮	上海博海餐饮有限公司
10	大富贵	大众化小吃	上海大富贵酒楼
11	图案（江南旅游）	江南会务旅行特色系列	上海江南旅游服务有限公司
12	旅	古镇一日游	上海旅游集散中心
13	东方绿舟	景区服务	上海市青少年校外活动营地东方绿舟
14	上海锦旅 / 锦 show	澳洲普芬蒸汽火车森林浪漫之旅、日本六日深度经典游、锦 SHOW 巴厘（印尼巴厘岛五日游）、锦江入境世博系列 / “锦粹”系列	上海锦江旅游有限公司
15	CTI（中旅国际）	江南水乡之旅——杭州、苏州、无锡，上海 5 日游（入境游）	上海中旅国际旅行社有限公司
16	乐趣	马来西亚绿中海休闲度假游、日本山水游系列、世界游系列、欧洲人游中国系列、邮轮系列	上海国旅国际旅行社有限公司
17	图案（上海科技馆）	科普游览	上海科技馆
18	上航旅游	航之旅——长崎彩都 4 日休闲游，怀旧之旅——老上海单车游，经典中国——京、西、桂、沪、苏游	上海航空国际旅游（集团）有限公司
19	上航假期	自游天下行，鹰之旅高尔夫，放飞夕阳梦想	上海航空假期旅行社有限公司
20	看天下 / 中国青旅	浆声灯影里的城市世博之旅 / 贵州经典 5 日游	上海中国青年旅行社
21	乐趣	国内旅游服务（快乐老年游、阳光巴士游江南、钟灵毓秀雁荡山水游）	上海旅行社有限公司
22	春秋 / 贵族之旅 / 春秋假期	张家界纯玩团，海岛度假——普吉岛、巴厘岛 / 海南、桂林、北京纯玩团，重庆、华东、香港纯玩团 / 文化休闲——日本东京大阪京都长野富士山，法国瑞士意大利	上海春秋国际旅行社有限公司
23	图案（上海野生动物园）	景区服务	上海野生动物园
24	强生旅游	西南旅游系列	上海强生旅游公司
25	华氏	商业零售	上海华氏大药房有限公司
26	图案（大不同）	茶叶、茶具及其工艺品零售	上海大不同天山茶城有限公司
27	图案（九洲）	黄金饰品零售	上海九洲黄金有限公司
28	图案（第一食品）	食品零售	上海第一食品连锁发展有限公司第一食品商店
29	医一	医药零售	上海第一医药股份有限公司上海市第一医药商店
30	舒馨	服装零售	上海百联集团股份有限公司上海时装商店
31	群力	中药零售	上海群力草药店
32	老庙	黄金、铂金、钻石镶嵌、翡翠、玉器等首饰零售	上海老庙黄金有限公司
33	图案（新世界）	百货零售	上海新世界股份有限公司
34	宝大祥	百货零售（童装、婴童用品、玩具、文具）	上海宝大祥青少年儿童购物中心
35	长江刻字	文化用品零售（印章刻字）	上海长江企业发展合作公司
36	图案（亚西亚）	商业零售	上海亚细亚食品（集团）公司
37	恒隆 PLAZA66	商业零售	上海恒邦房地产开发有限公司
38	好德 alldays	商业零售	上海好德便利有限公司
39	CITY	超市零售	上海城市超市有限公司
40	NGS（农工商）	超市零售	农工商超市（集团）有限公司

（续表）

序号	品牌	产品	企业名称
41	红星·美凯龙	商业零售	上海红星美凯龙装饰家具城有限公司
42	图案（百联中环购物广场）	商业零售	上海百联中环购物广场有限公司
43	图案（东方）	商业零售	东方商厦有限公司
44	图案（大众）	客运出租汽车	大众交通（集团）股份有限公司
45	图案（巴士）	客运出租汽车	上海巴士出租汽车有限公司
46	幼狮	汽车维修	上海幼狮高级轿车修理有限公司
47	万兴汽车	汽车维修	上海万兴汽车实业有限公司
48	百联集团	汽车销售	上海百联汽车服务贸易有限公司
49	SCTG（上海华星）	汽车销售	上海华星物资（集团）有限公司
50	图案（大众交通）	汽车销售	上海大众交通汽车销售有限公司
51	图案（怡通）	汽车销售	上海怡通汽车服务有限公司
52	宝钢汽贸	汽车销售	上海宝钢住商汽车贸易有限公司
53	开隆	汽车销售	上海开隆汽车贸易有限公司
54	CTCAI 中进汽贸	汽车销售	中进汽贸上海进口汽车贸易有限公司
55	欧坊	建筑装潢	上海欧坊装饰设计有限公司
56	图案（正飞）	家居装饰	上海正飞装饰工程有限公司
57	上港集团 SIPG	现代物流	上港集团物流有限公司
58	安吉	现代物流	安吉汽车物流有限公司
59	顺丰	现代物流	顺丰速运集团（上海）速运有限公司
60	图案（上海医药）	现代物流	上海医药物流中心有限公司
61	图案（港城物流）	危险品物流	上海港城危险品物流有限公司
62	图案（久信）	现代物流	上海东方久信集团有限公司
63	精裕捷星 LINKSTAR	现代物流	上海精裕捷星物流有限公司
64	九州通	现代物流	上海九州通物流有限公司
65	图案（全一）	现代物流	上海全一物流有限公司
66	新大洲 SUNDIRO	现代物流	上海新大洲物流有限公司
67	图案（百联集团）	现代物流	上海乾通投资发展有限公司
68	图案（大航货运）	现代物流	大航国际货运有限公司
69	FESCO（北京外企）	人力资源外包服务	北京外企人力资源服务上海有限公司
70	talent（人才派遣）	人力资源外包服务	上海派遣人才有限公司
71	图案（东方国际）	人事外包人才中介顾问咨询	上海国际服务贸易（集团）有限公司
72	图案（人才）	人才资源服务	上海浦东新区人才市场
73	外服	人力资源服务	上海市对外服务有限公司
74	图案（浦东外服）	人力资源服务	上海浦东外国企业服务有限公司
75	中智	人力资源全方位服务	中智上海经济技术合作公司
76	中企人力 HR-CHANNEL	人力资源外包服务	上海中企人力资源咨询有限公司
77	德律风 TELEPHONE	物业管理	上海德律风物业有限公司

（续表）

序号	品牌	产品	企业名称
78	图案（99+1）	物业服务	上海上房物业管理有限公司
79	SHLP	物业管理	上海陆家嘴物业管理有限公司
80	图案（上实）	不动产管理、物业管理	上海上实物业管理有限公司
81	希姆通	信息服务	希姆通信息技术（上海）有限公司
82	爱姆意 ME	互联网服务	上海爱姆意机电设备连锁有限公司
83	众恒科技 TRIMAN	信息服务	上海众恒信息产业有限公司
84	CIS	信息服务（上海市个人、企业信用联合征信）	上海资信有限公司
85	WICRESOFT	信息技术外包	上海微创软件有限公司
86	东方有线	数字电视、有线通	东方有线网络有限公司
87	mysteel.com 我的钢铁	互联网钢铁咨询服务	上海钢联电子商务股份有限公司
88	新致 Newtouch	信息技术外包	上海新致软件有限公司
89	启明	信息技术外包	上海启明软件股份有限公司
90	SHGBIT	数字会议系统服务	上海金桥信息工程有限公司
91	延华	信息服务	上海延华智能科技股份有限公司
92	维络城 VELO	信息服务	维鹏信息技术（上海）有限公司
93	HAND	信息技术外包	上海汉得信息技术有限公司
94	WONDERS	信息技术外包	万达信息股份有限公司
95	征途	服务外包	上海征途信息技术有限公司
96	久游网	网络游戏	上海久游网络科技有限公司
97	CHUWA	信息服务	上海中和软件有限公司
98	96858	网上购物	上海正广和网上购物有限公司
99	NCG	文化传媒创意	上海新文化传媒投资集团有限公司
100	图案	会展服务	上海百文会展有限公司
101	捷讯	文化传媒创意	上海捷讯传媒有限公司
102	华联家维	家电服务	上海百联电器科技服务有限公司
103	正章	服装洗烫、织补、皮革保养	上海正章实业有限公司
104	图案（伊诺尔）	印刷服务	上海伊诺尔印务有限公司
105	同昆	印刷服务	上海同昆数码印刷有限公司
106	唐神	广告传媒	上海唐神广告传播有限公司
		三、区域类	
1	五角场	五角场商业中心	上海市杨浦区商业联合会五角场商会
2	孙桥	孙桥现代农业开发区	上海孙桥现代农业联合发展有限公司
3	新城经济区	赵巷商业商务集聚区	上海新城投资（集团）有限公司
4	枫泾	枫泾旅游区	枫泾古镇旅游发展有限公司
5	静工	静安都市创意产业集聚带	上海静工（集团）有限公司
6	上海新天地	集餐饮、商业、文化、娱乐的休闲文化区	上海瑞安房地产发展有限公司
7	M50	M50 创意园	上海春明粗纺厂
8	七宝古镇	旅游休闲园区	上海七宝古镇事业发展有限公司

2010·上海工业年鉴

SHANGHAI
INDUSTRIAL
YEARBOOK

企 业 形 象

（排列不分先后）

上海市小企业办公室
宝钢集团有限公司
上海汽车工业（集团）总公司
中国石化上海石油化工股份有限公司
上海化学工业区发展有限公司
上海新兴技术开发区联合发展有限公司
上海市工业区开发总公司
上海烟草（集团）公司
中国石化股份有限公司上海高桥分公司
上海申华控股股份有限公司
上海大众汽车有限公司
上海瑞尔实业有限公司
上海奔驰有限公司
上海汽车信息产业投资有限公司
高田（上海）汽配制造有限公司
上海延锋江森座椅有限公司
上海电驱动有限公司
上海开腾信号设备有限公司
上海爱知锻造有限公司
上海成信建业节能科技股份有限公司
晶澳太阳能
上海工业自动化仪表研究院
上海银晨智能识别科技有限公司
上海大亚科技有限公司
上海南麟电子有限公司
上海中标软件有限公司
上海柯斯软件有限公司
上海得倍电子技术有限公司
上海天地软件创业园有限公司
上海天缘迪柯信息技术有限公司
上海蓝光科技有限公司
上海新产业光电技术有限公司
中国电信上海理想信息产业（集团）有限公司
中国铁路通信信号上海电信测试中心
理光图像技术（上海）有限公司
上海芯邦泰智能科技有限公司
上海暴雨信息科技有限公司
上海途锐信息科技服务有限公司
上海山景集成电路技术有限公司
上海唐镇电子商务产业发展有限公司
中国电信股份有限公司上海号百信息服务分公司
上海安祺科技有限公司
上海三零卫士信息安全有限公司
上海世纪创荣数字信息科技有限公司
上海万德风力发电股份有限公司
上海大郡动力控制技术有限公司
上海宝康电子控制工程有限公司
上海钢之源电子交易中心有限公司
上海东梅钢铁机械有限公司
上海凯士比泵有限公司
上海航空电器有限公司
上海飞机制造有限公司
中国航空无线电电子研究所
长沙中联重工科技发展股份有限公司上海分公司
上海电气集团股份有限公司
上海第一机床厂有限公司
能率（中国）投资有限公司
上海海立（集团）股份有限公司
上海建设路桥机械设备有限公司
上海电气风电设备有限公司

上海华东电器（集团）有限公司
上海索谷电缆集团有限公司
上海浦东汉威阀门有限公司
上海宏钢电站设备铸锻有限公司
上海纳杰电气成套有限公司
上海昂电实业有限公司
上海施耐德日盛机械（集团）有限公司
上海瑞孚管路系统有限公司
上海石洞口冶金设备修造有限公司
上海阿波罗机械制造有限公司
索肯和平（上海）电气有限公司
上海福伊特水电设备有限公司
上海罗克空调系统工程有限公司
复盛实业（上海）有限公司
上海亨通光电科技有限公司
上海凯泉泵业（集团）有限公司
上海一互电器有限公司
上海金研机械制造有限公司
上海骏马气动工具厂
上海重矿连铸技术工程有限公司
上海团结普瑞玛激光设备有限公司
上海核工碟形弹簧制造有限公司
上海一开电气集团有限公司
上海华理安全装备有限公司
上海凯宝药业股份有限公司
上海百特医疗用品有限公司
上海长隆塑胶制品有限公司
中国石油西气东输管道公司
上海海隆赛能新材料有限公司
上海蓝滨石化设备有限责任公司
上海斯瑞聚合体科技有限公司
上海继润石化科技有限公司
上海华篷防爆科技有限公司
上海金山第二工业区投资有限公司
上海富臣化工有限公司
上海实业振泰化工有限公司
上海东升新材料有限公司
上海华谊丙烯酸有限公司
上海吴泾化工有限公司
上海正欧化工有限公司
上海豪高机电科技有限公司
上海成华重工有限公司
远纺工业（上海）有限公司
江南造船（集团）有限责任公司
上海外高桥造船有限公司
沪东中华造船（集团）有限公司
中国船舶重工集团公司第 726 研究所
中船勘察设计研究院有限公司
上海外高桥第二发电有限责任公司
申能（集团）有限公司
上海电力修造总厂有限公司
上海闸电燃气轮机发电有限公司
上海浦城热电能源有限公司
上海当纳利印刷有限公司
上海界龙实业集团股份有限公司
上海市纺织科学研究院
上海安诺其纺织化工股份有限公司
上海鑫灵物业管理有限公司
海德堡印刷设备（上海）有限公司
上海金桥（集团）有限公司
上海市北高新（集团）有限公司
上海浦东康桥（集团）有限公司
上海江桥现代物流发展有限公司
上海奉贤南桥镇西渡经济园区

上海宝山经济发展有限公司
上海未来岛投资置业有限公司
上海市崇明工业园区开发有限公司
上海枫泾工业园区管理委员会
上海漕河泾开发区园艺发展有限公司
上海新慧谷科技产业园有限公司
上海凌云天博光电科技有限公司
上海红星美凯龙装饰家居城有限公司
上海建筑材料（集团）总公司
上海捷步实业有限公司
上海台安工程实业有限公司
上海市工业系统房地产联合总公司
中铁快运股份有限公司上海分公司
上海市物资回收利用公司
上海汇金担保有限公司
上海美月之歌文化传播有限公司
上海弘兴文化传媒有限公司
上海太太乐食品有限公司
上海统一星巴克咖啡有限公司
上海申联出租汽车发展有限公司
上海市社会保障卡服务中心
上海忆霖食品有限公司
上海鹏晨联合实业有限公司
上海商学院
上海市质量协会

上海中小企业的公共信息服务平台
中国中小企业信息网上海分网

“ 上海中小企业网 ”是上海市政府中小企业工作与服务的公共信息平台，由上海市促进中小企业发展协调办公室主办、上海市小企业综合服务事务所承办，为上海市中小企业提供全方位信息服务。

目前网站设立了近 60 个信息服务栏目，开通了服务导航功能，提供各类信息服务内容，推出了中小企业专家服务团及 100 家中介机构网上互动服务，建成开通了面向国内外的上海中小企业英文版网页。“ 上海中小企业网 ”已成为本市重要的公共信息服务平台之一。

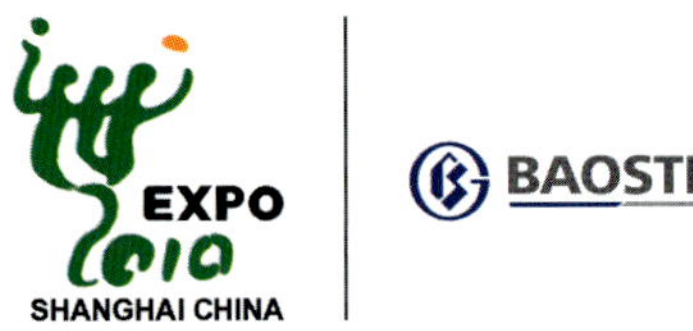

中国2010年上海世博会全球合作伙伴
Global Partner of Expo 2010 Shanghai China

宝钢集团有限公司（以下简称宝钢），是目前中国最具竞争力的钢铁联合企业，是2010年上海世博会的全球合作伙伴和钢材总供应商。2009年，宝钢营业总收入1,953亿元，利润总额149亿元，资产总额4,020亿元，净资产2,430亿元；至2009年，宝钢连续六年进入《财富》杂志评选的世界500强企业榜单，列第220位，并被评为2009年度全球最受尊敬企业，成为中国内地唯一获得此称号的企业。2009年宝钢产钢3887万吨，位列全球钢铁企业第三位。

宝钢立足于生产高技术含量、高附加值钢铁精品，已形成普碳钢、不锈钢、特钢三大产品系列，广泛应用于汽车、家电、石油化工、机械制造、能源交通、建筑装潢、金属制品、航天航空、核电、电子仪表等行业。目前宝钢产品通过遍布全球的销售网络，畅销国内外市场，不仅保持国内板材市场的主导地位，而且将钢铁精品出口至日本、韩国、欧美等四十多个国家和地区。

宝钢重视环境保护，实施清洁生产、发展循环经济、追求可持续发展，是中国冶金行业第一家通过ISO14001环境贯标认证的企业，也是中国冶金行业和上海市首家获得国家环境友好企业称号的企业。

中国石化上海石油化工股份有

上海石化1号乙二醇装置，年生产能力23万吨

中国石化上海石油化工股份有限公司（简称上海石化）位于上海市金山区，占地面积9.4平方千米，是中国集炼油、化工、塑料、化纤生产经营于一体，高度综合的现代化石油化工企业之一；也是中国第一家股票在上海、香港、纽约三地同时上市的股份制有限公司。公司前身为创建于1972年的上海石油化工总厂，1993年6月改制为上海石油化工股份有限公司。2000年10月，更名为现名。

上海石化下设炼油事业部、烯烃事业部、芳烃事业部、化工事业部、塑料事业部、腈纶事业部、涤纶事业部和热电事业部以及物资供应公司、经营销售公司、储运部、公用事业公司、化工研究所、环保中心、水务公司、培训中心、新闻中心等单位，并由上海石化投资发展有限公司管理对外投资企业。截至2009年底，上海石化总资产304.58亿元，在册员工总数17131人。公司具有一次加工原油1400万吨/年(综合加工原油1200万吨/年)、乙烯84.5万吨/年、有机化工原料322万吨/年、塑料树脂96万吨/年、合纤原料114万吨/年、合纤聚合物59万吨/年、合成纤维40万吨/年的生产能力。上海石化主要生产石油制品、中间化工原料、合成树脂及塑料制品、合纤原料及合成纤维等四大类产品。“三人牌”商标为上海石化注册的专用商标。

S P C

限公司

上海石化化工码头拥有7座船舶泊位和1座工作船泊位，最大泊位2.50万吨级

地址：上海市金山区金一路 48 号　　邮编：200540

电话：021-57941941　　传真：021-59742267

网址：www.spc.com.cn

上海石化3号常减压蒸馏装置，年生产能力330万吨

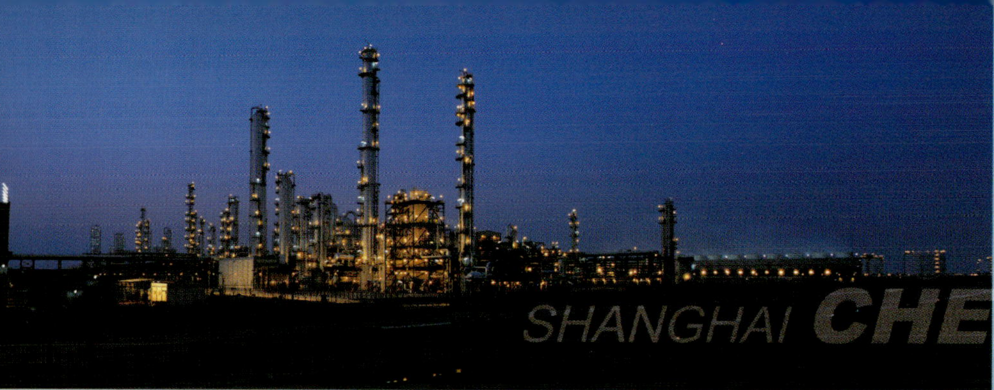

上海赛科乙烯装置

SHANGHAI CHEMICAL INDUSTRY PARK

上海化学工业区

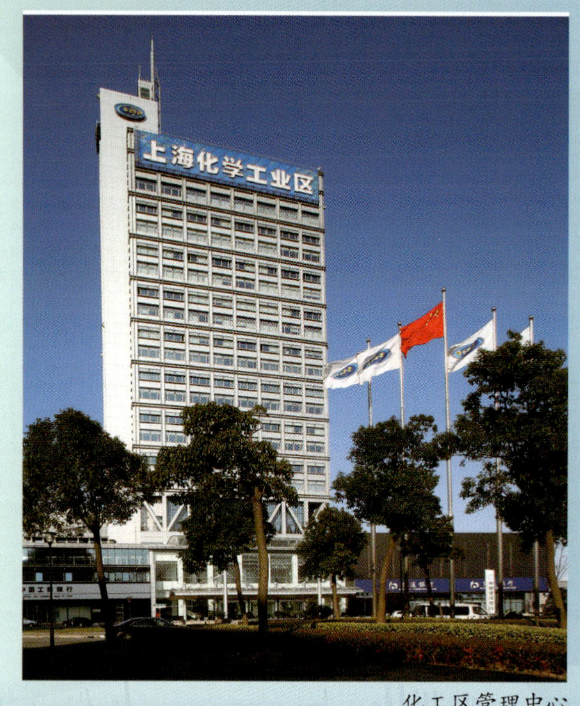

化工区管理中心

上海化学工业区位于杭州湾北岸，规划面积 29. 4 平方公里，是以石油化工及其衍生产品制造为主的现代化产业基地，主要发展石油化工和天然气化工系列产品、精细化工产品、合成新材料和综合性深加工产品。金山、奉贤分区纳入上海化工区一体化管理之后，按照统一规划，金山分区重点发展化工物流、化工检维修和化工品交易等产业，奉贤分区重点发展精细化工、化工机械装备和高分子材料等产业。2009 年，面对国际金融危机对实体经济的严重冲击，上海化工区全力保增长、保稳定、促发展，园区经济总体上保持平稳发展势头。全年共完成工业总产值 434 亿元，实现销售收入 449 亿元；引进项目投资 10. 9 亿美元，合同外资 2. 42 亿美元；区内注册企业实现利润 1. 8 亿元，上缴税金 25 亿元；固定资产投资完成 94 亿元。同时，园区内一批技术可靠、能产生良好经济效益和环境效益的循环经济项目已经初显成效，区域环境质量水平总体良好。截至 2009 年底，上海化工区累计批准项目总投资 148. 7 亿美元，累计完成销售收入 2010 亿元、工业总产值 1933 亿元、固定资产投资 792 亿元，区内共注册成立企业 53 家。

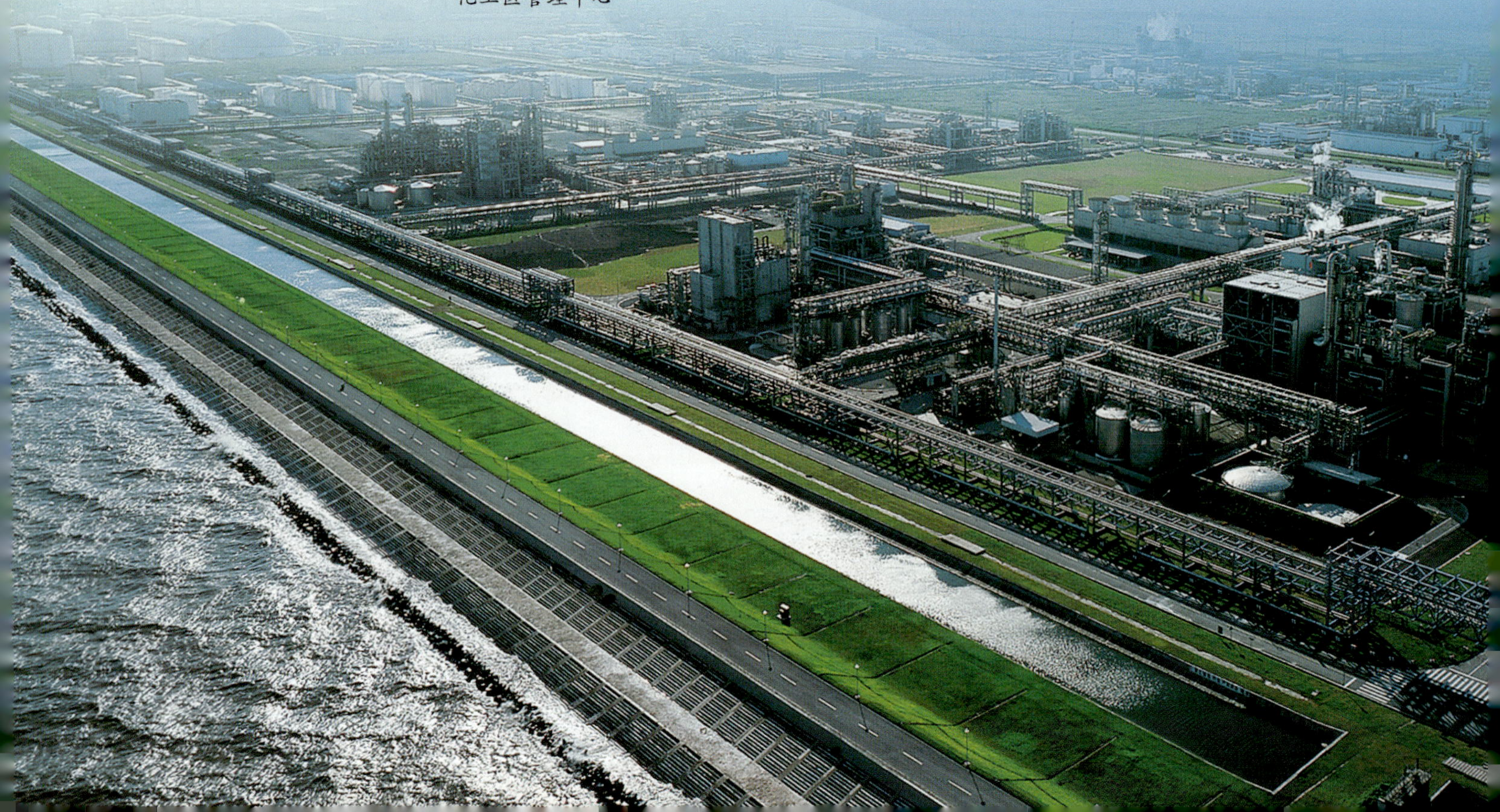

天原华胜烧碱装置

巴斯夫聚四氢呋喃装置

拜耳聚碳酸酯装置

热电联供装置

海运码头与储罐区

上海化学工业区

上海化学工业区发展有限公司

化工区大厦：上海化工区目华路201号
电话：021-67120000 传真：021-67122222
网址：www.scip.com.cn

市区办事处：上海市高安路18弄10号
电话：021-64713298 传真：021-64713301
Email: business@scip.com.cn

上海漕河泾新兴技术开发区

SHANGHAI CAOHEJING HI-TECH PARK

地址：上海宜山路900号科技大楼 电话：021-64850000 传真：021-64850523 邮编：200233

总公司办公大楼

上海漕河泾新兴技术开发区是国务院批准的首批国家级经济技术开发区、国家级高新技术产业开发区和国家级出口加工区。创建20多年来，已形成了以电子信息为支柱产业，以新材料、生物医药、航天航空、环保新能源、汽车研发配套为重点产业，以高附加值现代服务业为支撑产业的产业集群框架，销售收入和工业总产值连续数年“双超千亿”。开发区的区（司）标被评定为“上海市著名商标”，开发区也先后获评国家服务外包示范区、上海品牌园区、知识产权保护示范园区等称号，在全国所有国家级经济技术开发区中综合经济评价指数位居十强，其中发展与效率指标名列第一。

江苏省
漕河泾开发区盐城分区
Caohejing Hi-Tech Park Yancheng Section
漕河泾开发区外高桥园区
Caohejing Waigaoqiao Park
漕河泾新兴技术开发区本部园区
Caohejing Hi-Tech Park Original Park
漕河泾开发区浦江高科技园区
Caohejing Pujiang Hi-Tech Park
漕河泾开发区康桥园区
Caohejing Hi-Tech Park Kangqiao Section
漕河泾开发区新经济园松江园区
Caohejing New Economic Park Songjiang Section
漕河泾开发区新经济园临港园区
Caohejing New Economic Park Lingang Section
漕河泾开发区海宁分区
Caohejing Hi-Tech Park Haining Section
浙江省
杭　州　湾
漕河泾开发区位置示意图
Layout of Caohejing Hi-Tech Park
现代服务业集聚区首期

牡丹
牡丹

中国烟草
CHINA TOBACCO

熊猫香烟
Panda
CIGARETTES

红双喜

到凌云处
总虚心

上海申华控股股份有限公司

Shanghai Shenhua Holdings Co., Ltd.

地址：上海市宁波路1号申华金融大厦
邮编：200002　　电话：021-63372888
网址：www.600653.com.cn

成立日期：1986年7月1日
上市日期：1990年12月18日
股票代码：600653（综合类）
总 资 产：5,216,006,642.93元
总 股 本：1,746,380,317股，
全部为流通股

上海申华控股股份有限公司位于著名的上海外滩CBD金融中心，作为我国证券市场最早发行股票和最早上市的公司之一，从上世纪80年代开始申华控股伴随着中国资本市场的变迁，历经重重变革，渐渐成长为一家独具发展特色的综合类上市公司。今天的申华已经在汽车销售及后市场服务、新能源、房地产、金融投资和产业管理等领域逐步积累了丰富的经验，形成了多元化的发展模式，旗下40多家控股子公司遍布全国各地。

1999年，华晨集团正式入主申华控股后，更是为公司带来了良性、可持续发展的重大转折。依托华晨汽车在民族汽车工业发展中举足轻重的地位，公司成功代理中华、宝马两大知名汽车品牌，并重点在汽车销售、零部件、后市场等三大业务上发力，逐步形成核心主业。近年来，公司又开始把目光投向高端改装车市场，通过与外资的合并合作，逐步加大对改装车业务的投入力度。从整车零配件到改装车生产，从汽车美容、快修快保到汽车租赁等一系列的车前、车后市场领域，申华控股的汽车产业链条不断丰富、延伸，在竞争日益激烈的汽车市场中确立了其独特强大的企业规模优势，增强了抵御风险的能力。

2007年，伴随新能源产业的飞速发展，公司正式进军风力发电产业，通过与中国风电集团的强强联合，目前已在内蒙古太仆寺旗、辽宁彰武两地投资建成三家大规模风力发电场，至2009年底已累计发电超过2亿千瓦时。2010年上半年，另一个装机容量为4.95万千瓦的西大营子风电场也即将实现并网发电。预计到2012年，申华控股将形成拥有总装机容量约40万千瓦的风力发电场。新能源项目的建设不仅将为申华带来较高且稳定的投资收益，也为公司的产业转型和新业务开展带来契机，同时进一步优化了申华控股的产业结构，并在节能减排领域创造了良好的社会效益。

此外，公司在房地产开发、金融投资等领域也有诸多建树。公司总部所在地上海申华金融大厦位于历史悠久的外滩商业区，由公司全资控股，是外滩地区为数不多的高层写字楼之一，其独特的地理优势为公司带来了良好的社会形象和效益。丰富的资本市场运作经验和对潜力产业的独到理解和把握，使得公司积累了丰富的投资、开发经验。

汽车产业

新能源投资

房地产

2010年申华控股即将迎来上市20周年的纪念，站在新的起点我们将秉承“创造价值、追求卓越”的高业绩价值理念，积极探索、大胆创新，继续坚持发展战略目标，打造核心竞争力，走出一条不平凡的跨越式发展之路，以更加优异的业绩回报全体股东及社会各界对申华的支持与厚爱。

上海瑞尔实业有限公司

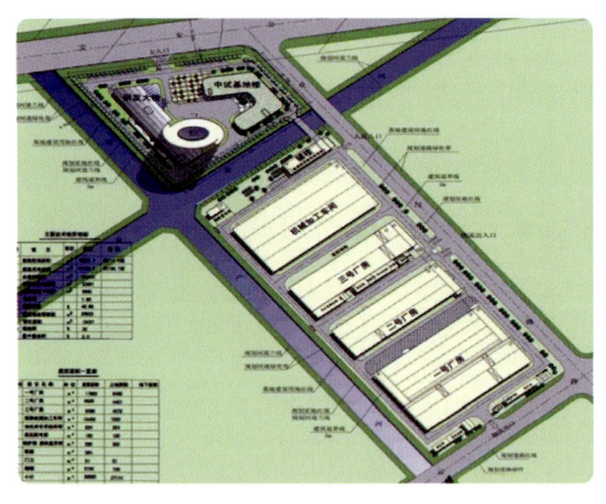

上海瑞尔实业有限公司成立于 1995 年，总部位于上海安亭汽车城，下辖四个分厂。现有员工 2236 人，2010 年销售额预计 6.5 亿。业务遍布全国各大汽车生产厂以及欧美等多个国家和地区。在国内主要汽车生产基地：长春、天津、广州、武汉、重庆设有办事处。公司在美国底特律设有北美办事处。欧洲办事处也在紧张的筹建过程中。

公司主要客户几乎涵盖了国内各大主机厂以及多家世界五百强企业，主要有上海大众、一汽大众、上海汽车制动、武汉神龙、上海汽车、广州汽车、德国大陆集团、北美福特、北美通用、德国大众、美国实用动力等。

自成立多年以来，公司非常重视技术积累、创新及专利申请、保护。在专利申请方面，已获得外观设计、金属切削、表面处理等领域的 55 项专利。目前主要有注塑、电镀、丝印、喷漆、电化学腐蚀、阳极氧化、精密机械加工、铸造等多种工艺门类，生产、检测设备多为德国、美国、日本进口的高精度设备以及全自动生产线。

公司目前 ABS 阀体、车轮饰盖、门槛饰条、发动机支架等产品在国内市场占有相当比重。不管是技术工艺的创新，还是质量成本控制都得到了客户的一致好评和认可，为后续进一步扩大市场份额、争当行业龙头企业打下了良好的基础。

上海奔驰有限公司

首先我谨代表上海奔驰有限公司、上海东驰、上海德星，对阁下长期的支持和关照表示衷心的感谢。上海奔驰多年来一直致力于向社会各界人士宣传和推广梅赛德斯-奔驰的产品和高尚的生活理念。

我们要立足现在，放眼未来。Benz文化，我觉得体现在“BENZ”的4个字母上--“B”代表Best即卓越，“E”代表Efficiency即高效，“N”代表New即创新，“Z”代表Zest，即热情，首尾两词都是以-est结尾，它表示了词的最高级，换而言之，要善始善终，将我们的品牌我们的服务，开展得更为深入人心，为华东地区的用户提供独一无二的尊贵享受。

上海奔驰有限公司
总经理 

上海奔驰有限公司是上海汽车工业(集团)有限公司与香港利星行的合资企业，成立于1993年，作为德国梅赛德斯-奔驰进入中国的第一家正式授权经销商，其资金技术力量雄厚，信誉卓著，先后成立了上海东驰汽车维修有限公司、上海德星汽车销售有限公司等两家公司，公司成为梅赛德斯-奔驰汽车公司发展中国市场的桥梁。公司与梅赛德斯-奔驰在中国内地一起发展壮大，经过十几年的努力奋斗，现今上海奔驰有限公司建成了从展示、销售到售后服务等一系列完整的奔驰服务体系，在上海及邻近地区打下了厚实的基础。

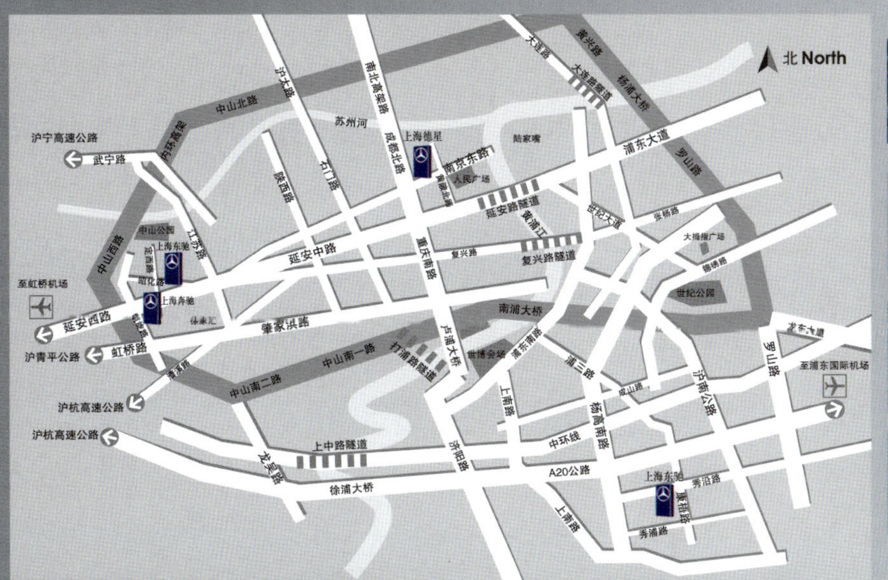

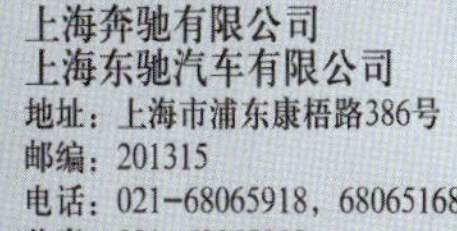

上海奔驰有限公司
上海东驰汽车有限公司
地址：上海市浦东康桥路386号
邮编：201315
电话：021-68065918，68065168
传真：021-68065919

上海德星汽车销售有限公司
地址：上海市黄浦区南京西路338号天安中心
邮编：200003
电话：021-63276778，53750088
传真：021-63592277

上海奔驰有限公司延安西路展厅
地址：上海市长宁区延安西路1696号(近凯旋路)
邮编：200052
电话：021-62823639
传真：021-62817194

上海东驰汽车有限公司浦西服务中心
地址：上海市长宁区昭化路148号(近定西路)
邮编：200050
电话：021-62262929，4008816226
传真：021-62254925

公司网址：www.sh-benz.com

上海汽车信息产业投资有限公司

上海汽车信息产业投资有限公司（SAIS），由上海汽车工业（集团）总公司于2000年投资成立，注册资金1亿元人民币，是一家投身汽车制造业的信息技术与服务公司。公司向顾客提供发展战略、解决方案及相关服务。2009年公司销售收入超过1.5亿元人民币。

公司致力于通过自身的资源、智慧、丰富的行业背景和专家技术为快速发展的国内汽车行业提供高质量专业化的IT技术支持和服务，同时积极开拓业外市场，2009年在其它行业销售收入占31%的比重。

公司帮助客户处理全球经济飞速发展下出现的业务和技术问题。主要业务范围包括业务咨询、产品生命周期管理（PLM）、企业管理与应用解决方案（SAP/QAD）、电子商务实施（采购平台、配件交易平台）、智能化布线以及系统运行、汽车后市场解决方案（DMS、CRM）、围绕汽车用户的通讯服务Telematics等。公司拥有众多国内外合作伙伴，帮助客户推动企业发展、抓住机遇，在激烈的市场竞争中取得领先地位。

上海汽车信息产业投资有限公司战略目标：巩固成熟业务，突出重点，持续推进产业信息化，成为一流的汽车及制造业IT服务供应商；培育新兴项目，围绕汽车，加快实现信息产业化，成为汽车电子信息产品和服务的专业提供商。

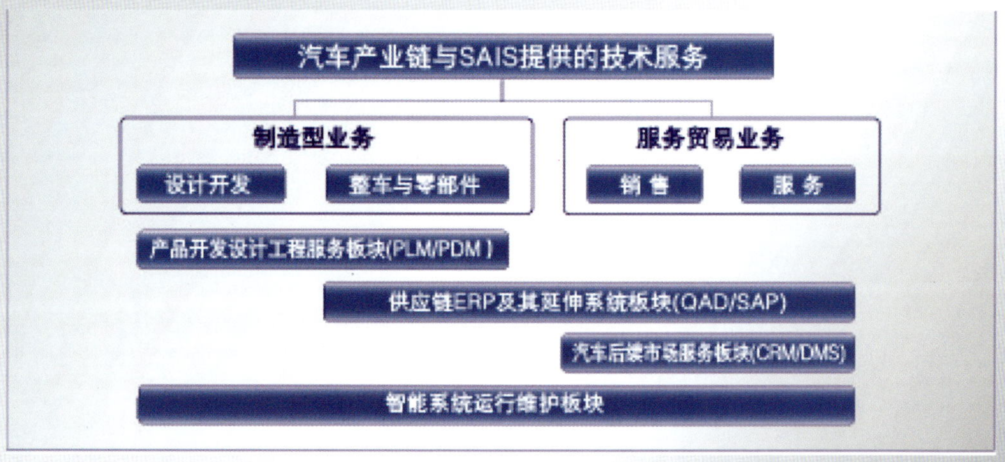

产品开发设计工程服务板块

为企业产品设计开发提供：计算机辅助、研发的项目管理、数据管理和工程技术服务，针对市场客户需要进行产品设计，缩短"产品设计—试制试验—小批量生产—大批量生产—推向市场"的周期，提高设计效率，在整个汽车供应链上的协同开发，加快整车上市时间。

ERP供应链及其延伸系统板块

为以企业资源规划ERP为主的企业管理信息提供系统解决方案及其延伸业务，如质量管理、制造执行管理、定制开发、以及应用托管服务等。

汽车后续市场服务板块

规划集团统一的消费型服务数据平台，以信息技术引导汽车服务版块的业务规划，形成完整的客户价值链经营管理；运用信息技术为汽车销售、服务等渠道管理提供支持。

智能系统运行维护板块

提供建筑智能化系统和信息平台架构的设计、实施、管理和运营维护；提供智能化制造系统的设计、实施和运营维护。

汽车电子信息系统板块

紧密围绕汽车驾乘人员日常驾乘行为方式，开发先进、适用并且具有价格竞争力的车载电子产品的自有品牌，满足其在日常出行过程中的各种需求，提供便捷、易用、稳定的各类相关信息和增值服务。

高田（上海）汽配制造有限公司

地址：中国上海市青浦工业园区崧泽大道8000号
邮编：201707　电话：86-21-69212880　传真：86-21-69212778
网址：www.takata.com

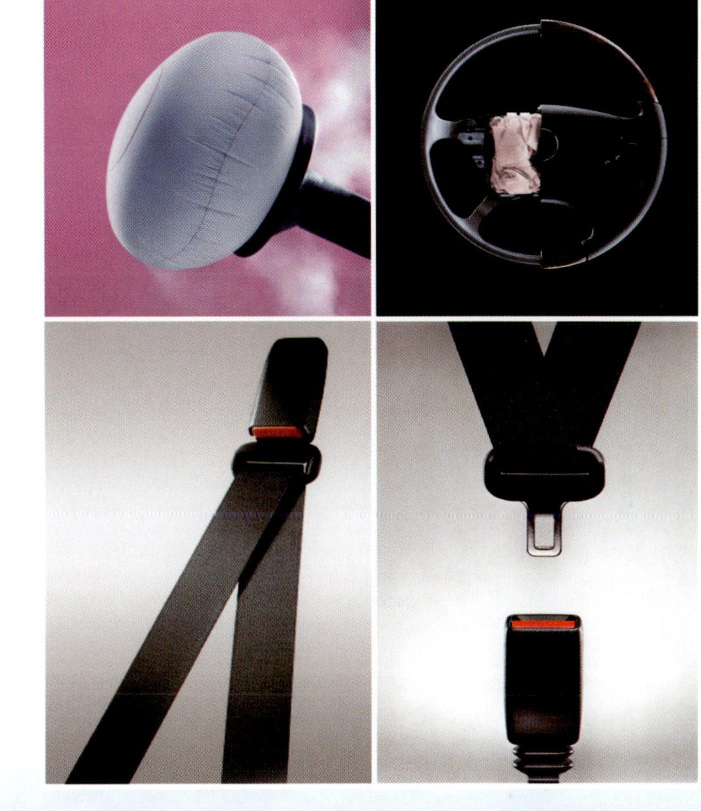

高田(上海)汽配制造有限公司【以下简称高田(上海)】是由美国投资公司 TK CHINA INC. 在上海的独资法人企业，主要从事安全装置的研发、生产及销售。

2003 年 9 月，高田（上海）落户上海青浦工业园区，注册资本金 2000 万美元，投资总额 5750 万美元，占地面积 75000 多平方米，工厂建筑面积 27000 平方米。

高田（上海）的产品主要有汽车安全气囊、安全带、方向盘等。公司目前已有员工约 3500 名，其中设计人员约 100 人。公司拥有完整的研发、生产、质保、服务体系，目前高田（上海）已有专门的碰撞试验室及化学实验室，拥有一定的科研开发能力。

高田（上海）为诸多国际知名汽车品牌包括的多种车型配套，业务内容辐射全国，同时向海外出口产品。公司已与国内多家知名汽车制造商达成良好的合作关系，且产品已出口至东南亚、欧洲、美洲市场，发展迅猛。

高田（上海）秉持“致力于将交通事故的死亡率降低到零”的经营理念，将“质量第一”的品质要求贯彻始终，把顾客满意置于最优先地位，使产品质量达到世界领先水平。2009年度高田(上海)整体销售额实现翻番，总金额超过30亿元。高田(上海)已经通过3C 、EC、ISO/TS16949和EHS体系等产品、质量体系的国内、国际认证，以及 ISO/IEC17025 实验室认可。

作为汽车安全配件的供应商，高田（上海）将以保护人类生命安全为己任，在产品安全性、可靠性、舒适性方面不断创新追求，凭借先进的科技、一流的品质打造汽车零配件供应商的新形象！

高田（上海）坚持质量第一

1997年12月，上海延锋江森座椅有限公司由延锋伟世通汽车饰件系统有限公司和美国江森自控国际有限公司共同投资建立。

作为中国最大的汽车座椅及顶饰系统供应商之一，延锋江森逐渐建立并强化了座椅总成、机械零件、发泡、面套、头枕及顶饰系统的产品研发及制造能力，形成了完整的产品平台和产品体系，能够适应各类车型的不同需求。具备国际先进水平的技术中心、工业造型工作室、产品对标工作室和试验室，更令产品开发如虎添翼。

为了追求精益管理的更高境界，延锋江森运用先进的BOS业务运作系统，结合自身特点，不断追求精益化，始终以质量为核心、创新为动力，以ISO/TS16949、ISO14001、OHSAS18001等管理体系为支撑，持续超越客户不断增长的期望。

Shanghai Yanfeng Johnson Controls Seating Company (YFJC) was founded in Dec. 1997, jointly invested by Yanfeng Visteon and Johnson Controls from the United States.

As one of China's biggest automotive complete seat and overhead system manufacturers, YFJC has developed and strengthened its R&D and manufacturing capabilities, supplying products including complete seat assembly, mechanism, foam, trim cover, PIP headrest and various overhead systems. The Company has successfully formed a complete product platform and portfolio to meet different needs of different vehicles. The tech center, the industrial design studio, the benchmarking studio, and the laboratory, equipped with world-class facilities, further consolidate YFJC's capability in product development.

In order to pursue the perfection of management, YFJC has fully applied advanced BOS system and elaborated it to fit the operation. Based upon leading management systems such as ISO/TS16949, ISO14001 and OHSAS18001, YFJC will continuously exceed customers' increasing expectation by focusing on quality and pushing forward through innovation.

上海延锋江森座椅有限公司

上海电驱动有限公司
Shanghai Edrive Co., Ltd.

电驱动系统是节能与新能源汽车的关键零部件之一，是电动汽车动力总成的心脏。国家"十五"863计划中将电动汽车作为重大专项，在"十一五"863计划中又将节能与新能源汽车列为重大项目进行攻关。

上海电驱动有限公司由上海安乃达驱动技术有限公司、中科院北京中科易能新技术有限公司、宁波韵升股份有限公司和核心团队共同发起成立，主要从事新能源汽车电驱动系统的研发、生产、销售和应用服务。上海电驱动有限公司集中了行业中资源优势，具备研发、中试和产业化的初步能力。公司开展了高密度车用电机系统的热、机、电、磁、噪声和振动等多物理域的综合研究，形成了完善的研发体系；经过多年的探索、实践和应用积累，建立了较为完整的生产管理流程和质量管理规范。目前已形成燃料电池或纯电动车、混合动力车、轮毂电机和辅助电机等四个产品研发平台，完成了三种系列化产品型谱开发，产品达到国际同类产品的先进水平，拥有自主知识产权。公司车用电机及其驱动系统应用于国内大部分主流汽车厂商，应用车型有燃料电池汽车、纯电动轿车、混合动力汽车等。

公司旨在通过技术和产品领先战略，紧密结合我国整车企业的实际需求，实现车用驱动电机系统批量化生产，形成与汽车配套的电机系统产业链；通过专业化和全球化，成为行业领袖并可持续发展，打造节能与新能源汽车的关键零部件的中国品牌和世界品牌，使产品进入汽车行业全球分工体系。

上海开腾信号设备有限公司

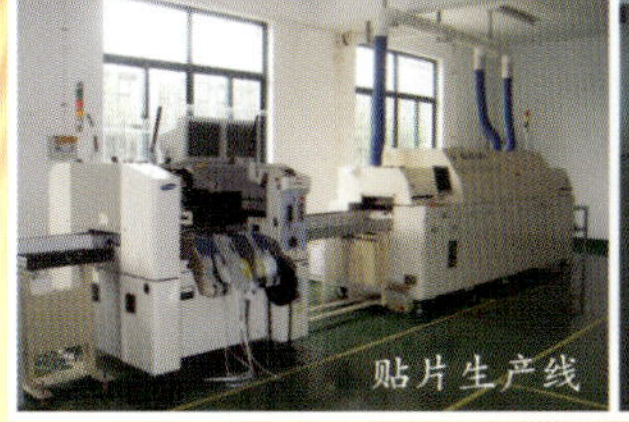

上海开腾信号设备有限公司是一家专业研发、设计、制造、销售 LED 应用产品的创新型企业，自 2001 年成立至今，秉承“科技创新，科学管理”的指导原则，充分利用自身优势，致力于研究开发新型光能源 LED 在汽车车灯、警示灯、交通信号灯及通用照明领域的应用，并取得卓越成绩。目前已在 LED 信号灯、LED 照明灯具等领域先后取得十多项国家专利或国际专利，专业技术水平业内领先。

公司现有员工 150 余人，拥有一支 30 多人的技术团队，研发能力强，经验足，研发管理成熟。目前我们已有除前大灯外的全系列 LED 汽车车灯（如 LED 转向灯、LED 刹车灯 / 尾灯、LED 倒车灯、LED 防雾灯、LED 高位刹车灯及各类组合灯），另有 LED 工作灯、LED 警示灯、LED 交通信号灯、LED 航标灯、LED 类荧光灯、LED 射灯等 20 多个系列近 400 种产品。

2003 年，公司通过 ISO9001 质量体系埃维尔国际认证，并于 2007 年通过 TS16949 质量管理体系认证。我们按照客户的要求，根据欧盟 ECE 标准或美国 SAE 标准设计、制造产品，产品均能满足所在国家或地区的认证要求，如 E-mark 认证、DOT 认证、CE 认证、UL 认证、RoHS 认证等。我们拥有完善的生产线，齐全的专业检测设备，以保证提供给客户的产品质量稳定，性能可靠。近年来，随着产品增加，市场的扩大，我们引进了更多更先进的生产设备，以提高产能，满足客户日益增长的需求。

公司客户遍布世界各地，尤其是在欧美、澳洲及亚洲市场，产品以其卓越的品质、新颖的概念广受欢迎。同时，我们成功与客户合作，为国际著名汽车生产商 OEM 配套供应，积累了多年的配套经验。

上海开腾信号设备有限公司立志做专业的 LED 应用专家，倡导“以人为本、科学管理、稳健发展、为客户创造价值”的经营管理理念，不断追求更完美的产品和服务，努力打造一个现代化的高新技术企业，为振兴民族工业服务。

上海爱知锻造有限公司

地址：上海市嘉定区嘉安公路 3300 号　邮编：201814

电话：69574000　传真：69574555

中日合资上海爱知锻造有限公司成立于 2002 年 5 月 15 日，是由上海汽车锻造有限公司、日本爱知制钢株式会社、丰田通商株式会社、住友商事株式会社共同投资组建。

上海爱知锻造有限公司拥有世界先进的锻压设备和制模、检测手段。目前，拥有 5000T、6300T#1、6300T#2 半自动、2500T#4、1600T 等 10 条生产线。主要产品有发动机曲轴、连杆、等速万向节、转向节、变速箱齿坯等。现有生产能力 5 万吨 / 年。

上海爱知锻造有限公司已建立 ISO/TS16949 质量保证体系，为广州丰田、大众、通用、北京现代等国内汽车厂商配套，批量出口丰田汽车东南亚市场。

上海爱知锻造有限公司将以高质量、高标准，建成中国第一及世界一流锻造公司为目标。

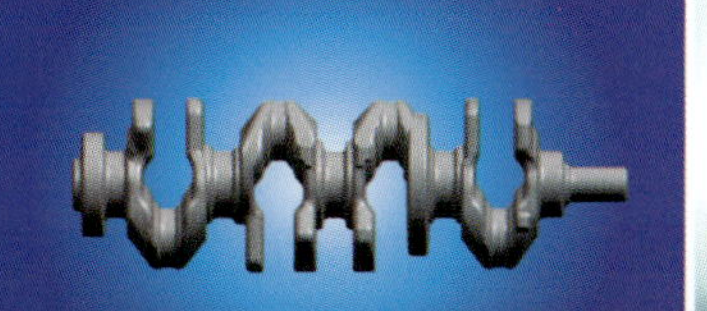

从绿色建筑.工业节能到低碳城市

地址：上海市闵行区吴中路618号吴中大厦22层
邮编：201103
电话：0086-21-52199806
传真：0086-21-52198600
http://www.lowcarbonnet.com

成信集团1993年成立以来，以建筑节能和工业节能的技术研究、应用和实施为起点，研发了多项节能环保和低碳建筑领域的专利技术，并成功应用于众多能量回收循环再利用和绿色建筑建设中。

在全球环境日益恶化的今天，成信作为国内绿色低碳、节能环保领域最早的倡导者和实践者之一，全力推广节能环保理念，积极参与各项绿色、低碳产业的规划和实施，为各行业客户提供节能、绿色集成系统一体化解决方案。目前，与 The University Nottingham、Mott MacDonald、AECOM、ATKINS、Zed 等全球顶尖的节能、环保、可再生能源研究机构及咨询机构达成战略联盟，共同推动绿色、低碳技术在全世界的应用，为创造绿色、低碳的美好生活而贡献自己的责任与智慧。

卓越的战略和致力于绿色低碳产业的美好愿景为成信发展注入无限活力，依托国际经济中心之一的上海，成信集团迈入快速发展的轨道，旗下企业包括：

- **上海成信绿色建筑科技有限公司**
- **上海成信节能科技股份有限公司**
- **上海成信绿色房产有限公司**
- **福建成信工程股份有限公司**

本宣传采用 100% 环保纸张印刷
成信节能和您一起保护我们的地球

一体化低碳集成解决方案提供者

•低碳规划
能源、交通低碳规划
KPI指数的制定
节能潜力分析

•节能
余热回收利用
综合能效提高
节能减排咨询与认定

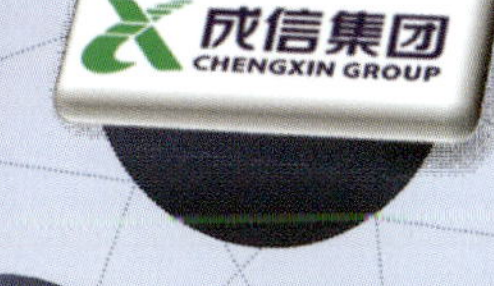

•建筑设计
土建设计
机电系统设计
智能建筑设计

•能源诊断与评估
建筑能耗诊断
节能潜力评估
碳排放认证

•绿色施工与管理
绿色施工
土建/机电安装

•节能产品研发与移植
定制式高效节能产品移植
节能产品研发与定制

•能源服务
节能改造
能源合同管理
BOT

上海大亚科技有限公司于 2001 年成立，注册资金 1.1 亿人民币，主要从事网络通信设备的研发、营销、生产与服务，是上海市高新技术企业。公司凭借雄厚的研发力量、规模化的生产、完善的营销网络以及优质的服务，与中国电信、中国移动、中国联通等各大运营商紧密合作，为推动中国通信事业发展做出杰出贡献。

大亚科技已成为国内最大的 ADSL 终端设备提供商以及 WLAN、WLL、3G 移动终端、多媒体终端等宽带应用发展及数字电视技术的倡导者；公司研发技术先进，拥有多项技术专利和知识产权；拥有年产千万台通信终端设备能力的现代化生产基地；公司行销网络遍及国内 30 余个省、市、自治区。与此同时，大亚科技积极开拓全球市场，已经与欧美高端品牌和世界级电信运营商建立了良好的战略合作伙伴关系，先后与 Siemens、D-Link、香港 PCCW 合作，以先进技术为核心优势，打造大亚科技知名品牌。大亚已成为全球性最专业的通信网络终端研发、生产制造中心。

“打造国内领先品牌，实施全球化战略”，大亚科技以“拥有自主产权的主导产品”、“拥有遍布全球的营销网络”、“拥有国际知名的品牌”、“拥有国际一流的研发体系”、“拥有高素质的国际化管理团队和专业人才”为奋斗目标，努力将公司发展成为世界级卓越的网络通信设备提供商。

以市场为导向，客户至上，合作双赢是上海大亚科技赢得竞争的重要战略。公司与国内各大电信运营商合作，与国内外知名通信设备提供商联盟，在宽带接入领域取得巨大成就，市场占有率居首位，被 CCID 评为“中国宽带接入市场成长最快企业”。

“着眼未来，不断创新”是上海大亚科技始终坚持不懈的研发精神。紧随全球网络通信技术发展趋势，研发实力国内领先，世界先进。勇于实践，努力推动国内网络通信行业飞速向前发展！

上海大亚科技有限公司

简介

上海中标软件有限公司
CHINA STANDARD SOFTWARE CO., LTD.

上海中标软件有限公司（简称“中标软件”）成立于2003年，由中国软件与技术服务股份有限公司、中国电子科技集团、华东计算技术研究所三方共同投资，注册资金5000万元，总部设在上海，并分别在北京、广州设分公司和办事处。2009年，股东方加大投资，公司注册资金将达到2.5亿元。

中标软件的成立，得到国家科技部、信息产业部与上海市政府的大力支持与关注，是国内软件企业强强联合的重大举措。中标软件业务定位国产操作系统和办公软件产品提供商，以构建中国信息化建设安全基础平台为己任。公司本着开放、共赢、做大做强的企业理念，广泛合作，创新发展，打造成中国基础软件旗舰企业。

中标软件核心产品包括中标普华office办公软件套件、中标普华Linux桌面操作系统、中标普华Linux服务器操作系统以及安全增强产品。近年来不断推出系列产品，已经达到国内同类先进水平，在产品安全性、高可用性、多语言支持等方面具有明显优势，并先后获得著作权31项。中标普华office办公软件套件、中标普华Linux操作系统先后荣获“上海市重点新产品”和“国家重点新产品”称号，并全部进入国家信产部产品推荐目录。

中标软件产品介绍

中标普华Linux桌面（NeoShine Linux Desktop）

- 简单、易用、高效的个人桌面办公解决方案
- 科技部863计划软件重大专项课题
- 信息产业部科技攻关项目
- 信息产业部电子发展基金项目
- 国家发改委软件专项产业化项目
- 上海科教兴市首批重大产业化项目
- 上海市重点新产品
- 通过LSB3.0认证

中标普华Linux桌面提供电子邮件与日历、Web浏览器、多媒体工具、PDF阅读器、图像处理软件、英汉翻译工具等。

特性： 优秀的网络兼容性、轻松移植Windows数据、完整的桌面办公解决方案、安全可靠。

中标普华Office（NeoShine Office）

中标普华Offic包含文字处理、电子表格、演示文稿等模块，功能强大，性能稳定，支持Windows、Linux等多种操作系统。

特性：开放、标准的文档格式、全面兼容，轻松上手、值得信赖的安全功能、规范的公文制作助手、贴心的教育面板、二次开发，满足信息化应用需求、多语言支持。

中标普华通用服务器（NeoShine General Server）

专门为服务器应用而定制的操作系统产品。

提供构建企业Intranet/Internet平台所需的各种服务器模块，如web服务器、邮件服务器、数据库服务器、文件服务器、域名服务器、代理服务器、认证服务器、拨入服务器。

具有优秀的软硬件兼容性，易用的系统管理配置工具，强大的与Windows/Unix环境网络兼容性，可有效降低用户总体拥有成本。

中标普华通用服务器是面向信息化基础平台领域的网络操作系统软件，该产品提供企业级的综合网络应用服务功能，能够帮助用户快速部署网络应用。

中标普华数据库服务器（NeoShine Database Server）

中标普华数据库服务器基于中标普华Linux系统平台，针对市场上流行的各种商业数据库软件，提供安装支持、环境预配置、核心参数优化、性能调整等各项功能。

中标普华邮件服务器（NeoShine Mail Server）

中标普华邮件服务器安全可靠、稳定高效、灵活易用、高性价比、可定制性强，能够满足政府及各个行业的使用需求。

中标普华定制解决方案系列。

中标软件面向特定目标群体，提供满足用户需求的产品。中标普华定制解决方案包括：中标普华信息发布系统、中标普华机顶盒系统、海尔家家乐电脑、蓝星老人PC、长城酒店PC等。

中标普华服务体系

中标软件拥有高质量、全方位的服务体系，包括：专业化的支持服务团队、多元化的线上支持、完善的培训教育等。

上海得倍电子技术有限公司

上海得倍电子技术有限公司是由拥有多项美国专利的留美归国专家梁洁先生、留德洪堡学者刘红超博士和国内集成电路资深研究员乔红瑗、姜亮亮于 2004 年创立，并于 2006 年 5 月引入战略投资商 PEL System co., Ltd. (UK)。作为集成电路设计公司，得倍电子致力于自主研发、创新的思路，在乔红瑗总经理的带领下，完成了单芯片高压电源管理 IC、LED 照明驱动 IC 的系列产品以及高压、高性能通讯接口电路研制。目前，公司的“基于源端反馈的 LED 照明驱动 IC”申请了 2 项国家发明专利，大于 80V 的单芯片 DC/DC 转换 IC 也填补了国内空白。公司在自主创新方面，已获得国家知识产权局颁发的近 30 项认证证书，其中，集成电路布图设计 17 项，发明专利 3 项，实用新型专利 8 项。这些产品将广泛地应用于 LED 照明驱动、LED 显示、背光驱动以及汽车电子电源管理、通讯设备电源管理等领域。

同时，公司对外提供先进的 .35umBiCMOS，.09umCMOS，.13umCMOS，.18umCMOS，.25umCMOS 和 .13um，.6um SOI CMOS 工艺所需的高性能、高可靠性、高密度的综合 IP 模块。所涉及的产品包括电源管理、通信专用电路和高电压 ESD 保护接口电路等。并承接相关的专用电路设计。

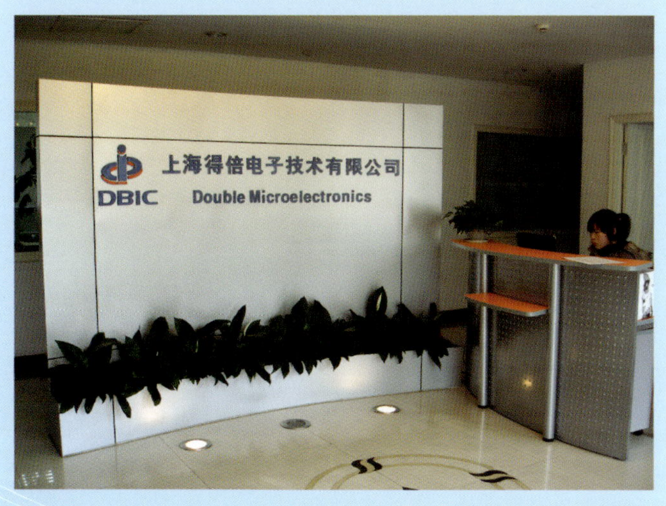

公司坐落于上海浦东张江高科园内，拥有近 1000 m^2 的独栋研发楼，容纳了 60 多位各类人才，优雅的环境使员工更具创造力。公司现有 教授及博士 5 名，员工中硕士占 28%，学士占 51.5%。

公司的理念是：我们与客户共同成长！客户的需求就是我们的职责。

我们与客户共同成长，客户的需求就是我们的职责！

立足服务 坚持创新 提升品牌

——上海天地软件园

一、园区总体介绍

上海天地软件园是由普陀区政府于 2004 年投资建设的以软件和信息服务业、文化创意产业以及半导体照明（LED）产业为主的高科技产业园区。园区空间集中，占地面积近 100 亩，由 26 栋花园式标准厂房组成，建筑面积 11 万平米，企业入驻率达 98% 以上，目前已成为上海中心城区中规模最大的高科技产业园区之一。

5 年来，园区快速发展，取得了优异的成绩，先后被评为上海市创意产业集聚区、上海市级软件产业基地、上海市留学人员创业园、信息化应用示范产业园区、上海市文化产业园区、上海市科普教育基地、上海市服务外包专业园区。

2005 年至 2009 年，园区共引进企业 200 多家，园区产值从 3 亿元增长至 20 亿元，税收从 250 万元增长至 7388 万元，吸纳就业人数 8000 多人（本科以上学历占 60%），登记的著作权 800 多个，经过认定的软件企业 20 多家。从这些数据来看，天地软件园已经成为区域经济增长的新亮点，技术创新的活跃点和人才荟萃的高地。

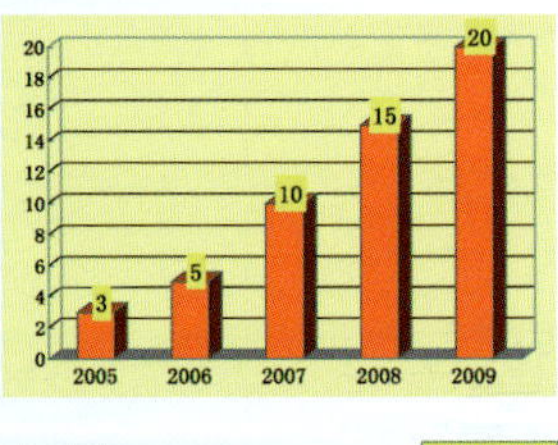

产值：亿元

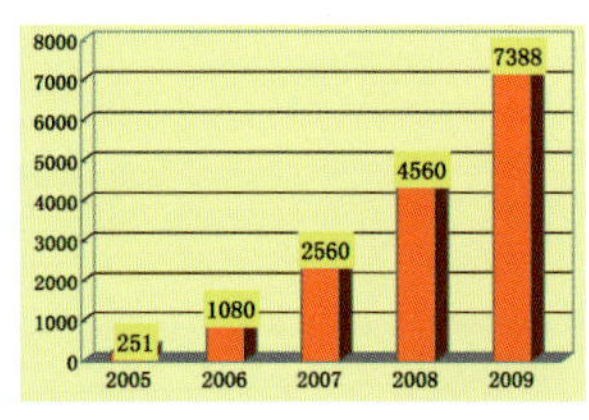

税收：万元

现在，天地软件园又迎来了一个新的发展机遇，区政府正在整合园区周边资源，在金沙江路以北，大渡河路以西，真北路以东，怒江北路以南一平方公里范围内规划建设与着力打造“天地科技谷”高科技产业集聚带，此举将进一步拓展园区的集聚效益和发展空间。

二、园区聚焦资源，打造特色产业集群，涌现一批知名企业

- 经过几年的发展，园区逐步形成了以软件外包、文化创意、信息服务、半导体照明（LED）等为特色的产业集群。
- 尤其是以互联网为载体的游戏、动漫、网络广告等文化创意产业得到了快速发展，在园区的精心孵化和培育下，诞生了一大批如晨路（国内最大的网页游戏运营商）、维洛城（上海知名维洛卡运营商）、灵禅信息（国内最大的游戏外包商）、趣味第一、天地数码等为代表的数字内容领域的优秀企业。在去年金融危机的大背景下，以动漫游戏为特色的文化信息服务业逆势而上，形成了一道亮丽的风景线。
- 在软件外包方面，园区专门从事对日软件外包的冈三华大公司被评为 2008 年上海市软件出口十强企业；同时，商银咨讯公司设计开发的商银通卡已经成为沪上知名消费卡品牌，年销售额突破 10 亿元；半导体照明方面，世界 LED 领域的巨头企业美国 CREE 公司上海总部的入驻对园区及普陀区的 LED 产业特色打造产生了重大推动作用。
- 现在国内推出了创业板市场，为这些企业的扩大和发展带来了机遇，目前园区内晨路信息科技企业的各项发展指标都已达到创业板上市的要求，该企业也积极在做上市前的各项准备工作，有望成为园区内第一家上市的企业，园内新浩艺软件等公司也都有意向通过创业板上市来增强公司自身实力，如果这些企业未来成功上市，将在增强园区文化产业集聚度、提升园区品牌知名度等方面产生重大的影响。

三、园区强化服务功能，不断提高增值服务能力

- 天地软件园拥有一流的宽带数据通讯平台，形成“千兆作主干，百兆到桌面”的网络结构和 300 多平米的园区中心机房，对每个终端用户可提供 10-100 兆的宽带接口；通过对园区网络的安全设计，保障信息传输系统的安全、可靠与畅通；建设完成了动漫制作公共服务平台和多媒体紧缺人才培训基地，为园区企业的发展提供强大的技术和人才支撑，降低企业的成本；园区还建设了全覆盖的监控、电子巡更等安保系统，能够全天候保障入驻企业的安全。
- 同时，园区积极整合社会优质资源，全方位地解决入驻企业的后顾之忧。园区不仅为企业提供入驻前的工商注册一条龙基础服务，提供投融资、担保、法律、会计、知识产权保护等中介服务，园区管理公司还定期安排工作人员主动开展上门走访活动，及时了解掌握并协调解决企业在发展过程中遇到各类问题，帮助企业解决具体困难。
- 另外，园区定期和不定期举办科技政策宣讲、大型人才招聘会、企业经理人沙龙等活动，为园区企业申报各类创新项目、招聘人才、获得风险投资和相关行业资讯提供帮助，营造了一个良好的发展环境。
- 园区党总支、工会联合会还建立了“相约天地园”俱乐部，希望借助这样一个为园区单身青年提供真实可靠、广阔交友的择偶平台，能使园区单身员工广交知心友，寻找到终身的伴侣，从而使他们能安心为企业创造财富。

四、园区积极整合周边资源，为区域经济作贡献

- 近两年，天地软件园在多元化发展方面做了许多工作，园区已经由原来单纯的管理服务型发展成为集园区开发、产业投资和增值服务为一体的综合发展新模式。一方面园区投资成立公司并实现成功运作，该公司的创立标志着园区向产业投资领域发展迈出了关键性一步。
- 另一方面园区通过资产运作求发展，为了进一步拓展发展空间，园区正在陆续收购园区周边总计约 44 亩的土地（目前已成功收购的部分土地已进入施工阶段），建造商务楼宇，形成新的产业集群，进一步拓展园区的产业规模和集聚效应，发挥辐射和带动作用，力争为创造就业、发展地方经济作出更大的贡献。

和谐的园区，明天发展会更好！

上海天缘迪柯信息技术有限公司的前身为深圳天源迪科信息技术股份有限公司上海分公司，是由深圳天源迪科信息技术股份有限公司（国家规划布局内重点软件企业）投资建立的专业从事政府行业、电信行业信息化建设和技术服务的企业。

公司落户于上海张江浦东软件园区，注册资金 1200 万，拥有员工近 120 人，员工 90% 具有大学本科以上学历。公司集十多年从事政府行业信息化建设的人才、业务、技术和产品优势，面向政府行业、电信行业专业市场，形成了具有产品自主创新和优质市场服务能力的可持续发展机制。

上海天缘迪柯信息技术有限公司在公安、海关等政府行业以及电信行业中拥有广泛的客户基础。在交通管理、出入境管理、综合应用等公安业务领域中，形成了一批成熟、稳定、体系化的软件产品。主要代表产品如：“出入境管理系统”、“机动车信息管理系统”、“驾驶员信息管理系统”、“道路交通管理系统”、“刑侦犯罪信息专用平台”、“公安综合信息查询系统”等。

公司拥有国家版权局计算机软件著作权共计三项；通过财务会计信用等级 B 级认定；公司一贯重视 ISO9001-2000 质量体系认证和 CMMI3 级评估。

上海天缘迪柯信息技术有限公司是高新技术产业协会理事，软件协会会员单位，成为在国内相关领域中推动信息化建设的一支中坚力量。公司将继续秉承“追求卓越、锐意进取”的原则，坚持走自主创新、持续发展的道路，不断为客户提供先进的产品和优质的服务！

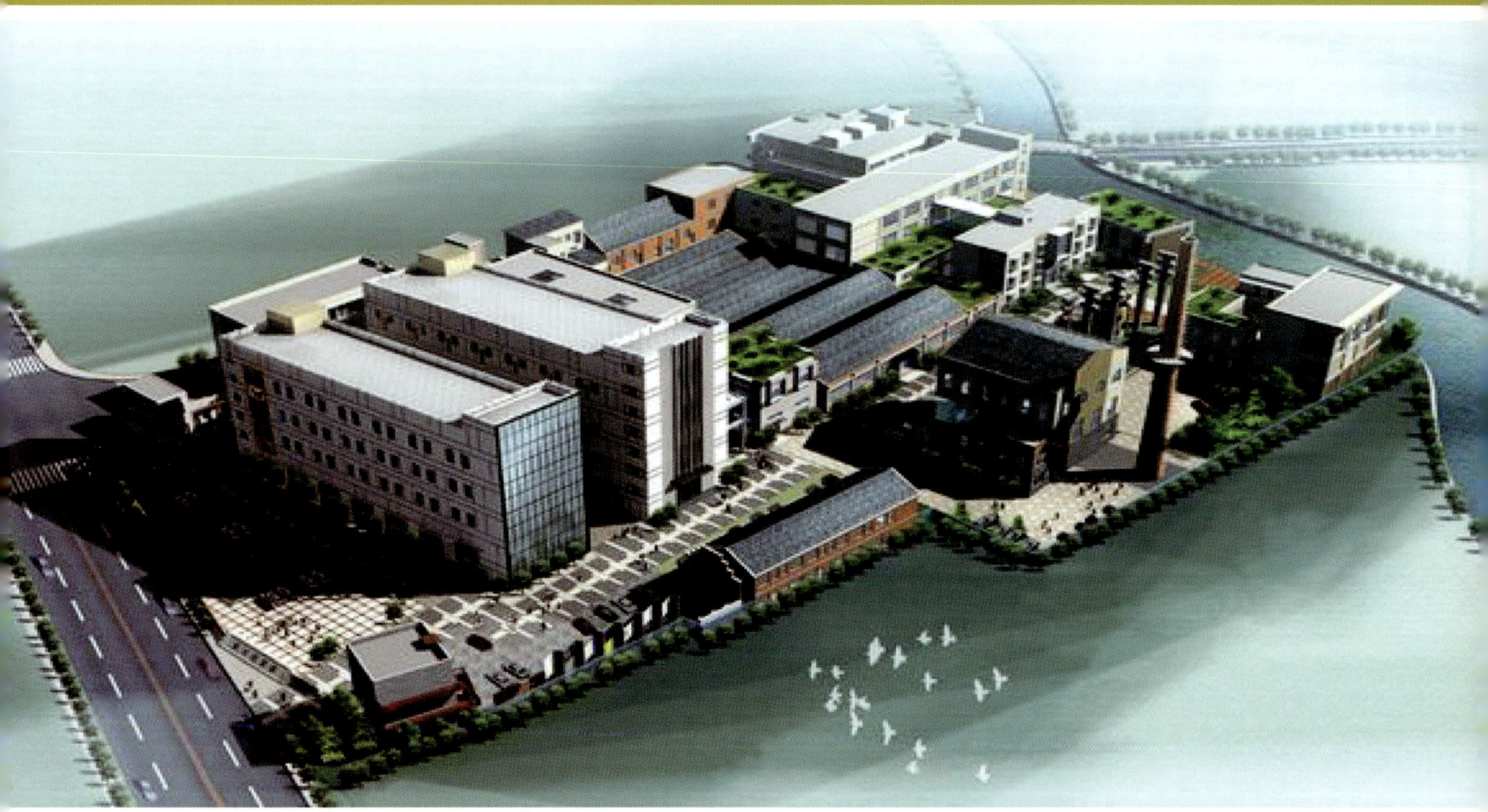

上海天缘迪柯信息技术有限公司

地址：上海市浦东新区灵岩南路 295 号三林世博创意园 17 栋 4 楼

电话：021－68329002 传真：021－68329005　Http://www.shtydic.com E-mail:master@shdic.com

上海蓝光科技有限公司

上海蓝光科技有限公司成立于2000年4月，是国内首家从事氮化镓基LED外延片、芯片研发和产业化生产的企业，注册资金2.75亿元。主要产品有：氮化镓基高亮度蓝、绿光外延片及芯片。

蓝光科技位于国家级高新技术园区——上海张江高科技园区内，是国家“863”计划光电子领域科技成果转化基地。公司实施的氮化镓基高亮度发光材料产业化项目，是国家发展与改革委员会确定的新材料专项产业化示范工程项目，也是上海市高新技术成果转化项目。公司拥有规模化产业基地约35000平方米，专业超净房生产车间7000平方米，现有资产总额5亿多元。

经过十年的不懈努力，公司实现了技术创新、产能规模和管理水平的跨越式发展，公司目前已具备月产100KK芯片的生产能力，可为用户提供高抗静电、低衰减的标准芯片和功率型照明芯片，至2010年底公司将拥有MOCVD生产线18条，年产芯片60亿颗。

人才优势是蓝光科技的核心竞争力，以美、日留学归国人才和台湾行业专家组成的公司研发团队、量产技术团队，引领公司的技术创新能力持续提升。历年来，蓝光科技共承担“863”计划等国家、部委和上海市LED领域重点科技攻关项目三十多项，其中《功率型大尺寸蓝光发光二极管芯片》项目在国家科技部攻关评比中，获得行业第一名。公司自主研发的第三代高亮度蓝光LED芯片，可用于封装白光LED的标准型号芯片亮度已达到100mcd。

公司注重自主知识产权的技术创新，累积已申请发明专利78项，其中35项已被正式授权。公司主动承担行业标准起草工作，由蓝光科技为主要起草单位的三项行业标准已正式发布。

公司始终坚持“成为国内一流、国际知名的LED外延片、芯片及器件研发和生产的高科技企业”的发展目标，以“让绿色照明走进千家万户”为经营宗旨，并努力实践“执着于创新，专注于节能”的经营理念，在半导体照明产品的研发、生产和应用普及进程中起到引领作用，为我国半导体照明产业的发展、落实节能减排政策措施作出积极的贡献。

希爱® 上海新产业光电技术有限公司

上海新产业光电技术有限公司于 2000 年 11 月在上海浦东张江高科技园区注册成立，注册资金 2500 万元人民币。经营范围包括通讯技术、激光技术、光电工程、光机电一体化技术及应用产品的开发、生产和销售，并提供相关的技术开发、技术转让、技术咨询、技术服务，从事货物与技术的进出口业务。

公司拥有厂房 1700 平方米，已建成万级滤光片生产用超净工作区，拥有德国莱宝 APS1104 等离子镀膜机、美国 Veeco 离子溅射镀膜机、光谱分析仪、傅立叶变换红外分光光度计、λ-900 紫外到近红外分光光度计等国外先进设备，配有各种离子源可以对基片表面进行处理，也可以进行辅助镀膜过程，可保证获得高质量的膜层。公司主要技术人员来自中科院长春光学精密机械与物理研究所，组成了一支长期从事光学及光通讯研究和应用的以科研人员、博士生、硕士生为成员的科研团队，集中了技术和管理各方面的骨干力量，保证公司的健康发展

公司主要从事各种光学镜片的镀制和加工，主要生产各种激光反射镜、截止滤光片、带通滤光片、CWDM 用滤光片、长短波通滤光片、各种透镜、棱镜、 平面元件和非球面透镜的高精度加工等。并承担了多项国家军工项目，产品质量和公司信誉得到一致的好评。主导产品是波分复用系统中的关键元器件——窄带干涉滤光片，具有插入损耗小、与偏振相关的损耗小、波形矩形化好、温度稳定性好等优点。同时我公司还可加工制作激光腔镜、各种减反射膜、彩色分光膜、偏振分光膜、非偏振分光膜等近紫外到中红外波段（即 0.3μm--16μm）的各种滤光片，其产品的性能和各项指标均达到国际先进水平，体现出“高效、高精度、高质量”的特点。

公司自成立以来得到了国家有关部委和地方的大力支持，先后承担了国家 863、创新基金、国家计委光电子专项等重点科研和产业化项目，已逐步建设成为一个高技术、高质量、高效益、具有相当经营规模和竞争力的高新技术企业。

公司于 2003 年获得了 ISO 9001:2000 质量管理体系认证证书、2009 年获得三级保密资格单位证书、2010 年获得军工产品生产许可证证书。

本着追求卓越，品质为先的宗旨，我们热忱欢迎海内外各界朋友的交流与合作。

上海芯邦泰智能科技有限公司

公司经营理念：市场第一 客户满意
以人为本 和谐共赢
立足本职 科学创新

上海芯邦泰智能科技有限公司成立于 2007 年 4 月，是一家股份制电子信息产业类高新科技企业，位于上海漕河泾经济开发区内。

公司注册资金 500 万人民币。公司基本定位是立足于汽车电子和智能卡行业的电子信息类产品应用领域，努力开发出安全、可靠、有竞争力的产品，为汽车电子和智能卡行业服务。

2007 年公司被认定为《徐汇区第十批导向性科技产业类企业》(电子信息类)。
2007 年公司取得国家版权局颁发的多项计算机《软件著作权登记证书》。
2007 年公司通过《ISO9001 质量管理体系认证》审核和注册，并取得英国经 UKAS 认证机构认可的具有 UKAS 标志的 NQA 管理体系认证证书。
2008 年公司获得多项《软件产品证书》。
2008 年公司经国家知识产权局审批已获得三项实用型专利证书。
2009 年公司经国家知识产权局审批已获得一项发明型专利正式申请号。
2009 年公司 5 月被认定为《双软企业》。

考勤机

公司业务范围：专业从事通信、系统集成、计算机软硬件、集成电路产品应用设计、开发、销售和提供系统解决方案。
硬件类：接触式智能卡读写器；非接触式智能卡读写器、POS 机；专业考勤机；读写器模块；车载硬盘录像机；
软件类：CPU 卡各类嵌入式操作系统；车载电子设备嵌入式操作系统等；
系统类：接触式卡应用系统软件及解决方案；非接触式卡应用系统软件及解决方案；车载安防系统解决方案；
代理销售产品：各种接触式、非接触式智能卡芯片、RFID 芯片机相关产品。

简易式硬盘录像机

芯邦泰公司坚持发展自有核心技术，以“向客户提供安全、可靠、有竞争力的集成电路应用产品与解决方案”为使命，与客户共同成长，努力成为一流的高新技术企业。

地址：上海市徐汇区苍梧路 25 号 2 号楼 4F　电话：60904100　传真：60904100*8008　邮编：200232

暴雨娱乐 STORM ENTERTAINMENT

好游戏，玩家造！ From Players For Players

上海暴雨信息科技有限公司

Shanghai Storm Information Technology, Co., Ltd.

创 始 人：朱威廉
公司成立：2007 年 7 月
行业类别：游戏软件开发及运营
产品阵容：《预言 Online》《兔趴帝国》《盛世 Online》《宠物小精灵》
公司地址：上海市徐汇区番禺路 1028 号数娱大厦 5 层、9 层
员工人数：近 400 名
公司网址：www.shstorm.com
产品网址：www.yuyan.com　www.tupagame.com

上海暴雨信息科技有限公司（简称暴雨娱乐）由中国互联网业界知名创业者、职业经理人朱威廉于 2007 年 7 月创立。创始团队汇集国内各大知名网游开发及运营公司的成员。

暴雨娱乐在业内独创“好游戏，玩家造”模式，在专业团队的基础上积极吸收精英玩家加盟，致力于打造具有划时代意义的全新网游产品以及网游公司品牌，以玩家视角来演绎最适合中国玩家的网游作品。

创立两年多以来，暴雨娱乐已先后推出 4 款自主研发的网游产品，产品类型涵盖 2.5D 大型网游、网页游戏及横版格斗过关类网游，成为中国网游行业发展速度最快的企业之一。此外，处女作《预言 Online》从推出至今持续保持 20 万同时在线人数，并在中国台湾及越南正式商业化运营，聚集了超高的人气。

暴雨娱乐还成立了国内第一家拥有超大规模网络游戏研发和运营实体企业背景的专业游戏人才教育机构“暴雨游戏教育”(Storm Game Academy，简称“SGA”)。截止目前，SGA 已在上海、常州成立了两所校区，并计划在未来两年内，在全国范围内成立多所分支机构，实现有别于传统游戏企业的“产、学、研”一体的发展战略。

2009 年，暴雨娱乐还将进一步加快海外拓展的脚步。目前公司正同东南亚、中东、印度、俄罗斯等十几个国家和地区开展积极磋商。

2010 年至 2011 年，暴雨娱乐将以每年推出 10 至 15 款游戏产品的速度发展，以实现“创一流游戏企业”的愿景，努力为玩家提供高品质的游戏体验及服务。

公司奖项及荣誉：
2008 年度中国游戏产业新锐企业
2009 年度中国网络文化盛典网络技术创新奖
2009 年度中国 100 快公司
2009 年中国互联网年会优秀项目奖

CEO 兼董事长朱威廉所获奖项及荣誉：
2005 年华东信息产业年度经济人物
2005 年中国 SNS 先锋人物
2008 年上海 IT 青年十大新锐
2008 年度中国游戏产业新锐人物

途锐信息

TURUI INFORMATION

上海途锐信息科技服务有限公司是一家提供专业解决方案的企业供应商。秉承企业将经营管理和信息技术紧密结合才能真正帮助企业有效的成长，实现现代化管理，提高效率，以适应日趋激烈的环境并获得更好的发展的理念，我们始终致力于管理咨询和信息技术有机结合，为企业提供"技术＋咨询"的完整解决方案。

途锐具备多元化的专业背景，能够为客户提供从战略咨询、业务流程分析和优化、创意设计到技术实现的完善的一体化、个性化专业服务，实现以最佳的资源配置提供量身定制方案的目标。

主要产品有：

1. **以 GPS/GIS 技术为基础的车辆、船舶、业务实时管理服务**，如出租车调度系统，物流业务监控系统，移动销售管理系统等，并配以专业研发的 CDMA 车载终端、移动导航终端等。
2. **提供基于解决方案的软件开发和系统集成**，如：OA 系统、专业文档管理系统、车辆人事管理系统、专业水准的大型网络平台建设等。
3. **创意设计**：网站和应用系统工具外观与用户界面的创意设计，建立能充分体现企业文化与企业形象的网站，致力于为用户提供独特的使用体验。

凭借专业的理念和技术，途锐的 GPS 车载定位系统在上海强生出租车公司取得了空前的成功。途锐的 GPS 车载定位系统于 2004 年 11 月正式在上海强生出租车公司使用，我们提出了"以乘客为中心，以业务处理为基础，信息及时共享，时间快速响应"的全新理念，摆脱了原有系统片面性及深层次管理的缺陷，从一个全新的角度架构起一套完整的调度中心系统，途锐技术的 GPS 车载定位系统的成功应用，引起了上海市有关方面的高度重视，市政府有关领导多次亲临上海强生出租车公司考察，指导工作。

物流车辆信息管理平台

公司拥有一支能征善战，技术优秀，经验丰富的开发团队。我们通过软件系统有效的与硬件结合运行，满足整个企业的运行环环相接，最大化的发挥系统的潜力，提高企业工作效率降低企业成本；公司坚持按现代企业制度和市场规律办事，在扩大经营规模的同时，注重企业经济运行质量，在承接软件开发项目方面获得了很强的竞争力。公司采用国际化产品开发的标准，规范软件开发流程，积极提升各层面的软件开发人才的技术素质。目前我们正致力于推广城市车辆调度及第三方、第四方 GPS 物流管理平台。

途锐科技的信息系统以先进的流程和理念，专业的技术目前在国内处于领先地位，上海途锐信息科技服务有限公司凭借着人才、技术、管理的优势，以为用户提供最优秀的软件产品作为公司的发展方向，我公司希望通过不懈的努力，与每一个用户共享成功。

上海途锐信息科技服务有限公司

www.turuiinfo.com

山景集成电路技术有限公司 2005 年注册于上海张江高科技园区，由美国、加拿大的留学归国人员创建，目前员工 85% 具有本科以上学历，三分之一具有硕士或博士学历。山景的主要技术人员拥有在美国硅谷、瑞典、新加坡和中国大陆等地的多家芯片和软件设计公司的丰富经验。

山景在美国加州和上海浦东进行 IC 设计、系统集成和软件研发，在深圳和上海设有销售和技术支持。

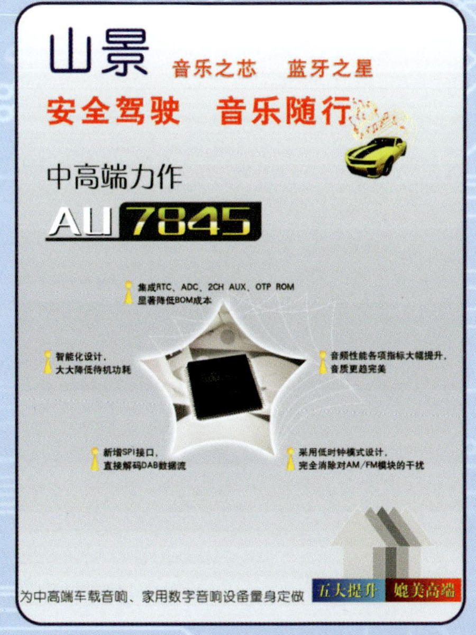

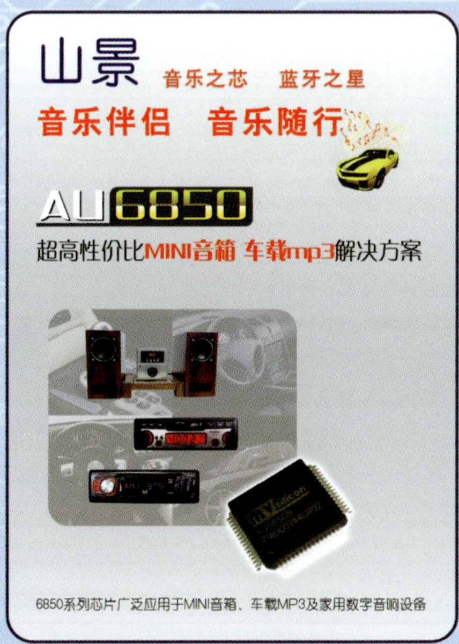

山景于 2006 年成功研发、量产大陆第一款 USB Host MP3 解码主控芯片（AU580A/AU6840），并于 2007、2008、2009 年相继量产推出 AU6850、AU7842、AU7845 和 C320 系列芯片。目前，山景已经成为国内外消费电子市场上 Host MP3/WMA 主控芯片的主要提供商，年销售芯片超过一千万片，采用 AU68/78/C320 系列芯片已经成为业界的主流方案，采用山景芯片的产品行销海外欧、美、亚、非许多国家，国内多家汽车厂采用了山景的芯片做为其汽车音响的主控芯片。

山景的芯片产品多次获得各类专业媒体评奖，并取得国家工信部的资质认证和上海市的多项科技基金支持。

既具备国际视野，又根植中国大陆，结合全球庞大的消费电子市场，山景员工辛勤耕耘，承诺为客户提供创新的、具有竞争力的、从集成电路芯片、嵌入式软件到应用系统的完全解决方案。

The Mountain Is There.

唐镇电子商务港

唐镇地处浦东新区中心地带，总面积 32.16 平方公里，常住人口约 10 万。近年来，唐镇党委、政府在上级党委、政府的正确领导下，审时度势，放眼广阔的发展空间，解放思想，确立以新兴产业为主的现代服务业发展思路。2009 年，镇工业园区逐步打造以电子商务服务产业为核心唐镇现代产业园区，建立上海电子商务港（中国唐镇）（简称：唐镇电子商务港）。

唐镇电子商务港建设第一期以近 4 万平方米的涛飞国际广场商务楼为基础，已经开始启动。上海电子商务产业之所以选择在唐镇，主要在于唐镇存在如下七大优势：

定位清晰

唐镇在金融中心的整个发展过程中，一直有其自己清晰的定位，即信息处理的后台。前台在陆家嘴、在外滩，而后台信息的处理、跨部门的经营等则在唐镇。在唐镇电子商务港的筹建过程中，也同样定位在电子商务服务的集聚和电子商务企业的后台。

位置优越

唐镇地处浦东新区腹部，南面是已经获批建设的迪士尼乐园，北邻上海重要的先进加工制造产业基地金桥出口加工区，西接张江高科技园区，东靠上海市金融产业园区（上海市金融信息服务产业基地）。唐镇可依托国家级高科技产业发展的核心高地——张江，打造产业蓬勃发展的新经济源泉，形成多方共赢的规划体系。唐镇这一坐拥多个国家级的功能园区的一大优势，在整个浦东或上海来说都非常难得。

技术保证

上海市银行卡产业园（即上海市金融信息服务产业基地）地处唐镇，目前已成为国际金融信息服务产业专业性基地，成为与陆家嘴金融 CBD 联动发展、建设上海国际金融中心的主要功能性平台之一。拥有中国银联产业发展基地、中国人民银行支付系统上海中心、中国平安保险全国客户服务及后援中心、中国银行信息中心（上海）等。因此，对上海电子商务港（中国唐镇）的具体实施可以业已形成规模的银行产业园为依托，大力进行产业链的上下延伸，推进电子商务支付企业的积聚，从而促进上海电子商务港的建成。

风险投资

凭借广阔的土地优势，目前唐镇新市镇正积极建设商业集群，打造商务总部聚集圈，曹家沟、沈沙港风景河道两岸，与高科技园区配套的风险投资创业基地正悄然成长，成为孕育电子商务产业的极好的温床。

政府支持

唐镇镇政府以及浦东新区各委办对上海电子商务港的建设大力支持，无论从建设初期到规划实施，都对上海电子商务港（中国唐镇）的主要目标企业，在一定范围内，可以有针对性地为这些电子商务企业、支付企业提供所需要的优惠政策。

人才储备

唐镇的教育产业资源丰富，规划区内集中有杉达大学、上海第二工业大学两所应用型的大学，这对上海电子商务港（中国唐镇）提供了必要的人才储备。

周边环境

唐镇距浦东国际机场 18 公里。建设中的轨道交通二号线延伸段在唐镇设有二个站点，距离园区仅有 5 分钟的车程。随着交通、商业设施、文化娱乐等配套日渐兴起，多样化、多层次住宅建设日益完善，唐镇花园城区、国际社区的城市形态将逐渐成形。

上海电子商务港（中国唐镇）的战略定位着眼于：电子商务产业链中的平台搭建及配套服务的环节——即建立一个由政府从初期就参与的，能提供各类完善服务的电子商务公共服务平台。具体包括：打造电子商务支付企业积聚区，打造有征信体系支撑的安全电子商务品牌，打造特色的电子商务产品定位及其物流服务，以及提供完善的法律与客户服务体系等。

上海电子商务港具体可提供的服务有：

（1）实现电子支付企业积聚

（2）提供网上仲裁——网上投诉服务、纠纷处理配套

由于现代仲裁有两个瓶颈，一个是身份问题，另一个是证据认证问题。如果企业的主体在一个园区里，对其进行认证、跟踪、鼓励、制裁都有一个落脚点的情况下，这两个问题都会迎刃而解。

（3）实现工商、税务、公安的全面网上服务

（4）解决带宽问题

（5）降低高昂的电信成本

（6）树立电子商务的安全诚信品牌

通过该公共服务平台，将会在唐镇形成一个巨大的磁场，把大中型电子商务企业纷纷吸引到唐镇，帮助他们解决在其他园区所无法完成的高效、快捷与方便性，把这些企业与唐镇形成一个整体。这样即使其他园区有再优惠的政策，但他们意识到一旦离开了唐镇，很多工作的开展将会寸步难行，则将会选择永远留在唐镇。这就是上海电子商务港与其他园区的最大区别。

我们的战略目标是：

打造良好的电子商务产业发展环境，形成一定规模和品牌的电子商务产业集群；

（1）实现区域电子商务产业资源的配置能力，通过电子商务产业资源的集聚和协同效应，奠定在上海电子商务产业中的领先地位；

（2）带动唐镇经济的发展和产业能级的提升，成为浦东乃至上海现代服务业重要积聚区。

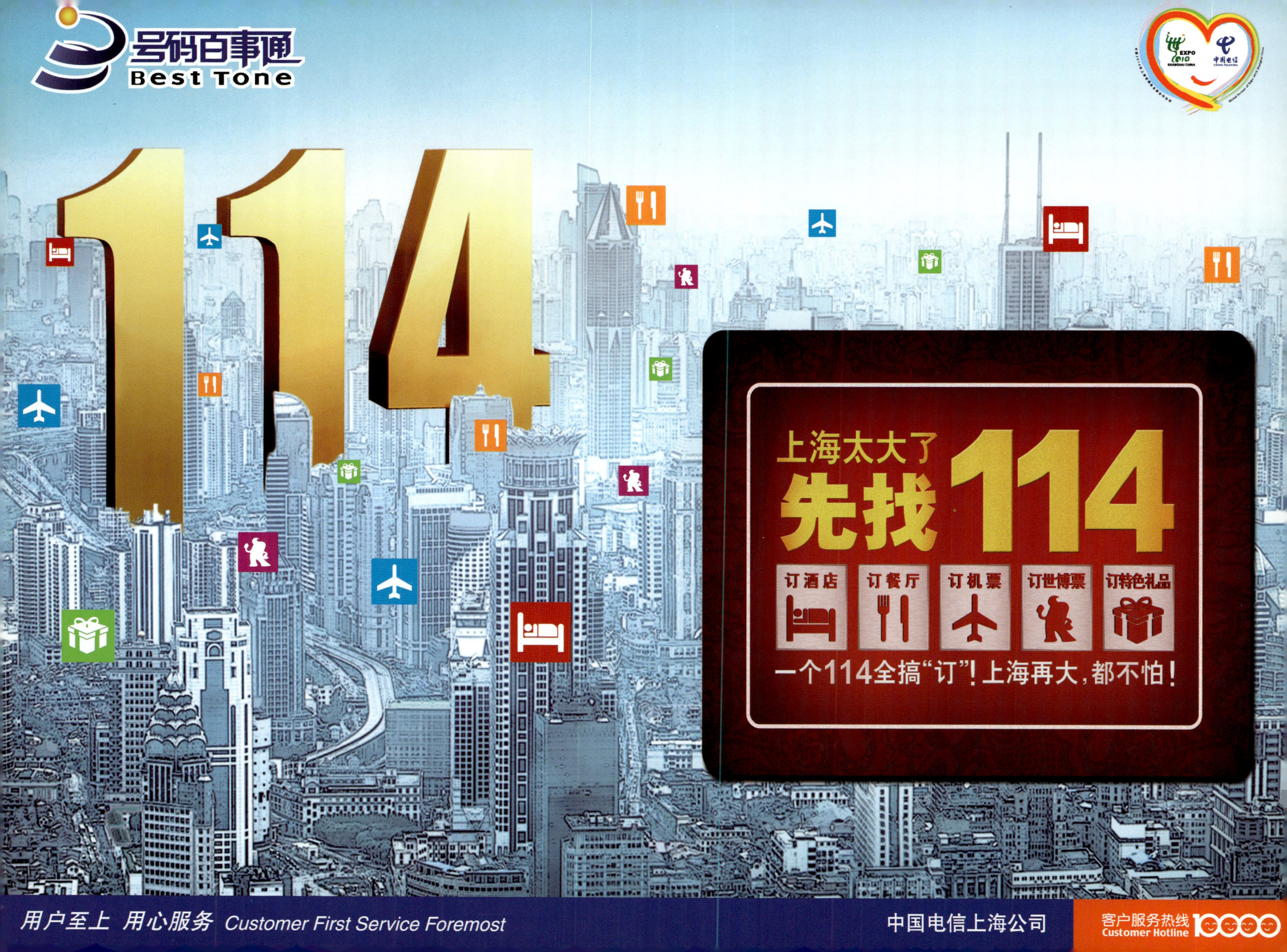

号码百事通
Best Tone
114
上海太大了
先找114
订酒店
订餐厅
订机票
订世博票
订特色礼品
一个114全搞“订”！上海再大，都不怕！
用户至上 用心服务 Customer First Service Foremost
中国电信上海公司
客户服务热线
Customer Hotline
10000

上海安祺科技有限公司

上海安祺科技有限公司是一家国内合资的民营高科技（股份）有限公司，成立于 2000 年 10 月，是一家集贸易、系统集成、产品开发和四技服务为一体的综合性公司。经营业务主要有计算机软、硬件的应用开发，无线射频技术及相关产品的研发、制造，系统解决方案项目集成和工程施工；通讯设备领域的“四技”服务，通讯设备维修，通讯设备及配件、仪器、仪表的批发；通讯网络的技术开发、技术咨询、技术服务、技术转让、计算机网络的维护、仪器仪表的租赁、计量检测、维修、维护、测试、进出口贸易等。

公司重视人才培养，现由一批海内外高科技研发优秀人才和长期从事通信行业及 IT 服务业，具有客服意识的专业技术人员和企业管理人员组成，100% 具有大专以上学历，50% 具有高级职称或硕士、博士学位，年龄结构合理，人才搭配恰当。公司依托著名高校（复旦、交大、清华等）及科研所的合作与支持，特别加强了和中科院上海分院的合作，联合研制节能环保、安全等国家重点发展的行业，充分发挥资本和人才优势的组合，引进国外以先进技术开发的具有高科技含量的品牌产品，建设在通信领域四技服务为主的高科技现代化企业，每年业绩稳定增长。

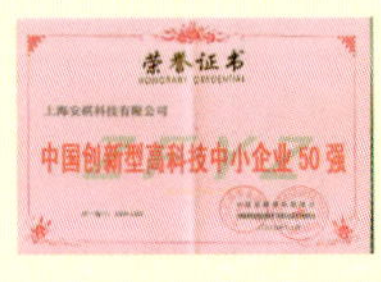

公司注重质量管理和诚信承诺，连续获得 2001 至 2008 年度松江经济城优秀企业，2002 至 2009 年松江区民营企业先进单位，同时还被江苏省评为“2008 年江苏省十佳民营企业”，被中国名牌事业促进会评选为“全国重点保护企业”，2009 年 10 月获得“中国著名品牌企业”，11 月又荣获“全国 3.15 维权保障优秀企业”荣誉称号。目前公司拥有 ISO9001 质量管理体系认证、企业信用资质等级 AAA 证书、合同信用等级 AA 证书，并建立了计量校准实验室。鉴于公司长期以来追求产品质量，2008 年被江苏省吸纳为江苏省名牌促进会副会长单位，黄平副总经理被聘为副秘书长。

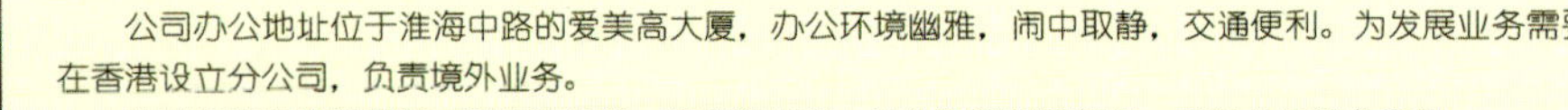

公司办公地址位于淮海中路的爱美高大厦，办公环境幽雅，闹中取静，交通便利。为发展业务需要，在香港设立分公司，负责境外业务。

公司设有产品贸易部、科技研发部、四技服务部、综合管理部等部门，实行总经理负责制。

上海三零卫士信息安全有限公司

Shanghai 30wish Information Security Co.,Ltd

上海三零卫士信息安全有限公司(以下简称公司)是专业从事信息系统安全建设和服务的高新技术企业，公司总部位于上海徐汇新媒体软件园区内。

公司依托国内实力最为雄厚的信息安全权威机构——中国电子科技集团公司电子第三十研究所，以其 40 多年信息安全和通信保密工程的技术积累和经验为基础，结合现代信息安全技术的最新发展，积极投身于我国的信息安全事业。主要面向党政机关、军工企业和科研院校、金融和企业事业单位，主要提供信息安全服务、信息系统安全集成、安全产品和专业应用开发等。在积极开拓各项业务的同时，公司开展广泛的科技成果转化工作，呈现给用户一个完整的信息安全解决方案，并通过提供有效的安全服务，包括系统安全评估、安全方案制定、安全实施、应急响应、安全咨询和培训服务等，为客户提供强有力的安全保障。

公司于 2001 年 7 月成立，作为国家首批计算机网络安全服务 A 类试点单位，承担了多项信息安全示范工程建设，今天的公司已经从当时的初出茅庐成长为华东、华南地区信息安全业内的中坚力量，逐渐在客户处树立起“服务能力强、安全特色明显的信息系统综合解决方案提供商”的形象。目前公司作为华东地区唯一一家互联网应急处理服务试点单位，拥有涉密信息系统集成资质和计算机信息系统集成三级资质，是上海市企业信用管理试点单位并于 2004 年顺利通过 ISO9000 质量认证，是上海市重点扶持的“小巨人”企业等。公司各项荣誉、奖励的背后是公司努力为客户提供优质的产品、强烈的责任感和完善的服务、完整优质的安全技术解决方案；全体员工的辛勤工作使公司取得了用户的信赖和好评。此外，公司还协助国家、部委、北京、上海及杭州等地方政府进行信息安全规划工作，承担了一系列国家 863 高科技计划中的相关信息安全课题，取得了重要成果，获得了 5 项发明专利，2004 年公司的研究成果获得上海市科技进步三等奖。公司还特别关注信息安全行业的标准化工作，作为主要执笔人和起草单位参与起草了国家、公安部、北京市、上海市、杭州市等十几个国家、行业和地方标准的制定工作。

公司秉承“成为客户信息安全服务的首选，成为员工最适宜工作的平台”的宗旨，注重提高客户的服务体验，团结凝聚强大的服务团队。公司特别重视人才的培养，追求卓越的理想是公司聚揽众多不同类型的人才关键。公司目前有员工 200 多名，其中拥有 20 余名博士、硕士，还包括多名海外学成归国人员、7 名 CCIE、3 名 CISSP 和 18 名项目经理，他们都已经融入三零文化体系，成为公司技术和管理体系的骨干力量。依靠强大的团队建设、创新的技术理念和诚信的经营态度，近几年公司发展迅猛，目前公司注册资金达到 1100 万，累计产值达到 5 亿，公司下设 4 家子公司(注册在广州、武汉、杭州和浦东)、南京办事处，北京服务中心等分支机构。

上海三零卫士公司是国内“连锁信息服务”的积极倡导者和积极实践者，目前已经在华东、华南、华中、华北、西南有 5 个区域服务中心，2 个区域巡检中心按照连锁服务的模式运作。作为一个立足上海，服务全国的高新技术企业和软件企业，三零服务已经形成了全国的直接服务网络。

完整的技术解决方案、优质的产品和强烈的责任感、用心的服务，使上海三零卫士取得了用户的信赖和好评。

地址：上海市徐汇区龙吴路777号新媒体产业园区11号楼3F　电话：021-55313030　13916175225　传真：021-54363095
网址：www.30wish.net

上海世纪创荣数字信息科技有限公司由上海世纪出版股份有限公司和香港世纪创新数字有限公司于 2008 年在上海张江国家数字出版基地合资成立。是中国第一家中外合资数字出版企业。上海世纪创荣数字信息科技有限公司利用世纪出版集团丰富多元的内容资源，致力于数字出版和数字教育领域的各项服务创新。

上海世纪创荣数字信息科技有限公司以创新发展完整数字出版产业链作为国家文化建设、出版传媒产业发展、国家竞争力提升的重要战略。携手全球前 3 的电子生产厂商，打造全球范围内出版机构进军电子书领域的创新模式，首发由出版机构出品的移动终端阅读器——辞海悦读器。其独具创新的内容阅读标准格式，除了协助出版同业制作内容，还针对各行业提供客制化内容服务，并被世博局授权为“上海世博会荣誉特许商品”——唯一获此殊荣的电子书品牌，成为中国电子书行业的“领道者”。

上海世纪创荣数字信息科技有限公司以内容优势打通行业产业链，将“辞海天下”打造成为国内最大的正版数字阅读全方位平台。以辞海悦读器为契机，继续开发不同载体形式的系列产品，开启数字出版全新的渠道架构，成就“共创、共荣、共享”的数字时代先锋。

上海世纪创荣数字信息科技有限公司

上海万德风力发电股份有限公司
SHANGHAI WIND POWER CO.,LTD.

我公司是专业从事风力发电机组研究、开发、制造、销售与服务的新能源企业。2008 年被认定为国家级高新技术企业。本公司是国内首家生产全系列永磁直驱风力发电机组的企业，其中适用于陆地及潮间带使用的 1.25 兆瓦，1.5 兆瓦风力发电机组已经在上海奉贤海湾风场投入使用。2 兆瓦机组正在生产加工过程中，预计在 2010 年下半年下线并投入使用。目前 3.6 兆瓦机组正在紧张的研发中。

我公司生产的永磁直驱式风力发电机组风轮转速与发电机转速可同步变化，是第三代风力发电机组。是当代并网型风力发电技术中最先进的技术之一，代表了今后大型并网风力发电技术的发展趋势。具备了当前世界大功率风电机组的主要优点。

本公司拥有包括大型永磁直驱风力发电机发明专利在内的 60 余项专利，其中多项专利填补了国内空白。

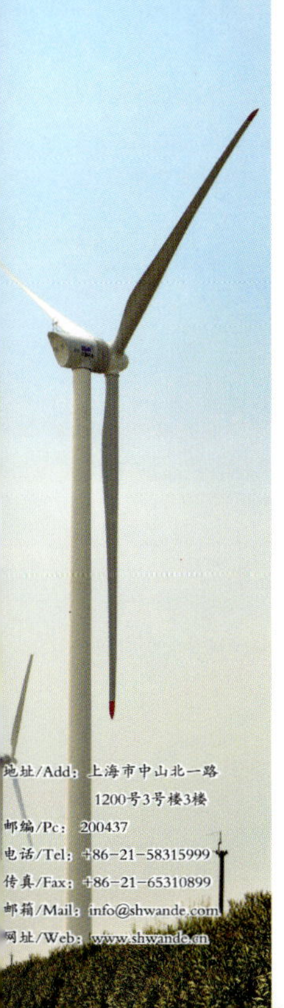

上海大郡动力控制技术有限公司

上海大郡动力控制技术有限公司地处上海漕河泾国家级经济技术开发区浦江园区，是专业从事混合动力及纯电动汽车（HEV/EV）用电机及其控制技术的研发和生产的高科技企业。

自 2003 年起，大郡团队开始参加国家科技部 863 电动汽车重大专项，为一汽、东风、上汽、长安等整车单位配套开发电动汽车 / 混合动力用电机系统，经过多年的努力，已形成了混合动力乘用车 ISG 系统、纯电动 / 燃料电池汽车牵引电机系统、混合动力乘用车双电机系统、商用车用大功率电机系统产品平台，为后续各种电动 / 混合动力汽车用电机系统产品化奠定了坚实的基础。

公司的核心团队由数名留美博士组成，均具备十年以上汽车用电力电子技术的开发与应用经验，并分别在福特等国际知名大型企业内担任要职，具备国际化的视野和先进的管理理念；“大郡控制”汇集了一大批国内电机控制领域的顶尖研发及生产人才，建立了“诚信、严谨、主动、合作”的企业文化和激情向上的工作氛围，整个大郡团队正推动的公司快速前进。

公司秉承“客户第一、品质至上、以人为本、持续创新”的经营方针，凭借先进的核心技术和与国际接轨的管理理念，竭诚为汽车制造公司等各类客户提供一流的产品和全方位的服务，在推动清洁、节能汽车发展的进程中，努力把自己打造成为汽车电力电子产品领域的领先企业。

上海钢之源

让钢铁生意更好做

上海钢之源电子交易中心有限公司（以下简称钢之源）成立于2008年7月，注册在上海市宝山钢领园区内，注册资金3300万元，在钢领园区内购置了2300平方米的高档办公楼，现有员工160多人，按照既定目标已经在全国设立办事机构12个。

钢之源是由清华大学钢铁研究生班的同学共同出资组建而成的，目标是“做101年的企业，打造钢铁行业的阿里巴巴”。成立之初就立足长远，在“远期交易”这个主要运作模式的基础上，提出了“挂牌交易、招标采购、竞价拍卖、专场交易、订货配送、物流、信息平台”的综合型发展战略。目前公司于2008年12月搭建的基于远期交易模式的钢铁电子交易平台，现有客户4000余家，交易量已经进入行业前三甲之列。

由于当前国家对现代服务业在政策方面的大力支持，钢之源正在满怀信心地向前阔步发展。根据上海市电子商务的发展要求和钢铁现代物流业的有关发展战略，钢之源提出了近期、中期和远期的发展战略规划。其中：

- 近期目标是发展远期电子交易，以上海为中心，切实为钢铁贸易商解决订货和配送等问题，打造一个钢铁的行业公共服务平台。
- 中期目标是通过整合行业内资源，利用钢铁电子商务平台，为交易商提供挂牌交易、招标采购、竞价拍卖、仓储物流和融资等专项服务内容。
- 远期的发展目标是成为全国的钢材现货订货配送中心。在整合国内钢铁资源的基础上，进行海外开拓，把钢之源的运作模式打到海外去。

地址：上海市宝山区友谊路1588弄14号楼　邮编：201900
电话：021-51683333　传真：021-51683111　网址：http://www.steelyuan.com

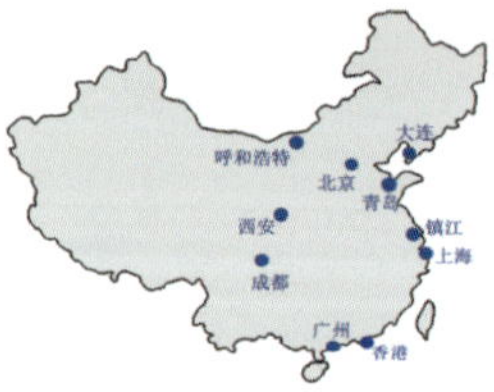

上海航空电器有限公司
Shanghai Aviation Electric Co., Ltd.

公司党委书记、董事长、总经理：胡创界

上海航空电器有限公司，创建于1954年，位于有着悠久历史的上海市七宝古镇。现有在职职工800余名，面积近6万平方米，绿化面积2万平方米。

公司主要为航空、航天、船舶、兵器等行业提供照明系统、操控板组件及调光系统、告警系统、智能配电系统等四大类系统1000余项电器、电子产品。公司也注重民品发展，主要研制的广泛用于太阳能、风能等可再生能源的电力逆变器系列，以及高压清洗机系列、通用继电器系列等产品，远销欧美和东南亚市场。公司依靠精密加工能力，已成为大众汽车集团的全球供应商。

上海航空电器有限公司2009年经济工作会议合影

作为上海市高新技术企业，公司在2003年通过了ISO9001质量体系2000版的转版认证；上海市“守合同，重信誉”AAA级证书；上海市知识产权示范企业。由于公司业绩的提升，公司领导班子获得集团公司颁发的“四好领导班子”荣誉称号，公司获得2008—2009年度“上海市职工最满意企（事）业单位”等荣誉称号，总经理胡创界同志2008—2009年度获得“职工最信赖的经营（管理）者”称号。

近年来，公司在领导班子的带领下，实现了跨越式发展。总收入连续数年达20%以上的增长；利润总额五年内翻了两番。近几年公司综合业绩指标在中航工业集团公司各企业中名列前茅。当前，上海航空电器有限公司正以崭新的姿态，朝着现代企业的目标，迎接更为灿烂辉煌的明天，最终实现公司美好愿景——携手共进，做精做强企业，确立在航空机载行业不可或缺的地位。

公司首届运动会

公司一景

地址：上海市中春路6629号
邮编：201101
电话：021—64796600
传真：021—64791602
电子信箱：sae@avic-sae.com.cn

中国商用飞机有限责任公司

中国商用飞机有限责任公司总装制造中心揭牌仪式

中国商用飞机有限责任公司（简称中国商飞公司）是经国务院批准成立，由国务院国有资产监督管理委员会、上海国盛（集团）有限公司、中国航空工业集团公司、中国铝业公司、宝钢集团有限公司、中国中化集团公司共同出资组建，由国家控股的有限责任公司。公司注册资本 190 亿元，总部设在上海。公司董事长兼党委书记：张庆伟，总经理：金壮龙。

中国商飞公司依照《公司法》设立，按照《公司法》和现代企业制度要求建立规范的法人治理结构，成立股东会、董事会，由国务院国有资产监督管理委员会代表国务院向公司派出监事会。按照《中国共产党章程》、有关法律和规章，公司设立了党委、纪委、工会和共青团组织。

公司主要从事民用飞机及相关产品的设计、研制、生产、改装、试飞、销售、维修、服务、技术开发和技术咨询业务；与民用飞机生产、销售相关的租赁和金融服务；经营本公司或代理所属单位进出口业务；承接飞机零部件的加工生产业务；从事业务范围内的投融资、外贸流通经营、国际合作、对外工程承包和对外技术、劳务合作等业务以及经国家批准或允许的其他业务。

公司所属单位主要有中航商用飞机有限公司、上海飞机设计研究所、上海飞机制造有限公司、上海飞机客户服务有限公司以及上海航空工业（集团）有限公司，现有员工超过 6000 人。公司在北京设有办事处，并将在美国等地设立子公司或办事处。

中国商飞公司是实施国家大型飞机重大专项中大型客机项目的主体，也是统筹干线飞机和支线飞机发展、实现我国民用飞机产业化的主要载体。公司按照“主制造商－供应商”模式，重点加强飞机设计集成、总装制造、市场营销、客户服务和适航取证等能力，坚持中国特色，体现技术进步，走市场化、集成化、产业化、国际化的自主发展道路。

中国商飞公司将全力打造安全、经济、舒适、环保的大型客机，立志让中国的大型客机早日飞上蓝天。公司将以钢铁般的意志和百折不挠的精神，努力实现自主创新、体制机制创新和管理创新，建设国际一流航空企业。

中国航空无线电电子研究所

中国航空无线电电子研究所创建于1957年，隶属于中国航空工业集团公司，位于上海市漕河泾高新技术开发区，是从事机载航空电子及其系统技术和无线电通信导航技术研究的专业研究所，同时承担有关民用电子技术及产品的开发、生产和经营。

研究所地址分为上海市桂平路432号和555号。总部设在桂平路432号，占地面积23亩，总建筑面积69429平方米，闵行区紫竹科学园的新所区正在建设中。研究所科研实力雄厚、专业齐全，拥有一个国家级的重点实验室（航空电子系统综合技术实验室）和计算机软件测评中心、电子元器件检验站、电磁兼容监督检测中心和可靠性工程与环境试验室等四个行业、地区级重点实验室。全所现有职工1000余人，其中专业科技人员占70%，研究员和高级工程师200多人，享受国务院政府特殊津贴的专家25名，设有博士后科研工作站。

研究所主要从事军、民机的先进航空电子系统综合技术、航电核心分系统以及无线电通信导航等相关技术领域的研究，主要的产品包括：显示控制管理系统、数据传输设备及数字地图、任务管理系统、综合数据处理系统、电子飞行仪表系统、综合数据管理系统、飞行管理系统、无人机遥控遥测系统、无人机地面指挥控制显示控制系统、空管应答机、空中防撞系统等。

民用电子设备方面有船舶自动识别系统（AIS）、物流系统设备、EMC滤波器、无方向信标台（NDB）、新航行系统（ADS/B）设备等产品，具有高的市场占有率。

研究所建有先进的SMT电装生产线、机械加工生产线和航空电子系统总装调试中心，具备工艺先进、质量稳定的柔性生产制造能力。并通过了GJB5000二级认证和软件能力成熟度模型CMM三级认证。

在发展的过程中，研究所高度重视企业文化的建设，营造政通人和、激情奋进的工作氛围，积极构建“四个共同”的文化体系，即“以共同愿景来凝聚人心，以共同理念来激励斗志，以共同行为来创造辉煌，以共同发展来构建和谐”。通过企业文化建设，进一步提升了企业的管理水平和整体形象。

长期以来，研究所得到了党和政府的关怀和帮助，党和国家领导胡锦涛、习近平等先后来所视察，对研究所取得的成绩给予充分的肯定和高度评价，并对研究所今后的发展提出更高的要求和希望。当前，研究所正向着“航空电子技术领先、产业均衡发展、经营业绩优良、企业文化先进的创新型研究所”的目标加速迈进。

ZOOMLION

中联重工科技发展股份有限公司创建于1992年，2000年10月在深交所上市（简称“中联重科”，股票代码 000157），是中国工程机械装备制造领军企业，主要从事建筑工程、能源工程、交通工程等国家重点基础设施工程所需重大高新技术装备的研发制造。2009 年中联重科在全球工程机械行业排名第十二位，在中国机械工业100强排名第六位。中联重科现销售收入年均增长速度超过60%，是全球产品链最齐全的工程机械企业。

中联重科上海分公司为中联重科旗下的主机事业部之一，成立于2005年，位于上海市松江区茸北工业园，占地 152 亩，专业从事旋挖钻机、地下连续墙液压抓斗等桩工机械系列产品，以及挖掘机等土方系列产品的研发、制造与营销，现有14个驻外分公司，员工近600人，年产桩工机械500台，销售规模逾10亿元。

公司研发设计队伍由建设部长沙建设机械研究院上海分院组成，具有卓越的自主研发能力。现有旋挖钻机系列 ZR100A、ZR160A、ZR220A、ZR220C、ZR250B 及多功能旋挖钻机，地下连续墙系列 ZDG360、ZDG460、ZDG550 等。产品以经济、高效、可靠和智能为设计理念，采用先进成熟的液压系统、国际知名品牌的动力传动及控制原器件等多项专利技术，具有作业范围广、施工效率高、动力强劲、性能稳定、可靠性高、安装简易、低公害等特点，是桩基工程最理想的成孔设备。

中联重科上海分公司将全面引进多方人才，以更高效，灵活的创新激励机制和技术合作方式，为中联重科研究开发市场竞争力强，附加值高的新产品，以强劲的辐射力和影响力带动国内桩工机械的发展，矢志成为国内一流的桩基础施工设备品牌供应商，引领行业先锋。

地连墙　2008 年年初，ZR250A 在哈大线的雪地中在做施工准备

上海电气集团股份有限公司

SHANGHAI ELECTRIC CO.,LTD

上海电气是中国规模最大，实力最强的综合性装备制造业集团之一。拥有一流的人才资源和一流的装备资源，旗下有电站、输配电、重工、轨道交通、环保等多个产业集团。主要产品长期居中国领先地位，并在国际市场占有一定份额。

电站工程是上海电气发展主战的板块之一，多年来为海内外用户提供了多项大型电厂工程总承包、电站设备总成套等优质工程项目。

建设在巴基斯坦木扎法戈、伊朗萨汉德、孟加拉巴拉普库利亚、泰国东帝士、印度雅慕娜以及中国上海吴泾、湖北蒲圻、安徽安庆、海南海口、广东中山、重庆爱溪等电站工程,机组经济性、安全性、稳定性等指标均达到国际同类产品的先进水平;2009年7月建成的印度金达2×300MW工程项目,其1号机组在24个月里完成了从安装地脚螺栓到成功并网发电,创造了印度电力建设速度的奇迹,成功展现了上海电气的深厚实力，为上海电气赢得了良好的品牌效应;2009年9月投运的山西平朔煤矸石发电有限责任公司二期工程,是山西地区首例成功采用总承包模式建设大型循环流化床发电机组的项目；2009年11月建成的山西兆光发电有限责任公司2×600MW机组扩建工程是上海电气在国内首次采用国产化的600MW超临界双缸双排汽直接空冷机组,也是山西省“十一五”规划的现代化大型环保发电厂重点项目;2009年12月建成的印度海萨2×600MW电站机组，是上海电气首台出口海外的600MW电站机组，同时也是印度首例引进的国外600MW电站机组。

印度金达2×300MW机组胜利投运

2002年以来，火力发电设备的生产量、销售量以及订单数量保持世界第一。目前，上海电气正在执行罗莎电厂4×300WM、DVC 2×600MW、印度金达电厂4×300MW、印度瑞吉4×300MW、京德10×135MW、莎圣6×660MW等工程；同时正在承建以EPC模式运作的越南广宁4×300MW、印尼公主港3×350MW燃煤电站项目以及中国内地广东佛山三水恒益2×600MW、山西耀光2×200MW等多个大型电站工程。

上海电气始终以振兴民族装备工业为己任,秉持“与创造者共创未来”的核心理念,努力实现引领中国装备制造业振兴，跻身世界装备列强之林的目标。

印度海萨2×600MW1号机组并网发电

在建中的越南广宁4×300MW机组

山西平朔2×300MW机组顺利投产

山西兆光2×600MW机组顺利投产

广东阳西一期2×600MW机组建成

地址：中国 上海 临春路188号　　电 话：86-21-34059888

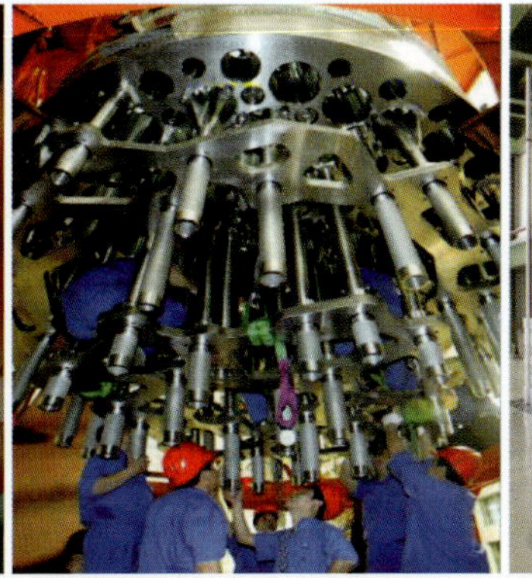

上海第一机床厂有限公司是核电反应堆堆内构件和控制棒驱动机构两大核岛主设备的专业制造企业，也是目前国内唯一具有 300MW、600MW、1000MW 压水堆系列制造业绩的企业。在国家新一轮的核电发展中，公司已取得了包括福清核电站、红沿河核电站、桃花江核电站等国内核电站建设项目堆内构件和控制棒驱动机构两大主设备的所有订货合同，国内市场占有率为 100%。同时，公司将通过临港扩能建设项目把产能提升至年产 8-10 套，届时核电堆内构件和控制棒驱动机构的制造能力将跃居世界第一。

上海第一机床厂有限公司是由原上海第一机床厂核电板块和上海先锋电机厂核电、军工板块于 2005 年组建而成，两厂各自三十多年的发展历程为公司积累了丰富的制造经验。从上世纪八十年代为秦山一期工程提供主设备开始，先后为秦山、岭澳、巴基斯坦恰希玛核电站等提供了优质产品，出色的完成了清华大学高温气冷堆、中国实验快堆、中国先进研究堆等项目，从最初的核电和核能设备的试制起步，通过几代核电人的不懈努力，累计为国家的核能装备制造事业创下了十二个国内第一，从而奠定了在核电设备制造行业的领先地位。

多年来公司坚持以科技进步推动企业发展，以自主创新成果转化为核心竞争力，一手抓好两代加核电产业化工作，一手抓好第三代核电技术引进、吸收和消化工作。公司已承担了国家重大专项中 AP1000 的堆内构件和控制棒驱动机构六项课题，届时将形成新的核心技术，在以后的第三代核电站建设中实现产业化并达到国际最先进水平奠定基础。

上海第一机床厂有限公司正以实践科学发展观活动为契机，聚焦国家战略，发挥自身独特优势，不断为国家新一轮的核电事业作出新的贡献。

上海电气
SHANGHAI ELECTRIC

上海第一机床厂有限公司

地址：上海市倚天路 185 号　　邮编：201308
电话：021-38221000　　传真：021-38221001

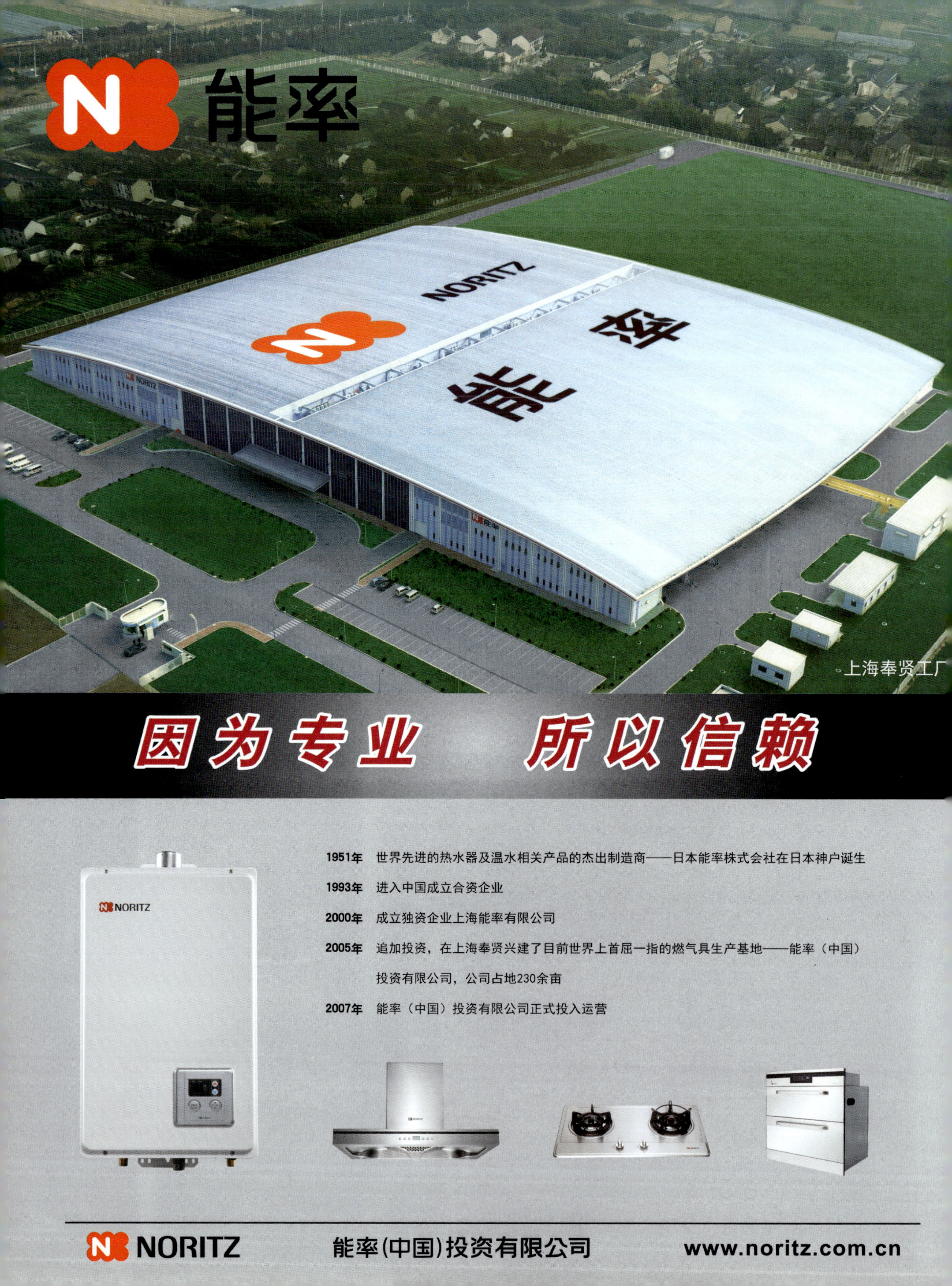
能率
NORITZ
能率
上海奉贤工厂
因为专业 所以信赖
1951年 世界先进的热水器及温水相关产品的杰出制造商——日本能率株式会社在日本神户诞生
1993年 进入中国成立合资企业
2000年 成立独资企业上海能率有限公司
2005年 追加投资，在上海奉贤兴建了目前世界上首屈一指的燃气具生产基地——能率（中国）投资有限公司，公司占地230余亩
2007年 能率（中国）投资有限公司正式投入运营
NORITZ
NORITZ
能率(中国)投资有限公司
www.noritz.com.cn

上海海立（集团）股份有限公司

作为上市公司的海立股份，以制冷压缩机为主业，拥有上海日立电器有限公司等一系列知名企业，并成为上海电气（集团）总公司旗下12个产业集团之一。拥有“海立”品牌，自主创新技术，集团年产销制冷压缩机1,700万台。

2009年，是海立集团不平凡的一年，面对年初遭遇的金融危机，市场开局低迷，生产经营出现建企以来最为困难时刻，海立集团得到上级领导及社会各级支持与帮助，同时广大员工在集团党政领导的带领下，以科学发展观为统领，以技术创新为先导，坚定信心、振奋精神、沉着应战、果敢作为。

2009年，是海立集团成绩显著的一年，在国家实施一系列拉动内需，激励家电政策利好推动下，海立集团在行业中率先走出困境，以“闪电行动”应对客户，珍惜每一份来自不易的订单，积极开展降本增效“双创”活动，上海日立全年提前一个多月完成经营目标，产销成功超越挑战目标，借自身的力量和技术优势，不断向新的压缩机应用领域拓展：热水器专用压缩机、风光新能源压缩机、新能源汽车用压缩机等，积极开展降本增效“双创”活动，上海日立全年提前一个多月完成经营目标，产销成功超越挑战目标，取得抗击金融危机的新成果。南昌海立一、二期项目建设如期投产；冰箱压缩机产业资产重组实施，必将开创生产经营新局面。

继2008年海立集团荣获“第一财经中国社会责任榜”杰出企业奖，2009年海立集团再次荣获“第一财经 中国社会责任榜”杰出企业奖20强之员工关怀奖。2009年海立牌空调压缩机荣获出口免验产品证书。

中国名牌产品
中国驰名商标

破碎筛分联合设备

多缸液压圆锥破碎机

上海建设路桥机械设备有限公司－上海市高新技术企业。工厂创立于 1946 年，1989 年与路桥（香港）有限公司合资，投资总额 2000 万美元，注册资本 1000 万美元。2009 年销售额为 13.3 亿元人民币，出口创汇 2894.9 万美元。

公司主导产品为山宝牌各类破碎机械，包括颚式、锤式、反击式、圆锥式、辊式、立轴式等破碎机械和圆振动、直线振动等工业筛分机，振动给料和板式给料机以及破碎筛分成套设备、人工制砂成套设备。曾被国务院发展研究中心确认为中国最大的破碎设备生产和出口基地、公司还生产水泥成套设备、连铸连轧等冶金成套设备、城市垃圾处理成套设备。

公司跻身中国机械工业的 500 强，山宝牌破碎机分获“中国名牌”“中国机械工业名牌产品”、“上海市名牌产品十连冠”，山宝商标获“中国驰名商标”、“上海市著名商标”。

复合圆锥破碎机

办公大楼

地址：上海奉贤金汇工业路188号　邮编：201404　总机：021-51393838　传真：021-51393800
网址：www.shanbao-china.com　Email:shjslq@126.com

上海电气风电设备有限公司是上海电气集团股份有限公司控股的集大型风机设计、产品制造、技术咨询、工程总承包为一体的的专业工程技术公司。公司成立于 2006 年 9 月，注册资本 3 亿人民币，总部位于上海闵行紫竹科学园区。

上海电气风电设备有限公司确立了“自主创新、欧洲标准、卓越服务”的特色发展路线，并逐步建立起独立自主的创新技术体系。公司通过引进、消化、吸收、改进及创新，开发出适应常温、低温、高原、抗风沙及沿海等不同环境的 1250KW、2000KW 系列风电机组，正在开发 3600KW 海上风力发电机组，并将于 2010 年世博会期间下线。

SHANGHAI ELECTRIC WINDPOWER EQUIPMENT CO., LTD. (hereinafter referred to as SEWIND), with Shanghai Electric Group Co., Ltd. as its holding company, is a professional enterprise specializing in designing, manufacturing, technical consulting and general contracting of large wind turbines. Established in September 2006, SEWIND locates its headquarters in Zizhu Science-based Industrial Park, Shanghai with a registered capital of 0.3 billion RMB.

SEWIND adopted the development route of “Independent Innovation, European Standard and Excellent Service” and then gradually set up independent innovative technical system. After introducing, learning, understanding, improving the original technology and plus the innovation ability, SEWIND has developed two types of wind turbine - W1250 and W2000 which can be adapted to such weather conditions as normal temperature, low temperature, plateau, sandstorm and seaside etc.. At the same time, a 3.6MW offshore wind turbine is under development and will be launched during EXPO 2010.

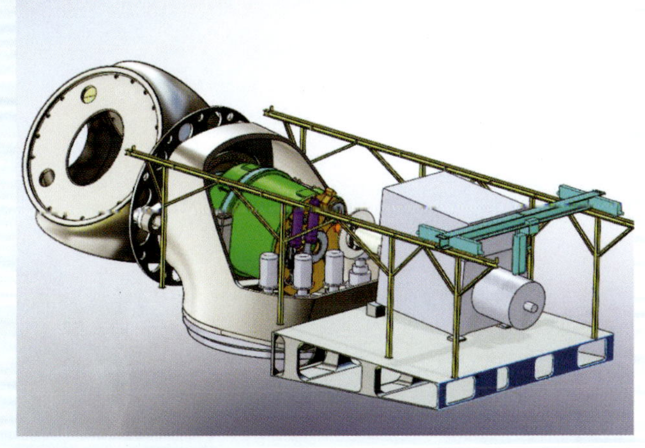

3.6MW海上风机设计图

上海电气风电设备有限公司
SHANGHAI ELECTRIC WINDPOWER EQUIPMENT CO., LTD.

内蒙古白云风场

山西右玉风场

大丰风场

上海宏钢电站设备铸锻有限公司

上海宏钢电站设备铸锻有限公司前身是中国汽轮机的摇篮——上海汽轮机厂热加工车间，2002 年改制成立，是我国先进装备制造业——上海电气集团旗下的现代铸造企业。

公司以国家加快振兴装备制造业战略为指导，立足技术创新战略，在秉承电站装备铸锻件五十多年开发的基础上，通过自主研发，形成了耐高温、耐高压、高强度铸锻件产品研制核心技术，相继为 1000MW 超超临界火电汽轮机、1000MW 核电汽轮机、F 级重型燃气机、联合循环汽轮机等电站装备和海洋石油工程机械装备、大型船用件等行业提供了核心铸锻件。近年来开发的高端铸件，在 2008—2010 年中国国际铸造博览会上，连续三年荣获博览会优质铸件金奖。

公司注重质量管理，2005 年获得上海质量体系审核中心颁发的质量 / 职业健康安全 / 环境整合型管理体系证书；2006 年引入国家标准《卓越绩效评价准则》，构建了以卓越绩效为导向，以整合型管理体系为基础的公司“1+3”卓越管理模式。先后荣获“2006 年上海市质量管理奖”、“2009 年度上海市实施卓越绩效管理先进企业”和“2009 年全国实施卓越绩效模式先进企业”等荣誉称号。

地址：上海市闵行区江川路 333 号　　传真：021-54702462

电话：（021）54702462　64358331-2208　　邮编：200240　　网址 www.honggangfd.com

Schneider®
Sunshine

上 海 名 牌 产 品

施耐德日盛机械集团

诚招 全国代理商

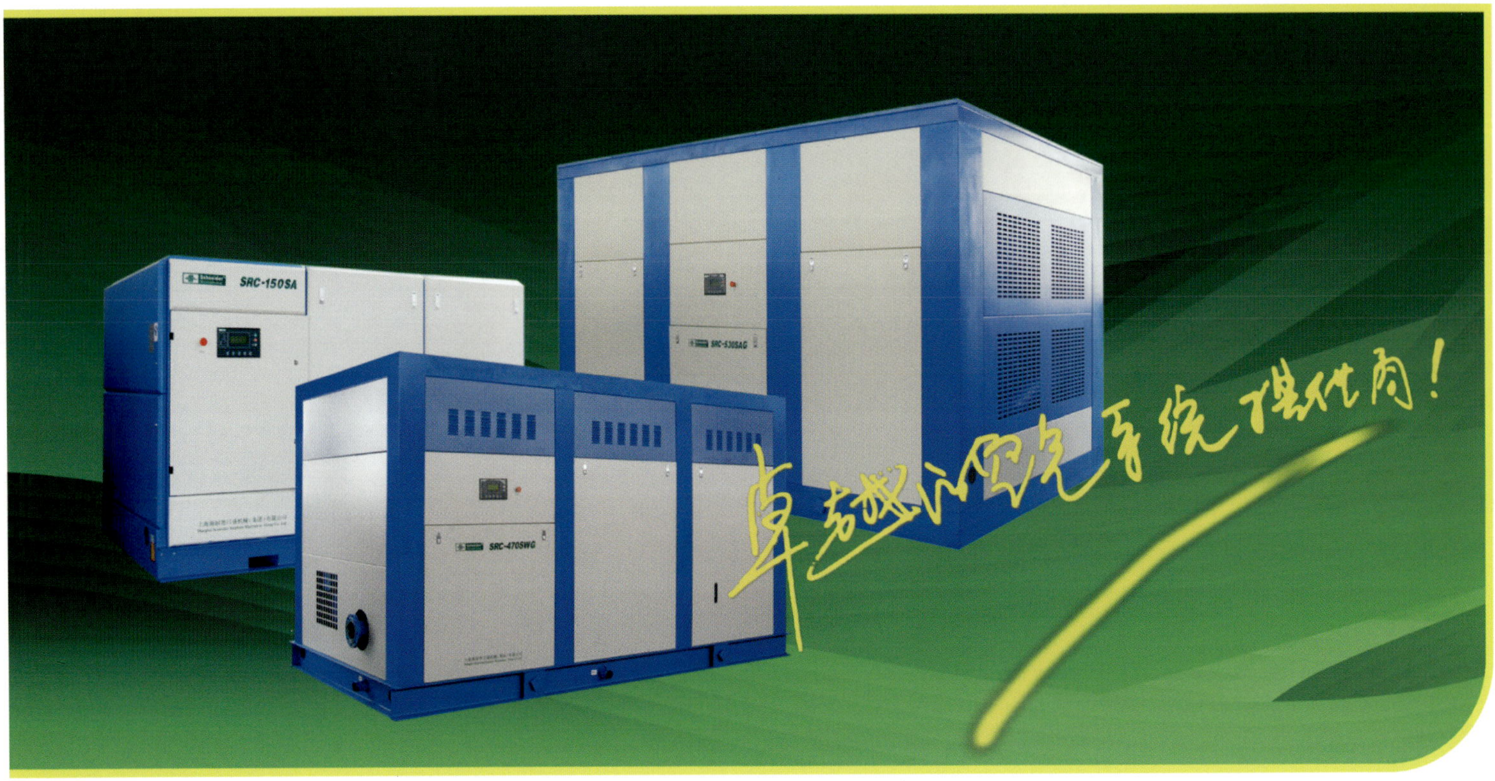

上海施耐德日盛机械（集团）有限公司由加拿大施耐德投资集团与上海日盛有限公司合作成立。引进意大利TMC先进的生产工艺和管理方法。主要从事压缩机系统的制造及压缩技术的推广。公司总投资超亿元，生产基地位于上海宝山区沪太路9088号，占地面积约60000m^2。

公司拥有庞大的研究开发及生产制造能力，现有员工500多人，其中工程技术和研发人员达到150人。拥有多台大型专用加工机床、世界知名数控加工中心及高精度检测仪器等设备，年产值达到五亿元人民币。

公司产品种类齐全，产品系列由单螺杆空压机、双螺杆空压机、滑片机、无油机、工艺压缩机、干燥机、制氮制氧机组成。规格目前可做到：1~100(m^3/min)。公司生产的螺杆式空气压缩机已跨入世界先进水平的行列。为方便广大客户，及时为客户提供最优质服务，目前公司在国内各省、市共设立办事处32个。

公司自成立以来凭借雄厚的科技力量，先进的生产设备，不断推出高科技新产品。产品广泛应用于机械、轻工、食品、石油、化工、冶金、矿山、电力、城建、医学研究和国防科研等行业。产品销往全国各地并远销欧美及非洲地区。

公司产品屡获中国“工程建设推荐产品”称号及美国联邦科技质量评价委员会“高品质优秀高新技术产品”荣誉，被美国环境技术出口委员会(US-EEC)推荐为“绿色环保技术产品”，通过ISO9001质量体系认证和国际商标认证，并获得“上海著名商标”荣誉称号，产品由中国平安保险公司承保，多年来公司资信等级均被评为AAA级。

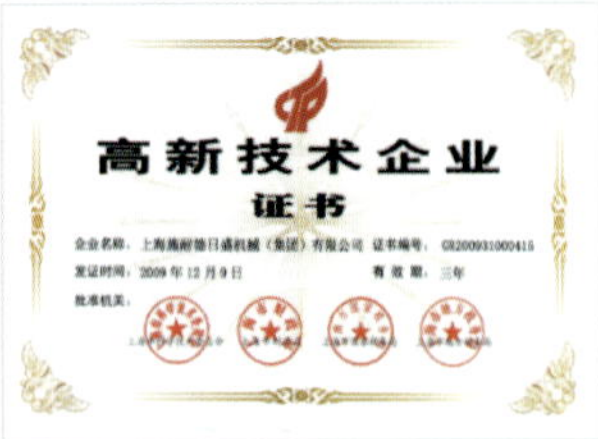

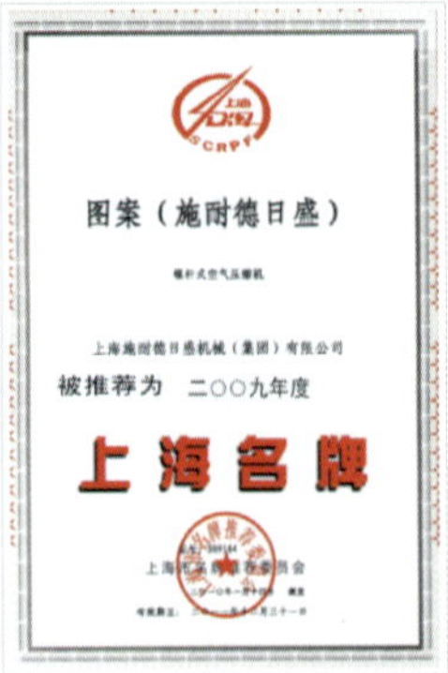

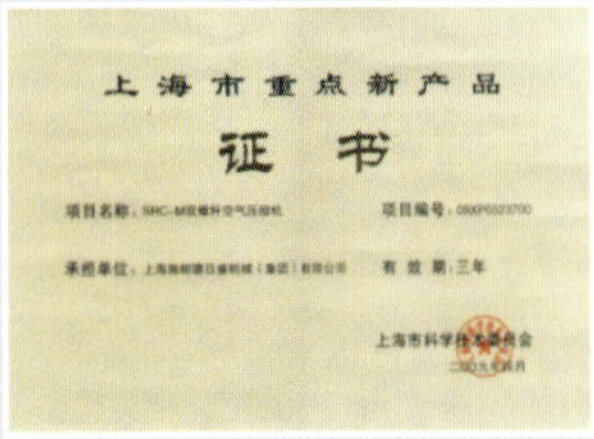

AAA

专业生产：螺杆式空压机 / 干燥机 / 制氮机 / 制氧机

上海施耐德日盛机械集团有限公司
Shanghai Schneider-Sunshine Mechanical Group Co.,Ltd.

地址：上海市沪太公路9088号 沪樊路53号 施耐德日盛工业园
电话：021-56977777 免费服务热线：800 820 2380

详细产品敬请登陆
www.schneider.com.cn

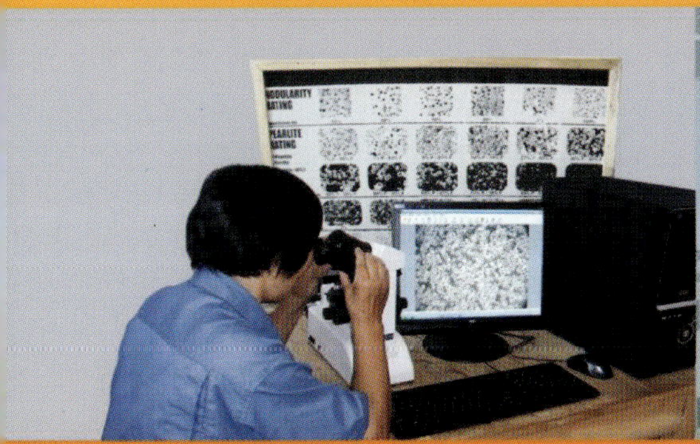

上海石洞口冶金设备修造有限公司

Shanghai Shidongkou Metallurgy Equipment Repairing & Manufacturing CO.,LTD

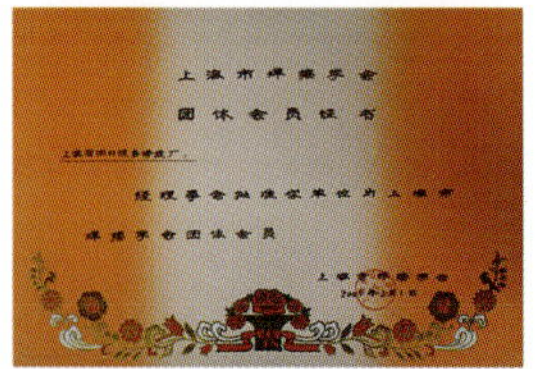

上海石洞口冶金设备修造有限公司于 2005 年 8 月由上海宝山石洞口设备修造厂转制而成，是上海市新材料协会硬面行业分会理事及市焊接学会团体会员单位、上海市高新技术企业。公司创建于 1995 年 5 月，地处上海宝钢六号门西侧，占地面积 65 亩，厂房面积 10000 多平方米。固定资产 5000 余万元，年产值超过 7000 万元，且以每年大于 25% 的速度增长。

公司拥有各类堆焊、喷涂、喷焊设备及专用工装二十多套，以及以 5M 数显立车、CW61160*9000 卧车、Φ1000*12000 深孔镗床、Φ800*5000 外圆磨床为代表的二十多台金属切削机床形成了强大的机械加工能力。从美国林肯公司购置的明弧摆动焊机，氩弧焊机，以及引进的国家专利技术电熔爆机床均已吸收消化，成为不可或缺的重要设备。

十多年来，公司通过高层次专业技术人才的引进，不断引进新技术、新设备，不断研制具有自主知识产权的新材料、新工艺，使企业硬面技术的综合开发达到了新的层次。所从事的业务覆盖面不断扩展，主要产品从磨煤辊、耐磨衬板、导料板发展到热轧支承辊、托辊、助卷辊、穿孔机硬面精密衬板等，尤其是自主研制的 HRC62 的堆焊材料取得国家发明专利，走出高硬度辊类堆焊、修复的新路。在产品中，大型风机叶轮的堆焊修复，大型液压缸内孔堆焊修复，都取得了良好效果，建材行业的水泥挤压辊堆焊修复使用寿命达到国内领先水平。几年来公司对电力、冶金、建材、化工及铸管等各个行业的设备、零部件的技术开发和制作修复进行了开拓和发展都达到了预期目标。

公司作为宝钢无库存备件供应单位，先后通过了 ISO9001：94 版及 ISO9001：2000 版的国际质量体系认证。

近年来公司在大型热轧支承辊的堆焊修复工作中取得了工艺、材料、工装设备、操作技能上的重大突破。产品已形成单重 30T、40T、52T、72T、78T、108T 的系列化。由此，无论在数量上、规模上、辊子的吨位上及加工的能力上均在国内处于领先地位。在取得社会效益的同时创造了良好的经济效益。

2004 年度《堆焊修复大型支承辊》和《高硬度焊丝修复硬面辊》被评为“上海市新材料优秀产品”。

本公司技术力量雄厚、服务周到、管理科学、质量一流、工艺先进、装备精良，愿与社会各界有识之士真诚合作，共同努力推进硬面、耐磨、耐蚀、耐热、抗粘技术的发展，为我国的各行各业更好地服务。

油缸内孔堆焊修复

油缸缸筒内孔磨损失效，采用内孔堆焊 + 镀铬工艺修复，达到新品的使用性能

层流冷却辊校正修复

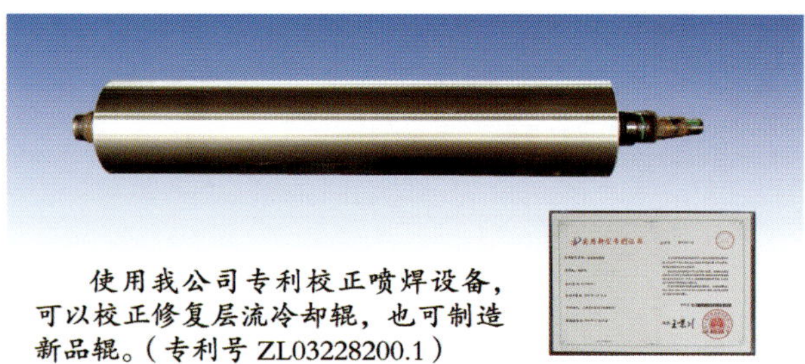

使用我公司专利校正喷焊设备，可以校正修复层流冷却辊，也可制造新品辊。（专利号 ZL03228200.1）

高硬度轧辊修复

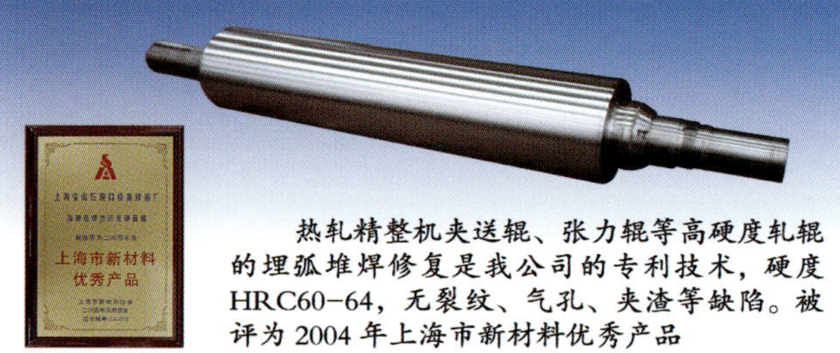

热轧精整机夹送辊、张力辊等高硬度轧辊的埋弧堆焊修复是我公司的专利技术，硬度 HRC60-64，无裂纹、气孔、夹渣等缺陷。被评为 2004 年上海市新材料优秀产品

热轧冷轧支承辊堆焊修复

堆焊修复冷、热轧支承辊系列，被评为 2004 年上海市新材料优秀产品。以浦钢厚板厂Φ2000?3400 精整机支承辊为例，辊重 107.7T，辊面剥落、磨损、裂纹失效，采用堆焊修复辊面，并已上机正常使用，得到用户认可。目前该大型轧辊的辊面堆焊修复为世界之首，已刊登在《宝钢日报》。我厂承修的同类产品还有安阳钢厂 78T、柳州钢厂 72T、新余钢厂 56T、无锡兆顺 40T 等不同规格的支承辊

风机叶轮修复

炼钢、高炉、煤焦除尘风机，主要失效形式为叶片磨损严重导致动平衡破坏，引起震动。更换堆焊耐磨叶片，使用寿命是超音速喷涂的 3 倍，粘陶瓷片的 2 倍以上，有效地改善平衡状态

上海阿波罗机械制造有限公司

上海阿波罗机械制造有限公司，是一家致力于开拓高端泵产品的高新技术企业。公司占地面积 60 余亩，拥有各类数控机加工设备百余台套。公司现有专业的水泵开发、设计、制造团队 320 余人，大中专以上学历的人员总数占职工总数 65% 以上。在核电设备国产化目标的指引下，公司得到了国内一大批有志于改变中国核泵现状的专家、核泵生产制造行业精英们的积极响应和大力支持，加盟我公司的核泵产品开发团队。他们具有开发设计、组织核泵生产、计划调度、外协管理、工艺指导、核泵发运、到现场提供安装和调试服务的丰富经验，增强了我公司核电用泵的生产制造和现场管理能力。2009 年 1 月，公司获得了由国家核安全局颁发的《民用核安全设备设计 / 制造许可证》。

通过多年持续不断的努力，企业目前已拥有百万千瓦级核电站混凝土蜗壳海水循环泵、核三级辅助给水电动泵、核三级辅助给水汽动泵、核三级安全厂用水泵、核三级设备冷却水泵等世界级高端产品的设计开发能力和核心制造管理能力，同时也成为了世界上少数有能力生产这几类产品的企业之一。

在全球核电泵事业方面，公司以“成为全球核电用泵及全球高端泵市场的方案提供者”为战略目标；要带出一支掌握世界水平核心技术的技术团队；带出一支与世界接轨掌握核心管理技术的管理团队；建设拥有一流加工设备、工艺技术体系最先进的制造试验工厂。目前公司已成为中国核电工程公司、中国广东核电集团、国核技工程有限公司、江苏核电有限公司、中核集团核电秦山联营有限公司、中国中原对外工程公司、秦山核电公司等诸多核电公司的合格供应商。

上海福伊特水电设备有限公司
Voith Hydro Shanghai Ltd.

上海福伊特水电设备有限公司（简称福伊特水电上海）由福伊特集团（简称 Voith）、西门子集团（简称 Siemens）和上海电气集团（简称 SEC）于 1994 年 12 月合资成立。作为福伊特水电集团的成员之一，福伊特水电上海已发展成为集团在东半球最大的水电设备制造基地。

上海电气集团作为福伊特水电上海坚实的中方伙伴，双方的合资得到了上海市政府的大力支持，并将共同致力于发展上海的电力装备业。通过全球统一的管理系统和技术平台，福伊特水电上海可分享集团及各分公司间的丰富资源，提供优质、可靠的专业服务。

上海，作为一个日新月异的大都市，拥有优越的硬件设施和雄厚的工业基础，吸引着大量的技术人才。便利的水路、铁路和公路交通运输条件，为福伊特水电的产品通往世界各地提供便利条件。

福伊特水电上海在中国市场有着骄人的供货历史，不仅向三峡、溪洛渡等众多新建水电站提供机组设备，还向老电站提供增容扩建改造服务。 福伊特水电是福伊特集团旗下的一个分支机构。福伊特水电作为水电设备供应和服务的全球领导者，在全世界提供了总装机容量为 3 亿千瓦、4 万多台水轮机和发电机占全球水电装机容量的 1/3。福伊特集团在造纸技术、能源技术、动力传动和工业服务市场树立了行业标准。福伊特集团创立于 1867 年，现在全球设有 290 家分支机构，拥有 43,000 名员工，销售额高达 49 亿欧元，已经成为欧洲最大的家族企业之一。

Voith Hydro Shanghai
上海福伊特水电公司

复盛实业（上海）有限公司

FUSHENG INDUSTRIAL(SHANGHAI)CO.,LTD.

工厂地址：上海市松江区新桥镇民益路28号 邮编：201612 电话：(021)57686868 传真：(021)57686688
销售部地址：上海市古北路686号4楼 邮编：200336 电话：(021)62704880 传真：(021)62704878

复盛实业（上海）有限公司系台湾复盛集团在大陆投资的独资企业之一，坐落于上海市松江区松江出口加工区。

复盛集团自1953年创立以来，历经半个世纪的风雨，成为台湾地区最大的压缩机制造厂商。他拥有50多年专业制造经验，世界一流的自动化设备。自1993年起，复盛集团先后在北京、上海、中山，以及越南、德国、美国建立压缩机制造基地。现成为东亚、东南亚最大的空压机生产基地，并与世界上其他著名厂家的产品齐头并进。

复盛公司是国内唯一拥有螺旋式压缩机转子齿形世界专利的技术者，已经在美国、英国、日本申请了专利。复盛产品行销世界60余国，为顾客提供最高的满意度，深受顾客的赞誉与信赖。

复盛实业(上海)有限公司1995年1月注册成立，1995年10月正式投产。公司占地面积14万m^2，投资超过2900万美金，配备具有国际先进水平的计算机控制高精度恒温加工中心，生产能力和规模堪称中国压缩机生产基地之最。目前，公司主要生产双螺杆空气压缩机，无油式单螺杆空气压缩机，螺杆式冷媒压缩机、小型往复活塞式空气压缩机、柴油发电机。

许多国内外知名企业选用复盛品牌压缩机，如：美标陶瓷、康明斯发动机、松下、本田、三菱、美的空调、TCL电子、伊利牛奶、四川五粮液酒业集团、上海宝钢、首钢、大庆油田、胜利油田、秦山核电、一汽集团、二汽集团、沈阳飞机制造厂等。

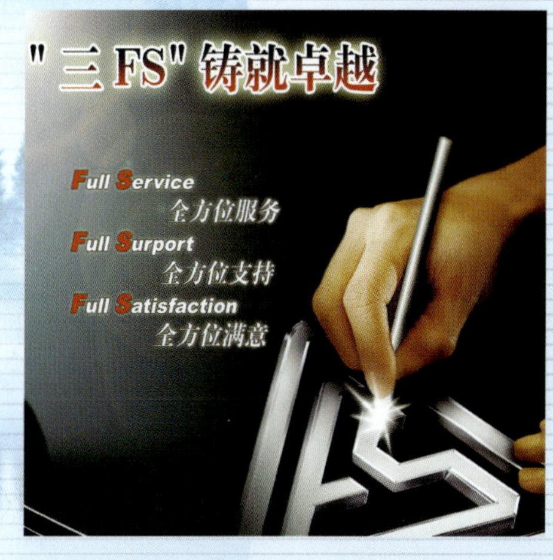

公司本着“精益求精、遵纪守法、污染预防、不断进取；为用户提供优质、安全、可靠、环保的产品和满意的服务。”这一宗旨，不断苦练内功，加强品质管理，建立品质保证体系。1998年，公司在同行业中率先获英国AOQC摩迪公司颁发的“ISO 9001质量体系认证”证书。2000年12月，公司在国内同行中率先取得中国机械安全认证中心颁发的“机械安全认证”证书。2006年2月螺杆式冷媒压缩机又取得“CRAA产品认证”证书，2006年12月公司获得国家质量监督检验检疫总局颁发的“产品质量免检证书”。2007年、2009年公司新开发节能产品，并取得合肥通用机械产品认证中心颁发的“GC节能产品认证”证书，2008年5月公司通过中联认证中心颁发的“ISO14001环境管理体系认证”证书，12月评为“上海名牌”。2009年评为上海市高新技术企业。公司自成立以来，数次评为“上海市外商投资先进技术企业”、“松江区重点骨干企业”、“松江纳税标兵”等多项荣誉。

复盛成长的过程，就是一个企业不断拼搏、奋斗、赢得辉煌的过程。它将以“精益求精，给您信心”的精神，立足中国，面向世界，谱写出更加美好的篇章。

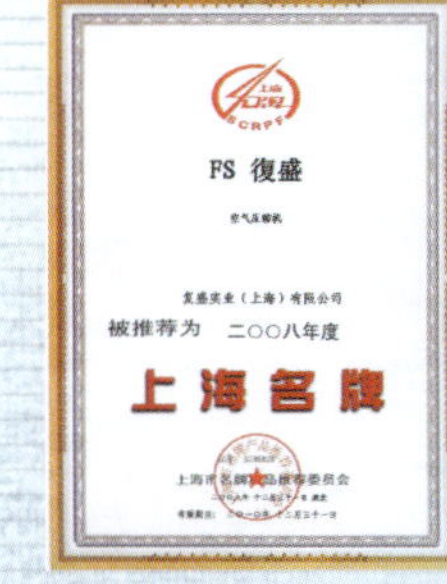

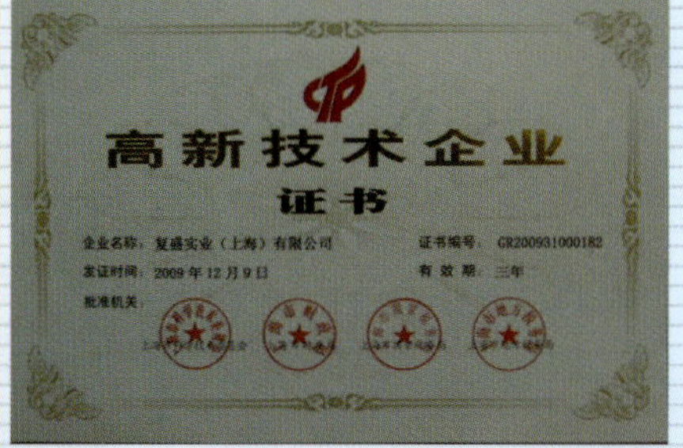

上海亨通光电科技有限公司

上海亨通光电科技有限公司是由亨通集团与江苏亨通光电股份有限公司共同投资 4808 万元创立的国家级高新技术企业，占地面积 1.4 万平方米，现有员工 230 名，年销售额逾 3 亿元人民币。

作为亨通集团下属的一家高新技术企业——上海亨通光电科技有限公司立足上海市场，致力于宽带传输接入设备、光电子设备、通信光电缆、光纤传感器等产品的研发、生产和销售，系列产品已广泛应用于电信、移动、联通、广电、安防等领域，产品销售遍布全国。“亨通光电”也被授予“中国名牌”。

科技创新是企业发展的源动力。上海亨通光电科技有限公司目前拥有教授级高工 8 人，其中一人享受国务院特殊津贴，硕士学历以上占 20%，大专以上学历占 40%。先后与复旦大学、上海交通大学、东南大学、哈尔滨工程大学、上海大学等国内多家科研院所建立了长期合作、资源共享机制，已形成了以博士、高级工程师群体为核心、以两院院士为指导、以科研院所为纽带的技术支撑和研发体系。

近年来，公司共承担国家和上海市科技攻关项目 13 项，先后获得科技奖励 18 项，共有 14 人次被评为上海市十大工人发明家、上海市科技创新领军人物等。在产品研发过程中，公司极重视知识产权的保护，申请了 22 项专利证书，其中发明专利 12 项。

上海骏马气动工具有限公司

SHANGHAI JUNMA PNEUMATIC TOOLS CO., LTD.

以质量求生存 以创新求发展
以品质赢用户 以信誉赢市场

我们上海骏马气动工具有限公司，是上海最大的专业生产各类气动工具的企业。企业通过 ISO9001：2008 质量体系认证，产品有 8 个系列，66 个品种。其中包括俄罗斯委托我公司生产的 8 个气动工具产品，企业产品包括：S40 型 ---S150 型直柄砂轮机系列、SXJ100 型 ----SXJ180 型角向磨光机系列、SD100 型 ----SD150 型端面砂轮机系列、CZ2 型 ------C6 型气铲系列、D3 型 -----D9 型捣固机系列、G10 型 ---G20 型风镐系列、TJ3 型搅拌机、XCD2 型除锈器、ZDH23 气动震动器、TB335 型气动水泵、QY-3 型气动倒角机等一系列气动工具。产品通过国家轻工业工具五金质量监督检测上海站检测。多年来我们多次被当地政府评为优秀企业、先进企业、小巨人企业、劳动关系和谐企业称号。被上海市工商局评为“守合同，重信用”企业。2008 年获得 2 项专利，同时被评为上海市著名商标和品牌产品。

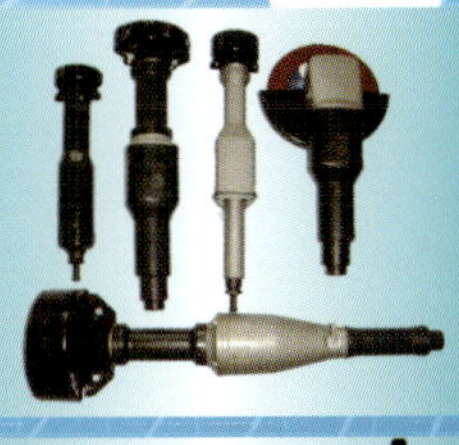

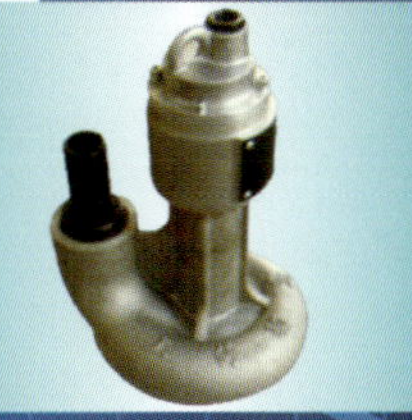

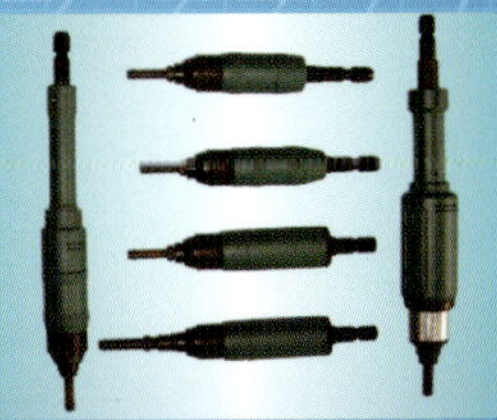

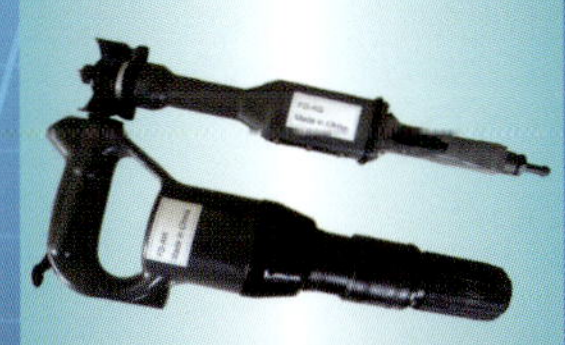

地址：上海市嘉定区徐行经济开发区劳动路707弄202号
邮编：201809
电话：59941127转 外贸部：59940951
生产外协：59940652 /直线：59941126
传真：59941125
网址：www.sh-junma.com
E-mail:webmaster@sh-junma.com

上海重矿连铸技术工程有限公司是一家集连铸工艺、设备、控制技术的研究开发、成套设计和制造服务于一体的上海市高新技术企业。

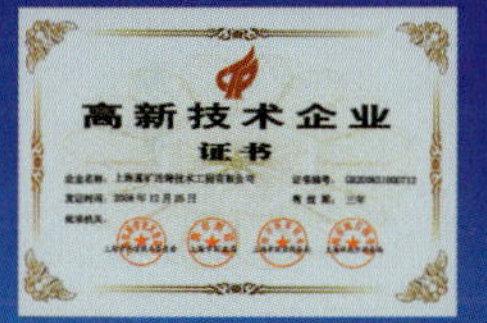

公司始终以技术领先为宗旨，云集了十几位国内知名的连铸专家。其中以教授级高工董淑冬女士，连铸工艺高工李百炼先生和控制技术高工刘和兴先生在连铸技术各专业主导研发，形成了强有力的研发设计队伍。公司还十分注重和高等院校、科研院所以及国外专业公司积极合作，不断提高自身的研发能力，从而使公司的连铸技术一直处于国内外先进水平。多年来，公司相继获得了 12 项国家专利（专利名称：五辊组合机架渐进矫直拉矫机；专利号：ZL 01 1 12952.2 等），5 项产品国内领先。新建和改造的各类方、矩、圆坯连铸机项目占据了国内主要市场份额，并将产品远销到南美和亚欧等地区。铸坯规格有 120×120mm ～ 400×500mm 方矩坯，φ160mm ～ φ450mm 圆坯，钢种从普碳钢发展到轴承钢、不锈钢、硬线钢和石油套管钢等十几个品种。

公司下设设计开发部、技术中心、制造部、质量部、服务部等部门，拥有 4000 ㎡的科技大楼、13000 ㎡的机加工、装配和新产品试制车间。

上海重矿连铸技术工程有限公司

地址：上海浦东新区祝桥空港工业区金闻路26号 邮编：201323 电话：021-58102666 传真：021-68102600 网址：www.shmm.com.cn

团结普瑞玛

——中国最大的大功率激光设备制造商

中意合资上海团结普瑞玛激光设备有限公司由意大利普瑞玛工业公司与上海团结百超数控激光设备有限公司合资组建而成，是目前中国最大的大功率激光切割与焊接设备制造商，产品品种在全球同行业中最全，国内市场占有率达到 50% 以上。

上海团结普瑞玛激光设备有限公司现为国家高新技术企业，上海市科技小巨人培育企业，拥有市级认定的企业技术中心，并获得英国质量保证公司（NQA）关于 ISO9000 质量体系及 CE 认证，制定了上海市大功率激光切割机企业标准、大功率激光焊接机企业标准，18 项产品填补国内空白，其中专门从事数控激光加工设备及工艺研究开发的中高级工程技术人员 100 余人，上海公司年产 200 余台大功率激光切割成套装备，世界销量排名第四，是中国激光加工委员会理事单位、激光设备国家标准的起草单位。

公司先后承担了国家“863”计划重点项目“汽车白车身激光切割焊接生产线”、国家发改委“数控激光加工设备核心技术及其系统集成产业化项目”以及上海科委、经委等多个重点项目。在此基础上，公司针对国内四大行业对三维激光加工装备的迫切需求，投入大量的人力、物力和资金，通过公司市级企业技术中心的研发平台，及引进、消化吸收、自主创新等多种方式，于 2003 年至 2008 年先后生产出了 1500*3000*400 毫米的小台面三维激光切割机，2500*4500*1000 毫米的中台面三维激光切割机，3000*9000*400 毫米的超大台面的三维激光切割机，并已形成了系列产品销售给了多家企业，得到了市场的认同。三维系列激光切割装备的研发成功实现了三维激光切割产品的全覆盖，三个系列产品属国内首创，填补了国内空白，综合技术指标达到国际领先水平。

性能优越的产品及周到快捷的服务使公司产品广泛应用于兵工及航空航天系统、交通运输、石油、电梯、空调、电器开关、纺机、家用电器、粮机、工具、激光对外加工等行业。产品还远销到印度、澳大利亚、韩国、台湾、越南、新加坡、马来西亚等地。

公司在未来 3-5 年的发展目标是：

通过持续的技术开发与创新，保持大功率激光切割焊接领域国家队雄厚实力；2010 年 20% 的产品出口国际市场；2015 年跻身全球同行业四强，参与国际市场的高端竞争。

地址：上海市闵行区昆阳路2019号 电话：021-64093793 传真：021-64093347 E-mail: sales@unityprima.com 网址：www.unityprima.com

上海核工碟形弹簧制造有限公司

SHANGHAIHEGONG DISCSPRING MANUFATTURE CO.LTD.

地址：上海市松江区九亭镇松江高科技园区涞坊路2039号
通讯：上海松江615-036信箱　邮编：201615
电话：86-21-67697261 67697262 67697263 67697265 67697267
传真：86-21-67697260
网站：www.hegong.com　邮箱：ns_huang@126.com

追求完美，是我们的责任！

发展概况

上海核工碟形弹簧制造有限公司隶属于核工业系统，专业生产碟形弹簧系列产品。公司最早于 1988 年从事碟形弹簧的研发与制造，是国内最早生产碟形弹簧的企业之一。原核工业部各级领导对该产品的市场地位及经营模式十分重视，公司于 2000 年 8 月迁至上海，正式批准改制为公司制企业，按照“市场优先”原则进行经营管理，捷足先登上海国际化大市场，为国内碟形弹簧系列产品的国产化发挥了重要作用。立足上海 10 年来，公司产品连续多次获得国内弹簧行业产品展示的各项大奖，多次获上海市科技委员会技术创新基金，公司为上海市高新技术企业。公司研制的耐高温耐腐蚀碟形弹簧产品应用到国家多项科研技术领域。

新产品开发与应用

公司技术力量雄厚，各类专业技术人员占员工总数的 39%，其中高级工程技术人员占 20%，拥有 20 年专业制造技术经验和较强技术开发能力，注重新技术的研制和新应用领域的开发。除碟形弹簧系列产品外，同时生产波形弹簧、环形弹簧、涡卷弹簧、联轴器弹簧及各种异形弹簧和弹簧装配组件。波形弹簧品种由原来的单层单一形式发展到如今多层多种形式，公司开发的一套多层对峰和多层叠峰波形弹簧自动绕制生产线，其多层波形弹簧产品已逐步得到市场的认可。2009 年 6 月公司申请的《一种波形弹簧的制造方法》获得国家知识产权局的发明专利证书。弹簧装配组件（各种弹簧减 / 防振器、储能器）已逐步代替进口产品，应用到国家国防工业和重点工程。上海东方艺术中心、上海火车南站工程的穹项项目、三峡水电工程大电机项目，钢厂轧机、万吨水压机、航空机械、高压开关、数控机床、管道支架等都有我们的产品。

公司在采用常规弹性材料的同时，开发出多种防腐蚀耐高温及非（微）磁性等材料代替进口产品，以满足各类工况条件下的设计需求。HG-1# 非磁性防腐蚀耐高温、HG-2# 微磁性防腐蚀耐中高温和 HG-3# 耐高温等 3 种材料已在国家重点工程得到广泛应用。

经营与质量管理

公司注重产品质量和服务质量的不断提升，自主开发碟形弹簧计算机辅助设计和核对系统，快速反映客户的技术咨询需求。配备精良的自动、半自动生产设备和国内领先的弹簧力学性能自动测试平台，制造过程完全按照 ISO9001 质量保证体系进行控制。“我们始终尽心尽力，我们追求尽善尽美”的质量方针贯穿到每一职工岗位。我们的质量目标是：“送检产品合格率≥99%，出厂合格率 100%”，确保产品质量满足客户的要求。

公司以高品位的“核工”品牌走向市场，秉承“为客户提供尽善尽美的产品与服务是我们的不懈追求，让客户分享我们的进步是我们的永恒宗旨，实现永续经营是我们的最终目标”的经营理念，竭诚与国内外同行和广大客户合作，共创美好未来。

上海凯宝药业股份有限公司

上海凯宝成立于2000年，十年来公司在各级政府和有关部门的大力支持和帮助下，实现了稳步快速发展。先后被评为上海市高新技术企业、上海市专利试点企业、上海市品牌企业、上海市自主创新十强企业。09年在奉贤经济百强企业当中排名第五位，成为支撑区域经济发展一支不可或缺的重要力量。2010年1月8日乘创业板东风在深交所成功上市，成为奉贤区首家上市公司。

公司主导产品痰热清注射液，自2003年5月投放市场后，累计生产7千万支，使用人数达7百万人次，据药监局ADR中心报告，其不良反应发生率为万分之五（属于罕见），未发现严重不良反应。由于痰热清组方科学、工艺先进、疗效确切，在国家历次重大疫情中均被列为临床指定用药。2003年，入选上海市“抗非典新产品”；2005年被卫生部列为《人禽流感诊疗方案》用药；2006年，被发改委列为“流感防治中成药储备用药”，进入国家储备库；2009年，被卫生部和国家中医药管理局列为《中医药防治手足口病临床技术指南》用药，同年，被卫生部列为《人感染甲型H1N1流感诊疗方案》用药。今年的4月21日，痰热清再次被卫生部列为手足口病治疗用药。痰热清注射液以22.29%的市场份额成为清热解毒类中药注射剂该细分行业的龙头。

公司不断加强产学研合作，走中药创新之路。目前，与上海市药监所进行物质基础研究，使痰热清符合中药注射剂安全性再评价标准；与重庆大学合作进行熊胆粉提取物提纯和收率提高研究；与北京中医药大学合作进行痰热清注射液增加适应症研究。与浙江大学合作进行中药提取自动化应用，工艺参数全部实现了模块化、程序化，保证了工艺的稳定性。与天津中医药大学进行近红外质量在线控制研究，可以充分保证生产过程的均一性。随着产品科技含量的不断提升，将进一步增强产品市场竞争力。

凯宝将以振兴民族中药事业为己任，努力拼搏，不断进取，把痰热清打造成真正的“中华瑰宝”，使其造福于社会，造福于人民，成为上海医药界对外宣传的一张明信片。

地址：上海市工业综合开发区程普路88号
电话:总机37572030
传真：37572050
邮编：201401
网址：www.kbyy.sh.cn

上海百特医疗用品有限公司

上海百特医疗用品有限公司原是美国百特和上海长征药厂（现华源长富药业集团）合资建立的大输液专业生产型企业，公司注册于 1995 年，注册资金 1200 万美金，其中：美方投资比例占 60%，中方投资比例占 40%，公司采用美国技术生产。公司在 2008 年 3 月转为由美国百特投资的全资子公司。

百特医疗用品有限公司于 1931 年在美国成立，是全球医疗行业的领先者，目前已在全球 110 多个国家和地区设立了超过 250 家公司和分支机构，有 67 个工厂分布在 27 个国家，其中在中国有 4 家工厂，全球雇员 48000 余人，其中中国雇员 1300 余人，全球年销售收入约 100 亿美元，是世界五百强之一，产品主要针对复杂疾病及重危症病人的治疗产品，其中药物输注部、肾科和生物技术等部门是百特的主要部门。

百特上海工厂位于金山区朱行镇（现金山工业区内），占地总面积为 12951.4 平方米。主营产品是目前国际上最先进的软袋全封闭静脉输注系统和大输液系列，公司于 1998 年 12 月开始试生产，1999 年产品投入中国市场。上海百特医疗用品有限公司秉承了美国百特的先进管理理念和运作方式，同时融入了中国企业的人文风情，致力于把百特最好的产品和服务造福于中国的危重病人，上海百特重视中国医疗事业的发展，通过与中国各大医疗机构的合作，把美国和当今国际上最先进的医疗和护理技术介绍到中国，帮助中国提高对危重病人的抢救和治疗水平。上海百特致力于提供高质量的产品和服务，并承诺与我们的客户就质量要求达成共识，全力满足这些要求以及患者的需求，并实施持续改进。上海百特致力于成为中国药物输注产品生产和服务的领先者，我们为能够帮助客户拯救生命而自豪。

上海百特在金山扎根落户已有十年，得到了良好的成长和发展，2009 年公司年产值 79123 万元，销售 76840 万元，税前利润 14459 万元，总缴税 10570 万元。在我们企业成长发展的同时，我们同时印证了金山区的发展，百特始终认为，金山是一个适合投资的地方，是一个适合企业发展的地方。尤其是金山工业区建立以来，当地政府正在比以往任何时候更加专著于当地的社会发展，更加有效地帮助企业克服运营和发展中的困难。我们已经看到了一个崭新的金山正在崛起。

上海长隆塑胶制品有限公司是一家生产高档、环保地砖的公司，为集研发、生产和出口贸易一体的外商独资企业。所在地产品出口占据欧洲市场 60% 的份额。公司是专业设计制造 PVC 热压及押出成型塑料地砖公司，投资方在台湾从事 PVC 地砖己有 30 余年历史，在生产过程中不断更新设备，改进工艺提高产品质量，公司引进的真空油压设备填补了国内地砖行业设备的空白，公司生产的仿真对花地砖在国际，国内市场深受广大消费者欢迎，在国内外行业中产品品质处于领先地位，更重要的是公司参与中华人民共和国 GB/T4085-2005，半硬质聚氯乙烯块状地板国家标准的起草。产品主要销往英国、美国、新西兰、澳洲等各国际市场。公司已通过 IS09001 国际质量体系认证，除此之外，更积极推动 IS014001 环境管理体系。曾被商品协会认证为绿色环保产品，公司连续多年获得上海市外商投资协会颁发的“双优企业”称号。并在迈向国际化的进程中，始终追求卓越，以创新实现价值和一如既往的诚信。

上海長隆塑膠製品有限公司
SHANGHAI CHANG LONG PLASTICS CO.,LTD

中国石油西气东输管道公司

中国石油西气东输管道公司(以下简称公司),是中国石油天然气股份有限公司直属地区公司,主要从事西气东输管道工程建设、生产运营管理和天然气市场开发与销售业务。公司于 2004 年 10 月 1 日全线建成投产,于 2004 年 12 月 30 日开始正式商业运营。截至 2009 年底,公司运营管道总长度达到 7179 公里,压气站 26 座,分输站 60 座,阀室 268 座,分输用户达到 124 家,近三亿人口从中受益。2009 全年输送天然气 199 亿立方米。

2009 年,是公司发展历程中极不平凡的一年。面对金融危机影响加深、生产运行和工程建设工作难度增大、国庆安保任务繁重、大型动火作业密集、第三方施工作业频发、冬季气温突降造成供气紧张等一系列挑战,公司坚决贯彻集团公司党组和股份公司管理层、上海市委与上海市经济和信息化工作党委的决策部署,紧紧围绕确保管道安全平稳高效运营的工作中心,坚持统筹兼顾,突出重点,优化生产组织,强化经营管理,稳定市场供应,圆满完成了各项生产经营任务,继续保持了较好较快发展的良好势头,荣获"新中国成立六十周年百项经典暨精品工程"称号。

地　址:上海市浦东福山路458号同盛大厦2003室
邮　编:200122
联系人:蔺军伟
电　话:021-58847612
传　真:021-58848846

上海海隆赛能新材料有限公司

地址：上海市宝山工业园区罗东路1825号 邮编：200949 电话：021-33851880 传真：021-33851885 网址：www.shinesh.com

上海海隆赛能新材料有限公司位于上海市宝山工业园区内，占地三百亩。毗邻宝钢，靠近吴淞和罗泾港口，水陆交通便捷。

赛能公司根据国内外油气田开采使用的环境和需求，自主研发、生产用于钻杆、油井管等石油专用管内外防腐的特种涂料；用于石油及天然气集输管道、输卤水及饮用水管道、钢结构及储罐等的无溶剂、防静电、耐高温、耐酸碱等系列重防腐涂料；用于埋地长输钢质管道3层PE（PP)防腐的外包敷高密度聚乙烯(聚丙烯)、胶粘剂、环氧粉末涂料和内壁减阻耐磨涂料。赛能公司是国内唯一一家自主研发出优质的石油专用管内防腐特种涂料的公司；在国内长输管道防腐工程的材料供应市场中也占有重要的地位，是大型管道项目的防腐材料主流供应商。

赛能公司不惜巨资建立了高规格的研发中心和检测中心，拥有四十多人的研发团队，研发中心的数十间实验室里拥有全套最现代化的试验设备以及高级光、电显微测试分析仪器。公司坚持以技术领先、技术创新立厂，已被评为上海市高新技术企业，外商投资先进技术型企业，上海市科技小巨人培育企业，产学研合作示范企业，截止2009年底，累计申报国家发明专利16项(其中1项已授权，其余均进入实审公开阶段)，有三项产品被评定为上海市高新技术成果转化项目，一项产品被评为国家重点新产品项目。

公司非常注重管理体系，通过了挪威DNV的ISO9001国际质量体系以及英国劳氏船级社的管理评审体系认证。

多年来，本公司的石油专用管内外特种防腐涂料已广泛应用于国内各大油田及众多国际油气公司，与美国最先进的涂料、涂层技术争雄于市场。3层PE(PP)系列涂料已经成功应用于西气东输二线、中亚天然气管线、中哈原油管线、川气东送、西澳大利亚管线等国内外重大管线工程以及各油田和众多地方管网工程。

公司立志以求实创新的精神和诚信经营的理念创建出本行业的知名民族品牌，成为石油专用管防腐和石油、天然气埋地管道防腐领域最专业、最全面的特种涂料供应专家。

公司正在继续扩建并以强大的技术力量向上游和新材料领域进军。天行健，君子以自强不息！

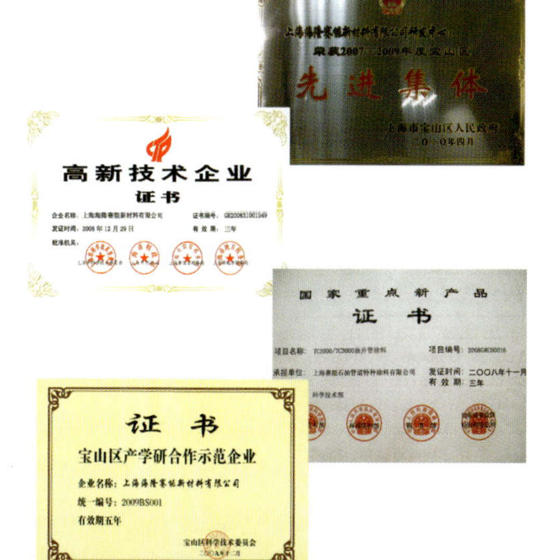

上海蓝滨石化设备有限责任公司

上海蓝滨石化设备有限责任公司由国家级重点科研院所兰州石油机械研究所投资创建于 2002 年 5 月 29 日，现有注册资金 13800 万元，为中央在沪企业，主要从事炼油化工设备、石油钻采机械、海洋工程装备的研究开发、设计制造及销售服务，产品涉及石油、化工、冶金、电力、食品等行业，核心技术处于国内外领先水平。

作为国家第一批成功改制的科研院所创办的高新技术产业型企业，上海蓝滨不仅完成了专利及科研成果的产品化、产业化工作，经过七年的努力，更实现了自身的发展壮大，研发设计能力大大提高，蓝滨已成为实现高新技术专利及科研成果产品化、产业化的重要基地，成为产学研相结合、科工贸一体的产业型高新技术企业。

上海蓝滨 2005 年获得 A1、A2 级压力容器制造许可证；2006 年取得 ASME 制造许可证书；2007 年通过 ISO9001 质量管理体系、ISO14001 环境管理体系、OHSAS18001 职业健康安全管理体系认证。上海蓝滨现为国家高新技术企业、中国化工最具成长性企业(第十四位)、上海市九大重点高新技术领域之一的海洋工程装备的产业基地。

上海蓝滨为蓝科高新石化装备股份公司的全资子公司，分为西区(钻采机械基地)、中区(石油化工装备基地)和东区(海洋、电力工程装备基地)，总占地面积 649 亩。全部建成后，上海蓝滨将成为亚洲一流的石油化工、钻采机械、海洋装备的研发、制造及检测基地，将为企业和所在地区创造巨大的经济和社会效益。

上海斯瑞聚合体科技有限公司

公司创建于 1998 年，是一家专业生产和销售优质聚合体应用材料的高科技民营企业。公司总部占地 80 多亩，拥有约 40000m2 的标准工业厂房，全资子公司上海斯瑞碳纤维有限公司位于金山区，占地 350 多亩。

公司目前已申请专利 29 项，主要产品有：

斯瑞康电缆料——广泛应用于国家电力、电信、交通行业及国家重点工程建设的高品级电线电缆及光缆用护套料。

斯瑞帕纤维——高强高模超高分子量聚乙烯纤维，应用于光缆行业、造船行业（缆绳）以及军事防护行业（如防弹衣、防刺衣、头盔和装甲车）等领域。

斯瑞卡纤维——聚丙烯腈基碳纤维（PAN 基碳纤维），应用于电缆行业（国家干线电网建设）、航空航天领域、风力发电领域以及军事行业等领域。

公司通过十一年的成长，获得了诸多荣誉，2007 年成长为上海市普陀区"创税千万元企业"，连续十年被上海市科委认定"上海市高新技术企业"，2008 年被评为"上海市科技小巨人培育企业"等等。公司始终坚持"依托科技、持续创新"的发展原则，坚持"诚实守信、质量第一、服务周到、合作共赢"的经营原则，以优质产品服务于电线电缆和光纤光缆行业、航空航天、军事防护等领域。

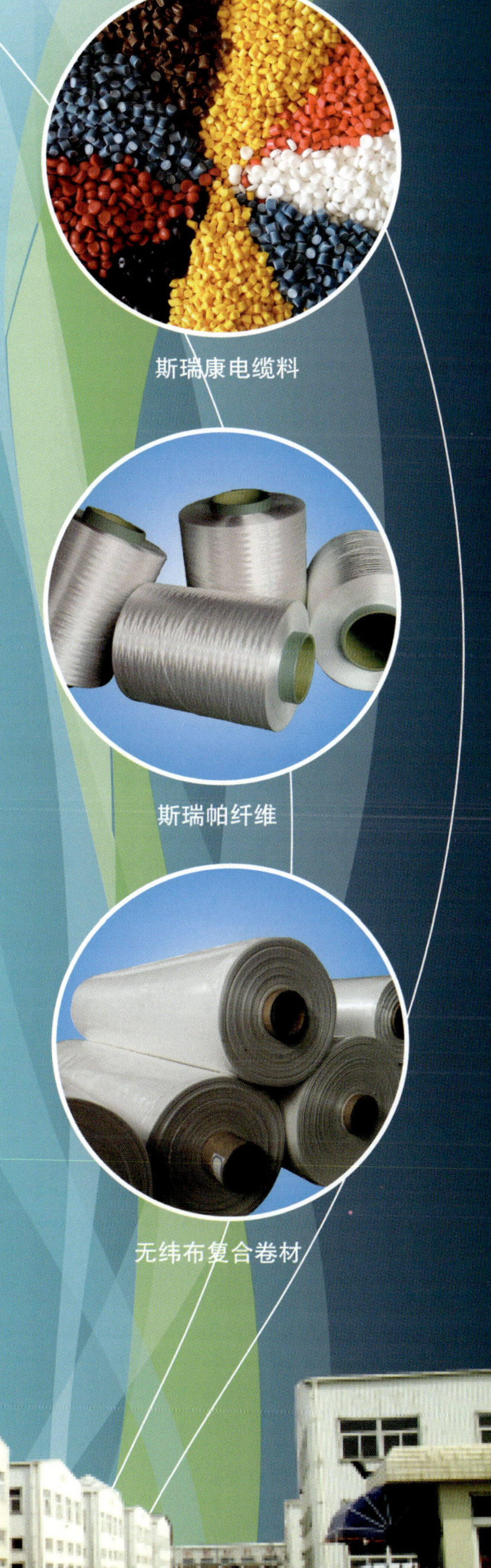

斯瑞康电缆料

斯瑞帕纤维

无纬布复合卷材

公司地址：上海市普陀区柳园路 599 号　总机：021-66275333 传真：021-52840487
邮箱：mishuban@siruichina.com　网址：http://www.siruichina.com

——继往开来 润和天下

上海继润石化科技有限公司

上海继润石化科技有限公司，是一家以润滑油基础油新技术、产品专业科研和生产相结合的企业。公司在短期内将专业化的独创技术迅速转化为生产力，并采用“工艺技术 + 技术装备 + 化工助剂”三结合的运营模式，在可预的范围内，形成规模化的经济效益，成为“专而强”、“精而强”、“特而强”的特色科技企业。

公司始终以原创核心技术为主，开辟一条新型中、高档基础油的生产道路。上海继润石化科技有限公司在深度脱蜡、改变油品倾点的工艺基础上，致力于润滑油的深度低凝技术，更加深入地改善了矿物油**倾点**，改善**低温流动性能**，并且在氧化安定性、与添加剂的**相溶性**方面做出了有益探索，取得了显著的成效。在高粘度润滑油低凝技术和高级润滑油基础油研究方面取得的自主创新技术具有巨大的经济与社会效益。公司在低温低凝润滑油技术上的领先地位，在基础油产品的性能改进和提高上取得的技术突破具有良好的发展前景。

经过多年自主研究，成功完成了上海市科学技术委员会科研计划项目“石油精制中尿素深度脱蜡技术研究”，并获得了专家们的一致评定，达到“国内领先，国际先进”水平。公司已成功申请多项专利技术；其高新科技技术成果转化项目“JR 低凝 600SN 基础油”具有能耗省、成本低的优点，同时兼具优异性能指标，即更好的低温倾点与低温流动性能。上海继润石化科技有限公司其位于鄞州滨海的生产基地具有生产 15 万吨级的糠醛装置，以生产润滑油基础油为主，主要生产有糠醛精制、脱蜡降凝和蒸馏切割等，及 10 万吨专业生产低凝低温油品的生产基地，公司立志于打造润滑油行业的优质产品，逐步向高端品质及国际化发展目标迈进！

对于广大的客户需求，我公司提供的润滑油基础油产品具有性价比高、成本低等特点，有效地降低调和时添加剂及辅料的使用量。公司将竭诚为客户服务，站在顾客的角度上使其利益更大化，同时我公司还提供个性化的研发服务，为客户产品提供更适合的配方，确保顾客更方便有效的使用基础油，节约使用成本。

油罐区

容器

管道

HAN阻隔防爆橇装式加油装置成功落户世博园区

“平安办世博，保障世博安全顺利的召开”是世博会获得成功的重要保障。为了呈现给世界一届精彩绝伦的盛会，上海市从各方面都做好了最为充分的准备，世博安全保障工作成为世博会顺利召开的坚强后盾。针对安全保障问题，2009年上海市安委会印发了《上海市关于进一步加强本市危险化学品安全生产工作的指导意见》，要求进一步采取有效措施，加强安全保障工作，对世博会场馆周边300米以内和中心城区120座重点加油（气）站实施防爆技术改造。上海有关部门将这项重要的任务交给上海华篷，这是对上海华篷HAN阻隔防爆创新技术的充分肯定。

作为上海世博会全球合作伙伴及唯一油品供应商，中国石油承担了世博会车辆用油的重任。中石油上海销售分公司获批在世博园区内建设两座橇装式加油站，为世博园区500余辆物流车辆提供加油服务，并同时为渡轮、游艇等提供水上加油服务。鉴于对上海华篷HAN阻隔防爆技术产品在北京奥运会等重大活动中的成功应用的认可，中石油上海销售分公司选择了上海华篷防爆科技有限公司为橇装加油设备的供应商，采用了上海华篷具有自主知识产权的阻隔防爆橇装式加油装置。

4月下旬，位于世博园区的中国石油世博首座阻隔防爆橇装式加油装置经过两天多的安装调试工作已平稳进入正式运营。该装置的运营使世博园区内物流车辆“足不出户”就可以加到油，不仅获得了持续平稳的油品保障，而且也免去了车辆进出园区的频繁安检。阻隔防爆橇装式加油装置的操作运行属于高科技集成操作模式，设备外设（如加油机、液位仪等）的操作方式跟普通加油站加油机别无二致。同时，上海华篷专门抽调售后服务队伍，24小时保障设备世博期间的正常运行。

5月18日，上海华篷防爆科技有限公司收到了来自上海世博会事务协调局物流中心的一封感谢信：“2010年上海世博会开幕前夕，经过贵公司卓有成效的努力，使得具备我国自主知识产权的橇装式加油装置，在极短的时间里安全成功地落户于世博园区物流2号库区，此项工作为世博会物流运行工作的顺利开展奠定了坚实的基础。在此，我中心对贵公司给予上海世博会的大力支持深表敬意。”这无疑是对中石油上海销售分公司的高度信任和对上海华篷阻隔防爆橇装式加油装置的充分肯定。

上海精细化工产业园区

（金山第二工业区）

地址：上海市金山区金石公路505号　电话：57260377/67263316 /67263320　网址：http://www.shjscp.com

[概况]

上海精细化工产业园区位于东海之滨、杭州湾畔，东临上海化学工业区，南依上海石油化工股份有限公司，西与浙江省平湖市接壤，规划面积 10.78 平方公里，是上海市政府规划的全市唯一的精细化工产业园区。园区被授予“上海国家生物产业基地”和“上海国家新材料产业基地”，已列为上海市循环经济试点园区、上海市自主知识产权试点园区、上海精细化工产业发展促进中心，并已通过 ISO9001 和 ISO14001 双体系认证。

园区现有企业 116 家，投资总额 96.3 亿元，其中已投产 63 家企业，竣工待投产 9 家，在建的 14 家企业，待建的 30 家企业投资额为 32.4 亿元。2009 年度，工业区完成税收 1.21 亿元，同比增长 8%；完成工业总产值 25 亿元，同比增长 7%。

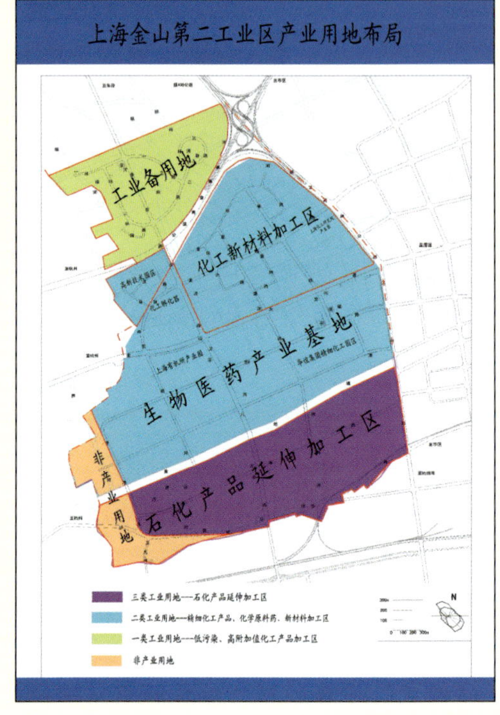

[招商引资]

园区承接了上海化学区和上海石化两大化工基地的丰富资源，具有独特的原料优势，上海石化的乙烯原料的供应为上海化工研究院超高分子量聚乙烯项目落户提供保证；上海石化为园区内华界化学（上海）有限公司、上海华谊集团华原化工有限公司等 8 家企业管道输送环氧乙烷原料等。随着第二工业区与上海石化的紧密合作，在实现资源共享的基础上,进一步实现人才共享,技术共享。园区还坚持产业链培育,目前从园区内入驻企业原料、产品的关联度来看，一些企业已构成了一定的上下游关系。例如：目前已经形成了环氧乙烷产业链等。

[基础设施]

工业区根据园区需要，中芬热力项目已建成，2009 年 3 月份正式投运；一期日处理 2.5 万吨的污水处理厂已进入试运行；110KV 变电站建设已完成并投入使用，园区投资环境得到了进一步改善。园区还将继续推进公用配套设施建设，完善三大公用工程管理，加快园区内市政道路网格建设。

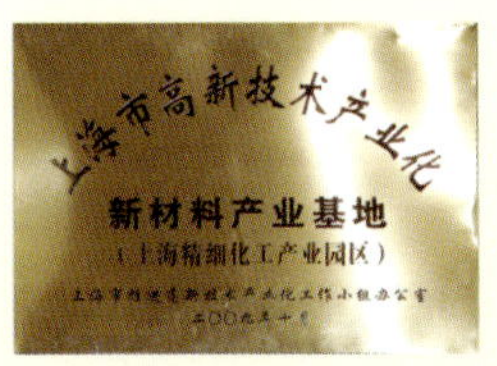

[政策支持]

园区内生物医药和新材料两大支柱产业，是上海市政府出台的《关于加快推进上海高新技术产业化的实施意见》中明确支持的九个产业领域中的两大产业，并提供政策支持。针对这两大主导产业，金山区人民政府也配套出台了财政扶持、科技支撑和人才支持等一系列政策。同时，园区根据项目的产出、效益情况，对贡献大的企业给予一定的财政扶持。

树民族品牌　做百年企业

—— 上海富臣化工有限公司

地址：上海市青浦区崧泽大道 8555 号
邮编：201700
电话：021-69212811、69212114
传真：021-69212600
网址：www.zhanchenda.com

厂内设备

综合实验室

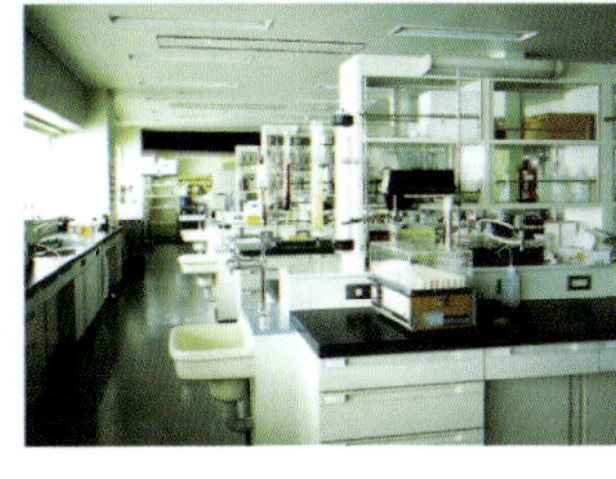

上海富臣化工有限公司位于上海市青浦工业园区，由展辰涂料股份集团投资兴建，专业从事涂料研发、生产和销售，是一家具有现代化工作环境和生产条件的高新技术企业；公司注册资金七千万元人民币，占地面积 60774 平方米．

上海富臣化工有限公司拥有先进的生产线和自动化控制系统；2001 年“耐黄变低毒性低温固化 PU 木器涂料”被认定为上海市高新技术成果转化项目；2002 年建立上海市第一家由市科委重点扶持的环保涂料实验室，2003 年被上海市评为高新技术企业，被认定为“纳税 A 级企业”，并先后通过 ISO9001：2000 质量管理体系、ISO14001：2004 环境管理体系认证；2004 年被评为上海市专利试点企业和上海市高新技术成果转化项目百佳企业，2005 年技术中心被认定为“上海企业技术中心”，2005 年“富臣”漆被评为上海市名牌产品，2007 年“富臣”商标被评为上海市著名商标，公司自主研发产品“溶剂型抗菌木器涂料”被列入国家重点新产品计划，上海市火炬计划，2007 年被推荐为国家火炬计划新材料特色产业基地骨干企业，2008 年被认定为上海市科技小巨人企业，经中国涂料工业协会统计，涂料产销量位居全国前二位。

公司产品体系已形成以家具涂料为拳头产品，建筑涂料、室内装饰涂料、轻工业涂料共同发展的格局，旗下拥有“富臣”、“展辰”、“经典”、“总督”四大品牌，分别在家具漆领域、装修漆领域及建筑涂料领域享有广泛的知名度和崇高的美誉度，其中“富臣”家具漆在上海市及华东地区被誉为第一品牌。公司品牌战略后面有强大的研发力量作为支撑，企业技术中心研发人员 142 人，85% 以上为本科以上学历；实验室研发仪器、设备价值超过 2000 万元，并和高等院校、科研院所保持良好的产学研合作关系；公司在技术研发方面坚持自主创新和拥有自主知识产权，迄今为止共申请发明专利 102 项，已授权 18 项，外观设计专利 29 项，高新技术成果转化项目 6 项。

上海富臣化工公司通过多年的积淀，形成了独具特色的“创新、和谐、共同成长”企业文化，管理上从传统的粗放型向精细化管理成果过渡，形成了以 ISO9001 质量体系、ISO14001 环境体系为基础管理体系、以绩效管理为核心的结果导向型管理模式，公司完善的培训及人才培育机制，吸纳和培养了大批一流的技术、管理人才，形成了公司优秀稳定的管理团队、技术团队和员工队伍，为企业的长足发展提供了雄厚的人力资本。

在激烈的竞争中，上海富臣化工坚持以顾客为关注焦点，不断提供更环保、更高科技含量、顾客更满意的产品；同时，作为中国涂料行业的领先者、民族品牌的旗舰，公司坚持以“树民族品牌、做百年企业”为经营宗旨，坚持以科学发展观指导企业管理，持续健康发展回报社会。

从 2002 年起公司先后荣获：

- 上海市高新技术企业
- 上海市企业技术中心
- 上海市科技小巨人企业
- 上海市环保涂料实验室
- 上海市知识产权示范（培育）企业
- 上海市专利试点企业
- 上海名牌
- 上海市著名商标
- 国家重点新产品
- 国家火炬计划
- 高新技术成果转化项目 6 项
- 上海市质量诚信优胜企业
- 青浦区第五届发明创造专利一等奖

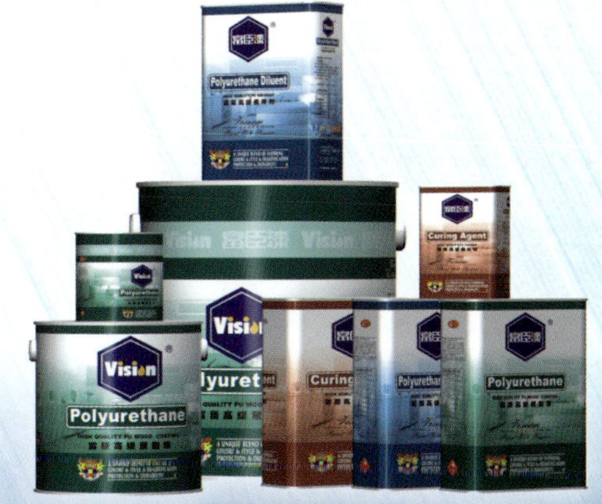

上海华谊丙烯酸有限公司

Shanghai Huayi Acrylic Acid Co.,Ltd

地址：上海市浦东北路2031号　电话:021-28969999　传真:021-33925268　邮编:200137

上海华谊丙烯酸有限公司，是由上海华谊（集团）公司和中国石化集团资产经营管理有限公司按9：1出资合资兴建的石油化工企业。

公司是全国最大的丙烯酸及酯系列产品的专业性生产企业之一。公司通过消化吸收引进技术，依靠技术创新相继开发了拥有自主知识产权的国产化丙烯酸及酯生产技术。目前达到年产21万吨丙烯酸、21万吨丙烯酸酯的规模。主要产品为:“亚星”牌冰晶形丙烯酸、丙烯酸、丙烯酸甲酯、丙烯酸乙酯、丙烯酸丁酯、丙烯酸异辛酯、甲基丙烯酸等产品。丙烯酸及酯系列产品，普遍用于涂料、化纤、纺织、轻工等行业。

同时，公司非常注重可持续发展，自1994年投产至今，自行开发建有丙烯酸羟基酯、丙烯酸乳液等生产装置，能生产丙烯酸羟乙酯、丙烯酸羟丙酯、苯丙乳液、压敏胶系列产品。

公司是上海市高新技术企业。丙烯酸丁酯产品于2004年被国家科技部、商务部、质检局及环保局评为国家重点新产品。丙烯酸酯产品获得2005年上海国际工业博览会金奖。“丙烯酸丁酯生产新工艺技术的开发应用”被评为2002年上海市科技进步一等奖。“万吨级丙烯酸新工艺技术的研究开发”获得2003年上海市科技进步一等奖。“丙烯酸及其酯新工艺生产关键技术”获得国家科学技术进步奖二等奖，使我国成为继德国、日本、美国之后第四个拥有丙烯酸成套生产技术的国家。2009年公司被评为上海市创新型企业一等奖。

公司十分注重企业文化建设，形成了“诚实守信，团结拼搏”的企业精神和“选择丙烯酸就是选择拼搏、选择奉献”的共同理念。公司曾获全国文明单位、上海市文明单位、上海市职工最满意企业、全国设备管理先进单位等荣誉。

上海吴泾化工有限公司

上海吴泾化工有限公司建于1958年，地处黄浦江西岸，是上海华谊（集团）公司吴泾化工基地的主要企业之一，目前主营醋酸及其酯类、裂解等衍生物系列产品。主要产品有:醋酸(60万吨/年)、乙酸乙酯(20万吨/年)、硫酸(14万吨/年)、甲醛（30万吨/年)、聚甲基丙烯酸甲酯（2万吨/年）等。

吴泾化工水路、铁路、公路等物流设施完善。沿黄浦江有3个专用码头，其中危险品码头是黄浦江沿岸难得的水运物流资源；专用铁路装卸线11条，年运输量可达70万吨；各类化学品储罐容量10万余立方米；有设施先进的液体化学品专用灌装场地，配有化学品专用运输车近百辆。

吴泾化工技术力量雄厚，拥有市级技术中心、建有模拟试验中心、特材设备制造中心。在高温高压设备和特材设备制造上有特长，具有国家二级压力容器和压力管道制造资质，为国内多家化工生产企业制造了高温高压耐腐蚀要求极高的大型设备，自行设计、制造、安装和开车完成了多个大型项目，能为化工行业提供包括技术服务在内的多种工程服务。醋酸和乙酸乙酯技术曾分别获得上海市科技进步一等奖，公司被认定为上海市高新技术企业。

吴泾化工秉承“与周边的生态环境相容，与上海产业发展导向和整个行业发展趋势相符，与地区经济发展相联，与上海国际大都市形象相称”的发展理念，吴泾化工追求高度的人才凝聚力、稳定的经济增长力、强大的市场影响力、持续的社会贡献力。吴泾化工正朝着打造百年企业的目标努力奋斗！

地址：上海市龙吴路4600号
电话（总机）：021-64343040
网址：http://www.wjchem.cn/

上海豪高机电科技有限公司

Haogao Mechatronics Technology (Shanghai) Co., Ltd.

公司由国内液压行业的知名学者、国务院特殊津贴专家许仰曾教授为首，并以留美归国博士马毅及高级工程师等为骨干的高新技术型液压技术与工程公司。公司致力于液压成套装置与元件的设计生产制造，并承接液压插装阀块的设计制造及安装调试；推广国外知名品牌液压元件（Sauer-Danfoss、Hytos 等）。与此同时还致力于高科技创新，目前合作扩建了上海钜宜燃油喷射科技有限公司，生产与液压数字阀技术有关的燃油喷射器试验装置产品。公司在松江建立全新的生产基地。今后将以静液压传动等系统节能技术以及量大面广的螺纹插装阀技术为取向，以工程、矿山与船舶机械液压为重点，将我公司在国内已占有前端地位的高速开关数字阀技术进一步与工程应用紧密结合。

董事长：许仰曾
教授、博导
政府特殊津贴专家

其技术与产品的发展如下：

- “蓄能器式 0.3 秒快关蝶阀液压装置系列”填补了阀门行业中的空白；曾获中国液压气动密封工业协会优秀新产品。目前正为具有节能减排意义的生物质发电工程继续开发此类产品。
- 与上海交大焊接研究所等合作完成“250T 船尾液压柔性桨舵安装行走平台”项目中的液压装置，已用于上海沪东、大连、青岛、金海湾等大型造船厂。项目获教育部 2007 年科技成果奖、中国国际工业博览会中国高校展区优秀展品一等奖及第 9 届中国国际高新技术成果交易会荣誉奖。
- 于 2008 年通过上海市科委“燃油电喷超高压大吸力数字阀”二次创新基金项目专项验收鉴定，申报了二项发明专利。还开发了液压数字阀控制快速高精度纠偏装置；取芯过程瓦斯解析模拟试验的压力数字控制装置等。
- 2008–2009 年开发了液压换向发讯阀(堵塞阀)系列产品填补了造船行业的空白。还开发了专用液压吸油与吸油排油装阀；研发的“内反馈增量式水液压节流数字阀”申报了发明专利与“全螺纹插装式大流量数字液压调速高速开关阀”实用新型专利。
- 公司被上海迎世博系列活动组委会评为“2007 年度企业诚信建设奖”。
- 获得“上海市科技型中小企业技术创新资金项目”与2009 年“国家科技型中小企业技术创新资金项目”。
- 2009 年通过了美国 INNOTECH 出口螺纹插装阀块的样机任务。
- 2009 年作为上海理工大学机械学院研究生实习基地参加上海举办的国际流体传动与控制技术展 (PTC) 的展出。

上海成华重工有限公司

地址：上海市天目西路290号康吉大厦市政楼1005室　电话：021-63176578　传真：021-63176036

成华重工总经理梁广栽（右）与总工程师杨少民（左）

上海成华重工有限公司是一家从事能源设备、石油化工设备、冶金设备的设计、制造、技术咨询及进出口服务的重工企业，与国际上多家著名跨国公司、工程公司建立了稳固的合作关系，同时，在中国建立了非常完善的分包网络，包括国内一流的重型装备、能源设备、化工设备生产制造厂。公司拥有精通国际工程标准和规范（AISC，EN，AWS 等）、通晓英语的高级工程管理队伍与熟悉国际工程制作工艺要求的工人队伍。公司始终严格执行 ISO9000 体系以及项目的相关规范、技术要求，立争最好，不断完善 QPSS（Quality, Price, Schedule, Service）系统，向客户提供先进的技术、满意的服务、可靠的优质产品。公司本着“质量第一、用户至上、严谨务实、开拓进取”的精神，竭诚与国内外各界人士合作。

成华重工宝应工厂2009年HENC项目发货现场

成华重工驻江苏省扬州市宝应县一期生产车间

远纺工业（上海）有限公司

Far Eastern Industries (Shanghai) CO, LTD.

远纺公司是台湾远东新世纪股份有限公司在上海的子公司，创建于 1996 年，现在总投资为 5.26 亿美元。公司位于上海浦东陆家嘴金融贸易区，下属工厂坐落在奉贤区、星火开发区。工厂占地面积643600平方米。

经营范围

制造、加工聚酯切片、聚酯瓶级切片、高功能聚酯薄（胶）片、涤纶差别化短纤维、涤纶差别化长丝、弹力丝，并销售公司自产产品；同时从事自产产品上下游产品（如 PTA、MEG 等）的进出口业务。

质量管理体系

2000 年被评为上海市外商投资先进技术企业。2001~2004 先后通过 DNV（挪威船级社）ISO9001：2000 国际质量管理体系认证，ISO-14000 环境管理体系认证，ISO-CHSAS-18000 职业健康安全管理体系认证。2001-2009 年多次被评为上海市外商投资企业 50 强、100 强，上海市企业 100 强，上海市进出口企业 100 强。全国外商投资双优企业、对外贸易企业 500 强、制造业企业 500 强。

产品、产能

产品名称		产能（吨／年）
聚酯	纤维级切片	500,000
聚酯	瓶级切片	380,000
聚酯	薄（胶）片	28,000
涤纶	短纤维	110,000
涤纶	长丝	43,000
涤纶	弹力丝	43,000

公司地址：上海市浦东东方路 800 号宝安大厦 31-33，21 楼
电　　话：021-68751888　传真：021-68760809　邮编：200122
工厂地址：上海市浦东星火开发区白沙路 198 号
电　　话：021-57501888　传真：021-57503241　邮编：201419

江南造船(集团)有限责任公司

江南全景

江南造船（集团）有限责任公司（以下简称“江南造船”）由江南造船厂改制成立，其前身是1865年6月3日清朝创办的江南机器制造总局。江南造船曾为我国制造出第一台万吨水压机、第一艘蒸汽推进的军舰“惠吉”号、第一代航天测量船，是中国船舶工业集团公司的核心企业，是国家大型骨干企业和国家重点军工企业，是首批40家国家级技术中心单位之一，全国首批6家技术创新试点和16家国外智力引进试点企业之一。

根据上海世博会建设和中船集团公司战略部署和需要，江南造船整体搬迁至长兴岛，新江南占地面积约133万平方米，码头岸线近2000米，拥有365m×82m船坞一座，配置800吨龙门吊一台；室内船台五座；室外船台一座，配置450吨龙门吊一台。厂区建设按现代化造船模式的理念进行构思和策划。在造船流程中以中间产品为导向，按区域组织生产，壳、舾、涂作业在空间上分道，时间上有序，实现船舶产品设计、生产、管理一体化，实行高效、均衡、连续地总装造船。新江南已形成一个具有总装特色、以船体、涂装、舾装和信息化系统为支撑的现代化船舶总装厂。

在未来的发展过程中，江南造船将继续秉承“自强不息，打造一流”的企业精神，紧紧围绕公司“2015年成为中国第一军工造船企业”的奋斗目标和艰巨的生产任务，为把我国建设成为世界第一造船大国作出更大的努力。

远望6号航天远洋测量船

地址：上海长兴岛长兴
江南大道988号
邮编：201913
电话：021-66993388
传真：021-66993488

22000立方米半冷半压式液化石油气船

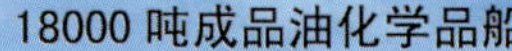
18000吨成品油化学品船

76000吨巴拿马型散货船

上海外高桥造船公司成立于 1999 年，是中国船舶工业集团公司旗下上市公司“ 中国船舶 ”的全资子公司。2009 年，外高桥造船公司面对国际金融危机，依靠自身的综合实力，沉着应战，逆势而上，继续保持高速增长态势，全年造船总量突破 600 万载重吨大关，达到创记录的 605 万载重吨，同比增长 32%，占中国造船总量的 15%，成为中国第一家年造船总量突破 600 万载重吨大关的船厂，并首次跻身世界三强。公司年造船总量连续五年位居中国各船厂之首，还保持着近五年累计创利全国船厂第一，已交付的 133 艘船全部提前交付的行业纪录。

2009 年 4 月 20 日，外高桥造船公司承建的世界第六代 3000 米深水半潜式钻井平台顺利下坞。该钻井平台是我国实施深水海洋石油开发战略的重点配套项目，并作为拥有自主知识产权的重大装备项目纳入国家重大科技专项，将填补我国在大型深水钻井平台项目上的空白。

上海外高桥造船有限公司在临港建设专用海洋工程制造基地，上海外高桥造船海洋工程有限公司，规划总用地面积约 103 万平方米，于 2010 年 4 月投入试生产，将对上海推进发展先进制造业、推动高新技术产业化、提升我国海洋工程装备总承包能力起到积极的促进作用。

2009 年 10 月 15 日，外高桥造船公司与国际知名航运公司签订了第一艘 20.6 万吨超好望角型散货船建造合同。该新型船舶由外高桥造船公司自主研发，是全面满足国际新规范、适应国际航运需要以及船东需求的超大型船舶，标志着外高桥造船公司在产品结构调整上又迈出了重要一步。

未来，公司将把加快转变发展方式作为中心工作和重要任务，大力推进实施海洋工程战略，不断强化企业管理，提升发展质量，增强核心竞争力，努力实现新的跨越。

上海外高桥造船有限公司

沪东中华造船（集团）有限公司

【概况】

沪东中华造船（集团）有限公司是中国船舶工业集团公司旗下的既造民用船舶、军用船舶，又造海洋工程和大型钢结构的特大型企业集团。公司具有雄厚的船舶开发、设计和建造实力，具有 70 多年的丰富造船经验，先后为国内外船东建造过 LNG 船、LPG 船、大中型集装箱船、化学品船、滚装船、油船、散货船、客货船、特种工作船、军舰和军辅船等民、军用船舶共计 3000 多艘。国内第一艘 LNG 船和公司拥有完全自主知识产权的 8530 箱集装箱船的建造，填补了国内空白 ，提高了我国造船工业的水平和国际地位。公司拥有一流的国家级企业技术中心、博士后工作站以及 1100 余名从事科研开发的技术人员，科研开发力量强大，信息化管理手段先进。公司坚持以人为本思想，在“团结、拼搏、进取”的企业精神基础上，创建“和谐、向上”的企业文化，注重企业全面、持续的发展。展望未来，公司将进一步提升高科技船舶产品的建造能力，增强国际竞争力，以国际一流的产品质量和完善的售后服务与国内外客户精诚合作、共创辉煌。

【2009 年经济工作情况】

2009年公司生产形势总体稳定，全年造船完工145.5万载重吨。值得一提的是，年内成功交付 3 艘 14.7 万立方米液化天然气（LNG）船，圆满完成了国内首批 5 艘 LNG 船建造任务，标志着我国已经完全具备批量建造高技术船舶产品的能力。

2009 年，面对严峻市场形势，公司及时调整营销策略，与船东加强沟通，同时充分发挥技术和人才优势，在军品、民品及非标产品上均有所突破；产品开发方面，公司重点抓住 LNG 船市场，加强与设计院所的合作，在中船集团公司的统一部署和领导下，联合成立的 LNG 船项目开发组成功向市场推出三款新船型，标志着中国成为了继欧洲少数国家、韩国、日本之后，能够自主研发、自主设计 LNG 船的国家；成本管理上，通过加强体系和制度建设，取得降本增益新成效；技术改造方面，长兴分段制造基地和崇明分段制造基地二期工程建成投产，长兴二期启动工程的前期准备以及临港船舶配套综合技术改造项目的各项工作取得进展，为公司的长远发展提供了有力的硬件支撑；同时，公司岗位薪酬绩效改革得到进一步推进，为考核新办法和分配新体系的实施奠定了基础；数字化设计、开发、制造和管理集成系统、公司计算机网络通讯平台扩充等信息化建设各项目的开发、实施，为提高生产和管理效率，提供了技术支持；质量管理、安全管理、保卫保密、生产保障和后勤服务等系统的工作也取得不同程度的提高。

【2010 年发展趋势】

工作指导思想：以科学发展观为指导，全面贯彻落实中船集团公司领导干部会议精神，进一步认清形势，解放思想，转变观念，勇于改革与创新，继续围绕“十五字”方针，采取切实有效的措施，在深化生产管理体制改革、抓好军品生产，承接新船订单、大力推进新船型开发和新工艺、新技术应用，强化安全、质量管理，降低生产成本、提高生产效率等方面取得明显进步。为确保 2010 年生产经营目标圆满实现而努力，为促进公司长远、平稳、协调发展奠定基础。

水下无线通信机

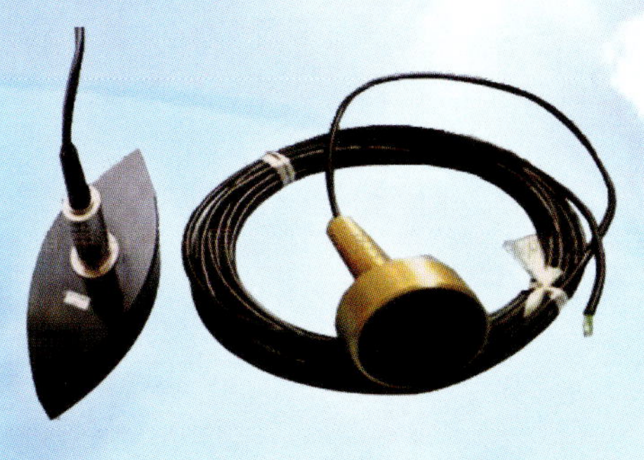

换能器

超声金属焊接机

LED大功率路灯

电连接器

LED筒灯

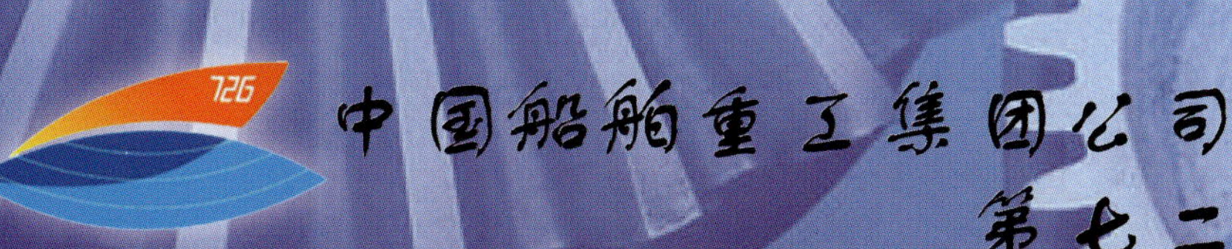

万米测深仪

【概况】

中船勘察设计研究院有限公司是中国船舶工业集团公司系统唯一一家工程勘察单位，成立于1953年。本公司是国家综合甲级工程勘察单位，同时具有工程测绘、工程咨询、工程监理甲级资质和对外承包工程、地质灾害评估等资质，本公司拥有工程地质、工程测量、岩土工程设计施工和监测、工程监理、工程测试、水文地质勘察与凿井、工程总承包、地球物理勘探、勘察设备制造与维修、勘察技术研究与咨询等专业。在半个多世纪的历史进程中，一代又一代勘察员工艰苦创业自强不息，默默无闻甘于奉献，改革发展开拓创新，全力投身于国家基本建设、船舶工业发展和上海市政重大工程，承担了大量前期性、基础性的勘察工作，完成了近万项工程勘察项目，为社会主义现代化建设事业，为我国船舶工业的发展壮大作出了应有的贡献。

中船临港船用大功率柴油机生产基地水域勘察

改革开放特别是进入新世纪以来，中船勘察设计研究有限公司顺应中船集团公司创新做强和上海船舶工业发展战略，投身于船舶工业系统各大造修船基地的各项勘察任务，承担并完成了中船江南长兴一期工程勘察、中船龙穴造修船基地工程勘察和地基基础处理、上海外高桥造船有限公司一期二期工程勘察、中船上海船厂崇明基地工程勘察、中船临港柴油机配套基地工程勘察，圆满出色完成一项又一项勘察工程，取得多项省部级荣誉。多年以来，本公司的工作作风和工程成果受到上级领导和社会各界广泛好评和赞誉，企业自身也加快了发展步伐，增强了核心竞争能力，树立了良好的市场品牌和信誉。在为船舶工业发展提供优质服务的同时，本公司积极开拓市场，参与市场竞争，大力承担上海重大市政工程勘察项目，承担并完成了上海东海大桥、上海长江大桥、上海崇启公路大桥、上海青草沙水库、江苏苏通大桥、杭州湾大桥等一大批国家和上海市的重大工程水域勘察和监理项目，青草沙水库项目组获得08年度《重大工程立功竞赛优秀集体》称号。《上海又一城购物中心》获得09年度《机械工业优秀工程咨询勘察设计奖》。通过这些重大项目的承接和完成，完善经验锤炼队伍，科技创新打造品牌，为企业提升经济总量，提高经济效益提供了强有力的支撑。

中船勘察设计研究有限公司勘察事业部(绥德路)

在积极抓好勘察生产经营的同时，围绕努力提高经济运行的质量和效益，实现又好又快发展，抓紧做好改制改革、科技创新、降本增效和人才队伍建设等各项工作。在北京召开"庆祝建国60周年全国工程勘察与岩土行业表彰颁奖大会"上，中船勘察设计研究院有限公司荣获中国勘察设计协会表彰的"六个十佳"之一的"十佳企业文化建设先进奖"；公司承担的上海市青草沙水库测量工程被上海市精神文明建设委员会、上海市迎世博600天行动指挥部等联合授予迎世博贡献奖——优质服务贡献奖。新的历史条件下，我们决心在中船集团公司和上海船舶工业公司的正确领导下，团结和依靠全院职工，坚持"自强奋斗精益求精"的企业精神；坚持"科技创新提升效益"的发展理念；坚持"弘扬传统与时俱进"的优良作风，抓住机遇奋力拼搏，打好基础当好先锋，科学发展创新做强，共同创造勘院更加美好的明天和未来。

中船勘察设计研究院有限公司办公大楼(镇坪路)

中船勘察设计研究院有限公司

中船长兴一期工程施工监测

上海外高桥第二发电有限责任公司

SHANGHAI WAIGAOQIAO NO.2 POWER GENERATION CO.,LTD.

上海外高桥第二发电有限责任公司地处上海市浦东新区东北端，长江入海口南岸，与崇明、长兴岛隔江相望，南侧毗邻外高桥保税区，紧靠外高桥港区。公司拥有两台国内首次建设的90万千瓦超临界进口燃煤发电机组。本工程为国家"十•五"规划能源建设重点项目，上海市重大工程，由申能股份有限公司、国电电力发展股份有限公司、上海电力股份有限公司按4：4：2的比例共同投资建设。项目利用世界银行贷款，主要设备岛根据世界银行采购导则通过"国际竞争性招标"方式采购。

两台机组分别于2004年4月和9月投入商业运行。投产以来，经济效益、社会效益、环保效益良好，先后获得获得上海市劳模集体、上海市文明单位、上海市学习型企业、上海市节能先进单位等荣誉。连续五年发电量超过100亿千瓦时，发电能力占到整个上海的16%左右，是上海电网的骨干发电企业和上海电力能源供应保障的主力军。机组设备容量大、参数高、性能好、能耗低，在全国火电大机组（600MW级）竞赛第十三届年会上，荣获"十大金牌机组"（竞赛一等奖）称号。

公司以"设备、管理、效益、队伍、文化"五个一流为具体目标，正稳步向"创建国际一流火电企业"的企业发展战略目标迈进。

1. 公司夜景
2. 燃煤堆场及干煤棚
3. 脱硫设施
4. 塔式锅炉
5. 卸煤码头

申能（集团）有限公司

SHENERGY GROUP COMPANY LIMITED

地址：中国上海市复兴中路1号　邮编：200021　电话：（021）63900888　传真：（021）63900119

申能（集团）有限公司（以下简称“公司”）为上海综合性能源与金融投资集团。公司以电力、燃气等能源产品生产与供应、能源及相关服务业、金融企业股权为主业。2009年末，公司总资产932亿元，净资产596亿元，全年营业收入209亿元。

截止2009年底，公司可控电力装机容量502万千瓦，权益装机容量478万千瓦，为上海主要电力投资集团之一。公司拥有各类燃气用户近530万户，地下管线近1.7万公里，市场份额约占90%以上，为上海地区的主要燃气供应商。公司对外金融股权投资（包括证券、保险、银行等）占公司对外投资超过1/3。2009年，公司全口径发电量459亿千瓦时，权益发电量213亿千瓦时；天然气供应量33.35亿立方米，人工煤气供应量15.55亿立方米。

上海外高桥第三电公司工程荣获国家优质工程金质奖

电力科技创新、节能减排成果达国内领先水平。外高桥第三发电公司两台100万千瓦超超临界机组取得18项中国企业新纪录和9项国家专利，2009年供电煤耗仅282克/千瓦时，连续两年保持世界领先、全国第一的优异成绩，2009年该项工程还荣获国家建设领域最高荣誉——优质工程金质奖。

上海浦东燃气销售公司荣获“上海市五一劳动奖状”

上海世博会中国馆、主题馆太阳能电站

建成了覆盖全市完整的天然气接收、输配和供应网络。2009年，上海（洋山）进口LNG接收站一期工程建成，于11月迎峰度冬前正式向下游供气，为缓解上海乃至周边省市的天然气供应紧缺发挥重要作用。主干管网一期工程竣工、二期工程具备接收上海LNG、川气条件。目前可接收国际、国内五大气源，天然气供应量较2000年增长超过16倍。五号沟LNG应急储备站的储备能力达15天，多气源互补的优势逐步体现。

积极投入2010年上海世博会的项目建设和服务保障工作。公司为2010上海世博会的电力生产和燃气供应高级赞助商，由公司投资建设的世博园区中国馆和主题馆太阳能电站于2010年1月11日正式并网发电；世博园区道路燃气排管工程全线通气，上海燃气世博服务中心正式启用。此外，上海临港燃机电厂项目获得核准并开工。

加快推进改革和重组，产融结合程度进一步提高。2009年，公司有偿受让上海城投持有的燃气集团45%股权，为进一步深化燃气改革奠定基础；公司整体接收上海久联集团，积极探索建立能源要素市场交易平台；公司支持东方证券、光大银行上市，资产证券化率已达67%。

五号沟LNG应急储备站接收进口LNG

上海进口液化天然气接收站全景

上海电力修造总厂有限公司
Shanghai Power Equipment Manufacture Co.,Ltd.

上海电力修造总厂有限公司是世界 500 强企业国家电网公司旗下，集产品研发、设备制造、工程成套和技术服务四大功能为一体的先进电力装备制造现代企业。半个多世纪以来，作为一家始终助力于清洁能源的企业，我们基于对客户需求的深入了解以及“努力超越、追求卓越”的企业精神，将技术和科技融入到以人为本的解决方案中。

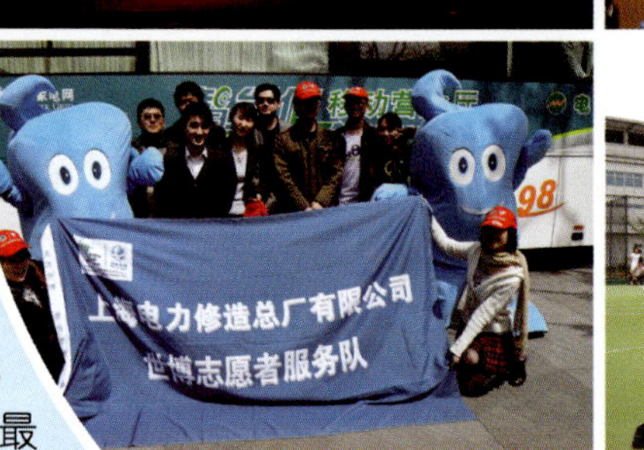

自 1956 年创立至今，我们传承 50 多年的设计制造经验，以全球领先的给水泵技术为坚实依托，形成强大的研发能力和生产能力，秉承“卓群设计，杰出制造——助力于清洁能源”的宗旨，始终走在先进制造业的道路上，致力于研发和制造具有当代国际最先进科技水平的节能型大容量、高参数锅炉调速给水泵组，大功率、高转速液力偶合器，高温高压电站阀门和新型焊接材料，为电力建设事业和经济社会的可持续发展奉献优质产品、提供满意服务、履行社会责任。

一直以来，我们肩负重任、不辱使命，在中国电力工业发展史上开创了众多的第一，填补了多项空白。非凡的业绩屡获国家和部市级殊荣，赢得业界和社会广泛的赞誉。

上海闸电燃气轮机发电有限公司

上海闸电燃气轮机发电厂

集控室

外国专家现场

汽机平台

黑启动柴发机组

上海闸电燃气轮机发电有限公司是 1996 年 2 月成立的中美合作企业。公司下属上海闸电燃气轮机发电厂是上海地区第一个燃机电厂，一期项目安装 4 台 10 万千瓦级燃气轮机发电机组。二期项目联合循环于 2006 年 6 月全部建成投产，与原有的燃机组成燃气 - 蒸汽联合循环，厂装机容量从 40 万千瓦增加到 60 万千瓦。同时，安装了容量为 5430KVA 的柴油发电机组，使电厂成为上海唯一的“黑启动”发电厂，提升了企业服务电网的能力和综合竞争力。

公司制定了企业发展战略，以把企业建成“电网的骨干调峰电厂和燃机人才的培训基地”为目标。几年来，全体员工弘扬“员工与企业共同成长”的企业价值观，以电网为源，树立“在第一时间反应，在第一时间保电”的服务理念，迄今累计调峰发电 87 亿千瓦时，并网 9651 次，平均年并网 742 次，增强了电网的调峰和事故应急处理能力，保证了电网的安全可靠运行。同时，电厂建立了上海电力行业第一个燃机运行培训基地和中电联燃机仿真机培训基地，负责编制的《燃气轮机运行值班员国家职业技能标准》已由中华人民共和国人力资源和社会保障部颁发。在不久的将来，由中华人民共和国人力资源和社会保障部核批的上海燃气轮机职业鉴定站将在电厂诞生，为全国燃机行业进行仿真机培训和职业技能鉴定工作开启了新的篇章。

上海浦城热电能源有限公司

上海浦城热电能源有限公司是一家垃圾资源化的综合运营企业，管理国内首座千吨级生活垃圾焚烧发电厂——御桥生活垃圾发电厂和负责浦东城区垃圾收集与清运的上海浦发环境服务有限公司，实现了浦东生活垃圾收集、清运、焚烧和发电的产业链管理。

主控室

上海浦城热电能源有限公司为上海浦东发展（集团）有限公司和德国费赛亚巴高克环境工程公司共同出资经营管理的一家环保能源企业。该合作开拓了在城市基础设施领域的跨国合作先例，为开拓环保产业市场化道路进行了有益的探索。

公司依靠完善的管理和现代化的流程，实现了垃圾处理的减量化、资源化和无害化操作。2003 年－2006 年年均处理垃圾约 45 万吨，售电约 8680 万度。

采用拥有专利技术的炉排，通过使垃圾沿炉排表面向前移动、翻转、混合，使垃圾充分燃烧。

垃圾焚烧炉炉排

垃圾焚烧产生的热能通过加热余热锅炉中的水，并将水转化为水蒸汽，由水蒸汽推动汽轮机叶片，快速旋转的汽轮机带动发电机进行电磁转化，产生电能。

拥有一套先进的环保控制设备，确保生产的无害化和排放达标。

建成日处理能力 300 吨的渗沥水处理站，采用国际先进的专业渗沥水处理工艺，处理后达到上海市《污水综合排放标准》中三级标准排放，进一步改善环境质量体现，为中国生活垃圾发电厂的渗沥水就地处理树立了典范，也为同类项目再建提供良好的借鉴作用。

2006 年，通过 ISO9001 质量管理体系和 ISO14001 环境管理体系认证，进一步完善了标准化管理体系的建设，确立了绿色浦城的发展目标。

作为环保示范型工程和环保教育实践基地，我们积极承担起环保宣传和先进工艺展示的社会责任。每年接待约 2000 人次的参观访问。

伴随着浦东环保事业的发展，我们将继续为建设更美好的环境而努力。

主厂房

地址：浦东北蔡御桥路 869 号　邮编：201204　电话：68931581

2001 年与上海新闻出版局合资建立，公司性质为中美合作企业。2002 年 8 月厂房落成，第一期投资 2,950 多万美金，厂房面积 66,700 平方米，二期工程后总占地达 10 万平方米，总投资金额达 8,000 万美金。目前公司拥有约 900 名员工和 30 台最先进的生产设备位于上海市青浦区崧泽大道 7699 号，主要经营业务有：期刊杂志、号簿、手册和卖场目录等多种宣传品的印刷。为客户的印前、印刷到物流提供满意和全面解决方案。

◎ 2003 年 8 月顺利通过 ISO 9001、ISO14001 和 OHSAS18001 认证
◎ 2004 年获得“纳税贡献奖”，“地方财政贡献奖”
◎ 2004 和 2006 年获得上海市青浦工业园区纳税十强企业
◎ 2005 年被上海外商投资协会授予“先进技术企业”称号
◎ 2008 年科印传媒《印刷经理人》杂志中国印刷企业 100 强 第一名
◎ 2008 金光集团 -- 第二届金光印艺大赛期刊杂志（轮转印刷）金奖、银奖单位。

上海当纳利印刷有限公司

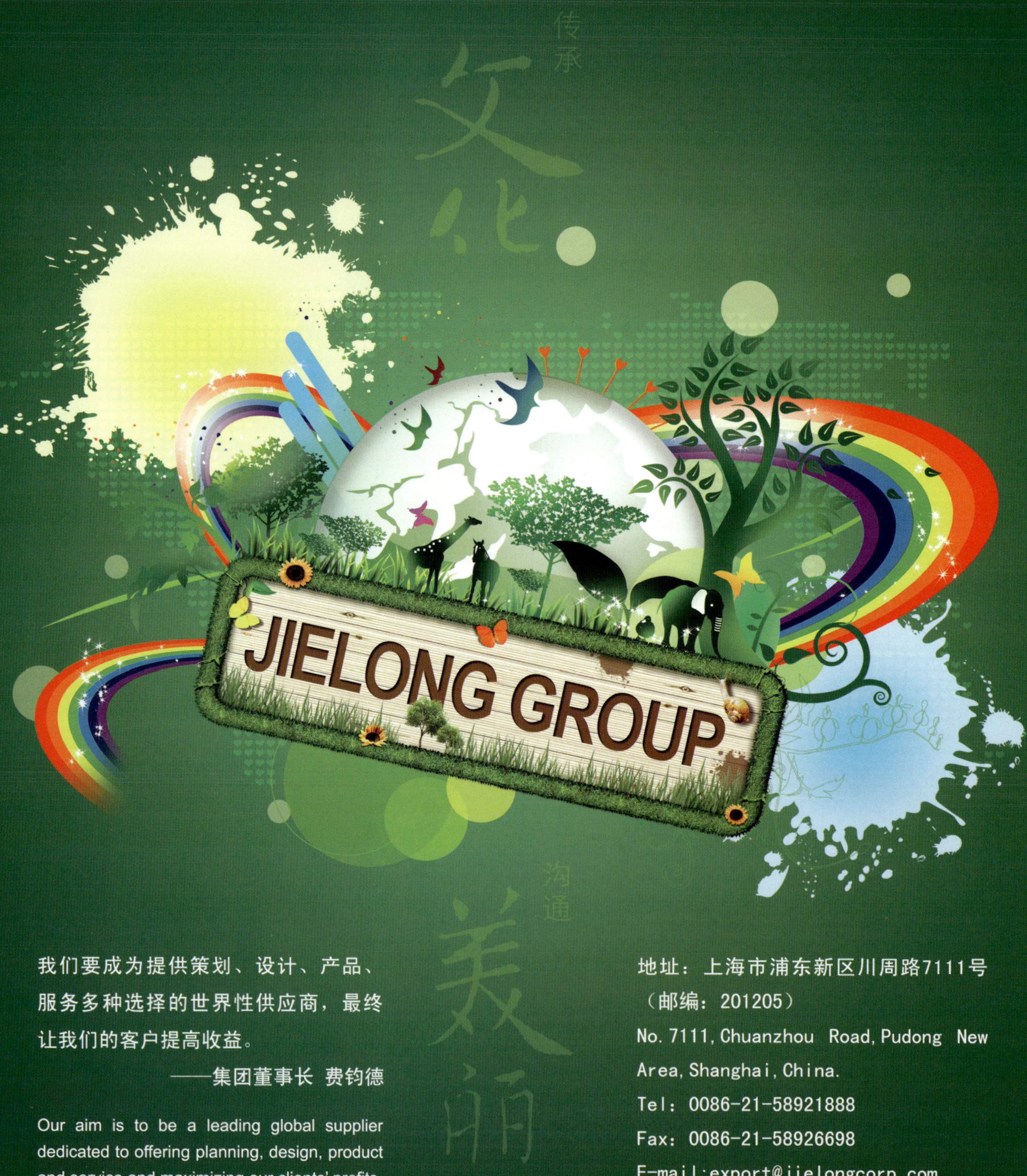

科技纺织的先导、时尚纺织的支撑

——上海市纺织科学研究院

上海市委书记俞正声来纺研院工作调研

中国纺织工业协会会长杜钰洲来院指导工作

上海市纺织科学研究院创建于1956年，原为中国纺织工业部纺织科学研究院上海分院，1959年更名为上海市纺织科学研究院，隶属于上海纺织（集团）有限公司。全院下辖六所三中心：上海市合成纤维研究所、上海纺织工业技术监督所、上海市毛麻纺织科学技术研究所、上海市服装研究所、上海市印染技术研究所、上海市色织科学技术研究所、上海纺织节能环保中心、上海纺织新产品开发中心和上海纺织科技发展中心。

本院研发手段齐全，配套完整；纺织研发精英汇萃，成果丰硕。50多年来不断致力于纺织产品、工艺、设备和材料的开发应用研究，研究领域延伸至环保、医药、建筑、冶金、家电、汽车、航空航天等相关产业，是我国目前规模最大，纺织专业设置最齐全的综合性纺织研发机构。历年来共获得国家和上海市重大科研成果奖和发明专利千余项。本院通过ISO9001、ISO14001、GB/T28001管理体系认证和国家实验室认证。

本院提供产业链科技服务项目主要有：

1. 上海纺织研发公共服务平台
2. 面料开发设计服务
3. 新型纤维开发与应用服务
4. 上海纺织检测服务平台
5. 技术专利咨询服务
6. 化学染料、助剂开发与应用服务
7. 纺织节能、环保工程服务
8. 期刊、文摘、科技图书信息服务

新大楼

本院贯彻“科技与时尚”、走高端纺织的发展战略，以集团中央研究院的功能定位和国内一流、国际知名的纺织研究院的水平定位为目标，集聚上海纺织科研资源，以建设高标准、高水平的新科研综合楼为契机，加快情报信息、标准检测、项目研发、成果转化“四大平台”的建设，为集团主业提供技术支撑，为行业提供技术服务，面向上海、面向长三角、面向全中国。

地址：上海市平凉路988号
电话：55210011*各部
传真：55214191
网址：http://www.stri.com.cn
http://www.strdsp.com.cn
E-mail：strichsh@online.sh.cn

品质创造价值

——记上海安诺其纺织化工股份有限公司

上海安诺其纺织化工股份有限公司是一家专业从事纺织品染化料新技术、新产品研发、生产、销售于一体的高科技型企业，公司产品主要应用于新型纺织面料和有特色化染色需求的纺织面料。作为一家专业纺织品新型染料产品供应商和印染应用技术服务商，不仅为客户提供各种满足特定需求的特色化染料产品，更为客户提供配套的印染工艺和技术解决方案。

公司成立于1999年，总人数237人，是上海市高新技术企业、上海市科技小巨人（培育）企业等，获中国创业企业百强、中国纺织服装企业竞争力500强、中国纺织产品开发贡献奖等。

公司总部、研发中心、物流中心等设在上海，占地20余亩，在山东设立有烟台安诺其纺织材料有限公司和东营安诺其纺织材料有限公司两家子公司，占地总面积200余亩，子公司作为公司中试生产基地，还承担国家唯一纺织染化料产品开发基地和国际先进的分散染料生产基地建设。

公司自成立以来一直注重环保理念，公司在环保问题上投入专项资金并制定了相应的规章制度来保证专项资金的使用。公司按照绿色环保要求对生产进行全过程控制，推行清洁生产，采用先进的生产工艺和生产设备，使“三废”产生量在生产过程中减少到最低限度。同时，公司的染料产品符合国家节能减排的政策要求。

公司目前拥有分散染料ANOCRON（安诺可隆），活性染料ANOZOL（安诺素），酸性染料ANOSET（安诺赛特），用染料ANOFIX（安诺菲克斯），锦纶染色高坚牢度染料ANOMEN（安诺门），助剂ANOKY（安诺科）等六大系列品牌，共三百多个品种的染料产品，可以满足不断发展的国内中高端染料市场需求。其中部分产品在国内部分中高端染料细分市场处于领先地位。

公司秉承“共同发展、共享成果”的宗旨和“品质创造价值”的经营理念，以市场为导向，以创新为动力，以品牌经营为核心，以资本运作为手段，立志成为中国染料行业最具影响力的、最具竞争力的第一品牌企业，最终打造成为世界一流染料化学品公司。

青年创意创业之地

——鑫灵创意园

地址：浦东新区峨山路 613 号　邮编：200127
联系人：吴根发　电话：86-21-58891206
E-mail：Chuangyeyuanqu2005@163.com
交通指南：公交 82、86、818、1、985、454，
地铁 4 号线、6 号线

鑫灵创意园隶属于上海纺织控股（集团）有限公司，位于浦东陆家嘴金融贸易中心峨山路 613 号，毗邻世博会主会场，地理位置优越，交通便捷，占地面积 7076 ㎡，建筑面积 11264 ㎡。园区是目前上海市规模最大、最具有特色的青年大学生创意创业园区之一。

鑫灵创意园原是上海东星手帕厂，经过改造，园区已成为以大学生创意创业为主，以服务业为主的“创意 + 创业基地”，行业领域涉及多媒体制作、动漫动画、会务会展、室内各类装饰设计、手工礼品编制、婚庆服务等现代服务业。自 06 年 10 月运营以来，园区现有入驻客户 175 家，其中青年大学生占 70% 以上，就业人数约 2000 人。2008 年入驻注册客户税收达 5000 万元，出租率达到了 100%。

为了扶持大学生创意创业，政府和园区携手推出了相关的措施和服务：

政府就业政策扶持。几年来，鑫灵园区先后争取了政府各类政策达 10 项之多，如非正规就业劳动组织三年的免税政策；非正规劳动组织吸纳失业、协保和本地区农村富余劳动力达 70%，可享受浦东新区 30% 房租补贴；新开微小企业、民营企业、个体工商，可享受市政府给予的每人 / 年 2000 元的房租补贴。鑫灵园区通过信息发布、召开座谈会和便捷的财务支持系统，及时把政府政策落实到小企业、惠及到创业者。

在功能布局上精心体现了资源互补。园区对三大区域的管理进行了功能布局，形成了政府、企业和入驻大学生资源互动：园区 A 楼入驻浦东各地区社会公益机构，成为园区争取创业政策的通道；B 楼是园区与政府联手合作的一个孵化基地区域，成为大学生以现代服务业为主的创业摇篮；C 楼则为陆家嘴小企业创业创意基地。区域分类的功能管理，使园区各种资源得到互动。

Heidelberg Graphic Equipment (Shanghai) Co., Ltd. (hereinafter called Heidelberg-Shanghai) is Heidelberg' s first manufacturing centre in Asia. Heidelberg-Shanghai was founded in 2005, has a registered capital of 53 mil € and currently employs more than 280 people. The factory has a total size of 20,000 sqm and Heidelberg recently started to expand the factory to more than 60,000 sqm in order to increase its capacity. Our product portfolio covers 3 sheetfed offset printing machine product lines (CD102, SM74 and SM52) and 1 combination folding machine (KHC78).

海德堡印刷设备（上海）有限公司（简称海德堡上海）是海德堡在亚洲的第一个制造中心。海德堡上海成立于 2005 年，有 5300 万欧元的注册资本，目前员工超过 280 人。工厂拥有总面 20,000 平方米，最近开始厂房的扩建超过 60,000 平方米，以提高其产能。我们的产品涵盖了 3 种单张纸胶印机生产线（速霸 CD102，速霸 SM74 和速霸 SM52）和 1 个组合折页机（KHC78）。

Heidelberger Druckmaschinen AG (hereinafter called Heidelberg) is with its sheetfed offset printing machines one of the leading solution providers for the print media industry. All over the world, the name Heidelberg is synonymous with state-of-the art technology, top quality, and closeness to the customer. The core business of this technology group covers the whole value-added and process chain for paper sizes from 35 x 50 cm up to 121 x 162 cm .

海德堡印刷机械股份公司（简称海德堡）以其单张纸印刷机是印刷媒体业首屈一指的解决方案供应商。在世界各地，海德堡的名字是国家的最先进的技术，一流品质以及高度贴近客户需求的代名词。集团的核心业务涵盖整个生产流程从 35 × 50 厘米到 121 x162 厘米的纸张大小的整个价值增值和生产流程。

Heidelberg develops and produces precision printing presses, platesetters, postpress equipment, and software for integrating all the printshop processes. Environmental protection has an enduring importance in this regard. Solutions for the development, production, and utilization of presses help to conserve resources, reduce emissions, and cut wastage. The Heidelberg portfolio also provides general and consulting services ranging from spare parts and consumables to the sale of remarketed equipment, and training at the Print Media Academy.

除了精密印刷机，海德堡还开发生产印前制版设备和印后加工设备，以及能够将所有印刷生产步骤整合起来的软件系列等。环境保护在这方面有持久的重要性。开发，生产的解决方案和利用压力机有助于节约资源，减少排放，减少浪费。海德堡也为用户提供一般咨询服务，范围包括零备件，耗材在二手设备市场的销售，以及在印刷媒体学院的培训。

In China Heidelberg has a history of more than 30 years. Beside its factory in Shanghai Heidelberg also maintains its own sales and service channels with more than 600 employees making Heidelberg to one of the strongest brands in its industry in China.

海德堡公司在中国拥有超过 30 多年的历史。除了它在上海的海德堡工厂，还有自己的销售和服务渠道，超过 600 多名员工，使其在中国的同行业中成为最强大的品牌之一。

金桥出口加工区

金桥出口加工区（下称金桥开发区）是1990年经国家批准成立的国家级经济技术开发区，位于浦东新区北部，总规划面积27.38平方公里，分为金桥北区和南区两部分。经过20年的开发建设，金桥开发区已从昔日的农村赫然崛起为高科技、现代化、多功能的现代产业园区，创造了先进制造业和生产性服务业快速发展的奇迹，成为我国开发建设速度快、能级档次水平高、综合产出效益好，体现浦东开发开放特色的国家级开发区。

金桥建区以来，共引进项目1028个，累计吸收投资总额176.3亿美元，其中合同外资69.4亿美元。据2009年《财富》统计，54家世界500强公司在金桥投资了90个项目。跨国公司云集的金桥开发区，科技引领特色鲜明，产品创新与世界同步。2009年，金桥开发区实现新产品产值967亿元、高新技术企业产值694亿元，分别占开发区工业总产值的57.8%、41.5%。

金桥开发区重点聚焦发展以高新技术产业为主导的先进制造业，形成了电子信息、汽车制造及零部件、现代家电、生物医药与食品加工四大主导产业，已成为中国重要的先进制造业基地。2009年，金桥开发区工业总产值1672.9亿元，占浦东新区23.8%，3家企业工业产值超过100亿元，24家企业产值超过10亿元。销售收入2594.4亿元，上缴税收169.7亿，吸纳就业人口超过15万人。

近年来，金桥紧紧抓住产业结构调整和跨国公司中国投资向制造业两端转移的机遇，大力发展生产性服务业，努力形成先进制造与生产性服务两翼齐飞、协调互动的产业新格局，以研发设计、科技创新来引领和驱动金桥先进制造业的可持续发展。2006年7月，“上海金桥生产性服务业集聚区”正式挂牌。2007年7月，金桥被命名为“中国服务外包基地上海示范区”。以“总部经济、研发设计、商贸营运和服务外包”为特色的金桥生产性服务业已初步形成规模，2009年实现营业收入336亿元。

金桥开发区功能配套完善，重点规划建设有享誉沪上的适宜外籍人士居住的高品质国际社区——碧云国际社区，社区生活、教育、医疗、体育、休闲、文化等配套完善，居住在碧云国际社区的外籍家庭近2000户，约6000人。

金桥开发区在生态建设、环境保护方面努力走在上海开发区发展的前列，2000年成为上海首家通过“ISO14000国家示范区”认定的国家级开发区。2008年8月金桥国家生态工业示范园区创建规划获得国家环境保护部、商务部、科技部批准。

目前，金桥开发区正在加快实施“二次开发、跨越发展”新战略，努力向世界一流产业园区迈进。金桥开发区将按照上海和浦东新区新一轮发展战略要求，全面推进“二次开发”，打造上海先进制造业核心功能区、生产性服务业集聚区和新型战略产业的先行区，成为高科技、生态化、综合性，具有世界一流水平的国家级经济技术开发区。

上海市北高新技术服务业园区

上海市北高新技术服务业园区地处上海市区中部的中环与南北高架交汇处，园区总面积3.13平方公里。1992年，园区经上海市人民政府计划委员会批准成立，由闸北区人民政府组建和统一规划开发。1998年，园区成为上海高新技术产业区（现为张江高新技术产业开发区）的组成部分；2006年，园区被国家发展与改革委员会命名为第四批省级园区，是上海中心城区唯一的省市级开发区；2008年，园区被命名为上海市级高新技术产业开发区。2009，园区先后被认定为上海市首批生产线服务业功能区和上海市首个国家高技术产业基地。

近年来，园区围绕产业结构调整，不断强化园区形态和环境建设，推进产业集聚，加快园区服务理念和功能的转型，实现了从传统的工业园区向以研发设计、服务外包、总部型企业为主导的生产性服务业集聚区的转变。目前，园区已引进的企业中有70%左右的企业从事生产性服务业，一条以产业调整带动园区发展之路正在园区显现。在园区大力推动下，园区产业调整和产业集聚效应逐步显现。亚太数据港，金融后台服务集聚区、国产基础软件等三大平台建设正在加快推进。目前，大润发、Tesco、科勒（中国）投资有限公司、中国铁路工程总公司上海分公司等企业为代表的区域性及功能性总部，环达电脑（上海）有限公司、研华慧胜智能科技有限公司等企业为代表的跨国企业研发中心，品天信息技术有限公司、智联易才人才咨询有限公司等为代表的服务外包机构纷至入驻园区，从而极大提升了园区产业能级和知名度。

上海浦东

康桥工业区

KANGQIAO INDUSTRY PARK

康桥集团公司办公大楼

生产性服务业集聚区——总部湾项目

上海浦东康桥工业区创建于 1992 年 5 月，1994 年 8 月被批准为上海的市级工业区，规划面积 26.88 平方公里，规划发展备用地 13.9 平方公里。经过十多年的建设和发展，工业区确立了电子信息和汽车零部件两大主导产业。截至 2009 年底，康桥工业区共引进外资企业 389 家，总投资 45.41 亿美元，其中已先后吸引 ABB、中国电信、华硕、施耐德、纳铁福、江森自控等近 20 家世界 500 强公司投资康桥；累计引进内资企业 2446 家，总投资 156.63 亿元，累计固定资产投入 430.18 亿元，其中工业固定资产投入 236.88 亿元。2009 年，康桥工业区实现工业总产值 741.82 亿元，在全市开发区中排名第 5。近年来，市经委对上海 41 家开发区综合发展指数进行排名，康桥工业区连年位居前列，并在最新的一次评比中排名市级开发区第 1 名。2008 年，工业区被市开发区协会、市商标协会评为“上海市品牌建设优秀园区”。

在南汇“划入”浦东、浦东“二次创业”的大好机遇下，康桥工业区将深刻把握上海“两个中心”建设战略决策的重大意义，积极转变经济发展方式，全力推进产业结构升级，切实增强园区开发实力。园区还确定了 2010-2012 年经济发展的“1661”战略目标，即：至 2012 年底，实现工业总产值 1000 亿元以上，上缴税收 60 亿元以上，户管企业地方财政收入 6 亿元以上，再培育 1 家产值超百亿元的大企业，努力建成上海重要的高新技术产业化基地，产业特点清晰的先进制造业基地，国内外一流的企业汇聚基地，构建和谐优美的工业园区。

德美国际贸易中心效果图

上海西北综合物流园区（江桥基地）

吉马效果图

上海西北综合物流园区（江桥基地）位于嘉定区江桥镇，是“十一五”期间上海市重点建设的四大物流园区之一。作为西北综合物流园区（江桥基地）的工业用地前期开发主体，上海江桥现代物流发展有限公司负责整个园区的建设、开发、招商和管理。

园区是以多式联运为特点，冷链物流和专营性采购为特色，服务长三角为目标，建设集物流配送、商品展示、批发贸易、产品分销、信息研发于一体的陆路口岸型物流园区。

园区地理位置优越，投资环境良好。南濒吴淞江与闵行区相望，北依曹安公路（312 国道），东与上海中心城区毗邻，西连上海国际汽车城。周边的曹安公路、沪宁高速公路、嘉金高速公路、同三国道、沪宜公路（204 国道）、嘉松公路和沪宁、沪杭铁路以及吴淞江，构成了公路、铁路、航运纵横交错的便捷交通网络。

园区总占地 3.3 平方公里，规划用地面积 4844.25 亩，分二期开发，首期开发的总用地面积为 2925.75 亩。经过 5 年的建设，园区首期“七通一平”基础设施建设已全部完成。

园区本着“真诚守信，高效务实”的服务理念，招商工作呈现良好势头，国内外一流现代物流企业纷纷入驻园区。截止到 2009 年 6 月，园区共引进实业型企业 12 家，总注册资金 9.9 亿元，总投资约 46.53 亿元。入驻的大型项目包括：中外运上海冷链物流中心、宝供物流企业集团上海物流基地、吉马国际酒业、联华超市配销物流中心、雀巢太太乐福赐特食品、德美采购物流、宏建钢材物流中心等。

园区以饱满的热情、科学的态度、一流的服务，真诚欢迎有志开拓物流事业的朋友，携手共创物流园区灿烂辉煌的明天！

公司地址：上海市嘉定区曹安公路 3889 号
（江翔路 365 号）
电话：021-39117593（办公室）
39117600（招商）
传真：021-39117593（办公室）
39117600（招商）
邮编：201812
公司网址：http://www.juncho.com.cn
E-mail：juncho@juncho.com.cn
网络实名：江桥物流

上海西北综合物流园区（江桥基地）鸟瞰图

奉贤区
南桥镇

西渡经济园区

园区内企业：阿波罗机械

园区主任：吴国山

闵浦二桥似彩虹，浦江边上栽梧桐，引来金凤栖西渡，腾跃梦想财富涌。

创立于 1997 年的南桥镇西渡经济园区地处奉贤区北大门，与闵行区隔江相望，东至 S4 高速公路，南至大叶公路，西至沪杭公路，北至梅家港，总规划用地 2500 亩。近年来，园区坚持以“转变经济发展方式、提高管理服务水平”为工作理念，全面调整招商策略，不断优化产业结构，积极发展科技含量高、市场占有率高、经济附加值高的产业，逐步形成了以输配电制造、服装纺织、水泵制造、运动器材、钢结构制造等为特色的五大产业体系。至 2009 年底，园区有落户企业 500 多家，实现工业总产值 52 亿元，税收 1.7 亿元，逐渐成为南桥经济的重要增长点，财政收入的重要来源，扩大就业的重要渠道。

园区内企业：水星家纺

“您的事业就是我的事业，您的成功就是我的成功！”西渡经济园区热忱欢迎国内外各界人士前来创业发展。

地址：奉贤区南桥镇奉金路 88 号　电话：021-57434196　E-mail：nqzxjb@163.com

宝 山 有 宝 · 罗 泾 有 金 · 投 资 罗 泾 · 前 程 似 锦

培育1000个

千万富翁的五星之家

上海宝山经济发展区
SHANGHAI BAO SHAN PRIVATE ECONOMIC ZONE

招商热线：66081502　66081735

上海未来岛高新技术产业园

"未来岛"－－上海 26 个市级开发园区之一、上海市优秀品牌园区

"未来岛"－－上海市总部经济和科技产业集聚区

"未来岛"－－上海市科技创业中心西区分中心

"未来岛"－－上海现代物流信息产业园

园区概况

上海未来岛高新技术产业园区于 2001 年 11 月获批成立。园区占地约 2300 亩，交通便捷、环境优美、设施完善、极具潜力。开发建设 9 年来，相继引进世界 500 强企业法国施耐德(SCHNEIDER)及行业龙头企业芬兰科尼起重机(KONECRANES)、美国艾佩达(APW)、日本佐川急便(SAGAWA)、上海医药物流配送中心、美国达科电子公司(DAKTRONICS)、等国内外知名企业 27 家，

服务和政策

——联合区、镇政府相关部门，以高效便捷的方式，为入驻企业提供工商注册、税务登记等一站式服务。

——专设企业服务中心，为企业在综合管理、人力资源及配套资源等方面提供相关协调和推进，解决企业各种难点和疑点。

——科技企业孵化资金专项补贴，优惠的财政扶持政策。

区位优势

园区地处上海市西北的普陀区与大虹桥开发区及真如副中心交界，西靠外环线、东贴中环线、祁连山南路贯穿园区，占地约 2300 亩。周边城市轨道交通 11 号线设站于此，规划中地铁 16 号线将设站点于园区中心位置，与沪宁高速公路、沪嘉高速公路、沪杭高速公路等交通主干道联成一体。

投资环境

现代城市广场（61000 ㎡）
（购物、餐饮、娱乐、休闲）

商务别墅及甲级写字楼（85000 ㎡）

五星级会展中心（110000 ㎡）
（星级酒店及会议中心）

科技楼组群（33000 ㎡）

上海市科创中心西区分中心

650 商业地块

该地块位于祁连山南路与园区大道的交叉路口，地理位置优越，属园区小环岛的标志性区域的商业板块，升值潜力巨大，是您最理想的办公、会展场所。

该地块一直广受重视，也是园区倾心着力打造的板块。

科技楼

科技楼占地 5712.21 平方米，总建筑面积 10055.18 平方米，楼高 24 米。建筑为地上 6 层，地下 1 层；地上建筑面积 7907.9 平方米；地下建筑面积 2147.28 平方米。项目的绿化率达到 41%，为入驻企业提供了良好的工作环境。

该大楼已经入驻两家企业：SWF、德南纺织科技（上海）有限公司。

项目提供 55 个停车位，2 部三菱牌客梯。

整体建筑为独立院落，便于管理，环境雅静，适宜总部经济办公、物流、电子产品生产等。

科技地块 I

该项目位于园区内绥德路以北，园区大道以南，东邻科技楼族组群，占地面积24.15亩；交通便捷、环境优雅；可建成三万多平方米集办公研发为一体的高档办公楼。

科技地块 II

该项目位于园区小环岛内，园区大道以北，占地面积 43.83 亩；毗邻中央绿化带；可建成七万多平方米集办公研发为一体的高档办公楼。

上海市崇明工业园区

上海市崇明工业园区是1996年2月经上海市人民政府批准成立的市郊享受海岛特殊政策的市级工业区，规划总面积10平方公里，位于是崇明县城西侧，东与中心城区毗邻，南依崇明主要口岸南门港，西接城桥镇部分村落，北连岛上的交通大动脉陈海公路，中有贯通南北的三沙洪河。

十多年来，园区按照“高起点规划、高标准建设、高速度推进”的总体要求，坚持“突出重点、集中力量、分步实施”的原则，积极开展招商引资，大力实施基础建设，区内通讯便捷、电力充足、厂房林立、道路宽敞、环境优美，先后荣获“上海市高科技产业基地”和“上海市科技园区”称号，2003年又获得了中国质量与环境两项证书。2004年起，连续二届被授予“上海市文明单位”称号。多年来，园区招商引税取得了较好的成绩，迄今为止，已吸引了3100多家企业前来注册，落户企业有40家，逐渐成为本县工业集聚地之一。2009年园区又取得了新的发展，实现税收11.1亿元，为年计划的111%，同比增8.8%；引进注册企业595家，注册资金达到6.7亿元，与上海裕远电子、上海妙柱生物等企业初步达成落户意向；落户企业新增企业固定资产投资额1.66亿元，实现工业总产值7.1亿元；新增就业371人，顺利完成了县委、县政府下达的各项工作任务。

目前，园区一期2平方公里已基本建成，二期4平方公里正在稳步推进，341亩工业用地正在“引凤筑巢”，崇明工业园区正抓住崇明大开发和上海隧桥贯通、上海世博举办的重大历史机遇，积极瞄准崇明建设发展成为现代化生态岛的总体定位，充分利用特有的地理位置和资源优势，依托城市大工业，致力于发展技术含量高、附加值大、运输量小、无污染的有规模、上档次的科技型、资源型、技改型、创汇型和劳动密集型的项目，随着崇明生态岛建设的不断推进，崇明工业园区必将成为崇明未来的一块生态工业亮地。

中国历史文化名镇
Famous Historical and cultural town China

上海枫泾工业区

SHANGHAI FENGJING INDUSTRY PARK

枫泾工业区网址：www.fj-invest.com
枫泾新能源基地网址：www.shfj-neb.com
电子邮箱（Email）：major1289@163.com

上海枫泾工业区是上海市级工业区，上海品牌建设优秀园区，位于上海市西南门户——枫泾镇，规划面积15.8平方公里，交通网络发达，基础配套完善，投资环境优越，商务成本低廉，至目前为止累计引进实业型项目300多个，形成了汽车及汽车零部件、新材料及通用机械、纺织服装及服装机械、黄酒酿造及食品制造、新能源产业等五大主导产业。

枫泾新能源特色产业基地位于枫泾工业区的中心地带，总规划面积2.4平方公里。2009年9月国家火炬计划枫泾新能源特色产业基地正式获批，是上海市新能源产业领域的第一个国家火炬计划项目。重点发展太阳能产业、新能源汽车产业、风电装备业等三大产业。目前已引进上海索日光电科技有限公司、上海信富光电科技有限公司、上海莹利钢结构有限公司、上海威姆宁新能源科技有限公司、上海兆锟光电科技有限公司等数家在业界有着广泛深刻影响的新能源企业。

工业区交通区位图（1小时经济圈）

另外工业区目前还有大量2000至4000平方米左右的工业厂房面对广大国内外企业主招租，主要吸收环保型、广就业、配套性的中小企业和都市型工业。将提供长三角区域内最优惠的租金、最完善的配套和最优质的服务。

都市型工业园区

科技漕河涇
人文漕河涇
生態漕河涇
和諧漕河涇
双创书店
CAOHEJING
HI-TECH PARK
上海漕河泾新兴技术开发区

上海建筑材料（集团）总公司

Shanghai Building Materials Group Corporation

上海建材集团是国有独资的产业集团，被列为中国制造业 500 强和上海 100 强企业。集团直接投资并列为合并报表范围的企业 68 户，2009 年实现销售收入 46 亿元。

上海建材集团以玻璃、水泥为核心业务，风力机叶片、多晶硅等与新能源相关的新材料是集团重点培育的产业。主营业务还涉及复合材料、墙体材料、防水材料、保温材料、化学管材的生产经营以及建材贸易、装饰装潢施工、仓储物流等。集团下有耀皮玻璃（600819）、棱光实业（600629）两个上市公司。此外，集团与美国欧文斯科宁、美标及德国伊通等世界著名跨国公司合资建立工厂，专业生产驰名全球的玻璃棉制品、美标洁具、加气混凝土等。

图片说明：

1、上海耀华皮尔金顿玻璃股份有限公司浮法玻璃生产线

2、上海玻璃钢研究院有限公司生产的风力机叶片

3、上海建筑防水材料总公司生产的彩色沥青瓦用于“平改坡”工程

4、江苏皮尔金顿耀皮玻璃有限公司举行硬镀膜低辐射玻璃投产仪式

5. 上海建材集团水泥有限公司水泥生产线

集团地址：上海市北京东路 240 号　邮编：200002　电话：（021）63217238　传真：（021）63213252

JUSTEP 捷步®

赋予空间，更多想象

www.shjustep.com

捷步楼梯成立于 2001 年 11 月，是率先将欧洲成品楼梯即 DIY 楼梯的概念引入中国的为数不多的几家楼梯公司之一，是专业从事楼梯研发、设计、生产、销售于一体的综合性楼梯公司，是中国"楼梯革命"的倡导者和现代楼梯的领跑者

公司不仅仅提供优质的产品，更提供完整的售后服务体系，并在业内率先获得 ISO9001:2000 产品质量认证，现拥有占地 1 万多平方米的楼梯生产中心，世界先进的德国 CNC 楼梯生产线，来自西班牙和台湾的机械加工设备，在全国拥有 100 多个捷步楼梯专卖店，以及超过 600 人的专业服务团队，在上海乃至全国的实木梯销售中，连续四年市场占有率处于领先地位！

在发展的年代诞生，在辉煌的岁月成长，2010 年 1 月正式获评"上海市著名商标"称号！这是行业内率先获此殊荣的楼梯品牌！捷步的产品通过市场不断为广大消费者所认知，它不单是品牌的一个简单定义，更是品质的保障、市场的信誉、客户的肯定！

捷步设定了长期发展的愿景——基于传统制造的创新，致力于生产和销售的完美结合，成为楼梯行业（包括设计、研发、生产、安装、售后）标准整体实木楼梯解决方案的供应商，为更多客户增加价值。前路仍充满着荆棘，但希望就在前方！

上海捷步实业有限公司

地　　址：上海市闵行区澄建路700号（原金都路535号）

公司电话：021-54406135、64973730

传　　真：021-54402735

咨询电话：400-8200-545

上海市著名商标

(2010-2012)

JUSTEP 捷步

上海市工业系统房地产联合总公司于一九八八年成立，隶属于上海工业投资（集团）有限公司。注册资金 6000 万元。属上海大型的独立进行住宅成片开发的房地产综合开发公司，具有房地产综合开发二级资质。曾先后开发建设了上海较有影响的梅陇新村、国和新村、古美新村等十多个大型住宅小区，总建筑面积 300 余万平方米，为上海市住房市场推出了大批房源。公司建房质量优良，先后获得白玉兰工程 15 项，获得全国样板工程和国家安居工程优秀小区等称号。公司曾连续 7 年被评为上海市重点工程实事立功竞赛优秀公司，多次获得了上海市优秀房地产公司等荣誉称号。

公司董事长王信华、总经理夏晓民。

上海市工业系统房地产联合总公司建造的高品质住宅——徐汇锦梅苑，位于上中西路、凌云路口，住宅建筑面积 46000 平方米

上海市工业系统房地产联合总公司

地址：上海长安路1001号长安大厦1号楼19层　电话：63170222
E-mail：webmaster@shgy-fc.com

锦绣园外景

上海分公司

地址：秣陵路355号上海铁路大厦20-21楼
邮编：200070
全国统一客服电话：95105366

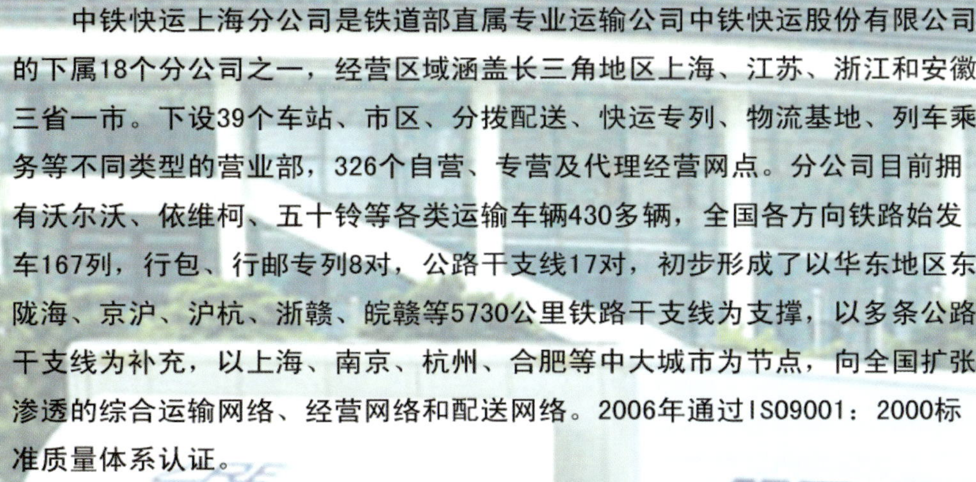

中铁快运上海分公司是铁道部直属专业运输公司中铁快运股份有限公司的下属18个分公司之一，经营区域涵盖长三角地区上海、江苏、浙江和安徽三省一市。下设39个车站、市区、分拨配送、快运专列、物流基地、列车乘务等不同类型的营业部，326个自营、专营及代理经营网点。分公司目前拥有沃尔沃、依维柯、五十铃等各类运输车辆430多辆，全国各方向铁路始发车167列，行包、行邮专列8对，公路干支线17对，初步形成了以华东地区东陇海、京沪、沪杭、浙赣、皖赣等5730公里铁路干支线为支撑，以多条公路干支线为补充，以上海、南京、杭州、合肥等中大城市为节点，向全国扩张渗透的综合运输网络、经营网络和配送网络。2006年通过ISO9001：2000标准质量体系认证。

分公司始终秉承“安全、准时、快捷、经济”的经营宗旨和“为客户创造价值”的服务理念，不断提升经营能力和服务水平，热诚为广大企业和客户提供运输、配送、仓储、包装和运费到收等一体化物流服务，努力打造中国物流企业优秀品牌。2009年，分公司共完成经营收入12.7亿元，完成铁路发送量201.5万吨，完成发送、到达、中转货物3808.3万件，

分公司先后被评为公司“先进单位”、“先进基层党组织”，被铁道部直属机关党委授予“十一五建功立业先进集体”、“信访稳定先进单位”、“党风廉政建设先进单位”等荣誉称号。同时，公司继获中国5A级物流企业称号后，2008年列中国500强企业第478位， 500强服务企业第134位，获“年度最佳信息管理物流企业”、“最佳服务质量物流企业”等称号，并成为中国交通运输协会快运分会会长单位。2008年、2009年连续列百强物流企业第2位，2009年取得国家级“高新技术企业”资质。

上海市物资回收利用公司

法人代表：陈万春

上海市物资回收利用公司建立于1956年，是上海市供销合作总社的全资企业，是从事废旧物资回收利用的专业性公司，是上海市再生资源回收利用行业协会的常务理事单位、中国再生资源回收利用协会副会长单位。

公司经营范围涵盖废旧物资回收、报废车辆拆解和拍卖、典当，主营商品有各类废旧金属和废塑料、废纸。五十多年来，公司为推动上海经济发展和环境保护作出了重要贡献，成绩斐然，曾多次荣获商业部、市政府授予的先进单位称号。

公司改革开放以后，由于历史原因，公司受到市场经济的严重冲击，在经受了一系列剥离、重组、职工下岗分流和企业机制转换等国企改革的严峻考验后，公司励精图治，积极致力于二次创业，在科学发展观和循环经济理论的指导下，企业进入了新的发展轨道。近五年来，公司重点在“恢复渠道、锻炼队伍、壮大实力”上下功夫，确立了“企业面向市场看，经营随着市场变，销售围绕市场转”的经营理念，运用挖潜与借力相结合的策略思想，借用社会资源，拓展购销领域，在传统业务基础上形成多元化经营格局，取得了比较好的经济效益。自2004至2009年，各类废旧物资收购27.76万吨，其中：废钢8.41万吨，废有色金属7.02万吨，废不锈钢5.42万吨，废塑料2.52万吨，拆解报废汽车（仅限2吨以下）27215辆，摩托车49932辆，折合吨位3.043万吨，销售收入累计41.87亿元，其中废旧物资销售额累计28.41亿元，各类金属材料、塑料等新品销售累计13.46亿元，经营毛利收入4171.56万元，各类物品拍卖成交额33.51亿元，佣金收入11549.33万元，净利润：1707.34万元(税后)。

公司主营商品有各类废旧金属和废塑料、废纸的经营

公司有经营部门7个：废旧物资部、不锈钢材料部、有色金属部、工程塑料部、北京东路商店、在线收废部、分拣加工场；管理职能部门2个；办公室、财务部；控股、参股单位2个；青莲阁拍卖公司、莘庄拆车公司。在岗员工近200人。

公司始终坚持“变废为宝、变废为新、变无用为有用”的经营方针，积极致力于“二次资源”的开发利用，服务社会，造福人类，努力为建设资源节约型社会、发展循环经济、实现人和自然和谐发展作出新贡献。

发展绿色回收　促进循环经济

上海汇金担保有限公司

SHANGHAI HUIJIN GUARANTY CO., LTD.

上海汇金担保有限公司董事长兼总经理虞晓东女士是上海市静安区现任人大代表、上海市浙江商会常务副会长。公司成立于 2003 年 1 月，现注册资本 2.16 亿元。

上海汇金担保有限公司是经上海市工商局批准设立的专业综合性担保公司，于 2003 年 1 月 6 日在上海市浦东新区正式成立，现注册资本 2.16 亿元。公司执行董事兼总经理虞晓东女士是上海市静安区人大代表、上海市浙江商会执行副会长。

公司股东是浙商在沪著名企业：上海永丽房地产（集团）有限公司、上海永润投资管理有限公司，这两家股东均为浙江商会常务领导成员，其公司或法定代表人都具有著名声誉。

公司坚持依法经营、规范运作、稳健发展的原则，坚持把风险控制放在第一位的业务经营理念，制定出专业、科学、规范的业务操作流程和内控制度，大力开展为中小企业和个人提供担保业务。

公司开展的业务：企业融资担保、个人融资担保、非融资担保业务等各类投资业务。1、担保业务：(1) 个人消费贷款担保；(2) 企业融资担保；(3) 企业兼并及收购中的临时贷款担保、管理层持股及收购担保；(4) 租赁业务担保；(5)经济合同履约担保；(6)诉讼财产保全担保等。2、咨询业务：投资、融资、企业管理业务咨询等。3、其他业务：融资租赁 、经营租赁等。2004 年，公司取得国家发改委、国家税务总局认可的三年免征营业税优惠的首批担保企业。2007 年，上海市经委、人民银行、银监局对上海市担保机构进行统一的信用评级，汇金公司被评为信用最高等级“A”级信用企业。截至 2009 年 7 月，汇金担保公司已与工商银行、建设银行、国家开发银行、浦东发展银行、杭州银行、上海交通银行、民生银行、宁波银行、农村商业银行、华夏银行等多家金融机构建立了良好的合作关系，累计担保 38 亿多元，代偿率、坏帐率均为 0。这些出色的成绩，让汇金公司的信用等级再上一个台阶，2009 年获得“A+”级信用企业称号，并于 9 月份荣获“应对金融危机中支持中小企业表现突出的担保机构”称号，同时还获得了国家无偿资助中小企业信用担保服务补贴项目资金 440 万元的奖励，提高了社会对我公司的公信度和支持力度。

虞晓东董事长参加上海市浙江商会第六届理事会第 11 次会长议事会议

作为上海市担保行业协会理事单位，公司实行现代企业管理制度，实行董事会领导下的总经理负责制及扁平化管理模式。公司拥有一支高素质、专业化、能开拓求实、创新、进取的团队，90% 以上均受过财经、法律等高等专业教育，有具较为丰富的经济、金融、税务、财会等多种行业的实际工作经历、专业知识和工作经验，对业务运作及风险控制的防范有着较为全面的认识和掌控能力。汇金担保公司拥有一支较为善经营、善管理的专业化管理团队，直接影响了公司整体业绩的发展，为公司的稳步前进打下了坚实的基础。

公司成立至今，一直保持着拼搏进取、开拓创新的良好势态，秉承了“诚信是金”的理念，与各大合作银行及企业建立了良好稳定的合作关系，并以科学严谨的风险控制手段和优质的服务，赢得业界的一致好评。目前在金融危机的大背景下，汇金公司全体员工以更踏实、更矫健的步伐走好每一层发展的台阶，做好每一项工作。汇金公司将坚定“携手合作、共铸辉煌”的信心，与合作伙伴共同开创更广阔、更远大的前景与未来。

“2008 年金洽会”上工商银行与合作的十二家担保公司签订担保合作协议书

虞晓东董事长主持上海市浙江商会女企业家联谊会成立大会

2007 年 7 月，汇金担保与工商银行及浙商在天台的联谊活动

地址：南京西路 1468 号
中欣大厦 1806 室
邮编：200040
电话：021-62891201
传真：021-62892337

上海美月集团

国家体育总局副局长于再清与体旅公司董事长李元共同为美月集团董事长董耀蔚先生颁奖

三十集重大革命历史题材电视连续剧《开国》签约仪式

美月旗下拥有三家全资子公司：上海美月生物科技有限公司、上海美月之歌文化传播有限公司和北京美月茶艺文化有限公司。

美月文化是以：科技文化、影视文化、体育文化、茶艺文化为板块。

上海美月生物科技有限公司凭借先进的科研实力和雄厚的经济实力，研发、生产具有世界领先水平的基因高科技 HGH（Human Growth Hormone）系列产品。该产品是国家“七五”、“八五”期间重点科技公关项目，由中科院权威专家研制，是目前国内市场上唯一能逆转衰老而非仅仅延缓衰老的保健产品。公司曾先后获得“中国基因食品行业自主创新品牌”、“中国品牌 500 强”、“中国十大自主创新品牌”及“中国优质名牌产品”等荣誉。中央电视台《道德观察》、四川卫视《真情人生》等栏目也对产品的神奇效果作过专题报道。今后，公司将以提高生命质量为核心，进一步推进国民健康改善工程。

上海美月之歌文化传播有限公司是一家集大型影视作品的拍摄、制作、发行，大型文化演出、大型赛事、大型活动的策划与承办等服务项目为一体的多元化、综合性文化公司。从成立之日起即秉承“口碑源于品质，专业炼就品牌”的经营理念，在文化产业的大领域里进行了多方位的投资。2009 年与中国国家体育总局、中国国际体育旅游公司等合作，在四川甘孜藏区自治州成功举办了首届“美月杯”国际丽人雪域风情挑战赛；今年又斥资 3600 万打造三十集重大历史题材电视连续剧《开国》。目前，该剧已正式建组，并与中国人民解放军八一电影制片厂签订委托拍摄协议。在由中宣部向中央思想宣传领导小组申报后，《开国》被列为庆祝中国共产党成立九十周年的献礼大片（其中电影 4 部，电视剧 6 部），由总政治部领导直接调度。同时，上海市委宣传部也将《开国》列为上海市向建党 90 周年献礼的重点影视作品之一。

北京美月茶艺文化有限公司是一家以弘扬中华民族传统养生文化为理念的专业化、品质化、国际化茶艺企业。第一家“美月茶艺馆”将于年内在京开业，目标市场定为以中端为主，兼顾高端。为此，公司特别聘请到了 15 岁进入中南海，历经建国后四代国家领导人以及涉外国家元首到访时礼仪接待和服务的原钓鱼台国宾馆管理局领导刘馥敏女士担任茶艺文化总监，这传达了美月成为中国茶艺产业龙头的信心与决心——客人在“美月茶艺馆”不仅能品到最醇香的茗茶，更能在茶文化展示、推崇以及茶具、服饰、形象、艺术等领域享受到国宾级的待遇。美月希望有朝一日能实现“了解中国茶文化就到美月”的愿景，真正成为一张“中国茶”的名片。

2010年美月第三届年度庆典

正如三角形是几何中最牢固、最稳定的形状一样，美月旗下的三家公司，将为美月的发展构建起最稳固的基础。美月必将挺起中国民族企业之脊梁，傲然屹立于东方！

上海弘兴文化传媒是集设计、制作、发布、代理各类广告；模特管理、培训；文化艺术交流策划、企业形象策划、会务会展服务、市场营销策划、商务信息咨询服务、投资咨询(除经纪)；礼品设计、制作、销售；电子产品、计算机软硬件及辅助设备、通讯器材销售；电子技术 专业领域内的技术开发、技术咨询、技术转让、技术服务为一体的专业团队。

弘兴礼品为您提供一站式的解决方案，打造最具个性化的精美礼品。开发的产品采用现代激光、模铸、注塑、雕刻、手工等工艺，工艺精湛，门类之多为沪上罕见！

主要品种有：

一、摆件类工艺品(其中包括：金器、玉器、锡器、水晶、琉璃、瓷器、浮雕玻璃、红木、竹器等)

二、收藏类纪念品(其中包括：钱币、邮票、粮票、火花、剪纸等收藏册；天然玉石、水晶体、木雕、金箔、刺绣以及字画、画框、台历、挂历等)

三、实用类礼品(其中包括：应时的环保型家纺品、保健器械、多功能电子电器新品等)

四、促销类礼品(其中包括：各类应用于开业、庆典、会务、会展、纪念、福利、馈赠的专用精美礼品)

公司成立十多年以来，以其“广交友、守信誉、多让利、获双赢”的经营理念，赢得了上海文广新闻传媒集团、上海远程教育集团、上海东方电视台、上海教育电视台、合家电视购物、上海机场集团、宝钢集团、上海电气集团、锦江集团、金山石化、大众汽车、培菲康药业、东方航空、环球展览、奇诺酒店管理等许多大型企业的合作和青睐！

公司立足上海，辐射全国，视野全球的的战略远景经营着我们的今天，我们认为没有第一次的合作是您的损失，没有第二次的合作是我们的无能，今日的邂逅是我们明日合作的开始！

今后我们会不断推出更好的产品，与您携手共进，共创我们共同的美好明天！

融入社会，感恩社会，为社会尽一份爱心是我们义不容辞的责任！

许龙兴董事长简介

许龙兴，1954 年 9 月出生于上海。正当他应该接受教育时，一场文化大浩劫，他没能在课堂里好好读过一天书。贫困的家庭里，他只能在自己简陋的房间找些书来自学，他始终觉得就算社会再动荡，自己都不能被社会所淘汰。在那个是非颠倒的年代，虽然埋没了很多人才，但同时也造就了许龙兴自信、坚毅、刚强的优秀品质。

1972 年 12 月 1 日，初中毕业后的许龙兴一个人去了上海星火农场。身材的瘦弱，常常被连长感慨地称之为还没有发育好。但是生活的艰辛，曾经让他不堪忍受，而正是有过这样一段刻骨铭心的艰难生活，却炼就了他的一身傲骨。他凡事都要争第一，要做就要做好，绝不能落后于别人。从而为他追求人生目标奠定了坚实的基础。

作为 72 届第一批也是唯一的男同志在回上海后，于 1976 年调到了上海杨浦煤气厂工作。他伴着炙热的锅炉干了几年沉重的体力活后，1981 年 3 月，他被调到厂工会俱乐部工作。他用休息时间帮别人做思想工作、谈心、开会，他似乎有着使唤不完的劲，是个精力旺盛到用不完的年轻人。他以热情赢利了大家的敬重，成了别人第一个想到的朋友。

他担任了 20 多年的厂工会财务、财务仓库管理员工作。在这 20 多年工作中，他从不迟到早退。爱厂如家，是他的真实写照。他会半夜三更从热被窝中出来，摸着黑来到厂里检查仓库。对工作的完美追求，已经将他和厂紧紧地连在了一起。在厂图书馆工作的 10 年中，曾连续多年被评为先进工作者、新长征突击手，公司、厂级优秀共产党员，上海市总工会优秀图书管理员以及上海市总工会先进财务管理先进工作者。

1990 年，厂里也开始搞活开放。许龙兴为丰富职工的业余生活，他晚上不回家，做起了租借录像带的工作。他骑着借来的黄鱼车从市场批来水果卖。他还卖过葡萄酒、做过福利彩票……多年的磨练让他在各方面都得到了锻炼，也铸就了今天的成功。

自幼生活的逆境，培养了许龙兴的大忠大孝。他孝敬父母，也爱交朋友。“就算给我 10 万元，我还是选择和你做朋友，不要这钱！”滑稽表演艺术家王文丽意志坚定的表明了自己对许龙兴这个朋友的信任和那一份沉甸甸的赤诚之心。他以庞大的朋友圈衍生出了客户网，给弘兴带来勃勃生机。

迫于生活和他不服输的性格，许龙兴决心靠自己的双手来创造财富。他从邮票这一类收藏品中看到了广大的潜在市场，在 1996 年 11 月 9 日，他上海聚银收藏品市场开设了弘兴礼品收藏品中心。

1999 年 9 月 25 日，在四平路 1805 号开了上海弘兴礼品中心四平店。而之后在 2002 年——2003 年 3 月在黄兴路 2550 号开了上海弘兴礼品中心黄兴店，由于五角场地区的发展改造而关门。这几次开店，让许龙兴得出了经验：开店不如开公司！这个决定也就有了如今在黄兴路 1999 弄 1 号 2002－2003 室的上海弘兴礼品中心。内向的许龙兴，为了能尽快让公司走上正规，他开始试着和别人打交道，跟着应酬，虽然很辛苦，但只要做人做的正，就永远不会倒！在他眼中，做生意固然重要，但更重要的是交朋友。每年他都会利用部分资金，经常送些新款的礼品给客户，他的经营思路是先付出，多交朋友，用诚心换取朋友的真心，久而久之，朋友不会忘记自己，他就是本着这样一种心态，尽管有人说他傻，做着自己的礼品事业，虽然薄利的策略让他并没有别人想像中的那般富裕，但也正因为这样，他的朋友圈也在悄无声息地不断扩大。

许龙兴认为：公司要发展就一定要有自己的品牌，一味的加工和复制，只是会无限制地拖延公司的迅速发展。今年在注册了商标版权之余，也要加强自身对礼品的设计和规划。弘兴礼品在上海礼品界起步的比较早，和上海泰誉集团、依璐达等公司也有长久的合作。比如说，和全亿利合作过飞机模型等，在合作的过程中也学到了很多东西，尤其是营销方面。不断学习和改进才是一个公司生命力。

礼品业作为中国近些年的一门新兴行业，在许龙兴看来具有无限的潜力。随着人们的文化层次不断提高，对于精神层面上的需求就更加供不虚求，而收藏品也是人们的上选。因此，他从不担心自己的礼品市场会随着市场的发展而淘汰，在这点上，许龙兴一直很自信。

著名社会学家、上海大学社会学博导邓伟志先生高兴的接受了弘兴礼品聘请的荣誉顾问证书，并为弘兴题词《礼轻情重》，这表示着弘兴礼品在今后的发展中也会有越来越专业化的发展指导方向。不仅如此，在为许多企业，如上海文广新闻集团、上海教育电视台、宝钢集团建设公司、中国人民解放军 94929 部队、大众汽车、锦江集团等知名企业的服务过程中，得到了一致的好评。

4 月 25 日，一个主题为“雷锋精神永在我心”的大型签字仪式隆重地举行了。这次活动是由上海中外文化艺术交流协会和弘兴礼品中心联合主办，将共同开发研制雷锋头像的玉章和雷锋像。原中宣部副部长龚心瀚、原上海武警政委少将李俊谦，原中共上海市委副秘书长、中外文化艺术交流协会理事长刘文庆等人出席了仪式。这场层次和水平都相当之高的仪式，让许龙兴的许多朋友都无不诧异。

在这 13 年中，许龙兴觉得自己似乎并没有顶峰时期，因为他感觉自己永远不会变老，永远有股冲劲，永远想交更多的朋友。许多朋友都感慨：如今的社会不缺人，缺的就是像你这样的朋友！在员工的眼中，许龙兴的为人是支撑他继续努力工作下去的动力。“在我眼中，与其说是老板，倒不如说他是我敬仰的朋友。”

“当我老了，不做了，我想投资造一个全国有名的敬老院，收留像我一样孤独寂寞的鳏寡老人，让他们在人生最后的时光里有所依靠，安度晚年，再为社会尽自己最后一份气力，也算是了了我的最后一个心愿。”

上海统一星巴克咖啡有限公司

上海统一星巴克咖啡有限公司在上海的第一家店于 2000 年 5 月 4 日开幕。以国际最知名品牌美国 Starbucks Coffee Company 在全球各地选购、烘焙的优质高原咖啡豆为根本，甄选培训本地优秀人力为店铺经营者，配合Starbucks Coffee室内设计理念，构建出与欧美各大城市同样顶尖水准的咖啡消费场所，提供给上海市民最好的咖啡、最便捷的服务与最优雅的生活品味。

今天上海统一星巴克咖啡有限公司在江浙沪地区共开设 178 家门市，其中在上海约有 120 家门市，另有 58 家门市分布在浙江的杭州、宁波、义乌、绍兴、嘉兴，江苏的南京、无锡、苏州、常州、昆山、扬州、常熟等城市。公司一直坚持对卓越品质和服务的承诺，遵循我们的指导原则，通过每一杯优质的咖啡为我们的顾客每天营造独特的“星巴克体验”。

此外，公司秉承在全球一贯的文化传统，积极融入中国地方社区和文化，力求在其经营业务的地区积极回馈当地社会，做负责任的企业公民。星巴克的成功与当地社会的健康发展和蓬勃活力息息相关。投资社会不仅是星巴克的明智选择，也是星巴克公司文化的组成部分。星巴克各个级别的伙伴（员工）均努力成为优秀社会成员，积极回报社会。

蓝色联盟 上海申联出租汽车发展有限公司

上海市级文明单位、上海出租行业新风窗口的蓝色联盟上海申联出租汽车发展有限公司成立于 1990 年，已走过了 20 个年头的发展历程。公司通过了 ISO9001 质量体系认证，经营资质一级，是上海市出租汽车协会副会长和“蓝色联盟”常务副秘书长单位；拥有出租汽车 381 辆、员工 900 人，共有 9 个分公司分布在上海各区。公司有与建设银行、浦东发展银行联网的计算机无线局域结算系统，营业款当天网上结算；2005 年开始在出租车上安装 GPS 卫星定位监控和调度终端，可 24 小时对车辆实行控制管理与调度服务，于 2009 年底 380 辆出租车上完成安装 GPS 车载管理终端，远程刷卡。

公司成立以来始终贯彻和执行“以人为本、凝聚人心”和“乘客满意”的企业宗旨，把一线驾驶员视作企业的生存和发展之本，坚持实行规范的劳动和劳务合同，员工充分享受社会保障。公司现有五星级驾驶员 6 人、四星级驾驶员 8 人、三星级驾驶员 155 人。其中五星级驾驶员张则金被评为全国文明出租车驾驶员、上海市劳动模范、上海市国资委优秀共产党员、上海“的士”明星，荣获迎世博优质服务贡献奖；邹建伟被评为全国轻工行业劳动模范；冯云美被评为上海市三八红旗手、第五届“的士明星”；郁秋平评为上海市国资委优秀共产党员、出租行业优质服务示范员；方伟国评为第四届“的士”明星。他们五人同时荣获首批上海“世博服务之星”称号。公司管理干部中有研究生 2 人、大学本专科生 38 人、国家注册职业经理 22 人，是上海出租汽车行业中干部和驾驶员职业化程度最高的文化型企业之一。

根据上海市生产服务合作联社和申联出租汽车公司“十一五”发展规划，公司遵循“巩固主业、多元化发展”的方针，力争用三年时间促进出租汽车和汽车修理等主副业再上一个台阶，在安全行车和规范服务上再创佳绩，进一步做优做强；并建立一支高素质的职业化队伍，实现职业经理达到 40 人、三星级以上中高星级驾驶员达到 300 人的目标，为 2010 年世博会召开提供一流的服务。

公司地址：上海市闸北区中华新路 457 号
邮　　编：200070
电话总机：66296581 转各部室
传　　真：56302920
电子邮箱：shenlian-chuzu@163.com
投　　诉：56302921

上方图为申联公司整装待发的出租车队伍；左下方图为蓝色联盟申联出租汽车公司荣获“上海市总工会工人先锋号”称号；右下方图为申联公司车辆二级清洗。

上海市社会保障和市民服务信息中心（上海市社会保障卡服务中心）

上海市社会保障和市民服务信息中心（上海市社会保障卡服务中心）是上海市人口综合服务和管理领导小组办公室的直属事业单位。上海市社会保障卡服务中心成立于 1999 年 2 月 5 日，2000 年 11 月 20 日经上海市人民政府批准扩建为上海市社会保障和市民服务信息中心（保留上海市社会保障卡服务中心名称）。其主要职能：建设和维护市民信息系统数据交换平台和共享数据库，实现政府管理部门之间信息共享；建设和维护居住证信息系统；建设和维护社会保障卡发行系统、承担社会保障卡的个人化制作、发放和换卡、补卡等日常管理任务；建设和维护市民服务的声讯系统和市民服务信息网站；指导上海市各区县的社会保障卡服务中心和街道（乡、镇）社会保障卡服务站开展社会保障卡和居住证的管理和服务工作。

经过近十年建设，市社会保障和市民服务信息中心建成了由“库、网、卡”三位一体的包括社保卡信息系统和居住证信息系统的比较完善的社会保障和市民服务信息系统。截至 2009 年底，累计制、发社保卡 1492 万余张（含补换卡）、敬老服务卡 150 万余张（含补换卡）、居住证件 994 万余张（含补换证），累计接待市民来电、来信、来访 504 万余人次（件），全市社保卡刷卡使用次数已累计达到近 35 亿人次。社会保障卡除了在本市公安、劳保、医保、民政、公积金管理等五个主要涉及市民社会事务办理的政府部门及领域得到应用外，同时满足和实现了在本市其他领域的延伸应用，如社区医院诊费减免、学籍管理、党员信息化管理、选民登记、兵役登记、老龄人群免费乘车、新型农村合作医疗等。与此同时，为保证市民服务信息系统建设、管理的有序规范，制定了包括 IC 卡规范、应用规范、终端规范的《社会保障卡》（DB31-256）上海市地方标准、《上海市社会保障卡管理办法》、《上海市社会保障和市民服务信息系统管理办法》和《上海市社会保障卡副卡管理办法》等标准法规。中心还自主研发了两项获得国家专利的信息化技术，并与工程参建单位总共取得 25 项获得国家专利的自主知识产权成果。

目前，市民服务信息系统市级共享数据库具备了可存放 4000 万人口基础数据的 TB 级数据库的物理环境；市级信息交换平台与公安、社保、民政、医保、公积金、教育、人事、人口计生等行政职能部门信息系统以及全市 18 个区县政务信息系统实现了互联互通，支持了条块之间的信息共享；建立了覆盖全市 18 个区县近 300 个街镇的社保卡服务网点；建立了国内规模最大的、年发行量可达 900 万张的卡个人化系统；建立了服务热线“962222”、市民信息服务网为市民提供 7×24 小时服务。

上海市社会保障和市民服务信息系统荣获 2002 年度上海市科学技术进步一等奖，2000 至 2002 年上海市信息化优秀应用项目，2002 年第四届上海国际工业博览会金奖，社会保障卡工程建设项目获得 2008 年国家金卡工程优秀应用成果奖。

上海市质量协会

Shanghai Association for Quality

上海市副市长胡延照（左三）在上海市经信委主任王坚（左一）的陪同下，会见中国工程院刘源张、郭重庆院士

上海市质量协会1982年9月29日经上海市人民政府批准正式成立，是由致力于质量事业的组织和个人自愿参加组成的专业性的非营利性社会团体法人。现有理事单位251家，副会长由宝钢股份、上海汽车、上海烟草、隧道股份等企业领导和有关群团组织领导担任。理事会由来自市总工会、团市委、市妇联、市工商联等组织，复旦大学、同济大学、上海交大等高校，工业园区、交通、公用事业、通信、商贸、物流、信息、家电服务等有关企事业单位的代表，以及社会各界有关人士组成。并在上海18个区县、7个行业设立行业质协（工作站）、工作委员会。

本会的宗旨是以邓小平理论和“三个代表”重要思想为指导，贯彻落实科学发展观，遵守国家的法律、法规和政策，遵守社会道德风尚，组织团结全体会员，宣传贯彻党和国家的有关质量的法律、法规和方针、政策，传播先进质量理念、方法和技术，努力服务企业、服务社会、服务政府，着力增强全社会质量意识，推进企业质量管理，为不断提高产品质量、工程质量、服务质量和质量竞争力发挥积极作用，促进经济社会又好又快发展。

2008年5月12日，上海市质量协会第五届理事会正式成立，经过选举，唐晓芬同志担任上海市质量协会会长。

本会业务范围为，质量培训、调查研究、学术交流、用户服务与评价、质量咨询、推荐质量管理奖、质量技术奖、优秀QC小组。本会拥有《上海质量网》和公开发行刊物《上海质量》杂志。

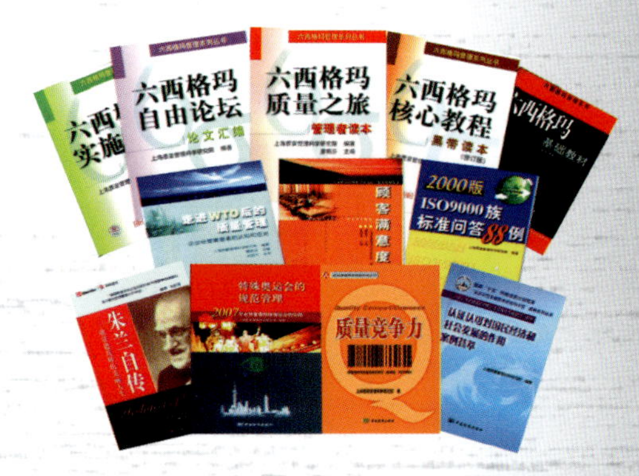

编辑出版多种质量管理学术专著

每年举办主题鲜明的“质量月”宣传活动

地址：上海市武夷路258号　邮编：200050
联系电话：021-52386609　邮箱：saqmsaq@saq.org.cn
网址：www.saq.org.cn

图书在版编目（CIP）数据

2010上海工业年鉴 / 上海市经济和信息化委员会编
—上海：上海社会科学院出版社，2010
ISBN 978-7-80745-722-0

Ⅰ. ① 2… Ⅱ . ①上… Ⅲ . ①工业经济－上海市
–2010－年鉴Ⅳ . ① F427.51-54

中国版本图书馆CIP数据核字（2010）第130909号

上海工业年鉴（2010）

编　　者：上海市经济和信息化委员会

责任编辑：董汉玲
封面设计：上海宝华会展服务有限公司
出版发行：上海社会科学院出版社
（上海市淮海中路622弄7号　电话63875741　邮编200020）
（http://www.sassp.com　E-mail:sassp@sass.org.cn）
经　　销：新华书店
印　　刷：上海市徐浦包装印刷厂
开　　本：889×1194毫米　1/16开
印　　张：36
插　　页：12
字　　数：943千字
版　　次：2010年7月第1版　2010年7月第1次印刷
印　　数：0001-3300

ISBN 978-7-80745-722-0/F · 126　　定　价：280.00元